Desiderius Meier
Hermann Dietrich

Studien zur Zeitgeschichte

Herausgegeben
vom
Institut für Zeitgeschichte

Band 94

Desiderius Meier
Hermann Dietrich

Bürgertum und Liberalismus
in der Weimarer Republik

ISBN: 978-3-11-109482-3
e-ISBN (PDF): 978-3-11-068667-8
e-ISBN (EPUB): 978-3-11-068682-1

Library of Congress Control Number: 2020950690

Bibliografische Information der Deutschen Nationalbibliothek
Die Deutsche Nationalbibliothek verzeichnet diese Publikation in der Deutschen National-
bibliografie; detaillierte bibliografische Daten sind im Internet über http://dnb.dnb.de ab-
rufbar.

© 2022 Walter de Gruyter GmbH, Berlin/Boston
Dieser Band ist text- und seitenidentisch mit der 2021 erschienenen gebundenen
Ausgabe.

Titelbild: Hermann Dietrich im Frühjahr 1919; Foto: Privatbesitz

Satz: Typodata GmbH, Pfaffenhofen/Ilm
Druck und Bindung: CPI books GmbH, Leck

www.degruyter.com

Meinen Eltern

Inhalt

Vorwort IX

Einleitung 1

I. Der „selfmade Mann" im Kaiserreich 17
   1. Vom Pfarrhaus in die Politik 17
   2. Das späte Kaiserreich als Erfahrungsraum 39
   3. „Ich will nach oben" – auf der Suche nach Aufstiegsmöglichkeiten . 60
   4. Eine gute Partie: Dietrich und Elisabeth Trick ... 73

II. Von Baden nach Berlin: Dietrich im neuen Staat 87
   1. Zwischen „Chaos" und „Wiederaufbau": Die Republik als Neubeginn? ... 88
   2. Der Kampf um die badische Hausmacht: Dietrichs nationalliberale DDP ... 114
   3. Bürgertum und Inflation 145

III. Mitglied des Reichstags: Politik als Beruf 179
   1. Sachverstand und Pragmatismus: Parlamentarische Arbeit in Berlin ... 181
   2. Volksvertreter in der parlamentarischen Demokratie: Der Abgeordnete und seine Wähler ... 195
   3. Politik hinter den Kulissen 215
   4. Liberale Pressepolitik: Die Beeinflussung der öffentlichen Meinung ... 240

IV. Krise als Dauerzustand? Wirklichkeiten und Wahrnehmungen ... 269
   1. Dietrich als Privatier: Vermögen und Einkommen zwischen Inflation und Depression ... 272
   2. „Immerhin kann es nicht bleiben, wie es jetzt ist": Die Erwartung wirtschaftlicher Normalität ... 288
   3. Die „groß-liberale Partei" – eine Illusion 307
   4. Die bedrohte „Mitte": Liberalismus, Bürgertum und Moderne ... 323

V. Reichsminister: Der „Kampf um den Staat" 341
   1. „Interessentenhaufen oder Staatsvolk": Dietrichs „objektive"
      Politik 343
   2. Finanzpolitik in der Weltwirtschaftskrise 364
   3. Dietrich und die Deutsche Staatspartei 422

Ausblick und Zusammenfassung 453

Anhang 493
   Tabellen 493
   Abkürzungen 515
   Bildnachweis 517
   Quellen und Literatur 519
   Personenregister 555

Vorwort

Die vorliegende Arbeit ist die überarbeitete Fassung meiner Dissertation, die im Sommersemester 2018 von der Fakultät für Geschichts- und Kunstwissenschaften der Ludwig-Maximilians-Universität München angenommen wurde. Zu ihrem Gelingen haben viele Personen und Institutionen beigetragen, denen ich mich verbunden weiß. An erster Stelle gilt mein Dank Andreas Wirsching, der die Dissertation betreut, begutachtet und mich auch darüber hinaus in vielfältiger Weise unterstützt hat. Mit klarem Blick und zahllosen, stets zielgenauen Ratschlägen und Überlegungen half er, ein facettenreiches Unterfangen in die richtigen Bahnen zu lenken. Thomas Raithel hat die Dissertation engagiert mitbetreut, viele wichtige Hinweise gegeben und das Zweitgutachten übernommen. Martin H. Geyer förderte meine Beschäftigung mit der Weimarer Geschichte seit dem Studium mit großem Interesse und bohrenden Fragen. Er hat die Arbeit ebenfalls begutachtet. Zu einem reibungslosen Abschluss des Promotionsverfahrens hat als drittes Mitglied der Prüfungskommission Jens-Uwe Krause beigetragen.

Große Dankbarkeit empfinde ich gegenüber der Studienstiftung des deutschen Volkes. Sie hat mich sowohl im Studium als auch während der Promotion mit Stipendien gefördert, deren Bedeutung weit über den materiellen Aspekt hinausreicht. Ein weiteres Promotionsstipendium wurde mir von der Friedrich-Naumann-Stiftung für die Freiheit zuerkannt. Am Historischen Seminar der LMU habe ich auf verschiedene Weise wertvolle Unterstützung erfahren. Das Promotionsprogramm der Neueren und Neuesten Geschichte, ProMoHist, finanzierte mehrere Archivreisen, und vor allem ermöglichte es einen ebenso intensiven wie angenehmen Austausch unter den beteiligten Doktoranden, von dem ich sehr profitiert habe. Der Abteilung Frühe Neuzeit, namentlich Arndt Brendecke und Edith Susanne Rill, schulde ich Dank dafür, dass sie mich jahrelang „beherbergt" hat. Dem Wissenschaftlichen Beirat des Instituts für Zeitgeschichte und seinen Gutachtern bin ich verpflichtet für die Aufnahme des Buches in die Reihe „Studien zur Zeitgeschichte", Petra Weber und Angelika Reizle für das gründliche Lektorat und, gemeinsam mit Magnus Brechtken, für die professionelle Betreuung des Publikationsprozesses. Hans-Christof Kraus hat mir großzügig Freiräume gewährt, um neben meiner Passauer Assistententätigkeit die Drucklegung zum Abschluss zu bringen. Das Manuskript wurde im November 2019 mit dem Preis der Wolf-Erich-Kellner-Gedächtnisstiftung ausgezeichnet, deren Kuratorium ich auch an dieser Stelle herzlich danke.

Den ersten Anstoß zur Beschäftigung mit Hermann Dietrich gab Friedrich Wilhelm Graf. Er hat das Projekt mit vielen klugen Beobachtungen und Ratschlägen begleitet und half beim zeitraubenden Aufspüren von Dietrich-Akten fernab der Zivilisation. Für mannigfache Hinweise und konzeptionelle Impulse danke ich Alexander Bangert, Knut Borchardt, Richard Bourke, Christopher Clark, Jürgen Frölich, Eckhart Hellmuth, Thomas Hertfelder, Gangolf Hübinger, Hans-Christof Kraus, Wolfram Pyta, Martin Sabrow, Elke Seefried, Brendan Simms, Margit Szöllösi-Janze und Peer Oliver Volkmann, schließlich den Teilnehmern des Oberseminars des Instituts für Zeitgeschichte. Unentbehrlich war die Unterstützung, die mir seitens der Mitarbeiter in den konsultierten Archiven und Bibliotheken zuteilwurde, aber auch die engagierte Neugier und der praktische Beistand zahlreicher Personen, die bei der Spurensuche geholfen haben: Ulrich Klapp, Wolfgang Kramer, Angela Scheibe-Jaeger, Ute Scherb, Thomas Trumpp, Anton Wandel und nicht zuletzt mein Großvater Fritz Meier, der das fertige Buch leider nicht mehr in Händen halten kann. Mein besonderer Dank gilt Hermann Dietrich-Troeltsch, der viel Zeit und Mühe darauf verwandte, Dietrichs zweiten Teilnachlass zu bergen, und mir vorbehaltlos Zugang zu dem lange vergessenen Material gewährte.

Paul Munzinger, Lara Nollau, Alexandra Popst, Clemens Schneider, Helge Uhlmann und Hannes Ziegler, vor allem aber meine Mutter Wiebke Meier haben verschiedene Fassungen des Manuskripts teilweise oder ganz gelesen und mit unzähligen Fragen, Kommentaren und Verbesserungsvorschlägen zu seiner endgültigen Gestalt beigetragen. Nicht minder wertvoll war der technische Beistand von Christian Köpke bei der digitalen Aufbereitung von Quellenmaterial. Viele weitere Kollegen und Freunde haben mich während der Promotionszeit angeregt und ermutigt. Namentlich genannt seien Annemone Christians, Felix de Taillez, Alexander Dobrinevski, Vitus Huber, Anna-Lena Koschig, Markus Krumm, Michaela und Martin Kugler, Costa Lazarides, Sandra und Ulrich Schmitt, Patrick Steger, Anna Uhl, Anna Ullrich, Florian Wimmer † und Benjamin Zeeb.

Der größte Dank gebührt meinen Eltern. Sie haben mich seit dem Studium in jeder erdenklichen Weise unterstützt und die Arbeit an der Dissertation mit Vertrauen, Geduld und Liebe begleitet. Ihnen ist dieses Buch gewidmet.

München und Passau, im Dezember 2020   Desiderius Meier

Einleitung

Hermann Dietrich, heute fast nur noch den Historikern bekannt, zählte zu den Spitzenpolitikern der Weimarer Republik. 1879 in einem badischen Schwarzwalddorf geboren, schlug er zunächst eine erfolgreiche kommunalpolitische Laufbahn ein. Er war Bürgermeister von Kehl (1908-1914) und Oberbürgermeister von Konstanz (1914-1919), ab 1912 zugleich Abgeordneter der Nationalliberalen Partei im badischen Landtag. Nach der Novemberrevolution wurde er badischer Außenminister, schloss sich der Deutschen Demokratischen Partei an und zog in die Weimarer Nationalversammlung ein. Anschließend war er von 1920 bis 1933 ununterbrochen Abgeordneter im Reichstag, wo er bald einer der führenden Parlamentarier seiner Fraktion war. Den Höhepunkt seiner Karriere erreichte er als Ernährungsminister im Kabinett der Großen Koalition (1928-1930) und als Finanzminister und Vizekanzler im Kabinett Brüning (1930-1932). Ab 1930 war er zudem Vorsitzender der Deutschen Staatspartei, der Nachfolgepartei der DDP.

Hermann Dietrich begegnet uns immer wieder in der einschlägigen Literatur, insbesondere in Arbeiten zur politischen Geschichte der Spätphase der Weimarer Republik. Seine Tätigkeit als Reichsminister steht im Zentrum einer verdienstvollen, allerdings recht unkritischen und nicht immer zuverlässigen Teilbiographie von Adelheid von Saldern, deren Hauptgewicht auf agrar- und finanzpolitischen Details liegt.[1] Insgesamt ist ihm von Seiten der historischen Forschung jedoch recht wenig Aufmerksamkeit zuteil geworden[2] – ein Umstand, der freilich genauso für andere prominente Weimarer Politiker zutrifft: „Die Großen von Weimar sind für die Nachwelt diejenigen, die früh genug starben, um das Ende nicht mitverantworten zu müssen: Ebert, Erzberger, Rathenau, Stresemann" – nach wie vor ist diese provokante Feststellung Hagen Schulzes nicht ganz von der Hand zu weisen.[3] Diese Arbeit verfolgt aber nicht das Ziel, nach dem Muster der „politi-

---

[1] Adelheid von Saldern: Hermann Dietrich. Ein Staatsmann der Weimarer Republik. Boppard 1966. Auch der Salderns Arbeit zugrundeliegende Forschungsstand ist im Wesentlichen als überholt anzusehen. Gerade die Debatten um die Finanz- und Wirtschaftspolitik des Kabinetts Brüning standen zu dieser Zeit noch am Anfang.
[2] Einen guten biographischen Überblick bietet Jürgen Frölich: „He served the German people well". Der politische Weg Hermann Dietrichs vom badischen Nationalliberalen zum baden-württembergischen Freien Demokraten. In: Zeitschrift für die Geschichte des Oberrheins 153 (2005), S. 619-640. Darüber hinaus existieren einige als Würdigung oder regionalgeschichtlich angelegte Skizzen, insbesondere Emil Weber: Hermann Dietrich. In: Burschenschaftliche Blätter 77 (1962), S. 92-94 u. 96; Alex Möller: Hermann Dietrich – Deutscher Politiker. In: Zeitschrift für die Geschichte des Oberrheins 127 (1979), S. 363-379; Wilhelm Mechler: Hermann Dietrich. Kehler Bürgermeister 1908-1914. Badischer Minister – Reichsminister – Vizekanzler. In: Die Ortenau 60 (1980), S. 51-64; Joachim Sturm: Zum Aufenthalt Hermann Dietrichs in der Schwarzwaldgemeinde Gütenbach. In: Almanach 15 (1991), S. 111-115; Hartmut Stüwe: Hermann Dietrich – Bürgermeister in Kehl von 1908 bis 1914. In: Annette Lipowsky/Birte Smok/Hartmut Stüwe (Hg.): Jahresschrift 2004. Kehl 2004, S. 50-60; erste Überlegungen zur vorliegenden Arbeit: Desiderius Meier: Hermann Dietrich – Bürger der Weimarer Republik. In: Jahrbuch zur Liberalismus-Forschung 24 (2012), S. 193-203.
[3] Hagen Schulze: Otto Braun oder Preußens demokratische Sendung. Eine Biographie. Frankfurt a. M. u. a. 1977, S. 31.

schen Biographie"4 nur eine Lücke in der klassischen Politikgeschichte zu schließen oder die „Größe" einer historischen Figur herauszuarbeiten. Vielmehr nimmt sie multiperspektivisch die Person Dietrich als Ganzes in den Blick und betrachtet eine bürgerlich-liberale Existenz in ihren verschiedenen, gleichwohl einander überschneidenden Dimensionen.

Zum einen geht es um Dietrich als politischen Akteur. Dabei können die Stationen seiner Karriere, seine Verflechtung mit den politischen Ereignissen und seine Tätigkeit in öffentlichen Ämtern nicht außer Acht bleiben. So spielte er als Finanzminister während der Weltwirtschaftskrise eine zentrale Rolle, deren Untersuchung für das Verständnis der bis heute kontrovers diskutierten Finanz- und Wirtschaftspolitik des Kabinetts Brüning höchst aufschlussreich ist. Im Vordergrund steht jedoch, Dietrichs politische Lebenswelt zu rekonstruieren, seinen Alltag als liberaler Politiker und Reichstagsabgeordneter, seine Handlungsmuster und Wahrnehmungen zu untersuchen und der Frage nachzugehen, mit welchen Mitteln er seine Laufbahn vorantrieb. Außerdem wird das von starken Widersprüchen und Schwankungen durchzogene politische Denken Dietrichs beleuchtet. Besondere Bedeutung hat die Analyse der Netzwerke, in denen er agierte, sowie der Methoden, mit denen es ihm gelang, persönliche Ziele durch die Mobilisierung von Beziehungen und den Einsatz finanzieller Mittel, also mit Hilfe seines sozialen und ökonomischen Kapitals, zu erreichen.[5] Über den biographischen Zugriff werden auf der Mikroebene die Rahmenbedingungen politischen Handelns, die Praxis liberaler Partei- und Pressepolitik (nicht zuletzt im regionalen Zusammenhang) und der Stellenwert personenzentrierter Kommunikationsmuster in den Fokus genommen, um einen Einblick in die politische Kultur der Weimarer Republik zu gewinnen.

Zum anderen wird Dietrich nicht isoliert als Politiker und Staatsbürger betrachtet, sondern es gilt, seinen beruflichen Lebensinhalt mit den anderen Facetten seines bürgerlichen Daseins in Beziehung zu setzen und ihn als Repräsentanten bürgerlicher Kultur und Lebensweise zu reflektieren. Einer bestimmten Gruppe des Bürgertums lässt Dietrich sich nicht ohne weiteres zuordnen. Während er als Sohn eines Pfarrers und studierter Jurist zum Bildungsbürgertum zählte, wurde er durch seine Ehe mit der Fabrikantentochter Elisabeth Trick, die er im Jahr 1918 heiratete und deren Millionenvermögen er drei Jahre später erbte, zum Kapitalbesitzer und Unternehmer, wäre insofern also auch dem Wirtschaftsbürgertum, mithin beiden „Kernen des Bürgertums" zuzurechnen.[6] Zugleich war er ein sozialer Aufsteiger, der in gewisser Distanz zu den gesellschaftlichen Eliten

---

[4] Diese hat gleichwohl ihre Berechtigung: vgl. Hans-Christof Kraus: Geschichte als Lebensgeschichte. Gegenwart und Zukunft der politischen Biographie. In: ders./Thomas Nicklas (Hg.): Geschichte der Politik. Alte und Neue Wege. München 2007, S. 311-332.
[5] Pierre Bourdieu: Ökonomisches Kapital, kulturelles Kapital, soziales Kapital. In: Reinhard Kreckel (Hg.): Soziale Ungleichheiten. Göttingen 1983, S. 183-198.
[6] Zur sozioökonomischen Heterogenität und zu einzelnen Gruppen des Bürgertums siehe Jürgen Kocka: Bürgertum und bürgerliche Gesellschaft im 19. Jahrhundert. Europäische Entwicklungen und deutsche Eigenarten. In: ders. (Hg.): Bürgertum im 19. Jahrhundert. Deutschland im europäischen Vergleich. München 1988, S. 11-76, hier S. 11-14, Zitat S. 12.

verharrte und in dessen engerem Umfeld sich zahlreiche Angehörige der bürgerlichen Mittelschichten finden. In diesem Zusammenhang werden Dietrichs Sozialisation und Lebensführung, seine Wertorientierungen und Verhaltensweisen untersucht. Einen Schwerpunkt bildet die Analyse seiner materiellen Existenz. Ziel ist es, seine Vermögens- und Einkommensverhältnisse zu rekonstruieren, die Handlungsmuster nachzuvollziehen, mit denen er sich veränderten wirtschaftlichen Rahmenbedingungen anpasste, und seine ökonomischen Wahrnehmungen unter die Lupe zu nehmen. Die wirtschaftlichen Turbulenzen der Weimarer Zeit können hier anhand eines markanten Einzelfalls beleuchtet werden. Insbesondere geht es um die Auswirkungen der Inflation bzw. die Möglichkeiten und Hindernisse bei dem Versuch, diesen zu entgehen, ebenso um die Konsequenzen der ökonomischen Schieflagen, welche die vermeintlich normalen Jahre zwischen Inflation und Weltwirtschaftskrise prägten, und um die Krisendeutungen, die damit einhergingen.

Der Blick richtet sich also auf Dietrich als „Bürger" im weitesten Sinne, wobei die verschiedenen Dimensionen seiner bürgerlichen Existenz nicht voneinander zu trennen sind: Seine sozioökonomischen und politischen Wahrnehmungen waren eng miteinander verwoben, Vermögen, Lebensführung und Umgangsformen hatten direkte Auswirkungen auf seine politische Karriere, welche umgekehrt seinen bürgerlichen Alltag und die Zusammensetzung seines sozialen Umfelds mitbestimmte, während ihm sein öffentliches Ansehen, sein „politisches Kapital",[7] in materieller Hinsicht von Nutzen sein konnte.

Das Forschungsinteresse an der Weimarer Republik hat sich seit den späten 1990er Jahren gewandelt. Vermehrt haben sich Historiker kulturgeschichtlichen Ansätzen zugewandt und diese auf das Gebiet der Politikgeschichte ausgedehnt. Das Konzept einer „Kulturgeschichte der Politik"[8] zeichnet sich dadurch aus, dass es Zugang zu einer Vielfalt neuer Themen bietet,[9] sich weniger starr an den politischen Epochengrenzen 1918 und 1933 orientiert[10] und alte Forschungsgebiete einem ergiebigen Perspektivenwechsel unterzogen werden können.[11] Zugleich

---

[7] Zum politischen Kapital (als einer Form des symbolischen Kapitals) Pierre Bourdieu: Das politische Feld. In: ders.: Das politische Feld. Zur Kritik der politischen Vernunft. Konstanz 2001, S. 41-57, hier S. 52f.

[8] Dazu z. B. Thomas Mergel: Überlegungen zu einer Kulturgeschichte der Politik. In: Geschichte und Gesellschaft 28 (2002), S. 574-606; ebenso wird von „politischer Kulturgeschichte" und „neuer Politikgeschichte" gesprochen: Wolfgang Hardtwig (Hg.): Politische Kulturgeschichte der Zwischenkriegszeit 1918-1939. Göttingen 2005; Ute Frevert/Heinz-Gerhard Haupt (Hg.): Neue Politikgeschichte. Perspektiven einer historischen Politikforschung. Frankfurt a. M. 2005.

[9] Ein breites thematisches Spektrum wird z. B. abgedeckt in Wolfgang Hardtwig (Hg.): Ordnungen in der Krise. Zur politischen Kulturgeschichte Deutschlands 1900-1933. München 2007.

[10] Etwa ebd. u. Anthony McElligott: Rethinking the Weimar Republic. Authority and Authoritarianism, 1916-1936. London u. a. 2014.

[11] Wie ertragreich ein kulturgeschichtlicher Ansatz für „klassische" Themen sein kann, zeigt etwa Wolfram Pytas Biographie über den „charismatischen Herrscher" Hindenburg, die zu einer grundlegenden Neuinterpretation dieser zentralen historischen Figur gelangt: Wolfram Pyta: Hindenburg. Herrschaft zwischen Hohenzollern und Hitler. München 2007.

stehen nicht mehr so sehr das Scheitern der parlamentarischen Demokratie und die nationalsozialistische Machtübernahme im Fokus. Stattdessen sind „Polyvalenz und Offenheit der Weimarer Kultur, Politik und Gesellschaft" in den Mittelpunkt gerückt.[12] Mit der Lösung von teleologischen, auf die nationalsozialistische Machtübernahme ausgerichteten Ansätzen und Vorannahmen sind bislang vernachlässigte oder einseitig behandelte Aspekte der Weimarer Geschichte aufgegriffen bzw. aus neuer Perspektive untersucht worden. Nicht zuletzt haben die Chancen und Leistungen der Weimarer Demokratie verstärkt Beachtung gefunden.[13]

So fruchtbar dieser neuere Trend der Forschung sich auswirkt, sind doch auch problematische und unbefriedigende Begleiterscheinungen zu konstatieren. Es zeigen sich Tendenzen, die Weimarer Geschichte unter umgekehrten Vorzeichen wiederum einseitig zu deuten. Beispielsweise gelangt man über die Beschreibung der pulsierenden, bunten und weltoffenen Großstadt Berlin zu einem eindrucksvollen, aber verzerrten Bild Weimarer „Modernität".[14] Ebenso schießen Versuche, das Krisenbewusstsein der Weimarer Zeit als zeitgenössisches Konstrukt ohne realen Gehalt zu entlarven[15] oder die Krisendiskurse der Zeitgenossen als Ausdruck eines ausgeprägten „Optimismus" zu interpretieren,[16] über das Ziel hinaus.[17] Befasst man sich nur mit den vielversprechenden und zukunftsweisenden Aspekten der Weimarer Geschichte und treibt das Postulat der „Offenheit des Geschehens"[18] auf die Spitze, ergibt sich rasch ein schiefes Bild,[19] und man kann zu zweifelhaften

---

[12] Andreas Wirsching: Die Weimarer Republik. Politik und Gesellschaft. München ²2008, S. 120; außerdem z. B. Björn Hofmeister: Kultur- und Sozialgeschichte der Politik in der Weimarer Republik 1918 bis 1933. In: Archiv für Sozialgeschichte 50 (2010), S. 445–501.

[13] Etwa die kultur- und sozialpolitischen Errungenschaften auf kommunaler Ebene, die einerseits zur soziokulturellen und politischen Polarisierung beitrugen, zugleich aber visionär und modern erscheinen: Ben Lieberman: From Recovery to Catastrophe. Municipal Stabilization and Political Crisis in Weimar Germany. New York u. a. 1998. Zu einer Relativierung des vorwiegend negativen Urteils über den Weimarer Reichstag gelangt Thomas Mergel, indem er die integrative Dynamik herausarbeitet, die der parlamentarische Alltag zumindest bis 1930 entfaltete: Thomas Mergel: Parlamentarische Kultur in der Weimarer Republik. Politische Kommunikation, symbolische Politik und Öffentlichkeit im Reichstag. Düsseldorf 2002; außerdem z. B. Andreas Braune/Michael Dreyer (Hg.): Republikanischer Alltag. Die Weimarer Demokratie und die Suche nach Normalität. Stuttgart 2017.

[14] Eric Weitz: Weimar Germany. Promise and Tragedy. Princeton u. a. ²2013.

[15] Moritz Föllmer/Rüdiger Graf/Per Leo: Einleitung: Die Kultur der Krise in der Weimarer Republik. In: Moritz Föllmer/Rüdiger Graf (Hg.): Die „Krise" der Weimarer Republik. Zur Kritik eines Deutungsmusters. Frankfurt a. M. u. a. 2005, S. 9–41.

[16] Rüdiger Graf: Die Zukunft der Weimarer Republik. Krisen und Zukunftsaneignungen in Deutschland 1918–1933. München 2008.

[17] So in der Tendenz auch Christoph Thonfeld: Krisenjahre revisited. Die Weimarer Republik und die Klassische Moderne in der gegenwärtigen Forschung. In: Historische Zeitschrift 302 (2016), S. 390–420, hier S. 394–403.

[18] Programmatisch Tim B. Müller: Die Ordnung der Krise. Zur Revision der deutschen Geschichte im 20. Jahrhundert. In: Zeitschrift für Ideengeschichte 8/4 (2014), S. 119–126, Zitat S. 123.

[19] Vgl. Jochen Hung: "Bad" Politics and "Good" Culture: New Approaches to the History of the Weimar Republic. In: Central European History 49 (2016), S. 441–453.

Thesen gelangen, wenn man den Untergang der Republik schließlich doch zu erklären versucht – bis hin zu der Feststellung, die nationalsozialistische Machtübernahme sei ein „Zufall"[20] gewesen. Eine wichtige Rolle spielt hierbei der Umstand, dass Untersuchungsgegenstände und methodische Ansätze häufig eng gewählt sind und zentrale Aspekte der Politik-, Sozial- und Wirtschaftsgeschichte ausgeblendet werden, mit der Folge, dass Ergebnisse mit begrenzter Aussagekraft zustande kommen, die gleichwohl verallgemeinert werden.[21] Anders gewendet: Die kulturgeschichtlichen Ansätze haben zur Analyse mancher „klassischer" Fragen wenig beigetragen.

Das gilt zum Beispiel für die Geschichte des politischen Liberalismus in der Weimarer Republik. Die bisherige Forschung hat die liberalen Parteien, ihre Führungsgremien und Organisationen im Zusammenhang mit der politischen Ereignisgeschichte auf Reichsebene und ihrer Rolle im Weimarer Parteiensystem eingehend untersucht.[22] Während diese Arbeiten sich teilweise überschneiden, sind viele Fragen offengeblieben – das trifft auch auf die DDP zu, obwohl sie insgesamt deutlich mehr Aufmerksamkeit erfahren hat als die DVP. Generell mangelt es an Detailstudien. Nur wenige Arbeiten nehmen die lokale, regionale oder Länderebene genauer in den Blick.[23] Auch die Rolle des einzelnen politischen Akteurs tritt in der bisherigen Liberalismus-Forschung eher am Rande in Erscheinung: Die meisten Biographien über liberale Spitzenpolitiker reichen kaum über den Rahmen der allgemeinen Parteien- und Politikgeschichte hinaus,[24] Untersuchun-

---

[20] Tim B. Müller: Nach dem Ersten Weltkrieg. Lebensversuche moderner Demokratien. Hamburg 2014, Zitat S. 121.

[21] Vgl. Hans-Ulrich Wehler: Die Herausforderung der Kulturgeschichte. München 1998, bes. S. 150-153.

[22] Larry Eugene Jones: German Liberalism and the Dissolution of the Weimar Party System, 1918-1933. Chapel Hill u. a. 1988; Lothar Albertin: Liberalismus und Demokratie am Anfang der Weimarer Republik. Eine vergleichende Analyse der Deutschen Demokratischen Partei und der Deutschen Volkspartei. Düsseldorf 1972; Werner Schneider: Die Deutsche Demokratische Partei in der Weimarer Republik 1924-1930. München 1978; Hartmut Schustereit: Linksliberalismus und Sozialdemokratie in der Weimarer Republik. Eine vergleichende Betrachtung der Politik von DDP und SPD 1919-1930. Düsseldorf 1975; Ludwig Richter: Die Deutsche Volkspartei 1918-1933. Düsseldorf 2002; Wolfgang Hartenstein: Die Anfänge der Deutschen Volkspartei 1918-1920. Düsseldorf 1962. Neben diesen soliden Arbeiten gibt es einige ähnlich angelegte Untersuchungen von deutlich geringerer Qualität, z. B. Peter M. Bowers: The Failure of the German Democratic Party, 1918-1930. Ann Arbor 1973; Bruce B. Frye: Liberal Democrats in the Weimar Republic. The History of the German Democratic Party and the German State Party. Carbondale u. a. 1985. Kaum erforscht ist die Geschichte der DStP, die vielfach nur als trauriger Nachklang der DDP bzw. als Abkehr vom Liberalismus betrachtet worden ist; knapp immerhin Jones, Liberalism, S. 395-475 (passim) u. Erich Matthias/Rudolf Morsey: Die Deutsche Staatspartei. In: dies. (Hg.): Das Ende der Parteien 1933. Darstellungen und Dokumente. Düsseldorf 1960, S. 31-97.

[23] Zur preußischen DDP Joachim Stang: Die Deutsche Demokratische Partei in Preußen 1918-1933. Düsseldorf 1994. Einige interessante Einblicke bietet die materialreiche Monographie von Gerhard Menk: Politischer Liberalismus in Hessen zwischen Weimarer Republik und Nachkriegszeit. Rudolf Büttner, Margarete Grippentrog und die Deutsche Demokratische Partei Fuldas. Fulda 2010.

[24] Etwa Gerhard Papke: Der liberale Politiker Erich Koch-Weser in der Weimarer Republik. Baden-Baden 1989; Axel Kellmann: Anton Erkelenz. Ein Sozialliberaler im Kaiserreich

gen zu liberalen Netzwerken gibt es so gut wie keine.[25] Die liberale Presse ist, mit Ausnahme der demokratischen Großstadtzeitungen, wenig berücksichtigt worden, ebenso die pressepolitischen Aktivitäten im Umfeld der beiden Parteien.[26]

Nicht nur die ältere Forschung tendiert dazu, Parteien als relativ klar definierbare Einheiten zu behandeln und dadurch die vielfältigen politischen Positionen in der Weimarer Republik so zu schematisieren, dass grobe Vereinfachungen entstehen. Typisch dafür ist die verbreitete Bezeichnung der DDP als „linksliberale" Partei, die schon deshalb problematisch ist, weil sie bei ihrer Gründung erheblichen Zuzug von den Nationalliberalen erhielt.[27] Demgegenüber kommt es darauf an, die Vielfalt, die Widersprüche und die Schwankungen im politischen Denken des organisierten Liberalismus stärker zu berücksichtigen und das auch im Umfeld der DDP oft zwiespältige Staats- und Demokratieverständnis näher zu untersuchen,[28] nach der Bedeutung klassisch liberaler Leitbilder wie dem Fortschrittsglauben zu fragen oder das Verhältnis zwischen Liberalismus und Nationalismus unter die Lupe zu nehmen.[29] Die liberalen Parteien sind überwiegend

und in der Weimarer Republik. Berlin 2007; Thomas Aders: Die Utopie vom Staat über den Parteien. Biographische Annäherungen an Hermann Höpker Aschoff (1883-1954). Frankfurt a. M. 1994. Die biographischen Arbeiten über Spitzenpolitiker der DVP beschränken sich fast ausschließlich auf Stresemann, bes. Jonathan Wright: Gustav Stresemann. Weimar's Greatest Statesman. Oxford u. a. 2002. Eine erfrischende Ausnahme gegenüber den konventionellen Biographien stellt hier die neue Untersuchung von Karl Heinrich Pohl dar, wobei die Weimarer Zeit allerdings recht knapp behandelt wird: Karl Heinrich Pohl: Gustav Stresemann. Biografie eines Grenzgängers. Göttingen 2015.

[25] Einen Einblick in den „Hilfe-Kreis", ein freilich in erster Linie intellektuelles Netzwerk, bietet Thomas Hertfelder: „Meteor aus einer anderen Welt". Die Weimarer Republik in der Diskussion des Hilfe-Kreises. In: Andreas Wirsching/Jürgen Eder (Hg.): Vernunftrepublikanismus in der Weimarer Republik. Politik, Literatur, Wissenschaft. Stuttgart 2008, S. 29-55.

[26] Siehe z. B. Modris Eksteins: The Limits of Reason. The German Democratic Press and the Collapse of Weimar Democracy. Oxford 1975; Werner Becker: Demokratie des sozialen Rechts. Die politische Haltung der Frankfurter Zeitung, der Vossischen Zeitung und des Berliner Tageblatts 1918-1924. Göttingen u. a. 1971; außerdem die einschlägigen Abschnitte in Kurt Koszyk: Deutsche Presse 1914-1945. Geschichte der deutschen Presse. Teil III. Berlin 1972.

[27] Vgl. die kritischen Bemerkungen zur Verwendung des Begriffs Linksliberalismus bei Konstanze Wegner: Literaturbericht. Linksliberalismus im wilhelminischen Deutschland und in der Weimarer Republik. In: Geschichte und Gesellschaft 4 (1978), S. 120-137, hier S. 120.

[28] Hierzu gibt es bereits einige Ansätze, z. B. Jürgen C. Heß: Überlegungen zum Demokratie- und Staatsverständnis des Weimarer Linksliberalismus. In: Hartmut Boockmann/ Kurt Jürgensen/Gerhard Stoltenberg (Hg.): Geschichte und Gegenwart. Festschrift für Karl Dietrich Erdmann. Neumünster 1980, S. 289-311 sowie verschiedene Beiträge in Andreas Wirsching/Jürgen Eder (Hg.): Vernunftrepublikanismus in der Weimarer Republik. Politik, Literatur, Wissenschaft. Stuttgart 2008 u. in Christoph Gusy (Hg.): Demokratisches Denken in der Weimarer Republik. Baden-Baden 2000; vgl. auch die neue politikwissenschaftliche Studie von Jens Hacke: Existenzkrise der Demokratie. Zur politischen Theorie des Liberalismus in der Zwischenkriegszeit. Berlin 2018.

[29] Hierbei sind insbesondere die völkischen Elemente im Gedankengut der DDP genauer zu untersuchen. Der „demokratische Nationalismus" lässt sich nicht strikt vom ethnischen Nationalismus der Rechten trennen: so jedoch bes. Jürgen C. Heß: „Das ganze

unter der Perspektive des Scheiterns betrachtet worden. Für die Zeitgenossen stellte sich der Niedergang allerdings keineswegs nur als eindimensionaler, unaufhaltsamer Prozess dar. Die vielfältigen Krisenwahrnehmungen sind genauer zu analysieren, die Erwartungen und Enttäuschungen im Detail zu berücksichtigen. Auch im Hinblick auf den politischen Liberalismus sind im Sinne der neueren Forschung die Merkmale „Polyvalenz und Offenheit" hervorzuheben.

Ein ebenfalls vernachlässigtes Themenfeld ist die Geschichte des Bürgertums nach 1918. Die Feststellung, diese sei ein „Stiefkind der Forschung",[30] hat nach wie vor ihre Berechtigung – nicht zuletzt für die Weimarer Zeit. Politische Zäsuren, das mit dem Jahr 1933 verbundene Verdikt des „Versagens" des Bürgertums und zeitgenössische Krisendeutungen haben der Historiographie ihren Stempel aufgedrückt und das Bild eines kontinuierlichen Niedergangs, einer „Auflösung des Bürgertums seit dem späten 19. Jahrhundert" gezeichnet.[31] Wie jedoch verschiedene Studien, die sich auf die Zeit nach 1945 konzentrieren, inzwischen gezeigt haben, kann von einem Untergang des Bürgertums „keine Rede sein".[32] Vielmehr lassen sich ungeachtet aller politischen Einschnitte, ökonomischen Krisen und gesellschaftlichen Wandlungsprozesse langfristige, bis in die Gegenwart reichende Kontinuitäten feststellen. Dabei sollten Bürgertum und Bürgerlichkeit nicht an ihren spezifischen, im 19. Jahrhundert anzutreffenden Konturen gemessen, sondern im Sinne eines „steten Formwandels" verstanden werden.[33] Einige neuere Arbeiten haben zudem die Beständigkeit bürgerlicher Lebensentwürfe,

---

Deutschland soll es sein". Demokratischer Nationalismus in der Weimarer Republik am Beispiel der Deutschen Demokratischen Partei. Stuttgart 1978; vgl. dagegen Eric Kurlander: The Price of Exclusion. Ethnicity, National Identity, and the Decline of German Liberalism, 1898–1933. New York u. a. 2006. Kurlanders Arbeit, die allerdings auch manche Mängel enthält und über das Ziel hinausschießt, ist bislang kaum beachtet worden.

[30] Horst Möller: Bürgertum und bürgerlich-liberale Bewegung nach 1918. In: Lothar Gall (Hg.): Bürgertum und bürgerlich-liberale Bewegung in Mitteleuropa seit dem 18. Jahrhundert. München 1997, S. 293–342, hier S. 293.

[31] Hans Mommsen: Die Auflösung des Bürgertums seit dem späten 19. Jahrhundert. In: Jürgen Kocka (Hg.): Bürger und Bürgerlichkeit im 19. Jahrhundert. Göttingen 1987, S. 288–315; siehe auch M. Rainer Lepsius: Bürgertum als Gegenstand der Sozialgeschichte. In: Wolfgang Schieder/Volker Sellin (Hg.): Sozialgeschichte in Deutschland. Entwicklungen und Perspektiven im internationalen Zusammenhang. Bd. 4: Soziale Gruppen in der Geschichte. Göttingen 1987, S. 61–80.

[32] Hans-Ulrich Wehler: Deutsches Bürgertum nach 1945: Exitus oder Phönix aus der Asche? In: Geschichte und Gesellschaft 27 (2001), S. 617–634, Zitat S. 621, 623 u. 625.

[33] Klaus Tenfelde: Stadt und Bürgertum im 20. Jahrhundert. In: ders./Hans-Ulrich Wehler (Hg.): Wege zur Geschichte des Bürgertums. Göttingen 1994, S. 317–353, Zitat S. 340; außerdem z. B. die Einführung in Peter Lundgreen (Hg.): Sozial- und Kulturgeschichte des Bürgertums. Eine Bilanz des Bielefelder Sonderforschungsbereichs (1986–1997). Göttingen 2000, S. 13–39, hier S. 34–39; Gunilla Budde/Eckart Conze/Cornelia Rauh: Einleitung: Bürgertum und Bürgerlichkeit nach 1945. In: dies. (Hg.): Bürgertum nach dem bürgerlichen Zeitalter. Leitbilder und Praxis seit 1945. Göttingen 2010, S. 7–25; Dieter Ziegler: Die wirtschaftsbürgerliche Elite im 20. Jahrhundert: eine Bilanz. In: ders. (Hg.): Großbürger und Unternehmer. Die deutsche Wirtschaftselite im 20. Jahrhundert. Göttingen 2000, S. 7–29; vgl. den Forschungsüberblick von Andreas Schulz: Lebenswelt und Kultur des Bürgertums im 19. und 20. Jahrhundert. Berlin u. a. ²2014, S. 82–85 u. 103–113.

Handlungsmuster und Werte über den Ersten Weltkrieg hinaus hervorgehoben.[34] An der Existenz des Bürgertums als sozialer und kultureller Formation in der Weimarer Republik kann kein Zweifel bestehen, und im Licht dieser Forschungsergebnisse erscheinen eingehende Untersuchungen erst recht als dringlich. Das betrifft insbesondere die Frage, inwieweit das bürgerliche Krisenbewusstsein eine reale Grundlage hatte oder „im wesentlichen eine mentalitätsgeschichtliche Erscheinung"[35] war. Dazu bedarf es auch detaillierter Analysen von materiellen Lebenslagen, von Vermögens- und Einkommensentwicklungen, die bislang nur sehr spärlich vorhanden sind und über Ansätze nicht hinausreichen.[36]

Es gilt, die Weimarer Zeit (und einzelne Abschnitte und Momente ihrer Geschichte) im Sinne eines „Nacheinanders von Gegenwarten"[37] für sich zu untersuchen, der Dynamik und Ambivalenz dieser Epoche, überhaupt der „Doppelgesichtigkeit der Modernisierung"[38] Rechnung zu tragen und neben Chancen und Zukunftsweisendem die allgegenwärtigen Krisenerscheinungen angemessen zu berücksichtigen. Soweit dabei Aspekte zutage treten, die gleichzeitig zur Erklärung des Scheiterns der Republik beitragen könnten, ergibt sich daraus kein Widerspruch zu dem Anliegen, die Weimarer Geschichte nicht von ihrem Ende her zu deuten. Ziel sollte es sein, die neueren kulturgeschichtlichen Forschungsimpulse aufzugreifen und sie mit der älteren Weimar-Forschung zu verknüpfen, deren Ergebnisse zwar vielfach als revisions- oder ergänzungsbedürftig erscheinen, aber nicht ausgeblendet werden sollten.

---

[34] Dietmar Molthagen: Das Ende der Bürgerlichkeit? Liverpooler und Hamburger Bürgerfamilien im Ersten Weltkrieg. Göttingen 2007; Moritz Föllmer: Die Verteidigung der bürgerlichen Nation. Industrielle und hohe Beamte in Deutschland und Frankreich 1900-1930. Göttingen 2002; Christof Biggeleben: Das „Bollwerk" des Bürgertums. Die Berliner Kaufmannschaft 1870-1920. München 2006; anders Werner Plumpe: Einleitende Überlegungen. Strukturwandel oder Zerfall: das Wirtschaftsbürgertum 1870 bis 1930. In: ders./Jörg Lesczenski (Hg.): Bürgertum und Bürgerlichkeit zwischen Kaiserreich und Nationalsozialismus. Mainz 2009, S. 8-13. Plumpe geht weiterhin von einem „historischen Bruch" aus und verortet Bürgertum und Bürgerlichkeit „ganz" im 18. und 19. Jahrhundert. Maßstab ist dabei allerdings das „alte" (Stadt-)Bürgertum, das im Sinne des neueren Forschungstrends eher als spezifische, zeitgebundene Ausprägung des Bürgertums verstanden werden sollte.

[35] Lundgreen, Sozial- und Kulturgeschichte, S. 36.

[36] Zur Lage der Berufsgruppe(n) der Beamten, u. a. im Hinblick auf die Gehaltsentwicklung, z. B. Rainer Fattmann: Bildungsbürger in der Defensive. Die akademische Beamtenschaft und der „Reichsbund der höheren Beamten" in der Weimarer Republik. Göttingen 2001, bes. S. 113-133; Andreas Kunz: Civil Servants and the Politics of Inflation in Germany, 1914-1924. Berlin u. a. 1986, bes. S. 60-90. Eine beachtenswerte Ausnahme unter den biographischen Studien ist die Arbeit von Friedrich Lenger: Werner Sombart. 1863-1941. Eine Biographie. München 1994, bes. S. 255-281. Lengers Analyse von Sombarts Vermögen und Einkommen ist aufschlussreich, bleibt allerdings ebenfalls eher vage; einige Ansätze zu Bildungs- und Wirtschaftsbürgertum außerdem bei Michael Schäfer: Bürgertum in der Krise. Städtische Mittelklassen in Edinburgh und Leipzig von 1890 bis 1930. Göttingen 2003, S. 314-396, passim.

[37] Pierre Rosanvallon: Für eine Begriffs- und Problemgeschichte des Politischen. Antrittsvorlesung am Collège de France, Donnerstag, den 28. März 2002. In: Mittelweg 36 12/6 (2011), S. 43-66, hier S. 49f.

[38] Detlev J. K. Peukert: Die Weimarer Republik. Krisenjahre der klassischen Moderne. Frankfurt a. M. 1987, S. 268.

Hier will die vorliegende Arbeit ansetzen. Indem der liberale Bürger Hermann Dietrich in seinen verschiedenen Rollen als Repräsentant der Weimarer Epoche betrachtet wird, soll der biographische Ansatz politik-, sozial- und kulturgeschichtliche Fragestellungen miteinander verbinden. Dabei dient die politische Karriere Dietrichs als erzählerischer roter Faden: Dies ergibt sich aus dem „narrativen Element" des biographischen Arbeitens,[39] aber auch aus dem Umstand, dass die Politik Dietrichs maßgeblicher Lebensinhalt, das Streben nach Einfluss und Ämtern in allen Bereichen die Richtschnur seines Handelns war. Es steht jedoch nicht seine Laufbahn selbst im Fokus, sondern diese bildet in erster Linie ein Grundgerüst, in das die analytischen Elemente der Untersuchung eingebettet sind. Die Arbeit nimmt aus mikrohistorischer Perspektive einzelne Dimensionen eines Lebens in den Blick, deren Analyse einen über das biographische Subjekt hinausreichenden Erkenntniswert verspricht, und fragt nach den Kontexten und Mechanismen, dem Zeitspezifischen und Paradigmatischen in Dietrichs sozialem und ökonomischem, kulturellem und politischem Handeln – nicht nach der „Sinnhaftigkeit" und „Einzigartigkeit" seines Lebens. Wenngleich die Gefahr, eine „Lebensgeschichte" auf ein Ziel hin zu konstruieren und damit der „biographischen Illusion" zu erliegen,[40] stets präsent ist, kann sie auf diese Weise immerhin gemildert werden.[41]

Der Aufbau der Arbeit folgt entsprechend nur in groben Zügen der Chronologie, indem die Kapitel sich auf bestimmte Zeitabschnitte konzentrieren. Ansonsten tritt die fortlaufende Erzählung in den Hintergrund, um thematische Schwerpunkte bilden zu können, die in einer dichteren Beschreibung untersucht werden. Die zeitliche Abgrenzung der Kapitel, die allerdings nicht strikt ist und an manchen Stellen durchbrochen wird, ergibt sich aus Einschnitten in Dietrichs Leben, die zugleich – und nur teilweise zufällig – mit den zentralen politischen und ökonomischen Wendepunkten der Weimarer Republik weitgehend übereinstimmen. Während das erste Kapitel 1918 endet, deckt das zweite die Zeit zwischen der Novemberrevolution und dem Krisenjahr 1923 ab. Die folgenden beiden Abschnitte konzentrieren sich auf die mittlere Phase der Weimarer Zeit von 1924 bis 1928, und das fünfte Kapitel umfasst die Spätphase der Republik bis zum Jahr 1932. Die Revolution war auch für Dietrich eine Zäsur, weil sie ihm den sofortigen Sprung in die Spitzenpolitik ermöglichte. Die folgenden Jahre waren von dem Bemühen bestimmt, seine parteipolitische Stellung in Baden zu konsolidieren und in den Wirren der Inflation sein Vermögen zu erhalten. Erst ab 1924 konnte er sich in vollem Umfang der parlamentarischen Arbeit in Berlin zuwenden und darauf hinarbeiten, einen Posten in der Reichsregierung zu erlan-

---

[39] Margit Szöllösi-Janze: Fritz Haber. 1868–1934. Eine Biographie. München 1998, S. 13.
[40] Pierre Bourdieu: Die biographische Illusion. In: BIOS 3 (1990), S. 75–81.
[41] Vgl. zur biographischen Methode in der Geschichtswissenschaft z. B. Simon Karstens: Die Summe aller Wahrheiten und Lügen. Ein Erfahrungsbericht zur geschichtswissenschaftlichen Biographie. In: BIOS 24 (2011), S. 78–97; Wolfram Pyta: Biographisches Arbeiten als Methode. In: Christian Klein (Hg.): Handbuch Biographie. Methoden, Traditionen, Theorien. Stuttgart u. a. 2009, S. 331–338; Cornelia Rauh-Kühne: Das Individuum und seine Geschichte. Konjunkturen der Biographik. In: Andreas Wirsching (Hg.): Oldenbourg Geschichte Lehrbuch. Neueste Zeit. München 2006, S. 215–232.

gen. Den nächsten Wendepunkt markiert seine Ernennung zum Ernährungsminister Ende Juni 1928, mit der die Amtsgeschäfte als Minister zu seinem wichtigsten, phasenweise beinahe einzigen Handlungsfeld wurden. Der Sturz des Kabinetts Brüning Ende Mai 1932 stellte den entscheidenden Bruch in Dietrichs Biographie dar: Er betrachtete ihn als Schlusspunkt seiner politischen Karriere und ließ sich bereits vor der NS-Machtübernahme als Rechtsanwalt nieder. Sein Leben, an dessen Ende er sich nun mitunter wähnte, nahm damit eine grundlegende Wendung, weil sich bisherige Zielsetzungen nicht nur verschoben, sondern auflösten.

Das Erkenntnisinteresse der Arbeit richtet sich in erster Linie auf die Weimarer Republik und zentrale Aspekte ihrer Geschichte. Sie ist somit mehr biographische Studie denn Biographie[42] und will Dietrichs Leben nicht vollständig in allen Dimensionen und Details, sondern ausschnittsweise erfassen. Folglich wird im Wesentlichen nur ein Lebens*abschnitt* untersucht. Die Zeit vor 1918 kann freilich nicht außer Acht bleiben, weil Dietrich im Kaiserreich das Fundament für die spätere Karriere legte, seine Herkunft und Sozialisation in der Weimarer Zeit weiter eine wichtige Rolle spielten und das späte Kaiserreich als „Erfahrungsraum"[43] stets in seinem Denken präsent blieb. Der Lebensweg nach 1932/33 ist für die vorliegende Untersuchung hingegen nicht von Bedeutung. Ungeachtet dessen ergäben sich aus einer umfassenden biographischen Darstellung methodische Probleme, die dem hier verfolgten Ansatz zuwiderliefen. Dietrich starb erst 1954, also über 20 Jahre nach dem Untergang der Republik. An sich wäre er auch für die Zeit des Nationalsozialismus ein lohnendes Forschungsobjekt, während der er als Rechtsanwalt tätig war,[44] sowie für die Nachkriegszeit, als er unter anderem Sonderbeauftragter für Ernährung und Landwirtschaft in der Bizone wurde und nochmals eine gewisse parteipolitische Aktivität entfaltete. Eine diachrone Perspektive über die Epochengrenzen der Weltkriege und der nationalsozialistischen Machtübernahme hinweg wäre möglich und gewiss interessant. Dadurch würden jedoch die biographierte Person und ihr Lebenslauf in den Vordergrund rücken, während die politischen, kulturellen und sozialen Kontexte, in welche dieses Leben eingebettet war, zwangsläufig oberflächlicher behandelt werden müssten und so die Tiefenschärfe, die hier erreicht werden soll, verlorenginge.

Dietrich eignet sich nicht zuletzt deshalb als Untersuchungsgegenstand, weil die Quellenlage insgesamt sehr gut und in mancher Hinsicht außergewöhnlich ist. Die Arbeit stützt sich vornehmlich auf seinen Nachlass, dessen besondere Qualität wesentliche Teile des hier verfolgten Unterfangens erst ermöglicht. Der größere Teil des Nachlasses wird seit längerem im Bundesarchiv Koblenz verwahrt und besteht aus fast 600, meist überaus umfangreichen Archiveinheiten, von denen

---

[42] Vgl. Karstens, Summe, S. 86.
[43] Reinhart Koselleck: „Erfahrungsraum" und „Erwartungshorizont" – zwei historische Kategorien. In: ders.: Vergangene Zukunft. Zur Semantik geschichtlicher Zeiten. Frankfurt a. M. 1979. S. 349–375.
[44] Vgl. dazu knapp die (sehr gelungenen) Abschnitte über Dietrich in der Studie von Eric Kurlander: Living with Hitler. Liberal Democrats in the Third Reich. New Haven u. a. 2009.

knapp die Hälfte aus der Weimarer Zeit stammt.[45] Außerdem konnte auf einen zweiten Teilnachlass zurückgegriffen werden, der insgesamt rund 400 Akten umfasst, von denen etwa 60 hier herangezogen werden. Er befand sich bislang in Privathand und war der historischen Forschung nicht zugänglich.[46] Trotz des gewaltigen Umfangs der überlieferten Unterlagen sind sie keineswegs vollständig: Sie enthalten kaum Dokumente aus der Zeit vor 1918, bis 1925 bestehen teils kleinere, teils erhebliche Lücken, und auch aus den nachfolgenden Jahren fehlen manche Akten. Zum einen ging Dietrich wohl erst Mitte der zwanziger Jahre zu einer systematischen Aufbewahrung aller Schriftstücke über. Zum anderen kam es in späterer Zeit zu Verlusten: Offenbar wurde „eine größere Anzahl von Bänden" versehentlich „als Altpapier vernichtet",[47] manches ging vermutlich in den Wirren der Jahre nach 1945 verloren,[48] anderes wurde von Mitarbeitern des Bundesarchivs „kassiert".[49] Zudem wurden bestimmte Akten gezielt ausgesondert, namentlich solche, die mit der wirtschaftlichen Unterstützung der deutschen Minderheiten in Ost- und Südosteuropa in Zusammenhang standen, an der Dietrich als Reichstagsabgeordneter beteiligt war. Das anscheinend umfangreiche Material dazu vernichtete er selbst – vermutlich nach dem Ende des Zweiten Weltkriegs, um noch lebende Beteiligte zu schützen.[50] Dietrichs zweite Frau Marta, Witwe des Theologen und Kulturphilosophen Ernst Troeltsch, scheint Unterlagen beseitigt zu haben, die sie selbst und ihren ersten Mann betrafen.[51] Sie

---

[45] Zu diesem Teilnachlass Wolfgang Mommsen/Marianne Loenartz (Bearb.): Nachlaß Hermann Dietrich. Bestand NL 4. Koblenz 1988.
[46] Eine Aufstellung über die verwendeten Akten aus dem zweiten Teilnachlass findet sich im Quellenverzeichnis. Sie sind, zusammen mit den übrigen archivwürdigen Unterlagen dieses Teilnachlasses, die mehrheitlich aus der Zeit nach 1933 stammen, inzwischen vom Bundesarchiv übernommen worden. Der Nachlass Dietrich wird im Folgenden abgekürzt zitiert als ND.
[47] Mommsen/Loenartz, Nachlaß, S. 16.
[48] Wesentliche Teile von Dietrichs Unterlagen befanden sich bei Kriegsende noch an verschiedenen Orten in Berlin und Umgebung; vgl. Mommsen/Loenartz, Nachlaß, S. IX; außerdem z. B. Dietrich an Heinrich Brüning, 26. 11. 1947, ND 569, fol. 81–83 sowie die Unterlagen in ND 636.
[49] Vor allem (offenbar) Unterlagen über die Bewirtschaftung von Dietrichs Höfen („Korrespondenz und Abrechnungen über Holzabfuhr, Obstverkauf u. ä.", Mommsen/Loenartz, Nachlaß, S. XI).
[50] Über einen Besuch bei Dietrich im Herbst 1953 notierte der Archivar Wolfgang Mommsen: „Er erzählte [...], daß er sehr viel Akten habe vernichten müssen, insbesondere die sehr wertvollen Materialien über das Deutschtum im Ausland, die allein die Wände eines Raumes völlig gefüllt hätten. Ich konnte nicht recht herausbekommen, zu welchem Zeitpunkt diese Vernichtungsaktion stattgefunden hat, möglicherweise erst 1945 bei Einmarsch der Besatzungsmächte." Vermerk Wolfgang Mommsens betreffend die Nachlässe Dietrich und Troeltsch (nebst Bericht über einen Besuch bei Dietrich am 24. 10. 1953), 29. 10. 1953, BAK Dienstakte Hermann Dietrich, fol. 12 f. Offensichtlich lückenhaft sind außerdem die Korrespondenzen aus der Zeit des Nationalsozialismus, die hier aber von geringer Bedeutung sind.
[51] Diese Vermutung drängt sich auf; vgl. Friedrich Wilhelm Graf: Polymorphes Gedächtnis. Zur Einführung in die Troeltsch-Nekrologie. In: ders. (Hg.): Ernst Troeltsch in Nachrufen. Gütersloh 2002, S. 21–173, hier S. 167–169 u. ders.: Fachmenschenfreundschaft. Studien zu Troeltsch und Weber. Berlin u. a. 2014, S. 41.

taucht in Dietrichs Nachlass nur vereinzelt auf; es sind praktisch keine Korrespondenzen aus der immerhin 20-jährigen Ehe (1927-1947) überliefert.

Diesen gewiss bedauerlichen, allerdings vergleichsweise überschaubaren Lücken stehen besondere Stärken des Nachlasses gegenüber. Der Großteil der Archivalien besteht aus einer überaus umfangreichen und aussagekräftigen Korrespondenz, die teils in Sachakten, teils alphabetisch und chronologisch geordnet ist. Die erhaltenen Akten liegen fast ausschließlich in ihrer ursprünglichen Ordnung vor und sind vollständig. Dietrich unterhielt ein Privatbüro mit eigenem Sekretär und war damit nicht nur in der Lage, einen gewaltigen Schriftwechsel zu führen und an normalen Arbeitstagen dutzende Briefe zu diktieren,[52] sondern auch eine sorgfältige Ordnung aufrechtzuerhalten. Teil dieser Ordnung war, dass grundsätzlich jedes Schriftstück abgelegt und aufbewahrt wurde – im Zweifelsfall in der „allgemeinen Korrespondenz", die nicht nach der Bedeutung der Korrespondenzpartner geordnet war. Da er über ausreichend Raum verfügte, um seine Unterlagen zu verwahren, wurden diese später nicht mehr durchgesehen, um weniger wichtige Briefe, wie Bittschriften von Personen, die er kaum kannte, auszusortieren.[53] Dieser besondere, zumindest für Nachlässe Weimarer Politiker unübliche Umstand erlaubt es, den politischen und privaten Alltag Dietrichs im Detail nachzuvollziehen, etwa die Interaktion mit seinem sozialem Umfeld oder mit Wählern und Parteimitgliedern in seinem Wahlkreis. Darüber hinaus bietet der Nachlass einen tiefen Einblick in Dietrichs partei- und pressepolitische Aktivitäten und damit in seine persönlichen Verbindungen und die liberalen Netzwerke, in denen er sich bewegte. Speziell sein Beziehungsgeflecht in Baden, mit dem er vorwiegend schriftlich in Kontakt stand, lässt sich so rekonstruieren.[54] Eine weitere Stärke des Nachlasses besteht darin, dass sich in bemerkenswertem Ausmaß Erkenntnisse

---

[52] In Dietrichs Korrespondenz sind seine eigenen Briefe fast ausnahmslos (als Durchschlag) enthalten. Parallelüberlieferungen in anderen Nachlässen bestätigen das. Methodisch problematische Überlieferungslücken, die auf die Existenz handschriftlicher Briefe hinweisen, gibt es selbst im familiären Bereich selten. Mit wenigen Ausnahmen (auf die im Zweifelsfall gesondert hingewiesen wird) diktierte er seinen Bürokräften auch Schreiben vertraulichen Inhalts.

[53] Als ein erster Teil des Nachlasses – noch zu Dietrichs Lebzeiten – vom Bundesarchiv übernommen wurde, blieben zwar ganze Akten in Privatbesitz, weil sie noch benötigt wurden, vom Archiv als irrelevant angesehen wurden oder vertraulichen Inhalts waren. Eine systematische Durchsicht der abgelieferten Akten erfolgte jedoch nicht, vielmehr musste sich Dietrichs Büro später erkundigen, was in dem abgegebenen Material überhaupt enthalten sei. Dietrich selbst war zu diesem Zeitpunkt zu einer Prüfung gar nicht mehr in der Lage; vgl. die Vermerke Wolfgang Mommsens betreffend Nachlass Dietrich vom 28.11.1953 u. 25.2.1955, BAK Dienstakte Hermann Dietrich, fol. 17f. u. 39f.

[54] Wobei die „Netzwerkanalyse" naturgemäß qualitativer Art bleibt – schon deshalb, weil (gerade sehr enge) Kontakte auf vornehmlich mündlichem Austausch beruhen konnten. Das gilt besonders für Dietrichs Umfeld in Berlin, z. B. die Fraktionskollegen der DDP, denen er täglich im Reichstag begegnete. Aber auch in Baden war Dietrich an bestimmten Orten häufig präsent. Eine empirische Gründlichkeit im Sinne soziologischer Ansätze kann folglich nicht geleistet werden; dazu z. B. Dorothea Jansen: Einführung in die Netzwerkanalyse. Grundlagen, Methoden, Anwendungen. Wiesbaden ³2006; vgl. auch Morten Reitmayer/Christian Marx: Netzwerkansätze in der Geschichtswissenschaft. In: Christian Stegbauer/Roger Häußling (Hg.): Handbuch Netzwerkforschung. Wiesbaden 2010, S. 869-880.

über Dietrichs materielle Existenz gewinnen lassen. Er enthält nicht nur detaillierte Informationen über Dietrichs Lebensführung, sondern erlaubt auch die Rekonstruktion seiner Vermögens- und Einkommensverhältnisse – und zwar nicht nur näherungsweise, sondern über weite Strecken im Detail. Ab 1924 liegen die Einkommen- und Vermögensteuererklärungen im Wesentlichen vollständig vor. Hinzu kommen zahlreiche Unterlagen über Bankkonten, Beteiligungen sowie land- und forstwirtschaftliche Betriebe, die zu einem erheblichen Teil bis in die Inflationszeit zurückreichen. Der Großteil dieses Materials wurde in den 1950er Jahren als „nicht archivwürdig" angesehen,[55] ist aber in dem privaten Teilnachlass verblieben.

Neben Dietrichs eigenen Unterlagen gibt es vielfältige archivalische und gedruckte Quellen, die sein politisches Denken und Handeln beleuchten. Von herausragender Bedeutung sind seine Publikationen und Reden. Neben einigen kleineren Broschüren veröffentlichte er unzählige Zeitungsartikel, die nicht nur, aber besonders häufig in seinen Provinzblättern in Baden erschienen. Stellvertretend für die „Dietrich-Presse", die zudem seine Ausführungen bei öffentlichen Auftritten abdruckte, wurden die *Badische Landeszeitung* (Karlsruhe) und der *Seebote* (Überlingen) ausgewertet. Weitere Periodika wurden stichprobenartig bzw. in konkreten Zusammenhängen herangezogen. Aufschlussreich sind außerdem die Reden im badischen Landtag und im Reichstag. Seine parlamentarische Tätigkeit in Berlin dokumentieren ferner die Akten des Reichstags, vor allem die Niederschriften über die Sitzungen des Haushaltsausschusses,[56] während die Protokolle der DDP-Fraktion 1933 vernichtet wurden.[57] Eine wichtige Quelle für Dietrichs parteipolitische Rolle auf Reichsebene sind die Akten der DDP bzw. DStP im Bundesarchiv Berlin, namentlich die Sitzungsprotokolle der Führungsgremien.[58] Im Hinblick auf Dietrichs Amtstätigkeit in Kehl und Konstanz sowie als badischer Außenminister sind die Bestände in den jeweiligen Stadtarchiven bzw. die Akten der badischen Regierung im Generallandesarchiv Karlsruhe relevant.[59] An Material zur Geschichte der Reichskabinette besteht ebenfalls kein Mangel. Hier fallen insbesondere die Akten der Reichskanzlei ins Gewicht,[60] außerdem die Tage-

---

[55] Vermerke von Wolfgang Mommsen betreffend Nachlass Dietrich, 25. 2. 1955 u. 1. 2. 1956, BAK Dienstakte Hermann Dietrich, fol. 39 f. u. 67 f.

[56] Die Protokolle des Haushaltsausschusses liegen gedruckt vor; für den hier näher behandelten Zeitraum 1924–1928: Verhandlungen des Ausschusses für den Reichshaushalt. III. Wahlperiode. Berlin 1926–1930.

[57] Theodor Heuss an Dietrich, 20. 2. 1934, ND 146, fol. 279.

[58] Die Protokolle des Vorstands bzw. Parteiausschusses (für die DStP: Geschäftsführender Vorstand bzw. Gesamtvorstand) sind teilweise abgedruckt in: Linksliberalismus in der Weimarer Republik. Die Führungsgremien der Deutschen Demokratischen Partei und der Deutschen Staatspartei 1918–1933. Bearbeitet von Konstanze Wegner in Verbindung mit Lothar Albertin. Düsseldorf 1980.

[59] Die Kabinettsprotokolle der badischen Regierung aus den Jahren 1918 bis 1920 sind ediert: Die Protokolle der Regierung der Republik Baden. Bd. 1: Die provisorische Regierung. November 1918 – März 1919. Bearbeitet von Martin Furtwängler. Stuttgart 2012 u. dass., Bd. 2: Das Staatsministerium April 1919 – November 1921. Bearbeitet von Martin Furtwängler. Stuttgart 2016.

[60] Die wichtigsten Unterlagen aus dem Bestand BAB R 43 I, namentlich Protokolle der Kabinettssitzungen und anderer Besprechungen, liegen als Edition vor (Akten der

bücher von Dietrichs Staatssekretär im Finanzministerium, Hans Schäffer, und die Tagesberichte des Reichsbankpräsidenten Hans Luther.[61] Eine wichtige Ergänzung stellen schließlich die Nachlässe von Personen in Dietrichs politischem Umfeld dar. Hervorzuheben ist der im Generallandesarchiv Karlsruhe verwahrte Nachlass von Edmund Rebmann, ab 1909 Vorsitzender der Nationalliberalen in Baden, der auch das Parteiarchiv der badischen NLP umfasst. Dieser Bestand, der bis in die frühen 1920er Jahre reicht, enthält aussagekräftige Dokumente, welche manche Lücke in der für diese Zeit relativ dünnen Überlieferung in Dietrichs Nachlass schließen.

Dietrich war um die historische Würdigung seiner Leistungen besorgt. Seit dem Sturz der Regierung Brüning arbeitete er darauf hin, seine politische Tätigkeit ins rechte Licht zu rücken – ein Vorhaben, das durch die NS-Machtübernahme zunächst unterbrochen wurde, um mit dem Ende des Zweiten Weltkriegs wiederaufzuleben. Unter anderem beabsichtigte er, eine Autobiographie zu verfassen. Doch während er sich publizistisch wiederholt mit der gegenwärtigen Lage Deutschlands auseinandersetzte, über die er unter anderem zwei längere Abhandlungen verfasste,[62] gelangten die Memoiren über Materialsammlungen und einige kurze Aufzeichnungen nicht hinaus.[63] Dieser Umstand ist aus Sicht des Historikers zu verschmerzen, zumal die Fragmente insgesamt als wenig zuverlässig einzuschätzen sind – ebenso wie der Inhalt von Erörterungen über die Weimarer Zeit, die Dietrich in Briefwechseln der Jahre nach 1945 anstellte. Hier spielte ihm sein Gedächtnis manchen Streich. Die Arbeit eines Auftragsschriftstellers, der von Dietrich offenbar umfangreiche mündliche Auskünfte erhielt und eine politische Biographie verfassen sollte, schließlich aber ein Romanmanuskript ablieferte, das bestenfalls vage an Dietrichs Lebenslauf angelehnt war, ist als Quelle so gut wie unbrauchbar.[64]

Generell sind die späteren Zeugnisse von Weimarer Politikern mit größter Vorsicht zu behandeln, und zwar gerade dann, wenn sie weitreichende Aussagen enthalten, die sich anhand zeitgenössischer Quellen nicht belegen lassen. Die umfangreiche Memoirenliteratur von politischen Weggefährten Dietrichs enthält mitunter erhellende Deutungen und Detailinformationen. Das gilt beispielsweise für die Erinnerungen des langjährigen Reichsgeschäftsführers der DDP, Werner

---

Reichskanzlei. Weimarer Republik): Das Kabinett Müller II. 28. Juni 1928 bis 27. März 1930. 2 Bde. Bearbeitet von Martin Vogt. Boppard 1970; Die Kabinette Brüning I und II. 30. März 1930 bis 10. Oktober 1931. 10. Oktober 1931 bis 1. Juni 1932. 3 Bde. Bearbeitet von Tilman Koops. Boppard 1982-1990.

[61] Einzelne Dokumente aus den Nachlässen Schäffers (IfZ ED 93, bes. Bd. 9-20) und Luthers (BAK N Luther, bes. Nr. 365-368) sind abgedruckt in: Politik und Wirtschaft in der Krise. Quellen zur Ära Brüning. Bearbeitet von Ilse Maurer und Udo Wengst unter Mitwirkung von Jürgen Heideking. 2 Bde. Düsseldorf 1980.

[62] Hermann Dietrich: Auf der Suche nach Deutschland. Probleme zur geistigen, politischen und wirtschaftlichen Erneuerung Deutschlands. Hamburg 1946; ders.: Auf dem Wege zum neuen Staat. Die deutsche Aufgabe. Stuttgart 1951.

[63] Bes. ND 27 u. 33

[64] Das von Peter Eckart (bürgerlich Herbert Eckert) 1952/53 verfasste Manuskript „Hermann Dietrich. Roman eines Liberalen" befindet sich in ND 608; siehe außerdem die Unterlagen in ND 38 u. 741.

Stephan.⁶⁵ Diese und andere autobiographische Darstellungen sollen jedoch nur ausnahmsweise herangezogen werden, und nur in Fällen, in denen der Inhalt anderweitig überprüfbar ist oder unverfänglich erscheint.

---

⁶⁵ Werner Stephan: Aufstieg und Verfall des Linksliberalismus 1918-1933. Geschichte der Deutschen Demokratischen Partei. Göttingen 1973.

I. Der „selfmade Mann" im Kaiserreich

1. Vom Pfarrhaus in die Politik

Über die Kindheit und Jugend von Hermann Robert Dietrich ist vergleichsweise wenig bekannt. Er wurde am 14. Dezember 1879 als zweiter Sohn des Pfarrers Jakob Dietrich in Oberprechtal, einem Dorf im Mittleren Schwarzwald, geboren. Auf den ersten Blick entstammte er also dem Bildungsbürgertum, dem der Beruf des evangelischen Geistlichen klassischerweise zugeordnet wird, und damit den „höheren Schichten".[1] Die evangelischen Pfarrer in Baden waren während der Zeit des Kaiserreiches „unauflöslich mit der bürgerlichen Lebens- und Kulturwelt verbunden" und mehrheitlich Vertreter einer liberalen Theologie, die „in hohem Maße einer an Pluralität, Mündigkeit und Freiheit orientierten bürgerlichen Gesellschaft [...] entsprach".[2] Ob und inwieweit sich Jakob Dietrich in bürgerlichen Vereinen oder auf politischer Ebene engagierte, ist unklar. In das Bild eines typischen badischen Pfarrers fügt er sich jedenfalls insofern ein, als er politisch dem „nationalen Lager" zuzurechnen ist, das in Baden bis Ende des 19. Jahrhunderts beinahe deckungsgleich mit dem Nationalliberalismus war.[3] Er tat sich durch kulturkämpferisches Auftreten hervor, war, wie Hermann Dietrich im Rückblick feststellte, ein „wilder Anhänger Treitschkes" und erzog seine Kinder politisch liberal, „im preußischen Sinne".[4] Der auf den ersten Blick naheliegende Eindruck, dass Hermann Dietrich in einer (bildungs-)bürgerlich-liberalen Umgebung aufwuchs, bedarf jedoch der Differenzierung.[5]

---

[1] Werner Conze/Jürgen Kocka: Einleitung. In: dies. (Hg.): Bildungsbürgertum im 19. Jahrhundert. Teil I. Bildungssystem und Professionalisierung in internationalen Vergleichen. Stuttgart 1985, S. 9-26, hier S. 11; Hartmut Kaelble: Soziale Mobilität und Chancengleichheit im 19. und 20. Jahrhundert. Deutschland im internationalen Vergleich. Göttingen 1983, S. 54.

[2] So das überzeugende Ergebnis von Frank-Michael Kuhlemann: Bürgerlichkeit und Religion. Zur Sozial- und Mentalitätsgeschichte der evangelischen Pfarrer in Baden 1860-1914. Göttingen 2001, Zitate S. 19 u. 464. Kuhlemann wendet sich damit gegen die These der „Entbürgerlichung" der Pfarrer im Kaiserreich: Oliver Janz: Bürger besonderer Art. Evangelische Pfarrer in Preußen 1850-1914. Berlin 1994.

[3] Kuhlemann, Bürgerlichkeit, S. 46; zum politischen „Dreilagersystem" (national, sozialistisch, katholisch) siehe Karl Rohe: Wahlen und Wählertraditionen in Deutschland. Kulturelle Grundlagen deutscher Parteien und Parteiensysteme im 19. und 20. Jahrhundert. Frankfurt a. M. 1992, bes. S. 57-97, zu Baden S. 70 f.

[4] Aufzeichnung „Die Mainau", 1.10.1943, ND 33, fol. 9; vgl. Saldern, Dietrich, S. 4; für Salderns Behauptung, Jakob Dietrich habe der NLP angehört, findet sich in den Quellen kein Beleg.

[5] Die Herkunft aus dem Pfarrhaus als solche sollte nicht überbewertet werden: Generell ist es „kaum möglich", ein „verallgemeinernd zusammenfassendes Bild des evangelischen Pfarrers zur Zeit des Kaiserreiches zu geben", weil im Hinblick auf soziale Lage, Mentalitäten, theologische und politische Orientierung der Pfarrer von Region zu Region erhebliche Unterschiede bestanden: Christian Homrichhausen: Evangelische Pfarrer in Deutschland. In: Werner Conze/Jürgen Kocka (Hg.): Bildungsbürgertum im 19. Jahrhundert. Teil I. Bildungssystem und Professionalisierung in internationalen Vergleichen. Stuttgart 1985, S. 248-278, hier S. 269.

I. Der „selfmade Mann" im Kaiserreich

Jakob Dietrich, dessen geistliche Laufbahn in eine Zeit grundlegender Veränderungen für die badische Pfarrerschaft fiel, war im Hinblick auf soziale Herkunft und Amtsführung kein gewöhnlicher Vertreter seines Berufsstandes. Er wurde 1843 im mittelbadischen Ort Lichtenau geboren und war der uneheliche Sohn eines Grenzaufsehers, also eines unteren Beamten. Seine Mutter war die Tochter eines Bauern und Tagelöhners.[6] Das Theologiestudium zeichnete sich zwar durch seine soziale Offenheit aus, weil es vergleichsweise erschwinglich war und zahlreiche Stipendien zur Verfügung standen.[7] Es waren aber vor allem Angehörige der Mittelschichten, die von diesen Aufstiegschancen profitierten, während Dietrich zu der kleinen Gruppe von Aufsteigern aus der Unterschicht gehörte, die auch in Baden, wo die soziale Mobilität größer war als in anderen deutschen Staaten, nur eine Minderheit von etwas mehr als zehn Prozent ausmachten.[8]

Dieser soziale Aufstieg vollzog sich alles andere als reibungslos.[9] Nach einer offenbar von Umwegen begleiteten Schullaufbahn verließ Dietrich 1864 das Lyzeum. Wenngleich er vom Stipendienwesen profitierte, reichten die Mittel zur Finanzierung des Theologiestudiums nicht aus, so dass er sich, da seine Eltern ihn nicht unterstützen konnten, verschuldete. Gleichzeitig kam er mit den Anforderungen des Studiums nur mühevoll zurecht und bestand das Examen 1869 erst im zweiten Anlauf. Obwohl in den 1870er Jahren ein „empfindlicher Mangel an Theologen" herrschte,[10] blieb Dietrich sechs statt der vorgesehenen zwei Jahre Vikar. Im Herbst 1875 wurde er Pfarrverweser in Oberprechtal, musste aber zwei weitere Jahre warten, bevor er dort zum Pfarrer ernannt wurde und damit eine

---

[6] Jakob Dietrichs Eltern, Grenzaufseher Jakob Dietrich sen. und Dorothea Hermann, heirateten erst im Jahr 1852, neun Jahre nach seiner Geburt (und 14 Jahre nach der Geburt seiner Schwester Magdalena). 1851 hatte Jakob Dietrich sen. eine Paternitätserklärung abgegeben. Der Vater und diejenigen Geschwister von Jakob Dietrich sen., die das Erwachsenenalter erreichten, wanderten nach Russland oder Amerika aus: Stammbaum der Familie Dietrich, ND 598.

[7] Kuhlemann, Bürgerlichkeit, S. 141 f.; Friedrich Wilhelm Graf: Protestantische Theologie und die Formierung der bürgerlichen Gesellschaft. In: ders. (Hg.): Profile des neuzeitlichen Protestantismus. Bd. 1: Aufklärung, Idealismus, Vormärz. Gütersloh 1990, S. 11–54, hier S. 43.

[8] Kuhlemann, Bürgerlichkeit, S. 122 f. Unter den im Zeitraum 1860–1879 rezipierten Pfarrern stammten ca. 11,8% aus der Unterschicht, wobei hier die Handwerker, die Oliver Janz in seiner Arbeit noch zur Mittelschicht rechnet, den größten Anteil ausmachten; siehe dazu den (unveröffentlichten) statistischen Anhang in Frank-Michael Kuhlemann: Bürgerlichkeit und Religion. Zur Sozial- und Mentalitätsgeschichte der evangelischen Pfarrer in Baden 1860–1914, Habilitationsschrift Universität Bielefeld 1998, S. 565; vgl. Janz, Bürger, S. 540–542 u. Kaelble, Soziale Mobilität, S. 56. Die Grenzaufseher sind als „untere Angestellte im öffentlichen Dienst" zur Unterschicht bzw. als „untere Beamte, Angestellte im öffentlichen Dienst" zur „oberen Unterschicht" zu zählen: Reinhard Schüren: Soziale Mobilität. Muster, Veränderungen und Bedingungen im 19. und 20. Jahrhundert. St. Katharinen 1989, S. 320 u. 337 bzw. Peter Lundgreen/Margret Kraul/Karl Ditt: Bildungschancen und soziale Mobilität in der städtischen Gesellschaft des 19. Jahrhunderts. Göttingen 1988, S. 349.

[9] Das Folgende geht aus der umfangreichen Personalakte Jakob Dietrichs hervor: LkA KA, 2.O., Nr. 732; vgl. auch Heinrich Neu: Pfarrerbuch der evangelischen Kirche Badens von der Reformation bis zur Gegenwart. Teil II. Das alphabetische Verzeichnis der Geistlichen mit biographischen Angaben. Lahr 1939, S. 114.

[10] Kuhlemann, Bürgerlichkeit, S. 119.

feste Anstellung erhielt. Es handelte sich wohl, selbst unter den generell weniger begehrten Landpfarreien, um eine besonders unbeliebte Stelle, weil sie abgelegen war und die Protestanten dort eine kleine Minderheit darstellten. Dietrich klagte Anfang 1877, er befinde sich „weitab von meinen Amtsbrüdern u. inmitten einer ultramontanen Bevölkerung".[11] Die erhoffte Versetzung gelang im April 1882: Er wurde Pfarrer in Schallbach, wieder einer kleinen Ortschaft, die aber immerhin in der Nähe der Stadt Lörrach lag – im äußersten Südwesten Badens, wo die Bevölkerung vorwiegend evangelisch war. Doch auch diese Pfarrstelle war mit Unannehmlichkeiten verbunden: Dietrich musste einen Nachbarort mitbetreuen, der wegen der schlechten Straßenverhältnisse schwer zu erreichen war; in Schallbach gab es keinen Arzt, keine Apotheke, weder einen Metzger noch einen Bäcker; und die Kinder mussten bis zum Lörracher Gymnasium einen unangenehm langen Schulweg zurücklegen. Beinahe 20 Jahre lang ergriff Jakob Dietrich jede Gelegenheit, sich um eine erneute Versetzung zu bemühen – ohne Erfolg.

Die holprige Karriere des Pfarrers Dietrich hatte ihre Ursache darin, dass er den Idealen seines Berufs nicht gerecht wurde. Er wurde vom Oberkirchenrat fortgesetzt ermahnt und wiederholt disziplinarisch belangt, weil er zu starkem Alkoholgenuss neigte, im Verkehr mit Vorgesetzten und Gemeindemitgliedern die angemessenen Umgangsformen vermissen ließ und seine theologische Kompetenz den Ansprüchen nicht genügte. Bald nach Beginn seiner Vikariatszeit kam es zu zahlreichen Klagen, die Ende 1870 die zwischenzeitliche Amtsentlassung zur Folge hatten. Auch danach rissen die Beschwerden nicht ab, weswegen die Landeskirche Dietrich bei der Stellenvergabe nicht berücksichtigte. Er wurde mehrfach vorzeitig versetzt und war während seines sechsjährigen Vikariats in neun Pfarreien tätig. Als Pfarrverweser in Oberprechtal wurde er wegen „Störung des confessionellen Friedens" belangt, nachdem er Teilnehmer einer katholischen Prozession als „Lumpenpack" bezeichnet hatte.[12] Vermutlich hatte er es dem Personalmangel zu verdanken, dass er dort schließlich trotzdem die Stelle erhielt. Ende 1882, wenige Monate nach dem Amtsantritt in Schallbach, drohte der Oberkirchenrat durch eine förmliche „erste Admonition" mit der endgültigen Suspendierung: „Pfarrer Dietrich hat während der ganzen Zeit seiner Verwendung im Kirchendienst fast unausgesetzt zu Klagen über allzuhäufigen Wirtshausbesuch und übermäßigen Genuß geistiger Getränke […] Anlaß gegeben." Außerdem beanstandeten die Vorgesetzten Dietrichs „unordentlichen Lebenswandel" und seine „unpünktliche Dienstführung".[13] Fünf Jahre später drohte die Kirchenbehörde „weiteres Einschreiten" an. Dietrich wurde zwar attestiert, er habe sich „in Vielem gebessert", aber seine Predigten, so die neuerliche Kritik, litten „immer noch an einer gewissen Allgemeinheit, indem sie nicht genug in den Text eindringen". Vor allem hätten die Erkundigungen in Schallbach ergeben, dass seine „Ausdrucksweise im Verkehr mit den Gemeindegliedern […] oft eine so gewöhnliche, unüberlegte und taktlose [sei], daß er dadurch vielfach Anstoß errege. […] Sein ganzes Wirken ist umsonst, wenn er seine Standeswürde in Wort und Wandel nicht

---

[11] Jakob Dietrich an den Evangelischen Oberkirchenrat, 18.2.1877, LkA KA, 2.0., Nr. 732.
[12] Bericht Dietrichs an das Dekanat Hornberg, 22.6.1876, ebd.
[13] Sitzung des Oberkirchenrats vom 3.11.1882, ebd.

zu wahren weiß."[14] Diese Schwächen wogen schwer, sollte doch ein Pfarrer, gerade im Hinblick auf den Umgang mit Alkohol, ein sittlich beispielhaftes Leben führen, mit gepflegten bürgerlichen Manieren im Alltag ein Vorbild abgeben und durch seine umfassende theologische und allgemeine Bildung aus der Gemeinde herausragen.[15]

Gleichzeitig plagten Jakob Dietrich ständig finanzielle Sorgen. Die Bezahlung badischer Geistlicher war zu Beginn seiner Laufbahn sehr bescheiden und beruhte noch auf dem alten Pfründesystem.[16] Die lange Vikariatszeit war für ihn nicht zuletzt deshalb belastend, weil er mit den im Laufe des Studiums angehäuften Schulden zu kämpfen hatte. Wiederholt hatte er Schwierigkeiten mit seinen Gläubigern, die auch den Oberkirchenrat zum Einschreiten veranlassten. So zwang die Behörde Dietrich im Frühjahr 1875, eine fünf Jahre alte Schneiderrechnung über gerade einmal 30,69 M, die der Vikar zu bezahlen sich außerstande erklärte, wenigstens anzuerkennen.[17]

Nachdem Dietrich seine Stelle als Pfarrverweser in Oberprechtal angetreten hatte, suchte er offenbar ebenso gezielt wie überstürzt nach einer Frau. Dabei war ihm gleichfalls wenig Glück beschieden. Zumindest deutet sein Verhalten darauf hin, dass er – angesichts seines fortgeschrittenen Alters und der noch immer unsicheren beruflichen Situation in einem geographisch wie sozial abgeschiedenen Raum – eine Braut wählte, die er eher aus Verlegenheit zu ehelichen gedachte. Ende Januar 1877 bat er den Oberkirchenrat um die Erlaubnis, sich „binnen drei Wochen" mit Elisabeth Köbele zu verheiraten, die aus der Umgebung der mittelbadischen Stadt Lahr stammte.[18] Sie war mit 30 Jahren vergleichsweise alt und kam aus ärmlichen Verhältnissen; ihr schon verstorbener Vater war „ein kleiner Landwirth u. Fabrikarbeiter". Dietrich kannte seine Verlobte „erst kurze Zeit", sie sei ihm „von sehr achtungswerther Seite empfohlen worden".[19] Es war ihm so eilig mit der Heirat, dass er vorher nicht einmal die Modalitäten der Eheschließung klärte. Nur Tage später wurde die bereits öffentlich angekündigte Hochzeit wieder abgesagt und die Verlobung gelöst: Das zuständige Dekanat berichtete dem Oberkirchenrat, dass Dietrich von der Braut „neben der Anschaffung des Hausrathes noch so viel baares Geld verlangte, daß er seine Schulden bezahlen könnte". Diese Forderung habe sie „mit ihrem geringen Vermögen" nicht erfüllen können.[20] Kurz darauf wurden jedoch die „Differenzen" des Paares, die sich, wie Dietrich betonte, „nur wegen Geldangelegenheiten" ergeben hatten, beigelegt.[21] Die Ver-

---

[14] Erlass des Oberkirchenrats vom 2.9.1887 (Auszug), ebd.
[15] Wolfgang Steck: Im Glashaus: Die Pfarrfamilie als Sinnbild christlichen und bürgerlichen Lebens. In: Martin Greiffenhagen (Hg.): Das evangelische Pfarrhaus. Eine Kultur- und Sozialgeschichte. Stuttgart 1984, S. 109–125.
[16] Kuhlemann, Bürgerlichkeit, S. 160–164.
[17] Erlass des Oberkirchenrats vom 8.4.1875, LkA KA, 2.0., Nr. 732; zum (besonders auf dem Land) niedrigen Einkommen der Vikare Kuhlemann, Bürgerlichkeit, S. 147–149.
[18] Dietrich an den Oberkirchenrat, 27.1.1877, LkA KA, 2.0., Nr. 732.
[19] Dietrich an den Oberkirchenrat, 18.2.1877, ebd. Eine derart kurze Verlobungszeit war unüblich: Gunilla-Friederike Budde: Auf dem Weg ins Bürgerleben. Kindheit und Erziehung in deutschen und englischen Bürgerfamilien 1840–1914. Göttingen 1994, S. 37.
[20] Dekanat Hornberg an den Oberkirchenrat, 7.2.1877, LkA KA, 2.0., Nr. 732.
[21] Dietrich an den Oberkirchenrat, 18.2.1877, ebd.

mählung erfolgte am 13. März 1877. Offenbar hatte Dietrich nachgegeben, denn seine alten Schulden verfolgten ihn bis in die 1880er Jahre hinein.

Während der Zeit des Kaiserreichs verbesserten sich die Einkommensverhältnisse der badischen Pfarrer kontinuierlich, ein modernes Besoldungssystem wurde eingeführt. Die Gehälter bewegten sich in Richtung bildungsbürgerlicher Standards und trugen damit zur Verbürgerlichung der Geistlichen bei. Diese Entwicklung ging allerdings langsam vonstatten. Von dem „Niveau der vergleichbaren akademischen Berufe" waren die Einkommen in den 1880er Jahren weit entfernt, und auch nach der Jahrhundertwende waren die Pfarrer noch deutlich schlechter gestellt als etwa Amtsrichter oder Gymnasiallehrer.[22] Die materiellen Verhältnisse der Familie Dietrich waren also recht bescheiden. Auf die Beschäftigung eines Dienstmädchens, ein wesentliches bürgerliches Statusmerkmal, musste sie verzichten. Die größte finanzielle Belastung stellten die fünf Kinder dar: Vor allem für die Ausbildung von Hermann und seinen Geschwistern Emil (geboren 1878), Rudolf (1881), Waldemar (1883) und Else (1885) waren die Aufwendungen erheblich. Sie stiegen mit fortschreitendem Alter und zehrten die durchaus beachtlichen Gehaltserhöhungen – von 3000 M Ende der 1880er Jahre auf 3800 M im Jahr 1895, 4400 M im Jahr 1900 und 5000 M ab 1905 – auf. Jährlich wandte sich Pfarrer Dietrich mit Bittschriften an die Kirche und bat um Vorschüsse und einmalige Unterstützungszahlungen, die er mit den hohen Ausgaben für die Kinder begründete und die er stets erhielt.

Geht man vom „ökonomischen und kulturellen Anfangskapital"[23] aus, lässt sich Hermann Dietrichs Herkunft demnach nur mit Einschränkungen als bürgerlich bezeichnen. Hinzu kam die bäuerliche Umgebung in Schallbach, in der er und seine Geschwister aufwuchsen. Auf dem Land war ein Pfarrer nicht selten der Einzige, der über eine höhere Bildung verfügte und gleichsam die bürgerliche Welt der Stadt verkörperte. Dadurch ging die Stellung als Landpfarrer mit einer gewissen Isolation einher und erfreute sich auch deswegen geringer Beliebtheit unter den Geistlichen.[24] Trotz der Schwierigkeiten, den Ansprüchen des Pfarrberufs zu genügen, teilte Jakob Dietrich das bildungsbürgerliche Standesbewusstsein seiner Amtsbrüder. In einem seiner zahlreichen Gesuche um Versetzung betonte er, der „Aufenthalt hier in Schallbach" sei unter anderem deshalb „für die Familie nicht angenehm", weil „die Leute [...] zum Teil roh" seien.[25]

Anders als in manchem Pfarrhaus üblich, unterrichtete Jakob Dietrich seine Kinder von Anfang an nicht selbst.[26] Vermutlich sah er sich dazu nicht in der

---

[22] Kuhlemann, Bürgerlichkeit, S. 164–170, Zitat S. 166. Die Einkommen in Baden blieben hinter denen in anderen Landeskirchen zurück.
[23] Pierre Bourdieu: Die feinen Unterschiede. Kritik der gesellschaftlichen Urteilskraft. Frankfurt a. M. [22]2012, S. 190.
[24] Wolfgang Marhold: Die soziale Stellung des Pfarrers. Eine sozialgeschichtlich und empirisch orientierte Skizze. In: Martin Greiffenhagen (Hg.): Das evangelische Pfarrhaus. Eine Kultur- und Sozialgeschichte. Stuttgart 1984, S. 175–194, hier S. 186f.; Homrichhausen, Pfarrer, S. 260.
[25] Dietrich an den Oberkirchenrat, 22.8.1890, LkA KA, 2.0., Nr. 732.
[26] Gerade auf dem Land wurden Pfarrerskinder häufig zuhause unterrichtet, teilweise bis zum 14. Lebensjahr: Kuhlemann, Bürgerlichkeit, S. 285 f.

Lage. Während er seine eigenen Bildungsdefizite freimütig eingestand, maß er der Erziehung seiner Sprösslinge zentrale Bedeutung für ihr späteres Fortkommen zu. Dietrich setzte ganz bewusst alles daran, seine Kinder mit „kulturellem Kapital" auszustatten und ihnen so den sozialen Aufstieg zu ermöglichen. Der erste Schritt hierzu war der Besuch der bürgerlichen Bildungsinstitution an sich, des Gymnasiums.[27] In dem vergeblichen Bemühen, eine im Hinblick auf den künftigen Schulweg zum Gymnasium günstigere Pfarrstelle zu erlangen, erläuterte er schon 1884 gegenüber dem Oberkirchenrat die Wichtigkeit der Ausbildung seiner Söhne: „Der Pfarrer kann denselben Nichts in die Welt einst mitgeben als eine gute u. möglichst allseitige Bildung, deren Wert derselbe am besten zu schätzen weiß, weil sie ihm in seiner Jugend leider vielfach abging."[28] Einige Zeit später unterstrich er erneut, dass er „seinen Kindern keine irdischen Güter hinterlassen" könne und folglich dafür sorgen müsse, ihnen „eine sorgfältige und eingehende Erziehung zu geben, von der ja meistens die Zukunft der Kinder abhängt".[29] Bei Jakob Dietrich findet sich also „das hohe Maß an Bildungsorientierung auch unter ungünstigen äußeren Verhältnissen", das Frank-Michael Kuhlemann für die badischen Pfarrer diagnostiziert hat. Es sorgte dafür, dass die Pfarrerssöhne an den höheren Schulen durch gute Leistungen auffielen und dort ebenso wie an den Universitäten besonders stark vertreten waren.[30]

In dieses Bild fügt sich der Werdegang von Hermann Dietrich nahtlos ein. Ab 1885 besuchte er die Volksschule in Schallbach, von 1888 an das Gymnasium in Lörrach. Mit dem Schulstoff hatte er keine Probleme, seine Noten bewegten sich erst im, später über dem Klassendurchschnitt.[31] Als er im Juli 1897 die Abiturprüfung bestand, war er mit 17 Jahren noch recht jung. Im folgenden Wintersemester nahm er ein Jurastudium an der Universität Straßburg auf, das er ebenfalls ohne Umwege absolvierte. Nach kurzzeitigen Aufenthalten an den Universitäten in Basel und Göttingen wechselte er nach Heidelberg, wo er im Frühjahr 1901 das Erste Staatsexamen bestand. Im Anschluss trat er als Rechtspraktikant in den staatlichen Vorbereitungsdienst ein und arbeitete bei verschiedenen badischen Notariaten, Gerichten und Bezirksämtern. Im März 1905 legte er auch die Zweite Juristische Staatsprüfung erfolgreich ab. Während seines Studiums und der Praktikantenzeit erhielt Dietrich gute Zeugnisse und wurde häufig für seinen Fleiß gelobt. Das Erste Staatsexamen bestand er als Zwölfter von 64 Kandidaten in Baden, das Zweite als Achter unter 51 Prüflingen.[32]

Diese geradlinige Schul- und Universitätslaufbahn täuscht jedoch über die großen Schwierigkeiten hinweg, denen Hermann und seine Brüder fortwährend

---

[27] Zur „Konvertibilität" von kulturellem Kapital: Bourdieu, Kapital, bes. S. 189 f.; vgl. Hans-Ulrich Wehler: Deutsche Gesellschaftsgeschichte. Bd. 3: Von der „Deutschen Doppelrevolution" bis zum Beginn des Ersten Weltkrieges. 1849-1914. München 1995, S. 413 f.
[28] Dietrich an den Oberkirchenrat, 21. 10. 1884, LkA KA, 2.0., Nr. 732.
[29] Dietrich an den Oberkirchenrat, 15. 4. 1886, ebd.
[30] Kuhlemann, Bürgerlichkeit, S. 185-187 u. 285-290, Zitat S. 285.
[31] Vgl. die (teilweise erhaltenen) Notenlisten des Gymnasiums Lörrach 1891/92 und 1896/97, StA Lörrach Heb 106 u. 108. Das Abitur bestand Dietrich „mit dem Gesamtprädikate gut": Abiturzeugnis vom 19. 7. 1897, GLAK 233/29429.
[32] Personalakten Dietrichs als badischer Staatsbeamter, GLAK 233/29429-29431.

ausgesetzt waren. Belastend war schon der weite Schulweg von Schallbach nach Lörrach, den der Vater aus gutem Grund hatte vermeiden wollen, weil er täglich drei Stunden in Anspruch genommen haben dürfte. Jahre später erinnerte sich Dietrich, auf die Eingabe eines Beamten hin, der sich über die Einteilung der Ortsklassen beschwerte: „Ich bin selbst als Junge täglich 7 Kilometer hin und 7 Kilometer zurück in die Schule gelaufen. Ich weiß daher, wie groß die Annehmlichkeit ist, auf einem Dorf von einigen Hundert Einwohnern zu wohnen".[33] Gravierender waren die finanziellen Engpässe bei der Ausbildung. Die Kollegiengelder an der Universität sowie die Kosten für Unterkunft und Verpflegung musste Pfarrer Dietrich allein bestreiten, da Hermann kein Stipendium erhielt.[34] Hermann wechselte im Wintersemester 1898/99 nach Basel, weil sein Vater den Aufenthalt in Straßburg nicht mehr bezahlen konnte. Nun musste er vom Elternhaus in Schallbach in die Schweiz pendeln.[35] Im Jahr 1901 verschärfte sich die Lage der Familie, weil die Ausgaben für Hermanns Brüder erheblich anstiegen. Während Waldemar das Realgymnasium in Karlsruhe besuchte, nahm Rudolf sein Studium in Straßburg auf und leistete den Militärdienst als Einjährig-Freiwilliger ab. Hinzu kamen Kosten für Else, die erst ein Pensionat, später eine Frauenarbeitsschule in Basel besuchte. Wie Jakob Dietrich dem Oberkirchenrat verzweifelt schrieb, habe er 1900/01 allein für Rudolf 2500 M aufwenden müssen.[36] Für das akademische Jahr 1902/03 bezifferte er seine Ausgaben für Waldemar, inzwischen ebenfalls Student und „Einjähriger", auf 1900 M, die für Rudolf auf 1000 M.[37] Wenngleich Dietrich in seinen Bittschriften die Zahlen etwas übertrieben haben mag, wird deutlich, dass die Ausgaben für die Kinder einen Großteil des Gehalts verschlangen und zeitweise seine Möglichkeiten überstiegen. Beispielsweise musste Rudolf im Sommersemester 1902 auf eine Unterkunft in Straßburg verzichten und bei seinem Vater wohnen,[38] der im Jahr zuvor in das Dorf Leutesheim bei Kehl versetzt worden war.

Zu dieser Zeit wohnte auch Hermann wieder im Pfarrhaus. Als Rechtspraktikant erhielt er in der Regel keine Vergütung, so dass er weiterhin auf die väterliche Unterstützung angewiesen war. Wie er den vorgesetzten Behörden in zahlreichen Gesuchen erläuterte, war es deswegen für ihn zwingend notwendig, für die verschiedenen Stationen seines Vorbereitungsdienstes in der Nähe seines Elternhauses eingesetzt zu werden.[39] Mit etwas Glück gelang ihm das: Insgesamt zwei Jahre konnte er bei Ämtern in Kehl verbringen, ein weiteres im nicht allzu weit entfernten Offenburg. Zwischendurch arbeitete er an anderen Orten, wo er zumindest

---

[33] Dietrich an Gaerttner, 30.11.1921, ND 66, fol. 16.
[34] Jakob Dietrich an den Oberkirchenrat, 18.5.1900, LkA KA, 2.0., Nr. 732.
[35] Sein Vater hatte sich an das Justizministerium in Karlsruhe gewandt, um die Erlaubnis für den Wechsel des Studienorts einzuholen: Jakob Dietrich an das Großherzoglich badische Ministerium der Justiz, des Kultus und Unterrichts, 3.9.1898, GLAK 233/29429.
[36] Jakob Dietrich an den Oberkirchenrat, 17.1.1902, LkA KA, 2.0., Nr. 732.
[37] Jakob Dietrich an den Oberkirchenrat, 15.10.1903, ebd.
[38] Amtliches Verzeichnis des Personals und der Studenten der Kaiser-Wilhelms-Universität Straßburg für das Sommer-Halbjahr 1902. Straßburg 1902, S. 26.
[39] Zum Beispiel in drei Schreiben an das Großherzoglich badische Ministerium des Innern vom 18.4., 30.5. u. 27.6.1902, GLAK 233/29431.

ein geringes Entgelt bekam. Ein weiterer, in finanzieller Hinsicht glücklicher Umstand bestand darin, dass Hermann die Ableistung seines Militärdienstes immer wieder hinauszögern konnte und schließlich im Winter 1905 als untauglich eingestuft wurde. Zum einen entfielen hierdurch die hohen Kosten des Einjährigen-Dienstes und der anschließenden wochenlangen militärischen Übungen, wie sie seine Brüder zu tragen hatten. Andererseits kam es so nicht zu einer Unterbrechung der Ausbildung, die unangenehme Konsequenzen hätte nach sich ziehen können.[40] Die ständige Unsicherheit über die nächste Versetzung blieb jedoch ebenso eine alltägliche Belastung wie das umständliche Pendeln mit der Bahn, das offenbar bisweilen nicht funktionierte, wenn der Dienst bis in den späten Abend dauerte.[41]

Ein Blick auf die Laufbahn der Brüder verdeutlicht, dass es keineswegs selbstverständlich war, wie Hermann Dietrich alle mit seiner Herkunft verbundenen Hindernisse überwand. Sein ältester Bruder Emil entsprach weniger dem Bild des leistungsstarken, erfolgreichen Pfarrerssohnes. Er besuchte mit Hermann dieselbe Klasse des Gymnasiums, obwohl er mehr als ein Jahr älter war. Gleichzeitig waren seine Leistungen schlechter. Nach der Obersekunda ging er von der Schule ab und trat in den Eisenbahndienst ein, wo er bald fest angestellt wurde und sich selbständig versorgen konnte.[42] Das bedeutete für die Familie zwar eine finanzielle Erleichterung, begrenzte aber auch die Aufstiegsmöglichkeiten Emils. Als Eisenbahninspektor war er Anfang der 1920er Jahre ein mittlerer Verwaltungsbeamter. Rudolf und Waldemar hatten in der Schule mit teilweise gravierenden Problemen zu kämpfen. Rudolfs Versetzung war wiederholt gefährdet, außerdem wurde er für seinen mangelnden Fleiß kritisiert. Waldemar musste früh eine Klasse wiederholen und wechselte schließlich vom Gymnasium auf das Realgymnasium. Die Schwierigkeiten blieben aber bestehen, und da der Realzweig in Lörrach mit der Obersekunda endete, erfolgte ein umständlicher und kostspieliger Wechsel an das Realgymnasium in Karlsruhe, um Waldemar den Besuch der Prima mit anschließendem Abitur zu ermöglichen. Während Rudolf, der wie Hermann Jura studierte und zusätzlich in Straßburg eine Banklehre absolvierte, eine respektable Karriere in der Reichsbankverwaltung machte und es bis zum Reichsbankdirektor in Krefeld brachte, blieb Waldemar ein Sorgenkind. Er studierte Mathematik in Straßburg und anschließend Architektur an der Technischen Hochschule in Karlsruhe, fand allerdings bis zum Ausbruch des Ersten Weltkriegs keine dauerhafte Beschäftigung.[43]

Wo immer sich aus der spärlichen Überlieferung ein intimerer Einblick in Kindheit und Jugend von Hermann und seinen Geschwistern gewinnen lässt,

---

[40] Personalakten Dietrichs als badischer Staatsbeamter, GLAK 233/29429 u. 29431.
[41] Jakob Dietrich an den Evangelischen Oberkirchenrat, 15. 10. 1903, LkA KA, 2.0., Nr. 732.
[42] Notenlisten des Gymnasiums Lörrach für das Schuljahr 1891/92, StA Lörrach Heb 106; Jakob Dietrich an den Evangelischen Oberkirchenrat, 29. 1. 1896 u. 24. 5. 1899, LkA KA, 2.0., Nr. 732.
[43] Vgl. die obigen Anmerkungen zu Rudolf und Waldemar; außerdem Jahresberichte des Gymnasiums Lörrach für die Schuljahre 1891/92, 1892/93 u. 1895/96-1899/00, StA Lörrach Heb 80-86; Notenlisten des Gymnasiums Lörrach für die Schuljahre 1896/97-1899/00, StA Lörrach Heb 107-110; Waldemar Dietrich an Dietrich, 5. 6. 1914, ND 729.

stellen sich die Verhältnisse in der Familie Dietrich als überaus problematisch dar. Seine erste Frau Elisabeth Trick schätzte Hermann später als kenntnisreichen, einfühlsamen Ratgeber in ihren eigenen Familienangelegenheiten: „Auch weiß ich, daß Sie, wenn Ernstes u. Schweres in der Familie durchgemacht werden muß, aus Erfahrung sprechen u. Ihre grauen Haare sind mir deshalb sehr lieb."[44] Zu den übrigen Schwierigkeiten trat das Alkoholproblem, das Jakob Dietrich offenbar nicht in den Griff bekam und das für das Leben im Pfarrhaus eine schwere Belastung dargestellt haben muss. Hermann erbte die väterliche Untugend: Seine starke Neigung zum Alkohol war später allgemein bekannt und nahm auch bei ihm bisweilen heikle Formen an. Für Waldemar standen die Trinkgewohnheiten des Vaters im Zentrum einer negativen Kindheitserfahrung, und die Parallelen zum Verhalten seines Bruders schienen ihm offensichtlich. Anlässlich der Verlobung Hermanns im Herbst 1917 redete er ihm eindringlich ins Gewissen: „Unser Vater hat viele gute Eigenschaften an sich gehabt, aber auch einige schlechte. [...] Du dankst ihm Deinen guten Verstand, aber Du hast als Erbübel die ab & zu einsetzende Unmäßigkeit im Trinken übernommen. [...] Denke daran, daß die häuslichen Verhältnisse unserer Familie immer wieder unter dieser Unmäßigkeit unseres Vaters gelitten haben und deshalb meist so unerquicklich waren. Ich selbst habe viel darunter gelitten. [...] Es schaudert mich, wenn ich an jenen unseligen Abend denke, als Du vom Inselhotel heimkamst. Jene Nacht, der Jammer unsrer Mutter über den Sohn seines Vaters, ist mir höllisch auf die Nerven gegangen. Würde Dich Elisabeth je in einem solchen Zustande sehen, dann wär alles vorbei."[45]

Der häusliche Unfrieden, die unbürgerliche Herkunft beider Elternteile und die fortwährend angespannte materielle Lage stellten insgesamt eine erhebliche Barriere für die Bildungs- und Karrierechancen von Hermann Dietrich dar. Andererseits waren der erfolgreiche Verlauf seiner Ausbildung und sein berufliches Fortkommen, wenngleich nicht selbstverständlich, so doch nicht außergewöhnlich. Der Vater gab seinen Kindern sicherlich etwas von dem bürgerlichen Selbstverständnis mit, das in seiner Abgrenzung von der ungebildeten Landbevölkerung zutage trat. Er bemühte sich um eine gute Erziehung und brachte sie dem Liberalismus, der politischen Vergesellschaftung des Bürgertums nahe. Das war für badische Pfarrerssöhne ebenso charakteristisch wie das ausgeprägte, typisch bürgerliche Leistungsbewusstsein, welches bei Hermann Dietrich zeit seines Lebens markant hervortrat und mit einem spürbaren Aufstiegsstreben verknüpft war, das durch die finanziellen Sorgen im Elternhaus sowie die väterliche Aufstiegserfahrung noch verstärkt worden sein mag.

Die Ausbildung Dietrichs ging mit einer zunehmenden Verbürgerlichung seines sozialen Umfeldes einher. Während Kontakte zu alten Schulfreunden in der Weimarer Zeit kaum eine Rolle spielten, hatten die Beziehungen aus der Zeit seines Studiums auch später noch eine gewisse Bedeutung. In Straßburg schloss Dietrich sich der Burschenschaft Arminia an, der er bis zu seinem Tod verbun-

---

[44] Trick an Dietrich, 15.9.1913, ND 728.
[45] Waldemar Dietrich an Dietrich, 29.11.1917, ND 729. Das Inselhotel befand sich in Konstanz.

den bleiben sollte. Die Mitgliedschaft in einer Verbindung war um 1900 weit verbreitet und konnte unter Umständen dazu dienen, die zukünftigen Karrierechancen zu erhöhen.[46] Diese Netzwerkfunktion mag für Dietrich ein wesentlicher Grund seines Engagements in der Burschenschaft gewesen sein, da ihm am Aufbau eines bürgerlichen Freundes- und Bekanntenkreises, der ihm von Haus aus fehlte, gelegen sein musste. Allerdings bot die Straßburger Arminia hierfür nicht die besten Voraussetzungen, da es sich um eine junge Burschenschaft handelte, die zum Zeitpunkt von Dietrichs Eintritt in einer tiefen Krise steckte und nur mit großer Mühe Nachwuchs fand.[47] Sie zählte zu den „Reformburschenschaften": Dieser Verbindungstyp war in den 1880er Jahren aufgekommen und entsprang dem Bedürfnis, sich von den zunehmend konservativen älteren Burschenschaften abzugrenzen. Neben einer Rückbesinnung auf die liberalen Ursprünge der burschenschaftlichen Bewegung zeichneten sich die Reformburschenschaften dadurch aus, dass sie einen sittlichen, stärker auf wissenschaftliche Leistungen ausgerichteten Lebenswandel ihrer Mitglieder einforderten. Dazu gehörte die (weitgehende) Ablehnung des Duells, des Trinkzwangs und eines ausschweifenden, häufig durch Schulden finanzierten Studentenlebens.[48] Die Reformburschenschaften stellten offensichtlich eine finanziell erschwinglichere Alternative zu anderen Verbindungen dar – ein Umstand, der für Dietrich und seine Brüder Rudolf und Waldemar, die sich ebenfalls der Arminia anschlossen, von Bedeutung war.

Über das Korporationsleben wurde Dietrich während seines Studiums und der Zeit als Rechtspraktikant in ein für ihn weitgehend neues gesellschaftliches Umfeld integriert. Darüber hinaus kam er durch die Arminia näher mit der Politik in Berührung. Wenngleich sich die Korporationen in der „Attitüde der Überparteilichkeit und Interessenfreiheit" gefielen und die Studenten sich nicht (partei-)politisch betätigen sollten, waren sie alles andere als „unpolitisch".[49] Als Dietrich sein Studium aufnahm, eskalierten in der Arminia schon länger schwelende Streitigkeiten über burschenschaftliche Ideale und politische Fragen. Im Ergebnis verließ die Verbindung 1899 den Allgemeinen Deutschen Burschenbund, die Dachorganisation der Reformburschenschaften, und wurde fünf Jahre darauf, nach schweren Auseinandersetzungen mit anderen Verbindungen, in die konser-

---

[46] Konrad H. Jarausch: Students, Society, and Politics in Imperial Germany. The Rise of Academic Illiberalism. Princeton 1982, S. 321–328. Die Rolle der Verbindungsmitgliedschaft für das berufliche Fortkommen sollte allerdings auch nicht überbewertet werden: ebd., S. 321 (dagegen z. B. sehr plakativ Kurt Koszyk: Gustav Stresemann. Der kaisertreue Demokrat. Eine Biographie. Köln 1989, S. 67). Um 1900 waren ca. 50% der Studenten „korporiert": Konrad H. Jarausch: Deutsche Studenten 1800–1970. Frankfurt a. M. 1984, S. 69.
[47] Hartmut Dehm u. a.: 125 Jahre Straßburger Burschenschaft Arminia. Tübingen 2011, S. 22f.
[48] Norbert Kampe: Studenten und „Judenfrage" im Deutschen Kaiserreich. Die Entstehung einer akademischen Trägerschicht des Antisemitismus. Göttingen 1988, S. 153f. u. 196–199.
[49] Harald Lönnecker: Studenten und Gesellschaft, Studenten in der Gesellschaft. Versuch eines Überblicks seit Beginn des 19. Jahrhunderts. In: Rainer Christoph Schwinges (Hg.): Universität im öffentlichen Raum. Basel 2008, S. 387–438, hier S. 412f.

vativere Deutsche Burschenschaft aufgenommen.⁵⁰ Dietrich erlebte die konfliktreiche Entwicklung von seinem ersten Semester an aus nächster Nähe mit: Er war „Leibfuchs" von Paul Lensch, der sich bis zum Ersten Weltkrieg zu einem führenden Intellektuellen des linken SPD-Flügels entwickelte und schon in seiner Studentenzeit entschieden sozialistische Positionen vertrat.⁵¹ Auf dem Bundestag des Allgemeinen Deutschen Burschenbundes 1898 erregte Lensch mit der Forderung Aufsehen, die Reformburschenschaften sollten sich zur Sozialdemokratie bekennen und für die Anliegen des Proletariats eintreten – ein Antrag, der aus Sicht der Mehrheit um Gustav Stresemann gegen die liberalen und nationalen Prinzipien verstieß, abgelehnt wurde und dazu führte, dass Lensch die Arminia verlassen musste.⁵² Zumindest während seines einjährigen Aufenthalts in Straßburg wird Dietrich engen Kontakt zu seinem „Leibburschen" gehabt haben, und obwohl er dessen Ansichten nicht folgte, dürfte der sechs Jahre Ältere Eindruck auf ihn gemacht haben.⁵³

In den folgenden Jahren war Dietrich selbst in die politischen Konflikte der Verbindung involviert. Er setzte sich für den Anschluss an die Deutsche Burschenschaft ein und war an den langwierigen Aufnahmeverhandlungen offenbar maßgeblich beteiligt.⁵⁴ Hierbei lernte er den zwölf Jahre älteren Ernst Frey kennen, der sich ebenfalls für die Arminia engagierte. Gleichzeitig war Frey, als Mitglied der badischen Jungliberalen, in der Nationalliberalen Partei aktiv. Die Vermutung liegt nahe, dass Dietrich sich in dieser Zeit entschloss, eine politische Laufbahn einzuschlagen, möglicherweise durch das Zutun von Frey, der ein langjähriger politischer Weggefährte wurde. Die übrigen Freundschaften, die Dietrich

---

⁵⁰ Die reformburschenschaftlichen Ideale waren während der 1890er Jahre allgemein unpopulär, woraus sich im Wesentlichen der Mangel an Mitgliedern und der folgende Kurswechsel der Arminia erklärt. 1899 wandelte sie sich zunächst in eine „freischlagende Verbindung" um und beteiligte sich fortan intensiv am „Paukbetrieb", um für die Deutsche Burschenschaft (das größte burschenschaftliche Kartell, bis 1902: Allgemeiner Deputierten-Convent) akzeptabel zu werden. Die überzeugten Reformburschen verließen die Arminia offenbar: Dehm u. a., 125 Jahre, S. 22-24; Bernhard Gaster: Die Straßburger Burschenschaft Germania. 1880-1930. Wolfenbüttel 1930, S. 53 u. 67-69; vgl. auch Helmut Kraussmüller/Ernst Anger: Die Geschichte des Allgemeinen Deutschen Burschenbundes (ADB) 1883-1933 und das Schicksal der ehemaligen ADB-Burschenschaften. Gießen 1989, S. 60-66.
⁵¹ Bis in die Anfangsjahre der Weimarer Republik vollzog Lensch (1873-1926) eine politische Wende nach rechts und wurde schließlich Chefredakteur der *Deutschen Allgemeinen Zeitung*: Rolf Peter Sieferle: Die Konservative Revolution. Fünf biographische Skizzen. (Paul Lensch, Werner Sombart, Oswald Spengler, Ernst Jünger, Hans Freyer). Frankfurt a. M. 1995, S. 45-73; Robert Sigel: Die Lensch-Cunow-Haenisch-Gruppe. Eine Studie zum rechten Flügel der SPD im Ersten Weltkrieg. Berlin 1976.
⁵² Dazu Koszyk, Stresemann, S. 73f. sowie die (tendenziösen) Darstellungen von Dehm u. a., 125 Jahre, S. 23 u. Kraussmüller/Anger, Geschichte, S. 62 u. 85.
⁵³ Es ist unklar, ob Dietrich danach weiter mit Lensch in Verbindung stand. Denkbar ist, dass er ihm seine späteren guten Beziehungen zur *Deutschen Allgemeinen Zeitung* verdankte. Doch weder dafür noch für die Behauptung Emil Webers, eines Bundesbruders von Dietrich, Lensch sei „sein ganzes Leben lang mit seinem Leibfuchs in Kontakt" geblieben, gibt es einen konkreten Beleg: Weber, Dietrich, S. 94.
⁵⁴ Ebd.; Dehm u. a., 125 Jahre, S. 24.

um die Jahrhundertwende schloss, schliefen später im Wesentlichen ein, allerdings mit einer namhaften Ausnahme: 1902 sekundierte Dietrich bei einer Mensur Hermann Hummel,[55] der vorübergehend Mitglied der Arminia war. Ab 1912 begegneten sich beide im badischen Landtag, dem Hummel als Abgeordneter der Fortschrittlichen Volkspartei angehörte. Es entwickelte sich ein enges Verhältnis, das nach der Novemberrevolution 1918 eine Rolle spielte, als die Bundesbrüder maßgeblich am Zusammenschluss der liberalen Parteien in der DDP beteiligt waren.

Kurz vor dem Zweiten Staatsexamen gab Dietrich an, in die staatliche Verwaltung eintreten zu wollen.[56] Von seinem Dienst als Referendar, den er nach bestandener Prüfung am Bezirksamt Karlsruhe antrat, ließ er sich jedoch bald beurlauben: Stattdessen übernahm er im Mai 1905 das Amt eines Stadtrechtsrats in der Karlsruher Gemeindeverwaltung. Als er nach einem Jahr fest angestellt wurde, bat er um Entlassung aus dem Staatsdienst. Diese erste Station seiner kommunalpolitischen Karriere, die er ab September 1908 als Bürgermeister von Kehl und ab April 1914 als Oberbürgermeister von Konstanz fortsetzte, ging mit einem nicht unerheblichen finanziellen Anreiz einher: Als Stadtrechtsrat belief sich sein Gehalt auf jährlich 3500 M und somit auf mehr als das Doppelte der kärglichen Vergütung von 1400 M, mit der er sich als Referendar hätte begnügen müssen.[57] Das Amt war für Dietrich aber mehr als eine Sicherheit bietende Anstellung. Er wandte sich offenbar mit Bedacht der Politik zu: Ebenfalls im Jahr 1905 schloss er sich dem Karlsruher Ortsverein der Jungliberalen, dem Ernst Frey vorstand, und damit der Nationalliberalen Partei an.[58] Dieser Schritt war auch im Hinblick auf eine Karriere als (Kommunal-)Beamter sinnvoll, denn die NLP genoss in Baden seit den 1860er Jahren eine Sonderstellung als „regierende Partei"[59]. Daran hatte sich weder mit dem Ende der „liberalen Ära" auf Reichsebene noch infolge des Verlusts der absoluten Mehrheit in der badischen Zweiten Kammer in den 1890er Jahren etwas geändert. Die Beamtenschaft war größtenteils nationalliberal orientiert, die Ministerien bevorzugten die Nationalliberalen bei der Vergabe von Ämtern, und die Erste Kammer blieb fest in der Hand der NLP. Ein Garant ihrer Vorherrschaft war nicht zuletzt der liberal auftretende Großherzog Friedrich I. (1856-1907).[60] Zudem gehörten fast alle (Ober-)Bürgermeister der NLP an oder

---

[55] Darüber berichtet Hummel in seinen Memoiren: Hermann Hummel: Geschlagene Schlachten. Ein Lebenslauf in Synkopen, S. 18, GLAK 65/20034. Otto Meißner, der spätere Staatssekretär im Büro des Reichspräsidenten, trat als Sekundant der Gegenseite auf. Diese Begegnung blieb, soweit ersichtlich, ohne Bedeutung.

[56] Fragebogen Dietrichs zur Zweiten Juristischen Staatsprüfung, o. D. [Januar 1905], GLAK 233/29431.

[57] Personalakten Dietrichs als badischer Staatsbeamter, GLAK 233/29430 u. 29431.

[58] Dietrich, „Ergänzung zum politischen Fragebogen", 1. 10. 1946, ND 3, fol. 14.

[59] Lothar Gall: Der Liberalismus als regierende Partei. Das Großherzogtum Baden zwischen Restauration und Reichsgründung. Wiesbaden 1968.

[60] Ulrich Tjaden: Liberalismus im katholischen Baden. Geschichte, Organisation und Struktur der Nationalliberalen Partei Badens 1869-1893. Diss. Freiburg i. Br. 1999, S. 257-263; Renate Ehrismann: Der regierende Liberalismus in der Defensive. Verfassungspolitik im Großherzogtum Baden 1876-1905. Frankfurt a. M. u. a. 1993, S. 28-112 u. 538f.

standen ihr zumindest nahe.⁶¹ Das Engagement für die Jungliberalen hatte allerdings den Charakter eines dezidiert politischen Statements und war damit mehr als eine karrierebewusste Entscheidung, für die ein Beitritt zur NLP genügt hätte.

Bot die NLP in Baden die optimalen parteipolitischen Bedingungen für einen Aufstieg in höhere Ämter, so war die Kommunalverwaltung ein besonders vielversprechendes Betätigungsfeld, der Posten eines Bürgermeisters eine besonders günstige Ausgangsposition für eine politische Laufbahn. Die rasant voranschreitende Urbanisierung stellte die Kommunen vor zahlreiche stadtplanerische, soziale und wirtschaftliche Probleme. Gleichzeitig ließ das Prinzip der kommunalen Selbstverwaltung den Städten erhebliche Handlungsspielräume, so dass sie bei der Lösung dieser Probleme weitgehend eigenständig vorgehen konnten.⁶² Beherrscht wurde die Kommunalpolitik vom liberalen Bürgertum: Die Gemeinde stellte für die Liberalen seit jeher ein zentrales Feld der Politik dar; dort war der Liberalismus „groß geworden", und während seine dominierende Rolle in der Reichspolitik von kurzer Dauer gewesen war, blieb die Vormachtstellung in den Städten bis 1918 fast überall bestehen.⁶³

Der Liberalismus reagierte auf die Herausforderungen, die das schnelle Städtewachstum in der Phase der Hochindustrialisierung hervorrief, mit der Errichtung einer kommunalen „Daseinsvorsorge", die bereits Züge des modernen Sozialstaates trug. Die Aufgabenbereiche der Kommunen wurden bis 1914 zunehmend ausgeweitet und erstreckten sich schließlich auf den Auf- und Ausbau der Verkehrsinfrastruktur, die Organisation der Stadterweiterung und Maßnahmen zur Industrieansiedlung, den medizinischen bzw. hygienischen Bereich, die Versorgungs- und Verkehrsbetriebe, auf die Armenfürsorge, kulturelle Angelegenheiten und das Bildungswesen. In kommunaler Regie wurden Krankenhäuser, Theater und Schulen errichtet und betrieben, aber auch Straßenbahnen sowie Wasser-, Gas- und Elektrizitätswerke, die – soweit sie ursprünglich in privater Hand waren – zunehmend kommunalisiert wurden. Auf anderen Gebieten traten die Kommunen ebenfalls an die Stelle eines privatwirtschaftlichen Engagements, von der Organisation der Müllabfuhr bis hin zum Wohnungsbau. Das Auftreten der Stadt als Unternehmer und der rapide Ausbau der städtischen Leistungsverwaltung hatte zum Teil ökonomische Gründe: So waren die Versorgungsbetriebe wirtschaftlich lukrativ, weil sie in der Regel beträchtliche Überschüsse abwarfen, während sie in den Händen privater Unternehmer, die ihre Monopolstellung leicht ausnutzen konnten, häufig ein Ärgernis darstellten. Darüber hinaus war der sogenannte Mu-

---

⁶¹ Auch außerhalb Badens war das die Regel: Wolfgang Hofmann: Zwischen Rathaus und Reichskanzlei. Die Oberbürgermeister in der Kommunal- und Staatspolitik des Deutschen Reiches von 1890 bis 1933. Stuttgart u. a. 1974, S. 45.
⁶² Heinrich Heffter: Die deutsche Selbstverwaltung im 19. Jahrhundert. Geschichte der Ideen und Institutionen. Stuttgart ²1969, S. 605-622.
⁶³ Karl Heinrich Pohl: Liberalismus und Bürgertum 1880-1918. In: Lothar Gall (Hg.): Bürgertum und bürgerlich-liberale Bewegung in Mitteleuropa seit dem 18. Jahrhundert. München 1997, S. 231-291, hier S. 270f.; siehe auch Lothar Gall: Das liberale Milieu. Die Bedeutung der Gemeinde für den deutschen Liberalismus. In: Liberalismus und Gemeinde. 3. Rastatter Tagung zur Geschichte des Liberalismus am 10./11. November 1990. Sankt Augustin 1991, S. 17-33.

nizipalsozialismus auf sozialhygienische und sozialreformerische Bestrebungen, die Orientierung am Gemeinwohl und nicht zuletzt die Absicht zurückzuführen, den politischen Forderungen der Arbeiterschaft entgegenzukommen. Die vom liberalen Bürgertum ins Werk gesetzte interventionistische Kommunalpolitik kam auch den unteren Schichten zugute.[64]

Die rapide Ausweitung der kommunalen Zuständigkeitsbereiche ging mit einer Professionalisierung der Gemeindebürokratie einher. Das Ideal der ehrenamtlichen Selbstverwaltung und der Einfluss der Honoratioren bestanden fort, doch die immer umfangreicheren und anspruchsvolleren administrativen Aufgaben wurden zunehmend von hauptberuflichen Beamten und Angestellten übernommen. An der Spitze der Gemeindeverwaltung standen bald auch in kleineren Städten Berufsbürgermeister, für die sich ein bestimmter „Typus" herausbildete: Meistens waren die Stadtoberhäupter studierte Juristen und „Karrierebeamte", die nicht den örtlichen Honoratiorenkreisen entstammten, sondern von auswärts kamen und sich „im idealtypischen Fall über mittlere Positionen in größeren Städten und Bürgermeisterstellen in kleineren Städten zum Oberbürgermeister von großen Städten" emporarbeiteten.[65] Diese „zweite Laufbahn für Verwaltungsjuristen neben dem Staatsdienst"[66] war attraktiv, weil der Aufstieg im Staatsdienst deutlich länger dauerte und wichtige Positionen eher an Angehörige des Adels als an bürgerliche Juristen vergeben wurden. Außerdem konnten gerade die Bürgermeister den großen Gestaltungsspielraum nutzen, den das dynamische Feld der Kommunalpolitik bot. Sie genossen ein hohes Maß an Unabhängigkeit und Einfluss, nicht zuletzt, weil ihnen die wachsende Kommunalbürokratie unterstellt war.[67] Unter diesen Bedingungen war es – bei erfolgreicher Amtsführung – möglich, sich überregional einen Namen zu machen und für weitere öffentliche Ämter zu qualifizieren. So saßen wie Dietrich, der 1912 in die Zweite Kammer des badischen Landtags einzog, zahlreiche Stadtoberhäupter in den Parlamenten der Bundesstaaten.[68] Die wachsende Bedeutung der Städte wertete die gesellschaftliche

---

[64] Jürgen Reulecke: Geschichte der Urbanisierung in Deutschland. Frankfurt a. M. 1985, S. 123-131; Wolfgang Hofmann: Aufgaben und Struktur der kommunalen Selbstverwaltung in der Zeit der Hochindustrialisierung. In: Kurt G. A. Jeserich/Hans Pohl/Georg-Christoph von Unruh (Hg.): Deutsche Verwaltungsgeschichte. Bd. 3: Das Deutsche Reich bis zum Ende der Monarchie. Stuttgart 1984, S. 578-644, hier S. 583-606; Wolfgang R. Krabbe: Munizipalsozialismus und Interventionsstaat. Die Ausbreitung der Städtischen Leistungsverwaltung im Kaiserreich. In: Geschichte in Wissenschaft und Unterricht 30 (1979), S. 265-283; Uwe Kühl: Le débat sur le socialisme municipal en Allemagne avant 1914 et la municipalisation de l'électricité. In: ders. (Hg.): Der Munizipalsozialismus in Europa. Le socialisme municipal en Europe. München 2001, S. 81-99.

[65] Wolfgang Hofmann: Oberbürgermeister als politische Elite im Wilhelminischen Reich und in der Weimarer Republik. In: Klaus Schwabe (Hg.): Oberbürgermeister. Boppard 1981, S. 17-38, Zitate S. 22 u. 27; außerdem ders., Rathaus, S. 38-44.

[66] Heffter, Selbstverwaltung, S. 218.

[67] Hofmann, Rathaus, S. 51 f.

[68] Während des Kaiserreichs waren die Kommunalbeamten mit einem Anteil von ca. 25% die am stärksten vertretene Berufsgruppe unter den NLP-Abgeordneten der badischen Zweiten Kammer: Hermann Kalkoff: Nationalliberale Parlamentarier 1867-1917 des Reichstags und der Einzellandtage. Berlin 1917, S. 370. Im preußischen Herrenhaus saßen schon qua Amt 51 Oberbürgermeister: Hofmann, Rathaus, S. 49.

und politische Stellung der (Ober-)Bürgermeister auf. Sie gehörten zur „funktionalen Elite und zum sozialen Establishment des Kaiserreiches" und kamen durch ihre Amtstätigkeit ständig mit Parlamentariern und Ministern, gelegentlich auch mit den Fürsten der Einzelstaaten in Kontakt.[69]

Die Laufbahn in der Kommunalverwaltung entwickelte sich überdies zu einem Karriereweg für soziale Aufsteiger, handelte es sich doch, wenn man die zunehmende Bedeutung und die stark wachsende Zahl der höheren kommunalen Ämter berücksichtigt, um ein weitgehend neues Berufsfeld, das vergleichsweise leicht zugänglich war und beachtliche Verdienstmöglichkeiten bot. Die große Mehrheit der leitenden Kommunalbeamten mag „von gehobener bürgerlicher Herkunft" gewesen sein, aber es empfiehlt sich, innerhalb der höheren Schichten noch einmal zu differenzieren.[70] So kommentierte Hermann Luppe, Sohn eines Oberrealschuldirektors, seine Wahl zum zweiten Bürgermeister der Stadt Frankfurt, die ihm auch ein stattliches Gehalt von 16 000 M einbrachte: „Ich gehörte jetzt nach Stellung und Einkommen zu den oberen Zehntausend, der Aufstieg über den Durchschnitt war mir gelungen."[71]

Als Dietrich sein Amt in Karlsruhe antrat, war der Prozess der Urbanisierung auf einem Höhepunkt angelangt und die „Sprungbrettfunktionen"[72] der Kommunalpolitik lagen auf der Hand. Bei seiner Tätigkeit in der badischen Hauptstadt, deren Entwicklung in dieser Zeit mit großem Tempo voranschritt, sammelte er „in allen Zweigen der Stadtverwaltung"[73] Erfahrungen. Nach drei Jahren bewarb er sich mit Erfolg um den Bürgermeisterposten einer kleineren Stadt: Am 25. August 1908 wurde er vom Kehler Bürgerausschuss mit 61 von 65 Stimmen gewählt. Der Umstand, dass Dietrich zu diesem Zeitpunkt noch keine 29 Jahre alt war, ist ebenso auffällig wie die Tatsache, dass es bei der Wahl keinen Gegenkandidaten gab, zumal die Mitglieder des Zentrums in Kehl Einwände gegen den „in politischer Hinsicht stark jungliberal" orientierten Dietrich äußerten. Die übrigen Bewerber wurden aber von vornherein ausgeschlossen, weil alle Beteiligten sie für ungeeignet hielten.[74] Auf viele potentielle Interessenten dürfte die alte Festungs-

---

[69] Hofmann, Rathaus, Zitat S. 43.
[70] Dies übersieht Hofmann, wenn er vom „Ausnahmecharakter" des sozialen Aufstiegs spricht und auf die geringe Zahl von Oberbürgermeistern kleinbürgerlicher Herkunft verweist (Hofmann, Oberbürgermeister, S. 20–26, Zitate S. 22 u. 25). Dabei hebt er selbst die Funktion der Stadtoberhäupter als „politische Elite" hervor. Es wäre also eine eingehendere Analyse ihrer Herkunft erforderlich. In diesem Zusammenhang verdient auch die große Gruppe der neuen Berufsbürgermeister kleinerer und mittlerer Städte Beachtung, die Hofmann nicht näher analysiert, die er aber mit guten Gründen demselben sozialen Typus wie die Oberbürgermeister zuordnet.
[71] Hermann Luppe: Mein Leben. Nürnberg 1977, S. 25.
[72] Hofmann, Rathaus, S. 14.
[73] Dietrich, „Ergänzung zum politischen Fragebogen", 1.10.1946, ND 3, fol. 15.
[74] So die Berichterstattung in der regionalen Zentrumspresse, die damit auch die Unterstützung von Dietrichs Kandidatur durch das Zentrum rechtfertigte. Außerdem habe Dietrich in einer „persönlichen Besprechung" die „Wahrung strengster Neutralität in religiösen wie rein politischen Fragen" zugesichert: Offenburger Zeitung Nr. 195 vom 27.8.1908; vgl. Stüwe, Dietrich, S. 51f. In der Stadt Kehl war etwas mehr als die Hälfte der Bevölkerung katholisch, im Gegensatz zum vorwiegend evangelischen Umland.

stadt am Rhein einen abschreckenden Eindruck gemacht haben. Die Gemeinde befand sich schon länger in einer verfahrenen Lage, weil keine Erweiterungsflächen für Gewerbe und Industrie sowie für Wohnsiedlungen zur Verfügung standen. Sämtliche Areale, die für eine Ausdehnung in Frage kamen, gehörten zur Gemeinde Dorf Kehl, welche die Stadt von allen Seiten einschloss und sich seit Jahrzehnten einer Eingemeindung widersetzte. Zugleich schritt die Entwicklung einer modernen Kommunalpolitik, wie sie auch in kleineren und mittleren Städten zunehmend betrieben wurde, langsam voran. Unter anderem herrschten hygienisch bedenkliche Zustände, weil es weder eine Kanalisation noch eine geregelte Müllentsorgung gab. Bezeichnenderweise war Dietrich der erste Berufsbürgermeister Kehls. Sein ehrenamtlich tätiger Vorgänger war in allen wichtigen Fragen erfolglos geblieben und wurde seines Amtes enthoben, nachdem er wegen Jagdfrevels verurteilt worden war.[75]

Dietrich war mit den Verhältnissen in Kehl bereits vertraut. Er hatte hier einige Jahre seiner Praktikantenzeit verbracht, seine Familie wohnte in der Nähe und er kannte aus dem Studium sowie durch das Engagement in der Arminia die Großstadt Straßburg, welche Kehl am westlichen Ufer des Rheins gegenüberlag. So war er sich zweifellos des außerordentlichen Entwicklungspotentials von Kehl und der sich ihm damit bietenden Chancen bewusst. Die Gemeinde zählte in Baden zu den „mittleren" Städten, hatte aber nur etwa 3300 Einwohner.[76] Trotzdem war Kehl kein Provinzstädtchen, sondern ein Vorort, in mancher Hinsicht praktisch ein Stadtteil von Straßburg. Seit 1901 existierte ein großer, expandierender Hafen, der einen idealen Warenumschlagplatz darstellte, weil hier der Endpunkt der Rheinschifffahrt lag. Kehl war ein attraktiver Standort für Industrie, Handel und Gewerbe, an dem sich bereits zahlreiche Betriebe angesiedelt hatten.[77] Unter diesen Umständen war der Bürgermeisterposten nicht trotz, sondern wegen aller Missstände attraktiv: Um Erfolge vorweisen zu können, musste Dietrich nur ein Modernisierungsprogramm nach dem Vorbild der andernorts längst praktizierten Kommunalpolitik durchführen, also dafür sorgen, dass, wie er es einige Monate nach seinem Amtsantritt formulierte, „die zahlreichen Rückständigkeiten, die auf allen Gebieten hier zu finden sind, beseitigt werden".[78] Finanzielle Hindernisse waren dabei kaum zu überwinden – die wirtschaftliche Lage der Gemeinde war hervorragend: Sie gehörte zu den steuerkräftigsten Kommunen in Baden, hatte gleichzeitig die mit Abstand niedrigsten Steuersätze und war als einzige

---

[75] Stüwe, Dietrich; vgl. allgemein zu Kehl die Beiträge in Ute Scherb (Hg.): Im Zeichen der Vereinigung. Kehl im deutschen Kaiserreich. Kappel-Grafenhausen 2010. In den kleineren und mittleren Städten entwickelte sich die oben skizzierte Kommunalpolitik oft langsamer, aber die Lage in Kehl war extrem. Im Jahr 1908 gehörte beispielsweise eine Schwemmkanalisation zum Standard: Krabbe, Munizipalsozialismus, S. 276-278.

[76] Nach der Volkszählung von 1905 belegte Kehl mit 3284 Einwohnern den 47. Platz unter den badischen Städten: Statistisches Jahrbuch für das Großherzogtum Baden 37 (1908/09), S. 684.

[77] Johannes Beinert: Geschichte des badischen Hanauerlandes unter Berücksichtigung Kehls. Kehl 1909, S. 387; Julia Kiefer: Vom Häfele zum Industriehafen: Eine Kehler Erfolgsgeschichte. In: Scherb, Kehl, S. 103-111.

[78] Dietrich an das Ministerium des Großherzoglichen Hauses und der auswärtigen Angelegenheiten, 9.6.1909, GLAK 237/20401, pag. 8.

Stadt schuldenfrei.[79] Im Allgemeinen erreichte die Verschuldung der Kommunen in den Jahren vor dem Ersten Weltkrieg problematische Dimensionen und schränkte ihre finanzielle Bewegungsfreiheit ein. In Kehl bestanden hingegen erhebliche Spielräume für Steuererhöhungen, Kreditaufnahmen und damit für kostspielige Projekte, die andernorts nur noch mit Schwierigkeiten umzusetzen waren.[80]

Den ersten aufsehenerregenden Erfolg, der zugleich die entscheidende Voraussetzung für die Umsetzung aller weiteren Pläne war, konnte Dietrich mit der Lösung der Eingemeindungsfrage feiern. In Anbetracht der bisherigen Fehlschläge gelang ihm das überraschend schnell und war wohl auch seinem Verhandlungsgeschick zu verdanken, wobei ihm seine Erfahrungen aus Karlsruhe, wo 1907 mehrere langwierige Eingemeindungen vollzogen worden waren,[81] sicherlich von Nutzen waren. Schon Anfang Mai 1909 kam es zu einer Übereinkunft, die alle Seiten zufriedenstellte und die Vereinigung der Gemeinden Stadt und Dorf Kehl zum 1. Januar 1910 in die Wege leitete.[82] Dorf Kehl, das der Fläche nach über 20-mal größer war und mehr Einwohner hatte, wurde demonstrativ als gleichberechtigter Partner anerkannt. Die kommunalen Gremien wurden zusammengelegt und ein neues Stadtwappen entworfen. Außerdem erhielten die Bürger von Dorf Kehl eine erhebliche Abfindung von insgesamt 450 000 M für die Ablösung des Allmendgenusses.[83]

Die Potentiale, die sich aus der komfortablen Finanzsituation, der Rückständigkeit und der geographischen bzw. wirtschaftsgeographischen Lage Kehls ergaben,

---

[79] Unter den Städten mit mehr als 3000 Einwohnern, Statistisches Jahrbuch für das Großherzogtum Baden 37 (1908/09), S. 684 u. 722-737. Zum 1.1.1907 wurden die Verbindlichkeiten der Gemeinde (9000 M) vom Kassenvorrat überstiegen, während alle anderen Städte verschuldet waren. Gleichzeitig war das Reinvermögen (die Differenz zwischen Gemeindevermögen und Gemeindeschulden) pro Kopf gerechnet nur in einigen kleineren Städten höher: In Kehl scheint gerade das Aufeinandertreffen von komfortabler Vermögenslage und hoher Steuerkraft (durch hohe Einkommen- und Vermögensteuerwerte) bemerkenswert gewesen zu sein. Im Übrigen waren die Schuldenfreiheit und die niedrigen Steuersätze auch darauf zurückzuführen, dass hier bisher keine Kommunalpolitik nach dem Vorbild anderer Städte stattgefunden hatte, also keine entsprechenden Investitionen getätigt worden waren.

[80] Zur Problematik der kommunalen Verschuldung, die zunehmend kritisch gesehen wurde: Otto Most: Die Schuldenwirtschaft der deutschen Städte. Jena 1909, bes. S. 43-50; Reulecke, Urbanisierung, S. 110 f.; Hartmut Zoche: Die Gemeinde – ein kleiner Staat? Motive und Folgen der großherzoglich-badischen Gemeindegesetzgebung 1819-1914. Frankfurt a. M. u. a. 1986, S. 380-391.

[81] Besonders der Eingemeindung des reichen, direkt an der Stadtgrenze gelegenen Vorortes Beiertheim war ein jahrzehntelanges Tauziehen vorangegangen: Susanne Asche u. a.: Karlsruhe. Die Stadtgeschichte. Karlsruhe 1998, S. 322-325; außerdem Günther Philipp: Vom Dorf zum Stadtteil. Die Eingemeindung Rüppurrs nach Karlsruhe 1907. Karlsruhe 2007, bes. S. 27-53; vgl. allgemein Horst Matzerath: Städtewachstum und Eingemeindungen im 19. Jahrhundert. In: Jürgen Reulecke (Hg.): Die deutsche Stadt im Industriezeitalter. Beiträge zur modernen deutschen Stadtgeschichte. Wuppertal 1978, S. 67-89.

[82] Ratsprotokolle vom 4.5. u. 6.5.1909, StA Kehl B2 1908-1909. Die Einzelheiten der Verhandlungen lassen sich nicht rekonstruieren.

[83] Ute Scherb: Ein steiniger Weg: Die Vereinigung von Dorf und Stadt Kehl. In: dies., Kehl, S. 251-265, hier S. 258-264; Stüwe, Dietrich, S. 56 f. Im Jahr 1905 hatte Dorf Kehl 4810 Einwohner.

schöpfte Dietrich jetzt umfassend aus.[84] Die Stadt erhielt eine Kanalisation und eine Müllabfuhr, das Wasserversorgungsnetz wurde ausgebaut, Straßen und Gehwege wurden befestigt oder neu angelegt. Nach einem längeren Rechtsstreit erwarb die Gemeinde das Wasserwerk, das bisher privat betrieben worden war und die Verbraucher mit hohen Gebühren belastet hatte, und führte es fortan als kommunalen Betrieb. Die Zahl der städtischen Angestellten erhöhte sich, die Verwaltung wurde zum Teil neu organisiert bzw. modernisiert. Vor allem entwickelte sich ab 1910 eine starke Bautätigkeit, die von Dietrich vehement vorangetrieben wurde. Nachdem nun genügend Gelände zur Verfügung stand, konnten zahlreiche Projekte verwirklicht werden, die zum Teil seit längerem geplant waren. Die Gemeinde errichtete Neubauten für das Krankenhaus, den Kindergarten und die Volksschule, erweiterte das bestehende Realschulgebäude und renovierte ein aus Privathand erworbenes Freibad am Rhein.

Gleichzeitig wurden für andere Bauträger großzügige Rahmenbedingungen geschaffen. Innerhalb kurzer Zeit entstand ein neues Viertel auf der Kommissionsinsel, einem freien Gelände zwischen altem Stadtgebiet und Rhein, das mit erheblichem Aufwand als Bauland erschlossen und gezielt als bürgerliche Wohngegend angelegt wurde: Um, wie Dietrich es formulierte, „von dem direkt über der Brücke gelegenen Straßburger Hafen und Industrieviertel nicht nur wie bisher die Arbeiter, die große Schul- und Armenlasten mit sich bringen, [zu] bekommen, sondern auch besseren Elementen die Ansiedlung [zu] ermöglichen",[85] stellte die Gemeinde billige Bauplätze und über die Sparkasse Hypotheken zur Verfügung. Die Grundstückserlöse sollten lediglich die Kosten für die Aufschüttung der Insel, den Bau von Straßen und den Anschluss an Wasser und Kanalisation decken. Die Strategie ging auf: Die finanziellen Anreize und die gleichermaßen zentrale wie beschauliche Lage des Viertels, das mit Grünflächen und einer Uferpromenade umgeben wurde und sich in unmittelbarer Nähe zum Rhein, dem Stadtzentrum und der Brücke nach Straßburg befand, lockte in Kürze gut situierte Privatleute an. Diese kamen tatsächlich mehrheitlich aus Straßburg, wo die Bodenpreise höher waren, und errichteten auf den großzügig bemessenen Grundstücken Villen. Außerdem erhielt die katholische Gemeinde einen kostenlosen Bauplatz für die lange geplante Errichtung einer neuen Kirche, und der badische Staat wurde ermuntert, dem Neubau des Amtsgerichts nebst Gefängnis zuzustimmen: Die Gemeinde erwarb die bisherigen Gebäude, die ein stadtplanerisches Hindernis darstellten, und errichtete den Neubau vorläufig mit eigenen Mitteln, während das Justizministerium sich noch nicht auf einen Zeitpunkt für den Kauf festlegen, sondern lediglich verpflichten musste, die Zinsen zu tragen. Und schließlich ließ die Stadt Arbeiterwohnhäuser erstellen, die sie bezugsfertig an die Käufer übergab

---

[84] Zum Folgenden Claudia Elbert/Wolfdietrich Elbert: Baugeschichte(n): Entwicklung von Dorf und Stadt. In: Scherb, Kehl, S. 49–76, hier S. 55–70; Ute Scherb: Verzögerter Aufbruch: Das kaiserzeitliche Kehl zwischen Tradition und Moderne. In: dies., Kehl, S. 11–48, hier S. 41f.; Die Bautätigkeit der Stadt Kehl am Rhein 1919/1929. Herausgegeben von der Stadtverwaltung. Bearbeitet von Stadtbaumeister Schäfer. Düsseldorf o. J., bes. S. 11–13.

[85] Dietrich an das Großherzogliche Ministerium der Justiz, des Kultus und Unterrichts, 26.4.1910, GLAK 234/11663.

und auf die sie Hypotheken bis zu einer Höhe von 95 Prozent der Baukosten bewilligte, wobei für 75 Prozent Kredite von der badischen Landesversicherungsanstalt gewährt wurden.

Mitte 1912 stellte Dietrich in einer kleinen, aufwendig gestalteten Schrift die Projekte der Stadt vor. Mit sichtlichem Stolz präsentierte er die Leistungen der Gemeindeverwaltung, wobei er hervorhob, dass die hohen außerordentlichen Ausgaben zu einem erheblichen Teil die Gemeindekasse nicht oder nur vorübergehend belasten würden und folglich der Steuersatz in Kehl auf einem niedrigen Niveau gehalten werden könne, um die Ansiedlung von Betrieben auf dem Gelände des Rheinhafens zu fördern.[86] In Wirklichkeit war die finanzielle Belastung durchaus erheblich. Dietrich verstand es zwar, in beachtlichem Umfang Kapital anzulocken, aber diese Investitionen wurden im Wesentlichen dadurch erreicht, dass die Gemeinde in Vorleistung ging. So stand die Deckung der Erschließungskosten für die Kommissionsinsel durch den Verkauf der Baugrundstücke erst einmal auf dem Papier, da der Kaufpreis auf Wunsch in eine Hypothek umgewandelt werden konnte.[87] Ebenso verhielt es sich mit den Grundstücken der Arbeiterhäuser, ähnlich mit dem Bau des Amtsgerichts. Die Stadt trat also in großem Stil als Kreditgeber auf. Diese Aufwendungen mochten vorübergehender Natur und durch Hypotheken recht solide abgesichert sein, doch das Ausmaß des Engagements führte zu einer nicht unproblematischen finanziellen Schieflage. In den Jahren 1909 bis 1913 betrugen die außerordentlichen Ausgaben Kehls ca. 1,8 Millionen M; die Verschuldung erhöhte sich von gut 100 000 auf über 1,4 Millionen M und musste angesichts der noch nicht abgeschlossenen Projekte weiter steigen.[88]

Dietrich sah sich deswegen Vorwürfen aus dem Lager des Zentrums ausgesetzt, die Stadt in den Ruin getrieben zu haben.[89] Das war gewiss nicht richtig: Die Pro-Kopf-Verschuldung Kehls lag immer noch deutlich unter dem badischen Durchschnitt, gleichzeitig hatte sich das Vermögen der Gemeinde deutlich vermehrt,

---

[86] Hermann Dietrich: Geschichte der Stadt Kehl seit der Vereinigung mit dem Dorf am 1. Januar 1910. In: Aus Vergangenheit und Gegenwart der Stadt Kehl a. Rh. Verfaßt von Bürgermeister Dietrich unter gütiger Mitarbeit der Herren Direktor Dr. Beinert und Direktor Kapferer. Straßburg 1912, S. 8–26, hier bes. S. 19.

[87] Ende 1913 beliefen sich die Schulden für das Projekt Kommissionsinsel auf knapp 250 000 M, denen in etwa entsprechende Forderungen gegenüberstanden: Rechenschaftsbericht über die Einnahmen und Ausgaben der städtischen Kassen für 1913, S. 95, StA Kehl A 900-23. Angesichts der günstigen Konditionen wurden Bauplätze, an deren beschleunigter Vergabe die Gemeinde ein Interesse hatte, auch von Investoren übernommen, deren Finanzierungskonzepte auf wackligen Beinen standen. Zwei Architekten aus Baden-Baden, die „auf eigene Rechnung" gleich mehrere Häuser bauten, gewährte die Gemeinde im April 1914 einen Kredit von 40 000 M, damit sie ihre Schulden bei Handwerkern bezahlen konnten: Gemeinderatsprotokoll vom 7.4.1914, StA Kehl B2 1914-1917.

[88] Zu den außerordentlichen Ausgaben der Jahre 1911 bis 1913 vgl. die Übersicht im Rechenschaftsbericht über die Einnahmen und Ausgaben der städtischen Kassen für 1913, S. 96, StA Kehl A 900-23. Zu diesen sind 450 000 M für die Allmendablösung, 285 000 M für das Wasserwerk und 300 000 M für die Kanalisation hinzuzurechnen. Weitere 800 000 M waren bewilligt, aber noch nicht in Anspruch genommen.

[89] Zur Steuer der Wahrheit, Offenburger Zeitung Nr. 55 vom 7.3.1914.

und die Steuersätze waren trotz wiederholter Erhöhungen noch ungewöhnlich niedrig.[90] Die wirtschaftliche Entwicklung war vielversprechend, da der Rheinhafen stark an Bedeutung gewann: Zwischen 1908 und 1913 verdreifachte sich der Warenumschlag und zahlreiche neue Betriebe ließen sich nieder.[91] Dennoch war die Lage heikel, weil der umfangreichen Kreditvergabe der Stadt eine Kreditaufnahme bei der gemeindeeigenen Sparkasse gegenüberstand: Sie finanzierte beinahe alle außerordentlichen Ausgaben, wohl nicht zuletzt deswegen, weil der Kapitalmarkt in den Jahren vor dem Ersten Weltkrieg angespannt war.[92] Da die Sparkasse außerdem zahlreiche Hypotheken vergeben musste, war sie mit akuten Liquiditätsproblemen konfrontiert, als Dietrich die Stadt 1914 verließ. Um die Finanzklemme zu überwinden, musste die Gemeinde nun in erheblichem Umfang bei anderen Instituten Kredite aufnehmen, wobei sie offenbar einige Mühe hatte und gezwungen war, ungünstige Konditionen in Kauf zu nehmen.[93] Mittel- und langfristig waren die wirtschaftlichen Aussichten und die Finanzlage der Gemeinde komfortabel, so dass diese Schwierigkeiten unter normalen Umständen eine Episode geblieben wären. Der Kriegsausbruch traf die Stadt allerdings zu einem sehr ungünstigen Zeitpunkt, weil viele Bauarbeiten noch nicht abgeschlossen waren und von jetzt an nur langsam und mit hohen zusätzlichen Kosten fortgeführt werden konnten.[94] Jedenfalls lässt sich feststellen, dass finanziell im Frühjahr 1914 die Grenze des Möglichen erreicht war. Gleichzeitig gab es vorerst keinen Bedarf für neue Großprojekte. Dietrich hatte also die Leistungsfähigkeit der kleinen Stadt bis zum Maximum ausgereizt, um in kurzer Zeit alle Vorhaben auf einmal auf den Weg zu bringen. Ein moderateres Tempo wäre vermutlich zweck-

---

[90] Statistisches Jahrbuch für das Großherzogtum Baden 38 (1910/11), S. 434; Statistisches Jahrbuch für das Großherzogtum Baden 41 (1914/15), S. 500f.; Rechenschaftsbericht über die Einnahmen und Ausgaben der städtischen Kassen für 1913, S. 95, StA Kehl A 900-23. Die Verschuldung pro Kopf betrug 1913 ca. 150 M. (Nach der Volkszählung von 1910 hatte Kehl 8858 Einwohner, die Zahl war in der Zwischenzeit aber gestiegen.) In den übrigen badischen Städten mit mehr als 8000 Einwohnern betrug der Wert im Jahr 1912 das Einhalb- bis Dreifache. Die Vermögenswerte hatten sich zwischen 1909 und 1913 von ca. 2,5 Millionen auf 3,1 Millionen M erhöht. Die Steuersätze waren auch 1914 noch niedriger als in allen anderen badischen Städten.

[91] Neue Regulierungsmaßnahmen stromabwärts hatten die Schiffbarkeit auch bei Niedrigwasser sichergestellt: Gottlieb Baumetz: Der Hafen Kehl. Eine völkerrechtliche und wirtschaftspolitische Studie. Tübingen 1927, S. 21-26 u. 66-70.

[92] Für kommunale Anleihen war der Markt besonders ungünstig: Most, Schuldenwirtschaft, S. 40-43 u. 50f.; vgl. allgemein Rudolf Kroboth: Die Finanzpolitik des Deutschen Reiches während der Reichskanzlerschaft Bethmann Hollwegs und die Geld- und Kapitalmarktverhältnisse (1909-1913/14). Frankfurt a. M. u. a. 1986, S. 82-87 u. 95-107.

[93] Unmittelbar vor Dietrichs Abschied beschloss der Gemeinderat, „zur Tilgung eines Teils der Schuld an die Sparkasse" einen Wechsel mit dreimonatiger Laufzeit über 100 000 M auszustellen, den die Sparkasse bei einer anderen Bank flüssig machen konnte. Offensichtlich bestand also ein akuter Engpass. Weitere Überbrückungsdarlehen folgten, bevor die Gemeinde Ende Juni 1914 zwei größere Kreditverträge über insgesamt 1,5 Millionen M abschließen konnte, und zwar zu einem Zinssatz von 4,5%, während die Darlehen der Sparkasse mit 4% verzinst wurden: Gemeinderatsprotokolle vom 7.4.1914 (Zitat) sowie vom 12.5., 16.6. u. 26.6.1914, StA Kehl B2 1914-1917.

[94] Elisabeth Trick an Dietrich, 9.8.1915, ND 728; vgl. Elbert, Baugeschichte(n), S. 56f., 63 u. 69.

mäßiger, im Sinne der persönlichen Profilierung aber weniger aufsehenerregend gewesen.

In den Jahren vor dem Ersten Weltkrieg herrschte in Kehl ein regelrechter Bauboom, der das Stadtbild innerhalb kurzer Zeit von Grund auf veränderte und bis heute prägt. Das unansehnliche, mehr schlecht als recht verwaltete Gemeinwesen entwickelte sich zu einer hübschen und prosperierenden Stadt. Dietrich war an der Planung und Durchführung der zahlreichen Bauvorhaben maßgeblich beteiligt und in allen Bereichen der Gemeindeverwaltung persönlich aktiv. Dabei spielte sicherlich eine Rolle, dass der Verwaltungsapparat in Kehl vergleichsweise klein war, es entsprach aber auch der allgemeinen Neigung von Stadtoberhäuptern, sich um alles selbst zu kümmern.[95] In den Gemeindeakten zeigt sich eine verblüffende Omnipräsenz Dietrichs, der an der Konzeption der Großprojekte bis in Details mitwirkte, Verhandlungen mit Ministerien, Baufirmen und Architekten wie auch mit einzelnen Arbeitern, die ein Haus bauen wollten, führte, und danach die Baufortschritte überwachte. Selbst Kleinigkeiten erledigte er persönlich: So kümmerte er sich um die Mahnungen an Eigentümer, die ihre Häuser noch nicht an die Kanalisation angeschlossen hatten, oder um die Bestellung von „Nummerntäfelchen für die Häusernumerierung".[96] Sein Engagement und die für jedermann sichtbaren Ergebnisse seiner Amtsführung blieben nicht ohne Wirkung. Die Zeitgenossen lobten Dietrichs Fleiß und Energie in den höchsten Tönen – eine Wertschätzung, die sich bis in die gegenwärtige Lokalgeschichtsschreibung fortsetzt. Sogar von den Vertretern des Zentrums wurde mitunter „anerkannt, was Herr Bürgermeister Dietrich für die Gemeinde Kehl geleistet hat".[97] Als Dietrich in Konstanz als neuer Oberbürgermeister im Gespräch war, versammelten sich die Kehler Gemeinderäte zu einer Sondersitzung und beschlossen, alles daran zu setzen, ihn zum Bleiben zu bewegen. So wollte man ihm eine Gehaltserhöhung von 8000 auf 10 000 M und einen Pensionsanspruch von 5000 M anbieten.[98] Nach seinem Abschied dauerte es gerade zwei Wochen, bis der Gemeinderat entschied, eine Straße nach ihm zu benennen.[99]

Mit seinen Erfolgen in Kehl machte Dietrich sich in Baden einen Namen. Sie ermöglichten ihm sowohl den Einzug in den badischen Landtag Anfang 1912 als auch den nächsten Schritt in seiner kommunalpolitischen Karriere, der ihm im Frühjahr 1914 mit der Wahl zum Oberbürgermeister von Konstanz gelang. Die kommunale Laufbahn verhalf ihm obendrein zu einem sozialen Aufstieg – nicht nur im Hinblick auf sein Ansehen oder den Zugang zu gesellschaftlichen Eliten, den die Stellung als Stadtoberhaupt und Parlamentarier mit sich brachte, sondern auch auf sein Einkommen. Sein Jahresgehalt betrug im Jahr 1908 noch 5000 M zuzüglich eines Versicherungszuschusses von 500 M. 1910 stieg es im Zuge der Vereinigung der Kehler Gemeinden auf 7000 M und erhöhte sich danach alle zwei

---

[95] Hofmann, Rathaus, S. 51 f.
[96] Schriftverkehr zu den Entwässerungsanschlüssen an die Kanalisation, StA Kehl A 712-13/15; Ratsprotokoll vom 22. 9. 1909, StA Kehl B2 1908–1909.
[97] Offenburger Zeitung Nr. 51 vom 3. 3. 1914.
[98] Gemeinderatsprotokoll vom 24. 2. 1914, StA Kehl B2 1914–1917.
[99] Gemeinderatsprotokoll vom 28. 4. 1914, ebd.

Jahre um 500 M. Als Oberbürgermeister von Konstanz erhielt Dietrich schließlich 10 000 M, bei Gehaltsanhebungen von 1000 M im Abstand von je drei Jahren, sowie eine große Dienstwohnung mit einem Mietwert von 1000 M.[100] Damit gehörte er zum obersten Prozent der Einkommensempfänger, wobei er im Vergleich zu Amtskollegen in anderen Städten noch recht bescheiden abschnitt.[101] Für seine Tätigkeit in der Zweiten Kammer, die allerdings erhebliche Unkosten mit sich brachte, kam eine „Aufwandsentschädigung" von 3000 M pro Sitzungsperiode hinzu.[102]

Von großer Bedeutung war ein „Nebeneffekt" von Dietrichs Tätigkeit in Kehl: Hier lernte er seine spätere Ehefrau Elisabeth Trick kennen, Tochter des Industriellen Ludwig Trick, dessen Zellstofffabrik sich seit dem späten 19. Jahrhundert zu einem blühenden Unternehmen und dem wichtigsten Arbeitgeber in Kehl entwickelt hatte.[103] Diese Bekanntschaft resultierte unmittelbar aus Dietrichs Stellung als Bürgermeister. Als größte Steuerzahler der Gemeinde, noch mehr aber durch ihr ehrenamtliches Engagement im administrativen und karitativen Bereich standen die Mitglieder der reichsten Familie vor Ort in enger Verbindung mit der Stadtverwaltung. Ludwig Schmidt, Schwiegersohn von Ludwig Trick und seit dessen Tod im Jahr 1900 Geschäftsführer des Unternehmens, war Gemeinderatsmitglied, während Tricks Witwe Agnes und die älteste ihrer vier Töchter, Elisabeth, führend in der Kehler Ortsgruppe des Badischen Frauenvereins aktiv waren. Dort widmete Elisabeth sich dem ganzen Gebiet der sozialen Fürsorge, etwa der Armenunterstützung, der Krankenpflege oder der Frauen- und Kleinkinderbildung – jeweils in Zusammenarbeit mit der Gemeindeverwaltung, so dass Trick und Dietrich bei offiziellen Sitzungen, wie denen des Armenrats, und bei persönlichen Besprechungen über einzelne Fürsorgefälle oder Veranstaltungen des Vereins miteinander in Kontakt kamen.[104] Außerdem wurden Elisabeth und Agnes Trick

---

[100] Dienstverträge vom 3.11.1908 u. 1.2.1910, StA Kehl B3 Hermann Dietrich; Dienstvertrag vom 23.3.1914 u. Aktennotiz des Stadtrentamts vom 4.4.1919, StA Konstanz S II 12162.

[101] Gerd Hohorst/Jürgen Kocka/Gerhard A. Ritter: Sozialgeschichtliches Arbeitsbuch. Bd. 2: Materialien zur Statistik des Kaiserreichs 1870-1914. München ²1978, S. 106; für Baden: Statistisches Jahrbuch für das Großherzogtum Baden 41 (1914/15), S. 45, 438 u. 440; Rudolf Morsey: Vergleichende Übersicht über die Gehälter der Oberbürgermeister 1914 und 1930. In: Die Verwaltung 6 (1973), S. 90-102.

[102] Gesetzes- und Verordnungsblatt für das Großherzogtum Baden Nr. 5 vom 31.1.1910, S. 59-61. Die regulären Sitzungsperioden fanden nur alle zwei Jahre statt, und neben Unkosten, etwa für die Übernachtung in Karlsruhe, fielen Abzüge für Fehltage an, so dass die Aufwandsentschädigung (insbesondere nach dem Umzug nach Konstanz) keine wesentliche Erhöhung des Einkommens bedeutet haben dürfte.

[103] Einen knappen Überblick zur Entwicklung der Zellstofffabrik, die ca. 500 Mitarbeiter beschäftigte, bieten Hans Hollweck: Der Unternehmer Ludwig Trick und seine Familie. In: ders./Rolf Kruse (Hg.): Kehler Familiengeschichten. Kehl 2004, S. 179-238, hier bes. S. 188-191; Christel Hess: Die Tricksche Zellstofffabrik: Ein Beispiel der Industrialisierung in Kehl. In: Scherb, Kehl, S. 113-124, hier S. 119-123; Friedrich Blum: Ludwig Trick. Sein Leben und Wirken. 1835-1900. Mit einer Geschichte seiner Vorfahren. Heilbronn 1935, S. 105-114.

[104] Siehe dazu die Briefe Elisabeth Tricks an Dietrich, passim, ND 728; zur Aktivität von Agnes und Elisabeth Trick außerdem die Akten über den Kehler Ortsverein des Badi-

von Dietrich frühzeitig über kostspielige Projekte der Stadt informiert, teils sogar in die konkrete Planung eingebunden, weil die Familie stets zu großzügigen Darlehen und Spenden bereit war: Für den Ankauf des Wasserwerkes gewährte Agnes Trick der Gemeinde Ende 1910 einen Kredit von 150 000 M, der zwar normal verzinst, bis auf weiteres aber nicht getilgt werden musste.[105] Im Sommer 1912 kam nach längeren Verhandlungen mit Dietrich, die von Elisabeth angebahnt wurden, ein Darlehen in Höhe von 100 000 M hinzu.[106] Wenige Monate später erhielt die Stadt von Agnes und Elisabeth weitere 60 000 M für den Krankenhausbau – als Spende.[107] Angesichts der Schwierigkeiten, mit denen sich die Gemeinde bei der Kapitalaufnahme konfrontiert sah, waren dies Beträge, die für die Verwirklichung von Dietrichs Plänen durchaus ins Gewicht fielen. Aus dem dienstlichen Kontakt zwischen Elisabeth Trick und Dietrich entwickelte sich bald eine enge private Beziehung, die im März 1918 schließlich die Heirat zur Folge hatte. Dank seines Amts in Kehl wurde es Dietrich also möglich, in das lokale Wirtschaftsbürgertum einzuheiraten.[108]

2. Das späte Kaiserreich als Erfahrungsraum

Als im Sommer 1914 der Erste Weltkrieg ausbrach, war Hermann Dietrich ein etablierter Politiker. Sein „Lebensbild" hatte sich im Alter von 35 Jahren „längst geformt"[109], in die wilhelminische Gesellschaft war er fest integriert. Es ist unerlässlich, diesen Umstand zu berücksichtigen, wenn man sich mit Dietrich in der Weimarer Republik auseinandersetzen will. Das späte Kaiserreich stellte einen „Erfahrungsraum", und zwar einen positiv besetzten Erfahrungsraum dar, der für seine Erwartungen und Enttäuschungen in der Weimarer Zeit von maßgeblicher Bedeutung war. Selbstverständlich kann sein „Erwartungshorizont" nach 1918 nicht auf Erfahrungen aus der Zeit vor 1914 reduziert werden. Erstens sind „Erfahrungsraum und Erwartungshorizont [...] nicht statisch aufeinander zu beziehen", und zweitens ist die Überlagerung durch neue Erfahrungen nach 1914 zu berücksichtigen.[110] Andererseits lässt sich, besonders im Hinblick auf die Phase der relativen Stabilisierung der Weimarer Republik ab 1924, argumentieren, dass die „verkehrte Welt"[111] der Kriegs- und Inflationsjahre von Dietrich weitgehend

---

schen Frauenvereins, GLAK 443/192, I u. II; vgl. Ute Scherb: „In schön humaner Weise Gutes zu tun": Der Frauenverein Stadt Kehl, Dorf Kehl & Sundheim. In: dies., Kehl, S. 235-249; allgemein Kerstin Lutzer: Der Badische Frauenverein 1859-1918. Rotes Kreuz, Fürsorge und Frauenfrage. Stuttgart 2002.
[105] Scherb, Aufbruch, S. 41 u. Rechenschaftsbericht über die Einnahmen und Ausgaben der städtischen Kassen für 1912, S. 30, StA Kehl A 900-23.
[106] Elisabeth Trick an Dietrich, 6. 8., 17. 8. u. 6. 9. 1912, ND 728.
[107] Elbert, Baugeschichte(n), S. 62.
[108] Das war nicht ungewöhnlich: Hofmann, Rathaus, S. 43.
[109] Andreas Wirsching: „Vernunftrepublikanismus" in der Weimarer Republik. Neue Analysen und offene Fragen. In: ders./Eder, Vernunftrepublikanismus, S. 9-26, hier S. 19.
[110] Koselleck, Erfahrungsraum, S. 357-359, Zitat S. 359.
[111] Martin H. Geyer: Verkehrte Welt. Revolution, Inflation und Moderne, München 1914-1924. Göttingen 1998.

als Ausnahmeerscheinung verstanden wurde – als ein sozusagen irregulärer Erfahrungsraum, der gegenüber der „Normalität" der Vorkriegszeit ausgeklammert wurde.

Die Relevanz, die der Erfahrungsraum des späten Kaiserreichs nach 1918 hatte, tritt in mehreren Bereichen deutlich hervor, zumal Dietrich nicht selten explizit auf die Verhältnisse vor dem Ersten Weltkrieg Bezug nahm. Beispielsweise lassen sich damit zum Teil die volks- und betriebswirtschaftlichen Fehleinschätzungen erklären, die ihm in der Weimarer Republik unterliefen. Er war geprägt von der langen Periode der Hochkonjunktur vor dem Weltkrieg, wobei die wirtschaftliche Entwicklung in Baden die reichsweiten Wachstumsraten noch übertraf.[112] Im prosperierenden Kehl konnte er guten Gewissens von der „Voraussetzung einer günstigen Entwicklung" ausgehen und „mit Sicherheit" erwarten, dass der rapide Aufschwung dieses Wirtschaftsstandorts sich fortsetzen werde.[113] In der Praxis ließ sich alles verwirklichen, was er in Angriff nahm. Einnahmen, Ausgaben, Zins- und Tilgungszahlungen der Stadt erschienen ihm ebenso langfristig planbar wie er im größeren Zusammenhang ganz selbstverständlich annahm, dass die deutsche Volkswirtschaft „im Laufe der Jahrzehnte noch beträchtlich wachsen" werde.[114] Die Kontinuitäten und Brüche in seinen ökonomischen Erwartungen, die sich in der Weimarer Republik auch im Detail zeigen, sollen an späterer Stelle wieder aufgegriffen werden. Dagegen erfordert hier der *politische* Erfahrungsraum des späten Kaiserreichs, der für Dietrichs politisches Denken und Handeln in der Weimarer Republik von zentraler Bedeutung war, eine genauere Betrachtung.

Gleich zweimal verlieh der Gemeinderat der Stadt Kehl Dietrich die Ehrenbürgerwürde: erstmals im Juni 1930, und merkwürdigerweise erneut im Dezember 1949. Schon die Reaktion Dietrichs auf die erste Ehrung ist aufschlussreich. Er war soeben Reichsfinanzminister geworden, konnte auf eine, so seine Überzeugung, erfolgreiche zweijährige Tätigkeit als Ernährungsminister zurückblicken und trat sein neues Amt trotz der Wirtschafts- und Finanzkrise mit großer Zuversicht an. Auf diesem Höhepunkt seiner Karriere dankte er dem Kehler Bürgermeister in einem Telegramm und hielt fest, „die sechs Jahre jugendlichen und unvergeßlichen Schaffens in unserer Stadt Kehl" seien „die glücklichste Periode" seiner Laufbahn gewesen.[115] Zwei Jahrzehnte später wiederholte er, „daß die Jahre in Kehl nicht nur die Jahre einer ungewöhnlich ersprießlichen und erfolgreichen Tätigkeit waren, sondern noch mehr, daß sie auch eine befriedigende Tätigkeit

---

[112] Erst in den letzten Jahren vor dem Ersten Weltkrieg verlangsamte sich das Wachstum in Baden: Knut Borchardt: Regionale Wachstumsdifferenzierung in Deutschland im 19. Jahrhundert unter besonderer Berücksichtigung des West-Ost-Gefälles. In: Wilhelm Abel u. a. (Hg.): Wirtschaft, Geschichte und Wirtschaftsgeschichte. Festschrift zum 65. Geburtstag von Friedrich Lütge. Stuttgart 1966, S. 325–339, hier S. 327–329; Hugo Ott: Die wirtschaftliche und soziale Entwicklung von der Mitte des 19. Jahrhunderts bis zum Ende des Ersten Weltkriegs. In: Josef Becker u. a.: Badische Geschichte. Vom Großherzogtum bis zur Gegenwart. Stuttgart 1979, S. 103–142, hier S. 131.

[113] Dietrich, Geschichte, S. 19 u. 26.

[114] Rede Dietrichs auf der Jungliberalen Landesversammlung, 1./2. 6. 1912 (Flugschrift), S. 16, GLAK 69 NLP Baden 244.

[115] Dietrich an Hans Luthmer, 30. 6. 1930, StA Kehl A 000-50/0.

darstellen, eine Tätigkeit, die ich in dem fast halben Jahrhundert, das ich seit meinem Abgang von Kehl im öffentlichen Leben zugebracht habe, nicht mehr in dem Ausmaß gefunden habe".[116] Seine Leistungen in Kehl erfüllten Dietrich nicht nur deswegen mit Genugtuung, weil er sich mit ihnen identifizieren konnte. Neben die von vielen Stadtoberhäuptern empfundene „Befriedigung, die die gestaltende Verwaltungstätigkeit einer aktiven Persönlichkeit geben konnte",[117] trat die Anerkennung, die Dietrich von seinen Zeitgenossen erfuhr. Die Kehler Bauprojekte machten seine Erfolge zudem äußerlich sichtbar, stellten gewissermaßen ein persönliches Denkmal dar.[118] So schloss Elisabeth Trick die neue Siedlung auf der Kommissionsinsel in einen Geburtstagsgruß ein: „Ich will heute Nachmittag über Ihre Schöpfung wandern, um in Gedanken Ihren Geburtstag mit Ihnen zu feiern."[119] Vor diesem Hintergrund ist zu verstehen, dass Dietrichs Leichnam auf seinen Wunsch hin 1954 erst von Stuttgart nach Konstanz überführt und im dortigen, während seiner Amtszeit errichteten Krematorium eingeäschert wurde, bevor die Beisetzung in St. Märgen (Schwarzwald) erfolgte. In der Weimarer Zeit waren Dietrichs Leistungen abstrakter und weniger eindeutig im Hinblick auf ihren Erfolg wie auch auf den Anteil, den er an ihrem Zustandekommen hatte. Vor allem stießen sie nicht mehr auf ungeteilten Beifall – im Gegenteil. Die Bitterkeit, die Dietrich aufgrund der geringen Wertschätzung für seine politische Arbeit empfand, ist nach 1918 ein ständig wiederkehrendes Motiv.

Der Befund, dass die kommunale Tätigkeit für Dietrich eine positive Erfahrung darstellte, ist angesichts der Gestaltungsfreiheit, welche die Bürgermeister genossen, und in Anbetracht der liberalen Vorherrschaft in den Städten nicht überraschend. Die Bedeutung der kommunalen Ebene politischen Handelns für die Liberalen im Kaiserreich ist in zahlreichen Untersuchungen herausgearbeitet worden, die maßgeblich dazu beigetragen haben, das frühere Urteil vom „Niedergang" des Liberalismus zu relativieren. Aus der kommunalen Perspektive erscheinen die Liberalen – wenngleich dies nicht für alle Städte bzw. Regionen in Deutschland zutreffend sein mag – sogar als „einig", „kraftvoll" und „machtbewußt" sowie, trotz des Festhaltens an einem restriktiven Wahlrecht, als reformorientiert und modernitätszugewandt.[120] Es greift allerdings zu kurz, die Kommune als „last

---

[116] Ansprache Dietrichs anlässlich der Überreichung des Ehrenbürgerbriefes der Stadt Kehl am 9.1.1951, S. 2, StA Kehl A 000-50/2. Die verzögerte Überreichung ist vermutlich mit Dietrichs labilem Gesundheitszustand zu erklären. Warum es zur erneuten Verleihung kam, ob etwa die Ehrenbürgerwürde in der Zeit des Nationalsozialismus aberkannt wurde, lässt sich nicht feststellen. Angesichts der Wirren in Kehl nach dem Zweiten Weltkrieg könnte es sich um ein Versehen gehandelt haben.
[117] Hofmann, Rathaus, S. 109.
[118] Vgl. ebd., S. 52.
[119] Trick an Dietrich, 14.12.1913, ND 728.
[120] Karl Heinrich Pohl: „Einig", „kraftvoll", „machtbewußt". Überlegungen zu einer Geschichte des deutschen Liberalismus aus regionaler Perspektive. In: Historische Mitteilungen der Ranke-Gesellschaft 7 (1994), S. 61–80; außerdem z. B. Jan Palmowski: Urban Liberalism in Imperial Germany. Frankfurt am Main, 1866–1914. Oxford u. a. 1999; Detlev Lehnert (Hg.): Kommunaler Liberalismus in Europa. Großstadtprofile um 1900. Köln u. a. 2014, sowie die Beiträge im Jahrbuch zur Liberalismus-Forschung 18 (2006); vgl. Anm. 64.

refuge"[121] des Liberalismus zu deuten. Zum einen ist hervorzuheben, dass im Kaiserreich „die kommunalen Aufgabenbereiche [...] einen integralen Teil staatlicher Tätigkeit darstellten".[122] Entsprechend war die Kommunalpolitik nicht nur ein „Refugium" oder „Surrogat",[123] sondern ein zentraler, auch aus der Sicht des Einzelnen lohnenswerter Bereich der politischen Betätigung. Zum anderen sollte sie nicht isoliert betrachtet werden, und es erscheint überzogen, von ihr als *„der* politischen Handlungsebene"[124] des Liberalismus zu sprechen – allein schon, wenn man sich die zentrale Bedeutung des Nationalstaats für die Liberalen vor Augen hält.

Das Bild des kontinuierlichen Niedergangs des Liberalismus jenseits der Kommunalpolitik hat sich tendenziell gehalten. Vornehmlich ältere Arbeiten haben, ausgehend von der „liberalen Ära" in den 1870er Jahren oder einem noch früheren Zeitpunkt, auf die negative Entwicklung der liberalen Parteien, ihrer Wahlergebnisse und ihres Einflusses hingewiesen – wobei diese Verfallsgeschichten die in der Weimarer Republik stattfindende Marginalisierung der liberalen Parteien im Blick haben, die dann, analog zur These vom „deutschen Sonderweg", als plausible Konsequenz eines langfristigen Prozesses erscheint. Entsprechend wird die Preisgabe liberaler Prinzipien sowie die verstärkte Hinwendung zu einem imperialistischen Nationalismus angeprangert und das Bild einer anhaltend erfolglosen, zunehmend an Schlagkraft und gesellschaftlichem Rückhalt verlierenden, in erster Linie defensiven politischen Kraft gezeichnet, die schließlich weder willens noch fähig gewesen sei, über die Verteidigung des Bestehenden hinaus aktiv zu werden.[125]

Die Ergebnisse einiger Detailstudien zu den reformorientierten Ansätzen liberaler Politik haben dieses Urteil, das besonders die wilhelminische Zeit und die Nationalliberalen betrifft, relativiert.[126] Dabei sind die Vielgestaltigkeit des Libe-

---

[121] James J. Sheehan: Liberalism and the City in Nineteenth-Century Germany. In: Past & Present 51 (1971), S. 116-137, Zitat S. 132 u. 134.
[122] Dieter Langewiesche: „Staat" und „Kommune". Zum Wandel der Staatsaufgaben in Deutschland im 19. Jahrhundert. In: Historische Zeitschrift 248 (1989), S. 621-635, Zitat S. 634.
[123] So (in Anlehnung an Sheehan) Reulecke, Urbanisierung, S. 138.
[124] Karl Heinrich Pohl: Der Liberalismus in Deutschland, 1890 bis 1933. In: Philippe Alexandre/Reiner Marcowitz (Hg.): La Revue „Die Hilfe", 1894-1944. Un laboratoire d'idées en Allemagne. Die Zeitschrift „Die Hilfe", 1894-1944. Ein Ideenlabor in Deutschland. Bern u. a. 2011, S. 39-65, hier S. 41 (Hervorhebung im Original).
[125] James J. Sheehan: German Liberalism in the Nineteenth Century. Chicago u. a. 1978, bes. S. 272-283; Lothar Gall: Liberalismus und „bürgerliche Gesellschaft". Zu Charakter und Entwicklung der liberalen Bewegung in Deutschland. In: Historische Zeitschrift 220 (1975), S. 324-356; M. Rainer Lepsius: Parteiensystem und Sozialstruktur: zum Problem der Demokratisierung der deutschen Gesellschaft. In: Wilhelm Abel u. a. (Hg.): Wirtschaft, Geschichte und Wirtschaftsgeschichte. Festschrift zum 65. Geburtstag von Friedrich Lütge. Stuttgart 1966, S. 371-393, hier bes. S. 379f. u. 386; Gerhard A. Ritter: Die deutschen Parteien 1830-1914. Parteien und Gesellschaft im konstitutionellen Regierungssystem. Göttingen 1985, S. 65-76.
[126] Die sozialpolitischen Erfolge sowie allgemein die „Fortentwicklung und Innovationsfähigkeit der liberalen Parteien" betont Holger J. Tober: Deutscher Liberalismus und Sozialpolitik in der Ära des Wilhelminismus. Anschauungen der liberalen Parteien im parlamentarischen Entscheidungsprozeß und in der öffentlichen Diskussion. Husum

ralismus und die ihm innewohnenden Ambivalenzen des späten Kaiserreiches deutlich geworden. Allerdings wurden diese Mehrdeutigkeiten angesichts der Grenzen der liberalen Erfolge, aber vor allem wegen des Schattens, den der Ausbruch des Ersten Weltkriegs letztlich auf Politik und politische Kultur der wilhelminischen Gesellschaft wirft, eher ins Negative gewendet.[127] Im Hinblick auf die Nationalliberale Partei kommt hinzu, dass sie in den letzten beiden Jahren vor dem Weltkrieg von einem schweren, sie scheinbar lähmenden Richtungsstreit erschüttert wurde, der leicht als abschließendes Ergebnis einer beständigen Entwicklung zur inneren Zersplitterung interpretiert wird.[128] Für ein ausgewogeneres Gesamturteil über die liberalen Parteien im späten Kaiserreich wäre es erforderlich, das Postulat, grundsätzlich von der Komplexität und Ergebnisoffenheit der wilhelminischen Zeit auszugehen,[129] ernst zu nehmen und die Jahre vor dem Ersten Weltkrieg für sich zu betrachten. Unabdingbar ist eine solche Herangehensweise, wenn man die Lebenswelt eines politischen Akteurs im späten Kaiserreich in den Blick nimmt.

Seit der Jahrhundertwende herrschte unter den Liberalen keineswegs der Eindruck vor, die Entwicklung des politischen Liberalismus stagniere oder verlaufe abwärts. Vielmehr machte sich „ein wiedererstarktes liberales Selbstbewußtsein"[130] bemerkbar, und die letzten Jahre vor Kriegsausbruch konnten ihnen geradezu wie ein „Neubeginn" erscheinen.[131] Das gilt schon für die Wahlergebnisse auf Reichs-

---

1999, Zitat S. 408; außerdem z. B. Renate Köhne: Nationalliberale und Koalitionsrecht. Struktur und Verhalten der nationalliberalen Reichstagsfraktion 1890-1914. Frankfurt a. M. 1977; Eleanor L. Turk: German Liberals and the Genesis of the Association Law of 1908. In: Konrad Jarausch/Larry Eugene Jones (Hg.): In Search of a Liberal Germany. Studies in the History of German Liberalism from 1789 to the Present. New York u. a. 1990, S. 237-260; vgl. Karl Heinrich Pohl: Die Nationalliberalen – eine unbekannte Partei? In: Jahrbuch zur Liberalismus-Forschung 3 (1991), S. 82-112.

[127] So konstatiert Peter Theiner die Fortschrittlichkeit der Ideen Friedrich Naumanns, die aber bis auf „Einzelerfolge" an den geringen Reformchancen im späten Kaiserreich gescheitert seien: Peter Theiner: Friedrich Naumann und der soziale Liberalismus im Kaiserreich. In: Karl Holl/Günter Trautmann/Hans Vorländer (Hg.): Sozialer Liberalismus. Göttingen 1986, S. 72-83, Zitat S. 81.

[128] So z. B. Dan White: The Splintered Party. National Liberalism in Hessen and the Reich. Cambridge (Mass.) 1976.

[129] Z. B. Geoff Eley: Making a Place in the Nation. Meanings of "Citizenship" in Wilhelmine Germany. In: ders./James Retallack (Hg.): Wilhelminism and Its Legacies. German Modernities, Imperialism, and the Meanings of Reform, 1890-1930. Essays for Hartmut Pogge von Strandmann. New York u. a. 2003, S. 17-33, hier S. 31; ebenso die Tendenz der Beiträge in Sven Oliver Müller/Cornelius Torp (Hg.): Das Deutsche Kaiserreich in der Kontroverse. Göttingen 2009.

[130] Gangolf Hübinger: Hochindustrialisierung und die Kulturwerte des deutschen Liberalismus. In: Dieter Langewiesche (Hg.): Liberalismus im 19. Jahrhundert. Deutschland im europäischen Vergleich. Göttingen 1988, S. 193-208, hier S. 204.

[131] So die Perspektive auf die Periode 1908-1914 bei Friedrich Sell, dessen Arbeit im Übrigen als Verfallsgeschichte angelegt ist: Friedrich C. Sell: Die Tragödie des deutschen Liberalismus. Stuttgart 1953, S. 330-353; vgl. auch – aus Sicht der Linksliberalen um Naumann – Jürgen Frölich: „Jede Zeit hat ihre Freiheiten, die sie sucht". Friedrich Naumann und der Liberalismus im ausgehenden Kaiserreich. In: Detlev Lehnert (Hg.): Sozialliberalismus in Europa. Herkunft und Entwicklung im 19. und frühen 20. Jahrhundert. Wien u. a. 2012, S. 135-159, hier bes. S. 153-157.

ebene: Nach den Schlappen der frühen 1890er Jahre stabilisierten sich die liberalen Parteien, und seit der Jahrhundertwende konnte von einem Niedergang nicht mehr die Rede sein. Während sie ihre Mandatszahl in etwa behaupteten, verbuchten sie bei jeder Reichstagswahl beträchtliche Stimmenzuwächse.[132] Auf die Transformation der politischen Kultur zu einem Massenmarkt reagierten die Liberalen zwar verspätet, dann jedoch mit Nachdruck und Erfolg, indem sie, speziell im Jahrzehnt vor Ausbruch des Weltkriegs, Parteiorganisationen auf- und ausbauten, deren Bedeutung meist unterschätzt worden ist.[133]

Gleichzeitig entwickelten sich in den liberalen Parteien Strömungen, die eine Neuorientierung hinsichtlich Programmatik und politischer Taktik verfolgten. Während die historische Forschung den entsprechenden Entwicklungen im linksliberalen Spektrum, die besonders mit den Namen Friedrich Naumann und Theodor Barth verknüpft sind, einige Beachtung geschenkt hat, trifft das für die jungliberale Bewegung in der NLP weniger zu.[134] Dabei stellt der Jungliberalismus einen Schlüssel zum Verständnis der nationalliberalen Politik in den Jahren

[132] Sogar bei der Reichstagswahl 1912, als sowohl FVP als auch NLP trotz eines Verlusts an Mandaten Stimmen hinzugewannen – im Gegensatz zu den konservativen Parteien und zum Zentrum. Selbst der prozentuale Stimmenanteil der liberalen Parteien stieg und erreichte mit 25,9% den höchsten Wert seit 1893: Jürgen Schmädeke: Wählerbewegung im Wilhelminischen Deutschland. Bd. 1: Die Reichstagswahlen von 1890 bis 1912: Eine historisch-statistische Untersuchung. Berlin 1995, S. 888-890. Beim Vergleich mit dem Reichsgründungsjahrzehnt ist ohnehin zu berücksichtigen, dass die liberalen Kandidaten damals vielerorts keine ernstzunehmende Konkurrenz hatten: Michael John: Kultur, Klasse und regionaler Liberalismus in Hannover 1848-1914. In: Lothar Gall/Dieter Langewiesche (Hg.): Liberalismus und Region. Zur Geschichte des deutschen Liberalismus im 19. Jahrhundert. München 1995, S. 161-193, hier S. 193.

[133] Bereits Thomas Nipperdey hat die organisatorischen Anstrengungen der liberalen Parteien ausführlich beschrieben und mit umfangreichem Zahlenmaterial dokumentiert, das den enormen, kontinuierlichen Zuwachs an Vereinen und Mitgliedern eindrücklich belegt. Merkwürdigerweise hat er in Bezug auf die NLP eine eher kritische Bilanz gezogen: Thomas Nipperdey: Die Organisation der deutschen Parteien vor 1918. Düsseldorf 1961, bes. S. 100-102 u. 174f. Auch Kritiker der Sonderwegsthese haben (wiederum besonders im Hinblick auf die NLP) die Entwicklung der Parteistrukturen negativ beurteilt und die Meinung vertreten, die Liberalen hätten weder ausreichende Fortschritte erzielt noch das Problem an sich ernstgenommen: z. B. Geoff Eley: Notable Politics, the Crisis of German Liberalism, and the Electoral Transition of the 1890s. In: Konrad Jarausch/Larry Eugene Jones (Hg.): In Search of a Liberal Germany. Studies in the History of German Liberalism from 1789 to the Present. New York u. a. 1990, S. 187-216; anders am Beispiel der sächsischen NLP Karl Heinrich Pohl: Die Nationalliberalen in Sachsen vor 1914. Eine Partei der konservativen Honoratioren auf dem Wege zur Partei der Industrie. In: Lothar Gall/Dieter Langewiesche (Hg.): Liberalismus und Region. Zur Geschichte des deutschen Liberalismus im 19. Jahrhundert. München 1995, S. 195-215.

[134] Es sind vor allem ältere Studien, die dem Jungliberalismus zumindest am Rande Beachtung geschenkt haben; vgl. Nipperdey, Organisation, S. 94-100; George Frederick Mundle: The German National Liberal Party, 1900-1914: Political Revival and Resistance to Change. Diss. Urbana 1975, S. 76-104; Peter Gilg: Die Erneuerung des demokratischen Denkens im wilhelminischen Deutschland. Eine ideengeschichtliche Studie zur Wende vom 19. zum 20. Jahrhundert. Wiesbaden 1965, S. 230-237; Volker Stalmann: Einleitung. In: Bernhard Falk (1867-1944). Erinnerungen eines liberalen Politikers. Bearbeitet von Volker Stalmann. Düsseldorf 2012, S. 9-182, hier S. 18-30.

2. Das späte Kaiserreich als Erfahrungsraum 45

vor dem Ersten Weltkrieg dar. Ab 1898 wurden zahlreiche „Vereine der nationalliberalen Jugend" gegründet, deren Schwerpunkt im Rheinland und im süddeutschen Raum lag. Die Jungliberalen waren auch als Jugendorganisation der NLP zu verstehen, vertraten aber eine eigene programmatische Linie und entwickelten sich rasch zu einem bestimmenden Faktor in der Partei. Erstens ging es ihnen darum, die NLP organisatorisch zu modernisieren und so an die Erfordernisse des politischen Massenmarktes anzupassen. Die Jugend sollte aus ihrer unpolitischen Haltung gerissen und für die Nationalliberalen gewonnen werden. Ebenso wurde das liberale Bürgertum an seine „Pflicht" erinnert, sich wieder, wie früher, „öffentlich politisch zu betätigen".[135] Sie brandmarkten den Honoratiorencharakter der Partei und wollten sie demokratisch von unten nach oben aufgebaut wissen, verbunden mit dem Ziel, „unsere Partei immer fester im Volk zu verwurzeln, ihr immer breitere Schichten […] zu erobern".[136] Erreicht werden sollte dies zweitens durch eine programmatische Rückbesinnung auf die „großen Ideale des deutschen Liberalismus", die der NLP im Zuge der mit den Konservativen betriebenen „Sammlungspolitik" abhandengekommen seien.[137] Konkret forderten sie Verfassungsreformen, besonders im Hinblick auf das preußische Dreiklassenwahlrecht, aber auch das Frauenstimmrecht, sowie eine Sozialpolitik, die allen Bevölkerungsschichten zugutekommen sollte. Die jungliberalen Ideen trafen sich hier, genauso wie in dem Hervorkehren eines entschiedenen Imperialismus, mit dem nationalsozialen Gedankengut Naumanns. Dementsprechend strebten sie eine Verständigung mit dem Linksliberalismus bzw. eine Vereinigung der liberalen Parteien an. Die verfassungs- und sozialpolitischen Schwerpunkte der jungliberalen Politik und ihre scharfen, mit einer vergleichsweise schonenden Haltung gegenüber der SPD gepaarten Angriffe auf Zentrum und Konservative führten zu wachsenden Konflikten mit dem rechten Flügel der Partei. Der Einfluss der Jungliberalen beschränkte sich jedoch nicht auf die eigene Organisation, sondern gewann nach und nach in zahlreichen Landes- und Provinzialverbänden der NLP die Oberhand.[138] Als im Jahr 1912 der innerparteiliche Konflikt eskalierte, weil der rechte, „altnationalliberale" Parteiflügel die wachsenden Tendenzen zu einer Annäherung an die SPD nicht mehr hinnehmen wollte, war bereits eine größere Zahl Jungliberaler in einflussreiche Positionen gelangt, und die politische Ausrichtung der NLP hatte sich in ihrem Sinne nach links verschoben.[139]

---

[135] Curt Köhler: Warum müssen wir uns politisch betätigen? Köln 1909, Zitat S. 7.
[136] Jugendbewegung und Politik, Nationalliberale Jugend Nr. 2 vom 10.2.1906, S. 17-19, Zitat S. 17.
[137] Curt Köhler: Der Jungliberalismus und die Blockpolitik, Jungliberale Blätter Nr. 1 vom 10.1.1908, S. 1-3, Zitat S. 1.
[138] Beispielsweise trat Stresemann nur deshalb nicht den Jungliberalen bei, weil er innerhalb der nationalliberalen Organisation seine Ziele schneller zu verwirklichen hoffte: Pohl, Sachsen, S. 205. August Weber rechnete in seinen Memoiren Stresemann dem „jungliberalen Parteiflügel" zu: August Weber: Rückblick und Ausblick (1871-1956), S. 108, BAK N Weber 1.
[139] Die Lage der NLP in den Jahren 1912 bis 1914 ist gewiss nicht leicht einzuschätzen und bedarf eingehenderer Untersuchungen. Immerhin agierte der rechte Flügel letztlich defensiv und befand sich in der Minderheit: Er lief Sturm gegen den zunehmenden Linkskurs der Partei, der zum Beispiel darin zum Ausdruck kam, dass die Reichstagsfraktion

Ein wesentliches Merkmal der jungliberalen Publizistik war ihr optimistischer Grundtenor und das offensive Selbstbewusstsein, „den fortschrittlichen Geist der Zeit [zu] verkörpern".[140] Ihr Thema war nicht der drohende Niedergang, sondern der Wiederaufstieg eines erneuerten, zukunftsorientierten Liberalismus. Zweifellos repräsentierten die Jungliberalen nicht den Nationalliberalismus als Ganzes, und die regionalen Schwerpunkte der beiden NLP-Flügel dürfen nicht außer Acht bleiben. Es wäre jedoch verfehlt, dem Nationalliberalismus des späten Kaiserreichs einen insgesamt defensiven, lediglich auf den Erhalt verbliebener Machtpositionen ausgerichteten Charakter beizumessen.

Das lässt sich an Dietrich exemplarisch zeigen. Er kann als prononcierter Vertreter des Jungliberalismus gelten, der in Baden eine Hochburg besaß. Als Dietrich 1905 den Karlsruher Jungliberalen beitrat, setzte in der badischen NLP gerade ein Kurswechsel ein, der in den folgenden Jahren von dem erstarkenden linken Flügel vorangetrieben wurde. Aktiv daran beteiligt war Dietrichs Bundesbruder Ernst Frey, der den Vorsitz im mitgliederstarken jungliberalen Verein der Hauptstadt innehatte, aber auch dessen jüngerer Bruder Wilhelm Frey, der stellvertretender Landesvorsitzender der Jungliberalen war.[141] Bei der Landtagswahl 1905 gelang es der NLP, das Zentrum, den parteipolitisch wichtigsten Gegner in einer nach wie vor kulturkämpferischen Atmosphäre, durch ein wahltaktisches Bündnis mit den (in Baden relativ schwachen) Linksliberalen und der SPD politisch zu isolieren. Dieser „Großblock", der bei den Wahlen 1909 und 1913 wiederholt wurde und reichsweit Aufsehen erregte, war in der Partei anfangs stark umstritten. Nach einer schweren Niederlage bei der Landtagswahl 1909 kam es jedoch zu einem Linksruck in der NLP. Der bisherige Parteivorsitzende Rudolf Obkircher, der sich unter der Parole „weder rechts, noch links" lange nicht auf ein Bündnis hatte festlegen wollen, musste zurücktreten. Sein Nachfolger Edmund Rebmann bewegte sich auf der jungliberalen Linie und leitete in der Zweiten Kammer eine

---

im Februar 1912 fast geschlossen die Wahl Philipp Scheidemanns (SPD) zum ersten Vizepräsidenten des Reichstags unterstützte. Der Versuch, die Auflösung des Jungliberalen Reichsverbands zu erzwingen, scheiterte im Vorfeld des Parteitags vom 12. 5. 1912, weshalb die Vertreter der Rechten den „Altnationalliberalen Reichsverband" ins Leben riefen. Parteichef Ernst Bassermann trat als Mann des Ausgleichs und der Parteimitte auf, wurde aber von beiden Flügeln als Freund der Jungliberalen betrachtet. Das lag insofern nahe, als er mit Exponenten der Parteilinken, Gustav Stresemann und August Weber, in engem Kontakt stand. Es spricht insgesamt viel dafür, dass die Mehrheit der Partei den Kurs der Jungliberalen befürwortete. Vgl. Nipperdey, Organisation, S. 128-130 u. 171; Bernhard Falk (1867-1944). Erinnerungen eines liberalen Politikers. Bearbeitet von Volker Stalmann. Düsseldorf 2012, S. 212f.; Stalmann, Einleitung, S. 26f.

[140] Curt Köhler: Der Jungliberalismus. Eine historisch-kritische Darstellung. Köln 1912, S. 12.

[141] Mit 720 Mitgliedern im Jahr 1907 war der Karlsruher jungliberale Verein der größte in Baden und nicht wesentlich kleiner als der örtliche nationalliberale Verein, in dem 1000 Mitglieder organisiert waren: Übersicht über die Organisation der badischen NLP, Februar 1907, GLAK 69 NLP Baden 195. Wilhelm Frey war bis 1909 zweiter, danach erster Vorsitzender des jungliberalen Landesverbandes, bevor ihn sein Bruder Ernst 1912 in dieser Funktion ablöste. Beide waren außerdem in den Führungsgremien der badischen NLP vertreten: Organisationshandbuch der Nationalliberalen Partei des Deutschen Reiches 1 (1907) – 6 (1914/15).

weitgehende parlamentarische Zusammenarbeit mit der SPD ein, die de facto in eine Koalition mündete.[142]

Nach seiner Wahl in den Landtag Anfang 1912 gehörte Dietrich zu den engsten Gefolgsleuten Rebmanns und befürwortete den Großblock nachdrücklich. Ausschlaggebend war für ihn erstens der taktische Wert des Bündnisses. Nachdem die NLP in den 1890er Jahren ihre absolute Mehrheit im Landtag verloren hatte, bot der gegen das Zentrum gerichtete Großblock die Möglichkeit, ihr eine beherrschende Stellung im Landtag und den Fortbestand der nationalliberal orientierten Regierung zu sichern. Die Zugeständnisse an die SPD, der daran gelegen war, den dominierenden linken Flügel der NLP nicht in Bedrängnis zu bringen, hielten sich in Grenzen.[143] So konnte Dietrich im Landtag feststellen, dass einerseits „liberal nur mit der Sozialdemokratie regiert werden" könne, andererseits „tatsächlich nicht in einem einzigen Punkte sozialdemokratisch hier in diesem Haus gehandelt worden" sei.[144] Zweitens erblickte er in der Großblockkoalition „den Anfang einer wirklich in liberaler Richtung sich bewegenden Konstellation in Baden u. im Reich".[145] Die Hoffnung, das Bündnis „der Linken", wie Dietrich sich analog zu Friedrich Naumann ausdrückte, werde über Baden hinaus Schule machen, teilte er mit Rebmann ebenso wie dessen Erwartung, die Kooperation mit der SPD werde deren revisionistischen Flügel stärken und sie schließlich in eine verfassungstreue Partei verwandeln.[146]

Neben die Aussicht auf eine politische Integration der SPD trat für Dietrich und die badische Parteileitung, ganz im Sinne der jungliberalen Forderungen, das Ziel, die NLP programmatisch und organisatorisch zu erneuern. Es galt, die NLP ihres Honoratiorencharakters zu entkleiden, sie an die Bedingungen des politischen Massenmarktes anzupassen und ihren Anhang in den sozial schwächeren Schichten zu stärken – das hieß letztlich auch, in die Wählerschaft der Sozialdemokratie einzudringen.

Demgemäß machte Dietrich sich für einen sozialpolitischen Kurs stark. Auf einem Parteitag der badischen Jungliberalen im Juni 1912, wo er neben Ernst Frey als Redner auftrat, stellte er fest: „Wir stehen auf dem Boden, daß es möglich sein muß, im Wege der Reformen, namentlich auf sozialem Gebiet, […] den berechtigten Wünschen der Massen entgegenzukommen." Für einen solchen Reformkurs hatte er konkrete Vorstellungen. Im Zuge der Industrialisierung, so sein Aus-

---

[142] Vgl. Jürgen Thiel: Die Großblockpolitik der Nationalliberalen Partei Badens 1905 bis 1914. Ein Beitrag zur Zusammenarbeit von Liberalismus und Sozialdemokratie in der Spätphase des Wilhelminischen Deutschlands. Stuttgart 1976, S. 31-38, 72-105 u. 115-140. Edmund Rebmann (1853-1938) gehörte den Jungliberalen nicht an, was angesichts seines Alters nicht überraschend ist.
[143] Ebd., S. 132f.
[144] Rede Dietrichs am 16.1.1914, Zweite Kammer, Sp. 529.
[145] Dietrich an Rebmann, 22.1.1913, GLAK 69 NLP Baden 183.
[146] Rede Dietrichs am 16.1.1914, Zweite Kammer, Sp. 524 u. 528f. Rebmann sprach von dem „Ziel der Eingliederung der Sozialdemokratie in das politische Leben des Volkes" und der „Nationalisierung der Sozialdemokratie", Badische Nationalliberale Correspondenz vom 9.8.1910, zit. nach Thiel, Großblockpolitik, S. 139. Naumann betrachtete SPD, Linksliberale und NLP als die „Parteien der Linken": Friedrich Naumann: Die politischen Parteien. Berlin 1910, S. 78-107; vgl. Frölich, Naumann, S. 147-153.

Abb. 1: Dietrich als Abgeordneter der Zweiten Kammer, um 1911

gangspunkt, sei ein neues „Massenvolk" entstanden. Dieses sei „im Gegensatz zum alten Landvolk größtenteils losgelöst von der Scholle" und damit „heimatlos und besitzlos geworden". Davon sei vor allem die Arbeiterschaft betroffen, allerdings befänden sich „der Handwerker, der Kleingewerbetreibende, der Angestellte und Bedienstete" in einer „nicht viel besseren Situation". Dietrich betrachtete es als Aufgabe der Politik, diese unerwünschten und gefährlichen Begleiterscheinungen der Industrialisierung abzumildern, letztlich auszugleichen und dadurch „den abhängigen und ständig bedrohten [...] Existenzen einen neuen Boden einer einigermaßen gesicherten Existenz und damit einen neuen Boden kulturellen Fortschritts und persönlicher Entwicklung zu geben". Diesen Zweck erfüllten aus seiner Sicht zum einen die sozialen Versicherungseinrichtungen, für deren „Ausbau" er plädierte. In erster Linie war die Wendung „neuer Boden" aber wörtlich zu verstehen. Durch eine großzügige Vergabe von günstigen Hypotheken zum Bau von „Arbeiterwohnhäusern" wollte er die „Heimatlosigkeit" bekämpfen und eine „neue Seßhaftmachung" in die Wege leiten.[147]

Dieses Programm, für das er sich immer wieder öffentlich stark machte, ist im Kontext der verstärkten Beschäftigung mit Fragen der Wohnungs- und Bodenpo-

---

[147] Rede Dietrichs auf der Jungliberalen Landesversammlung am 1./2. 6. 1912 (Flugschrift), S. 12–16, GLAK 69 NLP Baden 244.

litik im späten Kaiserreich zu sehen, wie sie bei den Bodenreformern um Adolf Damaschke, in der Gartenstadtbewegung und im kommunalpolitischen Bereich zutage trat.[148] Mit den Ideen der Gartenstadtbewegung, die in Karlsruhe unter der Leitung von Hans Kampffmeyer aktiv war und ab 1907 die Errichtung einer Siedlung auf genossenschaftlicher Grundlage in Angriff nahm, kam Dietrich als Stadtrechtsrat in Berührung.[149] Ihm ging es aber nicht nur darum, die allgemeinen Wohnverhältnisse zu verbessern, weshalb ihm die Tätigkeit von Baugenossenschaften und Bauvereinen nicht genügte. Vielmehr sollten die städtischen Arbeitnehmer, insbesondere auch die Arbeiter, zu Eigentümern gemacht werden, und zwar möglichst von „einem kleinen Hause, einem Einfamilienhause". Die erheblichen Summen, die für die Hypotheken erforderlich waren, sollten in erster Linie, wie es in Ansätzen bereits geschah, aus den Vermögen der Versicherungsanstalten, Arbeiterpensionskassen und Staatseisenbahnen bestritten werden. Damit plädierte Dietrich für eine massive Ausweitung des sozialpolitischen Interventionismus. Er fasste auch eine direkte staatliche Finanzierung ins Auge: „Und wenn diese Mittel nicht mehr reichen, müßte sie der Staat im Wege des Kredits aufbringen." Als Musterbeispiel präsentierte er die Arbeiterwohnhäuser in Kehl, die für ihn also mehr als ein lokal begrenztes, lediglich „kommunalliberales" Projekt waren. Er erblickte darin einen grundsätzlichen Ansatz zur Lösung der sozialen Frage, den er mit politischen Hoffnungen verknüpfte: „Ein Mann, der eine Scholle und ein Haus hat, und der womöglich gar vermietet, ist genötigt, vollständig umzudenken." Jeder Arbeiter, „wenn er bisher noch so radikal war", werde nun die Gesellschaft mit anderen Augen sehen und als Steuerzahler „wieder Interesse am Staat und an der Gemeinde" haben. Letztlich, so sein Gedankengang, werde aus „einem ruhelosen und unruhigen Wanderer ein seßhafter und ruhiger Bürger", der sich aufgrund seines Eigentums nicht mehr der Unterschicht zugehörig fühle.[150]

Das alte liberale Ideal der „klassenlosen Bürgergesellschaft" findet sich hier ebenso, wie in Dietrichs sozialpolitischen Angeboten an die Arbeiterschaft, den alten und den neuen Mittelstand der traditionelle Anspruch der Liberalen zum Ausdruck kam, alle Schichten der Bevölkerung zu vertreten – ein Anspruch, den gerade die Jungliberalen hervorkehrten. Als es im Februar 1913 im Engeren Ausschuss der badischen NLP zu einem Schlagabtausch um die Großblockpolitik und die allgemeine Linie der Partei kam, kritisierte Rudolf Obkircher, nach wie vor

---

[148] Vgl. Thomas Nipperdey: Deutsche Geschichte 1866-1918. Bd. 2: Machtstaat vor der Demokratie. München 1992, S. 152-154; Wolfgang R. Krabbe: Die Anfänge des „sozialen Wohnungsbaus" vor dem Ersten Weltkrieg. Kommunalpolitische Bemühungen um eine Lösung des Wohnproblems. In: Vierteljahrschrift für Sozial- und Wirtschaftsgeschichte 71 (1984), S. 30-58.

[149] Georg Botz: Die Gartenstadt Karlsruhe. Karlsruhe 1925; Kristiana Hartmann: Deutsche Gartenstadtbewegung. Kulturpolitik und Gesellschaftsreform. München 1976; Klaus Bergmann: Agrarromantik und Großstadtfeindschaft. Meisenheim am Glan 1970, S. 135-163.

[150] Rede Dietrichs am 28.1.1914, Zweite Kammer, Sp. 765 f. u. Rede Dietrichs auf der Jungliberalen Landesversammlung, 1./2.6.1912 (Flugschrift), S. 15 f., GLAK 69 NLP Baden 244.

Wortführer der Minderheit des rechten Flügels, den Kurs der Partei. Er argumentierte, die NLP verprelle ihre ältesten Anhänger, „die oberen Beamten" in der Hauptstadt, woraufhin Ernst Frey feststellte: „Ja, es ist wahr, sie waren zulang die Stammannschaft unserer Partei. Unsere Partei hat nicht rechtzeitig genug eine breitere Basis geschaffen."[151] Für die Parteirechte war das Bekenntnis zur „Massenpolitik" gleichbedeutend mit dem „Ruck nach links", gegen den sie im Frühjahr 1912 auf Reichsebene Sturm lief: Das „Nachgeben gegenüber den Forderungen der Massen" bedeutete für sie einen gleichermaßen verfehlten wie aussichtslosen Weg der Zugeständnisse an die Sozialdemokratie, durch den die NLP ihren „mittelparteilichen Charakter" verlieren müsse.[152] Dagegen war die Ausrichtung der Partei auf eine „breitere Basis" für die Jungliberalen eine prinzipielle Frage des Politikverständnisses, wie Dietrich in seinem Plädoyer für die „berechtigten Wünsche der Massen" darlegte: „Politik machen im besten Sinne des Wortes, heißt nicht, Vorurteile und Vorrechte Weniger erhalten und verstärken, sondern Staat und Verwaltung so einrichten, daß die breiten Schichten der Bevölkerung auf ihre Kosten kommen, daß sie leben, daß sie sich entwickeln können. Hier liegt die Zukunft eines Volkes."[153] Auch diese Äußerung erinnert an die Gedankengänge Friedrich Naumanns, der in der Sozialdemokratie den „Liberalismus der Masse" ausmachte, den die bürgerlich-liberalen Parteien aus den Augen verloren hätten, weil sie „das Aufwärtsstreben für das Privatrecht ihrer Klasse gehalten haben". Die Nationalliberalen seien zur Zeit der Reichsgründung „einfach die große Volkspartei" gewesen, seit den 1870er Jahren aber „gegenüber der Arbeiterbewegung unliberal geworden" und hätten dadurch ihren Massenanhang eingebüßt.[154]

Die badische NLP hatte noch immer, jedenfalls mehr als die anderen Parteien im Großherzogtum, den Charakter einer Volkspartei. Die Wählerschaft verteilte sich relativ gleichmäßig zwischen Stadt und Land und kam aus allen Berufsgruppen – auch aus der Arbeiterschaft.[155] Die NLP war keineswegs nur eine Partei des städtisch-bürgerlich-protestantischen „Milieus", sondern verfügte in den ländlichen Gebieten Badens, ähnlich wie die Nationalliberalen in Hannover oder die Linksliberalen in Schleswig-Holstein, über eine starke bäuerliche Anhängerschaft. Vor allem im überwiegend katholischen, weitgehend landwirtschaftlich und kleinstädtisch geprägten Südbaden hatte sich seit dem badischen Kulturkampf der

---

[151] Protokoll der Sitzung des Engeren Ausschusses der NLP Baden, 23.2.1913, S. 14f., GLAK 69 NLP Baden 236.
[152] So der Reichstagsabgeordnete Hugo Böttger auf dem Höhepunkt der Auseinandersetzungen im Frühjahr 1912: Hugo Böttger: Nationalliberale Parteikrisis. In: Nord und Süd 141 (1912), S. 160-162.
[153] Rede Dietrichs auf der Jungliberalen Landesversammlung, 1./2.6.1912 (Flugschrift), S. 16, GLAK 69 NLP Baden 244.
[154] Friedrich Naumann: Liberalismus, Zentrum und Sozialdemokratie. München 1903, S. 19, 24 u. 27; Naumann, Parteien, S. 16.
[155] So tendenziell auch Mark Willock: Die Nationalliberale Partei in Baden 1905-1913. In: Jahrbuch der Hambach-Gesellschaft 9 (2001), S. 71-188, hier S. 128-134 u. 165f. Jonathan Sperber hat diesen reichsweit festzustellenden Aspekt besonders hervorgehoben, verbunden mit dem Hinweis, dass sich von der (vorwiegend bürgerlichen) Mitgliederstruktur nicht auf die Wählerschaft schließen lässt: Jonathan Sperber: The Kaiser's Voters. Electors and Elections in Imperial Germany. New York u. a. 1997, bes. S. 141-151.

1860er Jahre ein „populärer Liberalismus" etabliert, der mit seinem scharfen Vorgehen gegen das „ultramontane" Zentrum die Massen mobilisierte.[156]

Die Landwirtschaft spielte unter den politischen Themenfeldern, denen Dietrich sich vor 1914 zuwandte, keine besonders große Rolle – allerdings nicht deshalb, weil ihm eine bauernfreundliche Politik, wie er sie in der Weimarer Republik nachdrücklich vertrat, unwichtig erschien. Vielmehr konnte sich die NLP auf die Treue dieser Wählergruppe, soweit sie nicht an das Zentrum gebunden war, verlassen. Dietrich und den Jungliberalen genügte es nicht, den bestehenden Rückhalt der NLP zu verteidigen oder ihr das Wohlwollen der städtischen Eliten zu sichern und sich programmatisch auf das Hervorkehren nationaler Parolen zu beschränken. Die Herausforderung erblickten sie darin, neue Anhänger in den städtischen Mittel- und Unterschichten zu gewinnen, und so traten sie mit einer reformorientierten Programmatik für eine „soziale Öffnung" der NLP ein, wie sie sich eben nicht nur für den parteipolitischen Linksliberalismus der wilhelminischen Zeit feststellen lässt.[157]

Dieser offensive Anspruch zeigte sich auch in den energischen Bemühungen, die Schlagkraft der Partei zu erhöhen. 1909 wurde mit Paul Thorbecke ein entschiedener Jungliberaler Generalsekretär der badischen NLP. Er trieb den Ausbau der badischen Parteiorganisation systematisch voran und leitete umfangreiche Maßnahmen zur Verbesserung der Agitation und zur Werbung neuer Mitglieder in die Wege. Ein neu eingerichtetes Pressebüro gab eine Korrespondenz für die parteinahen Zeitungen heraus, gründete eine Wochenschrift und eine Publikationsreihe. Die Zahl der Ortsvereine wuchs beträchtlich, und mit mehr als 33 000 Mitgliedern verfügten die badischen Nationalliberalen im Jahr 1913 über eine größere organisierte Anhängerschaft als die SPD, die in dieser Hinsicht das Vorbild war.[158] Diese Entwicklung war insofern nicht außergewöhnlich, als der Ausbau der nationalliberalen Organisationen in den Jahren vor dem Ersten Weltkrieg

---

[156] In mehreren Studien hat Oded Heilbronner den „populären Liberalismus" in Teilen Süddeutschlands und insbesondere in Südbaden untersucht und dabei das Phänomen als solches treffend erkannt, bes. Oded Heilbronner: „Freiheit, Gleichheit, Brüderlichkeit und Dynamit". Populäre Kultur, populärer Liberalismus und Bürgertum im ländlichen Süddeutschland von den 1860ern bis zu den 1930ern. München 2007. Allerdings ist zu Recht auf analytische und methodische Mängel in Heilbronners Studien hingewiesen worden, siehe die Rezension von Jürgen Frölich, H-Soz-Kult, 02. 08. 2007, www.hsozkult.de/publicationreview/id/rezbuecher-9841. Die Schwächen von Lepsius' Konzept der „sozialmoralischen Milieus" (Lepsius, Parteiensystem) treten hier jedenfalls deutlich hervor.

[157] So jedoch Dieter Langewiesche: Liberalismus in Deutschland. Frankfurt a. M. 1988, S. 226.

[158] Michael Kitzing: Paul Thorbecke (1882-1928) – Parteimanager, Wahlkampfstratege und Bürgermeister im Zeitalter von Wilhelminismus, Weltkrieg und Revolution. In: Jahrbuch zur Liberalismus-Forschung 23 (2011), S. 165-187, hier S. 170-175; Willock, Nationalliberale Partei, S. 87-103. Die hohen Mitgliederzahlen sprechen gegen die oft konstatierte Organisationsunfähigkeit der liberalen Parteien, und Pohl hat mit Blick auf Sachsen (dort waren es 1914 über 21 000 Mitglieder) darauf hingewiesen, wie weit die heutige FDP von derartigen Verhältnissen entfernt ist: Pohl, Liberalismus in Deutschland, S. 44. Im Hinblick auf das Beispiel Baden, wo rund 1,5% der Bevölkerung Mitglied in der NLP waren, gilt das für jede deutsche Partei der Gegenwart.

überall im Reich rapide voranschritt. Baden verfügte allerdings schon vorher über den bestorganisierten Parteiapparat. Anfang 1914 gab es in keiner Landes- bzw. Provinzialorganisation mehr Ortsvereine, und im Verhältnis zur Einwohnerzahl lag Baden mit Abstand an der Spitze. Das Gleiche galt für die Präsenz in der Presselandschaft, die in Baden von der NLP dominiert wurde: 58 Zeitungen bekannten sich zu ihr, und zahlreiche offiziöse und „parteilose" Blätter schwammen de facto ebenfalls im nationalliberalen Fahrwasser.[159]

Nun sagt die Zahl der Mitglieder nicht unbedingt etwas darüber aus, wie intensiv die Aktivität der Vereine tatsächlich war, das Engagement lokaler Honoratioren spielte weiterhin eine wichtige Rolle, und die parteinahe Presse vertrat mitunter nicht die offizielle Linie der Parteiführung.[160] Mit Blick auf den Kriegsausbruch, der die Professionalisierungsprozesse abrupt beendete, fällt es schwer, den Umfang und die Nachhaltigkeit der organisatorischen Erfolge der NLP zu bewerten. Angesichts der eindrucksvollen Zahlen kann zumindest an der Tendenz kein Zweifel bestehen, und die liberalen Wahlerfolge, die auch auf das Eindringen in neue Wählergruppen zurückzuführen waren, sprechen eine deutliche Sprache.[161] Trotzdem ließe sich darüber streiten, inwieweit die Hoffnungen realistisch waren, welche die Jungliberalen oder auch die Linksliberalen in einen programmatisch erneuerten, reformorientierten Liberalismus setzten. Reichlich optimistisch waren Dietrichs Vorstellungen hinsichtlich des Wohnungsbaus, die letztlich auf der Vision einer Gesellschaft aus Immobilienbesitzern beruhten. Wenngleich er dabei von einem langfristigen Prozess ausging, blieb das Ausmaß, in dem er die unteren Schichten zu Eigentümern gemacht wissen wollte, gigantisch – abgesehen von den Problemen, die sich in der Praxis aus der geringen Finanzkraft der Arbeiter ergeben mussten.

An dieser Stelle ist aber in erster Linie von Interesse, wie Dietrich selbst die Lage in den Jahren vor dem Weltkrieg wahrnahm. Generell war der Liberalismus,

---

[159] Organisationshandbuch der Nationalliberalen Partei des Deutschen Reiches 6 (1914/15), S. XVI. Anfang 1914 existierten in Baden insgesamt 239 national- und jungliberale Vereine (gegenüber 141 im Jahr 1907), in Westfalen und der Rheinprovinz – deren Bevölkerung deutlich größer war – 227 bzw. 212 Vereine. Reichsweit hatte sich die Zahl zwischen 1907 (940) und 1914 (2007) mehr als verdoppelt. Im ganzen Reich gab es 404 Tageszeitungen mit nationalliberaler Orientierung, nur in der Rheinprovinz waren es annähernd so viele wie in Baden; vgl. auch Paul Rothmund: Kampf um die Macht – Die Blockpolitik in Baden. In: ders./Erhard R. Wiehn (Hg.): Die F.D.P./DVP in Baden-Württemberg und ihre Geschichte. Liberalismus als politische Gestaltungskraft im deutschen Südwesten. Stuttgart u. a. 1979, S. 116-130, hier S. 120-124; Tjaden, Liberalismus, S. 249-256; Fred Sepaintner: Die badische Presse im Kaiserreich – Spiegelbild der Parteiverhältnisse vor dem Ersten Weltkrieg. In: Zeitschrift für die Geschichte des Oberrheins 128 (1980), S. 403-413.

[160] Kitzing, Thorbecke, S. 174-178; Willock, Nationalliberale Partei, S. 102f. Zur Skepsis im Hinblick auf die Presse auch Thiel, Großblockpolitik, S. 249-251. Erfolge und Effektivität der liberalen Pressepolitik betont dagegen Wolther von Kieseritzky: Liberale Parteieliten und politische Steuerung der Öffentlichkeit im Kaiserreich. Die Vernetzung von Partei und Presse. In: Dieter Dowe/Jürgen Kocka/Heinrich August Winkler (Hg.): Parteien im Wandel vom Kaiserreich zur Weimarer Republik. Rekrutierung – Qualifizierung – Karrieren. München 1999, S. 85-108.

[161] Vgl. Sperber, Voters, z. B. S. 128 u. 153.

zumindest für einen beträchtlichen Teil der Liberalen, keineswegs in der Defensive. In Baden und zumal in Dietrichs Fall galt das in besonderem Maße. Schon in seiner Jugend erlebte er die liberale Vorherrschaft aus nächster Nähe, da in den beiden Lörracher Wahlkreisen, wie er sich später erinnerte, „lediglich die beiden liberalen Gruppen – Nationalliberale und Freisinnige – um die Herrschaft kämpften".[162] In seinem Wahlkreis Kehl, wo er als gemeinsamer Kandidat der liberalen Parteien über 80 Prozent der Stimmen auf sich vereinigen konnte, war der Rückhalt für die NLP so stark wie nirgends sonst im Großherzogtum.[163] 1914 war Baden noch immer eine nationalliberale Hochburg, sowohl hinsichtlich der im reichsweiten Vergleich überdurchschnittlichen Wahlergebnisse als auch aufgrund der beherrschenden Stellung der NLP in der Regierung, der staatlichen Verwaltung, den Kommunen und in der Ersten, aber auch der Zweiten Kammer. Hier war es eine Selbstverständlichkeit, dass das Bürgertum die liberalen Parteien unterstützte, welche sich zudem näherstanden, als es anderswo im Reich der Fall war: Trotz mancher Reibungen arbeiteten National- und Linksliberale eng zusammen, besonders, wenn ihnen als gemeinsamer Gegner das Zentrum gegenübertrat. In praktisch jeder Kleinstadt gab es eine Zeitung, die der NLP zumindest nahestand. Hinzu kam die Wahrnehmung Badens als liberales „Musterland" – eine Einschätzung, die auch FVP-Politiker wie Hermann Hummel teilten, der für die nationalliberale Dominanz in Politik und Gesellschaft durchaus kritische Worte fand.[164] Der programmatische und organisatorische Erneuerungsprozess der Partei wurde von den Nationalliberalen als erfolgreich wahrgenommen und bot für die Zukunft Anlass zum Optimismus. Aus ihrer Sicht konnte nicht die Rede davon sein, dass „the days of their [...] hegemony were clearly gone forever".[165]

Alle diese Aspekte sind für Dietrichs Verhalten in der Weimarer Republik von großer Bedeutung – nicht wegen des wenig überraschenden Befundes, dass er als Vertreter des Liberalismus von der politischen Entwicklung enttäuscht war, sondern im Hinblick auf die Frage, wie er diesen Niedergang wahrnahm und wie er auf ihn reagierte. Dabei ist es ein gewichtiger Unterschied, ob sich die parteipolitische Misere nach 1918 in eine Kontinuität aus Enttäuschungserfahrungen einreihte oder ob sie neu und unerwartet war: Die Entwicklung der liberalen Parteien stellte sich ihm nicht als Fortsetzung eines langfristigen Niedergangs dar, sondern im Kontrast zu den Erfolgen und dem offensiven Optimismus der Vorkriegszeit. Die Wahlergebnisse in seinem alten Wahlkreis Kehl betrachtete er als katastrophal und den Verlust an öffentlichem Ansehen empfand er dort als be-

---

[162] Dietrich, „Ergänzung zum politischen Fragebogen", 1. 10. 1946, ND 3, fol. 14; vgl. Adolf Roth/Paul Thorbecke: Die badischen Landstände, insbesondere die Zweite Kammer. Landtagshandbuch. Karlsruhe 1907, Tafel III.
[163] Bei der Ersatzwahl am 4. 1. 1912 erhielt Dietrich über 83% der Stimmen, bei der regulären Landtagswahl am 21. 10. 1913 waren es gut 81%: Offenburger Zeitung Nr. 4 vom 6. 1. 1912; Statistisches Jahrbuch für das Großherzogtum Baden 41 (1914/15), S. 468; Roth/Thorbecke, Landtagshandbuch, Tafeln I-III.
[164] Hermann Hummel: Geschlagene Schlachten. Ein Lebenslauf in Synkopen, S. 105, GLAK 65/20034.
[165] Sheehan, German Liberalism, S. 225.

sonders schmerzlich. Die Auseinandersetzungen zwischen DDP und DVP, die Abwendung der bürgerlich-liberalen Wählerklientel und der Verlust des bäuerlichen Anhangs auf dem Land, der Mitgliederschwund der DDP und die Schwächung der demokratischen bzw. liberalen Presse – all diese Symptome standen in direktem Gegensatz zu der politischen Lebenswelt eines badischen Nationalliberalen in den Jahren vor dem Ersten Weltkrieg. Die große Fallhöhe, die sich aus dieser Diskrepanz zwischen dem positiv besetzten Erfahrungsraum des Kaiserreiches und der neuen Realität nach 1918 ergab, bestimmte wesentlich Dietrichs politische Wahrnehmung, sein politisches Denken und Handeln in der Weimarer Zeit und wirkte sich als emotionale Belastung aus.

In anderer Hinsicht waren seine Erfahrungen vor dem Weltkrieg ein Gewinn. Er entwickelte ein kompromissorientiertes Politikverständnis, das ihn in besonderem Maße zum Akteur im politischen Feld der Weimarer Republik befähigte. Hier lässt sich eine generationenspezifische Prägung ausmachen: Dietrich ließ sich von einem auf politische Kooperation ausgerichteten Pragmatismus leiten, wie er in verschiedenen Parteien für Politiker seiner Altersgruppe bestimmend war – so für Vertreter des Zentrums, die nach dem Ende des Kulturkampfs in die politische Arena eintraten, und für Sozialdemokraten der „Generation Ebert", welche nicht mehr die „traumatische Erfahrung" der Sozialistengesetze gemacht hatten.[166] Eine ähnliche kollektive Erfahrung ist bei den Liberalen zu beobachten, die seit der Jahrhundertwende politisch sozialisiert wurden.[167] Das trifft für jene Linksliberalen zu, die den Kurs der Fundamentalopposition Eugen Richters verließen, mit Blick auf den Einfluss der Jungliberalen aber ebenso für die Nationalliberalen, die zwar auf eine Tradition als regierungsnahe Partei zurückblicken konnten, für die sich jedoch die Rahmenbedingungen politischen Handelns verschoben hatten. Dietrich kann somit als typischer Vertreter einer „pragmatischen Generation" von Weimarer Politikern gelten, die sich schon vor dem Ersten Weltkrieg politisch etablierten und nach 1918 in Führungspositionen gelangten, wo sie sich durch ihre im späten Kaiserreich geformte Bereitschaft zur parteiübergreifenden Zusammenarbeit auszeichneten.[168] Während eine strikte Abgrenzung

---

[166] Bernd Braun: Die „Generation Ebert". In: Klaus Schönhoven/Bernd Braun (Hg.): Generationen in der Arbeiterbewegung. München 2005, S. 69–86, Zitat S. 80; Wirsching, Vernunftrepublikanismus, S. 19.

[167] Diesem „Generationenwechsel in den liberalen Parteien" ist wenig Beachtung geschenkt worden: Pohl, Liberalismus und Bürgertum, S. 251.

[168] Man könnte auch von einer „vernunftrepublikanischen Generation" sprechen: Wirsching, Vernunftrepublikanismus, S. 18–20; vgl. auch Carl-Wilhelm Reibel: Bündnis und Kompromiß. Parteienkooperation im Deutschen Kaiserreich 1890–1918. In: Historische Zeitschrift 293 (2011), S. 69–114, bes. S. 99–107. Trotz der Ausnahmen und Unschärfen, die sich zwangsläufig ergeben, sobald mit Generationen als analytischem Konzept operiert wird, liegt gerade für die Weimarer Zeit die Einbeziehung eines solchen Ansatzes nahe; exemplarisch Peukert, Weimarer Republik, S. 25–31 u. 94–100; außerdem z. B. Carsten Kretschmann: Generation und politische Kultur in der Weimarer Republik. In: Hans-Peter Becht/Carsten Kretschmann/Wolfram Pyta (Hg.): Politik, Kommunikation und Kultur in der Weimarer Republik. Heidelberg u. a. 2009, S. 11–30. Zur Problematik des Generationskonzepts Hans Jaeger: Generation in der Geschichte. Überlegungen zu einem umstrittenen Konzept. In: Geschichte und Gesellschaft 3 (1977), S. 429–452.

weder empfehlenswert noch ohne weiteres möglich ist, wären dieser Generation solche Politiker zuzurechnen, die in den 1860er Jahren, vor allem aber in den 1870er Jahren geboren wurden. Dietrich, der vergleichsweise früh Karriere machte, gehörte damit zu ihren jüngeren Vertretern – die nach 1880 Geborenen passen selten in diese Kategorie, da die wenigsten von ihnen bis 1914 in der Politik Fuß fassten.

Die Frage der Großblockpolitik, einer politischen Zusammenarbeit „von Bassermann bis Bebel", stand am Vorabend des Ersten Weltkriegs nicht zufällig auf der Tagesordnung. Während sich in der SPD zunehmend die Generation der revisionistischen Politiker bemerkbar machte, gewannen die Jungliberalen in den Führungskreisen der NLP an Gewicht. Die Widerstände blieben in den beteiligten Parteien so groß, dass eine solche Kooperation in der Reichspolitik über Ansätze nicht hinauskam. Bemerkenswert ist aber nicht der Umstand, dass eine Verwirklichung des Großblocks dort scheiterte[169] oder die Zusammenarbeit der heterogenen Koalition in Baden von Spannungen begleitet war und sich ab 1913 abschwächte.[170] Entscheidend ist vielmehr, dass dieses Bündnis überhaupt in den Bereich des Möglichen rückte und in Baden über Jahre hinweg tatsächlich umgesetzt wurde.[171] Von den Nationalliberalen wurden die Sozialdemokraten traditionell als „Reichsfeinde" und Partei des „Umsturzes" betrachtet, weshalb der rechte Flügel der NLP jede Form der Annäherung kategorisch ablehnte.[172] Auch auf Seiten der Jungliberalen und der Anhänger des Großblocks in Baden gab es erhebliche Vorbehalte.

Für Dietrich war es eine Selbstverständlichkeit, dass man die SPD „bekämpfen" müsse, „insofern sie an den Grundlagen dieser heutigen Wirtschafts- und Staatsordnung rüttelt".[173] Die gemäßigten Strömungen in der SPD schienen den Befürwortern der Großblockpolitik jedoch die Möglichkeit einer gewinnbringenden

---

[169] Z. B. Beverly Heckart: From Bassermann to Bebel. The Grand Bloc's Quest for Reform in the Kaiserreich, 1900-1914. New Haven u. a. 1974, S. 269-287.

[170] Nach Thiel war das Bündnis mit der SPD bei den Wahlen 1913 nur noch mit größten Schwierigkeiten durchzusetzen, 1914 sei der Großblock dann „gescheitert", wobei er sich vor allem auf einzelne Ereignisse in den Wochen vor Kriegsausbruch stützt: Thiel, Großblockpolitik, bes. S. 214-233, Zitat S. 233; ähnlich Willock, Nationalliberale Partei, S. 167f. Schon angesichts des weiterhin großblockfreundlichen Klimas im Landtag ist das zu bezweifeln. Der Widerstand innerhalb der badischen NLP gegen das (am Ende wiederum mit Erfolg durchgeführte) Wahlabkommen von 1913 kam im Übrigen vor allem aus solchen Bezirken, in denen zum wiederholten Male die eigenen Kandidaten zurückgezogen werden sollten. Die jeweiligen Organisationen befürchteten verständlicherweise ein Erlahmen ihrer Parteiarbeit vor Ort: Protokoll der Sitzung des Engeren Ausschusses der NLP Baden, 23. 2. 1913, GLAK 69 NLP Baden 236. Daraus lässt sich noch keine grundsätzliche Ablehnung der Zusammenarbeit mit der SPD ableiten – zumal diese Widerstände sich ebenso gegen die wahltaktische Unterstützung der FVP richteten, wie Thiel selbst feststellt: Thiel, Großblockpolitik, S. 219f.

[171] Zu einer positiven Deutung des badischen Großblocks gelangt Alastair P. Thompson: Left Liberals, the State, and Popular Politics in Wilhelmine Germany. Oxford u. a. 2000, S. 239-275; siehe auch Langewiesche, Liberalismus, S. 227 u. Reibel, Bündnis, S. 90-92.

[172] Die im Frühjahr 1912 neugegründeten „Altnationalliberalen" erhoben die Frontstellung gegen die SPD praktisch zum alleinigen Programm: Altnationalliberale Reichskorrespondenz Nr. 1 vom 11. 6. 1912, GLAK 69 NLP Baden 193.

[173] Rede Dietrichs am 12. 1. 1914, Zweite Kammer, Sp. 525.

Kooperation zu bieten, die es wahrzunehmen galt, um den eigenen Zielen näherzukommen. In einer Debatte um die Neuauflage des Wahlbündnisses, die im Februar 1913 im Engeren Ausschuss der badischen NLP stattfand, wandte Dietrich sich gegen den politischen Dogmatismus der Großblockgegner: „Wenn wir den Großblock nicht machen, dann werden wir gründlich geschlagen. Wo liegt dann der größere Verlust? Wird er größer sein, wenn wir ehrenvoll, aber gründlich untergehen, oder uns schließlich im Wege eines Kompromisses behaupten? Wenn wir geschlagen werden, wird der Verlust [an Mitgliedern, D.M.] draußen im Lande viel größer sein, als bei einem Bündnis der Linken. [...] Die ganze Politik besteht aus Kompromissen; ich verweise Sie nur auf die Verhandlungen im Reichstag, in den Städten usw."[174] Der Erfolg bestärkte Dietrich in diesem Politikverständnis, zumal die Kooperation mit der SPD sich nicht nur bei den Landtagswahlen und der parlamentarischen Arbeit bezahlt machte. Das Eintreten für eine politische Zusammenarbeit der „Linken" kam ihm auch persönlich zugute, als er sich 1914 bei der umkämpften Konstanzer Oberbürgermeisterwahl mit Hilfe einer Großblockkoalition durchsetzte. Das hatte durchaus Methode: Gut ein Jahr zuvor, im November 1912, war bereits sein jungliberaler Gesinnungsgenosse Paul Thorbecke von einer Großblockmehrheit zum Bürgermeister von Singen gewählt worden.[175]

Dietrichs kommunalpolitischer Hintergrund stellt die zweite Komponente seiner kompromissorientierten Herangehensweise an die Politik dar. In den Kommunen gestaltete sich die Zusammenarbeit zwischen den Parteien im Allgemeinen harmonischer und konsensualer als auf den übergeordneten politischen Ebenen. Beispielsweise spielten die Sozialdemokraten, die wegen des Dreiklassenwahlrechts in eher geringem Maße, aber doch zunehmend in den kommunalen Gremien vertreten waren, hier eine gemäßigte Rolle. Gerade in Anbetracht der sozialpolitischen Orientierung des kommunalen Liberalismus herrschte am Vorabend des Ersten Weltkriegs vielerorts ein „Klima der politischen Kooperation".[176] Dabei waren die Kommunen zu dieser Zeit, auch in der Wahrnehmung der Zeitgenossen, immer weniger ein Hort „unpolitischer" Politik.[177] Für Kehl konnte das noch gelten, wo von Konflikten zwischen den Parteien wenig zu spüren war und der Gemeinderat fast immer einstimmig entschied. In Konstanz war die Lage eine grundlegend andere. Als Dietrich Oberbürgermeister wurde, waren die Mitglieder des Bürgerausschusses in festen Fraktionen zusammengeschlossen, und in der Gemeindepolitik herrschte eine giftige, von kulturkämpferischen Momenten bestimmte Atmosphäre.[178] Überparteilichkeit und Gemeinwohlorientierung spiel-

---

[174] Protokoll der Sitzung des Engeren Ausschusses der NLP Baden, 23.2.1913, S.12, GLAK 69 NLP Baden 236.
[175] Kitzing, Thorbecke, S.165f.; Thorbecke an Rebmann, 18.11.1912, GLAK 69 NLP Baden 245.
[176] Ralf Roth: Leopold Sonnemann und seine Stadt. Kommunalliberalismus am Beispiel von Frankfurt am Main. In: Jahrbuch zur Liberalismus-Forschung 19 (2007), S.83-99, hier S.98.
[177] Reulecke, Urbanisierung, S.135f.
[178] Vgl. Gert Zang: Konstanz in der Großherzoglichen Zeit. Bd. 2: Aufschwung im Kaiserreich. Konstanz 1993, S.236-238 u. 304f.

ten als kommunalpolitisches Ideal dennoch eine wichtige Rolle. Nicht zuletzt die Stadtoberhäupter wurden daran gemessen, dass sie ihr Amt parteipolitisch neutral ausübten. Im Konstanzer Wahlkampf stieß Dietrichs Kandidatur auf den erbitterten Widerstand des Zentrums, das sich an seiner Konfession, noch mehr aber daran stieß, dass er dem „äußersten Linksliberalismus" angehöre und ein „Parteimann vom reinsten Wasser, genau so, wie sein Kollege, Herr Thorbecke in Singen" sei. Ein solcher Parteipolitiker und „Katholikenfeind" an der Spitze der Stadtverwaltung werde dafür sorgen, dass der „Bürgerfrieden [...] auf das empfindlichste gestört werden wird".[179]

Knapp zwei Wochen nach seiner Wahl zum Oberbürgermeister stellte Dietrich sich dem Stadtrat vor und war bemüht, nach dem vom Zentrum wie von den Großblockparteien aggressiv, teilweise gehässig geführten Wahlkampf die Wogen zu glätten. Er versprach, dass er sich „nicht von Spezialinteressen werde leiten lassen", und umwarb nachdrücklich „diejenigen, die nicht glaubten, mich wählen zu können". Die meisten Gemeindeangelegenheiten seien ohnehin „wirtschaftlicher Natur" und „infolgedessen nicht nach politischen, sondern lediglich nach wirtschaftlichen Gesichtspunkten zu behandeln". Aus diesem Grund gab er sich überzeugt, dass die gesamte Bürgerschaft „rein sachlich" mit ihm werde zusammenarbeiten können. Besonders nachdrücklich betonte er seinen „guten Willen" in Kulturfragen und bezeichnete es als „selbstverständlich, daß auf den weitaus vorwiegenden katholischen Bevölkerungsteil der Stadt gebührende Rücksicht genommen wird".[180] Dietrich wollte mit diesem Appell das Zentrum zur Kooperation bewegen, obwohl der Großblock in Stadtrat und Bürgerausschuss über breite Mehrheiten verfügte. Eine Gelegenheit, seinen „guten Willen" unter Beweis zu stellen, bot sich sofort: Seit Ende 1913 tobte ein Kampf um die Errichtung einer Leichenhalle, in die ein Krematorium eingebaut werden sollte.[181] Die Feuerbestattung erfreute sich im späten Kaiserreich zunehmender Beliebtheit, doch für die katholische Kirche war sie inakzeptabel. Das Zentrum organisierte eine massive Kampagne „gegen die rücksichtslose Verletzung unseres religiösen Denkens und Fühlens".[182] Obwohl alle Beschwerden auf übergeordneten Verwaltungsebenen abgewiesen wurden und die Großblockparteien an der unveränderten Umsetzung des Projekts festhielten, folgte Dietrich nicht der scharfen Gangart der liberalen Parteien. Überzeugt, „daß man diesen Streit hätte vermeiden können und müssen", suchte er nach einer einvernehmlichen Lösung. In einem neuen Entwurf, der die Billigung des Münsterpfarrers fand, wurde der „Raum, der für die Verbrennungsöfen vorgesehen ist, hinter die Leichenhalle gelegt und so den Wünschen der Geistlichkeit Rechnung getragen".[183] Der Erfolg von Dietrichs Bemühungen mochte begrenzt sein: Wenngleich das Zentrum dieses Entgegenkommen aus-

---

[179] Zur Konstanzer Oberbürgermeisterfrage, Konstanzer Nachrichten Nr. 53 vom 22. 2. 1914.
[180] Stadtratsprotokoll vom 14. 3. 1914, StA Konstanz B I 445.
[181] Vgl. Zang, Konstanz, S. 253 f.
[182] Die Protestversammlung der Konstanzer Katholiken gegen die Vereinigung von Leichenhalle und Krematorium, Konstanzer Nachrichten Nr. 13 vom 13. 1. 1914.
[183] Dietrich an Franz Weber, 3. 11. 1914 (Zitate) u. Dietrich an Karl Weiß, 13. 10. 1914, StA Konstanz S II 3239.

drücklich würdigte, blieb es bei seiner ablehnenden Haltung. Gleichzeitig kritisierten einige Liberale den Kompromiss.[184] Auch in der folgenden Zeit blieben Spannungen zwischen dem Zentrum auf der einen und den übrigen Parteien, Dietrich und der Stadtverwaltung auf der anderen Seite nicht aus. Das Ideal einer neutralen, „rein sachlichen" Position, das Dietrich mit seinem Bürgermeisteramt verband, tritt jedoch deutlich hervor – umso mehr, als er sonst, etwa im badischen Landtag, vor öffentlichen Angriffen auf das Zentrum nicht zurückscheute.[185]

Schon angesichts der zunehmenden Politisierung der kommunalen Verwaltungsebene stellte die beamtenähnliche Stellung des Stadtoberhauptes einen Spagat dar. Im Amt des Bürgermeisters waren „typische" Elemente sowohl des Politikers als auch des Beamten miteinander verbunden.[186] Wenn Dietrich und viele seiner Amtskollegen gleichzeitig parteipolitisch aktiv waren, bestand dieser Zwiespalt erst recht. An dem Anspruch der Überparteilichkeit und dem demonstrativen Bemühen um den Ausgleich politischer und sozialer Interessen in der Kommune änderte das aber nichts.[187] Dietrich war also darin geübt, zwischen verschiedenen Ebenen des politischen Handelns zu unterscheiden und zur öffentlichen Auseinandersetzung wie zur alltäglichen Zusammenarbeit mit demselben Gegenüber gleichermaßen in der Lage zu sein.

Diese Praxis vertrug sich gut mit den politisch-kulturellen Rahmenbedingungen der Weimarer Republik, was in der prominenten Rolle zum Ausdruck kommt, die ehemalige Kommunalpolitiker nach 1918 in der deutschen Spitzenpolitik spielten. Die auffällig starke Präsenz früherer Oberbürgermeister in den Reichskabinetten ist unter anderem darauf zurückgeführt worden, dass diese dem Anspruch eines parteipolitische Distanz wahrenden „Fachministers" genügen konnten und deswegen über Parteigrenzen hinweg bei der Besetzung von Regierungsämtern akzeptabel erschienen. Paradebeispiele sind Hans Luther, der „Politiker ohne Partei", der vom Essener Oberbürgermeisteramt ins Ernährungsministerium wechselte, anschließend Finanzminister sowie in zwei Kabinetten Reichskanzler war und ab 1930 den Posten des Reichsbankpräsidenten bekleidete, oder Otto Geßler, im Kaiserreich Oberbürgermeister von Regensburg und Nürnberg, der in 14 Kabinetten als Reichswehrminister amtierte, dabei eine betont unabhängige Stellung einnahm und immer wieder in ein gespanntes Verhältnis zur DDP geriet, aus der er schließlich austrat. Der Anspruch, nicht „Parteiminister", sondern

---

[184] Niederschrift über die Bürgerausschusssitzung vom 10.11.1914, StA Konstanz B IV 8.
[185] Siehe z.B. die Rede Dietrichs und den anschließenden Schlagabtausch im Plenum am 16.1.1914, Zweite Kammer, Sp. 527–533 u. 547–556.
[186] Wolfgang Hofmann hat, ausgehend von Max Webers typologischer Unterscheidung zwischen dem „bürokratischen Beamten" und dem Politiker, in den Bürgermeistern den „Typus des Fachpolitikers" ausgemacht, „bei dem sich Elemente des Politikers mit fachlich beamtenmäßigen Zügen mischten": Hofmann, Rathaus, S. 53.
[187] In einer ähnlichen Lage wie Dietrich befand sich zum Beispiel Otto Geßler, der ein führender Vertreter der bayerischen Jungliberalen war, als Oberbürgermeister von Regensburg aber gute Beziehungen zu örtlichen Zentrumsmitgliedern unterhielt: Otto Geßler: Reichswehrpolitik in der Weimarer Zeit. Herausgegeben von Kurt Sendtner. Stuttgart 1958, S. 37.

„Fachminister" zu sein, entsprach jedoch dem allgemeinen Ideal, und in der langjährigen Verwaltungserfahrung der Bürgermeister lässt sich ebenfalls eine wesentliche, möglicherweise wichtigere Ursache für ihre häufige Verwendung als Minister ausmachen.[188] Allerdings traten ehemalige Kommunalpolitiker auch bei der Besetzung anderer einflussreicher Positionen ständig als Kandidaten in Erscheinung, bei denen parteipolitische Neutralität bzw. eine moderate, vermittelnde Haltung erwünscht war und administrative Fähigkeiten keine Rolle spielten. So wurde der frühere Kölner Oberbürgermeister Max Wallraf (DNVP) 1924 Reichstagspräsident, Ernst Scholz, zuvor Oberbürgermeister in Kassel und Charlottenburg, war von 1923 bis 1930 Fraktionschef der DVP im Reichstag sowie Nachfolger Stresemanns als Parteivorsitzender, und ab 1924 wurde auch in der DDP bzw. DStP der Parteivorsitz durch frühere Stadtoberhäupter, Erich Koch-Weser und Hermann Dietrich, bekleidet.[189]

Die Orientierung an „sachlichen" und konsensfähigen Lösungen in der politischen Zusammenarbeit, welche die Kommunalpolitiker des späten Kaiserreichs und die Vertreter der pragmatischen Generation auszeichnete, stellte in der Weimarer Republik ein Kapital dar: Sie kam dem weitverbreiteten Ideal der „Überparteilichkeit" des Staates entgegen, das in der „Tradition des Konstitutionalismus" wurzelte,[190] das aber zugleich durch die Vielzahl an divergierenden Kräften in der politischen Arena der Weimarer Republik bedingt war. Um in der von weltanschaulichen und sozioökonomischen Gegensätzen, innen- und außenpolitischen Belastungen geprägten Weimarer Politik eine konstruktive Rolle spielen zu können, war die Fähigkeit, zu Positionen des Ausgleichs zu gelangen, eine Grundvoraussetzung – ob nun in der Parteipolitik, in den Parlamenten oder in öffentlichen Ämtern – und damit auch Bedingung für den persönlichen Erfolg eines Politikers. Freilich stieß der Pragmatismus dort an Grenzen, wo sich andere nicht mehr zu Kompromissen bereitfanden. Somit beinhaltete das konsensorientierte, „sachliche" Politikverständnis wiederum ein Enttäuschungspotential, das sich nach 1918 immer wieder bemerkbar machte.

---

[188] Hofmanns aufschlussreiche Untersuchung der ehemaligen Oberbürgermeister als „Fachminister" in den Reichskabinetten der Weimarer Republik (Hofmann, Rathaus, S. 241–256) ist insofern zu bemängeln, als er diesen keinen exemplarischen „Parteiminister" gegenüberstellt. Im Übrigen war Geßler, ebenso wie seine Parteifreunde Dietrich, Wilhelm Külz und besonders Erich Koch-Weser, aber auch Ernst Scholz, anfangs durchaus „Parteiminister". Der parteilose Luther ist eher als Ausnahmeerscheinung anzusehen, wie er selbst rückblickend feststellte: Hans Luther: Politiker ohne Partei. Erinnerungen. Stuttgart 1960, S. 405.

[189] Vorgänger von Koch-Weser war Carl Petersen, ein weiterer langjähriger Kommunalpolitiker, und als Dietrich 1931 den Vorsitz der DStP vorübergehend niederlegte, fiel die Stellvertreterrolle Külz zu. Ehemalige Bürgermeister traten auch als (potentielle) Kandidaten bei der Reichspräsidentschaftswahl 1925 in Erscheinung. Im ersten Wahlgang kandidierte Karl Jarres als gemeinsamer Kandidat der Rechten, als überparteilicher Kandidat war außerdem Otto Geßler im Gespräch.

[190] Wirsching, Weimarer Republik, S. 16.

3. „Ich will nach oben" – auf der Suche nach Aufstiegsmöglichkeiten

Spätestens ab 1913, als Dietrich in Kehl den Gestaltungsspielraum ausgeschöpft hatte, versuchte er, von dort „unter jeder Bedingung fortzukommen".[191] Ihm kam zugute, dass in diesem Jahr mehrere Oberbürgermeisterstellen in Baden frei wurden. Im Frühjahr wurde in Rastatt ein neues Stadtoberhaupt gesucht, wo, wenngleich eher am Rande, auch sein Name kursierte.[192] Rastatt war aber kaum größer als Kehl, und es scheint keine ernsthaften Bemühungen Dietrichs gegeben zu haben, dort auf den Chefsessel des Rathauses zu gelangen. Eine weitaus attraktivere Gelegenheit bot sich, als im August 1913 der Mannheimer Oberbürgermeister starb. Dietrich bewarb sich,[193] doch der Versuch, als junger Bürgermeister des kleinen Kehl den Sprung in die Großstadt zu schaffen, dürfte von vornherein aussichtslos gewesen sein. Mit Kandidaten wie dem letztlich erfolgreichen Theodor Kutzer, der zuvor Oberbürgermeister von Fürth war und über deutlich mehr Erfahrung verfügte, konnte er sich kaum messen. Im Dezember 1913 schließlich legte der Oberbürgermeister von Heidelberg sein Amt nieder. Auch hier machte Dietrich sich Hoffnungen, allerdings kam es in der Universitätsstadt rasch zu einer internen Lösung.[194]

Die Wahl zum Oberbürgermeister von Konstanz war für Dietrich in mehrfacher Hinsicht ein Karriereschritt. Die Stadt war mit knapp 30 000 Einwohnern die sechstgrößte in Baden und immerhin dreimal so groß wie Kehl. Außerdem gehörte Konstanz zu den zehn badischen „Städteordnungsstädten" und stand damit dem Rang nach auf einer Stufe mit Mannheim oder Karlsruhe – wie es auch in dem Titel Oberbürgermeister zum Ausdruck kam. Andererseits hatte die abgelegene Stadt am Bodensee, eher als das an die Metropole Straßburg grenzende Kehl, den Charakter einer Kleinstadt. Die Stellung in Konstanz war, gemessen an den Bewerbungen in Heidelberg und Mannheim, ein bescheidener Fortschritt, der Dietrichs Ambitionen von Anfang an nicht befriedigte. Im Juli 1914, kaum dass er das Amt angetreten hatte, offenbarte er Elisabeth Trick seine „Absichten für die Zukunft", welche die Vertraute folgendermaßen zusammenfasste: „Sie wollen nach oben, ja sogar denken Sie an die Bad. Hauptstadt."[195] Inwiefern ihm wirklich ein konkretes Ziel wie der Oberbürgermeisterposten von Karlsruhe vorschwebte, lässt sich schwer beurteilen. Recht eindeutig ist immerhin, dass er *auch* eine politische Laufbahn im weiteren, parteipolitischen Sinne verfolgte, und diese nicht nur als Mittel betrachtete, seine kommunale Laufbahn zu fördern – zumal ihn die Parteipolitik, die er nicht zurückhaltend betrieb, angreifbar machte, wie die scharfen Reaktionen des Zentrums bei der Wahl in Konstanz zeigten. Zumin-

---

[191] Elisabeth Trick an Dietrich, 16. 12. 1913, ND 728.
[192] Hermann Koelblin an Edmund Rebmann, 13. 4. 1913, GLAK 69 NLP Baden 198.
[193] Wie aus einem späteren Brief von Elisabeth Trick hervorgeht: Trick an Dietrich, 10. 4. 1916, ND 728.
[194] Trick an Dietrich, 14. 12. 1913, ebd. Zum neuen Oberbürgermeister von Heidelberg wurde der bisherige Erste Bürgermeister Ernst Walz gewählt.
[195] Trick an Dietrich, 15. 7. 1914, ebd.

3. „Ich will nach oben" – auf der Suche nach Aufstiegsmöglichkeiten   61

dest war das Engagement in der NLP für die kommunale Laufbahn ein zweischneidiges Schwert. Bei klaren politischen Fronten, wie sie in Konstanz herrschten, mochte es förderlich sein, konnte sich aber in einer anderen Stadt oder bei einer Veränderung der politischen Konstellation in einen Nachteil verkehren.

Dietrichs Verhalten deutet darauf hin, dass er sich auf dem Weg „nach oben" möglichst viele Optionen offenhalten wollte. Trotz erheblicher Überlieferungslücken tritt in den Quellen sein Streben nach höheren Aufgaben ebenso deutlich hervor wie das systematische Bemühen, für die weitere Karriere Weichen zu stellen. Er arbeitete darauf hin, seine Bekanntheit und sein Prestige, mithin sein „politisches Kapital" zu vermehren – in den politischen und gesellschaftlichen Führungskreisen wie auch in der breiteren Öffentlichkeit. Die Netzwerke, in denen er sich im Kaiserreich bewegte, sind nur grob zu rekonstruieren. Die Versuche, sein soziales Kapital in Form von Beziehungen zu erweitern und zugleich unmittelbar nutzbar zu machen, sind dennoch auffällig.

Schon in Kehl beschränkte Dietrich sich nicht auf seine Tätigkeit als Bürgermeister. Spätestens seit seiner Wahl in den Landtag Anfang 1912 war die badische Politik für ihn kein Nebenschauplatz, sondern ein zweites Standbein. Sein Mandat in der Zweiten Kammer eröffnete ihm neue Möglichkeiten, von denen er ausgiebig Gebrauch zu machen wusste. Zum einen konnte er sich mit Reden im Plenum, über die in der badischen Presse ausführlich berichtet wurde, öffentlich profilieren.[196] Andererseits erlaubte ihm die parlamentarische Arbeit, sich innerhalb der nationalliberalen Fraktion – und damit innerhalb der Partei – hervorzutun, indem er als Spezialist in Detailfragen in Erscheinung trat und seine Sachkenntnis unter Beweis stellte. Dabei verfuhr er nach derselben Methode, mit der er später im Weimarer Reichstag reüssierte: Er arbeitete sich gründlich in die jeweilige Materie ein und war dadurch denjenigen Parlamentariern überlegen, die ihr Mandat mit weniger Fleiß bzw. gewissermaßen als Ehrenamt wahrnahmen – und zwar in verschiedensten Bereichen. Vom Staatshaushalt bis zu einzelnen Petitionen behandelte er praktisch alle Fragen, mit denen der Landtag befasst war: das Bildungswesen, die Landwirtschaft, die Justizverwaltung, die Errichtung von Wasserkraftwerken und Verkehrsfragen. Schon in den Fraktionssitzungen des Jahres 1912 ergriff er auffällig oft das Wort,[197] und in seiner zweiten Landtagssession, die Ende 1913 begann, wurde er in drei der sechs Arbeitsausschüsse entsandt, womit er einer der aktivsten Abgeordneten des Landtags war. Nicht zuletzt gehörte er der ebenso wichtigen wie prestigeträchtigen Budgetkommission an.[198] Zwar

---

[196] 1912 und während der Landtagsperiode 1913/14 ergriff Dietrich in jeweils 19 Sitzungen das Wort. (Die Zweite Kammer tagte alle zwei Jahre, vom Spätherbst bis zum Sommer.)

[197] Vgl. die Protokolle der nationalliberalen Fraktionssitzungen in GLAK 69 NLP Baden 230.

[198] Außerdem der Justiz- und Verwaltungskommission sowie der Wahlprüfungskommission. In den sechs Kommissionen gab es insgesamt 90 Sitze (bei 73 Parlamentariern); lediglich drei weitere Abgeordnete waren in drei Ausschüssen gleichzeitig Mitglied: vgl. die Übersicht zu den Ständigen Kommissionen in: Verhandlungen der Zweiten Kammer der Stände-Versammlung des Großherzogtums Baden. Heft 503. Karlsruhe 1915, S. III.

befanden sich unter den Nationalliberalen keineswegs nur untätige Honoratioren, und in Haushaltsfragen führte Fraktionschef Edmund Rebmann das Wort. Dietrich erwarb sich aber rasch den Status eines führenden Fraktionsmitglieds und den Respekt der Kollegen. So richtete der Abgeordnete Hermann Koelblin im April 1914 die Bitte an Rebmann, in eine Kommissionssitzung für Beamtenfragen, zu der er selbst nicht erscheinen konnte, einen Stellvertreter zu entsenden – und zwar möglichst Dietrich, „da es sich um die wichtige, finanzielle Aussprache handelt".[199]

Durch die Abgeordnetentätigkeit in der badischen Hauptstadt konnte Dietrich vielfältige Kontakte knüpfen und vertiefen. Die Fraktion, der ab 1909 17, nach den Wahlen von 1913 20 Abgeordnete angehörten, war mehr als eine politische Arbeits- und Gesinnungsgemeinschaft. In ihr herrschte ein enger, geradezu freundschaftlicher Zusammenhalt, der sich noch Jahre später zeigte, als sich die politischen Wege der Beteiligten längst getrennt hatten. Eine sozial integrative Wirkung hatte nicht zuletzt der umgängliche, herzliche Charakter Rebmanns, der in seiner Korrespondenz mit Fraktionskollegen und anderen Parteifreunden auffällig hervortritt. Die Abgeordneten sprachen einander mit Du an, und während der Sitzungsperioden der Zweiten Kammer traf man sich nach den Plenar- und Ausschusssitzungen, die unter der Woche täglich stattfanden, zum gemeinsamen Abendessen im Restaurant „Krokodil".[200] Das große, unweit des Landtags gelegene Lokal, das dem Schatzmeister der badischen NLP Jakob Möloth gehörte, war in Karlsruhe der Ort nationalliberaler Vergesellschaftung schlechthin. Es diente als Räumlichkeit für Sitzungen der badischen Parteigremien und zahlreiche Veranstaltungen der Karlsruher Jungliberalen, denen auch Möloth angehörte.[201] Zu solchen Vereinsabenden wird Dietrich sich regelmäßig eingefunden haben, zumal er viele Mitglieder aus seiner Zeit als Stadtrechtsrat kannte. Dasselbe dürfte für den nationalliberalen Verein gegolten haben, in dem die High Society der badischen Hauptstadt zahlreich vertreten war. Durch seinen Status als Abgeordneter und die Präsenz in der Hauptstadt, wo er eine Zweitwohnung mietete,[202] wurde Dietrich also in die führenden Kreise der NLP integriert. Außerdem hatte er Zugang zu den Verwaltungseliten des Großherzogtums, die ihrerseits weitgehend nationalliberal orientiert waren. Die alltägliche Arbeit im Landtag brachte ihn ständig in Kontakt mit der Regierung, und die Abgeordneten wurden regelmäßig zu gesellschaftlichen Veranstaltungen, wie Ballfesten und parlamentarischen Abenden, eingeladen, an denen die Mitglieder der Ersten

---

[199] Koelblin an Rebmann, 2.3.1914, GLAK 69 NLP Baden 250.

[200] Als es im Frühjahr 1914 nach und nach eine größere Anzahl der Fraktionsmitglieder vorzog, im Anschluss an die Arbeit im Landtag gleich „nach Hause" zu gehen, wurde dies als Missstand empfunden und deshalb, offenbar als Kompromiss, angemahnt, dass zumindest „in jeder Woche 2-3 Zusammenkünfte im Krokodil" stattfinden sollten; Protokoll der nationalliberalen Fraktionssitzung vom 18.5.1914, GLAK 69 NLP Baden 231.

[201] Vgl. die Einladungen und Mitteilungsblätter des Jungliberalen Vereins Karlsruhe in GLAK 69 NLP Baden 250.

[202] Elisabeth Trick an Dietrich, 3.2.1914, ND 728.

3. „Ich will nach oben" – auf der Suche nach Aufstiegsmöglichkeiten 63

Kammer, die Minister, hohe Beamte, nicht selten auch der Großherzog und Prinz Max teilnahmen.[203]

Zugleich wuchs Dietrichs Einfluss in der Parteiorganisation. Zum einen gehörten die Landtagsabgeordneten qua Amt dem Engeren Ausschuss der Partei an, einem Gremium von fast 80 Personen, in dem die führenden Nationalliberalen aus ganz Baden versammelt waren – neben den Mitgliedern der Ersten Kammer, dem Parteivorstand, den badischen Reichstagsabgeordneten und Vertretern der jungliberalen Organisation auch die Delegierten der Wahlkreise. Zum anderen hatte die Fraktion eine ausschlaggebende Stellung in der Partei, weil dort viele politische Angelegenheiten besprochen und de facto entschieden wurden, bevor die Parteiinstanzen sich mit ihnen befassten.[204] Überdies zeigte Dietrich im Land Präsenz, indem er sich als Redner und, was für einen Abgeordneten ungewöhnlich war, organisatorisch für die Partei engagierte.[205]

Es boten sich auch Gelegenheiten, jenseits der Grenzen des Großherzogtums Anschluss zu finden. Zum Beispiel begegnete Dietrich schon vor dem Weltkrieg den Württembergern Philipp Wieland (NLP) und Theodor Heuss (FVP), später Fraktionskollegen im Reichstag.[206] Im Mai 1912 nahm er an jenem letzten Reichsparteitag der NLP teil, der im Zeichen des Konflikts zwischen Jung- und Altliberalen stand. Seine Rolle dürfte sich darauf beschränkt haben, als zuverlässiger Stimmberechtigter für die Parteilinke zu fungieren.[207] Es war jedoch eine gute Gelegenheit, neue Verbindungen zu knüpfen.

Dietrich verstand es nicht nur, seine Beziehungen auszubauen, sondern auch, diese zu nutzen. Das zeigte sich bereits bei seiner Kandidatur für den badischen Landtag Ende 1911, die offenbar sorgfältig vorbereitet war. Schon als der Einzug des bisherigen NLP-Abgeordneten Friedrich Sänger in die Erste Kammer publik wurde, nannte man Dietrich als voraussichtlichen Kandidaten der liberalen Parteien für die Ersatzwahl.[208] Seine Aufstellung scheint reibungslos vonstattengegangen zu sein, was nur zum Teil mit dem Prestige, das er sich in Kehl erworben hatte, zu erklären ist. Es war nicht selbstverständlich, dass ein Abgeordneter aus der Gegend stammte, in der er gewählt wurde, und die Nachwahl in dem sicheren, ohne großen Aufwand zu gewinnenden Bezirk dürfte bei anderen Nationalliberalen Begehrlichkeiten geweckt haben – etwa bei denjenigen, die 1909 den Wiedereinzug in den Landtag verpasst hatten. An der Aufstellung eines Kandidaten

---

[203] Dazu z. B. die Einladungen und Zeitungsausschnitte in GLAK 233/3334.
[204] Vgl. Thiel, Großblockpolitik, S. 261 f.
[205] Zumindest gelegentlich: Im Mai 1913 kümmerte er sich im Auftrag von Generalsekretär Alfons Schwaier (dem Nachfolger Thorbeckes) um die Vorbereitung der Kommunalwahl im mittelbadischen Friesenheim: Ludwig Erb an Schwaier, 19. 5. 1913 u. Schwaier an Erb, 21. 5. 1913, GLAK 69 NLP Baden 244.
[206] Dietrich an Hans Wieland, 30. 4. 1949, ND 586, fol. 56 f.; Beitrag von Dietrich in Hans Bott/Hermann Leins (Hg.): Begegnungen mit Theodor Heuss. Tübingen 1954, S. 75–77, hier S. 77.
[207] Der Landesverband entsandte 78 Vertreter: Liste der badischen Parteitagsdelegierten in einer Notiz von Paul Thorbecke, o. D. [Mai 1912], GLAK 69 NLP Baden 209.
[208] Offenburger Zeitung Nr. 252 vom 4. 11. 1911. Der Umstand, dass der ganze Vorgang in den Akten der NLP nicht überliefert ist, deutet ebenfalls darauf hin, dass die Kandidatenfrage von vornherein entschieden war.

wirkten in der Regel verschiedene Parteiinstanzen mit, und es musste eine Übereinkunft mit der FVP getroffen werden.[209]

Dietrichs Wahl zum Oberbürgermeister von Konstanz lässt sich ebenfalls nicht nur auf seine Erfolge in Kehl zurückführen. Eine Woche vor der Wahl behauptete das Konstanzer Zentrumsblatt, die Kandidatur sei auf Betreiben der Jungliberalen „von langer Hand vorbereitet" worden, habe gar schon vor dem Rücktritt des Vorgängers Franz Weber festgestanden.[210] Diese Darstellung war übertrieben, hatte aber einen wahren Kern. Die Schwierigkeit bestand für Dietrich nicht darin, sich gegen Kandidaten anderer Parteien durchzusetzen. Die aussichtsreichsten Konkurrenten waren Nationalliberale: der stellvertretende Bürgermeister in Konstanz, Eduard Haulick, sowie der Lörracher Bürgermeister, Erwin Gugelmeier. Das Zentrum erklärte sich wiederholt mit anderen nationalliberalen Bewerbern einverstanden – nur nicht mit dem parteipolitisch so aktiven „Linken" Dietrich.[211] Mancher in der Konstanzer NLP dürfte es deshalb für bequemer gehalten haben, auf die Wünsche des Zentrums einzugehen, zumal der eine oder andere sich Haulick verbunden fühlte. Als Edmund Rebmann in einer ersten Intervention zugunsten Dietrichs dem nationalliberalen Verein mitteilte, dass der Kehler Bürgermeister auf die Unterstützung von FVP und SPD zählen könne, die möglicherweise durch Absprachen mit den Großblock-Partnern in Karlsruhe sichergestellt wurde, äußerte sich der Vorsitzende Karl Jaeckle zurückhaltend: „Wir sind in einer etwas schwierigen Lage, denn Bürgermeister Haulick ist unser Parteifreund wie Herr Dietrich und ein dritter Kandidat [Gugelmeier, D.M.], von dem auch schon gesprochen wird, und der als hervorragende Kraft bezeichnet ist. Wir werden eben schließlich den Tüchtigsten wählen."[212]

Mitte Januar 1914 war die Wahl also keineswegs entschieden. Nun erwies sich Dietrichs Vernetzung in der Partei als ein Vorteil, dem seine Konkurrenten wenig entgegenzusetzen hatten. Das galt vor allem für Gugelmeier, der genauso alt war und ebenfalls den Ruf eines erfolgreichen Kommunalpolitikers genoss, aber weder im Landtag saß noch in der NLP besonders aktiv war. Für Dietrich setzten sich zum einen die Jungliberalen ein, die in Konstanz stark vertreten waren. Ihr früherer Orts-, nun Ehrenvorsitzender Eduard Lohr war Obmann des Konstanzer Bürgerausschusses und Mitglied einer Kommission von anfangs sechs, später dreizehn Personen, die eine „Vorauswahl" unter den Bewerbern vornehmen sollte. Lohr erwies sich in dem Gremium sogleich als vehementer Unterstützer Dietrichs.[213] Da er bis 1911 Mitglied des jungliberalen Landesvorstandes war, kannte

---

[209] Vor der Landtagswahl 1905 war es im Wahlkreis Kehl zu einem monatelangen Kleinkrieg und schließlich zu einer Kampfabstimmung gekommen, wobei neben der Bezirksorganisation auch die Ortsvereine und die badische Parteiführung involviert waren; vgl. die Korrespondenz des badischen Parteisekretariats mit dem Bezirksverein Kehl, GLAK 69 NLP Baden 63.
[210] Zur Konstanzer Oberbürgermeisterfrage, Konstanzer Nachrichten Nr. 53 vom 22. 2. 1914.
[211] Konstanzer Nachrichten Nr. 56 vom 25. 2. 1914.
[212] Jaeckle an Rebmann, 18. 1. 1914, GLAK 69 NLP Baden 198 (die Briefe Rebmanns sind nicht überliefert).
[213] Protokoll der engeren Kommission zur Vorbereitung der Oberbürgermeisterwahl vom 14. 2. 1914, StA Konstanz S II 12599.

er ihn mit Sicherheit. Hinzu kamen gemeinsame jungliberale Freunde und Bekannte wie Ernst Frey oder die beiden Generalsekretäre der Ära Rebmann, Paul Thorbecke und sein Nachfolger Alfons Schwaier: Beide waren zuvor Mitglieder des jungliberalen Vereins in Konstanz. Unter den Nationalliberalen in der vorbereitenden Kommission befanden sich außerdem der amtierende Vorsitzende des jungliberalen Vereins, Robert Schlegel, das Stadtratsmitglied Eugen Rebholz, der seit Jahren im Vorstand des nationalliberalen Vereins saß, und Ludwig Stromeyer, ein Textilunternehmer, der Abgeordneter der Ersten Kammer war und dem Engeren Ausschuss der NLP angehörte.[214] Rebholz kannte Dietrich nicht, war aber ein Duzfreund des Jungliberalen Jakob Möloth, Schatzmeister der badischen NLP und Inhaber des „Krokodils" in Karlsruhe. Möloth nahm, wohl auf Dietrichs Bitte, zu Rebholz Verbindung auf.[215] Dietrich selbst trat mit Stromeyer in Kontakt, der sich ebenfalls nachdrücklich für ihn einsetzte.[216]

Die nationalliberalen Mitglieder der Wahlkommission sorgten mit Unterstützung von FVP und SPD dafür, dass alle potentiell gefährlichen Konkurrenten Dietrichs von der Bewerberliste gestrichen wurden, bis nur noch ein weithin unbekannter Beamter aus dem badischen Innenministerium übrigblieb.[217] In der letzten Kommissionssitzung wurde Dietrich schließlich von der Großblockmehrheit als einziger Kandidat für die Wahl am 2. März präsentiert.[218] Parallel zu diesen nicht-öffentlichen Verhandlungen machten sich die Anhänger Dietrichs in den nationalliberalen Kreisen vor Ort bemerkbar. Unterstützt wurden sie von Rebmann, der sich mit der reservierten Haltung Jaeckles nicht zufrieden gab und dem Vereinsvorsitzenden in einem zweiten Schreiben offenbar eingehend darlegte, welcher Kandidat als der „Tüchtigste" anzusehen sei. Jaeckles Haltung änderte sich jetzt: „Für Ihre schätzenswerten Mitteilungen über Herrn Bürgermeister Dietrich danke ich Ihnen bestens. Ich nehme an, daß ich davon auch im Kreise unserer Parteifreunde vorsichtigen Gebrauch machen darf." Dietrichs „Aussichten" gegenüber den Mitbewerbern schienen ihm nun „nicht übel zu sein".[219]

---

[214] Zu den Parteiämtern von Lohr, Schwaier, Rebholz, Stromeyer und Schlegel siehe die Organisationshandbücher der Nationalliberalen Partei des Deutschen Reiches 1 (1907) – 6 (1914/15), zu Lohr außerdem Adreßbuch der Kreishauptstadt Konstanz 1914, S. 46; zu Thorbeckes Aktivität vor 1907 siehe die Unterlagen in GLAK 69 NLP Baden 250.

[215] Nach der Wahl berichtete Rebholz seinem Freund Möloth über den Wahlerfolg und die Unterstützung Dietrichs durch ihn selbst, Lohr und Schlegel. Es ist bezeichnend, dass der Brief in Dietrichs Akten wanderte: Rebholz an Möloth, 4.3.1914, ND 729.

[216] Trick an Dietrich, 4.2.1914, ND 728; Gert Zang: Bürgerlicher Alltag in Konstanz unmittelbar vor Kriegsausbruch 1914. Das Haushaltsbuch von Anna Dietrich. In: Jürgen Klöckler (Hg.): Konstanz in beiden Weltkriegen. Festschrift für Lothar Burchardt. Konstanz 2004, S. 43–68, hier S. 48.

[217] Protokolle der Kommission zur Vorbereitung der Oberbürgermeisterwahl, 14.2. u. 16.2.1914, StA Konstanz S II 12599.

[218] Konstanzer Nachrichten Nr. 52 vom 21.2.1914 (das Protokoll dieser Sitzung fehlt in den Akten). Das Zentrum unterstützte daraufhin den örtlichen Stadtrechtsrat Ernst Dietrich, der schon deswegen chancenlos sein musste, weil er in der Hierarchie der Stadtverwaltung dem aussortierten Bewerber Haulick untergeordnet war. Hermann Dietrich erhielt am Ende 68, Ernst Dietrich 40 Stimmen, Eugen Imhoff (Oberamtmann im Innenministerium) eine.

[219] Karl Jaeckle an Rebmann, 4.2.1914, GLAK 69 NLP Baden 198.

Mit der Berufung nach Konstanz, das er lediglich als Durchgangsstation betrachtete, ergaben sich für Dietrich eine Reihe von Problemen. Vor allem war der neue Posten mit einer unangenehmen Bedingung verbunden: Die FVP forderte kategorisch, er müsse das Landtagsmandat aufgeben, weil er sonst zu häufig von Konstanz abwesend sein werde.[220] Bei den Vertragsverhandlungen, die eine Woche vor der Wahl stattfanden, versicherte er denn auch, dass er seinen Sitz in der Zweiten Kammer niederlegen und „sich von der politischen Tätigkeit zurückziehen" werde. Allerdings bedang er sich aus, die ihm übertragenen Ausschussarbeiten abzuschließen und erst nach der Landtagssession, die im Juli 1914 endete, aus dem Parlament zu scheiden. Ihm war bei diesem Zugeständnis sichtlich unwohl, doch im Vorfeld der umkämpften Wahl konnte er die Forderung der Konstanzer schlecht ignorieren. Umso auffälliger ist, dass er nicht nur die Konsequenzen hinauszuzögern suchte, sondern eine weitere Einschränkung machte, die den angekündigten Rückzug „von der politischen Tätigkeit" ad absurdum führte: „Dagegen behalte er sich seine socialwirthsch. Bethätigung insbes. Wohnungsfrage, Hypotheken – u. Rheinschiffahrt, Elektrizität vor."[221] Dietrich erklärte seine bisherige politische Aktivität kurzerhand für „sozialwirtschaftlich", mithin unpolitisch. Nach dem Wahlerfolg wiederholte er vor dem Stadtrat das Versprechen, sein Mandat niederzulegen. Doch anders als wenige Wochen zuvor hieß es nun, dies werde „im nächsten Jahr" geschehen.[222] Das war insofern kein Wortbruch, als die Zweite Kammer regulär nur alle zwei Jahre zusammentrat, zwischen Juli 1914 und Herbst 1915 also ohnehin nicht tagte. Dietrich spielte auf Zeit, und seine Ankündigung wurde mehrheitlich gebilligt, wie das Zentrum mit Verdruss feststellte.[223]

Schon in Kehl war Dietrichs Einzug in den Landtag auf Vorbehalte gestoßen. Der Gemeinderat stimmte seiner Kandidatur im November 1911 einstimmig zu, aber unter „Bedingungen": Es müsse gewährleistet sein, „daß während der Session der Bürgermeister seinen Wohnsitz tunlichst beibehält; daß er die Gemeinderats- und Bürgerausschußsitzungen leitet und an 2 Tagen in der Woche zu bestimmten Stunden auf dem Rathaus zu sprechen ist".[224] Diese Bedingungen hielt Dietrich zumindest teilweise nicht ein: Während der Sitzungsperioden des Landtags bezog er in Karlsruhe eine Zweitwohnung, die Gemeinderatssitzungen wurden zwar von ihm geleitet, fanden aber seltener statt, und es ist fraglich, ob er tatsächlich zu allen Sprechstunden nach Kehl kam, um anschließend wieder nach Karlsruhe zurückzufahren. Auch in Konstanz glückte die Strategie, anfängliche Zusagen nach und nach aufzuweichen. Sein Mandat behielt er schließlich bis zur Novemberrevolution bei.

Dennoch musste er seine parlamentarische Tätigkeit sofort deutlich reduzieren.[225] Gerade in den ersten Monaten seiner Amtszeit war angesichts der explosi-

---

[220] Noch einmal die Oberbürgermeisterwahl, Konstanzer Nachrichten Nr. 76 vom 17. 3. 1914; Eugen Rebholz an Edmund Rebmann, 29. 5. 1916, GLAK 69 NLP Baden 185.
[221] Aktenvermerk zur Oberbürgermeisterwahl, 23. 2. 1914, StA Konstanz S II 12162.
[222] Stadtratsprotokoll vom 14. 3. 1914, StA Konstanz B I 445.
[223] Konstanzer Nachrichten Nr. 76 vom 17. 3. 1914.
[224] Gemeinderatsprotokoll vom 13. 11. 1911, StA Kehl B2 1910-1913.
[225] Zwischen April und Juli 1914 sprach Dietrich nur 6 Mal im Plenum, gegenüber 13 Wortmeldungen in der Zeit von Dezember 1913 bis März 1914. Außerdem nahm er

ven Stimmung in Konstanz Vorsicht geboten. Außerdem dürfte er Zeit benötigt haben, um sich in das neue Amt einzuarbeiten. Die Doppelbelastung aus Kommunal- und Landespolitik ließ sich allerdings auch längerfristig nicht in der bisherigen Weise aufrechterhalten: Ein großer Nachteil von Konstanz war die geographische Lage der Stadt im Südosten Badens, der vom Rest des Großherzogtums durch das Verkehrshindernis des Schwarzwalds getrennt war. Die Bahnfahrt von Kehl nach Karlsruhe war in weniger als eineinhalb Stunden zu bewältigen, während die Reise vom Bodensee mit der schnellsten Verbindung über viereinhalb Stunden dauerte, also in der Praxis eine mehrtägige Abwesenheit von Konstanz erforderte.[226] Die räumliche Entfernung von der Hauptstadt beschränkte Dietrichs politischen und sozialen Aktionsradius in Baden, ein Umstand, der sich im Ersten Weltkrieg aufgrund verschlechterter Post- und Verkehrsverhältnisse noch verstärkte.[227]

Der Krieg bedeutete auch ein schwerwiegendes Karrierehindernis. Dietrich konnte sich in Konstanz nicht in dem Maße profilieren, wie das in Kehl der Fall gewesen war. Zwar gab es wichtige, ungelöste Probleme und einige größere Projekte, deren Umsetzung seit längerem geplant war und deren Verwirklichung für seine Erfolgsbilanz lohnend gewesen wäre. In Konstanz wurden Verkehrsfragen, wie die Errichtung eines Güterbahnhofs, einer zweiten Brücke über den Rhein und eines Rheinhafens, als drängend empfunden, aber auch Maßnahmen im Bereich des Wohnungsbaus, der Dietrich ja ein wichtiges Anliegen war.[228] Der Weltkrieg machte eine planvolle, normale Kommunalpolitik jedoch unmöglich. Als einziges größeres Bauvorhaben wurde die Errichtung der Leichenhalle verwirklicht, nebst jenem Krematorium, in dem Dietrich später eingeäschert wurde. Selbst das gelang nur unter besonderem persönlichem Einsatz: Er hielt die Arbeiten in Gang, indem er dem Mangel an Arbeitskräften und Baumaterial notdürftig abhalf und mit Mühe verhinderte, dass die Militärbehörden einen Baustopp verfügten.[229] Im Wesentlichen war Dietrich ab August 1914 mit kriegsbedingtem Krisenmanagement befasst. Zur täglichen Arbeit gehörten jetzt die Einquartierung von Truppen, die Organisation von Unterstützungszahlungen an die Familien der Frontsoldaten und die Abwicklung des umfangreichen Austauschs von verwundeten französischen und deutschen Soldaten, der von Konstanz aus über die Schweiz stattfand.[230] Die wichtigste Aufgabe der Stadtverwaltung war die Ver-

---

nur an 6 von 16 protokollierten Sitzungen des Haushaltsausschusses teil: Sitzungsprotokolle der Budgetkommission des Landtags von 1913/14, GLAK 231/2562; siehe auch Dietrich an Rebmann, 10. 4. 1914, GLAK 69 NLP Baden 250.

[226] Reichs-Kursbuch. Übersicht der Eisenbahn-, Post- und Dampfschiffverbindungen [...]. Ausgegeben am 1. Juli 1914. Berlin 1914 [Nachdruck Augsburg 1970], Nr. 216, 252 u. 264.

[227] Dazu z. B. Niederschrift über die Bürgerausschusssitzung vom 7. 4. 1916, StA Konstanz B IV 9; Beschwerde Dietrichs an die Kriegsamtstelle Karlsruhe, 21. 4. 1917, StA Konstanz S II 6167.

[228] Stadtratsprotokoll vom 14. 3. 1914, StA Konstanz B I 445; Niederschrift über die Bürgerausschusssitzung vom 16./17. 4. 1914, StA Konstanz B IV 8.

[229] Unterlagen zum Bau der Friedhofshalle, StA Konstanz S II 3507.

[230] Vgl. hierzu und zum Folgenden Lothar Burchardt: Konstanz im Ersten Weltkrieg. In: ders./Dieter Schott/Werner Trapp: Konstanz im 20. Jahrhundert. Die Jahre 1914 bis 1945. Konstanz 1990, S. 11–66.

sorgung der Bevölkerung mit Nahrungsmitteln, Heizmaterial und anderen lebenswichtigen Gütern. Sie kaufte im großen Stil Lebensmittel an, bevorratete und rationierte sie, setzte Preise fest, sorgte für den Betrieb von Kriegsläden und der Volksküche. Bei der Umsetzung dieser Maßnahmen, die schon in den ersten Kriegswochen begannen und danach sukzessive ausgeweitet wurden, bewährte Dietrich sich als Organisator, und wie in Kehl kümmerte er sich auch um Details, etwa bei der Milchversorgung, wo er persönlich kleinste Liefermengen eintrieb.[231] Allerdings standen diese Probleme in allen Städten auf der Tagesordnung; ihre Bewältigung war gewissermaßen eine Selbstverständlichkeit. In Konstanz war die Versorgungslage besonders gut, aber das konnte Dietrich kaum als nennenswerten persönlichen Erfolg verbuchen, der seiner überregionalen Reputation förderlich gewesen wäre: Konstanz war keine Großstadt und die landwirtschaftlichen Produzenten befanden sich sozusagen vor der Haustüre – ebenso wie die Grenze zur Schweiz, aus der wichtige Lebensmittel bezogen werden konnten. Vor allem die Lieferung von Schweizer Milch bedeutete eine erhebliche Erleichterung, wenngleich um den Preis hoher Devisenschulden. Zudem war ein Teil der Konstanzer Gemarkung Schweizer Staatsgebiet. Die von dort eingeführten landwirtschaftlichen Produkte unterlagen nicht der reichsweiten Zwangsbewirtschaftung.

Die Möglichkeiten, vom abgelegenen Konstanz aus auf sich aufmerksam zu machen, waren in jeder Hinsicht begrenzt. Parteipolitische Auftritte in der Öffentlichkeit waren unter den Bedingungen des „Burgfriedens", der die Auseinandersetzungen zwischen den Parteien weitgehend zum Stillstand brachte, kaum noch von Interesse. Aus dem Landtagsmandat konnte er wenig Nutzen ziehen: Vor dem Frühjahr 1917 tagte die Zweite Kammer nur sporadisch, und erst im letzten Kriegsjahr trat sie zu einer längeren Sitzungsperiode zusammen. Zugleich wurden Reisen nach Karlsruhe nicht nur durch die schlechte Verkehrsanbindung erschwert, sondern auch durch die Amtspflichten in Konstanz, die an Umfang zunahmen, während erfahrene Beamte wie der stellvertretende Bürgermeister Haulick zum Militär eingezogen wurden. Und schließlich verloren die politischen Themen, denen Dietrich sich bisher gewidmet hatte, an Relevanz.

Vorübergehend fand er sich mit der Lage offenbar ab. Er beschäftigte sich weiter mit seinem Lieblingsprojekt aus Friedenszeiten, dem Wohnungsbau. Ab 1915 trieb er in Konstanz die Planungen für eine neue Siedlung aus Kleinwohnungen bzw. Eigenheimen voran – ein Projekt, das freilich erst nach Kriegsende umgesetzt werden konnte.[232] Auf Vorschlag von Hans Kampffmeyer wurde er Mitte 1915 in den Vorstand des sozialreformerischen Badischen Landeswohnungsvereins gewählt, worauf er zu diesem Zeitpunkt großen Wert legte.[233] Konstanz bot außerdem, trotz seiner Abgeschiedenheit, manche gesellschaftliche Vorteile. Auf der unweit von Konstanz gelegenen Insel Mainau befand sich eine Sommerresidenz der großherzoglichen Familie, die besonders von der Großherzogin Luise, der Witwe Großherzog Friedrichs I., genutzt wurde. Im Juli 1914 stattete Dietrich ihr seinen An-

---

[231] Akten über die Milchversorgung, StA Konstanz S II 6197 u. S II 8342, passim.
[232] Vgl. Unterlagen über die Erstellung von Kleinwohnungen, StA Konstanz S II 5779.
[233] Hans Kampffmeyer an Dietrich, 29.6.1915 u. Dietrich an Kampffmeyer, 1.7.1915, StA Konstanz S II 12162; Trick an Dietrich, 9.8.1915, ND 728.

3. „Ich will nach oben" – auf der Suche nach Aufstiegsmöglichkeiten 69

trittsbesuch ab,[234] und danach ergab sich schon von Amts wegen ein regelmäßiger Verkehr. Elisabeth Trick brachte wiederholt ihre Freude darüber zum Ausdruck, dass er „sich mit Großh. Luise so gut verstehe".[235] Gute Verbindungen zu den Zähringern waren höchst erstrebenswert. Nach einer späteren, mit gewisser Vorsicht zu behandelnden Aufzeichnung Dietrichs ging er auf der Mainau praktisch ein und aus, sooft sich die Großherzogin dort aufhielt, und kam dort häufig mit Großherzog Friedrich II., Prinz Max, Innenminister Heinrich von Bodman und zahlreichen Angehörigen des Hofes in Kontakt.[236] Sicher belegt ist seine Bekanntschaft mit der verwitweten Gräfin Marie von der Goltz, die in Konstanz wohnte. Sie stammte aus der Familie der Grafen Douglas, die mit den Zähringern verwandt war, und pflegte offenbar engen Umgang mit der großherzoglichen Familie. Zwischen ihr und Dietrich entwickelte sich ein freundschaftliches Verhältnis.[237]

Wie in Kehl verstand es Dietrich, gute Beziehungen zu den führenden Angehörigen des Wirtschaftsbürgertums herzustellen und diese zur Unterstützung seiner kommunalpolitischen Projekte zu bewegen. Angesichts der prekären Versorgungslage entschloss sich die Stadt 1917, ein großes Hofgut zu pachten und als kommunalen Betrieb zu führen. Das erforderliche Gesellschaftskapital von 300 000 M musste die Kommune nur zu einem Drittel aufbringen, weil es Dietrich – in vorwiegend mündlichen Verhandlungen – gelang, zwei der größten Arbeitgeber der Region, die Holzverkohlungs-Industrie AG und den Kohlengroßhändler Wilhelm Stiegeler, für die Finanzierung zu gewinnen.[238] Die Lage von Konstanz brachte es außerdem mit sich, dass Dietrich zahlreiche Kontakte mit Behörden, Banken und Betrieben in der Schweiz knüpfen konnte. Gerade durch den Krieg ergaben sich aus dem Grenz- und Warenverkehr sowie den Devisenengpässen der Stadt Probleme, die immer wieder Verhandlungen erforderlich machten. Zudem teilte Konstanz sich mit der Schweizer Gemeinde Kreuzlingen ein Gaswerk und war an der Mittelthurgaubahn, einem lokalen Eisenbahnunternehmen beteiligt, dessen Aufsichtsrat der Oberbürgermeister angehörte. Und schließlich konnte Dietrich durch seine Präsenz im Bodenseekreis die Verbindungen in der NLP ausbauen, gewissermaßen einen neuen regionalen Schwerpunkt der Vernetzung innerhalb der Partei bilden. Zu einer verlässlichen Stütze Dietrichs wurde bald Eugen Rebholz, inzwischen Vorsitzender des Ortsvereins. Anfang 1916 hielt er vor Konstanzer Nationalliberalen eine lange Rede über die Leistungen der Stadtverwaltung im Krieg, die zu einem begeisterten Loblied auf Dietrich geriet.[239]

---

[234] Schriftwechsel Dietrichs mit Obersthofmeister Graf Andlau, 15.7. u. 16.7.1914, StA Konstanz S II 12162.
[235] Trick an Dietrich, 17.10.1915 u. 30.8.1916 (Zitat), ND 728.
[236] Aufzeichnung „Die Mainau", 1.10.1943, ND 33, fol. 5–12.
[237] In den Briefen Tricks wird Marie von der Goltz (1854–1923) ständig erwähnt; z.B. Trick an Dietrich, 27.12.1914 u. 7.10.1916, ND 728.
[238] Schriftverkehr Dietrichs in den Unterlagen über die Gesellschaft zur Förderung der Lebensmittelversorgung der Stadt Konstanz GmbH, StA Konstanz S II 4980, bes. Dietrich an Stiegeler, 23.3.1917 u. Stiegeler an Dietrich, 27.3.1917.
[239] Vortrag von Rebholz am 10.1.1916, StA Konstanz S II 7629; siehe auch Konstanzer Zeitung Nr. 9 vom 11.1.1916.

Einige Monate später wandte Rebholz sich mit einem ausführlichen Schreiben an Edmund Rebmann, um ihn zu bitten, sich für eine Aufstellung Dietrichs bei den „Neuwahlen" zum Landtag einzusetzen: „Eine solche Persönlichkeit, großzügige Natur und enorme Arbeitskraft wie Ob. B. Dietrich, braucht unbedingt ein größeres Arbeitsfeld als das Rathaus und sollte unbedingt wieder im Landtag tätig sein." Konkret ersuchte er Rebmann, „bei der liberalen Parteileitung in Kehl anzufragen, ob Sie Herrn Dietrich wieder aufstellen würden, obgleich er seinen Wohnsitz jetzt hier hat". Außerdem möge er den Landesvorsitzenden der FVP, Friedrich Weill, „veranlassen, seinen Konstanzer Parteifreunden in unserem Sinne zuzureden". Inzwischen habe die Konstanzer FVP ihren Widerstand gegen die Doppelbelastung Dietrichs ohnehin weitgehend aufgegeben.[240]

Rebholz dürfte die Angelegenheit kaum auf eigene Initiative zur Sprache gebracht haben, zumal es nicht um den Konstanzer Wahlkreis ging, der nach dem Übereinkommen der liberalen Parteien der FVP vorbehalten war. Es ist unklar, warum Dietrich sich nicht selbst an Rebmann wandte, denn das Verhältnis zum Parteiführer war allem Anschein nach gut und dieser ihm wohlgesonnen. Im Übrigen hätten die nächsten Wahlen, einen vorherigen Friedensschluss vorausgesetzt, erst im Herbst 1917 stattgefunden. Dietrich wollte durch den frühzeitigen Vorstoß offenbar verhindern, seinen ebenso sicheren wie begehrten Wahlkreis an einen anderen Nationalliberalen zu verlieren, wodurch er nach dem Krieg ins Abseits geraten wäre. Jedenfalls sorgte er sich spätestens ab 1916 nicht nur um sein Mandat, sondern auch um seine politische Zukunft im Allgemeinen. Mit zunehmender Kriegsdauer wuchsen seine Unzufriedenheit und die Ungeduld, Konstanz zu verlassen. Er bemühte sich nach Kräften, auf einen bedeutenderen Posten berufen zu werden, zumindest aber jenseits der politischen Provinz am Bodensee im Gespräch zu bleiben und in der badischen Politik nicht den Anschluss zu verlieren. Die stete Sorge um das weitere Fortkommen verband sich mit rastloser Arbeit. Das „Zuvielerlei" seiner Tätigkeit, wie seine spätere Gemahlin Elisabeth Trick sich ausdrückte, führte dazu, dass er durch „hastiges Essen" auffiel, häufig „überanstrengt" und „abgehetzt" wirkte.[241] Schon in Kehl hatte Dietrich an „Herzaffectionen" gelitten, und da er auch sonst wenig Rücksicht auf sein Wohlergehen nahm, indem er viel Alkohol trank und an Gewicht zunahm, hatte er immer wieder mit gesundheitlichen Problemen zu kämpfen.[242]

Im März 1916 fand erstmals seit langem wieder eine Sitzung des Engeren Ausschusses der NLP statt. Ihr Zweck war, die Parteiarbeit wiederzubeleben, die seit August 1914 weitgehend zum Stillstand gekommen war, und zu einer großen Spendensammlung aufzurufen, mit deren Hilfe ein seit Kriegsbeginn angehäufter Schuldenberg abgetragen werden sollte.[243] Da Dietrich sich außerstande sah, nach Karlsruhe zu reisen, wandte er sich schriftlich an Rebmann und brachte sein

---

[240] Rebholz an Rebmann, 29. 5. 1916, GLAK 69 NLP Baden 185.
[241] Trick an Dietrich, 10. 4. 1916 u. 1. 3. 1918, ND 728.
[242] Trick an Dietrich, 21. 10. 1913, 3. 2. 1914 (Zitat), 13. 3. 1915 u. 20. 12. 1916, ebd.
[243] Spendenaufruf Rebmanns an die Parteimitglieder (Entwurf) u. Rundschreiben Rebmanns an die Mitglieder des Engeren Ausschusses, März 1916, GLAK 69 NLP Baden 243.

Interesse am Schicksal der Partei zum Ausdruck, aber auch seinen Anspruch, künftig eine führende Rolle zu spielen – nicht ohne auf die Bedeutung seines persönlichen Einflusses in nationalliberalen Kreisen hinzuweisen: „An den Parteizielen u. deren Festlegung habe ich vor, besonders nach dem Krieg mitzuarbeiten. – Die Schulden der Partei abzutragen, will ich helfen, sobald ich weiß, um welche Summen es sich handelt. Ich werde dann meine Bekannten hier angehen, die in Kehl haben ja bereits gegeben."[244]

Bei Dietrichs Versuchen, innerhalb der NLP und in der Öffentlichkeit verstärkt auf sich aufmerksam zu machen, spielte Rebmann eine wichtige Rolle. Nachdem er selten an Zusammenkünften der Nationalliberalen in der Hauptstadt teilnehmen konnte, war er auf die Unterstützung des Partei- und Fraktionsvorsitzenden angewiesen und präsentierte ihm ständig neue Konzepte, die er auf die politische Agenda setzen wollte. So versuchte er, Rebmann für eine Reform der badischen Justizverwaltung zu gewinnen, von der er sich eine Ersparnis erhoffte. Diese Pläne wollte er in einem „kleineren Kreis" in Karlsruhe erörtern, um sie später im Plenum des Landtags verkünden zu können. Zu einer solchen Besprechung kam es offenbar nicht. Wenngleich Dietrich meinte, die Partei könne sich mit dem Vorhaben „ein Verdienst um die Finanzen des badischen Staates erwerben", war das Thema in Kriegszeiten kaum zugkräftig.[245] Mehr Erfolg hatte er, als im Frühjahr 1917 der Landtag zusammentrat. Mitte April bat er, „namens unserer Fraktion zu der ganzen Wirtschafts- und Ernährungslage eine Rede" halten zu dürfen.[246] Zwei Wochen später erhielt Rebmann ein weiteres Schreiben aus Konstanz. Diesmal ging es Dietrich um die Nutzung der Wasserkräfte des Oberrheins zur Elektrizitätsgewinnung. Über diese „allerwichtigste Sache, die den badischen Staat in einem halben Jahrhundert umgetrieben hat", wie er pathetisch betonte, wollte er sich ebenfalls im Plenum äußern.[247] Rebmann entsprach diesen Wünschen, so dass Dietrich in drei Sitzungen ausführlich zu Wort kam.[248]

Obwohl Dietrich bei seinen Profilierungsversuchen, was den politischen Gegenstand anging, nicht wählerisch war, galt sein Interesse nun in erster Linie den wirtschafts- und finanzpolitischen Folgen des Krieges, mit denen er sich spätestens seit dem Sommer 1916 intensiv beschäftigte. Ende Februar 1917 veröffentlichte er eine Broschüre mit dem programmatischen Titel „Zur finanziellen und staatlichen Neuordnung nach dem Kriege", in der er sich mit der Steuergesetzgebung und den wirtschaftlichen Maßnahmen auseinandersetzte, die das Reich

---

[244] Dietrich an Rebmann, 11.3.1916, GLAK 69 NLP Baden 185. Salderns Schlussfolgerung, dass Dietrich der Partei aus eigener Tasche finanziell unter die Arme greifen wollte, ist falsch und beruht auf der Annahme, er habe Elisabeth Trick bereits 1916 geheiratet: Saldern, Dietrich, S. 13 u. 211.
[245] Dietrich an Rebmann, 8.8. u. 18.10.1916, GLAK 69 NLP Baden 185.
[246] Dietrich an Rebmann, 11.4.1917, GLAK 69 NLP Baden 186.
[247] Dietrich an Rebmann, 28.4.1917, ebd.
[248] Reden Dietrichs am 19.5., 21.5. u. 22.5.1917, Zweite Kammer, Sp. 140-148, 199-212, 217-223 u. 254f. Dass die Fraktion bzw. Rebmann Dietrichs Bedürfnissen weit entgegenkam, obwohl er an der parlamentarischen Arbeit nicht kontinuierlich teilnahm, zeigt auch der Umstand, dass er die drei Reden kurz hintereinander halten durfte, also nur einmal nach Karlsruhe reisen musste.

nach Kriegsende in die Wege leiten müsse.[249] Der Text war nur knapp 30 Seiten lang, enthielt allerdings eine Fülle an aktuellem statistischen Material, das er in monatelanger Arbeit zusammengestellt hatte. Erklärter Zweck der Publikation war, sich als Fachmann für die Probleme der Zukunft zu präsentieren und so für politische Ämter zu empfehlen.[250] Er ließ sie durch Ernst Frey „vertreiben", vermutlich an prominente Persönlichkeiten in der badischen Hauptstadt.[251] Auch im Landtag versuchte Dietrich nicht nur, seine Kompetenz für die Bewältigung der gegenwärtigen Herausforderungen des Krieges unter Beweis zu stellen. Das Parlament diente ihm zugleich als Bühne, um abseits der Tagesordnung seine Pläne für die Nachkriegszeit darzulegen. Charakteristisch ist eine umfangreiche Rede, die er im Januar 1918 hielt und anschließend ebenfalls publizierte: Anstatt sich der angesetzten Beratung des badischen Staatshaushalts zu widmen, ließ er sich über die Zukunft der Reichsfinanzen und der deutschen Volkswirtschaft aus. Zum Schluss gab er noch eine Reihe programmatischer Erklärungen zur politischen Lage ab. Den Sonderdruck verbreitete er diesmal systematisch in den führenden, regierungsnahen Kreisen der NLP: als Beilage zur Karlsruher Ausgabe der *Badischen Landeszeitung*, dem Parteiorgan der badischen Nationalliberalen.[252]

Gleichzeitig suchte Dietrich energisch nach einem neuen Amt, wobei die Einzelheiten meist im Dunkeln bleiben. Die Briefe Elisabeth Tricks erwecken jedenfalls den Eindruck, dass er nach jedem Strohhalm griff. Im Sommer 1916 war er offenbar für kurze Zeit als neuer badischer Finanzminister im Gespräch. Trick berichtete ihm von diesem „Gerücht", das er bestätigte. Allerdings zerschlug sich diese Möglichkeit, weil der bisherige Amtsinhaber Josef Rheinboldt auf seinem Posten verblieb und nicht, wie es vorübergehend schien, „nach Berlin" wechselte.[253] Wenig später eröffnete sich eine neue Perspektive: Im September empfing ihn Reichsschatzsekretär Siegfried von Roedern zu einer Besprechung in Berlin, bei der Dietrich sein Konzept einer Kohlenfördersteuer vorstellte.[254] Er hoffte nun über Monate hinweg, in die Reichshauptstadt berufen zu werden, wahrscheinlich für eine Stellung in der Ministerialbürokratie. Zunächst ging es wohl um das Schatzamt, während später vom Auswärtigen Amt die Rede war. Im Winter 1917 scheiterte das Vorhaben, sehr zu Dietrichs Ärger, den seine Korrespondenzpartnerin mit regem Zuspruch zu mildern suchte.[255]

Ab Ende 1917 bemühte Dietrich sich um eine Tätigkeit im Generalgouvernement Belgien. Mitte Januar 1918 reiste er nach Brüssel und traf sich mit dem Chef

---

[249] Hermann Dietrich: Zur finanziellen und staatlichen Neuordnung nach dem Kriege. Konstanz 1917.
[250] Trick an Dietrich, 12.12.1916, 25.1., 17.2. u. 4.3.1917, ND 728.
[251] Dietrich an Rebmann, 11.4.1917, GLAK 69 NLP Baden 186.
[252] Rede Dietrichs am 11.1.1918, Zweite Kammer, Sp. 290-298; Rede des Landtagsabgeordneten Oberbürgermeisters Dietrich in der 8. öffentlichen Sitzung der II. Kammer am Freitag den 11. Januar 1918. Karlsruhe o. J. [1918]; Badische Landeszeitung Nr. 77 vom 15.2.1918.
[253] Trick an Dietrich, 30.8. u. 21.9.1916, ND 728.
[254] Dieser Plan findet sich in seiner Denkschrift: Dietrich, Neuordnung, S. 1. Das Reichsschatzamt war der Vorläufer des Reichsfinanzministeriums.
[255] Trick an Dietrich, 30.8., 21.9., 7.10. u. 12.12.1916 sowie 4.3.1917, ND 728.

der Zivilverwaltung in Flandern, Alexander Schaible, um Details zu besprechen. Anscheinend sollte Dietrich administrative Aufgaben in Brüssel und der flämischen Umgebung übernehmen, wobei der genaue Zuschnitt der Stellung unklar ist. Wer ihn als möglichen badischen Finanzminister ins Spiel brachte und wie es zu der Besprechung mit Roedern kam, muss offenbleiben. Schaible, ein hoher Verwaltungsbeamter aus Baden, der bis 1914 in Karlsruhe tätig war,[256] dürfte Dietrich persönlich gekannt haben, und in diesem Fall waren die Aussichten offenbar deutlich besser: Anfang Februar warteten Dietrich und Trick, mittlerweile verlobt, ungeduldig auf eine Entscheidung und zögerten die Einrichtung ihres gemeinsamen Haushalts in Konstanz um Wochen hinaus.[257] Doch die Angelegenheit entwickelte sich zur Hängepartie. Die politische Lage in Flandern war verworren,[258] wovon wohl auch der für Dietrich vorgesehene Posten betroffen war. Erst im September 1918 teilte Schaible ihm telegraphisch mit, dass „nunmehr [die] fragliche Veränderung in [der] Stadtverwaltung durchgeführt werden" solle, und erkundigte sich, ob er noch zur Verfügung stehe.[259] Angesichts der miserablen militärischen Lage war die Übernahme eines Amts in den besetzten Gebieten inzwischen alles andere als opportun, und Dietrich lehnte das Angebot unter dem Vorwand ab, er werde in Konstanz dringend gebraucht.[260]

4. Eine gute Partie: Dietrich und Elisabeth Trick

Vor der Novemberrevolution waren alle Versuche Dietrichs, der politischen Provinz zu entkommen, vergebens. Privat war sein beharrliches Streben nach politischem und sozialem Aufstieg von Erfolg gekrönt, als es ihm im November 1917 endlich gelang, sich mit Elisabeth Trick zu verloben. Den ersten Versuch, die 13 Jahre ältere Millionenerbin zu heiraten, unternahm er bereits Anfang 1913. Elisabeth fiel daraufhin aus allen Wolken, weil sie ihr gutes Einvernehmen als rein freundschaftlich wahrgenommen hatte. Sie reagierte mit „Schrecken u. Sorge" auf den „spontanen Gefühlsausbruch", mit dem er sie bei einem ihrer regelmäßigen Treffen überrascht hatte, und forderte ihn auf, sich eine jüngere Frau zu suchen. Wegen des großen Altersunterschieds könne sie ihn niemals glücklich machen. Dietrichs Avancen verfehlten jedoch nicht ihre Wirkung auf die alternde Dame, die sich einsam fühlte und noch bei der verwitweten Mutter im Elternhaus lebte,

---

[256] Bernd Breitkopf: Die alten Landkreise und ihre Amtsvorsteher. Die Entstehung der Ämter und Landkreise im heutigen Landkreis Karlsruhe – Biographien der Oberamtmänner und Landräte von 1803 bis 1997. Ubstadt-Weiher 1997, S. 172f.
[257] Trick an Dietrich, 2.12.1917, 18.1., 2.2., 4.2. u. 6.2.1918, ND 728.
[258] Frank Wende: Die belgische Frage in der deutschen Politik des Ersten Weltkrieges. Hamburg 1969, S. 168-183.
[259] Schaible an Dietrich, 7.9.1918, StA Konstanz S II 12162.
[260] Dietrich an Schaible, 13.9.1918, ebd. Um Gerüchten vorzubeugen, informierte Dietrich die Konstanzer Lokalpresse vertraulich über die ihm „wiederholt angebotene Stellung". Es habe „sich darum gehandelt, mir die Verwaltung der sämtlichen zu Großbrüssel gehörigen Gemeinden mit unbeschränkten Vollmachten zu übertragen": Dietrich an die Schriftleiter der Konstanzer Zeitung und der Konstanzer Nachrichten, 12.9.1918, ebd.

während ihre drei jüngeren Schwestern seit Jahrzehnten eigene Familien hatten. Sie fühlte sich aus dem „Gleichgewicht" gebracht, gestand gar, ebenfalls Gefühle für ihn zu hegen. Ungeachtet Dietrichs Beschwichtigung, ihm seien „junge Mädchen nichtssagend", blieb sie vorerst bei ihrem Entschluss, den sie aus Verantwortung ihm gegenüber treffen zu müssen glaubte.[261] Angesichts ihrer offenkundig schwankenden Reaktion konnte Dietrich allerdings auf einen Sinneswandel hoffen. So entspann sich in den folgenden Jahren ein romanreifes Hin-und-Her zwischen den ungleichen Partnern, das sich vorwiegend in ihrem vor der Neugierde der Familien und der Öffentlichkeit geschützten Briefwechsel abspielte.

Im Spätherbst 1913 unternahm Dietrich einen neuen Versuch, diesmal mit mehr Erfolg: Elisabeth bekannte ihre große Liebe und überwand kurzzeitig ihre Bedenken gegen eine Ehe.[262] Doch unter Hinweis auf ein Gehörleiden, das sie im Alltag zunehmend beeinträchtigte, änderte sie ihre Meinung abermals. Nachdem sie ärztlichen Rat eingeholt hatte, schrieb sie schweren Herzens: „Die Möglichkeit in absehbarer Zeit ganz zu ertauben ist mir so schrecklich, daß ich mich nicht entschließen kann, damit das Leben eines so viel jüngeren Mannes zu beschweren."[263] Nach vergeblichen Versuchen, Elisabeth umzustimmen, reagierte Dietrich verärgert auf die vermeintlich endgültige Absage, und im Zuge seines bevorstehenden Abschieds aus Kehl kühlte sich das Verhältnis vorübergehend ab. Bald entwickelte sich aber zwischen Konstanz und Kehl ein intensiver Briefkontakt, in dem beide nach Möglichkeiten suchten, einander unter vier Augen zu treffen, ohne Aufsehen zu erregen – was nach Fortfall der gemeinsamen Arbeit ein kniffliges Unterfangen war. Elisabeth setzte die ungewohnte räumliche Distanz zu Dietrich anscheinend sehr zu. Anfang Juli 1914 reiste sie schließlich zu einem einwöchigen Besuch nach Konstanz. Als Dietrich sein Werben erneuerte, wie vorherzusehen war und wie sie wohl gehofft hatte, erklärte sich Elisabeth zur Heirat bereit. Trotzdem kam es nach der Zusammenkunft zu einem dreiwöchigen, streckenweise bizarren Schriftwechsel, in dem sie immerfort Einwände und Zweifel äußerte.[264]

Die Bedenken drehten sich wieder um ihr Alter und ihr schlechtes Gehör, allerdings auch um das Wohlergehen ihrer Mutter, die sie in Kehl hätte zurücklassen müssen. Agnes Trick bangte ihrerseits um die Gesellschaft der Tochter, begegnete einer Verlobung aber ohnehin mit offener Ablehnung und versuchte, Elisabeth von ihrem Vorhaben abzuhalten, indem sie auf den Altersunterschied und auf Dietrichs Herkunft verwies, die ihr offensichtlich nicht standesgemäß erschien. Elisabeth fürchtete außerdem, dass ihre bislang nicht eingeweihten Schwestern und deren Ehemänner ähnlich reagieren würden – eine durchaus naheliegende Sorge, mussten doch die Familien der Geschwister, denen das Erbe an Elisabeths Fabrikanteilen bisher gewiss war, ihre materiellen Interessen in Gefahr sehen.

---

[261] Trick an Dietrich, 13. 2., 17. 2. u. 23. 2. 1913, ND 728. Für den Zeitraum 1910 bis 1918 sind gut 160, vielfach sehr ausführliche Briefe Tricks an Dietrich überliefert, während Dietrichs Briefe nicht erhalten sind. Sein Agieren lässt sich daher nur aus den Reaktionen und Zitaten seiner Korrespondenzpartnerin rekonstruieren.
[262] Trick an Dietrich, 13. 11. u. 14. 12. 1913, ebd.
[263] Trick an Dietrich, 16. 12. 1913, ebd.
[264] Trick an Dietrich, 9. 7., 15. 7., 16. 7., 20. 7., 22. 7., 24. 7., 27. 7. u. 31. 7. 1914, ebd.

4. Eine gute Partie: Dietrich und Elisabeth Trick

Überdies beschwerte sich Elisabeth über Dietrichs Alkoholkonsum sowie seine „manchmal rücksichtslose Art", für die sie „zu empfindsam" sei.[265] Geduldig wiederholte er seine früheren Beschwichtigungen und gelobte darüber hinaus, sich zu bessern und in seinem Auftreten „verbindlicher und milder" zu werden.[266] Den Höhepunkt des mühsamen Aushandlungsprozesses, in dem Elisabeth sich der Rahmenbedingungen für eine glückliche Ehe zu vergewissern suchte, markierte ein Treffen Dietrichs mit Elisabeths Mutter am 26. Juli. Zumindest formell erklärte Agnes Trick sich jetzt einverstanden. Elisabeth wollte daraufhin ihre Schwestern benachrichtigen, sobald Dietrich einen letzten Zweifel ausgeräumt habe: Er sollte versichern, dass er keine erotischen Bedürfnisse, dass er „ruhige Sinne den Frauen gegenüber" habe.[267] Als er der Bitte nachkam, erklärte Elisabeth am 31. Juli, dem Tag der deutschen Ultimaten an Russland und Frankreich, sich auch in diesem Punkt „beruhigt".[268]

In dem Augenblick, als Dietrich sich am Ziel wähnen durfte, machte der Ausbruch des Weltkriegs seinen Plan zunichte. Zunächst wurde die Bekanntgabe der Verlobung nur verschoben. Im September diagnostizierte man aber bei Agnes Trick ein bedenkliches Herzleiden. Elisabeth sandte Dietrich nun einen trauervollen Abschiedsbrief, in dem sie erklärte, es sei ihr „unmöglich", ihre „Mutter zu verlassen", und da die Krankheit noch Jahre dauern könne, müsse er seiner Wege gehen und eine andere Frau heiraten.[269] Nach diesem dritten Fehlschlag lockerte sich der Kontakt, brach jedoch nicht ab und blieb freundschaftlich. Die weiteren Einzelheiten im Vorfeld der Verlobung Anfang November 1917 bleiben im Dunkeln. Als Agnes Trick im Mai 1917 starb, war eine wichtige Voraussetzung erfüllt, aber noch im September war von Heirat nicht die Rede.[270] Wiederum scheint die Entscheidung nach einer plötzlichen Wendung gefallen zu sein. Die Hochzeit fand schließlich am 23. März 1918 statt.

Schon der beachtliche Altersunterschied legt die Vermutung nahe, dass Dietrich es bei dieser „viel besprochenen Eheschließung"[271] auf das stattliche Vermögen Elisabeths abgesehen hatte. Von ihrem Wohlstand profitierte er schon vor der Heirat: Abgesehen von der erheblichen Unterstützung, die sie und ihre Mutter der Gemeinde Kehl für die kostspieligen Projekte zukommen ließen, förderte sie mehrmals seine politische Tätigkeit. Unter anderem überließ sie ihm im Februar 1913 1000 M, mit denen die Kehler NLP die Schulden tilgen konnte, die noch von seinem Landtagswahlkampf 1911/12 herrührten, und als er Anfang 1917 seine Denkschrift über die Finanz- und Wirtschaftspolitik der Nachkriegszeit publi-

---

[265] Trick an Dietrich, 15.7.1914, ebd.
[266] Trick an Dietrich, 24.7.1914, ebd.
[267] Trick an Dietrich, 27.7.1914, ebd.
[268] Trick an Dietrich, 31.7.1914, ebd.
[269] Trick an Dietrich, 25.9.1914, ebd.
[270] Trick an Dietrich, 22.9.1917, ebd. Der erste Beleg für die Verlobung findet sich in einem Glückwunschschreiben von Elisabeths Schwester Clara Pohlmann an Dietrich, 11.11.1917, ebd.
[271] So der süffisante Kommentar von Hermann Hummel: Geschlagene Schlachten. Ein Lebenslauf in Synkopen, S. 315, GLAK 65/20034.

76   I. Der „selfmade Mann" im Kaiserreich

Abb. 2: Die Hochzeit von Hermann Dietrich und Elisabeth Trick (Gruppenfoto mit der Familie Trick)

zierte, finanzierte Elisabeth den Druck.²⁷² Durch die Heirat machte Dietrich sich finanziell unabhängig und schuf damit eine wichtige Voraussetzung für seine zukünftige Karriere. Bisher war er auf einen Beruf mit festem Einkommen angewiesen, weshalb er das ungeliebte Konstanz nicht ohne weiteres verlassen konnte. Eine Existenz als Reichstagsabgeordneter beispielsweise war ausgeschlossen ohne ein entsprechendes Vermögen oder einen Beruf, der sich entweder nebenher ausüben ließ oder die Möglichkeit bot, sich dauerhaft beurlauben zu lassen – Kriterien, die ein Bürgermeisterposten nicht erfüllte. Selbst wenn die Kosten für einen erfolgreichen Reichstagswahlkampf, die sich nicht selten auf fünfstellige Summen beliefen, im Großen und Ganzen von Parteien und Interessenorganisationen getragen wurden, konnte man bei einem Diätensatz von 3000 M jährlich, wie er seit 1906 galt, von dem Mandat allein schlecht leben.²⁷³

Dietrich war nicht nur karrierebewusst, sondern auch auffällig darauf bedacht, sich ökonomisch abzusichern. Bei den Verhandlungen über seinen Dienstvertrag in Konstanz legte er Wert darauf, „mit sofortiger Wirkung eine angemessene Pension" zu erhalten, falls er dienstunfähig oder nach Ende der neunjährigen Amtszeit nicht wiedergewählt werden würde.²⁷⁴ Während er in Kehl keinen Anspruch

---

²⁷² Trick an Dietrich, 23. 2. 1913 u. 7. 1. 1917, ND 728.
²⁷³ Christian Jansen: Selbstbewußtes oder gefügiges Parlament? Abgeordnetendiäten und Berufspolitiker in den deutschen Staaten des 19. Jahrhunderts. In: Geschichte und Gesellschaft 25 (1999), S. 33-65, hier S. 59. Zur Höhe der Wahlkampfkosten siehe Jürgen Bertram: Die Wahlen zum Deutschen Reichstag vom Jahre 1912. Parteien und Verbände in der Innenpolitik des Wilhelminischen Reiches. Düsseldorf 1964, S. 190-192.
²⁷⁴ Dietrich an Franz Weber, 25. 2. 1914, StA Konstanz S II 12162.

4. Eine gute Partie: Dietrich und Elisabeth Trick

auf eine Altersversorgung hatte, wurde ihm nun eine Pension „in Höhe der Hälfte seines zuletzt bezogenen Bargehalts" zugesichert.[275] Das hätte im Jahr 1923 immerhin 6000 M entsprochen, eine in Anbetracht von Dietrichs Alter überaus günstige Regelung, die weit über die gesetzlichen Bestimmungen hinausging.[276] Er war mit seinem Einkommen aber sichtlich unzufrieden, vielleicht auch mit Blick auf die oft deutlich höheren Gehälter anderer Stadtoberhäupter. Als er für seine Tätigkeit im Aufsichtsrat der Mittelthurgaubahn keine Tantiemen erhielt, brachte er seinen Unmut so deutlich zum Ausdruck, dass Elisabeth sich veranlasst sah, ihn zu beschwichtigen.[277]

Im Juni 1916 verhandelte der Konstanzer Bürgerausschuss über eine Erhöhung von Dietrichs Gehalt um 2000 M. Den entsprechenden Antrag hatten die Nationalliberalen um Eduard Lohr und Eugen Rebholz initiiert, mit der Begründung, Dietrichs Aufgaben seien durch den Krieg erheblich umfangreicher geworden, und es bestehe die Gefahr, dass er der Stadt den Rücken kehren werde, weil er anderswo ein Mehrfaches verdienen könne. Zeitpunkt wie Begründung für die Gehaltserhöhung waren angesichts der kriegsbedingten Notlage der Bevölkerung und der für alle Mitglieder der Stadtverwaltung gestiegenen Arbeitslast denkbar unpassend. In Dietrichs Vertrag war ohnehin eine Anhebung des Gehalts um 1000 M alle drei Jahre festgeschrieben, und die Zulage sollte auch noch rückwirkend ab 1. Januar 1916 gezahlt werden. Dementsprechend regte sich nicht nur im Zentrum Widerstand: Obwohl die Vorlage schließlich angenommen wurde, war sie auch im Großblocklager einigen Abgeordneten wie dem FVP-Führer Martin Venedey „im höchsten Grade peinlich". Dietrich gab sich überrascht und behauptete mit Nachdruck, er habe erst eine Woche vorher von dem Antrag erfahren. Der ungeschickte Vorstoß seiner Parteifreunde dürfte aber ebensowenig ohne sein Zutun zustande gekommen sein wie der Brief zugunsten seiner Landtagskandidatur, den Rebholz wenige Wochen zuvor an Rebmann geschrieben hatte. Auf die Proteste reagierte er nicht etwa mit einer Ablehnung der Gehaltserhöhung, sondern verzichtete lediglich für die Dauer des Krieges auf den Betrag, indem er ihn für wohltätige Zwecke zur Verfügung stellte.[278]

In seinen spärlichen Äußerungen über die Ehe mit Elisabeth Trick versuchte Dietrich gar nicht erst, den Eindruck zu erwecken, dass er sie als eine Liebesbeziehung betrachtete – wie es auf Elisabeths Seite zweifellos der Fall war. Als er Edmund Rebmann über die Verlobung mit seiner „treuen Freundin Elisabeth Trick" informierte, führte er als Erklärung an, sie sei „durch den Tod ihrer Mutter sehr vereinsamt".[279] An seinem Lebensabend legte Dietrich großen Wert darauf, die Ehe ins rechte Licht zu rücken. In einer knappen Notiz, die er für seinen Biographen abfasste, war wiederum von „freundschaftlichen Beziehungen" die Rede. Der Argumentationsgang seiner konfusen Ausführungen wirkt außerdem alles

---

[275] Dienstvertrag vom 23.3.1914, ebd.
[276] Vgl. Notiz der Stadtverwaltung über Dietrichs Ruhegehalt, 26.2.1914, ebd.
[277] Trick an Dietrich, 22.5.1914, ND 728.
[278] Auszug aus dem Protokoll der Bürgerausschusssitzung vom 20.6.1916, StA Konstanz S II 12162; siehe auch Konstanzer Nachrichten Nr. 167 u. 168 vom 19.6. u. 20.6.1916.
[279] Dietrich an Rebmann, 30.12.1917, GLAK 69 NLP Baden 243.

andere als entlastend. Nach dem Tod von Agnes Trick sei die Initiative zur Heirat nicht von ihm, sondern von Elisabeth ausgegangen, so die merkwürdige Behauptung, bei der die Vorgeschichte unter den Tisch fiel. Obendrein bestätigte Dietrich letztlich den Vorwurf, den er zu entkräften suchte: „Es ist also festzuhalten, daß ich nicht wie die bösangeheirateten Verwandten der Firma Trick meinen, das viele Geld der Elisabeth geheiratet habe. *Ich hatte mir diesen Gedanken schon aus dem Kopf geschlagen.* Sondern Elisabeth kam sofort nach dem Tode ihrer Mutter nach Konstanz."[280]

Die Heirat bedeutete für Dietrich nicht nur ökonomisch einen Gewinn, sondern auch einen gesellschaftlichen Aufstieg. Elisabeth und ihre Familie waren fest in die Eliten aus Besitz und Bildung, Politik und Militär integriert. Ludwig Trick stammte väterlicherseits von wohlhabenden Gutsbesitzern und Holzhändlern aus dem Schwarzwald ab, mütterlicherseits von der Familie Osiander, der seit der Reformationszeit zahlreiche protestantische Theologen entstammten. Seine Ehefrau Agnes war eine Tochter von Wilhelm Marquardt, der in Stuttgart das gleichnamige Luxushotel betrieb.[281] Elisabeths älteste Schwester Clara heiratete Georg Pohlmann, einen hochrangigen Offizier, der es im Ersten Weltkrieg bis zum Generalmajor brachte. Sein jüngerer Bruder Alexander Pohlmann war von 1903 bis 1920 Oberbürgermeister von Kattowitz, einige Jahre Abgeordneter der FVP im preußischen Abgeordnetenhaus und begegnete Dietrich in den Anfangsjahren der Weimarer Republik als Fraktionskollege in der Nationalversammlung und im Reichstag. Die zweite Schwester Agnes war mit Ludwig Schmidt verheiratet, der ursprünglich eine Offizierslaufbahn eingeschlagen hatte, bevor er Geschäftsführer der Kehler Fabrik wurde. Der Ehemann der jüngsten Tricktochter Anna, Friedrich Blum, war promovierter Historiker und Gymnasialdirektor. Daneben war er in der NLP aktiv und saß seit der Landtagswahl 1913 gemeinsam mit Dietrich in der Zweiten Kammer.[282] Überhaupt war die Familie Trick eng mit der badischen NLP verbunden. Ludwig Trick war Anteilseigner der *Badischen Landeszeitung*, die 1899 als zentrales Parteiorgan ins Leben gerufen wurde, und Ludwig Schmidt, Elisabeth und Agnes Trick gehörten zu den zuverlässigsten Geldgebern des Landesverbandes.[283]

---

[280] Notiz für Peter Eckart, o. D. [um 1953], ND 38, fol. 59 (meine Hervorhebung).
[281] Blum, Trick; Hollweck, Trick; Ernst Marquardt: Das Hotel Marquardt in Stuttgart. Ein firmen- und familiengeschichtlicher Versuch. [3 Teile] In: Tradition: Zeitschrift für Firmengeschichte und Unternehmerbiographie 10 (1965), S. 49-66 u. 127-142 sowie 11 (1966), S. 70-89.
[282] Nach einer erfolglosen Kandidatur bei den Reichstagswahlen 1903 und einem missglückten Versuch, sich für die Landtagswahl 1905 im Bezirk Kehl aufstellen zu lassen, vgl. GLAK 69 NLP Baden 63.
[283] Verzeichnis der Anteilseigner der Badischen Landeszeitung, 1899, GLAK 69 NLP Baden 246. Aus den sporadisch überlieferten Spendenlisten der badischen NLP geht hervor, dass Elisabeth und Agnes zum badischen Wahlfonds für die Reichstagswahl 1912 mit 300 M einen der höchsten Beiträge leisteten. Bei der Sammlung für die Landtagswahl 1913 erhielt die Partei von Ludwig Schmidt eine nicht bezifferte Summe: GLAK 69 NLP Baden 124; siehe auch Trick an Dietrich, 5. 3. 1913, ND 728. Nach der Landtagswahl spendeten Elisabeth und Agnes wieder einen „größeren Betrag": Friedrich Blum an Rebmann, 21. 7. 1914, GLAK 69 NLP Baden 250.

4. Eine gute Partie: Dietrich und Elisabeth Trick 79

Elisabeth stand in regelmäßigem Kontakt mit Edmund Rebmann und anderen führenden Nationalliberalen.[284] Sie verkehrte in den gehobenen Kreisen des Raumes Kehl/Straßburg, aber auch darüber hinaus. Eine wichtige Rolle spielte ihr langjähriges Engagement im Badischen Frauenverein: Während der Verband eine Massenorganisation war, dominierten auf der Vorstandsebene der Zweigvereine die lokalen Honoratioren, die bei Anlässen wie dem alljährlichen „Schwesternfest" in Karlsruhe zusammentrafen. An dieser und anderen Veranstaltungen nahmen nicht zuletzt Mitglieder der großherzoglichen Familie teil – vor allem die Großherzogin Luise, die den Verein 1859 ins Leben gerufen hatte und mit der Elisabeth seit langem gut bekannt war.[285] Zudem verfügte sie über engere Beziehungen zu Angehörigen des Wirtschaftsbürgertums auch in anderen Teilen Deutschlands.[286] All diese Verbindungen waren für Dietrich zumindest potentiell nützlich. Nachweislich von Vorteil war die Freundschaft Elisabeths mit Mimi Belzer, der Ehefrau des Konstanzer Bezirksamtschefs Heinrich Belzer, der bis 1906 in der gleichen Funktion in Kehl tätig gewesen war. Belzer unterrichtete ihre Freundin in Kehl über die Entwicklungen in der Kandidatenfrage und die Stimmung unter den Konstanzer Honoratioren, als Dietrich sich um die Oberbürgermeisterstelle bewarb, und nach der Wahl war sie ihm behilflich, in der städtischen Gesellschaft Fuß zu fassen.[287]

Elisabeth hatte eine ihrer Herkunft entsprechende Erziehung genossen. Sie hatte gepflegte Umgangsformen und war mit den Regeln bürgerlicher Geselligkeit vertraut, die Dietrich weitgehend fremd waren. Aus Elisabeths Sicht war dies die größte Hypothek für seine weitere Karriere: „Sie haben mir einmal geschrieben, ich will nach ‚oben', sehen Sie, ohne tadellose Manieren geht das nicht".[288] Ausgehend von der Gewissheit, „daß keine Frau so gut weiß was Ihnen notthut wie ich",[289] machte sie es sich zur Aufgabe, Dietrich auf seinem Weg „nach oben" anzuleiten, ja sie wollte ihn regelrecht erziehen. Über Jahre hinweg übte sie Kritik an seiner Kleidung, seiner Ausdrucksweise und seiner Neigung zum Alkohol, mahnte ihn zu mehr Bescheidenheit und Zurückhaltung im öffentlichen Auftreten und zu einer sorgfältigeren Auswahl der Personen, mit denen er verkehrte. Dietrich

---

[284] So mit den badischen Reichstagsabgeordneten Anton Beck, Ernst Blankenhorn und Albert Wittum. Freundschaftliche Beziehungen unterhielt sie zu dem Straßburger Strafrechtsprofessor Fritz van Calker, ebenfalls Reichstagsabgeordneter der NLP, und dessen Frau Lu: Trick an Dietrich, z. B. 27.11.1912, 5.3.1913 u. 23.1.1916, ND 728; Dietrich an Rebmann, 30.12.1917, GLAK 69 NLP Baden 243.

[285] Trick an Dietrich, z. B. 29.4.1913 u. 22.5.1914, ND 728; vgl. Lutzer, Frauenverein, S. 39f. u. 101-113.

[286] Eng befreundet war sie mit den Familien des Unternehmers Theodor Mauritz, unter anderem Aufsichtsratsvorsitzender der Dortmunder Actien-Brauerei, und des Hamburger Großhändlers Hermann Propfe: Trick an Dietrich, 29.4.1912, 13.3. u. 30.3.1915, ND 728.

[287] Trick an Dietrich, 14.12.1913, 21.3., 16.5. u. 9.8.1915, ebd.

[288] Trick an Dietrich, 10.4.1916, ebd.; siehe auch Trick an Dietrich, 15.7.1914, ebd.: „Glauben Sie mir Karlsruhe kann nur einen Oberbürgermeister nehmen, der in jeder Art repräsentativ ist, Sie müssen mit allen Mitteln darauf hinwirken, das durch *vornehme* Art zu werden" (Hervorhebung im Original).

[289] Trick an Dietrich, 15.7.1914, ebd.

legte aus ihrer Sicht zu wenig Wert auf „Äußerlichkeiten, die aber heut zu Tage unumgänglich nothwendig in unseren Gesellschaftskreisen sind […]. Sie müssen aussehen wie ein Mann aus den guten Gesellschaftskreisen u. nicht nachlässig. Auch Ihre Art zu sprechen ist zu nonchalant, ohne zu wünschen, daß Sie unsern süddeutschen Dialekt aufgeben, wie wir es alle nicht thun, sind Sie oft zu wenig wählerisch in der Ausdrucksweise."[290] Er müsse sich „Taktgefühl, Würde des Auftretens u. absolut gute u. sichere Formen" erwerben, kurz, eine „vornehme" Person werden.[291] Um Dietrich in diesem Sinne zu beeinflussen, versorgte sie ihn regelmäßig mit Literatur, die als Orientierungshilfe gedacht war. So schenkte sie ihm Gottfried Kellers „Züricher Novellen" und empfahl ihm den „Landvogt von Greifensee" zur Lektüre, weil sie hierin „ein Kunststück von Feinheit des Gemütes u. des Geistes" erblickte.[292]

In besonderem Maße sorgte Elisabeth sich um Dietrichs Trinkgewohnheiten, die ihr als ungesund, vor allem aber als rufschädigend und seiner öffentlichen Stellung unwürdig erschienen. Ihre Ermahnungen richteten sich ebenso gegen den bevorzugten Ort seines Alkoholgenusses, die Wirtshäuser, die sie als abstoßend und nicht standesgemäß empfand: „Bleiben Sie wer Sie sind und steigen Sie nicht herunter zu den Leuten."[293] Wenn er sich doch einmal in einer solchen Gesellschaft aufhalte, solle er wenigstens „über den Leuten stehen, namentlich auch was gute Erziehung betrifft", und sich darauf beschränken, „2 Viertel Wein mit einem Mineralwasser zusammen" zu trinken und „um 12 Uhr dann nach Hause" zu gehen: „Sie würden dann auch nicht so viel reden, was auch immer zu den Vorwürfen gehört, die man Ihnen macht."[294]

Elisabeths Briefe zeichnen ein lebhaftes Charakterbild von Dietrich, dem erfolgreichen und ehrgeizigen sozialen Aufsteiger, der bisweilen mit bodenständiger Unbekümmertheit agierte und dem man seine Herkunft aus einfacheren, ländlichen Verhältnissen anmerkte. Allerdings war er spätestens seit seinem Studium in bürgerliche Kreise integriert, zweifellos im sprachlichen Ausdruck nicht unbeholfen, und er wird gewusst haben, wie man sich im Alltag zu „benehmen" und zu kleiden hatte. Folglich erscheint Dietrich hier nicht als „unbürgerlich", sondern in Elisabeths Ermahnungen treten die „feinen Unterschiede" zutage, mit denen die bürgerlichen Eliten sich von der übrigen Bevölkerung, auch den bürgerlichen Mittelschichten und Emporkömmlingen, abgrenzten. Nach Einkommen und Stellung gehörte Dietrich inzwischen zur Oberschicht, doch die „Diskrepanz der

---

[290] Trick an Dietrich, 24.7.1913, ebd.
[291] Trick an Dietrich, 15.7.1914, ebd.
[292] Trick an Dietrich, 6.7.1913, ebd. Ebenso legte sie ihm die Lektüre von Agnes Günthers „Die Heilige und ihr Narr" ans Herz, einer märchenartigen, der Trivialliteratur zuzuordnenden Erzählung über Tugendhaftigkeit und seelische Reinheit, sowie Ludwig Thomas „Andreas Vöst", in welchem ein gegen den Willen des katholischen Pfarrers gewählter, aus einfachen Verhältnissen stammender Bürgermeister durch Unwahrheiten in der Öffentlichkeit gebrandmarkt wird und dem in seinem anschließenden Streben nach Wahrheit und Gerechtigkeit sein Ungestüm zum Verhängnis wird – kurz nach Dietrichs Wahl zum Oberbürgermeister von Konstanz war dies ein Wink mit dem Zaunpfahl: Trick an Dietrich, 16.5. u. 21.6.1914, ebd.
[293] Trick an Dietrich, 18.3.1912, ebd.
[294] Trick an Dietrich, 10.4.1916, ebd.

früheren Lebensumstände zu den gegenwärtigen"295 war bei ihm so offensichtlich, dass die Spitzen der Gesellschaft, die Elisabeth repräsentierte, ihn nicht als ihresgleichen identifizierten.

Dietrich wird Elisabeth für manchen Rat dankbar gewesen sein, etwa wenn sie ihm vor seiner ersten Audienz bei der Großherzogin Luise erklärte, wie er sich den Hofdamen gegenüber zu verhalten habe.296 Im Allgemeinen ignorierte er jedoch ihre Belehrungen, durch die er sich nicht selten bevormundet fühlte, und so konstatierte Elisabeth: „Ich habe immer das Gefühl als dächten Sie ich gäbe zu viel auf äußere Formen."297 Dietrich las die Bücher nicht, die sie ihm schickte, und machte sich bisweilen mit „boshaften Bemerkungen" über die Gepflogenheiten der feinen Gesellschaft lustig.298 Im Vorfeld der missglückten Verlobung im Juli 1914 war er es, der „jene Unterschiede" zur Sprache brachte, „die in unserer äußeren Lebenslage, vielleicht auch unserer Erziehung liegen". Während er in diesem Moment unermüdlich die Zweifel Elisabeths zu zerstreuen suchte, äußerte er dies als einziges „Bedenken" gegen eine Hochzeit. Die Reaktion Elisabeths war vielsagend: „Sie sind ein selfmade Mann u. ich bin meiner Lage gemäß ein Kind der verfeinerten Lebensformen- u. Gewohnheiten. Ich bin nicht conservativ, wie Sie sich ausdrückten, sondern in gewisser Hinsicht Aristocratin."299 Die Bezeichnung „aristokratisch" verstand Elisabeth nicht per se als Merkmal des Adels, sondern, wie sie an anderer Stelle präzisierte, „in dem Sinne wie es Bürgerliche, welche inneren Herzenstakt haben, auch sein können, also [...] wahrhaft vornehm".300 Wie das Wort „auch" signalisiert, war es durchaus die adlige Gesellschaft, die ihr als vorbildlich erschien. Sie bewunderte die Großherzogin Luise und sah es gern, wenn Dietrich sich mit dieser „geistreichen Frau" unterhielt.301 Gleichermaßen drängte sie ihn, den Kontakt zu Marie von der Goltz zu pflegen, von der sie sich einen positiven Einfluss erhoffte: Obwohl sie die Gräfin gar nicht kannte, zählte sie diese zu den „vornehmen, gescheidten Frauen".302 Dagegen waren ihr die sozialen Begleiterscheinungen seiner parteipolitischen Arbeit ein Dorn im Auge. Als er Anfang 1916 an einer kleineren Parteiveranstaltung in Kehl teilnahm und sich im Anschluss mit Mitgliedern des liberalen Vereins in ein Gasthaus begab, stellte sie abermals fest: „Der Aufenthalt in Lokalen mit Alcoholgenuß u. im Zusammensein mit gewöhnlichen Menschen tut Ihnen nicht gut".303 Unter „gewöhnlichen Menschen" waren schwerlich Arbeiter und andere Angehörige der Unterschichten zu verstehen, die in der NLP nur eine Minderheit darstellten. Vielmehr dürften es vorwiegend die bürgerlichen Mittelschichten gewesen sein, Beamte, Angestellte, Kleingewerbetreibende und Handwerker, mit denen Dietrich zu Tisch saß. Entsprechend gereizt reagierte er auf die neuerliche „Moralpredigt"

---

[295] Bourdieu, Unterschiede, S. 188.
[296] Trick an Dietrich, 9.7.1914, ND 728.
[297] Trick an Dietrich, 10.4.1916, ebd.
[298] Trick an Dietrich, 9.7.1914, ebd.
[299] Trick an Dietrich, 15.7.1914, ebd.
[300] Trick an Dietrich, 30.5.1916, ebd.
[301] Trick an Dietrich, 20.7.1914, ebd.
[302] Trick an Dietrich, 7.9.1914, ebd.
[303] Trick an Dietrich, 22.2.1916, ebd.

und wies auf die Notwendigkeit hin, den Kontakt zur Parteibasis seines Wahlkreises zu pflegen, ebenso wie er in Konstanz mit der Bürgerschaft in Verbindung bleiben müsse.[304]

An dieser Stelle wird deutlich, dass die politischen und gesellschaftlichen Vorstellungen des Paares weit auseinanderlagen. An dem Dialog zwischen Dietrich und Elisabeth Trick, in dem verschiedene bürgerliche Lebenswelten aufeinanderprallten, lässt sich auch der „Formwandel" des sich sozioökonomisch, kulturell und politisch pluralisierenden und entgrenzenden Bürgertums ablesen. Elisabeth brachte dem „selfmade Mann" Hochachtung, ja Bewunderung dafür entgegen, dass er „sich durch eigne Kraft aus niedriger Stellung emporgearbeitet"[305] hatte, aber die Zugehörigkeit zu den exklusiven Eliten war für sie der letztlich entscheidende soziale Maßstab. Zu der von ihr geforderten Anpassungsleistung war Dietrich nicht bereit: Elisabeths Instinkt für das „Vornehme" mochte in ihrem sozialen Umfeld kulturelles Kapital darstellen, doch damit verknüpfte sich ein elitäres Gesellschaftsverständnis, dem Dietrich sich, wie er es mit der Bezeichnung Elisabeths als „konservativ" zum Ausdruck brachte, widersetzte. Er tritt so als Repräsentant jener Strömungen im Bürgertum des späten Kaiserreiches in Erscheinung, die selbstbewusst Kritik an der etablierten bürgerlichen Gesellschaft, Kultur und Lebensweise übten und soziale Konventionen und das großbürgerliche Überlegenheitsbewusstsein in Frage stellten. Diese „Kräfte des Aufbruchs und der Dynamik", wie Lothar Gall sie als Merkmal eines „neuen" Bürgertums anschaulich beschrieben hat, waren insbesondere in Teilen des Bildungsbürgertums und des „neuen Mittelstands" aus Angestellten und Beamten – nicht zuletzt auch den Kommunalbeamten – beheimatet. Sie waren Ausdruck des sozialen Wandels der wilhelminischen Zeit, sowie des generationellen Wandels, wie er sich in der Jugend- und der Lebensreformbewegung bemerkbar machte.[306]

Die politische Dimension dieses gesellschaftlichen Wandels scheint, gerade mit Blick auf die Entwicklung der liberalen Parteien im späten Kaiserreich, auf der Hand zu liegen.[307] So lässt sich argumentieren, dass der Richtungsstreit in der NLP den Gegensatz zwischen „altem" und „neuem" Bürgertum spiegelte. Die Parallele zwischen den Auseinandersetzungen von Jungliberalen und Altnational-

---

[304] Trick an Dietrich, 10. 4. 1916, ebd.
[305] So die Begriffsbestimmung für „Self-made man" in Meyers Großes Konversations-Lexikon. Bd. 18. Leipzig u. a. ⁶1909.
[306] Lothar Gall: Walther Rathenau. Portrait einer Epoche. München 2013, bes. S. 11-45 u. 97-106; vgl. auch Thomas Nipperdey: Deutsche Geschichte 1866-1918. Bd. 1: Arbeitswelt und Bürgergeist. München 1990, S. 118-124.
[307] Gall schenkt den politischen Aspekten der „übergreifenden Idee einer grundlegenden Erneuerung der Gesellschaft" wenig Aufmerksamkeit, sondern konzentriert sich auf die soziokulturelle Dimension des von ihm diagnostizierten Wandels – weil er annimmt, dass es eine entsprechende politische Entwicklung in Deutschland bis 1914 nicht oder kaum gegeben habe: Gall, Rathenau, z. B. S. 39 (Zitat) u. 109f. Dabei ließen sich Galls Beobachtungen leicht mit neueren Forschungsergebnissen verbinden, welche die politische „Modernität" des späten Kaiserreiches hervorheben; dazu bes. Margaret Lavinia Anderson: Practicing Democracy. Elections and Political Culture in Imperial Germany. Princeton 2000; vgl. auch Frank-Lothar Kroll: Geburt der Moderne. Politik, Gesellschaft und Kultur vor dem Ersten Weltkrieg. Berlin 2013.

liberalen und den konträren politischen Auffassungen Dietrichs und Elisabeth Tricks, die in ihrem Briefwechsel eher am Rande, aber deutlich zutage treten, ist unverkennbar. Elisabeth war die Großblockpolitik der badischen NLP ein Graus. Während sie sich bemüht zeigte, Verständnis für Dietrichs Haltung zu äußern, versuchte sie vorsichtig, seine Meinung über Rudolf Obkircher, den Exponenten des rechten Parteiflügels, zu ändern. Für sie war „vom rein menschlichen Standpunkt" jede Zusammenarbeit mit der SPD unmöglich: „Es ist eine Kluft zwischen uns u. der Socialdemokratie, die von dieser gar nicht überbrückt werden *will*, denn ihre Losung ist Verneinung von allem was dem Gebildeten lieb u. heilig ist, Haß, Neid, Aufhetzung etc."[308] Sie gab sich begeistert von Dietrichs Engagement für den Arbeiterwohnungsbau, doch ihre Vorstellungen von Sozialpolitik bewegten sich in der Tradition der betrieblichen Sozialpolitik der Firma Trick, die für ihre Arbeiter Wohnungen errichtete und verschiedene Stiftungen gründete,[309] und der karitativen Arbeit, die sie und ihre Mutter im Frauenverein leisteten. Ihre Ermahnungen an Dietrich, nicht „zu den Leuten herunterzusteigen", entsprangen einem paternalistischen, antidemokratischen Verständnis von Politik und Gesellschaft.

Sie begegnete Dietrich mit Unverständnis, als er Gedanken äußerte, die vom Prinzip der Volkssouveränität und einer Gesellschaft aus gleichberechtigten Staatsbürgern ausgingen: „Ich begreife alles, was Sie mir geschrieben haben, nur meine ich dürfen Sie alles Gute, was uns in der Geschichte geworden ist doch nicht alleine dem Volke zuschreiben, in meinen Augen haben die tüchtigen u. richtigen Führer den bedeutenderen Anteil an Erfolgen. Die große Masse des Volkes ist, wenn nicht richtig geleitet, fürchterlich."[310] Sie rügte Dietrich, sehr zu seinem Unmut, dass er in öffentlichen Reden wie im badischen Landtag zu „unvorsichtig" und „offenherzig" agiere, weil er gelegentlich die Politik der Regierung oder die Verwaltungsmaßnahmen hoher Beamter beanstandete.[311] Im Hinblick auf seine Karriere hielt sie das für gefährlich. Gleichzeitig verstand sie Parlament und Öffentlichkeit eben nicht als legitime Organe der Kontrolle und Kritik, im Gegenteil: Als eigentliche „Aufgabe" der „Männer, die [...] in der Öffentlichkeit stehen", betrachtete sie es, „der großen Masse gegenüber ein Bollwerk" zu sein, und attestierte Dietrich: „Sie sind einer dieser Männer".[312] Eine „Massenpolitik", wie sie die Jungliberalen betrieben, lehnte sie ab, und auch von anderen Reformbestrebungen hielt sie wenig. Als die Parteileitung der badischen NLP begann, sich für eine Einbindung der Frauen in die Politik stark zu machen und eine Frauenorganisation aufzubauen, ermunterte Dietrich seine Freundin, sich daran zu beteiligen – ohne Erfolg: Elisabeth sah die Politik als eine Domäne der Männer.[313] Anlässlich eines Vortrags über das Frauenwahlrecht in Kehl erklärte sie: „Erfolg verspreche ich mir keinen davon, Kehl ist kein Boden für solche Fragen u.

---

[308] Trick an Dietrich, 23. 2. 1913 (Zitat) u. 5. 3. 1913, ND 728 (Hervorhebung im Original).
[309] Hollweck, Trick, S. 219f.
[310] Trick an Dietrich, 19. 1. 1914, ND 728.
[311] Trick an Dietrich, 19. 1. u. 22. 7. 1914, ebd.
[312] Trick an Dietrich, 13. 12. 1914, ebd.
[313] Trick an Dietrich, 27. 11. 1912, ebd.

ich glaube sogar, daß manche Ehemänner wenig erbaut von diesem Unternehmen sein werden."[314]

Dietrich und seine erste Frau waren ein ungleiches Paar – im Hinblick auf ihre ökonomische und soziale Stellung, ihr Alter, ihre Herkunft und ihre Weltanschauung. Letzteres galt auch in religiösen Fragen: Elisabeth war von einer tiefempfundenen, in ihren Briefen allgegenwärtigen Frömmigkeit durchdrungen, während sich bei Dietrich keine Form religiösen Bewusstseins erkennen lässt.[315] Und schließlich waren ihre Charaktere verschieden: Elisabeth war zurückhaltend, einfühlsam und überaus empfindlich. Dietrich hingegen agierte im zwischenmenschlichen Bereich bisweilen ebenso selbstbewusst wie unsensibel, worüber sich Elisabeth nicht selten beklagte. Die Schlussfolgerung, dass Dietrich all diese Gegensätze und Elisabeths stete Belehrungen im wahrsten Sinne in Kauf nahm, drängt sich auf.

Immerhin greift es zu kurz, seine Motive für die Verbindung mit Elisabeth Trick ganz auf finanzielle Interessen zu beschränken. Wenn er den freundschaftlichen Aspekt ihrer Beziehung betonte, handelte es sich nicht einfach um eine Floskel, denn das Verhältnis war hinsichtlich Vertrautheit und Offenheit tatsächlich von einer Qualität, die in seinem Leben – nach allem, was überliefert ist – einzigartig bleiben sollte. Elisabeth interessierte sich für alles, womit Dietrich sich beschäftigte: Sie las aufmerksam seine Reden, tauschte sich mit ihm über Details seiner Tätigkeit aus, zum Beispiel über die großen Bauprojekte und die Arbeiterwohnungsfrage, und war dabei eine durchaus sachkundige Gesprächspartnerin. Sie nahm regen Anteil an den politischen Entwicklungen und war auf wirtschaftlichem Gebiet kompetent, wo sie aufgrund ihrer Einbindung in die Gemeindeverwaltung und ihrer Mitarbeit in der väterlichen Firma, in der sie unter anderem an der Aufstellung der Bilanzen beteiligt war,[316] über langjährige Erfahrungen verfügte. Weil Dietrich sich zugleich auf ihre Verschwiegenheit verlassen konnte, war es ihm möglich, mit ihr über all das zu reden, was ihn bewegte. Auch wenn Elisabeths geradezu mütterliche Besorgnis bisweilen lästig sein mochte, taten ihm ihre Einfühlsamkeit, etwa bei familiären Problemen, und ihre stete Anerkennung seiner Arbeit sichtlich wohl. Vor allem konnte er bei seiner Karriereplanung auf ihren Zuspruch zählen. Ihr gegenüber brauchte er keinen Hehl aus seinen ehrgeizigen Zielen zu machen und konnte sich freimütig über seine Hoffnungen auf bedeutendere Ämter aussprechen. Seinen nationalliberalen Freunden und Bekannten gegenüber wäre eine solche Offenheit unklug gewesen, und einen anderen Menschen, den er ins Vertrauen ziehen konnte, gab es nicht. An Elisabeth schrieb er: „‚ich habe auch gar keinen Freund, der mich ganz versteht'".[317] Die geteilte Einsamkeit war also ein Punkt, der sie wirklich verband.

Die Ehe mit Elisabeth bedeutete für Dietrichs Leben eine kaum zu überschätzende Weichenstellung. Auf ihre Beziehungen und ihre Eigenschaft als repräsen-

---

[314] Trick an Dietrich, 18.3.1912, ebd.
[315] Von Elisabeth mit dem Hinweis quittiert: „was Ihnen fehlt, lieber Herr Dietrich, das ist ein felsenfestes Gottvertrauen", Trick an Dietrich, 2.8.1913, ebd.
[316] Z. B. Trick an Dietrich, 19.1.1915, ebd.
[317] Trick an Dietrich, 20.4.1913, ebd.

tative Ehefrau konnte er nicht lange zurückgreifen: Am 16. September 1921 starb die Gattin an den Folgen eines Schlaganfalls. Doch ihm blieb als Alleinerben das Vermögen, das er gezielt in den Dienst seiner politischen Karriere stellte. Damit begann er schon kurz nach der Hochzeit. Im Sommer 1918 übernahmen die Gesellschafter der Firma Trick, also Elisabeth und ihre drei Schwestern, die *Badische Landeszeitung*, das Flaggschiff der nationalliberalen Presse in Baden, dessen Auflage von 5600 Exemplaren (vor Kriegsausbruch) zwar eher bescheiden war, das aber große Bedeutung als offizielles Sprachrohr der Parteiführung hatte. Der de facto parteieigene Betrieb schrieb schon vor 1914 rote Zahlen und geriet während des Krieges durch den Rückgang an Abonnenten und Inseraten sowie steigende Papierkosten in eine schwerwiegende Schieflage. Wiederholt drohte die Zahlungsunfähigkeit, die nur durch großzügige Beihilfen vermögender Parteifreunde abgewendet werden konnte. Zu diesen zählte auch Elisabeth: Nachdem sie der Zeitung bereits im Jahr zuvor unter die Arme gegriffen hatte, beteiligte sie sich im Herbst 1916 mit einem Betrag von 3000 M an einer Bankbürgschaft – die, wie sie betonte, ebenfalls als verlorener Zuschuss zu betrachten war. Während Edmund Rebmann eine Erholung des Geschäfts nach Kriegsende in Aussicht stellte, hielt sie das Blatt für ein „todtes Unternehmen".[318] Im Juli 1918 hatte der Verlag einen Schuldenberg von über 90 000 M angehäuft. Dennoch überzeugte Dietrich seine Frau und deren Familie, das marode Unternehmen, offenbar gegen Übernahme der Verbindlichkeiten, zu erwerben und in eine neue GmbH zu überführen. Die bisherige Gesellschaft, deren Statuten weitreichende Sicherungen gegen unerwünschte finanzielle und politische Einflussnahme enthielten, hatte zum Zeitpunkt ihrer Gründung im Jahr 1899 über 170 Anteilseigner.[319] Dadurch wurde die finanzielle Last auf viele Schultern verteilt, vor allem aber war so gewährleistet, dass kein Einzelner oder ein Parteiflügel sich der Zeitung bemächtigte. Nun erlangte Dietrich unter tatkräftiger Mithilfe Rebmanns die Kontrolle über das zentrale nationalliberale Organ – ein Vorgang, der wohl ohne die kriegsbedingte Ausnahmesituation nicht möglich gewesen wäre. Für seine pressepolitischen Unternehmungen war dies freilich nur der Auftakt.

---

[318] Rebmann an Trick, 4. 10. 1916, nebst undatiertem Vermerk Tricks für Dietrich, ebd.; zu den finanziellen Schwierigkeiten der Landeszeitung vor dem Krieg siehe Trick an Dietrich, 15. 2. 1914, ebd. sowie die Unterlagen in GLAK 69 NLP Baden 246.
[319] Rebmann an Dietrich, 30. 6. 1918, u. Emil Brombach an Dietrich, 18. 7. 1918, ND 729; Verzeichnis der Anteilseigner und Statut der Badischen Landeszeitung GmbH, 1899, GLAK 69 NLP Baden 246. Die Geschäftsunterlagen der Landeszeitung vor 1918 sind stark lückenhaft, die späteren im Wesentlichen verlorengegangen, so dass die weiteren Einzelheiten des Kaufs im Dunkeln bleiben; vgl. auch Kap. II, 2.

II. Von Baden nach Berlin: Dietrich im neuen Staat

1918 war die Ausgangslage für Dietrichs weitere Karriere vielversprechend. Als eifriger Abgeordneter im Landtag, vor allem aber als erfolgreicher Kommunalpolitiker hatte er sich bewährt und politisches Ansehen erworben. In der badischen Nationalliberalen Partei befand sich in einer hervorgehobenen Position: Er verfügte über gut ausgebaute Netzwerke, die er im Zweifelsfall zu seinen Gunsten mobilisieren konnte, stand in enger Verbindung zum alternden Parteivorsitzenden Edmund Rebmann und kontrollierte die offizielle Parteizeitung. Obwohl seine Bemühungen um höhere Ämter bislang gescheitert waren, konnte Dietrich mit Optimismus in die Zukunft blicken: Seine Heirat mit Elisabeth Trick im März 1918 verschaffte ihm vollkommene finanzielle Unabhängigkeit – nach Lage der Dinge für den Rest seines Lebens – und damit Bewegungsfreiheit für seine politische Laufbahn.

Eine zweite entscheidende Weichenstellung erfolgte durch die Kriegsniederlage und die Novemberrevolution, die sich für ihn als Glücksfall erwiesen. Sie verhalfen ihm zu dem lange herbeigesehnten Karriereschub, und zwar in einem Maße, wie er es kaum erwartet haben konnte. Innerhalb weniger Wochen gelangte er in politische Führungspositionen: Er wurde Außenminister in der badischen Regierung, stellvertretender Landesvorsitzender der DDP und zog in die Weimarer Nationalversammlung ein. Allerdings stand zugleich auf dem Spiel, was er bislang erreicht hatte. Zu verschmerzen war, dass die Beziehungen, die er zur großherzoglichen Familie aufgebaut hatte, nun entwertet waren, und die Sorge vor der Etablierung einer Rätediktatur erwies sich bald als unbegründet. Von großer Tragweite waren hingegen die Verschiebungen in der Parteienlandschaft. Die NLP löste sich auf und ging in Baden, gemeinsam mit der FVP, in der neugegründeten Deutschen Demokratischen Partei auf. Dietrich spielte zwar von Anfang an eine führende Rolle in der badischen DDP, doch seine Position war prekär. Das Reichstagsmandat, das er anstrebte, wurde ihm von verschiedenen Rivalen, die aus der FVP stammten, streitig gemacht, und angesichts des Erstarkens der Parteien rechts der DDP war zu befürchten, dass die ehemaligen Nationalliberalen der DDP den Rücken kehren würden – also jene Freunde und Bekannten, auf die sich sein Einfluss in der neuen Partei stützte. Ebenso wurde die materielle Sicherheit, die Dietrich durch seine Ehe erlangt hatte, bald in Frage gestellt, weil die Inflation das gewaltige Kapitalvermögen seiner Frau zusammenschmelzen ließ. Deshalb musste er sein Vorhaben, sich vollständig der Reichspolitik zu widmen, vorläufig hintanstellen.

Die politischen und ökonomischen Turbulenzen in den Anfangsjahren der Weimarer Republik bedrohten mithin sowohl die parteipolitische als auch die materielle Basis seiner Karriere. Es dauerte fünf Jahre, bis diese Gefahren gebannt waren: Mit einer systematischen Netzwerk- und Pressepolitik arbeitete er darauf hin, die badische DDP unter seine Kontrolle zu bringen – ein riskantes, letztlich aber erfolgreiches Unterfangen. Gleichzeitig gelang es ihm, durch geschickte Anlagestrategien die Chancen der inflationären Entwicklung zu nutzen und die beträchtlichen Vermögensverluste, die seine Frau zunächst erlitten hatte, teilweise wettzumachen. Zuerst soll jedoch Dietrichs ambivalentes Verhältnis zum Sturz der Monarchie und dem neuen Weimarer Staat untersucht werden. Hier musste er ebenfalls eine erhebliche Anpassungsleistung erbringen, und bis 1923 fiel es ihm nicht leicht, sich mit der Republik zu arrangieren.

1. Zwischen „Chaos" und „Wiederaufbau": Die Republik als Neubeginn?

Im Zuge der Novemberrevolution wurde Dietrich Außenminister in der neuen „badischen vorläufigen Volksregierung" und stieg in der NLP bzw. ihrer kurzlebigen Nachfolgeorganisation, der Badischen Volkspartei, zum faktischen Parteichef auf, bevor er auch in der neugegründeten DDP eine führende Stellung einnahm. So wurde er schlagartig zu einer der maßgebenden politischen Figuren auf Landesebene, wodurch ihm wiederum der Sprung in die Reichspolitik gelang. Am 5. Januar 1919 wurde er in die Badische Nationalversammlung, zwei Wochen später in die Verfassunggebende Deutsche Nationalversammlung gewählt. Dietrich erreichte jetzt, worauf er seit Jahren hingearbeitet hatte, ja sogar mehr als das. Für ihn stellte die Revolution ein Sprungbrett in höchste öffentliche Ämter dar, die ihm dank der republikanisch-demokratischen Staatsform nicht nur kurzfristig, sondern auf Dauer zugänglich wurden, während sie unter den Bedingungen der monarchischen Verfassung vorrangig mit Angehörigen des Adels besetzt worden waren. Es ist ein Paradox unter vielen, welche „die Revolution, die niemand wollte" kennzeichnen,[1] dass viele bürgerlich-liberale Politiker und Beamte von dem Umsturz profitierten, den sie weder erwartet noch erhofft hatten und den sie vielfach als katastrophal empfanden.

Wie bei zahlreichen liberalen Politikern trägt Dietrichs Verhalten nach dem Ausbruch der Revolution opportunistische Züge. Während des Krieges ließ er keinen Zweifel an seiner monarchischen Gesinnung. Als im April 1917 in Konstanz eine Feier zum 500. Jahrestag der Belehnung der Hohenzollern mit der Mark Brandenburg stattfand, würdigte Dietrich in einer pathetischen Ansprache die historische Bedeutung des preußischen Herrscherhauses, angelehnt an die Geschichtsdeutung Heinrich von Treitschkes. Erst durch die Hohenzollern habe Deutschland seine jahrhundertelange „Uneinigkeit" überwunden und sei damit in die Lage versetzt worden, jetzt „fast alleinstehend allen Weltmächten zu widerstehen". Der Weltkrieg war für ihn der beste Beweis, dass „die Einheit und die Kraft des deutschen Volkes" durch das „deutsche Kaisertum" garantiert werde und dieses folglich „notwendig" sei, „um auch künftig über alle Sonderströmungen hinwegzukommen". Zugleich sei die preußisch-deutsche Monarchie „sozial" und Garant einer gleichsam maßvollen Verfassungsentwicklung, der Dietrich die Westmächte als Negativfolie gegenüberstellte: „Wir brauchen einen Kaiser, weil wir nicht ein Staat werden wollen wie Amerika, in dem das Geld regiert, […] weil

---

[1] Andreas Wirsching: Die paradoxe Revolution 1918/19. In: Aus Politik und Zeitgeschichte Nr. 50-51 vom 8. 12. 2008, S. 6-12.

wir nicht ein Staat werden wollen, in dem das Volk geführt wird von gewissenlosen Advokaten und einer noch gewissenloseren Presse, sondern weil wir sein und bleiben müssen ein Staatswesen, das langsam, sicher und auf nicht zu steiler Bahn sich vorwärts entwickeln will."[2]

Das Bekenntnis zur Monarchie und ihre Verknüpfung mit dem deutschen Staatsgedanken waren im liberalen Spektrum fest verankert, so wie in Abgrenzung von den westlichen Kriegsgegnern die Berufung auf spezifisch „deutsche" Formen von Demokratie und Parlamentarismus weit verbreitet war.[3] In der intensiv geführten Diskussion um innenpolitische Reformen hingegen ergriff Dietrich Partei gegen die Parlamentarisierungsbestrebungen, die auch von prominenten Nationalliberalen befürwortet wurden.[4] Er folgte damit der offiziellen Linie der badischen NLP, die ganze Frage auf die Zeit nach dem Krieg zu vertagen und im Übrigen Reformforderungen auf Punkte zu beschränken, die man bereits in Friedenszeiten befürwortet hatte, etwa die Einführung des Verhältniswahlrechts in Baden und die Abschaffung der Dreiklassenwahl in Preußen.[5]

Noch deutlicher entfernte sich Dietrich von der politischen Linken, der er sich bislang so nachdrücklich zugerechnet hatte, durch seine Haltung in den kontroversen Kriegszieldebatten – hier fand er sich in einem Lager mit Konservativen und Alldeutschen wieder. Spätestens seit den Auseinandersetzungen um die Friedensresolution, welche der Reichstag am 19. Juli 1917 verabschiedete, stellte die Kriegszielfrage die wichtigste Trennlinie zwischen „rechts" und „links" dar. Wie die Mehrheit der auch in diesem Aspekt gespaltenen Nationalliberalen trat Dietrich für einen „Siegfrieden" mit umfangreichen Annexionen ein. Im Sommer 1915 erhielt er von Elisabeth Trick eine Broschüre des preußischen Landtagsabgeordneten Paul Fuhrmann, der seit Jahren ein prononcierter Vertreter des rechten NLP-Flügels war und nun ein Eroberungsprogramm aufstellte, das beispielhaft für territoriale Maximalforderungen im Osten wie im Westen war.[6] Wenn Dietrich den „vorzüglichen Vortrag", so Elisabeth, lese, werde er in Fuhrmann einen

---

[2] Rede Dietrichs am 18.4.1917, Konstanzer Zeitung Nr. 105 vom 19.4.1917.
[3] Langewiesche, Liberalismus, S. 230f.; Dieter Grosser: Vom monarchischen Konstitutionalismus zur parlamentarischen Demokratie. Die Verfassungspolitik der deutschen Parteien im letzten Jahrzehnt des Kaiserreiches. Den Haag 1970, S. 135-139 u. 163-174. Dass der Fokus von Dietrichs Kritik auf den Vereinigten Staaten lag, ist als Reaktion auf den eben erfolgten Kriegseintritt der USA, verbunden mit der „War Message" Woodrow Wilsons vom 2. April 1917, zu verstehen; vgl. Marcus Llanque: Demokratisches Denken im Krieg. Die deutsche Debatte im Ersten Weltkrieg. Berlin 2000, S. 103-135.
[4] So, freilich aus unterschiedlichen Motiven, von Gustav Stresemann und Hartmann von Richthofen: Grosser, Konstitutionalismus, S. 112-118.
[5] Klaus-Peter Müller: Politik und Gesellschaft im Krieg. Der Legitimitätsverlust des badischen Staates 1914-1918. Stuttgart 1988, S. 190f. u. 232f.; Rede Dietrichs am 11.1.1918, Zweite Kammer, Sp. 298.
[6] Das deutsche Volk und die gegenwärtige Kriegslage. Rede des Landtagsabgeordneten Paul Fuhrmann, gehalten am 16. Mai im großen Saale des Städt. Saalbaues zu Essen. Essen o. J. [1915], bes. S. 11-22. Fuhrmann forderte unter anderem eine Annexion Belgiens und der Küste „jenseits des Kanals bis an den freien atlantischen Ozean" (ebd., S. 17) und wandte sich ausdrücklich gegen die vergleichsweise moderaten Kriegsziele des Kreises um Hans Delbrück; vgl. Fritz Fischer: Griff nach der Weltmacht. Die Kriegszielpolitik des kaiserlichen Deutschland 1914/18. Düsseldorf ³1964, S. 310-358.

Gleichgesinnten erkennen: „Sie sehen, daß dieser, [...] wie Sie selber, u. wie gewiß jeder rechtlich denkende Deutsche Früchte ernten will aus diesem entsetzlichen Ringen u. nicht, wie ein Teil unserer herrlichen Soc. Dem., welche diesen Krieg für einen Zeitvertrieb anzusehen scheinen, die dummen Michel weiter zu spielen für gut heißt."[7] Mit zunehmender Kriegsdauer wurde Elisabeth allerdings zurückhaltender und beurteilte die deutschen Aussichten mit wachsender Skepsis – im Gegensatz zu Dietrich. Angesichts des Kriegseintritts von Rumänien im August 1916 stellte sie fest, seinen „Optimismus" könne sie „nicht völlig teilen", und ein halbes Jahr später meinte sie zwar, sie „freue" sich, dass er vom uneingeschränkten U-Boot-Krieg „vollen Erfolg" erwarte, konnte ihre Zweifel an dessen Wirksamkeit aber nicht verhehlen.[8]

In seiner Rede zum Hohenzollernjubiläum ordnete Dietrich den gegenwärtigen Krieg als einen neuen Höhepunkt, geradezu als das Ziel der preußisch-deutschen Geschichte ein. In einem ersten Schritt hätten die Hohenzollern den preußischen Staat errichtet, in einem zweiten 1870/71 das Deutsche Reich: „Jetzt in dem Weltkrieg öffnet sich das Tor zu dem dritten großen und letzten Gang des deutschen Volkes, zum Aufstieg zum Weltstaat." Der Gedanke an einen Verständigungsfrieden erschien Dietrich nicht nur unnötig, sondern auch als Hindernis an diesem „dritten Wendepunkt der preußisch-deutschen Staatengeschichte". Seiner Meinung nach mangelte es in Deutschland an dem nötigen „Willen", den Krieg zu gewinnen: „Es gibt Kleinmütige bei uns, die von Niederlagen reden, und doch sind wir weder militärisch noch wirtschaftlich niederzuzwingen. Wir hoffen auch, daß dies einer Friedenskonferenz nicht gelingen wird".[9] Noch Ende April 1918 war Dietrich angesichts der deutschen Offensive an der Westfront voller Zuversicht: „Wir sind da, wo wir mit Sicherheit erwarten dürfen, daß unser Volk diesen Krieg siegreich beenden wird, daß wir nicht nur ein europäischer Großstaat sein, sondern daß wir eine Weltmacht sein werden".[10]

Innerhalb der NLP verschoben sich im Weltkrieg die Gewichte und Flügelbildungen. Die Frage innenpolitischer Reformen, bei der es „ganz verschiedene politische Ansichten und Grundhaltungen" gab, spaltete die Partei ebenso wie die Kriegszieldiskussion.[11] Während sogar namhafte Vertreter der bisherigen Parteirechten, insbesondere Robert Friedberg und Eugen Schiffer, eher zurückhaltend waren, traten Exponenten des früheren linken Flügels nachdrücklich für weitreichende Annexionen ein.[12] Dietrichs Entwicklung ist in dieser Hinsicht mit der Stresemanns und vieler Jungliberaler vergleichbar, deren innenpolitischer Re-

---

[7] Trick an Dietrich, 9. 8. 1915, ND 728.
[8] Trick an Dietrich, 30. 8. 1916 u. 4. 3. 1917, ebd.
[9] Rede Dietrichs am 18. 4. 1917, Konstanzer Zeitung Nr. 105 vom 19. 4. 1917.
[10] Protokoll der Kreisversammlung des Kreises Konstanz vom 27. 4. 1918, KrA Konstanz B01-82.
[11] Hartwig Thieme: Nationaler Liberalismus in der Krise. Die nationalliberale Fraktion des Preußischen Abgeordnetenhauses 1914-1918. Boppard 1963, S. 210-215, Zitat S. 210.
[12] Auf diese auffällige „growing confusion between left and right" verweist auch Kurlander, Exclusion, z. B. S. 108-114, Zitat S. 113, wobei die Schlüsse, die er daraus zieht, zu weitreichend sein dürften (vgl. Kap. IV, 4); vgl. auch Thieme, Nationaler Liberalismus, z. B. S. 83 u. 210.

formkurs schon vor dem Krieg mit imperialistischen Zielen verknüpft war.[13] Neue Spannungen in der Partei, aber auch widersprüchliche innenpolitische Konstellationen waren die Folge. So bereitete vielen Nationalliberalen die Haltung zu der am 2. September 1917 gegründeten „Deutschen Vaterlandspartei" Bauchschmerzen. Aufgrund ihres kriegszielpolitischen Programms fand sie zwar bei den Nationalliberalen, deren Mitglieder ihr in großer Zahl beitraten, besonders starken Rückhalt. Sie stand allerdings unter dem maßgeblichen Einfluss von konservativ-alldeutschen Kräften, welche die Neugründung zugleich als Instrument gegen innenpolitische Reformen nutzen wollten.[14] In Baden erklärte die SPD wegen der geringen Reformbereitschaft, vor allem aber wegen der Kriegszielpolitik der NLP den Großblock 1917 für beendet, woraufhin es zu einer verstärkten Zusammenarbeit der Nationalliberalen mit dem Zentrum kam, und zwar ausgerechnet auf kulturpolitischem Gebiet – sehr zum Ärger derjenigen, die das Zentrum nach wie vor als den größten politischen Gegner betrachteten.[15]

Die Vaterlandspartei stieß in der badischen NLP, nicht zuletzt bei Großblockanhängern wie Edmund Rebmann und Ernst Frey, auf ein positives Echo. Der Engere Ausschuss hieß das Eintreten für „einen starken, deutschen Sicherungsfrieden" gut und beschloss, zur Vaterlandspartei „eine freundliche Stellung" einzunehmen. Um zu gewährleisten, dass sie sich innenpolitisch neutral verhalten und nach Kriegsende auflösen werde, sprach er die Empfehlung aus, dass auf lokaler Ebene „hervorragende Mitglieder unserer Partei die Leitung in die Hand nehmen oder sich in den Vorstand wählen lassen".[16] In Konstanz gab es bald eine Ortsgruppe, der sich „eine ganze Anzahl" Nationalliberaler anschloss.[17] Dazu gehörte offenbar auch Dietrich, der später in widersprüchlichen Stellungnahmen versuchte, seine Beteiligung abzustreiten oder herunterzuspielen.[18]

---

[13] Thomas H. Wagner: „Krieg oder Frieden. Unser Platz an der Sonne". Gustav Stresemann und die Außenpolitik des Kaiserreichs bis zum Ausbruch des Ersten Weltkriegs. Paderborn u. a. 2007; Wright, Stresemann, S. 66-110; Fritz Fischer: Krieg der Illusionen. Die deutsche Politik von 1911 bis 1914. Düsseldorf 1969, S. 325-330.

[14] So blieb Stresemann, dessen Kriegszielpolitik mit Reformforderungen einherging, gegenüber der Neugründung auf Distanz, während der Jungliberale Bruno Marwitz, der diesem Zwiespalt mit ähnlichem Missbehagen gegenüberstand, schließlich sogar in führender Position in der Vaterlandspartei mitwirkte: Heinz Hagenlücke: Deutsche Vaterlandspartei. Die nationale Rechte am Ende des Kaiserreiches. Düsseldorf 1997, S. 216-228 u. 294-304; vgl. auch Dirk Stegmann: Die Erben Bismarcks. Parteien und Verbände in der Spätphase des Wilhelminischen Deutschlands. Sammlungspolitik 1897-1918. Köln u. a. 1970, S. 497-519.

[15] Müller, Politik, S. 184-191 u. 225-242.

[16] Rundschreiben Edmund Rebmanns an die Vereinsvorsitzenden, 5.10.1917, GLAK 69 NLP Baden 186; siehe auch das Protokoll der Vorstandssitzung des Nationalliberalen Vereins Karlsruhe am 24.10.1917, GLAK 69 NLP Baden 235.

[17] Eugen Rebholz an Edmund Rebmann, 4.11.1917, GLAK 69 NLP Baden 186.

[18] Zumindest setzte Dietrich sich öffentlich für die Vaterlandspartei ein, indem er sie in der Zweiten Kammer gegen Angriffe aus der SPD verteidigte: „Die Masse derjenigen, die heute die Vaterlandspartei darstellt, das sind Leute, die es ernst meinen mit dem Bestande des deutschen Volkes und mit dem Bestande des deutschen Vaterlandes"; Rede Dietrichs am 11.1.1918, Zweite Kammer, Sp. 302. In einer Versammlung, die in Konstanz Ende November 1918 stattfand, wies Dietrich den Vorwurf zurück, „daß er zu den rührigsten [!] Mitgliedern der Vaterlandspartei gehört habe", Konstanzer Nachrichten

Ab August 1918 verschlechterte sich die militärische Lage so sehr, dass der von Dietrich erhoffte Sieg in weite Ferne rückte und bald der militärische Zusammenbruch drohte. Als Anfang Oktober die von SPD, FVP und Zentrum getragene Reichsregierung unter Max von Baden gebildet wurde, welche die Parlamentarisierung der Reichsverfassung in Angriff nahm und um einen Waffenstillstand nachsuchte, bemühten sich die Nationalliberalen unter der Führung Stresemanns, den Anschluss an die Mehrheitsparteien wiederherzustellen und an der neuen Regierung beteiligt zu werden. Angesichts der militärischen Lage und der allgemeinen Friedenssehnsucht wollte Stresemann vermeiden, dass die als „Kriegstreiber" und „Kriegsverlängerer" attackierte NLP politisch isoliert würde.[19] Diesen pragmatischen Kurs befürwortete auch Edmund Rebmann,[20] nicht jedoch Dietrich: Als Rebmann Mitte Oktober 1918 eine Sitzung des Engeren Ausschusses anberaumte und er durch die lange Reisedauer am Erscheinen gehindert war, teilte er telegraphisch mit, er „hoffe [...], daß unsere Partei in der Regierung des Reiches nicht mitmacht. Nachdem parlamentarisch regiert wird und [die] Mehrheit aus Sozialdemokraten, Fortschritt und Zentrum besteht, sollen [diese Parteien] auch [die] Verantwortung für [den] etwaigen Frieden tragen. Unsere Partei kann diese nicht mittragen, soll vielmehr ruhig abwarten und mit [den] Konservativen zusammen die Stellung der Opposition [...] einnehmen."[21] Dietrich forderte also einen Rechtskurs der NLP, der die Partei nach Lage der Dinge auf absehbare Zeit in die Isolation führen und von der politischen Macht ausschließen musste, wobei die Absicht, den Mehrheitsparteien die Verantwortung für die Niederlage aufzubürden, dem Vorgehen Ludendorffs entsprach, in welchem bereits die Dolchstoßlegende angelegt war.[22]

Wie die meisten seiner Parteifreunde verkannte Dietrich bis zuletzt den Ernst der Lage. Als sich Anfang November in Norddeutschland die revolutionären Unruhen ausbreiteten, befürwortete er vorsichtig eine „demokratische Entwicklung", hielt aber noch immer eine Fortsetzung des Krieges für möglich und für erforderlich, um ungünstige Friedensbedingungen zu vermeiden. Dabei hatte er den drohenden Verlust Elsass-Lothringens und Oberschlesiens im Auge, den er wegen der dortigen Erz- bzw. Kohlevorkommen für undenkbar hielt.[23]

Nr. 329 vom 30.11.1918. Auch Jahre später bestritt er nicht die Mitgliedschaft an sich, sondern gab an, dass „ein Konstanzer Bürger mir für diese Organisation eines Morgens, als ich nach dem Büro ging, 3 Mark abgenommen hat, daß es aber eine grobe Lüge ist zu behaupten, ich hätte in dieser Partei irgend eine Bedeutung gehabt. Ich bin weder jemals in einer Versammlung oder Besprechung, noch auch an einem Stammtisch der Vaterlandspartei gewesen." Dietrich an Karl Dees, 9.2.1927, ND 230, pag. 99–101; vgl. Saldern, Dietrich, S. 20.

[19] Wilhelm Ribhegge: Frieden für Europa. Die Politik der deutschen Reichstagsmehrheit. Essen 1988, S. 305 u. 318; Wright, Stresemann, S. 105–115.
[20] Müller, Politik, S. 253.
[21] Dietrich an Rebmann, 14.10.1918, GLAK 69 NLP Baden 187.
[22] Vgl. z.B. Boris Barth: Dolchstoßlegenden und politische Desintegration. Das Trauma der deutschen Niederlage im Ersten Weltkrieg 1914–1933. Düsseldorf 2003, S. 79f.
[23] Rede Dietrichs in einer Versammlung der Konstanzer NLP am 5.11.1918, Konstanzer Zeitung Nr. 303 vom 7.11.1918. Demselben Gedankengang folgte Stresemann: Wright, Stresemann, S. 112f. Die badischen Nationalliberalen sprachen sich nun für weitreichen-

1. Zwischen „Chaos" und „Wiederaufbau": Die Republik als Neubeginn?   93

Als am 9. November in Berlin die Republik ausgerufen wurde, hatte die revolutionäre Bewegung auch Baden erreicht, wo sie allerdings in ruhigen Bahnen verlief.[24] Am frühen Nachmittag des 10. November wurde in Karlsruhe eine „badische vorläufige Volksregierung" gebildet. SPD und USPD stellten sieben der elf Minister, legten aber von Anfang an Wert auf eine Mitarbeit von FVP und Zentrum, die jeweils zwei Posten besetzen sollten. In den Tagen zuvor war Edmund Rebmann darauf bedacht gewesen, seine Partei nicht ins politische Abseits zu manövrieren, und hatte insbesondere den Kontakt zur SPD gesucht. Als er nun in einer gemeinsamen Besprechung der Parteien von der geplanten Zusammensetzung der Regierung erfuhr, bat er inständig, die Nationalliberalen nicht auszuschließen. Der Sozialdemokrat Ludwig Marum berichtete, Rebmann habe regelrecht darum „gebettet", der NLP nach ihrer fast 60-jährigen Tradition als Regierungspartei nicht die Rolle einer bedeutungslosen und reaktionären Opposition aufzuzwingen.[25] Auf Widerstand stieß sein Wunsch nicht, und ein Vertreter des Zentrums, Heinrich Köhler, brachte Dietrich ins Spiel, weil dieser „nach links gerichtet" sei und „bei den Sozialdemokraten wegen seiner fortschrittlichen Gedanken Sympathie" genieße. Während Dietrich nun von dem Ruf profitierte, den er sich in der Vorkriegszeit erarbeitet hatte, war seine Haltung in der Kriegszielfrage offenbar nicht von Belang, denn die übrigen Anwesenden bis hin zur USPD teilten Köhlers Meinung. Rebmann und Ernst Frey, der als zweiter Nationalliberaler an der Besprechung teilnahm, stimmten der Berufung zum „Minister des Auswärtigen" sogleich zu. Der FVP-Vertreter Ludwig Haas verzichtete namens seiner Partei auf den Posten, der bislang dem Konstanzer Martin Venedey zugedacht war – eine Personalentscheidung, die noch ein Nachspiel haben sollte.[26] Somit waren in Baden, anders als in den meisten deutschen Staaten, alle maßgebenden Parteien in der Revolutionsregierung vertreten.

Auch in Konstanz wurde am Morgen des 10. November ein Arbeiter- und Soldatenrat gebildet, mit dem Dietrich in den folgenden Stunden verhandelte. Er

---

de innenpolitische Reformen aus und übten öffentlich Kritik an der badischen Regierung, die lange keine Anstalten machte, eine Parlamentarisierung in die Wege zu leiten. Zugleich hielt die Parteiführung die Lage allerdings „nicht für so verzweifelt", wie es „anderweitig dargestellt" werde. Bevor man einen „Gewaltfrieden" akzeptiere, solle notfalls „der Weg des nationalen Aufgebotes beschritten" werden: Beschlüsse der nationalliberalen Mitglieder des Badischen Landtages und des Geschäftsführenden Ausschusses der NLP Baden, 2.11.1918, GLAK 69 NLP Baden 187; vgl. Müller, Politik, S. 255 f. u. Peter Brandt/Reinhard Rürup: Volksbewegung und demokratische Neuordnung in Baden 1918/19. Zur Vorgeschichte und Geschichte der Revolution. Sigmaringen 1991, S. 70.

[24] Zu den revolutionären Ereignissen in Baden Brandt/Rürup, Volksbewegung, bes. S. 73-86; Markus Schmidgall: Die Revolution 1918/19 in Baden. Karlsruhe 2012, S. 90-127; Gerhard Kaller: Die Revolution des Jahres 1918 in Baden und die Tätigkeit des Arbeiter- und Soldatenrats in Karlsruhe. In: Zeitschrift für die Geschichte des Oberrheins 114 (1966), S. 301-350.

[25] Schilderung der Begebenheiten vor und bei Beginn der Revolution durch Justizminister Marum, o. D. [Ende 1918/Anfang 1919], S. 14, GLAK 233/27960.

[26] Schilderung einzelner Begebenheiten bei Ausbruch der Revolution durch Landtagsabgeordneten Köhler, o. D. [Ende 1918/Anfang 1919], S. 7, GLAK 233/27960; Köhlers Darstellung stimmt in den hier relevanten Punkten mit der von Marum überein.

Abb. 3: Die badische vorläufige Volksregierung: (v.l.n.r., sitzend) Joseph Wirth, Gustav Trunk (beide Z), Anton Geiß (SPD), Ludwig Haas (FVP), Philipp Martzloff (SPD); (stehend) Friedrich Stockinger, Leopold Rückert, Ludwig Marum (alle SPD), Dietrich, Adolf Schwarz, Johannes Brümmer (beide USPD)

leitete mehrere Sitzungen des Stadtrats, der die sich überstürzenden Ereignisse angespannt verfolgte. Obwohl die Gemeinde vor zahlreichen administrativen Unwägbarkeiten stand, etwa hinsichtlich der Lebensmittelversorgung und der Zahlungsfähigkeit der Gemeinde, und der stellvertretende Bürgermeister schwerkrank war, zögerte Dietrich nicht, als er im Lauf des Abends von der Regierungsbildung in Karlsruhe erfuhr. Um 22:30 Uhr leitete er eine gemeinsame Besprechung von Stadtverwaltung, Bürgerausschuss und Vertretern des Arbeiter- und Soldatenrats, bei der er beiläufig seine Ernennung zum Minister, nicht jedoch seine bevorstehende Abreise erwähnte, die noch in der Nacht erfolgt sein muss: Am nächsten Morgen befand er sich bereits in der badischen Hauptstadt.[27] Nun tat er das Gegenteil dessen, was er vier Wochen vorher von der NLP verlangt hat-

---

[27] Wie aus dem Bericht des Präsidenten der neuen Regierung Anton Geiß (SPD) hervorgeht, der am Morgen des 11. November als letzter in Karlsruhe eintraf: Schilderung einzelner Begebenheiten bei Ausbruch der Revolution durch Anton Geiß, 6.5.1919, S. 9f., GLAK 233/27960, auszugsweise abgedruckt in Kaller, Revolution, S. 328-336, hier S. 331f.; zu den Sitzungen und Ereignissen vom 10. November in Konstanz siehe StA Konstanz S II 12734; vgl. Dieter Schott: Die Konstanzer Gesellschaft 1918-1924. Der Kampf um Hegemonie zwischen Novemberrevolution und Inflation. Konstanz 1989, S. 82-84. Schon aufgrund der Chronologie der Ereignisse ist Salderns (weder belegte noch näher erläuterte) Behauptung, dass Dietrich „zunächst einmal versuchte, eine Konterrevolution zu beginnen", nicht plausibel (Saldern, Dietrich, S. 20).

te – und das, obwohl die neue Regierung durch einen Umsturz zustande kam und von Großherzog Friedrich II., der erst knapp zwei Wochen später formell abdankte, nicht anerkannt wurde.[28] Im Revolutionskabinett spielte Dietrich sogleich eine auffallend aktive Rolle, und die verworrene parteipolitische Lage wusste er durch rasches Handeln zu seinem Vorteil zu nutzen. Während Kriegsniederlage und Revolution ihn offenbar weitgehend unvorbereitet trafen, erkannte er die sich bietenden Chancen und passte sich ebenso schnell wie zielstrebig den veränderten Verhältnissen an.

Dieser Eindruck drängte sich auch manchem Zeitgenossen auf. So hielt ein Nationalliberaler aus Konstanz rückblickend fest, Dietrich habe eine „gar seltsame Rolle" gespielt: „Noch im April 1917", so der Vorwurf mit Blick auf die Konstanzer 500-Jahr-Feier, „konnte er sich nicht genug tun in Verehrung der Hohenzollern [...]. Und nun war alles vergessen". Zudem habe er „sein Amt und die Stadt im Stich" gelassen – ein Vorwurf, der von Seiten des Zentrums ebenfalls erhoben wurde.[29] Dietrich war sichtlich bemüht, nicht in den Geruch des Opportunismus zu geraten, als er bei den ersten Parteiversammlungen seinen Eintritt in die Regierung und die Zusammenarbeit der NLP mit den revolutionären Kräften rechtfertigte. Er präsentierte sich als pflichtbewusster Diener des Staates, der „nicht aus eigenem Willen, sondern auf die Forderung der Nationalliberalen Partei" hin das Außenministerium übernommen habe, um die „Staatsmaschine in Gang zu halten". Gleichzeitig hielt er fest, „daß am vergangenen Staat doch nicht alles gar so schlecht war, wie es heute Mancher ansieht".[30] Bei der Bildung der vorläufigen Volksregierung habe es sich „nicht um Umsturz, sondern um Umbau" gehandelt,[31] und während er sich zur Republik bekannte, sprach er von der „Dankbarkeit", die er und seine Partei gegenüber den Zähringern empfänden: „Wir haben unsere monarchische Gesinnung nicht einfach an den Nagel gehängt" – doch nun müsse man sich mit den „Tatsachen" arrangieren.[32]

Mit diesem wenig überzeugenden Lavieren beschönigte Dietrich die Kehrtwende, die er und die badische NLP vollzogen hatten. Zugleich ging es um politische Schadensbegrenzung. Die bedrohlichen „russischen Zustände" vor Augen, galt es, „das Schlimmste", nämlich die „Ausbreitung des Bolschewismus [...] abzuwenden", und dafür zu sorgen, dass „Ruhe und Ordnung erhalten" sowie „Leben und Eigentum sicher" blieben. Das Eintreten für die „demokratische Republik" verband sich mit der Sorge vor einer „Diktatur des Proletariats, in der Bürger

---

[28] Friedrich II. nahm zunächst nur „Kenntnis" von der neuen Regierung: Brandt/Rürup, Volksbewegung, S. 84.
[29] Heinrich Schmidt-Pecht: Erinnerungen aus einem langen Leben in der Heimatstadt. Manuskript 1939, S. 5, StA Konstanz Ap 11. Schmidt-Pecht gehörte offenbar dem rechten Flügel der NLP an und war später Mitglied der DNVP. Das lokale Organ des Zentrums verurteilte Dietrichs Abwesenheit: Die Stadt ohne Oberhaupt, Konstanzer Nachrichten Nr. 320 vom 21. 11. 1918.
[30] Rede Dietrichs in Karlsruhe am 20. 11. 1918, Badische Landeszeitung Nr. 544 vom 21. 11. 1918.
[31] Rede Dietrichs in Freiburg i. Br. am 24. 11. 1918, Badische Landeszeitung Nr. 551 vom 25. 11. 1918.
[32] Rede Dietrichs in Mannheim am 11. 12. 1918, Badische Landeszeitung Nr. 582 vom 13. 12. 1918.

und Bauer ausgeschaltet werden".³³ Dietrich forderte baldige Wahlen und eine neue Verfassung, um wieder einen „gesetzlichen Zustand" herzustellen, wobei er das gemeinsame Interesse der „Bürgerlichen" und der „gemäßigten Sozialdemokratie" gegen die Errichtung einer Räteherrschaft betonte.³⁴ Auch sonst war er um ein Einvernehmen mit der MSPD bemüht: Während er in der Öffentlichkeit die badische Großblocktradition beschwor, wirkte er im Kabinett auf eine konstruktive Zusammenarbeit mit den Arbeiterparteien hin. Heinrich Köhler beschrieb die Atmosphäre in der heterogenen Regierung als anfangs „außerordentlich kameradschaftlich", wobei er es – nicht ohne ironischen Unterton – für auffällig hielt, dass „allen Sozialdemokraten [...] Dietrich am meisten imponierte".³⁵

Verhalten und Wortwahl Dietrichs entsprachen der typischen Reaktion des Bürgertums, das sich aus Furcht vor einer Radikalisierung der Revolutionsbewegung auf den „Boden der Tatsachen" stellte und von der MSPD einen mäßigenden Einfluss erhoffte. Die Entwicklungen in den Wochen und Monaten nach der Revolution heizten die weitverbreiteten Bürgerkriegsängste an.³⁶ Angesichts der Aktivitäten des Spartakusbundes und der ersten blutigen Unruhen in Berlin sprach Dietrich Mitte Dezember von dem „Gefühl, als wenn man eine Treppe hinunterrutsche".³⁷ Zur Jahreswende 1918/19 zeichnete er ein düsteres Bild der gegenwärtigen Lage. „Das Reich ist politisch, militärisch und wirtschaftlich erledigt", lautete sein Befund in einem Zeitungsartikel Anfang Januar. Die Regierung in Berlin sei „aktionsunfähig und machtlos", und in den Bundesstaaten sehe es „vielfach" nicht besser aus. Statt „Ordnung" herrsche das „Chaos", und wenn es dabei bleibe, werde man „vielleicht von April ab ohne Brot sein" und müsse sich auf einen „Kampf aller gegen alle" gefasst machen.³⁸ Diese Hobbessche Wendung war nicht nur ein rhetorisches Mittel. Dietrich rechnete tatsächlich mit dem Schlimmsten, wie ähnliche Anflüge von Fatalismus in seiner Korrespondenz zeigen: „Wir sind in einer solchen Lage, daß es der helle Wahnsinn ist, irgend etwas vorher zu sagen. Alle unsere Programme haben erst dann einen Wert, wenn wir zuvor den Staat, der überhaupt nicht mehr vorhanden ist, sondern nur noch ein Scheindasein führt, wieder in Ordnung bringen; gelingt das nicht, dann ist der Zusammen-

---

³³ Rede Dietrichs in Konstanz am 28.11.1918, Konstanzer Zeitung Nr. 326 vom 30.11.1918.

³⁴ Rede Dietrichs in Mannheim am 11.12.1918, Badische Landeszeitung Nr. 582 vom 13.12.1918.

³⁵ Schilderung einzelner Begebenheiten bei Ausbruch der Revolution durch Landtagsabgeordneten Köhler, o. D. [Ende 1918/Anfang 1919], S. 14, GLAK 233/27960 (Köhler gehörte dem Kabinett als Leiter der Presseabteilung des Innenministeriums an).

³⁶ Dirk Schumann: Politische Gewalt in der Weimarer Republik 1918-1933. Kampf um die Straße und Furcht vor dem Bürgerkrieg. Essen 2001, S. 43-63; Andreas Wirsching: Vom Weltkrieg zum Bürgerkrieg? Politischer Extremismus in Deutschland und Frankreich 1918-1933/39. Berlin und Paris im Vergleich. München 1999, S. 124-135; Hans-Joachim Bieber: Bürgertum in der Revolution. Bürgerräte und Bürgerstreiks in Deutschland 1918-1920. Hamburg 1992, S. 56-71.

³⁷ Rede Dietrichs in Karlsruhe am 18.12.1918, Badische Landeszeitung Nr. 592 vom 19.12.1918.

³⁸ Hermann Dietrich: Politik oder Interessenwirtschaft, Badische Landeszeitung Nr. 3 vom 3.1.1919.

1. Zwischen „Chaos" und „Wiederaufbau": Die Republik als Neubeginn? 97

bruch in den nächsten Monaten unvermeidlich, und dann wird unser Gewerbe, unsere Industrie und unsere Arbeiterschaft eben untergehen."[39]

So katastrophal Dietrich die Zustände nach der Revolution phasenweise empfand und so wenig er zu der kleinen Minderheit des liberalen Bürgertums gehörte, welche den Sturz der Monarchien begrüßte, zählte er doch nicht zu denjenigen, die sich mit der veränderten Situation nicht arrangieren wollten oder konnten, wie es auch bei manchen FVP-Politikern der Fall war.[40] Dabei war sein Handeln nicht nur von Pragmatismus bestimmt, sondern folgte zugleich dem Bewusstsein eines vielversprechenden Neubeginns. In seiner ersten größeren Rede am 20. November erklärte er: „Es muß das Schadhafte endgültig beseitigt werden, es müssen neue Grundlagen geschaffen werden, auf denen ein neuer Staat emporblühen kann, in dem ein jeder einer glücklicheren Zukunft entgegensehen wird."[41]

Er zeigte sich tief ernüchtert über das Kaiserreich und gelangte damit zu einer Bewertung von Kriegsniederlage und Revolution, die für seine Haltung gegenüber dem Weimarer Staat große Bedeutung erlangte. Für das badische Herrscherhaus fand Dietrich noch immer freundliche Worte, nicht aber für die Hohenzollern. Jenes monarchische Staatswesen, das er als Garant eines deutschen Sieges betrachtet hatte, machte er nun für die Kriegsniederlage verantwortlich – ausgehend von der zweischneidigen Behauptung, das Reich sei militärisch „nicht geschlagen" worden, sondern „zusammengebrochen [...] an inneren Fehlern".[42] Dazu rechnete er zum einen die Unfähigkeit der politischen Führung im Reich: „Unsere Regierungen haben während des ganzen Krieges, während der militärisch für uns günstigsten Situationen es nicht verstanden, irgendwie zu handeln, die Erfolge auszunützen und zu einem Frieden zu kommen."[43] Man habe „glänzende Generäle" und „die tapfersten Soldaten der Geschichte" gehabt, „aber nicht einen politischen Kopf".[44] Zum anderen warf er dem Staat sozioökonomisches Versagen und ein fundamentales Scheitern auf der Gesetzgebungs- und Verwaltungsebene vor. „Eine der Hauptursachen" des Zusammenbruchs erblickte er in dem Umstand, „daß man geglaubt hatte, den Staat bis in den hintersten Winkel durch tausenderlei Verordnungen regieren zu können".[45] Schließlich habe sich „kein Mensch mehr" zurechtgefunden in der Flut kriegswirtschaftlicher Maßnahmen und Vorschriften, die deshalb auch niemand befolgt habe. Dadurch habe der Staat

---

[39] Dietrich an Heinrich Wagner, 31.12.1918, ND 216, pag. 125f.; ähnlich Dietrich an Max Klemm, 8.1.1919, ebd., pag. 159 u. Dietrich an Ferdinand Habermehl, 4.1.1919, StA Konstanz S II 4502.
[40] Vgl. den zweiten Abschnitt dieses Kapitels.
[41] Rede Dietrichs in Karlsruhe am 20.11.1918, Badische Landeszeitung Nr. 544 vom 21.11.1918.
[42] Rede Dietrichs in Mannheim am 11.12.1918, Badische Landeszeitung Nr. 582 vom 13.12.1918.
[43] Rede Dietrichs in Konstanz am 28.11.1918, Konstanzer Zeitung Nr. 326 vom 30.11.1918.
[44] Rede Dietrichs in Karlsruhe am 6.6.1919, Badische Landeszeitung Nr. 262 vom 7.6.1919.
[45] Rede Dietrichs in Konstanz am 28.11.1918, Konstanzer Zeitung Nr. 326 vom 30.11.1918.

seine Autorität verloren, denn wenn dieser „seinen Willen nicht mehr durchsetzen" könne, so Dietrichs Schluss, „dann ist er kein Staat mehr".[46] Gleichzeitig habe die Verwaltung unter der Verwendung von „Aushilfen" bzw. von „unzuverlässigen Elementen" in der Beamtenschaft gelitten.[47] Als weiteres Übel machte er die „Kriegsgewinner" aus, zu denen er, wenngleich er den Begriff nicht klar definierte, in erster Linie Handel, Schwerindustrie und Großbanken zählte. Der Krieg sei „für viele in der Heimat ein eigennütziges Erwerbsgeschäft" gewesen, ohne dass der Staat dagegen vorgegangen sei: „Daß der Gute an der Front sein Leben in die Schanze schlug für die Heimat, während der Schlechte daheim die Allgemeinheit aussog, mußte mit eiserner Notwendigkeit das Staatsgebäude ins Wanken bringen."[48]

Das „Neue", das Dietrich sich erhoffte, betraf vor allem die „wirtschaftliche Staatsform". Hier müsse man „in manchem umlernen".[49] Wenige Tage nach der Revolution verfasste er einen „programmatischen Vorschlag" über die „nächsten und wichtigsten Aufgaben" der badischen Regierung, den er dem Kabinett vorlegte und anschließend zu einer für die Veröffentlichung bestimmten „Bekanntgabe der Volksregierung" umarbeitete. Sein Entwurf beinhaltete Forderungen wie die Einführung des Achtstundentags oder die Lehrmittelfreiheit an den Schulen und sah eine energische Förderung der Bautätigkeit vor, um der Wohnungsnot und der infolge der Demobilmachung zu erwartenden Arbeitslosigkeit abzuhelfen. Der eigentliche Fokus lag aber auf massiven Eingriffen in die Wirtschaft und das Privateigentum: Alle Elektrizitätswerke sollten „verstaatlicht", alle Bodenschätze „öffentlich bewirtschaftet" und die „übermäßig großen landwirtschaftlichen und Waldbesitzungen [...] enteignet" werden. Die Sparkassen sollten „zwecks Übernahme großer Teile der bisherigen Bankgeschäfte" zu einer „Zentralsparbank" zusammengefasst werden, um mit den Privatbanken zu konkurrieren bzw. diese möglichst zu ersetzen. Im Zentrum des Programms standen die Kriegsgewinne von Unternehmen und Privatpersonen, die Dietrich weitgehend „rückgängig [...] machen" wollte: „Alle Vermögenszuwächse, die über den Betrag von 50 000 M hinaus im Kriege erzielt wurden, auch soweit sie in Neubauten, in Abschreibungen, in Schuldabtragungen enthalten sind, sind von den Eigentümern dem Staate zurückzuerstatten." Diesen Punkt, der eine pauschale Enteignung erheblicher Vermögenswerte bedeutet hätte und schon bei der Erfassung auf große Schwierigkeiten stoßen musste, bezeichnete Dietrich als die „wichtigste Maßnahme", die er folglich am ausführlichsten erläuterte. So sollten bei Hinterziehungsversuchen „hohe Strafen [...], und zwar keine Geldstrafen" verhängt werden sowie alle nicht steuerbehördlich angemeldeten Vermögen dem Staat verfallen.[50] Es ist bemer-

---

[46] Rede Dietrichs in Mannheim am 11.12.1918, Badische Landeszeitung Nr. 582 vom 13.12.1918.
[47] Hermann Dietrich: Zum Wiederaufbau, Konstanzer Zeitung Nr. 350 vom 24.12.1918.
[48] Rede Dietrichs in Karlsruhe am 20.11.1918, Badische Landeszeitung Nr. 544 vom 21.11.1918.
[49] Ebd.
[50] Bekanntgabe der Volksregierung (Entwurf), o. D., GLAK 233/28117. Zuerst hatte Dietrich als Obergrenze für zulässige Vermögenszuwächse nur 30 000 M vorgesehen: Programmatischer Vorschlag des Mitglieds der Volksregierung Dietrich, o. D., ebd. Beide

1. Zwischen „Chaos" und „Wiederaufbau": Die Republik als Neubeginn?

kenswert, dass das Programm nicht aus der Feder eines Ministers von SPD oder USPD, sondern eines Nationalliberalen stammte. Dietrich war es ernst damit: Er drängte wiederholt auf die Veröffentlichung dieses „Aktionsprogramms", das er bis Anfang Dezember nochmals überarbeitete.[51]

In seinen öffentlichen Stellungnahmen äußerte er sich ähnlich. Er betonte zwar, man dürfe „nicht die privatwirtschaftliche Initiative und Energie ausschalten"; „Handel, Industrie und Landwirtschaft" müssten unbedingt „jene Freiheit haben, die sie benötigen". Er zeigte sich aber überzeugt, dass „ein uneingeschränktes Manchestertum bei uns nicht mehr Platz greifen wird".[52] Aus Dietrichs Reden geht die eigentliche Stoßrichtung seines Programms hervor, das für Baden von begrenzter Relevanz war. Er hatte vor allem Schwerindustrie und Finanzwelt im Visier, die er als größte Nutznießer des Krieges identifizierte: das „Großkapital der Ruhr" und, „mindestens so gefährlich", das „Großkapital der Berliner Großbanken".[53] Durch die Einziehung der Kriegsgewinne wollte er eine „Wiedergutmachung" erreichen und die Reichsfinanzen sanieren.[54]

Zugleich ging es ihm um die Errichtung eines neuen, stark vom Staat beeinflussten Wirtschaftssystems. Zum Teil griff er Gedanken auf, die er bereits vor dem Krieg vertreten hatte. Nach wie vor hielt er es für die wichtigste sozialpolitische Maßnahme, die Arbeiterschaft mit Immobilienbesitz, einem „Stück eigenen Boden" zu versorgen, um sie zu „glücklichen und zufriedenen Volksgenossen" zu machen.[55] Im Rahmen einer planmäßigen, großangelegten Siedlungspolitik wollte

---

Versionen müssen kurz nacheinander entstanden sein, kaum mehr als eine Woche nach der Revolution. Angesichts umfangreicher handschriftlicher Notizen und Korrekturen Dietrichs steht seine Autorschaft außer Frage. Das Programm wurde von Justizminister Marum (MSPD) auf einer Landesversammlung der Arbeiter- und Soldatenräte präsentiert, offenbar aber nie veröffentlicht: Erste Landesversammlung der Arbeiter- und Soldatenräte Badens in Mannheim am 21. und 22. November 1918, abgedruckt in: Peter Brandt/Reinhard Rürup (Bearb.): Arbeiter-, Soldaten- und Volksräte in Baden 1918/19. Düsseldorf 1980, S. 11f. u. Anm. 26.

[51] Als das Kabinett am 21. November die Frage des „Regierungsprogramms" diskutierte, forderte Dietrich, sich darin nicht nur mit der „Verfassungsfrage" zu befassen, „sondern auch mit politischem Stoff". Anfang Dezember setzte er dann ein „Aktionsprogramm" auf die Tagesordnung. Die Regierung einigte sich „nach eingehender Besprechung" darauf, eine Kommission zur weiteren Prüfung einzusetzen: Sitzungen der provisorischen Regierung vom 21.11., 4.12., 6.12. u. 10.12.1918, Protokolle Regierung Baden Bd. 1, S. 14f., 84, 92 u. 104f. Inhalt und Verlauf der Diskussion deuten darauf hin, dass es zuletzt um eine dritte Version von Dietrichs Entwurf ging, in der die besonders weitreichenden Bestimmungen und die scharfen Formulierungen abgemildert waren: Bekanntgabe der Volksregierung (überarbeiteter Entwurf), o.D., GLAK 233/28117 (abgedruckt in: Krieg. Revolution. Republik. Die Jahre 1918 bis 1920 in Baden und Württemberg. Eine Dokumentation. Bearbeitet von Günter Cordes. Ulm 1978, S. 103f.). Wann Dietrich dem Kabinett die Entwürfe erstmals vorlegte, ist nicht sicher, weil die ersten Sitzungen nicht lückenlos dokumentiert sind: Protokolle Regierung Baden Bd. 1, S. LXXV. Die Angelegenheit verlief offenbar im Sande, vielleicht auch, weil sie durch die Ereignisse überholt wurde.

[52] Interview mit Dietrich am 5.12.1918, Seebote Nr. 284 vom 7.12.1918.

[53] Rede Dietrichs in Mannheim am 11.12.1918, Badische Landeszeitung Nr. 582 vom 13.12.1918.

[54] Rede Dietrichs in Karlsruhe am 20.11.1918, Badische Landeszeitung Nr. 544 vom 21.11.1918.

[55] Ebd.

er unter anderem durch Waldrodungen landwirtschaftliche Flächen erschließen und „ganze Dörfer" neu anlegen, um dort Bauern sowie einen Teil der „städtischen Bevölkerung" anzusiedeln. Neben positiven Auswirkungen auf den Arbeits- und Wohnungsmarkt versprach sich Dietrich davon eine Verbesserung der prekären Versorgungslage: Die früheren Stadtbewohner sollten sich mit Kartoffeln, Obst und Gemüse vom eigenen Grundstück versorgen.[56] In Ansätzen lässt sich sein Eintreten für Sozialisierungsmaßnahmen ebenfalls in die Vorkriegszeit zurückverfolgen. Damals hatte er den staatlichen Ausbau und Betrieb von Wasserkraftwerken, insbesondere am Oberrhein, befürwortet.[57]

In erster Linie knüpften seine Forderungen aber an Überlegungen an, die er während des Weltkriegs entwickelte – ein Umstand, den Dietrich gern betonte, um sich als weitsichtigen Politiker in Szene zu setzen.[58] Schon vor der Revolution problematisierte er die Kriegsgewinne und die explodierende Schuldenlast des Reiches. Durch „Schleichhandel" und „große Unternehmer" erzielte Profite wollte er einer starken Besteuerung unterwerfen, verbunden mit entschiedenen Maßnahmen gegen Steuerhinterziehung und Kapitalflucht.[59] Privat sprach er sich, auch aus antisemitischen Beweggründen, für eine vollständige „Beseitigung" des Handels aus.[60] Die kriegsbedingten Eingriffe des Staates in die Wirtschaft verstand er nicht als vorübergehenden Notbehelf, sondern hielt es für wünschenswert, „daß man zum Teil als Friedenswirtschaft die Kriegswirtschaft in verstärktem Maße fortsetzt".[61] Er plädierte für die Einführung einer „Kohlenfördergebühr", die auf eine öffentliche Bewirtschaftung der Kohlevorkommen hinauslief, für die Aufrechterhaltung der Lebensmittelbewirtschaftung und für staatliche Monopole in der Getreide-, Petroleum- und Elektrizitätsversorgung.[62] Hierin erblickte er ein zukunftsweisendes Modell, nämlich die Grundlage für „einen neuen Sozialismus", der ein Wesensmerkmal des „großen und starken Deutschland" sein sollte, das er von einem siegreichen Ausgang des Krieges erhoffte.[63] Diese Vorstellungen sind im Kontext der vielfältigen Gedankenspiele über „staatssozialistische" und „gemeinwirtschaftliche" Wirtschaftsformen oder einen „deutschen Sozialismus" zu verstehen, die während des Krieges angestellt wurden.[64] Nach der Revolution wurden auch im Bürgertum Rufe laut, rigoros gegen Kriegsgewinne vorzugehen und zu mehr oder weniger durchgreifenden Sozialisierungsmaßnahmen zu

---

[56] Hermann Dietrich: Arbeitslosenfürsorge oder Produktion, Badische Landeszeitung Nr. 598 vom 23.12.1918.
[57] Rede Dietrichs am 16.1.1914, Zweite Kammer, Sp. 518f.
[58] Dietrich versäumte nicht, auf die Kontinuität seiner Agenda hinzuweisen, z. B. Rede am 20.11.1918 in Karlsruhe, Badische Landeszeitung Nr. 544 vom 21.11.1918. Die Landeszeitung ließ er geeignete Passagen aus einer Landtagsrede von 1917 abdrucken: Die Erfassung der Kriegsgewinne, Badische Landeszeitung Nr. 573 vom 7.12.1918.
[59] Rede Dietrichs am 11.1.1918, Zweite Kammer, Sp. 293f.
[60] Elisabeth Trick an Dietrich, 10.4.1916, ND 728; vgl. Kap. IV, 4.
[61] Rede Dietrichs am 21.5.1917, Zweite Kammer, Sp. 212.
[62] Dietrich, Neuordnung, S. 15-29; Rede Dietrichs am 11.1.1918, Zweite Kammer, Sp. 295.
[63] Rede Dietrichs am 11.1.1918, Zweite Kammer, Sp. 302.
[64] Friedrich Zunkel: Industrie und Staatssozialismus. Der Kampf um die Wirtschaftsordnung in Deutschland 1914-1918. Düsseldorf 1974, bes. S. 31-68; Herfried Münkler: Der Große Krieg. Die Welt 1914 bis 1918. Berlin 2013, S. 260-267.

schreiten. Beide Fragen standen im Zentrum der politischen Debatten und fanden Eingang in die ersten programmatischen Erklärungen der beiden liberalen Parteien.[65] Dabei waren Dietrichs Überlegungen vergleichsweise weitreichend und zum Teil, insbesondere bei der Erfassung der Kriegsgewinne, äußerst konkret. Sie waren offensichtlich nicht als taktisches Entgegenkommen gegenüber den Arbeiterparteien gedacht. Wenn seine Vorhaben sich mit Standpunkten von SPD und USPD deckten, bestand für ihn umso mehr Anlass, in der Revolution die Chance für einen Neuanfang zu erblicken – wenngleich nur für wenige Wochen: Ab Anfang 1919 verschwanden derartige Forderungen aus seinen öffentlichen Stellungnahmen und wichen bald entgegengesetzten Positionen.

Die Perspektive eines Neubeginns eröffnete sich aus Dietrichs Sicht auch für das Bürgertum. Infolge der Revolution und der wirtschaftlichen Auswirkungen des Krieges sah er den „Mittelstand" – so der synonym zu verstehende, von ihm vorzugsweise verwendete Begriff, der die bäuerliche Wählerschaft auf dem Land einschloss – in der Gefahr, politisch und ökonomisch „vollends zerrieben" zu werden.[66] Andererseits sei er für Staat und Gesellschaft unverzichtbar, weil sonst „die Reibungsfläche zwischen denen ganz oben und den breiten Massen zu nahe und zu groß" werde.[67] Das Bürgertum befand sich demnach in einer prekären Lage, doch als ausgleichende Schicht zwischen „Kapital" und „Arbeiterstand" zugleich in einer ausschlaggebenden Position.[68] Damit es künftig politisch zur Geltung kommen könne, gelte es, „eine Mitte zu schaffen zwischen rechts und links" und die liberalen Parteien zu vereinigen.[69]

Die Hoffnung auf eine Sammlung der liberalen Kräfte, die weite Kreise der FVP, NLP und nicht zuletzt der Jungliberalen seit langem hegten, schien sich im Dezember tatsächlich zu erfüllen. Der politische Liberalismus in Baden und in weiten Teilen des Reichs fand sich in der Deutschen Demokratischen Partei zusammen, die am 16. November von einer Gruppe prominenter Persönlichkeiten um den Chefredakteur des *Berliner Tageblatts* Theodor Wolff und den Nationalökonomen Alfred Weber ins Leben gerufen wurde. Unmittelbar nach der Revolution begannen in Berlin, in den Bundesstaaten und Provinzen sowie auf kommunaler Ebene Verhandlungen zwischen Fortschrittlicher Volkspartei bzw. Demo-

---

[65] Im Gründungsaufruf der DDP vom 16. November finden sich Parallelen zu Dietrichs Programm (abgedruckt in: Otto Nuschke: Wie die Deutsche Demokratische Partei wurde, was sie leistete und was sie ist. In: Anton Erkelenz (Hg.): Zehn Jahre Deutsche Republik. Ein Handbuch für republikanische Politik. Berlin 1928, S. 24–41, hier S. 25 f.). In ihren Wahlaufrufen vom Dezember 1918 forderten sowohl DDP als auch DVP die „schärfste Erfassung der Kriegsgewinne": Eduard Heilfron: Die Deutsche Nationalversammlung im Jahre 1919 in ihrer Arbeit für den Aufbau des neuen deutschen Volksstaates. Bd. 1. Berlin o. J. [1919], S. 132–134 u. 140–142, Zitate S. 134 u. 141; vgl. Albertin, Liberalismus, S. 57 u. 72–74.
[66] Rede Dietrichs in Karlsruhe am 18. 12. 1918, Badische Landeszeitung Nr. 592 vom 19. 12. 1918.
[67] Rede Dietrichs in Mannheim am 11. 12. 1918, Badische Landeszeitung Nr. 582 vom 13. 12. 1918.
[68] Rede Dietrichs in Konstanz am 28. 11. 1918, Konstanzer Zeitung Nr. 326 vom 30. 11. 1918.
[69] Rede Dietrichs in Karlsruhe am 18. 12. 1918, Badische Landeszeitung Nr. 592 vom 19. 12. 1918.

kratischer Partei, der die FVP rasch mit ihrer gesamten Organisation beitrat, und den Nationalliberalen. Die Beratungen zwischen dem Reichsvorstand der NLP und der neuen Partei scheiterten nach mehreren Anläufen, zum einen, weil die DDP-Führer Gustav Stresemann wegen seiner Haltung in der Kriegszielfrage als kompromittiert betrachteten und ihm keine führende Rolle zugestehen wollten, zum anderen, weil Stresemann seinerseits einen Zusammenschluss ablehnte.[70] Als der NLP-Vorstand am 15. Dezember eine Vereinigung der Parteien endgültig ablehnte und stattdessen die Deutsche Volkspartei ins Leben rief, hatten sich allerdings schon viele führende Nationalliberale und erhebliche Teile der Basis den Demokraten angeschlossen. In Süddeutschland, aber auch in anderen Teilen des Reichs traten der DDP ganze Landes- bzw. Provinzialverbände bei, so dass die DVP vielerorts ohne organisatorische Basis dastand.[71]

In Baden kam es ebenfalls rasch zu Verhandlungen zwischen NLP und FVP bzw. DDP. Zwischenzeitlich rückte eine Einigung in weite Ferne, weil die DDP-Vertreter die deutlich mitgliederstärkere NLP nicht en bloc aufnehmen wollten. Unter Dietrichs Führung hoben die Nationalliberalen deshalb am 1. Dezember die Badische Volkspartei aus der Taufe. Unter dem Eindruck dieser Neugründung, die wohl primär die Stärkung der nationalliberalen Verhandlungsposition bezweckte, kam es zu neuerlichen Gesprächen, die am 10. Dezember schließlich doch zum Eintritt der gesamten Parteiorganisation in die DDP führten.[72] Der Verlauf der Verhandlungen lässt sich nicht im Detail aufklären, doch es besteht kein Zweifel, dass Dietrich mit Nachdruck auf die Einigung hinwirkte. Mit Stolz stellte er fest, die „einheitliche liberal-bürgerliche Partei" sei nun Realität,[73] und die Skeptiker hoffte er mit dem Argument zu überzeugen, dass das Bürgertum zum gemeinsamen Handeln gezwungen sei. Angesichts der gewaltigen Probleme der Gegenwart sei für „alte Wünsche und Forderungen" von einzelnen „Interessenten" kein Raum mehr, so seine Mahnung vor den Wahlen zur badischen Nationalversammlung.[74]

---

[70] Albertin, Liberalismus, S. 45-88; Hartenstein, Anfänge, S. 9-47; Richter, Deutsche Volkspartei, S. 31-45; Jones, Liberalism, S. 15-29; Wright, Stresemann, S. 117-125. Richter und Jones verkennen (anders als Hartenstein und Wright) das Taktieren Stresemanns als Bereitschaft zur Einigung und lasten das Scheitern der Verhandlungen den Demokraten um Wolff und Weber an – eine Sichtweise, die sich freilich auch vielen Zeitgenossen aufdrängte und Stresemann in die Karten spielte.

[71] Bei den Wahlen zur Nationalversammlung hatte die DVP in 11 von 36 Wahlkreisen keine eigenen Listen. In einigen anderen Wahlkreisen waren die alten nationalliberalen Organisationen durch Übertritte zur DDP zumindest stark geschwächt: Hartenstein, Anfänge, S. 63-73 u. 92.

[72] Vgl. Alexander Bangert: Das Postulat der ‚Sammlung der Mitte' und ein Wechselspiel aus Konfrontation, Distanz und Annäherung – Das ambivalente Verhältnis von Deutscher Demokratischer Partei (DDP) und Deutscher Volkspartei (DVP) in Baden 1918-1933. In: Jahrbuch zur Liberalismus-Forschung 25 (2013), S. 249-275, hier S. 253-258; Paul Rothmund: Liberalismus am Ende? Weimarer Zwischenspiel. In: ders./Erhard R. Wiehn (Hg.): Die F.D.P./DVP in Baden-Württemberg und ihre Geschichte. Liberalismus als politische Gestaltungskraft im deutschen Südwesten. Stuttgart u. a. 1979, S. 165-180, hier S. 166f.

[73] Dietrich an Josef Bittel, 13.12.1918, ND 216, pag. 81.

[74] Hermann Dietrich: Politik oder Interessenwirtschaft, Badische Landeszeitung Nr. 3 vom 3.1.1919.

1. Zwischen „Chaos" und „Wiederaufbau": Die Republik als Neubeginn?

Für jede Interessengruppe sei „nur dann etwas zu erreichen, wenn sie ihren Einfluß bei der Mittelpartei sich wahrt, und das geschieht dadurch, daß ihre Anhänger bei uns mitmachen".[75]

So sehr die Einigung der liberalen Parteien Dietrich ein Anliegen war, so sehr entsprach seine Beteiligung an der Gründung der DDP dem karrierebewussten, pragmatischen Kurs, den er nach der Revolution verfolgte. Er sah keine Perspektive für die Fortsetzung seiner politischen Laufbahn außerhalb der neuen Partei, sondern war fest überzeugt, dass „das Bürgertum auf absehbare Zeit einen entscheidenden Einfluß im Staate nur durch die Mitarbeit in dieser Gruppe erreichen" konnte. Die „rechtsstehenden Gruppen" hätten nur dann Aussicht auf eine Regierungsbeteiligung, falls SPD und DDP die Mehrheit verlören – „ein Zustand", so sein Resümee nach den Wahlen im Januar 1919, „der in absehbarer Zeit nicht eintreten wird, wenn auch [...] eine gewisse Reaktion auf den Umsturz sicherlich kommt".[76] Diese Einschätzung drängte sich auf, schließlich hatte die DDP im Reich 18,6 Prozent der Stimmen auf sich vereinigt und gemeinsam mit der SPD (37,9 Prozent) eine klare Mehrheit, auch ohne das Zentrum (19,7 Prozent), den dritten Partner der sich nun bildenden „Weimarer Koalition". Die DVP hingegen kam nur auf 4,4 Prozent der Stimmen, und erst einmal sprach wenig dafür, dass sich das Blatt zugunsten von Stresemanns Partei wenden werde. In Baden stellte sich die Lage noch deutlicher dar, denn hier war die DVP vorläufig gar nicht existent, so dass als einzige parteipolitische Alternative im „nationalen Lager" die konservative DNVP übrigblieb (Tabellen 1 und 2).

Insgesamt war Dietrichs Reaktion auf die Revolution also höchst ambivalent. Er trauerte dem Kaiserreich nach und warf ihm zugleich Versagen vor; er wähnte das Bürgertum politisch und sozioökonomisch einerseits bedroht, andererseits in einer ausschlaggebenden Position; er fürchtete den Zusammenbruch von Staat, Wirtschaft und Gesellschaft, hoffte aber auf eine bessere Zukunft, in der alte Missstände behoben würden. Unbeschadet aller Befürchtungen und skeptischen Äußerungen, die bald die Oberhand gewinnen sollten, lässt sich bei ihm jene „Aufbruchsstimmung" ausmachen, die in den ersten Wochen nach der Revolution viele Liberale, insbesondere in der DDP, verspürten.[77]

Auch seine Haltung gegenüber der jungen Demokratie in den Weimarer Anfangsjahren war von Widersprüchen und Schwankungen bestimmt. Sie lässt sich mit dem ohnehin etwas unscharfen Begriff „vernunftrepublikanisch", der auf der individuellen Ebene leicht zur „Leerformel" verkommt,[78] nur unzulänglich beschreiben. Bis 1923 sind in Dietrichs Äußerungen über die republikanische Staatsform Gegensätze festzustellen, die über Nuancen weit hinausgingen. Mal

---

[75] Dietrich an Otto Zandt, 9. 1. 1919, ND 216, pag. 164. Zandt war Pfarrer in Konstanz: In diesem Fall ging es um den Einfluss der evangelischen Kirche auf die Gestaltung der badischen Verfassung.

[76] Dietrich an Rebmann (Rundschreiben an „alle ehemaligen Fraktionskollegen"), 28. 1. 1919, GLAK 69 NLP Baden 242.

[77] Langewiesche, Liberalismus, S. 254; vgl. auch Michael Epkenhans: Das Bürgertum und die Revolution 1918/19. Heidelberg 1994, S. 15-18 u. Albertin, Liberalismus, S. 76 f.

[78] Christoph Gusy: „Vernunftrepublikanismus" in der Staatsrechtswissenschaft der Weimarer Republik. In: Wirsching/Eder, Vernunftrepublikanismus, S. 195-217, hier S. 200.

trat er als aufrichtiger Republikaner in Erscheinung,[79] der sich als Erzieher im Dienst einer fortschrittlichen demokratisch-parlamentarischen Verfassung verstand, mal als Verlegenheitsrepublikaner, dessen Bekenntnis zur Republik der „Logik des geringsten Übels" folgte,[80] und in manchen Fällen ähnelte sein Verhalten dem der antirepublikanischen Rechten. Wenngleich wiederholt auf die Vielfalt liberaler Standpunkte zum Weimarer Staat und deren im Einzelfall oft zwiespältigen, unbeständigen Charakter hingewiesen worden ist,[81] sind das Ausmaß und das zeitliche Nebeneinander der Gegensätze in Dietrichs Denken und Handeln doch erstaunlich – und aufschlussreich: An seinem Fall zeigt sich, wie problematisch es sein kann, verschiedene Typen von Republikanern zu unterscheiden oder demokratisches und antidemokratisches Denken strikt zu trennen.[82]

Wie Dietrichs Verhalten im November 1918 unterstreicht, war seine Haltung zur neuen Staatsform zunächst mit der Frage nach den eigenen Karriereoptionen verbunden. Auf die Fortsetzung seiner politischen Laufbahn und das Erlangen weiterer öffentlicher Ämter konnte er kaum hoffen, wenn er sich mit der Republik nicht arrangierte. Der Anreiz, sich auf den „Boden der Tatsachen" zu stellen, entsprang aber nicht nur Opportunismus. Im Zentrum von Dietrichs Politikverständnis stand die an aktuellen Sachfragen orientierte „praktische Politik" bzw. „Politik der praktischen Arbeit".[83] Wenn er seinen Eintritt in die Revolutionsregierung als Dienst am Staat rechtfertigte, entsprach das auch dem klassisch liberalen Ideal der Mitwirkung am Gemeinwesen, dem gouvernementalen Selbstverständnis der badischen Nationalliberalen, das so markant in Edmund Rebmanns Verhalten am 10. November zum Ausdruck kam, und seinem Werdegang als kommunaler Verwaltungsfachmann, der Politik aktiv gestaltete und sich in erster Linie der täglichen Detailarbeit widmete. Dieses staatsbürgerliche Ethos, gepaart mit der Bereitschaft zum politischen Kompromiss und der Geringschätzung dogmatischer Standpunkte, war ein wichtiger Faktor für seine Integration in den Weimarer Staat.

Ein weiterer wichtiger Referenzpunkt für Dietrichs Hinwendung zur Republik war die historische Perspektive einer Stunde Null im November 1918. Er war bereit, der Republik einen Vertrauensvorschuss zu gewähren, und zeigte sich überzeugt, dass eine schnelle Besserung der wirtschaftlichen, innen- und außenpolitischen Lage nicht zu erwarten war. Kurz nach der Eröffnung der Weimarer Nationalversammlung äußerte er mit Blick auf die blutigen Unruhen im Reich die Erwartung, dass die „gräßlichen Zustände" schon deswegen „noch lange anhalten" würden, weil die Regierung nicht über die erforderlichen militärischen

---

[79] Diese Sicht vertritt einseitig Saldern, Dietrich, S. 35 f.
[80] Gusy, Vernunftrepublikanismus, S. 199.
[81] Heß, Überlegungen; Langewiesche, Liberalismus, S. 253–266; Hertfelder, Meteor; an den Beispielen von Theodor Heuss und Gustav Stresemann: Joachim Radkau: Theodor Heuss. München 2013, S. 122–124; Pohl, Stresemann, S. 213–216.
[82] Vgl. Christoph Gusy: Fragen an das „demokratische Denken" in der Weimarer Republik. In: ders., Demokratisches Denken, S. 635–663, hier S. 646.
[83] Hermann Dietrich: Müssen wir hungern? Badische Landeszeitung Nr. 391 vom 24. 8. 1919 u. ders.: Weihnachten 1920, Badische Landeszeitung Nr. 372 vom 24. 12. 1920.

1. Zwischen „Chaos" und „Wiederaufbau": Die Republik als Neubeginn?

„Machtmittel" verfüge, um die innere Ordnung zu gewährleisten.[84] In den folgenden Jahren predigte er Geduld – nur durch „schwere Arbeit" und „im Laufe langer Jahre" könne „eine Gesundung und eine Wiedergewinnung der alten politischen und wirtschaftlichen Stellung" erreicht werden.[85] Er mahnte, die Republik nicht an der Zeit vor 1914 zu messen. Nach dem „Chaos des verlorenen Kriegs und des revolutionären Zusammenbruchs" und angesichts der Belastung durch den Versailler Vertrag, „der uns jede Arbeit fast unmöglich macht", dürfe man sich nicht an den „alten goldenen Zeiten" orientieren.[86] Ungeachtet aller Missstände müsse die Frage lauten, was „seit dem 9. November wieder erreicht worden" sei, und so verteidigte er die Leistungen der Republik, ihrer Regierungen und Parlamente gegen das „Schimpfen und Kritisieren" aus den Reihen des Bürgertums.[87]

Im Übrigen interpretierte er den Übergang zu der neuen Staatsform als ein zwar nicht unvermeidliches, aber folgerichtiges Ergebnis der historischen Entwicklung – ein Argumentationsmuster, das im intellektuellen Umfeld der DDP weit verbreitet war.[88] Nach dem kläglichen Ende der Monarchie gab es für Dietrich weder eine konkrete noch eine theoretische Alternative zu der neuen demokratischen Verfassung, weil er sie als Konsequenz eines gesellschaftlichen Evolutionsprozesses wahrnahm. Umsturzgedanken von rechts betrachtete er nicht nur als gefährlich, sondern auch als illusorisch. Er hielt es für undenkbar, das Rad der Geschichte zurückzudrehen und die Arbeiterschaft von der politischen Teilhabe auszuschließen. Nach dem Ende des von ihm scharf verurteilten Kapp-Lüttwitz-Putsches im März 1920 unterstrich er, dass an der Zusammenarbeit des Bürgertums mit der SPD kein Weg vorbeiführe. Die Arbeiterschaft sei „ein politischer Faktor ersten Ranges [...] und ein viel entschlossenerer als die Bürgerlichen. Es ist nicht mehr möglich, ohne die Mehrheitssozialdemokratie den Staat in Ordnung zu halten."[89] Auf dem Höhepunkt der Krise des Jahres 1923, unmittelbar nach dem Hitlerputsch und dem endgültigen Scheitern der Großen Koalition unter Stresemann, war er voller Sorge um den Fortbestand der Republik. Seinem Schwager Ludwig Schmidt, der dem Weimarer Staat mit deutlicher Distanz gegenüberstand, erläuterte er warnend die Gefahr, dass „wir im Wege einer Diktatur rechts abmarschieren". Dies werde „auf die Dauer zu nichts Gutem führen".[90]

---

[84] Dietrich an Theodor Roether, 20. 2. 1919, ND 216, pag. 183.
[85] Hermann Dietrich: Nationale Politik, Badische Landeszeitung Nr. 165 vom 24. 4. 1920.
[86] Hermann Dietrich: 1920, Badische Landeszeitung Nr. 377 vom 31. 12. 1920.
[87] Rede Dietrichs in Donaueschingen am 11. 1. 1920, Badische Landeszeitung Nr. 20 vom 13. 1. 1920.
[88] Als Beispiele können Friedrich Meinecke, Carl Heinrich Becker oder auch der „Hilfe-Kreis" gelten: Harm Klueting: „Vernunftrepublikanismus" und „Vertrauensdiktatur": Friedrich Meinecke in der Weimarer Republik. In: Historische Zeitschrift 242 (1986), S. 69-98, hier S. 76-80; Béatrice Bonniot: Homme de culture et républicain de raison. Carl Heinrich Becker, serviteur de l'Etat sous la République de Weimar (1918-1933). Frankfurt a. M. u. a. 2012, S. 116-120; Hertfelder, Meteor, S. 30f. u. 42-44.
[89] Hermann Dietrich: Der Ausweg aus dem Wirrwarr, Badische Landeszeitung Nr. 130 vom 22. 3. 1920.
[90] Dietrich an Ludwig Schmidt, 13. 11. 1923, ND 642.

In den ersten Jahren nach der Revolution war diese Sichtweise jedoch starken Schwankungen und Einschränkungen unterworfen, die umso schwerer wogen, als er selbst den exekutiven und legislativen Organen der Republik angehörte und die DDP praktisch ununterbrochen Regierungspartei war. Dabei spielte der taktische Gesichtspunkt, den erstarkenden Parteien rechts der DDP den Wind aus den Segeln zu nehmen, durchaus eine Rolle. Zwischen seinen öffentlichen und privaten Äußerungen lassen sich allerdings keine wesentlichen Diskrepanzen feststellen.

Dietrichs Vorbehalte hingen eng mit seinem funktionalistischen Staatsverständnis zusammen. Als er im Januar 1919 heimkehrende Truppen in Konstanz begrüßte, erläuterte er, wie es gelingen könne, „einen neuen Staat" zu „bauen": „Nur ein geordneter und starker Staat kann uns helfen. Ihn wieder aufzurichten auf dem heutigen republikanischen Boden, das ist die Aufgabe".[91] Wenngleich Dietrich Begriffe selten trennscharf verwendete oder gar eine Staatstheorie formulierte, wird deutlich, dass die republikanische Staats*form* nicht das eigentliche Ziel war, sondern lediglich das Mittel zum Zweck, der „Boden" für den leistungsfähigen Staat als solchen, der sich unabhängig von der jeweiligen Staatsform durch die – ständig schlagwortartig wiederholten – Attribute „Stärke", „Macht" und „Ordnung" auszeichnete. Im Inneren hatte der Staat wirtschaftliche Prosperität und sozialen Frieden sicherzustellen. Dadurch wiederum wurde ihm ein machtvolles Auftreten in der Außenpolitik ermöglicht. Diesem eher schlichten, unkomplizierten Ideal hatte die Monarchie gemäß der Kritik, die er nach der Revolution äußerte, im Krieg nicht mehr entsprochen – sie war also dysfunktional geworden. Gleichzeitig ergab sich aber aus diesem politischen Funktionalismus, der in der Weimarer Republik lagerübergreifend verbreitet war, eine Hypothek für die Beurteilung der neuen Staatsform, weil diese ihre Tauglichkeit unter Beweis stellen musste.[92] Angesichts der schweren wirtschaftlichen, innen- und außenpolitischen Krisen, welche die Republik bis 1923 in Atem hielten, stellte sich fast zwangsläufig die Frage, was sie *nicht* leistete. Dieser Logik folgten viele Stellungnahmen Dietrichs, obwohl er oft genug vor einer solchen Folgerung warnte und er nicht zu denjenigen zählte, die sich demonstrativ abwartend verhielten und ihre Akzeptanz des Weimarer Staates von dessen Leistungen abhängig machten.[93] Alle Hoffnungen, die er anfangs mit der Revolution verknüpft hatte, blieben im Wesentlichen unerfüllt, wohingegen viele Befürchtungen sich bestätigten. Gleichzeitig behielt das Kaiserreich für Dietrich eine gewisse Vorbildfunktion und blieb somit als Vergleichsfolie präsent. Er selbst orientierte sich eben doch an den „alten goldenen Zeiten". Das Nebeneinander von „wieder" und „neu" in seiner Wortwahl ist bezeichnend: Der Republik fiel sowohl die Aufgabe eines *Neu*aufbaus als auch die eines *Wieder*aufbaus zu.

Auf der einen Seite trat Dietrich für die Republik ein, auf der anderen äußerte er, verschärft ab Herbst 1919 und nicht selten im gleichen Atemzug, fortwährend

---

[91] Rede Dietrichs in Konstanz am 12. 1. 1919, Konstanzer Zeitung Nr. 12 vom 13. 1. 1919.
[92] Wirsching, Vernunftrepublikanismus, S. 22–25; vgl. auch Christoph Gusy: Einleitung: Demokratisches Denken in der Weimarer Republik – Entstehungsbedingungen und Vorfragen. In: ders., Demokratisches Denken, S. 11–36, hier S. 35.
[93] Wie z. B. der DVP-Abgeordnete Wilhelm Kahl in der Nationalversammlung: Gusy, Vernunftrepublikanismus, S. 204 f.

1. Zwischen „Chaos" und „Wiederaufbau": Die Republik als Neubeginn?   107

seinen Unmut und prangerte zahllose Missstände an, für welche er sie zumindest indirekt verantwortlich machte. Es versteht sich von selbst, dass nicht jede Beanstandung einzelner Verfassungsbestimmungen, schon gar nicht jede kritische Äußerung zu einzelnen politischen Entwicklungen antirepublikanische Züge trug. Das war aber durchaus der Fall, wenn Dietrich sich gegen Eckpfeiler der neuen staatlichen Ordnung wandte und dabei Rückschritte gegenüber dem Kaiserreich diagnostizierte. So hielt er von dem neuen Wahlrecht, das die Altersgrenze von 25 auf 20 Jahre herabsetzte und erstmals die Frauen einschloss, erkennbar wenig. Auf eine Eingabe zugunsten einer (Wieder-)Anhebung des Wahlalters erläuterte er, dies sei mit der SPD nicht zu machen, fügte aber hinzu: „Daß im übrigen das Wahlrecht der Zwanzigjährigen, besonders des weiblichen Teils ein Unfug ist, ist für mich außer Frage."[94]

Die Gestaltung der Beamtenpolitik betrachtete er als staatsgefährdend und stellte nach den Fehlentwicklungen während des Krieges eine weitere Verschlechterung fest. Nun richtete sich sein Unmut gegen die Auswahl von Beamten nach politischen Kriterien. Vor allem im Hinblick auf Preußen, wo die SPD zumindest auf der Ebene des höheren Dienstes die Demokratisierung des Verwaltungsapparats vorantrieb, beklagte er die Förderung „politischer Streber". Gegen „tüchtige Sozialdemokraten in der Verwaltung" sei nichts einzuwenden, „sofern sie die nötige Vorbildung haben". Man habe jedoch in kürzester Zeit den „festgefügten alten Verwaltungsorganismus" des Staates „zerschlagen", der bisher aus „zwar reaktionären, aber zuverlässigen Beamten" bestanden habe.[95] Damit verharmloste bzw. ignorierte Dietrich den Umstand, dass zahlreiche altgediente Spitzenbeamte sich während des Kapp-Lüttwitz-Putsches im März 1920 der Republik gegenüber illoyal verhalten hatten, und übertrieb das Ausmaß der Eingriffe in den Beamtenapparat.[96] Nach der Ermordung von Walther Rathenau lehnte er außerdem diejenigen Bestimmungen des Republikschutzgesetzes ab, welche die Verfassungstreue der Beamtenschaft gewährleisten sollten. Wie er einem alten nationalliberalen Bekannten erklärte, sah er darin den Versuch des „Sozialismus" zur „Knebelung der anders denkenden Bevölkerungsklassen".[97] In den ohnehin begrenzten Ansätzen einer prorepublikanischen Personalpolitik erblickte Dietrich also einen Angriff auf den Staat, nicht etwa den Versuch, ihn zu schützen: Hier traten die Konsequenzen einer Trennung von republikanischer Staatsform und dem als überparteilich bzw. unpolitisch begriffenen Staat markant hervor.

Soweit Dietrich zu den tagespolitischen Entwicklungen Stellung nahm, bediente er sich eines bisweilen drastischen Vokabulars. So bezeichnete er im Okto-

---

[94] Dietrich an Hermann Abegg, 19.5.1922, ND 67, fol. 15.
[95] Hermann Dietrich: 1920, Badische Landeszeitung Nr. 377 vom 31.12.1920.
[96] Dietrich Orlow: Weimar Prussia, 1918–1925. The Unlikely Rock of Democracy. Pittsburgh 1986, S. 119–135; Wolfgang Runge: Politik und Beamtentum im Parteienstaat. Die Demokratisierung der politischen Beamten in Preußen zwischen 1918 und 1933. Stuttgart 1965, S. 100–134.
[97] Dietrich an Gustav Jolly, 13.7.1922, ND 68, fol. 161. Der Vorwurf, dass die Arbeiterparteien mit dem Republikschutzgesetz parteipolitische Interessen verfolgten, war bei den liberalen Parteien verbreitet: Gotthard Jasper: Der Schutz der Republik. Studien zur staatlichen Sicherung der Demokratie in der Weimarer Republik 1922–1930. Tübingen 1963, S. 86–89.

ber 1923, anlässlich der fortgeschrittenen Verhandlungen zur Währungsreform, die geplante Rentenmark als „Produkt von schwächlichen und faulen Kompromissen".[98] Überhaupt stellte für ihn die Finanz- und Wirtschaftspolitik, mit der er sich intensiv auseinandersetzte, einen steten Stein des Anstoßes dar. Den verzweifelten Versuchen des Reiches, den Haushalt zu sanieren, brachte er wenig Verständnis entgegen, sondern machte schwerwiegende Fehlgriffe von Exekutive und Legislative für die anhaltende Finanzmisere verantwortlich. Im Aufbau der neuen Reichsfinanzverwaltung sah er in erster Linie den „Umsturz aller vorhandenen Steuerbehörden", die Steuergesetzgebung hielt er für „nicht durchdacht" und den Reichstag kritisierte er für das „ewige Ändern" der Bestimmungen. Unter solchen Bedingungen sei es kein Wunder, dass die Behörden nicht effizient arbeiteten und die Steuereingänge viel zu niedrig seien.[99] Anfang 1922 stellte er die gesamte Finanzpolitik seit der Revolution als Produkt von öffentlichkeitswirksamen „Schlagworten" an den Pranger und hob ihre sozial ungerechten Auswirkungen hervor, unter denen vornehmlich die Mittelschichten zu leiden hätten.[100] Die Aufrechterhaltung der Zwangswirtschaft in der Lebensmittelversorgung geißelte er als Fehlschlag, der die „Autorität des Staates" untergrabe, weil rationierte Güter auch gegen Bezugsscheine kaum zu erhalten seien und der Schleichhandel blühe. Laut Dietrich beging man nun „denselben Fehler" wie die „kaiserliche Regierung" während des Krieges.[101] Noch schlechter fiel sein Urteil über die kommunalen und staatlichen Betriebe aus, die hohe Defizite verursachten, „während der alte Staat seine Betriebe, Post und Eisenbahnen in einer geradezu glänzenden Verfassung hatte".[102]

Generell beklagte Dietrich inzwischen staatliche Eingriffe in die Wirtschaft, die nach dem Krieg nicht reduziert, sondern aus „Aberglauben an den Sozialismus" noch vermehrt worden seien. Von seinen eigenen, überaus weitgehenden interventionistischen Ideen der Kriegs- und Revolutionszeit hatte er sich stillschweigend verabschiedet. „Wenn es besser werden soll in Deutschland", lautete nun seine Forderung, müsse man „die alten Zustände auf wirtschaftlichem Gebiet", die „kapitalistische Wirtschaft", wie sie bis 1914 bestanden habe, „wieder herstellen".[103] Den politischen Einfluss der Arbeiterschaft machte er für die schlechte Wirtschaftslage wesentlich mitverantwortlich, wenngleich er sich in diesem Punkt eher vorsichtig äußerte. Er führte die gegenüber dem Vorkriegsniveau gesunkene Produktivität auf die gestiegenen Löhne, kürzeren Arbeitszeiten und eine zu großzügig bemessene Erwerbslosenfürsorge zurück, verurteilte namentlich die Abschaffung der Akkordarbeit und forderte die Rückkehr zu leistungsorientierter Bezahlung, wo-

---

[98] Hermann Dietrich: Zur Bodenmark, Seebote Nr. 227 vom 4.10.1923.
[99] Hermann Dietrich: Zur Lage, Badische Landeszeitung Nr. 127 vom 4.6.1921.
[100] Hermann Dietrich: Steuerpolitik oder Schlagworte, Königsberger Hartungsche Zeitung Nr. 45 vom 27.1.1922 u. ders.: Demokratie und Wirtschaftspolitik, Königsberger Hartungsche Zeitung Nr. 153 vom 31.3.1922.
[101] Hermann Dietrich: Zwangswirtschaft und kein Ende, Badische Landeszeitung Nr. 247 vom 31.7.1920.
[102] Hermann Dietrich: 1920, Badische Landeszeitung Nr. 377 vom 31.12.1920.
[103] Hermann Dietrich: Wirtschaftsprovinzen, Badische Landeszeitung Nr. 36 vom 12.2.1921.

1. Zwischen „Chaos" und „Wiederaufbau": Die Republik als Neubeginn?   109

mit er sich, analog zu den Forderungen aus Arbeitgeberkreisen, indirekt gegen den Achtstundentag wandte, der für die Arbeiterschaft eine der großen Errungenschaften der Revolution darstellte.[104] Die Inflationsspirale aus Lohn- und Preiserhöhungen lastete er auch der Schwäche des Staates an, der nicht in der Lage sei, den Forderungen der Arbeitnehmer im öffentlichen Dienst entgegenzutreten.[105]

Es gab gewiss Anlass, die finanz- und wirtschaftspolitischen Maßnahmen in den Anfangsjahren der Weimarer Republik zu beanstanden. Dietrich beschränkte sich aber häufig nicht auf die sachliche und konstruktive Kritik, die er selbst von anderen einforderte, sondern ließ die republikanischen Organe in ihrem Agieren als fahrlässig und inkompetent erscheinen und rückte offen einzelne Missstände in einen Zusammenhang mit der Staatsform. Gerade hier wäre jene Geduld am Platze gewesen, die er sonst anmahnte. Zweifellos hatte die vorläufige Aufrechterhaltung der Lebensmittelbewirtschaftung, die erst nach und nach abgebaut wurde, die von Dietrich kritisierten negativen Auswirkungen, die Misserfolge und Ungerechtigkeiten der Steuerpolitik standen außer Frage, und die gesunkene wirtschaftliche Produktivität mochte zum Teil auf Streiks und Arbeitszeitverkürzungen zurückzuführen sein. Aber in erster Linie waren diese Probleme Folgen des Weltkriegs und des Versailler Vertrags. Die Versorgungslage blieb in der Nachkriegszeit prekär, die Umstellung von der Kriegs- auf die Friedenswirtschaft konnte nicht reibungslos vonstattengehen, und die Kriegsschulden und Reparationslasten waren nicht nur ein wesentlicher Faktor für die Geldentwertung, sondern erforderten auch eine grundlegende, zwangsläufig mit Anlaufschwierigkeiten verbundene Reorganisation der Finanzverwaltung und der Steuergesetzgebung, wie sie im Rahmen der Erzbergerschen Finanzreform 1919/20 durchgeführt wurde.[106] Dietrich erkannte diese Zusammenhänge durchaus und wurde nicht müde, den Ausnahmecharakter der wirtschaftlichen und außenpolitischen Lage zu betonen. Insbesondere setzte er sich intensiv mit den Friedensbedingungen und den Reparationsforderungen auseinander, auf die er oft alle innenpolitischen Probleme zurückführte. Im Juli 1922 betonte er, sämtliche Bereiche staatlichen Handelns seien „restlos bedingt durch die unerträglichen Lasten und Leistungen auf Grund des Versailler Vertrags". Solange dieser in Kraft bleibe, könne „kein Staatsmann und keine Partei Deutschland zur Gesundung bringen".[107]

---

[104] Rede Dietrichs am 2.3.1920, Badischer Landtag Heft 525a, Sp. 745-749; Hermann Dietrich: Müssen wir hungern? Badische Landeszeitung Nr. 391 vom 24.8.1919; zum Streit um den Achtstundentag Gerald D. Feldman/Irmgard Steinisch: Die Weimarer Republik zwischen Sozial- und Wirtschaftsstaat. Die Entscheidung gegen den Achtstundentag. In: Archiv für Sozialgeschichte 18 (1978), S. 353-439, hier S. 356-381; Heinrich August Winkler: Von der Revolution zur Stabilisierung. Arbeiter und Arbeiterbewegung in der Weimarer Republik 1918 bis 1924. Berlin u. a. 1984, S. 393-399.

[105] Hermann Dietrich: Teuerungsbeihilfen, Badische Landeszeitung Nr. 500 vom 26.10.1919.

[106] Vgl. Carl-Ludwig Holtfrerich: Die deutsche Inflation 1914-1923. Ursachen und Folgen in internationaler Perspektive. Berlin u. a. 1980, S. 88-92, 124-135 u. 179-182; Gerald D. Feldman: The Great Disorder. Politics, Economics, and Society in the German Inflation, 1914-1924. New York u. a. 1993, S. 99-131, 156-165 u. 344-358.

[107] Geleitwort zum Mord an Walther Rathenau (Entwurf) für die RdE Korrespondenz des Volksbundes „Rettet die Ehre", 13.7.1922, ND 68, fol. 67; ausführlich zu Dietrichs Auseinandersetzung mit der Reparationsfrage Kap. V, 2.

Allerdings stellte Dietrich der Republik gerade außenpolitisch ein schlechtes Zeugnis aus, weil er die Annahme der Waffenstillstandsbedingungen, die Unterzeichnung des Versailler Vertrags und generell die vermeintliche Nachgiebigkeit gegenüber den Siegermächten als kapitale Fehler betrachtete. Eine wichtige Rolle spielte, dass er nach wie vor glaubte, der Weltkrieg sei nicht militärisch verloren worden.[108] Wenige Tage nach den Abstimmungen über den Versailler Vertrag in der Nationalversammlung am 22. bzw. 23. Juni 1919 begrüßte er angesichts der „unerträglichen Friedensbedingungen" das Verhalten der DDP-Fraktion, die fast geschlossen gegen die Unterzeichnung votiert hatte, äußerte aber Verständnis für die Mehrheit des Parlaments: „Welche Haltung die richtige gewesen sei, könne heute noch niemand sagen."[109] Solch duldsame Töne gehörten bald der Vergangenheit an. Er bezeichnete die Befürworter der Unterzeichnung als „die Leichtgläubigen" und behauptete, diese hätten „die Nerven [...] völlig verloren" – wie schon im November 1918, als man im Vertrauen auf Wilsons 14-Punkte-Programm „im verkehrten Augenblick die Waffen aus der Hand gelegt" habe.[110] Die jeweils federführenden Politiker, also im Wesentlichen Mitglieder von SPD und Zentrum, brandmarkte er als naiv und unfähig: „Mit Leuten, die zunächst auf den Wilson-Schwindel und später auf den Versailler Frieden hineingefallen sind, ist naturgemäß eine ernsthafte Politik nicht zu machen."[111] Bis 1923 überwogen in der DDP die Stimmen gegen die „Erfüllungspolitik".[112] Wer sich allerdings so ausdrückte, näherte sich argumentativ der Dolchstoßlegende – zumindest waren derartige Äußerungen nicht geeignet, dieser entgegenzuwirken.

Die Polemik, mit der Dietrich sich durch die öffentliche Arena bewegte, war nicht auf Einzelfälle beschränkt. Sie richtete sich implizit gegen die Republik – mal konnte, mal musste sie so verstanden werden. Doch wann immer er sich ausdrücklich mit dem Weimarer Staat auseinandersetzte, bekannte er sich zu der republikanisch-demokratischen Ordnung. Dabei legte er ein paradoxes Demokratieverständnis an den Tag, das für seine ambivalente Haltung gegenüber der Republik mitverantwortlich war.

Als letztlich entscheidende Voraussetzung für den funktionstüchtigen, innen- und außenpolitisch starken Staat betrachtete er die „Einheit des deutschen Vol-

---

[108] Eine Auffassung, die allerdings auch bei Linksliberalen verbreitet war, die dezidiert gegen die Dolchstoßpropaganda vorgingen: Barth, Dolchstoßlegenden, S. 444–463.
[109] Rede Dietrichs vor dem Landesausschuss der badischen DDP am 28.6.1919, Badische Landeszeitung Nr. 296 vom 30.6.1919. Dietrich hatte sein Mandat in der Nationalversammlung im April niedergelegt. Er nahm aber gemeinsam mit dem badischen Staatspräsidenten Anton Geiß (SPD) an der Debatte über den Friedensvertrag teil, die am 19. Juni im Staatenausschuss stattfand. Während Geiß sich angesichts des drohenden Einmarsches und der Grenzlage Badens für die Annahme aussprach, verwies Dietrich darauf, „daß die nationale Ehre gewahrt werden müsse, auch die territorialen Forderungen zu weit": Aufzeichnung Wilhelm Groeners über die Tage in Weimar vom 18. bis zum 20. Juni 1919, AdR Scheidemann Dok. 114, S. 485 f. Von den 75 Mitgliedern der DDP-Fraktion stimmten am 22. Juni 7 für, 63 gegen die Unterzeichnung (bei 5 Absenzen); vgl. Heß, Demokratischer Nationalismus, S. 76–111.
[110] Hermann Dietrich: Ostern, Badische Landeszeitung Nr. 71 vom 26.3.1921.
[111] Hermann Dietrich: Der Ausweg aus dem Wirrwarr, Badische Landeszeitung Nr. 130 vom 22.3.1920.
[112] Heß, Demokratischer Nationalismus, S. 120–142.

1. Zwischen „Chaos" und „Wiederaufbau": Die Republik als Neubeginn?

kes". Der nationale Machtstaat war gleichermaßen Produkt und Symbol dieser Einheit, und nicht zuletzt diese idealisierte Wechselbeziehung lag der Staatsfixierung in Dietrichs Denken zugrunde und verlieh dem allgegenwärtigen Begriff „Staat" den Charakter eines Schlagworts. Als Garanten der deutschen Einheit hatte Dietrich bislang das Kaisertum der Hohenzollern verstanden. Nach der Novemberrevolution verkehrte sich diese essentielle Funktion der Monarchie ins Gegenteil. Jeder Versuch zur Wiederherstellung der alten Staatsform verbot sich schon deshalb, weil „das mehr Blut kosten würde als der ganze Krieg".[113] Nun galt es, die nationale Geschlossenheit im Rahmen der republikanischen Ordnung zu erreichen – und gerade hier war die Bilanz des Weimarer Staates ernüchternd, waren die Nachkriegsjahre doch von wirtschaftlichen Interessenkonflikten, innenpolitischer Polarisierung, wiederholt gar von bürgerkriegsähnlichen Zuständen geprägt. „Mißtrauen aller Stände gegeneinander, Haß und Zwietracht" beherrschten aus Dietrichs Sicht das „Volk", welches von „gewissenlosen und unverständigen Politikern" gespalten, von „Nichts- und Besserwissern" mit den „Götzen der Schlagworte und Systeme [...] gefüttert und betrogen" werde und deshalb „todkrank" sei: „Statt in geschlossenem nationalen Wollen und Handeln sich gegen seine Not und seine Feinde durchzusetzen, [...] droht es [...] sich in Parteien und Interessencliquen aufzulösen und in inneren Kämpfen zu sterben."[114]

Mit diesem Befund wandte Dietrich sich aber nicht gegen die parlamentarische Demokratie, sondern gegen ihre Gegner – wenngleich seine Wortwahl zu Missverständnissen Anlass geben konnte. Seine Kritik betraf nicht die Verfassung selbst, sondern deren gegenwärtige, als abnorm verstandene Erscheinungsformen. Zum einen richtete sie sich gegen die republikfeindlichen Kräfte, die er beschuldigte, durch ihre Agitation das „im Wiederaufbau begriffene Staatswesen zusammenzuschlagen".[115] Als das vorübergehende Scheitern der Großen Koalition unter Gustav Stresemann Anfang Oktober 1923 mehr als je zuvor die Funktionsfähigkeit des Weimarer Parlamentarismus in Frage stellte, erblickte er den eigentlichen Grund für das Ausmaß der Krise „nicht im parlamentarischen Leben an sich", sondern „in der traurigen Tatsache, daß wir immer noch nicht alle miteinander, ob rechts oder links, [...] uns auf den Boden der Verfassung stellen". Angesichts der gravierenden Differenzen zwischen SPD und DVP und des Erstarkens der Rechten, so Dietrich, entspreche es eigentlich dem demokratischen Prinzip, eine neue Regierung unter Einschluss der Deutschnationalen zu bilden – wegen der kompromisslosen Weigerung der DNVP, die Republik anzuerkennen, sei das jedoch unmöglich.[116] Zum anderen ging er davon aus, das „Volk" sei für die neue

---

[113] Rede Dietrichs in Karlsruhe am 18.12.1918, Badische Landeszeitung Nr. 592 vom 19.12.1918.
[114] Hermann Dietrich: Weihnachten 1920, Badische Landeszeitung Nr. 372 vom 24.12.1920 u. ders.: Zum Geleit, Seebote Nr. 244 vom 4.11.1922.
[115] Hermann Dietrich: Nationale Politik, Badische Landeszeitung Nr. 165 vom 24.4.1920.
[116] Hermann Dietrich: Der Rechtsabmarsch, Deutsche Allgemeine Zeitung Nr. 469 vom 10.10.1923; zur Krise des Parlamentarismus vgl. Thomas Raithel: Das schwierige Spiel des Parlamentarismus. Deutscher Reichstag und französische Chambre des Députés in den Inflationskrisen der 1920er Jahre. München 2005, S. 256-287 u. Günter Arns: Die Krise des Weimarer Parlamentarismus im Frühherbst 1923. In: Der Staat 8 (1969), S. 181-216.

Staatsform (noch) nicht reif. Es sei „über Nacht souverän geworden" und nun „durch die von ihm gewählten Parlamente und die daraus hervorgegangenen parlamentarischen Regierungen [...] selbst der Staat". Den entsprechenden „Staatsgedanken" habe es aber bislang nicht verinnerlicht: „Noch" sei für viele Bürger „der Staat eine Einrichtung, der sie recht skeptisch und feindlich gegenüberstehen", obwohl nun jeder Einzelne „Verantwortung" für den Staat trage und diesem „Pflichten schuldig" sei. Dietrich machte also ein Defizit an staatsbürgerlichem Denken in der Gesellschaft aus, das er auf die Tradition des konstitutionellen Verständnisses vom Staatsbürger als Objekt, nicht als Subjekt der Politik zurückführte – eine Diagnose, die sich ähnlich zum Beispiel bei Friedrich Naumann findet und seit langem im liberalen Verfassungsdenken präsent war, wobei der bisweilen erzieherische Duktus in Dietrichs Reden und Artikeln nicht eine vermeintlich unverständige Masse, sondern das Bürgertum im Blick hatte, dem er mangelnde Bereitschaft zur „Mitarbeit" vorwarf. Die innenpolitischen Antagonismen und die daraus resultierende Gefährdung des Staates waren demnach nicht Demokratie und Parlamentarismus anzulasten, sondern einer politischen „Kinderkrankheit", auf deren Beseitigung er hoffte.[117]

Dieser Diagnose lag ein Politikverständnis zugrunde, das den pluralistischen Charakter der modernen Gesellschaft, der unter den Bedingungen einer demokratischen Verfassung in der Vielzahl der *vertretenen* politischen „Interessen" seinen Ausdruck finden musste, nicht angemessen berücksichtigte. Die Vorstellung vom Volk als „Einheit", wie sie auch in den Metaphern „Organismus", „Krankheit" und drohendem „Tod" zum Ausdruck kam,[118] war zumindest im Kern antipluralistisch. Dietrich leugnete weder die Vielfalt und Gegensätzlichkeit der gesellschaftlichen Interessen noch die Notwendigkeit ihrer politischen Artikulation und betrachtete „starke Meinungsverschiedenheiten" zwischen den Parteien als nützlich: „Wo kein Kampf ist, da ist kein Leben, keine Entwicklung und keine Zukunft."[119] Zu berücksichtigen ist außerdem, dass das Ausmaß der innenpolitischen Polarisierung und die verfassungsfeindliche Agitation, mit der die junge Republik konfrontiert wurde, in der Tat nicht demokratieverträglich waren. Dietrich ging aber davon aus, dass es, sobald man sich in der Verfassungsfrage einig sei, einen homogenen Volkswillen gebe, der auf den per se überparteilichen Staat als höchstes Gut bezogen und allen divergierenden Teilwillen übergeordnet sei.

---

[117] Hermann Dietrich: Wo es uns politisch fehlt, Badische Landeszeitung Nr. 457 vom 1.10.1919 u. Rede Dietrichs in Donaueschingen am 11.1.1920, Badische Landeszeitung Nr. 20 vom 13.1.1920; zur mitunter elitär angehauchten Vorstellung von der demokratischen „Unreife" Deutschlands und den damit verknüpften Vorbehalten gegenüber der parlamentarischen Demokratie im (links)liberalen Spektrum siehe Llanque, Demokratisches Denken, S. 231–237; Andreas Wirsching: Demokratisches Denken in der Geschichtswissenschaft der Weimarer Republik. In: Gusy, Demokratisches Denken, S. 71–95, hier S. 88; Regina Gottschalk: Die Linksliberalen zwischen Kaiserreich und Weimarer Republik. Von der Julikrise 1917 bis zum Bruch der Weimarer Koalition im Juni 1919. Diss. Tübingen 1969, S. 49–55.
[118] Vgl. Moritz Föllmer: Der „kranke Volkskörper". Industrielle, hohe Beamte und der Diskurs der nationalen Regeneration in der Weimarer Republik. In: Geschichte und Gesellschaft 27 (2001), S. 41–67.
[119] Hermann Dietrich: Nationale Politik, Badische Landeszeitung Nr. 165 vom 24.4.1920.

1. Zwischen „Chaos" und „Wiederaufbau": Die Republik als Neubeginn? 113

Diese Vorstellung war in ihren praktischen Auswirkungen überaus weitreichend. So forderte er, dass „aller politischer Kampf und Hader [...] zurücktreten" müsse hinter „dem einen Gedanken: wie richten wir [...] die deutsche Wirtschaft und den deutschen Staat wieder auf?" Auf dieses vorrangige Ziel müssten alle Parteien „uneigennützig" hinarbeiten, statt zu versuchen, „lediglich um eigener Interessen willen die politische Macht an sich zu reißen".[120] Der „Wiederaufbau" nicht nur des Staates, sondern auch der Wirtschaft hatte damit gleichsam objektiven Kriterien zu folgen, denen alle sozioökonomischen „Sonderinteressen"[121] unterzuordnen waren. Dietrich wies also Staat und Gesellschaft unterschiedlichen Sphären zu und folgte damit jenem konstitutionellen Denken, das er selbst für überholt erklärte.

Die Orientierung am Konstitutionalismus des Kaiserreichs und die mit dem Leitgedanken des Volks als organischer Einheit verknüpften antipluralistischen Denkhaltungen sind charakteristisch für das Staats- und Demokratieverständnis in der Weimarer Republik, das auch im liberalen Spektrum vorherrschte.[122] Dietrich erkannte das Volk als Träger der Staatsgewalt an, begriff die demokratische Willensbildung aber in letzter Konsequenz nicht als komplexen Prozess und rückte nicht den einzelnen Bürger, sondern den Staat ins Zentrum seiner Erwägungen. Sein Demokratieverständnis erweist sich als simplifizierende Annäherung an ein modernes demokratisches Denken, die mit vormodernen Deutungen von Staat, Gesellschaft und Politik befrachtet war. Letztlich erwartete er von der demokratischen Verfassung etwas, das sie per se nicht erfüllen konnte, und gelangte zu einer widersprüchlichen Verknüpfung von demokratischem und konstitutionellem Denken, die sich dadurch aufrechterhalten ließ, dass er die alltäglichen Auswirkungen des gesellschaftlichen Pluralismus in der Politik als nicht demokratieimmanent interpretierte. So stellte er in den grundsätzlichen Äußerungen über die Republik keinen Gegensatz zwischen seinem Staatsideal und der demokratischen Verfassung fest, zog also nicht die Schlussfolgerung, wie sie im rechten antidemokratischen Denken der Weimarer Zeit zu finden ist.[123] Wenn er zugleich die legislativen und exekutiven Organe der Republik rücksichtslos an den Pranger stellte, kam darin zum einen der Zwiespalt zum Ausdruck, der diesem Konstrukt innewohnte. Zum anderen legt Dietrichs widersprüchliches Gebaren die Vermutung nahe, dass die Appelle zugunsten der neuen Staatsform auch ein Akt der Selbsterziehung und Selbstvergewisserung waren. Die Vorbehalte gegenüber der Republik standen dem Bemühen gegenüber, sich mit ihr anzufreunden.

Dietrichs Verhältnis zur Republik stellt sich, wie bei vielen Zeitgenossen, als Prozess dar. Dabei markierten die Erfahrungen des Jahres 1923 mit seinen wirtschaftlichen, innen- und außenpolitischen Erschütterungen einen Wendepunkt.

---

[120] Ebd.
[121] Hermann Dietrich: Wirtschaftsprovinzen, Badische Landeszeitung Nr. 36 vom 12. 2. 1921.
[122] Wirsching, Demokratisches Denken; Gusy, Fragen, S. 649-660; Heiko Bollmeyer: Der steinige Weg zur Demokratie. Die Weimarer Nationalversammlung zwischen Kaiserreich und Republik. Frankfurt a. M. u. a. 2007, bes. S. 255-270; Hertfelder, Meteor.
[123] Kurt Sontheimer: Antidemokratisches Denken in der Weimarer Republik. Die politischen Ideen des deutschen Nationalismus zwischen 1918 und 1933. München 1962, bes. S. 188-268.

Nachdem diese Krise überwunden war, änderte sich seine Haltung. Zwar blieb sein Staats- und Demokratieverständnis im Wesentlichen unverändert, doch die giftigen Ausfälle gegen die republikanischen Institutionen waren nun wie weggeblasen.

2. Der Kampf um die badische Hausmacht: Dietrichs nationalliberale DDP

Zwei Monate nach der Novemberrevolution hatte Dietrich eine vielversprechende Ausgangsposition für die Fortsetzung seiner politischen Karriere erreicht. Im Januar 1919 war er badischer Außenminister, nach wie vor Oberbürgermeister von Konstanz, stellvertretender Parteivorsitzender (de facto) der badischen DDP, und er hatte sowohl in der badischen als auch in der deutschen Nationalversammlung ein Mandat errungen. Diese bemerkenswerte Häufung von Ämtern war auf die Dauer gewiss unhaltbar. Angesichts der unübersichtlichen Lage nach der Revolution ergab es jedoch Sinn, sich alle Optionen offenzuhalten. Zunächst stand nicht fest, ob und wann Wahlen stattfinden würden, ob die als so bedrohlich empfundenen Spartakisten möglicherweise die Oberhand gewinnen könnten und wie sich die parteipolitische Entwicklung gestaltete. Die „vorläufige" badische Regierung war nicht nur dem Namen nach ein Provisorium. Sie bestand aus elf Ministerien, die vor der Revolution noch in vier Ressorts zusammengefasst waren, und die Eigenständigkeit des Außenministeriums war aller Wahrscheinlichkeit nach eine Episode.

Deshalb zögerte Dietrich seinen Rücktritt in Konstanz hinaus, obwohl er sich seit Jahren danach sehnte, die Provinzstadt zu verlassen. Das Oberbürgermeisteramt fernab der revolutionären Brennpunkte dürfte ihm als ein relativ sicherer Hafen erschienen sein, in den er sich notfalls zurückziehen konnte. So erweckte er in den Wochen nach der Revolution den Eindruck, als plane er eine baldige Rückkehr an den Bodensee. Der Stadtrat ersuchte ihn, das Amt beizubehalten, und gewährte ihm mit der Bitte, mindestens alle zwei Wochen zu einer Sitzung zu erscheinen, bis Anfang Januar 1919 Urlaub.[124] Nach den badischen Wahlen vom 5. Januar erklärte Dietrich, er werde zwar noch „einige Tage in Karlsruhe benötigt", doch es sei mit einer baldigen Neubildung des Kabinetts zu rechnen. Schon jetzt habe er seinen „Dienst wenigstens zum Teil wieder aufgenommen".[125] Diese Darstellung war schon deshalb eine Farce, weil er an der Spitze der badischen DDP-Liste für die deutsche Nationalversammlung kandidierte. Vermutlich veranlassten ihn die blutigen Unruhen in Berlin und anderswo im Reich zu diesem Manöver. Auch in Baden schien ihm „die Luft nicht sauber" zu sein, und er hielt es nicht für ausgemacht, dass die badische Nationalversammlung in Karlsruhe „tatsächlich tagen" könne.[126]

---

[124] Stadtratsprotokoll vom 29. 11. 1918, StA Konstanz B I 449; Beschluss des Stadtrats vom 29. 11. 1918, StA Konstanz S II 12162.
[125] Dietrich an den Stadtrat von Konstanz, 7. 1. 1919, StA Konstanz S II 12162.
[126] Dietrich an Rebmann, 11. 1. 1919, GLAK 69 NLP Baden 178. Diese Befürchtungen waren nicht ganz unberechtigt. Ende Februar kam es nach gewaltsamen Auseinandersetzungen zur Ausrufung einer Räterepublik in Mannheim; vgl. Schmidgall, Revolution, S. 253-271.

2. Der Kampf um die badische Hausmacht: Dietrichs nationalliberale DDP

Mit der Niederschlagung des Spartakusaufstandes war aber eine Beruhigung der Lage in Sicht, und als die Wahlen vom 19. Januar den Arbeiterparteien auf Reichsebene ebenfalls keine Mehrheit einbrachten, waren die Voraussetzungen für eine einflussreiche politische Rolle der DDP geschaffen. Am 3. Februar erklärte Dietrich schließlich seinen Rücktritt, den er, um das hinhaltende Vorgehen der vergangenen Wochen zu kaschieren, mit einer angeblichen Zwangslage entschuldigte: Alle Koalitionsparteien in Karlsruhe hätten ihn eindringlich gewarnt, dass er sein Ministerium nicht aufgeben könne, „ohne die ganze Regierung zu gefährden und so die schwersten Erschütterungen in Baden hervorzurufen".[127] Die Kabinettsmitglieder hatten sich tatsächlich in diesem Sinne geäußert,[128] allerdings war die Ablösung der provisorischen Regierung eine Frage von Wochen. Da diese Ausrede also recht durchsichtig war und Dietrich mit Rücksicht auf seine Wählerschaft und die Parteifreunde am Bodensee an einem möglichst harmonischen Abschied gelegen sein musste, erklärte er sich bereit, bis Ende März noch einmal den städtischen Haushalt vorzubereiten.[129] Dabei ergriff er die Gelegenheit, sein durch den Krieg gestopptes Lieblingsprojekt, die Errichtung einer Kleinhaussiedlung im Norden der Stadt, zumindest beschlussreif zu machen. Auf seinen „besonderen Wunsch" wurden die konkreten Pläne dazu in aller Eile abgeschlossen, damit das Bauvorhaben am 24. März in der letzten von ihm geleiteten Sitzung des Bürgerausschusses vorgestellt und verabschiedet werden konnte.[130]

Während Dietrich der Abschied aus Konstanz nicht schwerfiel, sträubte er sich, eines der Abgeordnetenmandate aufzugeben. Am Tag nach seiner Rücktrittserklärung in Konstanz war in der *Badischen Landeszeitung* zu lesen, er beabsichtige, „seine Hauptarbeitskraft der Reichspolitik und der Reichsnationalversammlung zuzuwenden", sobald in Baden eine neue Regierung gebildet werde.[131] Mit dieser Meldung – die sich schlecht mit den in Konstanz vorgebrachten Rechtfertigungsversuchen vertrug – wollte Dietrich offenbar verhindern, zur Aufgabe des Sitzes in der Weimarer Nationalversammlung genötigt zu werden: Innerhalb der DDP stießen die „Doppelmandate", die er und Innenminister Ludwig Haas errungen hatten, auf Kritik.[132] Im Februar und März pendelte Dietrich zwischen Karlsruhe und Weimar. Der Spagat zwischen Abgeordnetentätigkeit und Dienstgeschäften war allerdings schon aufgrund der misslichen Verkehrsverhältnisse schwer zu be-

---

[127] Stadtratsprotokoll vom 3.2.1919, StA Konstanz B I 449.

[128] Sitzung der provisorischen Regierung vom 11.1.1919, Protokolle Regierung Baden Bd. 1, S. 170 f.

[129] Stadtratsprotokoll vom 3.2.1919, StA Konstanz B I 449.

[130] Bürgermeister Eduard Haulick an Stadtrechtsrat Ernst Dietrich, 28.2.1919, StA Konstanz S II 5779 (Zitat); Unterlagen ebd. u. S II 7261; Niederschrift über die Bürgerausschusssitzung vom 24.3.1919, StA Konstanz B IV 9. Die Umsetzung des Projekts „Sierenmoos-Siedlung" begann aufgrund finanzieller Engpässe erst Ende 1920: Dieter Schott: Von der Novemberrevolution bis zum Krisenjahr 1923. In: Lothar Burchardt/ Dieter Schott/Werner Trapp: Konstanz im 20. Jahrhundert. Die Jahre 1914 bis 1945. Konstanz 1990, S. 67–144, hier S. 93–96.

[131] Zum Rücktritt des Oberbürgermeisters Dietrich, Badische Landeszeitung Nr. 58 vom 4.2.1919.

[132] Bericht über die Sitzung des Engeren Ausschusses der DDP am 1.2.1919, Badische Landeszeitung Nr. 55 vom 3.2.1919.

werkstelligen, und es zeigte sich, dass er mit dem Amt des Außenministers vorläufig ausgelastet war.[133] Ob er Anfang Februar 1919 nur Zeit gewinnen wollte oder tatsächlich beabsichtigte, der Landespolitik schon jetzt den Rücken zu kehren, ist unklar. Als die neue badische Verfassung verabschiedet wurde und am 2. April ein reguläres Koalitionskabinett aus SPD, Zentrum und DDP an die Stelle der vorläufigen Regierung trat, entschloss er sich jedenfalls, das Außenministerium zu behalten. Nun legte er das Mandat in Weimar nieder, während Haas seinen Sitz im Landtag und sein Ministeramt aufgab.[134]

Diese Entscheidung war sicherlich auch darauf zurückzuführen, dass das badische Außenministerium für den Moment ein attraktives Amt war. Zum einen vertrat Dietrich die badischen Interessen in Weimar. Die süddeutschen Staaten setzten sich, freilich mit mäßigem Erfolg, gegen die unitarischen Verfassungsentwürfe der Nationalversammlung zur Wehr, wobei das gemeinsame Vorgehen von Baden, Württemberg, Bayern und Hessen zu einem guten Teil auf Dietrichs Initiative zurückzuführen war.[135] Zweitens fielen dem Ministerium seit Kriegsende eine Reihe genuin außenpolitischer Aufgaben zu. So ergaben sich durch die neue Grenze zum Elsass und infolge der Besetzung von Kehl als rechtsrheinischem Brückenkopf vielfältige administrative und ökonomische Schwierigkeiten, die Verhandlungen mit französischen Behörden erforderlich machten. Der bilaterale Austausch mit der Schweiz war ebenfalls von Bedeutung, zum Beispiel im Hinblick auf Lebensmittellieferungen oder die zukünftige Nutzung der Wasserkräfte des Oberrheins, auf die Frankreich nun Anspruch erhob.[136] Im Mai 1919 hielt sich Dietrich zeitweise bei der deutschen Friedenskommission in Versailles auf, um die badischen Einwände gegen die Friedensbedingungen zu vertreten und das Kabinett in Karlsruhe auf dem Laufenden zu halten.[137] Sein Gestaltungsspielraum war bei alledem denkbar gering, aber das Amt bot eine gute Gelegenheit, auf

---

[133] ND 216, pag. 179-197 sowie GLAK 233/12888 u. 12891, passim.
[134] Dietrich an den Präsidenten der Nationalversammlung in Weimar [Constantin Fehrenbach], 10.4.1919, GLAK 233/29433; Badische Landeszeitung Nr. 159 vom 4.4.1919; Hermann Hummel: Geschlagene Schlachten. Ein Lebenslauf in Synkopen, S. 286, GLAK 65/20034. Haas gehörte der neuen Regierung noch als Staatssekretär an, während Hermann Hummel das Kultusministerium übernahm; vgl. Michael Braun: Der Badische Landtag 1918-1933. Düsseldorf 2009, S. 442-447.
[135] Dazu ausführlich Wolfgang Benz: Süddeutschland in der Weimarer Republik. Ein Beitrag zur deutschen Innenpolitik 1919-1923. Berlin 1970, bes. S. 56, 66-83, 114-117 u. 144-154; weitgehend identisch Manfred Peter Heimers: Unitarismus und süddeutsches Selbstbewußtsein. Weimarer Koalition und SPD in Baden in der Reichsreformdiskussion 1918-1933. Düsseldorf 1992, S. 43-81; vgl. allgemein Gerhard Schulz: Zwischen Demokratie und Diktatur. Die Periode der Konsolidierung und der Revision des Bismarckschen Reichsaufbaus 1919-1930. Berlin u.a. ²1987, S. 101-212.
[136] Siehe z.B. die Sitzungen der provisorischen Regierung vom 26.11.1918 u. 21.2.1919, Protokolle Regierung Baden Bd. 1, S. 45f. u. 259; Sitzungen des Staatsministeriums vom 9.4. u. 23.7.1919, Protokolle Regierung Baden Bd. 2, S. 16f. u. 156-158; vgl. Schmidgall, Revolution, S. 243-251.
[137] Siehe die Berichte des badischen Gesandten in Berlin Friedrich Nieser vom Mai 1919, GLAK 233/34826 u. die Sitzungen des Staatsministeriums vom 28.4., 16.5. u. 30.5.1919, Protokolle Regierung Baden Bd. 2, S. 38, 60-63 u. 78f.

Reichsebene und sogar auf internationalem Parkett Erfahrungen zu sammeln und Präsenz zu zeigen.

Die Episode einer halbwegs selbständigen badischen Außenpolitik endete im Zuge der Unterzeichnung des Versailler Vertrags und der Verabschiedung der Weimarer Reichsverfassung. Das Ministerium wurde damit zu einer weitgehend überflüssigen Institution, und Dietrich selbst plädierte im Herbst 1919 öffentlichkeitswirksam für dessen Abschaffung, um die Staatsausgaben zu reduzieren.[138] Auch wenn es dazu erst Anfang August 1920 kam und er das Amt bis dahin weiterführte, war er nun Minister auf Abruf mit einem überschaubaren Geschäftsbereich. Vorübergehend wandte er sich der parlamentarischen Arbeit im Landtag zu, wo er im November 1919 den Vorsitz der DDP-Fraktion übernahm. Allerdings wurde die Eigenständigkeit der Länder durch die Reichsverfassung stark eingeschränkt, so dass sich hier kein vielversprechendes Betätigungsfeld mehr bot. Sein Fraktionskollege Eberhard Gothein sprach abschätzig von dem „badischen Miniaturparlament", in dem nur noch so getan werde, „als ob wir dort irgend etwas machen könnten".[139] Fortan arbeitete Dietrich auf einen Wechsel in die Reichspolitik hin. Nachdem er bei der ersten Reichstagswahl vom 6. Juni 1920 ein Mandat errungen hatte, verlagerte sich seine Aktivität zunehmend nach Berlin. Er blieb zwar bis zu den Neuwahlen im Oktober 1921 Mitglied des Landtags, gab aber den Fraktionsvorsitz wieder ab, erschien nur noch sporadisch zu den Plenarsitzungen und arbeitete nicht mehr in den Ausschüssen mit.[140]

Dietrich konnte die politische Arena in Baden jedoch nicht ohne weiteres hinter sich lassen. Unter den Bedingungen des neuen Verhältniswahlrechts war es von essentieller Bedeutung, sich innerhalb der badischen DDP eine Position zu verschaffen, die ihm auf lange Sicht ein Reichstagsmandat und damit eine nachhaltige Grundlage für die angestrebte Karriere garantierte. Im Kaiserreich wurden die Reichstagsabgeordneten in relativ kleinen Wahlkreisen – in Baden gab es 14 – nach dem Mehrheitswahlrecht gewählt. Um als Kandidat aufgestellt zu werden, genügten unter Umständen gute Verbindungen zu einigen wenigen Personen, die in der Lokalpolitik über Einfluss verfügten.[141] Nun wurde ganz Baden zu einem großen Wahlkreis zusammengefasst, in dem nicht mehr die einzelne Persönlichkeit, sondern die Liste der Partei zur Wahl stand, und über die Platzierung auf der Liste entschied nicht der Rückhalt in einem kleinräumigen, von einigen Honoratioren getragenen Netzwerk, sondern die Landesorganisation der Partei.

---

[138] Bericht über die Sitzung des Landesausschusses der DDP am 18.11.1919, Badische Landeszeitung Nr. 527 vom 20.11.1919.
[139] Eberhard Gothein an Georg Gothein, 11.12.1919, BAK N Gothein 8, fol. 40.
[140] Dietrich wohnte während der Sitzungsperiode 1920/21 nur 19 von 71 Plenarsitzungen bei: vgl. die Anwesenheitslisten zu den einzelnen Sitzungen, Badischer Landtag Heft 530a u. 530b; außerdem die Mitgliederverzeichnisse der Ausschüsse, Badischer Landtag Heft 530, S. V-VI.
[141] Zur Bedeutung solcher lokalen Netzwerke am Beispiel von Friedrich Naumanns Reichstagskandidatur im Jahr 1907 Christhard Schrenk: Friedrich Naumann und Heilbronn – Einblicke in das „Netzwerk Jäckh, Bruckmann, Heuss". In: Jahrbuch zur Liberalismus-Forschung 23 (2011), S. 29-45.

Nach der Revolution war die Gemengelage im liberalen Parteispektrum überaus unübersichtlich. Waren die Flügelbildungen innerhalb des politischen Liberalismus schon vor 1914 nicht immer klar zu identifizieren, so galt dies jetzt erst recht. Nicht nur innerhalb der NLP entwickelten sich während des Weltkriegs neue Spannungen und Frontlinien, auch die FVP war ein inhomogenes Gebilde. Beispielsweise stieß die Unterstützung der Friedensresolution durch die Mehrheit der Reichstagsfraktion in weiten Teilen der Partei auf entschiedenen Widerspruch.[142] Als in den Wochen nach dem 9. November eilig die DDP und die DVP aus der Taufe gehoben wurden, stellte dies gerade keine Bereinigung der parteipolitischen Landschaft dar. Vielmehr entstanden wiederum zwei heterogene Parteien. In besonderem Maße galt das für die DDP, in der sich ehemalige Mitglieder der FVP, der NLP und eine Reihe bisher parteiloser Persönlichkeiten, Imperialisten und Pazifisten, Sozialliberale und Wirtschaftsliberale, Interessenvertreter von Industrie, Landwirtschaft, gewerblichem Mittelstand, Beamten und Angestellten zusammenfanden.[143]

Die ehemaligen Nationalliberalen schlossen sich der DDP aus recht unterschiedlichen Motiven an, wobei die Mischung aus Aufbruchstimmung und nüchternen strategischen Erwägungen, wie sie sich bei Dietrich findet, durchaus typisch war. Viele folgten der – oft schon lange gehegten – Überzeugung, dass man sich den „Luxus zweier liberaler Parteien" nicht mehr leisten könne,[144] und setzten darauf, eine große Partei der bürgerlichen Mitte zu schaffen. In anderen Fällen dominierte die Erwägung, dass die NLP in der veränderten innenpolitischen Gemengelage keine Zukunft habe oder auf längere Zeit nur die Rolle einer von der Macht ausgeschlossenen Oppositionspartei spielen könne.[145] Die Enttäuschung über den kläglichen Zusammenbruch der monarchischen Ordnung sowie der Bankrott der nationalliberalen Kriegszielpolitik ließen ein parteipolitisches Bekenntnis zu Republik und Demokratie als zeitgemäß erscheinen. Ein Teil der nationalliberalen Mitgliederschaft vollzog den (vorläufigen) Anschluss an die DDP aber nicht einmal aufgrund einer aktiven eigenen Entscheidung. In Regionen, wo auf Beschluss der jeweiligen Führungsgremien die ganze Parteiorganisation ange-

---

[142] Gottschalk, Linksliberale, S. 14-24 u. 35f.; Andrea Kramp: Georg Gothein (1857-1940). Aufstieg und Niedergang des deutschen Linksliberalismus. Düsseldorf 2018, S. 353-366; Kurlander, Exclusion, z. B. S. 110-113; Joachim Reimann: Ernst Müller Meiningen senior und der Linksliberalismus seiner Zeit. Zur Biographie eines bayerischen und deutschen Politikers (1866-1944). München 1968, bes. S. 180-189; Radkau, Heuss, S. 106f.

[143] Zur Gründung von DDP und DVP im Allgemeinen siehe die in Anm. 70 genannte Literatur; mit manchen interessanten Einblicken, aber fehlerhaft und unkritisch im Umgang mit Zeitzeugenberichten und autobiographischem Material Ludwig Luckemeyer: Die Deutsche Demokratische Partei von der Revolution bis zur Nationalversammlung 1918-1919. Diss. Gießen 1975.

[144] So schon im Oktober 1918 der nationalliberale Reichstagsabgeordnete und Präsident des Hansa-Bundes Jakob Riesser, zit. nach Hartenstein, Anfänge, S. 9f. Es ist bezeichnend, dass dieser Vertreter des linken NLP-Flügels schließlich Stresemann in die DVP folgte.

[145] Zum Beispiel bei Robert Friedberg, dem prominentesten Vertreter des rechten NLP-Flügels: Richter, Deutsche Volkspartei, S. 40.

gliedert wurde, fanden sich viele „über Nacht" in der DDP wieder – zum Beispiel in Baden.¹⁴⁶ Der enorme Zuzug von der NLP beschränkte sich also keineswegs auf deren „linken Flügel", und ebensowenig stellten die ehemaligen Nationalliberalen innerhalb der DDP eine homogene, in ihrem programmatischen Profil vom Rest der Partei klar zu unterscheidende „Gruppe" dar.¹⁴⁷

Vielmehr führten die eiligen Parteineubildungen in der Ausnahmesituation der Wochen nach der Revolution zu einer Gemengelage, in der die Zugehörigkeit der einzelnen Politiker zur einen oder anderen Partei nicht selten beliebig anmutete. Aus der Perspektive Stresemanns ergab sich die geradezu „paradoxe Situation"¹⁴⁸, dass er und andere Vertreter des linken NLP-Flügels der Vorkriegszeit sich in der DVP mit jenen der Schwerindustrie nahestehenden Politikern vereint fanden, die sie früher leidenschaftlich bekämpft hatten. Ihre einstigen Gesinnungsgenossen, etwa Stresemanns Mitstreiter August Weber, schlossen sich mehrheitlich der DDP an – wo diese wiederum auf Exponenten des rechten NLP-Flügels wie Eugen Schiffer und Robert Friedberg, den letzten nationalliberalen Parteivorsitzenden, stießen.¹⁴⁹ Das baldige Erstarken der DVP änderte wenig an dieser Konstellation, weil sich die Verschiebungen im Wahlverhalten kaum auf die Zusammensetzung des politischen Führungspersonals auswirkten. Die Zahl der „Überläufer" von der DDP zur DVP hielt sich in Grenzen, und unter den wenigen, die sich zu diesem Schritt entschlossen, befanden sich auch frühere FVP-Politiker, die mit der Wirt-

---

¹⁴⁶ So die Wahrnehmung von John Gustav Weiß, einem badischen Nationalliberalen: John Gustav Weiß: Lebenserinnerungen eines badischen Kommunalpolitikers. Herausgegeben und bearbeitet von Jörg Schadt. Stuttgart u. a. 1981, S. 163; vgl. Markus M. Wieland: Ein Protokollbuch der Deutschen Demokratischen Partei (DDP) im Eberbacher Stadtarchiv. In: Eberbacher Geschichtsblatt 106 (2007), S. 142-148, hier S. 145 f.

¹⁴⁷ So z. B. Schneider, Deutsche Demokratische Partei, S. 46 u. 75 oder Jürgen R. Winkler: Sozialstruktur, politische Traditionen und Liberalismus. Eine empirische Längsschnittstudie zur Wahlentwicklung in Deutschland 1871-1933. Wiesbaden 1995, S. 66 f. Larry Eugene Jones hat fünf „Gruppen" in der DDP unterschieden, von denen eine aus den früheren Nationalliberalen „like Hartmann von Richthofen and Robert Friedberg" bestanden habe. (Jones, Liberalism, S. 31 f.) Gerade diese beiden Persönlichkeiten waren politisch weit voneinander entfernt.

¹⁴⁸ Pohl, Stresemann, S. 213.

¹⁴⁹ August Weber: Rückblick und Ausblick (1871-1956), S. 108, BAK N Weber 1; zu Schiffer abwägend Jürgen Frölich: Ein Nationalliberaler unter „Demokraten". Eugen Schiffer und der organisierte Liberalismus vom Kaiserreich bis nach dem Zweiten Weltkrieg. In: Jahrbuch zur Liberalismus-Forschung 18 (2006), S. 153-186. Frölich ordnet Schiffer eher der Parteimitte der NLP zu, stellt aber eine „größere Nähe" zu den Konservativen als zu den Linksliberalen fest – was schließlich ein wesentliches Kriterium für die Zugehörigkeit zum rechten Parteiflügel war (ebd., S. 155-161, Zitat S. 158). Seine Position in der nationalliberalen Reichstagsfraktion kommentierte Schiffer im Jahr 1912 wie folgt: „Ich kann nicht gerade sagen, daß ich in der Reichstagsfraktion mit Begeisterung aufgenommen werde. [...] Man sieht in mir den Exponenten der reaktionären Landtagsfraktion, den Abgesandten und Vertreter Friedbergs, den Erzpreußen mit rechter Schlagseite, den Gegenspieler und Nebenbuhler Bassermanns." BAK N Schiffer I 1, fol. 54; vgl. auch Hellmut Seier: Nationalstaat und sozialer Ausgleich als schlesische Motive des Nationalliberalen Eugen Schiffer. In: Jahrbuch der schlesischen Friedrich-Wilhelms-Universität zu Breslau 27 (1986), S. 185-222, hier bes. S. 200-204; vgl. zu den Schwierigkeiten, in NLP und DVP klare Flügelbildungen auszumachen, die überzeugenden Darlegungen von Hartenstein, Anfänge, S. 266-269.

schaftspolitik der DDP nicht einverstanden waren.¹⁵⁰ So drängte sich für viele Politiker aus DDP und DVP der Eindruck auf, dass die anhaltende Spaltung der Liberalen willkürlich und sinnlos sei – eine Meinung, die sich unter anderem in den ständigen, bis in die Endphase der Republik andauernden Bestrebungen niederschlug, doch noch zu einer Parteifusion zu gelangen. Das galt nicht zuletzt für jene Nationalliberalen, die dieses Ziel 1918 bereits erreicht zu haben glaubten, als sie in die DDP eintraten. Für Dietrichs Agieren in der Weimarer Republik war dieser Umstand von zentraler Bedeutung.

Zunächst schien die DDP tatsächlich den Gedanken der liberalen Einheitspartei zu verwirklichen, während die DVP den Eindruck einer Randerscheinung machte. Dementsprechend ist es verkehrt, die anfänglichen Wahlerfolge der DDP mit einer taktischen Entscheidung der Wähler für den „Linksliberalismus" zu erklären.¹⁵¹ Sie konnte vielerorts „das Erbe der Nationalliberalen" antreten und musste in zahlreichen Wahlkreisen nicht einmal mit der DVP konkurrieren.¹⁵²

Grundsätzlich ist es problematisch, die DDP als „linksliberale" Partei zu bezeichnen, wie dies üblicherweise geschieht.¹⁵³ Auch zur Unterscheidung von der dann „rechtsliberalen"¹⁵⁴ DVP ist der Begriff eher irreführend als hilfreich, zumal dies den Selbstbeschreibungen beider Parteien widerspricht. Jene Gruppe um Theodor Wolff, welche die DDP als „Linkspartei" etablieren wollte, verlor innerhalb weniger Wochen entscheidend an Einfluss und spielte schließlich eine eher marginale Rolle in der DDP, die sich fortan, ebenso wie die DVP, als „Partei der Mitte" präsentierte.¹⁵⁵ Zudem ist schon die Bezeichnung der FVP als „linksliberal" zu hinterfragen, berücksichtigt man die tonangebende Rolle von Friedrich Naumanns Nationalsozialen, die Hinwendung zum monarchisch verfassten nationalen Machtstaat und die imperialistischen Strömungen in dieser erst 1910 gegründeten, von unterschiedlichen regionalen Spezifika geprägten Sammelpartei. Die parteibildende Kraft der eigentlichen linksliberalen Positionen schwand schon im späten Kaiserreich, und nach 1918 war die Lage kaum noch mit der des auslaufenden 19. Jahrhunderts vergleichbar. Abgesehen von dem Umstand, dass es auch manchen FVP-Politikern schwerfiel, den Sturz der monarchischen Ordnung zu verwinden und sich mit der republikanischen Staatsform abzufinden,

---

[150] Hartenstein, Anfänge, S. 200-202.
[151] So z. B. Heinrich August Winkler: Weimar 1918-1933. Die Geschichte der ersten deutschen Demokratie. München 1993, S. 70.
[152] Jürgen Falter/Thomas Lindenberger/Siegfried Schumann: Wahlen und Abstimmungen in der Weimarer Republik. Materialien zum Wahlverhalten 1919-1932. München 1986, S. 137-139, Zitat S. 137. In diesem Fall sind die (sonst nicht immer hilfreichen) wahlstatistischen Analysen durchaus aufschlussreich.
[153] Bei manchen Arbeiten schon im Titel, z. B. Schustereit, Linksliberalismus, zuletzt Ewald Grothe: Linksliberalismus in der Weimarer Republik. Eine Skizze. In: ders. u. a., Haas, S. 177-186.
[154] So z. B. Eberhard Kolb/Ludwig Richter: Einleitung. In: Nationalliberalismus in der Weimarer Republik. Die Führungsgremien der Deutschen Volkspartei 1918-1933. Bearbeitet von Eberhard Kolb und Ludwig Richter. Düsseldorf 1999, S. 7*-50*, hier S. 9*.
[155] Vgl. Schneider, Deutsche Demokratische Partei, S. 48f.; Richter, Deutsche Volkspartei, S. 46f.; zum raschen Bedeutungsverlust des Gründerkreises um Theodor Wolff siehe Albertin, Liberalismus, S. 74-88 u. Heß, Demokratischer Nationalismus, S. 40-44.

2. Der Kampf um die badische Hausmacht: Dietrichs nationalliberale DDP   121

wurden die alten verfassungspolitischen Reformziele nun obsolet. Gleichzeitig gewannen wirtschaftspolitische Fragen rasch an Gewicht, woraus sich für ehemals „linke" Wirtschaftsliberale, die einem starken Sozial- und Interventionsstaat mit Argwohn oder Ablehnung gegenüberstanden, eine Frontstellung gegen links ergab.[156] Das von Sigmund Neumann als vermeintliche „Gretchen-Frage des deutschen Liberalismus" identifizierte Problem der Zusammenarbeit mit der SPD ist ohnehin kein belastbares Unterscheidungskriterium.[157] In der DVP war die grundsätzliche Bereitschaft zur Zusammenarbeit mit der Sozialdemokratie ebenfalls vorhanden.

Nachdem die Stresemann-Partei sich reichsweit etabliert hatte und 1920 als strahlender Sieger aus den Reichstagswahlen hervorgegangen war, übernahmen die beiden Neugründungen in gewissem Maße die Rollen von FVP und NLP in der Parteienlandschaft, und auch in der öffentlichen Wahrnehmung mochten sie im Wesentlichen als deren Nachfolger erscheinen. Dennoch waren DVP und DDP nicht einfach die Fortsetzungen von NLP und FVP unter neuem Namen.[158] Dieser Umstand ist von größter Bedeutung, wenn man sich nicht nur mit einer groben Analyse der Weimarer Politik und des Weimarer Parteiensystems befasst, bei der trennscharfe Unterscheidungen zwischen einzelnen Parteien hilfreich erscheinen mögen, sondern zu einem adäquaten Verständnis der jeweiligen innerparteilichen Entwicklungen und des Verhältnisses beider Parteien zueinander gelangen will. Betrachtet man beide Parteien als Ganzes, so stand selbstverständlich die DDP weiter links, die DVP weiter rechts – doch zwischen dem linken bzw. tatsächlich linksliberalen, relativ kleinen pazifistisch-kosmopolitischen Flügel der Demokraten und dem rechten, schwerindustriellen Flügel der Volkspartei erstreckte sich ein breites, beiden Parteien gemeinsames Spektrum an politischen Positionen und unterschiedlichen Frontlinien, in dem sich vermeintlich klare Flügelbildungen nur in Momentaufnahmen ergaben.[159] Auf den Punkt brachte es Anfang 1922 der spätere DDP-Vorsitzende Erich Koch-Weser, zuvor FVP-Mitglied, als er sich in einer Tagebuchaufzeichnung mit der Frage befasste, was seine Partei überhaupt von der DVP unterscheide: „⅔ der Vp. und ¾ der Dem. Partei passen besser zusammen, als die Mehrheiten und Minderheiten innerhalb derselben Partei."[160]

---

[156] Ein typisches Beispiel dafür ist Georg Gothein, vgl. Kramp, Gothein, S. 418–437.
[157] Sigmund Neumann: Die deutschen Parteien. Wesen und Wandel nach dem Kriege. Berlin 1932, S. 50.
[158] Das betonen auch Kolb/Richter, Einleitung, S. 9*.
[159] Bezeichnend sind die intensiven, letztlich wenig ertragreichen Bemühungen von Joachim Stang, „Flügelbildungen" innerhalb der preußischen DDP-Fraktion auszumachen: Stang, Deutsche Demokratische Partei, S. 143–175 u. 391–395; siehe auch Schneider, Deutsche Demokratische Partei, S. 62–67, der zunächst den multipolaren Charakter der DDP treffend beschreibt, um anschließend doch relativ klare Grenzen zwischen „linkem" und „rechtem" Flügel sowie der „Position der Mitte" zu ziehen; treffend dagegen die Bemerkungen von Schustereit, Linksliberalismus, S. 15.
[160] Vermerk Koch-Wesers vom 12.1.1922, BAK N Koch-Weser 139, pag. 42f. Ähnlich äußerte sich Stresemann, als er Mitte 1928 erwog, mit dem „rechten Flügel der Demokraten" zu fusionieren, „der beinahe die ganze Fraktion umfaßt": Stresemann an Rudolph Schneider, 11.7.1928, PA/AA N Stresemann 101, fol. 193.

Der Umbruch in der Parteienlandschaft Ende 1918 barg für Dietrich die Chance eines raschen Aufstiegs in den Parteihierarchien, doch zugleich das Risiko, bereits Erreichtes zu verlieren. In den Wochen nach der Revolution gelang es ihm schnell, die faktische Parteiführung in der badischen NLP bzw. in der neugegründeten Badischen Volkspartei zu übernehmen. Dabei half ihm Edmund Rebmann, der gerade sein 65. Lebensjahr vollendet und offenbar keine politischen Ambitionen mehr hatte. Am 20. November trat Dietrich bei der ersten großen NLP-Versammlung in Karlsruhe als Hauptredner auf, während der Parteichef sich auf die Begrüßung und das Schlusswort beschränkte. Als die kurzlebige Badische Volkspartei gut zwei Wochen später einen programmatischen Aufruf veröffentlichte, stand Dietrich deutlich hervorgehoben an der Spitze einer Namensliste, in der Rebmann als einer von 60 Unterstützern erschien.[161] Dieser Vorgang wurde offensichtlich von den Führungsgremien der NLP gedeckt, und es gab niemanden, der dem frischgebackenen Minister als Konkurrent gegenübertrat. Zudem kümmerte Dietrich sich energisch um die Parteiorganisation, besuchte Ortsvereine und hielt öffentliche Versammlungen ab. Vielerorts sorgten Niederlage, Revolution und die ungewisse Zukunft der NLP erst einmal für Lethargie, zumal das reguläre Parteileben im Krieg eingeschlafen war. Dietrich traf den richtigen Ton und hinterließ an der Basis einen aufmunternden Eindruck. Als er in Freiburg eine Besprechung mit dem Ortsverein anberaumte und anschließend in einer öffentlichen Versammlung sprach, befand ein Parteimitglied: „Dietrichs Rede hatte gute Wirkung, und die […] Bestimmtheit seines frischen Auftretens hat viele, wohl alle, gestärkt."[162] Nachdem die ersten, noch von Rebmann geleiteten Gespräche mit der FVP bzw. DDP gescheitert waren, übernahm er dort ebenfalls die Federführung.

Als es am 10. Dezember zur Einigung kam, wurde der Parteivorsitz für einen Vertreter der FVP reserviert und von seinem Freund und Bundesbruder Hermann Hummel übernommen – vorläufig im Rahmen eines sechsköpfigen „Vollzugsausschusses", dem auch Dietrich und zwei weitere Nationalliberale angehörten. Ende März 1919 wählte der Parteitag Hummel zum Vorsitzenden, Dietrich zu seinem Stellvertreter.[163] Gleichzeitig führte Dietrich vor dem bisherigen FVP-Reichstagsabgeordneten Ludwig Haas die Landesliste für die Wahlen zur Weimarer Nationalversammlung an. An seiner hervorgehobenen Stellung in der neuen Partei bestand also kein Zweifel. Allerdings konnte er sich dieser keineswegs sicher sein. Innerhalb der NLP hatte die Mehrheit für die Fusion plädiert, welche aber nicht ohne Widerspruch vonstattengegangen war und sogleich zu erheblichen Spannungen führte. Zum einen sorgten die ungleichen Kräfteverhältnisse für Verstimmungen und Misstrauen: Obwohl die ehemaligen NLP-Mitglieder in der Überzahl waren, stellten sie nicht den Vorsitzenden, und alle Ämter und Wahllisten der DDP sollten paritätisch besetzt werden – eine Übereinkunft, die ange-

---

[161] Badische Landeszeitung Nr. 544 vom 21. 11. 1918 u. Nr. 570 vom 6. 12. 1918; zu Rebmanns Motiven z. B. Karl Ringwald an Rebmann, 4. 12. 1918, GLAK 69 NLP Baden 205: „Daß Freund Dietrich Dir nun die Last abgenommen hat, wird Dir recht sein und ich gönne Dir die verdiente Ruhe".
[162] Seitz an Rebmann, 24. 11. 1918, GLAK 69 NLP Baden 242; ähnlich Josef Rheinboldt an Rebmann, 21. 11. 1918, ebd.
[163] Vgl. hierzu und zum Folgenden Bangert, Postulat, S. 256–262.

2. Der Kampf um die badische Hausmacht: Dietrichs nationalliberale DDP

sichts der bevorstehenden Wahlen im Reich, in Baden und in den Kommunen von unmittelbarer Relevanz war. So drängte sich manchem Nationalliberalen der Eindruck auf, „über's Ohr gehauen worden" zu sein.[164] Umgekehrt bestand auf Seiten der FVP die Sorge, von der NLP majorisiert zu werden – nicht zu Unrecht. Dietrich setzte von Anfang an darauf, dass das zahlenmäßige Übergewicht den Nationalliberalen „einen entscheidenden Einfluß" verschaffen werde.[165]

Hinzu kamen die politischen Differenzen auf beiden Seiten: Wie bei den Fusionsverhandlungen in Berlin herrschte in Teilen der FVP bzw. DDP eine starke Aversion gegen jene Nationalliberalen, die sich während des Krieges als „Annexionisten" hervorgetan hatten.[166] In seiner ersten öffentlichen Versammlung in Konstanz, die noch vor der Einigung stattfand, wurde Dietrich von einem Teilnehmer wegen seiner (mutmaßlichen) Mitgliedschaft in der Vaterlandspartei attackiert – möglicherweise auf Veranlassung des bei der Regierungsbildung zurückgesetzten Martin Venedey, der zu den erklärten Gegnern der Fusion zählte.[167] Knapp ein Jahr später erschien in einem württembergischen Lokalblatt, ebenfalls im Zusammenhang mit der Verteilung der Ministerposten am 10. November, ein giftiger Artikel, der Dietrich als typisch nationalliberalen „Dreiviertelskonservativen, Vaterlandspartlern und Alldeutschen" brandmarkte, der im Krieg „die Parlamentarisierungsbestrebungen öffentlich zugunsten einer starken Monarchie bekämpft" habe.[168]

Auf nationalliberaler Seite drehten sich die Vorbehalte anfangs vor allem um „nationale Fragen" und richteten sich weniger gegen die FVP als gegen die Initiatoren des DDP-Gründungsaufrufs um Theodor Wolff in Berlin. Diese wurden mit der linksliberalen Großstadtpresse – insbesondere dem *Berliner Tageblatt*, dessen Chefredakteur Wolff war, und der *Frankfurter Zeitung* – identifiziert, die bis 1914 die deutsche Rüstungspolitik kritisiert hatte, während des Krieges für Demokratisierung und Verständigungsfrieden eingetreten und deshalb mit Begriffen wie „Deutsch-Engländer", „unnational" oder „zersetzend" geschmäht worden war.[169] Neben dieser ideologischen Konfliktlinie, die bis in die Spätphase der

---

[164] Carl Feder an Rebmann, 29. 3. 1919, GLAK 69 NLP Baden 242.
[165] Dietrich an Johann Christian Weißhaupt, 11. 12. 1918 (Zitat) u. Dietrich an Karl Lang, 27. 12. 1918, ND 216, pag. 43 u. 113.
[166] Das war auch ein Grund für das vorübergehende Scheitern der badischen Verhandlungen. Die demokratische Verhandlungsseite wollte allen Nationalliberalen, „die sich hervorragend annexionistisch, imperialistisch oder vaterlandsparteilich beteiligt hatten", die Mitgliedschaft verweigern. Dieses Kriterium, so der ironische Kommentar Rebmanns, „dürfte also in der Praxis so ziemlich die ganze Partei" betreffen: Rebmann an Karl Ringwald, 29. 11. 1918, GLAK 69 NLP Baden 205; vgl. Bangert, Postulat, S. 255.
[167] Konstanzer Nachrichten Nr. 329 vom 30. 11. 1918 u. Dietrich an den Synagogenrat der jüdischen Kultusgemeinde Konstanz, 4. 12. 1918, ND 216, pag. 37; zu Venedeys Kritik an dem Zusammenschluss mit der NLP siehe Konstanzer Nachrichten Nr. 12 vom 13. 1. 1919.
[168] Musers und Venedeys Abschied, Der Neue Alb-Bote. Ebinger Tagblatt Nr. 299 vom 23. 12. 1919; vgl. Horst Ferdinand: Venedey, Martin Georg Christoph. In: Bernd Ottnad (Hg.): Badische Biographien. Neue Folge. Bd. 3. Stuttgart 1990, S. 276f.
[169] Siehe dazu das Pamphlet von August Eigenbrodt: Berliner Tageblatt und Frankfurter Zeitung in ihrem Verhalten zu den nationalen Fragen. Berlin-Schöneberg 1917, bes. S. 122-127; vgl. Bangert, Postulat, S. 254. Stresemanns Weigerung, sich der DDP anzuschließen, beruhte nicht zuletzt auf diesen Vorbehalten: Hartenstein, Anfänge, S. 44f. u. 51f.

Weimarer Republik eine zentrale Rolle innerhalb der DDP spielte, wuchs bald die Unzufriedenheit über die Beteiligung der Demokraten an der Weimarer Koalition. Die Agitation der DVP unter Stresemann, die sich vornehmlich gegen die DDP richtete, fiel dabei auf fruchtbaren Boden. So verbreitete sich die Auffassung, dass von einem nationalliberalen Einfluss in der DDP nichts zu spüren, die Partei vielmehr nach links gerückt und „eine Schutztruppe für die Socialdemokratie" geworden sei. Gleichzeitig wurde die Einwirkung des Zentrums auf die Beamten- und Kulturpolitik angeprangert, der die DDP nichts entgegenzusetzen habe.[170] Derartige Vorwürfe, die nicht selten einen antirepublikanischen Zuschnitt hatten, wurden zunehmend auch von denjenigen erhoben, die den Zusammenschluss mit der DDP befürwortet hatten.

Nicht wenige frühere FVP-Politiker dachten ähnlich. Im Herbst 1919 legten vier Mitglieder der demokratischen Landtagsfraktion aus Protest gegen die staatliche Tarifpolitik in Baden ihre Mandate nieder: Neben dem bisherigen Fraktionschef Friedrich König und Emil Goehring, beide führende Nationalliberale, entschlossen sich mit Oskar Muser und Martin Venedey zwei der prominentesten Vertreter der fortschrittlichen Seite zu diesem Schritt, beide nach fast 30-jähriger Parlamentszugehörigkeit.[171] Eberhard Gothein, selbst keineswegs erbaut von den neuen politischen Rahmenbedingungen, bemerkte schon kurz nach dem Zusammentreten der badischen Nationalversammlung, das „Seltsame" in der Fraktion sei, dass er und andere alte Nationalliberale „fest entschlossen" seien, sich „auf dem gegebenen Boden" konstruktiv an der Ausarbeitung der Verfassung zu beteiligen. Sie verhielten sich „deshalb weit demokratischer" und würden „viel lieber mit den Sozialisten zusammenarbeiten" als die „alten Demokraten, von denen wenigstens die beiden, Muser und Venedey sich gar nicht in die neue Zeit finden können, über Nachgiebigkeit gegen Sozialismus und Revolution jammern".[172]

Die badische DDP befand sich also allgemein in einem labilen Zustand, so dass die Bedeutung der programmatischen Gegensätze zwischen FVP und NLP nicht überbewertet werden sollte.[173] Wenn sich bei den parteiinternen Querelen, die 1921/22 ihren Höhepunkt erreichten, trotzdem eine Frontlinie entlang der früheren Parteigrenzen bildete, handelte es sich dabei nur vordergründig um den Kampf zwischen einem rechten (nationalliberalen) und einem linken (fortschritt-

---

[170] Friedrich Koch an Rebmann, 10.6.1919; ähnlich Karl Ringwald an Rebmann, 21.5.1919 u. Rupert Rohrhurst an Rebmann, 9.6.1919, GLAK 69 NLP Baden 242; Koch, Ringwald und Rohrhurst waren bis 1918 Abgeordnete der Zweiten Kammer; vgl. auch Helmut Lange: Julius Curtius (1877–1948). Aspekte einer Politikerbiographie. Kiel 1970, S. 161 f. u. Hartenstein, Anfänge, S. 126–129 u. 200–208.
[171] Badische Landeszeitung Nr. 511 vom 1.11.1919 u. Nr. 514 vom 5.11.1919; Oskar Muser: Wo werden wir landen? Die letzte Rede, die ein demokratischer Abgeordneter im badischen Landtag gehalten hätte, wenn er sie hätte halten können. Lahr i. B. 1919.
[172] Eberhard Gothein an Georg Gothein, 4.2.1919, BAK N Gothein 8, fol. 31 f.; siehe auch Michael Maurer: Eberhard Gothein (1853–1923). Leben und Werk zwischen Kulturgeschichte und Nationalökonomie. Köln u. a. 2007, S. 306–320.
[173] Es kam zu weiteren Mandatsniederlegungen. Abgesehen von Ludwig Haas, der das Doppelmandat aufgab, sowie einem Todesfall verzichteten innerhalb von zwei Jahren 7 der 25 demokratischen Landtagsabgeordneten auf ihre Sitze.

2. Der Kampf um die badische Hausmacht: Dietrichs nationalliberale DDP

lichen) Flügel: Im Kern waren die Konflikte, an denen Dietrich maßgeblich beteiligt war, auf die persönlichen Ambitionen der führenden Politiker zurückzuführen.

Für die angestrebte Karriere in Berlin benötigte Dietrich eine Hausmacht innerhalb der Partei, die sich zugunsten seiner Kandidatur mobilisieren ließ. Diesen Rückhalt konnten ihm nach Lage der Dinge nur seine alten nationalliberalen Netzwerke garantieren. Auf Unterstützung von fortschrittlicher Seite durfte er selbst dann nicht hoffen, wenn es keine programmatischen Differenzen gab: Seine ärgsten Konkurrenten stammten allesamt aus der FVP, in der sie über eigene langjährige Beziehungen verfügten – vor allem Ludwig Haas und Gerhart von Schulze-Gaevernitz, die bereits im Kaiserreich dem Reichstag angehört hatten, und bald auch sein alter Freund Hermann Hummel.[174] Der Unmut, der in den Reihen der früheren Nationalliberalen herrschte, war für Dietrich also unabhängig von Fragen der politischen Überzeugung ein existentielles Problem: Sobald seine politischen Freunde und Bekannten der DDP den Rücken kehrten, musste dies unweigerlich seine Position in der Partei untergraben.

Es mochte zu verschmerzen sein, dass manche Nationalliberale die Vereinigung mit der DDP gar nicht erst mitmachten, sondern sich der konservativen DNVP anschlossen.[175] Aber schon bald nach der Gründung verließen viele Unzufriedene die DDP, und zugleich zeigte sich, dass die DVP keine marginale Erscheinung bleiben würde. Stresemanns Partei etablierte sich auch in Baden, wo Ende Januar 1919 die ersten Ortsvereine gegründet wurden, und warb um die nationalliberale Wählerschaft, indem sie sich als rechtmäßige Nachfolgepartei der NLP präsentierte.[176] Ihr Abschneiden bei der Reichstagswahl 1920 war in Baden vergleichsweise bescheiden, doch sie erreichte immerhin 6,8 Prozent (reichsweit 13,9 Prozent). Die DDP hingegen verlor fast die Hälfte ihrer Wähler und kam lediglich auf 12,3 Prozent. Obwohl dieses Abschneiden deutlich besser war als auf Reichsebene (8,3 Prozent), reichte die Zahl der Stimmen nur für ein direktes Mandat. Ein Jahr zuvor waren es noch drei gewesen. Diese Entwicklung musste

---

[174] Allgemein zu Ludwig Haas jetzt die Beiträge in Ewald Grothe/Aubrey Pomerance/Andreas Schulz (Hg.): Ludwig Haas. Ein deutscher Jude und Kämpfer für die Demokratie. Düsseldorf 2017. Wenig hilfreich ist Ludwig Luckemeyer: Ludwig Haas als Reichstagsabgeordneter der Fortschrittlichen Volkspartei (FVP) und der Deutschen Demokratischen Partei (DDP). Zum 100. Geburtstag des bedeutenden Staatsmannes der Weimarer Republik. In: Gunter Schulz (Hg.): Kritische Solidarität. Betrachtungen zum deutsch-jüdischen Selbstverständnis. Für Max Plaut zum 70. Geburtstag, 17. Oktober 1971. Bremen 1971, S. 119–174; die hagiographisch angehauchte, primär auf Zeitzeugeninterviews gestützte Studie thematisiert auch die Auseinandersetzungen in der badischen DDP, enthält aber unzählige Fehler und Plattitüden. Zu Hummel vgl. die auf Grundlage seiner Memoiren verfasste und recht unkritische Skizze von Lore Schwarzmaier/Hansmartin Schwarzmaier: Hermann Hummel. Badischer Abgeordneter und Minister an einer Zeitenwende. In: Die Ortenau 73 (1993), S. 432–455.

[175] So z. B. einige Nationalliberale in Freiburg wie die Tochter von Ernst Bassermann: Karola Bassermann an Stresemann, 4. 1. 1919, PA/AA N Stresemann 127, fol. 1 f.

[176] Die DVP bezeichnete sich als „frühere Nationalliberale Partei"; siehe dazu eine Erklärung des demokratischen Vereins in Karlsruhe, der sich gegen diese „Irreführung" zur Wehr setzte: Zeitungsinserat (Entwurf), 24. 9. 1919, GLAK 69 NLP Baden 205; vgl. Bangert, Postulat, S. 260 f.

konfliktverschärfend wirken, weil fortan nur der Spitzenkandidat Aussicht hatte, sicher gewählt zu werden – zumindest solange sich die parteipolitische Lage nicht besserte: Bei den Landtagswahlen im Oktober 1921 erlitt die DDP eine noch deutlichere Niederlage (8,5 Prozent gegenüber 22,8 Prozent 1919). Neben der DVP (6,0 Prozent) trat nun der Badische Landbund (8,3 Prozent), eine agrarische Interessenpartei, als bedrohlicher Konkurrent um die nationalliberale Wählerklientel in Erscheinung (Tabellen 1 und 2).

Dietrich versuchte deshalb mit allen Mitteln, den nationalliberalen Einfluss in der DDP zu stärken – einerseits, um unmittelbar seine Position zu festigen, andererseits, um den nationalliberalen Charakter der Partei demonstrativ hervorzukehren und so die unzufriedenen Mitglieder und Wähler bei der Stange zu halten bzw. zurückzugewinnen. Zu diesem Zweck umwarb er die alte Führungsriege der NLP und versuchte, die nationalliberalen Netzwerke an sich zu binden, arbeitete auf eine neuerliche liberale Parteifusion hin, betrieb innerhalb der DDP eine mit Intrigen einhergehende Personalpolitik, und schließlich bemühte er sich, unter anderem mit einer aggressiven Pressepolitik, der DDP in der Öffentlichkeit ein nationalliberales Image zu verschaffen.

Dem früh aufkeimenden Unmut unter den Nationalliberalen begegnete Dietrich, indem er den Kontakt zu seinen politischen Freunden suchte, sie um ihre Geduld und Mitarbeit bat und die Durchsetzung der nationalliberalen Linie innerhalb der DDP in Aussicht stellte. Besondere Beachtung musste er den führenden Persönlichkeiten aus der NLP schenken, die auf Landesebene oder in Orts- und Bezirksvereinen über Einfluss und Prestige verfügten.[177] Ende Januar 1919 wandte er sich in einem Rundschreiben an die ehemaligen Fraktionskollegen der Zweiten Kammer, hob die trotz anfänglicher „Schwierigkeiten und Unannehmlichkeiten" vielversprechende Entwicklung der DDP hervor, beschwor die „alte Freundschaft" und bat sie um ihre Mitwirkung an dem gemeinsamen Ziel, „unsern Einfluß in dieser Vereinigung zu stärken".[178] Unterstützt wurde er dabei einmal mehr von Edmund Rebmann, der als langjähriger Partei- und Fraktionsvorsitzender großes Ansehen genoss und ein zentraler „Knoten" der nationalliberalen Netzwerke in Baden war. Dieser Umstand war Stresemann ebenfalls bewusst, der Rebmann seit dem gemeinsamen Kampf gegen den rechten Flügel der Nationalliberalen gut kannte. Einen Tag nach der Einigung der liberalen Parteien in Baden richtete Stresemann ein Telegramm an Rebmann, in dem er ihm den „Vorsitz oder stellv. Vorsitz" der DVP im Reich anbot.[179] Auch danach blieb er überzeugt, dass Rebmann „bei dem gänzlich nationalen Schwung, der ihn auszeichnet, sich in der demokratischen Partei nicht wohlfühlen" könne.[180]

---

[177] Allgemein dazu (für den Zeitraum Dezember 1918 bis Februar 1919) die Korrespondenz in ND 216, passim.
[178] Dietrich an Rebmann (Rundschreiben an „alle ehemaligen Fraktionskollegen"), 28.1.1919, GLAK 69 NLP Baden 242.
[179] Stresemann an Rebmann, 11.12.1918, GLAK 69 NLP Baden 187. An diesem Tag versandte Stresemann eine Reihe von Telegrammen, in denen er auch anderen prominenten Nationalliberalen im ganzen Reich (einfache) Vorstandsposten anbot: Kolb/Richter, Einleitung, S. 27*.
[180] Stresemann an Julie Bassermann, 19.2.1919, PA/AA N Stresemann 127, fol. 22f.

2. Der Kampf um die badische Hausmacht: Dietrichs nationalliberale DDP

Die Kritiker der DDP in Baden teilten diese Meinung, die offenbar nicht ganz falsch war. Obwohl Rebmann die Fusion selbst angestrebt hatte, nahm er wochenlang eine zwiespältige Haltung ein. Kurz vor der Gründung der badischen DVP im Januar 1919 kam es zu einem vorbereitenden Treffen, an dem Rebmann teilnahm und seine Unzufriedenheit mit der DDP kundtat.[181] Als er einen kritischen Artikel über Ludwig Haas verfasste, verhinderte Dietrich die Veröffentlichung in der *Badischen Landeszeitung*, um einen Eklat zu vermeiden. Es folgten schroffe Briefwechsel zwischen Rebmann auf der einen und Dietrich und der Redaktion der Landeszeitung auf der anderen Seite.[182] Ende März kam es jedoch zu einer Aussöhnung, nach der Rebmann dem Parteivorsitzenden Hummel sein Vertrauen aussprach.[183] Fortan engagierte er sich rednerisch und organisatorisch für die Partei und wurde Vorsitzender des Wahlkreisverbandes Freiburg, einer von vier badischen Wahlkreisorganisationen.[184] Eine verlässliche Stütze für die DDP und Dietrich wurde er nicht zuletzt deswegen, weil er seine Beziehungen nutzte, um die Nationalliberalen an die DDP zu binden. Dabei gelang es ihm sogar, wie Dietrich lobend anerkannte, „viele Verärgerte" zurückzugewinnen, welche die Partei zwischenzeitlich verlassen hatten.[185] Aber auch zu jenen, die er nicht zu überzeugen wusste, hielt er die oftmals freundschaftlichen Bande aufrecht.

Das war von Bedeutung, weil Dietrich nach Gelegenheiten zu einer neuerlichen liberalen Sammlung Ausschau hielt. Wenn das gelang, mussten sich die Gewichte innerhalb der DDP schlagartig zu seinen Gunsten verschieben, und die Gefahr eines Abbröckelns der nationalliberalen Basis wäre gebannt worden. Der Gedanke an ein solches Unterfangen war, nachdem der Versuch gerade erst fehlgeschlagen war, recht gewagt. Die Bemühungen blieben schließlich erfolglos, erschienen jedoch vielen Beteiligten erst einmal realistisch und standen ab Ende 1919 wiederholt auf der Tagesordnung. Die Überlegungen liefen nun darauf hinaus, einen regionalen Zusammenschluss auf süddeutscher oder badischer Ebene zu erreichen. Zunächst plante Rebmann gemeinsam mit dem württembergischen Minister Johannes von Hieber, der gute Beziehungen nach Bayern hatte, „eine Art süddeutscher demokratischer Tagung", „in kleinem Kreis" zu veranstalten. Über einen Freiburger Bekannten stellte er Kontakt zu Wilhelm Kahl her, einem der wichtigsten Abgeordneten der DVP in der Nationalversammlung, der dem Gedanken einer „Verständigung" in Süddeutschland aufgeschlossen gegenüberstand.[186] Durch den Kapp-Lüttwitz-Putsch erhielten diese Absichten, die auch in

---

[181] Das geht hervor aus einem Schreiben von Rupert Rohrhurst an Rebmann, 9.6.1919, GLAK 69 NLP Baden 242; siehe auch Rebmanns Äußerungen in einer Vorstandssitzung des nationalliberalen Vereins Karlsruhe am 27.1.1919, GLAK 69 NLP Baden 235.
[182] Dietrich an Rebmann, 11.1.1919 u. Schriftleiter Anton Haßmüller an Rebmann, 17.3.1919, GLAK 69 NLP Baden 178; Dietrich an Rebmann, 22.1.1919, GLAK 69 NLP Baden 242.
[183] Hummel an Rebmann, 3.4.1919 u. Dietrich an Rebmann, 4.4.1919, GLAK 69 NLP Baden 242.
[184] GLAK 69 NLP Baden 242, passim; siehe auch Rebmann an Friedrich Vortisch, 28.10. u. 3.11.1920, StA Lörrach N Vortisch 12.
[185] Dietrich an Rebmann, 10.12.1919, GLAK 69 NLP Baden 242 u. ebd., passim.
[186] Johannes von Hieber an Rebmann, 8.1.1920 u. Ludwig Aschoff an Rebmann, 12.1.1920, ebd. Hieber und Aschoff waren frühere Nationalliberale und DDP-Mitglieder.

den Führungsgremien der badischen DDP diskutiert wurden, einen herben Dämpfer. Obwohl die DVP sich nun auf die Demokraten zuzubewegen schien und ihr Landesvorsitzender Julius Curtius den Kontakt zu ihm suchte, hielt Dietrich den Moment für ungünstig, weil die DVP zwiespältig auf den Putschversuch reagierte und gegenüber der SPD der Eindruck einer „Rechtsbewegung" vermieden werden sollte.[187]

Im Sommer 1920 schwebte Dietrich eine „neue Partei" vor, die eine „spezifisch ‚badische'" sein und in erster Linie „den Einfluß des Centrums eindämmen" sollte. Ganz in der Tradition des Kulturkampfes sollte sich der Fokus liberaler Politik also, wie vor dem Krieg, auf die Bekämpfung des politischen Katholizismus richten. Damit hoffte er, andere Gegensätze zu überbrücken und eine programmatische Basis für den Zusammenschluss nicht nur mit der DVP, sondern auch mit jenen Nationalliberalen zu gewinnen, die nun der DNVP angehörten. Über die Absicherung seiner eigenen Position in der neuen Partei hatte er sich bereits Gedanken gemacht: Die Führung sollte durch „bisher ‚neutrale'" Politiker übernommen werden, wobei Dietrich vor allem an seinen Schwager Friedrich Blum dachte, welcher der DDP nicht angehörte. Wann dieses Projekt im Sande verlief, ist unklar. Zumindest innerhalb der Landtagsfraktion warb Dietrich intensiv und nicht ohne Erfolg für seine Idee: 16 der 25 Fraktionsmitglieder, einschließlich Hermann Hummel, stünden hinter ihm, nur vier seien strikt dagegen, so sein zuversichtlicher Bericht an Rebmann.[188]

Seit dem Tag der Einigung von NLP und DDP war es Dietrichs erklärtes Ziel, in der neuen Partei „überall unsere Leute obenan [zu] bringen".[189] Das diente unmittelbar der Stärkung seiner Position, und zugleich ließ sich so der nationalliberale Einschlag der DDP demonstrieren. Diese Personalpolitik betrieb er zum einen innerhalb der Parteiorganisation. Während der Landesvorstand im April 1920 noch paritätisch besetzt war, stammten die Vorsitzenden der vier badischen Wahlkreisverbände (Konstanz, Freiburg, Karlsruhe und Mannheim) allesamt aus der NLP.[190] Auch der Fraktionsvorsitz im Landtag blieb in nationalliberaler Hand. Das Amt wurde, nachdem Dietrich es im Sommer 1920 niedergelegt hatte, von Karl Glockner übernommen, der seit 1913 Präsident des Badischen Verwaltungsgerichtshofs war, maßgeblich an der Ausarbeitung der badischen Verfassung mit-

---

[187] Dietrich an Rebmann, 20. 3. 1920 (Zitat), Ernst Frey an Rebmann, 15. 3. 1920, Ludwig Aschoff an Hermann Hummel, 15. 3. 1920, Karl Glockner an Rebmann, 17. 3. 1920 u. Hummel an Rebmann, 20. 3. 1920, ebd.; vgl. Saldern, Dietrich, S. 18; Bangert, Postulat, S. 265f.

[188] Dietrich an Rebmann, 12. 8. 1920, GLAK 69 NLP Baden 242, vgl. Bangert, Postulat, S. 266f. Die Annahme, Dietrich sei gleichsam uneigennützig bereit gewesen, „selbst in den Hintergrund zu treten, um eine Einigung zu ermöglichen", greift also zu kurz: Saldern, Dietrich, S. 18f.

[189] Dietrich an Rebmann, 10. 12. 1919, GLAK 69 NLP Baden 242.

[190] Mitgliederliste des Parteivorstands und des Geschäftsführenden Ausschusses nach der Landesversammlung am 24. 4. 1920, AdL N Stahl 91, fol. 42. Es handelte sich um Rebmann, Robert Schlegel, Karl Stritt und Moritz Elsasser. (Zur Parteizugehörigkeit von Stritt und Elsasser siehe Protokoll der Vorstandssitzung des nationalliberalen Vereins Karlsruhe, 27. 1. 1919, GLAK 69 NLP Baden 235 u. Dietrich an Rebmann, 8. 8. 1916, GLAK 69 NLP Baden 185.)

gewirkt hatte und bald zu einem der engsten Vertrauten Dietrichs wurde. Zum anderen ging es darum, bei Wahlen die Aufstellung nationalliberaler Kandidaten durchzusetzen. Der Druck, dem Dietrich sich dabei von alten Weggefährten und der nationalliberalen Basis ausgesetzt sah, zeigte sich zum Beispiel vor der badischen Landtagswahl von 1921, als Hermann Hummel im Bezirk Konstanz antreten wollte. Der dortige Wahlkreisvorsitzende Robert Schlegel, eine besonders verlässliche Stütze Dietrichs, weigerte sich empört, dem Vorschlag der Parteileitung zu folgen, und bat um Unterstützung.[191]

Im Wesentlichen verfolgte Dietrich diese Strategie aber aus eigenem Antrieb – erst recht, wenn es um die eigene Kandidatur ging. Im Vorfeld der Reichstagswahl von 1920 bearbeitete er seine Bekannten in den Wahlkreisverbänden, die jeweils eine Liste mit Vorschlägen einzureichen hatten und damit eine Vorentscheidung in der Kandidatenfrage trafen. Er instruierte Rebmann, den Vorsitzenden in Freiburg, außer ihm selbst Friedrich Sänger vorzuschlagen, einen beiden gut bekannten Nationalliberalen und landwirtschaftlichen Interessenvertreter aus der Region Kehl. Zugleich sollte Rebmann dafür sorgen, dass weder Ludwig Haas noch der – in Freiburg ansässige – Nationalökonom Gerhart von Schulze-Gaevernitz aufgestellt wurden, die als langjährige Reichstagsabgeordnete und aktuelle Mitglieder der Nationalversammlung Dietrichs größte Rivalen waren. Nun musste aber die im Dezember 1918 vereinbarte Parität gewahrt bleiben, und so schlug Dietrich vor, „pro forma" Hermann Hummel aufzustellen, der als badischer Kultusminister zu diesem Zeitpunkt gar nicht die Absicht hatte zu kandidieren. Ähnlich ging Dietrich in Konstanz, wo es offenbar zu heftigen Auseinandersetzungen in den zuständigen Gremien kam, und in Karlsruhe vor.[192] Sein Plan ging auf und er erlangte die Spitzenkandidatur, die ihm nicht nur den Einzug in den Reichstag garantierte, sondern auch öffentlichkeitswirksam war. Ludwig Haas musste sich mit dem zweiten Listenplatz begnügen, während der dritte und letzte, der bei optimistischer Einschätzung der Wahlchancen noch aussichtsreich war, wie gewünscht Sänger zufiel.[193] Schulze-Gaevernitz wurde überhaupt nicht aufgestellt und notierte privatim die „schwere Enttäuschung" über seine von Rebmann und Dietrich betriebene „Ausschaltung aus der Politik",

---

[191] „Ich fühle mich verpflichtet, Ihnen völlige Klarheit aus meinen Absichten zu geben, die darin bestehen werden, daß ich eine Kandidatur Hummel mit dem letzten Aufgebot meines Willens bekämpfen werde." Robert Schlegel an Dietrich, 12.7.1921, ND 267, fol. 19.

[192] Dietrich an Rebmann, 23.4.1920 u. 28.4.1920 (Zitat), GLAK 69 NLP Baden 242. Friedrich Sänger (1867-1921) war bis 1911 Dietrichs Vorgänger als Vertreter des Kehler Wahlkreises in der Zweiten Kammer. Schulze-Gaevernitz zog im April 1919 als Nachrücker für Dietrich in die Nationalversammlung ein. Das dritte badische Mitglied der Nationalversammlung, Emil Engelhard (1854-1920, früher FVP), legte im Oktober 1919 schwer krank sein Mandat nieder. Sein Nachrücker Gottfried Leiser (1853-1922, früher NLP), der ebenfalls recht alt war und vermutlich von vornherein verzichtete, taucht in den Quellen nicht auf.

[193] Aufgrund der erdrutschartigen Wahlniederlage der DDP wurde Sänger nicht gewählt. Haas zog nur mit Hilfe von Reststimmen aus Württemberg in den Reichstag ein (vgl. Tabelle 2).

die er als „dem Zuge der Partei nach rechts entsprechend in das alte nat. lib. Fahrwasser" beurteilte.[194]

Parallel zu dieser innerparteilichen Personalpolitik setzte Dietrich auf eine systematische Öffentlichkeitsarbeit. Zum einen versuchte er, der wachsenden Unzufriedenheit über die Politik der DDP Rechnung zu tragen. Hinter der zwiespältigen Art und Weise, mit der er sich in seinen Reden und Artikeln zur politischen Lage und zur Arbeit in Parlament und Regierung äußerte, steckte auch Kalkül. Während seine Appelle, geduldig und mit staatsbürgerlichem Verantwortungsbewusstsein am Aufbau des neuen republikanischen Staatswesens mitzuarbeiten, nicht zuletzt an Mitglieder und Wähler der eigenen Partei gerichtet waren, versuchte er, sich der „Bürde der Verantwortung", welche die DDP als Regierungspartei trug, zu entziehen und den Parteien rechts der Demokraten den Wind aus den Segeln zu nehmen, indem er ihre Standpunkte kopierte – zunächst vor allem Stresemanns DVP, die bis zu den Reichstagswahlen von 1920 den „Luxus der Opposition" genoss.[195] Er warb also um Verständnis für die Politik der Partei und betrieb zugleich Oppositionspolitik aus dem Regierungslager heraus. Dieses Vorgehen war freilich in der DDP allgemein verbreitet, seit sie im Herbst 1919 erneut in die Reichsregierung eintrat und sogleich weitreichende Entscheidungen mittragen musste, die bei der eigenen Klientel auf starken Widerstand stießen – namentlich die Steuergesetzgebung Erzbergers und das Betriebsrätegesetz.[196]

Dietrich verfolgte diese Strategie aber auch in der badischen Politik, was insofern bemerkenswert und in den Augen nicht weniger Beobachter skandalös war, als er persönlich der Regierung angehörte. Beispielsweise entbrannte im Januar 1920 eine bissige Pressefehde zwischen den Koalitionsparteien, weil er in einer DDP-Versammlung kritische Fragen sozialdemokratischer Teilnehmer mit dem Hinweis quittiert hatte, sie möchten ihre Beschwerden den SPD-Ministern vortragen. Die badische Regierung sei de facto sozialdemokratisch, weshalb für etwaige Missstände die SPD verantwortlich sei. Die Presse von Zentrum und SPD geißelte daraufhin die regelmäßigen „Extratouren" und „Seitensprünge" Dietrichs, der nicht Außenminister, sondern „Draußen-Minister" sei.[197] Innerhalb der Regierung sorgten zur gleichen Zeit Dietrichs öffentliche Angriffe gegen die Lebensmittelbewirtschaftung für Unmut, weil die Mehrheit des Kabinetts die von ihm geforderte Aufhebung der Höchstpreise ablehnte. Justizminister Gustav Trunk (Zentrum) erklärte, man müsse in dieser schwierigen Frage eben nach einem annehmbaren Kompromiss suchen. „Keinesfalls" sei es „erträglich, daß einzelne Kabinettsmitglieder eine der Politik der Regierung entgegengesetzte Auffassung nach außen vertreten".[198] Dietrich versuchte, mit seinem Plädoyer für eine Freiga-

---

[194] So Schulze-Gaevernitz in einer halb tagebuchartigen, halb autobiographischen „Chronik", S. 108, AdL N Schulze-Gaevernitz 57; siehe auch Fridolin Kuss an Schulze-Gaevernitz, 15. 5. 1920, BAF N Gerhart von Schulze-Gaevernitz 19.
[195] Jones, Liberalism, S. 30–54.
[196] Ebd., S. 55–61 u. Albertin, Liberalismus, S. 355–360.
[197] Siehe die Zeitungsausschnittsammlung in ND 743.
[198] Sitzung des Staatsministeriums vom 28. 1. 1920, Protokolle Regierung Baden Bd. 2, S. 289. Dietrich hielt die Regierung zu diesem Zeitpunkt für „gefährdet": Dietrich an Rebmann, 1. 2. 1920, GLAK 69 NLP Baden 242.

be der Preise bei den landwirtschaftlichen Produzenten zu punkten, die besonders im ländlichen Südbaden das Gros der nationalliberalen Stammwählerschaft bildeten und mit Erbitterung auf die konsumentenfreundliche Politik der Regierung reagierten.[199] Trunk wusste das nur allzu gut einzuschätzen, denn das Zentrum verfügte ebenfalls über einen großen agrarischen Anhang.

Besonderen Wert legte Dietrich darauf, seinem nationalliberalen Kurs einen wirksamen Rückhalt in der Presse zu sichern (Tabelle 3). In den ersten Jahren nach der Revolution war das Kernstück seines Engagements die *Badische Landeszeitung*, die den vier Trick-Familien gehörte. Dietrich beabsichtigte, das alte Sprachrohr der badischen NLP „in nationalliberalem Geist fortzuführen".[200] Seinen ehemaligen Fraktionskollegen teilte er mit, die „Haltung unserer Gruppe in der neuen Zeit" sei „am besten aus der Badischen Landeszeitung" zu ersehen. Die Zeitung werde nun – dank seiner Bemühungen, so der Tenor – „vorzüglich redigiert", und es sei „beabsichtigt, sie weiter auszubauen".[201] In der Tat unternahm er große Anstrengungen, um die Auflage zu erhöhen und die Qualität des Blattes zu verbessern. Im März 1919 ordnete er an, eine Werbekampagne nach dem Vorbild der *Vossischen Zeitung* zu beginnen und die Landeszeitung „überall" auslegen zu lassen, „in Lesehallen, in Gasthöfen, in Hotels, bei Behörden".[202] Außerdem kümmerte er sich darum, prominente Persönlichkeiten aus Politik und Ministerialbürokratie, Wirtschaft und Wissenschaft als Autoren zu gewinnen.[203] Dabei kamen nicht ausschließlich, aber in auffälligem Maß frühere Nationalliberale zu Wort. Im Dezember 1918 gliederte Dietrich dem Verlag das Korrespondenzbüro der badischen NLP an, das die nationalliberalen Zeitungen im ganzen Land mit Verlautbarungen der Parteizentrale und programmatischen Artikeln beliefert hatte. Nun sollte es dieselbe Aufgabe für die DDP übernehmen, ohne allerdings den Parteigremien verantwortlich zu sein – zur „Wahrung der Einflußsphäre unserer alten Richtung", wie Ernst Frey es formulierte.[204] Die FVP hingegen besaß Ende 1918 weder einen eigenen Korrespondenzdienst noch eine offizielle Parteizeitung.[205]

Ab September 1919 erschien die *Badische Landeszeitung* mit dem neuen Untertitel „Organ des national und freiheitlich gesinnten Bürgertums".[206] Gegen die

---

[199] Vgl. Robert G. Moeller: German Peasants and Agrarian Politics, 1914-1924. The Rhineland and Westphalia. Chapel Hill u. a. 1986, S. 95-138; Martin Schumacher: Land und Politik. Eine Untersuchung über politische Parteien und agrarische Interessen 1914-1923. Düsseldorf 1978, S. 432-453.

[200] Dietrich an Rebmann, 20.1.1919, GLAK 69 NLP Baden 242.

[201] Dietrich an Rebmann (Rundschreiben an „alle ehemaligen Fraktionskollegen"), 28.1.1919, ebd.

[202] Dietrich an Anton Haßmüller, 3.3.1919, ND 216, pag. 197.

[203] Z.B. Dietrich an Erwin Ritter, 20.2.1919 u. Dietrich an Ernst Frey, 5.5.1919, ebd., pag. 187 u. 239.

[204] Rebmann an Dietrich, 20.12.1918, Dietrich an Rebmann, 21.12.1918 u. Ernst Frey an Rebmann, 26.5.1919 (Zitat), GLAK 69 NLP Baden 242. Die *Badische Nationalliberale Correspondenz* wurde in *Badische Politische Correspondenz* umbenannt.

[205] Das frühere FVP-Organ, der *Badische Landesbote*, war kurz nach Kriegsbeginn eingegangen: Fritz Harzendorf: So'n Journalist im Wandel der Zeit. 1913-1963. Saarbrücken 1964, S. 46.

[206] Erstmals Badische Landeszeitung Nr. 408 vom 3.9.1919. Der bisherige, schlichte Zusatz „mit Handelsblatt" fiel fort.

Verwendung der Begriffe „national" und „freiheitlich" war aus Sicht der DDP prinzipiell nichts einzuwenden, doch in dieser Kombination handelte es sich um ein Bekenntnis zur nationalliberalen Tradition, das durch das Wort „freiheitlich" nur dürftig kaschiert war. Das badische DVP-Organ stellte genüsslich fest, die Landeszeitung und Dietrich hätten damit den „ersten Schritt zu einem Abschwenken nach rechts" vollzogen.[207] Gleichzeitig wurde der Zeitung eine „Landwirtschaftliche Wochenschau" beigefügt, die sich in erster Linie praktischen Fragen der Landwirtschaft widmete und ebenso wie die ab Mai 1920 erscheinende Beilage „Oberbadische Rundschau", für die eine Freiburger Lokalredaktion ins Leben gerufen wurde,[208] die Verbreitung unter dem Anhang im ländlichen Südbaden fördern sollte.

Die Landeszeitung garantierte Dietrich eine ausführliche Berichterstattung über seine politische Tätigkeit – insbesondere seine zahlreichen Reden wurden oft in voller Länge abgedruckt – und war sowohl ein Forum für eigene Artikel wie für die seines politischen Freundes- und Bekanntenkreises. Gleichzeitig ließen sich über die Landeszeitung Angriffe auf die Koalitionspartner und innerparteiliche Spitzen lancieren, die er sich selbst kaum erlauben konnte. Beispielsweise erschien nach der Annahme des Versailler Vertrags durch die Nationalversammlung ein Artikel, der das Zentrum als Profiteur der Unterzeichnung darstellte. In der Kabinettssitzung tags darauf reagierten die Minister von SPD und Zentrum empört und warfen Dietrich und Hummel vor, die DDP versuche Kapital daraus zu schlagen, dass sie den Friedensvertrag abgelehnt habe. Die beiden Minister zogen sich aus der Affäre, indem sie den Artikel als „bedauerlichen Mißgriff einer untergeordneten Persönlichkeit der Redaktion" abtaten.[209] In Wirklichkeit hatten die fortwährenden parteipolitischen Auseinandersetzungen, in die sich die Landeszeitung vor allem mit der nicht minder streitbaren Zentrumspresse verstrickte,[210] ebenso Methode wie Sticheleien und Attacken gegen unpopuläre oder von der DDP nur widerwillig mitgetragene Maßnahmen der badischen Regierung. So wurden SPD und Zentrum im Oktober 1919 für neuerliche staatliche Lohn- und Gehaltserhöhungen verantwortlich gemacht, die von Dietrich und der Mehrheit der Fraktion gebilligt wurden, innerhalb der DDP aber auf großen Widerstand stießen. Wiederholte persönliche Angriffe und Rücktrittsforderungen gegen den badischen Finanzminister (und späteren Reichskanzler) Joseph Wirth, den die Landeszeitung als zuständigen

---

[207] Was plant Herr Dietrich? Badische Post Nr. 207 vom 6.9.1919. Ende März 1920 verschwand der markante Untertitel wieder und wurde durch den unverfänglichen Zusatz „Neueste Nachrichten und Handelsblatt für Baden" ersetzt (erstmals Badische Landeszeitung Nr. 144 vom 30.3.1920). Möglicherweise handelte es sich um eine Reaktion auf den Kapp-Lüttwitz-Putsch.
[208] Siehe auch Dietrich an Rebmann, 28.4.1920, GLAK 69 NLP Baden 242.
[209] Das Geschäft des Zentrums, Badische Landeszeitung Nr. 285 vom 23.6.1919; Sitzung des Staatsministeriums vom 24.6.1919, Protokolle Regierung Baden Bd. 2, S. 117f.
[210] Etwa im Winter 1919, als die Landeszeitung und das Zentrumsorgan *Badischer Beobachter* einander laufend unredliche Berichterstattung vorwarfen: z.B. Badische Landeszeitung Nr. 59 vom 5.2., Nr. 63 vom 7.2., Nr. 108 vom 5.3. u. Nr. 116 vom 10.3.1919.

2. Der Kampf um die badische Hausmacht: Dietrichs nationalliberale DDP 133

Ressortchef an den Pranger stellte, belasteten wochenlang das Klima im Kabinett.[211]

Mit derselben Zielsetzung sicherte Dietrich sich bald Beteiligungen an kleineren Lokalzeitungen in Südbaden, die bis 1918 der NLP nahestanden. Hier ging es außerdem darum, die Organe am Leben zu erhalten und nicht unter den Einfluss anderer Parteien gelangen zu lassen. Ende 1918 war der Rückhalt der DDP in der badischen Presse überaus komfortabel, weil sich die zahlreichen nationalliberalen Blätter fast ausnahmslos zu der Neugründung bekannten. Dadurch waren zugleich die Aussichten für die Stärkung der nationalliberalen Tendenz in der Partei günstig, zumal die linksliberale Presse in Baden traditionell recht schwach war.[212] Nach der Gründung der badischen DVP wandten sich jedoch nach und nach Zeitungen von der DDP ab und verfolgten fortan entweder einen „neutralen" liberalen Kurs oder bekannten sich offen zur Volkspartei.[213] Gerade die kleineren Zeitungen befanden sich in einer ökonomisch prekären Lage. Während des Krieges hatte das Zeitungsgewerbe unter steigenden Kosten und rückläufigen Leserzahlen zu leiden, so dass zahlreiche Blätter eingingen, während andere, wie die *Badische Landeszeitung*, sich stark verschuldeten. Als die Lage sich angesichts hoher Papierpreise auch nach der Revolution nicht besserte, drohte vielfach der Konkurs – oder die Übernahme durch politische Gegner.[214] Durch sein finanzielles Engagement verpflichtete Dietrich sich zudem die örtlichen Parteiorganisationen, die am Fortbestand ihrer Zeitungen interessiert waren, und band einzelne Persönlichkeiten an sich, die für die jeweiligen Blätter arbeiteten oder an diesen beteiligt waren und in der Lokalpolitik eine aktive Rolle spielten.

Im Lauf des Jahres 1919 beteiligte sich Dietrich am *Seeboten* in Überlingen am Bodensee, der zu diesem Zeitpunkt eine Auflage von ca. 2200 Exemplaren hatte. Vor dem Krieg waren es mindestens 3000, doch schon damals steckte die Zeitung in erheblichen Schwierigkeiten, die in nationalliberalen Kreisen wiederholt die Besorgnis hervorriefen, das Blatt könne dem Einfluss der Partei entgleiten. Anfang 1918 war der *Seebote* stark verschuldet und wurde verkauft.[215] Der neue Eigentümer zog sich allerdings bald wieder zurück, woraufhin Dietrich seinen jungliberalen Mitstreiter Robert Schlegel ermunterte, den Betrieb zu übernehmen

---

[211] Der umgefallene Finanzminister, Badische Landeszeitung Nr. 479 vom 14.10.1919; siehe auch Nr. 481 vom 15.10. u. Nr. 501 vom 27.10.1919; Erklärung des Finanzministers Wirth vom 23.12.1919, Protokolle Regierung Baden Bd. 2, S. 266f.

[212] Sepaintner, Presse, S. 405–407.

[213] Zur Entwicklung der parteipolitischen Orientierung der badischen Presse: Zeitungs-Verzeichnis 1920. Rudolf Mosse Annoncen-Expedition, S. 1–4; Zeitungskatalog Annoncen-Expedition Rudolf Mosse 46 (1913), 50 (1922) u. 51 (1925), jeweils S. 2–5.

[214] Zur prekären wirtschaftlichen Lage der Presse während des Ersten Weltkriegs und in der Inflationszeit Paul Hoser: Die politischen, wirtschaftlichen und sozialen Hintergründe der Münchner Tagespresse zwischen 1914 und 1934. Methoden der Pressebeeinflussung. Frankfurt a. M. u. a. 1990, S. 795–822; Kurt Koszyk: Deutsche Pressepolitik im Ersten Weltkrieg. Düsseldorf 1968, S. 250–260.

[215] Zu den Schwierigkeiten vor dem Krieg z.B. Paul Thorbecke an Edmund Rebmann, 24.8.1912, GLAK 69 NLP Baden 199 u. Alfons Schwaier an Rebmann, 19.3. u. 22.3.1913, GLAK 69 NLP Baden 200; zum Verkauf 1918 Gustav König an Eugen Rebholz, 15.1.1918 u. Thorbecke an Rebmann, 23.2.1918, GLAK 69 NLP Baden 187.

und als Redakteur und Geschäftsführer zu leiten. Das war insofern ungewöhnlich, als Schlegel Postbeamter war, weder über nennenswerte journalistische noch betriebswirtschaftliche Erfahrungen verfügte und nun, im Alter von knapp 40 Jahren, seinen Beruf wechselte. Entscheidend für Dietrich war die Verlässlichkeit Schlegels, der ihm bereits bei der Konstanzer Oberbürgermeisterwahl 1914 zur Seite gestanden hatte. Dietrich leitete den Kauf offenbar in die Wege, beteiligte sich mit 17,5 Prozent an der GmbH und stellte zusätzliche Betriebsmittel in Form von Darlehen und Zuschüssen zur Verfügung. Während Robert Schlegel ebenso viele Anteile wie Dietrich zeichnete, übernahm sein Bruder Ernst, ein gut situierter Flugpionier, mit 65 Prozent den Löwenanteil des Gesellschaftskapitals.[216]

Gemeinsam mit Robert und Ernst Schlegel engagierte Dietrich sich bei Verlagen in den nahegelegenen Orten Stockach und Meßkirch, die gleichfalls schon in der Vorkriegszeit zu den Sorgenkindern der NLP gezählt hatten. Im November 1919 beteiligten sie sich zusammen mit anderen nationalliberalen Parteifreunden am *Stockacher Tagblatt*, einer Zeitung von ähnlicher Größe wie der *Seebote*, im März 1921 an der kleineren, allein kaum lebensfähigen *Meßkircher Zeitung*, die von der Stockacher Gesellschaft übernommen wurde und als Kopfblatt des Tagblatts mit eigener Lokalgeschäftsstelle fortgeführt wurde. Dietrich und Ernst Schlegel hielten ab 1921 mit ca. 32 Prozent bzw. 23 Prozent die Mehrheit.[217] Im Dezember 1920 übernahm Dietrich außerdem 44 Prozent der Anteile am traditionsreichen *Donaueschinger Tagblatt*. Die 1779 gegründete Zeitung steckte ebenfalls in Schwierigkeiten und wurde nun von ihm und einigen Donaueschinger Honoratioren, allesamt frühere Nationalliberale, saniert. Die führende Rolle spielte dabei Georg Frech, der seit Jahren als Vorsitzender des Ortsvereins der NLP bzw. der DDP fungierte und Dietrich schon länger kannte und schätzte.[218] Haupt-

---

[216] Der genaue Zeitpunkt des Kaufs und der Preis lassen sich nicht ermitteln. Das nominelle, angesichts der Geldentwertung nur bedingt aussagekräftige Gesellschaftskapital betrug 40 000 M, Dietrichs Anteil 7000 M. Im April 1920 schuldete der *Seebote* Dietrich einen eher geringen Betrag von 5000 M (zu diesem Zeitpunkt ca. 350 Goldmark). Später erwähnte Dietrich wiederholt, dass er bei der Übernahme der GmbH weitere Mittel aufgewendet habe, ohne dafür einen Gegenwert in Form von Anteilen erhalten zu haben; ND 267, bes. fol. 1, 88–91, 195, 251 u. 269; vgl. hierzu und zum Folgenden Tabelle 3.

[217] Auch im Fall des *Stockacher Tagblatts* sind keine Einzelheiten über den Kauf bekannt. Robert Schlegel wurde hier ebenfalls Geschäftsführer, während der bisherige Redakteur in Stockach übernommen wurde. Die *Meßkircher Zeitung* wurde im März 1921 für 35 000 M erworben (ca. 2500 GM). Danach betrug das Gesellschaftskapital der Stockacher Tagblatt GmbH 110 000 M, Dietrichs Anteil 35 000 M, Ernst Schlegels Anteil 25 000 M. Außerdem waren der Redakteur, der frühere Eigentümer und ein Parteimitglied aus Konstanz an dem Unternehmen beteiligt: ND 266, bes. fol. 1-13 u. 20-23; zu den Problemen beider Zeitungen vor 1914 siehe GLAK 69 NLP Baden 178, passim.

[218] Das Kapital der Ende 1920 gegründeten GmbH betrug 90 000 M, Dietrichs Anteil 40 000 M. Da dem Betrieb zu diesem Zeitpunkt eigene Räumlichkeiten und eine moderne Setzmaschine fehlten, wurden entsprechende Investitionen vorgenommen, die möglicherweise weitere Mittel erforderten. Nähere Angaben fehlen für die Inflationszeit: Frech an Dietrich, 30.1.1922, ND 65, fol. 233; Denkschrift Frechs über die Lage des Betriebs, November 1933, ND 288, fol. 72-77; Bericht Frechs über seine durch die Nationalsozialisten erlittenen Vermögensverluste, Anfang März 1946, ND 267, fol. 253-

2. Der Kampf um die badische Hausmacht: Dietrichs nationalliberale DDP 135

beruflich war er Direktor der örtlichen Filiale der Badischen Landwirtschaftsbank, verfügte dadurch über entsprechende Beziehungen zu Landwirten im Schwarzwald und war somit eine wichtige lokale Schaltstelle für Dietrichs Bemühungen, die ländliche Wählerschaft an die DDP zu binden.

Dietrichs Vorgehen hatte bis zu einem gewissen Grade durchaus die beabsichtigte Wirkung. Fraktionskollege Eberhard Gothein etwa imponierte die harte Gangart gegenüber dem Zentrum. In der badischen DDP war Dietrich aus seiner Sicht „der einzige Mann unter allen, kenntnisreich, kühl und energisch, der einzige, der uns in Baden vor der völligen Unterjochung durchs Zentrum [...] retten kann".[219] Sein Vorhaben, die DDP intern und öffentlich auf einen nationalliberalen Kurs festzulegen, stieß freilich auch auf Widerstand und trug nicht zum Zusammenwachsen der jungen Partei bei. Dietrichs Personalpolitik musste ebenso für Konflikte sorgen wie seine Einflussnahme auf die Presse. Die Zeitungen, an denen er beteiligt war, vertraten im Wesentlichen durchaus die offizielle Parteilinie und ließen ehemalige FVP-Politiker zu Wort kommen.[220] Die Berichterstattung war jedoch eine hochsensible Angelegenheit und wurde mit Argusaugen verfolgt. Es genügte, dass der allgemein eher in Nuancen spürbare nationalliberale Einschlag gelegentlich deutlich zum Ausdruck kam. Wenn die Landeszeitung zum Beispiel im Oktober 1919 für einen „Zusammenschluß" von DDP und DVP plädierte und unverhohlen feststellte, dies könne dem „rechten Flügel" der DDP „den Einfluß sichern helfen, der ihm [...] gebührt",[221] musste dies bei den Fortschrittlichen für Aufregung sorgen.

Dietrich war peinlich darauf bedacht, nicht selbst als Anteilseigner der Zeitungen in Erscheinung zu treten. Obwohl die Verlage, an denen er beteiligt war, als Gesellschaften mit beschränkter Haftung zur öffentlichen Eintragung der Gesellschafter ins Handelsregister verpflichtet waren, tauchte sein Name dort nicht auf. Für die Beteiligungen in Überlingen und Stockach fungierte Robert Schlegel als Strohmann. Er war de nomine Eigentümer der Anteile, während Dietrich ein notariell beglaubigtes „Abtretungsangebot" erhielt. In diesem bot Schlegel die fraglichen Geschäftsanteile Dietrich zum Kauf an, ohne eine Frist für die Annahme des Angebots zu setzen. Zugleich verpfändete er die Anteile für ein „Darlehen", zu dessen Gläubiger er Dietrich erklärte. Die Höhe entsprach dem Nennwert der Anteile, die Verzinsung den auf die Anteile entfallenden Dividenden.[222] Durch

---

264; Generalvollmacht der Badische Druckerei und Verlag J. Boltze GmbH für Georg Frech, 2.6.1923, ND 268, fol. 166; vgl. Oliver Kopitzke: Das Donaueschinger Tagblatt 1930-1933. Anpassung und innere Gleichschaltung eines demokratischen Provinzblattes. Studienarbeit Universität Dortmund 1992, bes. S. 27 u. 39. Zu Frechs Bekanntschaft mit Dietrich siehe Frech an Rebmann, 26.8.1913, GLAK 69 NLP Baden 188.
[219] Eberhard Gothein an Georg Gothein, 10.7.1920, BAK N Gothein 8, fol. 42.
[220] Beispielsweise veröffentlichte der *Seebote* Artikel und Reden von Hermann Hummel und Ludwig Haas. Hummel schrieb sogar einen der beiden Jubiläumsartikel zum 75-jährigen Bestehen des *Seeboten* (der zweite stammte von Dietrich): Seebote Nr. 254 vom 4.11.1922.
[221] Zusammenschluß der Deutschen Demokratischen Partei und der Deutschen Volkspartei, Badische Landeszeitung Nr. 483 vom 16.10.1919.
[222] Urkunde betr. Abtretungsangebot von Geschäftsanteilen und Verpfändung von Geschäftsanteilen, 24.5.1921, ND 266, fol. 7f.

diese Regelung war Dietrich de facto der Eigentümer, und solange er das „Angebot" nicht notariell annahm, stand sein Name nicht im Handelsregister. Mit der gleichen Methode kaschierten Dietrich bzw. seine Frau Elisabeth die Beteiligung an der *Badischen Landeszeitung*, wobei die Tarnung in diesem Fall nicht besonders weit reichte: Hier trat die Firma Trickzellstoff als Eigentümerin in Erscheinung.[223] Der Verlag der Landeszeitung, die Badische Druck- und Verlagsgesellschaft, war wiederum offizieller Inhaber von Dietrichs Anteilen am *Donaueschinger Tagblatt*.[224]

Trotzdem ließ sich Dietrichs Engagement zumindest in Parteikreisen schlecht geheim halten. Abgesehen von seiner auffälligen Präsenz im Nachrichtenteil der Zeitungen stellte schon die große Zahl an Eingeweihten ein Hindernis für die angestrebte Diskretion dar. Der Umstand, dass er nirgends als Eigentümer auftrat, befeuerte vielmehr in jenen Kreisen, die ihm mit Argwohn gegenüberstanden, die Phantasie über das Ausmaß seiner Beteiligungen und wirkte so geradezu kontraproduktiv. Hinzu kam, dass Dietrich fortwährend nach Gelegenheiten Ausschau hielt, weitere Zeitungen zu übernehmen. Er war nicht unmittelbar in Erkundigungen oder Verhandlungen involviert, sondern stützte sich wiederum auf Mittelsmänner, aber die häufigen, auf einen überschaubaren geographischen Raum konzentrierten Versuche mussten auffällig wirken, zumal die Zahl derer, die überhaupt für den Kauf eines Zeitungsverlags in Frage kamen, begrenzt war.[225]

Zum offenen Konflikt in der badischen DDP kam es, als Dietrich versuchte, die *Oberländer Zeitung* in Singen (Hohentwiel) unter seine Kontrolle zu bringen. Nach der Revolution hatten ehemalige FVP-Mitglieder die Mehrheit des zuvor nationalliberalen Blatts erworben. Redakteur wurde Fritz Harzendorf, der vor dem Krieg Generalsekretär der badischen FVP war.[226] Der Verlag war keine GmbH, sondern eine Genossenschaft mit fast 100 Anteilseignern, die zumeist dem Singener Ortsverein der DDP angehörten. Dietrich begann nun insgeheim, über einen Strohmann Anteile einzelner Genossenschafter aufzukaufen, um nach und nach die Mehrheit zu erlangen. Allerdings war der Verkauf an Dritte nicht gestattet, und die Gesellschaft war befugt, die veräußerten Anteile gegen Erstattung des Nennwerts einzuziehen. Deshalb versuchte er gleichzeitig, das Haus zu erwerben, in dem sich Redaktion und Druckerei befanden.[227] Anfang Januar 1922 bekam Harzendorf Wind davon, legte empört beim badischen Parteivorstand Beschwerde ein und veröffentlichte einen scharfen, mit persönlichen Be-

---

[223] Dies geht hervor aus einer Urkunde zur Änderung des Gesellschaftsvertrags der Firma Badische Druck- und Verlagsgesellschaft vom 1.12.1922, ND 638.

[224] Generalvollmacht der Badische Druckerei und Verlag J. Boltze GmbH für Georg Frech, 2.6.1923, ND 268, fol. 166; Protokoll einer Unterredung Dietrichs mit Ludwig Schmidt und Julius Boltze am 6.12.1926, ND 277, fol. 5.

[225] Nachweislich ließ Dietrich, unter anderem durch Georg Frech, über Zeitungen in Bonndorf, Furtwangen, Engen, Bruchsal, Lörrach, Zell (Wiesental) und Schopfheim Erkundigungen einholen. Da seine Akten für diesen Zeitraum nur lückenhaft überliefert sind, dürfte es weitere Fälle gegeben haben: Dietrich an Frech, 8.11.1921 u. Frech an Dietrich, 30.1.1922, ND 65, fol. 233 u. 238; Josef Arnold an Dietrich, 15.5.1922, ND 67, fol. 18; Julius Boltze an Dietrich, 6.10.1922, ebd., fol. 38.

[226] Harzendorf, Journalist, S. 63.

[227] Siehe die Unterlagen in ND 268, fol. 203-229.

2. Der Kampf um die badische Hausmacht: Dietrichs nationalliberale DDP 137

leidigungen gespickten Artikel, in dem er von einem „teuflischen Anschlag" auf die „Unabhängigkeit" der Zeitung sprach und Dietrich zum „Mittelpunkt" von „destruktiven Tendenzen" in der DDP erklärte, welche auf „die Vernichtung des demokratischen Charakters" der Partei abzielten. Darüber hinaus machte er Dietrichs Beteiligungen an den Zeitungen in Überlingen, Stockach und Meßkirch publik, bezeichnete ihn als „kleinen Stinnes" und versäumte nicht, sein „erheiratetes Vermögen" zu erwähnen.[228]

Dietrich wähnte sich als Opfer und betrachtete Harzendorfs Frontalangriff als typisch: „Daß gegen mich gestänkert wird, entspricht durchaus der bisherigen Tradition."[229] Doch obwohl das Verhalten des Redakteurs verbreitet als unangemessen empfunden wurde, geriet Dietrich unter Druck. Die Enthüllungen wurden in den Parteigremien kontrovers diskutiert, während er in Berlin weilte und eine große Rede zum Reichshaushalt 1922 vorbereitete, die er sich „nicht entgehen lassen" konnte.[230] Er verteidigte sein Vorgehen zwar schriftlich und behauptete, er habe in bester Absicht gehandelt und der Zeitung im Interesse der Partei helfen wollen.[231] Seine Abwesenheit wirkte aber wie ein Schuldeingeständnis. Karl Glockner warnte ihn eindringlich, er möge so schnell wie möglich zu einer „Aussprache" aller Beteiligten nach Karlsruhe kommen – sonst werde er sich „ernstlich schaden" und sein „politisches Ansehen gefährden".[232] Wie berechtigt diese Sorge war, zeigt der Umstand, dass Ludwig Haas die Affäre sogar im Reichsparteivorstand zur Sprache brachte.[233]

Gleichzeitig hatte Dietrich große Mühe, seine entrüsteten Anhänger im Bodenseekreis zu beruhigen. Deren Unzufriedenheit mit der DDP hatte nach der schweren Niederlage bei der Landtagswahl im Oktober 1921 einen Höhepunkt erreicht, zumal es zur Neuauflage der Weimarer Koalition kam, in der Hermann Hummel das Kultusministerium behalten konnte und zudem (turnusgemäß) Staatspräsident wurde. Die früheren Nationalliberalen befürworteten entweder eine Koalition unter Einschluss der DVP oder plädierten, wie Robert Schlegel, für den Gang in die Opposition, um auf dem Land nicht weiter an Rückhalt zu verlieren.[234] Der frühere NLP-Generalsekretär Paul Thorbecke, inzwischen Vorsitzender des Ortsvereins Konstanz, schimpfte bereits Ende November 1921, wie „unerquicklich" die Politik sei, er habe „die Nase voll". Wenige Tage nach Harzendorfs Attacke legte er aus Protest sein Parteiamt nieder, und Dietrich konnte

---

[228] Dr. H. [Fritz Harzendorf]: In eigener Sache, Oberländer Zeitung Nr. 11 vom 13.1.1922; siehe auch Harzendorf, Journalist, S. 65f. Der Großindustrielle und DVP-Reichstagsabgeordnete Hugo Stinnes kaufte zu dieser Zeit zahlreiche Zeitungen auf.
[229] Dietrich an Josef Arnold, 20.1.1922, ND 65, fol. 22.
[230] Dietrich an Paul Thorbecke, 27.1.1922, ND 268, fol. 197.
[231] Dietrich an das Generalsekretariat der DDP Baden, 8.1.1922, ebd., fol. 201.
[232] Karl Glockner an Dietrich, 15.1.1922, ND 66, fol. 4.
[233] Sitzung des Vorstandes der DDP vom 22.1.1922, BAB R 45 III-18, fol. 32.
[234] Schlegel an Dietrich, 24.12.1921 u. Dietrich an Schlegel, 28.12.1921, ND 267, fol. 30-33; Karl Glockner: Die demokratische Fraktion im badischen Landtag von 1919 bis 1927. In: Anton Erkelenz (Hg.): Zehn Jahre deutsche Republik. Ein Handbuch für republikanische Politik. Berlin 1928, S. 206-213, hier S. 209; vgl. knapp Braun, Landtag, S. 450f. Das Amt des badischen Staatspräsidenten wurde von den Parteien der Weimarer Koalition bis 1925 im jährlichen Wechsel besetzt.

Schlegel offenbar nur mit Mühe davon abhalten, als Wahlkreisvorsitzender zurückzutreten.[235]

Die Auseinandersetzung um die *Oberländer Zeitung* markierte den Höhepunkt des innerparteilichen Konflikts, der sich im Lauf des Jahres 1921 immer mehr zuspitzte und Dietrich in eine prekäre Lage brachte. Sein größter Konkurrent war inzwischen Hummel, der ebenfalls höhere Ambitionen hatte und das Amt des Kultusministers nur als Durchgangsstation betrachtete. Ursprünglich standen sich die Bundesbrüder sehr nahe.[236] Wenngleich die Quellenlage dünn ist, spricht viel dafür, dass ihre alte Freundschaft nicht nur den Zusammenschluss der liberalen Parteien im Dezember 1918 wesentlich erleichterte, sondern auch danach eine integrative Wirkung für die DDP entfaltete. Hummel gehörte zu denjenigen aus der FVP, die sich in der Weimarer Zeit tendenziell nach rechts bewegten. Er war mit Dietrich in wesentlichen Punkten einer Meinung, unterstützte das Bestreben, eine Verständigung mit der DVP herbeizuführen und scheint ihm bei den Versuchen, den nationalliberalen Einfluss in der DDP zu stärken, entgegengekommen zu sein.[237]

Wann genau sich das Verhältnis abkühlte, ist nicht klar. Bis Mitte 1921 entstanden jedenfalls so starke Spannungen, dass Gerüchte über ein Zerwürfnis zwischen dem Parteivorsitzenden und seinem Stellvertreter sowie über eine bevorstehende Spaltung der Partei aufkamen, die selbst den *Demokrat*, das Organ der Reichsgeschäftsstelle der DDP in Berlin, veranlassten, diese als „Tatarennachrichten" zu dementieren.[238] Hummel machte Dietrich später dafür verantwortlich, dass Robert Schlegel seine Landtagskandidatur im Wahlkreis Konstanz hintertrieb: Dietrich habe seine „Satrapen am Bodensee" auf ihn „losgelassen", „um seine Richtung innerhalb der Partei zu stärken". Generell habe er, so der wiederholte Vorwurf in Hummels Memoiren, mit Hilfe seiner „Trabanten" und der *Badischen Landeszeitung* von Anfang an gegen ihn persönlich und gegen „die offizielle Politik der Partei" gearbeitet – und dies „nach jahrzehntelanger Freundschaft, in deren Verlauf er den Eindruck schönster Menschlichkeit machte". Um Dietrich

---

[235] Thorbecke an Dietrich, 28.11.1921, ND 633, Thorbecke an Dietrich (Telegramm), 26.1.1922 u. Dietrich an Thorbecke, 27.1.1922, ND 268, fol. 197f.

[236] Als Dietrich nach einer neuen Bleibe für seine Mutter, seine verwitwete Schwester Else und deren zwei Töchter suchte, half Hummel offenbar, indem er sie im Nachbarhaus seines Vaters im mittelbadischen Lahr unterbrachte. Dies geschah wohl 1919, in einer Zeit allgemeiner Wohnungsnot. Bis dahin hatten Dietrichs Angehörige bei ihm in Konstanz gelebt: Adreßbuch der Stadt Lahr und der Nachbargemeinde Dinglingen. Ausgabe 1925/26. Stuttgart o.J., S. 135; außerdem Elisabeth Trick an Dietrich, 22.9.1917, ND 728 u. Dietrich an Ludwig Schmidt, 20.11.1922, ND 642. Dietrich wiederum beteiligte sich (vermutlich 1918/19) an einer Bankbürgschaft in Höhe von 3000 M für Hummels Bruder Helmut, der ständig mit finanziellen Schwierigkeiten zu kämpfen hatte: Korrespondenz Dietrichs mit Helmut Hummel aus den Jahren 1926 bis 1928, ND 102, fol. 382-396.

[237] Siehe oben u. Hermann Hummel: Geschlagene Schlachten. Ein Lebenslauf in Synkopen, S. 293f., GLAK 65/20034; vgl. Jones, Liberalism, S. 213 u. 228, der Hummel zum „rechten Flügel" der DDP zählt. Als Vertreter der Parteilinken präsentiert ihn Werner Stephan: Acht Jahrzehnte erlebtes Deutschland. Ein Liberaler in vier Epochen. Düsseldorf 1983, S. 118.

[238] Der Demokrat Nr. 25 vom 23.6.1921, S. 491.

2. Der Kampf um die badische Hausmacht: Dietrichs nationalliberale DDP 139

habe sich „sofort" nach der Gründung der DDP „eine Gruppe ehemaliger Nationalliberaler" gesammelt, „welche sich als eine Art Schutztruppe der ‚nationalen Idee', aber auch mit Duldung Dietrichs als persönliche Leibgarde konstituierte. Dietrich hatte sich mit einem nicht ausrottbaren Mißtrauen gewappnet, als solle er kaltgestellt werden oder als trachte ich danach, ihm die Wege, die ihm sein Ehrgeiz wies, zu verlegen."[239]

Einerseits traf Hummels Schilderung ins Schwarze, andererseits fielen hier seine eigenen Ambitionen unter den Tisch. Der „Ehrgeiz", den er seinem einstigen Freund attestierte – und den viele andere Zeitgenossen gleichfalls als ein markantes Wesensmerkmal Dietrichs ausmachten[240] – war bei ihm kaum minder stark ausgeprägt. Hummel wurde 1921/22 offenbar wiederholt als Kandidat für das Amt des Reichswehrministers gehandelt, und Anfang 1924 unterlag er in einer Kampfabstimmung um den Reichsparteivorsitz der DDP nur knapp Erich Koch-Weser.[241] Dietrichs „Mißtrauen" war also nicht unberechtigt. Vielmehr standen sich zwei karrierebewusste Politiker gegenüber, die geradezu zwangsläufig zu Rivalen wurden. Hummel befand sich als Kultusminister und Landesvorsitzender der DDP in einer starken Ausgangsposition. Nur an ökonomischem Kapital, das ihm eine mit Dietrich vergleichbare Bewegungsfreiheit erlaubt hätte, fehlte es Hummel bislang, so dass er auf seinen Ministerposten angewiesen blieb und nicht ohne weiteres für den Reichstag kandidieren konnte.

Dietrichs finanzielle Unabhängigkeit geriet allerdings gerade in dem Moment in Gefahr, als sich der Konflikt mit Hummel zuspitzte. Der Tod seiner Frau Elisabeth am 16. September 1921 bewirkte eine unmittelbare Schwächung seiner Stellung in der badischen DDP und bedrohte die materielle Grundlage der angestrebten Karriere in Berlin. Dietrich musste sich nun dem wichtigsten Bestandteil seines Erbes widmen, der Beteiligung an der Zellstofffabrik Trick in Kehl. Die Firma stand, auch angesichts der sich wieder beschleunigenden Inflation, vor weitreichenden unternehmensstrategischen Entscheidungen. Dabei konnte er nicht einfach Elisabeths Platz unter den Gesellschaftern einnehmen: Seine drei Schwägerinnen und deren Ehemänner standen ihm reserviert oder offen feindselig gegenüber, weil sie in ihm einen Fremden erblickten, der sie um ihr Erbteil gebracht hatte.

Dieser Umstand trat schnell in drastischer Form zutage, als die *Badische Landeszeitung* sich am 22. Oktober 1921, acht Tage vor den badischen Landtags-

---

[239] Hermann Hummel: Geschlagene Schlachten. Ein Lebenslauf in Synkopen, S. 287 f. u. 314, GLAK 65/20034; vgl. Bangert, Postulat, S. 262 f.
[240] Marianne Weber: Lebenserinnerungen. Bremen 1948, S. 89; Stephan, Acht Jahrzehnte, S. 183; Harzendorf, Journalist, S. 63.
[241] Papke, Koch-Weser, S. 103–106; Sitzung des Vorstandes der DDP vom 26. 1. 1924 u. Sitzung des Parteiausschusses vom 27. 1. 1924, Linksliberalismus Dok. 111 u. 112, S. 304 f. u. 311; Theodor Heuss an Albert Hopf, 30. 1. 1924, abgedruckt in: Theodor Heuss: Bürger der Weimarer Republik. Briefe 1918–1933. Herausgegeben und bearbeitet von Michael Dorrmann. München 2008, S. 207 f. Laut Hummel gab es Ende 1921 und im Sommer 1922 Bestrebungen innerhalb der DDP, Reichswehrminister Otto Geßler zu stürzen und ihn als Nachfolger zu berufen: Hermann Hummel: Geschlagene Schlachten. Ein Lebenslauf in Synkopen, S. 316 u. 375, GLAK 65/20034.

wahlen, von der DDP lossagte und erklärte, zukünftig die DVP zu unterstützen.[242] Die drei Trickfamilien Pohlmann, Schmidt und Blum, die politisch ohnehin der DVP oder DNVP nahestanden, waren vermutlich schon länger nicht mehr geneigt, den defizitären Betrieb zu bezuschussen. Dietrichs Bemühungen, den Absatz und die Qualität der Zeitung zu verbessern, waren kostspielig und hatten nicht den gewünschten Erfolg, wenngleich die Auflage auf 12500 Exemplare stieg, womit sie immerhin doppelt so hoch war wie vor dem Krieg. Die finanziellen Engpässe waren erheblich und kamen zum Beispiel darin zum Ausdruck, dass die Landeszeitung seit April 1920 nur noch einmal statt zweimal täglich erschien. Gemäß einer späteren, vagen Berechnung Dietrichs beliefen sich die Gesamtkosten für die Übernahme des Betriebs im Sommer 1918 und die anschließenden Investitionen, Werbekampagnen und Verluste bis zum Frühjahr 1922, als die Gesellschaft vor der Insolvenz stand und die Landeszeitung ihr Erscheinen einstellte, auf ungefähr 160000 Goldmark.[243] Es war aber sicherlich kein Zufall, dass der Kurswechsel der Landeszeitung wenige Wochen nach Elisabeths Tod verkündet wurde – mitten im Wahlkampf. Nach Lage der Dinge handelte es sich um einen gezielten Affront gegen Dietrich.

Zwar erschien drei Tage später eine Notiz, in der die Kehrtwende relativiert und für die Zukunft eine neutrale Linie zwischen DDP und DVP im Sinne „nationaler Politik" angekündigt wurde,[244] aber an dem verheerenden Eindruck, den der Verlust des führenden Parteiorgans hinterließ, änderte das nichts. Hinzu kam das katastrophale Wahlergebnis der Demokraten, die über zwei Drittel ihrer Sitze im Landtag verloren. Der Hummel nahestehende Generalsekretär Karl Dees versäumte nicht, die Niederlage in einer offiziellen Stellungnahme auch auf das Abschwenken der Landeszeitung zurückzuführen.[245] Hummel unterstellte Dietrich in seinen Memoiren sogar, er habe das Verhalten der Trick-Verwandtschaft nur vorgeschoben und den Rechtsschwenk der Landeszeitung zumindest gebilligt, wenn nicht gar veranlasst.[246] So abwegig dieser Vorwurf war, mussten doch viele

---

[242] Heinrich Dröse: Rechts oder links? Vor den badischen Landtagswahlen, Badische Landeszeitung Nr. 247 vom 22.10.1921.

[243] Nach dem Eingehen der Landeszeitung wurde unter Beteiligung des Verlegers Julius Boltze die Firma „Badische Druckerei und Verlag J. Boltze" gegründet. Anfang Januar 1924 bezifferte Dietrich den Wert des neuen Verlags, der sich nicht mehr dem Zeitungsgeschäft widmete, auf „mindestens" 200000 RM, wovon den vier Trick-Familien 80% gehörten. Damit habe man das früher investierte Kapital, „wenn man die Valuta von den Tagen rechnet, an denen es gezahlt wurde, erhalten": Dietrich an die Familien Schmidt, Blum und Pohlmann, 18.1.1924, ND 638; siehe auch Dietrich an Pius Dirr, 10.2.1924, ND 70, fol.147: „Wenn Sie unsere verstorbene ‚Badische Landeszeitung' in Karlsruhe lesen aus der Revolution, so werden Sie auch staunen, mit welcher Sorgfalt dieses Organ alle schwierigen Dinge behandelte und wie ein großer Teil der Intelligenz des Landes mitarbeitete. Genützt hat es nur so viel, daß daraus ein jeder abdruckte, was er brauchte, geschäftlich aber wurde die Lage täglich schlimmer, und die größten Opfer haben nicht ausgereicht, das Organ durchzuhalten."

[244] Badische Landeszeitung Nr. 249 vom 25.10.1921.

[245] Karl Dees: Die badischen Landtagswahlen, Der Demokrat Nr. 49 vom 8.12.1921, S.961–963.

[246] Hermann Hummel: Geschlagene Schlachten. Ein Lebenslauf in Synkopen, S.314, GLAK 65/20034.

2. Der Kampf um die badische Hausmacht: Dietrichs nationalliberale DDP

Demokraten an Dietrichs Motiven zweifeln, zumal die Eigentumsverhältnisse für den Außenstehenden undurchsichtig waren. Vermutlich waren die heftigen Auseinandersetzungen um die *Oberländer Zeitung* in Singen Anfang 1922 nicht zuletzt auf die Befürchtung zurückzuführen, dass diesem Blatt ein ähnliches Schicksal widerfahren könnte. Dietrichs Position in der Partei war jedenfalls so geschwächt, dass er in die Defensive geriet und versuchen musste, mit Hummel zu einer Verständigung zu gelangen.[247] Außerdem fiel die Landeszeitung als persönliches Sprachrohr aus. Er war zwar nach wie vor Miteigentümer, konnte es sich aber nicht leisten, seine Artikel in dem abtrünnigen Blatt zu publizieren.[248]

Um weiteren Schaden für seine Zukunft abzuwenden, musste Dietrich sich um sein Verhältnis zur Trick-Verwandtschaft kümmern.[249] Dabei spielten nicht allein die Dividenden der Zellstofffabrik, deren Höhe die Gesellschafter festlegten, eine Rolle, sondern auch Elisabeths erheblicher Waldbesitz, der früher ebenfalls der Firma gehört hatte. Das dort geschlagene Papierholz durfte nur an die Fabrik verkauft werden, und unter den Bedingungen der Inflation war die Festlegung der Holzpreise eine kritische, ständig umstrittene Frage. Zudem hatte Elisabeth zusammen mit ihrer Schwester Agnes und deren Mann Ludwig Schmidt in Karlsruhe ein Haus erworben, das gemeinsam verwaltet werden musste. Wie die Affäre um die Landeszeitung zeigt, war die Ausgangslage für Dietrich ungünstig, und zumindest in einem Fall wurde ihm sogar ein Teil des Erbes – durch das Ehepaar Pohlmann – streitig gemacht. Es gelang ihm allerdings recht schnell, sich aus der Außenseiterrolle zu befreien und innerhalb des Gesellschafterkreises eine einflussreiche, schließlich gar tonangebende Position zu erlangen. Dabei kam ihm zugute, dass seit geraumer Zeit zwischen den Familien Schmidt und Blum einerseits und der Familie Pohlmann andererseits starke private und geschäftliche Spannungen herrschten. Die giftige Atmosphäre in der Familie, die von unablässigen Auseinandersetzungen über persönliche Nichtigkeiten bis hin zu handfesten Geldstreitigkeiten geprägt war, wurde durch die wirtschaftlichen Turbulenzen der Nachkriegsjahre angeheizt. Die Gesellschafter kamen durch die Inflation in Schwierigkeiten und waren zunehmend auf die Dividenden der Fabrik angewiesen. Zugleich schwankte die Ertragslage des Unternehmens, das zumindest zeitweise unter Rohstoffknappheit, diversen Außenhandelsbeschränkungen und der Besetzung Kehls durch französische Truppen zu leiden hatte.

Zunächst arrangierte Dietrich sich mit Ludwig Schmidt, der auch Geschäftsführer der Fabrik war und dem ein Verbündeter gegen die finanziellen Forderungen

---

[247] Dietrich kroch offenbar regelrecht zu Kreuze, wie aus einem der wenigen überlieferten Schreiben Hummels an Dietrich hervorgeht: „Die freundlichen Wünsche, die Du mir drahtlich übersandt hast, haben mich aufrichtig erfreut. Ich entnehme daraus, daß Du die schwierige Situation, in der wir uns befunden haben, richtig gewürdigt und verstanden hast. Hoffentlich werden wir bald Gelegenheit zu einer Aussprache über die Lage haben": Hummel an Dietrich, 25.11.1921, ND 66, fol. 114; siehe auch Dietrich an Karl Glockner, 6.12.1921, ebd., fol. 15.
[248] Dietrichs letzter Artikel in der Landeszeitung erschien am 27.9.1921.
[249] Zum Folgenden siehe die Unterlagen aus den Jahren 1921-1923 in ND 642, 730 u. 731; außerdem ND 66, fol. 181f. u. 195-198 u. ND 68, fol. 203-205; vgl. den dritten Abschnitt dieses Kapitels.

der Gesellschafter gelegen kam. Mit seinen betriebswirtschaftlichen Erfahrungen und politischen Verbindungen erwies Dietrich sich als äußerst nützlich – unter anderem bearbeitete er im Reichstag die Gesetzesvorlagen zum Branntweinmonopol, welche die Firma, die gerade in die Herstellung von Industriealkohol investierte, unmittelbar betrafen. So ergab sich bald eine enge Zusammenarbeit, die Dietrich zugleich Einfluss auf die unternehmerischen Entscheidungen verschaffte. Außerdem suchte er den Kontakt zu anderen Familienmitgliedern, besonders den Neffen und Nichten Elisabeths bzw. deren Ehepartnern, die ihm mit weniger Vorbehalten gegenübertraten. Mit Schmidts Schwiegersohn Roland Eisenlohr, einem arbeitslosen Architekten, verstand er sich bald blendend – nicht zuletzt deshalb, weil er ihm die Bauleitung für das Haus übertrug, das er ab Herbst 1921 im Schwarzwald errichtete. Eine engere Verbindung entwickelte sich auch zwischen ihm und dem Schwiegersohn von Clara und Georg Pohlmann, Max Klapp, der nach einer erfolgreichen Offizierslaufbahn den Heeresdienst verlassen und in Oberbayern einen größeren agrarischen Betrieb erworben hatte. Das gemeinsame Interesse für die Landwirtschaft führte bald zu einem freundschaftlichen Verhältnis. Im Winter 1922/23 kam es schließlich zu einer Aussöhnung mit dem Ehepaar Pohlmann, das in erheblichen finanziellen Schwierigkeiten steckte. Da die Pohlmanns innerhalb der Familie vollkommen isoliert waren, gaben sie nun in der Erbschaftsfrage nach und baten Dietrich um Hilfe gegen die „Gemeinheit" und „Selbstsucht" der Familien Blum und Schmidt.[250] Dietrich nahm fortan eine vermittelnde Haltung ein, wobei er, je nach Sachlage, durch „Bündnisse" mit Schmidt oder der Familie Pohlmann seine Interessen zu wahren wusste. Während er es verstand, sich im Zweifelsfall die tiefsitzenden Ressentiments zwischen den anderen Gesellschaftern zunutze zu machen, gelang es ihm, das Klima so zu beruhigen, dass zumindest ein Modus Vivendi gefunden und eine konstruktivere Zusammenarbeit in der Firma möglich wurde.

Bei alledem handelte es sich um weit mehr als einen Randaspekt für Dietrichs weitere politische Laufbahn. Nach dem Ende der Inflation machten die Dividenden von Trickzellstoff, über deren Höhe ständig gestritten wurde, den Löwenanteil von Dietrichs Einkommen aus. Sobald diese Erträge niedriger ausfielen als erwartet oder gar ganz ausblieben, musste er in Bedrängnis geraten. Mit seinem geschickten Vorgehen nach Elisabeths überraschendem Tod schuf er also eine wesentliche Voraussetzung dafür, dass er sich ganz der politischen Arbeit in Berlin zuwenden konnte.

Noch wichtiger war freilich, dass sich die Lage innerhalb der badischen DDP im Herbst 1922 schlagartig besserte. Hermann Hummel trat von seinem Amt als Kultusminister zurück, um einen einträglichen Posten im Direktorium der BASF zu übernehmen. Dieser nahtlose Wechsel von der Politik in die Wirtschaft schlug nicht nur in der Öffentlichkeit hohe Wellen, sondern wurde auch in der Partei als skandalös empfunden. Viele frühere FVP-Mitglieder waren ebenfalls entsetzt und erblickten in dem „großindustriellen" Einfluss eine schwere Belastung.[251] Diet-

---

[250] Clara Pohlmann an Dietrich, 8.1.1923, ND 730.
[251] Der Vorsitzende des Ortsvereins Freiburg, ein früheres FVP-Mitglied, berichtete dem Generalsekretariat, Hummels Schritt habe „großes Befremden erregt", er habe versucht,

2. Der Kampf um die badische Hausmacht: Dietrichs nationalliberale DDP   143

richs Rivale sicherte sich nun jene finanzielle Unabhängigkeit, die ihm bislang gefehlt hatte, musste dafür jedoch eine massive Beschädigung seines sozialen und politischen Kapitals in Kauf nehmen – eine Auswirkung, die er offenbar völlig unterschätzte.[252]

Der Machtkampf mit Hummel war damit de facto entschieden. Es ist auffällig, wie rasch Dietrich nun seinen Hauptwohnsitz nach Berlin verlegte: Ende September 1922 stand die Entscheidung noch nicht fest, Mitte November war die Karlsruher Wohnung aufgelöst und der logistisch aufwendige Umzug abgeschlossen.[253] Die innerparteilichen Konflikte waren noch nicht vorüber. Unter anderem kam es zwischen Nationalliberalen und Fortschrittlichen 1923 erneut zu einem monatelangen Kampf um die Mehrheit bei der *Oberländer Zeitung* in Singen, in den Politiker aus dem ganzen Land involviert waren und in dem Dietrich am Ende wiederum unterlag.[254] Als vor der Reichstagswahl vom 4. Mai 1924 die Frage der Spitzenkandidatur akut wurde, hatte er aber keine Mühe, sich durchzusetzen. Er befürchtete zwar, dass es bei der entscheidenden Sitzung der Parteigremien „unter Umständen etwas heftig zugehen" werde, doch dazu kam es nicht.[255]

Hummel war noch immer Parteivorsitzender, versuchte aber gar nicht erst, Dietrich herauszufordern. Stattdessen bemühte er sich, vergeblich, um einen Platz auf der demokratischen Reichsliste.[256] Durch eine Verkettung glücklicher Umstände war er schließlich doch erfolgreich: Nur wenige Monate später kam es zu Neuwahlen, in deren Vorfeld einige etablierte Politiker um Eugen Schiffer die DDP verließen. Damit wurde kurzfristig Schiffers Spitzenkandidatur im sicheren Wahlkreis Magdeburg frei, die Hummel nach einigen Komplikationen überneh-

---

Hummel zu verteidigen, sei jedoch mit dieser Beurteilung „ganz isoliert": Georg Rost an Karl Dees, 22.10.1922, GLAK N Hellpach 261. Willy Hellpach beschrieb Hummels Schritt als „politische Überraschung, die wie eine Bombe platzte und ihre Druckwellen durch das ganze badische Land, ja noch über seine Grenzen hinauswarf": Willy Hellpach: Wirken in Wirren. Lebenserinnerungen. Eine Rechenschaft über Wert und Glück, Schuld und Sturz meiner Generation. Zweiter Band 1914-1925. Hamburg 1949, S. 149; siehe auch Stephan, Acht Jahrzehnte, S. 118f.

[252] So Hellpach, Wirken, S. 151.
[253] Dietrich an Waldemar Dietrich, 28.9.1922, ND 67, fol. 129; Dietrich an Ludwig Schmidt, 24.11.1922, ND 638.
[254] Die Zeitung benötigte dringend eine Kapitalerhöhung, die Dietrich mit Unterstützung zahlungsunfähiger Genossenschafter und seiner Bekannten vor Ort verhinderte. Deshalb musste eine GmbH gegründet werden, die neue Geschäftsanteile ausgab, bei denen die Eigentumsübertragung nicht mehr zu kontrollieren war. Erneut versuchte Dietrich, über Strohmänner die Mehrheit zu erwerben, doch Chefredakteur Harzendorf sorgte dafür, dass ständig neue Anteile ausgegeben wurden, welche angesichts der Hyperinflation die alten praktisch entwerteten, und fand unter anderem bei Hummel und Haas Unterstützung. Es kam zu einem grotesken Wettlauf um die Mehrheit, der von neuerlichen Auseinandersetzungen in der Partei begleitet war. Dietrich zog schließlich den Kürzeren, erlitt verhältnismäßig hohe Verluste und verfügte am Ende nur über eine marginale Beteiligung: Unterlagen in ND 268, fol. 125-183 u. Schriftverkehr Dietrichs mit der Oberrheinischen Bankanstalt vom 16.8., 7.9. u. 18.9.1923, ND 612.
[255] Dietrich an Georg Frech, 6.3.1924 (Zitat), Dietrich an Karl Dees, 19.2.1924 u. Dees an Dietrich, 20.2.1924, ND 70, fol. 293 u. 51f.
[256] Willy Hellpach an Erich Koch-Weser, 27.10.1924, GLAK N Hellpach 257.

men konnte.²⁵⁷ Ludwig Haas musste sich in Baden erneut mit dem zweiten Listenplatz begnügen, der nicht für den Einzug ins Parlament genügte, erhielt aber einen sicheren Platz auf der Reichsliste.²⁵⁸ So gehörten der demokratischen Reichstagsfraktion weiterhin zwei, nach den Wahlen vom 7. Dezember 1924 drei badische Abgeordnete an, obwohl nur Dietrich in Baden gewählt wurde. 1928 kam mit Willy Hellpach, ebenfalls über die Reichsliste, sogar ein vierter hinzu. Die Grundlage der Mandate von Haas, Hummel und Hellpach war allerdings relativ unsicher: Sie waren von Entwicklungen in fremden Wahlkreisen bzw. schwer berechenbaren Konstellationen in den Führungsgremien der DDP abhängig. Dietrichs Kandidatur beruhte dagegen auf einer soliden Hausmacht, die ab 1924 nicht mehr zu erschüttern war.

Insgesamt war Dietrichs konfliktträchtige Netzwerk- und Pressepolitik innerhalb der badischen DDP ein zweischneidiges Schwert. Zwischenzeitlich erwies sie sich als geradezu kontraproduktiv, so dass Zweifel angebracht sind, ob die aggressive Strategie besonders gelungen war. Gleichzeitig waren Dietrichs Bemühungen um den nationalliberalen Einfluss in der DDP durchaus erfolgreich. Die Wählerwanderung nach rechts wurde in Baden bestenfalls etwas verzögert, jedenfalls nicht aufgehalten oder gar rückgängig gemacht. Die Befürchtung, dies könne sich in der Mitgliederstruktur der DDP niederschlagen, bewahrheitete sich indessen nicht. Bis Mitte der zwanziger Jahre sank die Mitgliederzahl der DDP um ca. 80 Prozent, wobei unklar ist, wann diese Verluste stattfanden und inwieweit sie mit Übertritten zur DVP einhergingen.²⁵⁹ Doch hat es nicht den Anschein, dass unter denen, die der Partei den Rücken kehrten, Nationalliberale überproportional vertreten waren. DDP-Mitglieder mit nationalliberalem Hintergrund stellten wohl auch später noch die Mehrheit. Mit Sicherheit traf das auf die erweiterte Führungs- und Funktionärsebene zu. Soweit es zu Austritten kam, fanden diese im Wesentlichen schon 1919 statt, während diejenigen, die der DDP nicht sofort den Rücken kehrten, tendenziell in der Partei blieben. Dazu gehörte der größte Teil der früheren NLP-Prominenz, und die wenigen, die sich der DVP anschlossen, waren in fortgeschrittenem Alter und traten öffentlich nicht mehr in Erscheinung.²⁶⁰ In der badischen DVP spielte keiner der vor 1918 führenden Nationalliberalen eine Rolle. Ihr Vorsitzender, der spätere Reichsminister Julius Curtius, war vor dem Krieg ein parteipolitisch unbeschriebenes Blatt.²⁶¹ Allerdings wandten sich manche Weggefährten Dietrichs, wie der frühere NLP-Generalsekretär

---

²⁵⁷ Erich Koch-Weser trug die Kandidatur der früheren DVP-Abgeordneten Katharina von Oheimb an, die allerdings ablehnte: Oheimb an Koch[-Weser], 24.10.1924, BAK N Kardorff-Oheimb 19a, fol. 40. Hummel setzte sich wohl auch deswegen durch, weil er der Partei im Gegenzug erhebliche Wahlkampfspenden aus Industriekreisen anbot: Hummel an Georg Merleker, 23.10.1924, GLAK N Hummel 10.
²⁵⁸ Vgl. Volker Stalmann: Ludwig Haas als Abgeordneter der Nationalversammlung und des Reichstages der Weimarer Republik (1919-1930). In: Grothe u. a., Haas, S. 119-155, hier S. 144f.
²⁵⁹ Dazu auch Kap. IV, 3.
²⁶⁰ So die früheren Landtagsabgeordneten Rupert Rohrhurst (geb. 1860), Friedrich König (geb. 1857) und Karl Ringwald (geb. 1857); vgl. zu diesen Fällen die Belege in Anm. 170.
²⁶¹ Lange, Curtius, S. 153 u. 160. In Württemberg war die Lage ähnlich, und mit Abstrichen lässt sich diese Feststellung auch auf Reichsebene machen. Zum Beispiel hatten

Paul Thorbecke, ganz von der Politik ab oder verharrten in Inaktivität, ohne aus der DDP auszuscheiden. Im Hinblick auf die insgesamt erdrutschartigen Mitgliederverluste der Partei sind diese Fälle jedoch eher als Ausnahmen zu bewerten. Letztlich blieb ein großer Teil von Dietrichs alten Bekannten in der DDP.

3. Bürgertum und Inflation

Dietrichs Weg in die Reichspolitik war ein Prozess, der sich über Jahre hinzog. Mit dem Umzug nach Berlin im November 1922 war er keineswegs abgeschlossen, weil die Turbulenzen der Hyperinflation Dietrich zwangen, sich intensiv um sein Vermögen zu kümmern, was zu häufigen, teils wochenlangen Aufenthalten in Baden führte, wo sich der größte Teil seiner immobilen Vermögenswerte befand. Doch selbst wenn er in Berlin weilte, musste er so viel Zeit für finanzielle Fragen aufwenden, dass seine politische Arbeit im Reichstag darunter zu leiden hatte. 1923 sprach er nur zweimal im Plenum des Reichstags, während er im Herbst 1920 zwei, 1921 dann fünf und 1922 vier Reden gehalten hatte.

Die wirtschaftlichen Verwerfungen der Kriegs- und Nachkriegszeit trafen weite Kreise des Bürgertums in zweierlei Hinsicht. Die Inflation ließ vielfach die Privatvermögen auf unerhörte Weise zusammenschrumpfen – dieser Aspekt der Geldentwertung hatte langfristig, d. h. über die Inflationszeit hinaus, gravierende Konsequenzen und lässt sich bei Dietrich exemplarisch nachvollziehen. Zugleich zeigt sein Fall, welche Möglichkeiten und Hindernisse es gab, Vermögensverluste zu vermeiden oder gar von der Inflation zu profitieren. Zunächst soll jedoch ein Blick auf die kurzfristigen Auswirkungen der ökonomischen Ausnahmesituation geworfen werden, die ein drastisches Absinken des Lebensstandards der meisten bürgerlichen Haushalte zur Folge hatte.

Die Inflation führte zu einer rapiden Verringerung der Realeinkommen. Die nominalen Gehaltserhöhungen von Beamten und Angestellten, aber auch die Einkommenssteigerungen anderer Berufsgruppen, etwa der Ärzte, blieben weit hinter der Geldentwertung zurück und sorgten dafür, dass sich viele bürgerliche Einkommen den Löhnen der Arbeiterschaft annäherten.[262] Von dieser Entwicklung, die schon im Krieg einsetzte, war Dietrich ebenfalls betroffen. Seine Besoldung als badischer Minister, die er bis Ende März 1921 bezog, wurde im April 1919 auf 19 760 M jährlich festgesetzt, ein Betrag, der zu diesem Zeitpunkt etwas mehr als 6700 GM entsprach und damit um fast zwei Drittel unter dem Vorkriegsniveau lag (18 000 GM).[263] Auch gegenüber den 10 000 M, die er ab 1914 als

---

nur drei der 22 DVP-Abgeordneten in der Weimarer Nationalversammlung dem letzten Reichstag des Kaiserreichs angehört: Jones, Liberalism, S. 46 u. 50.

[262] Kunz, Civil Servants, S. 60–90; Schäfer, Bürgertum, S. 322–332; Geyer, Verkehrte Welt, S. 43–45 u. 152–157; Jürgen Kocka: Klassengesellschaft im Krieg. Deutsche Sozialgeschichte 1914–1918. Göttingen ²1978, S. 71–85; Holtfrerich, Inflation, S. 228–246.

[263] Zur Ermittlung des Goldwerts wird hier und im Folgenden die Umrechnungstabelle verwendet, die dem Aufwertungsgesetz vom 16. Juli 1925 zugrunde lag: Reichsgesetzblatt I Nr. 31 vom 17. 7. 1925, S. 133–135. Sie orientierte sich am „Mittel zwischen Lebenshaltungsindex und der Börsennotierung des Dollars", berücksichtigte also auch die

Oberbürgermeister bezog, bedeutete das eine erhebliche Einbuße, zumal ihm dort eine freie Dienstwohnung zur Verfügung gestanden hatte, während er nun mehr als ein Viertel seines Bruttogehalts für die Miete aufwenden musste. Trotz mehrfacher Besoldungserhöhungen sank der Goldwert des Jahresgehalts bis zum Winter 1920/21 auf ca. 4000 GM.[264] Als badischer Landtagsabgeordneter erhielt Dietrich für die komplette Sitzungsperiode von Oktober 1919 bis Juli 1920 eine „Entschädigung" von ca. 4000 M. Der Goldwert betrug höchstens ein Zehntel des Nominalbetrags und war selbst im Vergleich zu den recht niedrigen Diäten der Zweiten Kammer vor dem Krieg (2000 GM) eine nahezu lächerliche Summe.[265] Die Reichstagsdiäten, die Dietrich ab 1920 bezog, waren ebenfalls kärglich. Im Jahr 1921 standen ihm insgesamt 25 000 M zu, umgerechnet ca. 1260 GM, und somit weniger als die Hälfte des Betrags, den Reichstagsabgeordnete vor dem Krieg erhalten hatten (3000 GM). Betrugen die monatlichen Diäten von Mitte 1920 bis zum Herbst 1921 in der Regel über 100 GM, sank der Realwert, trotz wiederholter Anpassungen durch Teuerungszuschläge, danach deutlich.[266]

Kaufkraft der Papiermark, die (im Großen und Ganzen) deutlich langsamer sank als der Devisenkurs: 1. Nachtrag vom 1.9.1925 zur Goldwerttabelle für Papiermark 1914-1924 mit den durch das Aufwertungsgesetz und das Gesetz zur Ablösung öffentlicher Anleihen verursachten Änderungen. Stuttgart 1925, S. 43 f.; vgl. Holtfrerich, Inflation, S. 323. Legt man bei der Berechnung des Goldwertes allein den Dollarkurs zugrunde, so sind die Ergebnisse in der Regel zu niedrig. Allerdings lassen sich auch mit der im Folgenden verwendeten Methode nur Näherungswerte errechnen. Grundsätzlich steht man vor erheblichen Problemen, wenn man mit finanziellen Größen in der Inflationszeit operiert, so dass alle Kalkulationen, ob zum Einkommen oder zum Vermögen, mit Vorsicht zu behandeln sind. Trotzdem gilt es, den Versuch exakter Berechnungen zu unternehmen. Die Alternative wäre, sich erst recht im Ungefähren zu bewegen. Wer etwa materielle Entwicklungen lediglich anhand von Papiermarkbeträgen analysiert (z. B. Pohl, Stresemann, S. 150-164), gerät rasch auf Abwege.

[264] Zu Dietrichs Besoldung siehe die Aufstellungen in GLAK 233/29432. Ab Oktober 1920 betrug das Jahresgehalt einschließlich aller Zulagen 58 500 M, ab Januar 1921 65 130 M; der Goldwert der Gehaltszahlungen von Oktober 1920 bis März 1921 schwankte zwischen 271 GM und 380 GM monatlich. Zum Ministergehalt vor dem Krieg siehe Gesetzes- und Verordnungsblatt für das Großherzogtum Baden Nr. 31 vom 25.8.1908, S. 392. Die Miete für die Karlsruher Wohnung, die dem badischen Staat gehörte, wurde im Mai 1919 auf 5000 M festgesetzt: Sitzung des Staatsministeriums vom 16.5.1919, Protokolle Regierung Baden Bd. 2, S. 58.

[265] Die Diäten wurden im November 1919 auf 2600 M festgesetzt und im Mai des folgenden Jahres erhöht. Hinzu kamen Tagegelder für außerordentliche Ausschusssitzungen, bei Abwesenheit erfolgten Abzüge: Badisches Gesetzes- und Verordnungs-Blatt Nr. 78 vom 12.12.1919, S. 549-551 u. Nr. 42 vom 17.6.1920, S. 329 f. Vorher erhielt Dietrich aufgrund seines Ministeramts für sein Mandat in der badischen Nationalversammlung bzw. im Landtag keine Entschädigung, vgl. Badisches Gesetzes- und Verordnungs-Blatt Nr. 22 vom 10.4.1919, S. 191 f.; zur Höhe der Aufwandsentschädigung vor dem Krieg siehe Gesetzes- und Verordnungsblatt für das Großherzogtum Baden Nr. 5 vom 31.1.1910, S. 59-61. Die genannten Beträge beziehen sich auf Abgeordnete, die wie Dietrich in Karlsruhe wohnten und weniger erhielten als die übrigen Parlamentarier.

[266] Mergel, Parlamentarische Kultur, S. 108-113; für 1921 außerdem Reichsgesetzblatt Nr. 79 vom 2.8.1921, S. 957 u. Nr. 4 vom 13.1.1922, S. 25; Berechnungen zum Zeitpunkt der Auszahlung am Monatsersten, für Abgeordnete, die nicht in Berlin wohnten und ohne Berücksichtigung von Abzügen bei Abwesenheit und zusätzlichen Tagegeldern für Ausschusssitzungen. Doppelbezüge von Diäten aus verschiedenen Parlamenten waren untersagt. In der Zusammenstellung der „Diätenentwicklung" bei Mergel,

Das großbürgerliche Einkommen Dietrichs bzw. seiner Frau Elisabeth war aber in erster Linie von Vermögenserträgen abhängig. Dazu zählten neben den Dividenden der Zellstofffabrik Trick zunächst vor allem Kapitalerträge aus Elisabeths Wertpapierdepot, das vornehmlich aus festverzinslichen Papieren bestand und 1918 über 62 000 M abwarf (Tabelle 4). Obwohl die Mark zum Jahresende bereits die Hälfte ihres Vorkriegswertes eingebüßt hatte, war dies eine gewaltige Summe. Die weitere inflationäre Entwicklung ließ jedoch selbst solche Einkommen rasch zusammenschmelzen. In dem Maß, in dem Rentenpapiere oder Bankguthaben entwertet wurden, sank der reale Wert der Zinserträge. Bei anderen Vermögensarten war die Lage allerdings kaum besser: Aktienbesitzer litten in der Regel unter real sinkenden Dividendenausschüttungen,[267] und Hausbesitzer konnten wegen der Wohnungszwangswirtschaft nur in äußerst begrenztem Umfang die Mieten erhöhen, die deshalb auf einen Bruchteil des Vorkriegsniveaus sanken.[268]

Dietrichs Einkommen vor 1924 lässt sich schon deshalb nicht beziffern, weil die Datengrundlage dafür im Wesentlichen fehlt. Das gilt zum Beispiel für die Höhe der Trick-Dividenden, die bis 1921 den Löwenanteil der Einkünfte ausmachten. Zudem müsste der genaue Zeitpunkt von Geldeingängen oder Steuerzahlungen festgestellt werden, und bei dem Versuch, den jeweiligen Realwert der Papiermark zu berechnen bzw. zu beurteilen, würden sich erhebliche Schwierigkeiten ergeben. So hinkten die Kaufkraftverluste den fallenden Devisenkursen an der Börse lange deutlich hinterher, die inflationäre Entwicklung verlief nicht gleichförmig, sondern war ständigen, teils starken Schwankungen unterworfen, und schließlich ist das „allgemeine Absinken des Konsumniveaus" infolge der Mangelwirtschaft in Rechnung zu stellen.[269] Hinzu kommt, dass das Einkommen

---

der die Diäten als zunächst „reichlich bemessen" bezeichnet, dient nicht die Vorkriegszeit, sondern das Jahr 1919 als Vergleichspunkt. Zudem krankt die Tabelle daran, dass allen Berechnungen der Juliwert eines jeden Jahres zugrunde liegt, und für 1921 wird fälschlich ein starker Kaufkraftgewinn gegenüber 1920 festgestellt.

[267] Dieter Lindenlaub: Maschinenbauunternehmen in der Deutschen Inflation. 1919–1923. Unternehmenshistorische Untersuchungen zu einigen Inflationstheorien. Berlin u. a. 1985, S. 63–65 u. Petra Weber: Gescheiterte Sozialpartnerschaft – Gefährdete Republik? Industrielle Beziehungen, Arbeitskämpfe und der Sozialstaat. Deutschland und Frankreich im Vergleich (1918–1933/39). München 2010, S. 503.

[268] Immerhin konnten jene Eigentümer, deren Immobilien durch Hypotheken belastet waren, auch Inflationsgewinne verbuchen. Kurzfristig überwog jedoch der drastische Rückgang der Einkünfte: Geyer, Verkehrte Welt, S. 237–240 u. Peter-Christian Witt: Inflation, Wohnungszwangswirtschaft und Hauszinssteuer. Zur Regelung von Wohnungsbau und Wohnungsmarkt in der Weimarer Republik. In: Lutz Niethammer (Hg.): Wohnen im Wandel. Beiträge zur Geschichte des Alltags in der bürgerlichen Gesellschaft. Wuppertal 1979, S. 385–407, hier S. 395.

[269] Zur großen Volatilität des Goldwerts der Mark sowie der Preis- und Kaufkraftentwicklung vgl. die Tabellen in Statistisches Reichsamt (Bearb.): Zahlen zur Geldentwertung in Deutschland 1914 bis 1923. Berlin 1925; vgl. dazu sowie grundsätzlich zur Problematik der Reallohnberechnung Holtfrerich, Inflation, S. 13–43 u. 224–249, Zitat S. 247; außerdem Geyer, Verkehrte Welt, S. 142–152 sowie (mit kritischer Haltung zu Holtfrerichs positiver Deutung der Reallohnentwicklung der Arbeiterschaft) Weber, Sozialpartnerschaft, S. 501–516 u. Robert Scholz: Lohn und Beschäftigung als Indikatoren für die soziale Lage der Arbeiterschaft in der Inflation. In: Gerald D. Feldman u. a. (Hg.): Die Anpassung an die Inflation. Berlin u. a. 1986, S. 278–322.

nicht ohne Schwierigkeiten zur Bewältigung des alltäglichen Lebens eingesetzt werden konnte. Auch diejenigen, die ihr Vermögen geschickt anlegten und ein hohes Einkommen generieren konnten, hatten mit Liquiditätsengpässen zu kämpfen, die sie in ihrer Lebensführung stark einschränken konnten. Besonders galt das nach dem Beginn der Hyperinflation im Sommer 1922: Da Dietrich seine flüssigen Mittel möglichst sofort ausgab bzw. investierte, geriet er kurzfristig immer wieder in finanzielle Bedrängnis. Die Geldentwertung bestrafte das Zurücklegen einer Bargeldreserve, doch wenn er dies folgerichtig vermied, setzte er sich dem Risiko aus, auf unvorhergesehene Ausgaben und verzögerte Geldeingänge schlecht reagieren zu können. Dieser Verlust an Flexibilität im alltäglichen Konsumverhalten machte sich bei kleinsten Beträgen bemerkbar. Im April 1923 entschuldigte Dietrich die verspätete Zusendung eines wichtigen Dokuments mit dem Hinweis, dass er „noch andere Dinge schreiben wollte und glaubte, so Porto sparen zu können".[270] Selbst wenn die Berechnung des „Realeinkommens" rechnerisch möglich wäre, bliebe der Erkenntnisgewinn also begrenzt: Dietrich sorgte sich um einen Betrag von weniger als zwei Goldpfennigen – das Briefporto kostete im April 1923 100 M – während er praktisch gleichzeitig Millionen Papiermark in wertbeständigen Vermögensobjekten anlegte.

Die Lebensführung des Bürgertums wurde einerseits durch sinkende Einkommen beeinträchtigt, andererseits durch die eingeschränkte Verfügbarkeit von Konsumgütern. Die Mangelwirtschaft des Weltkriegs, welche für eine „Nivellierung der Lebensverhältnisse" sorgte, setzte sich in den Weimarer Anfangsjahren fort: Lebensnotwendige Waren unterlagen der staatlichen Zwangswirtschaft, die erst nach und nach abgebaut wurde – neben Heizmaterial betraf das insbesondere Nahrungsmittel, die zwar zu festgesetzten Niedrigpreisen, aber nur in begrenzten Mengen und in teils schlechter Qualität zu kaufen waren. Häufig waren selbst diese Rationen nicht erhältlich, und sogar auf dem Schwarzmarkt waren die knappen Waren nicht ohne weiteres zu bekommen. Das Gleiche galt für viele Artikel des entbehrlichen Bedarfs.[271]

Manche Entwicklungen konnten gut situierte Haushalte auffangen: Elisabeth Trick versorgte sich im Krieg teilweise über den Schwarzmarkt und erwarb eine eigene Kuh, deren Unterhalt sie die stolze Summe von „monatlich 300-350 M" kostete, aber ihren Bedarf an Milch und Butter sicherstellte – zumindest bis zum Februar 1918, als die örtliche Milchkommission anordnete, zwei Drittel der Milch abzuliefern.[272] Dietrich genoss währenddessen den Vorzug der guten Versorgungslage in Konstanz. Zu Weihnachten 1917 besorgte er in der Schweiz „Essen", Tee und Schokolade für seine Verlobte und ihre Geschwister.[273] Selbstverständlich hatte Elisabeth auch 1917 noch ausreichend Dienstpersonal, obwohl sie über die gestiegenen Kosten klagte und die „geradezu ungeheuerlichen Löhne" an-

---

[270] Dietrich an Ludwig Schmidt, 18. 4. 1923, ND 642.
[271] Vgl. Geyer, Verkehrte Welt, S. 40-47 u. 167-204; Holtfrerich, Inflation, S. 76-92; Claudius Torp: Konsum und Politik in der Weimarer Republik. Göttingen 2011, S. 65-78; Roger Chickering: The Great War and Urban Life in Germany. Freiburg, 1914-1918. Cambridge u. a. 2007, S. 159-193 u. 262-317.
[272] Elisabeth Trick an Dietrich, 4. 2. 1918, ND 728.
[273] Elisabeth Trick an Dietrich, 13. 12. u. 15. 12. 1917, ebd.

prangerte, die man jungen Frauen beim Hilfsdienst in der Kehler Kaserne zahle.[274] Über das Kriegsende hinaus blieb die Nachfrage nach Dienstboten vielfach größer als das Angebot,[275] aber Dietrich konnte es sich leisten, neben der Privatsekretärin mindestens eine Haushälterin zu beschäftigen.

Nicht immer war jedoch der finanzielle Aspekt entscheidend, sondern die Verfügbarkeit an sich. Als Dietrich und seine Frau 1919 von Konstanz nach Karlsruhe umzogen, war es ihnen trotz wochenlangen Bemühens unmöglich, einen „Waschtisch für fließendes Wasser" zu erwerben. Die Vorrichtung in der neuen Karlsruher Wohnung war aus demselben Grund von den bisherigen Mietern mitgenommen worden, und so musste Elisabeth ihren Konstanzer Waschtisch abmontieren und in die badische Hauptstadt senden lassen.[276] Größere Sorgen bereitete infolge des Kohlenmangels die Beschaffung von Heizmaterial, besonders für diejenigen, die großzügig wohnten und einen entsprechenden Bedarf hatten. Das Ehepaar Dietrich war in der glücklichen Lage, über ausgedehnten Waldbesitz in Wildgutach (Schwarzwald) zu verfügen. Für die Wintermonate 1919/20 und 1920/21 ließen sie jeweils 30 Raummeter Brennholz per Bahn in ihre über 100 Kilometer entfernte Karlsruher Wohnung liefern. Dagegen stießen sie bei dem Versuch, auch die in Freiburg lebende Familie von Elisabeths Schwester Clara Pohlmann zu versorgen, auf große Schwierigkeiten. Das örtliche Forstamt erteilte die erforderliche Genehmigung nur unter der Auflage, dass gleichzeitig die dreifache Menge Holz preisgünstig an öffentliche Stellen abgegeben wurde, und als die Brennstoffversorgungsstelle in Freiburg die Lieferung schließlich trotzdem untersagte, musste das Holz heimlich in die Stadt befördert werden.[277] Welche Unannehmlichkeiten sich unter normalen Umständen ergaben, erlebte Dietrich Anfang 1922 in Berlin. Nach einem Kälteeinbruch berichtete er, „beinahe erfroren" zu sein.[278]

Inwieweit Dietrich und seine Frau in den ersten Nachkriegsjahren von der Lebensmittelknappheit betroffen waren und sich über den Schwarzmarkt versorgten, lässt sich nicht feststellen. Die schrittweise Aufhebung der Zwangswirtschaft, die Mitte 1921 in der Hauptsache abgeschlossen war, führte vorübergehend zu einer gewissen Besserung der Versorgung, allerdings auch zu steigenden Preisen. Während der Hyperinflation wurde die Lage erneut kritisch. Dietrich sicherte sich ab, indem er selbst zum Produzenten wurde. Im Spätsommer 1921 pachtete er den Madachhof, einen 127 Hektar umfassenden landwirtschaftlichen Betrieb in der Nähe von Stockach. Es handelte sich um jenes Hofgut, das er als Oberbür-

---

[274] Elisabeth Trick an Dietrich, 4.3.1917, ebd. Vielerorts sorgten die attraktiven Löhne in der Kriegsindustrie dafür, dass Frauen ihre Dienstbotenstellungen aufgaben: Geyer, Verkehrte Welt, S. 39f.
[275] Geyer, Verkehrte Welt, S. 133; Schäfer, Bürgertum, S. 383f.
[276] Bernhard Welsch an Elisabeth Dietrich, 10.5.1919, Elisabeth Dietrich an Bernhard Welsch, 12.5.1919, Vermerke von Eduard Haulick, Bernhard Welsch u. Eugen Rebholz vom 30.4., 26.5. u. 24.6.1919, StA Konstanz S II 2701.
[277] Albert Stratz an Dietrich, 18.9.1919, Dietrich an Albert Stratz, 24.12.1919, Forstamt St. Märgen an Dietrich, 28.5. u. 18.6.1920, Dietrich an Georg Pohlmann, 23.6.1920, Holzliste vom 7.9.1920, ND 686.
[278] Dietrich an Max Klapp, 17.2.1922, ND 66, fol. 198.

germeister von Konstanz in städtische Regie übernommen hatte. Nach seinem Rücktritt behielt er als ehrenamtlicher Bevollmächtigter die Aufsicht über die Gutswirtschaft, und als die Stadt sich von dem bislang verlustbringenden Geschäft trennte, griff er zu.[279] Fortan konnte er sich und seine Geschwister in großem Umfang versorgen: Der Hof lieferte Eier, Butter, Kartoffeln, Gries, Erbsen, Mehl, Brot, geräuchertes Fleisch, Schinken, Speck, Öl, Äpfel – und die Weihnachtsgans.[280] Als die Papiermark im Sommer und Herbst 1923 in rasendem Tempo an Wert verlor und vielfach gar nicht mehr akzeptiert wurde, konnte Dietrich auf Naturalien als Zahlungsmittel zurückgreifen. Er beglich die Löhne von Holzhauern und Bauarbeitern in Wildgutach mit Getreide, tauschte Holz, Öl und Heu gegen Wein und Baumaterial.[281] Weilte er in der weit entfernten Reichshauptstadt, teilte er wiederum das Los gewöhnlicher Konsumenten: „Hier in Berlin geht es uns sehr schlecht", klagte er Mitte August 1923. Abgesehen von „etwas Wurst" und einem halben Pfund Butter, für die er horrende Preise habe zahlen müssen, sei „gar nichts" aufzutreiben gewesen: „Wir haben infolgedessen angefangen, die Himbeer-Marmelade aufzuessen."[282]

Insgesamt gelang es Dietrich vergleichsweise gut, den alltäglichen Auswirkungen der Mangelwirtschaft auszuweichen. Das lag auch, aber nicht allein an seinen finanziellen Möglichkeiten. Ebenso wichtig waren verschiedene besondere Umstände. Zum einen hatte er Glück: Während des Krieges wohnten die wenigsten Menschen an der Grenze zum neutralen Ausland, und es war ungewöhnlich, dass Stadtbewohner Wald besaßen. Zum anderen profitierte er von seiner politischen Tätigkeit: Die Übernahme des Madachhofs war Dietrich nur möglich, weil er ihn seit 1917 beaufsichtigte, folglich genau kannte und sich zudem agrarwirtschaftliche Kenntnisse angeeignet hatte, ohne die es kaum möglich gewesen wäre, einen solchen Großbetrieb zu dirigieren.

Insofern zeigt sich an seinem Beispiel, dass selbst großbürgerliche Haushalte enorme Schwierigkeiten hatten, den Entbehrungen, denen die Bevölkerung ausgesetzt war, zu entkommen. Und wenngleich sich die Angehörigen der Oberschicht in einer weitaus komfortableren Lage befanden als die große Mehrheit der Gesellschaft, war ihre bürgerliche Lebensweise seit 1914 von Grund auf in Frage gestellt, so dass die Beurteilung der materiellen Situation drastisch ausfallen konnte.[283] Elisabeth Trick reagierte schon auf Entwicklungen, die eher harmlos waren, mit teils bizarrer Empfindlichkeit, weil sie die Verfügbarkeit von Gütern des alltäglichen Bedarfs, aber auch einen luxuriösen, von finanziellen Sorgen freien Lebensstil als Selbstverständlichkeit empfand. Vor dem Krieg besuchte sie die Bayreuther Festspiele, unternahm Zeppelinfahrten, wohnte wochenlang in teuren

---

[279] Zu den Einzelheiten siehe unten.
[280] Dietrich an Verwalter Hagen, 21. 9., 27. 10. u. 6. 12. 1921, ND 633; Dietrich an Emil Dietrich, 11. 5. 1922, ND 67, fol. 230; Dietrich an Else Hoffmann, 1. 11. 1922, ND 68, fol. 17.
[281] Dazu z. B. die Aufstellung über Zahlungen in Wildgutach, o. D. [Ende Oktober 1923] u. Karl Wangler an Dietrich, 23. 11. 1923, ND 690; Dietrich an Eugen Rebholz, 22. 11. 1923, ND 709.
[282] Dietrich an Elisabeth Kaupp, 15. 8. 1923, ND 690.
[283] Vgl. Schäfer, Bürgertum, S. 382–392.

Kurhotels und verkehrte in vornehmen Restaurants. In ihrer aufwendig eingerichteten Kehler Villa waren sie und ihre Mutter von einem mehrköpfigen Dienstpersonal umgeben, besaßen einige Pferde und ein Automobil. Unmittelbar nach Kriegsausbruch wurden die Pferde und der Kraftwagen requiriert, und das Erdgeschoss des Anwesens musste zumindest vorübergehend aufgrund von Einquartierungen geräumt werden.[284] Nahm sie diese Einschränkungen noch mit einem gewissen Stolz als Beitrag zur Mobilmachung wahr, so beklagte sie sich Anfang 1915, wie sehr ihr „gute Musik, Concerte" fehlten.[285] Während sie dank ihrer finanziellen Möglichkeiten verhältnismäßig gut mit Nahrungsmitteln versorgt war, jammerte sie über die unzureichende Qualität von Kirschen und prangerte den „Lebensmittelwucher" der Bauern an, die nicht bereit seien, ihre Produkte zu den offiziellen Preisen an sie zu verkaufen.[286] Als sie im Frühjahr 1916 von Plänen der Reichsregierung erfuhr, besondere Kriegssteuern – die es bislang nicht gab – zu erheben, stellte sie Dietrich die bange Frage, ob sie „noch genug Geld zum angenehmen, nicht luxuriösen Leben" haben werde „bei all' diesen Steuergeschichten".[287] Wie sie in der Nachkriegszeit auf die Versorgungsengpässe, die „Steuergeschichten" und die Entwertung von Vermögen und Einkommen reagierte, lässt sich nur ahnen. Ihre Schwester Clara war Ende 1922 der Verzweiflung nahe, weil die Kapitalerträge aus ihrem Vermögen nahezu wertlos waren und sie und ihr Mann auf dessen niedrige Pension angewiesen waren, die ihm als General a. D. zustand. Mit diesem Einkommen, so berichtete Clara ihrem Schwager Dietrich niedergeschmettert, lasse sich nur ein Zimmer heizen, und sie müssten nun das billige Pferdefleisch essen: „Was sind das für Entbehrungen für gewesene Millionäre!"[288] Für den sozialen Aufsteiger Dietrich war die Fallhöhe eine andere. Er nahm die alltäglichen Auswirkungen von Krieg und Inflation nicht klaglos, allem Anschein nach aber recht nüchtern hin.

Langfristig gravierender waren die berüchtigten inflationsbedingten Vermögensverluste, die weite Kreise des Bürgertums erlitten. Besonders Hypothekengläubiger, Inhaber von Anleihen, Spareinlagen oder Lebensversicherungen, aber auch viele Aktienbesitzer wurden, wenn sie auf die Geldentwertung nicht geschickt reagierten, regelrecht enteignet, und zahlreiche Immobilieneigentümer kamen um ihr Vermögen, weil sie ihre Häuser verkauften und den Erlös falsch oder nicht rechtzeitig anlegten. Zum Teil lassen sich die schweren Fehlentscheidungen der Betroffenen auf ein mangelndes Verständnis für die Konsequenzen der Inflation zurückführen. Allerdings entwickelte sich die Geldentwertung keineswegs gleichmäßig, so dass immer wieder der Eindruck entstehen konnte, sie sei an ihr Ende gelangt. Nachdem die Mark bis zum Frühjahr 1920 95 Prozent ihres Vorkriegswerts eingebüßt hatte, kam die Inflation nicht nur zum Stillstand, sondern es setzte vorübergehend eine deutliche Erholung ein, und zwischen Herbst 1920 und Mitte 1921 blieb der Goldwert der Papiermark, bei starken

---

[284] Trick an Dietrich, 22. 5. 1912, 9. 6. u. 6. 7. 1913, 26. 1. u. 3. 8. 1914, ND 728.
[285] Trick an Dietrich, 19. 1. 1915, ebd.
[286] Trick an Dietrich, 9. 8. 1915 (Zitat) u. 17. 3. 1917, ebd.
[287] Trick an Dietrich, 30. 5. 1916, ebd.
[288] Clara Pohlmann an Dietrich, 28. 12. 1922, ND 730.

Abb. 4: Elisabeth Dietrich im Frühjahr 1919

zwischenzeitlichen Schwankungen, einigermaßen stabil. Fortgesetzte Sparanstrengungen beruhten also auch auf der Erwartung bzw. Spekulation, dass der Markkurs sich stabilisieren oder gar steigen werde, und manchem konnte es angesichts der staatlich verordneten Niedrigmieten als vermögensstrategisch kluge Entscheidung erscheinen, eine Immobilie zu veräußern, um anschließend von den höheren Renditen vermeintlich sicherer Anlagen wie Staatsanleihen zu profitieren.[289]

Derartige Fehler unterliefen Dietrich nicht. Schon während des Weltkriegs war er angesichts der durch die Kriegsfinanzierung rasant wachsenden Staatsverschuldung von der Nachhaltigkeit der Inflation überzeugt. Als der badische Innenminister Heinrich von Bodman im Frühjahr 1917 vor dem Landtag erklärte, die inflationären Tendenzen seien nur eine vorübergehende Erscheinung, widersprach

---

[289] Vgl. Geyer, Verkehrte Welt, S. 212-220 u. 254-256; zur Wertentwicklung der Papiermark vgl. die Tabellen in Holtfrerich, Inflation, S. 13-43. Beispiele für Fehlkalkulationen dieser Art gibt es zuhauf. So verkaufte Ludwig Quidde im März 1921 sein Haus, wohnte fortan günstig zur Miete und investierte zwei Drittel des Erlöses in festverzinsliche Papiere: Karl Holl: Ludwig Quidde (1858-1941). Eine Biographie. Düsseldorf 2007, S. 462f.

Dietrich entschieden: „Diese Geldentwertung hat ihren innersten Grund in den Schulden des Deutschen Reichs, in der Verwässerung des deutschen Nationalvermögens, die durch diese fiktiven Vermögenswerte [Kriegsanleihen, D.M.], die die Einzelnen jetzt erworben haben und denen gar nichts gegenübersteht als die Papierschulden des Deutschen Reichs, entstanden ist". Gleichzeitig lasse sich die Inflation nicht mehr rückgängig machen, sondern sie werde „auch nach dem Kriege unter allen Umständen anhalten", wenn der Staat des enormen Schuldenbergs Herr werden wolle. Bei einer „Entwertung um 50%", so veranschaulichte Dietrich seine treffende Analyse des staatlichen Interesses an der Inflation, bleibe „auf einen Schlag nur die Hälfte der Last, die wir hätten, wenn das Geld noch seinen Wert von August 1914 hätte".[290] Ebenso klar erkannte er nach der Unterzeichnung des Versailler Vertrags den inflationstreibenden Effekt der Reparationsverpflichtungen, und aufgrund ihrer exportfördernden Wirkung erschien ihm, wie nicht wenigen Zeitgenossen, die Geldentwertung als durchaus wünschenswert, wenngleich er ihr Ausmaß und die Eigendynamik, die sie entwickelte, bald als staatsgefährdend betrachtete.[291] Seine vermögensstrategischen Entscheidungen in den Jahren 1922 und 1923 folgten der Gewissheit, dass die Entwertung der Mark sich fortsetzen werde. Zum Beispiel legte er kurz vor Weihnachten 1922 seinem Schwager Ludwig Schmidt dar, wie wichtig es sei, alle Mittel „in Werten an[zu]legen, die die Geldentwertung nicht mitmachen". Er äußerte die „große Sorge", dass „unser Geld im nächsten halben Jahr völlig zerfällt". Sollten die Verhandlungen über die deutschen Reparationszahlungen wie erwartet scheitern, werde „die Mark bis 1. April vielleicht noch 1/5 oder 1/10 ihres heutigen Wertes haben", so seine hellsichtige Einschätzung. In diesem Fall würden die Einnahmen aus seinem aktuellen Holzverkauf nicht ausreichen, um die nächsten Holzhauerlöhne zu begleichen.[292]

Dennoch lassen sich an Dietrichs Beispiel typische Vermögensverluste nachvollziehen, weil seine Frau Elisabeth zu den klassischen Inflationsverlierern gehörte. Wie sich aus der Depotabrechnung ihrer Hausbank zum 31. Dezember 1918 ergibt, hatte sie ihr bewegliches Vermögen zum größten Teil in Kriegs- und anderen öffentlichen Anleihen, Pfandbriefen und Industrieobligationen angelegt, also in festverzinslichen, vorwiegend „mündelsicheren" Papieren (Tabelle 4). Diese konservative, vermeintlich risikofreie Geldanlage, auf die Kapitalrentner typischerweise vertrauten, hatte bereits Ende 1918 zu schweren Verlusten geführt. Auffällig sind schon die insgesamt niedrigen Börsenkurse der festverzinslichen

---

[290] Rede Dietrichs am 11.1.1918, Zweite Kammer, Sp. 293; zur Verschuldung des Reichs als „Faktor der Geldmengenentwicklung" Holtfrerich, Inflation, S. 97–135.

[291] Z. B. Hermann Dietrich: Friedensbedingungen und Weltwirtschaft, Badische Landeszeitung Nr. 316 vom 11.7.1919; ders.: Teuerungsbeihilfen, Badische Landeszeitung Nr. 500 vom 26.10.1919; ders.: Der europäische Zollverein, Vossische Zeitung Nr. 204 vom 21.4.1920; ders.: Steuerpolitik oder Schlagworte, Königsberger Hartungsche Zeitung Nr. 45 vom 27.1.1922; zum Zusammenhang mit den Reparationszahlungen Holtfrerich, Inflation, S. 135–154; zu den Hoffnungen auf den exportfördernden Effekt ebd., S. 299 u. Feldman, Disorder, S. 146.

[292] Dietrich an Ludwig Schmidt, 21.12.1922, ND 642. Der Markkurs fiel bis Anfang Februar um 80%, erholte sich danach allerdings dank massiver Devisenverkäufe der Reichsbank noch einmal, bevor er Anfang Mai seine Talfahrt fortsetzte.

Papiere. Dies lag zum einen an den Zinssätzen älterer Anleihen aus der Vorkriegszeit, die sich meist im Bereich von 3,5-4 Prozent bewegten und damit unter dem Zinsniveau lagen, das im Lauf des Krieges, beispielsweise durch die mit 5 Prozent verzinsten Kriegsanleihen, erreicht wurde.[293] Zum anderen kam darin nach der Kriegsniederlage und der Revolution die Angst vor einer Zahlungsunfähigkeit der Schuldner zum Ausdruck, wovon besonders die Reichsanleihen und die Wertpapiere aus dem zerfallenden Österreich-Ungarn betroffen waren.[294] Der Kurswert lag insgesamt um 14 Prozent bzw. rund 200 000 M unter dem Nominalwert, wobei allerdings zu berücksichtigen ist, dass die Papiere auch vor Kriegsausbruch deutlich unter pari bewertet waren bzw. im Fall der Kriegsanleihen mit einem Disagio ausgegeben wurden: Die Kursverluste seit Kriegsbeginn betrugen schätzungsweise ca. 75 000 M.[295] Dieser Umstand mag ein psychologisches Hindernis für die Veräußerung der Rentenpapiere dargestellt haben: Hätte Elisabeth zu diesem Zeitpunkt verkauft, so hätte sie unabhängig von der inflationären Entwicklung Einbußen erlitten.[296] Die Geldentwertung wirkte sich drastischer aus (Tabelle 5). Schon jetzt hatte die Mark die Hälfte ihres Vorkriegswerts verloren. Nimmt man zunächst an, dass die ökonomischen Entwicklungen seit Kriegsbeginn sich nicht positiv auf den Nominalwert von Elisabeths Vermögen auswirkten, so betrug der Inflationsverlust bei den Rentenpapieren knapp 620 000 GM. Unter Berücksichtigung der Kursrückgänge ergab sich ein Gesamtverlust von nahezu 700 000 GM. Bei den Barguthaben, soweit etwas über sie bekannt ist, beliefen sich die Einbußen auf über 45 000 GM.[297]

---

[293] Vgl. Gerald D. Feldman: The Fate of the Social Insurance System in the German Inflation, 1914 to 1923. In: ders. u. a. (Hg.): Die Anpassung an die Inflation. Berlin u. a. 1986, S. 433-447, hier S. 437.

[294] Zur beschädigten Kreditwürdigkeit des Reichs Holtfrerich, Inflation, S. 124.

[295] Sicher ist, dass Elisabeth Trick die Kriegsanleihen für durchschnittlich etwas mehr als 98% erwarb, so dass hier ein Kursverlust von gut 4% bzw. über 10 000 M entstand (Buchungsbelege in ND 609 u. 622). Darüber hinaus sind Berechnungen lediglich unter Vorbehalt möglich, weil aus der Depotabrechnung nur teilweise hervorgeht, um welchen Typ des jeweiligen Papiers es ging. Gegenüber dem Vorkriegswert ergaben sich Einbußen bei den übrigen Reichsanleihen (ca. 25% bzw. 20 000 M), den österreichisch-ungarischen Papieren (ca. 28% bzw. 27 000 M) und den Anleihen der Bundesstaaten (knapp 6% bzw. 18 000 M). Der Wert der übrigen Papiere blieb offenbar im Wesentlichen stabil. Die Angaben stützen sich auf die Kurse Ende 1913: Kurs-Tabellen der Berliner Fonds-Börse (Neumann's Cours-Tabellen) 25 (1913). Dieser Zeitpunkt bietet sich an, weil der Stichtag 31. 12. 1913 üblicherweise für die Feststellung des „Friedenswertes" herangezogen wurde. Dennoch handelt es sich bei dieser Gegenüberstellung in zweifacher Hinsicht nur um eine Momentaufnahme.

[296] Zumal der Einstandskurs in vielen Fällen – abhängig davon, wann sie bzw. ihre Mutter die Papiere erworben hatten – höher als Ende 1913 gewesen sein dürfte. Schon in den Jahren vor dem Weltkrieg waren die Zinsen merklich gestiegen.

[297] Elisabeth Dietrich hatte weitere Bankkonten, über die keine Unterlagen mehr vorliegen – etwa an ihren verschiedenen Wohnorten (in Kehl, ab 1918 in Konstanz, ab 1919 in Karlsruhe; zu dem Konto in Straßburg, das Ende 1918 bereits nicht mehr existierte, siehe unten). Allerdings dürfte es sich dabei um vergleichsweise bescheidene Guthaben gehandelt haben, die im Wesentlichen für den täglichen Bedarf vorgesehen waren. Ihre Hausbank war Keller's Söhne in Stuttgart, mit deren Inhabern sie mütterlicherseits verwandt war. Es ist insbesondere unwahrscheinlich, dass sie anderswo ein weiteres Wert-

Auch mit ihrem Aktienbesitz, der allerdings nur einen kleinen Teil ihres Kapitalvermögens ausmachte, dürfte Elisabeth beträchtliche Verluste erlitten haben, die sich im Einzelnen nicht feststellen lassen. 1918/19 bewegten sich die Kurse im Allgemeinen nur leicht über dem Vorkriegsniveau.[298] Im Grunde, so könnte man meinen, war das auf lange Sicht nicht weiter problematisch, handelte es sich doch eigentlich um Sachwerte.[299] In Wirklichkeit erwiesen sich Aktien während der deutschen Inflation keineswegs als wertbeständige Anlage – sofern es sich um sogenannten Altbesitz handelte. Bis 1923 kam es bei den meisten Unternehmen zu wiederholten Kapitalerhöhungen, die nicht selten ein Mehrfaches des ursprünglichen Nennwertes ausmachten und in der Regel nicht Investitionen, sondern der Abdeckung von Liquiditätsengpässen oder Verlusten dienten. Die Ausgabe neuer Aktien führte folglich zu einer Abwertung der alten Anteile. Je nach Umfang der Kapitalerhöhungen konnten die Einbußen letzten Endes sogar höher sein als bei festverzinslichen Papieren, Hypothekenforderungen und Spargutbaben, die nach der Währungsstabilisierung aufgewertet wurden. Während die Altbesitzer schwer geschädigt wurden, konnten diejenigen, die in den Inflationsjahren (besonders nach Einsetzen der Hyperinflation) Aktien kauften, unter Umständen erhebliche Gewinne verbuchen, da die Entwicklung des Börsenwerts der Unternehmen deutlich hinter der Geldentwertung zurückblieb, Aktien also deutlich unter dem Goldmarkwert von 1913 bzw. 1924 zu haben waren.[300]

Elisabeths übriges Vermögen bestand in erster Linie aus ihrer Beteiligung (25 Prozent) an der väterlichen Zellstofffabrik, die nominell 375 000 M betrug, in Wirklichkeit aber einen deutlich höheren Wert hatte. Der in Tabelle 5 eingesetzte Betrag von 562 500 M ist eine grobe Schätzung.[301] Hinzu kam das Elternhaus der

---

papierdepot führte, da sich auch aus späterer Zeit keine derartigen Hinweise in Dietrichs Steuer- und Vermögensunterlagen finden, etwa im Zusammenhang mit Aufwertungsansprüchen. Die Aufstellung in Tabelle 5 dürfte also den weitaus größten Teil des mobilen Kapitals von Elisabeth Dietrich erfassen, wenngleich sie im Hinblick auf die Barmittel nicht ganz vollständig ist.

[298] Es gibt keine Angaben darüber, wann die Aktien gekauft wurden. Zur Entwicklung der Börsenkurse vgl. das statistische Material in Deutsche Bundesbank (Hg.): Deutsches Geld- und Bankwesen in Zahlen 1876-1975. Frankfurt a. M. 1976, S. 294f.

[299] Michael Schäfer übersieht den Umstand der späteren Aufwertung festverzinslicher Papiere, wenn er konstatiert, diese hätten „jeglichen Wert" verloren, und stellt ihnen Aktien als deutlich bessere Anlageform gegenüber, da diese „zumindest im Prinzip" wertbeständig gewesen seien: Michael Schäfer: Geschichte des Bürgertums. Eine Einführung. Köln u. a. 2009, S. 190f.

[300] Lindenlaub, Maschinenbauunternehmen, S. 26-30, 67-85 u. 224f.

[301] Die Bewertung der Anteile bereitet Schwierigkeiten, weil Unterlagen über den Steuerwert der Firma Trick vor 1924 (und vor dem Ersten Weltkrieg) nicht vorliegen. Im April 1920 kam es zu einer Kapitalerhöhung um 100% bzw. 1 500 000 M (gut 100 000 GM), d. h. 375 000 M pro Familie. Die Gesellschafter mussten allerdings nur die Hälfte einzahlen, wobei der Betrag mit Guthaben der Gesellschafter verrechnet wurde. Es ging also nicht darum, Liquiditätsengpässe zu beheben oder Kapital für Investitionen zu beschaffen, sondern um eine Anpassung des Buchwerts der Firma, wobei der Zweck der Operation unklar bleibt: Urkunde über Abänderung des Gesellschaftsvertrags u. Abschriften der Kapitalerhöhungsbuchungen vom 29. 4. 1920, ND 670; siehe auch Wolfgang Obenauer an Dietrich, 8. 9. 1934 u. Auszug aus dem Protokoll der Gesellschafterversammlung der Trickzellstoff GmbH am 26. 1. 1920, ND 648.

Abb. 5: Die Villa Trick in Kehl, um 1910

Familie Trick, ein repräsentatives Anwesen im Zentrum von Kehl, das Elisabeth nach dem Tod ihrer Mutter 1917 geerbt hatte. Im Januar 1919 wurde außerdem der umfangreiche Waldbesitz der Firma unter den Gesellschaftern aufgeteilt, weil man infolge der Besetzung Kehls durch französische Truppen eine Enteignung der Fabrik befürchtete und den Grundbesitz in Sicherheit zu bringen suchte. Elisabeth erhielt knapp 124 Hektar im Südschwarzwald sowie ein Viertel von einem 310 Hektar großen Forstgut in der Nähe von Augsburg.[302]

Elisabeths Beteiligungen, Immobilien und Grundbesitz hatten einen Friedenswert von gut 870 000 GM, und da es sich um Sachwerte handelte, die von der

> Ab Herbst 1921 wurden erhebliche Mittel in die Modernisierung des Betriebs investiert, die den Firmenwert stark erhöhten, aber kaum verdoppelten. Nach der Stabilisierung entsprach der Buchwert von 3 000 000 RM (750 000 RM pro Familie) jedenfalls dem tatsächlichen Wert der Firma (siehe unten). Der Betrag von 562 500 M bildet den Mittelwert zwischen dem alten und dem neuen Buchwert und ist ein Notbehelf, der den tatsächlichen Gegebenheiten aber nahekommen dürfte.
>
> [302] Protokoll der Gesellschafterversammlung der Cellulosefabrik Ludwig Trick GmbH vom 22.1.1919, ND 670 u. Notiz Dietrichs für das Finanzamt Berlin-Schöneberg, 8.9.1925, ND 623. Der gesamte Waldbesitz der Firma Trick umfaßte mindestens 700 Hektar.

Geldentwertung verschont blieben,[303] war dieser Teil des Vermögens schon jetzt mehr wert als das ursprünglich viel größere bewegliche Kapital, das sich auf rund 1,4 Millionen PM, mithin noch auf rund 700 000 GM belief. Demnach betrugen die Inflationsverluste Ende 1918 über 30 Prozent des Gesamtvermögens: Da Elisabeth keine Hypotheken- oder sonstigen Schulden hatte, konnte sie keine Inflationsgewinne verbuchen. Es ist jedoch zu berücksichtigen, dass das Kapitalvermögen sich während des Krieges vermehrte. Dieser (nominale) Zuwachs dürfte nicht über das normale Maß hinausgegangen sein. Die Kapitalerträge fielen aufgrund der gut verzinsten Kriegsanleihen wohl geringfügig höher aus, und die Firma Trick wurde 1916 „Kriegslieferant" und konnte infolgedessen 1917 und 1918 äußerst hohe Dividenden ausschütten. Zu Beginn des Krieges machte die Firma allerdings erst einmal Verluste, und mit Blick auf die beträchtlich erhöhten Steuern und die Kursverluste der Wertpapiere ist anzunehmen, dass der nominale Vermögenszuwachs nicht größer war als in Friedenszeiten. Trotzdem bietet es sich an, als Referenzpunkt das Vermögen vor Kriegsausbruch heranzuziehen. Dessen Größe kann nur grob geschätzt werden, es muss aber deutlich über 2 Millionen M, vermutlich 2,1 bis 2,2 Millionen M betragen haben.[304] Der Verlust ge-

---

[303] Zu erwähnen ist, dass Elisabeth zahlreiche Gemälde und andere Kunstgegenstände, teures Mobiliar, Schmuck und sonstige Wertsachen besaß, deren Gesamtwert gut 100 000 GM betragen haben kann, bei den hier vorgenommenen Berechnungen aber nicht weiter berücksichtigt wird. Einzelheiten lassen sich nicht feststellen. In den Steuerakten taucht dieser Teil des Vermögens nicht auf, weil eine Steuerpflicht nur oberhalb hoher Freigrenzen und nur in bestimmten Fällen bestand, z.B. waren vor Kriegsausbruch erworbene Kunstgegenstände nicht zu versteuern. Allem Anschein nach überstanden Elisabeths Wertsachen die Inflation unbeschadet, wurden also nicht verkauft. 1926 bezifferte Dietrich den Wert seines „Mobiliars", womit er sämtliche Einrichtungsgegenstände seiner Wohnungen gemeint haben dürfte, auf „mindestens [...] 80 bis 90 000 M": Dietrich an die Auskunftstelle des Kartells der Auskunfteien Bürgel, 4.11.1926, ND 75, fol. 103f.

[304] Im Spätsommer und Herbst 1914 stand die Zellstofffabrik still. Anschließend wurde der Betrieb wieder aufgenommen, war aber zunächst nicht profitabel. Während Elisabeth 1915 (für das Geschäftsjahr 1914) noch 15 000 M Dividende erhielt, „da die Monate vor dem Krieg sehr gut waren", gingen die Gesellschafter im folgenden Jahr leer aus. Anfang 1917 berichtete Elisabeth, „daß wir nun auch Kriegslieferanten sind u. demzufolge Gewinn haben". Dies sei „peinlich", weshalb die Firma „diesen Gewinn d.h. was über jenen der letzten Jahre hinausgeht" für wohltätige Zwecke gespendet habe. Dennoch schüttete die Firma 1917 (für das Geschäftsjahr 1916) eine überaus hohe Dividende aus. Ihr Gesamteinkommen im Jahr 1917 bezifferte Elisabeth auf „ca. M. 150,000", die Dividende dürfte also etwa 80 000 bis 90 000 M betragen haben. Zugleich klagte sie über die „ungeheuren Steuern", wegen der sie bei ihren Ausgaben „überlegen" müsse: Elisabeth Trick an Dietrich, 19.1.1915, 9.8.1915, 7.1.1917 u. 15.12.1917, ND 728. Nimmt man an, dass die Dividendenzahlungen 1918 ähnlich hoch waren wie 1917 und die Kapitalerträge sich seit Kriegsbeginn auf gut 250 000 M beliefen, ergibt sich ein geschätztes Gesamteinkommen während des Krieges von etwa 450 000 M. Hiervon wäre aber mindestens die Hälfte abzuziehen, wenn man die Kosten für Elisabeths großbürgerlichen Lebensstil, vor allem aber die durchaus erheblichen Steuern berücksichtigt, die ab 1916 in Form diverser „Kriegsabgaben" vom Vermögen, Vermögenszuwachs und vom „Mehreinkommen" erhoben wurden und gerade Kapitalrentner stark belasteten (neben den üblichen Steuern, die vergleichsweise niedrig waren, aber während des Krieges ebenfalls stiegen). Unter Berücksichtigung der oben überschlagenen Kursver-

genüber der Vorkriegszeit betrug dann immer noch mindestens 25 Prozent. Immerhin hatte sie insofern Glück, als sie keine Vermögenswerte im feindlichen Ausland besaß, die während des Krieges eingezogen und im Versailler Vertrag annulliert wurden. Sie gehörte also nicht zu den sogenannten Liquidationsgeschädigten, die später vom Reich nur eine minimale Wiedergutmachung erhielten – sieht man einmal von einem Bankguthaben von 15 000 M in Straßburg ab, das nach Kriegsende von Frankreich beschlagnahmt wurde.[305]

Wenngleich exakte Aufstellungen über das Wertpapierdepot für die folgenden Jahre nicht vorliegen, steht fest, dass sich an dessen Zusammensetzung bis Ende 1921 nicht viel änderte.[306] Bis Ende 1919, als die Mark fast 90 Prozent ihres Goldwerts von 1914 bzw. fast 80 Prozent ihres Goldwerts vom Dezember 1918 eingebüßt hatte, erhöhten sich die Inflationsverluste bei den Rentenpapieren um nahezu eine halbe Million Goldmark. Hier zeigt sich eindrücklich, dass die Entwertung solcher Vorkriegsvermögen im Grunde längst abgeschlossen war, als im Sommer 1922 die Hyperinflation begann, deren spektakuläre Begleiterscheinungen die gravierenden Auswirkungen der vorangegangenen Inflationsphasen leicht verdecken.[307] Im Endeffekt wurde mit dem Erreichen eines Goldwerts von 10 Prozent Ende 1919 sogar die Grenze des Maximalverlusts erreicht bzw. überschritten: Hypothekengläubiger, Inhaber von Sparguthaben und diejenigen Eigentümer von öffentlichen Anleihen, Pfandbriefen und Industrieobligationen, die ihre Papiere behielten, wurden durch das Aufwertungsgesetz von 1925 ungefähr in dieser Größenordnung, zum Teil noch höher entschädigt. Vor Ende 1923 war freilich nicht absehbar, dass es zu einer Aufwertung kommen würde.[308]

---

luste der festverzinslichen Wertpapiere sowie des liquidierten Straßburger Guthabens (siehe unten) ergäbe sich für das Vorkriegsvermögen einen Betrag von rund 2,15 Millionen. Zur Steuergesetzgebung Konrad Roesler: Die Finanzpolitik des Deutschen Reiches im Ersten Weltkrieg. Berlin 1967, S. 105–119, 134–136, 163–166 u. 189 f. Der Umstand, dass Elisabeth Trick den größeren Teil dieses Vermögens erst nach dem Tod ihrer Mutter im Mai 1917 erbte, kann hier außer Betracht bleiben. Erbschaftsteuer mussten Kinder vor 1919 nicht bezahlen.

[305] Für dieses Guthaben erhielt Dietrich später eine Entschädigung in Höhe von 0,2%, d. h. 30 RM: Dietrich an Hans Fackler, 17. 3. 1926, ND 77, fol. 2; siehe auch Elisabeth Trick an Dietrich, 19. 1. 1915, ND 728.

[306] Siehe die Unterlagen in ND 610 u. 611.

[307] Vgl. Gerald D. Feldman: Der Historiker und die deutsche Inflation. In: ders.: Vom Weltkrieg zur Weltwirtschaftskrise. Studien zur deutschen Wirtschafts- und Sozialgeschichte 1914–1932. Göttingen 1984, S. 55–66, hier S. 55 u. 58.

[308] Die Höhe der Aufwertungssätze schwankte erheblich und war teilweise vom Einzelfall abhängig. Die Altbesitzer von Anleihen des Reichs, der Länder und der Kommunen erhielten, allerdings nur bis zu einer gewissen Höhe, 12,5% des ursprünglichen Nennwerts. Industrieobligationen wurden auf 15% aufgewertet; zusätzlich wurden die Eigentümer über Genussscheine am Unternehmensgewinn beteiligt. Bei Pfandbriefen hing der Betrag von den Werten ab, die den Papieren zugrunde lagen. Für Hypotheken betrug der Satz 25%. Es ist jedoch zu berücksichtigen, dass die Verzinsung der Aufwertungsforderungen niedrig bemessen war, ihr Gegenwartswert also in der Regel unter dem Nennwert lag; vgl. Tabelle 12 u. Holtfrerich, Inflation, S. 315–327; zur (nicht einheitlichen) Aufwertung der Sparguthaben Hans Pohl: Die rheinischen Sparkassen. Entwicklung und Bedeutung für Wirtschaft und Gesellschaft von den Anfängen bis 1990. Stuttgart 2001, S. 134 f.

Elisabeth vergrößerte ihren Posten an festverzinslichen Wertpapieren zumindest nicht und legte nun frisches Geld auch anderweitig an. Im Dezember 1919 erwarb sie gemeinsam mit ihrem Schwager Ludwig Schmidt ein vierstöckiges Haus in der Innenstadt von Karlsruhe, das an der Haupteinkaufsstraße der badischen Hauptstadt (Kaiserstraße) lag und neben Mietwohnungen begehrte Geschäftsflächen enthielt.[309] Offenbar fiel es ihr aber schwer, sich von ihrem bisherigen Anlagedenken zu lösen. So befand sich Ende 1921 ein recht stattlicher Betrag von 230 000 M (knapp 6000 GM) auf einem Festgeldkonto.[310] Bezeichnend ist ihre Reaktion auf das „Reichsnotopfer", eine ab 1920 erhobene Vermögensabgabe, die einen zentralen Beitrag zur Sanierung der Reichsfinanzen leisten sollte. Die Steuersätze waren außerordentlich hoch, doch infolge der Inflation verfehlte das Notopfer die beabsichtigte Wirkung, weil es bei der Veranlagung zu Verzögerungen kam und die Steuerschuld in Raten abgetragen werden durfte.[311] Wie sich an Elisabeths Beispiel zeigt, konnte die Belastung im Einzelfall dennoch erheblich sein: Sie entschied sich nicht für die Ratenzahlung, sondern beglich im Herbst 1920 die ganze Summe auf einmal – das Reich honorierte solche Vorauszahlungen mit Zinsgutschriften. Als die Erhebung des Notopfers schließlich eingestellt wurde, wurden die zu viel bezahlten Beträge zwar gutgeschrieben bzw. auf neue Vermögensabgaben wie die Zwangsanleihe von 1922 verrechnet, waren aber weitgehend entwertet. In Elisabeths Fall betrug die Überzahlung 723 500 M, was Anfang Oktober 1920 knapp 50 000 GM entsprach.[312]

Es lässt sich nicht feststellen, wie groß Hermann Dietrichs eigenes Vermögen nach dem Krieg war und wie er selbst bis Ende 1921 auf die Inflation reagierte. Jedenfalls kann sein Vermögen Ende 1918 nicht mehr als einen niedrigen fünfstelligen Betrag ausgemacht haben, der gegenüber dem Millionenvermögen Elisabeths kaum ins Gewicht fiel. In Frage kommen nur Ersparnisse aus seinem Einkommen als Kommunalbeamter, weil sein 1913 verstorbener Vater kein nennenswertes Erbe hinterlassen haben kann – eher ist zu vermuten, dass Dietrich seiner Mutter und den Familien seiner Geschwister während des Krieges unter die Arme griff. Wie aber waren die Vermögensverluste seiner Frau zu erklären, wenn er Entwicklung und Konsequenzen des Inflationsprozesses von Anfang an richtig einschätzte? Es spricht viel dafür, dass er in diesem Punkt nur begrenzten Einfluss auf Elisabeth hatte. Sie verwaltete ihr Konto allein, und aus ihren Briefen an Dietrich gewinnt man den Eindruck, dass sie auf diese Selbständigkeit Wert legte und

---

[309] Abschrift aus dem Grundbuch vom 24. 1. 1925, ND 727. Es handelte sich um das Haus Douglasstr. 18, das an der Ecke zur Kaiserstraße lag.
[310] Dietrich an das Bankhaus Keller's Söhne, 3. 1. u. 9. 1. 1922, ND 611.
[311] Vgl. Feldman, Disorder, S. 347 f.; Holtfrerich, Inflation, S. 132 f.
[312] Immerhin konnte Elisabeth einen Teil des Notopfers durch ihre Kriegsanleihen abdecken, welche das Reich in Zahlung nahm. Den Rest dürfte sie mit Hilfe der Dividenden der Firma Trick aufgebracht haben. Der überzahlte, auf die Zwangsanleihe verrechnete Betrag wurde später nach denselben Bestimmungen wie normaler Anleihealtbesitz aufgewertet: ND 622, passim; vgl. Tabelle 12. Zu den teilweise komplizierten gesetzlichen Bestimmungen siehe Fritz Koppe/Kurt Ball: Die Abwicklung des Reichsnotopfers auf Grund der Vorschriften des Vermögenssteuergesetzes vom 8. April 1922, des Gesetzes über die Zwangsanleihe und der sämtlichen Novellen zum Gesetz über das Reichsnotopfer. Berlin 1922, bes. S. 51–53, 137 f. u. 166.

von ihrer Kompetenz in finanziellen Fragen überzeugt war. Immerhin hatte sie nicht nur ein profundes betriebswirtschaftliches Wissen, sondern auch jahrzehntelange Erfahrungen bei der Vermögensanlage. Darüber hinaus hielt Dietrich sich möglicherweise zurück, weil das Materielle ein sensibler Bereich in der Ehe des ungleichen Paares gewesen sein dürfte. Nachdem Elisabeth im September 1921 gestorben war und er als Alleinerbe[313] über ihr Vermögen verfügen konnte, ging er mit der Inflation überaus klug um – er bietet geradezu ein Paradebeispiel für erfolgreiche Strategien gegen die Geldentwertung. Deshalb sind spätere Äußerungen, wonach er mit der Anlagestrategie seiner Gattin frühzeitig alles andere als einverstanden war, durchaus glaubwürdig. Im Dezember 1922 warf er ihrer Schwester Clara Verständnislosigkeit für die inflationäre Entwicklung vor. Sie und ihr Mann Georg Pohlmann hatten nicht nur Anfang des Jahres gegen seinen Rat ihr großes Haus in Freiburg verkauft, sondern das bewegliche Vermögen auf dieselbe fatale Weise angelegt wie Elisabeth. Dietrich stellte fest: „Eure Geldpolitik ist eine absolut unmögliche. Jeder der Geld auf den Banken herumfahren läßt, verschleudert sein Vermögen. Geld legt man heute am selben Tag an, an dem man es bekommt, aber nicht in festverzinslichen Werten. Diese Art der Anlage war unser Untergang. Hätten wir die festverzinslichen Wertpapiere verkauft und rechtzeitig dafür fremde Guthaben [Devisen, D.M.] oder Aktien erworben, dann hätte jeder von uns dutzende von Millionen in Papieren."[314]

Nach Elisabeths Tod widmete sich Dietrich dem Erbe mit großer Energie. Er löste das Festgeldkonto auf, stieß den größeren Teil der – freilich weitgehend entwerteten – Rentenpapiere ab[315] und investierte sein Vermögen in Sachwerte, wobei er nicht nur seine Einkünfte gleich nach Geldeingang anlegte, sondern sich wiederholt verschuldete und so zum Profiteur der Inflation wurde: Je mehr sich der Wertverfall der Mark in den Jahren 1922 und 1923 beschleunigte, desto stärker schrumpfte der reale Wert seiner Verbindlichkeiten, die er mal nach Wochen, mal nach Monaten, im Herbst 1923 schließlich gar nicht mehr beglich.

In erster Linie konzentrierte er sich auf den Erwerb von Immobilien, deren Marktpreise während der Inflationszeit allgemein weit unter dem Vorkriegswert

---

[313] Mit der Einschränkung, dass er für die Anteile an der Zellstofffabrik Trick nur Vorerbe war und diese nach seinem Tod an die Familien von Elisabeths Schwestern fallen sollten: Testament von Elisabeth Trick vom 15. 10. 1918 (Abschrift), ND 632.

[314] Dietrich an Clara Pohlmann, 22. 12. 1922, ND 730; siehe auch Max Klapp an Dietrich, 22. 2. 1922, ND 66, fol. 196.

[315] Dietrich verkaufte den größeren Teil der festverzinslichen Papiere von März bis Mai, einen kleineren Posten dann im August 1922: Kontoauszüge des Bankhauses Keller's Söhne vom 30. 6. u. 13. 10. 1922 ND 611. Aus welchem Grund er den Rest im Nominalwert von 434 000 M behielt, ist nicht klar. Es ist auffällig, dass von allen Positionen (öffentliche Anleihen, Obligationen, Pfandbriefe) ein Teil übrigblieb. Vielleicht hoffte er, dass es später in dem einen oder anderen Fall doch einmal zu einer Entschädigung kommen würde. Denkbar wäre außerdem, dass er darauf spekulierte, die Wertpapiere günstig für Steuern in Zahlung geben zu können, wie Elisabeth dies beim Reichsnotopfer getan hatte. Im Hinblick auf die (kaum vorhersehbare) Aufwertungsgesetzgebung der Jahre 1924/25 bedeutete der Verkauf der übrigen Papiere einen Verlust, da die Aufwertungssätze um ein Mehrfaches über dem Goldwert von 1922 lagen. (Eine Entschädigung für veräußerte Forderungen erfolgte nicht.)

3. Bürgertum und Inflation 161

lagen.³¹⁶ Schon der Hauskauf in Karlsruhe, den Elisabeth Ende 1919 gemeinsam mit Ludwig Schmidt getätigt hatte, war günstig: Der Preis betrug insgesamt 400 000 Papiermark, was etwa 41 600 Goldmark entsprach – gegenüber einem Steuerwert von 255 000 GM vor dem Krieg.³¹⁷ Im Februar 1922 kauften Dietrich und Schmidt für 250 000 PM auch das kleinere Nachbarhaus: Das entsprach gerade einmal 5200 GM bzw. 8 Prozent des Friedenswerts von 65 000 GM.³¹⁸ Ein Jahr später erwarb Dietrich zusammen mit seinem Konstanzer Parteifreund Eugen Rebholz ein fünf Hektar großes Obstgut nebst Wohnhaus in Allensbach am Bodensee. Der vereinbarte Kaufpreis betrug umgerechnet knapp 9000 GM und damit ein Drittel des Vorkriegswerts (27 000 GM).³¹⁹ Seinen bedeutendsten Inflationskauf, ein mehrstöckiges Mietswohnhaus in Berlin-Steglitz mit etwa 20 Wohneinheiten und einem Friedenswert von 158 000 GM, tätigte er Ende August oder Anfang September 1923, als die Hyperinflation ihrem Höhepunkt entgegenging. Der Preis muss äußerst niedrig gewesen sein – möglicherweise betrug er 4150 GM, also weniger als 3 Prozent des Friedenswerts.³²⁰ Außerdem begann er im Sommer 1921 mit dem Bau eines großen Bauern- und Wohnhauses („Waldvogelhof") in Wildgutach, der bis 1923 weitgehend abgeschlossen war. Auch hier profitierte er auf typische Weise von der Inflation, weil die Handwerkerrechnungen in der Regel erst nach Abschluss der zum Teil monatelangen Arbeiten gestellt wurden und er offene Forderungen oft wochenlang unbezahlt ließ.³²¹

Die Übernahme des Madachhofs im Sommer 1921 war, abgesehen von dem unschätzbaren Vorzug, die eigene Lebensmittelversorgung sicherstellen zu können, ebenfalls ein günstiges Geschäft. Dietrich zahlte an die Stadt Konstanz und die beiden anderen Gesellschafter, die er während des Krieges für das Projekt gewonnen hatte, insgesamt 550 000 M (gut 20 000 GM). Anfang 1918 war die GmbH mit einem Kapital von 300 000 M gegründet worden, hatte allerdings sehr unter

---

316 Vgl. Geyer, Verkehrte Welt, S. 255.
317 Zudem wurden nur 234 500 PM bar bezahlt. Der Rest des Kaufpreises wurde durch die Übernahme der Hypotheken beglichen, die auf dem Haus lasteten: Baugesellschaft Lorettoplatz an das Finanzamt Karlsruhe-Stadt, 20. 11. 1942, ND 723.
318 Ludwig Schmidt informierte Dietrich am 16. Februar 1922 telegraphisch, dass der Kaufpreis von 250 000 M binnen sechs Tagen zu zahlen sei; die Auflassung erfolgte am 21. Februar: Ludwig Schmidt an Dietrich, 16. 2. 1922, ND 65, fol. 114; Abschrift aus dem Grundbuch vom 24. 1. 1925, ND 727.
319 Zu den Einzelheiten siehe unten.
320 Es ist lediglich ein Grunderwerbsteuerbescheid überliefert, dem ein „gemeiner Wert" per 29. 10. 1923 von 4150 GM zugrunde lag. Ob das tatsächlich der Kaufpreis war, scheint unsicher, zumal das Dokument erst im Juli 1924 erstellt wurde. Aus ihm geht außerdem hervor, dass Dietrich am 5. 9. 1923 eine erste Rate der Steuer beglichen hatte, der Kaufvertrag zu diesem Zeitpunkt also bereits abgeschlossen war: Grunderwerbsteuerbescheid des Bezirksamts Berlin-Steglitz, o. D. [Mitte Juli 1924], ND 718.
321 Zum Beispiel stellte ein Zimmermann Anfang Dezember 1922 566 Arbeitsstunden und Materialkosten in Rechnung, die seit Mitte Oktober angefallen waren. Dabei berechnete er jeweils die Stundensätze, die zum Zeitpunkt der Ausführung der Arbeiten gültig waren, passte also die Löhne für länger zurückliegende Leistungen nicht an die Geldentwertung an. Den ohnehin minimalen Betrag von ca. 91 000 M (53 GM) beglich Dietrich erst am 1. Februar 1923, als die Forderung noch etwas mehr als 12 GM wert war: Rechnung von Albert Rombach, [Anfang] Dezember 1922, ND 691 sowie Dietrich an Rombach, 1. 2. 1923, ND 690; für weitere Fälle dieser Art siehe ebd. u. ND 689, passim.

den Niedrigpreisen der Zwangswirtschaft gelitten, zumal das gemeinnützige Unternehmen sicherlich keine Lebensmittel auf dem Schwarzmarkt verkaufte. Dadurch wurden neue Investitionen erforderlich, welche die Stadt Konstanz nicht übernehmen wollte. Trotzdem lag der Wert des landwirtschaftlichen Inventars deutlich über dem Kaufpreis. Pikanterweise war Dietrich, da er den Betrieb als Bevollmächtigter beaufsichtigte, an der Aufstellung der Bilanzen beteiligt und versäumte nicht, die Stadt eindringlich auf die schlechte geschäftliche Lage hinzuweisen.[322] Auffällig ist außerdem, dass die grundsätzliche Vereinbarung über den Kauf im Juni 1921 getroffen wurde – in dem Augenblick, als die Preisbindung für Milchprodukte, die auf dem Madachhof vorwiegend produziert wurden, aufgehoben wurde. Nachdem zuvor schon die öffentliche Bewirtschaftung der meisten anderen Lebensmittel schrittweise gefallen war, verbesserten sich die ökonomischen Rahmenbedingungen für landwirtschaftliche Betriebe deutlich und führten zu einer – wenn auch kurzen – Phase der Prosperität.[323]

Soweit größere Investitionen nicht oder nicht umgehend möglich waren, betätigte Dietrich sich am Aktienmarkt. Für ihn war die Börse aber alles andere als ein „Glücksspiel".[324] Zum einen boten Aktien die einzige Möglichkeit, Geld *sofort* einigermaßen wertbeständig anzulegen, denn der Erwerb von Devisen durch Privatpersonen wurde im Laufe des Jahres 1922 gesetzlich stark reglementiert bzw. verboten.[325] Zum anderen konnte er dadurch ebenso schnelle wie sichere Inflationsgewinne erzielen, indem er einen erheblichen Teil der Aktienkäufe durch die Überziehung seiner Bankkonten finanzierte. Da die Kursentwicklung an der Börse zumindest tendenziell der Inflation folgte,[326] ergaben sich schnell

---

[322] Eine von Dietrich geleitete Gutachterkommission veranschlagte Anfang August 1921 den „nachhaltigen Wert" des Inventars, der im Sinn der Erhaltung des Betriebs ausdrücklich unter dem Verkaufswert lag (und möglicherweise noch nach den Marktbedingungen der Zwangswirtschaft berechnet wurde), auf 600 000 M (ca. 32 000 GM). Davon wurden 50 000 M Betriebsschulden abgezogen. Den Kaufpreis beglich Dietrich jedoch nicht sofort: Mitte September 1921 zahlte er an die Stadt 350 000 M (gut 15 000 GM), Anfang Januar 1922 an die beiden anderen Gesellschafter, den Kohlengroßhändler Wilhelm Stiegeler und die Holzverkohlungs-Industrie AG (HIAG), je 104 000 M (inkl. Zinsen, zusammen ca. 5200 GM): Unterlagen in ND 633, bes. Bericht Dietrichs über die Entwicklung der Gutswirtschaft Madachhof im Jahr 1920, o. D. [Anfang 1921] u. Dietrich an Stadtrat Fink, 17. 5. 1921]; Unterlagen in StA Konstanz S II 4980, bes. Beschluss des Konstanzer Stadtrats vom 9. 6. 1921, Dietrich an den Stadtrat von Konstanz, 6. 8. 1921, Dietrich an Oberbürgermeister Otto Moericke, 13. 9. 1921 u. Stadtrat von Konstanz an Dietrich, 26. 9. 1921; Dietrich an das Bankhaus Keller's Söhne, 9. 1. 1922, ND 611; zur Gründung der Gesellschaft zur Förderung der Lebensmittelversorgung der Stadt Konstanz vgl. Kap. I, 3.
[323] Holtfrerich, Inflation, S. 85-92; Torp, Konsum, S. 219 f.; Schumacher, Land, S. 271-293.
[324] Geyer, Verkehrte Welt, S. 251-254.
[325] Namentlich durch die „Verordnung gegen die Spekulation in ausländischen Zahlungsmitteln" vom 12. 10. 1922: Reichsgesetzblatt I Nr. 69 vom 13. 10. 1922, S. 795-798; vgl. zum Zusammenhang zwischen Devisengesetzgebung und Aktienkäufen auch Feldman, Disorder, S. 607. Unternehmen hatten größere Spielräume bei der Abwicklung von Devisengeschäften: Lindenlaub, Maschinenbauunternehmen, S. 161-182.
[326] Jedenfalls seit Herbst 1919, wobei auch hier die starken Schwankungen zu berücksichtigen sind. 1922 brachen die Aktienkurse (Goldwert) zunächst ein und erreichten im Herbst ihren Tiefststand. Danach stieg der Index rasant – bis November 1923 um mehr als das Zehnfache: Statistisches Reichsamt, Geldentwertung, S. 44.

hohe Papiermarkgewinne, mit denen sich die Kreditkosten mühelos abdecken ließen. Beispielsweise kaufte Dietrich Mitte Januar 1923 20 Aktien der Konservenfabrik Leibbrand für ca. 650 000 M und veräußerte sie Anfang April für über 1,8 Millionen M. Nach Abzug der Schuldzinsen und diverser Provisionen, die für diesen Zeitraum immerhin über 10 Prozent betrugen, blieb Dietrich ein Reingewinn von 1,1 Millionen M.[327] In Goldmark gerechnet war der Profit gering, und in anderen Fällen ergab sich sogar ein realer Verlust. Doch darauf kam es hier nicht an: Sobald man mit Kredit arbeitete, bedeutete jeder nominelle zugleich einen realen Gewinn. Diese Erlöse dienten Dietrich, soweit er nicht für sonstige Zwecke Geld benötigte, vor allem zur Abdeckung oder Reduzierung von Schulden für andere Aktienkäufe, so dass der Gewinn letztlich in einem stetig wachsenden Aktiendepot bestand. Dietrich erwarb also Aktien auf Kredit und musste zur Begleichung der Schulden nur einen Teil der Wertpapiere wieder verkaufen. Die „Spekulation" auf Kursentwicklungen war dabei nicht ohne Bedeutung, aber im Prinzip nebensächlich.

Die Lage an der Börse – ebenso wie den Devisen-, Immobilien- und Holzmarkt – verfolgte Dietrich aufmerksam, um günstige Gelegenheiten zum Kauf und Verkauf umgehend nutzen zu können. Je mehr sich die Inflation beschleunigte, desto wichtiger wurde es, den tatsächlichen Wert jeder Einnahme und Ausgabe zu einem bestimmten Zeitpunkt zu berücksichtigen, so dass vermögensrelevante Entscheidungen seinen Alltag immer stärker prägten. Das flexible Reagieren auf die Entwicklungen an der Börse ging mit einem steigenden Zeitaufwand einher, und die täglichen Marktschwankungen während der Hyperinflation sorgten häufig für praktische Probleme bei der Durchführung von Wertpapiergeschäften. Da Dietrichs Aufenthaltsort ständig wechselte, sein unbewegliches Vermögen geographisch verstreut lag und er an den wichtigsten Börsenplätzen präsent sein wollte, führte er zahlreiche Bankkonten an verschiedenen Orten. Zeitweise unterhielt er (mindestens) fünf Aktiendepots – in Konstanz, Karlsruhe, Berlin, Frankfurt und Stuttgart. Zugleich befanden sich die Mäntel der Aktien, wie damals üblich, zum größten Teil in seinem Besitz.

Diese Konstellation, die unter normalen Bedingungen harmlos gewesen wäre, führte nicht selten zu einem „Durcheinander", wenn er kurzfristig Geschäfte tätigen wollte.[328] Wiederholt waren Aktien nicht auffindbar oder befanden sich am falschen Ort. In einem Fall erteilte er von Karlsruhe aus an seine Bank in Frankfurt eine Verkaufsorder für zehn Benz-Aktien, die in seinem Konstanzer Depot lagen. Die Mäntel hatte er jedoch in seinem Arbeitszimmer im Reichstag deponiert, so dass er sie dort eilig suchen, abholen und verschicken lassen musste.[329] Mitte April 1923 veräußerte er in Berlin 50 AEG-Aktien, die sich zum Teil bei der Bank Keller's Söhne in Stuttgart befanden, bei der er sie erworben hatte, und zum

---

[327] Auftragsbestätigungen der Oberrheinischen Bankanstalt vom 19. 1. u. 6. 4. 1923 u. Kontoauszug vom 30. 6. 1923, ND 612. Die Spesen für die Transaktionen sind schon eingerechnet. In diesem Fall ergab sich auch ein Goldmark-Gewinn von ca. 150 GM. Zahlreiche weitere Aktiengeschäfte sind dokumentiert in den Unterlagen ebd. u. ND 611.
[328] Dietrich an Rudolf Dietrich, 3. 4. 1922, ND 67, fol. 223.
[329] Dietrich an Jörg u. an das Büro des Reichstages, 9. 11. 1922, ND 67, fol. 32f.

```
Vermögensaufstellung.                                    20. August 1923.

                              I.
    Anteil an der Zellstoff-Fabrik Ludwig Trick mit 750.000 Mark. Geht
    im Fall meines Todes an die Trick-Erben zurück.
                              II.
    1/5 Anteile an der Badischen Druckerei und Verlagsgesellschaft
    (30.000 Mark). Hier ist die Annahme der Abtretung zu erklären.
                              III.
    95.000 Geschäftsanteile Süddeutsches Isolierwerk.
                              IV.
    300.000 Mark Geschäftsanteile der Gutswirtschaft Madachhof G.m.b.H.
                              V.
    750.000 Mark Geschäftsanteile an der „Neuen Berliner".
                              VI.
    100.000.000 Gesellschaftsanteile an der „Oberländer Zeitung" in
    Singen, davon 50 Millionen einbezahlt.
                              VII.
    Anspruch an S c h l e g e l in Ueberlingen. Unentgeltlich zurück-
    zugeben: 1.) 7.000 Anteile in Ueberlingen ( ein Sechstel des Geschäfts)
             2.) 35 Anteile in Stockach.
                              VIII.
    Grundstücke:  1.) 1/4 an Heretsried,
                  2.) Wildgutach
                  3.) Haslach
                  4.) 1/2 an Allensbach
                  5.) 1/2 an den Häusern Douglassstrasse 16/18 in Karls-
                                                                   ruhe.
                  6.) Haus in Kehl.
                              IX.
    Sonstiges Vermögen:
                       750 Aktien Oberrheinische Bankanstalt Konstanz
```

Abb. 6a: Vermögensaufstellung Dietrichs vom 20. August 1923

Teil im Auftrag von Keller's Söhne bei der Deutschen Bank in Frankfurt verwahrt wurden. Die Stuttgarter Bankangestellten versäumten es, ihm die Wertpapiere umgehend zuzuschicken, vermutlich infolge der allgemeinen Arbeitsüberlastung, mit der das Bankgewerbe während der Hyperinflation zu kämpfen hatte.[330] Weil das Wertpaket erst zehn Tage nach dem Verkauf in Berlin eintraf, sah Dietrich

---

[330] Manfred Pohl: Die Situation der Banken in der Inflationszeit. In: Otto Büsch/Gerald D. Feldman (Hg.): Historische Prozesse der Deutschen Inflation 1914 bis 1924. Ein Tagungsbericht. Berlin 1978, S. 83-95, hier S. 93.

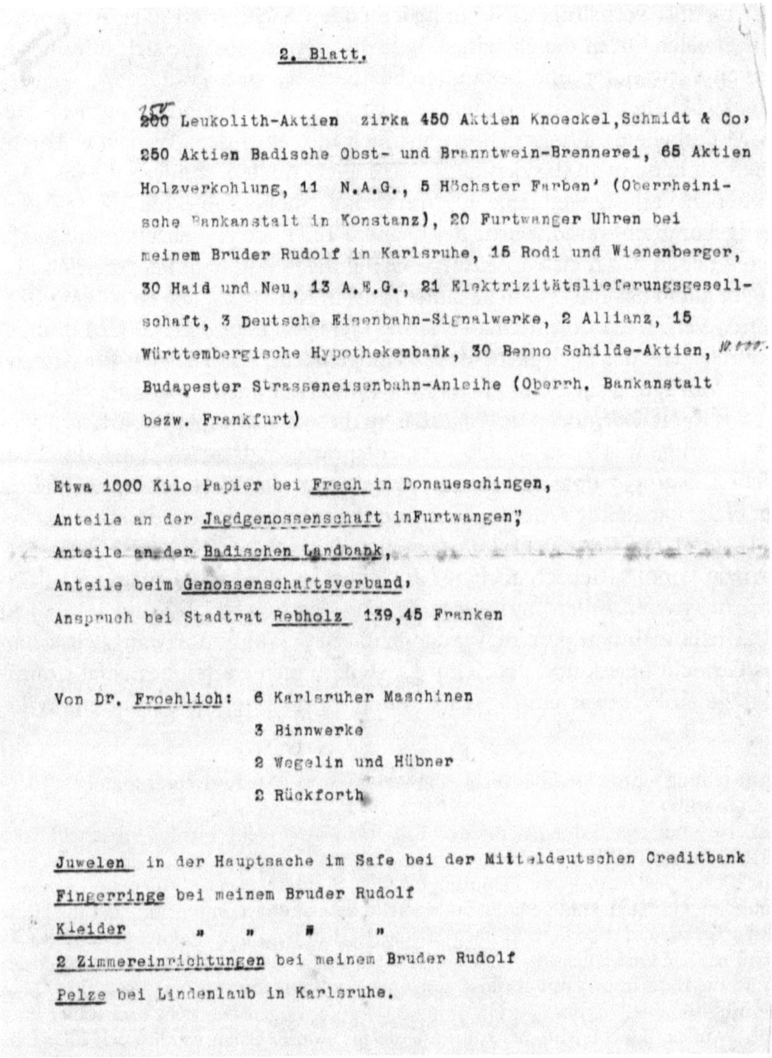

```
            2. Blatt.
        250
        200 Leukolith-Aktien zirka 450 Aktien Knoeckel, Schmidt & Co,
        250 Aktien Badische Obst- und Branntwein-Brennerei, 65 Aktien
        Holzverkohlung, 11 N.A.G., 5 Höchster Farben' (Oberrheini-
        sche Bankanstalt in Konstanz), 20 Furtwanger Uhren bei
        meinem Bruder Rudolf in Karlsruhe, 15 Rodi und Wienenberger,
        30 Haid und Neu, 13 A.E.G., 21 Elektrizitätslieferungsgesell-
        schaft, 3 Deutsche Eisenbahn-Signalwerke, 2 Allianz, 15
        Württembergische Hypothekenbank, 30 Benno Schilde-Aktien,
        Budapester Strasseneisenbahn-Anleihe (Oberrh. Bankanstalt
        bezw. Frankfurt)

        Etwa 1000 Kilo Papier bei Frech in Donaueschingen,
        Anteile an der Jagdgenossenschaft inFurtwangen,
        Anteile an der Badischen Landbank,
        Anteile beim Genossenschaftsverband,
        Anspruch bei Stadtrat Rebholz 139,45 Franken


        Von Dr. Froehlich:   6 Karlsruher Maschinen
                             3 Binnwerke
                             2 Wegelin und Hübner
                             2 Rückforth

        Juwelen in der Hauptsache im Safe bei der Mitteldeutschen Creditbank
        Fingerringe bei meinem Bruder Rudolf
        Kleider       "       "       "
        2 Zimmereinrichtungen bei meinem Bruder Rudolf
        Pelze bei Lindenlaub in Karlsruhe.
```

Abb. 6b: Vermögensaufstellung Dietrichs vom 20. August 1923

sich in der „tödlichsten Verlegenheit", schließlich hätte er „mit dem Geld in der Zwischenzeit einige Millionen verdienen können".[331] In den Turbulenzen der Hyperinflation wurde es angesichts der Vielzahl der getätigten Transaktionen schwierig, den Überblick zu behalten – Ausdruck dessen ist eine Vermögensaufstellung, die Dietrich am 20. August 1923 als Bestandsaufnahme für seinen persönlichen Gebrauch erstellte (Abb. 6a und 6b). Aus ihr geht hervor, welche Be-

---

[331] Dietrich an das Bankhaus Keller's Söhne, 17.4. u. 23.4.1923 (Zitat) u. Deutsche Bank Frankfurt an Dietrich, 25.4.1923, ND 611.

deutung er selbst verhältnismäßig unbedeutenden Sachwerten aller Art zumaß und an wie vielen Orten die einzelnen Teile des Vermögens, die sich mitunter in Händen von Verwandten und Bekannten befanden, verstreut waren.[332]

Anfang 1924 belief sich der Friedenswert von Dietrichs Vermögen auf 1,57 Millionen GM (Tabelle 6). Eher zufällig entsprach dies etwa dem Wert von Anfang 1919: Dietrich hatte nicht das damalige Vermögen erhalten, sondern die bis Ende 1921 erlittenen Verluste wettgemacht. Von den Vermögensobjekten, die seit 1919 neu hinzugekommen waren, wurde der kleinere Teil noch zu Lebzeiten Elisabeths erworben – neben den meisten Zeitungsbeteiligungen und dem Pachtbetrieb Madachhof vor allem das Ende 1919 gekaufte Haus in Karlsruhe. Die ab Anfang 1922 erworbenen Vermögensobjekte hatten einen Wert von über 300 000 GM und betrugen mindestens das Sechsfache des Vermögensteils, der Dietrich für Anlagezwecke zur Verfügung stand, als er das Erbe Ende 1921 antreten konnte:[333] Dafür kam nur das Kapitalvermögen in Frage, das zu diesem Zeitpunkt höchstens 2 Millionen M betrug, was etwa 50 000 GM entsprach.[334] Das war eine durchaus beachtliche Leistung, zumal sich in diesem Zeitraum der Wert der Zellstofffabrik Trick ebenfalls nachhaltig erhöhte – aufgrund von Investitionen, deren Finanzierung zu Lasten von Dietrichs Einkommen ging.

Im Prinzip konnte Dietrich auch auf die laufenden Einkünfte aus seinem Vermögen zurückgreifen. Allerdings waren diese in den Jahren 1922 und 1923 recht niedrig. Mieteinnahmen konnten angesichts der Wohnungszwangswirtschaft nicht ins Gewicht fallen, und die Zeitungsbeteiligungen warfen bestenfalls minimale Beträge ab.[335] Etwas einträglicher waren die Holzverkäufe aus dem Wild-

---

[332] Die Aufstellung wurde offenbar recht eilig verfasst und ist teilweise ungenau bzw. nicht ganz vollständig.

[333] Es dauerte über zwei Monate, bis der Erbschein ausgestellt wurde: Erbschein vom 28.11.1921 (Abschrift), ND 622.

[334] Da für diesen Zeitraum keine Depotübersichten, sondern nur verschiedene Einzelabrechnungen vorliegen, sind genaue Zahlen nicht zu ermitteln. Immerhin lässt die Höhe der Erbschaftsteuer, die Dietrich nach Elisabeths Tod bezahlen musste, gewisse Rückschlüsse zu. Die Gesetzgebung dazu war recht kompliziert, da auch das Vermögen des Erben in die Berechnung mit einfloss, doch aus der Steuersumme (ca. 968 000 M) lässt sich immerhin ableiten, dass ihr ein *gemeinsames* Vermögen Dietrichs und seiner Frau in Höhe von ca. 3,4-3,5 Mio. M. zugrunde gelegt wurde. Darin waren auch die Sachwerte (Beteiligungen an Trickzellstoff und Madachhof, Grund- und Immobilienvermögen) enthalten, die mindestens zum Nennwert bzw. nominalen Friedenswert veranschlagt worden sein dürften. Außerdem entfiel nach Dietrichs Aussage rund ein Drittel der Steuerschuld auf die Anteile an der Zellstofffabrik. Trotz der mangelhaften Datengrundlage ist deshalb sicher, dass das bewegliche Vermögen nicht mehr als 2 Mio. M betragen haben kann – wahrscheinlich war es eher niedriger: Zahlungsbestätigung des Bankhauses Keller's Söhne, 16.3.1922, ND 611; Dietrich an Max Klapp, 29.3.1922, ND 66, fol. 179; Erbschaftssteuergesetz vom 10.9.1919, Reichsgesetzblatt Nr. 173 vom 12.9.1919, S. 1552.

[335] Die Lage der Zeitungen in Überlingen, Stockach und Meßkirch war bis 1922 offenbar nicht schlecht. Die Verlage erwirtschafteten Gewinne, die an die Gesellschafter verteilt wurden, wobei die Beträge aber bescheiden waren. So erhielt Dietrich im Juli 1922 für das *Stockacher Tagblatt* ca. 27 GM. Während der Hyperinflation gerieten die Blätter in Schwierigkeiten und mussten schließlich teilweise ihr Erscheinen einstellen: Siehe die lückenhaften Unterlagen in ND 266, fol. 14-17 u. 20-23 sowie ND 267, fol. 2-46.

gutacher Wald und möglicherweise die Landwirtschaft des Madachhofs, aber diese Erlöse konnten kaum in erheblichem Maße zur Vermögensbildung beitragen. Größere Einkünfte waren nach Lage der Dinge nur von der Firma Trick zu erwarten. Das Geschäft der Zellstofffabrik entwickelte sich während der Inflationsjahre, zumindest bis Ende 1922, allem Anschein nach ausgezeichnet. Das war zum einen wohl darauf zurückzuführen, dass die Firma einen bedeutenden Teil ihrer Produktion exportierte, somit Devisen erwirtschaftete und weniger abhängig vom deutschen Markt war. Zum anderen ging es der Branche verhältnismäßig gut; sie dürfte von den hohen Papierpreisen profitiert haben, die der allgemeinen Preisentwicklung vorauseilten.[336]

Offenbar erhielten die Gesellschafter in den ersten Nachkriegsjahren stattliche Dividendenzahlungen, mit denen Elisabeth zum Beispiel den Immobilienkauf in Karlsruhe finanziert haben dürfte. Kurz nach ihrem Tod erklärte Dietrich seiner Schwägerin Clara Pohlmann: „Die Fabrik geht hervorragend und es ist anzunehmen, daß auch dieses Jahr eine sehr hohe Dividende verteilt werden wird." Gleichzeitig kündigte er jedoch einen betriebswirtschaftlichen Kurswechsel an: Er habe sich gegenüber Geschäftsführer Ludwig Schmidt dafür „eingesetzt", „möglichst viel Anschaffungen" zu machen und „Pläne" zu entwerfen, wie die Fabrik „völlig modernisiert" werden könne. Die Kosten hierfür veranschlagte er auf „etwa 8-10 Millionen", also fast 300 000 GM, „die zur Zeit im Betrieb vorhanden sind".[337] Neben ökonomischen Erwägungen spielte für Dietrich die Familienpolitik eine Rolle: Vermutlich war Schmidt mit derartigen Plänen bislang am Widerstand der Gesellschafter gescheitert, die angesichts der Entwertung ihrer Kapitalvermögen in wachsendem Maße von hohen Gewinnverteilungen abhängig waren.[338] In Dietrich fand er nun einen willkommenen Verbündeten. Dietrich wiederum war nicht nur daran gelegen, sich das Wohlwollen Schmidts und damit einen Platz in Familie und Unternehmen zu sichern, er hatte zudem ein Interesse daran, die ihm mal reserviert, mal feindselig gegenübertretende Schwägerin Clara in Schach zu halten. Indem er seine Initiative zu verstärkten Investitionen besonders hervorhob, baute er eine entsprechende Drohkulisse auf.

Ungeachtet dessen war die nun einsetzende, umfangreiche Modernisierung und Erweiterung des Betriebs eine strategisch kluge Entscheidung. Wie Schmidt den Gesellschaftern erläuterte, sollten so die beträchtlichen Reserven der Fabrik vor der Geldentwertung geschützt werden. Im Übrigen ließen sich auf diese Weise Steuern sparen, die sonst für die Gewinne und Dividendenzahlungen angefallen wären.[339] Es wurde insbesondere ein „Spritwerk" errichtet, das der Herstellung von Ethanol diente. Dieser konnte aus Sulfitlauge gewonnen werden, einem Neben- bzw. Abfallprodukt der Zellstoffproduktion. Außerdem wurde fast der gesamte Maschinenpark ausgewechselt. Mitte der zwanziger Jahre konnte die

---

[336] Vgl. Karl Eisemann: Grundlagen, Aufbau und Organisation der deutschen Zellstoffindustrie. Diss. Heidelberg 1930, S. 62-64; Silke Kappenberger-Jans: Verlagspolitik und Wissenschaft. Der Verlag J.C.B. Mohr (Paul Siebeck) im frühen 20. Jahrhundert. Wiesbaden 2001, S. 410-413. Detaillierte Geschäftsunterlagen sind nicht überliefert.
[337] Dietrich an Clara Pohlmann, 25. 10. 1921, ND 730.
[338] Siehe z. B. Max Klapp an Dietrich, 22. 2. 1922, ND 66, fol. 196.
[339] Ludwig Schmidt an die Gesellschafter von Trickzellstoff, 21. 10. 1922, ND 642.

Firma gut 15 Prozent mehr Zellstoff als vor dem Krieg herstellen und als „Spezialprodukt" Sulfitspiritus verkaufen.[340] Große Teile der deutschen Wirtschaft erzielten in der Inflationszeit lediglich Scheingewinne, tätigten niedrige oder fehlgeleitete Investitionen und hatten schließlich gegenüber der Vorkriegszeit Substanzverluste zu beklagen.[341] Das war bei der Firma Trick offensichtlich nicht der Fall: Sie stand 1924 besser da als 1914 und bietet ein Beispiel für gelungene Investitionstätigkeit.

Während Dietrich später von der nachhaltigen Wertsteigerung seines wichtigsten Vermögensobjekts profitierte, musste er vorläufig eine drastische Reduzierung seines Einkommens hinnehmen. Die Investitionen strapazierten die finanziellen Möglichkeiten der Firma stärker als angenommen, und ab Anfang 1923 verzögerten sich die Arbeiten infolge der wirtschaftlichen und politischen Turbulenzen, so dass die neuen Anlagen erst 1924 betriebsbereit waren. An Dividendenzahlungen war bald nicht mehr zu denken; Ende 1922 stellten die Gesellschafter der Fabrik sogar Darlehen zur Verfügung. Dadurch verschärfte sich die Lage der Familie Blum, vor allem aber der Familie Pohlmann, die nun zu einer Versöhnung mit Dietrich bereit war.[342] Trotzdem war er mit der Situation unzufrieden. 1922 erhielt er nur eine Dividendengutschrift in Höhe von umgerechnet 4500 GM, die ihm noch für das Geschäftsjahr 1921 zustand.[343] Als im Frühjahr 1923 immer noch keine Aussicht auf eine baldige Besserung der Ertragslage bestand, beklagte er sich nachdrücklich bei Schmidt und forderte eine „angemessene Dividende".[344] Allerdings waren die Bauarbeiten in vollem Gang, und darüber hinaus litt die Fabrik nun unter den Repressalien, mit denen die Siegermächte auf den passiven Widerstand im Ruhrgebiet reagierten. Kehl und seine Umgebung gehörten ebenfalls zu den besetzten Gebieten. Die französischen Behörden beschlagnahmten im großen Stil Zellulose, die Devisenbestände der Firma mussten eilig in Sicherheit gebracht werden, und die von den Franzosen errichtete Zollgrenze zum nicht besetzten Reichsgebiet sorgte für eine Unterbrechung der Holzzufuhr, so dass die Produktion zeitweise eingeschränkt wurde. Zwischenzeitlich fürchtete man sogar die Enteignung, weshalb Schmidt und Dietrich über

---

[340] Zur Entwicklung von Produktion und Anlagen der Fabrik siehe die Einträge Cellulosefabrik Ludwig Trick GmbH bzw. Trickzellstoff GmbH (Kehl) in Birkner Adreßbuch der Papier-Industrie, Jg. 1911, 1912, 1918, 1920 u. 1926: Die letzten nennenswerten Investitionen in neue Maschinen hatten offenbar 1911/12 stattgefunden. Die Zellstoffproduktion betrug 1912 60 Tonnen, 1926 70 Tonnen täglich. Außerdem Max Klapp an Dietrich, 22. 2. 1922, ND 66, fol. 196; Klapp an Dietrich, 3. 12. 1925, ND 731; Clara und Georg Pohlmann an Dietrich, 13. 12. 1924, ND 730; Jakob Pfotzer an Dietrich, 15. 4. 1931, ND 131, fol. 139; vgl. Hollweck, Trick, S. 216.

[341] Allgemein Feldman, Disorder, S. 840-846; am Beispiel des Maschinenbaus Lindenlaub, Maschinenbauunternehmen, S. 30-48 u. 67-85; vgl. auch Niall Ferguson: Paper and iron. Hamburg business and German politics in the era of inflation, 1897-1927. Cambridge 1995, S. 410-414.

[342] Z. B. Clara Pohlmann an Dietrich, 17. 12. 1922 u. Dietrich an Clara Pohlmann, 22. 12. 1922, ND 730.

[343] Die Gutschrift (300 000 PM) erfolgte am 6. Mai: Abrechnung über Dietrichs Gesellschafterkonto für das Jahr 1922 vom 30. 1. 1923, ND 642.

[344] Dietrich an Ludwig Schmidt, 14. 5. 1923, ebd.

Monate hinweg Verhandlungen mit Schweizer Banken und Unternehmen führten, um die Fabrik auf eine Tarngesellschaft in Zürich zu übertragen und so als neutrales Eigentum dem französischen Zugriff zu entziehen.[345] Immerhin konnte die Firma hin und wieder Schweizer Franken auszahlen. Devisen waren gerade während der Hyperinflation heißbegehrt und hatten gegenüber anderen wertbeständigen Anlageformen den Vorteil, dass sie ihrem Besitzer als Zahlungsmittel jederzeit zur Verfügung standen. Es handelte sich jedoch um vergleichsweise geringe Beträge.[346]

Auf sein Einkommen kann Dietrichs Vermögenszuwachs seit Anfang 1922 folglich nicht zurückgeführt werden. Es reichte schließlich kaum noch zur Bestreitung seines Lebensunterhalts: Dafür, so Dietrichs Befürchtung im Spätsommer 1923, werde er sein „Kapital angreifen" müssen, falls es ihm nicht gelinge, aus den land- und forstwirtschaftlichen Betrieben „das nötige Geld für den nächsten Winter herauszuwirtschaften".[347] Außerdem ist zu berücksichtigen, dass er immer wieder erhebliche Steuerzahlungen leisten musste. Die Einkommensteuer fiel in Zeiten beschleunigter Geldentwertung eher wenig ins Gewicht, weil die Steuerschuld mit Verzögerung festgesetzt wurde und bei der Zahlung bereits stark entwertet war.[348] Diverse außerordentliche Steuern auf sein Vermögen stellten aber durchaus eine Belastung dar. Mitte März 1922 musste er knapp 970 000 M (16 500 GM) Erbschaftsteuer bezahlen. Dietrich klagte, ihm werde „fast alles weggenommen".[349] Das war insofern eine maßlose Übertreibung, als die steuerliche Bewertung der Sachwerte, speziell der Trick-Anteile, offensichtlich nicht dem realen Wert angepasst wurde. Die hohen Steuersätze, die in seinem Fall etwa 30 Prozent betrugen, liefen somit weitgehend ins Leere. Generell belasteten sie vor allem Kapitalvermögen, die in der Regel schon von der Inflation in Mitleidenschaft gezogen waren, während wertbeständige Anlagen nur minimal besteuert wurden.

Dennoch machte der Betrag, und darauf wollte Dietrich wahrscheinlich hinaus, einen großen Teil seines mobilen Vermögens aus. Die Hälfte der Steuerschuld konnte er mit einem Kredit begleichen, und er hatte schließlich Glück, weil vier Monate später die Gesetzgebung geändert wurde: Ehepartner wurden nun rückwirkend zum 1. Juli 1921 vollständig von der Erbschaftsteuer befreit, so dass die

---

[345] Siehe dazu die Unterlagen des Jahres 1923 ebd.
[346] Im Herbst 1922 erhielten alle Gesellschafter 1000 Franken (ca. 810 GM): Clara Pohlmann an Dietrich, 16.11.1922, ND 730. Auch 1923 hatte Dietrich über die Firma offenbar hin und wieder Zugang zu Schweizer Franken: Eugen Rebholz an Dietrich, 4.2., 10.2., 4.11. u. 28.11.1923, ND 709.
[347] Dietrich an Ludwig Schmidt, 5.9.1923, ND 642.
[348] Während die meisten abhängig Beschäftigten dem unmittelbaren Lohnsteuerabzug unterworfen waren, mussten die zur Einkommensteuer Veranlagten Vorauszahlungen leisten, die bei nominal laufend steigenden Einkünften gering waren. Es waren entsprechende Nachzahlungen zu leisten, deren Höhe aber erst später ermittelt wurde, so dass sie bei Fälligkeit wiederum weitgehend entwertet waren: Peter-Christian Witt: Die Auswirkungen der Inflation auf die Finanzpolitik des Deutschen Reiches 1924-1935. In: Gerald D. Feldman (Hg.): Die Nachwirkungen der Inflation auf die deutsche Geschichte 1924-1933. München 1985, S. 43-95, hier S. 69-71.
[349] Dietrich an Max Klapp, 17.2.1922, ND 66, fol. 198.

Zahlung Ende Juli erstattet wurde.[350] Immerhin verblieb ein Inflations- und Zinsverlust in Höhe von gut 4000 GM, und seine finanzielle Bewegungsfreiheit war bis zum Spätsommer 1922 erheblich eingeschränkt. Während Dietrich von der 1922 aufgelegten Zwangsanleihe offenbar nicht wesentlich betroffen war, weil Elisabeths Vorauszahlungen auf das Reichsnotopfer angerechnet wurden, sah er sich im August 1923 mit einer hohen Steuerschuld konfrontiert, die aus der „Brotversorgungsabgabe" resultierte, einer weiteren Vermögensteuer, die an den Roggenpreis gebunden und damit wertbeständig war.[351] Er konnte die entsprechenden Mittel zunächst nicht flüssig machen und fürchtete, dies könne ihn seinen gesamten Aktienbestand kosten.[352]

Ab 1922 gehörte Dietrich also zu den Inflationsgewinnern, und zwar in bemerkenswertem Ausmaß. Doch inwieweit lassen sich aus seinem Agieren allgemeine Rückschlüsse ziehen? Auf den ersten Blick liegt die Vermutung nahe, dass bürgerliche Vermögensbesitzer, wenn sie die Lage richtig einschätzten und mit dem nötigen Geschick zu nutzen wussten, den Konsequenzen der Geldentwertung nicht nur entgehen, sondern sogar von ihr profitieren und das Vermögen gegenüber dem Vorkriegsstand vermehren konnten – sofern sie frühzeitig auf die inflationäre Entwicklung reagierten. Dietrichs Fall ist allerdings insofern untypisch, als seine Handlungsspielräume besonders groß waren. Dabei ging es weniger um seine finanziellen Möglichkeiten im engeren Sinn: Die Beträge, mit denen er im Einzelfall operierte, waren eher überschaubar. Die meisten Bankgeschäfte, die er 1922 und 1923 tätigte, bewegten sich im Bereich von einigen hundert Goldmark, und selbst die Immobilienkäufe erforderten vergleichsweise geringe Summen, wie sie im Prinzip auch Angehörige der bürgerlichen Mittelschicht hätten aufbringen können. In der Praxis ergaben sich aber gravierende Hindernisse, wenn man Geld wertbeständig bzw. gewinnbringend anlegen wollte. Diese Hindernisse konnte Dietrich leichter überwinden als andere; gleichwohl treten sie an seinem Beispiel deutlich hervor.

So erstrebenswert der Erwerb von Immobilien war, so schwierig war es, passende Objekte zu finden. Das Angebot war begrenzt, die Zahl potentieller Interessenten groß und die Kaufentscheidung musste in der Regel ebenso schnell fallen, wie die erforderlichen, bislang anderweitig angelegten Summen flüssig gemacht werden mussten. Eine kritische Frage war zudem der bauliche Zustand, weil während des Krieges und infolge der Wohnungszwangswirtschaft notwendige Renovierungsarbeiten vielfach unterblieben waren.[353] In Berlin und Umgebung war

---

[350] Vgl. Anm. 334; Dietrich an das Bankhaus Keller's Söhne, 27. 7. 1922 u. Kontoauszug für den Zeitraum 1. 1.–30. 6. 1922, ND 611; Reichsgesetzblatt I Nr. 53 vom 25. 7. 1922, S. 613; vgl. Klaus Peter Kisker: Die Erbschaftsteuer als Mittel der Vermögensredistribution. Eine empirische und theoretische Untersuchung. Berlin 1964, S. 97.
[351] Vgl. Heinrich Becker: Handlungsspielräume der Agrarpolitik in der Weimarer Republik zwischen 1923 und 1929. Stuttgart 1990, S. 105 u. 125.
[352] Dietrich an Eugen Rebholz, 17. 8. 1923, ND 709. Wie Dietrich die Zahlung bewerkstelligte, geht aus den Akten nicht hervor.
[353] Vgl. Karl Christian Führer: Mieter, Hausbesitzer, Staat und Wohnungsmarkt. Wohnungsmangel und Wohnungszwangswirtschaft in Deutschland 1914-1960. Stuttgart 1995, S. 144-148.

Dietrichs Suche erst einmal vergeblich. Als er Ende 1921 einem Bekannten gegenüber die Absicht äußerte, „ein Gut in Brandenburg zu kaufen" und sich nach der Marktlage erkundigte, erhielt er zur Antwort, dies sei gegenwärtig „sehr schwer". Vielleicht könne er in Mecklenburg fündig werden, doch sei zu bedenken, dass die zum Verkauf stehenden Anwesen sich meist in miserablem Zustand befänden und daher „verhältnismäßig weit größere Geldmengen zur Instandsetzung notwendig sind".[354] Im Herbst 1922 bemühte Dietrich sich zeitgleich um ein Baugrundstück und um ein Mietshaus in der Reichshauptstadt. Bei dem Haus, so der Hinweis eines Freundes, war „Eile geboten", denn „natürlich fehlt es nicht an Reflektanten".[355] In beiden Fällen kam er nicht zum Zug. Wie es ihm ein Jahr später gelang, das Mietshaus in Berlin-Steglitz zu erwerben, lässt sich nicht rekonstruieren. Jedenfalls handelte es sich um ein stark renovierungsbedürftiges Objekt, das ihn noch mit schmerzlichen Folgekosten belasten sollte.

Gut belegt und aufschlussreich sind die Umstände, unter denen er das Haus nebst Obstgut am Bodensee erwarb. Auch diesem Kauf war eine längere vergebliche Suche vorausgegangen. Als ihn Ende 1921 ein alter Bekannter Elisabeths um Rat bat, wie er ein Anwesen in der Gegend erwerben könne, antwortete Dietrich, „daß ein ordentliches Landgut im Seekreis um keinen Preis zu kaufen ist, höchstens ein völlig verwahrlostes, und das teuer genug. Wenn ein ordentliches zu haben wäre, dann hätte ich es schon längst selbst gekauft."[356] Bei dem Gut in Allensbach, das Eugen Rebholz Anfang Februar 1923 ausfindig machte, handelte es sich um ein heruntergekommenes, stillgelegtes Gasthaus, zu dem aber immerhin fünf Hektar landwirtschaftliche Fläche und Baugrundstücke gehörten, die zum Teil direkt am See lagen.[357] Innerhalb weniger Tage einigte man sich mit der Verkäuferin auf den Preis von 66 Millionen M (knapp 9000 GM), der an den Kurs des Schweizer Franken gekoppelt wurde, weil weder Rebholz noch Dietrich den Betrag sofort aufbringen konnten. Die rechtliche Zulässigkeit einer solchen Regelung war nach der geltenden Devisengesetzgebung aber zumindest zweifelhaft. Im notariellen Kaufvertrag war deswegen nur von einer Zahlung in Papiermark die Rede. Zudem betrug die Summe dort nur 40 Millionen, weil die Beteiligten so Steuern sparen bzw. hinterziehen wollten.[358] Die Freude über das Geschäft währte nur kurz, denn der Erwerb von landwirtschaftlichen Grundstücken war gar nicht ohne weiteres möglich: Nach der Siedlungsgesetzgebung hatte der badische Staat ein Vorkaufsrecht, das unter anderem gewährleisten sollte, dass solche Grund-

---

[354] Wilhelm Beutner an Dietrich, 2.12.1921, ND 65, fol. 58.
[355] Wilhelm Brönner an Dietrich, 29.10.1922, ND 67, fol. 50.
[356] Dietrich an Kurt von der Heyden, 29.12.1921, ND 66, fol. 111.
[357] Nachdem der Inhaber des Gasthauses 1921 gestorben war, wurde dessen Tochter Emma Bär mit bau- und wirtschaftspolizeilichen Auflagen zur Renovierung des Hauses konfrontiert und sah sich schließlich außerstande, den Betrieb aufrechtzuerhalten: Emma Bär an das Bezirksamt Konstanz, 10.2. u. 17.11.1922 u. Bezirksbaukommissar Finus an das Bezirksamt Konstanz, 1.8.1922, KrA Konstanz AA03/04-678.
[358] Rebholz an Dietrich, 4.2., 10.2. u. 9.3.1923, ND 709; Kaufvertrag zwischen Emma Bär, Dietrich und Rebholz vom 2.3.1923, GLAK 236/26934. Seit Oktober 1922 durfte eine Zahlung in Devisen „bei Inlandsgeschäften […] nicht gefordert, angeboten, ausbedungen, geleistet oder angenommen werden", Reichsgesetzblatt I Nr. 69 vom 13.10.1922, S. 795.

stücke in den Händen von Landwirten blieben. Deshalb hatte Rebholz sich die Unterstützung von Dietrichs altem Bekannten Heinrich Belzer gesichert, der noch immer Chef des Konstanzer Bezirksamts war. Belzer genehmigte den Kauf ohne vorherige Rücksprache mit dem zuständigen Arbeitsministerium und stellte sodann in seinem Bericht an die vorgesetzte Behörde fest, die „Ausübung des Vorkaufsrechts durch den Staat" sei „nicht zu empfehlen".[359]

Angesichts des niedrigen Preises dachte man in Karlsruhe gar nicht daran, zu verzichten. Der Staat machte von seinem Recht Gebrauch und wurde zum Eigentümer des Anwesens.[360] Damit drohten unübersehbare wirtschaftliche und rechtliche Konsequenzen: Dietrich und Rebholz hatten bereits eine Anzahlung geleistet und mit der Renovierung begonnen, während die Verkäuferin aufgrund des fingierten Vertrags und der Geldentwertung um ihr Vermögen bangen musste. Normalerweise wäre die Angelegenheit damit wohl erledigt gewesen – Dietrich und Rebholz protestierten erfolglos und reichten eine verwaltungsrechtliche Klage ein, die schließlich abgewiesen wurde. Dietrich machte unter anderem geltend, er sei selbst „Landwirt" und folglich „berechtigt, ein landwirtschaftliches Gut zu kaufen".[361] Das war eine großzügige Interpretation seines Engagements in Wildgutach und auf dem Madachhof, die mit dem Geist der gesetzlichen Bestimmungen kaum in Einklang zu bringen war. Erst recht galt das für Rebholz, der in Konstanz ein Geschäft für Musikinstrumente betrieb. Dietrich gelang es jedoch, durch seine Beziehungen zu einem leitenden Beamten im Arbeitsministerium einen Vergleich auszuhandeln und das Anwesen im März 1924 vom Staat zurückzukaufen. Dass dieses Zugeständnis ausschließlich auf Kulanz beruhte, zeigen schon die weitreichenden Bedingungen, die Dietrich und Rebholz auferlegt wurden: Sie mussten in das Wohnhaus eine zusätzliche Wohnung einbauen, für die ihnen fortan ein Mieter zugewiesen wurde, sie verpflichteten sich zur Anstellung eines Pächters, bei dessen Auswahl das Ministerium ebenfalls ein Mitspracherecht geltend machte, und sie hatten zusätzlich neben dem ursprünglichen Kaufpreis ein Aufgeld von 2000 RM zu entrichten. Während sich die Verhandlungen mit dem Staat hinzogen, kam es außerdem zu verschiedenen Streitigkeiten mit der ursprünglichen Eigentümerin, die durchblicken ließ, von dem Geschäft zurücktreten zu wollen. So sahen Dietrich und Rebholz sich genötigt, ihr eine zusätzliche Zahlung von 1700 RM zuzugestehen.[362] Rechnet man die erheblichen Renovierungskosten hinzu, die 1924 anfielen, schlug der Erwerb des Anwesens schließlich mit über 14 000 GM zu Buche.[363] Das war noch immer deutlich weniger als der Vorkriegswert, von einem besonders günstigen Geschäft konnte aber ange-

---

[359] Bezirksamt Konstanz (Heinrich Belzer) an das badische Arbeitsministerium, 2. 5. 1923, GLAK 236/26934; Rebholz an Dietrich, 9. 3. 1923, ND 709; zu Belzer siehe Kap. I, 3.
[360] Dazu und zu den folgenden Auseinandersetzungen des Arbeitsministeriums mit Emma Bär, Dietrich und Rebholz siehe die Unterlagen in GLAK 236/26934.
[361] Aktenvermerk des badischen Arbeitsministeriums vom 18. 5. 1923, ebd.
[362] Korrespondenz Dietrichs mit Oberregierungsrat Christian Specht, August 1923 bis Januar 1924, Dietrich an Rebholz, 5. 12. 1923 u. Rebholz an Dietrich, 8. 3. u. 19. 4. 1924, ND 709; Kaufvertrag zwischen dem badischen Staat, Dietrich und Rebholz, 15. 4. 1924, GLAK 236/26934.
[363] Rebholz an Dietrich, 5. 11. 1925, ND 709.

sichts der niedrigen Immobilienpreise nach der Stabilisierung nicht mehr die Rede sein. Schon im Januar 1924 erklärte Dietrich verärgert: „Die Sache in Allensbach macht allmählich mehr Scherereien als sie wert ist."[364] Unter regulären Bedingungen, ohne Dietrichs Verbindungen zur Ministerialbürokratie, hätte die eigentlich unzulässige Transaktion freilich in einem Fiasko geendet.

Generell war Dietrichs Anlagestrategie geschickt, doch im Normalfall kaum realisierbar. Die kreditfinanzierten Transaktionen, insbesondere die Börsengeschäfte, mit denen er ab 1922 beträchtliche Gewinne erzielte, hätten die meisten Bankkunden, die sich in einer vergleichbaren Lage befanden, nicht durchführen können. Für Privatpersonen war es während der Hyperinflation selbst dann schwierig, Darlehen zu erhalten, wenn sie uneingeschränkt kreditwürdig waren. Schließlich erlitten die Banken Verluste, wenn sie ihren Kunden die Überziehung des Kontos gestatteten. Im Übrigen waren sie durch die explodierende Zahl kleiner und kleinster Transaktionen mit unrentablen Geschäften überlastet, weshalb sie zunehmend darauf hinarbeiteten, sich durch die Verweigerung von Krediten und die Verschärfung von Konditionen der Kleinanleger zu entledigen – und zu diesen zählte Dietrich dem Umfang seiner Geschäfte nach.[365] Als er bei Elisabeths alter Hausbank Keller's Söhne im Februar 1923 um ein kurzfristiges Darlehen von 1 Million M bat, erhielt er zur Antwort, man bewillige „grundsätzlich" keine Kredite an Privatkunden mehr, ganz gleich, welche Sicherheiten diese vorzuweisen hätten. Obwohl er ein langjähriger, vermögender und mit den Inhabern der Bank verschwägerter Kunde war, erhielt er die Summe, die zu diesem Zeitpunkt weniger als 200 Goldmark entsprach, ausdrücklich nur ausnahmsweise, aus „besonderem Entgegenkommen".[366]

Aus diesem Grund wickelte Dietrich vom Herbst 1922 an seine Geschäfte zunehmend bei der Oberrheinischen Bankanstalt ab, einem kleinen, erst 1919 gegründeten Institut in Konstanz, das sich großzügiger zeigte. Hier wurde er zwar laufend gebeten, sein Konto auszugleichen, doch dem kam er bestenfalls kurzzeitig nach, um es wenig später erneut zu überziehen. Im Wesentlichen beschränkte er sich darauf, die Bank zu vertrösten.[367] Im Winter 1923 bekundete er über Wochen hinweg, sein Debet alsbald tilgen zu wollen, allerdings sei es aufgrund der Witterungsbedingungen und der schlechten Straßenverhältnisse im Schwarzwald gegenwärtig nicht möglich, das dort lagernde Holz abzutransportieren und zu verkaufen. Die Veräußerung von Aktien könne hingegen nicht in Frage kommen, wie er ungeniert feststellte: „Wertpapiere gegenwärtig zu verkaufen, hat keinen Zweck, da dieselben in einigen Monaten einen ganz anderen Kurs haben werden."[368] Im Herbst 1923 bemühte sich Dietrich nicht einmal mehr, seine Schulden wenigstens zwischenzeitlich auszugleichen. Dieses Verhalten wurde hingenommen, weil Mitarbeiter und Inhaber der Bank einem lokalen Kreis aus

---

[364] Dietrich an Rebholz, 18.1.1924, ebd.
[365] Pohl, Banken, S. 87 u. 93; vgl. auch Gerald D. Feldman: Die Deutsche Bank vom Ersten Weltkrieg bis zur Weltwirtschaftskrise. 1914-1933. In: Lothar Gall u. a.: Die Deutsche Bank. 1870-1995. München 1995, S. 137-314, hier S. 214.
[366] Bankhaus Keller's Söhne an Dietrich, 16.2.1923, ND 611.
[367] ND 612, passim.
[368] Dietrich an die Oberrheinische Bankanstalt, 17.3.1923, ebd.

Parteifreunden angehörten. Der Bankdirektor war ein Vertrauter von Eugen Rebholz, und der mit Dietrich gut bekannte Kohlengroßhändler Wilhelm Stiegeler war größter Einzelaktionär des Instituts. Außerdem erwarb Dietrich (auf Kredit) Aktien der Bank und signalisierte seine Bereitschaft, in den Aufsichtsrat einzutreten – ein Versprechen, das er im Herbst 1924 einlöste.[369] Daran hatte das kleine Kreditinstitut ein Interesse, weil es mit dem Namen einer prominenten Persönlichkeit seine Stellung aufwerten konnte. Und schließlich erwies sich Dietrichs Einfluss bei Berliner Behörden als nützlich: Im Oktober 1923 gelang es ihm, beim Reichskommissar für Devisenerfassung die Zulassung der Oberrheinbank zum Devisengeschäft zu erwirken.[370] Er konvertierte sein öffentliches Ansehen und seine Beziehungen, also sein politisches und soziales Kapital, in ökonomisches Kapital. Dietrich verfolgte während der Inflationszeit zwar eine mustergültige Strategie, konnte dabei aber auf Ressourcen zurückgreifen, die anderen nicht zur Verfügung standen.

Abschließend soll der Versuch unternommen werden, die Entwicklung von Dietrichs Vermögen in einen größeren Zusammenhang einzuordnen. Den folgenden Bemerkungen zu den Auswirkungen der Inflation auf die Privatvermögen ist vorauszuschicken, dass die Geldentwertung nicht der einzige Faktor war, der ihre Entwicklung von 1914 bis 1923 beeinflusste. Zudem ist es nicht unproblematisch, den Wert, den ein Vermögen nach dem Ende der Hyperinflation hatte, mit seinem Wert vor Kriegsausbruch zu vergleichen – schon deshalb, weil die volkswirtschaftlichen Rahmenbedingungen nun andere waren.[371] Doch auch im Detail ergeben sich Schwierigkeiten.[372] Bei Dietrichs Immobilien lässt sich einwenden, dass ihr Wert gegenüber der Vorkriegszeit gesunken war, weil sie sich infolge unterlassener Investitionen bzw. Instandsetzungsarbeiten in einem schlechteren Zustand befanden. Das galt vor allem für Dietrichs Inflationskäufe von 1922 und 1923, aber auch für die Villa Trick in Kehl: Das repräsentative Anwesen wurde 1919 von den französischen Militärbehörden (teilweise) requiriert und als Kommandantur genutzt. Als es 1924 geräumt wurde und Dietrich wieder über das Haus verfügen konnte, waren umfangreiche Renovierungsarbeiten erforderlich. Insgesamt bestand bei den Häusern ein Reparaturbedarf in Höhe von mehreren Zehntausend Goldmark, die man als entsprechende Minderung des Friedenwerts veranschlagen könnte.[373] Substanzverluste sind auch beim land- und forstwirtschaftlichen Vermögen denkbar, zum Beispiel im Falle eines vermehrten Holzeinschlags während der Kriegs- und Inflationszeit, was sich nicht überprüfen

---

[369] Rebholz an Dietrich, 21.8.1923, ND 709; Bankdirektor Rudolf Geiger an Dietrich, 13.8.1924 u. Dietrich an Geiger, 26.8.1924, ND 39, fol. 235f. u. 239.
[370] Schriftwechsel Dietrichs mit Geiger im Oktober und November 1923, ND 612 u. mit dem Reichskommissar für Devisenerfassung, 11.1. u. 15.1.1924, ND 39, fol. 289f.
[371] Zu diesen methodischen Problemen schon Franz Eulenburg: Die sozialen Wirkungen der Währungsverhältnisse. In: Jahrbücher für Nationalökonomie und Statistik 122 (1924), S. 748–794, hier S. 748–753.
[372] Vgl. zum Folgenden die Überlegungen bei Emil Zimmermann: Die Vermögensteuer 1924 nach der zweiten Steuernotverordnung vom 19. Dezember 1923 und den Durchführungsbestimmungen vom 8. März 1924 mit Erläuterungen. Stuttgart 1924, bes. S. 18–24.
[373] Vgl. Kap. IV, 1.

lässt. Bezogen auf das Gesamtvermögen würden diese Abzüge allerdings kaum ins Gewicht fallen.

Der Friedenswert von Dietrichs Vermögen Ende 1923/Anfang 1924, also der Steuerwert, den das nach der Inflation vorhandene Vermögen vor dem Weltkrieg hatte bzw. gehabt hätte („Wehrbeitragswert" zum Stichtag 31. Dezember 1913), betrug knapp 1,6 Millionen Goldmark.[374] Gegenüber Elisabeths Vorkriegsvermögen von schätzungsweise 2,1 bis 2,2 Millionen GM ergab sich somit eine Einbuße von mindestens 25 Prozent. Es erscheint grundsätzlich sinnvoll, das nach der Inflation vorhandene Vermögen zunächst nach den Friedenswerten zu bemessen – und nicht etwa nach den neuen Steuerwerten (bzw. „steuerbaren" Werten) von 1924. Wie Tabelle 7 zeigt, blieb die Berechnungsgrundlage der Vermögensteuer von 1924 weit hinter dem Wehrbeitragswert zurück. Die Bewertungskriterien orientierten sich zwar am Stand von 1913, doch es wurden massive Abzüge vorgenommen, zuerst in Form von Berichtigungen beim land- und forstwirtschaftlichen Grundvermögen. Für Immobilien wurde der Friedenswert vorläufig beibehalten. Erst bei der Berechnung des „steuerbaren", d. h. des tatsächlich steuerpflichtigen Vermögens kamen gravierende Abzüge zur Anwendung: Mietshäuser wurden pauschal mit lediglich 30 Prozent ihres Friedenswertes veranlagt, und auch beim land- und forstwirtschaftlichen Vermögen kam es zu weiteren, teils erheblichen Abschlägen. Die Bewertung von Geschäftsanteilen aller Art, also Aktien oder Beteiligungen an einer GmbH wie der Zellstofffabrik Trick, erfolgte grundsätzlich zum Kurs- bzw. Verkaufswert. Steuerbar war aber nur die Hälfte, da die Unternehmen ebenfalls Vermögensteuer entrichteten und die Doppelbesteuerungseffekte gemildert werden sollten.[375]

Bei Dietrich betrugen die Abzüge am Ende annähernd 60 Prozent. Steuerpflichtig war er für einen Betrag von ca. 640 000 RM, gegenüber einem Friedenswert von über 1,57 Millionen. Es ist zu berücksichtigen, dass der Steuerwert der Trick-Anteile nur mit 80 Prozent angesetzt wurde, obwohl er gemäß der Bilanz des Unternehmens 100 Prozent hätte betragen müssen. Dabei handelte es sich um ein besonderes, auf Kulanz beruhendes Entgegenkommen der Finanzbehörden, das gewissermaßen einen Ausgleich für die französischen Repressalien darstellte, denen die Firma im Jahr 1923 ausgesetzt gewesen war.[376] Dieser Sondereffekt verzerrt das Bild etwas. Außerdem tauchten alle Zeitungsbeteiligungen, die Dietrich

---

[374] Konsequenterweise sind die entwerteten Papiermarkforderungen, die im Februar 1924 bzw. im Juli 1925 aufgewertet wurden, hier nicht zu berücksichtigen. Hinsichtlich des Wehrbeitragswerts gilt, dass die Ergebnisse der Veranlagung zum 31. 12. 1913, die nicht überall nach denselben Kriterien erfolgte, ebenfalls mit gewisser Vorsicht zu behandeln sind: Zimmermann, Vermögensteuer, S. 18f.

[375] Zu den gesetzlichen Regelungen siehe die Zweite Steuernotverordnung vom 19. 12. 1923, Reichsgesetzblatt I Nr. 130 vom 21. 12. 1923, S. 1212–1215 sowie (vor allem) die Durchführungsbestimmungen für die Vermögensteuer 1924, Reichsministerialblatt Nr. 15 vom 14. 3. 1924, S. 103–112; vgl. Zimmermann, Vermögensteuer.

[376] Im März 1924 hielt Dietrich fest, „daß der Nennwert des Stammkapitals von 3 Millionen Mark dem effektiven Wert entspricht", die Anteile „dementsprechend" versteuert werden müssten: Dietrich an Clara Pohlmann, 7. 3. 1924, ND 731. Die Reduzierung erfolgte im Mai: Trickzellstoff GmbH an Dietrich, 29. 4. u. 20. 5. 1924 u. Dietrich an das Finanzamt Berlin-Schöneberg, 15. 5. 1924, ND 623.

de nomine nicht gehörten, in der Vermögenserklärung nicht auf. Eigentlich hätte das steuerbare Vermögen knapp 730 000 RM betragen müssen – doch selbst dann würden sich die Abzüge auf über 50 Prozent belaufen.

Die Bewertungskriterien von 1924 waren in höchstem Maß improvisiert. In Dietrichs Fall zog sich die Berechnung der Vermögensteuer vom März 1924 bis Januar 1925 hin. Eine neue, systematische Erfassung des Grund- und Immobilienvermögens fand erst bei der Steuerveranlagung von 1925 statt. Es wird deutlich, dass die Höhe des „steuerbaren" Vermögens nur begrenzt aussagekräftig ist. Die Minderbewertung von Geschäftsanteilen um 50 Prozent war ein rein steuertechnischer Vorgang. Dagegen hatten die erheblichen Abzüge am Grund- und Immobilienvermögen immerhin eine reale Grundlage: Sie trugen der schlechten Ertragslage in Land- und Forstwirtschaft Rechnung und berücksichtigten, dass die Mieten infolge der Wohnungszwangswirtschaft künstlich niedrig gehalten wurden, was die Rentabilität von Immobilien drastisch beeinträchtigte. Den Maßstab bildete somit die aktuelle Ertragskraft eines Vermögensobjekts, wie es zum Zweck der Besteuerung naheliegend und sinnvoll war. Die Immobilienwerte blieben auch bei den Vermögensteuerveranlagungen der Jahre 1925 bis 1928 niedrig, weil die Mieten weiter staatlich reguliert wurden, die Realsteuern stark anstiegen und das hohe Zinsniveau am Kapitalmarkt sich negativ auf die relative Rentabilität auswirkte. Da die Steuerwerte weit hinter den Kosten für Neubauten zurückblieben, kann man in den vermeintlich „normalen" Jahren zwischen Inflation und Weltwirtschaftskrise von einer geradezu marktwidrigen Lage des Immobiliensektors sprechen. Die anhaltend niedrigen Werte für land- und forstwirtschaftliche Flächen sind wiederum auf die permanente Strukturkrise der Landwirtschaft und die niedrigen Preise für Holz und Agrarprodukte zurückzuführen.[377]

Mit dem eigentlichen, nachhaltigen Wert des Grund- und Immobilienvermögens hatten die Veranlagungsergebnisse von 1924 (und der folgenden Jahre) wenig zu tun – sie sind aufschlussreich im Hinblick auf die ökonomischen Rahmenbedingungen zu diesem Zeitpunkt, taugen jedoch nicht als Kriterium für die langfristige Wertentwicklung. Um Letztere geht es aber bei der Frage nach den Auswirkungen der Inflation auf die Vermögen. Grundvermögen und Immobilien blieben als solche erhalten, und die geringe Rentabilität dieser Objekte in den Jahren nach der Währungsstabilisierung hatte mit der Inflation im Prinzip nichts zu tun, sondern stellte ein eigenständig zu behandelndes Phänomen dar.

Im Jahr 1927 veröffentlichte das Statistische Reichsamt Daten zur „deutschen Vermögensbesteuerung vor und nach dem Kriege". Dort wurden die Ergebnisse der Steuerveranlagungen zu den Stichtagen 31. Dezember 1913 und 31. Dezember 1923 verglichen (Tabelle 8). Die Datengrundlage für 1913 war der Wehrbeitragswert, für 1923 das „steuerbare" Vermögen. Die Autoren konstatierten, „daß die Bewertungsvorschriften […] nicht übereinstimmen", erläuterten die gravierenden Unterschiede aber nicht und erklärten stattdessen: „Gleichwohl ist eine solche Gegenüberstellung nicht ohne Wert." In dem folgenden Vergleich standen die Daten von 1913 und 1923 einander unvermittelt gegenüber. Die Schlussfolgerung lautete, das Reinvermögen der natürlichen Personen im Deutschen Reich habe „eine

---

[377] Vgl. Kap. IV, 1 u. 2.

Einbuße von 61,16 v. H. gegenüber dem Stande vom 31.12.1913" erlitten. In welchem Ausmaß die „Gegenüberstellung" verzerrt war, ergibt sich schon daraus, dass ungefähr 63 Prozent des gesamten steuerpflichtigen Vermögens von Ende 1923 auf das Grund- und Immobilienvermögen entfielen – wohlgemerkt trotz der erheblichen Abzüge vom Friedenswert, die bei der Veranlagung vorgenommen wurden. Gleichzeitig wurde suggeriert, dass die Einbußen bei den großen und größten Vorkriegsvermögen überproportional hoch waren.[378]

Was vom Statistischen Reichsamt angedeutet wurde, hat Carl-Ludwig Holtfrerich aufgegriffen und zu der ebenso weitreichenden wie problematischen These ausgebaut, „daß das steuerpflichtige Vermögen [...] nach dem Ende der Inflation gleichmäßiger verteilt war als 10 Jahre früher". Die deutsche Inflation habe eine „ähnliche Wirkung" wie ein „alttestamentarisches ‚Jobeljahr'" gehabt, „die Karten" seien „neu gemischt" worden: „nicht die mittleren oder kleinen [...] Vermögen waren durch die Inflation vernichtet worden, sondern die ganz großen." Holtfrerich übersieht, dass in der Steuerstatistik der „Sachwertbesitz" keineswegs „erhalten geblieben" war. Er hat vor allem die „Geldvermögen" im Blick, doch deren Entwicklung untersucht er nicht gesondert, sondern setzt voraus, dass die steuerstatistischen Vermögensrückgänge letztlich auf die Entwertung der Kapitalvermögen – die es Ende 1923 nur in äußerst begrenztem Umfang gab – zurückzuführen und hiervon wiederum die großen Vermögen überproportional stark betroffen waren.[379] Die letztere Annahme stützt sich auf die Beobachtung, dass die Zahl der Steuerpflichtigen und der Wert des Vermögens in den höheren Steuerklassen prozentual deutlich stärker abnahmen als in den niedrigen. Dieser Umstand ist aber zunächst nicht mehr als ein mathematisch unvermeidlicher Effekt und müsste zumindest genauer analysiert werden.[380]

Erst einmal deutet die „Gegenüberstellung" in Tabelle 8 nur auf ein Schrumpfen der Vermögen im Allgemeinen hin, wobei das Ausmaß des Vermögensrückgangs aufgrund der Veranlagungsmethodik mit Sicherheit viel zu hoch dargestellt ist. Gleichzeitig sollte nicht übersehen werden, dass die Zahl der Steuerpflichtigen gegenüber 1913 um über 40 Prozent sank – das betraf naturgemäß die kleineren Vermögen – und dass die Vermögen unterhalb der niedrigsten Steuerklasse außen

---

[378] Statistisches Reichsamt (Bearb.): Die deutsche Vermögensbesteuerung vor und nach dem Kriege. Berlin 1927, S. 204–210, Zitat S. 204. Die mit 50% veranlagten Aktien und Beteiligungen gehörten zur Kategorie „sonstiges Vermögen" (bzw. Kapitalvermögen), zu dem auch voll steuerpflichtige Werte wie Bargeld und Edelmetalle etc. zählten. Das sonstige Vermögen machte unter 8% des gesamten Vermögens aus. Die restlichen ca. 29% entfielen auf „Betriebsvermögen" von Selbständigen (in allen Wirtschaftszweigen): ebd., S. 10f. u. 68f.; vgl. auch S. 157–161.
[379] Holtfrerich, Inflation, S. 274–277 u. 329f.; ähnlich Ferguson, Paper, S. 425–427; auch Feldman, Disorder, S. 839 u. 939 hält Holtfrerichs These für „überzeugend".
[380] Es ist naheliegend, dass der in der Statistik ausgewiesene allgemeine Vermögensrückgang in den höheren Vermögensteuerklassen prozentual höher ausfällt – schließlich stiegen die Steuerpflichtigen in die niedrigeren Steuerklassen ab (wobei sie naturgemäß ihr Vermögen aus der höheren Steuerklasse „mitnahmen"). Holtfrerich wertet die prozentualen Verschiebungen so, als hätten sich die großen Vermögen in Luft aufgelöst. Zu berücksichtigen ist auch, dass innerhalb der Steuerklassen die Pflichtigen nicht gleichmäßig verteilt waren, sondern deren Mehrheit sich jeweils am unteren Ende befand. Die in der Statistik verwendeten Steuerklassen stellen selbstverständlich nur grobe Kategorien dar.

vor bleiben. Als Datengrundlage für eine so gewagte These, wie Holtfrerich sie aufstellt, ist die Statistik in der vorliegenden Form wertlos. Um weiterreichende Rückschlüsse ziehen zu können, wären gründliche Untersuchungen erforderlich – das kann hier nicht geschehen.

Wäre Dietrich zum 31. Dezember 1923 mit dem Friedenswert seines Vermögens veranlagt worden, so hätte er trotz des Rückgangs von rund 25 Prozent die Steuerklasse von 1913 (1-3 Mio.) gehalten. Stattdessen betrug der statistische Vermögensverlust gegenüber 1913 bei ihm rund 70 Prozent – bereinigt um die zu niedrige Veranlagung der Trick-Anteile und die fehlenden Zeitungsbeteiligungen wären es immer noch ca. 66 Prozent. Dadurch rutschte er in die nächstniedrigere Steuerklasse (0,5-1 Mio.) ab. Von Interesse ist natürlich die Frage, wie sich seine relative Position veränderte: Für die Vermögensteuer von 1924 waren ca. 11 600 Pflichtige in seiner oder einer höheren Steuerklasse veranlagt, vor dem Krieg ca. 15 500. Andererseits befanden sich 1913 nur knapp 2800 Vermögensbesitzer in einer höheren Klasse, während es nun über 3900 waren.[381] In seiner neuen Steuerklasse war Dietrich zudem deutlich ungünstiger positioniert als vor dem Krieg, zumal die Pflichtigen sich innerhalb der Steuerklassen nicht gleichmäßig verteilten. Somit war der Abstand zur nächsthöheren Steuerklasse, gemessen an der Zahl der Steuerpflichtigen, 1913 wesentlich geringer als 1923. Die statistischen Ungenauigkeiten und Mängel sind erheblich und lassen nur eine grobe Einschätzung zu, doch es hat den Anschein, dass sich die relative Position des Vermögens verschlechterte. Dietrich gehörte materiell zu den „oberen Zehntausend", bewegte sich aber sozusagen an deren unterem Rand, nicht mehr in der Mitte.

Dieses Ergebnis wäre insofern plausibel, als Elisabeths Vermögen die Geldentwertung erst einmal verschlief. Zugleich ließe sich schlussfolgern, dass andere Millionäre klüger agierten. Die naheliegende Vermutung, dass sich die materiell oder auf andere Weise Privilegierten insgesamt besser gegen die Inflation schützen konnten als der Rest der Gesellschaft, dass sie möglicherweise sogar von der Inflation profitierten oder zumindest den relativen Abstand zu den unteren Vermögensgruppen vergrößern konnten, wird durch das Beispiel Dietrich gestützt – aber sie ist damit allein gewiss nicht zu verifizieren. Die Frage, ob die Inflation wirklich einen großen, sozial begrüßenswerten Gleichverteilungseffekt bewirkte, oder ob nicht doch die zeitgenössisch vorherrschende Deutung zutraf und es eher die kleineren und mittleren Vermögensbesitzer waren, die am Ende schlechter dastanden,[382] kann nur mit fundierten Detailstudien beantwortet werden.

---

[381] Möglicherweise bezogen sich die verwendeten Vergleichszahlen von 1913 auf das alte Reichsgebiet. Falls das zuträfe, würde das natürlich eine entsprechende Verzerrung bedeuten (und einen zusätzlichen, schwerwiegenden Mangel der Statistik in Tabelle 8). Dieser Punkt ist nicht recht klar, vgl. aber die identischen Zahlen sowie die Vorbemerkung in Statistisches Reichsamt (Bearb.): Wehrbeitragsstatistik. Berlin 1920, S. 1, 11 u. 64.

[382] Eulenburg, Wirkungen, bes. S. 754-757, 760-765 u. 787-794. Anders als Holtfrerich ging Eulenburg davon aus, dass gerade das Kapitalvermögen vor dem Krieg relativ gleichmäßig verteilt war und überdies der Sachbesitz während der Inflation tendenziell in die Hände der ökonomisch Stärkeren geriet; vgl. auch Costantino Bresciani-Turroni: The Economics of Inflation. A Study of Currency Depreciation in Post-War Germany. London 1937, S. 319f. u. 404.

III. Mitglied des Reichstags: Politik als Beruf

Als im Juni 1928 das Kabinett der Großen Koalition unter Reichskanzler Hermann Müller (SPD) gebildet wurde, meldete Hermann Dietrich in einer Fraktionssitzung der Demokratischen Partei seinen Anspruch auf einen Ministerposten an. Folgt man den Memoiren von Werner Stephan, dem Reichsgeschäftsführer der DDP, bediente er sich dabei einer recht bizarren Argumentation: „Ich bin jetzt 50 Jahre alt. Andere badische Abgeordnete sind längst Minister: Wirth, Köhler, Curtius, Remmele. Ich bin nicht dümmer als die. Ich glaube, ich bin jetzt dran."'[1] Es liegt auf der Hand, dass die Parteifreunde seinen Anspruch nicht deswegen anerkannten, weil sie auf einen persönlichen Wettbewerb badischer Politiker Rücksicht nahmen, und Dietrich dürfte diese Begründung schwerlich ernst gemeint haben. Der unverblümte Vorstoß, den Hermann Hummel ähnlich schilderte,[2] zeugt vor allem von seinem Selbstbewusstsein und der starken Stellung, die er in der Fraktion einnahm, und führte vor allem deshalb zum Erfolg, weil Dietrich die „Politik als Beruf" ausübte.[3]

Durch seine Tätigkeit in den Gremien des Reichstags erarbeitete Dietrich sich den Ruf eines sachkundigen Experten, der für Regierungsämter qualifiziert war. Wenngleich dieser parlamentarische Karriereweg nicht unbedingt als Normalfall gelten kann, so erscheint er doch als paradigmatisch, als modern: Geradezu mustergültig erfüllte der „Berufsparlamentarier" Dietrich jenes zentrale Kriterium, das Max Weber für die „Führerauslese" in einem parlamentarisch regierten Staat ausmachte, nämlich das Durchlaufen der „Schule intensiver Ausschußarbeit eines *Arbeits*parlaments".[4] Dietrich zeichnete sich dabei durch Pragmatismus und Kompromissbereitschaft in der täglichen Zusammenarbeit mit den Abgeordneten anderer Parteien, aber auch der eigenen Fraktion aus – eine weitere elementare Voraussetzung für die erfolgreiche Tätigkeit im Reichstag der Weimarer Republik. Gleichzeitig musste Dietrich sich seinem Wahlkreis widmen, eine Aufgabe, die

---

[1] Stephan, Acht Jahrzehnte, S. 183; ähnlich ders., Aufstieg, S. 393. Joseph Wirth (Z) war 1920-1922 Finanzminister bzw. Reichskanzler und wurde 1928 Reichsminister für die besetzten Gebiete, Julius Curtius (DVP) war seit 1926 Wirtschaftsminister und Heinrich Köhler (Z) 1927/28 Finanzminister. Adam Remmele (SPD), der lediglich in Baden Innenminister war, passt nicht recht in diese Aufzählung.
[2] Laut Hummel erklärte Dietrich, wenn ihm nicht endlich der Sprung in die Reichsregierung gelinge, werde das „sein Ansehen in Baden ruinieren", da sein Gegenspieler Curtius „ja auch Minister" sei: Hermann Hummel: Geschlagene Schlachten. Ein Lebenslauf in Synkopen, S. 437, GLAK 65/20034a.
[3] Max Weber: Politik als Beruf. In: ders.: Wissenschaft als Beruf. 1917/1919. Politik als Beruf. 1919. Herausgegeben von Wolfgang J. Mommsen und Wolfgang Schluchter. Tübingen 1992, S. 113-252.
[4] Max Weber: Parlament und Regierung im neugeordneten Deutschland. Zur politischen Kritik des Beamtentums und Parteiwesens. In: ders.: Zur Politik im Weltkrieg. Schriften und Reden 1914-1918. Herausgegeben von Wolfgang J. Mommsen in Zusammenarbeit mit Gangolf Hübinger. Tübingen 1984, S. 421-596, hier S. 501-503 (Hervorhebung im Original); vgl. Nikolaus Urban: Die Diätenfrage. Zum Abgeordnetenbild in Staatsrechtslehre und Politik 1900-1933. Tübingen 2003, S. 121-123.

kaum weniger aufwendig war als die Arbeit im Parlament selbst. Dort wurde er fortwährend mit dem Unmut von Wählern und Parteibasis konfrontiert, der sich gegen ihn, seine Fraktion und nicht selten gegen die Republik richtete. Als Repräsentant seiner Partei und des Weimarer Staates, zu dem er sich nun vorbehaltlos bekannte, verteidigte Dietrich unpopuläre und kontroverse Entscheidungen, indem er Sachzwänge zu vermitteln suchte und an die „Vernunft" der Wähler appellierte.

Neben der parlamentarischen Arbeit, die vom Aufstieg in den Parteihierarchien der DDP begleitet war, trieb Dietrich seine Karriere auf informellen Kanälen voran. Systematisch baute er seine Kontakte zu anderen politischen Akteuren aus und wusste diese zu nutzen, um seine Ziele zu erreichen. Die Geschicke der badischen DDP, die auch finanziell von ihm abhängig war, dirigierte er in Absprache mit einigen wenigen Personen und unter Umgehung der Parteigremien. Gleichzeitig dienten die liberalen Netzwerke in seiner Heimat dazu, die organisatorische Schwäche der DDP notdürftig zu kompensieren. Auch in Berlin gelang es Dietrich, seine Beziehungen zu erweitern. Nicht zuletzt beteiligte er sich intensiv am gesellschaftlichen Leben in der Reichshauptstadt, um seinen Status innerhalb der Berliner High Society zu festigen. Das Geschick, mit welchem er „hinter den Kulissen" zu agieren wusste, tritt besonders markant in seinen pressepolitischen Aktivitäten zutage, die Mitte der zwanziger Jahre eine neue Dimension erlangten: Bei seinen Bemühungen, Einfluss auf die öffentliche Meinung zu gewinnen, investierte er nicht nur eigenes Geld, es gelang ihm vielmehr, über die Tarngesellschaft Konkordia im großen Stil staatliche Mittel für seine Ziele einzusetzen.

Der Schwerpunkt dieses Kapitels liegt auf den Jahren 1924 bis 1928. In diesem Zeitraum konnte Dietrich sich auf seine politische Laufbahn in Berlin konzentrieren – die Währungsstabilisierung und die Festigung seiner parteipolitischen Machtbasis in Baden einerseits und die Ernennung zum Reichsminister andererseits markierten für ihn gewissermaßen Anfang und Ende eines Lebensabschnitts. Zugleich deckt dieser Zeitraum im Wesentlichen die „besseren" mittleren Jahre der Weimarer Republik ab, in denen es zu einer „relativen Stabilisierung" der wirtschaftlichen, innen- und außenpolitischen Lage kam und die deshalb für eine Analyse der politischen Kultur von Weimar besonderen Reiz haben. Die Rahmenbedingungen politischen Handelns wurden nicht im selben Maß von schweren Krisenerscheinungen beherrscht, wie es in den Anfangsjahren und der Endphase der Weimarer Republik der Fall war; somit „trat die Eigengesetzlichkeit der politischen Gestalt des Weimarer Staates stärker hervor".[5] Auch in dieser Periode konnte freilich, wie Dietrichs Beispiel unterstreicht, von einer politischen Entspannung bzw. Normalisierung nur bedingt die Rede sein.

---

[5] Michael Stürmer: Koalition und Opposition in der Weimarer Republik 1924-1928. Düsseldorf 1967, S. 5 f.

1. Sachverstand und Pragmatismus: Parlamentarische Arbeit in Berlin

Wer als Abgeordneter im Reichstag der Weimarer Republik reüssieren wollte, musste zwei wichtige Voraussetzungen erfüllen. Zum einen war es unerlässlich, der parlamentarischen Tätigkeit kontinuierlich die Hauptarbeitskraft zu widmen. Zum anderen erforderte die Zusammenarbeit in den parlamentarischen Gremien eine pragmatische, kompromissorientierte Grundhaltung.

Berufspolitiker hatte es bereits vor 1918 gegeben, und umgekehrt war der Typus des bürgerlichen „Honoratiorenpolitikers", für den die Politik eine Nebentätigkeit oder zumindest nicht den einzigen Beruf darstellte, in den 1920er Jahren noch immer verbreitet. Die Professionalisierung der Politik schritt jedoch in der Weimarer Zeit rapide voran. Gerade im Reichstag nahmen die Anforderungen an die Abgeordneten in einem solchen Maß zu, dass nur hauptberufliche Politiker diesen noch gerecht werden konnten. Mit der neuen Verfassung wurden die legislativen Kompetenzen des Parlaments deutlich erweitert, wichtige Bereiche von Verwaltung und Gesetzgebung, die bis 1918 in der Zuständigkeit der Bundesstaaten gelegen hatten, gingen auf das Reich über, und die Etablierung der Republik als Sozial- und Interventionsstaat sorgte für eine zusätzliche Ausdehnung der Arbeitsfelder. Gleichzeitig wurde das Parlament mit zahlreichen innen-, außen- und finanzpolitischen Krisensituationen konfrontiert und musste die vielfältigen Kriegs- und Inflationsfolgen bewältigen.[6] Die wirtschaftlichen Turbulenzen, welche die Weimarer Republik auch in den vergleichsweise ruhigen mittleren Jahren begleiteten, führten außerdem dazu, dass selbst eine gründliche Vorbildung für die Detailarbeit in den Ausschüssen nicht ausreichte. Zumindest in den finanzpolitisch relevanten Bereichen war eine fortlaufende Beschäftigung mit den aktuellen ökonomischen Entwicklungen erforderlich.

Zahlreiche Abgeordnete waren jedoch eher als Teilzeitpolitiker bzw. Teilzeitparlamentarier zu bezeichnen. Das galt nicht zuletzt für die DDP-Fraktion. Ein extremer Fall war der Industrielle Carl Friedrich von Siemens, der in den vier Jahren seiner Zugehörigkeit zum Reichstag (1920 bis 1924) im Plenum nicht ein Mal das Wort ergriff.[7] Ein anderer Wirtschaftsvertreter, Hermann Fischer, stand dem parlamentarischen Betrieb mit deutlich größeren Ambitionen gegenüber. Aufgrund seiner vielfältigen Verpflichtungen war er aber nur „sporadisch" anwesend. Als er sich beim Fraktionsvorsitzenden Erich Koch-Weser über seinen geringen Einfluss beklagte, setzte dieser ihm auseinander, es sei „unmöglich", dass er sich „plötzlich mitten in der Fraktionssitzung oder im Plenum" einschalte und „schlecht unterrichtet die Behandlung einzelner Fragen zu beeinflussen" suche, die schon „tagelang hin und her erörtert sind".[8] Zu den Abgeordneten, die weiter einen anderen (Haupt-)Beruf ausübten, zählten auch mehrere Gelehrte, die sich wegen der als überraschend umfangreich empfundenen Arbeiten im Parlament in

---

[6] Vgl. Christoph Gusy: Die Weimarer Reichsverfassung. Tübingen 1997, bes. S. 152–158 u. 235–250.
[7] Sprechregister zur 1. u. 2. Wahlperiode, Reichstag Bd. 362, S. 13589 u. Bd. 381, S. 1250.
[8] Vermerk Koch-Wesers vom 17.2.1927, BAK N Koch-Weser 37, pag. 61.

ihrer wissenschaftlichen Tätigkeit übermäßig eingeschränkt sahen. Der Historiker Ludwig Bergsträsser, 1924 gewählt, verzichtete deshalb 1928 auf eine neue Kandidatur,[9] und der Psychologe Willy Hellpach legte sogar mitten in der Legislaturperiode, im März 1930, sein Mandat nieder. Hellpach begründete seinen Schritt in einem langen, von bildungsbürgerlichem Überlegenheitsbewusstsein geprägten Brief an die Parteiführung, der zur Generalabrechnung mit Politik und Parlamentarismus geriet. Er geißelte die „Arbeitsanarchie des Reichstages", in dem „auch die Montage und Samstage mit Vollsitzungen belegt" seien. Er hatte eine solche Arbeitsbelastung nicht erwartet und klagte, er sei weder seinen Verpflichtungen „als Forscher und Lehrer" an der Heidelberger Universität gerecht geworden noch sei es ihm möglich gewesen, „an den großen und dringlichen Aufgaben" im Reichstag „mitzuwirken". Es sei kein Wunder, dass die „Gelehrten" und die „Träger der Wirtschaft" sich zunehmend von der parlamentarischen Arbeit zurückzögen und verachtungswürdige „Existenzpolitiker" die Oberhand gewännen.[10]

Zugleich kritisierte Hellpach, dass Partei und Fraktion in einer Reihe politischer Einzelfragen „versagt" hätten. Er gehörte zu denjenigen, die sich nicht mit dem Kompromisscharakter parlamentarischer Arbeit arrangieren konnten, der in der Weimarer Republik stark hervortrat, weil die scharfen innenpolitischen Spannungen und sozioökonomischen Interessengegensätze eine Annäherung unterschiedlicher Standpunkte erschwerten – das galt auch für die DDP, die sich als Partei des Ausgleichs verstand.

Diese Rahmenbedingungen waren für Dietrich geradezu ideal. Seinem Politikverständnis lag ein markantes Arbeitsethos zugrunde, das sich zum einen aus seinem bürgerlichen Leistungsbewusstsein, zum anderen aus seinem Karrierehintergrund speiste und mit einem ausgeprägten politischen Pragmatismus einherging. Als kommunalpolitisch geschulter Verwaltungsfachmann schätzte er die ergebnisorientierte Detailarbeit und blickte verächtlich auf Gelehrte und Intellektuelle, die beanspruchten, kraft ihrer umfassenden Bildung zu politischen Aufgaben berufen zu sein.[11] Als er die Eingabe eines Parteifreundes aus dem Schwarzwald an den zuständigen Fraktionskollegen, den Völkerrechtler Walther Schücking, weiterleitete und dieser sich nach drei Monaten noch nicht um die Angelegenheit bemüht hatte, erklärte er dem badischen Bekannten spöttisch: „Die Herren sind geschäftlich sehr ungewandt und nicht gewohnt, ihre Sachen umgehend zu

---

[9] Stephanie Zibell: Politische Bildung und demokratische Verfassung. Ludwig Bergsträsser (1883-1960). Bonn 2006, S. 41 u. 45.
[10] Hellpach an den geschäftsführenden Vorsitzenden der DDP Oscar Meyer, 3.3.1930, GLAK N Hellpach 256; zum politischen Denken Hellpachs, der 1928 in den Reichstag eingezogen war, vgl. Christian Jansen: Antiliberalismus und Antiparlamentarismus in der bürgerlich-demokratischen Elite der Weimarer Republik. Willy Hellpachs Publizistik der Jahre 1925-1933. In: Zeitschrift für Geschichtswissenschaft 49 (2001), S. 773-795.
[11] Vgl. Manfred Hettling: Politische Bürgerlichkeit. Der Bürger zwischen Individualität und Vergesellschaftung in Deutschland und der Schweiz von 1860 bis 1918. Göttingen 1999, S. 233-241; Thomas Hertfelder: Das symbolische Kapital der Bildung: Theodor Heuss. In: Gangolf Hübinger/Thomas Hertfelder (Hg.): Kritik und Mandat. Intellektuelle in der deutschen Politik. Stuttgart u. a. 2000, S. 93-113, hier bes. S. 100-105.

1. Sachverstand und Pragmatismus: Parlamentarische Arbeit in Berlin 183

erledigen."[12] Noch fast 30 Jahre später stichelte er, „daß die sogenannten ‚großen Herren' in der Fraktion sehr wenig gewillt waren, die zeitraubende und auch oft undankbare Arbeit in den Ausschüssen auf sich zu nehmen".[13]

Der Reichstag war für ihn in erster Linie ein Ort konstruktiver, intensiver Arbeit, und soweit er dieser Aufgabe nicht gerecht wurde, sparte Dietrich nicht mit Kritik. Das Plenum erregte immer wieder seinen Widerwillen, weil dort nicht die legislative Problemlösung im Vordergrund stand, sondern die Absicht von Rednern und Parteien, ihre grundsätzlichen Standpunkte öffentlichkeitswirksam zu präsentieren. Obwohl Dietrich dieses Forum selbst reichlich nutzte, erblickte er in ihm primär ein politisches „Theater"[14], in dem „demagogische Anträge"[15] gestellt wurden. Im Frühjahr 1926 berichtete er: „Wir haben vorige Woche das Budget für 1. April 26 bis ebendahin 27 endgültig im Haushaltsausschuß festgestellt. Es ist jetzt am Plenum, ob es durch unnötige Schwätzereien die ganze große Arbeit wieder sabotieren will."[16] Es wäre verkehrt, hierin eine grundsätzliche Parlamentarismuskritik zu sehen. Vielmehr sind Dietrichs Äußerungen als Plädoyer gegen das Rede- und für das Arbeitsparlament zu deuten, eine Einschätzung, die viele republikanisch orientierte Zeitgenossen teilten und die im Sinne der Effizienz eines modernen parlamentarischen Systems nicht unberechtigt war.[17] Im Gegensatz zu Willy Hellpach oder Carl Schmitt, der behauptete, mit der Entwicklung zum Arbeitsparlament verliere der Parlamentarismus „seine geistesgeschichtliche Grundlage und seinen Sinn",[18] stellten die Ausschüsse für Dietrich das Herz des Reichstags dar. In diese Gremien (in der dritten Legislaturperiode 1924–1928 gab es insgesamt 33 offizielle Ausschüsse) entsandten die Fraktionen ihre Spezialisten für das jeweilige Gebiet, die gemeinsam mit den Abgeordneten der anderen Parteien und Vertretern der Regierung die Gesetzesvorlagen, Plenar- und Ausschussanträge im Detail berieten und beschlussreif

---

[12] Dietrich an Willi Böhl, 19.11.1926, ND 87, fol. 232 u. der Schriftverkehr ebd., fol. 220–236.
[13] So Dietrich in seinem Beitrag in Bott/Leins, Begegnungen, S. 76.
[14] Haushaltsausschuss, Sitzung vom 26.1.1926, S. 3.
[15] Dietrich an den Verband deutscher Finanzbeamter in Baden, 26.2.1924, ND 70, fol. 237.
[16] Dietrich an Ludwig Schmidt, 22.3.1926, ND 644.
[17] Vgl. Mergel, Parlamentarische Kultur, S. 184–190. Dietrichs Fraktionskollege Walter Goetz kritisierte Zahl und Länge der Reden, den „Parteihader" und die „Polemik" der Plenarsitzungen, die er mit der „Sachlichkeit" der Ausschüsse kontrastierte, in denen „die wahren Arbeiten des Reichstages" vonstattengingen: Walter Goetz: Aus dem Leben eines deutschen Historikers. In: ders.: Historiker in meiner Zeit. Gesammelte Aufsätze. Köln u.a. 1957, S. 1–87, hier S. 58f. Deshalb scheint es zu weit zu gehen, hieraus eine Absage Goetz' an den Parteienstaat abzuleiten: Stefan Grüner: Zwischen Einheitssehnsucht und pluralistischer Massendemokratie. Zum Parteien- und Demokratieverständnis im deutschen und französischen Liberalismus der Zwischenkriegszeit. In: Horst Möller/Manfred Kittel (Hg.): Demokratie in Deutschland und Frankreich 1918–1933/40. Beiträge zu einem historischen Vergleich. München 2002, S. 219–249, hier S. 226. Der SPD-Abgeordnete Friedrich Stampfer, der die Kompetenzen der Ausschüsse erweitern und die Redezeit im Plenum beschränken wollte, äußerte sich ähnlich: Friedrich Stampfer: Erfahrungen und Erlebnisse. Aufzeichnungen aus meinem Leben. Köln 1957, S. 247.
[18] Carl Schmitt: Die geistesgeschichtliche Lage des heutigen Parlamentarismus. München u.a. 1923, S. 38–40, Zitat S. 40.

machten.¹⁹ De facto wurden hier die meisten Entscheidungen bzw. Abstimmungen des Plenums vorweggenommen – von einem überschaubaren Kreis von Abgeordneten (der Haushaltsausschuss beispielsweise hatte 28 Mitglieder), deren Kern wiederum aus einer Handvoll etablierter Sachkundiger bestand, die oft über Jahre hinweg die Geschicke des jeweiligen Ausschusses lenkten.

Auf diese „Hinterzimmer" konzentrierte sich Dietrichs parlamentarische Tätigkeit. In der dritten Legislaturperiode war er ständiges Mitglied des Haushaltsausschusses, der für die Etats sämtlicher Ministerien, also ganz verschiedene Sachbereiche, zuständig war und auch als „Hauptausschuß" bezeichnet wurde.²⁰ Spezialisiert auf die Haushalte des Auswärtigen Amts und des Ministeriums für Ernährung und Landwirtschaft, für die er „Berichterstatter" bzw. „Mitberichterstatter" war,²¹ gehörte er zu den führenden Etatexperten. Diese bildeten zur Entlastung des Haushaltsausschusses einen „ständigen Unterausschuß", der die Beratung komplizierter Fragen vorbereitete und in dem die Fraktionen mit lediglich einem Abgeordneten vertreten waren. Außerdem wirkte Dietrich in zahlreichen weiteren Ausschüssen mit, die in der Regel entweder finanz- und wirtschaftspolitisch von Relevanz waren (unter anderem die Ausschüsse „Aufwertungsfragen" und „Handelspolitik") oder sich mit landwirtschaftlichen Fragen befassten (z. B. „Notlage der Winzer", „Branntweinmonopolverwaltung"). Zum Teil war er festes Mitglied, zum Teil vertrat er kurzzeitig Fraktionskollegen oder widmete sich nur bestimmten Tagesordnungspunkten.²²

In den Ausschüssen fand Dietrich jene „Ruhe und [...] Objektivität", die er im Plenum häufig vermisste.²³ Die problemorientierte, von einer Sprache der Sachlichkeit²⁴ geprägte Arbeitsatmosphäre ermöglichte es, auch mit persönlichen Widersachern zusammenarbeiten. Seite an Seite mit Hermann Julier vom Badischen Landbund, der im Wahlkampf „die Wähler an der Nase herumgeführt" und ihm

---

[19] Zur Ausschussarbeit vgl. hier und im Folgenden die anschauliche Darstellung bei Mergel, Parlamentarische Kultur, S. 191-201. Die Zahl der Ausschüsse ist bei Mergel mit 45 etwas zu hoch angegeben (ebd., S. 192). Es gab 15 ständige und 18 „weitere", nichtständige Ausschüsse. Hinzu kamen zwölf Gremien, bei denen es sich nicht um Ausschüsse im eigentlichen Sinne handelte: Sachregister zur 3. Wahlperiode (1924/28), Reichstag Bd. 396, S. 92.

[20] Die nichtamtliche Bezeichnung „Hauptausschuß" etablierte sich während des Ersten Weltkriegs: Reinhard Schiffers: Der Hauptausschuß des Deutschen Reichstages 1915-1918. Formen und Bereiche der Kooperation zwischen Parlament und Regierung. Düsseldorf 1979, S. 27.

[21] Für jeden Einzeletat gab es einen Berichterstatter und einen Mitberichterstatter, die sich besonders eingehend mit der Materie befassten, um zu Beginn der Beratungen ihren Kollegen einen Überblick zu verschaffen und die wesentlichen Probleme zu erörtern. In der Regel blieben die Berichterstatter während einer Legislaturperiode dieselben.

[22] Der Umfang von Dietrichs Ausschussarbeit spiegelt sich in einer Vielzahl von Spezialakten aus seiner Tätigkeit im Reichstag (ND 290-302, 318-319, 323-328, 343-344, 347-354 u. 357-363). Die erheblichen Lücken in den Unterlagen sind wohl vor allem darauf zurückzuführen, dass einschlägiges Material innerhalb der Fraktion ständig weitergereicht wurde.

[23] Rede Dietrichs am 27.6.1924, Reichstag Bd. 381, S. 399.

[24] Vgl. Mergel, Parlamentarische Kultur, S. 271-277; Mergel verwendet die etwas missverständliche Bezeichnung „Sprache der Exekutive".

die Stimmen der „liberalen Bauern" abgejagt hatte, setzte er sich für Steuererleichterungen zugunsten des Weinbaus ein,[25] und als er aus Baden eine Eingabe mit der Bitte erhielt, diese trotz der „Differenzen [...] aus dem letzten Wahlkampf" gemeinsam mit Julius Curtius (DVP) zu vertreten, stellte er fest: „Die schofle Art, wie die Herren um Curtius mich bei der letzten Wahl bekämpft haben [...], werde ich zwar so leicht nicht vergessen, aber für die sachliche Behandlung der Dinge hat das naturgemäß auf mich keinen Einfluß."[26] Mit Ausnahme der Kommunisten und Völkischen arbeiteten die Parlamentarier aller Parteien, von der SPD bis zur DNVP, vergleichsweise harmonisch und weitgehend unabhängig von den jeweiligen Regierungskoalitionen zusammen. Parteiübergreifende Anträge waren die Regel, umkämpfte Abstimmungen die Ausnahme, die Kommunikation verlief, anders als im Plenum, weitgehend ohne konfliktträchtige Zuspitzungen. Wer die Spielregeln der sachbezogenen, ergebnisorientierten Arbeit nicht befolgte, zog schnell die Missbilligung der Kollegen auf sich.

Das galt selbst für den Haushaltsausschuss, dessen Tätigkeit von der Öffentlichkeit aufmerksam verfolgt wurde. Als die DVP im Dezember 1926 einen Antrag zur Ausweitung von Leistungen der Angestelltenversicherung auf die Tagesordnung setzte, hielten die übrigen Parlamentarier dies wegen der erheblichen Mehrbelastung des Etats für undurchführbar und witterten demagogische Absichten. Dietrich stellte fest, „daß es keine Kunst sei, Anträge zu stellen, die über das hinausgingen, was bisher beantragt sei", und brachte „sein Erstaunen" zum Ausdruck, dass die DVP sich „trotz der angespannten Lage der Reichsfinanzen" dazu entschlossen habe. Der DVP-Vertreter beteuerte kleinlaut, man sei sich „der finanziellen Tragweite des Antrags nicht bewußt" gewesen, und zog ihn zurück.[27] Gelegentlich konnte es durchaus zu polemischen Auseinandersetzungen kommen. Beispielsweise attackierten Abgeordnete von DVP und DNVP im November 1925, als die sensible Frage der Beamtenbesoldung auf der Tagesordnung stand, den preußischen Finanzminister Hermann Höpker Aschoff (DDP), der eine Erhöhung der Gehälter ablehnte. Es folgte eine scharfe Reaktion der Demokraten: Während Dietrich sich „gegen eine solche Taktik" verwahrte, stellte Fraktionskollege Otto Schuldt seinerseits die DVP wegen ihres Verhaltens im letzten preußischen Landtagswahlkampf an den Pranger. Daraufhin beanstandete Joseph Ersing, der Obmann des Zentrums, „daß die Aussprache in ein parteitaktisches Fahrwasser geraten ist" – eine Ermahnung, die sofort Wirkung zeigte und die Gemüter beruhigte.[28] Derartige Vorkommnisse blieben nicht nur aus parlamentarischer Höflichkeit die Ausnahme. Für politische Auseinandersetzungen blieb kaum Zeit, weil die Ausschüsse einen straffen Zeitplan einhalten mussten, zumal es ohnehin zu Überschneidungen mit Sitzungen anderer Gremien kam. Der Haushaltsausschuss tagte sogar fast so oft wie das Plenum. Zudem bot der übliche

---

[25] Hermann Dietrich: Wen haben die badischen Landbündler gewählt? Seebote Nr. 122 vom 24.5.1924; Ausschuss für die Notlage der Winzer, Sitzung vom 8.3.1926, BAB R 101/566, fol. 10.
[26] Wilhelm Karmann an Dietrich, 8.6.1926 u. Dietrich an Wilhelm Karmann, 11.6.1926, ND 80, fol. 73-77.
[27] Haushaltsausschuss, Sitzung vom 11.12.1926, S. 4f.
[28] Haushaltsausschuss, Sitzung vom 25.11.1925, S. 9.

186   III. Mitglied des Reichstags: Politik als Beruf

Verlauf der Beratungen, bei denen einzelne Etatposten Punkt für Punkt geprüft wurden, kaum Gelegenheiten für Abschweifungen.

Die weitgehend harmonische Zusammenarbeit der Ausschussmitglieder ist nicht zuletzt damit zu erklären, dass die „hauptsächliche Front" zwischen Parlament und Regierung verlief.[29] Dieses „Ausschußbewußtsein"[30] trat besonders zutage, wenn die Abgeordneten sich von den Regierungsvertretern, also der Ministerialbürokratie und mitunter dem zuständigen Minister, unzureichend oder falsch informiert wähnten oder parlamentarische Beschlüsse nicht umgesetzt wurden, wenn es also galt, die Position des Parlaments als legislatives Kontrollorgan zu verteidigen.[31] An Sachkenntnis konnten es die führenden Ausschussmitglieder durchaus mit den Ministerialbeamten aufnehmen. Bei einer Beratung des Haushaltsausschusses im März 1926 war der Voranschlag der Regierung so undurchsichtig und technisch mangelhaft, dass Dietrich und seine Kollegen die Hälfte der Sitzung damit zubrachten, die Beamten aus dem Innen- und Finanzministerium zu zahlreichen Einzelposten zu befragen, die zum Teil bloß fünfstellige Summen ausmachten. Dabei kritisierten sie nicht nur (wie üblich) überhöhte Ansätze, sondern es stellte sich heraus, dass einige Ausgaben der falschen Etatposition zugewiesen waren. Die Peinlichkeiten erreichten für die Regierung ihren Höhepunkt, als Dietrich die unverhältnismäßige Erhöhung eines laufenden Postens für Personalausgaben in Frage stellte, mit der ein früherer Rechenfehler kaschiert werden sollte. Mit Rückendeckung der Vertreter von SPD und DNVP protestierte er dagegen, „daß man dem Ausschusse weismachen wolle, daß diese Mehrforderung lediglich aus Gehaltserhöhungen stamme, statt zuzugeben, daß im Vorjahr der Posten falsch etatisiert wurde".[32]

Die Parlamentarier waren nicht zimperlich, wenn ihre Geduld strapaziert wurde, und neigten dazu, Exempel zu statuieren – zum Beispiel, als im Dezember 1926 die Genehmigung einer Planstelle des Reichsverkehrsministeriums auf der Tagesordnung stand, deren baldige Aufhebung der Haushaltsausschuss bereits im Frühjahr verlangt hatte. Da die Regierung dem nicht nachgekommen war, initiierte Dietrich einen fraktionsübergreifenden Antrag zur vollständigen Streichung des entsprechenden Ausgabentitels, der sogar von dem Nationalsozialisten Wilhelm Frick mitunterzeichnet wurde. In seiner Begründung wetterte Dietrich: „Der betreffende Beamte habe nichts zu tun, sondern nur den Zweck, sein Gehalt aufzuzehren. Finanziell handele es sich ja hier um eine Lappalie, aber sachlich müsse dagegen Stellung bezogen werden, daß die Regierung den Willen nicht aufbringt, mit unnötigen Einrichtungen aufzuräumen." Ein Vertreter des Finanzministeriums rief umgehend den „zuständigen Abteilungsleiter" telefonisch herbei und bat, auf dessen Ankunft und Stellungnahme zu warten. So geduldig waren die Abgeordneten aber nicht, und der Antrag wurde kurzerhand angenommen.[33] Diese Fälle waren keine Ausnahmen. Zumindest im Haushaltsausschuss scheint

---

[29] Mergel, Parlamentarische Kultur, S. 199.
[30] Schiffers, Hauptausschuß, S. 261 f.
[31] Vgl. zur „Kontrollfunktion" Raithel, Parlamentarismus, S. 113 f.
[32] Haushaltsausschuss, Sitzung vom 5. 3. 1926, S. 7–12, Zitat S. 11.
[33] Haushaltsausschuss, Sitzung vom 1. 12. 1926, S. 3 f.

1. Sachverstand und Pragmatismus: Parlamentarische Arbeit in Berlin 187

die Kompetenz der selbstbewussten Abgeordneten bei den Ministern und ihren Beamten geradezu gefürchtet gewesen zu sein. Eine fachliche Überlegenheit der Regierungsvertreter lässt sich jedenfalls nicht erkennen.[34]

Hier wird auch deutlich, welches Maß an vorbereitender Detailarbeit erforderlich war, um sich an den Beratungen beteiligen zu können. Zu dem Zeitaufwand für die Sitzungen selbst trat das Studium von Gesetzentwürfen und Spezialliteratur. Dietrichs „tägliches Brot" waren die Veröffentlichungen des Statistischen Reichsamts.[35] Hinzu kam die Aktivität im Plenum. Dort meldete er sich während der dritten Legislaturperiode 35 Mal zu Wort, meist mit sehr ausführlichen Reden, in denen er viele statistische und rechtliche Details verhandelte.[36] Zum parlamentarischen Alltag gehörten außerdem die Fraktionssitzungen, wo die gemeinsame Haltung zu den aktuellen Fragen abgestimmt und die Aufgaben verteilt wurden, der Kontakt zu den zahllosen Journalisten, die in der Wandelhalle und vor den Fraktionszimmern die Abgeordneten belagerten,[37] und nicht zuletzt Besprechungen mit Interessenvertretern, die sich besonders an die Ausschussmitglieder wandten. Dietrich war anfangs vom Ausmaß der Lobbyarbeit einigermaßen überrascht. Als er im Herbst 1921 an der Gesetzgebung zum Branntweinmonopol mitwirkte, schrieb er seinem Schwager Ludwig Schmidt: „Die Interessenten treiben sich hier in Scharen rum und bearbeiten die Abgeordneten. Landwirte, Schnapshändler, Hefebrenner, Kleinbrenner, Melassebrenner, haben alle ihre Wünsche. Nur die Laugenbrenner sind noch nicht auf dem Plan gewesen", fügte er ironisch hinzu – „wenigstens habe ich noch keinen gesehen."[38]

Vormittags tagte in der Regel der Haushaltsausschuss, nachmittags das Plenum, zwischendurch die Fraktion und gegebenenfalls weitere Ausschüsse. So verbrachte Dietrich praktisch den ganzen Tag im Reichstag.[39] Abends kehrte er gegen acht Uhr nach Hause zurück,[40] wenn nicht noch eine gesellschaftliche Verpflichtung anstand, was häufig der Fall war. Zu den Aufgaben im Parlament kam die Bearbeitung der Eingaben, die Dietrich aus seinem Wahlkreis erhielt, ganz zu schweigen von allen übrigen (partei)politischen, geschäftlichen und pri-

---

[34] So jedoch der Tenor (zur Ausschussarbeit im Allgemeinen) bei Mergel, Parlamentarische Kultur, S. 199f. u. 476. Ein „erstaunlich geringes Maß an Selbstbewußtsein und Selbstvertrauen der Mitglieder des Reichstags" diagnostiziert (ohne nähere Begründung) Peter-Christian Witt: Kontinuität und Diskontinuität im politischen System der Weimarer Republik. Das Verhältnis von Regierung, Bürokratie und Reichstag. In: Gerhard A. Ritter (Hg.): Regierung, Bürokratie und Parlament in Preußen und Deutschland von 1848 bis zur Gegenwart. Düsseldorf 1983, S. 117-148, hier S. 120f.; vgl. dagegen, am Beispiel des Hauptausschusses während des Ersten Weltkriegs, Schiffers, Hauptausschuß, S. 261f. Ebenfalls ist zu bedenken, dass grundsätzlich nicht der Reichstag auf die Kooperation der Regierungsvertreter angewiesen war, sondern umgekehrt.
[35] So Dietrich im Haushaltsausschuss, Sitzung vom 22.1.1927, S. 6.
[36] Vgl. das Sprechregister zur 3. Wahlperiode (1924/28), Reichstag Bd. 396, S. 760-763.
[37] Anschaulich dazu Hans Wendt: Journalist im Krisenreichstag. Das parlamentarische System der Weimarer Republik. In: Rudolf Pörtner (Hg.): Alltag in der Weimarer Republik. Erinnerungen an eine unruhige Zeit. Düsseldorf u.a. 1990, S. 68-95, hier bes. S. 81.
[38] Dietrich an Ludwig Schmidt, 19.11.1921, ND 642.
[39] Das war zumindest bei den engagierten Abgeordneten die Regel: Mergel, Parlamentarische Kultur, S. 125.
[40] Vital Daelen an Dietrich, 28.7.1925, ND 746.

vaten Obliegenheiten. An vielen Tagen schrieb er dutzende Briefe. Einen groben Anhaltspunkt dafür, wie enorm seine Korrespondenz war, bieten seine privaten Portokosten, die im Jahr 1926 rund 760 RM betrugen, was 7600 normalen Fernbriefen entsprach.[41] Ohne Hilfe ließ sich dieses Arbeitspensum nicht bewältigen. Dietrich beschäftigte eine Privatsekretärin, die sich um den Schriftverkehr, die „komplizierte Registratur" und die Führung der Bankkonten kümmerte.[42] Sie begleitete ihn in den Reichstag, und wenn er in sitzungsfreien Perioden nicht in Berlin war, blieb sie in seiner Wohnung, damit das Büro besetzt war. Während der Sommerferien kam sie gelegentlich sogar mit nach Baden.[43] Auch hier lässt sich ein Trend zur Professionalisierung der parlamentarischen bzw. politischen Arbeit feststellen. Vor dem Ersten Weltkrieg erledigte zum Beispiel Ernst Bassermann, der langjährige nationalliberale Parteivorsitzende und Fraktionsführer im Reichstag, seine Korrespondenz noch selbst, obwohl er sich eine Bürohilfe ohne weiteres hätte leisten können.[44] In der Weimarer Zeit war es allerdings noch keineswegs selbstverständlich, dass Politiker über eigene Schreibkräfte verfügten. Dietrichs Parteifreund Wilhelm Külz engagierte erst eine Privatsekretärin, als er 1926 Innenminister wurde.[45]

Vielen Abgeordneten fehlten dafür die finanziellen Mittel. An dieser Stelle wird ein grundsätzliches Problem des Weimarer Parlamentarismus sichtbar. Während die Arbeitsbelastung des Reichstags anschwoll, waren die Rahmenbedingungen für eine professionelle, hauptberufliche Abgeordnetentätigkeit miserabel. Schon das überfüllte Reichstagsgebäude genügte den Anforderungen an ein modernes Arbeitsparlament nicht.[46] Die wenigen, überdies sehr kleinen Büros wurden im Schnitt von fünf bis sechs Abgeordneten genutzt. Dietrich teilte sich sogar ein etwa 15 Quadratmeter großes Zimmer mit sieben Fraktionskollegen.[47] Anders als heute wurden den Abgeordneten von Seiten des Parlaments keine Bürokräfte gestellt. Sie konnten auf das Personal im Büro ihrer Fraktion zurückgreifen, doch dessen Kapazitäten waren begrenzt.[48] Die Reichstagsdiäten reichten, soweit kein zusätzliches Einkommen vorhanden war, für solche Zwecke nicht aus, obwohl sie in der Weimarer Zeit (nach der Inflation) deutlich großzügiger bemessen waren als im Kaiserreich. Sie waren steuerfrei und erreichten 1928 eine Höhe von 9000 RM jährlich. Davon ging aber ein Beitrag an die Fraktionskasse ab (bei der DDP 15-25 Prozent), und die verbleibende Summe deckte in Dietrichs Fall unge-

---

[41] Einkommensteuererklärung 1926, 8. 3. 1927, ND 623.
[42] Zeugnis Dietrichs für Anneliese von Halle, 1. 7. 1925, ND 71, fol. 133.
[43] Dazu z. B. Dietrich an das Büro des Reichstags, 25. 1. 1927, ND 93, fol. 117; Martha Lehmann an Dietrich, 23. 9. 1926, ND 76, fol. 87; Marta Dietrich-Troeltsch an Martha Lehmann, 28. 4. 1927, ND 179, fol. 32; Dietrich an Sophie Fuchs, 31. 8. 1924, ND 70, fol. 311; Luise Dietrich an Dietrich, 3. 6. 1926, ND 76, fol. 97.
[44] Gustav Stresemann riet ihm wiederholt dazu, z. B. Stresemann an Bassermann, 22. 7. 1914, PA/AA N Stresemann 135, fol. 135f.
[45] Lebenserinnerungen von Wilhelm Külz, BAK N Külz 11, fol. 43f.
[46] Vgl. Mergel, Parlamentarische Kultur, S. 90-97.
[47] Reichstags-Handbuch. III. Wahlperiode 1924. Berlin 1925, S. 500-506 (Arbeitszimmerverzeichnis) u. Lageplan zum 2. Obergeschoss.
[48] Lebenserinnerungen von Wilhelm Külz, BAK N Külz 11, fol. 44.

fähr die Büro- und Reisekosten – also nicht einmal die politischen Ausgaben, zu denen auch Wahlkampfkosten oder Zuwendungen an die Partei zählten.[49] Davon abgesehen genügten die Diäten für eine schlichte, keinesfalls aber für eine gehobene, repräsentative bürgerliche Lebensführung im an gesellschaftlichen Verpflichtungen so reichen Berlin. Max Weber unterschied bei seiner Beschreibung des „Berufspolitikers" diejenigen, die materiell „von" der Politik lebten, mithin auf Einkünfte aus der politischen Tätigkeit angewiesen waren, und solche, die ökonomisch „unabhängig" waren und somit – ebenso wie die Honoratiorenpolitiker, nur eben „hauptberuflich" – „für" die Politik leben konnten.[50] Für letztere war der Kapitalrentner Dietrich ein Paradebeispiel. Die Möglichkeiten, zumindest im weiteren Sinne *von* der Politik zu leben, waren für Abgeordnete beschränkt. Manche bürgerliche Berufspolitiker wie Erich Koch-Weser übernahmen Aufsichtsratsposten oder andere lukrative Stellen in der Wirtschaft, die sich mit relativ geringem Aufwand wahrnehmen ließen.[51] Dieser Weg war aber riskant, weil man in der Öffentlichkeit und innerhalb der Partei leicht als Vertreter einseitiger Wirtschaftsinteressen abgestempelt werden konnte.

Selbst mit Unterstützung seines Privatbüros stieß Dietrich bei der Bewältigung seines Arbeitsalltags an die Grenzen der Belastbarkeit, zumal er häufig kurzzeitig nach Baden reisen musste, so dass viele Wochenenden nicht der Erholung dienten. Auf sein körperliches Wohlergehen nahm er, auch bei seinem sonstigen Lebenswandel, wenig Rücksicht. Das ging nicht spurlos an ihm vorüber. Wie bereits Elisabeth Trick äußerten sich Personen aus seinem engeren Umfeld wiederholt besorgt über seinen Gesundheitszustand.[52] Er hatte immer wieder mit Herz-Kreislauf-Beschwerden zu kämpfen, die zunächst relativ milde verliefen – so nach dem Reichstagswahlkampf im Frühjahr 1924 und im Winter 1925/26.[53] Anfang Juni 1926 erlitt er jedoch einen ernsthaften Zusammenbruch, der ihn wenige Wochen vor der Sommerpause veranlasste, alle Arbeiten im Reichstag einzustellen und sich einer mehrwöchigen Kur zu unterziehen. Er klagte über schwere „Sehstörungen", welche die Ärzte auf Blutdruckschwankungen zurückführten, konnte nicht mehr schreiben und war generell „vollkommen abgewirtschaftet".[54] Trotz baldiger Genesung und kaum veränderter Gewohnheiten

---

[49] Ausführlich zu Dietrichs materieller Lage Kap. IV, 1 u. 2; vgl. Mergel, Parlamentarische Kultur, S. 108–123; Gusy, Weimarer Reichsverfassung, S. 126.
[50] Weber, Politik als Beruf, S. 169–172; ders.: Wirtschaft und Gesellschaft. Soziologie. Unvollendet 1919–1920. Herausgegeben von Knut Borchardt, Edith Hanke und Wolfgang Schluchter. Tübingen 2013, S. 576f.
[51] Zu Koch-Wesers Verflechtungen mit Wirtschafts- und Finanzunternehmen bzw. seinem Bemühen, Lebensunterhalt und Politik in Einklang zu bringen, siehe dessen Vermerke vom 6.1. u. 7.1.1925, BAK N Koch-Weser 32, pag. 15 u. 19.
[52] Ernst Frey an Edmund Rebmann, 15.3.1920, GLAK 69 NLP Baden 242; Clara Pohlmann an Dietrich, 8.1. u. 21.1.1923, ND 730; Richard Bahr an Dietrich, 15.7.1926, ND 75, fol. 113; vgl. Kap. I, 3 u. 4.
[53] Dietrich an Karl Frank, 15.5.1924, ND 70, fol. 280; Ludwig Schmidt an Dietrich, 18.12.1925, ND 643; Dietrich an Karl Dees, 13.1.1926, ND 229, pag. 7.
[54] Dietrich an Ludwig Schmidt, 14.6.1926, ND 644 (Zitat); Dietrich an Adolf Speiser, 11.6.1926, ND 229, fol. 145; Dietrich an Koch-Weser, 14.6.1926, ND 77, fol. 139; Dietrich an Clara Pohlmann, 17.6.1926, ND 731.

machte er sich nun große Sorgen um seine Gesundheit[55] und wiederholte jährlich seine Kuraufenthalte.

Dietrich war offenbar nicht der Einzige, der Raubbau am eigenen Körper betrieb, und so spiegelt sich die von Thomas Mergel konstatierte „Selbstüberforderung" des Reichstags in den gesundheitlichen Problemen der Abgeordneten.[56] Die Überanstrengung der führenden Parlamentarier war nicht zuletzt darauf zurückzuführen, dass sich, gewiss auch infolge der prekären Arbeitsbedingungen und dürftigen Diäten, die Gesamtlast der Arbeit auf vergleichsweise wenige Schultern verteilte.[57] Gerade für die kleine DDP-Fraktion, die in der ersten Legislaturperiode 40, in der dritten 32 Mitglieder hatte, bedeutete es eine erhebliche Belastung, wenn ein Teil der Abgeordneten für die Erledigung der gemeinsamen Aufgaben nur eingeschränkt zur Verfügung stand. Schließlich musste man in den Ausschüssen mit mindestens einem Abgeordneten vertreten sein, um Einfluss nehmen zu können.[58] Theodor Heuss berichtete in seinen Memoiren von seinem und Dietrichs Ärger über „ein paar Leute, die, sagen wir, bequem oder ganz einfach faul waren".[59] Diese Kritik war durchaus berechtigt. Im September 1927 sah sich der stellvertretende Fraktionsvorsitzende Anton Erkelenz genötigt, die Kollegen eindringlich zu ermahnen, weil die Fehlziffer der DDP-Abgeordneten bei namentlichen Abstimmungen „im Jahre 1927 geradezu unheimlich gewachsen" war – auf über 35 Prozent, ein auch im Vergleich zu anderen Fraktionen sehr hoher Wert. Während etwa die Hälfte, darunter Dietrich, Erkelenz und Koch-Weser, selten fehlte, verpassten andere praktisch jede Abstimmung, und es ist nicht überraschend, dass es sich dabei vorwiegend um eben jene Vertreter aus Wirtschaft und Wissenschaft handelte, die weiter ihrem eigentlichen Beruf nachgingen.[60]

So unangenehm dieser Zustand mitunter sein mochte, so sehr spielte er Dietrich in die Karten. 1920 kam er als Neuling in die Fraktion – der Nationalversammlung hatte er ja nur kurze Zeit angehört – und musste sich als solcher erst einmal hinten

---

[55] So erklärte Dietrich im September 1926, er habe die Absicht, „öfters in den kommenden Jahren" nach Paris zu reisen, „wenn ich am Leben bleibe": Dietrich an Julius Wertheimer, 14. 9. 1926, ND 86, fol. 75.
[56] Mergel, Parlamentarische Kultur, S. 475. Es ist zumindest auffällig, dass viele führende Parlamentarier früh starben, z. B. die langjährigen Fraktionschefs der SPD und DVP, Hermann Müller (1876-1931) und Ernst Scholz (1874-1932), oder Dietrichs Fraktionskollege Ludwig Haas (1875-1930).
[57] An der Ausschussarbeit beteiligte sich ein erheblicher Teil der Abgeordneten überhaupt nicht: Mergel, Parlamentarische Kultur, S. 193.
[58] Den größeren Fraktionen stand in den Ausschüssen natürlich eine entsprechend höhere Zahl an Sitzen zu. Allerdings genügte im Zweifelsfall ein Abgeordneter, der mit der Arbeit des Ausschusses vertraut und aktiv war. Die zusätzlichen Mitglieder wurden vor allem für Abstimmungen benötigt und waren häufig nicht anwesend: Mergel, Parlamentarische Kultur, S. 196 f.
[59] Theodor Heuss: Erinnerungen 1905-1933. Tübingen 1963, S. 319 (Zitat) u. 333.
[60] An der Spitze dieser „Fehlstatistik" stand der Ulmer Industrielle Philipp Wieland, der von 33 Abstimmungen 32 versäumte. Der bereits erwähnte Hermann Fischer und der Bankier Bernhard Dernburg, ebenfalls finanzpolitischer Experte, fehlten jeweils 21 Mal. Ähnlich hoch waren die Fehlziffern bei den Professoren Walter Goetz (28) und Walther Schücking (22): Erkelenz an die Mitglieder der Reichstagsfraktion, 24. 9. 1927, ND 89, fol. 113 f.; vgl. Schneider, Deutsche Demokratische Partei, S. 218 u. Mergel, Parlamentarische Kultur, S. 183.

anstellen. Bei den Demokraten war reichlich Prominenz vertreten, und im Gegensatz zu manchen anderen Fraktionen fehlte es ihnen nicht an sachkundigen Mitgliedern. Zahlreiche Abgeordnete hatten schon vor der Revolution dem Reichstag angehört, und in den wichtigen Ausschüssen gab es „fast so etwas wie Erbsitze".[61] Doch angesichts des geringen Engagements einiger etablierter Kollegen konnte Dietrich in der Fraktion schnell Fuß fassen. Anfang 1922 stellte er fest: „Ich habe neulich zu den Steuergesetzen gesprochen und bin damit in die Reihe der vordersten Reichstagsredner eingerückt".[62] Nach der Wahl vom 4. Mai 1924 erfuhr seine Stellung eine formelle Anerkennung, indem er als Beisitzer in den neunköpfigen Fraktionsvorstand gewählt wurde.[63] Noch wichtiger war, dass er nun die Nachfolge des bisherigen, nicht wiedergewählten Haushaltsexperten der DDP, Hermann Pachnicke, antreten konnte: Er wurde ständiges Mitglied des Haushaltsausschusses, „und zwar das einzige, über das die Partei verfügt", wie er mit Stolz feststellte. Der zweite Sitz, der den Demokraten zustand, wechselte je nach Sachgebiet.[64]

Trotz seines Arbeitseifers war er zunächst nicht bei allen Kollegen wohlgelitten, weil er bei kontroversen Entscheidungen zu den Scharfmachern zählte. Das lag möglicherweise auch daran, dass er anfangs in die Rolle eines Protegés von Eugen Schiffer schlüpfte, der bis 1924 eine zentrale Rolle in der DDP spielte und wiederholt Minister war. Es gibt jedenfalls Anzeichen dafür, dass er die Nähe dieser prominenten Persönlichkeit suchte, die 1918 von der NLP zu den Demokraten gestoßen und immer wieder in innerparteiliche Auseinandersetzungen verstrickt war.[65] Als es im Frühjahr 1921 in der Fraktion zu einem heftigen Konflikt um die alliierten Reparationsforderungen und das sogenannte Londoner Ultimatum kam und Schiffer für die Ablehnung plädierte, ergriff Dietrich Partei und attackierte Koch-Weser, zu diesem Zeitpunkt Reichsinnenminister, der die Annahme befürwortete. Koch-Weser notierte, Dietrich sei „immer zur Stelle, wo es gilt zu stänkern".[66] Einige Monate später schwang Dietrich sich zu einem Wortführer derer auf, die nach dem Beschluss der Siegermächte zur Teilung Oberschlesiens den Sturz des Kabinetts Wirth forderten.[67] Er neigte dazu, sich zu exponieren, und

---

[61] Heuss, Erinnerungen, S. 319.
[62] Dietrich an Paul Thorbecke, 27.1.1922, ND 268, fol. 197.
[63] Vossische Zeitung Nr. 254 vom 29.5.1924. Diese Position behielt Dietrich auch nach der Wahl vom 7. Dezember: Organisationshandbuch der Deutschen Demokratischen Partei. Berlin 1926, S. 43.
[64] Dietrich an Ludwig Schmidt, 17.6.1924, ND 642.
[65] Dietrich berichtete Edmund Rebmann im Frühjahr 1920 von einem vertraulichen Gespräch mit Schiffer, in dem dieser ihn ermuntert habe, sich der Reichspolitik zu widmen. Er stand also schon vor der Reichstagswahl von 1920 mit Schiffer in Kontakt: Dietrich an Rebmann, 23.4.1920, GLAK 69 NLP Baden 242. In Berlin verkehrten die beiden auch privat miteinander, wie aus Schiffers Memoiren bzw. tagebuchartigen Aufzeichnungen hervorgeht: BAK N Schiffer I/1,1, fol. 52. Obwohl Dietrich ungern außerhalb seines eigenen Wahlkreises agitierte, unterstützte er im April 1924 Schiffer bei dessen Wahlkampf in Magdeburg: Dietrich an Karl Dees, 11.4.1924, ND 217, pag. 129. Zu Schiffers Rolle in der DDP Frölich, Schiffer, S. 161–168.
[66] Vermerk Koch-Wesers vom 25.4.1921, BAK N Koch-Weser 27, pag. 469.
[67] Diesmal in einer gemeinsamen Sitzung der Reichstagsfraktion mit dem Vorstand der DDP, den Länderfraktionen und anderen führenden DDP-Politikern am 13.10.1921, Linksliberalismus Dok. 85, S. 207 u. 212.

riskierte dadurch, selbst wenn er die Position der Mehrheit vertrat, in den Ruf eines Querulanten zu kommen.[68]

Nach einiger Zeit änderte er allerdings sein Verhalten. Mitte der zwanziger Jahre nahm er in der Fraktion eine Mittlerposition ein. Das zeigte sich zum Beispiel, als Anfang 1925 bekannt wurde, dass die Ruhrindustrie ohne Wissen des Parlaments von der Reichsregierung hohe Entschädigungszahlungen für Reparationslieferungen erhalten hatte. Koch-Weser, mittlerweile Fraktionsvorsitzender, klagte bitter über die „furchtbar nervöse und gereizte Stimmung in der Fraktion". Während die einen über die Schwerindustrie herzögen, werde diese von Wirtschaftsvertretern entschieden verteidigt. Für seine Vermittlungsversuche wurde Koch-Weser vorerst „von beiden Seiten attackiert".[69] Im Anschluss an die Fraktionssitzung fiel Dietrich die Aufgabe zu, den gemeinsamen Standpunkt im Plenum zu vertreten. Er gehörte selbst zu den Kritikern der Ruhrentschädigung, konzentrierte sich aber darauf, die Regierung zu rügen, weil sie die Zahlungen ohne Zustimmung des Reichstags geleistet und die großen Unternehmen bevorzugt habe, und vermied einen Frontalangriff auf die Industrie.[70] Nach seiner langen Rede beruhigte sich die Lage bei den Demokraten, und Koch-Weser lobte: „Dietrich hat ausgezeichnet gesprochen."[71] Die anerkennenden Worte sind insofern bemerkenswert, als Koch-Weser in seinen oft missmutigen privaten Aufzeichnungen fortwährend über die zänkischen Fraktionskollegen klagte – zu denen Dietrich nun nicht mehr gehörte. Er erwarb sich den Ruf, „undoktrinär" zu sein, ein „Pragmatiker", der sich vor allem „der reibungslosen Erledigung von Tagesaufgaben" widmete.[72]

Seinem Ansehen zuträglich war auch der Umstand, dass er im Oktober 1924 nicht Eugen Schiffer folgte, der gemeinsam mit Carl Friedrich von Siemens, Heinrich Gerland und einigen anderen prominenten Politikern die DDP verließ, nachdem Fraktion und Partei sich kategorisch geweigert hatten, mit der DNVP zu koalieren. Aus Sicht dieser Gruppe hatte die DDP einen Linkskurs eingeschlagen, der sie von der DVP und der 1918 ausgegebenen Parole entfernte, eine große Partei der Mitte zu gründen. Unter Schiffers Führung wurde die Liberale Vereinigung aus der Taufe gehoben, die den gesamten Liberalismus in einer neuen Partei zusammenführen wollte – ein Vorhaben, mit dem Dietrich sympathisierte. Schiffer hatte sich aber nicht nur insofern verkalkuliert, als die erhoffte Abspaltung

---

[68] Als der Reichstag sich am 10. Mai 1921 dem Ultimatum beugte, stimmten 21 der 40 DDP-Abgeordneten dagegen (darunter Dietrich), 17 dafür (darunter Schiffer, der seine Haltung geändert hatte und nun als Justizminister in das neugebildete Kabinett Wirth eintrat); zu den Auseinandersetzungen in der DDP siehe Heß, Demokratischer Nationalismus, S. 122–142 u. Jones, Liberalism, S. 119–133. Aus den Memoiren Werner Stephans lässt sich ebenfalls der Eindruck gewinnen, dass Dietrich Anfang der zwanziger Jahre zu polarisierendem Verhalten neigte: Stephan, Aufstieg, S. 130, 193 u. 197.

[69] Vermerk Koch-Wesers vom 20. 2. 1925, BAK N Koch-Weser 32, pag. 47–49; zur Ruhrentschädigung vgl. Claus-Dieter Krohn: Stabilisierung und ökonomische Interessen. Die Finanzpolitik des Deutschen Reiches 1923–1927. Düsseldorf 1974, S. 105–112.

[70] Rede Dietrichs am 20. 2. 1925, Reichstag Bd. 384, S. 835–841.

[71] Vermerk Koch-Wesers vom 20. 2. 1925, BAK N Koch-Weser 32, pag. 49.

[72] Stephan, Aufstieg, S. 223 u. 393.

großer Teile der DDP ausblieb, sondern auch unterschätzt, wie verheerend sich sein als treulos empfundener Parteiaustritt auf seine Reputation in der DDP auswirkte.[73] Dietrich wiederum dachte gar nicht daran, sich auf solche Weise ins politische Abseits zu manövrieren. Vielmehr votierte er mit der großen Mehrheit der Fraktion gegen den Eintritt in eine Mitte-Rechts-Regierung, verteidigte die Haltung der DDP anschließend als Maßnahme gegen die „Reaktion",[74] und so wurde es am Ende auch ihm zugutegehalten, „daß es keine Massenflucht ehemaliger Nationalliberaler gab".[75]

Die Anerkennung seines Sachverstands und seiner Arbeitsleistung war Dietrich ohnehin sicher. Im parlamentarischen Alltag waren die Fraktionen auf ihre Spezialisten angewiesen. Soweit es in den Fraktionssitzungen um Details der Gesetzgebung und technische Aspekte von Haushaltsfragen ging, war die Expertise derjenigen, die in eine Materie eingearbeitet waren, nicht nur entscheidend für die Festlegung einer gemeinsamen Position, sondern obendrein hocherwünscht. Dietrich war außerdem eine Anlaufstelle für Kollegen, die Eingaben aus ihren Wahlkreisen erhielten, die sie allein nicht beantworten konnten – wenn es zum Beispiel um die Auslegung der Aufwertungsgesetzgebung oder Entschädigungsansprüche für liquidierte Auslandsvermögen ging.[76] Im Plenum gehörte er zu den aktivsten Rednern und wurde für seine Schlagfertigkeit geschätzt. Er zählte nicht zu denjenigen Abgeordneten, die (verbotenerweise) ausformulierte Texte vorlasen, sondern sprach anhand stichpunktartiger Notizen frei, eine Praxis, die er bereits aus dem Badischen Landtag kannte.[77] Verschiedene Parteifreunde hoben in ihren Memoiren Dietrichs Kompetenz hervor und lobten sein „rednerisches Talent".[78] Als die DDP-nahe *Vossische Zeitung* im Januar 1928 wiederholt Reden Dietrichs im Plenum und im Haushaltsausschuss stiefmütterlich behandelte, beklagte sich Theodor Heuss darüber bei dem Journalisten Julius Elbau und brachte seine Wertschätzung für Dietrich zum Ausdruck, der „ein so fleißiger Mann und mit Arbeit so sehr überlastet" sei: „Ich stecke jetzt 4 Jahre in dieser Fraktion und habe den Eindruck, auch wenn ich nicht immer mit Dietrich einverstanden bin, daß er eigentlich der kenntnisreichste Mann ist, der keine Sprüche macht, sondern die Dinge funditus durcharbeitet." Parallel kritisierte Koch-Weser gegenüber Chefredakteur Georg Bernhard die „Mißhandlung eines unserer vortrefflichsten und beliebtesten Fraktionsredner" und betonte den

---

[73] Jones, Liberalism, S. 231–233; vgl. auch den dritten Abschnitt dieses Kapitels.
[74] Rede Dietrichs in Karlsruhe am 30.10.1924 (Zeitungsausschnitt), ND 219, pag. 1.
[75] Stephan, Aufstieg, S. 277.
[76] Z. B. Julius Kopsch an Dietrich, 18.12.1925, ND 72, fol. 339; Walther Schücking an Dietrich, 11.4.1927, ND 93, fol. 86f.
[77] Ein Redekonzept aus dem Jahr 1927 findet sich in ND 297, fol. 8-12; zur Redepraxis im Reichstag siehe Paul Löbe: Erinnerungen eines Reichstagspräsidenten. Berlin 1949, bes. S. 82f.; vgl. Mergel, Parlamentarische Kultur, S. 297; zum Verbot, in der Zweiten Kammer ausformulierte Reden zu verlesen, Hermann Hummel: Geschlagene Schlachten. Ein Lebenslauf in Synkopen, S. 98, GLAK 65/20034.
[78] Stephan, Aufstieg, S. 303f., 393 (Zitat) u. 500; Falk, Erinnerungen, S. 352; Ernst Lemmer: Manches war doch anders. Erinnerungen eines deutschen Demokraten. Frankfurt a. M. 1968, S. 119.

haushaltstechnischen Gehalt von Dietrichs Reden, „deren Vorbereitung erhebliche Mühe gekostet hat".[79]

Während diese Beschwerden die Anerkennung Dietrichs seitens seiner Kollegen illustrieren, ist ihr Anlass eher im Kontext der geradezu chronischen Unzufriedenheit der DDP mit den führenden demokratischen Zeitungen der Hauptstadt zu bewerten. In Wirklichkeit konnte Dietrich sich nicht über mangelnde Präsenz in der Presse beklagen. Über die Debatten im Plenum, an denen er sich so rege beteiligte, aber auch über viele Sitzungen des Haushaltsausschusses wurde in der Regel in allen Tageszeitungen berichtet, wenngleich freilich mit unterschiedlichen Gewichtungen je nach parteipolitischer Orientierung.[80] Die parteieigene Korrespondenz, der *Demokratische Zeitungsdienst*, versorgte die DDP-nahe Presse mit Material über die Arbeit der Fraktion, die Mitglieder der DDP erhielten durch Organe wie den *Demokrat* Informationen über die Tätigkeit der Abgeordneten, und manche Reichstagsrede wurde als Flugschrift gedruckt. Dietrichs parlamentarische Arbeit erhöhte sein politisches Kapital in Fraktion, Partei und Öffentlichkeit, aber ebenso bei all jenen, mit denen er im parlamentarischen Alltag permanent zusammentraf: bei den Führungskreisen anderer Fraktionen, Ministerialbeamten und Regierungsmitgliedern.

So war es nicht überraschend, wenn sein Name wiederholt im Zusammenhang mit Regierungsneubildungen genannt wurde. Anfang 1925 schlug Reichskanzler Wilhelm Marx in einem Gespräch mit Koch-Weser Dietrich als Ministerkandidaten vor, und im Dezember desselben Jahres wurde er als neuer Finanzminister gehandelt.[81] Heinrich Brüning behauptete später, er habe Dietrich schon Jahre vor seiner Kanzlerschaft geschätzt und sich während der Koalitionsverhandlungen im Juni 1928 für dessen Ernennung zum Minister für Ernährung und Landwirtschaft stark gemacht. Mehreren einflussreichen Politikern gegenüber habe er erklärt, „nur Dietrich" komme für den Posten in Frage.[82] Es ist ungewiss, ob diese Darstellung der Wahrheit entsprach, plausibel ist sie aber durchaus.

---

[79] Heuss an Elbau, 24.[26.]1.1928 (Abschrift), ND 102, fol. 218, abgedruckt in Heuss, Briefe 1918-1933, S. 292; Koch-Weser an Bernhard, 23.1.1928 (Abschrift), ND 102, fol. 219; vgl. Saldern, Dietrich, S. 40f.

[80] Vgl. Raithel, Parlamentarismus, S. 73f. Es scheint fraglich, ob die Presseberichterstattung über die Verhandlungen des Reichstags in der Weimarer Zeit tatsächlich stark zurückging, etwa durch die „Zunahme der Unterhaltungsnachrichten", wie Mergel, Parlamentarische Kultur, S. 343 meint. Es handelte sich wohl eher um einen in Abgeordnetenkreisen verbreiteten Topos.

[81] Neben Koch-Weser und dem sächsischen Finanzminister Peter Reinhold, der das Amt schließlich erhielt: Vermerk Koch-Wesers vom 9.1.1925, BAK N Koch-Weser 32, pag. 23-25; Aufzeichnung des Ministerialdirektors Pünder über verschiedene Besprechungen der Reichstagsfraktionen zur Frage der Großen Koalition, 4.12.1925, AdR Luther Dok. 241, S. 937.

[82] In seiner Trauerrede für Dietrich am 9.3.1954: Heinrich Brüning: Am Sarge des Reichsministers a. D. Dietrich. Rede in Stuttgart am 9. März 1954. In: ders.: Reden und Aufsätze eines deutschen Staatsmannes. Herausgegeben von Wilhelm Vernekohl. Münster 1968, S. 275-281, hier S. 277.

2. Volksvertreter in der parlamentarischen Demokratie: Der Abgeordnete und seine Wähler

Mitte der 1920er Jahre lag der Schwerpunkt von Dietrichs politischer Tätigkeit in Berlin. Das Fundament seiner Karriere blieb aber der Wahlkreis Baden, dem er das Mandat im Parlament verdankte. Die Spitzenkandidatur auf der Liste der DDP hatte er sich hart erarbeitet, und um diese Position für die Zukunft abzusichern, musste er sich fortwährend um seine Wähler bemühen. Der Aufwand, den er dafür betrieb, war enorm. In Berlin setzte er sich für die Anliegen seines Wahlkreises ein, wobei er sich um zahllose Einzelfälle kümmerte, und er war stets darum besorgt, seine Arbeit als Volksvertreter sichtbar zu machen. Gleichzeitig musste er in Baden Präsenz zeigen und durch die Kleinarbeit vor Ort den Kontakt zur Wählerschaft und zur DDP-Basis halten.

Die Eingaben, die Dietrich in seiner Eigenschaft als Reichstagsabgeordneter in großer Fülle erhielt, stammten vorwiegend aus Baden. Das war auch seiner Herkunft bzw. dem Umstand geschuldet, dass er dort seine frühe politische Laufbahn absolviert hatte. So waren die Zuschriften aus den Bezirken Kehl und Konstanz, also seinen früheren Wirkungsstätten als Bürgermeister, besonders zahlreich. Die Mehrheit der Absender wandte sich jedoch an ihn als ihren gewählten Repräsentanten. Unter ihnen waren Betriebe, Wirtschafts- und Berufsverbände, Kommunen, DDP-Ortsgruppen und Privatpersonen aller Art, die von ihm unbekannten Wählern und einfachen DDP-Mitgliedern über führende badische Demokraten und enge politische Vertraute bis hin zu Freunden und Verwandten reichten. In der Regel ging es um konkrete Wünsche und Nöte, deren Dietrich sich annehmen sollte, manchmal um informatorische Hinweise oder Anregungen, und natürlich um Beschwerden und Protestbekundungen, die gegen ihn, die Fraktion oder die Partei gerichtet waren. Dietrich vertrat diese Anliegen zum einen in den parlamentarischen Gremien, zum anderen, wenn es um kleinere bzw. spezielle Probleme ging, bei den zuständigen Reichsbehörden, teils schriftlich, teils durch persönliche Rücksprache mit leitenden Ministerialbeamten. Sein Interesse an den Ausschüssen für das Branntweinmonopol und für die Notlage der Winzer rührte zum Beispiel daher, dass die Kleinbrennerei und der Weinbau in Baden stark vertreten waren. Im Frühjahr 1927 erreichte er bei Verhandlungen mit Referenten des Innenministeriums, dass mehrere Gemeinden im Bezirk Kehl Mittel für den Neubau von Schulhäusern erhielten, die aus Sonderfonds für die besetzten bzw. grenznahen Gebiete stammten.[83] Beim Reichsfinanzministerium erwirkte er immer wieder kleinere Beihilfen für Privatpersonen, die durch Krieg, Inflation oder Entlassung aus dem Staatsdienst in Not geraten waren und als Härtefälle galten.[84]

Wie Dietrich nicht ohne Stolz betonte, pflegte er „alle Schriftstücke, die mir täglich in Mengen zugehen, sofort zu beantworten".[85] Ebenso war er darauf bedacht, seine Bemühungen und Erfolge entsprechend hervorzuheben – nicht nur in seinem Schriftverkehr, sondern auch durch eine systematische Öffentlichkeits-

---

[83] ND 301, passim.
[84] Dazu z. B. ND 300, passim.
[85] Dietrich an Mathias Rösberg, 29. 4. 1924, ND 294, fol. 25.

arbeit. Hierbei spielten seine pressepolitischen Aktivitäten, auf die noch zurückzukommen ist, eine zentrale Rolle. Außerdem nutzte er das Plenum des Reichstags als Bühne, um sich demonstrativ als Anwalt badischer Interessen zu präsentieren. Wenn er zur Lage der Landwirtschaft sprach, verwendete er einen Teil der Redezeit darauf, „einige Wünsche" vorzutragen, „die mit unseren spezifisch badischen Verhältnissen zusammenhängen", und erläuterte die Nöte von Winzern, Obst- und Tabakbauern;[86] wenn er in der Generaldebatte zum Haushalt die Stellungnahme der Fraktion begründete, nutzte er die Gelegenheit, um die „starke Benachteiligung unserer südwestdeutschen Ecke und vorzüglich Badens" bei der Besteuerung gewerblicher Betriebe zu beklagen oder „Ungerechtigkeiten" gegenüber den badischen Beamten offenzulegen, welche bei der Beförderung schlechter behandelt würden als ihre Kollegen in anderen Teilen des Reichs: „Als ob unsere badischen Beamten etwa schlechter wären als die Beamten Württembergs oder Bayerns. So gut sind sie eben gerade auch noch."[87]

Dietrich trat in solchen Abschweifungen, unter Zuhilfenahme der ersten Person Plural, als authentischer Repräsentant seiner Heimat auf, dem die Sorgen der Wähler vertraut waren. Welchen Wert er auf die Betonung seiner regionalen Identität legte, ließ er bereits mit seiner Visitenkarte erkennen, die neben der Berliner Adresse die eigentlich überflüssige Anschrift „Wildgutach Waldvogelhof" enthielt.[88] Nicht zuletzt zeigte er sich als Angehöriger der bäuerlichen Lebenswelt und somit als glaubwürdiger Sachwalter landwirtschaftlicher Interessen. Besonders in Wahlkampfzeiten wurde die Absicht hinter der Hervorhebung gemeinsamer „Zugehörigkeiten"[89] von Wähler und Abgeordnetem deutlich. Von der demokratischen Presse wurde Dietrich, der auf dem Wahlvorschlag der badischen DDP als „Minister a. D. und Hofbesitzer, Wildgutach" firmierte,[90] als „Sohn unserer badischen Heimat" gefeiert, der „mit den badischen Verhältnissen durch seine bisherige öffentliche Tätigkeit auf das engste vertraut ist".[91] In Wahlinseraten, die Dietrich selbst entwarf und den Zeitungen in ländlichen Gebieten zuleitete, hieß es, er sei als „Hofpächter des Madachhofs" und „Hofbesitzer in Wildgutach" selbst „praktischer Landwirt". Die Kandidaten anderer Parteien hingegen wurden aufgrund ihres Wohnsitzes und ihrer Berufszugehörigkeit in ein schlechtes Licht gerückt. Auf den Slogan „Wählt keine Preußen, wählt Badener!" folgte der Hinweis, dass Julius Curtius, Spitzenkandidat der DVP, „Rechtsanwalt in Berlin" und der Deutschnationale Max Wallraf „Oberbürgermeister a. D. in Köln" sei.[92]

Mit der Arbeit, die sich von Berlin aus erledigen ließ, war es nicht getan. Vor allem die Reichstagswahlkämpfe erforderten ein hohes Maß an persönlichem

---

[86] Rede Dietrichs am 27. 6. 1924, Reichstag Bd. 381, S. 399 f.
[87] Rede Dietrichs am 31. 3. 1927, Reichstag Bd. 393, S. 10229 f.
[88] Dietrich an die Buchdruckerei Brönner, 5. 2. 1927, ND 87, fol. 322.
[89] Vgl. Mergel, Parlamentarische Kultur, S. 362-366.
[90] Badisches Statistisches Landesamt (Bearb.): Die Wahlen zum Reichstag am 4. Mai 1924 in Baden. Karlsruhe 1924, S. 66; Reichstags-Handbuch. IV. Wahlperiode 1928. Berlin 1928, S. 239.
[91] Seebote Nr. 98a vom 26. 4. 1924.
[92] Seebote Nr. 104a u. 104b vom 3. 5. 1924; Dietrich an Robert Schlegel, 28. 4. 1924, ND 217, pag. 191; siehe auch die gleichzeitigen Schreiben an sieben weitere Zeitungen, ebd., pag. 177-189.

Einsatz vor Ort. Dietrich musste in ganz Baden umherreisen und in Versammlungen auftreten, oft mehrmals täglich. Vor der Wahl am 4. Mai 1924 hielt er innerhalb von sieben Wochen etwa 60 Reden, meist gefolgt von ausführlichen, nicht immer harmonischen Debatten mit dem Publikum, in denen sich üblicherweise auch parteipolitische Gegner zu Wort meldeten. Mal sprach er vor tausenden Bürgern in Karlsruhe oder Mannheim, mal in Gasthöfen abgelegener Landgemeinden des Schwarzwalds. Dietrich befand sich dabei in einer recht komfortablen Lage, weil ihm die Firma Trick ein Auto zur Verfügung stellte: Manch anderer Kandidat erreichte Orte ohne Bahnstation nur mit dem Pferdefuhrwerk.[93] In der letzten Wahlkampfwoche klagte Dietrich, er habe „nur das Notwendigste" geschafft und viele Anfragen von Ortsvereinen ablehnen müssen: „Ich [...] bin nahezu am Ende meiner Kräfte. Ein Wahlkreis von Konstanz bis nach Wertheim ist eben einfach nicht zu machen."[94] Überdies musste er in anderen Wahlkreisen aktiv werden, „damit die dortigen Kandidaten hier reden".[95] Ab 1924 trug Dietrich in Baden die Hauptlast der Wahlkampfarbeit, weil er nicht nur Spitzenkandidat, sondern auch der einzige aussichtsreiche Bewerber auf der demokratischen Landesliste war. Der hinter ihm aufgestellte Ludwig Haas hatte einen sicheren Platz auf der Reichsliste erhalten, wurde deswegen aber von der Reichsgeschäftsstelle der DDP als Redner in Anspruch genommen, so dass er in Baden relativ wenig in Erscheinung trat.[96]

Gleichzeitig kümmerte Dietrich sich um wesentliche Teile der organisatorischen Vorbereitung und Durchführung des Wahlkampfs, obwohl dafür eigentlich das Generalsekretariat in Karlsruhe und die demokratischen Ortsgruppen zuständig waren. Er verteilte Redner auf Orte, die er selbst nicht besuchen konnte, entwarf Plakate und formulierte Inserate. Das geringe Engagement von Ortsvereinen in Südbaden versuchte er zu kompensieren, indem er deren Vorsitzende, lokale Honoratioren und Bekannte kontaktierte. Durch gutes Zureden, manchmal zusätzlich durch das unaufgeforderte Beifügen von Bargeld für eventuelle „Auslagen" ermunterte er sie, für seine Kandidatur aktiv zu werden – wobei er nicht vergaß, konkrete Anweisungen zum Verteilen von Flugblättern, dem Abhalten von Versammlungen und Anbringen von Plakaten zu geben.[97]

Außerdem musste er die erheblichen Wahlkampfkosten „fast alleine auftreiben".[98] Die beiden Wahlgänge des Jahres 1924 schlugen für die Partei mit jeweils

---

[93] Siehe dazu z. B. den anschaulichen Bericht Ernst Lemmers über seine Wahlkämpfe in Pommern: Lemmer, Erinnerungen, S. 109f.
[94] Dietrich an Hund, 29.4.1924 u. Dietrich an Intlekofer, 1.5.1924, ND 217, pag. 225 u. 257.
[95] Dietrich an Georg Frech, 19.3.1924, ebd., pag. 41. Von der Reichsgeschäftsstelle der DDP wurde er für zwei Tage in den Wahlkreis Frankfurt (Oder) geschickt, anschließend unterstützte er Eugen Schiffer und Karl Böhme im Wahlkreis Magdeburg: Dietrich an Karl Dees, 11.4.1924, ebd., pag. 129. 1928 sprach er in Thüringen, Südwestfalen und Württemberg: Dietrich an die Reichstagsfraktion der DDP, 23.4.1928, ND 228, pag. 35.
[96] Bericht des Generalsekretariats der badischen DDP über den Wahlausfall in Baden (Abschrift), 16.5.1924, ND 217, pag. 411–427.
[97] Siehe die Unterlagen zu den Maiwahlen 1924 ebd., passim.
[98] Dietrich an Karl Böhme, 3.4.1924, ebd., pag. 47.

etwa 30 000 RM, 1928 mit rund 25 000 RM zu Buche.[99] Auf Zuschüsse von der Reichszentrale der DDP konnte die Landesorganisation kaum hoffen, ebensowenig auf reguläre Mitgliedsbeiträge – vielmehr mussten die Ortsgruppen oft von Karlsruhe aus mit Werbematerial und finanziellen Zuwendungen unterstützt werden. Letztlich wurden die Kosten durch einige wenige Großspender gestemmt. Dabei handelte es sich um vermögende Parteimitglieder aus Karlsruher und Mannheimer Bankierskreisen sowie um Vertreter von Handel und Industrie, deren Zahlungen zur Wahrung der parteipolitischen Neutralität mitunter nicht direkt an die DDP flossen, sondern an Dietrich zur „persönlichen Verfügung".[100] Im Dezember 1924 brachten acht Geldgeber 20 000 RM auf, also zwei Drittel der Gesamtsumme. Dietrich sammelte den Großteil der Mittel durch regelrechte Bettelbriefe ein. Im Mai 1924 wandte er sich bevorzugt an ihm persönlich bekannte, teilweise parteiferne Unternehmer und Betriebe, deren Anliegen er in der vergangenen Legislaturperiode vertreten hatte. Zu seinem Missvergnügen hielt sich deren Dankbarkeit in Grenzen, obwohl er sich auch für die Zukunft „zu Gegendiensten bereit" erklärte.[101] Nach der Wahl resümierte er: „Am meisten Geld haben mir diejenigen gegeben, für die ich überhaupt nie etwas gearbeitet habe […]. Ich habe mir diese Dinge aber gründlich hinter die Ohren geschrieben und beabsichtige, die nächsten Jahre nicht mehr badischen Interessenten, die nachher in der Wahlkampagne gegen mich arbeiten, ihre Geschäfte zu besorgen." Sein Ärger rührte nicht zuletzt daher, dass er am Ende ein Defizit von 5000 RM, zuzüglich seiner sonstigen Auslagen, aus eigenen Mitteln abdecken musste.[102] Dabei hatte die Partei ohnehin gespart und nur die Hälfte des vorab kalkulierten Finanzbedarfs von 60 000 RM ausgegeben. Obwohl ihm bei den Neuwahlen im Dezember derartige Opfer erspart blieben, war die Finanzierung wiederum eine ebenso mühsame wie unsichere Angelegenheit. Die Zusagen der Geldgeber erfolgten zum größten Teil kurzfristig, manchmal sogar erst nach dem Wahltag, und häufig verstrich noch einige Zeit, bis das Geld tatsächlich einging. Zehn Tage vor der

---

[99] Zu den Maiwahlen siehe Dietrich an Ludwig Schmidt, 13. 5. 1924, ND 642. Wie Dietrich betonte, waren Aufwendungen der Ortsvereine in dieser Summe nicht inbegriffen. Wollte man die Gesamtkosten berechnen, wäre außerdem ein Anteil für die Kampagne der Reichspartei zu berücksichtigen, zumal manche Geldgeber aus Baden auch einen Beitrag zum zentralen Wahlfonds der DDP leisteten. Die Kosten für die Neuwahlen im Dezember 1924 bewegten sich offenbar in einem ähnlichen Rahmen: Dietrich an Karl Dees, 17. 12. 1924, ND 220, pag. 85; zum Wahlkampf 1928 siehe Wilhelm Stahl an Richard Freudenberg, 19. 6. 1928, ND 231, pag. 337-339; zum Folgenden die Unterlagen in ND 217 u. 220; vgl. zur Wahlkampffinanzierung der DDP knapp Schneider, Deutsche Demokratische Partei, S. 69-74 u. 230-237 sowie Dirk Lau: Wahlkämpfe in der Weimarer Republik. Propaganda und Programme der politischen Parteien bei den Wahlen zum Deutschen Reichstag von 1924 bis 1930. Marburg 2008, S. 177-180.
[100] Wilhelm Hoffmann an Dietrich, 12. 4. 1924, ND 217, pag. 137. In diesem Fall ging es um die Spende einer Karlsruher Seifenfabrik (1000 RM), für deren Anliegen Dietrich sich einmal eingesetzt hatte.
[101] Dietrich an Ernst Kiefer, 12. 3. 1924, ebd., pag. 21.
[102] Dietrich an Ludwig Schmidt, 13. 5. 1924, ND 642. Einige Monate später bezifferte Dietrich seine Ausgaben auf „etwa 6 bis 8000 Mark, wenn man alles zusammenrechnet": Dietrich an Schmidt, 24. 10. 1924, ebd.

Wahl war noch nicht einmal die Hälfte der Kosten gedeckt, so dass zwischenzeitlich erhebliche Bankschulden aufliefen.

Die physische Präsenz Dietrichs in Baden erreichte in Wahlkampfzeiten ihren Höhepunkt, sie endete aber nicht mit dem Wahltag. Abgeordnete, die während der Legislaturperiode ihre Wähler und die Parteiorganisation ihres Wahlkreises vernachlässigten, riskierten ihre zukünftige Kandidatur. Hermann Pachnicke, Dietrichs Vorgänger als Obmann der DDP im Haushaltsausschuss und seit 1890 Mitglied des Reichstags, wurde ungeachtet seines parteiinternen Ansehens 1924 im Wahlkreis Potsdam I nicht wieder aufgestellt, weil er sich dort kaum hatte blicken lassen.[103] Dabei lag dieser Wahlkreis ausgesprochen günstig. In geographischer Hinsicht war das Abgeordnetendasein eines Badeners besonders beschwerlich. Die schnellste Bahnverbindung von Berlin nach Karlsruhe nahm tagsüber mindestens zehn, nachts (mit dem von Dietrich stets genutzten Schlafwagen) über zwölf Stunden in Anspruch.[104] Reisen innerhalb Badens konnten, aufgrund der besonderen Nord-Süd-Ausdehnung des Landes und wegen des Schwarzwalds als natürlichem Verkehrshindernis, ebenfalls äußerst zeitraubend sein. Beispielsweise dauerte eine Fahrt von Karlsruhe nach Konstanz mindestens fünfeinhalb Stunden.[105]

Im Allgemeinen hatten die Reichstagsabgeordneten in der Weimarer Republik eine geringere Bindung zu ihrem Wahlkreis als im Kaiserreich. Die Wahlkreise waren deutlich größer und wurden nicht mehr durch einen einzelnen Parlamentarier vertreten. Die Mehrheit der Abgeordneten war ihren Wählern „höchstens als Namen" bekannt.[106] Das war in Dietrichs Fall anders, weil er aus seinem Wahlkreis stammte, sich sein ganzer politischer Werdegang dort abgespielt hatte und er nicht gezwungenermaßen anderswo kandidierte – wie etwa der von ihm verdrängte Hermann Hummel, der im Wahlkreis Magdeburg ein Fremder war. Die langjährigen Bindungen zeigten sich unter anderem an zahlreichen Mitgliedschaften in Vereinen, Ehrenausschüssen und Verbänden: Zum Beispiel gehörte Dietrich dem Gesangverein Karlsruher Liederkranz und dem Historischen Verein Mittelbaden an, war Mitglied des Rheinschifffahrtsverbandes Konstanz, der sich für die Schiffbarmachung des Oberrheins einsetzte, und stiftete alljährlich einen Preis für das in Konstanz stattfindende Internationale Bodensee-Wettrudern, in dessen Ehrenpräsidium er mitwirkte.[107] Zudem suchte er, wohl mehr als die meis-

---

[103] Stephanie Zibell: Ludwig Bergsträsser (1883-1960). Politisches Leben und Wirken. In: Detlev Lehnert (Hg.): Vom deutschen Linksliberalismus zur Sozialdemokratie. Politische Lebenswege in historischen Richtungskonflikten 1890-1945. Köln u. a. 2015, S. 291-318, hier S. 308.

[104] Reichs-Kursbuch. Übersicht der Eisenbahn-, Kraftwagen-, Luftverkehr- und Dampfschiffsverbindungen [...]. Ausgabe Nr. 2. 1. Juli 1927. Berlin 1927 [Nachdruck Pürgen 2002], Nr. 752 u. 755.

[105] Eine Stunde länger als vor dem Krieg; ebd., Nr. 252 u. 264.

[106] Mergel, Parlamentarische Kultur, S. 390; vgl. auch Horst Möller: Die Weimarer Republik. Eine unvollendete Demokratie. München ^{7}2004, S. 85 f.

[107] Dazu z. B. Dietrich an den Karlsruher Liederkranz, 11.5.1927, ND 92, fol. 56; Trickzellstoff GmbH an Dietrich, 13.5.1927, ND 644; Korrespondenz mit dem Ruderverein Neptun, Frühjahr 1926, ND 82, fol. 17-37; Mitgliedskarte des Rheinschifffahrtsverbands Konstanz für das Jahr 1926, ND 348, fol. 156 f. Eine Aufstellung über Dietrichs Mit-

ten Fraktionskollegen, kontinuierlich den Kontakt zu Wählerschaft und Parteibasis – eine Aufgabe, die sich auch aus der führenden Position ergab, die er zunächst als zweiter, ab 1925 als erster Vorsitzender in der badischen DDP innehatte, und die wiederum der Absicherung seiner Spitzenkandidatur bei den Wahlen diente.[108]

Die Sitzungsperioden des Reichstags wurden immer wieder von längeren Pausen unterbrochen – im Sommer drei bis vier Monate, über Weihnachten, Ostern und Pfingsten jeweils mehrere Wochen. Je nach Geschäftslage gab es zwischendurch weitere, kürzere Unterbrechungen. Diese Ferienzeiten verbrachte Dietrich vorwiegend in Baden, mal auf seinem Forstgut in Wildgutach, mal in Karlsruhe, wo er über eine kleine Wohnung verfügte, oder auf Reisen durch den Wahlkreis. Selbst die längeren Aufenthalte dienten nur in geringem Maße der Erholung: Zum einen kümmerte er sich um seine verschiedenen Vermögensobjekte, zum anderen setzte er – in verminderter Intensität – die Tätigkeit fort, die er während der Reichstagswahlkämpfe ausübte, indem er sich der demokratischen Parteiorganisation und der DDP-nahen Lokalpresse widmete und Parteiversammlungen abhielt. Letzteres entsprach den Bedürfnissen der Basis in besonderem Maße. Die Ortsvereine mussten laufend ihre Mitglieder und die lokale Wählerschaft mobilisieren, schließlich waren nicht nur auf nationaler Ebene Wahlen zu bestreiten: Den beiden Wahlkämpfen von 1924 folgten im Frühjahr 1925 zwei Urnengänge um die Reichspräsidentschaft, im Oktober 1925 fanden Landtags- und im November 1926 Kommunalwahlen statt. Als Parteichef und Mitglied des Reichstags war Dietrich ein gefragter Redner, von dessen Auftreten die Ortsvereine eine große Zugkraft erwarteten. Als der DDP-Vorsitzende in Lörrach versuchte, Dietrich als Redner für den Präsidentschaftswahlkampf zu gewinnen, verwies er darauf, dass sein Erscheinen „eine ganz besondere Wirkung haben" werde, zumal er „jetzt doch schon lange nicht mehr hier" gewesen sei. Zeitgleich wandte er sich an das Generalsekretariat in Karlsruhe, er wolle „wirklich dringend bitten, daß wir ihn diesmal bekommen".[109] Nach der Landtagswahl 1925 resümierte Dietrich, seit Frühjahr 1924 habe er „fünf Wahlkämpfe durchgefochten und dabei zirka 170 Wahlreden gehalten".[110] Allerdings sah er sich auch außerhalb von Wahlkampfzeiten zu einer umfangreichen agitatorischen Aktivität genötigt. Im Jahr 1927, als ausnahmsweise kein Urnengang anstand, initiierte er eine Kampagne mit 100 Versammlungen in ganz Baden, von denen ein Viertel selbst bestritt. Damit sollten

---

gliedschaften ist nicht erhalten. Einen Einblick bietet die Übersicht über seine Beitragszahlungen aus dem Jahr 1931 (Tabelle 13), in der allerdings auch einige Vereine auftauchen, denen er (vermutlich) erst als Minister beitrat, und die zugleich nicht vollständig ist.

[108] Diese Verbindung von Parteiamt und Mandat war keineswegs üblich: 1926 waren nur 4 der 32 demokratischen Abgeordneten zugleich Parteivorsitzende in ihrem Wahlkreis (Dietrich, Friedrich Raschig, Wilhelm Külz und Walter Goetz): Organisationshandbuch DDP, S. 81-437.

[109] Friedrich Vortisch an Dietrich u. an das Generalsekretariat der DDP Baden, 15. 4. 1925, StA Lörrach N Vortisch 11.

[110] Dietrich an die DDP Mainz, 27. 10. 1925, ND 73, fol. 190. Der Mainzer Ortsverein hatte um rednerische Unterstützung im dortigen Kommunalwahlkampf gebeten, wozu Dietrich sich nun außerstande erklärte.

„die meisten" der 140 Ortsvereine versorgt und „die Grundlage" für die Reichstagswahl des Jahres 1928 geschaffen werden.[111]

Derartige Vorhaben brachten Dietrich oft in Terminschwierigkeiten, weil die Sitzungspläne des Plenums und der Ausschüsse sich regelmäßig änderten. Wiederholt kam es vor, dass er lange geplante Auftritte in seiner Heimat, die bereits in den Zeitungen und durch Plakate angekündigt waren, kurzfristig absagen musste.[112] Außerdem sorgte der gedrängte Terminkalender für große Reisestrapazen. Wenn er während der Sitzungsperioden für ein Wochenende nach Baden reiste, stieg er freitagabends in den Nachtzug und kam morgens in Karlsruhe an, um in der Nacht von Sonntag auf Montag wieder zurück nach Berlin zu fahren. Er verbrachte also zwei von drei aufeinanderfolgenden Nächten im Schlafwagen: „weil ich mir die Zeitverschwendung nicht leisten kann, am Tage zu fahren". Umgekehrt musste er seine Aufenthalte in Baden unterbrechen, wenn zum Beispiel der Haushaltsausschuss während der Sommerferien zu einer dringlichen Sitzung zusammengerufen wurde.[113] Dietrich gehörte zwar nicht zu den Pendlern unter den Reichstagsabgeordneten, die wöchentlich zwischen Berlin und ihrem Wohnort hin- und herfuhren, doch angesichts der großen Entfernung waren die jährlich „mindestens zwei Dutzend Reisen" nach Baden eine erhebliche Belastung.[114]

Dietrich investierte also viel, um mit seinem Wahlkreis in Verbindung zu bleiben. Es waren aber nicht nur die gleichsam organisatorischen Gesichtspunkte seines Engagements, die das Verhältnis zu Parteibasis und Wählerschaft bestimmten, sondern selbstverständlich auch die Vermittlung von politischen Positionen und Entscheidungen. 1924 begann in Deutschland eine Phase der wirtschaftlichen und politischen Konsolidierung, die bis zum Ausbruch der Weltwirtschaftskrise andauerte. Doch auch während dieser „relativen Stabilisierung" blieb die Innenpolitik von heftigen Auseinandersetzungen geprägt, deren Konfliktlinien in vielen Fällen die heterogene Wählerklientel der DDP durchzogen. Weite Teile der bürgerlichen und bäuerlichen Mittelschichten befanden sich in einer als prekär empfundenen sozioökonomischen Lage, und in Baden fiel der Konjunkturaufschwung, der ohnehin von starken Schwankungen und Krisensymptomen begleitet war, relativ schwach aus. Das hing vor allem mit der neuen „Grenzlandlage", der Zollgrenze zum nun französischen Elsass zusammen, das vor dem Ersten Weltkrieg ein be-

---

[111] Dietrich an Richard Freudenberg, 15.6.1927, ND 272, fol. 288a–289; siehe auch Dietrich an Karl Dees, 2.9.1927, ND 230, pag. 385.

[112] Zum Beispiel musste Anfang Dezember 1927 eine Versammlung in Müllheim „wegen Überlastung des Redners mit parlamentarischen Angelegenheiten" zwei Tage vorher abgesagt werden, was vor Ort naturgemäß als „besonders unangenehm" empfunden wurde: Zeitungsnotiz [2./3.12.1927], ND 230, pag. 581 u. Friedrich Vortisch an Otto Vielhauer, 26.1.1928, StA Lörrach N Vortisch 11.

[113] Siehe die Reisekostenabrechnungen mit dem Reichstagsbüro aus dem Jahr 1927, ND 93, fol. 76–114; Zitat: Dietrich an Fanny Hörtner, 10.2.1930, ND 121, fol. 181.

[114] So Dietrichs Schätzung für das Jahr 1926: Dietrich an das Finanzamt Charlottenburg West, 19.5.1927, ND 623. Der DVP-Abgeordnete Paul Moldenhauer pendelte zwischen Köln und Berlin und legte so „jährlich mehr als 50 000 km" mit der Bahn zurück: „Es war natürlich eine außerordentliche körperliche und geistige Anstrengung, die nicht spurlos an mir vorübergegangen ist." Paul Moldenhauer: Politische Erinnerungen, S. 24f., BAK N Moldenhauer 1.

deutendes Absatzgebiet dargestellt hatte. Einkommen und Arbeitslosenzahlen entwickelten sich schlechter als im Reichsdurchschnitt, und manche Regionen spürten von der wirtschaftlichen Erholung ab 1924 nur wenig. Das galt für die Bezirke an der Grenze zu Frankreich, wobei Teile von Mittelbaden, die vorübergehend, im Fall Kehls dauerhaft zu den besetzten Gebieten gehörten, zusätzlich mit Folgen der französischen Zwangsmaßnahmen von 1923 zu kämpfen hatten, und ebenso für den Schwarzwald, wo neben der traditionell rückständigen Landwirtschaft die Uhren- und Holzindustrie unter schweren Strukturproblemen litt.[115]

Dietrich musste fortwährend unpopuläre bzw. kontroverse Entscheidungen verteidigen, wobei er häufig mit kompromisslosen Überzeugungen konfrontiert wurde, die mehr oder weniger stark ausgeprägte Vorbehalte gegen den Weimarer Staat beinhalten konnten. Seine Reaktion auf die permanente Unzufriedenheit der Wähler unterschied sich dabei deutlich von seinem Verhalten in den Anfangsjahren der Republik.

Nach den schweren ökonomischen, außen- und innenpolitischen Krisen des Jahres 1923, die im völligen Zusammenbruch der deutschen Währung, der vorübergehenden Selbstentmachtung des Parlaments und Umsturzversuchen von rechts und links kulminierten, änderte sich Dietrichs Haltung gegenüber dem Weimarer Staat grundlegend. Die regelmäßigen polemischen Ausfälle gegen die republikanischen Institutionen verschwanden nun aus seinen Reden, Artikeln und Briefen; das grundsätzliche Bekenntnis zu parlamentarischem System und demokratischer Verfassung wurde von den Zweideutigkeiten befreit, die sein Agieren in den ersten Jahren nach der Revolution geprägt hatten. Der Wandel seiner Auffassungen zeigte sich besonders deutlich an bestimmten Schlüsselfragen. Hatte er die Ansätze zu einer republikanischen Beamtenpolitik in Preußen 1920 noch als staatsgefährdend verurteilt, verkehrte sich seine Meinung nun ins Gegenteil. Bei einem Bundesbruder, der in den preußischen Staatsdienst eintreten wollte – es ging lediglich um die Einstellung als Referendar auf einem beliebigen Posten – und ihn um Unterstützung bat, erkundigte er sich erst einmal, welche „politische Stellung" er einnehme. Er sei gerne bereit, zu helfen: „Aber ich kann niemand für die jetzige Verwaltung empfehlen, der zwar einen Gehalt einstecken, dafür aber den gegenwärtigen Staat bekämpfen will. Solche Menschen, die in einer törichten historischen Kritik [...] ihre Befriedigung finden, sind natürlich als Verwaltungsbeamte nicht zu brauchen."[116] Dietrich bekannte sich nun zur „Erfüllungspolitik" gegenüber den Siegermächten des Ersten Weltkriegs, die er

---

[115] Hermann Schäfer: Wirtschaftliche und soziale Probleme des Grenzlandes. In: Josef Becker u. a.: Badische Geschichte. Vom Großherzogtum bis zur Gegenwart. Stuttgart 1979, S. 168-183; Hugo Ott: Handel und Industrie. In: Hansmartin Schwarzmaier/Gerhard Taddey (Hg.): Handbuch der Baden-Württembergischen Geschichte. Bd. 5. Stuttgart 2007, S. 122-167, hier S. 129-133; Otto Rusch: Geschichte der Stadt Kehl und des Hanauer Landes von den ältesten Zeiten bis heute. Kehl 1928, S. 220-225; Dorothee Hermanni: Die wirtschaftliche Entwicklung der Stadt Offenburg 1919 bis 1933. In: Klaus Eisele/Joachim Scholtyseck (Hg.): Offenburg 1919-1949. Zwischen Demokratie und Diktatur. Konstanz 2004, S. 103-134, hier S. 112-114; Oded Heilbronner: Die Achillesferse des deutschen Katholizismus. Gerlingen 1998, S. 24-34.

[116] Dietrich an Heinrich Kalek, 16. 7. 1925, ND 72, fol. 89; ähnlich Dietrich an Fritz Herpell, 17. 2. 1926, ND 79, fol. 152.

zuvor so scharf verurteilt hatte. Den Dawes-Plan bezeichnete er im Frühjahr 1924 als „fast untragbar", doch die Alternative, namentlich eine weitere Besetzung des Ruhrgebiets, hielt er jetzt für schlimmer. Anders als 1921, als er sich ungeachtet aller drohenden Konsequenzen gegen die Annahme des Londoner Ultimatums gestemmt hatte, schloss er aus der „Tatsache, daß wir machtlos sind", dass man nun „ernsthaft und ohne Winkelzüge erfüllen" müsse.[117] Ebenso gelangte Dietrich zu einer Neubewertung der Kriegsniederlage. Nachdem er früher die „glänzenden Generäle" von der Verantwortung für den Zusammenbruch im Herbst 1918 freigesprochen hatte, konstatierte er Anfang 1925: „Wenn man heute weiß, daß [...] die diplomatische Führung vor und während des Krieges mehr als kläglich war, so stellt sich auch mehr und mehr heraus, daß die militärische Führung nicht viel besser gewesen ist."[118]

Im Detail hatte Dietrich durchaus noch Vorbehalte gegenüber der Weimarer Verfassung bzw. deren Ausgestaltung. Das galt in erster Linie für ihren weitgehend unitarischen Charakter. Er hielt das Ausmaß der Zentralisierung und die damit verbundene Einschränkung der Selbständigkeit von Ländern und Kommunen für ineffizient und kontraproduktiv und befürwortete eine grundlegende Neuordnung des Reich-Länder-Verhältnisses, ähnlich Erich Koch-Wesers Konzept des „dezentralisierten Einheitsstaates". Wie der DDP-Vorsitzende, der gleichfalls aus der Kommunalpolitik stammte, betrachtete er die Gemeinde als „Urzelle des Staates" und Schule des staatsbürgerlichen Denkens. Deshalb erblickte er in der Beschneidung der kommunalen Selbstverwaltung, insbesondere durch die Beseitigung der Steuerhoheit der Gemeinden, eine Schädigung des „Bürgersinns".[119] Derartige Überlegungen, die im Zusammenhang mit den fortwährenden Diskussionen um eine „Reichsreform" zu sehen sind, bedeuteten aber keine Infragestellung der Verfassung selbst.[120]

Es spricht manches dafür, dass schon der Krisenherbst 1923 Dietrichs Einstellung zur Republik nachhaltig veränderte. Im September beurteilte er die Gesamtsituation deprimiert, ja fatalistisch: „Unsere politische Lage ist miserabel, Ruhr und Rheinland sind verloren und das Reich endgültig zu einem Bettelstab verurteilt."[121] Möglicherweise führten ihm die innenpolitischen Ereignisse im November, nicht zuletzt der von ihm als „verbrecherisch" verurteilte Hitler-

---

[117] Hermann Dietrich: Was wird werden? Seebote Nr. 119 vom 21. 5. 1924.
[118] Hermann Dietrich: Fester Boden, Vossische Zeitung Nr. 1 vom 1. 1. 1925.
[119] Rede Dietrichs am 18. 3. 1925, Reichstag Bd. 385, S. 1126, Rede Dietrichs in Karlsruhe am 30. 10. 1926, Neue Badische Landeszeitung Nr. 554 vom 1. 11. 1926 u. Rede Dietrichs am 21. 1. 1928, Reichstag Bd. 394, S. 12296 f.; vgl. Saldern, Dietrich, S. 31-33. Salderns Feststellung, in Dietrichs Denken habe sich bis 1928 „die unitarische Tendenz [...] durchgesetzt" (ebd., S. 32), greift insofern zu kurz, als das Konzept des „dezentralisierten Einheitsstaats" zwar die politische Entscheidungshoheit dem Reich zuerkannte, dabei aber die Stellung der Länder und Gemeinden als „Selbstverwaltungskörper" stärken wollte: Schulz, Demokratie, S. 253-257 u. 532; vgl. auch Schneider, Deutsche Demokratische Partei, S. 152; Papke, Koch-Weser, S. 60-62 u. 146-148; Walter Mühlhausen: Die Gemeinde als Urzelle des Staates – Erich Koch-Weser als Kommunalpolitiker. In: Jahrbuch zur Liberalismus-Forschung 18 (2006), S. 79-100.
[120] Grundlegend zum Problem der Reichsreform Schulz, Demokratie, bes. S. 453-612.
[121] Dietrich an Eugen Rebholz, 22. 9. 1923, ND 709; ähnlich Dietrich an Ludwig Schmidt, 5. 9. 1923, ND 642.

putsch,[122] vor Augen, dass die Republik einer engagierteren Verteidigung bedurfte, als er bislang für nötig befunden hatte. Doch vor allem bewährte sich die neue Staatsform nun, indem sie die schwerwiegende Krise bewältigte. Die Republik, so Dietrichs Resümee im Frühjahr 1925, hatte die Angriffe der verfassungsfeindlichen Kräfte abgewehrt, anschließend die Stabilisierung der Währung bewerkstelligt, die öffentlichen Finanzen „beispiellos schnell geordnet" und dadurch „die Wirtschaft wieder in Gang gesetzt". Sogar der eigentlich verlorene Ruhrkampf sei außenpolitisch zu einem Erfolg geworden. Seit der Revolution sei zwar „vieles passiert, was einen hätte zur Verzweiflung bringen können", entscheidend sei aber, dass es „vorwärts und aufwärts [...] geht". Deutschland habe nun „den Weg zu einem neuen Staat und zu einer neuen Zukunft [...] gefunden".[123] Der politische Funktionalismus in Dietrichs Staatsdenken, der bisher seine ambivalente Haltung gegenüber der Republik maßgeblich verursacht hatte, sprach nun *für* die neue Ordnung. Sie hatte ihre Leistungsfähigkeit unter Beweis gestellt und war damit positiv legitimiert.

Er betrachtete die Republik nicht nur für den Moment als die gegebene Staatsform, sondern attestierte ihr eine langfristige Zukunftsagenda, die er vor allem an den in der Verfassung verankerten sozialpolitischen Verheißungen festmachte. In einer Rede zum Verfassungstag 1926 stellte er fest, dass es zur republikanischen Staatsform keine Alternative gebe, es aber nicht genüge, die Reichsverfassung nur als unumgängliche Tatsache hinzunehmen: „Sie ist nicht ein toter Buchstabe, mit lebendigem Geiste muß sie erfüllt werden." Er verwies auf den Grundrechtskatalog, der ein „Programm der Zukunft" beinhalte, das es zu verwirklichen gelte: „Die Verfassung will jedem Bildung und Schule garantieren, Geistes- und Religionsfreiheit will die Tüchtigen an die Spitze bringen, [sic!] sie will das Wirtschaftsleben nach den Grundsätzen der Gerechtigkeit und mit dem Ziel der Gewährleistung eines menschenwürdigen Daseins für alle ordnen. Sie will Verteilung und Nutzung des Bodens [...] zum Vorteil der Gesamtheit überwachen und jedem Deutschen eine gesunde Wohnung garantieren." Als besondere nationale Aufgabe, so fügte Dietrich hinzu, obliege der Republik die Revision der Grenzziehungen des Versailler Vertrags, die „Vereinigung aller mit uns im geschlossenen geographischen Zusammenhang wohnenden Deutschen unter deutscher Flagge". Nehme man diese Ziele zusammen, „so haben wir für ein Jahrhundert die Aufgaben, die es zu lösen gilt".[124]

Mitte der zwanziger Jahre war Dietrich zu einem überzeugten Republikaner geworden – nicht aus einer durch den Mangel an Alternativen bedingten „Verlegenheit" heraus, sondern aufgrund der Erfolge der parlamentarischen Demokratie, zu denen er durch seine Arbeit im Reichstag beizutragen glaubte, und ihrer vielversprechenden Zukunftsperspektiven.[125] Er identifizierte sich mit der repu-

---

[122] Hermann Dietrich: Der Präsident, Seebote Nr. 70 vom 22. 3. 1924.
[123] Hermann Dietrich: Gedanken zum Tode des Reichspräsidenten, Seebote Nr. 56 vom 10. 3. 1925.
[124] Verfassungsrede Dietrichs in Lahr am 11. 8. 1926, Badische Presse Nr. 368 vom 12. 8. 1926.
[125] Man könnte Dietrich als „Vernunftrepublikaner" – im positiven Sinn – bezeichnen. Der recht unscharfe Begriff Vernunftrepublikanismus, mit dem eine Vielzahl mehr oder weniger distanzierter und widersprüchlicher Formen der Akzeptanz beschrieben wor-

blikanischen Ordnung und trat als ihr Repräsentant auf, und zwar auch im politischen Tagesgeschäft. Es war eine Sache, sich in allgemein gehaltenen Ansprachen, wie er es schon seit der Revolution getan hatte, grundsätzlich zur Republik zu bekennen. Deutlich unangenehmer war es, dem Unmut der Wählerschaft, der Parteibasis oder des privaten Umfelds im konkreten Fall und nicht zuletzt im persönlichen Kontakt mit Betroffenen gegenüberzutreten. Dietrich versuchte fortwährend, Verständnis für die Sachzwänge zu wecken, denen Regierung und Parlament ausgesetzt waren, verwies besonders häufig auf die einschneidenden Folgen des Weltkriegs und des Versailler Vertrags und die angespannte wirtschaftliche Lage, erläuterte volkswirtschaftliche und politische Zusammenhänge, warnte vor überzogenen Erwartungen und mahnte, bereits erzielte politische und wirtschaftliche Erfolge zu würdigen. Anders als in den Anfangsjahren der Republik verteidigte er Regierung und Verwaltung, Parlament und Gesetzgebung im Zweifelsfall auch dann, wenn es nicht opportun war. Sein Werben für Geduld und Kompromissbereitschaft wurde nun nicht mehr durch polemische, vom jeweiligen Stein des Anstoßes ins Grundsätzliche abschweifende Rundumschläge konterkariert. Soweit er politische Missstände diagnostizierte, äußerte er seine Kritik mit Vorsicht und beschränkte sie auf bestimmte, häufig ins Detail gehende Aspekte. Dabei bediente er sich jener moderaten, auf Begriffe wie „Sachlichkeit" und „Objektivität", „Verantwortung" und „Vernunft" gestützten Sprache, die er aus dem parlamentarischen Alltag im Reichstag kannte.

Eines der großen Reizthemen, das ab Ende 1923 die Innenpolitik in Atem hielt, war die Aufwertung der durch die Inflation entwerteten Hypotheken, festverzinslichen Wertpapiere und sonstigen Gläubigerforderungen. Über die hochbrisante Frage, in welchem Umfang eine Schuldenaufwertung durchzuführen war, wurde in den Reichstagswahlkämpfen von 1924 erbittert gestritten. Besonders die politische Rechte präsentierte sich als Sachwalter der Inflationsgeschädigten. So ver-

den ist, die einzelne Protagonisten der Republik gegenüber an den Tag legten, hat allerdings Schwächen. Zum einen ist er häufig negativ konnotiert, im Anschluss an die klassische Gegenüberstellung von „Vernunftrepublikaner" und „Herzensmonarchist" bei Friedrich Meinecke. Wenn man mit Peter Gay die Vernunftrepublikaner als „Republikaner mehr aus verstandesmäßiger Entscheidung als aus leidenschaftlicher Überzeugung" beschreibt, räumt man der emotionalen Bindung an die Verfassung einen fragwürdigen Vorrang gegenüber der rationalen Entscheidung ein (Peter Gay: Die Republik der Außenseiter. Geist und Kultur in der Weimarer Zeit: 1918-1933. Frankfurt a. M. 1970, S. 44). Schließlich beruhte der „Herzensmonarchismus" auf einer letztlich vormodernen, persönlichen Bindung an den Monarchen, während die Vernunft, als zentraler Begriff der Aufklärung, eher als adäquate Kategorie für ein modernes, entpersonalisiertes Politik- und Staatsverständnis erscheint. Zudem war die Betonung von „Gefühl", „Glaube" und „Mythos" als handlungsleitenden Kategorien der Politik ausgerechnet ein Argumentationsmuster, mit dem die Vertreter der „Konservativen Revolution", z. B. Hans Zehrer, die „vernünftige" republikanische Ordnung grundsätzlich, als Produkt der „Ideen von 1789", in Frage stellten (Hans Zehrer: Rechts oder Links? In: Die Tat 23 (1931), S. 505-559, bes. S. 509-516; vgl. Wirsching, Vernunftrepublikanismus, S. 14-16). Verabschiedet man sich hingegen von der Dichotomie Herzensmonarchist/ Vernunftrepublikaner, bleibt die Frage, was den Vernunftrepublikaner vom Republikaner unterscheidet und ob der Begriff nicht zur Tautologie wird. Vgl. auch die pointierte Kritik bei Gusy, Vernunftrepublikanismus, S. 196-200.

langten manche Kandidaten der DNVP eine volle Aufwertung (d. h. um 100 Prozent). Diese Maximalforderung war undurchführbar und kam einem „Wählerbetrug" gleich, brachte aber die liberalen Parteien in Bedrängnis, weil sie als Regierungsparteien für die Notverordnungen des ersten Kabinetts Marx mitverantwortlich waren.[126] Dort waren eher geringe Aufwertungssätze, für Inhaber öffentlicher Anleihen gar keine Entschädigung vorgesehen. Dietrich versuchte damit zu punkten, dass er sich für die Aufwertung von Sparguthaben stark machte, die bislang nur vage geregelt und somit unsicher war. Im März 1924 veröffentlichte er zum Wahlkampfauftakt eine Broschüre, die er in großer Zahl an Parteimitglieder, Presse und Verbände verteilte.[127] Er forderte, den Sparern möglichst weit entgegenzukommen, blieb dabei jedoch sehr vorsichtig und wies auf die vielfältigen volkswirtschaftlichen Schwierigkeiten hin, mit denen die Materie verknüpft war. Er wetterte gegen die „Ungeheuerlichkeit und Ungerechtigkeit" des Inflationsprozesses, betonte aber, es könne sich „nicht darum handeln, das volle Sparvermögen wieder herzustellen". Man müsse die wirtschaftliche Entwicklung abwarten, die Belastbarkeit der mit den Sparkassen zusammenhängenden kommunalen Haushalte berücksichtigen und dürfe folglich „heute noch nichts Bestimmtes versprechen, denn das wäre verbrecherisch". Erst nach „einer Reihe von Jahren" könne man die Sparer mit „vielleicht 15 Prozent" entschädigen.[128] Wie Dietrich schnell feststellen musste, wirkten solche moderaten Töne wenig beeindruckend. Zuschriften mit dem Hinweis, 15 Prozent seien viel zu wenig, ließen nicht lange auf sich warten.[129] Als selbst in der parteinahen Presse der Vorwurf auftauchte, er bemühe sich nicht hinreichend um die Anliegen der Inflationsgeschädigten, wehrte er sich mit sichtlichem Unwillen gegen die „uferlosen Versprechungen" anderer Parteien: „Ich habe den Willen, wirklich zu helfen, und wenn man diesen Willen hat, dann muß man den Mut haben, zu sagen, was ungefähr möglich ist".[130]

Ebenso verfuhr er in seinem Schriftverkehr mit Verbänden, Parteiorganisationen und einzelnen Personen. Die Eingaben der Inflationsgeschädigten gingen

---

[126] Otmar Jung: Direkte Demokratie in der Weimarer Republik. Die Fälle „Aufwertung", „Fürstenenteignung", „Panzerkreuzerverbot" und „Youngplan". Frankfurt a. M. u. a. 1989, S. 17-21, Zitat S. 20; Larry Eugene Jones: In the Shadow of Stabilization: German Liberalism and the Legitimacy Crisis of the Weimar Party System, 1924-30. In: Gerald D. Feldman (Hg.): Die Nachwirkungen der Inflation auf die deutsche Geschichte. 1924-1933. München 1985, S. 21-41, hier S. 25-27; Thomas Childers: Inflation, Stabilization, and Political Realignment in Germany 1924 to 1928. In: Gerald D. Feldman u. a. (Hg.): Die deutsche Inflation. Eine Zwischenbilanz. Berlin u. a. 1982, S. 409-431, hier bes. S. 417-423; Holtfrerich, Inflation, S. 318-321.

[127] Hermann Dietrich: Was wird aus den Sparguthaben? Karlsruhe 1924; Unterlagen in ND 294, fol. 34-63 u. Rechnung der Badischen Druckerei und Verlag J. Boltze GmbH vom 4.7.1924, ND 638; vgl. Michael L. Hughes: Paying for the German Inflation. Chapel Hill u. a. 1988, S. 75 f. Die Aufwertung der Sparguthaben war kompliziert und wurde schließlich nicht einheitlich geregelt. In Preußen betrugen die Sätze zwischen 17 und 29%: Pohl, Sparkassen, S. 134 f.

[128] Dietrich, Sparguthaben, Zitate S. 6 u. 8-10.

[129] So z. B. Mathias Rösberg an Dietrich, 11.3.1924, ND 294, fol. 23 f.

[130] Erwiderung Dietrichs auf eine Notiz in der Neuen Badischen Landeszeitung, 29.4.1924, ND 217, pag. 231-233, abgedruckt in Seebote Nr. 103 vom 2.5.1924.

ihm in Massen zu, erst recht, als er 1925 Mitglied des Ausschusses für Aufwertungsfragen wurde.[131] Er warnte beständig vor übertriebenen Hoffnungen, führte die „fürchterlichen Zustände" auf den Krieg zurück und argumentierte, dass die Franzosen ähnlich schwere Inflationsverluste erlitten hätten, „wobei doch nicht übersehen werden darf, daß wir den Krieg verloren und die Anderen ihn gewonnen haben".[132] Im Juli 1925 verabschiedete die Mitte-Rechts-Koalition des ersten Kabinetts Luther – mit den Stimmen der DNVP – schließlich zwei Aufwertungsgesetze, die weit hinter den Erwartungen der Inflationsgeschädigten zurückblieben und eine Welle der Empörung auslösten.[133] Diese Stimmung machte Dietrich sich jedoch nur eingeschränkt zunutze, obwohl die DDP zu diesem Zeitpunkt Oppositionspartei war, gegen das Gesetz stimmte und er selbst, im Gegensatz zu manchem Parteifreund, die Bestimmungen für zu industrie- bzw. schuldnerfreundlich hielt und eine großzügigere Aufwertung befürwortete.[134] Zwar ließ er es sich nicht nehmen, die „demagogische Politik" der DNVP anzuprangern, unter anderem in einer Reichstagsrede, die von der DDP als Flugschrift unter dem Titel „Der Wahlschwindel der Deutschnationalen" verbreitet wurde.[135] Im Wesentlichen agierte er allerdings defensiv, indem er sich auf die Feststellung konzentrierte, die DDP habe von Anfang an auf die Grenzen des Möglichen hingewiesen, während er Forderungen nach höheren Aufwertungssätzen nur zurückhaltend und in bestimmten Fällen erhob.[136] Am Ende verteidigte er sogar die Gesetzgebung gegen Forderungen, einzelne Bestimmungen noch einmal zu ändern. So stellte er Anfang Januar 1926 fest, er „kenne das Elend der Aufwertungsgläubiger aus Tausenden von Zuschriften", man hätte die Gesetze „besser machen können", und er „persönlich habe auch dagegen gestimmt". Dennoch lasse sich nun nichts

---

[131] Dazu bes. die Unterlagen in ND 295 u. 296. Anderen Abgeordneten ging es ähnlich. Die SPD-Fraktion musste ihrem Aufwertungssachverständigen Wilhelm Keil eine besondere Bürokraft zuteilen, damit er die Flut an Zuschriften bewältigen konnte: Wilhelm Keil: Erlebnisse eines Sozialdemokraten. Bd. 2. Stuttgart 1948, S. 310f.

[132] Dietrich an Leonie Huth, 16. 12. 1924, ND 71, fol. 346.

[133] Vgl. Jung, Demokratie, S. 21-32.

[134] In der DDP-Fraktion kam es zum Konflikt zwischen Dietrich und Hartmann von Richthofen auf der einen Seite, die sich für die Belange der Inflationsgeschädigten stark machten, und Bernhard Dernburg auf der anderen Seite, der eine übermäßige Belastung der Wirtschaft vermeiden wollte: „In der Aufwer[tung] spukt Herr Dernburg herum, der alles wieder verdirbt, was Richthof[en] und ich gut gemacht haben. [...] Wir laufen Gefahr, um der schönen Augen einiger Industrieller will[en,] die ihr Geld den Rechtsparteien geben, die Interessen massenhafter mittlerer und kleiner Sparer zu vernachlässigen." Dietrich an Johanna Kohlund, 20. 5. 1925, ND 72, fol. 199; siehe auch Dernburg an Dietrich, 8. 11. 1924, ND 294, fol. 79f.; vgl. Hughes, Paying, S. 136f. u. Schneider, Deutsche Demokratische Partei, S. 102 u. 176-178.

[135] Rede Dietrichs am 8. 5. 1925, Reichstag Bd. 385, S. 1623-1630, Zitat S. 1626; Aufwertung und Deutsche Demokratische Partei. Der Wahlschwindel der Deutschnationalen. Rede des demokratischen Reichstagsabgeordneten H. Dietrich (Baden) gehalten im Deutschen Reichstag am 8. Mai 1925. Berlin o. J. [1925].

[136] Dies entsprach im Allgemeinen der DDP-Linie: Schneider, Deutsche Demokratische Partei, S. 176-178. Die Behauptung von Hughes, die DDP sei 1925 in jene „Demagogie" verfallen, die sie zuvor der DNVP vorgehalten habe, ist selbst in den von ihm genannten Einzelfällen reichlich überzogen: Hughes, Paying, S. 136-138.

mehr machen, denn „eine erneute Aufrührung der ganzen Materie würde in die ohnehin zur Zeit recht geschwächte Wirtschaft eine ganz heillose Verwirrung bringen".[137]

Einen ähnlichen Fall stellten die Opfer materieller Kriegsschäden, insbesondere die sogenannten Liquidationsgeschädigten dar, deren Auslandsvermögen infolge der Bestimmungen des Versailler Vertrags enteignet waren. Die vorläufigen Entschädigungen fielen in der Regel äußerst gering aus, allerdings wurden wiederholt Härtefonds für besondere Fälle bewilligt.[138] So erhielt Dietrich über Jahre hinweg zahllose Zuschriften, in denen er mal um Rat, mal um die Vertretung von Entschädigungsforderungen bei den zuständigen Reichsbehörden gebeten wurde. Während er für „hunderte" Betroffene „etliche Millionen" an Kompensationszahlungen erwirkte,[139] musste er viele andere Geschädigte über die Aussichtslosigkeit ihres Falls aufklären. „Sie stellen sich die Sachlage ganz falsch vor: Es sind Hunderttausende von Geschädigten da, die genau in der gleichen Lage sind wie Sie", erläuterte er einem zornigen Bürger aus Konstanz, der sich vom Staat im Stich gelassen wähnte.[140] Ein kaum minder aufgebrachtes DDP-Mitglied aus Waldkirch wies er auf die Komplexität der Entschädigungsfrage hin und fügte hinzu, dass er sein Schicksal teile: „Ich bin mit einem Betrage von 15 000 M in Straßburg genau in der gleichen Lage und habe auch 2 pro Mille bekommen, so daß die Gebühren, die ich dafür hatte, höher waren als die Zahlung." Im Übrigen könne man sich „nur damit trösten, daß es anderen noch schlimmer gegangen ist, die ihr Leben und ihre gesunden Glieder im Kriege verloren haben".[141]

Die Verbitterung über die Regelung der Aufwertungs- und Entschädigungsfragen war gewaltig. Dies waren aber längst nicht die einzigen Fälle, in denen Dietrich den Unmut seiner Wählerklientel zu spüren bekam. Klagen über Arbeitslosigkeit, niedrige Einkommen, hohe Steuern und teure Kredite waren an der Tagesordnung und gingen in der Regel mit einer herben Kritik der Wirtschafts-, Sozial- und Finanzpolitik einher.

Den allgegenwärtigen Beschwerden über die Steuern hielt er die „Tatsache" entgegen, „daß wir, solange wir an den Kriegsfolgen zu tragen und zu zahlen haben, in Deutschland schwere Steuerlasten schleppen müssen". Er konzedierte, die teilweise „komplizierte" und im Einzelfall „ungerechte" Gesetzgebung sei reformbedürftig, und bemängelte, in den öffentlichen Haushalten werde „nicht in dem erforderlichen Maße gespart". Mit allen vertretbaren Sparmaßnahmen könne man jedoch allenfalls eine „bescheidene Minderung" der Steuern erzielen, es sei „eitel Schwindel, von Milliarden zu reden". An den größten Posten im Reichs-

---

[137] Dietrich an Karl Rohreck, 29. 1. 1926, ND 83, fol. 166.
[138] Erst 1928 wurde diese Frage, mit der sich die historische Forschung kaum befasst hat, endgültig gesetzlich geregelt: Johannes Frerich/Martin Frey: Handbuch der Geschichte der Sozialpolitik in Deutschland. Bd. 1: Von der vorindustriellen Zeit bis zum Ende des Dritten Reiches. München u. a. ²1996, S. 230f.
[139] Zumindest nach eigener Aussage: Dietrich an Georg Pohlmann, 11. 4. 1927, ND 107, fol. 153.
[140] Dietrich an Carl Ernst Faerber, 10. 2. 1926, ND 77, fol. 17; siehe auch den übrigen Schriftwechsel mit Faerber ebd., fol. 8–20.
[141] Dietrich an Hans Fackler, 17. 3. 1926, ebd., fol. 2.

haushalt, den Reparationsverpflichtungen und Kriegsrenten, lasse sich schließlich nichts ändern. Ebenso hielt er es für undenkbar, an der Unterstützung der Arbeitslosen zu rütteln und den Vorkriegszustand wiederherzustellen, als „der Erwerbslose [...] seinem Schicksal und der Armenverwaltung überlassen" wurde. Letztlich könne nur die weitere „Hebung der Produktion", also wirtschaftliches Wachstum, zu „langsam sinkenden Steuerlasten" führen.[142] Im Hinblick auf die hohen Kapitalkosten klärte er gereizte Kreditnehmer darüber auf, dass es in ihrem eigenen Interesse liege, wenn die Reichsbank den Diskontsatz nur schrittweise und vorsichtig senke. Es sei „nicht möglich, die Zinssätze einfach von heute auf morgen auf die Friedenssätze herunter zu setzen", weil sonst eben gar keine Kredite mehr zu bekommen seien.[143]

Wiederholt wurde er mit dem Groll badischer Unternehmer konfrontiert, die sich bei der Vergabe von Entschädigungen und Subventionen benachteiligt glaubten. Er wies darauf hin, dass es eben noch schwerwiegendere Fälle gebe; „unmöglich" könne das Reich „jedem Notleidenden helfen".[144] Einem befreundeten Sägewerksbesitzer in Kehl, der seine alten Kunden in Straßburg verloren hatte, während des Ruhrkampfes 1923 seinen Betrieb schließen musste und sich regelmäßig in antirepublikanischem Duktus darüber ereiferte, dass Kehl systematisch schlechter behandelt werde als die anderen besetzten Gebiete, erwiderte Dietrich, dass davon keine Rede sein könne. Vielmehr habe sein Betrieb schlicht keinen Anspruch auf Entschädigungszahlungen: „Ich habe in allen Fällen ohne Ausnahme, in welchem mir irgendwelche Beschwerden oder Sorgen aus dem Bezirk Kehl zugegangen sind, immer die erforderlichen Schritte unternommen und da, wo es begründet war, auch nie eine Ablehnung erhalten."[145] Beamten und öffentlichen Angestellten, die dem Ende 1923 einsetzenden, gravierenden Stellenabbau in der öffentlichen Verwaltung zum Opfer fielen, erläuterte er, diese Maßnahme sei im Einzelfall bedauerlich, aus finanzpolitischen Gründen jedoch unumgänglich. Er bekannte freimütig, dass er selbst seit Jahren eine „Verringerung des Staatsapparates" gefordert habe.[146] An den niedrigen Gehältern führe vorläufig ebenfalls kein Weg vorbei. „Denn unsere verlotterte Wirtschaft", schrieb er Mitte 1924 seinem Schwager Friedrich Blum, einem Gymnasialdirektor, „kann sich einen Verwal-

---

[142] Redemanuskript Dietrichs, [Frühjahr 1927], ND 323, fol. 165-167; Rede Dietrichs in Müllheim am 5.2.1928, Badische Politische Correspondenz vom 6.2.1928, ND 231, pag. 105.
[143] „Die Folgen wären mehr als verheerende, nicht für diejenigen, die Geld haben, sondern [...] für die anderen, die Geld brauchen. – Ich müßte Ihnen allerdings eine volkswirtschaftliche Abhandlung hier schreiben, wenn ich Ihnen das genau auseinandersetzen wollte." Dietrich an Löffler, 26.3.1926, ND 81, fol. 74. (Dietrich spielte auf die Kapitalarmut in Deutschland bzw. den Bedarf an Auslandskrediten an, die durch das hohe Zinsniveau angezogen wurden.)
[144] Dietrich an Leopold Hofmann, 16.12.1926, ND 90, fol. 276.
[145] Dietrich an Carl Ross, 28.10.1925, ND 83, fol. 206; siehe auch den übrigen Schriftwechsel mit Ross, November 1923-Mai 1926, ebd., fol. 179-217.
[146] Dietrich an Oskar Müller, 21.4.1925, ND 73, fol. 265. Seinem Cousin schrieb er: „Den ‚Abgebauten' geht es allen schlecht, und jeder meint, er wäre der Tüchtigste und derjenige, den man am wenigsten abbauen dürfte." Dietrich an Karl Göhringer jun., 25.2.1924, ND 70, fol. 330.

tungsapparat, wie er vor dem Kriege war, nicht mehr leisten, und noch weniger, ihn wie früher zu bezahlen."[147]

Dieselbe Linie verfolgte Dietrich in der Agrarpolitik, obwohl er die bäuerliche Landwirtschaft für benachteiligt hielt und sie diejenige Interessengruppe war, als deren Anwalt er sich in besonderem Maße verstand. Während er Steuererleichterungen und Subventionen, hauptsächlich in Form von zinsgünstigen Krediten, sowie einen Kurswechsel in der Zollpolitik forderte, distanzierte er sich von den Maximalforderungen der Agrarverbände und Interessenparteien und warb für eine „vernünftige Bauernpolitik", welche die Anliegen von Konsumenten und Produzenten gleichermaßen wahren und „einen mittleren Weg finden" sollte.[148] Eine „einseitige" Vertretung bäuerlicher Interessen, setzte er den vom Badischen Landbund umworbenen Wählern auseinander, könne niemals zum Ziel führen und sei sogar kontraproduktiv. Schließlich repräsentiere die Landwirtschaft nicht die Mehrheit der Gesellschaft: „Deutschland ist nicht so zusammengesetzt, daß eine Gruppe dem übrigen Gesamtvolk ihre Meinung aufzwingen kann", und so lasse sich ein wachsendes „Verständnis" für die Nöte der Landwirtschaft nur „im Zusammenarbeiten mit den anderen Ständen" erreichen.[149]

Die innenpolitischen Auseinandersetzungen während der vermeintlich „goldenen" zwanziger Jahre beschränkten sich nicht auf die vielfältigen ökonomischen Problemlagen. Die DDP und ihre Wählerklientel wurden wiederholt vor politische bzw. weltanschauliche Grundsatzentscheidungen gestellt. 1926 fand ein von KPD und SPD angestoßenes Plebiszit über die entschädigungslose Enteignung der 1918 gestürzten Fürstenhäuser statt, das in der DDP für heftige Kontroversen sorgte und an der Parteibasis auf große Resonanz stieß.[150] Dietrich lehnte die vollständige Enteignung ab, gab sich jedoch moderat und versuchte, die Gemüter zu beruhigen. Kurz vor dem Volksentscheid am 20. Juni 1926 stellte er fest, er sei „der Letzte, der das Privateigentum für ein unumstößliches Dogma" halte und „unerhörte Ansprüche" von Seiten mancher Fürstenhäuser billige. Die Radikalität der Enteignungsbestimmungen, die selbst vielen Politikern der SPD nicht geheuer waren,[151] hielt er aber für untragbar und unvereinbar mit dem Geist der Weima-

---

[147] Dietrich an Blum, 19. 6. 1924, ND 69, fol. 214.
[148] Rede Dietrichs am 16. 3. 1927, Reichstag Bd. 392, S. 9565-9570, Zitate S. 9569f.
[149] Hermann Dietrich: Stadt und Land, Seebote Nr. 95 vom 23. 4. 1924.
[150] Ulrich Schüren: Der Volksentscheid zur Fürstenenteignung 1926. Die Vermögensauseinandersetzung mit den depossedierten Landesherren als Problem der deutschen Innenpolitik unter besonderer Berücksichtigung der Verhältnisse in Preußen. Düsseldorf 1978, zur DDP bes. S. 134-137 u. 221-227; Schneider, Deutsche Demokratische Partei, S. 93-97; vgl. auch Christian Lüdtke: Hans Delbrück und Weimar. Für eine konservative Republik – gegen Kriegsschuldlüge und Dolchstoßlegende. Göttingen 2018, S. 157-171 sowie die streckenweise polemische Arbeit von Otmar Jung: Volksgesetzgebung. Die „Weimarer Erfahrungen" aus dem Fall der Vermögensauseinandersetzungen zwischen Freistaaten und ehemaligen Fürsten. Hamburg 1990, bes. S. 750-760 u. 842-856. Der Volksentscheid scheiterte am Ende, doch das Ergebnis (über 36% der Stimm*berechtigten* votierten mit Ja) zeigte, dass er auch jenseits der Wählerschaft von KPD und SPD auf Zuspruch stieß.
[151] Heinrich August Winkler: Der Schein der Normalität. Arbeiter und Arbeiterbewegung in der Weimarer Republik 1924 bis 1930. Berlin u. a. 1985, S. 271f.

rer Verfassung, in der stehe, „daß alle vor dem Gesetz gleich sind, auch die ehemaligen Fürsten" – schließlich werde ihnen am Ende „nicht einmal das Mobiliar bleiben". Vor allem beklagte er den Mangel an „Objektivität" in der öffentlichen Auseinandersetzung sowie den Umstand, dass es den Parteien im Reichstag nicht gelungen sei, die Abfindung der Fürstenhäuser „im Wege eines vernünftigen Kompromisses" zu lösen.[152]

Wenige Monate später, Anfang Dezember 1926, folgte der nächste erbitterte Prinzipienstreit in der DDP, als der Reichstag das sogenannte Schund- und Schmutzgesetz verabschiedete, das ein Verbot „jugendgefährdender" Schriften bezweckte und dafür die Errichtung von besonderen Prüfstellen vorsah. Für einen Teil der Demokraten handelte es sich um eine notwendige Maßnahme zum Jugendschutz, andere erblickten hierin ein Wiederaufleben staatlicher Zensur. Obwohl es der demokratische Innenminister Wilhelm Külz war, der dem Parlament das Gesetz vorlegte, Theodor Heuss an dessen Zustandekommen im zuständigen Ausschuss wesentlich mitwirkte und Gertrud Bäumer es als Rednerin der Fraktion befürwortete, stimmte schließlich nur eine Minderheit der DDP-Abgeordneten, darunter Dietrich, dafür. Das änderte wenig an der Empörung insbesondere aus dem Kreis von Intellektuellen, die auch Dietrich zu spüren bekam. Ein aufgebrachter Künstler kritisierte ihn harsch und erklärte, dass er ihm „niemals meine Stimme gegeben hätte", wenn er sein Abstimmungsverhalten hätte vorhersehen können. In seiner Antwort zeigte Dietrich sich überzeugt, dass die praktische Bedeutung des Gesetzes überschätzt werde und „nicht so doktrinär zu nehmen ist, wie es von vielen Seiten geschieht". Vor allem wies er, nicht ohne Spitze gegen die Mehrheit der Fraktion, auf die Mechanismen des parlamentarischen Arbeitens und die Unausweichlichkeit von Kompromissen hin: Er könne nicht gegen ein Gesetz stimmen, wenn „ein demokratischer Abgeordneter, Herr Heuss, zwei Jahre mit Zustimmung der Fraktion daran mitgearbeitet, ein demokratischer Minister es vor dem Reichstag vertreten und die bedeutendste Frau unserer Partei sich für dieses Gesetz ins Zeug gelegt hat. Wenn man Politik und nicht Dilettantismus treiben will, dann mußte man entweder von vornherein jede Mitarbeit ablehnen, oder aber, wenn man schon in dieser Weise mitging, wie wir es getan haben, die Konsequenzen ziehen."[153]

Gespalten zeigte sich die DDP auch in einer Frage, die von ungleich größerer politischer Tragweite war – nämlich bei den Reichspräsidentenwahlen im Frühjahr 1925. Nach langwierigen Verhandlungen hinter den Kulissen erklärte sich die Parteiführung widerwillig bereit, im entscheidenden zweiten Wahlgang am 26. April den Zentrumsmann Wilhelm Marx als gemeinsamen Kandidaten der Weimarer Parteien zu unterstützen, während die Rechte Paul von Hindenburg aufstellte, für den mit gewissen Vorbehalten auch die DVP eintrat. Die Demokra-

---

[152] Hermann Dietrich: Volksentscheid! Meßkircher Zeitung Nr. 139 vom 18.6.1926, ND 266, fol. 166.
[153] Wolfgang Petzet an Dietrich, 8.12.1926 u. Dietrich an Petzet, 11.12.1926, ND 82, fol. 133 u. 135 f.; vgl. Schneider, Deutsche Demokratische Partei, S. 97-100; Karl Holl: Der Austritt Theodor Wolffs aus der Deutschen Demokratischen Partei. In: Publizistik 16 (1971), S. 294-302; Klaus Petersen: Zensur in der Weimarer Republik. Stuttgart u. a. 1995, S. 56-67.

ten hatten sich gegen die Kandidatur von Marx, wie Dietrich es formulierte, „verzweifelt gewehrt".[154] Einerseits hätten sie mit Reichswehrminister Otto Geßler gerne einen Mann aus ihren eigenen Reihen als überparteilichen Kandidaten gesehen, andererseits war es äußerst heikel, der Wählerschaft einen Vertreter des politischen Katholizismus zu präsentieren. In der Partei regte sich starker Widerstand gegen die Entscheidung, nicht nur, aber gerade auch in Regionen wie Baden, wo die Ressentiments gegenüber dem Zentrum, dem traditionellen Hauptgegner des Links- und Nationalliberalismus, tief verwurzelt waren.[155]

Dietrich sah sich mit energischen Protesten konfrontiert. Generalsekretär Dees teilte ihm mit, wie „schädlich" die Unterstützung von Marx für die Partei sei. Man könne „unseren Leuten in Baden wirklich nicht zumuten, Zentrum zu wählen"; es sei zu erwarten, „daß ein großer Teil unserer Wähler die Parole einfach nicht befolgen wird".[156] Er selbst sprach in einem Brief an seinen Konstanzer Freund Eugen Rebholz von einer „geradezu wahnsinnigen Konstellation". Er werde Marx wählen, „weil ich befürchte, daß, wenn Hindenburg in die Wilhelmstrasse einzieht, eine Sammlung unpolitischer Leute Einfluß auf das Geschick Deutschlands bekommt". Die kulturkämpferische Haltung vieler Parteifreunde teilte er jedoch durchaus. Höhnisch stellte er fest, dass Stresemann, der eine Kandidatur Geßlers sabotiert hatte, „das historische Verdienst gebührt, dem deutschen Volke, nachdem es den Dreißigjährigen Krieg geführt hat, jetzt einen Zentrumspräsidenten zu verschaffen".[157] Ungeachtet seiner persönlichen Vorbehalte und der innerparteilichen Widerstände, und obwohl er die Zugkraft Hindenburgs unterschätzte und den Wahlsieg von Marx für gesichert hielt, ließ Dietrich in der Öffentlichkeit keinen Zweifel an seiner Unterstützung für den Kandidaten der Weimarer Koalition aufkommen. „In diesem Kampf darf es nicht heißen: Hie katholisch – hie protestantisch! Diese schwärende Wunde am deutschen Volk darf nicht aufgerissen werden", so Dietrichs Appell an die traditionell antiklerikalen Liberalen am Bodensee. Es gehe vielmehr darum, „die republikanische Grundlage des Deutschen Reiches endgültig [zu] befestigen". Hindenburg verkörpere die „Rückkehr zum Alten", sei ein „Platzhalter der Monarchie" und Kandidat „derer, die die modernen Staatseinrichtungen bekämpfen".[158]

Die „Hauptaufgabe" seiner Partei, befand Dietrich 1928 in einer Wahlkampfrede, sei „die Erziehung des deutschen Staatsbürgers".[159] Diese Maxime hatte er 1919 ähnlich formuliert, sich aber in der Praxis oft genug nicht daran gehalten. Das änderte sich nach 1923 grundlegend. Dietrichs Hinwendung zur Republik

---

[154] Dietrich an Robert Schlegel, 6. 4. 1925, ND 267, fol. 68.
[155] Schneider, Deutsche Demokratische Partei, S. 112 f.; Schustereit, Linksliberalismus, S. 106–113; Jones, Liberalism, S. 242–246.
[156] Karl Dees an Dietrich, 6. 4. 1925, ND 270, fol. 17.
[157] Dietrich an Eugen Rebholz, 21. 4. 1925, ND 709; zu Stresemanns Vorgehen gegen eine überparteiliche Kandidatur Geßlers siehe Wright, Stresemann, S. 307–310 u. Heiner Möllers: Reichswehrminister Otto Geßler. Eine Studie zu „unpolitischer" Militärpolitik in der Weimarer Republik. Frankfurt a. M. 1998, S. 296–300.
[158] Hermann Dietrich: Zum Kampf um die Präsidentschaft, Seebote Nr. 85 vom 15. 4. 1925.
[159] Rede Dietrichs in Überlingen am 10. 5. 1928, Seebote Nr. 110 vom 12. 5. 1928.

war nicht außergewöhnlich, sondern entsprach dem Annäherungsprozess an die neue Staatsform, den viele seiner Zeitgenossen durchliefen. Der Kontrast zu seinem früheren Auftreten ist dennoch bemerkenswert – besonders in Anbetracht des enormen Drucks von Seiten der Partei- und Wählerbasis, dem er sich als Abgeordneter und Parteipolitiker täglich ausgesetzt sah. Seine Haltung im Präsidentschaftswahlkampf ist symptomatisch. Es ist kaum vorstellbar, dass er fünf Jahre zuvor für die Wahl eines Zentrumspolitikers eingetreten wäre, zumal von vornherein feststand, dass er sich damit keinen Gefallen tun konnte. Robert Schlegel, den Verleger seiner Zeitungen im Bodenseekreis, konnte er nur mit großer Mühe zur Unterstützung von Marx bewegen, und noch Monate später musste er von einem ehemaligen nationalliberalen Fraktionskollegen hören: „Ich kann Dir nicht sagen, wie sehr Deine Haltung in dieser Frage Dein Ansehen in weiten Kreisen Deiner engeren Heimat geschädigt hat, selbst bei treuen bisherigen Anhängern Deiner Partei".[160] Wenn Dietrich alte Freunde aus der NLP kritisierte, die der DDP den Rücken gekehrt hatten, hielt er ihnen gerne vor, dass mittlerweile „meine Richtung in der badischen Demokratischen Partei die Oberhand hat".[161] Zur Wahrheit gehörte jedoch auch, dass diese „Richtung" sich geändert hatte.

Der moderate Tenor seiner politischen Äußerungen änderte sich selbst dann nicht, wenn die DDP Oppositionspartei war. An den Bürgerblockregierungen von 1925 und 1927/28 übte er vielfach Kritik, ging aber rücksichtsvoller mit ihnen um als mit den Kabinetten der Nachkriegsjahre, an denen die DDP fast immer beteiligt war. „Die Verantwortung zwingt zum Maßhalten", erläuterte er im Herbst 1925 die Haltung der DDP zum Kabinett Luther. Die Demokraten wüssten, „daß auch die Opposition verantwortungsvoll ist". Man müsse sich hüten, die früheren „uferlosen Versprechungen der Rechtsparteien nun mit gleicher Münze zu vergelten" und in die „Unvernunft einer ungeschulten Opposition" zu verfallen, wie sie speziell die DNVP vor ihrem erstmaligen Regierungseintritt betrieben habe.[162] Es mag sein, dass die DDP auch deshalb keine entschiedene Oppositionspolitik verfolgen konnte, weil die moderate Linie der Mitte-Rechts-Regierungen geringe Angriffsflächen bot und sie auf die vielfältigen Interessen innerhalb der eigenen Reihen Rücksicht nehmen musste.[163] Immerhin zeigen die Beispiele von DVP (bis 1920) und DNVP, dass die heterogene Zusammensetzung einer Partei einem scharfen Oppositionskurs keineswegs entgegenstand. Aus der Aufwertungsfrage

---

[160] Karl Ringwald an Dietrich, 19.11.1925, ND 74, fol. 179. Robert Schlegel hatte Dietrich unmittelbar nach der Nominierung von Marx telegraphisch mitgeteilt, diese Kandidatur sei „für uns alte Liberale untrag- und unvertretbar": Schlegel an Dietrich, 5.4.1925, ND 267, fol. 67. Im Wahlkampf stellte sich der *Seebote* klar hinter Marx – offensichtlich auf Dietrichs Druck hin, denn zwei Wochen nach der Wahl tat Schlegel kund, „daß ich eine solche Verpflichtung in meinem Leben nicht wieder übernehme": Robert Schlegel an Dietrich, 8.5.1925, ND 266, fol. 66; Seebote Nr. 88-94 vom 18.4.-25.4.1925.

[161] Dietrich an Max Klemm, 14.8.1925, ND 72, fol. 171; ähnlich Dietrich an Karl Ringwald, 28.10.1925, ND 74, fol. 185f.

[162] Hermann Dietrich: Opposition im Parlamentarismus, Seebote Nr. 227 vom 5.10.1925.

[163] So Schneider, Deutsche Demokratische Partei, S. 100-108.

hätte sich zweifellos, allemal durch den einzelnen Politiker, Kapital schlagen lassen. Dietrichs Anspruch, er und die DDP würden „eine vernünftige Politik machen", beinhaltete mehr als den taktischen Rückzug auf eine Verlegenheitsformel – er bestimmte auch seine privaten Äußerungen und wurde ihm zur persönlichen Gewissheit.[164] Dietrich wähnte sich und seine Partei gleichsam im Recht, und es hat den Anschein, dass sich dieses Bewusstsein im Angesicht von Wahlniederlagen und dem als unredlich, „unvernünftig" und „verantwortungslos" wahrgenommenen Vorgehen der politischen Gegner verfestigte. „Die Demokratische Partei hat sich sofort auf den Boden des heutigen Staates gestellt und mußte die ganze Last der Verantwortung mittragen helfen", erklärte Dietrich im Wahlkampf 1928. Sie habe bei den Wahlen „schlecht [...] abgeschnitten", weil sie „nichts versprochen" habe, und werde sich weiterhin, „bis zum letzten Atemzuge", so seine beinahe trotzige Formulierung, „in den Dienst des Aufbaues" stellen: „Die Demokraten haben ein gutes Gewissen und sie haben gleich gesehen, wohin die Reise führte."[165]

Gleichzeitig war Dietrich überzeugt, dass diese „vernünftige Politik", jedenfalls in wesentlichen Teilen, ohne Alternative war und sich mit abweichenden parteipolitischen Konzepten nicht ändern ließ. Auch aus diesem Grund, so schrieb er einem befreundeten DVP-Mitglied, habe er sich der richtigen Partei angeschlossen: „Denn selbst wenn ich bis zu den Deutschnationalen nach rechts abgeschwommen wäre, so wäre ich doch in der Zwangslage, heute dieselbe Politik machen zu müssen wie wir sie bei der Demokratischen Partei unter schweren Schmerzen in die Wege geleitet haben."[166] Die Vorstellung einer gleichsam objektiv gegebenen Politik, die von der – hier als nahezu beliebig gedeuteten – demokratischen Willensbildung abgekoppelt war, deckte sich mit Dietrichs Staatsdenken, in dem Staat und Gesellschaft letztlich getrennte Sphären zugewiesen waren. Diese mit antipluralistischen Tendenzen einhergehende Fixierung auf den überparteilichen Staat als höchstes Ziel der Politik war der rote Faden, der von der Revolution bis zur nationalsozialistischen Machtübernahme sein politisches Denken durchzog. Damit stand er keineswegs allein, sondern präsentierte sich als durchaus typischer Vertreter der DDP, die sich darauf berief, eine auf den Ausgleich aller Interessen bedachte „republikanische Staatspolitik" zu verfolgen.[167] Allerdings ist zu berücksichtigen, dass die politischen Handlungsspielräume in der Tat begrenzt waren, selbst in der relativ stabilen Phase der Weimarer Republik. Wenn Dietrich den Erwartungen seiner Wähler diese Sachzwänge entgegenhielt, hoffte er auf deren Einsicht. Bei denen, die er zu „erziehen" suchte, verfing die parlamentarische Sprache der Sachlichkeit, die den Kompromiss zum Programm erhob, freilich nicht.

---

[164] Dietrich an Edmund Rebmann, 23.7.1926, ND 83, fol. 51 (Zitat); ähnlich Dietrich an Waldemar Dietrich, 12.6.1928, ND 634.
[165] Rede Dietrichs in Überlingen am 10.5.1928, Seebote Nr. 110 vom 12.5.1928.
[166] Dietrich an Max Klemm, 14.8.1925, ND 72, fol. 171.
[167] Schneider, Deutsche Demokratische Partei, S. 78-141.

3. Politik hinter den Kulissen

Dietrichs Karriere als Berufspolitiker verlief innerhalb der Institutionen – einerseits als Amts- und Mandatsträger, andererseits als Parteipolitiker. In der badischen DDP wurde er nach der Revolution zweiter Vorsitzender; 1925 rückte er an die Spitze des Landesverbandes. Auf Reichsebene etablierte er sich Mitte der zwanziger Jahre in der erweiterten Parteiführung. Anfang Dezember 1925 war er einer der Hauptredner auf dem Parteitag in Breslau und wurde in den Vorstand gewählt, der zu diesem Zeitpunkt etwa 40 Mitglieder zählte.[168] Gleichzeitig gehörte er den Vorständen zweier Fachausschüsse der Partei an, nämlich dem wirtschaftsnahen Reichsausschuss für Handel, Industrie und Gewerbe sowie dem Reichsausschuss für Landwirtschaft.[169] Zur Parteispitze zählte Dietrich freilich nicht, und in den vielköpfigen Gremien spielte er eine eher marginale Rolle. An den Vorstandssitzungen nahm er bis 1928 häufig nicht teil, und wenn doch, ergriff er selten das Wort.[170] Dieser Umstand ist wahrscheinlich mit seiner kritischen Haltung gegenüber der politischen Linie der Berliner Parteikreise zu erklären, die im Vorstand stark überrepräsentiert waren und den Ton angaben.[171] Anders als noch einige Jahre zuvor legte Dietrich offenbar Wert darauf, nicht unangenehm aufzufallen und Konflikten möglichst aus dem Weg zu gehen, wie es auch seinem moderaten Gebaren innerhalb der Reichstagsfraktion entsprach. In Anbetracht der permanenten Querelen bzw. offenen Auseinandersetzungen in der DDP war dies keine Selbstverständlichkeit. Schon gar nicht war Dietrich bereit, der DDP den Rücken zu kehren und den wenig aussichtsreichen Versuch zu unternehmen, seine Ziele außerhalb von Parteiorganisationen zu verfolgen – wie Eugen Schiffer, der sich mit seinem Austritt aus der Partei und der anschließenden Gründung der Liberalen Vereinigung letztlich zwischen alle Stühle setzte.

Trotzdem kann man Dietrich als politischen Akteur erst dann verstehen, wenn man sein informelles Handeln angemessen berücksichtigt. Sein Beispiel zeigt, welchen Stellenwert personenzentrierte Kommunikationsmuster in der Weimarer Politik und speziell innerhalb des Weimarer Liberalismus hatten. Zweifelsohne besaß Dietrich ein Talent dafür, seine Ziele hinter den Kulissen zu verfolgen. Der Ausbau und die Nutzung von Netzwerken und Abhängigkeitsverhältnissen waren ein wesentlicher Baustein seines Karrierewegs. Er verstand es, sich andere Akteure zu verpflichten – unter Berufung auf gemeinsame (politische) Interessen, durch persönliche Freundschaften, aber auch durch den Einsatz finanzieller Mittel und

---

[168] Rede Dietrichs über „Neue Ziele in der Wirtschaftspolitik" auf dem sechsten ordentlichen Parteitag der DDP in Breslau, 5.12.1925, BAB R 45 III-5, fol. 88-100; Übersicht über die Parteigremien der DDP in Linksliberalismus, S. 803.
[169] Organisationshandbuch DDP, S. 66 u. 74.
[170] Protokolle der Vorstandssitzungen in BAB R 45 III-19 u. 20 (teilweise abgedruckt in Linksliberalismus, Dok. 128-146b). An den Sitzungen des Reichsausschusses für Handel, Industrie und Gewerbe nahm Dietrich bis Anfang 1927 „nicht ein einziges Mal" teil: Dietrich an Ernst Mosich, 19.1.1927, ND 93, fol. 62.
[171] Vgl. Lothar Albertin: Einleitung. Deutsche Demokratische Partei/Deutsche Staatspartei. In: Linksliberalismus, S. XI-LI, hier S. XXIII.

Gefälligkeiten aller Art – und konnte diese Beziehungen im Zweifelsfall „tatsächlich mobilisieren".[172]

In Baden verfügte Dietrich über ein besonders gut ausgebautes Beziehungsgeflecht, mit dessen Hilfe er schon vor 1918 seine Laufbahn vorangetrieben hatte. Nach der Revolution bestritt er mit einer systematischen, wenngleich nicht immer erfolgreichen Netzwerk- und Pressepolitik den Machtkampf in der badischen DDP, der de facto zu seinen Gunsten entschieden war, als sein Konkurrent Hermann Hummel im Herbst 1922 das Amt des badischen Kultusministers niederlegte und in die Direktion der BASF eintrat. Mit dem Ende des Führungsstreits klangen die Konflikte in der Partei rasch ab. Ebenso verblassten die Gegensätze entlang der früheren Parteigrenzen. Das galt einerseits für Dietrichs Netzwerke, die zwar einen nationalliberalen Einschlag behielten, aber zunehmend über die alten Freundes- und Bekanntenkreise hinausreichten, andererseits für die Parteiorganisation im Allgemeinen. Dietrich wurde nun selbst von den Kreisen akzeptiert, die er bislang zu seinen Gegnern gerechnet hatte – teilweise sicherlich aus pragmatischen Gründen, schließlich mussten weitere Versuche, seine Position in Frage zu stellen, zwecklos erscheinen. Die Präsenz, die er als Abgeordneter in seinem Wahlkreis zeigte, und sein Engagement für die Parteiarbeit stärkten ebenfalls seine Stellung. Die Aussöhnung mit den innerparteilichen Gegnern war aber auch auf sein gemäßigteres politisches Auftreten zurückzuführen, auf seine Abkehr von oppositionellen Parolen, die sich indirekt gegen die eigene Partei gerichtet hatten, und seine Hinwendung zur Republik.

Schon während des Wahlkampfs im Frühjahr 1924 registrierte Dietrich, gleichermaßen erfreut und überrascht, dass selbst in Nordbaden „ungeheuer für mich gearbeitet" werde: „Meine ehemaligen Feinde im Unterlande, die meine Kandidatur nicht wollten, sind jetzt wie umgedreht".[173] Zwischen ihm und den FVP-Kreisen entwickelte sich ein entspanntes, kooperatives Verhältnis. Ludwig Haas, der zuvor für seine „alte Abneigung" gegen Dietrich bekannt war,[174] äußerte sich inzwischen „sehr herzlich" über ihn.[175] Mit einigen eher linksorientierten Politikern wie den Landtagsabgeordneten Oskar Hofheinz und Alfred Scheel kam es wiederholt zu Meinungsverschiedenheiten, doch korrespondierte man bei solchen Gelegenheiten in versöhnlichem Ton.[176]

Als Hermann Hummel sich 1925 endgültig aus der badischen Politik zurückzog und den Parteivorsitz niederlegte, geriet die Regelung der Nachfolge offenbar zur Formalität. Dietrichs Wahl erfolgte einstimmig, und nach eigener Aussage wurde er regelrecht zur Übernahme des Amts gedrängt, weil man den Industriellen Richard Freudenberg nicht an der Spitze der Partei sehen wollte. Freudenberg wurde stattdessen zum zweiten Vorsitzenden gewählt und „infolge der häufigen

---

[172] Bourdieu, Kapital, S. 191.
[173] Dietrich an Eugen Rebholz, 25. 4. 1924, ND 709.
[174] Eberhard Gothein an Georg Gothein, 10. 7. 1920, BAK N Gothein 8, fol. 42.
[175] Albert Herzog an Dietrich, 14. 12. 1925, ND 79, fol. 162.
[176] Z. B. Hofheinz an Dietrich, 6. 2. 1926 u. Dietrich an Hofheinz, 10. 2. 1926, ND 79, fol. 237–239; Dietrich an Scheel, 15. 3. 1926 u. Scheel an Dietrich, 24. 3. 1926, ND 84, fol. 181 u. 183f.

Abwesenheit" Dietrichs mit der „Führung der Geschäfte" betraut.[177] Gegen ihn bestanden vermutlich ähnliche Vorbehalte, wie sie Hummel nach seinem Wechsel zur BASF entgegenschlugen: Freudenberg war Mitinhaber und leitender Geschäftsführer der gleichnamigen Lederfabrik in Weinheim, einem der größten Arbeitgeber in Baden, und konnte somit als Vertreter einseitiger Wirtschaftsinteressen gelten.[178] Zudem war er erst 33 Jahre alt. Da er angesichts seiner beruflichen Inanspruchnahme keine weiterreichenden politischen Ambitionen hegte und sich 1925 nicht einmal eine erneute Kandidatur für den Landtag zutraute, stellte er für Dietrich jedenfalls keine Bedrohung dar. Der alte Proporz zwischen NLP und FVP wurde mit seiner Wahl zum zweiten Vorsitzenden insofern gewahrt, als er in den Jahren nach der Revolution Ludwig Haas und den FVP-Kreisen nahegestanden und gegen Dietrichs Parteifusionspläne opponiert hatte.[179] Mittlerweile war das Verhältnis der beiden Parteiführer jedoch überaus freundschaftlich. Sie sprachen sich per Du an – das war in Dietrichs Fall, sieht man von seinen nationalliberalen Parteifreunden ab, eher selten – und arbeiteten fortan einträchtig zusammen. Ebenso reibungslos gestaltete sich die Zusammenarbeit mit dem Generalsekretär Karl Dees, der ein langjähriger Vertrauter Hummels war. Hummel selbst stellte ohnehin keine Gefahr mehr dar. Nachdem er über den Umweg eines anderen Wahlkreises ebenfalls zu einem Reichstagsmandat gekommen war, trat er in Baden praktisch nicht mehr in Erscheinung. Im Übrigen fand die Rivalität einen versöhnlichen Abschluss, indem Hummel zum Ehrenvorsitzenden gekürt wurde.[180]

Fortan war Dietrich in der badischen DDP „die Führerpersönlichkeit, der sich alles unterordnete".[181] Das Amt des Vorsitzenden sollte er bis zur Auflösung der DStP im Jahr 1933 behalten: Selbst als er Reichsminister wurde und immer weniger in der Lage war, sich um die Partei zu kümmern, wurde seine Stellung nicht ernsthaft in Frage gestellt.[182] Ab Mitte der zwanziger Jahre herrschte im Vorstand

[177] Bericht über die Sitzung des Landesausschusses der DDP am 1.8.1925, Seebote Nr. 178 vom 6.8.1925; Dietrich an Max Klemm, 14.8.1925, ND 72, fol. 171.
[178] Zur politischen Aktivität Freudenbergs in der Weimarer Zeit knapp Joachim Scholtyseck: Freudenberg. Ein Familienunternehmen in Kaiserreich, Demokratie und Diktatur. München 2016, S. 65–74; Stefan D. Wilderotter: Richard Freudenberg. Liberaler Politiker und Unabhängiger Bundestagsabgeordneter. Weinheim 1992, S. 20–26.
[179] Wilderotter, Freudenberg, S. 22; Dietrich an Rebmann, 12.8.1920, 69 NLP Baden 242. Vor 1918 war Freudenberg nicht politisch aktiv.
[180] Ergänzungsband zum Organisationshandbuch der Deutschen Demokratischen Partei. Berlin 1928, S. 162. Symptomatisch ist, dass Wilhelm Stahl, ab 1927 Landesgeschäftsführer der DDP, Hummel gar nicht kannte und rückblickend vermutete, Hummel sei „schon vor meiner Tätigkeit in Karlsruhe" gestorben: Wilhelm Stahl an Monika Oels, 23.11.1973, AdL N Stahl 105, fol. 18.
[181] So Wilhelm Stahl an Monika Oels, 23.11.1973, AdL N Stahl 105, fol. 19.
[182] Nach seinem Eintritt in die Reichsregierung installierte Dietrich mit Hubert Zircher einen alten Freund als geschäftsführenden Vorsitzenden, der fortan als sein zuverlässiger Stellvertreter fungierte. Bis 1928 hatte Zircher (möglicherweise ein früherer Nationalliberaler) praktisch keine Rolle in der Partei gespielt, weshalb es zu manchen Unmutsbekundungen über dessen plötzlichen Aufstieg kam. Dass sich die Diskussionen in Grenzen hielten und diese Lösung ungeachtet aller landes- und reichspolitischen Turbulenzen Bestand hatte, ist symptomatisch für Dietrichs Kontrolle über die badische DDP. Zu den (in dieser Arbeit nicht näher behandelten) Vorgängen ab 1928 siehe bes. die Unterlagen in ND 232, 235 u. 236 sowie die Korrespondenz Dietrichs mit Zircher in den Jahren 1930 bis 1933, ND 126, 134 u. 141.

und in den tonangebenden Kreisen der Partei eine vergleichsweise friedliche Atmosphäre. Die Spannungen, denen die DDP durch reichspolitische Entwicklungen ausgesetzt war, etwa bei der Reichspräsidentenwahl 1925 und dem Fürstenentscheid 1926, gingen am badischen Landesverband nicht spurlos vorüber, waren hier aber weniger stark ausgeprägt und machten sich eher an der Basis bemerkbar. Mit den grundsätzlichen Antagonismen früherer Jahre hatten sie wenig gemein. Die Gesamtkonstellation in der badischen DDP hatte sich also bedeutend verändert. Die Methoden, mit denen Dietrich seinen Einfluss geltend machte, blieben jedoch im Wesentlichen dieselben – allerdings ohne die aggressiven Züge früherer Jahre: Nachdem er seine Netzwerke als innerparteiliches Kampfinstrument eingesetzt hatte, um seinen Machtanspruch durchzusetzen, nutzte er sie nun, um seine Kontrolle über die DDP zu zementieren und die Partei nach seinen Wünschen zu dirigieren.

Zum einen erweiterte er gezielt seine Beziehungen innerhalb der DDP. Besonders auffällig ist, dass er sich verstärkt um Verbindungen zur Deutschen Demokratischen Jugend (DDJ) bemühte. Der Parteinachwuchs neigte dazu, dem Vorstand unbequem zu werden, weil er eigenständig organisiert und folglich nicht ohne weiteres zu kontrollieren war.[183] Mit dieser Konstellation war Dietrich bestens vertraut, schließlich hatte er vor dem Krieg die scharfen Auseinandersetzungen zwischen den Jungliberalen und dem rechten Flügel der NLP ebenso wie das Einvernehmen, das in Baden zwischen der Jugendorganisation und dem damaligen Parteichef Edmund Rebmann herrschte und zu einer erfolgreichen Zusammenarbeit führte, aus nächster Nähe erlebt. Um die badischen Jungdemokraten an die Parteilinie (und damit an sich) zu binden, protegierte er einige ihrer führenden Vertreter. Das galt namentlich für Karl Frank und Wilhelm Stahl, die ihre ersten Karrierestationen – beide sollten später in der Politik der frühen Bundesrepublik eine gewisse Rolle spielen – seiner Fürsprache verdankten. Er verschaffte Frank 1926 eine Stellung im Reichsinnenministerium und leitete im folgenden Jahr die Wahl des gerade 27-jährigen zum Bürgermeister der nordbadischen Stadt Eberbach in die Wege.[184] Noch drei Jahre jünger war Stahl, der ab 1925 Vorsitzender der badischen DDJ war und von Dietrich besonders hofiert wurde – nicht ohne Erfolg. Er erwies sich rasch als loyaler Gefolgsmann und pochte bei den Jungdemokraten wie gewünscht auf die Einhaltung der Parteidisziplin. Im Frühjahr 1927 sorgte Dietrich dafür, dass Stahl im Generalsekretariat angestellt wurde, wobei er es bezeichnenderweise zur Bedingung machte, dass er den Vorsitz der

---

[183] Zum Beispiel kritisierten die badischen Jungdemokraten im Frühjahr 1926 öffentlich die Koalitionspolitik der Parteiführung: Karl Dees an Dietrich, 28. 5. 1926 u. Willy Hellpach an Dietrich, 4. 6. 1926, ND 229, pag. 147f. u. pag. 151f.; vgl. Bangert, Postulat, S. 268.

[184] Die Anstellung im Innenministerium fädelte Dietrich über Hermann Kuenzer ein, einen früheren Nationalliberalen aus Baden, der nun Reichskommissar für die Überwachung der öffentlichen Ordnung war. In Eberbach nutzte Dietrich seine Beziehungen zu dem scheidenden Bürgermeister John Gustav Weiß, gleichfalls ein ehemaliger Nationalliberaler; siehe die Unterlagen in ND 77, fol. 169-182 u. ND 89, fol. 136-144. Welches Amt Frank in der badischen DDJ bekleidete, ist unklar. Jedenfalls gehörte er dem Reichsvorstand an: Organisationshandbuch DDP, S. 69.

DDJ nicht aufgeben dürfe. Als Generalsekretär Karl Dees wenige Monate später aus dem Parteidienst ausschied, wurde Stahl sein Nachfolger.[185] Andere Jungdemokraten waren Dietrich verpflichtet, weil er sie zu Ferienaufenthalten auf seinen Hof in Wildgutach einlud, sie bei der Verwaltung seiner Vermögensobjekte beschäftigte oder ihnen seine Zweitwohnung in Karlsruhe für Treffen der dortigen Ortsgruppe zur Verfügung stellte.[186]

Zum anderen regelte Dietrich Parteiangelegenheiten vorwiegend im persönlichen Austausch mit Einzelnen, wobei die eigentlich zuständigen Gremien häufig umgangen oder ihre Entscheidungen vorweggenommen wurden. Das Amt des Vorsitzenden übte er energisch aus und griff auch in Details der laufenden Parteiarbeit ein. Soweit er sie nicht selbst erledigte, zum Beispiel über seine Kontakte zu Ortsvereinen, bediente er sich der Landesgeschäftsstelle, deren Tätigkeit er genau überwachte. Kam er längere Zeit nicht nach Baden, gingen ihm ausführliche Berichte des Generalsekretärs zu. Seine wichtigste Stütze war jedoch Freudenberg, der eigentliche „geschäftsführende" Vorsitzende. Er war in alle wesentlichen Vorgänge eingebunden, begnügte sich allerdings damit, die Rolle eines zuverlässigen Sekundanten zu spielen. Als solcher war der Multimillionär für Dietrich nicht zuletzt deshalb unverzichtbar, weil die Partei sich mit schwerwiegenden finanziellen Problemen konfrontiert sah. Das galt einerseits für die DDP-nahe Presse, der ständig unter die Arme gegriffen werden musste,[187] andererseits für die Partei selbst, die auf erhebliche Zuschüsse angewiesen war. Nicht nur in Wahlkampfzeiten, sondern auch im laufenden Betrieb fehlte es der Landesorganisation an Mitteln, weil die regulären Mitgliedsbeiträge nicht entrichtet wurden bzw. die Ortsvereine die Anteile, welche der Landeszentrale und der Reichsgeschäftsstelle eigentlich zustanden, nicht abführten. Die DDP musste auf Bankkredite zurückgreifen, für die Dietrich und Freudenberg gemeinsam bürgten und die im Winter 1927 einen Stand von 15 000 RM erreichten.[188] Zugleich kam die Parteizentrale angesichts großer Sparanstrengungen beinahe zum „Stillstand".[189] Die beiden Vorsitzenden einigten sich nun darauf, der Partei durch regelmäßige Zahlungen

---

[185] Schriftwechsel zwischen Dietrich und Stahl, Herbst 1926, ND 229, pag. 283 f., 295-297 u. 381-394; Dietrich an Dees, 3.3.1927, ND 230, pag. 163; Schriftwechsel zwischen Dietrich und Freudenberg, Frühjahr/Sommer 1927, ND 230, pag. 339 u. 347 u. ND 272, fol. 271 f. u. 322 f.; Stahl an seine Familie, 17.9.1927, AdL N Stahl 73, fol. 50 f.; vgl. Patrick Ostermann: Wilhelm Stahl. Ein badischer Liberaler. Sankt Augustin o. J. [1992], S. 35-37.

[186] Neben Stahl verbrachte zum Beispiel der Vorsitzende der DDJ Mittelbaden einen längeren Aufenthalt in Wildgutach, den Dietrich zu einer eingehenden Aussprache über die Aktivitäten der Parteijugend nutzte: Wilhelm Hager an Dietrich, 8.6.1927, ND 230, pag. 289 f. Die Jungdemokratin Rosel Rinkel verwaltete ab 1927 Dietrichs Immobilien in Karlsruhe und organisierte die gelegentlichen Zusammenkünfte in seiner Wohnung: Ludwig Schmidt an Dietrich, 30.9.1927, ND 644; Dankschreiben der Karlsruher Jungdemokraten an Dietrich, 10.3.1929, ND 117, fol. 119; Stahl an Dietrich, 30.10.1930, AdL N Stahl 102, fol. 30-32.

[187] Dazu ausführlich der vierte Abschnitt dieses Kapitels.

[188] Dietrich an Hermann Fischer, 17.5. u. 23.7.1926, ND 229, pag. 129 u. ND 77, fol. 81; Dietrich an die Reichsgeschäftsstelle der DDP, 19.5.1927, ND 230, pag. 285; Wilhelm Stahl an seine Eltern, 11.2.1927, AdL N Stahl 73, fol 52.

[189] Freudenberg an Dietrich, 21.2.1927, ND 272, fol. 263.

gemeinsam ca. 10 000 RM jährlich zuzuführen – das entsprach offenbar etwa zwei Dritteln des Jahresetats. Dabei trug der Lederfabrikant den etwas größeren Anteil und tilgte überdies die bisherigen Verbindlichkeiten.[190]

Die übrigen Vorstandsmitglieder waren allenfalls sporadisch in die Parteigeschäfte eingebunden und hatten auf die Entscheidungen, die Dietrich in Absprache mit Freudenberg und Dees bzw. Stahl fällte, de facto keinen Einfluss.[191] Darüber hinaus mischte Dietrich sich immer wieder in die Landespolitik ein, um die DDP auf einen parteitaktisch vielversprechenden Kurs festzulegen. Die Demokraten sollten ihr liberales Profil schärfen, indem sie gegenüber den Regierungspartnern der Weimarer Koalition in Baden, insbesondere dem Zentrum, Kante zeigten. Dafür musste Dietrich in erster Linie Einfluss auf die Landtagsfraktion nehmen, deren Mitglieder als Mandatsträger nicht an Vorgaben der Parteiführung gebunden waren. Deshalb stand er in ständiger Verbindung mit seinem Freund Karl Glockner, einem ehemaligen Nationalliberalen, der seit 1920 Fraktionschef war. Glockner, hauptberuflich Präsident des badischen Verwaltungsgerichtshofs und in Karlsruhe bestens vernetzt, informierte ihn nicht nur über Interna aus Parlaments- und Regierungskreisen, sondern hatte stets ein offenes Ohr für seine Wünsche. So konnte Dietrich fortwährend in die Arbeit der Fraktion eingreifen, zum Beispiel, indem er Glockner instruierte, die Personalpolitik des Zentrums anzuprangern oder gegen bestimmte Steuererhöhungen vorzugehen, die das vom Zentrum geführte Finanzministerium vorbereitet hatte.[192]

Auf Dietrichs Initiative war es auch zurückzuführen, dass die DDP nach den Landtagswahlen 1925 vorübergehend aus der Regierung ausschied. Da die Partei abermals Wählerstimmen eingebüßt hatte und nur noch 6 von 72 Abgeordneten stellte, wollte das Zentrum die Bedingungen für eine Fortsetzung der Weimarer Koalition neu aushandeln. Die Demokraten befanden sich in einer schwachen

---

[190] Im Frühjahr 1927 hielt Dietrich 9000 RM für ausreichend, von denen er 4000 RM, Freudenberg 5000 RM tragen sollte. Freudenberg war mit der Aufteilung einverstanden, plädierte aber für einen Zuschuss in Höhe von 900 RM monatlich, d. h. 10 800 RM im Jahr. Ob es bei Dietrichs Vorschlag blieb, geht aus den Unterlagen nicht hervor: Karl Dees an Dietrich, 26. 4. 1927 u. Dietrich an Freudenberg, 12. 5. 1927, ND 272, fol. 268 u. 271 f.; siehe außerdem Dietrich an das Bankhaus Veit L. Homburger, 26. 9. 1927, ND 230, pag. 413. Wilhelm Stahl erinnerte sich später vage, Dietrich, Freudenberg und die Landtagsfraktion seien die „Hauptgeldgeber" gewesen. „Der monatliche Etat des Landesverbandes […] belief sich (abgesehen von Wahlkämpfen) auf nicht mehr wie 1500,00 DM [sic!] im Durchschnitt." Stahl an Monika Oels, 23. 11. 1973, AdL N Stahl 105, fol. 18; zuerst hatte Stahl notiert, der Etat habe nur 1000 Mark betragen: Monika Oels an Stahl, 17. 11. 1973, ebd., fol. 15 (Marginalie Stahls).

[191] In Dietrichs Schriftverkehr treten sie jedenfalls kaum in Erscheinung (bes. ND 229-231, passim). Vermutlich beschränkte sich ihre Mitarbeit im Wesentlichen auf gelegentliche Vorstandssitzungen, über die keine Unterlagen erhalten sind. Wie viele Mitglieder dem Parteivorstand angehörten, ist nicht ganz klar. 1920 waren es 15, Anfang 1928 nur noch 9: Mitgliederliste des Parteivorstands und des Geschäftsführenden Ausschusses nach der Landesversammlung am 24. 4. 1920, AdL N Stahl 91, fol. 42; Freudenberg an Dietrich, 27. 1. 1928, ND 231, pag. 83 f.

[192] Z. B. Glockner an Dietrich, 1. 1. 1926, ND 76, fol. 120 f.; Dietrich an Glockner, 21. 5. 1926, ND 229, fol. 133; Glockner an Dietrich, 24. 12. 1927, ND 230, pag. 611 f.; Dietrich an Glockner, 12. 1. 1928, ND 111, fol. 216.

Position, weil die Fraktionen von Zentrum und SPD nicht nur deutlich größer waren, sondern allein über eine Mehrheit verfügten. Dietrich sorgte nun in Absprache mit Glockner, Freudenberg und Dees dafür, dass die DDP-Fraktion in die Opposition ging. Sie sollte im Parlament enger mit der DVP zusammenzuarbeiten und auf der Bildung einer Großen Koalition bestehen, also nur mit der Volkspartei gemeinsam in die Regierung eintreten, um so dem liberalen Einfluss im Kabinett größeres Gewicht zu verschaffen.[193] Gegen diese Entscheidung regte sich Widerstand, weshalb die erweiterten Parteigremien Stellung nehmen mussten, in denen neben dem Vorstand die lokalen DDP-Gliederungen vertreten waren.[194] Dort behielt Dietrich auch dadurch die Oberhand, dass er zahlreiche Delegierte, vorwiegend aus Südbaden, ermahnte, zu den Sitzungen zu erscheinen und gegen eine Neuauflage der Weimarer Koalition zu votieren. Allerdings stand die große Mehrheit der Partei offenbar ohnehin hinter ihm, befanden sich doch unter denjenigen, die er für seinen Kurs gewinnen konnte, nicht nur seine alten nationalliberalen Anhänger. Trotzdem hielt Dietrich es für erforderlich, seine Beziehungen in Bewegung zu setzen – weil er befürchtete, dass diese Mehrheit einfach nicht in Karlsruhe erscheinen werde und der eher linksgerichtete, relativ gut organisierte Verband in Mannheim sowie die ortsansässigen Beamten, die ein persönliches Interesse an der Regierungsbeteiligung hatten, sich durchsetzen könnten.[195]

Hier tritt eine andere, zentrale Funktion von Dietrichs badischen Netzwerken markant hervor. Schon Mitte der zwanziger Jahre waren die organisatorischen Strukturen der badischen DDP insgesamt zu schwach, als dass sie den Anforderungen erfolgreicher Parteiarbeit hätten gerecht werden können. Das galt für die Wahlkämpfe, in denen viele Vereine erst aktiv wurden, wenn Dietrich seine Bekannten vor Ort aufrüttelte, für die Finanzierung der Partei, die von den Zuwendungen einiger weniger Spender abhing, und für die innerparteiliche Willensbildung, die nicht richtig funktionierte, weil Delegierte den Sitzungen der

---

[193] Dazu bes. Dietrich an Edmund Rebmann, 29. 12. 1925, ND 74, fol. 99 u. 101; Glockner an Dietrich, 1. 1. 1926, ND 78, fol. 120 f.; Dietrich an Otto Pfeffer, 8. 3. 1926, ND 79, fol. 79 f.; Entwurf Dietrichs für eine Vereinbarung der Landtagsfraktionen von DDP und DVP, o. D. [Februar 1926], ND 229, pag. 51; vgl. Bangert, Postulat, S. 268 f.; Saldern, Dietrich, S. 27 f.; Braun, Landtag, S. 452-458; Jutta Stehling: Weimarer Koalition und SPD in Baden. Ein Beitrag zur Geschichte der Partei- und Kulturpolitik in der Weimarer Republik. Frankfurt a. M. 1976, S. 13-20.

[194] Neben dem Parteivorstand gab es einen „Geschäftsführenden Ausschuß", dem Mitte der zwanziger Jahre über 40 Mitglieder angehörten, sowie einen „Landesausschuß" mit etwa 130 Delegierten: Mitgliederliste des Geschäftsführenden Ausschusses, o. D. [um 1924], ND 70, fol. 26; Freudenberg an Dietrich, 27. 1. 1928, ND 231, pag. 83 f.

[195] Dietrich an Hermann Koelblin, Robert Schlegel, Eugen Rebholz u. Georg Frech, 22. 2. 1926, ND 279, fol. 179 u. ND 229, pag. 53-57; Dietrich an Schlegel, Rebholz, Frech, Ernst Frey, Georg Rost u. Friedrich Vortisch, 12. 5. 1926, ND 272, fol. 118 u. ND 229, pag. 113-121. In seinen Schreiben vom 12. 5. konstatierte Dietrich: „Die Mannheimer [...] und einige Karlsruher Herren, letztere aus naheliegenden Gründen, wehren sich verzweifelt." Von den Adressaten kamen zwei (Rost und Vortisch) aus der FVP, und neben Freudenberg und Dees befürwortete auch Hermann Hummel Dietrichs Kurs: Dietrich an Edmund Rebmann, 29. 12. 1925, ND 74, fol. 99; siehe auch Karl Dees an Dietrich, 22. 3. u. 6. 5. 1926, ND 229, pag. 65 u. 89 f.

Landesgremien fernblieben – zum Beispiel, um die zeitraubende Reise nach Karlsruhe zu vermeiden.[196] Der Missstand, dass Inhaber von Parteiämtern ihren Aufgaben nicht nachkamen, reichte bis in den Parteivorstand. So war der dritte Vorsitzende, Dietrichs alter Freund Wilhelm Frey, offenbar vollkommen inaktiv.[197] Im Großen und Ganzen bewegte sich der Betrieb der badischen DDP in den Bahnen der Honoratiorenpolitik. Außer der Geschäftsstelle in Karlsruhe existierten keine Parteisekretariate mit bezahlten Angestellten mehr.[198] Unabhängig von der Frage, inwieweit eine Partei unter diesen Bedingungen überhaupt erfolgreich sein konnte, hing also die Handlungsfähigkeit von Orts- und Bezirksvereinen, aber auch der landesweiten Gremien einschließlich des Parteivorstands von dem Ausmaß des (ehrenamtlichen) Engagements ihrer Mitglieder ab – und hieran mangelte es. Selbstverständlich bezweckte Dietrichs Einsatz für die Partei, die Grundlage für sein Reichstagsmandat zu erhalten. Doch unbeschadet seiner im engeren Sinn persönlichen Motive dienten seine Netzwerke zugleich dem Parteiinteresse, indem sie die Defizite der porösen Parteistrukturen – notdürftig – ausglichen.

Dietrich gelang es, Parteimitglieder selbst dann zur Mitarbeit zu bewegen, wenn das Wohlergehen der Partei als Movens nicht hinreichte. Manche waren ihm aufgrund materieller Bindungen verpflichtet, wie die Beschäftigten und Mitgesellschafter der Zeitungsverlage, bei denen er finanziell engagiert war, andere standen in seiner Schuld, weil er ihnen einen Gefallen erwiesen hatte, zum Beispiel, indem er ein Anliegen bei einer Reichsbehörde unterstützt oder sich für ihr berufliches Fortkommen eingesetzt hatte. Gleichzeitig verstand es Dietrich, Menschen für sich einzunehmen – mit freundlichen Gesten und Zeichen persönlicher Verbundenheit, die angesichts des symbolischen Kapitals, das ihm als prominenter Politiker anhaftete, leicht verfingen. Das galt für langjährige Weggefährten aus der NLP ebenso wie für Personen, die er kaum kannte. Als Dietrich während des Kommunalwahlkampfes 1926 mehrere Reden in der Bodenseeregion hielt, erfuhr er, dass der Konstanzer Ortsvereinsvorsitzende Carl Adam im Begriff war, aus allgemeiner politischer Ernüchterung sein Amt niederzulegen. Zurück in Berlin, schrieb er dem früheren FVP-Mann, den er gerade „zum zweiten Male gesehen" hatte, einen überaus herzlichen Brief, in dem er betonte, „in welcher vorzüglichen Weise" dieser für sein Parteiamt geeignet sei. Da er hoffe, ihn bald „näher kennen zu lernen", lud er Adam ein, ihn einmal zu den Wanderausflügen zu begleiten, die

---

[196] So z. B. die Begründung eines Delegierten aus Emmendingen (bei Freiburg): Carl Ertz an Dietrich, 27.3.1926, ND 76, fol. 210.
[197] Jedenfalls finden sich für eine Aktivität Freys keine Anhaltspunkte in Dietrichs Unterlagen, obwohl nach wie vor ein freundschaftlicher Kontakt bestand – weshalb es auch keinen Grund gab, Frey nicht in die Parteiarbeit einzubinden.
[198] Offiziell gab es 1926 drei weitere „Parteisekretäre", die aber nicht angestellt und de facto kaum mehr als besondere Ansprechpartner waren: In Singen und Überlingen übten die Zeitungsredakteure Fritz Harzendorf und Robert Schlegel diese Tätigkeit aus, in Mannheim der Jungdemokrat Friedrich Nonne: Organisationshandbuch DDP, S. 40; Wilhelm Stahl an Dietrich, 29.10.1926, ND 229, pag. 283f. Für den Reichstagswahlkampf 1928 wurde in Mannheim immerhin vorübergehend ein Parteisekretär angestellt: Heinrich Gütermann an Dietrich, 1.3.1928, ND 99, fol. 14.

er gelegentlich mit seinem Freund Eugen Rebholz unternahm.[199] Nun konnte der Umschmeichelte nicht anders, als ihm für diese „Ehre" zu danken und ungeachtet seiner „seelischen Müdigkeit" das Parteiamt beizubehalten.[200]

Es ist auffällig, wie offen Dietrich bisweilen persönliche Momente in den Vordergrund rückte. Wenn er während der Reichstagswahlkämpfe das Engagement einzelner Mitglieder explizit als Tätigkeit „für mich" interpretierte,[201] mochte das insofern naheliegen, als er auf der demokratischen Liste nicht nur Spitzenkandidat, sondern auch der einzig aussichtsreiche Bewerber war. Doch nachdem er Landesvorsitzender geworden war, wandte er diese Strategie bei reinen Parteiangelegenheiten ebenfalls an. Typisch war seine Reaktion, als Johanna Kohlund, ein führendes Mitglied in Freiburg, erklärte, beruflich so überlastet zu sein, dass sie ihre Ämter im Ortsverein und in den Landesgremien niederlegen müsse. Dietrich bat Kohlund inständig, ihren Entschluss zu überdenken und ihm zumindest noch „Gelegenheit zu einer Unterredung" zu geben: „Sie wissen, daß ich mir sehr Mühe gebe, die Partei in Baden wieder in Ordnung zu bringen, [...] und gerade Ihre Mitarbeit würde ich schmerzlich vermissen. [...] Also verlassen Sie mich nicht ganz."[202] Hier stand nicht die gemeinsame Sache, sondern Dietrich selbst im Fokus – wobei Kohlund ebensowenig wie Adam zu seinem engeren Bekanntenkreis zählte.

Dietrich fungierte als Netzwerkknoten, der für die Funktionstüchtigkeit der Parteiorganisation von zentraler Bedeutung war. Die badische DDP war in dieser Hinsicht genauso auf ihn angewiesen wie auf die finanziellen Zuschüsse, die er gemeinsam mit Richard Freudenberg leistete. Zugespitzt formuliert: Während Dietrich seine Beziehungen und finanziellen Mittel in den ersten Jahren nach der Revolution eingesetzt hatte, um die anfangs durchaus schlagkräftige DDP-Organisation unter Kontrolle zu bringen, dienten sie nun dazu, die Organisation als solche aufrechtzuerhalten. Die Schwäche der Parteistrukturen zementierte seine Führungsposition; streckenweise übte er das Amt des Parteivorsitzenden im Stil eines Alleinherrschers aus. Die Abhängigkeit der DDP ging aber viel weiter, als ihm recht sein konnte. Nachdem er den innerparteilichen Machtkampf für sich entschieden hatte, musste er für den Erhalt des Status quo größere Belastungen auf sich nehmen, als dies bei einer intakten Partei erforderlich gewesen wäre. Weder lag es in seinem Interesse, jährlich eine höhere vierstellige Summe nach Karlsruhe zu überweisen, noch war es erstrebenswert, sich ständig um eine Vielzahl von Beziehungen kümmern zu müssen, um der Partei Leben einzuhauchen. Wenn Dietrich nach Baden kam, fühlte er sich regelrecht „belagert".[203] Seine Netzwerke sicherten ihm zwar Macht und Einfluss, strapazierten aber auch seine Ressourcen. Der Fall Kohlund illustriert, dass der zeitintensiven Pflege seiner

---

[199] Dietrich an Carl Adam, 4.11.1926, ND 229, pag. 291.
[200] Adam an Dietrich, 4.12.1926, ebd., pag. 419–423; zum anhaltenden Engagement Adams siehe Holzinger an Dietrich, 27.8.1929, ND 236, pag. 173.
[201] Z. B. Dietrich an Jakob Fünfgeld, 1.5.1924, ND 217, pag. 245; Dietrich an Eduard Lohr, 27.11.1924, ND 73, fol. 162.
[202] Kohlund an Dietrich, 15.9.1926 u. Dietrich an Kohlund, 10.10.1926, ND 229, pag. 217 u. 235.
[203] So Dietrich an Karl Holl, 27.1.1925, ND 71, fol. 287 u. Dietrich an Sophie Fuchs, 13.1.1928, ND 100, fol. 303.

Kontakte in Baden Grenzen gesetzt waren. Da seine Zeit stets „außerordentlich knapp" war, wenn er sich in der Heimat aufhielt, konnte die Unterredung, um die er Kohlund gebeten hatte, über Monate hinweg nicht stattfinden. Schließlich bat er Kohlund, Anfang Februar 1927 zum Landesparteitag nach Donaueschingen zu kommen, wo man dann „in Ruhe miteinander reden" könne.[204] Ob Letzteres im Rahmen einer solchen Großveranstaltung ohne weiteres möglich war, darf allerdings bezweifelt werden, zumal Kohlund nicht die Einzige war, die er auf diese Gelegenheit vertröstet hatte.[205]

Die Verpflichtungen, die Dietrich in Baden hatte, mussten ihn umso mehr belasten, als seine Ambitionen eigentlich der Reichspolitik galten. Hier lag der Fokus seiner Bemühungen, Einfluss zu gewinnen, und hier hatte seine Fähigkeit, im Hintergrund die Fäden zu spinnen, eine ganz andere Bedeutung als in der südwestdeutschen Provinz. Dabei waren die Rahmenbedingungen für sein Vorankommen in Berlin wesentlich andere. Als er bei den Regierungsbildungen Anfang 1925 und im Winter 1925/26 zu den Ministerkandidaten gehörte, kam er nicht zum Zug: Im ersten Kabinett Luther war die DDP schließlich nicht vertreten – Reichswehrminister Otto Geßler galt als nicht parteigebundener „Fachminister" – und im Januar 1926 erhielten Wilhelm Külz und Peter Reinhold den Vorzug. Gerade auf den neuen Finanzminister Reinhold blickte Dietrich mit Missgunst und sparte privatim nicht mit gehässigen Bemerkungen über dessen angebliche Inkompetenz. Kurz nach der Regierungsbildung klärte er einen alten Weggefährten aus der badischen NLP darüber auf, dass „der verehrliche Parteifreund Reinhold" von finanzpolitischen Einzelheiten „weniger als nichts versteht".[206] An Dietrichs Ambitionen kann kein Zweifel bestehen, obwohl er äußerst vorsichtig war und seine persönlichen Ziele selten offenlegte. Ende 1925 schrieb er seinem früheren Mentor Edmund Rebmann, er spiele nun in der Fraktion „neben Koch[-Weser] die Hauptrolle", und rechne sich Chancen auf die Übernahme des Fraktionsvorsitzes aus, falls Koch-Weser in die nächste Regierung eintrete. Über seine weiteren Pläne äußerte er sich zurückhaltend: „Ob ich mich selbst darum bemühen soll, jetzt schon ein Mandat gelegentlich in einer Regierung zu bekommen, weiß ich nicht; auch ist es schade um meine parlamentarische Freiheit."[207]

In Wirklichkeit war er weit weniger geduldig, als er hier vorgab. Er glaubte, einen berechtigten Anspruch auf einen Ministerposten zu haben, und wähnte sich dunklen Machenschaften ausgesetzt – insbesondere seitens der Berliner DDP-Kreise. Gegenüber einem anderen alten Bekannten wurde er wenige Monate danach deutlicher: „In die Reichsregierung zu kommen, hat es mir allerdings nicht gelangt; vornehmlich deswegen, weil der Berliner Klüngel in meiner eigenen Partei dagegen ist. Ich reiße mich ja auch schließlich nicht darum. Aber immerhin

---

[204] Dietrich an Kohlund, 19.11.1926 u. 17.1.1927, ND 229, pag. 347 u. ND 230, pag. 17; Kohlund an Dietrich, 5.12.1926 u. 15.1.1927, ND 229, pag. 425 u. ND 91, fol. 241. Danach riss der Kontakt offenbar ab.
[205] Dietrich an Albert Kessler, 28.1.1927, ND 230, pag. 51; Dietrich an Robert Schlegel, 1.2.1927, ND 266, fol. 227.
[206] Dietrich an Guido Lehmann, 29.1.1926, ND 81, fol. 29; siehe auch Dietrich an Karl Glockner, 2.2.1927, ND 230, pag. 57.
[207] Dietrich an Rebmann, 29.12.1925, ND 74, fol. 102.

glaube ich von den Geschäften der in Betracht kommenden Ministerien so viel zu verstehen wie irgendeiner, der jetzt dort sitzt."[208] Im Sommer 1926 schließlich vertraute er Rebmann an, dass er eben doch „das letzte Mal nicht ungern in die Regierung eingetreten" wäre. „Aber die übliche Berliner Intriguenwirtschaft, wie sie auch der Fraktionsführer Koch[-Weser] betreibt, hat das verhindert."[209]

Um in der „Berliner Intriguenwirtschaft" bestehen zu können, genügte es nicht, sich als fleißiger, kompetenter Parlamentarier zu profilieren. Die politische Ausrichtung Dietrichs spielte hier wohl ebenfalls keine entscheidende Rolle, denn er stand kaum weiter rechts als die große Mehrheit der demokratischen Kabinettsmitglieder seit 1919, unter denen sich nicht nur zahlreiche frühere Nationalliberale befanden, sondern auch so gut wie keine Persönlichkeiten, die man als Vertreter des linken Parteiflügels bezeichnen könnte. Vielmehr mangelte es ihm an sozialem Kapital, und dieses ließ sich in der Reichshauptstadt nur zum Teil mit jenen Methoden vermehren, mit denen er seine Netzwerkpolitik in Baden betrieb. Es kam auch darauf an, sich im politischen Berlin als Ort bürgerlich-elitärer Vergesellschaftung und Repräsentation zu behaupten.

In der pulsierenden, vielseitigen und unübersichtlichen Vier-Millionen-Metropole waren die Möglichkeiten der Abendunterhaltung nicht nur für das Massenpublikum „grenzenlos".[210] Das gesellschaftliche Leben der Oberschicht blühte nach dem Ende der Inflationszeit wieder auf, und Dietrich beteiligte sich rege an ihm.[211] Bei zahllosen Empfängen, Vortragsabenden, Diners und Bällen begegneten sich Abgeordnete des Reichstags, des preußischen Landtags und andere Politiker, Regierungsmitglieder und Spitzenbeamte, Angehörige des diplomatischen Korps, aber auch Vertreter von Wirtschaft und Finanzwelt, Journalisten, die Berliner Professorenschaft, Künstler und andere Intellektuelle. Dietrich gingen Einladungen in solcher Zahl zu, dass es selbst dann unmöglich war, sie alle wahrzunehmen, wenn er sich dafür jeden Abend freihielt.[212] Mal handelte es sich um

---

[208] Dietrich an Albert Herzog, 4.3.1926, ND 79, fol. 159f.
[209] Dietrich an Rebmann, 23.7.1926, ND 83, fol. 51. Saldern bezieht Dietrichs Äußerungen auf die Regierungsbildung Mitte Mai 1926, verknüpft mit der Annahme, Dietrich habe Ende 1925 noch keinen Ministerposten angestrebt (Saldern, Dietrich, S. 38). Das ist schon deshalb nicht plausibel, weil im Mai 1926 keine echte Neubildung der Regierung erfolgte, sondern nur der bisherige Reichskanzler Hans Luther durch Wilhelm Marx ersetzt wurde (vgl. Stürmer, Koalition, S. 151-162). Eine Neubesetzung von Kabinettsposten durch die DDP stand also gar nicht zur Debatte.
[210] Weitz, Weimar, S. 50; vgl. auch Daniel Morat u. a.: Weltstadtvergnügen. Berlin 1880-1930. Göttingen 2016.
[211] Siehe im Folgenden die für den Zeitraum 1926 bis 1928 teilweise erhaltenen Einladungen an Dietrich (nebst Zu- und Absagen) in ND 178-180 sowie die anschauliche und materialreiche, in ihren Wertungen allerdings etwas problematische Darstellung von Helmut Weidmüller: Die Berliner Gesellschaft während der Weimarer Republik. Diss. FU Berlin 1956.
[212] Anderen Abgeordneten ging es ähnlich. Als ein Tag ohne gesellschaftliche Verpflichtungen endete, notierte der Deutschnationale Reinhold Quaatz: „Endlich Ab[en]d zu Hause", Tagebuch Reinhold Quaatz, 9.11.1927, BAK N Quaatz 16; vgl. (für die Vorkriegszeit) Toni Pierenkemper: Der bürgerliche Haushalt in Deutschland an der Wende zum 20. Jahrhundert – im Spiegel von Haushaltsrechnungen. In: Dietmar Petzina (Hg.): Zur Geschichte der Ökonomik der Privathaushalte. Berlin 1991, S. 149-185, hier S. 172.

parlamentarische „Bierabende", die der Reichstagspräsident Paul Löbe, Mitglieder der Reichsregierung oder einzelne Fraktionen abhielten, mal um Veranstaltungen von Parteien und politischen Klubs oder von Interessenverbänden und sonstigen überparteilichen Organisationen. Hinzu kamen zahlreiche Einladungen von Privatpersonen, die Gäste zum Diner, einfachen Abendessen oder nur zu einem Glas Bier, Wein oder Bowle in ihrer Wohnung empfingen. Selbstverständlich besuchte Dietrich Zusammenkünfte der eigenen Fraktion und demokratischer Parteigliederungen, etwa des Deutschen Demokratischen Studentenbundes oder des Berliner DDP-Wahlkreisverbands. Er war Mitglied des Demokratischen Klubs und der ebenfalls DDP-nahen Deutschen Gesellschaft 1914; viele private Abendeinladungen stammten von Fraktionskollegen, Parteifreunden und sonstigen Bekannten, zu denen sich ein konkreter Bezug herstellen lässt. Zu Veranstaltungen des Deutschen Roten Kreuzes oder des überparteilichen Österreichisch-Deutschen Volksbundes wurde Dietrich geladen, weil er dort jeweils dem Vorstand angehörte, zu einer Filmvorführung des Vereins zur Förderung der Futterkonservierung, weil er Berichterstatter für den Etat des Ministeriums für Ernährung und Landwirtschaft war, und bei den regelmäßigen „Badener Abenden" in der badischen Gesandtschaft verband die Gäste ihre gemeinsame Herkunft. Zum Teil ergab sich Dietrichs gesellschaftlicher Verkehr also aus spezifischen Zugehörigkeiten. In anderen Fällen war allein sein Status als (prominenter) Parlamentarier ausschlaggebend. Das galt für die Einladungen von anderen Reichstagsfraktionen, von einzelnen Personen, mit denen er ansonsten offenbar nicht näher in Verbindung war, oder von Verbänden und Vereinen, denen er eigentlich nicht nahestand, wie dem Centralverband des deutschen Bank- und Bankiersgewerbes oder dem Deutschen Komitee pro Palästina zur Förderung der jüdischen Palästinasiedlung.

Thomas Mergel hat betont, dass im Reichstag über Parteigrenzen hinweg eine „soziale Integration" vonstattenging, deren Ausmaß angesichts der parteipolitischen Polarisierung in der Weimarer Zeit bemerkenswert ist. Die konsensorientierte Arbeit in den Ausschüssen, interessenpolitische „Querverbindungen", regionale oder berufliche Zugehörigkeiten – solche Gemeinsamkeiten einzelner Gruppen von Abgeordneten entfalteten eine „Integrationsdynamik", der sich gerade in der mittleren Phase der Republik die wenigsten Abgeordneten entziehen konnten. Sie kam nicht nur in der Befolgung gemeinsamer, informeller Regeln der Kommunikation zum Ausdruck, wie der Höflichkeit im Umgang und einer Sprache der „Sachlichkeit" als Modus der konstruktiven Auseinandersetzung. Vielmehr setzte sich der kollegiale Umgang außerhalb der parlamentarischen Institutionen fort und führte häufig zu kameradschaftlichen, bisweilen freundschaftlichen Beziehungen. Eine besondere Rolle spielte der fraktionsübergreifende gesellige Verkehr der Parlamentarier, an dem Vertreter aller Parteien von der SPD bis zur DNVP, vereinzelt selbst Kommunisten und Völkische bzw. Nationalsozialisten teilhatten.[213] Es war aber eher die Ausnahme, wenn die Abgeordneten dabei unter sich blieben, und die von Mergel beschriebene „soziale Integration" beschränkte

---

[213] Mergel, Parlamentarische Kultur, bes. S. 123–138 u. 243–259.

sich in dieser Hinsicht nicht auf den Reichstag.[214] Der soziale Raum, in dem sich das gesellschaftliche Leben der Abgeordneten abspielte, war in erster Linie das politische Berlin im weiteren Sinne, das sich mit der High Society der Reichshauptstadt überlappte und in dem eine Vielzahl von Akteuren eine Rolle spielte.

Innerhalb dieser an den Standards bürgerlicher Geselligkeit orientierten Berliner Gesellschaft hing der Status des Einzelnen von mehreren Faktoren ab. Um selbst Gäste empfangen und bewirten zu können, musste man über entsprechende finanzielle Mittel verfügen; nur wer sich eine geräumige und adäquat eingerichtete, mithin kostspielige Wohnung leisten konnte, war in der Lage, den „privaten Raum als öffentlichen Ort" zu inszenieren.[215] Diese Bedingung erfüllte Dietrich seit dem Umzug nach Berlin-Schöneberg Ende 1922. Seine Wohnung in der Landshuter Straße, in der er bis Dezember 1926 lebte, erlaubte es ihm, größere Abendgesellschaften zu veranstalten.[216] Von seiner ersten Frau Elisabeth hatte er nicht nur das ökonomische Kapital geerbt, das für eine großzügige Lebensführung erforderlich war, sondern ebenso reichlich kulturelles Kapital in seiner materiell übertragbaren, „objektivierten" Form – namentlich das vollständige, überaus wertvolle Inventar aus der historistisch eingerichteten Villa Trick in Kehl, das eine repräsentative Ausstattung der Wohnung ermöglichte. Hierzu zählten edle Möbel, Teppiche und Kronleuchter, feines Geschirr und Besteck, ein Flügel sowie Bronzen, Vasen und zahlreiche Gemälde, unter anderem von zeitgenössischen Künstlern wie Lovis Corinth, aber auch von Frans Hals und anderen „alten Holländern", deren Werke Ende des 19. Jahrhunderts „wiederentdeckt" und als „Prototyp bürgerlicher Kunst" zum Medium (groß-)bürgerlicher Selbstinszenierung wurden.[217]

---

[214] Deshalb geht es etwas zu weit, wenn Mergel „eine ständische Vergesellschaftung der Parlamentarier im Sinne Max Webers" diagnostiziert (ebd., S. 137).

[215] Gisela Mettele: Der private Raum als öffentlicher Ort. Geselligkeit im bürgerlichen Haus. In: Dieter Hein/Andreas Schulz (Hg.): Bürgerkultur im 19. Jahrhundert. Bildung, Kunst und Lebenswelt. München 1996, S. 155-169; Weidmüller, Berliner Gesellschaft, S. 149f.

[216] Aus der Zeit vor 1927 ist lediglich eine größere Einladung (35 Personen) überliefert: Einladungsliste für den 4.3.1926, ND 178, fol. 110f. Schon die immensen Weinrechnungen Dietrichs (vgl. Kap. IV, 2) lassen vermuten, dass es sich nicht um einen Einzelfall handelte.

[217] Das „Mobiliar" (im weitesten Sinne) hatte nach Dietrichs Schätzung von 1926 „mindestens" einen Wert von „80 bis 90 000 M" und reichte aus, um 1922/23 neben der Berliner Wohnung auch den Neubau in Wildgutach einzurichten: Dietrich an die Auskunftstelle des Kartells der Auskunfteien Bürgel, 4.11.1926, ND 75, fol. 103f.; Dietrich an Ludwig Schmidt, 24.11.1922, ND 638; Dietrich an Else Hoffmann, 24.1. u. 17.3.1927, ND 90, fol. 270 u. 273. Aus den Jahren 1946-1950 sind mehrere umfangreiche Inventarlisten erhalten, die erstellt wurden, um den Umzug der Familie Dietrich-Troeltsch von Berlin nach Stuttgart zu organisieren (ND 636). Während ein Teil aus dem Haushalt Troeltsch gestammt haben wird, dürften die meisten Kunstgegenstände schon aufgrund ihrer Kostspieligkeit dem Erbe Elisabeth Tricks zuzurechnen sein. Zudem ist sicher, dass diese sich als Kunstsammlerin und -mäzenin betätigte: Trick an Dietrich, 2.12.1917, ND 728; Zahlungsbestätigung für eine Spende (1000 M) an die Münchner Künstler-Genossenschaft, 28.3.1918, ND 609. Zur Popularität von Frans Hals und der holländischen Kunst des 17. Jahrhunderts Sven Kuhrau: Der Kunstsammler im Kaiserreich. Kunst und Repräsentation in der Berliner Privatsammlerkultur. Kiel 2005, S. 182-186;

Um ein „großes Haus" führen zu können, bedurfte es jedoch einer gewissen „Begabung"[218] – und einer gebildeten, gesellschaftlich versierten Ehefrau. Gerade bei der Inszenierung bürgerlicher Geselligkeit in den eigenen vier Wänden kam der Hausfrau als Gastgeberin eine zentrale Bedeutung zu.[219] Nach dem Tod Elisabeths, die diesen Anforderungen zweifellos entsprochen hatte, engagierte Dietrich deren Cousine Elisabeth Kaupp als Hausdame. Abgesehen davon, dass diese Lösung per se keinen vollwertigen Ersatz für eine Ehefrau bieten konnte, war Kaupp offenbar eine weit weniger elegante Erscheinung als die verstorbene Gattin.[220] Dieses Defizit fiel umso stärker ins Gewicht, als Dietrich nach wie vor seine Herkunft aus einem eingeschränkt bürgerlichen Elternhaus anhaftete. Die großbürgerlichen, auf soziale Distinktion ausgelegten Lebensformen seiner ersten Frau übernahm er nur in materieller Hinsicht, während sein Habitus eher dem eines aufstiegs- und leistungsorientierten, „zweckrational" handelnden homo oeconomicus entsprach, der ein distanziertes Verhältnis zu den ästhetischen, „wertrationalen" Aspekten bürgerlicher Kultur und Lebensweise hatte.[221] Seine Bibliothek bestand im Wesentlichen aus politischen Schriften, juristischer, volks-, betriebs- und landwirtschaftlicher Fachliteratur und sonstigen Veröffentlichungen, die er für seine Arbeit im Reichstag benötigte,[222] und es ist fraglich, inwieweit er beispielsweise zur „eigentlichen Aneignung" der Kunstgegenstände der Familie Trick und ihrer Verwertung als symbolisches Kapital in der Lage war.[223]

Jedenfalls hat es den Anschein, dass er für Literatur und Theater, Musik und Kunst oder geisteswissenschaftliche Fragen wenig übrighatte – zumindest hielt er

---

vgl. außerdem Gunilla Budde: Blütezeit des Bürgertums. Bürgerlichkeit im 19. Jahrhundert. Darmstadt 2009, S. 84-87 u. Adelheid von Saldern: Rauminszenierungen. Bürgerliche Selbstrepräsentation im Zeitenumbruch (1880-1930). In: Werner Plumpe/Jörg Lesczenski (Hg.): Bürgertum und Bürgerlichkeit zwischen Kaiserreich und Nationalsozialismus. Mainz 2009, S. 39-55.

[218] Weidmüller, Berliner Gesellschaft, S. 51.
[219] Gunilla-Friederike Budde: Des Haushalts „schönster Schmuck". Die Hausfrau als Konsumexpertin des deutschen und englischen Bürgertums im 19. und frühen 20. Jahrhunderts. In: Hannes Siegrist/Hartmut Kaelble/Jürgen Kocka (Hg.): Europäische Konsumgeschichte. Zur Gesellschafts- und Kulturgeschichte des Konsums (18. bis 20. Jahrhundert). Frankfurt a. M. 1997, S. 411-440, hier S. 426f.; M. Rainer Lepsius: Das Bildungsbürgertum als ständische Vergesellschaftung. In: ders. (Hg.): Bildungsbürgertum im 19. Jahrhundert. Teil III. Lebensführung und ständische Vergesellschaftung. Stuttgart 1992, S. 9-18, hier S. 16f.
[220] Dietrichs Bruder Waldemar berichtete ihm über das unschickliche Benehmen Kaupps, das Gegenstand des Dienstbotenklatschs in Karlsruhe sei, und hielt es für seine „brüderliche Pflicht", ihn vor Kaupp zu „warnen": Waldemar Dietrich an Dietrich, o. D. [1923], ND 732.
[221] Zu Max Webers Unterscheidung von zweck- und wertrationalem Handeln Weber, Soziologie, S. 175-177; vgl. auch Morten Reitmayer: „Bürgerlichkeit" als Habitus. Zur Lebensweise deutscher Großbankiers im Kaiserreich. In: Geschichte und Gesellschaft 25 (1999), S. 66-93, hier bes. S. 75-78.
[222] Bibliotheksverzeichnis, Mai 1951, ND 636; siehe auch die Buchbestellungen und -rechnungen in ND 277 u. 1022.
[223] Zur Beziehung zwischen „objektiviertem" und „inkorporiertem Kulturkapital" Bourdieu, Kapital, S. 188f.

all das für nebensächlich, und er war ungeschickt genug, daraus keinen Hehl zu machen. 1925 veröffentlichte er im *Berliner Tageblatt* einen Artikel über die „Wege deutscher Wirtschaftspolitik", in dem er bekannte, man lebe gegenwärtig in einem „Zeitalter der Technik", weshalb es „unzeitgemäß" sei, „Dramen, Lyrik oder Philosophie zu machen". Er wandte sich gegen die kulturpessimistischen „Klagen, daß wir auf geistigem Gebiete nichts leisten", schließlich sei „eine Zeit, die die ältesten und kühnsten Träume erfüllt, welche die Luft zum Verkehrsweg und die Welle des Äthers zum Träger des geschriebenen und gesprochenen Wortes gemacht hat, [...] auch eine große Epoche der Menschheit". Damit provozierte er den prompten Widerspruch der Redaktion um Theodor Wolff, die direkt in den Artikel – ein recht ungewöhnlicher Vorgang – zwei Kommentare einschob und spöttisch bekannte, sie vermöge seine Ausführungen „nicht ohne weiteres zu unterschreiben".[224]

Zudem mangelte es Dietrich nach wie vor an gepflegten Umgangsformen, weshalb ihm das Image einer eher provinziellen, etwas derben, jedenfalls nicht vornehmen Persönlichkeit anhaftete – zumindest in jenen gehobenen Kreisen, die ein feines Empfinden für Außenseiter hatten, das zum Beispiel der Bierhändlersohn Stresemann ähnlich zu spüren bekam.[225] In den Bemerkungen einiger Zeitgenossen spiegeln sich die Vorwürfe, die schon Elisabeth in ihren jahrelangen, gebetsmühlenartigen Erziehungsversuchen erhoben hatte. Laut Werner Stephan bediente Dietrich sich „burschikoser Redensarten", er sei „robust" und „bodenständig", seine „Energie [...] sprichwörtlich" gewesen.[226] Hans Luther, der wie Stephan der bürgerlichen Oberschicht entstammte, bezeichnete Dietrich als „Vollblutpolitiker" und würdigte „seine großen Fähigkeiten, die Entschlußkraft und den weiten politischen Blick". Zugleich deutete er an, warum er „niemals recht warm mit ihm geworden" sei: „Charakteristisch für ihn war seine gelockerte und etwas saloppe oder, wenn der Ausdruck nicht mißverstanden wird, ausgesprochen süddeutsche Energie."[227] Auch Dietrichs Hang zum Alkoholgenuss war allgemein bekannt und erschien manchem als auffälliges Wesensmerkmal.[228] Viele Zeitgenossen schätzten ihn gerade wegen seiner „süddeutschen" Direktheit und der Neigung zum geselligen Alkoholkonsum. Heinrich Brüning etwa deutete Dietrichs „alemannische Rauflust" positiv,[229] und die liberalen Honoratioren in Konstanz erinnerten sich gern daran, dass er einen „nicht zu knappen Tropfen

---

[224] Hermann Dietrich: Wege deutscher Wirtschaftspolitik, Berliner Tageblatt Nr. 232 vom 17.5.1925.
[225] Pohl, Stresemann, zusammenfassend S. 317-319.
[226] Stephan, Acht Jahrzehnte, S. 183 u. ders., Aufstieg, S. 393 u. 500.
[227] Hans Luther: Vor dem Abgrund. 1930-1933. Reichsbankpräsident in Krisenzeiten. Berlin 1964, S. 147.
[228] Heinrich Köhler bemerkte in seinen Memoiren bissig, dass Dietrich „erhebliche Zeit auch auf die Bekämpfung des Alkohols in jeder Form verwandte": Heinrich Köhler: Lebenserinnerungen des Politikers und Staatsmannes. 1878-1949. Stuttgart 1964, S. 89; außerdem z. B. Stephan, Acht Jahrzehnte, S. 183; Lutz Graf Schwerin von Krosigk: Memoiren. Stuttgart 1977, S. 119.
[229] Heinrich Brüning: Memoiren 1918-1934. Stuttgart 1970, S. 219; siehe auch Gottfried Reinhold Treviranus: Das Ende von Weimar. Heinrich Brüning und seine Zeit. Düsseldorf u. a. 1968, S. 128 f.

stets geliebt" habe.[230] Innerhalb der Eliten Berlins galten aber andere Spielregeln – hier treten wiederum die „feinen Unterschiede" zwischen verschiedenen bürgerlichen Lebenswelten zutage, welche die Korrespondenz zwischen Dietrich und seiner ersten Frau geprägt hatten. Seinem Vermögen nach zählte Dietrich zur Oberschicht, als „Minister a. D." und profilierter, sachverständiger Abgeordneter gehörte er zu den politischen Eliten, und er verfügte über großes Geschick darin, sein soziales Kapital auszubauen und Netzwerke zu seinem Vorteil zu nutzen. Aus seiner Sozialisation ergab sich jedoch ein Mangel an „inkorporiertem Kulturkapital", der sein Prestige in der Berliner Gesellschaft beeinträchtigte.

Nun sollte die Bedeutung der „feinen Unterschiede" für Dietrichs Karriere nicht überschätzt werden, und offensichtlich gab er sich keine besondere Mühe, sein Auftreten den Konventionen und dem „Geschmack" der High Society anzupassen. Vielmehr fühlte er sich ihr sozial nicht zugehörig und grenzte sich mit demonstrativem Selbstbewusstsein von den „verwöhnten Seelen"[231] der Hauptstadt ab. Das schlug sich auch in der Zusammensetzung seines politischen Bekanntenkreises nieder: Engere Beziehungen pflegte er tendenziell zu Personen, die aus eher bescheidenen Verhältnissen kamen. Zum Beispiel stammten von den drei Fraktionskollegen, mit denen Dietrich Mitte der zwanziger Jahre per Du war, zwei aus einfachen Lehrerfamilien (Alfred Brodauf und Adolf Korell), der dritte (Julius Kopsch) war Sohn eines Schuhmachers.[232] Zugleich ist der antielitäre Affekt, mit dem er bereits auf die Ratschläge Elisabeths reagiert hatte und dem seine Geringschätzung der Honoratiorenpolitiker in der DDP-Fraktion sowie die an sich überflüssigen Bemerkungen im *Berliner Tageblatt* entsprangen, nicht nur als Ausdruck der Abneigung, sondern ebenso der Unsicherheit zu deuten. Schließlich konnte Dietrich sein Ansehen in Berlin nicht gleichgültig sein. Gerade er, der darin geübt war, auf indirekten Wegen seine Ziele zu erreichen, war sich darüber im Klaren, dass an der intensiven Teilnahme am gesellschaftlichen Leben kein Weg vorbeiführte, weil jede abendliche Geselligkeit „dienstlichen Charakter" hatte.[233]

Vor diesem Hintergrund erklärt sich die Eheschließung Dietrichs mit Marta Troeltsch (geb. Fick) am 4. Januar 1927. Die Verbindung mit der Witwe des 1923 verstorbenen Theologen und Kulturphilosophen Ernst Troeltsch, dessen 13-jährigen Sohn Ernst Eberhard sie mit in die Ehe brachte, war für seine Stellung in Berlin geradezu ideal. Zum einen genügte Marta, die fortan den Doppelnamen Dietrich-Troeltsch führte, vollauf den Ansprüchen an eine repräsentative Ehefrau.

---

[230] Verein der Altstadträte in Konstanz an Dietrich, 1.11.1929, ND 749; ähnlich Max Klemm an Dietrich, 8.7.1922, ND 68, fol. 219 u. Karl Glockner an Dietrich, 30.4.1925, ND 71, fol. 57.
[231] Dietrich an August Köhler jun., 5.4.1927, ND 91, fol. 219.
[232] Hinzu kam Hermann Hummel, den Dietrich seit dem Studium kannte – und der im Übrigen der Mittelschicht entstammte: Überhaupt ließe sich dieser Gesichtspunkt auch anhand von Dietrichs Umfeld in Baden belegen. Die Reichstagsfraktion der DDP stellt jedoch eine relativ sinnvoll abgrenzbare und insofern aussagekräftige Gruppe dar, als Dietrich hier auf eine weitgehend neue soziale Umgebung stieß. Brodauf, Kopsch und Korell kamen nicht aus Baden und waren bis 1918 Mitglieder der FVP, so dass er sie sehr wahrscheinlich noch nicht länger kannte.
[233] Dietrich an Otto Pfeffer, 16.11.1927, ND 92, fol. 397.

Sie entstammte einer mecklenburgischen Gutspächter- und Offiziersfamilie, mithin einem zwar nicht bürgerlichen, aber salonfähigen Elternhaus, und hatte an der Seite Troeltschs langjährige Erfahrungen in der Heidelberger und Berliner Gesellschaft gesammelt.[234] Zum anderen haftete der „Frau Geheimrat" das symbolische Kapital ihres berühmten Ehemannes an, das sie nach seinem Ableben mit einer „heroisierenden Gedächtnispflege" zu wahren suchte.[235] Der Name Troeltsch genoss in den bildungsbürgerlichen Kreisen, zu denen Dietrich bisher in Distanz gestanden hatte, großes Ansehen. Das galt insbesondere für die liberalen Gelehrten und Intellektuellen, die in der Berliner DDP über beträchtliches Gewicht verfügten.[236] Zudem hatte Marta ganz konkret „viele Beziehungen in Professorenkreisen"[237] und verkehrte nach dem Tode Troeltschs weiter mit dessen Kollegen und Freunden (bzw. deren Ehefrauen), etwa Adolf von Harnack, Friedrich Meinecke, Carl Heinrich Becker und Otto Hintze.[238]

Wie schon im Fall der ersten Ehe bewies Dietrich also Geschick bei der Wahl seiner Braut. Diesmal war er jedoch – jenseits aller denkbaren emotionalen Momente – nicht der einzige Profiteur. In ökonomischer Hinsicht kehrten sich für ihn die Vorzeichen um. Kurz bevor Ernst Troeltsch am 1. Februar 1923 starb, äußerte er die Sorge: „was aus meiner Frau und meinem Sohn nach meinem Tode wird".[239] Die Inflation hatte der Familie ein drastisch sinkendes Realeinkommen und wahrscheinlich Vermögenseinbußen beschert. Nach der Währungsstabilisierung war Marta jedenfalls im Wesentlichen auf die Witwenpension beschränkt, die 1926 einschließlich Waisengeld und Kinderbeihilfe knapp 7000 RM jährlich ausmachte. Zusammen mit den gelegentlichen, nicht unerheblichen Verlagshonoraren für die Werke ihres verschiedenen Mannes hätte sich damit zwar keine großzügige, aber doch eine sorgenfreie bürgerliche Lebensweise problemlos aufrechterhalten lassen.[240] Marta war allerdings nicht bereit, auf einen Lebensstil zu verzichten, wie er für die Gattin eines international angesehenen Gelehrten standesgemäß war. Vor allem behielt sie die herrschaftliche, exorbitant teure Wohnung am Reichskanzlerplatz in Charlottenburg/Westend bei, die inmitten einer der vornehmen Wohngegenden des Berliner „neuen Westens" lag.[241] Nachdem die Mieten bis 1923 infolge zwangswirtschaftlicher Maßnahmen und inflations-

---

[234] Horst Renz: Auf der alten Brücke. Beobachtungen zu Ernst Troeltschs Heidelberger Jahren 1894–1915. In: ders. (Hg.): Ernst Troeltsch zwischen Heidelberg und Berlin. Gütersloh 2001, S. 9–87, hier S. 34–37; Graf, Fachmenschenfreundschaft, S. 48f.
[235] Graf, Gedächtnis, S. 119.
[236] Zu der großen Anteilnahme an Troeltschs Tod ebd., bes. S. 21–83.
[237] Dietrich an Rein, 12.2.1927, ND 93, fol. 138.
[238] Graf, Gedächtnis, S. 125–130; Wolfgang Neugebauer: Otto Hintze. Denkräume und Sozialwelten eines Historikers in der Globalisierung 1861–1940. Paderborn 2015, S. 510f.; vgl. auch Gerhard Kaller: Dietrich, Hermann Robert. In: Bernd Ottnad (Hg.): Badische Biographien. Neue Folge. Bd. 1. Stuttgart 1982, S. 94–97, hier S. 95.
[239] So die Schilderung von Werner Weisbach: Geist und Gewalt. Wien u. a. 1956, S. 246.
[240] Graf, Gedächtnis, S. 130–132.
[241] Vgl. Weidmüller, Berliner Gesellschaft, S. 127–131; Dorothee Zöbl: Das Berliner Westend: Auf dem Weg zum bürgerlichen Arkadien? In: Heinz Reif (Hg.): Berliner Villenleben. Die Inszenierung bürgerlicher Wohnwelten am grünen Rand der Stadt um 1900. Berlin 2008, S. 199–222.

bedingt stark gesunken waren, erreichten sie nun rasch das Vorkriegsniveau. Bis 1926 stiegen die gesetzlichen Mieten auf 100 Prozent, 1927 schließlich auf 120 Prozent der sogenannten Friedensmiete, die bei der Troeltsch-Wohnung sagenhafte 4500 RM jährlich betrug. Hätte Marta nicht erneut geheiratet, wären Miete und Nebenkosten ab 1927 annähernd so hoch gewesen wie ihr Bruttoeinkommen aus Witwen- und Waisengeld.[242] Sie beschäftigte außerdem ein Dienstmädchen und gab erhebliche Summen in Nobelgeschäften wie dem KaDeWe aus, für Damenmode, aber auch für Kinderkleidung, die ebenfalls statusgerecht sein musste.[243] Wiederholt lud sie zu Abendgesellschaften ein, für die sie feine Speisen und ausgesuchte Weine liefern ließ.[244]

Wie sie all diese Ausgaben bewältigte, bleibt unklar. Fest steht, dass sie die Bibliothek von Ernst Troeltsch an den preußischen Staat verkaufte. Offenbar floss der Erlös in ein Depot mit festverzinslichen Papieren und Aktien, das Eigentum ihres Sohnes war und einen Wert von ca. 30 000 RM hatte.[245] Die Zins- und Dividendenerträge erleichterten fortan die Bestreitung des Lebensunterhalts, möglicherweise führte sie diesem Depot nicht den ganzen Verkaufspreis zu, und eventuell verfügte sie über weitere Vermögenswerte, die sie sukzessive veräußerte.[246] Belegt ist, dass Eugen Schiffer, mit dem das Ehepaar Troeltsch gut befreundet war, mehrmals Rechnungen für sie beglich.[247] Jedenfalls hätte sie angesichts der enormen

---

[242] Formular zur Mietfestsetzung für die Wohnung Ernst Troeltschs (Reichskanzlerplatz 4), 30. 9. 1922, ND 600; Führer, Mieter, S. 157-163; 1927 beliefen sich die Gesamtausgaben für die Wohnung auf ca. 6000 RM: vorläufige Einkommensteuererklärung Dietrichs 1927, 8. 3. 1928, ND 624; vgl. Kap. IV, 2.

[243] Zeugnis für das Dienstmädchen Elisabeth Fritsche, 1. 9. 1927, ND 89, fol. 194; aus den Jahren 1924 bis 1926 sind zahlreiche Einkaufsbelege erhalten (im Jahr 1925 für eine Summe von rund 2000 RM): ND 600; vgl. Graf, Gedächtnis, S. 133; zur Damen- und Kinderbekleidung als „Statussymbol" z. B. Budde, Hausfrau, S. 429-431.

[244] Zwei solche Geselligkeiten (im Dezember 1925 und November 1926) sind zufällig belegt: Neugebauer, Hintze, S. 511 u. Graf, Gedächtnis, S. 133.

[245] Der genaue Zeitpunkt und die Höhe des Verkaufserlöses lassen sich nicht mehr feststellen: Graf, Gedächtnis, S. 134; Sabine Wagner: Die Privatbibliothek von Ernst Troeltsch. Forschungsergebnisse. In: Mitteilungen der Ernst-Troeltsch-Gesellschaft 12 (1999), S. 33-68, hier S. 33f. Ein Zusammenhang mit dem stattlichen Wertpapierdepot ist sehr wahrscheinlich, weil es keine andere schlüssige Erklärung für dessen Herkunft gibt. Nach einer Depotaufstellung aus dem Jahr 1930 war von den festverzinslichen Papieren, die über zwei Drittel des Depots ausmachten, nur ein kleiner Teil (Nominalwert gut 2000 RM) aufgewerteter Altbesitz, so dass es sich im Wesentlichen um nach 1923 emittierte Anleihen handelte: Jahresabrechnung der Kapitalerträge für das Depot von Ernst Eberhard Troeltsch, 19. 12. 1930, ND 624. Die Höhe der Kapitalerträge des Jahres 1927 (Tabelle 11) lässt dann den Schluss zu, dass der Verkauf der Bibliothek vor 1927 erfolgt sein muss.

[246] Mit Ausnahme des Wertpapierdepots ihres Sohnes und einer (inflationierten) Hypothekenforderung von 60 000 M an ihren Bruder Paul Fick, die vermutlich aus der Erbmasse ihrer Eltern stammte und Gegenstand eines jahrelangen Aufwertungsrechtsstreits war, brachte sie keine steuerpflichtigen Vermögenswerte mit in die Ehe: Ellen John an das Steuersyndikat Brönner, 22. 3. 1929, ND 43, fol. 252; Aktenvermerk zur Vermögenserklärung, o. D. [März 1929], ND 624. In welchem Umfang sie Schmuck, Kunstwerke etc. besaß, lässt sich nicht rekonstruieren.

[247] Schiffer kam nachweislich für eine größere Weinlieferung und eine Moderechnung auf: Lieferschein der Weingroßhandlung Maurer & Bracht, 8. 10. 1925 u. Rechnung des Warenhauses A. Wertheim (130 RM), 24. 12. 1925, ND 600; vgl. Graf, Gedächtnis, S. 62f. u. 133.

Mietsteigerungen ihre statusorientierte Lebensführung in dieser Form nicht beibehalten können. Für Dietrich war der finanzielle Preis der Verbindung also hoch, zumal Marta infolge der Wiederverheiratung den Anspruch auf das Witwengeld verlor.[248] Im Übrigen profitierte die Braut nicht nur in materieller Hinsicht. Durch die Ehe mit einem prominenten Politiker, an dessen Seite sie nun „grande dame spielen" konnte, wertete sie ihren gesellschaftlichen Status auf.[249] Außerdem war es ihr möglicherweise willkommen, bei der Erziehung ihres Sohnes Ernst junior, der ein „schwieriger Schüler"[250] war, nicht mehr auf sich allein gestellt zu sein.

Die näheren Umstände der Heirat sprechen dafür, dass die zweite Vermählung von Dietrich eine Zweckehe war – mehr noch als die erste, bei der zumindest für Elisabeth der emotionale Aspekt den Ausschlag gab. Besonders erstaunlich ist, dass die unmittelbare Vorgeschichte völlig im Dunkeln liegt. Darüber hinaus ist unklar, wie sich das Paar überhaupt kennenlernte, auch wenn es manche Berührungspunkte zwischen Marta bzw. Ernst Troeltsch und Dietrich gab. Vor dem Ersten Weltkrieg lehrte Ernst Troeltsch in Heidelberg, hatte einen Sitz in der Ersten Kammer der Badischen Landstände und war Mitglied des Engeren Ausschusses der badischen NLP.[251] Bei offiziellen parlamentarischen Anlässen und Parteisitzungen wird Dietrich ihm also gelegentlich begegnet sein. Nach der Revolution trat der „Gelehrtenpolitiker" Troeltsch, der 1915 einem Ruf nach Berlin gefolgt war, in die DDP ein, war Mitglied der Preußischen Landesversammlung sowie für kurze Zeit Unterstaatssekretär im preußischen Kultusministerium und tat sich mit seinen vielbeachteten „Spectator-Briefen" bzw. „Berliner Briefen" als politischer Publizist hervor.[252] Dietrichs Mentor Eugen Schiffer war gewiss nicht der einzige gemeinsame Bekannte in der Hauptstadt. Trotz alledem kannten Ernst Troeltsch und Dietrich sich wahrscheinlich nur flüchtig. Abgesehen davon, dass es keinen eindeutigen Beleg für einen persönlichen Kontakt gibt, will der Gelehrte Troeltsch nicht so recht zu Dietrichs sozialem Umfeld passen (und umgekehrt).

Selbst in Dietrichs Unterlagen vom Herbst 1926 findet sich kein noch so beiläufiger Hinweis auf einen Kontakt mit Marta, geschweige denn auf die bevorstehende Eheschließung.[253] Die Entscheidung fiel offenbar recht plötzlich, ja hastig. Es gab

---

[248] Marta Dietrich-Troeltsch an das preußische Ministerium für Wissenschaft, Kunst und Volksbildung, 19.1.1927, ND 92, fol. 297. Immerhin stand Ernst Troeltsch jun. weiterhin ein Waisengeld zu (vgl. Tabelle 11).

[249] Graf, Gedächtnis, S. 112 u. 142 (Zitat).

[250] Ebd., S. 144.

[251] Siehe z. B. die Mitgliederliste des Engeren Ausschusses, o. D. [1913], GLAK 69 NLP Baden 210; vgl. hierzu und zum Folgenden auch Graf, Gedächtnis, S. 137 u. 141.

[252] Gangolf Hübinger: Ernst Troeltsch in der Gründungsgeschichte der Weimarer Republik. In: Ernst Troeltsch: Schriften zur Politik und Kulturphilosophie (1918-1923). Herausgegeben von Gangolf Hübinger in Zusammenarbeit mit Johannes Mikuteit. Berlin u. a. 2002, S. 1-36; ders.: Einleitung. In: Ernst Troeltsch: Spectator-Briefe und Berliner Briefe (1919-1922). Herausgegeben von Gangolf Hübinger in Zusammenarbeit mit Nikolai Wehrs. Berlin u. a. 2015, S. 1-20.

[253] Zwar wurden persönliche, Marta Troeltsch betreffende Dokumente später vermutlich gezielt vernichtet (Graf, Gedächtnis, S. 167-169; ders., Fachmenschenfreundschaft, S. 41), doch Dietrichs sonstige Korrespondenz war davon mit Sicherheit nicht betroffen. Insbesondere seine „allgemeine Korrespondenz" ist für diese Zeit vollständig überliefert.

keine offizielle Verlobung, die Trauung in Bad Nauheim, dem Wohnort von Martas Schwester, fand im engsten Kreis statt, und Dietrichs engeres privates Umfeld reagierte höchst überrascht auf die Heiratsanzeige.[254] Seine Verwandten und Bekannten benachrichtigte er nicht nur äußerst kurzfristig, sondern auch wenig durchdacht: Wochenlang war er damit beschäftigt, Personen nachträglich zu informieren und sich für die Verspätung zu entschuldigen.[255] Insgesamt war die Hochzeit von einer eher nüchternen, unromantischen Aura umgeben. In Martas Ehering war ein falsches Datum, der 5. Januar eingraviert.[256] Vermutlich aus Rücksicht auf den gedrängten Terminkalender des Bräutigams wurde die Trauung einen Tag vorverlegt – die anschließende knapp zweiwöchige „Hochzeitsreise" führte das Paar nämlich nach Wien, wo dringende Geschäfte der Ossa auf Dietrich warteten.[257]

Ihren Zweck erfüllte die Verbindung allemal. Marta nahm ihre repräsentativen Aufgaben an Dietrichs Seite „mit großer Souveränität" wahr,[258] und Werner Stephan diente diese Heirat als mustergültiges Beispiel dafür, „daß eine Eheschließung positive Wirkungen auf den Politiker ausübt". Die herrschaftliche, 350 Quadratmeter große Wohnung am Reichskanzlerplatz[259] wurde sogleich „ein Mittelpunkt der Repräsentation", was, wie Stephan betonte, „auch der liberalen Demokratie in hohem Maße zugute [...] kam".[260] Das Ehepaar empfing hier zahlreiche Gäste, mal zum Frühstück, mal zum „musikalischen [Damen-]Tee", besonders aber im Rahmen großer abendlicher Gesellschaften. Zum Beispiel wurden Ende Juni 1927 ungefähr 80 Personen „zu einem Glase badischen Weines" geladen. Knapp die Hälfte waren Mitglieder des Reichstags, wovon über zwei Drittel anderen Parteien angehörten, jeweils mindestens fünf der DNVP, DVP, dem Zentrum und der SPD, und immerhin je zwei der WP und BVP, so dass, abgesehen von Kommunisten und Völkischen, alle Fraktionen vertreten waren. Dabei handelte es sich im Wesentlichen um deren führende Persönlichkeiten. Hinzu kamen Reichskanzler Wilhelm Marx und fünf Minister seines Kabinetts – wohlgemerkt zu einem Zeitpunkt, als die DDP Oppositionspartei war – sowie über 20 Spitzenbeamte aus verschiedenen Reichsministerien, die preußischen Minister Hermann Höpker Aschoff und Carl Heinrich Becker, außerdem einige führende Journalisten, Gelehrte, hochrangige Offiziere und Persönlichkeiten aus Bankiers- und

---

[254] Etwas pikiert schrieb Dietrichs Schwager Ludwig Schmidt: „Die Nachricht über Deine heutige Vermählung kam uns ja wohl etwas überraschend, aber ich verstehe Deinen Entschluß sehr wohl und kann mir denken, daß nachdem er gereift war, auch die Ausführung sofort erfolgte." Schmidt an Dietrich, 4.1.1927, ND 731; siehe auch Luise Dietrich an Dietrich, 21.1.1927, ND 88, fol. 126; Hilde Glaser an Dietrich, 11.1.1927, ND 89, fol. 222 f. Da Martas Schwester Erna und ihr Mann Karl Ludwig Witt als Trauzeugen fungierten, waren vermutlich nicht einmal Dietrichs Geschwister bei der Trauung zugegen.
[255] Dietrich an Carl Delius, 17.1.1927, ND 92, fol. 146; Dietrich an David Hauss, 5.3.1927 u. Dietrich an Fanny Hörtner, 18.3.1927, ND 90, fol. 177 u. 288.
[256] Privatbesitz Hermann Dietrich-Troeltsch.
[257] Dietrich an Max Winkler, 17.1.1927, ND 91, fol. 293 u. 297; zur Ossa siehe den vierten Abschnitt dieses Kapitels.
[258] Graf, Gedächtnis, S. 142.
[259] Grundriss der Wohnung Reichskanzlerplatz 4, 1. Obergeschoss, Archiv des Bezirksamts Berlin-Charlottenburg, Bauaufsicht: Theodor-Heuss-Platz Nr. 8, Bd. 1.
[260] Stephan, Acht Jahrzehnte, S. 142.

Wirtschaftskreisen.²⁶¹ Die Zusammensetzung der Gästeliste zeugt von Dietrichs Anspruch, eine wichtige Rolle im politischen Berlin zu spielen. Wenngleich eine beträchtliche Zahl der vielbeschäftigten Prominenten mit dem Ausdruck des Bedauerns absagen musste, erschienen immerhin 50 Gäste am Reichskanzlerplatz.

Welche unmittelbaren Folgen ergaben sich aus Dietrichs intensiver Teilnahme am gesellschaftlichen Leben, und welche Rolle spielten seine vielfältigen Kontakte im konkreten Fall? Diese Fragen sind nicht ohne weiteres zu beantworten. Weder sein Beziehungsgeflecht in der Hauptstadt noch sein Handeln abseits der parlamentarischen Arbeit lassen sich präzise rekonstruieren, weil die Kommunikation mit anderen Personen aufgrund der räumlichen Nähe in der Regel mündlich stattfand, sich in großen Teilen also kaum bzw. nur zufällig in Korrespondenzen niederschlug. Das traf insbesondere auf Fraktionskollegen und andere Abgeordnete des Reichstags zu, die man täglich im Parlament antreffen konnte. Zum Beispiel sind Briefwechsel mit seinen Duz-Freunden Brodauf, Korell und Kopsch nur vereinzelt vorhanden. Gleiches gilt für Philipp Wieland und Friedrich Raschig, für die Dietrich explizit die Bezeichnung „Freund" verwendete.²⁶² Anhand sporadischer Belege sind Grundlagen, Entwicklung und Bedeutung einzelner Verbindungen schwer einzuschätzen. Die Berliner Gesellschaft war so unübersichtlich und vielköpfig, dass zahlreiche Bekanntschaften eher flüchtiger Natur waren, doch das musste ihrem Wert keinen Abbruch tun, weil dieser Zustand als normal angesehen wurde. Als Kurt Weigelt, Luftfahrtexperte und Vorstandsmitglied der Deutschen Bank, ihm eine seiner Veröffentlichungen zukommen ließ, bedauerte Dietrich in seinem Dankschreiben, dass die Beziehungen zwischen ihnen „seit Jahr und Tag zerrissen" seien, „wie das in Berlin ja üblich ist".²⁶³ Selbst lose Kontakte ließen sich gegebenenfalls mobilisieren – bis in den privaten Bereich hinein: So kannte Dietrich die Parteivorsitzenden von SPD und WP, Otto Wels und Hermann Drewitz, gut genug, um sie mit eher zweitrangigen persönlichen Anliegen zu behelligen. Als er von einem Bundesbruder gebeten wurde, ihm bei der Bewerbung auf eine Stelle am Krankenhaus von Fürstenwalde behilflich zu sein, wandte er sich vertrauensvoll an Wels, der seine Unterstützung beim dortigen sozialdemokratischen Bürgermeister zusagte; und als er für einen Verwandten nach einer Lehrstelle in einer Bäckerei suchte, erbot sich Drewitz, ein Bäckermeister, den Jungen in seinem eigenen Betrieb auszubilden.²⁶⁴

---

261 Adresslisten, Sitzpläne sowie Zu- und Absagen für die „Einladung auf Montag, 27. Juni 1927 8 Uhr", ND 179, fol. 7 u. 14-16 u. ND 189, fol. 1-9. In den lückenhaften Unterlagen Dietrichs sind für 1927 vier weitere größere Einladungen belegt: ND 179, fol. 26f. u. 30-32; ND 180, fol. 1f., 17 u. 28-33.
262 Dietrich an Anneliese von Halle, 16.5.1927, ND 90, fol. 1 („mein Kollege und Freund Wieland"); Dietrich an Emil Berning, 6.7.1927, ND 87, fol. 177 („mein Freund und Reichstagskollege […] Friedrich Raschig"). Es ist nicht ausgeschlossen, dass Korrespondenzen existierten und verlorengegangen sind. Angesichts der für diese Zeit sehr guten Überlieferung ist das aber unwahrscheinlich.
263 Dietrich an Kurt Weigelt, 10.2.1926, ND 353, pag. 111; ähnlich Dietrich an den Vorstandsvorsitzenden der AEG Felix Deutsch, 15.9.1926, ND 85, fol. 60.
264 Robert Blum an Dietrich, 23.6.1927 u. Dietrich an Blum, 9.7.1927, ND 87, fol. 212f.; Dietrich an Friedrich Lauer, 15.5.1925, ND 73, fol. 22; beide Fälle sind nur überliefert, weil Dietrich mit den jeweiligen Interessenten, die nicht in Berlin wohnten, korrespondierte. Der Kontakt zu Wels und Drewitz erfolgte offenkundig in mündlicher Form.

Dietrich arbeitete jedenfalls intensiv darauf hin, sein Netz an nützlichen Beziehungen auszubauen. Wie in Baden legte er es darauf an, sich einzelne Personen durch Gefälligkeiten zu verpflichten. Zum Beispiel lud er Berliner Bekannte auf seinen Hof in Wildgutach zu Treffen ein, bei denen er die Abgeschiedenheit des Schwarzwalds zum vertraulichen Gespräch nutzte, oder zu (kostenlosen) Ferien- und Jagdaufenthalten, bei denen er selbst nicht zugegen war. Prominentere Gäste waren seine Fraktionskollegen Georg Gothein, Heinrich Rönneburg, Adolf Korell und Theodor Heuss, aber auch Gerhard Vogt, der Vorsitzende des einflussreichen Reichsausschusses der deutschen demokratischen Beamten.[265] Dietrich hatte von Anfang an beabsichtigt, das Forstgut seiner ersten Frau als Jagd- und Fischereiresort für seine Freunde und Bekannten anzulegen. Schon 1919, vor Beginn der Bauarbeiten an dem im Herbst 1923 bezugsfertigen Waldvogelhof, erweiterte er sein eigenes, 124 Hektar großes Jagdgebiet, indem er die Wildgutacher Gemeindejagd (173 ha) pachtete, und sicherte sich umfangreiche Fischereirechte.[266] Später pachtete er für alle umliegenden Wälder die begehrte Auerhahnjagd, die allein 200 RM jährlich kostete und auf die mancher Kollege aus dem Reichstag „außerordentlich versessen" war.[267] Er ließ sich in Berlin telegraphisch benachrichtigen, sobald einer der seltenen Hähne gesichtet wurde, und erwog schließlich sogar, „einen besonderen Jagdgehilfen" zu beschäftigen, „der im Frühjahr nach den Hähnen fahndet".[268] Der Aufwand, den Dietrich betrieb, ist auch deshalb bemerkenswert, weil er dieser Art der Freizeitgestaltung nichts abgewinnen konnte und selbst gar nicht auf die Jagd ging.[269]

Die Vielzahl der nachweisbaren Kontakte Dietrichs erschwert seine Zuordnung zu bestimmten politischen Kreisen. Überhaupt ist es problematisch – angesichts des offenen Charakters des gesellschaftlichen Verkehrs im politischen Berlin, der überparteilichen Zusammenarbeit im Reichstag oder der komplexen Gemengelage innerhalb der DDP, die sich nicht einfach in einem Rechts-Links-Schema fassen lässt – Netzwerke im engeren Sinne zu identifizieren, denen Dietrich angehörte. Anders als im vergleichsweise überschaubaren Baden, wo sich bestimmte, zum Beispiel durch politische Orientierung oder räumliche Nähe verbundene Zirkel einigermaßen abgrenzen lassen, müsste man in Berlin eher von der Exis-

---

[265] Vgl. unten sowie Dietrich an Elisabeth Kaupp, 15.8.1923, ND 690; Heuss an Dietrich, 30.6.1928, abgedruckt in Heuss, Briefe 1918-1933, S. 302; Vogt an Dietrich, 25.9.1924, ND 70, fol. 73.

[266] Gemeinde-Jagdpachtvertrag für den Zeitraum 2.2.1920–2.2.1930, o.D. [Dezember 1919] u. Dietrich an Albert Stratz, 2.4.1920, ND 686.

[267] Dietrich an Bertold Thoma, 20.3.1925, ND 693; Dietrich an Albert Stratz, 16.4.1926, ND 694.

[268] Dietrich an Korell, 7.7.1928, ND 159, fol. 189; siehe auch Dietrich an Korell, 22.5.1928, ND 695.

[269] Als Dietrich der örtlichen Jagdgenossenschaft den Besuch von Heinrich Rönneburg ankündigte, erklärte er: „Falls ich zufällig dort sein sollte, würde ich mich an der Jagd insofern beteiligen, als ich beabsichtige, den Spazierstock dazu mitzunehmen und den Auerhahn damit zu erschlagen, falls ihn Rönneburg verfehlen sollte." Dietrich an Bertold Thoma, 20.3.1925, ND 693; siehe auch Dietrich an Thoma, 21.11.1922, ND 688. Am Angeln hatte Dietrich ebensowenig Interesse: Martha Lehmann an Rudolf Dietrich, 26.7.1926, ND 76, fol. 115.

Abb. 7: Der 1921-1923 erbaute Waldvogelhof in Wildgutach (Aufnahme aus den 1930er Jahren)

tenz zahlreicher, einander überlappender Netzwerke „mit offenen Rändern"[270] ausgehen, deren Abgrenzung dann freilich schwerfällt.

Immerhin ist eine Nähe zu jenen Zirkeln festzustellen, die einen Zusammenschluss der liberalen Parteien anstrebten. Unter anderem hatte Dietrich beste Verbindungen zur Liberalen Vereinigung, einer überparteilich ausgerichteten Organisation, die im Herbst 1924 von Eugen Schiffer, Carl Friedrich von Siemens und einigen anderen Politikern, die kurz zuvor die DDP verlassen hatten, gegründet wurde, und deren Ziel die „Sammlung aller liberalen Kräfte" war.[271] Wie eng Dietrichs Kontakt zu Schiffer nach dessen Parteiaustritt blieb, ist unklar.[272] Sicher ist, dass er ein gutes Verhältnis zu August Weber hatte. Weber war vor dem Ersten Weltkrieg ein führender Vertreter des linken NLP-Flügels, nun Mitglied der DDP und wurde nach und nach zur führenden Persönlichkeit der Liberalen Vereinigung.[273] Außer-

---

[270] So die Bezeichnung für die „Naumann-Gruppe" in der DDP bei Hertfelder, Meteor, S. 36.

[271] Siehe den programmatischen Aufruf in: Liberale Vereinigung. Mitglieder- und Vertreter-Versammlung zu Berlin im Gebäude des Reichswirtschaftsrats am 16. Mai 1925. Berlin o. J. [1925], S. 30 f.; zur Geschichte der Liberalen Vereinigung bis zu den Reichstagswahlen 1928 Larry Eugene Jones: "The Dying Middle": Weimar Germany and the Failure of Bourgeois Unity, 1924–1930. Ann Arbor 1970, bes. S. 30–94; vgl. auch Schneider, Deutsche Demokratische Partei, S. 249–253.

[272] Zumindest gab es einen sporadischen gesellschaftlichen Verkehr: Einladungsliste Dietrichs für den 4. 3. 1926 u. Einladung Schiffers für den 23. 11. 1926, ND 178, fol. 110 f. u. 48.

[273] Zum Einvernehmen zwischen Dietrich und Weber siehe unten, S. 257; außerdem Erwin Gugelmeier an Dietrich, 23. 12. 1925, ND 73, fol. 167. Weber übernahm erst im Juni 1928 den Vorsitz der Liberalen Vereinigung, leitete aber bereits seit Frühjahr 1926 die Geschäfte: Bericht über die Sitzung des Geschäftsführenden Ausschusses vom 3. 5. 1926, SAA N Siemens 4.Lf 697-2; Jones, Dying Middle, S. 106–108.

dem stand Dietrich in freundschaftlicher Verbindung zu dem Publizisten Richard Bahr, einer weiteren zentralen Figur der Liberalen Vereinigung. Bahr zählte vor dem Ersten Weltkrieg ebenfalls zum linken Flügel der NLP und schloss sich 1918 der DDP an, die er aber später wieder verließ – vermutlich gemeinsam mit Schiffer, den er seit langem gut kannte.[274] Man kann ihn getrost als einen der einflussreichsten Journalisten der Weimarer Zeit bezeichnen: Er führte in Berlin ein eigenes Nachrichtenbüro, dem verschiedene Korrespondenzdienste angeschlossen waren, und versorgte als „Berliner Vertreter" zahlreiche große Tageszeitungen im ganzen Reich, DDP-nahe ebenso wie etwas weiter rechts stehende Blätter, mit politischen Leitartikeln.[275] Ob Dietrich über Schiffer in Kontakt mit Bahr kam oder ob sich beide schon vor dem Krieg kennenlernten, ist nicht klar. Jedenfalls verbreitete Bahrs Büro Artikel aus Dietrichs Feder, und die überlieferten Briefwechsel zeugen von einem herzlichen Verhältnis. Es war vor allem Bahr, der Dietrich für die Liberale Vereinigung zu gewinnen suchte. Er gehörte nicht nur ihren Führungsgremien an, sondern war auch Herausgeber der Zeitschrift *Wille und Weg*, die im Frühjahr 1925 als Organ der Liberalen Vereinigung gegründet wurde. Dietrich schrieb von Anfang an Artikel für die Zeitschrift, firmierte ab April 1926 als einer ihrer ca. 60 ständigen Mitarbeiter, und als zur Finanzierung des Magazins kurz darauf eine GmbH ins Leben gerufen wurde, gehörte er zu den 20 Anteilseignern.[276]

Allerdings hatte Dietrichs Engagement für die Liberale Vereinigung Grenzen. Er trat ihr weder als Mitglied bei noch war er bereit, als Herausgeber von *Wille und Weg* in Erscheinung zu treten, obwohl er „monatelang darum gequält" wurde. Seine Artikel waren, wie er betonte, „gänzlich unpolitischen" Inhalts, befassten sich also nicht mit potentiell kontroversen parteipolitischen Überlegungen, sondern mit Spezialfragen aus seiner parlamentarischen Arbeit wie der „Neuordnung

---

[274] In seinen tagebuchartigen Notizen von 1917 bezeichnete Schiffer Bahr als „alte[n] Freund": BAK N Schiffer I/2, fol. 10; ein Brief von Bahr an Dietrich, 15.11.1924, ND 69, fol. 116 erweckt den Eindruck, dass er die DDP erst kürzlich verlassen hatte; zu Bahrs Haltung während der Flügelkämpfe in der NLP siehe Bahr an Paul Thorbecke, 19.2.1912, GLAK 69 NLP Baden 180; Gustav Stresemann an Ernst Bassermann, 30.5.1912, PA/AA N Stresemann 136, fol. 83.

[275] Bahr (1867-1936) ist von der historischen Forschung weitgehend ignoriert worden: vgl. knapp Eksteins, Limits, S. 77 u. (fehlerhaft) Koszyk, Presse, S. 259-263. Im Jahrbuch der Tagespresse von 1929 ist Bahr bei 13 deutschen Tageszeitungen als Berliner Vertreter aufgeführt, darunter beim *Hamburger Anzeiger* sowie verschiedenen Zeitungen des Konzerns von Wolfgang Huck (*Stuttgarter Neues Tagblatt, Dresdner Neueste Nachrichten, Münchener Zeitung*). Allein über die neun Zeitungen, bei denen die (mutmaßliche) Höhe der Auflage vermerkt ist, erreichte Bahr mehr als 700000 Leser: Jahrbuch der Tagespresse 2 (1929), passim. Hinzu kamen Blätter, bei denen entsprechende Angaben im Jahrbuch fehlen (u.a. die *Deutsche Allgemeine Zeitung*), sowie Zeitungen im deutschsprachigen Ausland: Dietrich an das Landesfinanzamt Berlin, 24.7.1933, ND 206, fol. 26-31.

[276] Das Gesellschaftskapital betrug 30000 RM, Dietrichs Einlage 500 RM (die er offenbar nur zur Hälfte einzahlen musste). Hauptanteilseigner war Carl Friedrich von Siemens (13000 RM), der die Zeitschrift bis dahin praktisch im Alleingang finanziert hatte: Bahr an Dietrich, 29.5.1926 u. Gesellschaftsvertrag der Wille und Weg GmbH vom 29.4.1926 (Abschrift), ND 86, fol. 83 u. 86-91; SAA N Siemens 4.Lf 556-1, passim.

des Steuerwesens".[277] Die Liberale Vereinigung war für weite Kreise der DDP ein Gremium von Abtrünnigen, und demokratische Politiker, die sich ihr anschlossen, sahen sich heftigen Attacken ausgesetzt.[278] Wie sensibel die Partei auf den Austritt der Gruppe um Schiffer reagierte, erfuhr Dietrich am eigenen Leib. Im Herbst 1924 und im Frühjahr 1925 geisterten Falschmeldungen durch die badischen Zeitungen, er habe sich der Liberalen Vereinigung angeschlossen oder gar die Partei verlassen, die mal besorgte, mal erregte Reaktionen hervorriefen.[279] Als das Verhältnis der DDP zur Liberalen Vereinigung im November 1926 wieder einmal Gegenstand einer kontroversen Debatte im Parteivorstand war, gab Dietrich die Erklärung ab, „daß er an der Liberalen Vereinigung vollständig desinteressiert ist und mit dem zur Besprechung stehenden Problem nichts zu tun hat". Unter Beschuss gerieten andere, etwa der DDP-Schatzmeister Hermann Fischer, der vorsichtig für eine versöhnliche Haltung plädierte.[280] Dietrichs frühere Nähe zu Schiffer und seine Sympathien für die liberale Sammlungspolitik waren bekannt. Deshalb stand er sozusagen unter Verdacht, andererseits konnte er sich durch seine loyale Haltung der Partei gegenüber besonders profilieren. Er hatte also allen Grund, nach außen Distanz zur Liberalen Vereinigung zu wahren. So sehr er mit ihrem Programm übereinstimmte, so wenig war er bereit, sich zu exponieren und dadurch seine Stellung in der Partei zu beschädigen. Für das gemeinsame Ziel setzte er sich vor allem auf dem Wege der Pressebeeinflussung ein, um die es im folgenden Abschnitt gehen soll.

Seine Kontakte zur Liberalen Vereinigung sollte man ebensowenig überschätzen wie die Bedeutung dieser Organisation. Es gelang ihr zwar, zahlreiche prominente Persönlichkeiten aus Politik, Wissenschaft und Wirtschaft als Mitglieder zu gewinnen und einige aufsehenerregende Veranstaltungen zu organisieren.[281] Abgesehen von kurzlebigen symbolischen Erfolgen blieb sie jedoch wirkungslos. Selbst als DDP und DVP 1926 Koalitionspartner im zweiten Kabinett Luther wa-

---

[277] Dietrich an Johanna Kohlund, 20.5.1925, ND 72, fol. 199; Hermann Dietrich: Neuordnung des Steuerwesens, Wille und Weg Nr. 4 vom 15.5.1925, S. 83–88. Anfang 1925 war ein dreiköpfiges Herausgebergremium vorgesehen, das aus Dietrich, Schiffer und Wilhelm Kahl (DVP) bestehen sollte, wobei Dietrich diesem Plan möglicherweise zuerst zustimmte, bevor er doch einen Rückzieher machte: Schiffer an Otto Becker, 20.1.1925, SAA N Siemens 4.Lf 697-1; Besprechungen der Liberalen Vereinigung vom 9. u. 16.2.1925, SAA N Siemens 4.Lf 697-2. Im ersten Jahrgang tauchte Dietrichs Name auf dem Titelblatt nicht einmal unter den „Mitwirkenden" auf. Bis 1929 schrieb er sieben Artikel für die Zeitschrift.

[278] Besonders in den Monaten nach der Gründung der Liberalen Vereinigung: Jones, Liberalism, S. 271–273.

[279] Julius Beeser an Dietrich, 24.10.1924, ND 69, fol. 178; Johanna Kohlund an Dietrich, 17.5.1925, ND 72, fol. 200; Eugen Rebholz an Dietrich, 23.5.1925, ND 709; Briefwechsel zwischen Rebholz, Dietrich und der Konstanzer Zeitung, Mai/Juni 1925, ND 72, fol. 317–321. Die Gerüchte wurden u.a. von der zum Hugenberg-Konzern gehörenden Telegraphen-Union verbreitet.

[280] Vorstandssitzung der DDP vom 6.11.1926, BAB R 45 III-20, fol. 38–43, Zitat fol. 41.

[281] Große Beachtung fand vor allem ein Bankett am 1. Februar 1926, an dem etwa 500 prominente Persönlichkeiten, darunter die Parteivorsitzenden Koch-Weser, Stresemann und Drewitz sowie Reichskanzler Luther teilnahmen: Jones, Dying Middle, S. 65–69.

ren, kam es nicht einmal zu Verhandlungen über eine engere Zusammenarbeit der Reichstagsfraktionen, geschweige denn über eine Parteifusion. Die Liberale Vereinigung scheiterte zudem in ihrem Bestreben, zu einer Massenorganisation zu werden. Letztlich konnte sie sich nur auf einen zahlenmäßig überschaubaren Zirkel aus vermeintlich einflussreichen Prominenten stützen, blieb also ein exklusiver Klub von „Offizieren ohne Soldaten",[282] der außerhalb Berlins nur in Bayern eine gewisse Aktivität entfaltete.

Dietrich gehörte nach wie vor zu den nachdrücklichen Befürwortern des liberalen Sammlungsgedankens, und die Kreise, in denen er dabei verkehrte, setzten sich nicht ausschließlich, aber in erheblichem Ausmaß aus ehemaligen Nationalliberalen und bürgerlichen Politikern, die nicht der DDP angehörten, zusammen – das gilt für die Liberale Vereinigung und zumindest ansatzweise für die Pressenetzwerke, in denen er agierte. An dieser Stelle ist gleichwohl Vorsicht geboten: Wenn sich hier eine Nähe bzw. Zugehörigkeit Dietrichs zu Netzwerken ausmachen lässt, die mehr (auf dem Gebiet der Pressepolitik) oder weniger (im Falle der Liberalen Vereinigung) scharf abgrenzbar sind, so auch deshalb, weil es sich um entsprechend heikle Bereiche handelte, in denen die Zahl der Akteure, die als Kommunikationspartner in Frage kamen, begrenzt war. Anhand von Dietrichs politischem Umfeld als Ganzem lassen sich ab Mitte der zwanziger Jahre gerade *keine* klaren Gruppen- oder Flügelbildungen innerhalb der DDP erkennen. Blickt man auf die Abgeordneten, zu denen er engere Beziehungen unterhielt, so ist zum Beispiel kein besonderer Zusammenhalt unter ehemaligen Nationalliberalen in der DDP-Fraktion auszumachen – im Gegenteil.[283] Recht deutlich war nur seine Distanz zu den dezidiert linksliberalen, kosmopolitisch und pazifistisch orientierten Demokraten, die jedoch bei der großen Mehrheit der DDP-Politiker auf Vorbehalte stießen.[284]

4. Liberale Pressepolitik: Die Beeinflussung der öffentlichen Meinung

Das hervorstechende Spezifikum in Dietrichs politischem Umfeld sind seine vielfältigen Verbindungen zur Presse. Auffällig ist, dass seine engsten Bekannten außerhalb Badens allesamt Journalisten waren. Neben Richard Bahr gehörten dazu Max Klemm (1864-1926) und die Familie von Elisabeth Brönner-Hoepfner (1880-1950). Klemm war Chefredakteur des *Neuen Tagblatts*, einer DVP-nahen Zeitung mittlerer Größe im schlesischen Waldenburg. Vor dem Krieg arbeitete er für die *Konstanzer Zeitung* und war Mitglied der badischen NLP, verließ Konstanz jedoch zu der Zeit, als Dietrich Oberbürgermeister wurde. Obwohl er nie mehr in seiner Nähe wohnte, sich 1918 der DVP anschloss und im Gegensatz zu Bahr kein

---

[282] So rückblickend Eugen Schiffer: Ein Leben für den Liberalismus. Berlin 1951, S. 235.
[283] Von den oben genannten Reichstagskollegen, die ihm näherstanden, war nur Wieland ein ehemaliger Nationalliberaler. Korell, Brodauf, Kopsch, Raschig, Gothein, Rönneburg und Heuss gehörten vor der Revolution der FVP an.
[284] Dazu ausführlich Kap. IV, 3.

4. Liberale Pressepolitik: Die Beeinflussung der öffentlichen Meinung 241

Journalist war, der Dietrich von großem Nutzen hätte sein können, schlief die Bekanntschaft, die sich bis zu Klemms Tod in einer herzlichen Korrespondenz und gegenseitigen Besuchen niederschlug, nicht ein.[285]

Auch für die Freundschaft, die ihn mit der Familie Brönner verband, waren funktionale Aspekte von untergeordneter Bedeutung. Elisabeth Brönner-Hoepfner war eine aus Ostpreußen bzw. dem Memelland stammende DDP-Abgeordnete, die mit ihm gemeinsam in der Weimarer Nationalversammlung und bis 1921 im Reichstag saß. Sie war vor 1918 Mitglied der FVP und arbeitete für verschiedene Nachrichtenorgane der Frauenbewegung, während ihr Mann, Wilhelm Brönner, der Nationalliberalen Partei angehörte. Ab 1911 war er für einige Zeit im Generalsekretariat der badischen NLP tätig, wo er die *Badische Nationalliberale Correspondenz* redigierte. Damals dürfte Dietrich das Ehepaar, das anschließend Redakteursposten bei der *Königsberger Hartungschen Zeitung* übernahm, kennengelernt haben.[286] Er wurde Patenonkel ihres 1918 geborenen Sohnes Heinrich Brönner, um den er sich danach intensiv kümmerte: Abgesehen von den üblichen Geschenken führte er einen liebenswürdigen Briefwechsel mit ihm, nahm den Jungen während der Ferien mit in den Schwarzwald und suchte, kaum dass Heinrich sechs Jahre alt geworden war, eine private Französischlehrerin für ihn, die er offenbar selbst bezahlte.[287] Den Eltern griff er finanziell unter die Arme. Als sie im Herbst 1921 ihre hauptberufliche journalistische Tätigkeit aufgaben und eine Druckerei in Nowawes bei Potsdam erwarben, streckte Dietrich anscheinend den gesamten Kaufpreis in Höhe von 240 000 PM (etwas mehr als 7000 GM) vor.[288] Später geriet der Betrieb wiederholt in Schwierigkeiten, woraufhin Dietrich hohe Bürgschaften für kurzfristige Bankkredite übernahm.[289]

Dietrich hatte eine besondere Affinität zum Zeitungsgewerbe, die über politische Erwägungen weit hinausreichte. Sie spiegelte sich in einem geradezu leidenschaftlichen Interesse an den wirtschaftlichen und technischen Aspekten des Druck- und Verlagsgeschäfts und eben in seiner privaten Umgebung. Die Freundschaften mit Klemm und Brönner-Hoepfner sind bemerkenswert, weil die meisten seiner Beziehungen unmittelbar mit seinen aktuellen politischen oder ökonomischen Interessen in Verbindung standen, während ältere Kontakte, die keinen

---

[285] Siehe den teilweise erhaltenen Schriftwechsel zwischen Dietrich und Klemm aus den Jahren 1919-1926: ND 216, pag. 159; ND 66, fol. 175f., 183 u. 199f.; ND 68, fol. 206, 213-219, 237f. u. 241f.; ND 72, fol. 169-174; ND 80, fol. 148-160 u. 163.

[286] Zu Elisabeth Brönner-Hoepfners Lebenslauf siehe die autobiographische Aufzeichnung vom Juni 1924, BAK N Brönner-Hoepfner 21, fol. 1-4 u. den nach ihrem Tod verfassten Text Wilhelm Brönners „Die Vorkämpferin für das Memelland Elisabeth Brönner-Hoepfner", ebd., fol. 6-25 (vgl. ND 195, fol. 404-422); zu Wilhelm Brönners Tätigkeit in Karlsruhe siehe Paul Thorbecke an Edmund Rebmann, 5.9.1911, GLAK 69 NLP Baden 200; Konstanzer Zeitung Nr. 260 vom 21.9.1911. Wann der Umzug nach Königsberg erfolgte, ließ sich nicht ermitteln.

[287] Siehe die Unterlagen in ND 69, fol. 301-304 u. ND 733, passim.

[288] Über diesen Vorgang sind lediglich zwei Vertragsentwürfe Dietrichs aus dem Oktober 1921 erhalten: ND 65, fol. 77 u. 79.

[289] Die Bürgschaften beliefen sich auf bis zu 15 000 RM: Dietrich an verschiedene Niederlassungen der Commerzbank in Berlin und Potsdam, 22.9.1927, 21.6.1928 u. 3.12.1929, ND 87, fol. 316, ND 99, fol. 358 u. ND 733; außerdem die Unterlagen in ND 614.

solchen Zwecken mehr dienten, in der Regel einschliefen. Abgesehen von seiner Verwandtschaft pflegte er kaum engere Kontakte, die ganz oder überwiegend privater Natur waren und über einen sporadischen Austausch hinausreichten. Außer Heinrich Brönner hatte Dietrich keine Patenkinder, und wenn er Klemm im abgelegenen Waldenburg besuchte, stand dies im Widerspruch zu seinem Bemühen, angesichts der strapaziösen Fahrten nach Baden alle unnötigen Reisen zu vermeiden.

Weniger ungewöhnlich war, dass Dietrich der Presse eine fundamentale politische Bedeutung zumaß und er in ihr das entscheidende Mittel erblickte, die öffentliche Meinung zu beeinflussen. Diese Einschätzung war für die Weimarer Zeit typisch und durchaus naheliegend, schließlich handelte es sich nach wie vor um das zentrale Medium der Massenkommunikation. Die enge Verflechtung mit der Politik war eine Selbstverständlichkeit, auch auf lokaler Ebene: So waren Miteigentümer, Verleger und Redakteure der kleinen Zeitungen in Südbaden, an denen Dietrich beteiligt war, parteipolitisch besonders aktiv. Regierungen, Politiker, Parteien und Verbände sorgten sich ständig um ihren Rückhalt in der Presse und verfolgten die Berichterstattung mit Argusaugen. Ebenso typisch waren Dietrichs Anstrengungen, einzelne Blätter von sich abhängig zu machen, indem er Anteile an Zeitungsverlagen erwarb bzw. unter seine Kontrolle brachte. Das bekannteste Beispiel politischer Einflussnahme bietet der DNVP-Politiker Alfred Hugenberg, zu dessen Medienkonzern über ein kompliziertes Beteiligungsgeflecht Nachrichtenbüros, Anzeigenagenturen und zahlreiche Zeitungen und Zeitschriften gehörten. Viele andere Weimarer Politiker engagierten sich, wenngleich meist in viel geringerem Umfang, auf ähnliche Weise – zum Teil mit eigenen Mitteln, zum Teil weil sie Zugang zu finanzkräftigen Geldgebern hatten.[290]

Dietrich verfolgte mit seinen pressepolitischen Aktivitäten im Wesentlichen drei Ziele: Erstens ging es ihm um eine positive Berichterstattung über sich und seine politische Arbeit sowie um die Verbreitung der zahlreichen Artikel, die er verfasste. Zweitens wollte er den Presserückhalt des politischen Liberalismus stärken – sei es zugunsten der DDP, sei es im Sinn einer überparteilich-liberalen Sammlungspolitik. Eine nicht zu unterschätzende Rolle spielte dabei der Gedanke, eher rechtsgerichtete bürgerliche Wähler mit der Republik auszusöhnen, ge-

---

[290] Einen umfangreichen, bisweilen allerdings konfusen und in den Details nicht immer zuverlässigen Einblick in die vielfältigen Verflechtungen zwischen Presse und Politik bietet die grundlegende Studie von Kurt Koszyk, die sich auch mit Dietrich befasst. Koszyk attestiert ihm ein „ungewöhnliches Interesse für die Presse", wobei er seinen Fall zugleich als „exemplarisch" deutet. Obwohl er die einschlägigen Unterlagen in Dietrichs Nachlass auswertet, sind die Ergebnisse einerseits merkwürdig allgemein gehalten, andererseits dort, wo Details geschildert werden, fehlerhaft (Koszyk, Presse, bes. S. 259–265, Zitate S. 259 u. 263). Einen konzisen Überblick bietet Konrad Dussel: Deutsche Tagespresse im 19. und 20. Jahrhundert. Münster 2004, S. 121–158, der ebenfalls auf Dietrich eingeht, wobei er die Ausführungen Koszyks übernimmt (ebd., S. 144 u. 146); ähnlich Schneider, Deutsche Demokratische Partei, S. 240f. Zur DDP-nahen Presse Eksteins, Limits; der Schwerpunkt dieser Untersuchung, in der Dietrich nur beiläufig erwähnt wird (z. B. ebd., S. 88f.), liegt auf der demokratischen Großstadtpresse. Zum Hugenberg-Konzern Heidrun Holzbach: Das „System" Hugenberg. Die Organisation bürgerlicher Sammlungspolitik vor dem Aufstieg der NSDAP. Stuttgart 1981.

4. Liberale Pressepolitik: Die Beeinflussung der öffentlichen Meinung 243

wissermaßen staatsbürgerlich zu erziehen, und für die „vernünftige" Politik der Mitte zu gewinnen. Und drittens konnte er durch sein Engagement seine Stellung innerhalb der DDP stärken.

In den ersten Jahren nach der Revolution lag der Fokus von Dietrichs Pressepolitik auf Baden, wobei seine Vorgehensweise mitunter aggressiv war und ihn angreifbar machte. Nach dem Ende des Machtkampfes in der badischen DDP änderte sich seine Strategie. Er legte unverändert großen Wert auf die Unterstützung der Presse in seinem Wahlkreis, doch es wurde nun überflüssig, Zeitungen durch kostspielige Beteiligungen unter seine persönliche Kontrolle zu bringen. Die durchaus zahlreichen parteinahen Organe erwiesen sich jetzt im Großen und Ganzen auch dann als zuverlässig, wenn sie nicht in seiner Hand waren. Das galt sogar für die linksliberale *Neue Badische Landeszeitung* in Mannheim, die auflagenstärkste demokratische Zeitung in Baden, die zum Beispiel allen liberalen Sammlungsplänen kritisch gegenüberstand, deren Mitarbeiter aber bemüht waren, ihre politische Linie mit ihm abzustimmen.[291] Hinzu kam, dass Dietrich in gewissem Umfang mit anderen bürgerlichen Zeitungen zusammenarbeiten konnte, selbst wenn sie sich zur Deutschen Volkspartei bekannten oder für politisch „neutral" erklärten. Eine hermetische Abgrenzung nach Parteizugehörigkeiten war eher die Ausnahme, und natürlich kannte Dietrich in vielen Fällen die Eigentümer oder Chefredakteure persönlich. Nicht zuletzt die größte Zeitung des Landes, die DVP-nahe *Badische Presse*, veröffentlichte wiederholt Artikel von ihm und berichtete über seine Reden.

Seine eigenen Beteiligungen erweiterte er deshalb nur noch geringfügig, mit überschaubarem finanziellem Aufwand (Tabelle 3). 1924 rief er gemeinsam mit Georg Frech, Geschäftsführer des *Donaueschinger Tagblatts*, und dem Landtagsabgeordneten Friedrich Schön, wie Frech ein früherer Nationalliberaler, das *Echo vom Wald* in der Kleinstadt Triberg wieder ins Leben, nachdem die parteinahe Zeitung während der Inflationszeit eingegangen war. Obwohl Dietrich einmal mehr nicht als Eigentümer in Erscheinung trat, sondern Frech als Strohmann für seinen Anteil von 1500 RM (25 Prozent) fungierte, wusste die DDP-Ortsgruppe über sein Engagement von Anfang an Bescheid und dankte ihm für die „entschiedene demokratische Politik" des *Echos*.[292] 1927 beteiligte Dietrich sich außerdem mit 5000 RM an einer Kapitalerhöhung des *Tagblatts*, mit der neben Investitionen in den Betrieb die Übernahme eines kleinen parteilosen Schwarzwaldblättchens finanziert wurde.[293] Von heimlichen, feindlichen Übernahmen anderer demokra-

---

[291] Siehe z. B. Karl Dees an Dietrich, 22. 3. 1926, ND 229, pag. 65; Ludwig Bergsträsser an Dietrich, 28. 12. 1927, ND 230, pag. 613.

[292] Ortsgruppe Triberg an Dietrich, 19. 12. 1924, ND 271, fol. 7; siehe auch Dietrich an Dees, 5. 6. 1924, ND 70, fol. 44. Die Zeitung wurde als Ableger des *Donaueschinger Tagblatts* mit eigener Lokalredaktion geführt. Ein vierter Anteil gehörte dem Inhaber der Druckerei in Triberg. Als Schön später aus der OHG ausschied, wurde seine Einlage zu gleichen Teilen von den übrigen Gesellschaftern übernommen; siehe die Unterlagen in ND 271 u. 289.

[293] Es handelte sich um den *Bregtalboten* in Vöhrenbach, der nur eine Auflage von ca. 300 Exemplaren hatte; Geschäftsbericht der Druck- und Verlagsgesellschaft mbH Donaueschingen für die Jahre 1927–1929, 27. 4. 1930, ND 120, fol. 68–79; vgl. Kopitzke, Donaueschinger Tagblatt, bes. S. 28.

tischer Zeitungen war keine Rede mehr. Bezeichnend ist, wie sich sein Verhältnis zur *Oberländer Zeitung* in Singen entwickelte – jenem Provinzblatt, das er bis 1923 unbedingt unter seine Kontrolle hatte bringen wollen, woraufhin es zu schweren innerparteilichen Auseinandersetzungen gekommen war. Nach seiner Nominierung zum Spitzenkandidaten der DDP im März 1924 erhielt Dietrich von Redakteur Fritz Harzendorf, der ihn zwei Jahre zuvor öffentlich aufs Heftigste attackiert hatte, die unaufgeforderte Mitteilung, „daß Ihnen für den bevorstehenden Wahlkampf die Oberländer Zeitung in vollem Umfang zur Verfügung steht".[294] Ein Jahr später bot Harzendorf ihm gar Geschäftsanteile zum Kauf an – woran Dietrich nun kein Interesse mehr hatte.[295]

Dietrich handelte jetzt im Einvernehmen mit den führenden Parteikreisen, den beteiligten Verlagen und Ortsvereinen. Den gemeinsamen Bemühungen des Generalsekretariats, Dietrichs und des Karlsruher Ortsvereins war es zu verdanken, dass ab 1926 wieder ein demokratisches Blatt in der badischen Hauptstadt erschien, wo die Partei seit der Affäre um die *Badische Landeszeitung* ihren Rückhalt in der Presse verloren hatte.[296] Außerdem gab es ständig Hilferufe parteinaher Zeitungen, die in der Regel nur eine Auflage von wenigen Tausend Exemplaren hatten und in ernsten wirtschaftlichen Schwierigkeiten steckten. Zwischen 1924 und 1928 kam es zu Unterstützungsaktionen in Freiburg, Lörrach, Sinsheim und Bruchsal, die zum Teil bemerkenswerte finanzielle Ausmaße erreichten und von besser situierten DDP-Mitgliedern getragen wurden, unter denen Dietrich und Richard Freudenberg, der meist die finanzielle Hauptlast trug, federführend waren. In der Regel erhielten die betroffenen Verlage Zuschüsse, Darlehen oder Bürgschaften, ohne dass in die bestehenden Eigentumsverhältnisse eingegriffen wurde.[297] Die materiellen Abhängigkeiten, die hierbei entstanden, konnte Dietrich natürlich nutzen, doch im Vordergrund stand die Bindung der Zeitung an die Partei, nicht an seine Person. Er war darauf bedacht, den Einsatz eigener Mittel tunlichst zu vermeiden – das misslang allerdings, so dass er zum Teil katastrophale finanzielle Einbußen erlitt.

Insgesamt entwickelte sich die badische Provinzpresse für Dietrich zu einer unverhältnismäßigen Belastung. Seine eigenen Beteiligungen in Südbaden erfor-

---

[294] Harzendorf an Dietrich, 15. 3. 1924, ND 217, pag. 39.
[295] Harzendorf an Dietrich, 2. 6. 1925, ND 268, fol. 98; zu dem guten Verhältnis zwischen Dietrich und Harzendorf siehe auch die Korrespondenz aus dem Jahr 1927, ebd., fol. 72-81. Anscheinend steckte die Zeitung in Schwierigkeiten. Die finanzielle Lage war aber bis 1923, als Harzendorf Dietrichs Beteiligung mit aller Macht zu verhindern suchte, nicht minder prekär.
[296] Zu den Bemühungen um die Gründung einer neuen Zeitung in Karlsruhe siehe die Unterlagen in ND 270. Ab November 1926 erschien der *Generalanzeiger für Südwestdeutschland*: Richard Greiser an Dietrich, 21. 11. 1926, ND 229, pag. 365; vgl. Konrad Dussel: Pressebilder in der Weimarer Republik. Entgrenzung der Information. Münster 2012, S. 99 u. 102.
[297] Zu den Hilfsmaßnahmen für den *Landboten* in Sinsheim und die *Bruchsaler Zeitung* ab 1927 siehe die Unterlagen in ND 230, pag. 107-109, 123, 149, 221, 235-249, 257-259 u. 561; ND 231, pag. 210 u. 369; ND 236, pag. 17; ND 270, fol. 36f.; ND 272, fol. 256f, 322 u. 326; vgl. auch Wilderotter, Freudenberg, S. 26; zum *Oberrheinischen Beobachter* in Freiburg und zum *Oberländer Boten* in Lörrach siehe unten.

4. Liberale Pressepolitik: Die Beeinflussung der öffentlichen Meinung 245

derten immerhin keine Zuschüsse, ihre wirtschaftliche Lage war aber ebenfalls angespannt. Daraus ergaben sich Konflikte zwischen Anteilseignern, Verlegern und Beschäftigten vor Ort, die die lokalen Parteigliederungen in Mitleidenschaft zogen. Besonders in Stockach und Meßkirch ging die Misere der Lokalzeitungen mit jahrelangen Reibereien einher. Zu diesen trug Dietrich noch bei, weil er der Meinung war, die Betriebe müssten Gewinne erwirtschaften und Dividenden ausschütten. Infolgedessen wurde das Verhältnis zu seinem alten jungliberalen Weggefährten Robert Schlegel, dem Geschäftsführer und Miteigentümer der Zeitungen in Stockach, Meßkirch und Überlingen, wiederholt getrübt.[298]

Der Schwerpunkt von Dietrichs Pressepolitik lag jedenfalls nicht mehr in der südwestdeutschen Provinz. Schon Anfang der zwanziger Jahre, als die Lage in seinem Wahlkreis noch nicht unter Kontrolle war, bemühte er sich darum, auf Reichsebene publizistisch in Erscheinung zu treten. Er veröffentlichte Artikel – häufig dieselben, die in seinen badischen Zeitungen erschienen – in den DDP-nahen Blättern der Hauptstadt, wie dem *Berliner Tageblatt*, der *Vossischen Zeitung* oder der *Berliner Börsen-Zeitung*, aber auch in weiter rechts stehenden Organen, zeitweise zum Beispiel in der zum Stinnes-Konzern gehörenden *Deutschen Allgemeinen Zeitung* (DAZ).[299] Ob ihm dort sein Bundesbruder Paul Lensch, inzwischen Chefredakteur der DAZ, oder Richard Bahr behilflich waren, ist unklar. Sicher ist, dass Letzterer spätestens ab 1922 über die seinem Büro angeschlossene Artikelkorrespondenz *Aus Wirtschaft und Politik* für eine systematische Verbreitung von Dietrichs Artikeln sorgte,[300] die so vielerorts gleichzeitig erscheinen konnten.

Dieser Korrespondenzdienst, den Bahr 1912 unter dem Namen *Nationalliberale Beiträge* gegründet hatte und der „Leitaufsätze führender Männer" und „namhafter Parlamentarier" an einige Dutzend Zeitungen lieferte, wurde schließlich von Dietrich übernommen. Der Übergang in sein Eigentum, der vermutlich 1923 erfolgte, wurde getarnt, indem ein Mitarbeiter Bahrs, Konstantin Schmelzer, als Herausgeber und Inhaber des Postscheckkontos der Korrespondenz auftrat. Schmelzer kümmerte sich zusätzlich um die redaktionelle Betreuung und den Vertrieb. Später übernahm Wilhelm Brönner Schmelzers Aufgaben sowie die Herausgeberschaft, während das Konto auf den Namen von Dietrichs Sekretärin

---

[298] ND 266 u. 267, passim. Die Behauptung von Werner Schneider, Dietrich habe für das *Stockacher Tagblatt* Zuschüsse (und zwar „besonders hohe") leisten müssen, ist falsch: Schneider, Deutsche Demokratische Partei, S. 241.

[299] Bei einer stichprobenartigen Überprüfung haben sich zahlreiche Artikel Dietrichs, die in badischen Zeitungen erschienen, auch anderswo nachweisen lassen: z. B. Hermann Dietrich: Der europäische Zollverein, Vossische Zeitung Nr. 204 vom 21.4.1920 u. Badische Landeszeitung Nr. 170 vom 30.4.1920; Hermann Dietrich: Zur Lage, Berliner Börsen-Zeitung Nr. 253 vom 3.6.1921 u. Badische Landeszeitung Nr. 127 vom 4.6.1921; Hermann Dietrich: Der Rechtsabmarsch, Deutsche Allgemeine Zeitung Nr. 469 vom 10.10.1923 u. Seebote Nr. 235 vom 13.10.1923. In der DAZ finden sich Dietrichs Artikel gehäuft im Jahr 1923. Zu seiner Präsenz in der Presse vgl. auch die Zeitungsausschnittsammlung zu Dietrich im Pressearchiv des Reichslandbundes, BAB R 8034 III-95.

[300] Vermutlich schon früher: Dietrich an Bahr, 19.5.1922 u. Dietrich an den Presse-Verlag Dr. Rudolf Dammert, 3.11.1922, ND 67, fol. 103 u. 126.

Martha Lehmann lief. In geschäftlicher Hinsicht war *Aus Wirtschaft und Politik* mit minimalem Aufwand zu betreiben, so dass die Redaktions- und Verwaltungsarbeit lediglich den Umfang einer Nebentätigkeit hatte.[301] Gleichwohl war die Korrespondenz für Dietrich von großem Wert. Sie diente ihm nicht nur als „Sprachrohr", mit dem er „ab und zu" eigene Artikel unterbringen konnte, sondern verfolgte auch den Zweck, „eine Zusammenarbeit der demokratischen und volksparteilichen Elemente [...] in der Presse zu ermöglichen".[302] Deswegen kamen gleichermaßen Politiker der DDP und der DVP zu Wort, die Dietrich offenbar selbst auswählte – unter anderem seine Parteifreunde Georg Gothein, Theodor Heuss und Paul Ziegler sowie die DVP-Politiker Carl Cremer, Fritz Mittelmann und Kurt von Lersner.[303] Es liegt auf der Hand, dass Dietrich hierdurch sein soziales Kapital vergrößern konnte, zumal die Artikel honoriert wurden.

Darüber hinaus waren Dietrichs eigene Beteiligungen außerhalb Badens überschaubar. Ab 1922 war er Miteigentümer der *Neuen Berliner Zeitung (Das 12 Uhr Blatt)*, einem DDP-nahen Boulevardblatt, das später immerhin eine Auflage von 50 000 Exemplaren erreichte. Zu dem Publizisten und Dramaturgen Walter Steinthal, der Mehrheitsgesellschafter, Herausgeber und Chefredakteur der Zeitung war und wohl mit dem liberalen Sammlungsgedanken sympathisierte, stand er zeitweise in engerem Kontakt. Die näheren Umstände dieses Engagements bleiben indessen unklar. Nach der Währungsumstellung betrug Dietrichs Anteil, der als Eigentum der Gutswirtschaft Madachhof getarnt war, 6750 RM bzw. 9 Prozent des Kapitals. In die Angelegenheiten des Verlags scheint er nicht weiter involviert gewesen zu sein.[304] Anfang 1925 gründete Dietrich gemeinsam mit Katharina

---

[301] Bahr an Dietrich, 27. 6. 1926 u. Wilhelm Brönner an Dietrich, 12. 7. 1926, ND 75, fol. 114 u. 258f.; Briefpapier von *Aus Wirtschaft und Politik* aus dem Jahr 1925, ND 694; monatlich erschienen „sieben bis acht Artikel": Dietrich an Heinz Gorrenz, 21. 6. 1926, ND 279, fol. 118; siehe auch Elisabeth Brönner-Hoepfner an Georg Gothein, 25. 10. 1926, BAK N Gothein 16, fol. 248f. Die Spezialakten über die Korrespondenz sind nicht erhalten, so dass Einzelheiten nur spärlich überliefert sind. In den ersten Jahren nach der Revolution gab Bahr eine Korrespondenz unter dem Namen *Demokratische Beiträge* heraus, die von 50 Zeitungen bezogen wurde. Möglicherweise handelte es sich dabei um denselben Dienst, der dann im Jahr 1922 umbenannt wurde (so Ekstein, Limits, S. 77). Allerdings sind die *Demokratischen Beiträge* 1925 noch in Sperlings Zeitschriften-Adreßbuch aufgeführt: Sperling 1925, S. 537.

[302] Dietrich an Pius Dirr, 10. 3. 1924, ND 70, fol. 147, Dietrich an Ludwig Bergsträsser, 12. 1. 1928, ND 231, pag. 29 u. Dietrich an Paul Listowsky, 14. 4. 1926, ND 81, fol. 69.

[303] Über die Autoren finden sich nur wenige, zufällig überlieferte Informationen in Dietrichs Unterlagen. Aus ihnen geht beispielsweise nicht hervor, dass Gothein zu den Mitarbeitern gehörte, obwohl er hunderte Artikel für die Korrespondenz schrieb – für den Zeitraum 1926-1932 überliefert in BAK N Gothein 73-75; außerdem Dietrich an Lersner, 12. 6. 1925, ND 73, fol. 120; Wilhelm Brönner an Dietrich, 12. 7. 1926, ND 75, fol. 258f.; Theodor Heuss: Die Stimme des Elsaß, Aus Wirtschaft und Politik Nr. 41 vom 7./11. 6. 1926, ND 76, fol. 200-202.

[304] Die Beteiligung betrug anfangs, im Frühjahr 1922, 150 000 Papiermark (ca. 2000 GM), bis August 1923 erhöhte sie sich, wohl infolge von Kapitalerhöhungen, auf 750 000 PM: Dietrich an das Bankhaus Keller's Söhne, 3. 5. u. 17. 7. 1922, ND 611; Vermögensaufstellung vom 20. 8. 1923, ND 749; siehe auch Waldemar Dietrich an das Steuersyndikat Brönner, 27. 7. 1931, ND 43, fol. 213. Weitere Einzelheiten sind nicht überliefert, mit Ausnahme eines freundschaftlichen Schreibens Steinthals, in dem dieser der früheren

von Oheimb die *Aktuelle Bilder-Zeitung* (ABZ), eine politische Illustrierte, die als Massenblatt konzipiert war und sich dem Publikum als „Zeitung für Politik des gesunden Menschenverstandes, zur Milderung politischer Gegensätze" anpries. Oheimb, bis 1924 Reichstagsabgeordnete der DVP, führte in ihrer Wohnung am Kurfürstendamm einen berühmt-berüchtigten Salon, der ein bedeutender Treffpunkt der Berliner Politprominenz war.[305] Auch Dietrich zählte zu ihrem engeren Bekanntenkreis, und am Fall der ABZ zeigt sich, dass die politische Geselligkeit in Berlin weiterreichende Folgen haben konnte.[306] Er zeichnete 10 Prozent bzw. 3000 RM, Oheimb 40 Prozent der Anteile, während ein Verleger, der aufgrund seiner geschäftlichen Erfahrungen und als Geldgeber hinzugezogen wurde, die andere Hälfte übernahm.[307] Oheimb trat als Herausgeberin und leitende Redakteurin auf. Sie machte es zu ihrem Anliegen, kaum dass die Wochenschrift im März 1925 zu erscheinen begann, die Kandidatur ihres Freundes Otto Geßler für das Reichspräsidentenamt zu propagieren.

Dietrich schrieb einige Artikel für die ABZ und kümmerte sich gemeinsam mit dem SPD-Politiker Kurt von Reibnitz, einem weiteren Vertrauten Oheimbs, um geschäftliche Fragen. In Anbetracht des „Bilderhungers" der 1920er Jahre war die Geschäftsidee der ABZ durchaus zeitgemäß. Gerade in den Jahren nach der Währungsreform erlebten die Illustrierten einen rapiden Aufschwung.[308] Das großangelegte Projekt endete jedoch in einem Fiasko, weil die Zeitschrift überstürzt gegründet wurde und das Startkapital für ein Unternehmen dieser Art viel zu gering war. Die ABZ etablierte sich auf dem Markt nicht so rasch wie erhofft, die Auflage erreichte mit 50 000 Exemplaren nur die Hälfte der kalkulierten Höhe. Die Inserateneinnahmen blieben noch deutlicher hinter den Erwartungen zurück, und so geriet der Betrieb nach wenigen Wochen in gravierende Zahlungsschwierigkeiten. Obwohl die Gesellschafter noch einmal 30 000 RM zur Verfügung stellten, musste die ABZ im Juli ihr Erscheinen einstellen und mit Verbindlichkeiten von knapp 130 000 RM Insolvenz anmelden. Die Beteiligten verloren nicht nur ihre Einlagen: Da die GmbH erst Mitte April, als die Zeitung bereits sechs Wochen existierte, in das Handelsregister eingetragen wurde, waren sie für alle vorher eingegangenen

---

„häufigen und ausgedehnten Unterhaltungen" gedachte: Walter Steinthal an Dietrich, 2.4.1930, ND 125, fol. 208; vgl. Karsten Schilling: Das zerstörte Erbe. Berliner Zeitungen der Weimarer Republik im Portrait. Diss. FU Berlin 2011, S. 388-399; Peter de Mendelssohn: Zeitungsstadt Berlin. Menschen und Mächte in der Geschichte der deutschen Presse. Frankfurt a. M. ²1982, S. 332 u. 460.

[305] Cornelia Baddack: Katharina von Kardorff-Oheimb (1879-1962) in der Weimarer Republik. Unternehmenserbin, Reichstagsabgeordnete, Vereinsgründerin, politische Salonnière und Publizistin. Göttingen 2016, bes. S. 134-141; Weidmüller, Berliner Gesellschaft, S. 62 f.

[306] Abgesehen von Einladungen aus späteren Jahren ist ein Abendessen belegt, das Anfang Juni 1924 in Dietrichs Wohnung stattfand. Zu dem kleinen Gästekreis gehörten neben Dietrich und Oheimb die DDP-Politiker Otto Geßler, Erich Koch-Weser, Walter Goetz und Alexander Dominicus sowie Carl Cremer von der DVP: Vermerk Koch-Wesers vom 6.6.1924, BAK N Koch-Weser 31, pag. 10 f.

[307] Im Folgenden ND 274 u. 746, passim; vgl. Baddack, Kardorff-Oheimb, S. 317-333 (die Unterlagen Dietrichs sind dort nicht ausgewertet).

[308] Vgl. z. B. Dussel, Pressebilder, S. 61-63.

Verpflichtungen persönlich haftbar. Dietrichs Anteil an dem Desaster belief sich schließlich auf über 10 000 RM.

Der Fehlschlag der ABZ verdeutlicht, mit welchen ökonomischen Risiken ein Engagement im Zeitungsgewerbe verbunden war. Der Kauf nennenswerter Beteiligungen an größeren Verlagen erforderte ohnehin Summen, die selbst von vermögenden Personen wie Dietrich kaum aufzubringen waren. Ihm eröffnete sich jedoch ein anderer Weg. Bis 1928 saß er an einer Schaltstelle des Systems staatlicher – vielleicht genauer: semistaatlicher – Pressepolitik in der Weimarer Republik, das üblicherweise mit dem Namen Max Winkler verknüpft wird und dessen innenpolitische Reichweite bislang unterschätzt worden ist. Dadurch gelang es Dietrich, öffentliche Mittel in Pressebeteiligungen zu investieren, die er anschließend für seine eigenen Ziele zu nutzen wusste.

Im Zuge des Versailler Vertrags musste das Deutsche Reich umfangreiche Gebiete abtreten, die einen erheblichen deutschen Bevölkerungsanteil aufwiesen. Das Reich und das Land Preußen begannen sogleich, die deutschsprachige Presse, Schulen und andere kulturelle Einrichtungen, zum Teil auch Unternehmen in den abgetretenen Gebieten zu subventionieren – ein heikles Unterfangen, das vor den betroffenen Staaten, zunächst vor allem Polen, und den Siegermächten geheim gehalten werden musste.[309] Deshalb wurden verschiedene Tarnorganisationen zur Unterstützung der deutschen Minderheiten gegründet, die nicht mit staatlichen Stellen in Verbindung zu bringen waren. Für kulturelle Aufgaben wurde die Deutsche Stiftung ins Leben gerufen, für die Presse die Konkordia Literarische Anstalt GmbH. Geschäftsführer der Konkordia war Max Winkler, der aus dem westpreußischen, nun an Polen gefallenen Graudenz stammte und 1919 als DDP-Abgeordneter in die Preußische Landesversammlung einzog. Winkler errichtete ein undurchsichtiges System der Pressefinanzierung, über das bald alle deutschsprachigen Zeitungen in Posen, Westpreußen und dem Abstimmungsgebiet Oberschlesien subventioniert wurden. Zum Teil handelte es sich um Zuschüsse oder Ersatzzahlungen für Schäden, die infolge von Erscheinungsverboten und sonstigen Repressalien entstanden. In der Regel wurden die vom Reich und von Preußen zur Verfügung gestellten Kapitalien aber für rückzahlungspflichtige Darlehen oder die Übernahme von Beteiligungen verwendet, bei denen wiederum nicht die Konkordia selbst als Gläubigerin bzw. Eigentümerin auftrat, sondern verschiedene Treuhänder und neugegründete Tochtergesellschaften. Die Konkordia behielt also die Kontrolle über die ihr zur Verfügung gestellten Mittel, weil sie sie nicht einfach ausgab, sondern anlegte. Zugleich ergab sich daraus eine dauerhafte Abhängigkeit der betroffenen Zeitungen, die im Zweifelsfall unter Druck gesetzt werden konnten, wenn sie vom gewünschten politischen Kurs abwichen. Winkler erledigte die ihm übertragenen Aufgaben mit großem Erfolg: Zum einen funktionierte die Geheimhaltung mit wenigen Ausnahmen reibungslos, zum anderen erwies er sich als geschäftstüchtig. Deshalb wurden ihm immer mehr Verantwortungsbereiche übertragen. Die Konkordia weitete ihre Tätigkeit auf das Saargebiet und die besetzten Gebiete im Westen des Reiches aus, wo wiederholt Zeitungen

---

[309] Vgl. hierzu und zum Folgenden Helga Wermuth: Dr. h. c. Max Winkler – ein Gehilfe staatlicher Pressepolitik in der Weimarer Republik. Diss. LMU München 1975.

verboten wurden oder einen profranzösischen bzw. separatistischen Kurs einzuschlagen drohten. Zu einer explosionsartigen Zunahme ihrer Interventionen kam es 1923 während des Ruhrkampfes, als praktisch die gesamte Presse in der Pfalz, dem Rheinland und dem Ruhrgebiet mit Papierlieferungen und Darlehen unterstützt wurde. Außerdem engagierte sich die Konkordia sukzessive in allen ost- und südosteuropäischen Ländern. Mitte der zwanziger Jahre kontrollierte sie einen großen Teil der deutschsprachigen Presse im Ausland. Hinzu kam eine wachsende Zahl inländischer Beteiligungen, und zwar nicht nur in den besetzten Gebieten.

Neben der Deutschen Stiftung und der Konkordia wurde 1926 ein weiteres, in ökonomischer Hinsicht weit bedeutenderes Tarnunternehmen ins Leben gerufen. Mit der wirtschaftlichen Erholung nach der Währungsstabilisierung wuchs der finanzielle Spielraum des Reiches, das nun in großem Stil deutschen Unternehmen, Banken und landwirtschaftlichen Genossenschaften im Ausland unter die Arme greifen konnte. Zur wirtschaftlichen „Stützung des Auslandsdeutschtums" wurde die Ossa Vermittlungs- und Handelsgesellschaft gegründet.[310] Wiederum spielte Max Winkler eine zentrale Rolle in der Geschäftsführung, und wiederum stand das Prinzip der Wirtschaftlichkeit im Vordergrund – Subventionen à fonds perdu waren die Ausnahme. Die Ossa operierte ebenfalls in ganz Ost- und Südosteuropa und wickelte ihre Geschäfte über eine wachsende Zahl von Tochtergesellschaften ab, die zum Teil in den Niederlanden und der Schweiz angesiedelt waren. Ihre Beteiligungen erreichten innerhalb von drei Jahren ein Bilanzvolumen von rund 100 Millionen RM[311] – eine enorme Summe, die umso beachtlicher ist, als die Verwaltung der Ossa, ebenso wie die der Konkordia, in den Händen weniger eingeweihter Personen lag.

Zu diesen zählte Dietrich. Allen drei Tarngesellschaften war ein parlamentarischer Beirat angeschlossen, in den die Reichstagsfraktionen von SPD, DDP, DVP, Zentrum und DNVP je einen Abgeordneten entsandten. Die parlamentarischen Beiräte waren als Kontrollgremien angelegt: In Pressefragen ging es nicht zuletzt darum sicherzustellen, dass bei der Vergabe öffentlicher Mittel nicht die Zeitungen einer Partei bevorzugt wurden. Dietrich war von Ende 1922 oder Anfang 1923 bis zu seiner Ernennung zum Reichsminister Ende Juni 1928 der DDP-Vertreter im Beirat der Konkordia, und zwar als Vorsitzender dieses Gremiums. Möglicherweise übte er dieselbe Tätigkeit für die Deutsche Stiftung aus. Sicher ist, dass er 1926 zusätzlich Beiratsvorsitzender der neugegründeten Ossa wurde.[312]

---

[310] Hierzu Norbert Krekeler: Revisionsanspruch und geheime Ostpolitik der Weimarer Republik. Die Subventionierung der deutschen Minderheit in Polen. Stuttgart 1973, S. 65–116.
[311] Wirtschaftsprüfungsbericht der Deutschen Revisions- und Treuhand AG über die Ossa, 29.10.1929, Anlage IV, BAB R 8135-576.
[312] Seit wann Dietrich dem Beirat der Konkordia angehörte, lässt sich nicht genau feststellen. Im März 1923 war er Vorsitzender der „Konkordia-West": Aufzeichnung über die Beiratssitzung der Konkordia-West am 22.3.1923, BAB R 1601-1670. Ob er zu diesem Zeitpunkt auch dem Beirat der Konkordia-Ost angehörte, ist ebenso unklar wie die Frage, wann die Abteilungen Ost und West zusammengelegt wurden. Dass Dietrich von Beginn an, d.h. seit Anfang 1920 im Beirat saß (so Wermuth, Winkler, S. 11 f. u. 29), ist nicht plausibel. Zu diesem Zeitpunkt war er noch badischer Außenminister,

Die Unterstützung der deutschen Minderheiten war ein wichtiger Bestandteil der auf die Revision des Versailler Vertrags abzielenden Außenpolitik, weshalb Konkordia, Deutsche Stiftung und Ossa wiederholt die Aufmerksamkeit der historischen Forschung auf sich gezogen haben. Dennoch ist sowohl über die Arbeitsweise und die organisatorischen Strukturen dieser Tarngesellschaften als auch über konkrete Einzelfälle recht wenig bekannt, was unter anderem dazu geführt hat, dass die Figur Winklers stark in den Vordergrund gerückt worden ist. Ganz besonders gilt das für die Konkordia. Den meisten Untersuchungen, die sich mit dem System staatlich finanzierter Pressepolitik befassen, liegen im Wesentlichen spätere Aussagen von Beteiligten zugrunde, gerade von Winkler selbst, die zwar einschlägige Informationen enthalten, aber zugleich ungenau sind und zentrale Sachverhalte unterschlagen.[313] Ebensowenig wie Dietrich war Winkler nach dem Zweiten Weltkrieg geneigt, pikante Details der gemeinsamen konspirativen Aktivitäten preiszugeben. Angesichts der Rolle, die er in der Zeit des Nationalsozialismus spielte, war er darum bemüht, sich in ein gutes Licht zu rücken und zum unpolitischen, überparteilichen Anwalt nationaler Interessen zu stilisieren.[314]

das Mandat in der Weimarer Nationalversammlung hatte er bereits im April 1919 niedergelegt. Zudem war die DDP bis mindestens 1921, vermutlich noch im Juni 1922 durch Anton Erkelenz im Westbeirat vertreten: Preußisches Innenministerium an das Reichsinnenministerium, 8. 6. 1921, BAB R 1601-1670; Max Winkler an das Reichsfinanzministerium, 18. 5. 1922 u. Reichsfinanzministerium an das Reichsinnenministerium, 10. 6. 1922, BAB R 1501-106004, fol. 6-8. Wahrscheinlich wurde Dietrich erst nach seinem Umzug nach Berlin (im November 1922) für die Konkordia tätig. Im Jahr 1926 gehörte er möglicherweise auch dem Beirat der Deutschen Stiftung an (Krekeler, Revisionsanspruch, S. 92f.), in seinen Unterlagen finden sich allerdings keine Hinweise darauf.
[313] Wermuths Darstellung ist nicht nur in vielen Punkten unpräzise, sondern liest sich streckenweise wie eine von Winkler 1949 verfasste Abhandlung über die „Wirtschaftliche Betreuung deutscher Minderheiten" (ND 210). Keine weiterreichenden Ergebnisse bieten Peter Fischer: Die deutsche Publizistik als Faktor der deutsch-polnischen Beziehungen 1919-1939. Wiesbaden 1991, bes. S. 62-70 u. Hans-Jürgen Müller: Auswärtige Pressepolitik und Propaganda zwischen Ruhrkampf und Locarno (1923-1925). Eine Untersuchung über die Rolle der Öffentlichkeit in der Außenpolitik Stresemanns. Frankfurt a. M. u. a. 1991, S. 42f. Krekelers Arbeit ist in Bezug auf die Deutsche Stiftung und die Ossa ergiebiger, während die Pressepolitik sehr knapp behandelt wird: Krekeler, Revisionsanspruch, bes. S. 22-24. Koszyk problematisiert die innenpolitische Dimension der Konkordia, wobei er allerdings, abgesehen von diversen Ungenauigkeiten, eine Reihe von pauschalen Behauptungen aufstellt, die er nicht belegt. Seine Erkenntnisse über Dietrichs Aktivitäten bleiben hinter denen von Wermuth zurück: Koszyk, Presse, bes. S. 258-274. Saldern hat diesen Aspekt in Dietrichs Biographie verkannt bzw. ihm so gut wie keine Beachtung geschenkt: Saldern, Dietrich, S. 34f. u. 41. Die Unterlagen der Konkordia, Ossa und Deutschen Stiftung sind offenbar verlorengegangen: Winkler an Dietrich, 30. 11. 1949, ND 176, fol. 35; Wermuth, Winkler, S. 32 f.
[314] Winkler setzte seine pressepolitische Tätigkeit nach 1933 fort und war außerdem während des Zweiten Weltkriegs als Leiter der Haupttreuhandstelle Ost wesentlich an der wirtschaftlichen Ausbeutung Polens beteiligt (vgl. dazu Bernhard Rosenkötter: Treuhandpolitik. Die „Haupttreuhandstelle Ost" und der Raub polnischer Vermögen 1939-1945. Essen 2003). Er musste sich einem langwierigen Entnazifizierungsverfahren stellen, das schließlich, nach tatkräftiger Hilfe von Dietrich und Heinrich Brüning, mit einem Freispruch endete (ND 176, passim). Winkler brachte im Rahmen des Verfahrens „nur den Teil zu Papier [...], der evtl. in meiner Entnazifizierung eine Bessergruppierung begründen könnte": Winkler an Dietrich, 8. 4. 1947, ebd., fol. 79. Doch auch

4. Liberale Pressepolitik: Die Beeinflussung der öffentlichen Meinung 251

Während diese Forschungslücke hier nicht geschlossen werden kann, legt der Blick auf Dietrich zentrale Charakteristika der Tarnorganisationen, speziell der Konkordia, offen, die kaum Beachtung gefunden haben bzw. unterschätzt worden sind. Zum einen zeigt sich, welch ausschlaggebende und heikle Rolle die Mitglieder der parlamentarischen Beiräte spielten. Zum anderen wird deutlich, dass die Konkordia sich zu einem weitgehend autonomen, eigeninitiativ handelnden Akteur entwickelte, der keiner effektiven Kontrolle unterworfen war. Dabei war ihr pressepolitisches Engagement im Inland größer, als bislang im Anschluss an Winklers lückenhafte Zeugnisse angenommen worden ist.

Die Konkordia ist meist als eine Art verlängerter Arm der Exekutive betrachtet worden. Diese Sichtweise greift jedoch zu kurz. Von Seiten der höchsten Staatsbehörden bestand keine federführende Zuständigkeit, und die Kapitalien der Konkordia stammten aus zahlreichen unterschiedlichen Haushaltspositionen, deren Verwendungszweck überdies verschleiert war. Schon innerhalb der Reichsregierung waren ganz verschiedene Stellen, die zum Teil aneinander vorbei arbeiteten, mit pressepolitischen Fragen befasst.[315] Da auch auf preußischer Seite mehrere Behörden involviert waren, kam es rasch zu chaotischen Zuständen, als die Zahl der unterstützten Zeitungen Anfang der zwanziger Jahre zunahm. Davon profitierte die Konkordia in doppelter Hinsicht. Zum einen konnte sie ihren Verantwortungsbereich immer weiter ausdehnen, weil die Verhältnisse kaum zu durchblicken waren, solange mehrere Regierungsstellen eigenständig aktiv waren.[316]

    darüber hinaus bewahrte er sein Stillschweigen: „Ich kann und möchte nicht in die Öffentlichkeit bringen, was ich jahrelang, auch in größter Not, nicht preisgegeben habe": Winkler an Julius Mundhenke, 28.11.1948 (Abschrift), ebd., fol. 71. Bestärkt wurde er in dieser Haltung von Dietrich: „Wenn Sie Ihre Memoiren, wie Sie sagen, schreiben wollen, so wird es viele Dinge geben, die man vorerst noch nicht veröffentlichen wird. [...] Wieweit es sich verlohnt, eine Nachprüfung der Dinge vorzunehmen, die wir seinerzeit durchgeführt haben, ist mir zweifelhaft. Jedenfalls ist sorgfältige Überlegung geboten." Dietrich an Winkler, 16.4.1947, ebd., fol. 80. Jene 44 Seiten lange Abhandlung, auf welche Wermuth sich stützt, verfasste Winkler nach eingehender Rücksprache mit Dietrich: Winkler an Dietrich, 15.9.1949, ebd., fol. 42.

[315] Von Reichsseite erhielt die Konkordia nicht nur Mittel aus verschiedenen Etatpositionen des Auswärtigen Amts, sondern außerdem von der Reichskanzlei, dem Innenministerium und dem Ministerium für die besetzten Gebiete; vgl. die folgenden Anmerkungen sowie Wermuth, Winkler, S. 255-261. Symptomatisch war, dass für die Presseabteilung der Reichsregierung zwei Stellen zuständig waren, nämlich das Auswärtige Amt und die Reichskanzlei, während die einzelnen Ministerien zusätzlich eigene Pressestellen unterhielten: Peter Bauer: Die Organisation der amtlichen Pressepolitik in der Weimarer Zeit. (Vereinigte Presseabteilung der Reichsregierung und des Auswärtigen Amtes). Diss. FU Berlin 1962, S. 36f., 59-62 u. 88.

[316] So wurde der Konkordia im Oktober 1921 die Organisation der gesamten Pressepolitik in den besetzten Gebieten übertragen, weil man übereinkam, „daß die Unterstützung der Presse zentral behandelt werden müsse, um ein Neben- und Gegeneinander zu vermeiden": Bericht des Preußischen Innenministeriums an die Presseabteilung des Auswärtigen Amts, 12.10.1921, PA/AA R 122430. Abgesehen von dem Umstand, dass der Konkordia und der Deutschen Stiftung weitgehend neue Aufgabenbereiche zufielen, spielte möglicherweise eine Rolle, dass sich die Reichsbehörden in den Jahren nach der Revolution im Umbruch befanden, nicht zuletzt das Auswärtige Amt; vgl. zusammenfassend Hans-Christof Kraus: Versailles und die Folgen. Außenpolitik zwischen Revisionismus und Verständigung 1919-1933. Berlin 2013, S. 91f. u. 94f.

Zum anderen führte diese Entwicklung zwar zu einer reibungslosen Durchführung der Pressepolitik, doch aus Behördensicht wurde die Unübersichtlichkeit eher noch größer. Im Einzelfall stand nun allein die Konkordia in direktem Kontakt zu den Verlagen und hatte weitgehend freie Hand hinsichtlich der wirtschaftlichen und politischen Vereinbarungen mit ihnen. Einen Gesamtüberblick über alle Beteiligungen, Darlehen und sonstigen Vereinbarungen hatte ebenfalls nur die Konkordia, während man in den einzelnen Ministerien lediglich über diejenigen Aktivitäten Bescheid wusste, die aus dem eigenen Etat finanziert wurden – und in manchen Fällen nicht einmal das. Aufgrund der strengen Vertraulichkeit wurden viele Vorgänge mündlich behandelt und somit nicht aktenkundig, zum anderen waren nur wenige Mitglieder der Ministerialbürokratie eingeweiht.[317]

Es soll damit nicht behauptet werden, dass die Reichs- und Staatsministerien ahnungs- und machtlos waren. Eine Zusammenarbeit vor allem mit den zuständigen Ministerialbeamten war schon deshalb unumgänglich, weil die entsprechenden Etats aufgestellt und Mittel angewiesen werden mussten. Sicher ist jedoch, dass sich aus den Geschäften der Konkordia eine Eigendynamik entwickelte, die sie zu einem mit erheblichen finanziellen Mitteln ausgestatteten, über erstaunliche Handlungsspielräume verfügenden pressepolitischen Akteur werden ließ. Und es war nicht in erster Linie Max Winkler, der diese Handlungsspielräume nutzen konnte: Vielmehr befanden sich die Mitglieder des parlamentarischen Beirats in einer ausschlaggebenden Position, die es ihnen erlaubte, mit Hilfe der Konkordia eigene politische Ziele zu verfolgen.

Die parlamentarischen Beiräte der Konkordia, Ossa und Deutschen Stiftung spielten schon deshalb eine Schlüsselrolle, weil von ihnen die Finanzierung abhing, denn die Mittel mussten schließlich vom Parlament bewilligt werden. Nicht zufällig waren die Beiratsmitglieder mehrheitlich führende Mitglieder des Haushaltsausschusses.[318] Eine Handvoll Etatexperten sorgte dafür, die in undurchsich-

---

[317] Zum Teil mangelte es den zuständigen Stellen an elementarsten Informationen; so konnte es vorkommen, dass der Reichsfinanzminister den Kollegen im Reichsinnenministerium, der in seinem Ressort offenbar keinen kompetenten Ansprechpartner fand, darüber aufklären musste, was für eine Institution die Konkordia überhaupt war – nicht ohne hinzuzufügen, er solle sich für weiterreichende Informationen mit seinem Ministerium „in mündliche Verbindung" setzen: Reichsfinanzminister [Andreas Hermes] an Reichsinnenminister [Rudolf Oeser], 2.12.1922, BAB R 1501-106004, fol. 40; siehe auch ebd., passim sowie PA/AA R 122431, passim. Der Umstand, dass die Konkordia weitgehend selbständig operierte und ihre Geschäfte innerhalb der Ministerien streng vertraulich behandelt wurden, ist für die schlechte Forschungslage mitverantwortlich. Wie die Arbeit von Wermuth zeigt, enthalten die Akten der Reichsministerien nur vereinzelt aufschlussreiche Dokumente.

[318] Die Zusammensetzung der parlamentarischen Beiräte wechselte und lässt sich nicht in jedem Fall bzw. nicht zu jedem Zeitpunkt klar bestimmen. Dem Beirat der Ossa gehörten 1928 Dietrich, Daniel Stücklen (SPD), Carl Cremer (DVP), Carl Ulitzka (Z) und Otto Hoetzsch (DNVP) an: Krekeler, Revisionsanspruch, S. 95. Folgt man den Ausführungen Winklers und verstreuten Hinweisen in Dietrichs Unterlagen, entsprach dies zumindest zeitweise der Zusammensetzung des Konkordia-Beirats. Von den genannten fünf Parlamentariern war Ulitzka der Einzige, der keine führende Rolle im Haushaltsausschuss spielte, während drei (Dietrich, Stücklen, Cremer) sogar die haushaltspolitischen Wortführer ihrer Fraktion waren. Es gibt außerdem Hinweise darauf, dass Joseph Ersing, Mitte der zwanziger Jahre der führende Etatexperte des Zentrums, zeitweise an

4. Liberale Pressepolitik: Die Beeinflussung der öffentlichen Meinung 253

tigen Posten verborgenen Mittel zu bewilligen, ohne dass die große Mehrheit der Reichstagsabgeordneten nähere Kenntnis hiervon hatte. Sie übernahmen die parlamentarische Berichterstattung zu kritischen Haushaltspositionen – zum Beispiel lag die Berichterstattung für den Etat des Auswärtigen Amts jahrelang in den Händen von zwei Beiratsmitgliedern der Konkordia, Otto Hoetzsch (DNVP) und Dietrich – oder erledigten offene Fragen in den Vorberatungen des ständigen Unterausschusses. Auf diese Weise wurden bereits in den Sitzungen des Haushaltsausschusses dubiose Etattitel ohne Diskussion durchgewunken. Kam es dort doch einmal zu einer Debatte, wurde diese entweder für vertraulich erklärt, so dass keine Protokollführung stattfand, oder die Vertreter der Ressorts, assistiert von den Beiratsmitgliedern, verweigerten unter Verweis auf „nationale" Erwägungen genauere Auskünfte, womit sich dann die Mehrheit der Anwesenden zufrieden gab.[319] Ähnlich wie bei der geheimen Aufrüstung der Reichswehr, die ebenfalls durch führende Parlamentarier von der SPD bis zur DNVP gedeckt wurde,[320] beruhte die Unterstützung der deutschen Minderheiten im Ausland auf einem parteiübergreifenden Konsens.

Diese Praxis wurde spätestens dann problematisch, wenn die Geschäfte die Interessen der beteiligten Abgeordneten berührten. Die Beiräte waren nämlich weit mehr als passive, nach und nach zur „reinen Fassade" werdende Kontrollorgane:[321] Die mitwirkenden Parlamentarier waren an der Geschäftsführung unmittelbar beteiligt und beschränkten sich nicht etwa darauf, in Beiratssitzungen allgemeine Beschlüsse zu fassen und die Entscheidungen Winklers abzusegnen. Zugespitzt formuliert, kontrollierten die Beiräte de facto nicht Winkler, sondern sich selbst und verausgabten die Mittel, die sie sich selbst bewilligt hatten. Die Position der Abgeordneten war auch deshalb stark, weil die personelle Zusammensetzung der drei Beiräte Mitte der zwanziger Jahre offenbar im Wesentlichen dieselbe war.[322]

Als Vorsitzender der Beiräte von Konkordia und Ossa stand Dietrich an der „Spitze"[323] dieses kleinen Kreises aus Parlamentariern und einigen hauptberufli-

---

Ulitzkas Stelle trat: Dietrich an Karl Theodor von Guérard, 18.6.1927, ND 91, fol. 278; Dietrich an Fritz Schmidt, 23.4.1928, ND 108, fol. 68. Wie die parlamentarische Kontrolle von preußischer Seite sichergestellt wurde, ist unklar. Ursprünglich hatten den Beiräten von Konkordia und Deutscher Stiftung auch preußische Abgeordnete angehört. Das war Mitte der zwanziger Jahre nicht mehr der Fall.

[319] Z. B. Haushaltsausschuss, Sitzung vom 4.2.1927, S. 3, Sitzung vom 24.1.1928, S. 11-15 u. Sitzung vom 14.3.1928, S. 5-11; vgl. Krekeler, Revisionsanspruch, S. 23 f.

[320] Johannes Hürter: Wilhelm Groener. Reichswehrminister am Ende der Weimarer Republik (1928-1932). München 1993, S. 120 f.; allgemein zum „Wehrkonsens" Rüdiger Bergien: Die bellizistische Republik. Wehrkonsens und „Wehrhaftmachung" in Deutschland 1918-1933. München 2012.

[321] So Krekeler, Revisionsanspruch, S. 17 f. (Zitat) u. 94-96; ähnlich Koszyk, Presse, S. 273 u. Wermuth, Winkler.

[322] Laut Krekeler, Revisionsanspruch, S. 92 f. war 1926 auch der parlamentarische Beirat der Deutschen Stiftung deckungsgleich mit dem der Ossa.

[323] Anlässlich seiner Ernennung zum Ernährungsminister erhielt Dietrich Gratulationsschreiben von den Mitarbeitern der Ossa und der Konkordia, in denen er als Vorgesetzter behandelt wurde. Sie sprachen u. a. die Hoffnung aus, Dietrich werde eines Tages „an die Spitze unserer Organisation zurückkehren": Ossa Vermittlungs- und Handelsgesellschaft an Dietrich, 29.6.1928, ND 160, fol. 15; ähnlich Winkler an Dietrich, 28.6.1928 u. Hans Brunck an Dietrich, 29.6.1928, ND 159, fol. 45 u. 185.

chen Angestellten, der die Geschäfte der Tarnunternehmen führte. Seine Tätigkeit lässt sich aufgrund der fragmentarischen, vielfach von Zufällen bestimmten Überlieferungslage zwar nur in Ansätzen nachvollziehen, doch es ist eindeutig, dass sie beträchtliche, angesichts seiner sonstigen parlamentarischen und parteipolitischen Aufgaben erstaunliche Ausmaße erreichte. Er führte Verhandlungen über Beteiligungen und Darlehen, prüfte Bilanzen von Banken, Zeitungsverlagen und anderen Unternehmen, überzeugte sich vor Ort vom Zustand der Betriebe und griff in deren Geschäftsführung ein, indem er Spar- bzw. Rationalisierungsmaßnahmen verordnete. Zu diesem Zweck unternahm er während der Parlamentsferien zahlreiche Auslandsreisen, die zum Teil über eine Woche dauerten – namentlich nach Lettland, Rumänien, Ungarn, Danzig, Dänemark und Österreich, in die Tschechoslowakei und in die Schweiz. Die Sorge der Beteiligten, dass vertrauliche Informationen nach außen dringen könnten, war allgegenwärtig. Die meisten geschäftlichen Angelegenheiten wurden mündlich besprochen und wichtige Dokumente wurden nicht mit der Post versandt, sondern von Boten überbracht. Zu Briefwechseln kam es vor allem dann, wenn einer der Beteiligten nicht in Berlin war, wobei die Formulierungen häufig kryptisch waren und Dietrich entgegen seiner sonstigen Gewohnheit manches Schreiben nicht diktierte, sondern selbst zur Feder griff.[324] Seine Korrespondenz mit Winkler zeugt von einer intensiven, vertrauensvollen Zusammenarbeit. Nicht zuletzt waren die beiden DDP-Mitglieder politisch einer Meinung, was sich auch in ihrer gemeinsamen Pressepolitik niederschlug.[325] Sie nutzten die Möglichkeiten der Konkordia, um zahlreiche Zeitungen im liberalen oder demokratischen Sinne zu beeinflussen. Dabei ging es insgesamt (schon in den zumindest ansatzweise überlieferten Fällen) um Ausgaben in Millionenhöhe.

Zum einen wurde die DDP-nahe Presse unterstützt, wobei es sich meist um kleine Zeitungen handelte. Belegen lässt sich ein Engagement der Konkordia bei der *Münchener Allgemeinen Zeitung*, der *Kolberger Zeitung* (Pommern), der *Göttinger Zeitung* und der *Oldenburgischen Landeszeitung*. Nach München flossen 1924/25 innerhalb weniger Monate immerhin 94 000 RM in Form von Darlehen, für die Dietrich als Treuhänder fungierte. Nach außen trat er als Kreditgeber auf, so dass die Parteifreunde vor Ort nichts über die wahre Herkunft der Gelder erfuhren.[326] Außerdem spannte Dietrich die Konkordia für seine badische Presse-

---

[324] Dietrichs Spezialakten zur Ossa und den Auslandsgeschäften der Konkordia sind nicht erhalten (vgl. die Bemerkungen in der Einleitung). Gleichwohl wurden einige Dokumente in der allgemeinen Korrespondenz abgelegt, neben Briefwechseln manche geschäftliche Unterlagen mit zugehörigen Notizen Dietrichs, ebenso Reisekostenabrechnungen: v. a. ND 72, fol. 227–275; ND 80, fol. 174–217; ND 91, fol. 246–305; ND 92, fol. 278–341; vereinzelte Dokumente in ND 749. Die inhaltsreicheren Briefwechsel mit Winkler stammen zum größten Teil aus Zeiträumen, in denen Dietrich oder Winkler nicht in Berlin waren. Dabei fehlen viele Schreiben Dietrichs, weil sie handschriftlich angefertigt wurden, also keine Durchschläge bei den Akten blieben (siehe z. B. Winkler an Dietrich, 26. 9. 1925, ND 72, fol. 251).

[325] Ob Winkler vor dem Ersten Weltkrieg der NLP angehörte, ließ sich nicht feststellen.

[326] Alle Fälle lassen sich nur rudimentär nachvollziehen. Die *Kolberger Zeitung* erhielt im Juni 1927 Darlehen in Höhe von einigen Tausend Mark, nachdem Dietrichs Fraktionskollege Ernst Lemmer, der in Pommern gewählt war, mehrmals auf die prekäre Lage

4. Liberale Pressepolitik: Die Beeinflussung der öffentlichen Meinung

politik ein. Ab Ende 1924 war die Konkordia am *Oberländer Boten* in Lörrach beteiligt, der nur eine Auflage von 1200 Exemplaren hatte und vermutlich nicht überlebensfähig, zumindest aber ein Sanierungsfall war, weil der veraltete Betrieb dringend frisches Kapital benötigte. Als der Lörracher DDP-Verein die Parteizentrale in Karlsruhe um Hilfe ersuchte, nahm Dietrich sich der Sache an, indem er sich persönlich an einer Bankbürgschaft beteiligte und mit Mitteln der Konkordia Anteile zeichnete, die er treuhänderisch verwaltete.[327]

Im November 1924 begann die Konkordia, den *Oberrheinischen Beobachter* in Freiburg zu unterstützen. Dieser Zeitung, die erst 1922 vom Ortsverein gegründet worden war, mangelte es ebenfalls an Kapital, modernen Maschinen und Abonnenten. Nach der Währungsstabilisierung setzte eine großangelegte Spendensammlung ein, an der sich außer den Freiburger Mitgliedern mehrere prominente badische Demokraten, unter anderem Hermann Hummel und Richard Freudenberg, mit erheblichen Mitteln beteiligten. Dietrich brachte 1925 „Darlehen" in Höhe von 8000 RM ein, welche allesamt aus der Kasse der Konkordia stammten. Als der Beobachter weiter tiefrote Zahlen schrieb und seine Auflage kaum über 1000 Exemplare steigern konnte, ging man 1926 dazu über, mit monatlichen Zuschüssen die Betriebskosten zu decken. Diese trugen die Konkordia bzw. Dietrich als ihr Treuhänder anfangs zu einem Drittel und schließlich in voller Höhe: Während Parteifreunde wie Freudenberg dem „Pleite-Unternehmen"[328] nach und nach den Rücken kehrten, hielt Dietrich an der Subventionierung fest und bewahrte den Betrieb immer wieder vor dem Bankrott. Von 1924 bis zum Frühjahr 1928 wurden über 100 000 RM in das Blättchen gesteckt – eine im Verhältnis zu seiner Bedeutung absurd hohe Summe, von der über 50 000 RM auf die Konkordia entfielen. Als Gegenleistung erhielt sie lediglich einen Geschäftsanteil in Höhe von 6000 RM (24 Prozent), der freilich so gut wie wertlos war.[329] Noch proble-

---

des Blattes aufmerksam gemacht hatte: ND 91, fol. 254 u. 264-272. Für die *Göttinger Zeitung* setzte sich der dortige preußische Landtagsabgeordnete Adam Barteld ein, dem Dietrich umgehend Unterstützung zusicherte: Barteld an Dietrich, 16. 11. 1925 u. Dietrich an Barteld, 19. 11. 1925, ND 80, fol. 210 f. Bei der *Oldenburgischen Landeszeitung* ist lediglich klar, dass sie schließlich Hilfe erhielt, nachdem sich ab Ende 1925 immer wieder prominente Demokraten, darunter Parteichef Koch-Weser, an Dietrich gewandt hatten: ND 72, fol. 229-232; ND 80, fol. 204 f. u. 209; ND 110, fol. 21-23; ND 285, fol. 1 f. Im Fall der *Münchener Allgemeinen Zeitung*, wo Dietrich unmittelbar involviert war, ist eine Nebenakte erhalten, in der sich immerhin einzelne aufschlussreiche Dokumente finden, v. a. Verträge Dietrichs mit der Druckerei- und Verlags-AG in München zur Sicherung seiner Darlehensforderungen durch Verpfändung von Maschinen, 9. 4. u. 7. 11. 1924 (Abschriften) sowie Dietrich an Georg Frech, 5. 5. 1925, ND 276, fol. 14 f. u. 26 f.

[327] Belegt ist eine Anfangsbeteiligung der Konkordia in Höhe von 3000 RM, doch es deutet viel darauf hin, dass weitere Gelder flossen: Dietrich an Julius Boltze, 8. 1. 1924, ND 638; Dietrich an Karl Dees, 19. 11. 1924, ND 220, pag. 19; Dietrich an Winkler, 12. 1. 1925, ND 272, fol. 8; Reisekostenabrechnung Dietrichs für die Konkordia, 5. 2. 1926, ND 80, fol. 207; Schriftwechsel Dietrichs mit Friedrich Vortisch, Februar 1925, ND 72, fol. 156-158.

[328] Freudenberg an Dietrich, 17. 5. 1927, ND 272, fol. 281.

[329] Dazu die Unterlagen in ND 272 u. 273, passim; bis Mitte 1925 hieß die Zeitung *Breisgauer Beobachter*.

matischer war, dass die Konkordia Ende 1925 für 15 000 RM rund ein Viertel der Anteile am *Stockacher Tagblatt* übernahm, also einer Zeitung, an der Dietrich selbst beteiligt war. Treuhänder dieser Beteiligung wurde Dietrichs Bruder Waldemar. Hier ging es allerdings nicht darum, einem notleidenden Betrieb unter die Arme zu greifen, sondern um eine Kapitalanlage: Offenbar ließ Winkler sich von Dietrichs optimistischer (und letztlich falscher) Einschätzung überzeugen, dass diese Investition überaus rentabel sein werde.[330]

In all diesen Fällen ist nicht recht klar, woher das Geld stammte. Vermutlich flossen die Mittel aus ganz verschiedenen Etats. Zum einen war die Konkordia für Zeitungen in Gebieten zuständig, die als „Grenzland" gelten konnten.[331] Die Ausgaben für den *Oberrheinischen Beobachter* wurden möglicherweise zum Teil als Unterstützung für die Deutschen in Elsass-Lothringen verbucht,[332] zum Teil stammten sie anscheinend aus einem Fonds „zum Schutz der Republik", auf den im Jahr 1926 der demokratische Innenminister Wilhelm Külz Zugriff hatte.[333] Die Beteiligung am *Stockacher Tagblatt* lässt die Vermutung zu, dass die Konkordia Kapitalien zur freien Verfügung hatte, die nicht mehr im engeren Sinne zweckgebunden waren – möglicherweise stammten sie aus Gewinnen, die andere Treuhandmassen abwarfen. Darauf deutet auch hin, dass Dietrich Mittel „zu Unterstützungszwecken" erhielt, die er auf verschiedene unter seinem Namen geführte Sonderkonten einzahlte und bei Bedarf verteilen konnte, deren Verwendungszweck also nicht von vornherein feststand.[334]

Das Engagement für die DDP-nahe Presse spielte in finanzieller Hinsicht eine eher untergeordnete Rolle. Deutlich höhere Summen investierten Dietrich und Winkler in Zeitungen, die nicht die DDP unterstützen, sondern für eine Politik der bürgerlichen, republiktreuen Mitte gewonnen werden und sich in den Dienst des liberalen Sammlungsgedankens stellen sollten. Das spektakulärste Geschäft dieser Art war der Erwerb der Norddeutschen Buchdruckerei und Verlagsanstalt, die zuvor Teil des Stinnes-Konzerns war. Ihr gehörte die eher rechtsgerichtete, dem schwerindustriellen Flügel der DVP zuneigende *Deutsche Allgemeine Zeitung*. Die DAZ konnte zwar bei weitem nicht mit den Auflagen der größten Berliner Tageszeitungen mithalten, genoss aber traditionell großes Ansehen, weil ihre Vorgängerin, die *Norddeutsche Allgemeine Zeitung*, seit Bismarck ein vielbeachte-

---

[330] ND 266, fol. 100–117, 138 u. 140. Der Kaufpreis floss an den einstigen Alleineigentümer des Tagblatts, der nun seine restlichen Anteile veräußerte.

[331] Diesen Aspekt hob Koch-Weser hervor, als er um Hilfe für die *Oldenburgische Landeszeitung* bat: Koch-Weser an Dietrich, 14.11.1925, ND 72, fol. 229.

[332] Dietrich an Winkler, 24.8.1927, ND 91, fol. 260f.

[333] Winkler an Dietrich, 26.6.1926, ND 80, fol. 194; siehe auch Reichsgeschäftsstelle der DDP an den Oberrheinischen Beobachter, 2.8.1926 (Abschrift) u. Werner Stephan an Dietrich, 2.8.1926, ND 272, fol. 152 u. 157.

[334] Eines dieser Konten bestand bei der Oberrheinischen Bankanstalt in Konstanz, von dem Dietrich Zahlungen an den *Oberrheinischen Beobachter* und an die *Münchener Allgemeine Zeitung* leistete. Ein erheblicher Teil der Gelder blieb monatelang unangetastet: Bankunterlagen 1924/25 in ND 39, passim; Dietrich an Winkler, 12.1.1925, ND 272, fol. 8. Dietrich führte mindestens ein weiteres „Separatkonto" in Karlsruhe: Dietrich an Winkler, 2.7.1925, ND 72, fol. 275.

tes halboffiziöses Organ war.³³⁵ Als Dietrich und Winkler im Juli 1925 erfuhren, dass die hoch defizitäre Zeitung aus dem zerfallenden Stinnes-Konzern herausgelöst werden sollte, fädelten sie während der Sommerferien in bemerkenswertem Tempo den Kauf ein und kamen so anderen Interessenten zuvor. Sie verschafften sich die erforderlichen Mittel in Höhe von 3,2 Millionen RM von der preußischen Regierung, die in erster Linie an der dazugehörenden Druckerei interessiert war. Dietrich gelang es jedoch, seinen Parteifreund Hermann Höpker Aschoff, der seit einigen Monaten preußischer Finanzminister war, für eine politische Einflussnahme auf die DAZ zu begeistern. Als tonangebenden Treuhänder installierte er August Weber, weil er diesen „persönlich gut kenne", wie er Winkler erläuterte.³³⁶ Anschließend erhielt Dietrich eine umfassende Vollmacht, mit der Weber ihn zur Vertretung seiner Interessen als Eigentümer ermächtigte.³³⁷

Für die „politische Haltung" wurden bestimmte „Grundsätze" fixiert, die insbesondere vorsahen, dass die Zeitung „eine liberale Richtung einhalten", „sich der Bekämpfung der heutigen Verfassung enthalten" und von einer „unnütz kritisierenden oder gehässigen Stellung gegenüber der Reichs- und Preußischen Staatsregierung" Abstand nehmen solle.³³⁸ Gerade die letzte Bestimmung legte die DAZ auf einen gemäßigten Kurs fest, weil in Preußen die Weimarer Koalition regierte. Die selbstbewusste Redaktion dachte aber gar nicht daran, sich derartigen Richtlinien zu unterwerfen. Stattdessen wurde „bei jeder auch nur einigermaßen passenden Gelegenheit" die preußische Regierung angegriffen,³³⁹ die sich deshalb schon im Frühjahr 1926 wieder von der DAZ trennte. Auf Initiative Stresemanns, der die DAZ als Sprachrohr nutzen wollte, übernahm nun das Reich die Mehrheit, wobei der Einfluss Dietrichs, Winklers und Webers weitgehend ausgeschaltet wurde. Endgültig scheiterte das Projekt, als wenige Monate später das Engagement des Reiches publik wurde und zu einem öffentlichen Aufschrei nebst erregten Debatten im Reichstag führte, woraufhin die Zeitung an ein Industrie- und Bankenkonsortium verkauft wurde.

Letztlich hatte sich die Konkordia mit der DAZ übernommen. Das öffentliche Interesse an einer so renommierten Zeitung war zu groß, als dass die wahren Eigentumsverhältnisse geheim zu halten waren, und da andere Geldgeber bereitstanden, war es aussichtslos, die Mitarbeiter zu einem politischen Kurswechsel

---

335 Zur DAZ in der Weimarer Republik und den Vorgängen in den Jahren 1925-1927, die hier nicht im Detail geschildert werden können, hier und im Folgenden Koszyk, Presse, S. 135-159. Koszyks Darstellung, die etliche Ungenauigkeiten enthält, stützt sich unter anderem auf die Unterlagen zur DAZ in Dietrichs Nachlass: ND 72, fol. 255-262; ND 80, fol. 190-193 u. 197-202; ND 275; vgl. auch Wermuth, Winkler, S. 210-232. Der Kauf der DAZ ist eine der wenigen inländischen Zeitungsbeteiligungen (außerhalb der besetzten Gebiete), die in Winklers späterer Darstellung knapp erwähnt werden. Es ergab keinen Sinn, diese Angelegenheit zu verschweigen, weil sie ohnehin publik geworden war: Abhandlung Winklers über die „Wirtschaftliche Betreuung deutscher Minderheiten", S. 21-23, ND 210.
336 Dietrich an Winkler, 13. 8. 1925, ND 275, fol. 3.
337 Vollmacht August Webers für Dietrich, 4. 2. 1926, ebd., fol. 6.
338 Winkler an Walther Salinger, 17. 3. 1926, ebd., fol. 8 f.
339 So rückblickend das Redaktionsmitglied Karl Silex: Mit Kommentar. Lebensbericht eines Journalisten. Frankfurt a. M. 1968, S. 100.

zwingen zu wollen. Bei anderen Zeitungen bestand diese Möglichkeit durchaus. Mit der Übernahme der Norddeutschen Buchdruckerei und Verlagsanstalt waren die *Frankfurter Nachrichten*, welche dieselbe politische Tendenz wie die DAZ hatten, ebenfalls in den Besitz der Konkordia gelangt. Diese Zeitung behielten Winkler und Dietrich auch nach dem Verkauf der DAZ unter ihrer Kontrolle. Es wurde eine neue GmbH mit einem Stammkapital von 450 000 RM gegründet, von dem der Konkordia 90 Prozent gehörten, die auf drei unauffällige Treuhänder verteilt wurden. Die Mehrheit (51 Prozent) hielt eine neugegründete Briefkastenfirma, die Südwestdeutsche Verlagsanstalt in Karlsruhe.[340] Treuhänderische Eigentümer dieser GmbH waren zwei alte politische Duzfreunde Dietrichs aus Baden, Verleger Hermann Koelblin und Rechtsanwalt Wilhelm Frey. Beide waren Mitglieder der DDP und hatten vor dem Krieg zu den führenden badischen Jungliberalen gezählt. Die beiden Strohmänner machten Winkler für die Gesellschaftsanteile ein „Kaufangebot" in Höhe des eingezahlten Gesellschaftskapitals, das sie bereits von Winkler als Darlehen erhalten hatten. Dieses Angebot war „an keine Zeit gebunden und unwiderruflich", konnte also von Winkler jederzeit angenommen werden – solange er das jedoch nicht tat, erschienen er bzw. die Konkordia nicht als Eigentümer im Handelsregister.[341] Im Prinzip handelte es sich um die gleiche Konstruktion, die Dietrich bei eigenen Zeitungsbeteiligungen nutzte.[342] Anschließend beauftragte die Südwestdeutsche Verlagsgesellschaft Dietrich mit der Vertretung ihrer Interessen. Die politische Linie wurde in einer Vereinbarung festgelegt, die jener für die DAZ ähnelte, aber weitreichender war: Die *Frankfurter Nachrichten* sollten „im allgemeinen die Tendenzen der Deutschen Volkspartei vertreten, jedoch nicht in einer den rechten Flügel dieser Partei unterstützenden Weise, sondern in der Art, daß sie den großliberalen Gedanken pflegen". In Wahlkämpfen durfte die Zeitung die DVP unterstützen, „jedoch unter Vermeidung von größeren Schärfen gegen die demokratische Partei". Darüber hinaus sollten „republikanische Einrichtungen, wie etwa des Reichsbanners, [sic!] [...] toleriert werden".[343] Gleichzeitig war beabsichtigt, die Zeitung aus den roten Zahlen zu führen und letztlich rentabel zu machen. Gemeinsam mit einem weiteren Bevoll-

---

[340] Siehe hierzu und zum Folgenden die ausführliche Überlieferung in ND 279 u. 280. Die beiden anderen Treuhänder waren für 15% Leo Wentzel, Geschäftsführer der *Saarbrücker Zeitung*, die schon seit 1920 mehrheitlich der Konkordia gehörte, und für 24% der Frankfurter Bankier Moritz von Bethmann, der zudem die 10% der Anteile, die nicht mehr der Konkordia gehörten, erworben hatte.
[341] Kaufangebot von Frey und Koelblin an Winkler (Abschrift/Entwurf), ND 279, fol. 1. Das Gesellschaftskapital betrug lediglich 5000 RM, während die Beteiligung an den *Frankfurter Nachrichten* einen Nominalwert von 229 500 RM hatte. Koszyk verkennt den Charakter der Besitzverhältnisse bei den *Frankfurter Nachrichten* und nimmt an, dass Dietrich persönlich Eigentümer der Südwestdeutschen Verlagsgesellschaft war – verbunden mit der Andeutung, Winkler habe ihm die Beteiligung an den *Frankfurter Nachrichten* weit unter Wert verkauft: Koszyk, Presse, S. 264 f.
[342] Möglicherweise bediente sich auch der Hugenberg-Konzern dieser Methode. Aus Holzbachs Darstellung geht indessen nicht hervor, wie die Treuhandverhältnisse dort rechtlich geregelt waren: Holzbach, Hugenberg, S. 259–313.
[343] Dietrich an Max Fleischer, 14.6.1926 u. Vertrag der Gesellschafter der Frankfurter Nachrichten vom 30.8.1926, ND 279, fol. 103 f. u. 196 f.

4. Liberale Pressepolitik: Die Beeinflussung der öffentlichen Meinung 259

mächtigten[344] stellte Dietrich das Geschäft unter eine rigide Aufsicht und setzte umfangreiche Sparmaßnahmen im Druckbetrieb und in der Redaktion durch, nicht zuletzt mit Hilfe eines Personalabbaus. Die Auflage der Zeitung stieg auf ca. 28 000 Exemplare, nennenswerte Gewinne blieben allerdings aus.

Im Herbst 1925 erwarb die Konkordia für 740 000 RM, die der preußische Staat zur Verfügung stellte, 64,1 Prozent der Anteile am *Kölner Tageblatt*, das früher der DDP nahegestanden hatte, inzwischen aber nach rechts abgeschwenkt war. Bevollmächtigte bzw. Treuhänder waren in diesem Fall Dietrichs Fraktionskollege Hermann Fischer und der Verleger Hermann Kalkoff, ebenfalls Mitglied der DDP. Wiederum war die Absicht, Gewinne zu erzielen, und auch hier war das erklärte Ziel, wie Dietrich es formulierte, dass „ein anderer Ton in die Zeitung hineinkommt".[345] Ein weiteres Engagement dieser Art lässt sich bei der *Kieler Zeitung* nachweisen, die Winkler zu einem Organ für „großliberale Bestrebungen" ausbauen wollte.[346]

Ab 1925 engagierte sich die Konkordia außerdem beim Presse-Verlag Dr. Rudolf Dammert, einem Nachrichten- und Korrespondenzbüro, das Ende der zwanziger Jahre zwischen 600 und 1000 deutsche Zeitungen, also ca. 20-25 Prozent der deutschen Tagespresse, belieferte und damit nach dem offiziösen Wolff's Telegraphischen Bureau (WTB) und der zum Hugenberg-Konzern gehörenden Telegraphen-Union (TU) das drittgrößte Unternehmen dieser Art war. Die Bedeutung der Nachrichten- und Korrespondenzdienste war enorm, zumal sie neben einfachen Meldungen in erheblichem Umfang fertige Artikel bzw. ganze Seiten (Matern) lieferten. Vor allem kleinere Zeitungen konnten ohne solches Material kaum existieren.[347] Als „größte unabhängige journalistische Organisation" bot der

---

[344] Max Fleischer, der die Anteile Bethmanns vertrat. Fleischer war Direktor des Depeschenbureaus Europapress, das vom Auswärtigen Amt finanziert wurde und für die Verbreitung von Nachrichten im Ausland (v. a. Frankreich) zuständig war: Müller, Pressepolitik, S. 58. Es ist zu vermuten, dass der Dienst ebenfalls der Konkordia gehörte.
[345] Dietrich an Winkler, 4. 8. 1926, ND 80, fol. 181. Winkler hielt das Geschäft „für außerordentlich günstig" und hoffte, „daß wir 10-15% Gewinn jedes Jahr bequem werden verteilen können": Winkler an Dietrich, 21. 10. 1925, ND 72, fol. 235; außerdem die vereinzelten Dokumente ebd., fol. 239f., ND 80, fol. 175 u. ND 91, fol. 298. Fischer und Kalkoff leiteten den Verlag Neuer Staat, der 1924 gegründet worden war, um der DDP-nahen Presse unter die Arme zu greifen: Eksteins, Limits, S. 90-92. Beide waren ehemalige Nationalliberale und wiederholt in Geschäfte der Konkordia involviert.
[346] Sicher ist, dass die Konkordia 1925 24,5% der Anteile hielt, für die sie eine hohe Summe (möglicherweise 150 000 RM) bezahlt hatte, und dass sie versuchte, die Mehrheit an dem defizitären Blatt zu übernehmen. Ob ihr das gelang, ist nicht klar. Die *Kieler Zeitung*, an der zeitweise der DDP-Reichstagsabgeordnete Johann Heinrich von Bernstorff beteiligt war, bis er die Verluste des Blattes nicht mehr mittragen konnte, war eigentlich ein demokratisches Organ, doch nach einem starken Rückgang der Auflage hielt man sie mit der bisherigen politischen Ausrichtung auch in Parteikreisen für unhaltbar: Winkler an Dietrich, 21. 10. 1925, ND 72, fol. 236 (Zitat); Dietrich an Winkler, 8. 10. 1925 u. Winkler an Dietrich, 10. 10. 1925, ebd., fol. 234 u. 239f.; Notiz Winklers, 3. 8. 1926, ND 80, fol. 182f.
[347] Dazu allgemein Isabell Voigt: Korrespondenzbüros als Hilfsgewerbe der Presse. Entstehung, Aufgaben und Entwicklung. In: Jürgen Wilke (Hg.): Unter Druck gesetzt. Vier Kapitel deutscher Pressegeschichte. Köln u. a. 2002, S. 69-127; Klaus Wernecke: Nachrichtenagenturen und Provinzpresse in der Weimarer Republik. In: Zeitschrift für Ge-

Presse-Verlag Dammert über zwei Dutzend verschiedene Dienste an – neben Nachrichten aus Politik und Wirtschaft zahlreiche Spezial- und Unterhaltungsbeilagen sowie einen Bilderdienst. Dabei wurden die Nachrichten je nach politischer Orientierung der belieferten Zeitungen, zu denen viele rechtsgerichtete Blätter gehörten, in verschiedenen Versionen vertrieben.[348]

Rudolf Dammert hatte mit dem Aufbau seines Unternehmens schon vor dem Ersten Weltkrieg begonnen und beschäftigte 1920 über 300 Mitarbeiter. 1921 übernahm der Hugenberg-Konzern heimlich die Mehrheit an der Dammert-Verlag GmbH, woraufhin Dammert den Betrieb verließ und sein Unternehmen in die TU integriert wurde.[349] Allerdings baute Dammert innerhalb kurzer Zeit sein Büro unter der Firma Presse-Verlag Dr. Rudolf Dammert neu auf.[350] Ebenso wie WTB und die TU war Dammerts Büro jedoch ein Zuschussbetrieb. 1925 befand sich Dammert, nach Dietrichs Meinung „der begabteste Journalist für Korrespondenzbüros", in ökonomischen Fragen „aber ein etwas leichtsinniges Tuch", in so „großen Geldschwierigkeiten", dass sein Verlag vor der Zahlungsunfähigkeit stand.[351] Über Dietrich erhielt er im Lauf des Jahres zwei Darlehen in Höhe von je

---

schichtswissenschaft 48 (2000), S. 326–345; außerdem Martin Neitemeier: Die Telegraphen-Union. In: Jürgen Wilke (Hg.): Telegraphenbüros und Nachrichtenagenturen in Deutschland. Untersuchungen zu ihrer Geschichte bis 1949. München u. a. 1991, S. 87–134; Dieter Basse: Wolff's Telegraphisches Bureau 1849 bis 1933. Agenturpublizistik zwischen Politik und Wirtschaft. München u. a. 1991. Es gibt widersprüchliche Angaben darüber, wie viele Zeitungen der Presse-Verlag Dr. Rudolf Dammert belieferte. In der eigenen Werbung schwankten die Zahlen zwischen „über 700" und „fast 1000", während in einem internen Papier von „etwa 600 Provinzzeitungen" die Rede war: Werbeblätter des Presse-Verlages Dr. Rudolf Dammert aus den Jahren 1927 und 1929, ND 88, fol. 57 u. ND 283, fol. 73; Sperling 1930, S. 857; Sanierungsplan vom 26. 10. 1928, ND 283, fol. 146. Möglicherweise waren alle Zahlen insofern richtig, als die Vielzahl der Haupt- und Nebendienste verschiedene Zählweisen zuließ. Auch beim WTB (ca. 2000) und der TU (ca. 1600) lassen sich exakte Zahlen nicht mehr feststellen (Wernecke, Nachrichtenagenturen, S. 328–330). Die Angaben sind vermutlich nicht zuletzt deshalb ungenau, weil sich die Zahl der deutschen Tageszeitungen ebenfalls unterschiedlich berechnen lässt. 1927 existierten z. B. 3241 Zeitungen, mit Nebenausgaben ergibt sich jedoch eine Zahl von 3853 (1932: 3723 bzw. 4703): Gerd Meier: Zwischen Milieu und Markt. Tageszeitungen in Ostwestfalen 1920-1970. Paderborn 1999, S. 154–157. Die von Meier (unter Vorbehalt) zusammengestellten Zahlen bleiben z. T. ebenfalls widersprüchlich, scheinen aber zuverlässiger als bei anderen Autoren (z. B. Holzbach, Hugenberg, S. 282).

[348] Dazu z. B. Werbeblatt des Presse-Verlags Dr. Rudolf Dammert aus dem Jahr 1929, ND 283, fol. 72; Sperling 1930, S. 857.

[349] Neitemeier, Telegraphen-Union, S. 110–115; Holzbach, Hugenberg, S. 283 f.; Christine Wunderlich: Telegraphische Nachrichtenbüros in Deutschland bis zum Ersten Weltkrieg. In: Jürgen Wilke (Hg.): Telegraphenbüros und Nachrichtenagenturen in Deutschland. Untersuchungen zu ihrer Geschichte bis 1949. München u. a. 1991, S. 23–85, hier S. 66–68.

[350] Dieser Umstand ist weitgehend unbeachtet geblieben. Wernecke versucht, den maßgeblichen – und von Agentenseite ausschließlichen – Einfluss von TU und WTB auf die Provinzpresse nachzuweisen und übersieht die Existenz des neugegründeten Presse-Verlags Dammert, weil er diesen offenbar für identisch mit dem von der Telegraphen-Union übernommenen Dammert-Verlag hält: Wernecke, Nachrichtenagenturen, bes. S. 329–333; knapp zu Dammerts Neugründung nach 1921 Koszyk, Presse, S. 130f. u. 263.

[351] Dietrich an Ernst Jockers, 27. 6. 1925, ND 72, fol. 15.

20 000 RM, die mit 8 Prozent zu verzinsen waren. Da Dammerts Lage sich kaum besserte, kamen in den folgenden Jahren mehrmals kleinere Beträge hinzu, und weil er außerdem mit den Zinszahlungen ständig in Rückstand war, erhöhte sich das Darlehen bis 1928 auf über 60 000 RM. Hinzu kamen möglicherweise Zuschüsse à fonds perdu.[352]

Obwohl gerade Nachrichten- und Korrespondenzbüros darauf achten mussten, den Anschein strikt neutraler Berichterstattung zu wahren und somit nur begrenzt in der Lage waren, politisch Einfluss zu nehmen, stellen diese Darlehen an Dammert, trotz des vergleichsweise geringen finanziellen Aufwandes, den wichtigsten (bekannten) Einzelbestandteil der Pressepolitik der Konkordia dar. Der Fall demonstriert besonders deutlich, dass Dietrich aus seinem Engagement für die Konkordia persönliche Vorteile erwuchsen. Dammert wurde in dem Glauben gelassen, dass die Darlehen von Dietrich stammten – dass die Konkordia die eigentliche Geldgeberin war, ergibt sich selbst in den überlieferten Unterlagen nur aus einer Reihe von Indizien.[353] Dammert, der offenbar ohne Zutun Dietrichs

---

[352] ND 72, fol. 241-244; ND 88, fol. 19-58; Quittungen über Barauszahlungen Dietrichs an Dammert, 12.3.1925 (20 000 RM) u. o. D. (1000 RM), ND 749; Aufstellungen des Darlehenskontos „Hilss" per 31.12.1928, 31.12.1929 u. 31.12.1930, ND 283, fol. 105 u. ND 284, fol. 43 u. 78; Dietrich an Max Glockner, 26.1.1931, ND 284, fol. 44. Auch in diesem Fall bleiben angesichts der lückenhaften Überlieferung viele Detailfragen offen. Die Laufzeit von Dietrichs Spezialakten zu Dammert (ND 282-284) beginnt erst im Sommer 1928. Der Verlag wurde als Gesellschaft bürgerlichen Rechts geführt, so dass keine Gütertrennung zwischen Dammerts Privatvermögen und dem Verlag bestand. Erst Ende 1929 wurde der Betrieb in die Dr. Rudolf Dammert GmbH überführt, die ein Gesellschaftskapital von 100 000 RM hatte. Das bisherige Darlehen Dietrichs, treuhänderisch inzwischen von Carl Alfred Spahn verwaltet, blieb im Wesentlichen stehen, allerdings wurde ein Betrag von 5000 RM in Geschäftsanteile (d. h. 5% des Kapitals) umgewandelt. Als neuer Geldgeber für den hochverschuldeten Betrieb kam die Zentrale Verlagsgesellschaft mbH (vertreten durch Hugo Buschmann) hinzu, die 51% der Anteile übernahm und weitere Darlehen bereitstellte (offenbar in Höhe von knapp 200 000 RM). Diese GmbH handelte allem Anschein nach im Auftrag des preußischen Staates, war also ebenfalls eine Tarngesellschaft, wobei unklar ist, ob hier die Konkordia involviert war: ND 283 u. 284, passim; vgl. Koszyk, Presse, S. 263; Basse, Wolff's Telegraphisches Bureau, S. 240-242.

[353] Bei oberflächlicher Betrachtung der lückenhaften Unterlagen lässt sich der Eindruck gewinnen, dass die Darlehen von Dietrich selbst stammten. (So Koszyk, Presse, S. 263, der zudem den Beginn von Dietrichs Engagement auf „Ende 1929" datiert.) Das ist jedoch schon deshalb so gut wie ausgeschlossen, weil Dietrich im Jahr 1925 große finanzielle Sorgen hatte und kaum über flüssige Mittel verfügte. Derartige Summen hätte er nur bewegen können, wenn er in erheblichem Umfang Vermögensobjekte veräußert hätte – was er nicht tat (vgl. Kap. IV, 1). Im Übrigen tauchen das Darlehen und die Darlehenszinsen in den Einkommen- und Vermögensteuererklärungen Dietrichs nicht auf, die ersten Schriftwechsel mit Dammert wurden in der allgemeinen Korrespondenz unter „Konkordia" abgelegt, in den erhaltenen Unterlagen ist wiederholt die Rede davon, dass Dietrich (auch) treuhänderisch tätig war, und nicht zuletzt tritt dort, als Mitbevollmächtigter oder -treuhänder, der Züricher Rechtsanwalt Carl Alfred Spahn auf: vgl. bes. die Unterlagen in ND 72, fol. 241-244, ND 282, fol. 1 f. u. ND 284, fol. 46. Dietrich kannte Spahn wohl aus seiner Zeit als Oberbürgermeister von Konstanz. Als die Firma Trick 1923 versuchte, mit einem Schweizer Unternehmen zu fusionieren (vgl. Kap. II, 3), zog Dietrich ihn als Vermittler hinzu: z. B. Ludwig Schmidt an Dietrich, 15.12.1923, ND 642. Über Spahn fädelte Dietrich 1925/26 ein Engagement der Konkordia bei der

auch laufende Zuschüsse des Auswärtigen Amts für seinen Auslandspressedienst erhielt,[354] lebte stets in der Sorge, die „Unabhängigkeit", mit der er seine Dienste bewarb, könne in Frage gestellt werden. Deswegen war es für ihn nicht ohne weiteres möglich, andere Geldgeber zu finden. Er musste, da er seinen Verpflichtungen nicht nachkommen konnte, die Bücher offenlegen und massive Eingriffe in die Geschäftsführung hinnehmen. Dietrich setzte Sparmaßnahmen durch und machte selbst im Einzelfall Ausgaben von seiner Erlaubnis abhängig. Es kam ihm gewiss nicht ungelegen, dass Dammert angesichts dieses wirtschaftlichen Drucks bald von sich aus versuchte, ihn mit einer positiven Berichterstattung über seine politische Tätigkeit zu besänftigen – sofern sich eine Gelegenheit bot, dies unauffällig zu bewerkstelligen.[355]

Dietrich zögerte nicht, aktiv zu werden, wenn Journalisten, die von ihm abhängig waren, sich nicht zu solchem vorauseilenden Gehorsam verstanden. Er verfolgte die Berichterstattung höchst aufmerksam – vor allem, aber nicht nur bei den Blättern, die seinem Einfluss ausgesetzt waren. Ihm müssen täglich dutzende Zeitungen zugegangen sein. Besondere Aufmerksamkeit schenkte er der demokratischen Presse in Baden und kontrollierte zum Beispiel, ob seine Arbeit im Reichstag angemessen gewürdigt wurde.[356] Wenn er mit einem Artikel nicht zufrieden war, reagierte er empfindlich. Das galt auch für die Zeitungen der Konkordia. Als in den *Frankfurter Nachrichten* Mitte März 1927 ein Beitrag über den badischen Liberalismus erschien, in dem beiläufig die DVP als rechtmäßige Nachfolgepartei der NLP dargestellt und die DDP als „Streusandgründung" geschmäht wurde, beschwere er sich umgehend bei dem Verlagsdirektor über „diese scharfe Spitze gegen mich". Er forderte ihn auf, den verantwortlichen Chefredakteur Heinz Gorrenz zur Ordnung zu rufen, und erinnerte daran, dass er „über die Mehrheit der Anteile der ,Frankfurter Nachrichten' verfüge".[357] Obwohl Dietrich in dem Artikel nicht persönlich erwähnt wurde, mochte sein Ärger verständlich sein. Die Rüge war allerdings nicht nur defensiver Natur, sondern bezweckte zugleich, die Redaktion grundsätzlich zu disziplinieren – und zwar jenseits dessen, was in der Vereinbarung über die politische Linie der *Frankfurter Nachrichten* festgelegt war. Offensichtlich wurde diese Absicht drei Monate später

---

Züricher Post ein, und danach spielte er eine zentrale Rolle bei verschiedenen über die Schweiz abgewickelten Finanzierungsgeschäften des Ossa-Konzerns: Korrespondenz in ND 72, fol. 238, ND 80, fol. 203 u. ND 84, fol. 75-90; Abhandlung Winklers über die „Wirtschaftliche Betreuung deutscher Minderheiten", S. 22 u. 42f., ND 210.

[354] 1928 berichtete Dammert von Zuschüssen in Höhe von 35 000 RM, wobei unklar ist, für welchen Zeitraum dieser Betrag gezahlt wurde: Anlage zu einem Schreiben Dammerts an Dietrich, 11.8.1928, ND 282, fol. 31; außerdem ND 283, fol. 116f. u. 139.

[355] Zum Beispiel wurde Dietrich im Juni 1926, anlässlich des Volksentscheids über die Fürstenenteignung, als „demokratische Stimme" präsentiert, wobei Dammert ausführlich aus einem Zeitungsartikel Dietrichs zitierte, der in verschiedenen badischen Zeitungen erschienen war: ND 76, fol. 25, 32f. u. 35; siehe auch Dammert an Dietrich, 9.4.1927, ND 88, fol. 56.

[356] Z. B. Dietrich an Karl Dees, 22.4.1926, ND 229, pag. 73; Dankschreiben Dietrichs an neun badischen Zeitungen für die Veröffentlichung einer Reichstagsrede, 28.3.1927 (Entwurf), ND 230, pag. 251.

[357] Dietrich an Curt Schwarzenberger, 21.3.1927, ND 279, fol. 292.

4. Liberale Pressepolitik: Die Beeinflussung der öffentlichen Meinung 263

bei seiner nächsten Intervention, deren Anlass geradezu an den Haaren herbeigezogen war. Wieder beklagte er sich über einen Artikel, der sich mit der badischen Politik befasste: Er stellte diesmal fest, „daß darin die Demokratische Partei relativ ordentlich wegkommt", wollte aber „zwischen den Zeilen" den Vorwurf erkennen, „die heutige Demokratische Partei Badens, d. h. ich, sei daran schuld, daß der Liberalismus nichts mehr zu sagen hat". Stattdessen trage „diese Verantwortung lediglich die Volkspartei", wie er anschließend mit einer ausführlichen Darstellung seiner Verdienste um den badischen Liberalismus zu belegen suchte. Wiederum wies er auf seine Position als Mehrheitseigentümer hin und hob hervor, dass von ihm die Höhe der Gehälter für die Redaktion abhänge.[358] Nachdem Gorrenz sich in einem unterwürfigen Schreiben (erneut) für seinen Fehler entschuldigt und Besserung gelobt hatte, erklärte Dietrich zufrieden, damit stehe einer „verständnisvollen Zusammenarbeit" nichts mehr im Wege.[359] Zu Klagen sah er sich danach nicht mehr veranlasst.

Derartige direkte Eingriffe waren nicht das einzige Instrument, mit dem Dietrich abhängige Zeitungen bearbeitete. Wo immer es ihm möglich war, sorgte er dafür, dass seine Artikelkorrespondenz *Aus Wirtschaft und Politik* abonniert wurde: Schließlich hatte die Presse für ihn „keinen Wert", wenn er nicht „etwas hineinlanzieren" konnte.[360] Aufgrund der damit verbundenen Kosten erklärten sich vor allem die kleineren Blätter in Baden nur ungern dazu bereit. Doch während Dietrich die Betriebe sonst zu strikter Sparsamkeit anhielt, pochte er darauf, dass die Korrespondenz „nicht nur benutzt, sondern auch bezahlt" werde.[361] Entsprechend zwang er zahlreiche Zeitungen der Konkordia in seinen Kundenkreis.[362] Seine Broschüre über die Aufwertung der Sparguthaben, die im März 1924 pünktlich zum Reichstagswahlkampf erschien, verschickte er nicht nur an seine eigenen Zeitungen und die demokratische Presse in Baden, jeweils versehen mit der Bitte um eine wohlwollende Rezension, sondern ließ sie auch von Winkler verbreiten.[363] Außerdem verstand es Dietrich, seine eigenen Netzwerke in die Geschäfte der Konkordia einzubinden, womit er Erstere enger an sich band und seinen Einfluss auf Letztere festigte. Abgesehen davon, dass er immer wieder Treuhänder aus seinem Bekanntenkreis rekrutierte, verschaffte er mehreren Journalisten eine Anstellung. Zum Beispiel hievte er einen Bekannten auf den Posten des Chefredakteurs bei der *Saarbrücker Zeitung*, der größten Zeitung des Saarge-

---

[358] Dietrich an Heinz Gorrenz, 29. 6. 1927, ND 280, fol. 44f.
[359] Gorrenz an Dietrich, 6. 7. 1927 u. Dietrich an Gorrenz, 9. 7. 1927, ebd., fol. 56f.
[360] Dietrich an Robert Schlegel, 21. 1. 1928, ND 267, fol. 107.
[361] So die unwirsche Anweisung an den Redakteur des *Stockacher Tagblatts*, als dieser das Abonnement kündigen wollte: Dietrich an Christian Stamminger, 14. 4. 1926, ND 266, fol. 150.
[362] Belegen lässt sich das bei fünf Zeitungen, nämlich dem *Kölner Tageblatt*, den *Frankfurter Nachrichten*, der *Münchener Allgemeinen Zeitung*, den *Flensburger Nachrichten* und der *Saarbrücker Zeitung*: Dietrich an Hermann Fischer, 15. 3. 1926 u. Fischer an Dietrich, 31. 3. 1926, ND 77, fol. 90f.; Richard Pflaum an Dietrich, 27. 3. 1925, ND 276, fol. 2; Flensburger Nachrichten an Aus Wirtschaft und Politik, 7. 5. 1924, ND 294, fol. 61; Schriftwechsel Dietrichs mit den Frankfurter Nachrichten, Juni 1926, ND 279, fol. 117f., 127 u. 129f.; Dietrich an Arnold Nagel, 12. 11. 1925, ND 74, fol. 3.
[363] Dietrich an Winkler, 14. 3. 1924, ND 294, fol. 39 u. ebd., passim.

biets, die der Konkordia seit 1920 gehörte.[364] Dem Nachrichtenbüro seines Freundes Richard Bahr verschaffte er mehrere neue Kunden.[365] Und als Karl Glockner ihn ersuchte, seinem arbeitslosen Bruder zu einer Beschäftigung zu verhelfen, sorgte Dietrich für dessen Anstellung als Revisor bei Rudolf Dammert. Dadurch konnte er nicht nur seinem treuen Statthalter in der badischen Landtagsfraktion einen Gefallen erweisen, sondern zugleich ein zuverlässiges „Kontrollorgan" in Dammerts Verlag installieren.[366]

Nicht zuletzt stärkte Dietrichs Tätigkeit für die Konkordia seine Position innerhalb der Partei. Wie die Hilfsgesuche an ihn zeigen, war die Existenz der Konkordia in den Führungskreisen der DDP durchaus bekannt. Über Einzelheiten wussten die meisten aber nur Bescheid, soweit sie im konkreten Fall persönlich involviert waren. Angesichts seines weitgehend exklusiven Zugangs zur Konkordia waren die Parteifreunde auf ihn angewiesen bzw. ihm zu Dank verpflichtet, wenn sie die erhoffte Unterstützung erhielten. In Baden konnte Dietrich sich gar als selbstloser Geldgeber in Szene setzen, dem kein Opfer für die notleidende Parteipresse zu groß war. Selbst Richard Freudenberg ließ er in dem Glauben, dass er seinen Teil der Ausgaben mit eigenen Mitteln bestritt.[367]

Insgesamt ergibt sich – auf der Grundlage dessen, was an Informationen zur Verfügung steht – ein zweischneidiges Bild von der Konkordia und Dietrichs Verstrickung in ihre Geschäfte. Auf der einen Seite könnte man die Pressepolitik der Konkordia als ein systemstabilisierendes Element im Sinne der „wehrhaften Demokratie" verstehen. In den parlamentarischen Beiräten von Konkordia und Ossa waren die radikalen Parteien nicht vertreten, so dass die Mitglieder allesamt republikanisch gesinnt waren oder, im Fall der DNVP-Vertreter Otto Hoetzsch und Hans-Erdmann von Lindeiner-Wildau, die zum gemäßigten Flügel der DNVP zählten, zumindest der Republik gegenüber so loyal waren, dass sie ihren Kollegen keine Steine in den Weg legten und Stillschweigen bewahrten. Für die naheliegende Vermutung, dass die übrigen Mitglieder des Konkordia-Beirats in ähnlicher Weise wie Dietrich über Mittel verfügten und eigene Vorhaben verwirklichen

---

[364] Arnold Nagel an Dietrich, 21.10.1925, ND 74, fol. 5; Richard Bahr an Dietrich, 23.5.1932, ND 204, fol. 59. Beim Presse-Verlag Dammert wurde ab 1928 auf Dietrichs Wunsch hin der badische Jungdemokrat Henry Freund beschäftigt, und die *Frankfurter Nachrichten* stellten 1929 einen arbeitslosen Parteifreund ein: Freund an Dietrich, 14.10.1928, ND 100, fol. 231 u. Dammert an Dietrich, 6.10.1928, ND 283, fol. 157; Josef Arnold an Dietrich, 11.2.1929, ND 111, fol. 24 u. Dietrich an Curt Schwarzenberger, 11.7.1929, ND 236, pag. 57.

[365] Bahr bat ihn wiederholt, er möge „ein paar Kälber in meinen Stall treiben": Bahr an Dietrich, 28.2.1924, ND 69, fol. 119; ähnlich Bahr an Dietrich, 29.5.1926, ND 86, fol. 83. Dietrich kümmerte sich darum, dass die *Saarbrücker Zeitung* Bahr als Berliner Vertreter engagierte. Dieselbe Aufgabe übernahm Bahr bei den *Wiener Neuesten Nachrichten*, die seit 1925 der Konkordia gehörten: Bahr an Dietrich, 4.7. u. 15.11.1924 u. Dietrich an Leo Wentzel, 27.11.1924, ND 69, fol. 115–118; Jahrbuch der Tagespresse 2 (1929), S. 164 u. 295.

[366] Dietrich an Carl Alfred Spahn, 30.11.1929, ND 283, fol. 17 (Zitat); Schriftwechsel Dietrichs mit Karl und Max Glockner, Februar/März 1927, ND 89, fol. 224–227.

[367] Z. B. Dietrich an Freudenberg, 22.3.1927, ND 272, fol. 260.

konnten, finden sich zumindest Anhaltspunkte.[368] Möglicherweise deckten sie Dietrichs und Winklers Vorgehen auch deshalb, weil sie sich ebenfalls einen mäßigenden Einfluss auf die rechtsgerichtete, in Distanz zur Republik stehende bürgerliche Presse versprachen. Die Arbeit der parlamentarischen Beiräte stellt jedenfalls ein Musterbeispiel parteiübergreifender Zusammenarbeit im Reichstag dar, zumindest soweit die parlamentarischen Eliten betroffen waren. Von Lindeiner-Wildau, der für die Ossa arbeitete, erhielt Dietrich nach seiner Ernennung zum Reichsminister ein außergewöhnlich langes und herzliches Gratulationsschreiben. Der Deutschnationale betonte, mit welch „schmerzlichem Bedauern" er ihn „aus unserem gemeinsamen Arbeitskreis scheiden sehe", und blickte auf die Erfolge „unserer weitschauenden schönen Arbeit" zurück, die man „jenseits aller Parteigegensätze" geleistet habe.[369]

Andererseits kann kein Zweifel daran bestehen, dass die Aktivitäten der Konkordia als äußerst problematisch einzuschätzen sind – in mehrerlei Hinsicht. Erstens bestanden de facto keine wirksamen Kontrollmechanismen, welche verhindern konnten, dass die Konkordia die Grenzen ihres Aufgabenbereichs über das eigentlich vorgesehene Maß ausdehnte. Wenn der parlamentarische Beirat, als Kontrollinstanz gegenüber der Exekutive vorgesehen, die exekutiven Aufgaben selbst übernahm und dabei den Boden dessen, was im Parlament mehrheitsfähig war, verlassen konnte, war dies mit den Prinzipien der parlamentarischen Demokratie „kaum zu vereinbaren".[370] Über die Vorgänge bei der Übernahme der *Deutschen Allgemeinen Zeitung*, die immerhin im Reichstag ausführlich verhandelt wurden, war nicht einmal Koch-Weser, der Partei- und Fraktionsvorsitzende der DDP, im Bilde. Da Dietrich sein Engagement für die DAZ ihm gegenüber teils verschwieg, teils herunterspielte, hielt Koch-Weser Stresemanns Behauptung, die DDP sei aufgrund der Tätigkeit führender Mitglieder wie Dietrich und Weber mitverantwortlich für die Affäre, für ein unredliches parteipolitisches Manöver.[371]

Zweitens wurden in mehreren Fällen erhebliche Summen in Verlustgeschäfte investiert, ohne einen verhältnismäßigen bzw. nachhaltigen Nutzen zu erzielen. Die *Münchener Allgemeine Zeitung* ging schon im Winter 1925 ein, also nur Monate, nachdem sie die großzügigen Darlehen erhalten hatte, von denen der größere Teil abgeschrieben werden musste.[372] Der *Oberländer Bote* in Lörrach ging Mitte 1927 in Konkurs und wurde anschließend von einem DDP-nahen Verleger übernommen, ohne dass die Konkordia noch Einfluss ausüben konnte, und der

---

[368] Dietrich an Winkler, 10.12.1927, ND 91, fol. 246; Carl Cremer organisierte offenbar mit Mitteln der Konkordia die Übernahme des *Fränkischen Kuriers* in Nürnberg, der so dem Einfluss des Hugenberg-Konzerns entzogen werden sollte: dazu ausführlich, aber recht unklar Koszyk, Presse, S. 201-214.
[369] Lindeiner-Wildau an Dietrich, 29.6.1928, ND 159, fol. 213.
[370] So Koszyk, der zutreffend von einer „manipulierten Kontrolle des Parlaments" spricht: Koszyk, Presse, S. 273f.
[371] Vermerk Koch-Wesers vom 30.11.1926, BAK N Koch-Weser 34, pag. 357-359; Koch-Weser an Stresemann (Abschrift), 25.11.1926, ND 749.
[372] Der Verlust betrug vermutlich ca. 65 000 RM, also über zwei Drittel des Darlehens. Die Zeitung wurde ab März 1925 unter dem Namen *AZ am Abend* bzw. *AZ am Morgen* fortgesetzt (ohne Beteiligung der Konkordia und mit zunehmender Distanz zur DDP): ND 276, passim; vgl. Hoser, Münchner Tagespresse, S. 110-112.

über Jahre mit geradezu phantastischen Beträgen subventionierte *Oberrheinische Beobachter* in Freiburg musste sein Erscheinen Ende 1930 einstellen. Da die Ressourcen der Konkordia nicht unerschöpflich waren, hatte sie in beiden Fällen ihre Unterstützung beenden müssen – was für Dietrich den Nachteil hatte, dass er selbst, als offizieller Anteilseigner bzw. Geldgeber, sich nur mit Schwierigkeiten aus dem Engagement zurückziehen konnte. In Lörrach bürgte er persönlich, gemeinsam mit Mitgliedern des Ortsvereins, für die Schulden der Zeitung, ein „Vergnügen", das ihn „16 bis 17 000 M" kostete.[373] Auch in Freiburg scheint er schließlich mit eigenem Geld eingesprungen zu sein.[374]

Drittens drängt sich die weiterreichende Frage auf, inwieweit Versuche, die Presse zu kontrollieren, erfolgreich sein konnten. Die Politiker der Weimarer Zeit waren regelrecht besessen von der Vorstellung, die öffentliche Meinung lasse sich gleichsam „von oben" steuern, und es war gang und gäbe, für politische Misserfolge die Presse verantwortlich zu machen. In der DDP waren Klagen über den vermeintlich geringen Einfluss auf die Presse oder ein Fehlverhalten der parteinahen Zeitungen allgegenwärtig und nahmen besonders dann Fahrt auf, wenn nach Schuldigen für Wahlniederlagen oder den schlechten Zustand der Parteiorganisation gesucht wurde.[375] Letztlich lief die Annahme, der Wähler sei erziehbar bzw. manipulierbar, darauf hinaus, ihm das politische Urteilsvermögen und die staatsbürgerliche Mündigkeit abzusprechen. Diese Vorstellung war schwer mit einem modernen Staats- und Demokratieverständnis in Einklang zu bringen – und in Anbetracht der überdeutlichen Diskrepanz zwischen den Auflagenzahlen der parteigebundenen Zeitungen und den Wahlergebnissen war sie offenkundig falsch.[376]

---

[373] Dietrich an Richard Freudenberg, 15.6.1927, ND 272, fol. 288a; Dietrichs Angabe zur Höhe der Verluste deckt sich mit Hinweisen an anderer Stelle: Dietrich an die Trickzellstoff GmbH, 24.8.1927, ND 644; Vermögenserklärung vom 10.8.1928, ND 43, fol. 346; zum *Oberländer Boten* außerdem Dietrich an die Gebrüder Günther, 22.10.1927, ND 272, fol. 366f.; Friedrich Dorsch an Dietrich, 12.7.1929, ND 112, fol. 277-279.

[374] Der *Oberrheinische Beobachter* erhielt von April 1928 bis 1931 weitere ca. 16 000 RM von Dietrich, zunächst als Zuschüsse zu den Betriebskosten, nach der Insolvenz zur Abtragung von Verbindlichkeiten sowie zur Tilgung der Schulden, die der DDP-Ortsverein infolge des Fiaskos angehäuft hatte. Allem Anschein nach ersetzte die Konkordia ihm einen Teil seiner Ausgaben direkt, aber nicht die gesamte Summe: ND 273 u. 281, passim; Kurt Kutzner an Winkler, 8.4.1932, ND 134, fol. 74. Es ist möglich, dass Dietrich noch auf Umwegen entschädigt wurde, zum Beispiel durch eine entsprechende Verrechnung der Zinsen für das Dammert-Darlehen, die auf sein Berliner Privatkonto flossen (vgl. ND 88, fol. 19-58).

[375] Vgl. Eksteins, Limits, S. 87-103; Schustereit, Linksliberalismus, S. 228-230; Schneider, Deutsche Demokratische Partei, S. 74f. u. 238f. Die historische Forschung hat sich dieses Presse-Lamento tendenziell zu eigen gemacht.

[376] Zahl und Auflagenhöhe der parteinahen Zeitungen entsprachen bei weitem nicht den parteipolitischen Kräfteverhältnissen: vgl. Dussel, Pressebilder, S. 107-109 sowie die Bemerkungen von Peter Hoeres: Die Kultur von Weimar. Durchbruch der Moderne. Berlin 2008, S. 91 f. Nicht zuletzt die demokratische Presse hatte einen Marktanteil, der deutlich über den Stimmanteilen der DDP lag: Ihr standen 1927/28 ca. 10% der Tageszeitungen nahe. (Der Wert steigt auf über 20%, wenn man die Blätter, die sich als politisch „neutral" bezeichneten, nicht in die Rechnung einbezieht.) Hinzu kam deren überdurchschnittliche Auflagenhöhe: Meier, Milieu, S. 156. Regional war diese Diskre-

4. Liberale Pressepolitik: Die Beeinflussung der öffentlichen Meinung

Für Dietrich stand die Bedeutung der Presse als politisches Machtinstrument im demokratischen Staat außer Frage. Insofern durfte er seine Pressepolitik als Erfolg betrachten: Als er Ende Juni 1928 sein Amt als Reichsernährungsminister antrat, hatte er Einwirkungsmöglichkeiten auf Zeitungen im ganzen Reich. Seine zahlreichen Artikel wurden systematisch verbreitet und erschienen nicht nur in DDP-nahen, sondern auch in weiter rechtsstehenden Blättern. Er verfügte über zahlreiche Kontakte zu Journalisten, die ihm nicht selten persönlich verpflichtet waren, und hatte seinen Rückhalt in Parteikreisen gestärkt. Die vielfältigen Verbindungen zur Presse machten sich in den folgenden Jahren bezahlt. So konnten die Dammert-Korrespondenzen Dietrich nun besser in den Vordergrund der Berichterstattung rücken, ohne dass dies auffällig wirkte, und Richard Bahr bemühte sich nach Kräften – insbesondere in der Ära Brüning – die von ihm belieferten Zeitungen auf Regierungslinie zu halten.[377]

---

panz zwischen Wahlergebnissen und Presserückhalt mitunter noch größer, etwa in Baden (vgl. Kap. IV, 3) oder in Berlin, wo die Verlagshäuser Ullstein und Mosse einen Marktanteil von 50-60% hatten. Bernhard Fulda versucht (am Beispiel Berlins) diesen Widerspruch aufzulösen, indem er das politische Meinungsspektrum in eine „linke" und eine „rechte" Hälfte aufteilt, also die auflagenstarken demokratischen Zeitungen mit den Wahlergebnissen von SPD und KPD, die Hugenberg-Presse mit den Stimmenzahlen der NSDAP in Beziehung setzt – eine grobe Vereinfachung, deren Erkenntniswert zudem fraglich scheint. Gleichzeitig nimmt Fulda an, dass die vermeintlich „unpolitische" Presse eine ungleich größere Wirkung entfaltet habe als die „traditionelle" politische Presse, die sich – so die bestreitbare Annahme – ohnehin im Niedergang befunden habe. Gerade die Boulevardblätter hätten wesentlich zur Destabilisierung der parlamentarischen Demokratie beigetragen: Bernhard Fulda: Press and Politics in the Weimar Republic. Oxford 2009, bes. S. 38-44 u. 126-130; ders.: Die Politik der „Unpolitischen". Boulevard- und Massenpresse in den zwanziger und dreißiger Jahren. In: Frank Bösch/Norbert Frei (Hg.): Medialisierung und Demokratie im 20. Jahrhundert. Göttingen 2006, S. 48-72. Dieser Erklärungsansatz läuft letztlich ebenfalls auf die Vorstellung vom manipulierbaren Leser bzw. Wähler hinaus, mit dem Unterschied, dass die Beeinflussung nicht offen, sondern verdeckt stattgefunden haben soll. Fulda verstrickt sich zudem in Widersprüche, weil die Boulevardpresse schließlich nicht einseitig antirepublikanisch orientiert war.

[377] Zur positiven Berichterstattung der Dammert-Dienste über Dietrich als Minister siehe die Unterlagen in ND 98, fol. 5-20, ND 283, fol. 30-46 u. ND 284, fol. 1-3, 17, 58-62 u. 69-73; zu Bahr die Korrespondenz der Jahre 1930-1932 in ND 204 sowie (am Beispiel der *Münchener Zeitung*) Hoser, Münchner Tagespresse, S. 306-308 u. 1050.

IV. Krise als Dauerzustand? Wirklichkeiten und Wahrnehmungen

Nach dem Ende der Hyperinflation und der Rückkehr zu einer stabilen Währung, verknüpft mit der Regelung der Reparationsfrage durch den Dawes-Plan, begann für die Weimarer Republik eine Periode der wirtschaftlichen, innen- und außenpolitischen Konsolidierung. Im Allgemeinen besteht seit langem Konsens darüber, dass es auch in dem „besten Jahrfünft"[1] zwischen Inflation und Weltwirtschaftskrise nur zu einer „relativen Stabilisierung" kam, die mit einer Vielzahl politischer, gesellschaftlicher und wirtschaftlicher Krisenmomente einherging.[2] Detlev Peukert hat die „Krisenhaftigkeit" der Weimarer Zeit gerade an dieser Phase, die der „totalen Krise" der Republik voranging, festgemacht.[3] Im gleichen Atemzug sind die Jahre 1924 bis 1928/29 aber wiederholt mit Wendungen wie „Schein der Normalität", „trügerische Stabilität" oder „Illusion innerer Stabilität" betitelt worden, welche der Retrospektive des Historikers entspringen.[4] Erlagen die Zeitgenossen einem trügerischen Schein, indem sie die Lage als stabil oder normal wahrnahmen? Unter dem Eindruck der tiefgreifenden Krisenperioden vor und nach der relativen Stabilisierung hat sich das Bild der „Goldenen Zwanziger Jahre", wenigstens in Nuancen, doch immer wieder in historische Darstellungen eingeschlichen.[5]

Überdies sind in der neueren Forschung Stimmen laut geworden, die – für die gesamte Weimarer Zeit – das „Deutungsmuster der Krise" grundsätzlich in Frage stellen. Demnach war die „Krisenhaftigkeit von Politik, Gesellschaft und Kultur nicht objektiv gegeben", sondern von Zeitgenossen „konstruiert". Deren „Krisendiskurs" habe die historische Forschung im Wesentlichen „reproduziert".[6] Zudem seien diese zeitgenössischen Krisendiskurse „kein Indiz für eine pessimistische Zeitstimmung", vielmehr habe ihnen ein ausgeprägter Optimismus bzw. „Gestaltungsoptimismus" zugrunde gelegen.[7] Während „Krisen" stets wahrnehmungsge-

---

[1] Möller, Weimarer Republik, S. 172-181.
[2] Zusammenfassend Eberhard Kolb/Dirk Schumann: Die Weimarer Republik. München 8/2013, S. 163.
[3] Peukert, Weimarer Republik, z. B. S. 14, 204 u. 269.
[4] Winkler, Schein; Hagen Schulze: Weimar. Deutschland 1917-1933. Berlin 1982, S. 287-303; Peukert, Weimarer Republik, S. 204-218.
[5] Zum Beispiel in manchen Untersuchungen zur ökonomischen Situation bürgerlicher Berufsgruppen: So ist die These vertreten worden, das materielle „Krisenbewußtsein" der Akademiker sei nach der Währungsstabilisierung nur noch „latent" vorhanden und erst in der Weltwirtschaftskrise wieder „akut" gewesen bzw. „erneuert" worden: Konrad H. Jarausch: Die Not der geistigen Arbeiter: Akademiker in der Berufskrise, 1918-1933. In: Werner Abelshauser (Hg.): Die Weimarer Republik als Wohlfahrtsstaat. Zum Verhältnis von Wirtschafts- und Sozialpolitik in der Industriegesellschaft. Wiesbaden 1987, S. 280-299, Zitate S. 292 u. 297. Für das mittelständische Gewerbe hat Winkler eine spürbare Besserung „gegenüber den Inflationsjahren" konstatiert: Heinrich August Winkler: Mittelstand, Demokratie und Nationalsozialismus. Die politische Entwicklung von Handwerk und Kleinhandel in der Weimarer Republik. Köln 1972, S. 30 (Zitat) u. 100-107.
[6] Föllmer u. a., Einleitung, Zitate S. 11 u. 38.
[7] Graf, Zukunft, bes. S. 131-133 u. 359-380, Zitat S. 378.

bundene Phänomene darstellen, sind diese weitreichenden Thesen fragwürdig. Der „Gestaltungswille", der sich insbesondere in den utopischen Zukunftsentwürfen radikaler Denker von rechts und links findet, war als solcher optimistisch. Das kann aber nicht über die damit einhergehende Gegenwartskritik hinwegtäuschen. Wenn die Begriffe „Optimismus" und „Pessimismus" von der Wahrnehmung der Gegenwart abgekoppelt werden und gleichzeitig in der weit gefassten Kategorie des „Gestaltungsoptimismus" aufgehen, bleibt die Frage, wer oder was am Ende noch als pessimistisch zu bezeichnen ist. Außerdem ist es problematisch, aus Diskursanalysen allgemeine Rückschlüsse über die Weimarer Gesellschaft abzuleiten und den Texten von Intellektuellen, die als wirkmächtige „Deutungseliten" für „breitere Gesellschaftskreise" verstanden werden,[8] eine umfassende Aussagekraft beizumessen. Behandelt man Wirtschaft und Politik als letztlich zweitrangige „Subsysteme"[9] und die dort anzutreffenden, unübersehbar realen Krisensymptome als nebensächliche Erscheinungen, so fallen die Lebenswirklichkeiten, die den Alltag der Menschen in der Weimarer Zeit bestimmten, weitgehend unter den Tisch. Das gilt insbesondere für die materiellen Nöte, die sich aus der prekären ökonomischen Entwicklung ergaben. Hier war es nicht das zeitgenössische „Gefühl" der Krise, das „die Wahrnehmung der Realität bestimmte",[10] sondern umgekehrt.

Dafür bietet Dietrich ein charakteristisches Beispiel. In seinen Vermögens- und Einkommensverhältnissen spiegeln sich zentrale Probleme der ökonomischen Entwicklung zwischen Inflation und Weltwirtschaftskrise, für die sich Knut Borchardts Diagnose einer „Krise vor der Krise" durchgesetzt hat.[11] Viele seiner Vermögensobjekte unterlagen erheblichen Wertverlusten, warfen kaum Erträge ab oder erforderten Zuschüsse. Dabei sind die Entwicklungen im Einzelfall nicht nur für die Lage großbürgerlicher Vermögensbesitzer aufschlussreich, sondern auch für die Nöte weiter Kreise der Mittelschichten, etwa von Hauseigentümern oder Inhabern von Aufwertungsforderungen. Aus Dietrichs Sicht konnte kein Zweifel bestehen, dass die wirtschaftliche Situation schlecht war. Sein ökonomisches Denken und Handeln wurde nicht durch den „Schein", sondern die *Erwartung* der Normalität bestimmt, die sich letztlich an den Gegebenheiten der Vorkriegszeit orientierte. Deshalb rechnete er mit einer raschen Besserung der wirtschaftlichen Lage, die sich teils nicht im erhofften Maße, teils nur vorübergehend, teils gar nicht einstellte. Seine Zuversicht trug dazu bei, dass er schwere finanzielle Einbußen erlitt, die Entwicklung seines Einkommens überschätzte und trotz

---

[8] Ebd., S. 132f.
[9] Ebd., S. 365.
[10] Föllmer u. a., Einleitung, S. 9.
[11] Knut Borchardt: Zwangslagen und Handlungsspielräume in der großen Wirtschaftskrise der frühen dreißiger Jahre: Zur Revision des überlieferten Geschichtsbildes. In: Bayerische Akademie der Wissenschaften. Jahrbuch 1979. München 1979, S. 87–132 u. ders.: Wirtschaftliche Ursachen des Scheiterns der Weimarer Republik. In: Karl-Dietrich Erdmann/ Hagen Schulze (Hg.): Weimar. Selbstpreisgabe einer Demokratie. Eine Bilanz heute. Düsseldorf 1980, S. 211–249. Die These der „Krise vor der Krise" ist, bei allen Meinungsverschiedenheiten über die Ursachen, nicht umstritten: vgl. Kolb/Schumann, Weimarer Republik, S. 209–212.

seines exzeptionell großen Vermögens mit erheblichen finanziellen Problemen zu kämpfen hatte. Abgesehen von den eigenen materiellen Enttäuschungen, die Ende 1927 einen Höhepunkt erreichten, wurde seine Wahrnehmung maßgeblich von seinem sozialen Umfeld geprägt, das von der wirtschaftlichen Misere vielfach hart getroffen wurde. So schien ihm zwar ein Prozess der Normalisierung im Gange zu sein, doch der Zustand der Normalität blieb unerreicht.

Mehr noch als die ökonomische Entwicklung geriet die Politik zur fortwährenden Enttäuschung. Die Lage der DDP empfand er angesichts erdrutschartiger Mitglieder- und Wählerverluste als katastrophal, und seine Hoffnungen auf ein Wiedererstarken des Liberalismus und die Überwindung seiner parteipolitischen Spaltung blieben unerfüllt. Auch hier drückte der omnipräsente Erfahrungsraum des Kaiserreichs Dietrichs Wahrnehmungen den Stempel auf.

Die persönlichen Enttäuschungen befeuerten universale Krisendeutungen, die schon in den Anfangsjahren der Republik in Dietrichs Denken präsent waren und ab Anfang 1927 gehäuft zum Vorschein kamen – also zu einer Zeit, als die Weimarer Konjunktur ihren Höhepunkt erreichte und die politische Lage verhältnismäßig ruhig war. Dietrich erscheint in vielen seiner Äußerungen als fortschrittsoptimistischer Liberaler. Gleichzeitig stellte er die Möglichkeit eines weiteren wirtschaftlichen und gesellschaftlichen Fortschritts grundsätzlich in Frage und wähnte sich am Beginn einer „Epoche des Großkapitalismus", welche die Gefahr eines „Untergangs" der Mittelschichten und der bürgerlichen Gesellschaft heraufbeschwor. Dabei wurden in der Tat „vorhandene Probleme dramatisiert"[12] – insoweit ist den Einwänden gegen das „Deutungsmuster" der Krise durchaus zuzustimmen. Zugleich kann jedoch kein Zweifel bestehen, dass die Probleme gravierend und real, sehr wohl „objektiv gegeben" waren. Bei Dietrich lässt sich auf zwei verschiedenen Bedeutungsebenen, die beide im Begriff „Krise" enthalten sind, ein ausgeprägtes Krisenbewusstsein konstatieren: Einerseits interpretierte er die gegenwärtige ökonomische Lage als schwerwiegende, aber vorübergehende Störung des Normalzustandes. Andererseits sah er Wirtschaft, Staat und Gesellschaft an einem geschichtlichen Wendepunkt angelangt, in einer „Entscheidungssituation", in der die Existenz der bestehenden sozioökonomischen Ordnung in Frage stand.[13] Diese Krisendeutungen waren einander diametral entgegengesetzt. Fortschrittsglaube und Geschichtspessimismus wechselten sich ab, standen sich teils unvermittelt gegenüber. Die auffälligen Widersprüche in Dietrichs Denken und Handeln, die sich, zum Beispiel bei vermögensstrategischen Entscheidungen, auch in praktischen Details finden, lassen sich letztlich nicht auflösen. Vielmehr spiegelt sich in ihnen die Widersprüchlichkeit der Weimarer Zeit, in der die ambivalenten Auswirkungen von langfristigen Modernisierungsprozessen, die

---

[12] Föllmer u. a., Einleitung, S. 30.
[13] Der Begriff der Krise wird hier analytisch verwendet, was freilich nicht ausschließt, dass er sich bisweilen auch in den Quellen findet; zur Genese und Mehrdeutigkeit des modernen Krisenbegriffs siehe Reinhart Koselleck: Krise. In: Otto Brunner/Werner Conze/Reinhart Koselleck (Hg.): Geschichtliche Grundbegriffe. Historisches Lexikon zur politisch-sozialen Sprache in Deutschland. Bd. 3. Stuttgart 1982, S. 617-650; vgl. auch Raithel, Parlamentarismus, S. 6; Roman Köster: Die Wissenschaft der Außenseiter. Die Krise der Nationalökonomie in der Weimarer Republik. Göttingen 2011, S. 311 f.

„Doppelgesichtigkeit der Modernisierung"[14] markant hervortraten. Nicht zuletzt sind im politischen Liberalismus der Weimarer Zeit Elemente antiliberaler Weltanschauungen auszumachen. Die Übergänge zum Gedankengut der Rechten waren, wie auch das Verhältnis zum Nationalismus zeigt, teilweise fließend.

1. Dietrich als Privatier: Vermögen und Einkommen zwischen Inflation und Depression

Betrachtet man die Entwicklung von Dietrichs Vermögen ab 1924, so fällt auf, dass es selbst im Jahr 1928, als die Weimarer Konjunktur und die steuerlich erfassten Vermögen ihren Höchststand erreichten, mit ca. 1,32 Millionen RM erheblich hinter dem sogenannten Friedenswert (ca. 1,57 Mio.) zurückblieb, also hinter dem Steuerwert, den das nach der Inflation vorhandene Vermögen vor dem Weltkrieg hatte bzw. gehabt hätte (Tabelle 7). Dabei stechen die drastischen Wertminderungen der Immobilien und des land- und forstwirtschaftlichen Grundbesitzes hervor, die zum Teil über die Hälfte bzw. über zwei Drittel des Friedenswertes ausmachten. Es handelte sich um „Sachwerte", welche die Inflation als solche unbeschadet überstanden hatten und nun dennoch einem immensen Wertverlust unterlagen. Bemerkenswert sind außerdem die enormen Schulden von über 100 000 RM, die Dietrich innerhalb von vier Jahren anhäufte. Das Ausmaß des Vermögensrückgangs wurde einerseits durch den erhöhten Steuerwert der Anteile an der Zellulosefabrik Trick gemildert, andererseits profitierte Dietrich davon, dass seine zum 1. Januar 1924 als wertlos verbuchten Papiermarkforderungen durch die Gesetzgebung der Jahre 1924 und 1925 aufgewertet wurden. Zugleich lässt sich eine positive Gegenrechnung aufmachen: Vergleicht man das Vermögen von 1928 nicht mit den Friedenswerten, sondern mit den Zahlen von 1925, denen die erste systematische Neubewertung des gesamten Immobilien-, land- und forstwirtschaftlichen Vermögens seit 1913 zugrunde lag,[15] so ergibt sich immerhin ein Zuwachs von rund 19 Prozent. Kurzum: Insgesamt blieb der Wert der Vermögensobjekte, die Dietrich nach der Inflation gehörten, hinter dem Friedenswert zurück, wobei jedoch bis 1928 ein Aufwärtstrend unverkennbar war. Legt man die reichsweite Vermögensteuerstatistik für die Jahre 1925 bis 1928 zugrunde, so entsprach die Entwicklung von Dietrichs Vermögen in etwa der allgemeinen Tendenz.[16]

---

[14] Peukert, Weimarer Republik, S. 268.
[15] Statistisches Reichsamt (Bearb.): Statistik der Einheitswerte für den ersten Hauptfeststellungszeitraum 1925-1927. Berlin 1930, S. 7-12. Für die Bewertung der Immobilien blieb der Wehrbeitragswert von 1913 allerdings eine maßgebende Vergleichsgröße.
[16] Die Vermögensteuerstatistik ist in mehrerlei Hinsicht interpretationsbedürftig und bietet hier nur eine sehr grobe Orientierungshilfe. Unter anderem waren Aktien und andere Geschäftsanteile in dem statistisch erfassten „steuerpflichtigen Gesamtvermögen" nur mit 50% des Steuerwertes enthalten. Sie zählten zum „sonstigen (Kapital-)Vermögen", das bei Dietrich viel stärker ins Gewicht fällt als im Durchschnitt der veranlagten natürlichen Personen. Immerhin lässt sich an der Statistik ablesen, dass das land- und forstwirtschaftliche Vermögen zwischen 1925 und 1928 stagnierte, während das übrige Grundvermögen sich spürbar erholte. Das „sonstige Vermögen" nahm erheblich zu und

1. Vermögen und Einkommen zwischen Inflation und Depression

Es ist generell schwierig, den Wert eines Vermögens in der an wirtschaftlichen Turbulenzen reichen Weimarer Zeit, in der sich die ökonomischen Rahmenbedingungen und Marktlagen ständig änderten, präzise zu messen. Der Aufstellung in Tabelle 7 liegen die Steuerwerte zugrunde, die ein eher flüchtiger Wertmaßstab sind. Die Besteuerung orientierte sich in erster Linie an der gegenwärtigen, nicht an der langfristigen Ertragskraft des jeweiligen Vermögensobjekts. Somit lässt sich einwenden, dass die Steuerwerte nur Momentaufnahmen darstellen, die insbesondere der Bewertung des Immobilien- und Grundvermögens nicht gerecht werden.[17] Andererseits besteht zwischen Wert und Ertrag eines Vermögensobjekts in der Regel ein Zusammenhang, und die Ertragslage war bei Dietrich ein Kernproblem nicht nur der Einkommens-, sondern auch der Vermögensentwicklung. Die Verwendung der Steuerwerte ist nicht zuletzt deshalb sinnvoll, weil es hier um die Jahre zwischen Währungsstabilisierung und Weltwirtschaftskrise, also um eine kurzfristige Perspektive geht. Ungeachtet dessen ist festzustellen, dass der Rückgang von Dietrichs Vermögen zwischen 1924 und 1928 nicht allein auf steuertechnische Bewertungsverfahren zurückgeführt werden kann. Wenn man lediglich die zwischen 1924 und 1928 neu hinzugekommenen Vermögenswerte denjenigen gegenüberstellt, die im gleichen Zeitraum durch Veräußerung und Verschuldung verlorengingen, ergäbe sich ein Minussaldo von über 100 000 RM.[18]

Wie kam es zu den Vermögenseinbußen? Die Frage drängt sich schon deshalb auf, weil die Vermutung naheliegt, dass sich ein derartiges Vermögen eher hätte vermehren müssen. Abgesehen von der finanziellen Belastung, die Dietrichs hilfsbedürftige Verwandtschaft darstellte,[19] lassen sich im Wesentlichen drei Gründe ausmachen: Erstens ergaben sich aus den Inflationskäufen erhebliche Folgekosten, zweitens sind die allgemeinen volkswirtschaftlichen Gegebenheiten nach der Währungsstabilisierung in Betracht zu ziehen, und drittens traf Dietrich schwere Fehlentscheidungen bei der Vermögensanlage.

---

die Verschuldung der natürlichen Personen wuchs stark an. Das „steuerpflichtige Gesamtvermögen" aller veranlagten natürlichen Personen stieg zwischen 1925 und 1928 um etwa 20%: Statistisches Reichsamt (Bearb.): Finanzen und Steuern im In- und Ausland. Ein statistisches Handbuch. Berlin 1930, S. 377–400; Statistisches Reichsamt (Bearb.): Statistik der Vermögenssteuerveranlagung 1928. Berlin 1931, bes. S. 6–9, 42–48 u. 69.

[17] Vgl. Kap. II, 3. Die Steuerwerte von Aktien, sonstigen Geschäftsanteilen und Rentenpapieren richteten sich nach dem Verkaufswert, wobei GmbH-Anteile nach den Bilanzen bewertet wurden. Hier ist die Verwendung der Steuerwerte also weniger problematisch, während der tatsächliche Marktwert des Grund- und Immobilienvermögens schwer einzuschätzen ist.

[18] Bei einer solchen (hypothetischen) Rechnung sind konsequenterweise alle Wertveränderungen von Vermögensobjekten, die 1924 schon vorhanden waren, nicht zu berücksichtigen. Dazu zählen auch sämtliche Aufwertungsforderungen und -schulden. Bis 1928 summierten sich Dietrichs Verbindlichkeiten, der Rückgang des Aktienbesitzes und der Friedenswert des verkauften Hauses in Kehl auf rund 217 000 RM. Neu hinzugekommen waren seit 1924 land- und forstwirtschaftliche Flächen im Schwarzwald mit einem Friedenswert von höchstens 25 000 RM, Pressebeteiligungen in Höhe von 7500 RM und Rentenpapiere im Wert von ca. 24 000 RM, schließlich die Restkaufgeld-Hypothek von 50 000 RM für das Haus in Kehl.

[19] Vgl. den zweiten Abschnitt dieses Kapitels.

1. Die Immobilien, die Dietrich während der Inflationszeit erworben hatte, brachten schwere finanzielle Belastungen mit sich. Zum einen bestand bei ihnen erheblicher Reparaturbedarf. Das galt nicht nur für das Obstgut in Allensbach,[20] sondern auch für die Häuser in Berlin und Karlsruhe: Das 1923 gekaufte Mietshaus in Berlin-Steglitz war in so miserablem Zustand, dass schon im Frühjahr 1924 umfangreiche Renovierungsarbeiten in die Wege geleitet werden mussten – zu einem Zeitpunkt, als Dietrich keine flüssigen Mittel zur Verfügung standen und Kredite mit exorbitanten Kosten verbunden waren. Es fehlte elektrisches Licht in den Treppenhäusern, Stützbalken waren verfault, Schornsteine, Dachrinnen und Fußböden mussten erneuert werden. Gleichzeitig wurde im Dachgeschoss eine Notwohnung eingerichtet – vermutlich hatte Dietrich sich hierzu gegenüber der Kommune verpflichten müssen, als er das Haus erwarb. Insgesamt summierten sich die Ausgaben im Laufe des Jahres 1924 auf über 13 000 RM.[21] Damit waren offenbar nur die drängendsten Reparaturen erledigt, denn zwei Jahre später waren „sämtliche Badezimmer dermaßen schadhaft, daß die Böden durchzubrechen drohten" und für 3000 RM instandgesetzt werden mussten.[22] Darüber hinaus war das Haus mit einer Hypothek in Höhe von 115 000 Papiermark belastet, die Dietrich wohl bei Abschluss des Kaufvertrags, als sie wertlos war, übernommen hatte. Infolge der Aufwertungsgesetzgebung und eines längeren Rechtsstreits mit dem Gläubiger ergab sich eine zusätzliche Belastung von 20 000 RM.[23]

Der Zustand der beiden Häuser in Karlsruhe war ebenfalls nicht einwandfrei. Das kleinere, 1922 erworbene Gebäude war baufällig und schien reif für den Abbruch.[24] Zudem waren auch diese Immobilien früher mit Hypotheken belastet gewesen. Weil der Aufwertungsanspruch umstritten war, einigten sich Dietrich und der Miteigentümer, sein Schwager Ludwig Schmidt, mit den Gläubigern auf einen Vergleich und verpflichteten sich zur Zahlung von Leibrenten.[25] Während über den Zustand der Immobilien von Anfang an Klarheit bestand, bedeutete die Hypothekenaufwertung für Dietrich eine unangenehme Überraschung bzw. eine in seinem Fall durchaus unglückliche Entwicklung, da er zuvor nicht oder nur geringfügig von ihrer Entwertung profitiert hatte. Letztlich haftete er für die früheren Hypothekenschuldner. Erschwerend kam hinzu, dass entschuldete Immobilien ab 1924 einer hohen Steuerbelastung ausgesetzt waren.

---

[20] Vgl. Kap. II, 3.
[21] Siehe die Abrechnungen in ND 719.
[22] Dietrich an das Finanzamt Berlin-Charlottenburg, 19. 5. 1927, ND 623 (Zitat); Martha Lehmann an Dietrich, 2. 9. 1926, ND 76, fol. 88.
[23] Vermögenserklärung vom 10. 8. 1928 u. Ellen John an das Steuersyndikat Brönner, 22. 3. 1929, ND 43, fol. 253 u. 266. Die Einzelheiten des Vorgangs sind unklar. Der reguläre Aufwertungssatz für Hypotheken betrug 25% des Goldwerts.
[24] Roland Eisenlohr an Dietrich, 2. 3. 1928, ND 624. Infolge der französischen Einquartierungsmaßnahmen, die 1924 endeten, war die Villa Trick in Kehl ebenfalls renovierungsbedürftig und konnte erst ab Anfang 1925 wieder vermietet werden. Die Kosten für die nötigsten Reparaturen betrugen bis 1925 offenbar ca. 3700 RM: Dietrich an das Finanzamt Berlin-Schöneberg, 16. 9. 1925 u. 30. 4. 1926, ND 623.
[25] Dietrich an das Steuersyndikat Brönner, 22. 9. 1930, ND 624. Die betroffenen Personen waren wohl schon älter.

2. Deutlich stärker beeinträchtigten die ökonomischen Rahmenbedingungen Dietrichs Vermögen. Mit der Währungsstabilisierung verkehrte sich die Lage der Inflationszeit ins Gegenteil. Nun war es das Geldkapital, das knapp und begehrt war. Die Renditen für festverzinsliche Wertpapiere pendelten sich bei ca. 8 Prozent ein, also etwa dem Doppelten des Vorkriegsniveaus.[26] Demgegenüber waren Sachwertanlagen aller Art in der Regel deutlich weniger profitabel, wenn nicht sogar die Erträge ganz ausblieben, wodurch diese wiederum an Wert einbüßten. Dieser Zusammenhang lässt sich eindrücklich am Beispiel von Dietrichs Immobilien nachvollziehen. Das hohe Zinsniveau am Kapitalmarkt führte zu einer Wertminderung gegenüber dem Friedenswert, weil für den „Wehrbeitrag", die außerordentliche Vermögensabgabe von 1913, der Ertragswert aus einem Zinsfuß von 4 Prozent gebildet worden war. Der jährlich im Durchschnitt erzielbare Reingewinn war also mit dem Faktor 25 kapitalisiert worden. Bei steigenden Zinsen musste dieser Faktor sinken, weshalb sich die Steuerwerte ab 1925 nurmehr aus dem 18-fachen des „nachhaltig erzielbaren Reinertrags" berechneten, was einem (noch immer relativ niedrigen) Satz von ca. 5,6 Prozent entsprach.[27] Die tatsächlichen Erträge von Dietrichs Immobilien waren geringer. Abgesehen von steigenden kommunalen Grund- und Gebäudesteuern und der nach wie vor bestehenden Mietbindung spielte hierbei die sogenannte Hauszinssteuer eine zentrale Rolle. Sie wurde ab 1924 erhoben und sollte die Eigentümer belasten, die als Sachwertbesitzer von den Auswirkungen der Inflation verschont geblieben und gegebenenfalls durch die Entwertung der Hypotheken begünstigt worden waren, aber auch die Mieter, die jahrelang von den staatlich verordneten Niedrigmieten profitiert hatten. Die gesetzlichen Mieten wurden drastisch erhöht, bis sie 1927 120 Prozent der Friedensmiete erreichten – parallel dazu stiegen jedoch die Steuern, und zwar in besonderem Maße für Immobilien, die früher mit Hypotheken belastet gewesen waren.[28]

Diese Entwicklung spiegelt sich in den teilweise erhaltenen Abrechnungen für das Mietshaus in Berlin-Steglitz (Tabelle 9). Immerhin verblieb Dietrich ein Teil der wachsenden Mieteinnahmen, trotz höherer Steuern und obwohl 1925 noch keine Zinsen für die Aufwertungshypothek gezahlt werden mussten. Das Ausgangsniveau war allerdings überaus bescheiden,[29] und im Verhältnis zum allgemeinen Zinsniveau blieben die Erträge gering. Sie beliefen sich 1929 auf 4,4 Prozent, unter Berücksichtigung der Aufwertungslasten auf 3 Prozent des Steuerwerts, der überdies weniger als die Hälfte des Friedenswerts ausmachte. Gegenüber

---

[26] Theo Balderston: The Origins and Course of the German Economic Crisis. November 1923 to May 1932. Berlin 1993, S. 184-214.
[27] Statistisches Reichsamt, Einheitswerte 1925-1927, S. 11; Karl Brückmann: Die Entwertung des städtischen Hauskapitals durch die staatliche Wirtschafts- und Realsteuerpolitik der Nachkriegszeit in Deutschland und sein Wiederaufbau unter Berücksichtigung badischer Verhältnisse. Karlsruhe 1936, S. 42 u. 49.
[28] Karl-Bernhard Netzband/Hans-Peter Widmaier: Währungs- und Finanzpolitik der Ära Luther. 1923-1925. Basel u. a. 1964, S. 196-200; Witt, Inflation, S. 396-398; Führer, Mieter, S. 157-163.
[29] Zumal sich 1925 nur deswegen ein rechnungsmäßiger Überschuss ergab, weil keine Reparaturen bzw. Abschreibungen veranschlagt wurden.

Letzterem betrug die Rendite nur 2 bzw. 1,4 Prozent. Etwas besser gestaltete sich die Entwicklung bei den Karlsruher Häusern, deren Einnahmen im Gegensatz zu dem Berliner Anwesen mehrheitlich aus Gewerbeflächen stammten (Tabelle 10). Aufgrund der höheren Erträge erholte sich der Steuerwert deutlich stärker, so dass sich 1930 zwar eine ähnliche Rendite im Verhältnis zum Steuerwert ergab (4,4 bzw. 3,4 Prozent), die Nettoeinnahmen gegenüber dem Friedenswert aber immerhin 3,4 bzw. 2,6 Prozent ausmachten. Gleichwohl waren diese Zahlen aus anlagestrategischer Sicht kümmerlich. Obendrein verschlechterte die Ertragslage sich hier nach 1925. Da die gewerblichen Mieten nicht den zwangswirtschaftlichen Beschränkungen unterlagen, ergab sich zwischenzeitlich ein relativ hoher Überschuss, weil die Steuern den steigenden Einnahmen hinterherhinkten und über die Aufwertung der Hypotheken noch nicht entschieden war. Danach sanken Dietrichs Einkünfte nicht nur in Relation zu dem höheren Steuerwert, sondern absolut – die Steuern und Aufwertungslasten stiegen in diesem Fall also stärker als die Mieten.[30]

Die Lage des Immobilieneigentums war fast komfortabel im Vergleich zur Entwicklung des land- und forstwirtschaftlichen Vermögens. Bei der Festsetzung der Steuerwerte zum 1. Januar 1925 waren die Abschläge gegenüber dem Friedenswert deutlich höher, und bei der neuen Schätzung für 1928 blieb eine nennenswerte Erholung aus.[31] Das hatte seinen guten Grund, denn die ökonomische Situation der Land- und Forstwirtschaft war geradezu verheerend. Die Preise für landwirtschaftliche Erzeugnisse zogen zwar bis 1927/28 an, blieben aber hinter der allgemeinen Preis- und Lohnentwicklung zurück. Von den steigenden Betriebskosten war besonders der Großgrundbesitz betroffen, der im Gegensatz zu Familienbetrieben auf Lohnarbeiter angewiesen war. Nach Krieg und Inflation herrschte außerdem ein großer Investitionsbedarf, und die dafür erforderlichen Kredite waren nur zu hohen Zinssätzen verfügbar. Gleichzeitig kletterte die Steuerbelastung auf ein Mehrfaches des Vorkriegsniveaus.[32]

Die Abrechnungen für Dietrichs Grundbesitz im Schwarzwald, der in der Hauptsache forstwirtschaftlich genutzt wurde, sind relativ unpräzise und mitunter irreführend. Zudem sind manche Unkosten als Konsumausgaben zu betrachten, da Dietrich den 1923 fertiggestellten Waldvogelhof in Wildgutach zeitweise als Wohnsitz nutzte. Nicht zuletzt die Beschäftigung des Forstverwalters verur-

---

[30] Auch das Haus in Kehl, bei dem 1926 ein relativ hoher Überschuss anfiel, wurde vorwiegend gewerblich vermietet. Außerdem handelte es sich hier um eine Immobilie, die nicht mit Hypotheken belastet gewesen war und deshalb weniger stark besteuert wurde. Eine detaillierte Abrechnung ist nicht erhalten; vgl. Tabelle 11.
[31] Allgemein zur Stagnation des land- und forstwirtschaftlichen Vermögens Statistisches Reichsamt, Vermögensteuerveranlagung 1928, S. 8f. Die Anpassung der Ertragswerte erfolgte nach denselben Kriterien wie bei der Bewertung der Immobilien: Becker, Handlungsspielräume, S. 242. Die Wertsteigerung von Dietrichs Grundbesitz im Schwarzwald zwischen 1925 und 1928 war vor allem auf die Neuerwerbungen zurückzuführen, die er 1926 und 1927 tätigte.
[32] Harold James: The German Slump. Politics and Economics 1924-1936. Oxford 1986, S. 253-259; Becker, Handlungsspielräume, S. 87-94 u. 218-249; Dieter Gessner: Agrarverbände in der Weimarer Republik. Wirtschaftliche und soziale Voraussetzungen agrarkonservativer Politik vor 1933. Düsseldorf 1976, S. 83-96.

sachte besondere Ausgaben. Dieser wohnte mit seiner Familie vor Ort und betrieb zusätzlich auf Dietrichs Rechnung Landwirtschaft an den schwer zu bearbeitenden Steilhängen. Das war unrentabel, und für die Bewirtschaftung des Waldes genügte eigentlich ein nebenberuflicher Aufseher; doch so war für Dietrich die Beaufsichtigung des Hauses und die Versorgung – auch mit Dienstpersonal – gewährleistet, wenn er oder seine Gäste nach Wildgutach kamen.[33] Darauf waren die alljährlichen, beträchtlichen Verluste allerdings nur zum Teil zurückzuführen (Tabelle 11). Bezeichnend ist, dass sich in den Jahren 1928 und 1929 der Umsatz durch vermehrten Holzeinschlag vervielfachte, die Defizite aber wegen der gleichfalls explodierenden Lohnkosten nicht sanken, obwohl der Fixkostenanteil an den Ausgaben abnahm und die Holzpreise 1928 ihren Höchststand erreichten.[34]

Einigermaßen ungeschoren kam Dietrich nur dort davon, wo er Grundbesitz verpachtete, statt ihn selbst zu bewirtschaften. Sein Anteil an dem Wald in Heretsried, der den vier Familienzweigen der Tricks gehörte, war eine zuverlässige Einnahmequelle. Pächter war indessen die Firma Trick, die ihren Gesellschaftern vermutlich mehr bezahlte, als unter rein wirtschaftlichen Gesichtspunkten vertretbar war.[35] Immerhin lässt sich dieselbe Beobachtung bei dem Obstgut in Allensbach machen. Im Jahr 1924 schlugen die Folgekosten aus dem Erwerb des Anwesens zu Buche, doch danach hielten sich die Verluste in Grenzen, weil Dietrich und der Miteigentümer Eugen Rebholz einen Pächter engagierten. Dieser zahlte zwar nur in Naturalien, deren Wert die Steuern und andere Unkosten nicht deckte, wirtschaftete im Übrigen aber auf eigene Rechnung.[36] 1928 entschloss Dietrich sich, den gesamten Betrieb in eigene Regie zu übernehmen, woraufhin sogleich die Ausgaben in die Höhe schnellten, ohne dass die Einnahmen nur an-

---

[33] Der Verwalter Peter Kreutz erhielt keinen Barlohn, doch Dietrich verpflichtete sich, je zwei Kühe und Pferde sowie Geräte und Maschinen zur Verfügung zu stellen und laufend Brotgetreide, Kartoffeln und Futtermittel zu liefern. Soweit die Angehörigen von Kreutz als Haushaltshilfen tätig waren, wurden sie hierfür gesondert entlohnt: Dienstvertrag zwischen Dietrich und Kreutz vom 16./23.10.1922, ND 689; Dietrich an Ernst Frey, 27.7.1925, ND 693; Dietrich an Kreutz, 6.7.1927, ND 696; Dietrich an Sophie Fuchs, 25.7.1928, ND 100, fol. 287.

[34] 1926 beliefen sich die Einnahmen auf ca. 1600 RM, 1927 auf ca. 1100 RM. 1928 betrugen sie dann ca. 6500 RM, 1929 ca. 9400 RM. (Die große Diskrepanz zwischen den in Tabelle 11 aufgeführten Defiziten der Jahre 1928 und 1929 ist darauf zurückzuführen, dass 1928 große Mengen Holz wegen frühen Schneefalls nicht mehr abtransportiert und verkauft werden konnten.) Die Ausgaben sind für das Jahr 1929 genauer spezifiziert: Sie betrugen knapp 11 000 RM, wobei die Löhne mit 6650 RM fast zwei Drittel ausmachten. Sonstige Betriebskosten und Steuern (v. a. wohl die Grundsteuer) schlugen mit jeweils ca. 2100 RM zu Buche: Einkommensteuererklärung 1926, 8.3.1927, ND 623; endgültige Einkommensteuererklärung 1927, 29.8.1928, Einkommensteuererklärung 1928, 10.5.1929, Dietrich an das Finanzamt Berlin-Mitte, 10.5.1929 u. Gewinn- und Verlustrechnung für den Betrieb Wildgutach, 4.2.1930, ND 624; zur Entwicklung der Holzpreise Kurt Mantel: Holzmarktlehre. Ein Lehr- und Handbuch der Holzmarktökonomie und Holzwirtschaftspolitik. Melsungen u. a. 1973, S. 485–521.

[35] Max Klapp an Dietrich, 24.12.1925, ND 731.

[36] Siehe die Entwürfe für einen Pachtvertrag Ende 1923/Anfang 1924 u. Rebholz an Dietrich, 5.11.1925, ND 709.

nähernd Schritt hielten. Im Verhältnis zur bewirtschafteten Fläche von nur fünf Hektar waren die Verluste enorm.[37]

Zu einem Fiasko entwickelte sich der gepachtete, als GmbH geführte Madachhof, der seit Anfang 1925 von Dietrichs Bruder Waldemar geleitet wurde. Die wirtschaftlichen Probleme des 127 Hektar großen Mischbetriebs waren durchaus typisch. So fehlte es an modernen Maschinen, und die hohen Schuldzinsen waren ein entscheidender Kostenfaktor.[38] Die desaströsen Verluste fielen dennoch aus dem Rahmen. Obwohl Dietrich innerhalb von fünf Jahren ca. 53 000 RM zuschoss, türmte sich in den Bilanzen der GmbH ein Schuldenberg auf, der Ende 1928 die schwindelerregende Höhe von 106 000 RM erreichte. Am 30. Juni 1929 betrug das Defizit schließlich rund 120 000 RM, zusammen mit den genannten Zuschüssen also ca. 173 000 RM. Dem standen keine neuen Vermögenswerte gegenüber: Die Aktiva der Gutswirtschaft beliefen sich auf gerade einmal 63 000 RM, was etwa dem Wert von Anfang 1924 entsprach, als der Betrieb schuldenfrei war.[39] Je Hektar ergab sich ein Minus von ca. 1370 RM, ein Betrag, der weit über der durchschnittlichen Verschuldung landwirtschaftlicher Großbetriebe zu diesem Stichtag lag.[40] Eigentlich hätte die GmbH bald Insolvenz anmelden müssen. Der Pachtbetrieb war schon im Frühjahr 1925 nicht mehr kreditwürdig, da als Sicherheit lediglich das Inventar zur Verfügung stand. Eine weitere Verschuldung war nur möglich, weil Dietrich bei den Banken die Bürgschaft übernahm.[41] Mit der miserablen Lage der deutschen Landwirtschaft allein lässt sich die exorbitante Pleite nicht erklären. Ungeachtet der Bedeutung struktureller Krisenfaktoren war wohl vor allem die Entscheidung, seinen arbeitslosen Bruder mit der Leitung des Großbetriebs zu betrauen, ein schwerwiegender Fehler. Waldemar Dietrich, der 1928 zusätzlich die Bewirtschaftung des Obstgutes in Allensbach übernahm, war als studierter Architekt weder adäquat ausgebildet, noch verfügte er über nennenswerte Erfahrungen im landwirtschaftlichen Bereich.

Am günstigsten entwickelten sich Dietrichs Unternehmensbeteiligungen, die über die Hälfte seines Vermögens ausmachten. Das lag aber ausschließlich daran, dass die Firma Trick, der mit Abstand wichtigste Vermögensbestandteil, hoch

---

[37] Eugen Rebholz verpachtete seine Hälfte an Dietrich: Dietrich an das Finanzamt Berlin-Mitte, 3. 7. 1929, ND 624.

[38] Z. B. Waldemar Dietrich an Dietrich, 28. 3. 1927, ND 634; Waldemar Dietrich an Dietrich, 4. 2. 1930, ND 624.

[39] Bilanz der Gutswirtschaft Madachhof zum 30. 6. 1929 u. Waldemar Dietrich an das Steuersyndikat Brönner (Abschrift), 2. 9. 1930, ND 624; Bilanz der Gutswirtschaft Madachhof zum 1. 1. 1924, ND 634.

[40] Und zwar in allen Regionen des Reiches, vgl. James, Slump, S. 257. Der Madachhof war nicht Dietrichs Eigentum, so dass die Pacht von jährlich 7346 RM eine zusätzliche Belastung darstellte. Andererseits musste die GmbH keine Grundsteuern entrichten und war nicht mit alten, aufgewerteten Schulden belastet, wie viele landwirtschaftliche Betriebe sie zu tragen hatten (vgl. Gessner, Agrarverbände, S. 57). Außerdem reduzierten Dietrichs direkte Zuschüsse die von der GmbH zu tragende Zinslast, so dass die Rechnung im Vergleich sicher nicht zu hoch ausfällt. Zur Höhe der Pacht siehe die Aufstellung über die Pachterträge des Rentamts Langenstein von 1925, Gräflich Douglas'sches Archiv Langenstein Nr. 2724.

[41] Badische Landwirtschaftsbank Donaueschingen an Dietrich, 23. 4. 1925, ND 41, fol. 135; Dietrich an das Finanzamt Berlin-Schöneberg, 24. 7. 1926, ND 623.

profitabel war. Auch dank mehrerer Interventionen Dietrichs beim Landes- und Reichsfinanzministerium wurde das Unternehmen 1925 für einen großen Teil der 1923 erlittenen Verluste entschädigt, und trotz des Konjunktureinbruchs, der im Sommer 1925 einsetzte, war die Geschäftslage am Jahresende gut – nicht zuletzt im Vergleich zu anderen Branchenvertretern, etwa der Firma Waldhof in Mannheim, wie Geschäftsführer Ludwig Schmidt betonte: Die Fabrik produzierte qualitativ hochwertigen Zellstoff, der „zu guten Preisen ins Ausland verkauft" werden konnte, wodurch die Abhängigkeit von „den unsicheren deutschen Kunden" eher gering war.[42] Nach weiteren hohen Gewinnen im Geschäftsjahr 1926 summierten sich die seit 1924 erwirtschafteten Reserven der Firma auf knapp eine Million Mark und überschritten den statutengemäßen Höchststand von 30 Prozent des Gesellschaftskapitals. Gleichzeitig konnte eine Dividende in Höhe von 12 Prozent ausgeschüttet werden.[43] Allerdings führten steigende Produktionskosten und sinkende Zellstoffpreise schon 1927 zu einem alarmierenden Gewinneinbruch, der einen starken Rückgang der Dividende zur Folge hatte.[44]

Die anderen Betriebe befanden sich in einer weit weniger komfortablen Lage. Diverse Unternehmen, die während der Inflationszeit ins Leben gerufen wurden, als Startkapital relativ leicht zu beschaffen war, erwiesen sich nach der Stabilisierung als unprofitabel. Zum Beispiel gründete Dietrich 1922 gemeinsam mit seinem Konstanzer Bekannten Wilhelm Stiegeler die Süddeutsches Isolierwerk GmbH, die in der Nähe von Gießen eine Kieselgurgrube erschließen und ausbeuten sollte. Dietrich hatte große Hoffnungen in das Unternehmen gesetzt, und es handelte sich hierbei nicht um eine der spekulativen, unsolide finanzierten „Inflationsgründungen". Das Geschäft schrumpfte jedoch bald zu einem Zwergbetrieb, weil sich die Gur kaum verkaufen ließ.[45] Betrug der Wert seiner Beteiligung 1924 noch 10 000 RM, waren es ein Jahr später gerade noch 1750 RM. Der Rückgang von Dietrichs Aktienvermögen während des Jahres 1924 ist in erster Linie auf Veräußerungen zurückzuführen, aber zu einem gewissen Teil auch auf Pleiten ähnlicher Neugründungen, die sich nicht halten konnten.[46] Die übrigen Aktien

---

[42] Ludwig Schmidt an Dietrich, 18.12.1925, ND 643. Die Entschädigung für den 1923 beschlagnahmten bzw. als Sachlieferung auf die deutschen Reparationszahlungen angerechneten Zellstoff betrug schließlich knapp 200 000 RM (ca. 75% der angemeldeten Schadenssumme). Zu den langwierigen Verhandlungen der Firma Trick und Dietrichs mit den Finanzbehörden siehe die Unterlagen der Jahre 1923 bis 1925 in ND 642 u. 643, passim.
[43] Dietrich an Max Klapp, 21.3.1927 u. Klapp an Dietrich, 24.3.1927, ND 731.
[44] Dazu ausführlich der zweite Abschnitt dieses Kapitels.
[45] Dietrich an Waldemar Dietrich, 27.7.1922, ND 67, fol. 141f.; Dietrich an Katharina Lutz 13.9.1926, ND 81, fol. 142f. Einige extreme Beispiele für spekulative Unternehmungen, die schließlich wie Seifenblasen platzten, schildert Geyer, Verkehrte Welt, S. 256–260. Holtfrerich betont, dass (ungeachtet solcher Fälle) die schlechte Wirtschaftslage nach der Währungsstabilisierung ausschlaggebend für die Vielzahl an Konkursen war: Holtfrerich, Inflation, S. 201f.
[46] Dietrich war z.B. an der Leukolith AG in Nordhausen beteiligt, die sich auf ein neues chemisches Verfahren zur Mörtelproduktion aus Anhydrit spezialisierte und Ende 1921 von einem Bundesbruder gegründet wurde. Bis 1923 erwarb er insgesamt 150 Aktien zum Preis von umgerechnet 880 GM. Laut Vermögenserklärung betrug der Wert 1924 immerhin 1500 RM, doch im Jahr darauf war die Firma bankrott: Dietrich an das Bank-

warfen, wie in den Jahren nach der Währungsstabilisierung üblich, nur geringe Dividenden ab.[47]

Welchen Steuerwert die zahlreichen Beteiligungen an Zeitungsverlagen hatten, lässt sich nicht überprüfen, weil sie vor 1931 größtenteils nicht in den Steuererklärungen auftauchten und das Stammkapital bei diesen kleineren Betrieben nur einen groben Maßstab bietet.[48] Im Wesentlichen waren sie allesamt ertraglos – soweit Dietrich Einkünfte zuflossen, scheinen diese aus der Substanz bezahlt worden zu sein. Die Verlage kämpften mit strukturellen Problemen, wie sie für die Provinzpresse in der Weimarer Zeit typisch waren. Entweder waren die Betriebe veraltet, weil es an modernen Maschinen fehlte, oder sie wurden umfassend modernisiert und waren mit entsprechend hohen Schulden belastet. So konnten auch Betriebe wie das *Donaueschinger Tagblatt*, die nicht ständig am Rande des Konkurses, sondern einigermaßen rentabel wirtschafteten, keine Gewinne ausschütten, weil sie auf Jahre hinaus mit der Tilgung der Verbindlichkeiten belastet waren.[49]

Da Dietrich bis zu seiner Ernennung zum Reichsminister im Juni 1928 „Privatier"[50] war, machten die Vermögenserträge den größten Teil seines Einkommens aus. Besonders drastisch wirkte sich diese Abhängigkeit unmittelbar nach der Währungsstabilisierung aus. Im ersten Halbjahr 1924 befand er sich permanent in akuten Zahlungsschwierigkeiten, weil die Firma Trick vorläufig illiquide war, während beträchtliche Ausgaben für die Renovierung der Immobilien, aber auch für den Reichstagswahlkampf anfielen. Nach der Hyperinflation hatte Dietrich keine nennenswerten Barmittel, und aufgrund der allgemeinen Kapitalknappheit ließen sich Kredite entweder gar nicht oder nur zu unverhältnismäßigen Kosten beschaffen. Infolge der restriktiven Geldpolitik der Reichsbank erreichte das Zinsniveau während der sogenannten Stabilisierungskrise im Frühjahr und Sommer 1924 eine schwindelerregende Höhe. Ungeachtet seiner Kredit-

---

haus Keller's Söhne, 27.7.1922, ND 611; Dietrich an die Oberrheinische Bankanstalt, 19.1.1923, ND 612; Vermögenserklärung vom 13.4.1924 u. Vermögenserklärung vom 31.12.1925, ND 623. Die Entwicklung von Dietrichs Aktienvermögen lässt sich nur partiell nachvollziehen.

[47] Detaillierte bzw. getrennte Aufstellungen der Dividenden- und Zinserträge fehlen in den meisten Fällen, weshalb sie in Tabelle 11 einen gemeinsamen Posten bilden. Nur bei den Erträgen des Jahres 1925 handelt es sich ausschließlich um Dividenden. Hier ergibt sich, gegenüber dem Steuerwert der Aktien zum 1.1.1925, eine Rendite von 2,4%. Die Dividendenrenditen erholten sich allgemein nur langsam und lagen deutlich unter dem Renditeniveau von festverzinslichen Papieren: Deutsche Bundesbank, Geld- und Bankwesen, S. 294.

[48] Möglicherweise trugen die verschiedenen Treuhänder, denen Dietrichs Anteile de jure gehörten, die Vermögensteuern – soweit sie vermögensteuerpflichtig waren. Auch das dürfte aber rechtlich fragwürdig gewesen sein.

[49] Geschäftsbericht der Donaueschinger Tagblatt GmbH für die Jahre 1927–1929 vom 27.4.1930 und Georg Frech an Dietrich, 19.5.1930, ND 120, fol. 62f. u. fol. 68-79; Bilanz und Gewinn- und Verlustrechnung der Donaueschinger Tagblatt GmbH per 31.12.1928, 30.4.1929, ND 747; zu den Dividenden des *Stockacher Tagblatts* siehe unten, S. 291f.; zur verbreiteten technischen Rückständigkeit kleiner Provinzblätter vgl. Norbert Frei: Nationalsozialistische Eroberung der Provinzpresse. Gleichschaltung, Selbstanpassung und Resistenz in Bayern. Stuttgart 1980, S. 21.

[50] So die Berufsbezeichnung Dietrichs im Berliner Adreßbuch 1925: IV. Straßen und Häuser von Groß-Berlin, S. 547.

würdigkeit konnte Dietrich bei verschiedenen Banken nur mit Mühe kleinere Überbrückungsdarlehen bekommen und musste sich wiederholt mit Wechselkrediten behelfen, die eine Laufzeit von sechs bis acht Wochen hatten und mit fast 50 Prozent p. a. zu verzinsen waren.[51] Erschwert wurde seine Lage durch die rigorose Steuererhebungspraxis der Finanzämter, die „ohne Rücksicht auf das wirkliche Einkommen", wie er klagte, und unter Androhung von 120 Prozent Verzugszinsen p. a. hohe Vorauszahlungen eintrieben.[52] Er sah sich deshalb gezwungen, „von der Substanz" zu leben und trotz der niedrigen Börsenkurse im großen Stil Aktien zu verkaufen.[53] Anfang Juni 1924 stöhnte er: „Die Steuern erdrücken mich beinahe, und alle Unternehmungen, an denen ich beteiligt bin, zeigen bis jetzt keinerlei Ansätze, mir mein Guthaben, bzw. meine Anteile zu verzinsen. Da ich in der Hauptsache nur noch solche Beteiligungen habe, muß ich bei diesem Verfahren allmählich bankerott gehen oder meine Beteiligungen verschleudern."[54]

Wenngleich die Extreme des Jahres 1924 bald eine merkliche Milderung erfuhren, blieben Dietrichs Probleme die gleichen. Er verschuldete sich, um seine „sämtlichen Objekte erhalten zu können".[55] Der Kapitalmarkt beruhigte sich nach der Stabilisierungskrise, doch die Kreditkosten blieben hoch. Ohne Berücksichtigung der Aufwertungshypothek, mit der das Haus in Berlin belastet war, stiegen die Zinszahlungen von knapp 2000 RM im Jahr 1925 auf über 11 000 RM im Jahr 1928. Die Verbindlichkeiten bestanden zum größeren Teil aus Kontokorrentschulden, für die Dietrich im Durchschnitt etwas mehr als 10 Prozent Zinsen bezahlt haben dürfte, womit er noch gut davonkam. Die Schulden verteilten sich zum einen auf mehrere (Anfang 1928 sechs) badische Banken. Diese räumten ihm, obwohl sie zum Teil mit Liquiditätsengpässen zu kämpfen hatten, nicht nur großzügige Überziehungsrahmen, sondern auch Sonderkonditionen ein. Beides war nur möglich, weil er zu den betreffenden Kreditinstituten persönliche Beziehungen unterhielt – in mindestens vier Fällen waren die Geschäftsführer Parteifreunde.[56] Zum anderen konnte Dietrich größere Summen bei zwei Geldhäusern

---

[51] Siehe dazu die Kontounterlagen in ND 39, fol. 264-293 u. ND 40, fol. 3-37; vgl. Netzband/Widmaier, Währungs- und Finanzpolitik, S. 56f.; Feldman, Deutsche Bank, S. 219f.

[52] Dietrich an Ernst Schlegel, 21. 7. 1924, ND 267, fol. 53; Dietrichs Steuervorauszahlungen waren bis zum Frühjahr höher als sein Einkommen: Dietrich an das Finanzamt Berlin-Schöneberg (Entwurf), 28. 5. 1924, ND 623; siehe auch den übrigen Schriftverkehr des Jahres 1924, ebd.; vgl. Netzband/Widmaier, Währungs- und Finanzpolitik, S. 158-162.

[53] Dietrich an Ludwig Schmidt, 13. 5. 1924, ND 642. In welchem Umfang Dietrich Aktien abstieß, ließ sich nicht genau ermitteln, die Unterlagen in den Steuerakten deuten aber darauf hin, dass es um eine Summe von rund 25 000 RM (Steuerwert 1.1.1924) ging: Vermögenserklärung vom 13. 4. 1924 u. Vermögenserklärung vom 31. 12. 1925, ND 623.

[54] Dietrich an Robert Schlegel, 2. 6. 1924, ND 267, fol. 48.

[55] Dietrich an Käthe Oertel, 22. 2. 1926, ND 82, fol. 78.

[56] Bei der Volksbank Stockach beispielsweise, deren Direktor zugleich der DDP-Ortsvorsitzende war, musste Dietrich für einen Teil seiner Schulden nur die üblichen Habenzinsen bezahlen, obwohl die Bank fortwährend mit einer dünnen Kapitaldecke zu kämpfen hatte: z. B. Dietrich an Wilhelm Liebherr, 14. 9. 1925 u. Liebherr an Dietrich, 17. 9. u. 25. 11. 1925, ND 266, fol. 89f. u. 112f. Bei der Oberrheinbank in Konstanz wurde Dietrich als Aufsichtsratsmitglied ohnehin bevorzugt behandelt. Wie hoch die durchschnittlichen Zinssätze genau waren, lässt sich nicht feststellen. Bei der Donaueschinger Filiale der Badischen Landwirtschaftsbank, die von Dietrichs Vertrautem Georg Frech geleitet wurde, betrug der Sollzins 1928 effektiv 11%: Kontoauszug der Badischen Landwirt-

in der Schweiz aufnehmen, wo das Zinsniveau niedriger war. Dabei handelte es sich um ein Züricher Unternehmen, an dem die Firma Trick beteiligt war, und um die Züricher Niederlassung des Bankhauses Comptoir d'Escompte de Genève, das auch Geschäfte der Ossa-Gesellschaften abwickelte.[57] Sein soziales Kapital verhalf ihm also zu besonderen Erleichterungen. Trotzdem war die Zinslast enorm. Da die effektiven Hypothekenzinsen sich auf einem Niveau von etwa 10 Prozent bewegten, wäre ihm mit einer Umschichtung der Schulden in langfristige Kredite nicht geholfen gewesen.[58]

Dietrich klagte fortwährend über Geldmangel, die Ertragsarmut seines Vermögens und die hohen Steuern: „Ich habe wohl zahlreiche schuldenfreie Objekte, auch Anteile an Unternehmungen, aber ich habe kein Geld, [...] und meine nicht unerheblichen Einnahmen werden zum großen Teil von den Steuern aufgezehrt. Diese Lage teile ich mit fast allen größeren Vermögensbesitzern."[59] Angesichts der schlechten Ertragslage könne man „mehrfacher Millionär sein und in die Lage kommen, daß man wegen der Steuern versteigert wird. [...] Wenn nicht mein Schwager in Kehl mir aus der Firma Trick so viel verdiente [...], wäre ich längst bankerott."[60] Diese Darstellung war insofern verzerrt, als seine Schwierigkeiten hauptsächlich auf die Verluste in der Land- und Forstwirtschaft zurückzuführen waren und er immer wieder größere Ausgaben tätigte, die nicht nur vermeidbar, sondern vom Standpunkt der Vermögenserhaltung kontraproduktiv waren. Gleichwohl ist auffällig, dass das Einkommen aus seinem Vermögen ab 1925 niedriger war als die Dividendenausschüttungen der Zellstofffabrik. Der Verdruss über die Höhe der Steuern ist ebenfalls nicht unverständlich. Die Einkommen- und Vermögensteuersätze waren auf dem Papier niedriger als in der Inflationszeit, machten jedoch noch immer ein Mehrfaches der direkten Steuern aus, die vor dem Krieg erhoben wurden. Vor allem wurden die hohen Steuersätze erstmals zu einer realen Last, speziell für die besser situierten Steuerpflichtigen,

---

schaftsbank Donaueschingen vom 31.12.1928, ND 41, fol. 35; üblich waren zu dieser Zeit 12,5%: Deutsche Bundesbank, Geld- und Bankwesen, S. 281.

[57] Die Geschäftsverbindung zwischen Trick und der Züricher Rettner AG bestand seit 1923, als Ludwig Schmidt und Dietrich kurzzeitig erwogen hatten, die Firmenanteile auf eine Schweizer Tarngesellschaft zu übertragen. Das Darlehen wurde offenbar mit 8% verzinst: Dietrich an die Rettner AG, 8.9.1925, ND 74, fol. 173f. Dem Aufsichtsrat des Comptoir d'Escompte de Genève gehörte Carl Alfred Spahn an, mit dem Dietrich immer wieder geschäftlich zu tun hatte und der für Ossa und Konkordia verschiedentlich als Treuhänder tätig war; vgl. oben, S. 261f. (Anm. 353). Anfang 1928 beliefen sich die Schulden bei den sechs badischen Banken auf insgesamt 54400 RM, in der Schweiz auf 23200 RM. Hinzu kam eine Restkaufgeldhypothek von 16000 RM für den 1927 erworbenen Hirzbühlhof und ein Darlehen von 10000 RM, das wahrscheinlich mit der Insolvenz der Zeitung *Oberländer Bote* (Lörrach) im Zusammenhang stand: Vermögenserklärung vom 10.8.1928, ND 43, fol. 346.

[58] Zum Realkreditmarkt siehe Knut Borchardt: Realkredit- und Pfandbriefmarkt im Wandel von 100 Jahren. In: 100 Jahre Rheinische Hypothekenbank. Frankfurt a.M. 1971, S. 105-192, hier S. 133-138. Bis 1925 bemühte Dietrich sich wiederholt um Hypotheken zu erträglichen Konditionen. Danach gab er dieses Ansinnen offenbar auf: Dietrich an Waldemar Dietrich, 7.4.1924, ND 70, fol. 142; Dietrich an Georg Frech, 13.7.1925, ND 41, fol. 118.

[59] Dietrich an Pleuler, 19.10.1926, ND 82, fol. 150.

[60] Dietrich an Robert Schlegel, 4.12.1926, ND 266, fol. 225.

die während der Inflationsjahre durch Ratenzahlungen auf die Vermögensteuern und die nachträgliche Veranlagung der Einkommensteuer besonders von der Geldentwertung profitiert hatten. Deshalb kann nicht die Rede davon sein, dass die Finanzpolitik seit Ende 1923 eine „Neuordnung der Einnahmen zugunsten des Besitzes" bedeutete.[61] Gerade die Vermögen wurden nun mehrfach belastet: Zu der Einkommensteuer, die auf die Erträge zu entrichten war, traten die allgemeine Vermögensteuer und Abgaben, welche die jeweiligen Vermögensobjekte direkt betrafen – Körperschaft- und andere Unternehmensteuern, Hauszins-, Grund- und Gewerbesteuern sowie die Rentenbankzinsen, die auf dem Grundvermögen lasteten.[62]

In der Regel zahlte Dietrich etwas über 20 Prozent, 1927 26 Prozent Einkommensteuer, da die höheren Steuersätze erst ab einem außerordentlich hohen Einkommen griffen.[63] Inklusive Kirchen- und Vermögensteuer sowie Rentenbankzinsen betrug die Belastung zwischen 1925 und 1928 ca. 31-38 Prozent des steuerpflichtigen Einkommens. Die direkten Steuern machten allerdings nur 25-29 Prozent, 1928 gar unter 20 Prozent aus, wenn man das tatsächliche Bruttoeinkommen als Berechnungsgrundlage heranzieht, welches das steuerpflichtige Einkommen in der Regel deutlich überstieg – 1927 um 19 000 RM, 1928 sogar um 35 000 RM. Ein Teil der Differenz war auf die steuerfreien Reichstagsdiäten zurückzuführen. Weit stärker fielen die Abzüge ins Gewicht, die Dietrich als Verluste bzw. Unkosten veranschlagen konnte. Er setzte zahlreiche Ausgaben ab, die zwar mit der Verwaltung seines Vermögens in Zusammenhang standen, aber auch anderen Zwecken dienten – unter anderem konnte er alle Bürokosten, einschließlich eines Teils seiner Wohnungsmiete, und bestimmte Zuwendungen an Verwandte, die für ihn tätig waren, geltend machen. Außerdem nahm er wiederholt größere „Abschreibungen" vor, insbesondere auf marode Gebäude im Schwarzwald, ohne gleichzeitig entsprechende Ausgaben tätigen zu müssen.[64] Die Berechnung des Einkommens ließe sich auf verschiedenen Wegen durchführen, je nachdem, welche Kriterien man zugrunde legt, und steuerrechtlich hatten diese Ermäßigungen offenbar ihre Richtigkeit.[65] De facto stellten die Abzüge aber nur zum Teil Werbungskosten dar.

---

[61] So Krohn, Stabilisierung, S. 38-43.

[62] 1927/28 machten die Abgaben, welche die Vermögen belasteten (Vermögen-, Real- und Körperschaftsteuern) gut die Hälfte des Gesamtsteueraufkommens aus: Volker Hentschel: Steuersystem und Steuerpolitik in Deutschland 1890-1970. In: Werner Conze/M. Rainer Lepsius (Hg.): Sozialgeschichte der Bundesrepublik Deutschland. Beiträge zum Kontinuitätsproblem. Stuttgart 1983, S. 256-295, hier S. 294. Somit sind die Einkommensteuersätze allein ein schlechter Gradmesser für die Steuerbelastung. Letztlich waren es, angesichts der moderaten Steuerprogression, vor allem die hohen Erwerbseinkommen, die begünstigt wurden.

[63] Ein Steuersatz von 30% griff erst ab 28 000 RM, ab 46 000 RM betrug die Belastung 35%. Den Spitzensatz von 40%, der ab 80 000 RM galt, erreichte Dietrich nicht einmal im Jahr 1927; vgl. Statistisches Reichsamt, Finanzen, S. 314.

[64] Siehe z. B. die endgültige Einkommensteuererklärung 1927, 29. 8. 1928, ND 624.

[65] Das steuerpflichtige Einkommen wäre vor 1928 noch niedriger gewesen, wenn die Finanzbehörden sich bis dahin nicht geweigert hätten, die Zuschüsse für den Madachhof als Werbungskosten anzuerkennen. Sie machten Gütertrennung geltend, da der Madach-

Allerdings fehlen bei diesen Berechnungen die erheblichen Steuern auf Immobilien und Grundbesitz, die bereits in den Abrechnungen der jeweiligen Objekte inbegriffen sind. Zählt man die entsprechenden Summen zu den übrigen Steuern hinzu, erhöht sich die prozentuale Belastung des Einkommens signifikant.[66] Trotzdem war es übertrieben, wenn Dietrich meinte, die Steuern machten insgesamt „die Hälfte" seines Einkommens aus.[67] Eine Belastung dieser Größenordnung ließ sich selbst dann nur mit Mühe errechnen, wenn er nicht von seinem eigentlichen, sondern dem steuerpflichtigen Einkommen ausging. Seine Aussage war aber angesichts der niedrigen Steuern der Vorkriegszeit, die bei Spitzeneinkommen nur etwas mehr als 10 Prozent betrugen und in Baden besonders niedrig waren, „psychologisch [...] nicht unverständlich".[68]

3. Mit Ausnahme des Jahres 1924 lässt sich das Einkommen, das Dietrich aus seinem Vermögen bezog, ziemlich genau beziffern. Nach Abzug der Schuldzinsen betrug es 1925 über 52 000 RM, 1926 weniger als 34 000 RM, stieg 1927 auf gut 75 000 RM, um 1928 wieder auf unter 38 000 RM zu fallen. Es war also erheblichen Schwankungen unterworfen, und im Verhältnis zur Größe des Vermögens waren die Erträge eher gering. Wenn man Schulden und Zinslasten nicht berücksichtigt, lag die Rentabilität im Jahr 1928 bei gerade einmal 3,5 Prozent und damit nicht nur deutlich unter dem Höhepunkt von 1927 (6,1 Prozent), der auf die hohe Dividende der Firma Trick zurückzuführen war, sondern auch unter dem Wert von 1925 (4,8 Prozent) (vgl. Tabellen 7 und 11). Nichtsdestoweniger waren diese Einkünfte immens. Einschließlich der Reichstagsdiäten und einiger kleinerer Posten bewegte sich das jährliche Bruttoeinkommen zwischen 40 000 und 85 000 RM. Auch nach Abzug der Steuern war das für einen großbürgerlichen Lebensstil völlig ausreichend. Zum Vergleich: 1928 verdienten ungelernte Arbeiter im Steinkohlebergbau ca. 2000 RM jährlich, Beamte in der höchsten Gruppe der Besoldungsordnung A (z. B. Ministerialräte) etwas mehr als 14 000 RM.[69] Reichsweit versteuerten 1925 und 1926 knapp 45 000, 1927 ca. 17 000 Steuerzahler ein ähn-

---

hof als GmbH geführt wurde: Finanzamt Berlin-Schöneberg an Dietrich, 25.10.1926, ND 623; Einkommensteuerbescheid 1927, 1.11.1928, ND 624. De facto konnte von Gütertrennung nur eingeschränkt die Rede sein, weil Dietrich für einen erheblichen Teil der Schulden des Betriebs, dessen Alleineigentümer er war, als Bürge haftete. Im Übrigen wurde er sich erst nach und nach der Möglichkeiten, Abzüge geltend zu machen, bewusst. Für die Einkommensteuererklärung 1927 engagierte er erstmals einen Steuerberater.

[66] Die Höhe der Realsteuern lässt sich aufgrund fehlender Einzelabrechnungen nicht exakt bestimmen. Sie müssen aber spätestens ab 1927, als die gesetzlichen Mieten und die Steuern in etwa ihren Höchststand erreichten, die Summe von 10 000 RM deutlich überstiegen haben (vgl. Tabelle 9 u. 10).

[67] Dietrich an Friedrich Lutz, 29.6.1927, ND 92, fol. 107.

[68] Witt, Auswirkungen, S. 70; zur Besteuerung vor dem Ersten Weltkrieg Hentschel, Steuersystem, S. 271 u. 293; Hans-Peter Ullmann: Der Bürger als Steuerzahler im Deutschen Kaiserreich. In: Manfred Hettling/Paul Nolte (Hg.): Nation und Gesellschaft in Deutschland. Historische Essays. München 1996, S. 231-246, hier S. 236-238.

[69] Winkler, Schein, S. 827; Dietmar Petzina/Werner Abelshauser/Anselm Faust: Sozialgeschichtliches Arbeitsbuch. Bd. 3: Materialien zur Statistik des Deutschen Reiches 1914-1945. München 1978, S. 101.

liches oder höheres Einkommen, obwohl Dietrich in diesen Jahren praktisch nicht erwerbstätig war.[70]

Die wirtschaftlichen Umstände, so ungünstig sie waren, erklären also nicht hinreichend, warum Dietrich sich dermaßen verschuldete. Vielmehr verringerte sich sein Vermögen auch deshalb, weil er eine insgesamt verfehlte Anlagestrategie verfolgte. Zweckmäßig wäre es angesichts des hohen Zinsniveaus und der relativen Ertragsarmut von Sachwerten gewesen, alle Verbindlichkeiten schnellstens zu tilgen bzw. das Kapitalvermögen zu vermehren.

Es ist fraglich, inwieweit es besser gewesen wäre, sich von unprofitablen Werten zu trennen. Nachdem Dietrich 1924 notgedrungen einen erheblichen Teil seines Aktienbesitzes abgestoßen hatte, was angesichts der niedrigen Dividendenrenditen durchaus vorteilhaft war, gelang es ihm im Frühjahr 1927, die Villa Trick in Kehl für 100 000 RM an einen örtlichen Bankier zu verkaufen. Für Dietrich war dieser Abschluss zweifellos günstig, weil er fast das Doppelte des aktuellen Steuerwerts erhielt. Außerdem bestand noch immer erheblicher Reparaturbedarf, trotz größerer Instandsetzungsarbeiten nach dem Ende der französischen Einquartierungsmaßnahmen im Jahr 1924. Die Hälfte des Kaufpreises musste er jedoch als niedrig verzinste nachrangige Hypothek stehen lassen, und es ist bezeichnend, dass dieses Geschäft auf wackligen Beinen stand. Der Käufer verübte Anfang 1929 Selbstmord, weil seine Bank in Konkurs ging. Da das Haus mit einem Marktwert von nur 60 000 RM vor der Zwangsversteigerung stand und mit einer ersten Hypothek von 30 000 RM belastet war, musste Dietrich 20 000 RM seiner Hypothek abschreiben.[71] In der Regel ließen sich Vermögensobjekte nur zu niedrigen Preisen veräußern, so dass es sinnvoll schien, erst einmal abzuwarten. Einerseits, so stellte Dietrich fest, werde man „von den Zinsen aufgefressen", andererseits seien die Marktpreise allgemein so niedrig, dass „jeder Verkauf eine Verschleuderung bedeutet".[72] Deshalb scheiterten zum Beispiel Versuche, das baufällige Haus in Karlsruhe zu verkaufen.[73] Die Veräußerung von aufgewerteten Rentenpapieren war ebenfalls nicht ratsam. Das galt namentlich für die „Anleiheablösungsschuld" des Reichs, mit der die Inhaber entwerteter öffentlicher Anleihen entschädigt wurden. Da die Verzinsung mit 4,5 Prozent bescheiden war und zudem erst zum Zeitpunkt der Rückzahlung, der wiederum ungewiss war, fällig wurde, war der Kurswert entsprechend niedrig. Nominell hielt Dietrich über 90 000 RM dieser Papiere, doch der Kurswert betrug Anfang 1928 mit ca. 47 000 RM nur wenig mehr als die Hälfte (Tabelle 12).

Um der größten Schwierigkeiten Herr zu werden, hätte es aber genügt, sich von der Gutswirtschaft Madachhof zu trennen. Da Dietrich hier nicht Grundeigentümer war, konnte es anders als in Allensbach oder im Schwarzwald nicht darum

---

[70] Statistisches Reichsamt, Finanzen, S. 332f.
[71] Dietrich an Waldemar Dietrich, 5.4.1927, ND 634; Dietrich an das Finanzamt Berlin-Charlottenburg, 19.5.1927, ND 623; Dietrich an Else Hoffmann, 17.10.1929, ND 114, fol. 164.
[72] Dietrich an Richard Pflaum, 18.3.1926, ND 276, fol. 45.
[73] Roland Eisenlohr an Dietrich, 2.3.1928, ND 624; Dietrich an Kaspar Löffler, 12.6.1928, ND 106, fol. 226.

gehen, ein Vermögensobjekt zu erhalten. Musste angesichts der gewaltigen Verluste nicht jeder Versuch, den Betrieb auf absehbare Zeit rentabel zu machen, aussichtslos erscheinen? Überdies investierte er nicht nur größere Summen in neue, im Fall der *Aktuellen Bilder-Zeitung* verlustreiche Pressebeteiligungen, wofür auch politische Beweggründe maßgebend waren, sondern erweiterte wiederholt seinen Grundbesitz im Schwarzwald. Der Verkauf des Hauses in Kehl war folgerichtig, zumal Dietrich die bare Hälfte des Erlöses teils zur Abtragung von Schulden verwandte, teils in Obligationen anlegte, die (nominal) mit 7 Prozent verzinst wurden.[74] Anstatt jedoch diese Linie beizubehalten, erwarb er ein halbes Jahr später den 24 Hektar großen Hirzbühlhof, der an seinen Wildgutacher Besitz angrenzte und je zur Hälfte aus Feldern und Wald bestand – zu verheerenden Konditionen. Der Kaufpreis betrug 41 000 RM (zuzüglich Steuern und Gebühren), während das Anwesen einen Steuerwert von etwas mehr als 6000 RM hatte. Der Vorbesitzer hatte 1925 gerade einmal 10 000 RM bezahlt, und selbst der Friedenswert wird bestenfalls 15 000 RM betragen haben. Mit diesen Ausgaben war es nicht getan, denn das zugehörige Gebäude war verfallen, so dass Dietrich es 1929 für über 10 000 RM neu aufbauen ließ, um den Hof verpachten zu können.[75] Außerdem erwarb er zwei kleinere angrenzende Anwesen, für die er ebenfalls deutlich zu viel (netto 9000 RM) bezahlte – selbst dann, wenn man annimmt, dass die Marktpreise über den niedrigen Steuerwerten lagen.[76] Dietrich setzte hier Unsummen in den Sand, obwohl er sich sonst bei den kleinsten Anschaffungen äußerst preisbewusst verhielt. Es war einigermaßen grotesk, dass er sich mit einem der glücklichen Verkäufer noch wochenlang über den Wert eines zum „Inventar" gehörigen Misthaufens stritt.[77] Diese Investitionen waren jedoch nicht allein wegen des Preises, sondern auch im Grundsatz bedenklich: Dietrich belastete sich trotz der hohen Kapitalkosten mit zusätzlichen Schulden, um damit noch mehr unrentable bzw. verlustbringende Vermögensobjekte zu erwerben.

Weitere empfindliche Einbußen erlitt Dietrich dadurch, dass er sich mit Bürgschaften für dubiose Kredite belastete, die schließlich platzten. Die Insolvenz des *Oberländer Boten* in Lörrach Mitte 1927, bei der er mit über 16 000 RM für die Verbindlichkeiten des Zeitungsverlages geradestehen musste, war kein Einzelfall. Dem Bruder seiner Freundin Elisabeth Brönner-Hoepfner, der in Ostpreußen einen größeren landwirtschaftlichen Betrieb mit 80 Hektar Grundbesitz besaß, verhalf er 1926 zu einem Darlehen von 20 000 RM, indem er bei der Bank die Garantie übernahm. Schon im nächsten Jahr folgte die Insolvenz, wonach er für die volle Summe in Haftung genommen wurde. Als Entschädigung wurde ihm später ein Viertel des Guts überschrieben – der Wert betrug aber nur

---

[74] Dietrich an Carl Ross, 12. 5. 1927, ND 301, pag. 107–109.
[75] Kaufvertrag zwischen Dietrich und Max Faller, 16. 9. 1927 u. Erich Bender an Dietrich, 25. 5. 1938, ND 710; Gewinn- und Verlustrechnung für den Grundbesitz im Schwarzwald zum 31. 12. 1929, ND 624.
[76] Kaufvertrag zwischen Dietrich und Sebastian Häringer, 7. 4. 1926, ND 694; Kaufvertrag zwischen Dietrich und Amandus Ganter, 13. 1. 1927, ND 695. Die beiden Anwesen in Haslachsimonswald und Wildgutach hatten insgesamt eine Fläche von ca. neun Hektar, der durchschnittliche Steuerwert (zum 1. 1. 1928) betrug rund 290 RM pro Hektar.
[77] Dietrich an Peter Kreutz, 12. 5. 1927, ND 696.

1. Vermögen und Einkommen zwischen Inflation und Depression

6000 RM.[78] So eng er mit Brönner-Hoepfner befreundet war, bestand keine Notwendigkeit für eine solche Großzügigkeit. Schließlich griff er ihrer Familie ohnehin finanziell unter die Arme. Ihren Bruder dürfte er allenfalls flüchtig gekannt haben, und es ging nicht darum, einem notleidenden Bekannten zu helfen, dem ein paar Mark zur Bestreitung seines Lebensunterhalts fehlten. Kleinere Bürgschaften oder Darlehen solcher Art vergab er häufig, und diese trugen von vornherein eher den Charakter einer Zuwendung. Hier stand eine enorme Summe auf dem Spiel. Nicht minder merkwürdig ist, dass Dietrich sich 1927 einem Freiburger DDP-Mitglied als Bürge zur Verfügung stellte, um dessen Futtermittelgeschäft einen Kredit von 6000 RM zu verschaffen. Einige Jahre später musste er auch dort für die ganze Summe geradestehen. Es handelte sich um den Schatzmeister der Freiburger Ortsgruppe, der aber in der Partei keine signifikante Rolle spielte und ebensowenig zu seinen engeren Bekannten zählte.[79] Mit dem Bestreben, die ohnehin gut ausgebauten badischen Parteinetzwerke zu pflegen, lässt sich Dietrichs Vorgehen nicht zufriedenstellend erklären. Vielmehr legen die Fälle Hoepfner und Dorn den Schluss nahe, dass er ohne Not, ja leichtsinnig Risiken einging, die er völlig unterschätzte. Er vertraute darauf, dass die Betriebe, welche die Banken für kreditunwürdig hielten, wirtschaftlich gesund waren. Im Jahr 1927 ergab sich infolge solcher Bürgschaften und zweifelhafter Investitionen eine bizarre Konstellation: Obwohl sein Einkommen außerordentlich hoch war und er durch den Verkauf des Hauses in Kehl erhebliche Sondereinnahmen hatte, erhöhten sich seine Verbindlichkeiten um über 60 000 RM.

Somit stellt sich die Frage, wie es zu diesen schwerwiegenden Fehlentscheidungen kommen konnte. Dabei gilt es, Dietrich als ökonomischen Akteur ernst zu nehmen: Er verfügte zweifellos über sehr gute betriebs- und volkswirtschaftliche Kenntnisse, beschäftigte sich täglich mit aktuellen ökonomischen Problemlagen und genoss einen entsprechenden Ruf als kompetenter Fachmann. „Man konnte ihn auf allen diesen Gebieten getrost als Sachverständigen ansprechen", urteilte rückblickend August Weber, der Bankier, Gutsbesitzer, Aufsichtsrat zahlreicher Aktiengesellschaften und aktives Mitglied in verschiedenen Wirtschaftsverbänden war und mit ihm an der misslungenen Übernahme der *Deutschen Allgemeinen Zeitung* gearbeitet hatte.[80] Zudem hatte Dietrich seine Anpassungsfähigkeit an radikal veränderte Rahmenbedingungen in der Inflationszeit unter Beweis gestellt, und er war sich über die Grundprobleme seiner Vermögensstruktur im Klaren. Schließlich klagte er immerzu über den Mangel an flüssigen Mitteln, über die Ertraglosigkeit seiner Vermögenswerte und erkannte, dass jede Form der Verschuldung alles andere als erstrebenswert war. Im Sommer 1924 war sein erklärtes Ziel, die bestehenden Verbindlichkeiten möglichst schnell zu tilgen, wollte er doch „aus dem

---

[78] Vorläufige Einkommensteuererklärung 1927, 8.3.1928, Dietrich an das Finanzamt Berlin-Charlottenburg, 26.6.1928 u. Aktenvermerk zur Vermögenserklärung, o. D. [März 1929], ND 624.
[79] Bürgschaftserklärung für Hermann Dorn vom 16.7.1927 und zugehörige Unterlagen, ND 617; Organisationshandbuch DDP, S. 409. Dorn taucht, außer in Verbindung mit dieser Angelegenheit, in Dietrichs Korrespondenz überhaupt nicht auf. Sein Betrieb wurde 1931 insolvent.
[80] August Weber: Rückblick und Ausblick (1871-1956), S. 147, BAK N Weber 1.

Zustand, ständig ohne Geld wirtschaften zu müssen, heraus".[81] Eineinhalb Jahre später stellte er mit Blick auf den zerfallenden Stinnes-Konzern fest, man müsse „sich jetzt vor jeder Investition hüten, damit man einigermaßen ungeschlagen davon kommt. Die geringste Schuldenlast kann ruinös werden."[82] Im Grunde fiel es ihm also nach 1923 nicht schwer, sich auf die wiederum veränderte Lage einzustellen, und er rechnete auch nicht mit einer neuerlichen inflationären Entwicklung.[83]

Dietrich war kein Dilettant. In den vermögensstrategischen Fehlentscheidungen spiegeln sich seine ökonomischen Wahrnehmungen und Erwartungen, die im Wesentlichen an den „Erfahrungsraum" der als „normal" definierten Vorkriegszeit gekoppelt waren. Indem er eine Rückkehr zu dieser Normalität erwartete, wurde er zum Gefangenen einer Vergangenheit, die auch wegen der Mehrdeutigkeit der wirtschaftlichen Entwicklungsprozesse in den 1920er Jahren höchst gegenwärtig war.

2. „Immerhin kann es nicht bleiben, wie es jetzt ist": Die Erwartung wirtschaftlicher Normalität

Die ausgeprägten Widersprüche, die Dietrichs ökonomisches Handeln Mitte der 1920er Jahre durchzogen, sind nicht auf unüberlegtes Handeln zurückzuführen. Vielmehr waren sie Ausdruck konträrer, unvereinbarer Erwartungen. Einerseits war Dietrich durchdrungen von der Annahme, dass es nach den wirtschaftlichen Verwerfungen der Kriegs- und Nachkriegszeit endlich bergauf gehen müsse. Die Zeit des permanenten Ausnahmezustandes schien beendet, die Grundlage für eine wirtschaftliche Erholung geschaffen. Zu Neujahr 1925 schrieb er in der *Vossischen Zeitung*: „So können wir endlich einmal ein Jahr beschließen und das neue beginnen, indem wir das Gefühl haben, statt schwankenden Untergrundes festen Boden zu betreten [...]. Jetzt kann sich die Tüchtigkeit und Kraft unseres Volkes wieder auswirken."[84] Als Vergleichsrahmen für die erhoffte ökonomische Normalisierung dienten unweigerlich die Vorkriegsjahre, in denen die Wirtschaft relativ kräftig und kontinuierlich gewachsen war und die im verklärenden Rückblick erst recht als eine Zeit der Prosperität und Stabilität erschienen. Die Orientierung an den ökonomischen Gegebenheiten des Kaiserreichs, die Dietrichs Denken letztlich dominierte, war in der Weimarer Gesellschaft allgegenwärtig: Die Erhebungen des Statistischen Reichsamts nahmen ständig auf das „Normaljahr" 1913 Bezug, die gesetzliche Mietbindung orientierte sich an den „Friedensmieten", Arbeitgeber maßen Gewinne, Steuerbelastung und Lohnkosten, die Ar-

---

[81] Dietrich an Waldemar Dietrich, 26. 8. 1924, ND 70, fol. 126.
[82] Dietrich an Ernst Schlegel, 9. 11. 1925, ND 267, fol. 75.
[83] Zu den Inflationserwartungen, die besonders unmittelbar nach der Währungsstabilisierung, aber auch in den folgenden Jahren wiederholt zum Vorschein kamen: Netzband/Widmaier, Währungs- und Finanzpolitik, S. 56f.; Theo Balderston: Links between Inflation and Depression: German Capital and Labour Markets, 1924-31. In: Gerald D. Feldman (Hg.): Die Nachwirkungen der Inflation auf die deutsche Geschichte 1924-1933. München 1985, S. 157-185.
[84] Hermann Dietrich: Fester Boden, Vossische Zeitung Nr. 1 vom 1. 1. 1925.

beitnehmer ihr Realeinkommen an den Verhältnissen vor dem Weltkrieg. Bei den jeweiligen Interessengruppen führte diese Gegenüberstellung, nicht selten durch das selektive Heranziehen von Vergleichsdaten zusätzlich dramatisiert, in der Regel zu dem Ergebnis, dass sich die Lage verschlechtert hatte und ein entsprechender Nachholbedarf bestand, um wenigstens das Vorkriegsniveau wieder zu erreichen.[85]

Andererseits berücksichtigte Dietrich durchaus, dass die volkswirtschaftlichen Rahmenbedingungen sich nachhaltig verändert hatten und die Extreme des Kriegs- und Inflationsjahrzehnts nicht folgenlos bleiben konnten. Deshalb predigte er in der Öffentlichkeit, in seiner Korrespondenz mit unzufriedenen Wählern und in seinem privaten Umfeld Geduld, mahnte dazu, angesichts der vielfältigen Widrigkeiten auch bescheidene Fortschritte zu würdigen, warnte vor übertriebenen Hoffnungen und weitreichenden politischen Versprechungen. Doch wie schwierig es war, sich – auch mangels anderer Vergleichsmöglichkeiten – von der Vorkriegszeit als Bezugsgröße zu lösen, trat schon in Dietrichs täglicher politischer Arbeit zutage, bei der er fortwährend statistische Daten aus dem Kaiserreich heranzog, um gegenwärtige Zahlen einzuordnen. Der „rationalen Verarbeitung"[86] der Vergangenheit waren also Grenzen gesetzt. Auf dem Parteitag der DDP im Dezember 1925 eröffnete er seine wirtschaftspolitische Rede, indem er selbst auf dieses Dilemma hinwies: Die „Beurteilung der deutschen Wirtschaftslage" erfolge „vielfach in der Weise, daß Vergleiche zwischen dem heutigen Stand und dem Zustand des Jahres 1913 gezogen werden", obwohl es notwendig sei, „auch auf die Momente aufmerksam zu machen, die eine Beurteilung der Sachlage unter veränderten Gesichtspunkten erfordern". Wenn er nun im Folgenden ausführlich solche Vergleichszahlen referiere, geschehe dies, „um zunächst einmal den Stand der Dinge gegeneinander festzuhalten".[87]

Der Erfahrungsraum der Vorkriegszeit war nicht das einzige Hindernis für Dietrichs Bemühen, die wirtschaftliche Lage der Gegenwart einer unvoreingenommenen Betrachtung zu unterziehen. Die ökonomischen Entwicklungen ab 1924 waren vieldeutig. Schon der allgemeine Konjunkturverlauf konnte zu ganz unterschiedlichen Prognosen Anlass geben. Der Aufschwung zwischen 1924 und 1928/29 verlief keineswegs gleichförmig, sondern war starken Schwankungen unterworfen und wurde unter anderem 1925/26 von einer schweren „Zwischenkrise" (oder auch „Rationalisierungskrise") unterbrochen.[88] So ergab sich ein dis-

---

[85] Dazu eindrücklich Clemens Zahn: Arbeitskosten und Lebenslagen zwischen Inflation und großer Krise. Zur Geschichte der Weimarer Lohnbewegung. St. Katharinen 1996, S. 143-154, 273-284 u. 322-326; vgl. auch Ursula Büttner: Weimar. Die überforderte Republik 1918-1933. Leistung und Versagen in Staat, Gesellschaft, Wirtschaft und Kultur. Stuttgart 2008, S. 502-504.
[86] Koselleck, Erfahrungsraum, S. 354.
[87] Rede Dietrichs über „Neue Ziele in der Wirtschaftspolitik" auf dem Parteitag der DDP in Breslau, 5.12.1925, BAB R 45 III-5, fol. 88-100, Zitate fol. 88.
[88] Vgl. Knut Borchardt: Wachstum und Wechsellagen 1914-1970. In: Hermann Aubin/Wolfgang Zorn (Hg.): Handbuch der deutschen Wirtschafts- und Sozialgeschichte. Bd. 2. Stuttgart 1976, S. 685-740, hier S. 703-706. Das Ende des Aufschwungs lässt sich unterschiedlich datieren. Aufgrund der Kapitalmarktverhältnisse sieht z. B. Theo Balderston den Wendepunkt bereits 1927 erreicht: Balderston, Origins, S. 212.

krepanter Erwartungshorizont, mit der Folge, dass sich hoffnungsvolle und skeptische Diagnosen, Ungeduld und Vorsicht abwechselten, häufig gar Hand in Hand gingen. Anfang März 1925 äußerte Dietrich sich reserviert zum Projekt des Kehler DDP-Vorsitzenden, schnellstmöglich eine neue parteinahe Regionalzeitung herauszubringen. Obwohl er das Unterfangen befürwortete, ja selbst angestoßen hatte, mahnte er zur Zurückhaltung: „Eine überstürzte Sache zu machen, liegt mir [...] gar nicht". Er wies darauf hin, wohl mit Bezug auf das Debakel der *Badischen Landeszeitung*, „wie kräftig" er sich „schon an solchen Sachen die Finger verbrannt habe".[89] Zur selben Zeit beteiligte er sich jedoch an dem kostspieligen, unterfinanzierten und offensichtlich überhasteten Abenteuer der *Aktuellen Bilder-Zeitung*, obgleich er bei einer Kostenkalkulation feststellte, dass die Zeitschrift erst einmal ein riskanter Zuschussbetrieb sein würde.[90] Einige Monate später nahm Dietrich an einer Aufsichtsratssitzung der Oberrheinischen Bankanstalt in Konstanz teil. Nachdem er die Bücher minutiös geprüft hatte, wies er auf diverse Tücken in der Bilanz hin, warnte vor „zweifelhaften Debitoren" und fügte hinzu, „die schlimmen Zeiten im deutschen Wirtschaftsleben seien *noch* nicht überstanden", was sich „besonders im Bankgewerbe bemerkbar" mache. Trotzdem verlangte er eine erhebliche Dividendenzahlung in Höhe von acht Prozent des Aktienkapitals und kritisierte die gegenwärtige „Dividendenpolitik" von „vielen Banken", die kaum Gewinne ausschütteten: „Es müssen die Gesellschaften jetzt endlich Dividende verteilen."[91]

Derartige Inkonsequenzen ziehen sich wie ein roter Faden durch Dietrichs Finanzgebaren zwischen Inflation und Weltwirtschaftskrise. Letztlich ausschlaggebend waren aber seine Zuversicht und Ungeduld, die ihn ökonomische Risiken verkennen ließen und zu einer chronischen Überschätzung des Werts und der Ertragskraft seiner Vermögensobjekte führten. Seine Klagen über die jeweils als schlecht empfundene gegenwärtige Lage waren gepaart mit der Überzeugung, dass eine nachhaltige Besserung zwangsläufig eintreten werde, und er neigte dazu, entsprechende Fortschritte eher früher als später zu erwarten – erst recht, wenn er sich in positiven Prognosen bestätigt sehen durfte.

Während des Konjunktureinbruchs von 1925/26 war seine Zuversicht noch verhalten. Er warf der Reichsregierung vor, die Lage zu „pessimistisch" einzuschätzen, und erklärte, die Wirtschaft werde sich erholen – allerdings habe sie „einen schweren Kampf" zu führen.[92] Privat äußerte er sich ebenfalls vorsichtig. Einer Bekannten erläuterte er, dass sein finanzieller Spielraum eingeschränkt sei und das Einkommen gerade für den Lebensunterhalt genüge: „Es wird noch einige Jahre gehen, bis ich *wiederum* neben meinem Sachvermögen auch ein Kapitalvermögen besitzen werde, immer vorausgesetzt, daß ich Glück habe."[93] Glück

---

[89] Dietrich an Paul Stier, 6.3.1925, ND 270, fol. 16; siehe auch Stier an Dietrich, 3.3.1925, ebd., fol. 15.
[90] Handschriftliche Notizen Dietrichs vom 6.4.1925, ND 274, fol. 12-15; vgl. Kap. III, 4.
[91] Protokoll der Aufsichtsratssitzung der Oberrheinischen Bankanstalt vom 25.8.1925, ND 39, fol. 74f. u. 78 (meine Hervorhebung).
[92] Haushaltsausschuss, Sitzung vom 11.12.1925, S. 14 u. Rede Dietrichs auf dem Parteitag der DDP am 5.12.1925, BAB R 45 III-5, fol. 99.
[93] Dietrich an Käthe Oertel, 22.2.1926, ND 82, fol. 78 (meine Hervorhebung).

hatte Dietrich, wie sich Ende 1926 herausstellte, als die Dividendenzahlungen der Firma Trick für 1927 auf zwölf Prozent festgesetzt und damit gegenüber dem Vorjahr verdoppelt wurden. Nun sah er darin aber keine günstige Fügung, sondern eine folgerichtige Entwicklung. Vor dem Krieg waren Dividendenrenditen im zweistelligen Bereich, gemessen am Nominalkapital, üblich und dürften bei Trick die Regel gewesen sein.[94] Er war ohnehin überzeugt, dass die Geschäftsanteile „weit über den Nominalwert zu bewerten" seien,[95] erblickte in der hohen Ausschüttung nichts Außergewöhnliches und befand, die Fabrik könne „gerade so gut 15 [Prozent] bezahlen".[96] Dietrich ging davon aus, dass die Gewinne von Trick weiter sprudeln würden, sah nun die Überwindung aller finanziellen Schwierigkeiten nahen und verwarf sämtliche Vorsichtsmaßregeln. Seine Investitionen bzw. Ausgaben im Jahr 1927 zeugen von einer Phase regelrechter Euphorie. Auch angesichts des starken Konjunkturaufschwungs, der mittlerweile vonstattenging, war Dietrichs Reaktion naheliegend: Wenn die von ihm vorhergesagte Entwicklung schneller eintrat als angenommen, konnte ihn das in seiner Zuversicht nur bestärken.

Dementsprechend war die Ernüchterung groß, als sich die Geschäftslage der Zellstofffabrik eintrübte und ein drastischer Rückgang der nächsten Dividende in Aussicht stand. Im Herbst 1927 kündigte Geschäftsführer Ludwig Schmidt eine Reduzierung auf acht Prozent, wenige Monate später gar auf fünf Prozent an.[97] Die Fabrik wurde nun ebenso zu einer Enttäuschung wie die übrigen Vermögensobjekte. Ob es um Immobilien, die Landwirtschaft oder die Presse ging, Dietrich hielt all diese Bereiche für grundsätzlich profitabel und wurde stets aufs Neue von den geringen Erträgen bzw. Verlusten überrascht.

Die Zeitungsbeteiligungen betrachtete er nicht nur als politische, sondern auch als wirtschaftliche Investitionen. Robert Schlegel, dem Geschäftsführer der Zeitungen in Überlingen, Stockach und Meßkirch, hielt er vor, „daß jedes Geschäft den Zweck hat, eine Rente zu erwirtschaften".[98] Weil er ständig auf Gewinnausschüttungen drängte und hier ebenfalls Renditen im zweistelligen Prozentbereich für angemessen hielt, häuften sich die Spannungen mit dem langjährigen politischen Weggefährten. Sein Insistieren war insofern von Erfolg gekrönt, als er 1925 und 1926 für seine Anteile am *Stockacher Tagblatt*, das er „rücksichtslos auszubeuten" gedachte,[99] tatsächlich knapp 2700 RM erhielt, gemessen an der Höhe seiner Beteiligung eine stattliche Summe. 1924 hatte Dietrich noch einen enor-

---

[94] Zu den Dividendenrenditen der Aktiengesellschaften bis 1913 vgl. Deutsche Bundesbank, Geld- und Bankwesen, S. 294. Unterlagen über die Gewinne der Zellstofffabrik vor dem Krieg sind nicht überliefert, aber verschiedene Äußerungen Elisabeth Tricks deuten darauf hin, dass sie relativ hoch waren: Trick an Dietrich, 19. 1., 30. 3. u. 9. 8. 1915, ND 728.
[95] Dietrich an die Auskunftstelle des Kartells der Auskunfteien Bürgel, 4. 11. 1926, ND 75, fol. 103.
[96] Dietrich an Max Klapp, 2. 12. 1926, ND 731.
[97] Geschäftsbericht Ludwig Schmidts zum 3. Quartal, 21. 10. 1927, Max Klapp an Dietrich, 13. 2. 1928 u. Dietrich an Georg Pohlmann u. Max Klapp, 24. 2. 1928, ND 644.
[98] Dietrich an Robert Schlegel, 20. 1. 1927, ND 267, fol. 93.
[99] Dietrich an Waldemar Dietrich, 28. 12. 1925, ND 266, fol. 119.

men Investitionsbedarf zur „Modernisierung des Betriebs" diagnostiziert,[100] und die Zahlungen waren wohl geschönten Bilanzen zu verdanken, denn die GmbH geriet schon 1926 in die Verlustzone.[101]

Auch die gravierenden Defizite des Madachhofs gerieten immer wieder zur bösen Überraschung. Dabei war Dietrich mit den strukturellen Problemen der Landwirtschaft bestens vertraut. Im Sommer 1924 wies er in einer Reichstagsrede ausführlich auf die kaum tragbaren Zinssätze, die hohe Steuerbelastung – „Summen, von denen man sich vor dem Kriege nichts hat träumen lassen" – und die anhaltend niedrigen Weltmarktpreise hin. Insgesamt werde „diese schwierige Krise langwierig sein", auf eine Erholung werde man „noch eine ganze Weile warten müssen".[102] Diese Analyse, die er in den folgenden Jahren an gleicher Stelle wiederholte,[103] hinderte ihn nicht, an der Bewirtschaftung des Madachhofs festzuhalten und fortwährend über unerwartet niedrige Preise und unverkaufte Ernten, hohe Steuern und Kapitalkosten zu klagen.[104] Anfang 1928, nach vier Jahren immenser Verluste, glaubte Dietrich an eine baldige Besserung der Lage und behauptete, der Betrieb „wäre rentabel zu bringen, wenn man Eigentümer wäre".[105] Deshalb beabsichtigte er zwischenzeitlich, als er über den nötigen finanziellen Spielraum verfügte, ein Gut von ähnlicher Größe zu kaufen. Die Suche nach einem geeigneten Objekt blieb allerdings ergebnislos.[106] Spätestens im Herbst 1927 wurde das Vorhaben, das wohl eine sechsstellige Summe erfordert hätte, ohnehin zu kostspielig. In jedem Fall wäre eine solche Investition mit einer entsprechenden Verschuldung einhergegangen, und die Zinsen und Grundsteuern hätten die bisherigen Pachtzahlungen, die keine entscheidende Rolle für die hohen Defizite spielten, sicherlich überstiegen.

Mit Verlusten aus der Forstwirtschaft rechnete Dietrich ebenfalls nicht. Hier zeigte er sich bescheidener und wäre zufrieden gewesen, wenn Einnahmen und Ausgaben sich die Waage gehalten hätten.[107] Dennoch war er der Meinung, der Grundbesitz in Wildgutach sei „mindestens 150 000 Mark wert", also das Vier-

---

[100] Dietrich an Ernst Schlegel, 16. 12. 1924, ND 266, fol. 31.
[101] Siehe die Unterlagen aus den Jahren 1924 bis 1928 in ND 266 u. 267, passim. Die geschäftliche Lage des *Stockacher Tagblatts* lässt sich nicht im Detail überprüfen. Da der Betrieb vom Geschäftsjahr 1926 an rote Zahlen schrieb und sich bis 1928 eine bedrohliche Schieflage ergab, liegt die Vermutung nahe, dass es eigentlich schon zuvor keine (nennenswerten) Gewinne gegeben haben kann.
[102] Rede Dietrichs am 27. 6. 1924, Reichstag Bd. 381, S. 399–404.
[103] Reden Dietrichs am 13. 5. 1925, Reichstag Bd. 385, S. 1724, am 24. 3. 1926, Reichstag Bd. 389, S. 6572, am 16. 3. 1927, Reichstag Bd. 392, S. 9534f. u. am 27. 2. 1928, Reichstag Bd. 395, S. 12975.
[104] Z. B. Dietrich an Max Klapp, 13. 1. 1926, ND 731; Dietrich an Waldemar Dietrich, 7. 3. 1927, ND 634.
[105] Dietrich an Franz Schafheutle, 11. 2. 1928, ND 108, fol. 2.
[106] Hubert Zircher an Dietrich, 5. 3. u. 10. 3. 1927, ND 230, pag. 198 u. 207f.; Korrespondenz Dietrichs mit Walter Bappert, Mai bis August 1927, ND 92, fol. 18f. u. ND 696; Dietrich an Stephan Tritschler, 15. 6. 1927, ND 696; Julius Wilhelm an Dietrich, 11. 12. 1927, ND 111, fol. 214.
[107] Dietrich an Peter Kreutz, 4. 11. 1926, ND 694; Dietrich an Peter Kreutz, 1. 2. 1927, ND 696.

fache des Steuerwerts.[108] Mitverantwortlich für diesen Irrtum war sein Freund Hubert Zircher, ein leitender Forstbeamter, der ihm bei der Bewirtschaftung seiner Wälder half. Zircher nahm wiederholt Wertschätzungen vor, die mit maßlos überzogenen Ergebnissen endeten. So taxierte er 1925 Dietrichs Anteil am Heretsrieder Wald in Bayern, der mit knapp 34000 RM zur Vermögensteuer veranlagt war, auf über 250000 RM, indem er zusätzlich zum Bodenwert die schlagbaren Holzbestände, wohl annähernd zum Marktwert, in Ansatz brachte.[109] Diese absonderliche Rechnung vernachlässigte offenbar den Aspekt der langfristigen Rentabilität und versäumte, die Gestehungskosten angemessen zu berücksichtigen. So kam auch der enorme Kaufpreis für den Hof zustande, den Dietrich 1927 erwarb. Zircher errechnete mit seiner Methode einen Wert von 43000 RM – das entsprach ziemlich genau der Kaufsumme zuzüglich Steuern und Gebühren.[110] Besonders wegen des Preisverfalls ab 1929, so meinte Dietrich später, sei der Kauf für ihn ein „sehr schlechtes [...] Geschäft" gewesen.[111] In Wahrheit war es schon 1928, als die Holzpreise ihren Höchststand erreichten, nicht einmal möglich, die Unkosten zu decken. Die Fehlkalkulationen Zirchers sind rätselhaft und lassen sich höchstens damit erklären, dass er die gegenüber der Vorkriegszeit veränderten forstwirtschaftlichen Verhältnisse, speziell die höheren Löhne und Steuern, im Kern verkannte und zudem mit nachhaltig steigenden Preisen rechnete. Allerdings war Dietrich keineswegs nur Opfer schlechter Ratschläge. Er beschäftigte sich eigenständig mit der Lage der Forstwirtschaft, über die er durch andere Waldbesitzer oder die Rundschreiben von Verbänden auf dem Laufenden gehalten wurde.[112] Optimistische Einschätzungen zu Marktlagen oder zum Zustand einzelner Betriebe erreichten ihn auf allen Gebieten, insbesondere dann, wenn er zu einem finanziellen Engagement veranlasst werden sollte. Dem standen aber in reichlichem Umfang pessimistische Darstellungen gegenüber.

Das Ausmaß der Fehlinvestitionen und Verluste in Land- und Forstwirtschaft legt den Schluss nahe, dass Dietrich sich zumindest in diesem Wirtschaftszweig dilettantisch verhielt oder von emotionalen Beweggründen leiten ließ. Tatsächlich lässt sich bei ihm eine Leidenschaft für die Landwirtschaft feststellen, in die agrarromantische Vorstellungen hineinspielten, die mit den volkswirtschaftlichen Realitäten schwer in Einklang zu bringen waren. Trotzdem war sein Engagement keine Liebhaberei, sondern folgte rationalen unternehmerischen Motiven. Er beschäftigte sich intensiv mit den neuesten agrarwirtschaftlichen Erkenntnissen, etwa zu verbesserten Methoden der Viehhaltung, der effizienten Verwendung von Düngemitteln und Maschinen oder der Konservierung von Grünfutter in neuartigen Silos. Sein erklärtes Ziel war es, diese in die Praxis umzusetzen und seine Betriebe im Einklang mit dem technischen und wissenschaftlichen Fortschritt, im

---

[108] Dietrich an Georg Frech, 13.7.1925, ND 41, fol. 118.
[109] Zircher an Dietrich, 2.5.1925, ND 693. Im Detail lässt sich die Verhältnismäßigkeit der veranschlagten Holzpreise nicht nachvollziehen, da die Werte je nach Holzart und -qualität stark variieren.
[110] Kalkulation Zirchers vom 13.7.1927, ND 696.
[111] Dietrich an Erich Bender, 1.6.1938, ND 710.
[112] Etwa durch die Rundschreiben des Badischen Waldbesitzerverbandes, der schon aus politischen Gründen nicht zur Euphorie neigte: z.B. ND 694, passim.

Sinn einer „ganz modernen Wirtschaft" zu führen.[113] Außerdem war es nicht abwegig, von einer Besserung der Lage auszugehen. Immerhin stiegen die Preise für Holz und Agrarprodukte bis 1927/28, und wenn sie dem allgemeinen Preisindex hinterherhinkten, ließ sich daraus ein entsprechender Nachholbedarf ableiten. Solange die Preise anzogen, hielt sich die Sorge über die Lage der Landwirtschaft bei den meisten Beobachtern in Grenzen.[114]

Ebenso gab es gute Gründe, auf eine Erholung des Immobilienmarktes zu setzen. Wohnraum war knapp, und während die Immobilienpreise niedriger waren als vor dem Krieg, hatten sich die Baukosten drastisch erhöht, so dass die Marktwerte weit unter den Preisen für Neubauten lagen.[115] Beispielsweise betrug der Feuerversicherungswert von Dietrichs Haus in Berlin-Steglitz im Jahr 1927 178 200 RM, also mehr als der Friedenswert von 1913 und gut das Dreifache des aktuellen Steuerwerts.[116] Zweifellos lag der Schluss nahe, dass diese marktwidrige Konstellation nicht von Dauer sein könne. Seit Ende 1923 stand zudem nicht nur eine deutliche Erhöhung der gesetzlichen Mieten, sondern auch die Rückkehr zur freien Preisbildung auf dem Wohnungsmarkt in Aussicht, und die Hausbesitzer durften hoffen, nur vorübergehend durch hohe Steuern belastet zu werden: Die Hauszinssteuer war ursprünglich auf zwei Jahre befristet und sollte im März 1926 auslaufen.[117] Dietrich sprach im Januar 1924 die Erwartung aus, „daß die Häuser wieder so teuer wie in Friedenszeiten werden, vielleicht sogar 30 bis 50 Prozent teurer".[118] Als die gesetzlichen Mieten stiegen, die Mietbindung jedoch bestehen blieb und die Hauszinssteuer nicht etwa abgeschafft, sondern bis auf weiteres erhöht wurde, klagte er über diese „ganz horrende Summe" und flüchtete sich in die Feststellung: „Immerhin kann es nicht bleiben, wie es jetzt ist."[119] Diese Aussage ist symptomatisch für seine Wahrnehmung der Wirtschaftslage nach der Währungsstabilisierung, die in vielen Bereichen elementare, marktwirtschaftlichen Prinzipien zuwiderlaufende Anomalien aufwies. Aus ökonomischer Sicht war es eine mehr als plausible Annahme, dass die Immobilienpreise steigen, die landwirtschaftlichen Betriebe rentabel werden und die Unternehmen Gewinne erwirtschaften mussten.

Der Einbruch der Trick-Dividende kam für Dietrich völlig überraschend. Aus seiner Sicht war es widersinnig und nahezu unvorstellbar, dass die Firma gegen den bisherigen Trend Rückschritte machte. Zumindest das Ausmaß des Gewinnrückgangs hielt er für ausgeschlossen, nachdem die Firma sich in den Vorjahren, als die Konjunktur viel schwächer war, so hervorragend entwickelt hatte. Er miss-

---

[113] Dietrich an Stephan Tritschler, 23. 9. 1927, ND 696.
[114] James, Slump, S. 258.
[115] Der Baukostenindex lag 1925/26 um 60%, 1929 um 80% über dem Stand von 1913: Michael Ruck: Die öffentliche Wohnungsbaufinanzierung in der Weimarer Republik. Zielsetzungen, Ereignisse, Probleme. In: Axel Schildt/Arnold Sywottek (Hg.): Massenwohnung und Eigenheim. Wohnungsbau und Wohnen in der Großstadt seit dem Ersten Weltkrieg. Frankfurt u. a. 1988, S. 150-200, hier S. 167f.; vgl. auch Brückmann, Entwertung, S. 42-44.
[116] Aktennotiz, o. D. [Frühjahr 1927], ND 623.
[117] Netzband/Widmaier, Währungs- und Finanzpolitik, S. 200; Führer, Mieter, S. 157-168.
[118] Dietrich an Elisabeth Gayling von Altheim, 9. 1. 1924, ND 70, fol. 326.
[119] Dietrich an Edmund Rebmann, 18. 10. 1925, ND 74, fol. 108.

traute der Darstellung des Fabrikdirektors, seines Schwagers Ludwig Schmidt, der die Eintrübung der Geschäftslage mit stagnierenden Zellstoffpreisen auf dem Weltmarkt, höheren Steuern sowie gestiegenen Lohn- und Rohstoffkosten erklärte,[120] und vermutete, Schmidt habe unlautere Motive. Folglich empfand er die Dividendenkürzung als persönliche Kränkung und als Ausdruck von Undank, nachdem er die Interessen der Firma durch zahlreiche Behördengänge in Karlsruhe und Berlin vertreten hatte.[121] In der Bilanz machten er und die Mitglieder der Familie Pohlmann Gewinnverschleierungen aus und witterten ein Manöver der beiden anderen Familienzweige. Deren Mitglieder verfügten über alle leitenden Posten der Firma und beabsichtigten, so die Befürchtung, durch niedrige Dividenden, gepaart mit späteren, nur für sie selbst tragbaren Kapitalerhöhungen, das Unternehmen unter ihre Kontrolle zu bringen. So kamen im Winter 1928 die Spannungen zwischen den Familien, die seit der Inflationszeit abgeklungen waren, erneut zum Vorschein. Dietrich, Georg Pohlmann – Elisabeths Schwester Clara war inzwischen verstorben – und dessen Schwiegersöhne übten sich in Kriegsrhetorik und schlossen auf Dietrichs Initiative hin ein schriftlich fixiertes, geheimes Abkommen, das die Beteiligten verpflichtete, ihr Stimmrecht einheitlich auszuüben.[122] Da sie gemeinsam über die Hälfte der Firmenanteile verfügten, ergab sich in den Gesellschafterversammlungen eine Pattsituation, welche monatelang die Verabschiedung der Bilanz verhinderte und Ende 1928 schließlich zu einem Teilerfolg, der nachträglichen Erhöhung der Dividende von fünf auf sieben Prozent, führte.[123] Derartige Auseinandersetzungen, hervorgerufen durch Gewinnausschüttungen, die im Vergleich zur Vorkriegszeit kümmerlich wirkten, gab es auch in anderen Familienunternehmen.[124] Inwieweit Dietrichs Vorwürfe in betriebswirtschaftlicher und firmen- bzw. familienpolitischer Hinsicht berechtigt waren, lässt sich schwer beurteilen. Teilweise mochten sie zutreffen, und zweifellos war das Unternehmen angesichts der üppigen, in den Vorjahren erwirtschafteten Reserven kerngesund.[125] Andererseits steht fest, dass sich die Lage des Unternehmens 1927 eintrübte und Dietrich große Mühe hatte, diesen Umstand als Realität zu akzeptieren.

Er neigte generell dazu, für die unbefriedigende Entwicklung einzelner Betriebe die jeweiligen Geschäftsführer verantwortlich zu machen. Mal hielt er sie für unfähig, mal für undankbar, und mitunter vermutete er betrügerische Absichten. Die Verwaltung des Madachhofs übertrug er seinem Bruder Waldemar Anfang

---

[120] Geschäftsberichte Ludwig Schmidts zum 2. u. 3. Quartal 1927, 25.8. u. 21.10.1927 u. Dietrich an Schmidt, 3.9.1927, ND 644.
[121] Dietrich an Georg Pohlmann, 15.2.1928, ND 644: „Daß er rücksichtslos darauf ausgeht, uns die Dividende auf ein Minimum zu beschneiden – zum Dank dafür, daß ich ihm jahrelang in allen Schwierigkeiten geholfen habe – wird mir immer klarer."
[122] Korrespondenz Dietrichs mit Georg Pohlmann, Max Klapp und Eugen Ensslin, Dezember 1927 u. Februar 1928, ND 644 u. 731.
[123] Dietrich an Max Klapp, 4.5.1928 u. Trickzellstoff GmbH an Dietrich, 17.1.1929, ND 644; siehe auch die übrigen Unterlagen von 1928/29 ebd., passim.
[124] Einen nahezu identischen Fall schildert Schäfer, Bürgertum, S. 376f.
[125] Wie auch der Vermögenssteuerwert zum 1.1.1928 zeigt, der gegenüber dem Vorjahr unverändert blieb (vgl. Tabelle 7). Detaillierte Unterlagen zur geschäftlichen Entwicklung (insbesondere die Bilanzen) fehlen.

1925 unter anderem deshalb, weil der Vorgänger sich „nicht bewährt" hatte.[126] Der Leiter der Badischen Druck- und Verlagsgesellschaft in Karlsruhe hatte es seiner Meinung nach darauf abgesehen, „die Gesellschafter zum Verkauf [ihrer Anteile] dadurch zu zwingen, daß er nichts erwirtschaftet", obgleich dieser Betrieb ab 1927 immerhin eine bescheidene Dividende zahlte.[127] Rudolf Dammert verdächtigte er, die Zinsen für die Konkordia-Kredite, die er ihm für sein Korrespondenzbüro zur Verfügung gestellt hatte, nur deshalb nicht aufbringen zu können, weil er einen Teil der Einnahmen unterschlage.[128] Die Ertraglosigkeit seiner Zeitungsbeteiligungen veranlassten ihn zu der vorwurfsvollen Feststellung, dass unter den Geschäftsführern der verschiedenen Verlage sich „nicht ein einziger" befinde, der seine Position nicht „ausschließlich" ihm verdanke – „von meinem Geld will ich gar nicht reden".[129] Nach dem Konkurs des *Oberländer Boten* in Lörrach, durch den er so gewaltige Verluste erlitt, lautete die Diagnose: „Früher" sei die Zeitung „ein glänzendes Geschäft" und der Verleger „ein reicher Mann" gewesen. Danach habe dessen unfähiger Sohn „alles kaputt gemacht". Der neue Eigentümer habe das insolvente Geschäft nun günstig übernommen und werde „im Laufe der Zeit ein wohlhabender Mann werden", denn schließlich sei Lörrach „eine Stadt, in der ein tüchtiger Mensch leicht etwas erreichen kann".[130]

Es ist möglich, dass Dietrichs Darstellungen im Einzelfall zutrafen. Betrachtet man sie aber als Ganzes, folgten sie einem Muster: Ein Betrieb musste, wenn er fachmännisch und redlich geführt wurde, substantielle Gewinne abwerfen. Bei allgemeinen volkswirtschaftlichen Betrachtungen und bei Interventionen zugunsten bestimmter Branchen oder einzelner Unternehmen seines Wahlkreises zeigte Dietrich stets Verständnis für ökonomische Strukturprobleme, die eben nicht durch „Tüchtigkeit" aufgewogen werden konnten. Als er eine Eingabe von Schwarzwälder Uhrenfabrikanten befürwortend an das Postministerium weiterleitete, erläuterte er, die Misere „unserer ältesten und früher führenden Uhrenstadt" sei „nicht darauf zurückzuführen, daß die Leute nicht tüchtig wären. Ich bin überzeugt, sie haben heute noch die besten Feinmechaniker in Deutschland, aber ihre Betriebe sind wohl nicht amerikanisiert genug."[131] Doch sobald er persönlich betroffen war, fiel es ihm schwer, seinen von den Boomjahren des späten Kaiserreiches bestimmten Erfahrungsraum mit einer nüchternen, lagegerechten Einschätzung der Gegenwart in Einklang zu bringen. Am Beispiel der Provinzpresse zeigt sich eindrücklich, dass die Orientierung an der Vorkriegszeit oft auch mit entsprechenden Verklärungen einherging, denn in Wahrheit war die Lage der kleinstädtischen und ländlichen Lokalzeitungen schon vor 1914 nicht rosig.[132]

Dietrich war unmittelbar von den ökonomischen Krisenerscheinungen der Jahre nach der Währungsstabilisierung betroffen. Seine finanziellen Sorgen waren

---

[126] Dietrich an Max Klapp, 3. 2. 1925, ND 731.
[127] Dietrich an Heinrich Gütermann, 24. 2. 1928, ND 99, fol. 15.
[128] Dietrich an Carl Alfred Spahn, 4. 10. 1928, ND 283, fol. 152.
[129] Dietrich an Robert Schlegel, 4. 12. 1926, ND 266, fol. 225f.
[130] Dietrich an Ottmar Wieland, 29. 6. 1927, ND 272, fol. 299.
[131] Dietrich an das Reichspostministerium, 21. 5. 1926, ND 361, fol. 102.
[132] Das galt gerade für die ehemals nationalliberalen Zeitungen im Bodenseekreis, bei denen er so nachdrücklich auf Dividendenzahlungen drang (vgl. Kap. II, 2).

ein bestimmender Faktor in seinem Alltag und somit gewiss real. Mit der Lebenswirklichkeit der großen Mehrheit des Bürgertums oder der bäuerlichen Mittelschicht hatten sie freilich wenig gemein. Die Enttäuschung über die Entwicklung seines Vermögens und Einkommens ging nicht mit einer materiellen Notlage einher, sondern entsprang letztlich der Perspektive eines frustrierten Geschäftsmanns. Dietrich konnte geringe Vermögenserträge verschmerzen und niedrige Marktpreise aussitzen, sich gar Fehlinvestitionen und Verluste leisten und trotzdem sein Dasein als „Privatier" mühelos aufrechterhalten. In seiner Lebensführung war er – zumindest nach der Stabilisierungskrise von 1924 – weder finanziellen Einschränkungen unterworfen, noch betrachtete er sie als gefährdet. Ebensowenig lebte er über seine Verhältnisse, denn im Grunde war sein Einkommen für eine großbürgerliche Lebensweise mehr als ausreichend. Die elementaren, auch gut situierte Haushalte treffenden Mangelerscheinungen der Kriegs- und Inflationszeit gehörten der Vergangenheit an; wie vor dem Krieg hingen Konsumentscheidungen allein von den finanziellen Mitteln ab. In dieser Hinsicht war der Zustand der Normalität wieder erreicht.

Wie hoch Dietrichs Aufwendungen für seine Lebensführung insgesamt waren, lässt sich immerhin näherungsweise rekonstruieren. In seinen Steuererklärungen bezifferte er die Unkosten, die er für die Verwaltung seines Vermögens geltend machte. Danach wandte er 1926 für die Sekretärin und vorübergehend beschäftigte Bürohilfen insgesamt 2760 RM, für Porti und Telefongebühren knapp 1200 RM auf. Im folgenden Jahr beliefen sich diese Auslagen auf 3000 bzw. 1700 RM.[133] Als Mitglied des Reichstags verfügte Dietrich zwar über eine Freifahrkarte der Bahn für die Erste Klasse, musste aber zusätzliche Reisekosten weitgehend selbst tragen, etwa für die Nutzung des Schlafwagens, für den Transport an entlegene Orte wie Wildgutach oder für Übernachtungen bei Parteiveranstaltungen. Für das Jahr 1926 schätzte er die Ausgaben für seine Reisen nach Baden (wohl etwas zu großzügig) auf 3600 RM.[134] Zudem stand ihm in seinem Karlsruher Haus eine Zweizimmerwohnung für Kurzaufenthalte zur Verfügung, für er etwa 900 RM bezahlen musste.[135] Die Miete für die repräsentative Wohnung am Reichskanzlerplatz, in die Dietrich nach seiner Heirat mit Marta Troeltsch einzog, machte mit Nebenkosten ungefähr 6000 RM aus, und das Dienstpersonal in Berlin wird 1927/28 inklusive Verpflegung über 2000 RM jährlich gekostet haben. Neben dem obligatorischen Zimmermädchen beschäftigte Dietrich auch eine eigene Köchin – ein Luxus, den sich die wenigsten Haushalte leisten konnten.[136]

---

[133] Einkommensteuererklärung 1926, 8.3.1927, ND 623; vorläufige Einkommensteuererklärung 1927, 8.3.1928, ND 624.
[134] Dietrich an das Finanzamt Charlottenburg West, 19.5.1927, ND 623. Es handelte sich um eine nicht weiter belegte, offensichtlich äußerst grobe Schätzung für „mindestens zwei Dutzend Reisen".
[135] 1929/30 betrugen der Mietwert 600 RM und die Nebenkosten gut 300 RM: Rosel Rinkel an Dietrich, 7.2.1930 u. Abrechnung der Häuser Douglasstr. 18 und 20 zum 31.12.1930, ND 624.
[136] Vorläufige Einkommensteuererklärung 1927, 8.3.1928, ebd. Bis 1927 erhielt das Zimmermädchen ca. 40-50 RM, die Köchin offenbar 60 RM Barlohn monatlich, danach waren es wohl 60 und 80 RM (zzgl. anteiliger Sozialabgaben, die zu dieser Zeit etwas

Allein diese Posten summierten sich, selbst wenn man die laufenden Reisekosten etwas niedriger veranschlagt, im Jahr 1927 auf über 15 000 RM. Die übrigen Ausgaben der Familie Dietrich-Troeltsch lassen sich nur fragmentarisch überprüfen, insbesondere die Aufwendungen für Lebensmittel, Kleidung, Versicherungen, die medizinische Versorgung sowie die Bildungsausgaben für Ernst Troeltsch jun. Hinzu kamen die Ausgaben, die Dietrich tätigte, um seine Netzwerke zu pflegen und am gesellschaftlichen Leben teilzunehmen. Dazu zählten die Kosten für die Unterbringung von Gästen in Wildgutach, einschließlich Jagdpachten und -steuern, ebenso die meisten Spenden und die Vereinsbeiträge – für die Deutsche Gesellschaft 1914 allein waren jährlich 120 RM fällig.[137] Die Zugehörigkeit zur Berliner High Society war kostspielig; das galt vor allem für die eigenen Abendveranstaltungen, bei denen Getränke, exquisite Speisen und gegebenenfalls zusätzliches Personal benötigt wurden.[138] Schon der Wein, den Dietrich hektoliterweise aus Baden bestellte, kostete jährlich eine vierstellige Summe.[139]

Seit seinem gesundheitlichen Zusammenbruch im Juni 1926 verbrachte Dietrich jeden Sommer einige Wochen in einer Kuranstalt, wobei er die Preise der Sanatorien für maßlos erachtete: „Die Herren sind alle sehr geldgierig, und der Zweck heiligt die Mittel", beschwere er sich kurz nach seinem ersten Kururlaub.[140] Die Kur des Ehepaars Dietrich-Troeltsch im Sommer 1929 schlug mit fast 2500 RM zu Buche.[141] Ansonsten verbrachte Dietrich die längeren sitzungsfreien Phasen des Reichstags bevorzugt in Wildgutach. Das war eine günstigere Alternative, allerdings verursachte der Unterhalt des Waldvogelhofs bzw. die Beschäftigung des dortigen Verwalters ebenfalls Kosten. Zudem bedurfte es beträchtlicher einmaliger Aufwendungen, um die Aufenthalte im tiefsten Schwarzwald komfortabel zu gestalten: So sehr Dietrich sich zur ländlichen Idylle hingezogen fühlte und die „absolute Ruhe" in Wildgutach genoss,[142] verzichtete er doch nicht ganz auf die Annehmlichkeiten des urbanen Lebens. Seine etwa 140 Quadratmeter große Wohnung im ersten Stock des Waldvogelhofs war bestens eingerichtet, verfügte selbstverständlich über fließendes Wasser und bot genug Raum, um ein Dienst-

mehr als 7% ausmachten): Dietrich an das Bürgermeisteramt Leutesheim, 22. 9. 1927, ND 92, fol. 51; Dietrich an Marie Sänger, 26. 2. 1929, ND 117, fol. 177; Kurt Kutzner an die AOK Charlottenburg, 9. 4. 1930, ND 118, fol. 61. Ein mehrköpfiges Dienstpersonal war schon im Kaiserreich nur für wenige Haushalte erschwinglich und Köchinnen waren teurer als gewöhnliche Dienstmädchen: Pierenkemper, Haushalt, S. 174f. In der Weimarer Zeit waren die Kosten für Dienstboten (auch real) höher: Walther G. Hoffmann: Das Wachstum der deutschen Wirtschaft seit der Mitte des 19. Jahrhunderts. Berlin u. a. 1965, S. 481-483, 495 u. 600.

[137] Mitteilung der Deutschen Gesellschaft 1914 vom 27. 12. 1930, ND 119, pag. 107.

[138] Vgl. Pierenkemper, Haushalt, S. 171-174.

[139] Siehe die (lückenhafte) Korrespondenz mit dem Stadtsteueramt Berlin zwecks Versteuerung der „von auswärts bezogenen" Weine aus den Jahren 1925 bis 1927, ND 623; z. B. summieren sich die für das Jahr 1926 überlieferten Belege auf rund 1100 RM für 275 Flaschen Wein und Sekt.

[140] Dietrich an Rudolf Dietrich, 14. 9. 1926, ND 76, fol. 101.

[141] Der Aufenthalt in Glotterbad bei Freiburg dauerte insgesamt sechs Wochen (wobei Dietrich zwischenzeitlich abreiste): Rechnung der Kuranstalt Glotterbad, 24. 9. 1929, ND 113, fol. 257.

[142] Dietrich an Eugen Rebholz, 20. 2. 1925, ND 709.

mädchen und die Sekretärin unterzubringen.[143] Bereits 1923 hatte Dietrich eine Telefonleitung legen lassen, aber zunächst war der Hof weder an das Stromnetz angeschlossen noch mit dem Automobil erreichbar – das änderte sich erst 1926, nach langwierigen Verhandlungen mit Behörden und Elektrizitätsgesellschaften. Dietrich musste sich mit über 2300 RM an den Kosten für die Herstellung einer Stromleitung und für Brückenbauarbeiten beteiligen.[144]

Eine etwas genauere Aufstellung über Höhe und Zusammensetzung von Dietrichs Ausgaben liegt nur für das Jahr 1931 vor, als sich der Aufwand für die Lebensführung der Familie auf (mindestens) über 37 000 RM belief (Tabelle 13). Zu diesem Zeitpunkt hatte sich die Lage unter anderem deshalb verändert, weil Dietrich als Reichsminister und Vizekanzler mit zusätzlichen Repräsentationsausgaben belastet war. Auch die Zahlungen für den 18-jährigen Stiefsohn waren nun vermutlich höher und die Gehälter seiner Angestellten gestiegen. Bevor Dietrich dem Reichskabinett angehörte, waren die Aufwendungen wohl nicht ganz so hoch. Mit Sicherheit waren sie bis 1926 deutlich geringer: Zwar beschäftigte er damals neben seinem übrigen Personal eine Hausdame, doch er war noch ledig und musste nur den eigenen Lebensunterhalt bestreiten.[145] Ab 1927 dürfte er aber gemeinsam mit Marta und Ernst Troeltsch jun. über 30 000 RM im Jahr benötigt haben – wohlgemerkt ohne Berücksichtigung der Steuern, der Unterstützung von Angehörigen außerhalb des eigenen Haushalts und größerer (politischer) Sonderausgaben, etwa für die badische DDP. Dietrichs Lebensführung entsprach also seinem Einkommen und war nicht repräsentativ für die große Mehrheit des Bürgertums. Selbst die Budgets gehobener Haushalte reichten nicht annähernd an derartige Beträge heran.[146]

Dietrichs sozioökonomische Wahrnehmungen waren allerdings keineswegs den Alltagssorgen anderer bürgerlicher Gruppen entrückt. Zum einen ergaben sich aus seiner politischen Tätigkeit zahlreiche Berührungspunkte mit den Nöten seiner Wählerschaft, mit denen er sich eingehend beschäftigen musste, wenn er sich ihrer durch Behördengänge und im Parlament annahm. Zum anderen entstammte Dietrich nicht der Oberschicht, sondern war ein sozialer Aufsteiger, der

---

[143] Grundrissskizze des Waldvogelhofs von Architekt Roland Eisenlohr, 24. 11. 1922, ND 689; Bürgermeister Kern (Wildgutach) an das Badische Finanzministerium, 13. 4. 1929 (Abschrift), ND 624.

[144] Kreisrat Villingen an Dietrich, 27. 10. 1926 u. Rechnung des Elektrizitätswerks Neukirch vom 28. 12. 1926, ND 694; siehe auch den Schriftwechsel Dietrichs mit den Bezirksämtern Waldkirch und Donaueschingen sowie der AEG Freiburg und dem Elektrizitätswerk Neukirch, Februar 1925 bis Dezember 1926, ebd. u. ND 693; zur (inflationsbedingt für Dietrich praktisch kostenlosen) Herstellung des Telefonanschlusses siehe die Korrespondenz mit den Telegraphenämtern Freiburg und Radolfzell, Mai/Juni 1923, ND 690.

[145] Schon die Wohnung in Schöneberg kostete nur etwa die Hälfte: Martha Lehmann an Dietrich, 2. 9. 1926, ND 76, fol. 88.

[146] Die elf „Gesamtausgabenklassen", mit denen Armin Triebel die Konsummuster von abhängig Erwerbstätigen aus Arbeiterschaft und Bürgertum untersucht, sind beispielsweise nur bis zu einem jährlichen Betrag von 10 000 RM ausdifferenziert: Armin Triebel: Zwei Klassen und die Vielfalt des Konsums. Haushaltsbudgetierung bei abhängig Erwerbstätigen in Deutschland im ersten Drittel des 20. Jahrhunderts. Bd. 2, Berlin 1991, S. 276.

sich eher den Mittelschichten zugehörig fühlte und diesen insofern noch angehörte, als sich sein engeres soziales Umfeld vorwiegend aus ihnen rekrutierte. Auf viele seiner Verwandten, Freunde und Bekannten, unter denen ganz verschiedene Berufsgruppen vertreten waren, wirkte sich die wirtschaftliche Dauermisere ungleich gravierender aus. Ihr Alltag war häufig von materiellen Nöten und der Sorge um die bürgerliche Existenz bestimmt, und da Dietrich aufgrund seines Wohlstands und seiner vielfältigen Verbindungen eine Anlaufstelle für zahllose private Anliegen war, wurde seine Wahrnehmung der Weimarer Zeit durch dieses Umfeld wesentlich beeinflusst.

Die Gesuche, die nicht an ihn als Reichstagsabgeordneten, sondern als Privatmann gerichtet wurden, machten einen erheblichen Teil seiner Korrespondenz aus und finden sich in beinahe allen Unterlagen seines Nachlasses. Neben der Verwandtschaft zählten zu den Absendern Spiel- und Schulkameraden, Bundesbrüder der Burschenschaft Arminia, enge und flüchtige Parteifreunde, Bekannte aus seiner Tätigkeit als Kommunalpolitiker in Kehl und Konstanz, Freunde und Bekannte von Elisabeth Trick und Marta Troeltsch sowie zahlreiche Bittsteller, die ihn zwar nicht (oder kaum) persönlich kannten, sich aber auf Empfehlung einer ihm nahestehenden Person an ihn wandten. Für den Zeitraum von 1924 bis 1928 sind dutzende Einzelfälle überliefert, die ihn näher beschäftigten – mal für kurze Zeit, mal über Jahre hinweg. Die einen waren arbeitslos oder befanden sich in prekären, zumindest unbefriedigenden Beschäftigungsverhältnissen und hofften, durch Dietrichs Vermittlung einen neuen bzw. besseren Arbeitsplatz zu finden, andere baten um Darlehen, Bürgschaften oder sonstige Formen der direkten finanziellen Unterstützung. Häufig wurde die jeweilige Notlage dadurch verschärft, dass frühere Ersparnisse infolge der Inflation, gelegentlich auch aufgrund der Beschlagnahmung von Vermögenswerten durch die Siegermächte weitgehend verloren waren und somit keine Rücklagen zur Verfügung standen.

Der „neue Mittelstand" war besonders stark vertreten. Darunter waren viele Beamte, die Opfer des im Herbst 1923 einsetzenden, rigiden Personalabbaus wurden, der auf allen Ebenen der öffentlichen Verwaltung vonstattenging – ein bislang beispielloser, das Vertrauen in die Sicherheit des Beamtenverhältnisses erschütternder Vorgang, der die verfassungsmäßig verbürgten „wohlerworbenen Rechte" der Beamten in Frage stellte. Andere hatten als Anwärter kaum Aussicht auf Übernahme in den Staatsdienst, und diejenigen, die eine Stelle hatten, warteten oft vergeblich auf eine Beförderung, die Einstufung in eine höhere Besoldungsgruppe oder klagten über die niedrigen Gehälter, die deutlich unter dem Vorkriegsniveau lagen.[147] Ähnlich war die Lage der Angestellten. Ihre Realgehälter bewegten sich gleichfalls unter dem Stand von 1913 und näherten sich den Löhnen der Arbeiterschaft an; sie waren ebenso von Entlassungen betroffen, sei es in der öffentlichen Verwaltung, sei es, im Zuge der „Rationalisierung des Büros", in der Privatwirtschaft. Für die

---

[147] Fattmann, Bildungsbürger, S. 38–50; Kunz, Civil Servants, S. 53–58 u. 377f. Die Realgehälter der Beamten im mittleren und höheren Dienst erreichten selbst nach der Besoldungserhöhung von 1927 nur 75–90% des Vorkriegsniveaus (Fattmann, Bildungsbürger, S. 125). Wenn Michael Schäfer meint, die Beamtengehälter hätten den Vorkriegsstand wieder erreicht und sogar überschritten, vergisst er, die Nominalgehälter mit den gestiegenen Lebenshaltungskosten in Beziehung zu setzen: Schäfer, Geschichte, S. 190.

Angestellten war Arbeitslosigkeit, mochte die Quote auch niedriger sein als bei der Arbeiterschaft, ein neues Phänomen, das es im Kaiserreich in dieser Form nicht gegeben hatte. Zudem litten sie überproportional stark unter Langzeitarbeitslosigkeit und allem Anschein nach unter verdeckter Arbeitslosigkeit – für letztere bietet Dietrichs Umfeld ein Paradebeispiel, weil die Betroffenen in vielen Fällen einer provisorischen selbständigen Tätigkeit nachgingen, etwa als Kleinhändler, Versicherungsvertreter oder Lotterieeinnehmer.[148]

Die Vielzahl der Gesuche von Beamten und Angestellten war zum Teil auf die Zusammensetzung von Dietrichs Verwandten- und Bekanntenkreis zurückzuführen. Außerdem war es aufgrund seiner Verbindungen zu Behörden und Arbeitgebern in der Privatwirtschaft naheliegend, sich bei der Stellensuche an ihn zu wenden, zumal die Hemmschwelle vergleichsweise niedrig war. Schließlich baten die Betroffenen nur um einen Gefallen, der ihn in finanzieller Hinsicht nichts kostete. Unter den Bittstellern fanden sich aber ebenso Pensionäre und Rentner, Kriegsversehrte und -hinterbliebene, Hauseigentümer, Gastwirte, (Klein-)Gewerbetreibende, Pfarrer, Vertreter der freien Berufe, selbst ehemalige Fabrikanten – also praktisch alle bürgerlichen Berufe von der unteren Mittelschicht bis in die Oberschicht. Sie entstammten allen Altersgruppen, kamen mehrheitlich, aber nicht ausschließlich aus Baden und waren meistens gut ausgebildet, auffallend häufig auch Akademiker.[149] Wenngleich sich hier keine repräsentativen Schlüsse im Sinne der Sozialstatistik ziehen lassen, bieten Dietrichs Unterlagen einen bemerkenswerten Einblick in die wirtschaftliche Lage des Bürgertums während der relativen Stabilisierung. Aus Dietrichs Perspektive ergab sich jedenfalls ein eindeutiges Bild: Wohin er auch blickte, ging es den Menschen, mit denen er in Kontakt stand, schlecht. Dieser Eindruck mag dadurch verschärft worden sein, dass er wegen seiner vielfältigen politischen und geschäftlichen Tätigkeiten kaum Zeit erübrigte oder erübrigen konnte, persönliche Verbindungen um ihrer selbst willen zu pflegen. Zu privaten Korrespondenzen kam es zumeist nur, wenn es einen konkreten Anlass gab – der sich vorwiegend aus den Sorgen anderer ergab.

Die schiere Masse und der oft verzweifelte, flehentliche Tonfall der Zuschriften, die von dem Bemühen um drastische Schilderungen bestimmt waren, verfehlten ihre Wirkung nicht. Während der Stabilisierungskrise im Frühjahr 1924 konstatierte Dietrich, es sei „zur Zeit fürchterlich", es vergehe „kein Tag, an dem nicht ein oder zwei […] Jammerrufe bei mir einkommen".[150] Immer wieder zeigte er sich von der „ungeheuren Beschäftigungslosigkeit" schockiert,[151] war jedoch zu-

---

[148] Hans-Jürgen Priamus: Angestellte und Demokratie. Die nationalliberale Angestelltenbewegung in der Weimarer Republik. Stuttgart 1979, S. 25-34; Karl Christian Führer: Arbeitslosigkeit und die Entstehung der Arbeitslosenversicherung in Deutschland 1902-1927. Berlin 1990, S. 150 f.; Ludwig Preller: Sozialpolitik in der Weimarer Republik. Stuttgart 1949, S. 166-169; Michael Prinz: Vom neuen Mittelstand zum Volksgenossen. Die Entwicklung des sozialen Status der Angestellten von der Weimarer Republik bis zum Ende der NS-Zeit. München 1986, S. 13-18 u. 52-57.
[149] Landwirte waren kaum vertreten, und die städtischen und ländlichen Unterschichten nur insoweit, als sie über ein Beschäftigungsverhältnis mit Dietrich in Verbindung standen oder gestanden hatten.
[150] Dietrich an Karl Dees, 19.6.1924, ND 70, fol. 42.
[151] Dietrich an Gerathewohl, 18.3.1926, ND 78, fol. 11.

nächst zuversichtlich, dass sich in absehbarer Zeit eine Wendung zum Besseren ergeben werde. Im Frühjahr 1926 tröstete er einen entlassenen Bankangestellten mit dem Hinweis: „Ich glaube auch, daß die Wirtschaftslage anfängt sich zu bessern. Dann kann auch an Neueinstellungen und Wiedereinstellungen gedacht werden."[152] Aber trotz des folgenden Konjunkturaufschwungs ging die Zahl der Bittschriften nicht zurück, und ein erheblicher Teil stammte von denselben Personen, die schon Jahre zuvor in Not waren. Der nicht enden wollenden Flut an Arbeitssuchenden stand Dietrich mit wachsender Ernüchterung gegenüber. Im Mai 1927 erklärte er wiederholt, dass er in Personalfragen, über die das Reichsfinanzministerium zu entscheiden hatte, kaum noch behilflich sein könne, weil er dort „ständig mit einem Dutzend solcher Dinge [...] herumliege" und sich deshalb „gar nicht hintraue".[153]

In den meisten Fällen blieben seine Bemühungen fruchtlos, was er mit der missmutigen, etwas übertriebenen Behauptung quittierte, er könne nur einem Prozent der Gesuche zum Erfolg verhelfen, „wenn es gut geht".[154] Ebensowenig ließ die Zahl derer nach, die um kleinere Darlehen und Bürgschaften bettelten. Dabei zeigte Dietrich sich lange großzügig – mit der Folge, dass er zahlreiche Forderungen abschreiben oder Schulden übernehmen musste, für die er sich verbürgt hatte. Als ihm ein Jugendfreund aus Schallbach, dem er 250 Mark geliehen hatte, den Betrag aus freien Stücken zurückzahlte, dankte er ihm überschwänglich: „Ich bin sonst nicht gewohnt, daß ich derartige Darlehen zurück bekomme. Ich freue mich, daß Du so ein anständiger Kerl bist, daß Du Deine Verpflichtungen einhältst".[155] Wenn er „nur ein Zehntel" aller Wünsche erfüllen würde, bemerkte er Mitte 1927, werde sein ganzes Vermögen „in längstens zwei bis drei Jahren" aus „unaufbringlichen Gefälligkeitsdarlehen" bestehen.[156] Angesichts der sinkenden Trick-Dividende und im Hinblick auf die großen Verluste, die er durch die Bürgschaften für den *Oberländer Boten* und den Bruder von Elisabeth Brönner-Hoepfner erlitten hatte, ging er nun dazu über, alle Bitten abzulehnen. Seine Finanzmisere führte er unter anderem auf seine „Gutmütigkeit" zurück: „Ich habe im vorigen Jahr soviel Geld verpulvert, daß ich jetzt endlich einmal an mich selbst denken muß."[157]

Das waren gewiss keine in mangelnder Hilfsbereitschaft oder Geiz begründeten Ausreden. Es ist durchaus bemerkenswert, welche Vielzahl von oft aussichtslosen Anliegen Dietrich vertrat, die in der Summe zeitraubend waren, und in welchem Maße er anderen finanziell unter die Arme griff. Dabei dürfte er auch dem Beispiel seiner ersten Frau Elisabeth Trick gefolgt sein, die ständig finanzielle Zuwendungen und Darlehen verteilt und ihn kurz vor der Hochzeit ermahnt hatte:

---

[152] Dietrich an Eduard Lohr jr., 15. 4. 1926, ND 81, fol. 83.
[153] Dietrich an Carl Adam, 19. 5. 1927, ND 87, fol. 126 u. Dietrich an Georg Scheer, 21. 5. 1927, ND 108, fol. 36.
[154] Dietrich an Max Lerch, 5. 9. 1928, ND 106, fol. 176.
[155] Dietrich an Emil Grether, 19. 6. 1926, ND 78, fol. 165.
[156] Dietrich an Karl Aretz, 20. 6. 1927, ND 87, fol. 71.
[157] Dietrich an Karl Aretz, 13. 1. 1928, ND 97, fol. 69 u. Dietrich an Helene Hiltawski, 8. 2. 1928, ND 102, fol. 228.

„Für Andere wollen wir immer noch etwas übrig haben".[158] Dieses Credo entsprach, ebenso wie ihr karitatives Engagement, dem großbürgerlichen Handlungsmuster, demonstrativ soziale Verantwortung zu übernehmen.[159]

In Anbetracht der eigenen Schwierigkeiten sah Dietrich die Grenzen seiner Belastbarkeit erreicht. Er musste sich auch deshalb zurückhalten, weil die Versorgung von Verwandten eine wachsende Bürde darstellte. Ein bezeichnender Fall war sein jüngster Bruder Waldemar, dessen Bildungs- und Berufsweg vor dem Krieg zwar nicht geradlinig verlaufen war, der aber immerhin ein abgeschlossenes Architekturstudium vorzuweisen hatte. Nach der Rückkehr vom Kriegsdienst suchte er jahrelang nach einer Festanstellung. Während der Inflationszeit gelang es Dietrich, Waldemar bei kleinen Betrieben zur Torfgewinnung unterzubringen, ein Bereich, der freilich nichts mit seiner Ausbildung zu tun hatte. Zuerst arbeitete er bei einem Unternehmen, das Dietrichs Partei- und Geschäftsfreund Wilhelm Stiegeler gehörte, danach für ein Projekt des Industriellen und DDP-Mitglieds Robert Bosch, das schließlich eingestellt wurde.[160] Als Waldemar deshalb im Winter 1923/24 arbeitslos wurde, setzte Dietrich alle Hebel in Bewegung, um ihm endlich eine Anstellung im Baugewerbe zu verschaffen, und wandte sich deshalb unter anderem an Carl Friedrich von Siemens und den ehemaligen oldenburgischen Ministerpräsidenten Theodor Tantzen (beide DDP).[161] Als diese Versuche allesamt vergebens waren, stellte er konsterniert fest: „Die Lage ist in Deutschland jetzt so schwierig geworden, daß ich nicht einmal meinen eigenen jüngsten Bruder, der außerdem noch das Regierungsbaumeister-Examen mit der Note gut gemacht hat, angemessen unterbringen kann."[162] Schließlich engagierte er Waldemar Anfang 1925 als Geschäftsführer des Madachhofs, obwohl dieser dafür nicht qualifiziert war. Zudem war der Bruder mit der Tätigkeit bald recht unzufrieden und brachte das mit Klagen über seinen labilen Gemütszustand zum Ausdruck.[163] Infolgedessen stellte Dietrich ihm 1927 5500 RM für den Kauf eines Autos zur Verfügung, das den Aufenthalt auf dem Land angenehmer gestalten sollte, und übertrug ihm die Verwaltung seiner badischen Vermögensobjekte, wofür er ihm großzügige Provisionen gewährte. Dietrich hoffte, dadurch „Arbeit zu sparen", musste sich aber um alle wichtigen Fragen doch selbst kümmern, weil Waldemar überfordert war.[164] De facto diente diese zusätzliche Aufgabe nur der Alimentierung seines Bruders.

---

[158] Elisabeth Trick an Dietrich, 15.12.1917, ND 728; siehe auch die Briefe Tricks vom 19.9.1911, 9.6.1913, 3.2.1914 u. 9.8.1915, ebd.
[159] Vgl. Morten Reitmayer: Bourgeoise Lebensführung im ersten Drittel des 20. Jahrhunderts. In: Werner Plumpe/Jörg Lesczenski (Hg.): Bürgertum und Bürgerlichkeit zwischen Kaiserreich und Nationalsozialismus. Mainz 2009, S. 59-69, hier S. 62.
[160] Dietrich an Wilhelm Stiegeler, 7.8.1921, ND 633; Dietrich an Waldemar Dietrich, 28.9.1922, ND 67, fol. 129; vgl. Paul Erker: Der Boschhof. Das landwirtschaftliche und kulturlandschaftliche Engagement von Robert Bosch. Ostfildern 2014, S. 7-35.
[161] Korrespondenz mit Waldemar Dietrich im Jahr 1924, ND 70, fol. 120-146.
[162] Dietrich an Josef Arnold, 19.6.1924, ND 69, fol. 39.
[163] Waldemar Dietrich an Dietrich, 19.1.1926, ND 734.
[164] Dietrich an Waldemar Dietrich, 27.1.1927, ND 634 u. ebd., passim; 1927 erhielt Waldemar ca. 3500 RM, 1928 knapp 2000 RM Provision: Abrechnung Waldemar Dietrichs für das Vermögensverwaltungskonto 1927, o.D. u. Einkommensteuererklärung 1928, 10.5.1929, ND 624.

Rudolf Dietrich war Mitte der zwanziger Jahre Reichsbankrat und hatte keine Kinder, die er hätte versorgen müssen. Trotzdem jammerte er ständig über die Einschränkungen, denen er und seine Frau sich ausgesetzt sahen. Beispielsweise musste er zwischenzeitlich, was für die höhere Beamtenschaft durchaus typisch war, sein Dienstmädchen „der Ersparnis halber" entlassen.[165] Gleichwohl stand er finanziell auf eigenen Beinen – als einziges von Dietrichs vier Geschwistern. Die Schwester Else Hoffmann war von ihm abhängig, seit ihr Ehemann, ein Realschuldirektor, im Krieg gefallen war. Die Hinterbliebenenpension, von der sie mit ihren beiden 1913 geborenen Töchtern Hilde und Elfriede lebte, reichte kaum für das Nötigste und musste durch monatliche Überweisungen aufgebessert werden.[166] Als sein Bruder Emil, ein mittlerer Eisenbahnbeamter, 1925 starb, befanden sich dessen Witwe Luise und ihr Pflegesohn in einer vergleichbaren Lage.[167] Außerdem kümmerte er sich um die Familie einer Cousine, deren Mann ebenfalls im mittleren Dienst der Reichsbahn tätig war. Als dieser 1927 starb, wurden aus gelegentlichen regelmäßige Zahlungen. Die Witwe erhielt mit ihren beiden Kindern monatlich nur 95 RM Pension – nach 35 Dienstjahren, wie sie ungläubig betonte – und konnte ohne Dietrichs Hilfe nicht einmal Brennholz kaufen.[168] Sodann musste er Elisabeth Kaupp über Wasser halten, eine Cousine seiner ersten Frau, die er bis zu seiner Heirat mit Marta Troeltsch als Hausdame engagiert hatte. Kaupp war ausgebildete Krankenschwester, fand aber mit 50 Jahren keine Anstellung mehr. So war Dietrich genötigt, ihr eine Rente zu gewähren, die zu seinem Missvergnügen, wohl auch mit Rücksicht auf sein Ansehen in der Familie Trick, recht großzügig bemessen war.[169] Und schließlich unterstützte er ab 1927 seine bisherige Köchin, die aus Altersschwäche nicht mehr arbeiten konnte und nach über 20 Jahren im Haushalt der Tricks praktisch zur Familie gehörte.[170]

Allein die laufenden Zahlungen an diese Angehörigen machten eine beträchtliche Summe aus. 1928 beliefen sie sich auf gut 7000 RM, und nach Lage der Dinge war auf absehbare Zeit keine Reduzierung zu erwarten. Darüber hinaus kam Dietrich für kostspielige Kuraufenthalte auf, bezahlte Arztrechnungen, quartierte seine Verwandten während der Ferien in seinem Schwarzwaldhaus ein und ließ ihnen Lebensmittel von seinen Höfen zukommen. Er übernahm alle außerordentlichen Ausgaben für seine Nichten Hilde und Elfriede, deren Ausbildung ihm be-

---

[165] Rudolf Dietrich an Dietrich, 7.9.1926, ND 76, fol. 102; siehe auch den übrigen Schriftwechsel ebd., fol. 100-109. Vor dem Krieg war es keine Seltenheit, dass höhere Beamte sich zwei Dienstmädchen leisteten: Fattmann, Bildungsbürger, S. 87.
[166] Schriftwechsel mit Else, Hilde und Elfriede Hoffmann, 1925-1928, ND 71, fol. 267-284, ND 79, fol. 232-235 u. 253, ND 90, fol. 269-273, ND 277, fol. 95 u. ND 102, fol. 240-278; Kontoauszüge der Badischen Landwirtschaftsbank Donaueschingen 1924/25, ND 41, passim; Dietrich an Rudolf Dietrich, 8.6.1926, ND 76, fol. 106.
[167] Schriftwechsel mit Luise Dietrich, 1926-1928, ND 76, fol. 91-99, ND 88, fol. 117-129 u. ND 98, fol. 129-140.
[168] Dietrich an die Oberrheinische Bankanstalt, 16.12.1924, ND 41, fol. 163; Schriftwechsel mit Fanny und Josef Hörtner, 1926-1928, ND 79, fol. 258-260, ND 90, fol. 284-288 u. ND 102, fol. 317-335.
[169] Schriftwechsel mit Elisabeth Kaupp, 1927-1929, ND 91, fol. 92-97 u. 102-112, ND 105, fol. 103-106 u. ND 732.
[170] Schriftwechsel mit Sophie Fuchs, 1928, ND 100, fol. 284-303.

sonders am Herzen lag. Zum Beispiel brachte er sie 1928/29 für ein Schuljahr in einem vornehmen Mädchenpensionat in der französischen Schweiz unter, was über 5000 RM kostete.[171] Mit diesen erheblichen Aufwendungen war allerdings längst nicht allen notleidenden Verwandten geholfen: Unter den Geschwistern seiner Schwägerin Luise, seinen Angehörigen mütterlicherseits und sogar in der Familie Trick gab es zahlreiche Fälle von Arbeitslosigkeit, denen er in der Regel hilf- und ratlos gegenüberstand. Insgesamt stellten sich ihm die meisten Schriftwechsel mit Verwandten als schier endlose Klagelieder dar. Wie das Beispiel seines Bruders Rudolf zeigt, galt das oft selbst für diejenigen, die in Lohn und Brot standen. Auch angesichts der „Unmassen von Sorgen für andere Leute" erklärte Dietrich Anfang 1928, das neue Jahr werde für ihn „kein erfreuliches" sein.[172]

Im Dezember 1927 tat er sich vor dem Reichstag als vehementer Befürworter der Besoldungsreform hervor, mit der die Beamtengehälter kräftig erhöht wurden. Generell hatte er „den Eindruck, daß wir uns aus der Misere des Jahres 1918 sehr viel besser herausgebuddelt haben, als wir es uns damals vorgestellt haben". Nachdem die Einkommenssituation aller Berufsgruppen sich seit 1924 „etwas" verbessert habe, sei es angebracht, dass auch die Beamten „einen bescheidenen Schritt nach oben machen". Diese Überlegung müsse ausschlaggebend sein, obwohl die Wirtschafts- und Finanzlage prekär sei, wie er betonte: „Ich weiß ganz genau, daß es uns in Deutschland noch sehr schlecht geht".[173] Um zu dieser Diagnose zu gelangen, genügte Dietrich ein Blick in den Briefkasten, und seine eigene Lage war ebenfalls besorgniserregend. Im Herbst 1927 stand er vor beunruhigenden Engpässen, nachdem er sich in den Monaten zuvor mit fragwürdigen Investitionen übernommen hatte. Mehrmals vertröstete er Verwandte, denen er kleinere Beträge zukommen lassen wollte, mit dem Hinweis, er sei „zur Zeit etwas knapp an Geld".[174] Wegen der niedrigen Trick-Dividende blieb die Situation 1928 angespannt, die Bankschulden stiegen weiter: Die nachträgliche Erhöhung der Gewinnausschüttung wurde erst am Ende des Jahres durchgesetzt, und die Mechanismen der nachträglichen Einkommensteuerveranlagung bewirkten, dass er noch erhebliche Steuerzahlungen für das Jahr 1927 zu entrichten hatte.[175]

Als die Weimarer Konjunktur ihren Höhepunkt erreicht hatte, also zu einem im Rückblick bezeichnenden Zeitpunkt, konnte Dietrich nur zu dem Schluss kommen, dass volkswirtschaftlich nach wie vor vieles im Argen lag und der Zustand der „Normalität" längst nicht erreicht war. Wohin er auch blickte, wurde er mit gravierenden ökonomischen Krisensymptomen konfrontiert. Dabei handelte es sich für ihn um eine Momentaufnahme, nicht um einen Wendepunkt. Nach dem Gewinneinbruch der Firma Trick überschüttete er seine Korrespondenzpart-

---

[171] Vgl. die vorigen Anmerkungen; die laufenden Zuwendungen an Else Hoffmann betrugen 1928 1200 RM, an Luise Dietrich und Fanny Hörtner jeweils 600 RM, an Elisabeth Kaupp 2400 RM und an Sophie Fuchs 240 RM. Hinzu kam Waldemars „Provision" von knapp 2000 RM für die Vermögensverwaltung.
[172] Dietrich an Nathan Stein, 11.1.1928, ND 270, fol. 43f.
[173] Rede Dietrichs am 13.12.1927, Reichstag Bd. 394, S. 12001.
[174] Dietrich an Luise Dietrich, 19.10.1927, ND 88, fol. 118; ähnlich Dietrich an Karl Göhringer, 14.11.1927, ND 89, fol. 26.
[175] Steuersyndikat Brönner an das Finanzamt Charlottenburg-West, 14.11.1928, ND 624.

ner mit missmutigen Äußerungen über seine materielle Situation und kehrte in gewissem Maß zu vorsichtigeren Einschätzungen zurück. Bezüglich der Forstwirtschaft in Wildgutach äußerte er im Frühjahr 1928 die „größte Sorge, daß wir auch dieses Jahr nicht ernstlich vorwärts kommen".[176] Den fortwährenden Enttäuschungen zum Trotz war er aber weiterhin von einer Verbesserung seiner Lage überzeugt. So rechnete er nach wie vor mit einem Aufschwung des Immobilienmarkts. Im Sommer 1928 riet er einer alten Freundin Elisabeth Tricks, „jetzt schon zuzugreifen", wenn sie ein Haus kaufen wolle: „Meiner Ansicht nach ist bestimmt in den nächsten Jahren mit einem Anziehen der Grundstückspreise zu rechnen."[177] Zu einem realistischen Urteil über den desolaten Madachhof konnte er sich noch immer nicht durchringen. Als Waldemar ihm wieder einmal einen Wechsel über 4000 RM nach Berlin schickte, den er für die Gutswirtschaft unterschreiben sollte, antwortete er ungehalten, dass dies nun „das letzte Mal" sein müsse: „Ich kann das einfach nicht machen, denn wie Du selbst weißt, sind meine Geldverhältnisse in diesem Jahre nicht besonders günstig."[178]

Aus Dietrichs Sicht bedurfte es keineswegs einer Änderung seiner bisherigen Haltung. Schließlich war der Prozess der Normalisierung seit 1924 unleugbar vorangekommen, so dass sich seine zuversichtlichen Prognosen zumindest in der Tendenz als richtig erwiesen hatten. Auch seine Äußerungen zur Finanz- und Wirtschaftspolitik zeigen, dass er die Fortsetzung dieser Entwicklung als zwangsläufig betrachtete. Im Februar 1927 stellte er im Plenum des Reichstags fest, dass die Wirtschaft sich „einigermaßen erholt" habe und „daß wir uns heute schon normalen Verhältnissen *nähern*". Solange der Normalzustand nicht erreicht war, hielt er ernstliche Rückschritte für ausgeschlossen, eine Stagnation für unwahrscheinlich. Er schätzte die Steuereinnahmen betont vorsichtig, „unter der Voraussetzung, daß wir überhaupt nicht vom Fleck kommen", und kam zu dem Schluss, „selbst bei gleichbleibender Wirtschaftslage" werde der Etat nicht in eine Schieflage geraten.[179] Wenn er zur Entlastung der Wirtschaft Steuersenkungen forderte, vertrug sich dies nur deshalb mit seinem Eintreten für die Besoldungserhöhungen, weil er mit einem weiteren Anziehen der Konjunktur rechnete. Als Parlament und Regierung im Winter 1928 weitere Ausgabenerhöhungen beschlossen, beurteilte er die Haushaltslage freilich mit zunehmender Besorgnis – ohne jedoch ein Etatdefizit zu befürchten: Man müsse fortan den vorhandenen Spielraum im Haushalt für eine Entlastung der Steuerzahler nutzen, „sonst kommt wieder die Gefahr vermehrter Ausgaben, wenn wir vermehrte Einnahmen haben". Die Möglichkeit sinkender Einnahmen und eines neuerlichen Konjunktureinbruchs zog er nicht in Betracht. Vielmehr hatte er bei seinen Überlegungen die steigenden Reparationsannuitäten bereits einkalkuliert.[180]

---

[176] Dietrich an Waldemar Dietrich, 4.5.1928, ND 634.
[177] Dietrich an Lilly Braumann-Honsell, 28.6.1928, ND 99, fol. 283.
[178] Dietrich an Waldemar Dietrich, 12.6.1928, ND 634.
[179] Rede Dietrichs am 17.2.1927, Reichstag Bd. 392, S. 9050, 9052 u. 9054 (meine Hervorhebung).
[180] Reden Dietrichs am 21.1.1928, Reichstag Bd. 394, S. 12290-12298, Zitat S. 12292 u. am 19.3.1928, Reichstag Bd. 395, S. 13515.

Seine negative Einschätzung der gegenwärtigen Lage verknüpfte sich also mit einer gewissermaßen „optimistischen" Zukunftserwartung. Allerdings verdankte sich dieser Optimismus dem niedrigen Ausgangsniveau; zugespitzt formuliert beruhte er auf der Annahme, schlimmer könne es nicht werden. So erklärt sich auch, dass Dietrich zugleich fundamentalen Krisendeutungen zuneigte und den Beginn einer verheerenden „Epoche des Großkapitalismus" fürchtete: Eine nachhaltige Entwicklung zum Besseren hielt er nicht für ausgemacht. Er wähnte sich zwar in einer Phase der Erholung, doch die Rückkehr zur Normalität war im Grunde ein Minimalziel – das schließlich unerreicht blieb. Auf dem Gründungsparteitag der Deutschen Staatspartei am 9. November 1930 stellte Dietrich zu Beginn seiner programmatischen Rede fest: „Wir hätten erwarten dürfen, daß nach den bitteren Zeiten des Krieges und der Inflation, nach dem Aufstieg der vergangenen Jahre, der politisch und wirtschaftlich stattgefunden hat, wir allmählich in eine Periode ruhiger Entwicklung eintreten würden. Das Gegenteil ist der Fall gewesen."[181] Von dem Wirtschaftsabschwung ab 1929 wurde Dietrich wiederum negativ überrascht, erst recht, als sich herausstellte, dass es nicht bei einer kurzfristigen Konjunkturstörung blieb, sondern nach der Inflation eine zweite Wirtschaftskrise unerhörten Ausmaßes einsetzte. Aus heiterem Himmel kam die große Depression aber nicht. Sie bedeutete vielmehr die Fortsetzung der bisherigen Enttäuschungen.

3. Die „groß-liberale Partei" – eine Illusion

„Wir sind hier in Deutschland, wenn auch nicht politisch, so doch wirtschaftlich, ein gutes Stück vorwärts gekommen", berichtete Dietrich im Frühjahr 1927 einer deutschen Studentin in den USA.[182] Diese Diagnose brachte seine Gemütslage in den Jahren der „relativen Stabilisierung" auf den Punkt. Während die ökonomische Entwicklung immerhin Anlass zur Hoffnung gab, geriet die Politik zu einem steten Quell der Enttäuschung.

Das galt zum einen für die Entwicklung der Weimarer Demokratie im Allgemeinen. Dietrich beklagte die Schärfe der innenpolitischen Gegensätze, die in den „Kämpfen der Parteien", dem steten „wirtschaftlichen Streit und politischen Hader" hervortraten.[183] Anlässlich des Todes von Friedrich Ebert im März 1925 prangerte er die postumen Attacken gegen den ersten Reichspräsidenten seitens der radikalen Kräfte von links und rechts an und konstatierte, das „deutsche Volk" sei noch immer kein „wahres National- und Staatsvolk", wenn es nicht einmal „bei solchen Anlässen alles Trennende zurück zu stellen vermag".[184] Dieser Eindruck wurde dadurch verstärkt, dass Dietrich das „Volk" nach wie vor als

---

[181] Rede Dietrichs auf dem Gründungsparteitag der DStP am 9.11.1930, BAB R 45 III-8, fol. 59.
[182] Dietrich an Anneliese von Halle, 16.5.1927, ND 90, fol. 1f.
[183] Geleitwort Dietrichs zu Neujahr, Badische Presse Nr. 1 vom 1.1.1926.
[184] Hermann Dietrich: Gedanken zum Tode des Reichspräsidenten, Seebote Nr. 56 vom 10.3.1925.

organische Einheit verstand. Dieses Moment spielte auch bei seiner Bewertung der wiederkehrenden Regierungskrisen eine wichtige Rolle. Als die SPD sich im Winter 1925/26 nicht an einer Großen Koalition beteiligen wollte, betrachtete er diese Entscheidung nicht als legitimes Ergebnis der schwer zu vereinbarenden Gegensätze zwischen Sozialdemokraten und DVP, sondern als „bodenlos unverantwortlich"[185] – ein Vorwurf, den er ebenso gegen die DNVP erhob, die zuvor wegen des Vertrags von Locarno die Mitte-Rechts-Regierung gesprengt hatte. Aus seiner Sicht entzogen sich beide Parteien der „Notwendigkeit, politische Aufgaben auch dann mit lösen zu müssen, wenn es unangenehm ist", und gefährdeten damit das Weimarer Staatswesen als Ganzes: „Das parlamentarische System zwingt zur Verantwortung, oder es geht unter."[186]

Die Dichotomie „Interessenhaufen oder Staatsvolk", welche Dietrich als Minister so nachdrücklich in den Vordergrund rücken sollte, spielte aber noch eine untergeordnete Rolle. Ungleich schwerer wog für ihn die prekäre Lage seiner Partei bzw. des Liberalismus, die er besonders drastisch empfand, weil hier ebenfalls der positiv besetzte Erfahrungsraum des Kaiserreichs als Maßstab präsent war. Die DDP war vom Wähler abgestraft worden und zu einer kleinen Partei zusammengeschrumpft, der politische Liberalismus blieb gespalten, und seine Bemühungen, etwas an dem als katastrophal wahrgenommenen Zustand zu ändern, verliefen im Sande oder gerieten zu unmittelbaren Fehlschlägen.

Die badische DDP war Mitte der zwanziger Jahre in einem beklagenswerten Zustand. Bei den Wahlen hatte sie innerhalb von fünf Jahren annähernd zwei Drittel ihrer Stimmanteile von 1919 verloren (Tabellen 1 und 2). Die Mitgliederzahl war gegenüber (angeblich) 49 000 im Frühjahr 1919 und 33 000 NLP-Mitgliedern im Jahr 1913 auf unter 10 000, möglichweise sogar auf 7000 gesunken, wobei die widersprüchlichen Zahlenangaben symptomatisch für den schlechten Zustand der Organisation sind. Dietrich schätzte 1925, es seien „zirka drei Viertel der alten Nationalliberalen […] zur Volkspartei und zum Landbund, zum Teil sogar zu den Deutschnationalen abgeschwommen".[187] Gleichzeitig beklagte er die

---

[185] Dietrich an Alfred Scheel, 15. 3. 1926, ND 84, fol. 184.
[186] Hermann Dietrich: Der Weg der Regierungsbildung, 8 Uhr-Abendblatt (National-Zeitung) Nr. 28 vom 17. 1. 1926, BAB R 8034 III-95, fol. 129; zu den gescheiterten Verhandlungen über die Große Koalition vgl. Winkler, Schein, S. 259–264; zur grundsätzlichen Problematik der Großen Koalition, die „eine eigentlich systemwidrige Idee" war, Andreas Wirsching: Koalition, Opposition, Interessenpolitik. Probleme des Weimarer Parteienparlamentarismus. In: Marie-Luise Recker (Hg.): Parlamentarismus in Europa. Deutschland, England und Frankreich im Vergleich. München 2004, S. 41–64, Zitat S. 51; ebenso Thomas Raithel: Funktionsstörungen des Weimarer Parlamentarismus. In: Moritz Föllmer/Rüdiger Graf (Hg.): Die „Krise" der Weimarer Republik. Zur Kritik eines Deutungsmusters. Frankfurt a. M. u. a. 2005, S. 243–266, hier bes. S. 252–257.
[187] Dietrich an Max Klemm, 14. 8. 1925, ND 72, fol. 171. Seitens des badischen Generalsekretariats waren bei der Reichsgeschäftsstelle 1926/1927 7043 badische Mitglieder gemeldet. Möglicherweise waren diese Zahlen aber zu niedrig angesetzt, um die Beitragszahlungen an die Zentrale in Berlin (die freilich ohnehin nicht entrichtet wurden) zu senken. Im Oktober 1928 war jedenfalls von 9000 Mitgliedern die Rede, und es ist recht unwahrscheinlich, dass die Zahlen sich so deutlich nach oben entwickelten – gegen den reichsweit rückläufigen Trend. Auch die Angaben über die Zahl der Ortsvereine sind widersprüchlich. Offiziell gemeldet waren Anfang 1926 99 Vereine, Dietrich nannte

Untätigkeit der verbliebenen Anhänger, die selbst in Wahlkampfzeiten nur schwer zu mobilisieren waren. Nach der Maiwahl 1924 schrieb er dem Heidelberger DDP-Vorsitzenden: „Wenn uns Karlsruhe nicht im Stich gelassen hätte, und die Lörracher und Konstanzer den vierten Teil von dem gearbeitet hätten, was Sie geschafft haben, dann hätten wir unsere Stimmen erheblich vermehrt."[188] In Wirklichkeit schnitten die südbadischen Gebiete gegenüber dem Landesdurchschnitt am besten ab – doch es wurden gerade die Gegenden zu seinem Vergleichsmaßstab, in denen er vor dem Weltkrieg die rege Aktivität der liberalen Parteien aus nächster Nähe erlebt hatte.

Bei seinen Bemühungen, die Parteiorganisation zu beleben, richtete sich sein Fokus ebenfalls auf Orte, die ihm am Herzen lagen. Nach den Kommunalwahlen im November 1926 war er mit dem Ergebnis in Karlsruhe besonders unzufrieden und machte die Inaktivität des Ortsvereins verantwortlich. Deshalb wollte er „dafür sorgen, daß der Vorstand gründlich umgekrempelt wird" und einen Teil der Honoratioren mit Mitgliedern ersetzen, die bereit waren, „tätiger [...] in der Partei mitzuarbeiten".[189] Das Vorhaben blieb nicht zuletzt deshalb ohne rechtes Ergebnis, weil es an entsprechend engagierten Kandidaten mangelte, und nach einigen Monaten stellte er resignierend fest: „Ich sehe schon, die ganze Sache in Karlsruhe will sich nicht recht bessern."[190] Um die Aktivität der Partei in Südwestbaden zu beleben, initiierte Dietrich im Frühjahr 1927 eine Wahlkreisversammlung in Lörrach, auf der vor allem „Organisations- und Agitationsfragen" besprochen wurden.[191] Den Verlauf der Veranstaltung, bei der sich ein Kommunist einschlich und „Diskussion machen" wollte, empfand er als typisch: „Wie gewöhnlich in Lörrach ist eine große Dummheit passiert".[192] Gleichzeitig hoffte er, die lokale Parteiarbeit werde nun Fortschritte machen. Einige Monate später konstatierte er jedoch, dass der Bezirksvorsitzende „garnichts tut", und veranlasste, dass das Generalsekretariat ein arbeitsloses Parteimitglied engagierte, das gegen Bezahlung auf Provisionsbasis in der Lörracher Gegend Versammlungen abhalten und Vereine gründen sollte.[193]

Das war ein zaghafter Versuch, abseits der Landesgeschäftsstelle in Karlsruhe die Parteiarbeit zu professionalisieren. Im Allgemeinen verboten sich derartige

---

Mitte 1927 die Zahl 140: Organisationshandbuch DDP, S. 439, Hermann Fischer an Dietrich, 15.8.1927, ND 230, pag. 363, Hubert Zircher an Dietrich, 15.10.1928, ND 232, pag. 263-269 u. Dietrich an Richard Freudenberg, 15.6.1927, ND 272, fol. 289. Die Zahlen für das Jahr 1919 beruhten auf Schätzungen, 1920 gab es offiziell ca. 44 000 Mitglieder: Ostermann, Stahl, S. 31 f. Zur Entwicklung der Mitgliederzahlen im Reich vgl. Schneider, Deutsche Demokratische Partei, S. 222 f.

[188] Dietrich an Oskar Hofheinz, 5.5.1924, ND 217, pag. 297.
[189] Dietrich an Karl Kirchenbauer, 3.3.1927, ND 230, pag. 153 u. Dietrich an Karl Dees, 30.11.1926, ND 229, pag. 395.
[190] Dietrich an Karl Dees, 3.3.1927, ND 230, pag. 161-165; außerdem ebd., passim.
[191] Dietrich an A. Raus, 23.5.1927, Friedrich Vortisch an Dietrich, 25.5.1927 u. Rundschreiben Friedrich Vortischs an die Bezirksvorsitzenden des 2. badischen Wahlkreises, 4.6.1927, StA Lörrach N Vortisch 11.
[192] Dietrich an Dees, 15.6.1927, ND 230, pag. 299.
[193] Dietrich an Richard Freudenberg, 19.10.1927, ND 230, pag. 459; siehe auch Parteisekretär Stein an Josef Arnold, 31.10.1927, ND 230, pag. 481.

Maßnahmen wegen der desolaten Finanzlage. 1924 wollte Dietrich das Generalsekretariat „ein für alle Mal finanzieren", indem er zwölf begüterte Mitglieder für jährliche Zuwendungen von je 1000 RM zu gewinnen suchte.[194] Überraschenderweise gelang ihm das fürs Erste, trotz zweier kostspieliger Reichstagswahlkämpfe in demselben Jahr, für die im Wesentlichen dieselben Geldgeber herangezogen wurden.[195] Deren Zahlungsbereitschaft ließ jedoch bald nach. Anfang 1926 wollte der Vorstand dazu übergehen, von einem größeren Kreis „kleinere, aber regelmäßige Beiträge" einzutreiben.[196] Dieser Versuch scheiterte offenbar schon im Ansatz, ebenso wie das kurz darauf entwickelte Vorhaben, über eine neue Wochenschrift, die im Zwangsabonnement von allen Mitgliedern bezogen werden sollte, wenigstens die Hälfte der Unkosten der Karlsruher Geschäftsstelle abzudecken.[197] Gegenüber Hermann Fischer, der als Schatzmeister der DDP die Beitragsanteile einforderte, die der Zentrale in Berlin zustanden, klagte Dietrich, er müsse mit Richard Freudenberg „die Zeche" zahlen.[198] Die Mitglieder und Ortsvereine kämen ihren Verpflichtungen schlicht nicht nach: „Ich habe mir alle Mühe gegeben, eine geordnete Finanzverwaltung aufrecht zu erhalten. Es ist mir aber nicht gelungen".[199]

Unzufrieden war Dietrich auch mit dem vermeintlich geringen Rückhalt der DDP in der Presse. In Wirklichkeit war dieser „sehr groß": Die Gesamtauflage der demokratischen Zeitungen in Baden war 1927 mit über 140 000 Exemplaren ebenso hoch wie die der zentrumsnahen Presse, obwohl hinter dem Zentrum etwa viermal so viele Wähler standen. Der Marktanteil betrug über 20 Prozent, während die Stimmanteile bei den Wahlen unter 10 Prozent gefallen waren. Auf einen demokratischen Wähler der Jahre 1924 und 1925 kamen ungefähr zwei Zeitungen.[200] Dietrichs Feststellung, dass die DDP „leider nicht mehr die Presse" habe, „um das, was wir geschaffen [sic!] haben, in das richtige Licht zu setzen",[201] lässt sich nur vor dem Hintergrund der früheren nationalliberalen Dominanz im badischen Pressewesen verstehen. Auch hier verdüsterte die Vorkriegszeit seine Deutung der Gegenwart. Ein erheblicher Teil der nationalliberalen Zeitungen, die nach der Revolution zunächst geschlossen die DDP unterstützt hatten, stand nun der DVP nahe.[202]

Ungeachtet der persönlichen Eigenheiten von Dietrichs Wahrnehmungen konnte aber kein Zweifel daran bestehen, dass die chronisch unterfinanzierte, an

---

[194] Dietrich an Paul Homburger, 6.5.1924, ND 217, pag. 345f.
[195] Dietrich an Dees, 5.6. u. 22.7.1924, ND 70, fol. 27 u. 44; vgl. ND 217 u. 220, passim.
[196] Schatzmeister August Dänzer-Vanotti an Dietrich, 25.1.1926, ND 229, pag. 39.
[197] Rundschreiben von Dietrich und Dänzer-Vanotti an die Wahlkreisvorsitzenden, die stellvertretenden Wahlkreisvorsitzenden und die Vorsitzenden der Ortsvereine, 9.2.1926, ND 229, pag. 41–45.
[198] Dietrich an Fischer, 23.7.1926, ND 77, fol. 81.
[199] Dietrich an Fischer, 25.10.1926, ND 76, fol. 48; siehe auch Dietrich an Fischer, 19.5.1927, ND 230, pag. 285.
[200] Lily Abegg/Wolfgang Hanstein: Das Zeitungswesen in Baden und der Pfalz. Eine statistische Untersuchung. Baden-Baden 1928, S. 14–16, Zitat S. 14.
[201] Rede Dietrichs auf dem Landesparteitag in Donaueschingen am 6.2.1927, Seebote Nr. 32 vom 9.2.1927.
[202] Deren Presserückhalt war in Relation zur Wählerzahl ebenfalls überproportional groß: Abegg/Hanstein, Zeitungswesen, S. 14–16.

Mitgliederschwund leidende und nicht mehr schlagkräftige Parteiorganisation unter Verfallserscheinungen litt. Die organisatorische Schwäche der DDP, auf die wiederholt hingewiesen worden ist, lässt sich somit in Baden exemplarisch nachvollziehen, obwohl es diesem Wahlkreisverband noch verhältnismäßig gut bzw. weniger schlecht erging.[203] Zugleich wird deutlich, dass es sich nicht um ein überkommenes Problem des politischen Liberalismus handelte und nicht der „Honoratiorencharakter" der liberalen Parteien bestehen „blieb",[204] sondern die ursprünglich vorhandenen organisatorischen Strukturen innerhalb weniger Jahre nach der Revolution nachhaltig geschwächt, mancherorts lahmgelegt wurden. Folglich waren die organisatorischen Defizite nicht Ursache, sondern Symptom des Niedergangs der DDP bzw. der liberalen Parteien.

Ein zentrales Enttäuschungsmoment war für Dietrich die anhaltende Spaltung des politischen Liberalismus. Nachdem der Versuch, die DDP als liberale Einheitspartei zu etablieren, rasch gescheitert war, unternahm er immer wieder Versuche, eine Parteifusion mit der DVP herbeizuführen – erst in Baden, später allem Anschein nach auch im Reich. Anfang 1924 war er in Berlin an Sondierungen über „eine Sammlung der liberalen Bürgerlichen" beteiligt.[205] Nach wie vor hielt er „die jetzigen parteipolitischen Zustände" für eine „Unmöglichkeit" und war überzeugt, der „Liberalismus" werde „untergehen", wenn es nicht zur „Schaffung einer groß-liberalen Partei" komme.[206] Die Verhandlungen scheiterten jedoch, und zwar, wie er verärgert betonte, vor allem am Widerstand der DVP.[207] Mit Blick auf die bevorstehenden Wahlen äußerte er gegenüber einem Bundesbruder, der DVP-Mitglied war, die Hoffnung, „daß Deine verehrliche Volkspartei [...] so vermöbelt wird, daß wir dann erneut Gelegenheit haben, die Liberalen zu sammeln".[208] Nach der Wahl, die in Baden nur der DDP herbe Verluste bescherte, war davon keine Rede mehr, und auch in den folgenden Jahren erneuerte Dietrich seine Bemühungen um einen Zusammenschluss mit der DVP nicht.

Zum einen entfiel nun ein wichtiger Faktor seiner bisherigen Sammlungspolitik: Der Machtkampf innerhalb der badischen DDP war, wie sich im Frühjahr 1924 zeigte, zu seinen Gunsten entschieden. Es war nicht mehr nötig, durch einen Zuzug von ehemaligen Nationalliberalen, die der DDP den Rücken gekehrt hat-

---

[203] Zur Parteiorganisation auf Reichsebene Schneider, Deutsche Demokratische Partei, S. 67–75 u. 222–237; vgl. auch Jones, Liberalism, S. 267f.; Schustereit, Linksliberalismus, S. 185–193.

[204] Z. B. Schneider, Deutsche Demokratische Partei, S. 44 (Zitat) u. 69; Möller, Bürgertum, S. 329; Jürgen C. Heß: Die Desintegration des Liberalismus in der Weimarer Republik. In: Hermann W. von der Dunk/Horst Lademacher (Hg.): Auf dem Weg zum modernen Parteienstaat. Zur Entstehung, Organisation und Struktur politischer Parteien in Deutschland und den Niederlanden. Melsungen 1986, S. 249–272, hier S. 259–262.

[205] Dietrich an Schneider, 12. 3. 1924, ND 217, pag. 9; zu Dietrichs früheren Bemühungen um eine Parteifusion vgl. Kap. II, 2.

[206] Dietrich an Eugen Rebholz, 16. 2. 1924, ND 709 u. Dietrich an Robert Schlegel, 19. 2. 1924, ND 267, fol. 46; vgl. Bangert, Postulat, S. 267.

[207] Dietrich an Albert Vogelbach, 12. 3. 1924, ND 217, pag. 27. Die Einzelheiten dieser Verhandlungen bleiben im Dunkeln.

[208] Dietrich an August Laible, 28. 4. 1924, ND 217, pag. 175; ähnlich Dietrich an Emil Suedes, 29. 4. 1924, ebd., pag. 227.

ten, seine innerparteiliche Position zu stärken. Vielmehr waren derartige Bestrebungen geeignet, neuerdings Konflikte in der Partei heraufzubeschwören und die eben errungene Position in Frage zu stellen. Zum anderen hielt er weitere Bemühungen um eine Fusion nun für wenig aussichtsreich. Auf die bisherigen Misserfolge, die er dem „mangelhaften Verständigungswillen" der Parteien anlastete,[209] reagierte er mit zunehmender Verbitterung. Als die Bildung der bürgerlichen Minderheitsregierung unter Hans Luther Anfang 1926 kurzzeitig zu einer Annäherung von DDP und DVP führte und die Parteispitzen an einem großen Bankett der Liberalen Vereinigung teilnahmen, hatte Dietrich für die Veranstaltung nur Hohn übrig. Dem badischen Abgeordneten Oskar Hofheinz berichtete er, dass „Stresemann und Koch[-Weser] sich um den Hals fielen und Tränen der Rührung vergossen". Er selbst sei bei dem vielbeachteten Treffen nicht zugegen gewesen, dafür aber bisherige Gegner einer Verständigung mit der DVP, wie Anton Erkelenz und Ludwig Haas: „Ich empfinde [...] eine große Schadenfreude, daß diejenigen, die mir früher wegen meiner Meinung fortgesetzt Knüppel in die Beine warfen, nunmehr reumütig den verlästerten Pfad wandeln. Wie es ihnen bekommen wird und wo sie hinkommen werden, obs ein guter Weg oder ein Holzweg ist, vermag in meinem bescheidenen Gehirn nicht zu beurteilen."[210]

Aus Dietrichs Sicht war die Trennung von Demokraten und Volkspartei nicht nur sinnlos, sondern selbstzerstörerisch. Hier lag für ihn der „tiefste Grund"[211] für die Einflusslosigkeit des politischen Liberalismus, die er besonders in Baden fortwährend diagnostizierte. Er trauerte dem Zustand von 1918/19, als die liberale Einheitspartei kurzzeitig Wirklichkeit geworden war, noch mehr aber der politischen Konstellation der Vorkriegszeit nach, als es zwar mehrere liberale Parteien gab, diese aber im Wesentlichen eng zusammenarbeiteten und die Politik im Großherzogtum dominierten. Nun war die DDP in der Weimarer Koalition, die Baden seit der Revolution regierte, der kleinste Partner – und noch dazu ein rechnerisch überflüssiger, da Zentrum und SPD allein über eine Mehrheit verfügten. Die Demokraten besetzten das wichtige Kultusministerium, doch gerade in diesem Ressort waren Kompromisse unumgänglich. Das galt nicht zuletzt für die Personalpolitik: Im kulturkämpferisch gestimmten liberalen Lager, das über alle Maßen den Einfluss des politischen Katholizismus auf das Schulwesen fürchtete, wurde der DDP eine schwächliche Haltung gegenüber dem Zentrum vorgeworfen, das sich bei der Neubesetzung von Beamtenstellen, so die Behauptung, stets durchzusetzen wusste. In Wahrheit konnte von einem Übergewicht des Zentrums im badischen Staatsdienst keine Rede sein: Zwar betrieb das Zentrum eine aktive, mitunter aggressive Personalpolitik, doch nachdem die Partei vor 1918 benachteiligt worden war, bestand ein entsprechender Nachholbedarf.[212] Zudem war das Zentrum eben die mit Abstand stärkste politische Kraft in Baden. Für die Liberalen

---

[209] Dietrich an August Renner, 11.12.1926, ND 229, pag. 447–449.
[210] Dietrich an Hofheinz, 10.2.1926, ND 79, fol. 237f.
[211] Dietrich an Willy Hellpach, 21.10.1927, ND 230, pag. 443–445.
[212] Michael Kitzing: Für den christlichen und sozialen Volksstaat. Die Badische Zentrumspartei in der Weimarer Republik. Düsseldorf 2013, S. 141–158 u. 166–184; Friedrich Wielandt: Schule und Politik in Baden während der Weimarer Republik. Diss. Freiburg i. Br. 1976, bes. S. 200–240.

war der Maßstab ein anderer: Sie blickten auf eine jahrzehntelange Vorherrschaft als „regierende Partei" im Großherzogtum zurück, während der sie systematisch bevorzugt worden waren.

Auch Dietrich wähnte die DDP in der Rolle des hilflosen „Prellbock[s] zwischen Zentrum und Sozialdemokratie", die sich auf kulturpolitischem Gebiet ebenfalls uneins seien und ihre Differenzen auf die Demokraten abwälzten.[213] Er schloss sich zwar hin und wieder der Kritik an den demokratischen Kultusministern Willy Hellpach (1922-1925) und Otto Leers (1926-1929) an, die ob ihrer vermeintlichen Nachgiebigkeit in der eigenen Partei ständig unter Beschuss gerieten.[214] Doch in erster Linie richtete sich sein Groll gegen diejenigen, die er als Urheber der liberalen Spaltung ausmachte: Die Deutsche Volkspartei und all jene Nationalliberale, welche die DDP seit 1919 verlassen hatten. Wenn es nicht mehr möglich sei, „dem liberalen Bürgertum einen entscheidenden Einfluß zu beschaffen", so der Vorwurf an einen alten nationalliberalen Fraktionskollegen, der inzwischen der DVP angehörte, so liege die Schuld dafür bei diesen Abtrünnigen: „Wenn Ihr alle bei mir geblieben wäret, dann hätten wir heute eine gemäßigt liberale Partei, ohne die in Baden nichts zu machen ist".[215] Als sich eine Verwandte beklagte, dass „alle guten Stellen [...] mit Katholiken" besetzt würden, wetterte er: „Daß das Zentrum in Baden wütet, ist ganz in der Ordnung. Alle diejenigen, die die in der Revolution starke Demokratische Partei zersprengt haben, tragen dafür die Verantwortung. Es wird eben jeder so behandelt, wie er es verdient. Wenn sich nicht alle früheren Liberalen auf einem Boden zusammenfinden, dann wird es auch so bleiben wie es jetzt ist und das ist nun in der Dreiteufelsnamen in allen Demokratien so, daß die politisch Klügeren – und das sind die Schwarzen – dominieren."[216]

Dietrichs Frustration verschärfte sich, als es nicht einmal gelang, eine gemeinsame Koalitionspolitik mit der DVP herbeizuführen. Nach den Landtagswahlen vom Oktober 1925 setzte er durch, dass die DDP aus der Weimarer Koalition ausscherte und die Bildung einer Großen Koalition zur Bedingung ihres Wiedereintritts in die Regierung machte. Durch die Einbindung der DVP in die Regierungsverantwortung, so Dietrichs Hoffnung, würden sich die Liberalen nicht mehr in der Rolle des Juniorpartners befinden, und nebenbei wäre der DVP die Möglichkeit genommen, aus der Opposition heraus die lasche Haltung der DDP anzuprangern. Es kam sogar zu entsprechenden Vereinbarungen zwischen DDP und DVP, deren Landtagsfraktionen vorübergehend eine Arbeitsgemeinschaft bildeten. Doch nach wenigen Monaten schlug der Versuch fehl, weil sich die Verteilung der Kabinettsposten sowie die Verhandlungen mit SPD und Zentrum schwierig gestalteten. Schließlich stand die Möglichkeit im Raum, dass die DVP allein in die Regierung eintreten

---

[213] Dietrich an Eugen Rebholz, 9.11.1925, ND 709.
[214] Zu Hellpach: Edmund Rebmann an Dietrich, 1.11.1925 u. Dietrich an Rebmann, 29.12.1925, ND 74, fol. 107 u. 99-102; siehe auch Hellpach, Wirken in Wirren, S. 231 u. 294-301; zu Leers: Dietrich an Hellpach, 21.10.1927, ND 230, pag. 443-445; Oskar Hofheinz an Dietrich, 21.3.1928, ND 231, pag. 199-205; vgl. Kitzing, Badische Zentrumspartei, S. 182f.
[215] Dietrich an Karl Ringwald, 28.10.1925, ND 74, fol. 185f.; vgl. Saldern, Dietrich, S. 26.
[216] Dietrich an Katharina Lutz, 2.3.1926, ND 81, fol. 145f.

und die DDP isoliert werden könnte. Um dem zuvorzukommen, stimmte die Fraktion um Karl Glockner im November 1926 einer Neuauflage der Weimarer Koalition zu, womit der Status quo ante hergestellt war.[217]

Dem Scheitern dieser Bemühungen folgte ein öffentlicher Schlagabtausch zwischen beiden Parteien, die einander jeweils vorwarfen, wortbrüchig geworden zu sein. Dietrich trug zur Eskalation bei, indem er den Landesparteitag der DDP Anfang Februar 1927 für eine Generalabrechnung mit der DVP nutzte. Ausgehend von der Feststellung, es müsse „wieder ein Zustand geschaffen werden, wie er nach der Revolution vorhanden war", erörterte er die Frage, wer „die Verantwortung" für die unerfreuliche politische Lage in Baden trage. Julius Curtius sei 1919 „derjenige [...] gewesen, der die demokratische Partei zerschlug. Ich habe jahrelang gekämpft, um dieses Unglück wieder gut zu machen." Nun habe Wilhelm Mattes, Fraktionsführer der DVP im Landtag, „aufs neue eine Arbeitsgemeinschaft unmöglich gemacht".[218] Dietrich ließ seiner Verbitterung zunehmend freien Lauf. Während des Reichstagswahlkampfs 1928 erregte er mit einer „aggressiven Rede" gegen die DVP das Missfallen von Richard Freudenberg, der einst gegen seine Fusionspläne opponiert, inzwischen aber eine Kehrtwende vollzogen hatte. In einem eindringlichen Brief bat Freudenberg ihn, die „Hemmungen verschiedenen Persönlichkeiten der liberalen Volkspartei gegenüber" wenigstens „zurück[zu]drängen" und für „einen Zusammenschluß des fortschrittlich gesinnten Bürgertums" zu werben, wie er es doch früher auch getan habe.[219]

Dietrichs Ressentiment gegen die Volkspartei saß tief. In seinen Augen hatte sie sich nicht nur von Anfang an der Einheit des Liberalismus in den Weg gestellt, sondern in den ersten Jahren nach der Revolution auf unredliche Weise von ihrer Oppositionsrolle profitiert – auf Kosten der DDP, die ständig mit der Regierungsverantwortung belastet war. Nicht zuletzt hegte er eine starke Antipathie gegenüber Stresemann, der mit diesem Kurs, wie Dietrich fand, zu Unrecht in höchste Staatsämter gelangt war. Seine Missgunst, die auch persönlichem Neid entsprungen sein mag, brachte er privatim immer wieder mit abschätzigen Bemerkungen zum Ausdruck. Den Abschluss des Vertrags von Locarno führte er unter anderem auf „Stresemanns Eitelkeit" zurück,[220] und auf dem Höhepunkt der Krise des Jahres 1923, wenige Tage nach dem Hitlerputsch, urteilte er: „Es zeigt sich immer mehr, daß Herr Stresemann das ist, wofür ich ihn immer gehalten habe, nämlich

---

[217] Dietrich an August Renner, 11.12.1926, ND 229, pag. 447–449; Glockner, Fraktion, S. 212f.; vgl. Kap. III, 3.

[218] Rede Dietrichs auf dem Landesparteitag in Donaueschingen am 6.2.1927, Seebote Nr. 32 vom 9.2.1927; siehe auch die scharfe Replik auf Dietrichs Rede in der DVP-nahen Neuen Mannheimer Zeitung Nr. 65 vom 9.2.1927, Dietrich an Karl Dees, 9.2.1927 u. Dietrich an Rebmann, 12.2.1927, ND 230, pag. 97–101 u. 117.

[219] Freudenberg hob hervor, „daß Du sogar zu einem Zeitpunkt, als ich noch auf einem anderen Standpunkt stand, diese Linie schon verfochten hast": Freudenberg an Dietrich, 16.5.1928, ND 100, fol. 261. 1926 hatte Freudenberg bei den Kommunalwahlen in Weinheim einen „Gemeindeblock" der bürgerlichen Parteien initiiert, der selbst die DNVP einschloss: Ingeborg Wiemann-Stöhr: Die Stadt Weinheim 1925–1933. Untersuchungen zu ihrem wirtschaftlichen, sozialen und politischen Profil. Weinheim an der Bergstraße 1991, S. 75.

[220] Dietrich an Rebmann, 29.12.1925, ND 74, fol. 100.

einen Redner, der über die Dinge, die gerade vorliegen, sehr schön und elegant sich verbreitet, aber keinerlei positive oder konstruktive Fähigkeiten hat."[221] Dietrich störte sich besonders daran, dass der Außenpolitiker Stresemann die Lorbeeren für jene Verständigungspolitik erntete, welche die DDP „eingeleitet" habe und die von diesem „bekämpft" worden sei, bevor er sie ab 1923 „übernommen" habe.[222] Als die DDP Anfang Oktober 1929, unmittelbar nach Stresemanns Tod, ihren Reichsparteitag abhielt, konnte er sich kaum dazu durchringen, die Verdienste des Verstorbenen zu würdigen. Stresemanns „Lebenswerk" sei es gewesen, „auf dem [aufzubauen], was andere vor ihm gedacht und in die Wege geleitet hatten". Die Demokraten dagegen hätten schon seit der Revolution den „richtigen" außenpolitischen Kurs verfolgt: „Das Wesen der Stresemann-Politik ist weiter nichts gewesen, als daß er auf diesem Wege, den wir damals betreten haben, weitermarschiert ist".[223] Treffend kommentierte Werner Stephan, Dietrich habe „Stresemann nie verziehen, daß er den Liberalismus, der 1919 in Südwestdeutschland geschlossen und mächtig in der Deutschen Demokratischen Partei wirkte, aufgespalten [...] hatte".[224]

In der historischen Forschung gehen die Meinungen auseinander, inwieweit die von Dietrich und vielen seiner Zeitgenossen beklagte Spaltung des politischen Liberalismus hätte überwunden werden können, ob sie schädlich und unnötig oder aber unvermeidlich war. Einerseits ist nicht von der Hand zu weisen, dass die Rivalität von DDP und DVP, verstärkt durch manche persönliche Animositäten, nicht selten der Verwirklichung gemeinsamer Ziele entgegenstand. Das Scheitern von Dietrichs Koalitionspolitik in Baden im Jahr 1926 ist ein Beispiel dafür: Während zu bezweifeln ist, ob DDP und DVP im Rahmen der Großen Koalition den hochgesteckten antiklerikalen Erwartungen der liberalen Öffentlichkeit hätten gerecht werden können, steht doch fest, dass beide Parteien in der Landespolitik programmatisch wenig trennte, gerade in kulturpolitischen Fragen, die in Baden auch in den folgenden Jahren eine entscheidende Rolle spielten. Eine gegen das Zentrum gerichtete Kulturpolitik war ein Ziel, dem hier Liberale aller Schattierungen zustimmen konnten.[225] Gleichzeitig kann kein Zweifel an den Differenzen zwischen DDP und DVP bestehen, die sich in anderen Regionen Deutschlands, vor allem aber in der Reichspolitik nicht ohne weiteres überbrücken ließen. So lässt sich andererseits argumentieren, dass die Fusion zu einer größeren, dann überaus heterogenen Partei nicht zu verwirklichen oder die Abwendung der dezidiert Links- bzw. Rechtsliberalen von einer solchen neuen Partei unvermeidlich gewesen wäre.[226]

---

[221] Dietrich an Ludwig Schmidt, 13.11.1923, ND 642.
[222] Hermann Dietrich: Die deutsche Außenpolitik, Seebote Nr. 112 vom 15.5.1928.
[223] Rede Dietrich auf dem Parteitag der DDP in Mannheim am 4.10.1929, BAB R 45 III-7, fol. 57f. u. 78.
[224] Stephan, Aufstieg, S. 412.
[225] Vgl. Stephen G. Fritz: "The Center Cannot Hold." Educational Politics and the Collapse of the Democratic Middle in Germany: The School Bill Crisis in Baden, 1927-1928. In: History of Education Quarterly 25 (1985), S. 413-437.
[226] Besonders Jones hat das Nebeneinander von DDP und DVP als überflüssigen „fratricidal conflict" gedeutet, der zugleich die Republik geschwächt habe: Jones, Liberalism, zusammenfassend S. 476-482, Zitat S. 476; anders Langewiesche, Liberalismus, S. 241; Heß, Desintegration, S. 259; Möller, Weimarer Republik, S. 94-97.

Dafür spricht auch der Umstand, dass beide Parteien ohnehin mit internen Gegensätzen zu kämpfen hatten. Die häufigen Konflikte innerhalb der DDP, der wiederholt prominente Persönlichkeiten den Rücken kehrten, nahm Dietrich mit Ernüchterung zur Kenntnis – so im März 1926, als das von den Arbeiterparteien initiierte Volksbegehren zur Enteignung der Fürstenhäuser vielerorts von der Basis unterstützt wurde, obwohl die Führungsgremien beschlossen hatten, sich nicht zu beteiligen. Im Bodenseekreis engagierten sich DDP-Mitglieder öffentlich sowohl auf Seiten der Unterstützer als auch der Gegner des Volksbegehrens.[227] „Auf diese Weise wird die Partei zerstört", hielt Dietrich einer Gruppe von Demokraten vor, die sich für das Plebiszit einsetzte.[228] An anderer Stelle konstatierte er, „mit derartigen Methoden" sei an den „Wiederaufstieg unserer schwachen Truppe" nicht zu denken: „Wenn wir nicht Disziplin in die ganze Sache hineinbringen, sind wir verloren."[229] Als Willy Hellpach ihm sein Herz über den Undank der Partei ausschüttete, die, statt seine Verdienste als Kultusminister zu würdigen, ihn ständig attackiert habe, pflichtete Dietrich ihm bei: „Unsere Partei ist diejenige, die niemals etwas anerkennt. Ihr kritisierendes und zersetzendes Wesen ist die Ursache unseres Zusammenschrumpfens."[230]

Wenn Dietrich missmutig feststellte, dass die DDP „nicht mehr viel taugt",[231] richtete sich seine Unzufriedenheit vor allem gegen die pazifistischen und kosmopolitischen Strömungen in der Partei, insbesondere gegen die demokratische Großstadtpresse, die „immer geneigt" sei, „dem Ausland recht und uns selbst unrecht zu geben".[232] Während er für die Spaltung des Liberalismus hauptsächlich der DVP die Schuld gab, machte er den linksliberalen Flügel der DDP dafür verantwortlich, dass ein Großteil des einstigen Parteianhangs nach rechts abgewandert war. Seinem Freund Max Klemm schrieb er im Sommer 1925: „Wenn der verfluchte Berliner Klüngel mit seinen unnationalen Sprüchen und seiner völligen Verständnislosigkeit für die Landwirtschaft nicht gewesen wäre, dann könnten wir heute eine große starke Partei der Mitte haben."[233]

In einer Rede zum Verfassungstag im August 1926 beklagte Dietrich, dass „weite Kreise" des Bürgertums dem demokratischen Staat negativ gegenüberstünden. Dies sei für die Republik der „wunde Punkt", und speziell „die Jugend" wolle „sich nicht auf den heutigen Staat einstellen". Eine wesentliche Ursache dieses Missstands erblickte Dietrich darin, dass seitens der republikanischen Kräfte „vielfach" eine „kränkende Kritik an der Vergangenheit" und der „Geschichte Preußens", letztlich also: am Kaiserreich geübt worden sei. Davon müsse man „abkommen":

---

[227] Dees an Dietrich, 22.3.1926, ND 229, pag. 65–68.
[228] Dietrich an Ludwig Goebes (Ortsverein Mosbach), 13.3.1926, ND 78, fol. 124.
[229] Dietrich an Alfred Scheel, 15.3.1926, ND 84, fol. 184.
[230] Hellpach an Dietrich, 22.1.1927 u. Dietrich an Hellpach, 28.1.1927, ND 230, pag. 25–28 u. 45.
[231] Dietrich an Rebmann, 23.7.1926, ND 83, fol. 51f.
[232] Dietrich an Otto Föhrenbach, 1.12.1927, ND 273, fol. 18f.
[233] Dietrich an Klemm, 14.8.1925, ND 72, fol. 171. Saldern, Dietrich, S. 37–41 verkennt die Stoßrichtung von Dietrichs Vorbehalten und nimmt an, sein Verhältnis zur DDP (insbesondere zur „Parteileitung") habe sich Mitte der zwanziger Jahre allgemein und kontinuierlich „verschlechtert".

Der „Stolz auf die deutsche Geschichte" und die „Achtung vor der Vergangenheit" stünden nicht im Widerspruch zu einem Bekenntnis für die Republik, und folglich gelte es, das Bewusstsein dafür zu schärfen, „daß wir letzten Endes [...] auf dem Boden des historisch Gewordenen stehen". Auf diese Weise sollte die „Versöhnung" des Bürgertums und der jüngeren Generation mit der neuen Staatsform gelingen.[234] Der eigentliche Adressat seines Appells war die DDP. Wenige Wochen zuvor hatte er in einem Brief an seinen alten Mentor Edmund Rebmann wieder einmal gegen den „Berliner Klüngel" und die „Berliner Presse" gewettert. Deren „Haß gegen die deuts[che] Geschichte" sei „der Fluch der Demokratischen Partei". Besonders „die hera[n]wachsende Jugend" wolle „sich den Stolz auf [ihre] Vergangenheit nicht rauben lassen", doch dies werde in den DDP-Kreisen der Hauptstadt gar nicht verstanden: „Im hintersten Schwarzwalddorf würden die Wähler nicht solchen Unsinn zusammenreden, wie ich es gelegentlich bei demokratischen Versammlungen in Berlin erlebt habe."[235]

Dietrich wollte die Wähler zurückgewinnen, welche die DDP nach rechts verloren hatte. Seine Pressepolitik hatte nicht zuletzt den Zweck, der Partei „gerade in den Kreisen Anerkennung [zu] verschaffen, die uns sonst nicht sehr freundlich gegenüberstehen"; in Südbaden zielte sie auf die „Wiedergewinnung der liberalen Bauern" ab.[236] Allgemein hielt er „eine schärfere Betonung der nationalen Belange"[237] durch die DDP für erforderlich. Wenn man auf die Befindlichkeiten der liberalen Wählerklientel Rücksicht nehme, so die Annahme, lasse sich die bisherige Wahlentwicklung revidieren. Als Ziel schwebte ihm vor, wie er gegenüber einem der von ihm protegierten Jungdemokraten zum Ausdruck brachte, „daß wir in Deutschland zu einer großen Nationaldemokratischen Bewegung, die an die Stelle der augenblicklichen kleinen Splitterparteien zu treten hätte, kommen".[238] Dieses Vorhaben sah er durch den linken DDP-Flügel torpediert. Seine Tiraden waren typisch für die in weiten Teilen der Partei üblichen Angriffe auf die Großstadtpresse, vor allem auf Theodor Wolff und das *Berliner Tageblatt*.[239]

---

[234] Verfassungsrede Dietrichs in Lahr am 11.8.1926, Badische Presse Nr. 368 vom 12.8.1926.
[235] Dietrich an Rebmann, 23.7.1926, ND 83, fol. 51 f.
[236] Dietrich an den Oberrheinischen Beobachter in Freiburg, 22.9.1927, ND 272, fol. 347 u. Dietrich an den Oberländer Boten in Lörrach, 21.5.1924, ND 70, fol. 34.
[237] Dietrich an Otto Föhrenbach, 1.12.1927, ND 273, fol. 18 f.
[238] Henry Freund an Dietrich, 23.11.1927, ebd., fol. 9. Freund, der sich auf eine knapp vier Wochen zurückliegende Unterhaltung mit Dietrich bezog, war Redakteur beim *Oberrheinischen Beobachter* in Freiburg und beteiligte sich dort im November 1927 an der Gründung eines „Nationaldemokratischen Klubs", gemeinsam mit anderen „jüngeren Leuten" (ebd.). Dietrich begrüßte das: Dietrich an Freund, 26.11.1927, ebd., fol. 11.
[239] Eksteins, Limits, S. 93–103; Schneider, Deutsche Demokratische Partei, S. 241–244; vgl. auch Bruce B. Frye: The German Democratic Party and the "Jewish Problem" in the Weimar Republic. In: Leo Baeck Institute Year Book 21 (1976), S. 143–172, hier S. 155–158. Frye betrachtet diese Auseinandersetzungen in erster Linie im Kontext des Antisemitismus innerhalb der DDP. Diese Sichtweise ist allerdings schief. Zwar trugen auch in der DDP manche Attacken gegen das *Berliner Tageblatt* antisemitische Züge, doch in der Regel ging es um die politische Ausrichtung der Partei. Frye macht auch in Dietrichs Formulierungen „Berliner Presse" bzw. „Berliner Klüngel" einen latenten Antisemitismus aus (ebd., S. 170). Ungeachtet der antisemitischen Tendenzen, die sich bei

Wolff, der infolge der Auseinandersetzungen um das „Schund- und Schmutzgesetz" 1926 die DDP verließ, zählte zwar ebenso wie einige andere Journalisten zu den profilierten Linksliberalen, die gelegentlich Kritik an der offiziellen Parteilinie übten. Im Großen und Ganzen handelte es sich bei diesen Vorwürfen aber um einen Topos, der gerne bemüht wurde, wenn man auf der Suche nach Schuldigen für die Misere der Partei war.

Dietrichs Konzept – wenn man es so nennen will – zur Umwerbung der „nationalen" Wähler beschränkte sich auf ein Hervorkehren von Allgemeinplätzen. So war die Feststellung, die DDP sei „keine internationale, sondern eine deutsche Partei", eine Plattitüde, und wenn er sich von „pazifistischem Gesäusel" distanzierte, geschah dies zur Einordnung seines grundsätzlichen Plädoyers für „den europäischen Frieden und die europäische Verständigung".[240] Nationalistische Töne waren fester Bestandteil seiner Reden und Artikel, fielen inzwischen allerdings milder aus als in der Anfangsphase der Republik – vor allem, wenn es um konkrete politische Fragen ging. Im Wesentlichen verteidigte Dietrich die nationale Glaubwürdigkeit der DDP mit dem Argument, „daß jene Politik, wegen der wir als nicht national hingestellt worden sind, in Wirklichkeit nationale Politik gewesen ist". Die DDP habe weitaus „nationaler" gehandelt als ihre parteipolitischen Widersacher, indem sie sich „in den Dienst des Vaterlandes" gestellt und Regierungsverantwortung übernommen habe.[241] So begegnete die große Mehrheit der DDP schon seit 1919 den Angriffen von rechts, um dem „Dilemma" zwischen „Nationalgefühl und Realpolitik" zu entkommen.[242]

In der historischen Forschung besteht Einigkeit darüber, dass die liberalen Parteien schon im Jahr 1924 „in einem desolaten Zustand"[243] waren. Larry Eugene Jones hat hervorgehoben, wie verheerend sich die Inflation, aber auch die drakonischen finanz- und wirtschaftspolitischen Maßnahmen nach der Währungsstabilisierung auf ihren Rückhalt in den Mittelschichten auswirkten.[244] Dieser Zustand spiegelt sich in Dietrichs politischer Lebenswelt. In Baden stand vor dem Krieg praktisch das gesamte „nationale Lager" hinter dem Liberalismus (insbesondere in Form des Nationalliberalismus). Mitte der zwanziger Jahre war die

---

Dietrich feststellen lassen (vgl. den vierten Abschnitt dieses Kapitels), ist diese Interpretation hier nicht plausibel. Im Hinblick auf die Presse ließe sich ebenso gut argumentieren, dass Dietrich gerade nicht den verbreiteten Begriff „Judenpresse" verwendete. Sein Groll richtete sich gegen den pazifistischen und kosmopolitischen Parteiflügel, der von der Großstadtpresse unterstützt wurde, aber auch sonst in Berlin stark vertreten war – Fryes Annahme, dass dieser linke Flügel sich ausschließlich oder vorwiegend aus Juden zusammengesetzt habe (und umgekehrt), sozusagen ein jüdischer Flügel existiert habe, ist selbstverständlich falsch und reproduziert eher die zeitgenössischen antisemitischen Angriffe gegen die „Judenpartei" DDP.

[240] Rede Dietrichs in Müllheim am 5.2.1928, Badische Politische Correspondenz vom 6.2.1928, ND 231, pag. 105–111.
[241] Ebd. u. Hermann Dietrich: Die deutsche Außenpolitik, Seebote Nr. 112 vom 15.5.1928.
[242] Heß, Demokratischer Nationalismus, S. 138–141.
[243] Albertin, Liberalismus, S. 427.
[244] Larry Eugene Jones: Democracy and Liberalism in the German Inflation. The Crisis of a Political Movement, 1918–1924. In: Gerald D. Feldman u. a. (Hg.): Konsequenzen der Inflation. Berlin 1989, S. 3–43; ders., Shadow; ähnlich Childers, Inflation.

DDP meilenweit davon entfernt, als „einheitliche bürgerlich-liberale Partei", wie Dietrich es Ende 1918 formuliert hatte, das Bürgertum bzw. die städtischen und bäuerlichen Mittelschichten zu repräsentieren. Dieser Anspruch war in Dietrichs Denken omnipräsent, und so musste er die Lage als desolat empfinden. Dabei war sein parteipolitisches Agieren darauf ausgelegt, verlorenes Terrain zurückzugewinnen. Es ging stets darum, wie schon seine Wortwahl unterstreicht, den früheren Zustand „wieder" herzustellen, um die „Wiedergewinnung" von Wählern, die „Wiederaufrichtung" der Partei. Von einer auf die Vertretung von Arbeiterinteressen ausgelegten „Massenpolitik", wie er sie vor dem Ersten Weltkrieg, in Ansätzen noch während der Revolutionstage verfolgt hatte, war keine Rede mehr. Im Vergleich zur Vorkriegszeit war diese Zielsetzung also defensiv. Die fortwährenden politischen Enttäuschungen gründeten aber nicht nur im Erfahrungsraum des Kaiserreichs, sondern auch in den Erwartungen, die sich aus seiner Diagnose der Gegenwart speisten: Dietrich hoffte auf eine Besserung der Lage, eine Rückkehr des Liberalismus zu alter Stärke oder zumindest eine Entwicklung in diese Richtung. Dieser Punkt war von zentraler Bedeutung für seine Wahrnehmung der politischen Situation zwischen Inflation und Weltwirtschaftskrise.

Wenngleich die Geschichte der liberalen Parteien in der Weimarer Republik auf den ersten Blick als kontinuierlicher, gleichförmiger Verfallsprozess erscheint, der „unaufhaltsam" war,[245] ist die Feststellung, der Niedergang habe sich nach 1924 „mehr oder weniger unvermindert" fortgesetzt,[246] nicht ganz richtig. Zwischenzeitlich gingen die Mitglieder- und Wählerverluste nicht mehr in der erdrutschartigen Art und Weise vonstatten, wie es bis 1924 der Fall war, und es gab sogar Anzeichen für eine Erholung – erst recht aus Sicht der Zeitgenossen. Nach der Reichstagswahl im Mai 1924 zeigte sich Dietrich geradezu erleichtert: Man könne „mit dem Resultat einigermaßen zufrieden sein", angesichts des Umstandes, dass „von allen Seiten auf uns eingehackt worden ist". Es sei „besser gegangen, als ich dachte", die DDP habe „den toten Punkt überwunden", „den Rückgang der Partei zum ersten Mal zum Stillstand gebracht": „Jetzt heißt es arbeiten und wieder aufbauen."[247] Diese Analyse erscheint erst einmal überraschend. Die DDP hatte in Baden gegenüber der letzten Reichstagswahl im Jahr 1920 über 40 000 Stimmen, mehr als ein Drittel ihrer Wähler, eingebüßt, ihr Stimmanteil war von 12,3 auf 7,8 Prozent gesunken. Gegenüber den Wahlen zur Nationalversammlung Anfang 1919 hatte sie sogar zwei Drittel ihrer Anhängerschaft verloren (Tabelle 2). Dietrichs Bezugspunkt waren aber die badischen Landtagswahlen von 1921, gegenüber denen die Verluste minimal waren.[248] Durch die Dezemberwahlen des Jahres 1924 durfte er sich in seiner Einschätzung bestätigt sehen, schließlich konnte die badische DDP ihr Ergebnis gegenüber den Maiwahlen um 1,5 Prozent bzw. knapp 20 000 Stimmen verbessern. Dementsprechend konstatierte er,

---

[245] Zu diesem Urteil gelangte schon Neumann, Parteien, S. 46.
[246] Jones, Liberalism, S. 271 („the decline of the two liberal parties continued more or less unabated throughout the second half of the 1920s").
[247] Dietrich an Paul Homburger, Robert Schlegel u. Albert Vogelbach, 6. 5. 1924 u. an Ernst Kammüller, 13. 5. 1924, ND 217, pag. 329b, 333, 345f. u. 391; außerdem ebd., pag. 297–391, passim.
[248] Dietrich an Freudenberg, 5. 5. 1924, ND 217, pag. 299.

die Wahl sei „gut gelaufen", das Ergebnis habe ihn „gefreut".[249] Vor dem Hintergrund der langfristigen Wahlentwicklung mögen die Gewinne der Dezemberwahlen von 1924 im Rückblick als „nicht nennenswert" erscheinen.[250] Doch zum damaligen Zeitpunkt hatte die DDP, die auch reichsweit zulegen konnte, allen Grund zum Optimismus. Man habe nun den „Tiefpunkt weit überschritten", lautete das Fazit der Parteiführung in Berlin, und gerade angesichts der Sezession der Gruppe um Eugen Schiffer, die nur wenige Wochen vor der Wahl erfolgte, könne man „zufrieden sein". Zudem habe man „in einer ganzen Reihe von Wahlkreisen" gegenüber der Reichstagswahl von 1920 hinzugewonnen und „fast überall" besser abgeschnitten als bei den preußischen Landtagswahlen von 1921.[251]

Hier zeigt sich, dass die positive Bewertung der Wahlergebnisse durch eine selektive Wahrnehmung verstärkt wurde – ein Phänomen, das bis in die Spätphase der Republik typisch war für die internen Wahlanalysen der DDP bzw. DStP, und das bei Dietrich ebenso festzustellen ist, wenn er das als schlecht empfundene Abschneiden einzelner Stimmbezirke für das Ergebnis des ganzen Wahlkreises verantwortlich machte. Trotzdem gab es handfeste Anzeichen für eine Erholung, gerade in Baden: Zusammen erreichten die beiden liberalen Parteien im Dezember 1924 mit 19,1 Prozent wieder den Stand von 1920, die Stimmenzahl war sogar höher. Anders als 1919/20 war Baden im reichsweiten Vergleich wieder eine liberale Hochburg wie vor dem Krieg. Gegenüber den damaligen Ergebnissen von NLP und FVP bzw. deren Vorgängern, die (bei allerdings anderem Wahlrecht) stets über 30 Prozent der Stimmen auf sich vereinigt hatten,[252] mochte das bescheiden sein, aber ein Aufwärtstrend ließ sich nicht bestreiten. Hiervon profitierte vor allem die DVP, die sich langsam von ihrer Nichtexistenz nach der Revolution erholte und die DDP erstmals im Mai 1924 knapp überflügelte. Dietrich war dennoch zuversichtlich, „den Herren von der Volkspartei wieder über den Kopf zu wachsen".[253] Auch diese Hoffnung hatte ihre Berechtigung. Während die DVP in den Großstädten deutlich stärker war, behielt die DDP in ländlichen Gebieten, insbesondere im Südschwarzwald und am Bodensee, mit Abstand die Oberhand. Der Bezirk Stockach lieferte im Dezember mit 24,1 Prozent das landesweit stärkste Einzelergebnis, und auch die Gemeinden Meßkirch und Überlingen zählten zu den demokratischen Hochburgen, wohingegen die DVP über den Status einer Splitterpartei nicht hinauskam.[254] In dieser Gegend war gegenüber der Vorkriegszeit ebenfalls ein starker liberaler Wählerverlust zu konstatieren,

---

[249] Dietrich an Josef Schönebeck, 13.12.1924, ND 266, fol. 30 u. Dietrich an Rudolf Geiger, 16.12.1924, ND 39, fol. 201.
[250] Heß, Desintegration, S. 251; ähnlich Hans Fenske: Der liberale Südwesten. Freiheitliche und demokratische Traditionen in Baden und Württemberg 1790-1933. Stuttgart u. a. 1981, S. 219.
[251] Rundschreiben der Reichsgeschäftsstelle der DDP an die Wahlkreisgeschäftsstellen, 11.12.1924, ND 70, fol. 62.
[252] Schmädeke, Wählerbewegung, S. 797 u. 839.
[253] Dietrich an Dees, 12.2.1927, ND 230, pag. 121-123.
[254] Badisches Statistisches Landesamt (Bearb.): Die Reichstagswahl am 7. Dezember 1924 in Baden. Karlsruhe 1925, S. 52 f. u. 76; vgl. auch Alfred Rapp: Die Parteibewegung in Baden 1905/1928. Karlsruhe 1929, bes. S. 9 u. 12-21.

doch dass die DDP der DVP den Rang ablief, war durchaus bemerkenswert. Zum einen hatte dort der Nationalliberalismus klar dominiert, zum anderen hatten die Demokraten anderswo im Reich ihre bäuerliche Wählerschaft längst verloren: Nach großen Erfolgen bei den Wahlen zur Nationalversammlung hatte die DDP auf dem Land schon 1920 katastrophale Einbußen erlitten, von denen sie sich nicht mehr erholte.[255] Dietrichs Bemühen um die „liberalen Bauern" war offenbar durchaus erfolgreich. Jedenfalls bot diese Sonderentwicklung Anlass zu der Hoffnung, dass die nationalliberale Wählerklientel auch anderswo nicht verloren war.

Dietrich vertraute darauf, dass die „vernünftige", kompromissorientierte Politik, für die er eintrat, vom Wähler letztlich honoriert werden würde. Wenn er darauf beharrte, die DDP habe seit der Revolution stets das Richtige getan, oder um Verständnis für die ökonomischen Sachzwänge warb, denen Parlament und Regierung sich ausgesetzt sahen, verbarg sich dahinter kein hilfloser Zweckoptimismus. Typisch ist, wie er im März 1924 die Wirkung seiner Broschüre über die Aufwertung der Sparguthaben einschätzte. Obwohl er die Erwartungen dämpfte und hohen Aufwertungssätzen eine Absage erteilte, war er überzeugt, dass sie im Wahlkampf „gute Propaganda machen" werde.[256] Trotz der täglichen Unmutsbekundungen von Parteibasis und Wählerschaft schien Aussicht zu bestehen, dass die Versuche zur „Erziehung" des Staatsbürgers schließlich verfangen würden. Zum einen erwies sich sein stetes Werben um Geduld als berechtigt, schließlich kam es zu einer merklichen Besserung der ökonomischen Lage, mochte sie auch bescheiden sein. Zum anderen konnten all jene Parteien, welche die DDP seit 1919 an den Pranger stellten, die Interessen der Wähler nicht wirksamer wahrnehmen, sondern mussten sich ebenfalls den begrenzten politischen Handlungsspielräumen beugen.

Gerade diesen Umstand wurde Dietrich nicht müde zu betonen, und hier findet sich eine Erklärung, warum er das formelhafte Hervorkehren nationaler Phrasen für zugkräftig hielt: Da die Parteien rechts der DDP in der politischen Praxis keinen wesentlich anderen Kurs verfolgen konnten, unterschieden sie sich, so seine Annahme, in den Augen der Öffentlichkeit nur dadurch von den Demokraten, dass diese als „unnational" stigmatisiert wurden. Außerdem war die DDP nun auf Reichsebene wiederholt Oppositionspartei – 1925 und 1927/28 amtierten jeweils Mitte-Rechts-Koalitionen, an denen die Deutschnationalen beteiligt waren. Mit Genugtuung hielt Dietrich fest, dass die DNVP „die Jahre her so getan hat, als ob wir den Krieg nicht verloren hätten, und der alte Wohlstand, aber auch die alte politische Ordnung wieder hergestellt würden, wenn nur sie ans Ruder käme. Auch der Dümmste, der allen Versprechungen zugänglich war, sieht jetzt, daß dieselben Herren nichts anderes wissen und können als die früheren Regierungsparteien".[257] Im Frühjahr 1928 rückte dieses Argument ins Zentrum seiner Wahlkampfstrategie. Er kritisierte besonders die Finanz- und Wirtschaftspolitik der

---

[255] Schumacher, Land, S. 432–466; Wolfram Pyta: Dorfgemeinschaft und Parteipolitik 1918–1933. Die Verschränkung von Milieu und Parteien in den protestantischen Landgebieten Deutschlands in der Weimarer Republik. Düsseldorf 1996, S. 282–291.
[256] Dietrich an Fritz Harzendorf, 20.3.1924, ND 294, fol. 51.
[257] Hermann Dietrich: Opposition im Parlamentarismus, Seebote Nr. 227 vom 5.10.1925.

amtierenden Regierung und nahm die Deutschnationalen aufs Korn, die ihre früheren „Versprechungen" nicht eingelöst hätten. Ebenso trage die DNVP auf außenpolitischem Gebiet inzwischen jene Verständigungspolitik mit, die sie zuvor stets attackiert habe, und die Lage der Landwirtschaft sei unter der „Rechtsregierung" nicht besser geworden.[258]

Im Vorfeld der Reichstagswahl vom Mai 1928 herrschte in der DDP Zuversicht. Nicht zuletzt angesichts ihrer Oppositionsrolle gab es „gute Gründe" für die Annahme, dass die Partei gestärkt aus dem Urnengang hervorgehen würde.[259] Stattdessen verlor die DDP gegenüber Dezember 1924 beinahe ein Viertel ihrer Wähler und fuhr mit 4,9 Prozent ihr bislang schlechtestes Ergebnis ein, das folglich zu einem „Schock" geriet.[260] Die Führungskreise der DDP reagierten konsterniert und vielfach ratlos, schließlich habe man während des Wahlkampfes „überall in Deutschland eine zufriedene, ja optimistische Stimmung feststellen" können, wie Parteichef Koch-Weser konstatierte.[261] Dietrich reagierte ähnlich. In Baden waren die Verluste besonders groß: Über 30 Prozent der Wähler vom Dezember 1924 kehrten der Partei den Rücken, und die für ein Mandat erforderliche Stimmenzahl (60 000) wurde nur knapp überschritten. „Die Pleite bei der Wahl war eine vollkommene", teilte er Richard Freudenberg bestürzt mit. „Ich habe schon allerhand Niederlagen in meinem Leben mitgemacht, aber diese ist doch die schlimmste."[262] Er konnte sich die Schlappe nicht erklären, verzichtete sogar auf Schuldzuweisungen, mit denen er sonst schnell bei der Hand war. „Wir haben uns doch wirklich gewehrt", schrieb er verschiedenen Parteifreunden, die er um ihre „Meinung" bat: „Was machen wir jetzt?" Auch die Presse habe „mitgeholfen", und „ich persönlich", fügte er mit Blick auf die zurückliegende Oppositionsarbeit hinzu, „habe doch in den letzten zwei Jahren im Reichstag einiges geleistet".[263]

Dietrichs Reaktion steht in bemerkenswertem Kontrast zu der Analyse, die er nach der Maiwahl 1924 vorgenommen hatte. Im Grunde war seine Einschätzung der parteipolitischen Lage schon vor dieser Niederlage negativ, aber eine gewisse Erholung hielt er für realistisch, eine Verschlechterung für ausgeschlossen – seine Erwartungen waren, mehr noch als auf ökonomischem Gebiet, nur insoweit „optimistisch", als er den Tiefpunkt erreicht bzw. überwunden sah und annahm, es könne nur besser werden. Die Wahlschlappe von 1928 war mehr als nur ein neuer Höhepunkt in einer Serie von politischen Enttäuschungen. Sie markierte durchaus einen Wendepunkt: Bis 1924 hatten sich die Misserfolge der DDP als Folge einer Ausnahmesituation erklären lassen. Jetzt taugten die politischen Turbulenzen der Nachkriegsjahre, die Wirren der Inflationszeit und die unmittelbaren

---

[258] Hermann Dietrich: Die verkehrte Wirtschaftspolitik der bisherigen Rechtsregierung, Seebote Nr. 104a vom 5. 5. 1928, ders.: Bauernpolitik, Seebote Nr. 107 vom 9. 5. 1928 u. Rede Dietrichs in Überlingen am 10. 5. 1928, Seebote Nr. 110 vom 12. 5. 1928.
[259] Jones, Dying Middle, S. 95.
[260] Jones, Liberalism, S. 309.
[261] Sitzungen des Vorstandes der DDP vom 14. 6. u. 15. 6. 1928, Linksliberalismus Dok. 146a u. 146b, S. 452–469, Zitat S. 456.
[262] Dietrich an Freudenberg, 23. 5. 1928, ND 100, fol. 258.
[263] Dietrich an Otto Leers, Robert Schlegel, Georg Frech u. Otto Pfeffer, 23. 5. 1928, ND 221, pag. 13 u. 27–31.

Härten der Währungsstabilisierung kaum noch, um schlechte Wahlergebnisse zu beschönigen und aus ihnen positive Zukunftsaussichten abzuleiten. Einige Wochen nach dem Wahltag schloss Dietrich sich im Reichsparteivorstand der vorherrschenden Meinung an, man habe „aus wirtschaftlichen Gründen" Stimmen an SPD und Wirtschaftspartei verloren. Im Hinblick auf die Frage, „ob wir daraus einen Ausweg finden", blieb er ratlos und stellte fest: „Im übrigen sehe ich betrübt in die Zukunft."[264] Die Gemütslage der Partei, die er hier treffend zum Ausdruck brachte, blieb keine Momentaufnahme, sondern bestimmte maßgeblich die Entwicklungen der folgenden zwei Jahre bis zur Gründung der Deutschen Staatspartei.

4. Die bedrohte „Mitte": Liberalismus, Bürgertum und Moderne

Im *Berliner Tageblatt* erschien Mitte Mai 1925 ein langer Artikel von Dietrich, in dem er sich mit der gegenwärtigen Lage der deutschen Wirtschaft auseinandersetzte. Ausgehend von der Feststellung, dass „trotz allen Jammerns und Klagens, trotz aller Geldnot und Arbeitslosigkeit […] wir uns wirtschaftlich auf dem Wege nach oben befinden", blickte er zunächst auf die Kriegs- und Nachkriegsjahre zurück. Noch einmal geißelte er „die fast ein Jahrzehnt dauernde Zwangswirtschaft". Sie habe „verheerend auf das Denkvermögen gewirkt" und „naturnotwendig scheitern" müssen. Man habe „geordnet, reglementiert, verteilt, vielfach noch da, wo gar nichts mehr zu verteilen war". Nun aber habe „das ganze Volk eingesehen", dass „nur die Hebung der Produktion der Verelendung breiter Schichten ein Ende machen kann", und deshalb, so Dietrich, „sind wir wieder auf dem richtigen Weg". Nun gelte es, „das Wettrennen mit der fortgeschrittenen amerikanischen Technik aufzunehmen" und die „Rückständigkeit" der deutschen Wirtschaft zu beheben: „Alle Klagen über die neuen Konkurrenten und alle Versuche, sie zu unterdrücken, sind zwecklos und volkswirtschaftlich verfehlt." Man müsse in Industrie, Gewerbe und Landwirtschaft die menschliche Arbeitskraft durch Maschinen ersetzen, um die Produktivität zu erhöhen. Nur „vorübergehend" werde das „den einen oder anderen arbeitslos machen", „auf Dauer" hingegen werde sich die Beschäftigungslage verbessern. Im Ganzen würden „die Hilfsmittel der modernen Chemie und Technik" zu einer „Hebung des Lebensstandards des Volkes" führen.[265] Dietrich postulierte also die Unaufhaltsamkeit des ökonomischen Fortschritts, pries die Kräfte des Marktes als Segen für die Allgemeinheit und erteilte

---

[264] Sitzung des Vorstandes vom 15.6.1928, Linksliberalismus Dok. 146b, S. 467; siehe auch Dietrich an Freudenberg, 5.6.1928, ND 221, pag. 79–81. Ob diese Einschätzung richtig war, bleibt unklar. Die wahlstatistischen Untersuchungen von Falter u.a., Wahlen, S. 142 bieten nur schwache Anhaltspunkte für Wählerwanderungen von der DDP zu anderen Parteien.

[265] Hermann Dietrich: Wege deutscher Wirtschaftspolitik, Berliner Tageblatt Nr. 232 vom 17.5.1925. Es handelte sich um jenen Artikel, an dessen Ende er zum Missvergnügen der Redaktion die Geisteswissenschaften als unzeitgemäße Marginalien in einem „Zeitalter der Technik" behandelte (vgl. Kap. III, 3).

dem Staatsinterventionismus eine Absage. Er erscheint hier als typischer Wirtschaftsliberaler.

Generell fällt es nicht schwer, bei Dietrich klassisch liberales Gedankengut zu finden. So tat er sich fortwährend mit vehementer Bürokratiekritik hervor und forderte einen schlankeren Staat, eine „Vereinfachung auf der ganzen Linie": Er beanstandete den gegenüber der Vorkriegszeit gestiegenen Personalstand der Behörden und die damit einhergehenden Kosten, prangerte „Gesetzesmacherei" an, die „alles viel zu kompliziert, viel zu umständlich" mache und zur Ineffizienz der Verwaltung führe, und sah das Ideal des „selbständig" und „selbstverantwortlich" entscheidenden, im Einzelfall flexibel und „aus eigenem Verstande" handelnden Beamten gefährdet. Opfer des Übermaßes an Verrechtlichung seien die Staatsbürger, die als Steuerzahler die Kosten der Verwaltung zu tragen hätten, durch Vorschriften bevormundet würden, unter einem „ungeheuren Bombardement mit Schriftstücken" und langen Bearbeitungszeiten zu leiden hätten.[266]

Beachtenswert ist, auch im Hinblick auf seine Zollpolitik als Reichsernährungsminister, dass Dietrich sich – im Großen und Ganzen und jedenfalls im (kontinental-)europäischen Rahmen – zum Freihandel bekannte. Zölle lehnte er im Grundsatz ab, weil sie den Wettbewerb behinderten, die Lebenshaltungskosten verteuerten und die Einbindung Deutschlands in die Weltwirtschaft gefährdeten, die schon aufgrund der Reparationsverpflichtungen unverzichtbar sei. Er plädierte für einen „europäischen Zollverein" und betrachtete die bestehenden Zollschranken innerhalb Europas als Rückschritt gegenüber der Vorkriegszeit, als Anachronismus, der allen Ländern schade und die Stellung Europas als Ganzes in der Weltwirtschaft schwäche: „Das alte Europa wird eines Tages als einheitliches Wirtschaftsgebiet sich staatlich neu organisieren, oder endgültig seine Weltstellung verlieren."[267] Allenfalls war er bereit, deutsche Zölle vorübergehend und in Maßen als Druckmittel einzusetzen, um „möglichste Handelsfreiheit anderen Ländern abzuringen".[268] Wenn er die handelspolitische Benachteiligung der Bauern beklagte, deren Produkte kaum durch Zölle geschützt wurden, während die höheren Industrie- und Futtermittelzölle ihre Unkosten erhöhten, zog er daraus nicht den Schluss, die Agrarzölle entsprechend anzuheben, sondern forderte „den Abbau der Industriezölle, schon um ein weiteres Steigen der Agrarzölle zu verhindern".[269] Die Misere der deutschen Landwirtschaft führte er im Prinzip nicht auf einen mangelhaften Zollschutz, sondern auf technische Rückständigkeit zurück. Folglich gelte es, das Pferd durch die Maschine zu ersetzen, die neuesten

---

[266] Reden Dietrichs am 2.7.1925, Reichstag Bd. 386, S. 2730–2732, am 17.2.1927, Reichstag Bd. 392, S. 9053 u. am 31.3.1927, Reichstag Bd. 393, S. 10226 f.

[267] Rede Dietrichs am 8.8.1925, Reichstag Bd. 387, S. 4275–4280, Zitat S. 4280 u. Hermann Dietrich: Deutschland in der Weltwirtschaft. (Der internationale Güteraustausch, Handel, Handelsverträge, Zollkrieg, Einfuhrkontingente, Freihandel, Schutzzoll). In: Anton Erkelenz (Hg.): Zehn Jahre deutsche Republik. Ein Handbuch für republikanische Politik. Berlin 1928, S. 282–294, Zitat S. 294.

[268] Hermann Dietrich: Zum Zolltarif, Berliner Börsen-Courier Nr. 346 vom 27.7.1925, BAB R 8034 III-95, fol. 131.

[269] Dietrich, Deutschland in der Weltwirtschaft, Zitat S. 294; siehe auch Rede Dietrichs am 27.2.1928, Reichstag Bd. 395, S. 12977.

wissenschaftlichen Erkenntnisse nutzbar zu machen und Landwirte entsprechend fortzubilden, um die landwirtschaftliche Produktivität zu erhöhen.[270]

Zugleich lässt sich bei Dietrich jedoch ein wachsendes, fundamentales Krisenbewusstsein feststellen, das mit einer fortschrittsoptimistischen Bejahung der Moderne nicht zu vereinbaren war. Sozioökonomische und politische Krisenwahrnehmungen verknüpften sich zu einem großen pessimistischen Interpretament für die Gegenwart, zur Vorstellung einer elementaren, vom ökonomischen Fortschritt selbst ausgehenden Bedrohung von Wirtschaft, Staat und bürgerlicher Gesellschaft. Wenn diese geschichtspessimistischen Züge im Folgenden ausführlicher behandelt werden, soll damit nicht behauptet werden, dass sie sein Denken dominierten. Anders als seine genuin liberalen Standpunkte, die er mitunter im selben Atemzug zum Ausdruck brachte, erscheinen sie aber bemerkenswert und erklärungsbedürftig.

Ausgangspunkt des von Dietrich entwickelten Untergangsszenarios waren die Konzentrationsprozesse und Kartellbildungen, die während des Ersten Weltkriegs und der Inflationszeit vor allem in der Montan- und Chemieindustrie voranschritten, nach der Währungsstabilisierung weiter zunahmen und von vielen Zeitgenossen als ein allgemeines, die gesamte Volkswirtschaft betreffendes Phänomen gedeutet wurden.[271] Als Leidtragende machte Dietrich die bürgerlichen und bäuerlichen Mittelschichten (im weitesten Sinne) aus. Während er in den Revolutionstagen, wohl auch unter dem Eindruck des „Stinnes-Legien-Abkommens" zwischen Gewerkschaften und Großindustrie, das „Bürgertum" bzw. den „Mittelstand" noch in einer doppelten Frontstellung zwischen „Kapital" und „Arbeit" wähnte, erblickte er in der Inflationszeit die Gefahr nur noch in dem „gewaltigen kapitalistischen Konzentrationsprozeß", wie er durch die „Großbanken" sowie „an der Ruhr" von Hugo Stinnes vorangetrieben werde. Dieser führe zur „Aufsaugung zahlloser selbständiger Existenzen, Vertrustung und Unterjochung ganzer Erwerbszweige" und damit zur „Vernichtung des Mittelstandes": „An Stelle des erwarteten sozialen Fortschritts" sei nach der Revolution „eine unheimliche Verstärkung des Großkapitalismus eingetreten".[272] Im Winter 1924 resümierte er, das „Großkapital" habe infolge der Inflation „an Macht gewonnen", während „breite Massen von Rentnern, Geschäftsleuten, Beamten und Angestellten [...] ins Proletariat versunken" seien. Den „Mittel- und Kleinbauern" drohe eine ähnliche Entwicklung, die „ihre Nachkommen in die Städte treiben, ihr Land einer extensiven Großwirtschaft zuführen" könne. Falls es dazu komme, „so wäre der Prozeß: hie Kapital – hie Proletariat beendet".[273]

---

[270] Dazu z. B. die Reden Dietrichs am 24. 3. 1926, Reichstag Bd. 389, S. 6619 u. am 16. 3. 1927, Reichstag Bd. 392, S. 9568f. sowie die Ausführungen Dietrichs im Haushaltsausschuss, Sitzung vom 29. 4. 1925, S. 6.
[271] Vgl. knapp Köster, Wissenschaft, S. 273-276 u. Winkler, Schein, S. 34-38.
[272] Hermann Dietrich: Kapitalismus und Zentralisation, Badische Landeszeitung Nr. 325 vom 30. 10. 1920, ders.: Steuerpolitik oder Schlagworte, Königsberger Hartungsche Zeitung Nr. 45 vom 27. 1. 1922 u. ders.: Demokratie und Wirtschaftspolitik, Königsberger Hartungsche Zeitung Nr. 153 vom 31. 3. 1922.
[273] Dietrich, Sparguthaben, S. 10.

Dieses Deutungsmuster blieb nach der Währungsstabilisierung weiter präsent, schwächte sich aber, so scheint es zumindest, zunächst etwas ab. Ab Anfang 1927 häuften sich Dietrichs Angriffe gegen Kartelle, Monopole und Konzerne jedenfalls in auffälligem Maße. Im Februar 1927 erklärte er im Reichstag, falls „die Vertrustung [...] und die Kartellwirtschaft noch viel weiter Fortschritte machen" sollten, werde der „Mittelstand eines Tages völlig mundtot" sein: „Ich glaube, [...] daß wir an diesem Punkte die ganze Wirtschaftsentwicklung der Welt, vielleicht unsere ganze Epoche zum Stillstand bringen."[274] Einige Wochen später fügte er an gleicher Stelle hinzu: „Die deutsche wirtschaftliche Entwicklung fängt nun an, ganz merkwürdige Bahnen einzuschlagen, die sehr viele Leute noch nicht sehen, zum Teil auch nicht sehen wollen. Es ist richtig, was Herr Hilferding gesagt hat, daß die großen Industriekonzerne [...] anfangen, die deutsche Wirtschaft in ihrem Sinne zu gestalten. (Sehr richtig! links.) Das ist das Zeichen der neuen Epoche, in die wir hineinmarschieren. Es ist nicht eine Epoche des Sozialismus, sondern eine Epoche des Großkapitalismus." Dieser Prozess ließ sich aus Dietrichs Sicht nur noch aufhalten, und auch nur „vielleicht", „wenn der Staat eine andere Einstellung zu dieser Entwicklung der Dinge findet, als er sie bisher gefunden hat. Die große Aufgabe des Staates wird sein, diese Entwicklung nicht einfach laufen zu lassen, wie sie läuft, sondern sie [...] zu beeinflussen", sie „in ganz andere Bahnen" zu lenken.[275] Er forderte, Maßnahmen zur „Produktionsförderung des Mittelstandes" zu ergreifen und die „selbständigen Unternehmer am Leben zu erhalten". Der Staat müsse „große Mittel" zur Verfügung stellen, um die technische Modernisierung bzw. Rationalisierung der Betriebe zu fördern. Nur die „ganz großen Betriebe" seien zu entsprechenden Investitionen aus eigener Kraft in der Lage, „die mittleren und kleineren aber können die Mittel vielfach nicht aufbringen". Damit diese „nicht von den großen aufgefressen werden", müsse „die Rationalisierung von Reichswegen betrieben" werden.[276]

Dietrich sah jedoch Staat und Politik ebenfalls dem Einfluss der Konzerne ausgeliefert. Als Ende Januar 1925 im Haushaltsausschuss über die hohen Entschädigungszahlungen der Reichsregierung an die Ruhrindustrie debattiert wurde, stellte er fest, „auch in diesem Falle habe man wieder die Großen bevorzugt".[277] Während er im Plenum Rücksicht auf die Meinungsverschiedenheiten in der DDP-Fraktion nahm und sich zurückhaltend äußerte, machte er privatim keinen Hehl aus seiner Entrüstung, „daß ausgerechnet wieder einmal die Ruhrkohlenindustrie und der Anilinkonzern [die BASF, D.M.] zuerst oder am weitgehendsten entschädigt worden sind, während Mittel-, Kleinindustrie, Gewerbe etc. nichts bekommen haben".[278] Ähnlich beurteilte er die im August 1925 verabschiedeten Zollgesetze, die vor allem den Interessen der ostelbischen Landwirtschaft und der

---

[274] Rede Dietrichs am 17. 2. 1927, Reichstag Bd. 392, S. 9054.
[275] Rede Dietrichs am 5. 4. 1927, Reichstag Bd. 393, S. 10492 f.
[276] Ebd., S. 10493, Rede Dietrichs am 17. 2. 1927, Reichstag Bd. 392, S. 9054 u. Wortmeldung Dietrichs im Haushaltsausschuss, Sitzung vom 24. 1. 1927, S. 3.
[277] Haushaltsausschuss, Sitzung vom 28. 1. 1925, S. 12.
[278] Dietrich an Otto Pfeffer, 9. 2. 1925, ND 71, fol. 183; ähnlich Dietrich an Ludwig Schmidt, 16. 2. 1925, ND 642.

4. Die bedrohte „Mitte": Liberalismus, Bürgertum und Moderne   327

Schwerindustrie entgegenkamen.²⁷⁹ Seinem Verwandten Max Klapp, Inhaber eines landwirtschaftlichen Betriebs, erläuterte er, der Zolltarif bedeute „eine so unsinnige Verteuerung namentlich des Eisens und des Kleineisenzeugs, ferner der Automobile, Traktoren, vor allem aber der Textilien, daß alle Mittel- und Kleinbetriebe mehr Schaden als Nutzen davon haben werden. [...] Nutzen haben werden davon die Großeisenindustrie, die Automobilfabriken, alle kartellierten Industrien, [...] der Getreidebau und der Großgrundbesitz."²⁸⁰ Drastisch beurteilte Dietrich das Scheitern seines Versuchs, die *Deutsche Allgemeine Zeitung* unter Kontrolle zu bringen. Als sie Anfang 1927 schließlich von einem Konsortium aus Schwerindustrie und Banken übernommen wurde, schrieb er seinem Mitstreiter August Weber: „So hat man wieder einmal 1 ½ Jahre umsonst gearbeitet zum Nutzen und Frommen des Großkapitals, das uns mehr und mehr vorschreibt, was wir noch zu lesen und zu glauben haben."²⁸¹ Im Haushaltsausschuss erklärte er, das Reich (bzw. Stresemann) habe die Zeitung „dem Großkapital in die Hände geliefert", und „es gebe bald kein öffentliches Organ mehr, wo ein Unabhängiger zu Wort komme".²⁸²

Als der Reichstag sich im Dezember 1927 nochmals mit der Ruhrentschädigung befasste, stellte Dietrich fest, der Staat werde inzwischen mit Konzernen wie den Vereinigten Stahlwerken und der I.G. Farben „überhaupt nicht mehr fertig". Grundlage ihrer „ungeheuren Macht" sei ihre „Kapitalgewalt", ihre „Bedeutung für die Volkswirtschaft" und ganz besonders der Umstand, dass die Interessen von Arbeitern und Angestellten „immer mit auf dem Spiele stehen, wenn ein derartiger Konzern gefährdet ist". Die „Geschichte der Nachkriegszeit" zeige diese Ohnmacht des Staates: „Wenn die ganz Großen geschrien haben, ist ihnen immer geholfen worden. [...] Wenn aber die breite Mitte geschrien hat, dann hat man ihr nicht geholfen. [...] Wenn Sie das deutsche Volk heute in seiner ganzen Verbitterung studieren wollen und sehen wollen, wo es herkommt, daß sie [sic!] immer nach neuen Parteien rufen und neue Grüppchen bilden, die ihnen doch nicht irgendwie helfen können, so hat das seinen tiefsten Grund darin, daß in allen diesen Dingen die Mitte so schlecht abgeschnitten hat."²⁸³

Hier verknüpfte sich Dietrichs sozioökonomische Krisendiagnose, in der er durch den Kontakt zu seinen Wählern, durch die eigene materielle Lage und nicht zuletzt durch sein privates Umfeld täglich bestärkt wurde, mit seinen politischen Krisenwahrnehmungen. Zum einen betrachtete er das „Bürger- und Beamtentum" als „Rückgrat des deutschen Staats" und unverzichtbar insbesondere für ein demokratisches System.²⁸⁴ Er hielt „gerade die auf ein gut bürgerliches Vermögen gestützten Elemente, von denen leider ein großer Teil in der Inflation untergegangen ist", für „berufen [...], die Träger einer objektiven und selbständigen Politik zu

---
²⁷⁹ Vgl. Winkler, Schein, S. 248–250.
²⁸⁰ Dietrich an Klapp, 11. 8. 1925, ND 731.
²⁸¹ Dietrich an Weber, 9. 2. 1927, ND 109, fol. 73.
²⁸² Haushaltsausschuss, Sitzung vom 4. 2. 1927, S. 3.
²⁸³ Rede Dietrichs am 10. 12. 1927, Reichstag Bd. 394, S. 11944f.
²⁸⁴ Hermann Dietrich: Demokratie und Wirtschaftspolitik, Königsberger Hartungsche Zeitung Nr. 153 vom 31. 3. 1922.

sein" – hierbei dachte er natürlich auch an sich selbst.[285] Nur die „Mittelschichten" seien „imstande [...], ausgleichend zu wirken" und zu verhindern, „daß nicht eine große besitzlose Masse auf der einen Seite mit wenigen Besitzenden auf der anderen Seite im Kampfe liegt". Die Gefahr, dass diese als unabhängig, nicht interessengeleitet idealisierten Mittelschichten „verschwinden" würden, bedeutete demnach eine existentielle Bedrohung für das Gemeinwesen.[286] Zum anderen stellte er einen Zusammenhang her zwischen der ökonomischen Erosion der „Mitte" und der Misere ihrer natürlichen parteipolitischen Vertretung, des Liberalismus: Erstens musste dessen Wählerbasis schrumpfen, wenn die Mittelschichten proletarisiert wurden, und zweitens bewirkte ihre „Verbitterung" ein politisches Auseinanderdriften in „Grüppchen" bzw. die Abwendung vom Liberalismus. Nachdem der erste Schock über den Ausgang der Reichstagswahl vom Mai 1928 verflogen war, lautete seine Analyse: „Wenn ich das Ergebnis im ganzen ansehe, so finde ich, daß es eine scharfe Absage an den sich immer mehr breitmachenden westeuropäischen Kapitalismus ist. Die Besitzlosen sind größtenteils zur Sozialdemokratie abgewandert [...]. Die Bürger und Bauern aber fürchten die großkapitalistischen Einflüsse in den Mittelparteien und streben daher nach neuen Parteibildungen".[287]

Somit interpretierte Dietrich sowohl die sozioökonomische als auch die politische Krise der „Mitte" als Symptome einer grundlegenden wirtschaftlichen Fehlentwicklung, die „seit dem Ausbruch der Revolution und schon zum Teil [...] im Krieg"[288] eingesetzt habe und die „in der ganzen Weltwirtschaft"[289] vonstattengehe. Wie sind nun seine Diagnosen einzuordnen, insbesondere hinsichtlich ihres „liberalen" Gehalts? Das Eintreten für einen mehr oder weniger ausgeprägten staatlichen Interventionismus war nicht außergewöhnlich, sondern im deutschen Liberalismus seit langem verbreitet,[290] und ein Vorgehen gegen Kartell- und Monopolbildungen befürworteten auch manche liberale Nationalökonomen mit der durchaus naheliegenden Begründung, dass das Prinzip des freien Wettbewerbs auf dem Spiel stehe, denn eine effektive Kontrolle durch Kartellbehörden fand in der Weimarer Zeit nicht statt.[291]

Wenn Dietrich jedoch den Untergang der Mittelschichten, den „Stillstand" der „Epoche" und der „ganzen Wirtschaftsentwicklung der Welt" vorhersagte, und zwar als Ergebnis eines freien Spiels der Kräfte des Marktes, mithin eines selbst durch massive staatliche Eingriffe nur „vielleicht" aufzuhaltenden Entwicklungs-

---

[285] Dietrich an Hermann Wölfl, 5.6.1928, ND 111, fol. 249.
[286] Rede Dietrichs am 20.2.1925, Reichstag Bd. 384, S. 840f.
[287] Dietrich an Hermann Wölfl, 5.6.1928, ND 111, fol. 249.
[288] Rede Dietrichs am 20.2.1925, Reichstag Bd. 384, S. 840.
[289] Hermann Dietrich: Die Zeiten ändern sich, Badische Presse Nr. 239 vom 27.5.1926.
[290] Vgl. z.B. Hacke, Existenzkrise, S. 280-284.
[291] Am Beispiel von Moritz Julius Bonn: Jens Hacke: Liberale Alternativen für die Krise der Demokratie. Der Nationalökonom Moritz Julius Bonn als politischer Denker im Zeitalter der Weltkriege. In: Jahrbuch zur Liberalismus-Forschung 26 (2014), S. 295-318, hier S. 312-314. Die Mehrheit der Nationalökonomen bewertete Kartelle und Monopole während der zwanziger Jahre noch positiv: Köster, Wissenschaft, S. 269-305. Zum Kartellrecht vgl. Klaus J. Bremer: Die Kartellverordnung von 1923: Entstehung, Inhalt und praktische Anwendung. In: Hans Pohl (Hg.): Kartelle und Kartellgesetzgebung in Praxis und Rechtsprechung vom 19. Jahrhundert bis zur Gegenwart. Stuttgart 1985, S. 111-126.

prozesses, stellte er den wirtschaftlichen Fortschritt nicht nur in Frage, sondern deutete ihn auch negativ. Das war mit einer liberalen Weltanschauung, zu deren zentralen Grundsätzen der Glaube an den wirtschaftlichen und gesellschaftlichen Fortschritt gehörte, schwer zu vereinbaren.

Dietrichs Äußerungen erinnern an die mit dezidiertem Antiliberalismus einhergehenden Krisendiskurse, wie sie teilweise im alten Mittelstand oder unter Angestellten geführt wurden.[292] Allerdings spielte für ihn weder die Frontstellung zur Arbeiterschaft (abgesehen von der Revolutionsphase) noch die Interessenvertretung einzelner Berufsgruppen eine Rolle. So schloss sein weitgefasstes Konzept der „Mitte" auch Unternehmer ein, die „erst über 1000-2000 Arbeiter verfügen", da das „Großkapital" auch sie „eines Tages erdrücken" werde.[293] In gewissem Sinn knüpfte Dietrich an die marxistische Geschichtsdeutung an. 1921 bekundete er, das anbrechende „Zeitalter eines ungeheuren Privatkapitalismus" sei „vielleicht [...] die letzte Vorstufe [sic!] des Kapitalismus im Sinne eines Marx".[294] Die optimistische Zukunftsprognose des historischen Materialismus teilte er freilich nicht: Als er im Reichstag, unter dem Beifall der SPD-Fraktion, die Beschreibung der Konzentrationsprozesse durch den Sozialdemokraten Rudolf Hilferding als „richtig" bezeichnete, wandte er sich zugleich gegen die positive Interpretation dieser Entwicklung als historischen Fortschritt, zu der Hilferding im Rahmen seiner Theorie des „Organisierten Kapitalismus" gelangte: „Wenn erst einmal jene Gewalten nicht nur die Wirtschaft, sondern [...] auch den Staat beherrschen, dann kann die Arbeiterschaft allein dagegen nichts mehr ausrichten."[295] Dietrichs Krisenszenario ähnelte letztlich eher jener Kapitalismuskritik von rechts, wie sie der Wirtschaftstheoretiker des „Tat-Kreises", Ferdinand Fried – dessen publizistische Laufbahn im Übrigen bei den liberalen Zeitungen des Ullstein-Verlages begann – einige Jahre später formulierte: Er sah das „Ende des Kapitalismus" erreicht, betrachtete die industrielle Revolution als abgeschlossen, Konzerne und Kartelle als Symptom der unwiderruflichen „Erstarrung der Wirtschaft".[296]

---

[292] Winkler, Mittelstand, bes. S. 117-120; Michael Prinz: Das Ende der Standespolitik. Voraussetzungen, Formen und Konsequenzen mittelständischer Interessenpolitik in der Weimarer Republik am Beispiel des Deutschnationalen Handlungsgehilfenverbandes. In: Jürgen Kocka (Hg.): Angestellte im europäischen Vergleich. Die Herausbildung angestellter Mittelschichten seit dem späten 19. Jahrhundert. Göttingen 1981, S. 331-353, hier S. 333.

[293] Rede Dietrichs auf dem Landesparteitag in Donaueschingen am 6.2.1927, Seebote Nr. 32 vom 9.2.1927; siehe auch Rede Dietrichs am 10.12.1927, Reichstag Bd. 394, S. 11944: Dort sprach er von „mittleren Unternehmen mit 500 oder 1000 Arbeitern".

[294] Hermann Dietrich: Hugo Stinnes als Eroberer, Badische Landeszeitung Nr. 57 vom 9.3.1921.

[295] Rede Dietrichs am 5.4.1927, Reichstag Bd. 393, S. 10492 f.; vgl. Heinrich August Winkler: Einleitende Bemerkungen zu Hilferdings Theorie des Organisierten Kapitalismus. In: Gerald D. Feldman/Heinrich August Winkler (Hg.): Organisierter Kapitalismus. Voraussetzungen und Anfänge. Göttingen 1974, S. 9-18.

[296] Ferdinand Fried: Das Ende des Kapitalismus. Jena 1931, bes. S. 3-23, Zitat S. 15 f.; zum „Tat-Kreis" vgl. Kurt Sontheimer: Der Tatkreis. In: Vierteljahrshefte für Zeitgeschichte 7 (1959), S. 229-260; Klaus Fritzsche: Politische Romantik und Gegenrevolution. Fluchtwege in der Krise der bürgerlichen Gesellschaft: Das Beispiel des „Tat"-Kreises. Frankfurt a. M. 1976.

Die Schnittmengen mit dem rechten ökonomischen Antiliberalismus waren nicht nur punktueller Natur. Vielmehr lässt sich in Dietrichs Denken ein weitgehend statisches Konzept der volkswirtschaftlichen Entwicklung ausmachen. Es beruhte auf der Vorstellung, dass es Grenzen des Wachstums gebe, die im Wesentlichen bereits in der Gegenwart erreicht, wenn nicht gar überschritten seien. Diese Annahme tritt markant in seinen Einschätzungen zur Bedeutung des Agrarsektors zutage. Dietrich sorgte sich um den Umfang der landwirtschaftlichen Produktion, deren Rückgang er fürchtete – während er eine deutliche Erhöhung für erforderlich hielt, weil Deutschland einen Importüberschuss an Lebensmitteln verzeichnete. Dabei spielte das Ziel nahrungspolitischer Autarkie eine wichtige Rolle, das nicht zuletzt infolge der Mangelerfahrungen des Weltkriegs weit verbreitet war. Als „Idealzustand" erschien es ihm, dass „man nur das in Deutschland nicht Produzierbare aus dem Ausland kauft".[297] Allerdings betrachtete er die Einfuhr ausländischer Lebensmittel auch aus allgemeinen volkswirtschaftlichen Erwägungen als problematisch. Mal bestritt er, dass sich die Handelsbilanz durch einen vermehrten Export von Industrieprodukten ausgleichen lasse, „weil uns die amerikanische Technik einfach überflügelt" habe, Deutschland also nicht konkurrenzfähig sei,[298] mal konzedierte er, es sei durchaus denkbar, „aus möglichst großem Export so viele Geschäfte zu machen, daß man das, was an der Ernährung fehle, in der Welt kaufen und bezahlen könne", hielt diese Option jedoch aus einem anderen Grund für verfehlt: „Das deutsche Volk [...] werde dann eines Tages ebenso wie das englische vor die Tatsache gestellt sein, daß es Teile seiner Wirtschaft durch einen gesteigerten Import ersetzen müsse. Damit werde auch ein großer Teil des Inlandsmarktes wegfallen", mit der Folge erhöhter Arbeitslosigkeit.[299]

Diese Entwicklung gelte es aufzuhalten bzw., soweit sie schon eingetreten sei, zu revidieren: Dietrich wollte den Umstand, „daß Deutschland ein Industriestaat geworden sei", nicht hinnehmen und erklärte es zur staatlichen Aufgabe, „für die Wiedergewinnung des verlorengegangenen Inlandsmarktes Maßnahmen zu treffen". Um zu verhindern, dass „die Großstädte ins Aschgraue wachsen", seien „im Osten" Bauern anzusiedeln.[300] Alledem lag die Überzeugung zugrunde, dass eine Mehrbeschäftigung von Arbeitnehmern in Wirtschaftszweigen außerhalb des Agrarsektors nicht möglich, Landflucht folglich gleichbedeutend mit vermehrter Erwerbslosigkeit und sinkendem Sozialprodukt sei: „Wenn wir einen Teil der Landbevölkerung in die Stadt vertreiben, dann fällt die landwirtschaftliche Produktion weg, die diese Menschen bisher hervorgebracht haben [...]. Es fällt nun aber auch der Absatz im Innern an diese Bauern weg", denn „der Konsum, den sie in der Stadt haben, ist viel kleiner, als wenn sie auf dem Lande [...] eine eigene

---

[297] Rede Dietrichs am 27.6.1924, Reichstag Bd. 381, S. 403; siehe auch Haushaltsausschuss, Sitzung vom 29.4.1925, S. 4 u. Hermann Dietrich: Stadt und Land, Seebote Nr. 95 vom 23.4.1924; zur zeitgenössischen Diskussion über die Agraraußenhandelsbilanz Becker, Handlungsspielräume, S. 35-44 u. 307; vgl. außerdem Bergmann, Agrarromantik, bes. S. 174-178.
[298] Dietrich im Haushaltsausschuss, Sitzung vom 29.4.1925, S. 4.
[299] Dietrich im Haushaltsausschuss, Sitzung vom 12.3.1926, S. 2f.
[300] Ebd., S. 3 u. Rede Dietrichs am 24.3.1926, Reichstag Bd. 389, S. 6618.

4. Die bedrohte „Mitte": Liberalismus, Bürgertum und Moderne 331

Wirtschaft haben, Maschinen brauchen, eigene Häuser haben, während sie in der Stadt als Proletarier sitzen". Außerdem fehle dann „die Verpflegung für die landwirtschaftliche Bevölkerung, die in die Städte abgewandert ist. Denn diese Leute können sich ja nicht mehr wie früher selbst ernähren".[301]

Die Industrialisierung erscheint hier als abgeschlossener Prozess, die Möglichkeit weiteren wirtschaftlichen Wachstums und Fortschritts wird im Grunde negiert. Dietrich übersah nicht zuletzt die Bedeutung des tertiären Sektors, also die Entwicklung zur Dienstleistungsgesellschaft, die sich in der Weimarer Zeit bereits ankündigte: Volkswirtschaftlich „produktiv" waren aus seiner Sicht allein Landwirtschaft und Industrie; die „nicht direkt produzierenden Gruppen", Beamte, Angestellte und besonders das „unsolide Händlertum", seien zu groß geworden, „zu Lasten der Produzenten und Konsumenten", weil sie, so die Annahme, keinen Mehrwert erwirtschafteten.[302] Dieses Gemisch aus agrarromantischen, großstadtkritischen und sozialkonservativen Vorstellungen idealisierte den Wert und das volkswirtschaftliche Gewicht landwirtschaftlicher Arbeit und zeichnete insgesamt das Bild eines statischen, gefährdeten und vom Staat zu bewahrenden bzw. wiederherzustellenden Wirtschaftssystems.[303]

Dietrichs Darlegungen sind im Kontext der schon vor dem Krieg intensiv geführten Debatten, ob Deutschland „Agrarstaat oder Industriestaat" war bzw. sein sollte, zu verstehen. In der Weimarer Zeit schien die dauerhafte (Weiter-)Entwicklung zur Industrie- und Dienstleistungsgesellschaft „uneindeutig", zumal sich aus den statistischen Daten, etwa im Hinblick auf die stagnierende Industrieproduktion, ein Ende der ökonomischen Prosperität ablesen ließ.[304] Eine liberale Position vertrat Dietrich mit solchen Gedankengängen aber gewiss nicht. Vielmehr standen sie in diametralem Gegensatz zu seinen Aussagen über die Segnungen der Rationalisierung, des technischen Fortschritts, eines weitgehenden Freihandels und den damit einhergehenden Wachstumsimpulsen, die auf Dauer gerade in der Landwirtschaft den Bedarf an Arbeitskräften reduzieren mussten. Mit dem Anliegen, den staatlichen Interventionismus möglichst einzudämmen und den Bürokratieabbau voranzutreiben, waren sie kaum zu vereinbaren.

Diese Widersprüche lassen sich nicht einfach auflösen, und man darf nicht der Versuchung erliegen, nach einer klaren „Linie" in Dietrichs Denken zu fahnden, um es schließlich zu glätten – etwa indem man seine pessimistischen Zukunftsdeutungen als wenig durchdachte, zu vernachlässigende rhetorische Ausbrüche interpretiert. Dieser Versuch scheitert schon an der großen Zahl öffentlicher und privater Stellungnahmen, in denen er solche Überlegungen vortrug. Natürlich fanden viele markante Äußerungen in mündlicher Form statt, und offenkundig neigte Dietrich zu teils maßlosen Übertreibungen, leitete aus einzelnen Krisen-

---

[301] Rede Dietrichs am 24. 3. 1926, Reichstag Bd. 389, S. 6618.
[302] Rede Dietrichs auf dem Parteitag der DDP am 5. 12. 1925, BAB R 45 III-5, fol. 95 f. u. 99.
[303] Vgl. Bergmann, Agrarromantik; Andreas Wirsching: Bäuerliches Arbeitsethos und antiliberales Denken. Ein Modell ländlicher Mentalität zur Zeit der Weimarer Republik. In: Revue d'Allemagne 22 (1990), S. 415-425, hier S. 419-422; Reulecke, Urbanisierung, S. 139-146.
[304] Peukert, Weimarer Republik, S. 16-23, Zitat S. 23; außerdem Becker, Handlungsspielräume, S. 44-50; Lenger, Sombart, S. 345-357.

symptomen großangelegte Untergangszenarien ab, die – im Rückblick – abstrus wirken mögen. Er war erst recht kein Theoretiker, entwickelte keine systematischen volkswirtschaftlichen Konzepte, die er schriftlich fixierte, und formulierte vieles vage. Aber gerade das macht Dietrich zu einem interessanten Fall: Hier spiegeln sich gleichsam in einer Person die Widersprüche und die „Unsicherheit" der Weimarer Epoche, die in den 1920er Jahren stark hervortretenden Ambivalenzen langfristiger Modernisierungsprozesse,[305] welche sich unter anderem in der „Orientierungslosigkeit" der Nationalökonomie[306] oder eben in der politischen Diskurslandschaft niederschlagen: Zum Beispiel im vieldeutigen, „konservativ-revolutionären", „reaktionär-modernen" oder „modern-antimodernen" Denken der politischen Rechten, in dem sich alte Zuordnungen und Abgrenzungen auflösten und scheinbar Unvereinbares miteinander verband.[307]

Der Weimarer Liberalismus ist ideengeschichtlich, jedenfalls im Hinblick auf die DDP, vorwiegend in der Tradition von Aufklärung und Fortschrittsoptimismus, Weltoffenheit und Toleranz verstanden worden, wobei die Gültigkeit klassisch liberaler Ideen meist als selbstverständlich vorausgesetzt und kaum thematisiert worden ist. Eine scharfe Abgrenzung des organisierten Liberalismus von theoretisch antiliberalen Positionen, insbesondere vom „konservativ-revolutionären" Denken ist jedoch nicht ohne weiteres möglich. Dem steht auch nicht entgegen, dass der idealtypische politische und wirtschaftliche Liberalismus, die „Ideen von 1789", für die Rechte als zentrales theoretisches Feindbild fungierte und die DDP ex negativo als dessen parteipolitische Vertretung definiert wurde. Stattdessen lassen sich wichtige Anknüpfungspunkte und fließende Übergänge feststellen. Dieser Umstand soll hier anhand eines neuralgischen Problems des parteipolitischen Liberalismus, seines Verhältnisses zum Nationalismus, verdeutlicht werden.

Dietrich verstand den Nationalismus als fortschrittlich und modern, sah ihn in der „Entwicklung des 19. Jahrhunderts" begründet, „die mit Liberalismus, Aufklärung und fortschreitender Schulbildung nach und nach das Machtzentrum der einzelnen Staaten vom Monarchen weg in das Volk legte".[308] Wie viele seiner Parteifreunde war er durchdrungen von dem Bewusstsein, der Liberalismus sei der legitime Träger der nationalen Idee und von rechtsgerichteten Parteien dieser Identität beraubt worden. Wenn er eine Revision des Versailler Vertrags anstrebte, indem er den „Anschluß" Österreichs befürwortete und überhaupt die „Vereinigung aller mit uns im geschlossenen geographischen Zusammenhang wohnenden Deutschen unter deutscher Flagge" wünschte,[309] worunter insbesondere Gebiete

---

[305] Peukert, Weimarer Republik, Zitat S. 266.
[306] Köster, Wissenschaft, Zitat S. 312.
[307] Armin Mohler: Die Konservative Revolution in Deutschland 1918–1932. Ein Handbuch. Darmstadt ³1989; Jeffrey Herf: Reactionary modernism. Technology, culture, and politics in Weimar and the Third Reich. Cambridge u. a. 1984; Volker Weiß: Moderne Antimoderne. Arthur Moeller van den Bruck und der Wandel des Konservatismus. Paderborn u. a. 2012.
[308] Hermann Dietrich: Die Anschlußfrage als Problem des Liberalismus, Wille und Weg Nr. 7 vom 1.7.1928, S. 164.
[309] Verfassungsrede Dietrichs in Lahr am 11.8.1926, Badische Presse Nr. 368 vom 12.8.1926, vgl. Kap. III, 2.

4. Die bedrohte „Mitte": Liberalismus, Bürgertum und Moderne 333

jenseits der Ostgrenzen (in der Tschechoslowakei, Polen und Litauen) zu verstehen waren, wenn er sich für die deutschen Minderheiten in Ost- und Südosteuropa engagierte oder für die Wiedererlangung der Kolonien plädierte, so handelte es sich um Positionen, die innerhalb der DDP Selbstverständlichkeiten darstellten oder zumindest von der überwältigenden Mehrheit befürwortet wurden. Die zentrale Bedeutung von Nationalismus und außenpolitischem Revisionismus im Gedankengut der DDP ist als solche nicht umstritten und von Jürgen C. Heß ausführlich untersucht worden.[310] Auch angesichts der „innenpolitischen Einheitsfront gegen Versailles"[311] erscheint dieser Aspekt zunächst nicht weiter bemerkenswert. Problematisch ist es jedoch, wenn man, wie Heß und Dieter Langewiesche, den „demokratischen Nationalismus" der DDP klar vom „integralen Nationalismus" rechter bzw. rechtsextremer Prägung abgrenzt.[312]

In Dietrichs Denken waren Elemente eines ethnisch definierten Nationalismus fest verankert. Sein Nationalismus trug chauvinistische und völkische Züge, folgte dem Leitbild des „Volks ohne Raum" und beinhaltete mythische Überhöhungen des „Volkstums", die der völkischen „Blut-und-Boden"-Rhetorik zumindest ähnelten. Seine agrarpolitischen Stellungnahmen entsprangen nicht nur volkswirtschaftlichen Erwägungen. Bei einem Absinken der landwirtschaftlichen Produktion, so die Befürchtung, werde Deutschland wie „im vorigen Jahrhundert" seine „Bevölkerung exportieren müssen", weil sie nicht mehr ernährt werden könne. Dies sei ohnehin schon schwer, „auf unserem beschränkten Territorium, das schon früher zu klein war und das heute erst recht zu klein ist und auf dem unser deutsches Volk in dieser Engigkeit zu wohnen genötigt ist".[313] Der deutsche „Anspruch auf die Kolonien" ergab sich für ihn nicht nur aus dem Mangel an Rohstoffen, welche die Wirtschaft benötige, „dem deutschen Volk" fehle es auch an „Lebensspielraum": „Jeder in Deutschland weiß ganz genau, daß, wenn Deutschland überhaupt bestehen soll, der Boden, der ihm nach dem Kriege verblieben ist, dazu nicht ausreicht".[314] „Der Boden", so Dietrich im Reichstag, „ist die Grundlage jedes Volkstums, und die Erhaltung einer breiten Schicht von Bauern, vornehmlich auch von Kleinbauern und Siedlern, ist für jedes Volk eine Existenzfrage. Denn nur aus dem Boden wächst die Kraft, die einem Volk die Lebensfähigkeit über die Jahrhunderte gibt."[315] Gerade im „Osten" gehe es „nicht nur um die Erhaltung eines Teils der deutschen Landwirtschaft", sondern „um viel Größeres, [...] um die Erhaltung des im Mittelalter durch deutsche Kolonisation eroberten Ostens". Dieser Osten, ohnehin dünn besiedelt, sei durch Landflucht besonders gefährdet

---

[310] Heß, Demokratischer Nationalismus (zu Dietrich bes. S. 178, 213 u. 218).
[311] Ulrich Heinemann: Die verdrängte Niederlage. Politische Öffentlichkeit und Kriegsschuldfrage in der Weimarer Republik. Göttingen 1983, S. 238-253.
[312] Heß, Demokratischer Nationalismus, S. 351-358; Langewiesche, Liberalismus, S. 267.
[313] Rede Dietrichs am 27.6.1924, Reichstag Bd. 381, S. 403.
[314] Rede Dietrichs auf einer Kundgebung der Kolonialen Reichsarbeitsgemeinschaft am 15.11.1925: Koloniale Reichsarbeitsgemeinschaft (Hg.): Kundgebung am 15. November 1925, vormittags 11½ Uhr in der „Neuen Welt" Hasenheide. O.O. u. J., S. 9-11. Dietrich sprach hier als Vertreter der DDP-Fraktion, siehe auch die Unterlagen (nebst abweichendem bzw. unvollständigem Redemanuskript) in ND 72, fol. 218-222.
[315] Rede Dietrichs am 27.6.1924, Reichstag Bd. 381, S. 403.

und müsse „dichter bevölkert werden",[316] um der Zuwanderung von Polen, einem „slawischen Ansturm" entgegenzuwirken, der durch die „Großgrundbesitzer mit ihren polnischen Saisonarbeitern" gefördert werde:[317] „Die beste und einzig zuverlässige Sicherung gegen eine Überfremdung liegt in der Schaffung eines festen Bollwerks urwüchsigen, bodenständigen und heimatfrohen deutschen Bauerntums", bewerkstelligt durch „Ostsiedlung im weitesten Sinne des Wortes".[318] Die deutsche Überlegenheit gegenüber den „slawischen" Ethnien war ihm eine Gewissheit, wenn er feststellte, der Versailler Vertrag habe „Millionen geschlossen wohnender Deutscher an ein halbes Dutzend kulturell zum Teil weit unter den Deutschen stehende Völker [...] verteilt".[319]

Von besonderem Interesse ist Dietrichs Haltung zum Antisemitismus. Hier ging es nicht nur um Parolen, die erst einmal von geringer praktischer Relevanz waren, sondern um die Frage, inwieweit er ethnische Grenzen innerhalb der deutschen Gesellschaft zog. In der Öffentlichkeit äußerte er sich nicht antisemitisch. Das besagt allerdings nicht viel, schließlich distanzierte die DDP sich offiziell vom Antisemitismus (wenngleich mitunter wenig energisch). Angesichts ihrer zahlreichen jüdischen Mitglieder und der Hetze, der die Juden und die DDP von rechten bzw. rechtsextremen Parteien ausgesetzt waren, handelte es sich um einen parteiintern hochsensiblen Punkt, bei dem Vorsicht geboten war. Abseits der Öffentlichkeit ergibt sich ein anderes Bild, und wenngleich die Belege spärlich gesät sind, bedeuten sie mehr als nur eine Marginalie.

Während des Ersten Weltkriegs debattierten Dietrich und seine zukünftige Gattin Elisabeth Trick darüber, wer die Nutznießer des Krieges seien. Elisabeth prangerte den „Schacher- u. Wuchergeist" der Bauern an, wohingegen Dietrich die landwirtschaftlichen Produzenten vehement verteidigte und sich stattdessen in Tiraden gegen den jüdischen Handel erging. Dietrichs Briefe sind nicht überliefert, doch an dem antisemitischen Charakter ihres Inhalts kann kein Zweifel bestehen, zumal es sich nicht nur um beiläufige Bemerkungen handelte, sondern um weitergehende Überlegungen, aus denen er persönliche und politische Konsequenzen zu ziehen gedachte. Im Frühjahr 1916 wollte er, offensichtlich als Maßnahme gegen jüdische Kriegsgewinner, „den Handel beseitigt wissen". Dafür zeigte Elisabeth wenig Verständnis: „Was würde da aus Hamburg und Bremen werden, da ist er nicht in den Händen der Juden." Im Übrigen müssten auch die Bauern „mit ihren Bodenerzeugnissen handeln, wie wollen sie dieselben sonst losschlagen". Dietrich bekundete, aus dem Hansa-Bund, einem überparteilich-liberalen, freihändlerisch orientierten und großblockfreundlichen Wirtschaftsverband, austreten zu wollen, „weil die Juden denselben beherrschten". Dem hielt

---

[316] Rede Dietrichs am 24. 3. 1926, Reichstag Bd. 389, S. 6618.
[317] Hermann Dietrich: Wen haben die badischen Landbündler gewählt? Seebote Nr. 122 vom 24. 5. 1924.
[318] Festgruß Dietrichs an den Deutschen Ostbund in: Zehn Jahre Kampf für Ostheimat, deutsches Volkstum und Vaterland. Erinnerungsblätter zur Feier des 10jährigen Bestehens des Deutschen Ostbundes. Berlin 1929, S. 68.
[319] Hermann Dietrich: Die Anschlußfrage als Problem des Liberalismus, Wille und Weg Nr. 7 vom 1. 7. 1928, S. 165.

4. Die bedrohte „Mitte": Liberalismus, Bürgertum und Moderne 335

Elisabeth entgegen: „Ich kann Ihnen aber sagen, daß die Bauern alle Juden weit an Eigennutz, Gewinnsucht und ,Kniffen aller Art' übertroffen haben."[320] Als Dietrich im Frühjahr 1920 seine Spitzenkandidatur für den Reichstag in die Wege leitete und Edmund Rebmann bat, im Freiburger DDP-Wahlkreisverband die Nominierung seines (jüdischen) Konkurrenten Ludwig Haas zu verhindern, fügte er hinzu: „damit die Juden sehen, daß wir sie nicht brauchen".[321] Im Sommer 1925 suchte er nach geeigneten Strohmännern für die Übernahme der *Deutschen Allgemeinen Zeitung* durch die Konkordia. Neben seinem gutem Bekannten August Weber schlug er vor, auf den Papiergroßhändler Walther Salinger zurückzugreifen. Salinger sei ihm von Weber empfohlen worden: „Ich kenne ihn nicht; er macht einen guten Eindruck (kein Jude)."[322] Während der Bankenkrise von 1931 hielt Hans Schäffer, Staatssekretär im Reichsfinanzministerium und selbst jüdischen Glaubens, in seinen Tagebuchaufzeichnungen einen „furchtbaren Krach" mit Dietrich fest, weil dieser versuchte, die Entsendung des jüdischen Bankiers Carl Melchior zu einer Konferenz mit den Auslandsgläubigern zu verhindern. Obwohl Melchior ausgewiesener Experte in Reparationsfragen war und die Reichsregierung schon 1919 in Versailles vertreten hatte, musste Schäffer vom Staatssekretär in der Reichskanzlei erfahren, dass Brüning sich „ablehnend" verhalte: „Offenbar sei er von Dietrich gestempelt, der ihm öfter etwas gegen die Juden sage."[323]

Nun ist bei der Einordnung dieser verstreuten Belege Vorsicht geboten. Es ist darauf hingewiesen worden, dass die DDP bei den Wählern als „Judenpartei" verschrien war, weshalb jüdische Kandidaten und Mitglieder als Belastung erschienen, entsprechende Vorbehalte mithin nicht als antisemitisch, sondern als „wahltaktisch bedingt" zu verstehen seien.[324] Tatsächlich war dies ein wichtiges Motiv für Dietrich, der in Wahlkämpfen mit antisemitischen Angriffen auf die DDP konfrontiert wurde, aber auch von Seiten der Parteibasis entsprechende Zuschriften erhielt.[325] Zum Jahreswechsel 1918/19 erwartete er, dass die Kandidatur des

---

[320] Elisabeth Trick an Dietrich, 10.4.1916, 12.12.1916 u. 17.3.1917, ND 728.
[321] Dietrich an Rebmann, 28.4.1920, GLAK 69 NLP Baden 242.
[322] Dietrich an Max Winkler, 13.8.1925, ND 275, fol. 3.
[323] Diesem Gespräch mit Staatssekretär Hermann Pünder folgte der „Krach" mit Dietrich: „Als der Minister [...] andeutet, daß gegen Melchior Bedenken bestehen, reißt mir die Geduld. Ich schlage auf den Tisch und erkläre, ich ließe es mir nicht gefallen, daß man einen anerkannten Mann nur wegen seines Glaubens, der auch der meine sei, ausschließe." Tagebuch Hans Schäffer, 17.7.1931, IfZ ED 93, Bd. 12, S. 382; vgl. Harold James: Die Deutsche Bank im Dritten Reich. München 2003, S. 42f. Antisemitische Äußerungen Dietrichs während seiner Tätigkeit als Finanzminister schildert auch Lutz Schwerin von Krosigk in einem seiner Memoirenwerke, wobei allerdings erhebliche Zweifel angebracht sind, ob die Schilderung Krosigks – unter Dietrich Ministerialdirektor, anschließend (bis 1945) selbst Reichsfinanzminister – im Detail zutreffend ist: Lutz Graf Schwerin von Krosigk: Staatsbankrott. Die Geschichte der Finanzpolitik des Deutschen Reiches von 1920 bis 1945, geschrieben vom letzten Reichsfinanzminister. Göttingen u. a. 1974, S. 62.
[324] So am Beispiel von Otto Fischbeck (früherer Partei- und Fraktionsvorsitzender der FVP) Heß, Demokratischer Nationalismus, S. 353 (Anm. 196).
[325] Z. B. Dietrich an Carl Ross, 13.5.1924, ND 74, fol. 217 u. Georg Frech an Dietrich, 29.5.1928, ND 221, pag. 55; Mathias Rösberg an Dietrich, 11.3.1924, ND 294, fol. 23f. u. A. Raupp an Dietrich, 5.9.1929, ND 117, fol. 3f.

früheren badischen FVP-Vorsitzenden Friedrich Weill die DDP „mehr Stimmen kostet, als die Israeliten in ganz Baden Stimmen aufbringen".[326] Wenige Wochen später erklärte er, die „Judenfrage" mache der DDP „zu schaffen", zeigte sich aber zuversichtlich, weil „namentlich in Baden das Judentum im Vorstand und in der Leitung der Partei stark in den Hintergrund getreten ist, was auch den Wünschen des Herrn Dr. Ludwig Haas, der hier sehr einsichtig ist, entspricht. Auch [...] in der Nationalversammlung wird das Judentum keine zu große Rolle spielen."[327] Als vor der Maiwahl 1924 ein Flugblatt kursierte, in dem ihm (offenbar zu Unrecht) eine antisemitische Äußerung vorgeworfen wurde, stritt Dietrich die Anschuldigung „natürlich" ab, betrachtete das Vorkommnis aber „als kein großes Unglück, weil es beweist, daß wir doch nicht die Partei der Juden sind, wie immer behauptet wird".[328]

Man könnte Dietrichs Bemerkung über Ludwig Haas als nicht per se antisemitisch, sondern im Sinne eines Nachgebens gegenüber den Vorurteilen der Wähler interpretieren. Ebenso könnte man die Fälle Salinger und Melchior deuten: Angesichts der weitverbreiteten Angriffe gegen die „Judenpresse" war eine Diskreditierung der *Deutschen Allgemeinen Zeitung* zu befürchten, und Melchior verlieh dem Stereotyp des „internationalen Finanzjuden" Gestalt, das die nationalsozialistische Hetze ständig mit den Zahlungsverpflichtungen Deutschlands in Zusammenhang brachte. Doch erstens wird man grundsätzlich bestreiten dürfen, dass ein solches Zurückweichen vor dem Antisemitismus als entlastend zu werten ist. Vielmehr kann man sich des Eindrucks nicht erwehren, dass Dietrich gerne auf alle jüdischen Parteimitglieder verzichtet hätte. Er problematisierte nicht den Antisemitismus an sich, sondern nur dessen praktische Konsequenzen, was der üblichen Vorgehensweise der DDP entsprach.[329] Er beugte sich den Ressentiments mit bezeichnender Selbstverständlichkeit und erwartete von den jüdischen DDP-Politikern, dass sie sich „einsichtig" zeigten und zum Wohle der Partei möglichst von öffentlichkeitswirksamen Positionen fernhielten. Zweitens legt Dietrichs Wortwahl eben auch in diesen Fällen die Vermutung nahe, dass er selbst antisemitische Vorurteile hegte. Seine Äußerungen während des Krieges lassen sich nicht anders erklären bzw. relativieren, und bei dem Versuch, dies bei den späteren Aussagen zu tun, ist die Grenze zur Verharmlosung rasch überschritten.

Wiederholt ist auf antisemitische und völkische Tendenzen in der DDP aufmerksam gemacht worden – zuletzt und mit großem Nachdruck von Eric Kurlander.[330] Seine und andere Arbeiten sind in mehreren zentralen Punkten und in

---

[326] Dietrich an Josef Kaufmann, 31.12.1918, ND 216, pag. 123f.; vgl. Donald L. Niewyk: The Jews in Weimar Germany. New Brunswick u. a. 2001, S. 72.

[327] Dietrich an Joseph Anton Sickinger, 20.2.1919, ND 216, pag. 181.

[328] Carl Ertz an Dietrich, 6.5.1924 u. Dietrich an Carl Ertz, 14.5.1925, ND 217, pag. 305-307.

[329] Jones, Liberalism, S.61; Albertin, Liberalismus, S.80f.; Kurlander, Exclusion, z.B. S. 249; Frye, German Democratic Party, S. 166f.; Andreas Schulz: Daheim unter Fremden – Ludwig Haas und der Antisemitismus. In: Grothe u.a., Haas, S.157-175, hier S. 159.

[330] Kurlander, Exclusion; außerdem Frye, German Democratic Party; Robert A. Pois: The Bourgeois Democrats of Weimar Germany. Philadelphia 1976.

4. Die bedrohte „Mitte": Liberalismus, Bürgertum und Moderne

vielen Details kritikwürdig. Insbesondere kann die Verwendung der Begriffe „Volk", „Volksstaat" oder „Volksgemeinschaft" nicht pauschal als Indikator für „völkisches" Denken behandelt werden.[331] „Volk" konnte sich sowohl auf das durch gemeinsame Abstammung, durch „Blut" definierte „Ethnos" beziehen als auch auf die Gemeinschaft der Staatsbürger, den „Demos".[332] Genauso verfehlt ist die Prämisse, die parteipolitische Entwicklung des Liberalismus habe sich hauptsächlich um die Haltung zum völkischen und antisemitischen Gedankengut gedreht.[333]

So gravierend die Mängel dieser Arbeiten sind, haben sie das Grundproblem in der Tendenz erkannt und mit einer Fülle an Quellenbelegen untermauert. Dabei erscheint Dietrich als durchaus typischer Fall. Es kann kein Zweifel daran bestehen, dass im Weimarer Liberalismus, einschließlich der DDP, ein ethnischer Nationalismus verbreitet war, der sich bis ins 19. Jahrhundert zurückverfolgen lässt und auch in den „linksliberalen" Parteien der Vorkriegszeit präsent war. In der deutschen Forschung sind diese Ergebnisse weithin ignoriert oder als nebensächlich behandelt worden.[334] Die Grundannahme, die DDP sei des Antisemitismus „unverdächtig" gewesen, hat sich gehalten.[335] Jürgen C. Heß ist zu dem Schluss gelangt, dass „gelegentliche parteiinterne antisemitische Äußerungen auch nicht überbewertet werden" sollten und allgemein die DDP „den demokratischen Volksgedanken als solchen von jedem rassistischen Gehalt zu scheiden" gewusst habe. Quellenbelege, die eigentlich Anlass für eine ausgewogenere Bewertung sein müssten, seien auf „taktische" Rücksichten zurückzuführen, mit dem Nationalismus der Rechten habe es lediglich „verbale Übereinstimmungen" gegeben, die nur bei der „Wählerschaft" – so die merkwürdige, ein elitäres Politikverständnis beinhaltende Behauptung – das „Gefühl einer scheinbaren Zielgleich-

---

[331] Kurlander, Exclusion, z. B. S. 238 u. 242 f. Ein irreführender Umgang mit Begrifflichkeiten ist bei Pois und Frye ebenfalls zu bemängeln.

[332] Dazu grundlegend Emerich Francis: Ethnos und Demos. Soziologische Beiträge zur Volkstheorie. Berlin 1965, bes. S. 60-122; vgl. außerdem Jörn Retterath: „Was ist das Volk?" Volks- und Gemeinschaftskonzepte der politischen Mitte in Deutschland 1917-1924. Berlin u. a. 2016, S. 33-65; Michael Mann: The Dark Side of Democracy. Explaining Ethnic Cleansing. Cambridge u. a. 2005, S. 55-69.

[333] So reduziert Kurlander die Auseinandersetzungen innerhalb der Parteien im Wesentlichen auf den Konflikt zwischen „universalist liberals" und „völkisch liberals", die er zudem recht rigoros unterscheidet. Frye setzt die jüdischen DDP-Mitglieder mit dem linken Flügel der Partei gleich und reproduziert so ein zeitgenössisches antisemitisches Stereotyp.

[334] Vgl. die scharfen, lediglich die Schwächen benennenden Rezensionen von Hartwin Spenkuch, Jahrbuch zur Liberalismus-Forschung 19 (2007), S. 298-302 u. (nur geringfügig ausgewogener) Dieter Langewiesche, Journal of Contemporary History 44 (2009), S. 350-352. Martina Steber sieht hingegen, am Beispiel des Liberalismus im bayerischen Schwaben, die Ergebnisse von Kurlander (in der Tendenz) bestätigt: Martina Steber: Ethnische Gewissheiten. Die Ordnung des Regionalen im bayerischen Schwaben vom Kaiserreich bis zum NS-Regime. Göttingen 2010, S. 298 f. In den einschlägigen Arbeiten zur DDP findet der Nationalismus kaum Berücksichtigung oder wird ähnlich interpretiert wie bei Heß (Schneider, Deutsche Demokratische Partei, S. 200-212), der Antisemitismus wird nur vereinzelt (vgl. die in Anm. 329 genannten Stellen) thematisiert.

[335] Schulz, Haas, S. 159.

heit mit der antidemokratischen Rechten" hervorgerufen hätten.[336] Dem liegt die Prämisse zugrunde, dass jede Form ethnischer Exklusion schließlich den Prinzipien des demokratischen Staates, dessen Verteidigung die „so sehr der Republik verbundene" DDP sich auf die Fahnen geschrieben habe, widersprochen hätte.[337] Diese Annahme blendet die Ambivalenzen im liberalen Demokratie- und Staatsverständnis aus, in dem nicht zuletzt holistische Konzepte von Staat und Gesellschaft verankert waren, sie ist aber bereits im Grundsatz fragwürdig.[338] Langewiesche hat ebenfalls konstatiert, der „demokratische Nationalismus" sei „nicht rassistisch und antisemitisch", „revisionistisch, aber nicht aggressiv-chauvinistisch" gewesen, er habe sich „trotz aller Überschneidungen mit dem Nationalismus der Rechten" von Letzterem „klar" abgehoben.[339]

Als Ludwig Haas im Sommer 1930 starb, berichtete Dietrich seiner Frau Marta über „die interessanteste Beerdigung", die er „bisher mitgemacht habe". Er war voll des Lobes, welch „geradezu glänzende Reden" von jüdischer Seite gehalten worden seien – und „wie durch all die Reden dieser jüdischen Führer ein Gedanke hindurchging, der Gedanke der jüdischen Religiosität und das Bekenntnis zum deutschen Staatsbürger".[340] Hier zeigt sich, dass Dietrich jüdischen Staatsbürgern, zumindest soweit sie sich zur deutschen Nationalität bekannten, die Zugehörigkeit zum – an dieser Stelle als „Demos" gedachten – Volk nicht absprach. Jedenfalls nicht mehr zu diesem Zeitpunkt: Es ist wahrscheinlich, dass sein Antisemitismus, der während des Krieges so drastisch hervorgetreten war, in der Weimarer Zeit zwar nicht verschwand, sich aber deutlich abschwächte.[341] Möglicherweise spielten dabei die zahlreichen und teilweise engen Kontakte zu jüdischen DDP-Mitgliedern eine Rolle, wie zu Eugen Schiffer und Georg Gothein, die beide jüdischer Herkunft waren, vielleicht auch der Umstand, dass ein beträchtlicher Teil der badischen Wahlkampffinanzierung von jüdischen Mitgliedern, insbesondere Bankiers aus Karlsruhe und Mannheim, getragen wurde.[342] Nicht unerwähnt bleiben sollte außerdem, dass er sich während der NS-Zeit als Anwalt zahlreicher jüdischer Klienten annahm und eine arbeitslose jüdische Sekretärin einstellte, die er trotz wiederholter Vorstellungen der NS-Behörden weiterbeschäftigte.[343]

---

[336] Heß, Demokratischer Nationalismus, S. 351–358.
[337] Ebd., S. 355–357, Zitat S. 357.
[338] Zur Problematik des ethnischen Nationalismus in Demokratien siehe Mann, Dark Side, bes. S. 1–33.
[339] Langewiesche, Liberalismus, S. 267.
[340] Dietrich an Marta Dietrich-Troeltsch, 5.8.1930, ND 119, pag. 225. Dass Dietrich in seinem Brief Rücksicht auf die Adressatin nahm, kann man wohl ausschließen. Immerhin war Marta vor dem Ersten Weltkrieg in Heidelberger Gelehrtenkreisen mit antisemitischen Äußerungen unangenehm aufgefallen: Graf, Fachmenschenfreundschaft, S. 39.
[341] Vgl. (knapp) Saldern, Dietrich, S. 36 (Anm. 127), die ebenfalls zu diesem Schluss kommt.
[342] In welchem Umfang die Spender Juden oder jüdischer Herkunft waren, lässt sich nicht mit Sicherheit feststellen; in manchen Fällen finden sich konkrete Belege, in anderen deuten die Namen darauf hin: vgl. die Unterlagen zu den Wahlkämpfen von 1924 in ND 217 u. 220.
[343] Kurlander, Living with Hitler, bes. S. 36f. u. 165–167.

Generell wird man konstatieren können, dass Dietrichs politisches Denken nicht von völkischem Gedankengut bestimmt war, und dass dies bei den meisten seiner Parteifreunde ebenfalls nicht der Fall war. Das kann jedoch nicht darüber hinwegtäuschen, dass dieses Gedankengut präsent war und erhebliche Überschneidungen mit dem rechten ethnischen Nationalismus bestanden, die ernstgenommen und nicht als historische Marginalien abgetan werden sollten. Grundsätzlich ist davon auszugehen, auch mit Blick auf Dietrichs fortschrittsskeptische Überlegungen, die er immerhin öffentlich als Repräsentant von Partei und Fraktion verbreitete, dass die Nähe des (organisierten) Liberalismus zu rechten Ideologien größer war, als in der historischen Forschung gemeinhin angenommen wird. Die Erkenntnis, dass es im deutschen Liberalismus „seit jeher eine große Spannweite politisch-gesellschaftlicher Vorstellungen" gab,[344] sollte man auch in diesem Punkt berücksichtigen und das liberale Denken der Weimarer Zeit in seiner Vielfalt und Mehrdeutigkeit genauer in den Blick nehmen.

[344] Langewiesche, Liberalismus, S. 260.

V. Reichsminister: Der „Kampf um den Staat"

Am 18. Juli 1930 verteidigte Hermann Dietrich im Reichstag die ersten beiden Notverordnungen der Regierung von Reichskanzler Heinrich Brüning. In einer der denkwürdigsten und turbulentesten Sitzungen des Weimarer Parlaments rechtfertigte der Finanzminister und Vizekanzler die Sparmaßnahmen und Steuererhöhungen als „Staatsnotwendigkeit" und appellierte an die Verantwortung der Abgeordneten. Seine vielbeachtete Rede endete mit dem Satz: „Es muß Schluß gemacht werden mit der Interessentenpolitik, die ein Arbeiten unmöglich macht, damit Staatspolitik gemacht werden kann. Die Frage ist jetzt nachgerade die, ob wir Deutsche ein Haufen von Interessenten oder ein Staatsvolk sind."[1]

Dietrichs Auftritt im Reichstag markiert gewissermaßen den Höhepunkt seiner politischen Laufbahn. Wenige Wochen zuvor, am 26. Juni, hatte er das Finanzministerium übernommen. Nachdem er im Kabinett der Großen Koalition als Ernährungsminister amtiert und anschließend zunächst das Wirtschaftsressort geleitet hatte, wurde er nun neben dem Kanzler zur zentralen Figur im Kabinett Brüning. Er hatte auf das Ziel, Mitglied der Reichsregierung zu werden, lange hingearbeitet, und jetzt das Maximum dessen erreicht, was nach Lage der Dinge möglich war, da seine zusammengeschrumpfte Partei alles andere als eine Hausmacht darstellte.

Zugleich steht die Rede an einem Wendepunkt in der Geschichte der Weimarer Republik. Als die Regierung in der folgenden Abstimmung unterlag und die Notverordnungen aufgehoben wurden, löste der Reichspräsident das Parlament auf. Fortan regierte das Kabinett Brüning, das sich nach den Neuwahlen vom 14. September erst recht nicht mehr auf eine positive Mehrheit stützen konnte, mit Hilfe der Verordnungsvollmachten des Reichspräsidenten nach Artikel 48 der Verfassung und betrieb eine rigide Austeritätspolitik, welche den Bürgern immer neue Opfer auferlegte und ihre Abwendung vom Weimarer Staat vorantrieb. Der Reichstag verzichtete weitgehend auf seine legislativen Kompetenzen und vertagte sich für immer längere Zeiträume. Es kam zu einer verfassungspolitischen Aushöhlung des Parlamentarismus und der Grundlagen der Demokratie. Allerdings hatte sich schon im Frühjahr 1930 gezeigt, dass es für die Bewältigung der schweren Haushaltskrise kaum noch eine konstruktive parlamentarische Mehrheit gab. In dieser Lage konnte sich die Regierung immerhin auf eine Tolerierungsmehrheit im Reichstag stützen, die alle Anträge der radikalen Parteien ablehnte und eine Aufhebung der Notverordnungen verhinderte. Während Brüning sich unter dem Druck Hindenburgs um eine Annäherung an die rechtsextremen Kräfte bemühte, waren die republiktreuen Parteien der Weimarer Koalition seine zuverlässigste Stütze. Somit lässt sich sein Präsidialkabinett

---

[1] Rede Dietrichs am 18. 7. 1930, Reichstag Bd. 428, S. 6516f.

einerseits als erste „Stufe der Auflösung" der Weimarer Republik,[2] andererseits als Versuch zur „Rettung der Demokratie" deuten.[3]

Für Dietrich stand die Regierung Brüning im Dienst der Verteidigung des (republikanischen) Staates gegen die Wirtschaftskrise und den Ansturm des Radikalismus. Er agierte in dem Bewusstsein, eine ebenso unausweichliche wie „objektive", über allen Einzelinteressen stehende Politik zu betreiben. Das Ideal der „Staatspolitik" hatte er bereits als Ernährungsminister in den Vordergrund gerückt, um die kontroverse Zoll- und Subventionspolitik zu verteidigen, die er unter dem Druck der Agrarkrise betrieb. Als Finanzminister verinnerlichte er geradezu die öffentliche Parole, wähnte sich an vorderster Front in einem historischen „Kampf um den Staat". Notgedrungen trieb er die Kürzung von Gehältern und Sozialleistungen, die Verstaatlichung von Banken und die zunehmenden Eingriffe in die freie Wirtschaft voran, und da er von der Unausweichlichkeit der einschneidenden Maßnahmen überzeugt war, ordnete er diesen „Staatsnotwendigkeiten" alle Bedenken unter. Er stand dem zunehmenden Rechtskurs des Kabinetts mit Unbehagen gegenüber, drängte vergeblich auf ein schärferes Vorgehen gegen die NSDAP und wollte die Verfassung der Republik in ihrer gegenwärtigen Form bewahren. Doch zugleich heiligte für ihn der Zweck die Mittel: Er hatte kaum Einwände gegen eine großzügige Anwendung des Artikels 48 und gewöhnte sich an die autoritären Tendenzen des präsidialen Regierens.

Die Finanz- und Wirtschaftspolitik in der Ära Brüning gehört zu den umstrittensten Aspekten der Weimarer Geschichte und verdient deshalb besondere Beachtung. Aus der Perspektive Dietrichs, der das für die Deflationspolitik entscheidende Ressort leitete, werden zunächst die Entwicklungen in den Blick genommen, durch die das Deutsche Reich Ende der 1920er Jahre in eine auswärtige Schuldenkrise geriet, und anschließend die Konsequenzen untersucht, die sich daraus für die Politik der deutschen Regierung(en) ergaben. Obwohl Dietrich von Anfang an kein finanzpolitischer Hardliner war, die innenpolitischen Folgen der drastischen Sparmaßnahmen fürchtete und um deren krisenverschärfende Wirkung wusste, hielt er bis zuletzt am Austeritätskurs fest. Gleichzeitig suchte er nach alternativen Wegen zur Überwindung bzw. zur Milderung der Krise, die sich jedoch als nicht gangbar erwiesen. Es wird deutlich, mit welchen „Zwangslagen" die deutsche Politik konfrontiert war – und dass der Kurs des Kabinetts Brüning mitnichten auf einen „Alleingang" des Kanzlers zurückzuführen ist.

Während seiner Ministerschaft war die Parteipolitik für Dietrich ein Nebenschauplatz, der sich vorwiegend dadurch auszeichnete, dass er der Regierung Schwierigkeiten bereitete. Diese Haltung bestimmte auch das Verhältnis zu seiner eigenen Partei. Nachdem die DDP ihm zunächst kritisch gegenübergestanden und seine agrar- und finanzpolitischen Maßnahmen mitunter offen abgelehnt hatte, vollzog sie im Sommer 1930 eine Kehrtwende: Unter den Bedingungen der

---

[2] Karl Dietrich Bracher: Die Auflösung der Weimarer Republik. Eine Studie zum Problem des Machtverfalls in der Demokratie. Stuttgart u. a. 1955.
[3] Werner Conze: Brünings Politik unter dem Druck der großen Krise. In: Historische Zeitschrift 199 (1964), S. 529–550, Zitat S. 550; zur Debatte zwischen Bracher und Conze vgl. Kolb/Schumann, Weimarer Republik, S. 159f. u. 255–260.

Wirtschaftskrise und angesichts der nach rechts orientierten Regierung, die sie widerstrebend und notgedrungen unterstützte, konnte die sozial heterogene Partei einen internen Konsens nur noch herstellten, indem sie sich auf eine Position der „Staatspolitik" zurückzog, welche die Verteidigung der Republik praktisch zum alleinigen Programm erhob. Damit bewegte sie sich auf Dietrich zu, der dieses Leitbild spätestens seit seiner Reichstagsrede vom 18. Juli gleichsam verkörperte. Er setzte nun seinerseits alles daran, die DDP bzw. die neugegründete Deutsche Staatspartei programmatisch auf die „Staatspolitik" festzulegen. Die DStP, die letztlich eine Fortsetzung der DDP blieb, wählte ihn im November 1930 sogar zu ihrem Vorsitzenden – eine für die Partei höchst problematische Entscheidung. Weder konnte sie Einfluss auf Dietrich ausüben, der schließlich kaum noch Kontakt zu seinen Vorstands- und Fraktionskollegen hatte, noch war der überlastete Finanzminister in der Lage, seinen Aufgaben als Parteivorsitzender nachzukommen. Und nicht zuletzt war Dietrich der für die rigide Deflationspolitik verantwortliche Minister: Das Dilemma, in dem sich die DStP befand, weil es keine praktikable Alternative zur Unterstützung der Regierung gab, wurde durch die enge Bindung an Dietrich zusätzlich verschärft.

1. „Interessentenhaufen oder Staatsvolk": Dietrichs „objektive" Politik

Als Dietrich Ende Juni 1928 das Amt des Reichsministers für Ernährung und Landwirtschaft in der Regierung der Großen Koalition unter Hermann Müller (SPD) antrat, war er ausgerechnet für den Wirtschaftssektor zuständig, der schon tief in der Krise steckte, als sich die allgemeine Konjunktur noch auf ihrem Höchststand befand. Die deutsche Landwirtschaft litt seit der Währungsstabilisierung unter hohen Kapital- und Betriebskosten, war allgemein rückständig und produzierte teilweise am Markt vorbei. Die Verschuldung der Betriebe, insbesondere des Großgrundbesitzes im Osten, erreichte besorgniserregende Ausmaße. Kritisch wurde die Lage, als der Preisverfall für Agrarprodukte auf dem Weltmarkt sich ab 1927/28 in Deutschland auszuwirken begann. Bis dahin war die deutsche Handelspolitik nur „gemäßigt agrarprotektionistisch", so dass ausländische Erzeugnisse weitgehend ungehindert auf den deutschen Markt gelangten.[4]

In den ersten Monaten seiner Amtszeit war Dietrich hauptsächlich damit beschäftigt, das agrarische „Notprogramm" seines Vorgängers Martin Schiele (DNVP) durchzuführen. Neben Subventionen zur Schuldenerleichterung und Preisstabilisierung, die bereits einen Schritt in Richtung einer staatlichen Stützung der Landwirtschaft darstellten, enthielt das Programm verschiedene Anstöße für Strukturreformen, die Dietrich als Parlamentarier immer wieder angemahnt hatte und deren Umsetzung und Ausbau anfangs im Zentrum seiner Aufmerksamkeit standen. Dabei ging es um die lange überfällige Einführung von Qualitätsstandards für Produkte wie Milch und Eier, Beihilfen zur Modernisierung von Betrieben, die Reorganisation des Genossenschaftswesens, den Ausbau von Beratungs-

---
[4] Gessner, Agrarverbände, S. 13-28 u. 83-96, Zitat S. 25; James, Slump, S. 246-259.

stellen und andere Maßnahmen zur Produktions- und Absatzförderung, die vor allem der bäuerlichen Veredelungswirtschaft zugutekommen sollten.[5] Dietrich verfolgte also zunächst eine gewissermaßen liberale agrarpolitische Linie, die auf eine Verbindung von „Selbsthilfe und Staatshilfe"[6] setzte, um die Wettbewerbsfähigkeit der deutschen Agrarprodukte und -betriebe zu stärken. Angesichts weiter sinkender Weltmarktpreise zeigte sich jedoch bald, dass der Agrarkrise mit diesen Mitteln allein nicht beizukommen war. Ab Anfang 1929 drängte Dietrich auf großzügigere Maßnahmen, die er aufgrund des Drucks, den die landwirtschaftlichen Verbände, die Agrarier im Reichstag und Reichspräsident Hindenburg, sein „bester Verbündeter",[7] entfalteten, auch durchsetzen konnte: Von Mai 1929 bis März 1930 beschloss der Reichstag bedeutende Zollerhöhungen für alle wichtigen Agrarprodukte sowie umfangreiche Subventionen, insbesondere in Form der „Ostpreußenhilfe", die der gravierenden Notlage der ostpreußischen Landwirtschaft entgegenwirken sollte. Hinzu kamen zwangswirtschaftliche Mittel wie ein staatliches Einfuhrmonopol für Mais.[8] Das Ergebnis von Dietrichs Amtsführung war die „Wiederherstellung des Vorkriegszollschutzes für Agrarprodukte" und der „Übergang zu einer umfassenden Marktordnungspolitik".[9]

Im Vergleich zu der Agrarpolitik, die in der Ära der Präsidialkabinette betrieben wurde, war das Vorgehen der Großen Koalition noch recht moderat. Unter anderem wurden besondere Härten für die Konsumenten vermieden.[10] Dennoch

---

[5] Z. B. Rede Dietrichs in Berlin am 13.10.1928, Berliner Börsen-Zeitung Nr. 483 vom 14.10.1928; Hermann Dietrich: Kleine Dinge – große Werte. Eier und Schlachtgeflügel in ihrer gegenwärtigen und künftigen Bedeutung für Landwirtschaft und Inlandsmarkt, Berliner Tageblatt Nr. 51 vom 30.1.1929. Diesem (gegenüber der dann einsetzenden massiven Zoll- und Subventionspolitik freilich nachgeordneten) Aspekt der Agrarpolitik ist relativ wenig Beachtung geschenkt worden: Becker, Handlungsspielräume, bes. S. 260-262; Gessner, Agrarverbände, S. 154-159. Zu Dietrichs Haltung zur Modernisierung der Landwirtschaft siehe Kap. IV, 4.

[6] Rede Dietrichs in Breslau am 3.2.1929, Berliner Tageblatt Nr. 59 vom 4.2.1929; ähnlich Rundfunkrede Dietrichs am 20.12.1928, Vossische Zeitung Nr. 602 vom 21.12.1928.

[7] Dietrich an Georg Pohlmann, 26.12.1929, ND 116, fol. 135.

[8] Gessner, Agrarverbände, S. 161-181; zu den einzelnen Maßnahmen im Detail Saldern, Dietrich, S. 49-72; zur Ostpreußenhilfe, die als „Osthilfe" schließlich auf weite Gebiete des übrigen Ostdeutschland ausgedehnt wurde, außerdem Dieter Hertz-Eichenrode: Politik und Landwirtschaft in Ostpreußen 1919-1930. Untersuchung eines Strukturproblems in der Weimarer Republik. Köln u. a. 1969, S. 217-337. Problematisch ist die Arbeit von Arno Panzer, der streckenweise die Argumentation der rechtsgerichteten Agrarverbände bzw. der Hugenberg-Presse übernimmt, wenn er z. B. von einer „Isolierung und Nachrangigkeit der agrarischen Interessen" nach den Wahlen von 1928 spricht oder behauptet, Dietrich habe den Anliegen der Landwirtschaft „allenfalls loyal" gegenübergestanden: Arno Panzer: Das Ringen um die deutsche Agrarpolitik von der Währungsstabilisierung bis zur Agrardebatte im Reichstag im Dezember 1928. Kiel 1970, Zitate S. 128.

[9] Becker, Handlungsspielräume, S. 355.

[10] So wurden Gleitzölle eingeführt, um ein übermäßiges Ansteigen der Preise zu vermeiden: Becker, Handlungsspielräume, S. 353-355. Außerdem blieb das zollfreie Kontingent für den Import von Gefrierfleisch bestehen – ein zentrales Anliegen der SPD, das ab 1930 für Zündstoff sorgte, als Dietrichs Nachfolger Schiele das Kontingent strich: Heinrich August Winkler: Der Weg in die Katastrophe. Arbeiter und Arbeiterbewegung in der Weimarer Republik 1930 bis 1933. Berlin u. a. 1987, S. 129, 278 u. 289f.; ders., Schein, S. 248.

1. „Interessentenhaufen oder Staatsvolk": Dietrichs „objektive" Politik 345

Abb. 8: Das Kabinett Müller II, Ende Juni 1928: (v.l.n.r., sitzend) Erich Koch-Weser, Hermann Müller, Wilhelm Groener, Rudolf Wissell; (stehend) Dietrich, Rudolf Hilferding, Julius Curtius, Carl Severing, Karl Theodor von Guérard, Georg Schätzel; es fehlt Gustav Stresemann

waren die Widerstände erheblich, und Dietrich geriet zunehmend ins Kreuzfeuer der Kritik. In den Reihen der Koalition fand seine Schutzzoll- und Subventionspolitik, die hauptsächlich den getreidebauenden Großbetrieben im Osten zugutekam und – zumindest im Prinzip – eine künstliche Erhöhung der Lebenshaltungskosten bedeutete, wenig Beifall. Die SPD lehnte protektionistische Schritte zum Schutz der Landwirtschaft zwar nicht mehr kategorisch ab, doch die traditionellen Widerstände gegen eine Belastung der Konsumenten waren stark. Ebenso war den Sozialdemokraten die Bevorzugung des Großgrundbesitzes bei der Durchführung der Ostpreußenhilfe ein Dorn im Auge. Ähnliche Einwände gab es in der DDP. Zudem bestanden handelspolitische Bedenken, weil die umfangreichen Zollerhöhungen Änderungen an bestehenden Handelsverträgen erforderten. Im Kabinett sahen vor allem die DVP-Minister Stresemann und Curtius die Absatzmärkte für den deutschen Industrieexport gefährdet. Diese Vorbehalte und Konflikte schlugen sich in den Abstimmungen im Reichstag nieder, wo die Vorlagen nur mit Hilfe wechselnder Mehrheiten und der Stimmen der DNVP angenommen wurden. Am 25. März 1930, zwei Tage vor der Demission des Kabinetts Müller, verband Dietrich die gefährdete Abstimmung über das Maismonopol mit einer persönlichen Vertrauensfrage. Trotzdem sicherte lediglich die Enthaltung der DNVP-Abgeordneten die Annahme des Gesetzes, während die DVP und sogar ein Teil der DDP dagegen stimmten.[11]

[11] Becker, Handlungsspielräume, S. 347-354; Gessner, Agrarverbände, S. 161-181; Winkler, Schein, S. 755-759.

Tatsächlich kam Dietrich den Forderungen der Agrarlobby so weit entgegen, dass er mit seiner Politik von zentralen Überzeugungen abwich, die er bisher vertreten hatte und die im Wesentlichen den im Regierungslager geäußerten Kritikpunkten entsprachen. Vor seinem Amtsantritt hatte er sich gegen höhere Zölle und für einen Abbau der innereuropäischen Handelsschranken ausgesprochen sowie die Benachteiligung kleiner und mittlerer Betriebe gegenüber dem ostelbischen Getreidebau angeprangert.[12] Noch während seiner Ministerschaft wandte er sich, unter Hinweis auf die schlechten Erfahrungen mit ähnlichen Bewirtschaftungsmaßnahmen im Ersten Weltkrieg, gegen Einfuhrmonopole.[13] Seine Zugeständnisse milderten aber weder die zunehmende politische Radikalisierung auf dem Land, die bereits im Winter 1928 in massiven, teils militanten Bauernprotesten zum Ausdruck gekommen war, noch stießen sie bei den landwirtschaftlichen Interessenverbänden auf Zuspruch. Vielmehr beanstandeten diese alle Maßnahmen der Regierung als unzureichend, und Dietrich sah sich seit Beginn seiner Tätigkeit heftigen Angriffen ausgesetzt. Insbesondere der DNVP-nahe Reichslandbund, an dessen Spitze sein Amtsvorgänger Schiele stand, und die im Februar 1929 gegründete „Grüne Front" erhoben immer neue weitreichende Forderungen und trieben Dietrich und die Regierung vor sich her.[14]

Dietrich geriet so mehr und mehr zwischen die Fronten. Im März 1930 erklärte er in der Reichstagsdebatte über seine letzten Gesetzesvorlagen: „Ich habe ja zurzeit so ziemlich alle gegen mich; jeder meint, er wisse es besser".[15] Er reagierte darauf mit der Pose des überparteilichen Staatsmanns und präsentierte sich als Anwalt einer „praktischen Politik", der „in der Sache objektiv zu bleiben" habe, auch wenn er unablässig „von rechts oder links mit irgendwelchen Theorien angegriffen" werde.[16] Während er sich gegen „törichte, unerfüllbare Forderungen" von Agrarverbänden und Rechtsopposition wehrte und Geduld für seine „Arbeit auf lange Sicht" einforderte,[17] versuchte er, bei den Koalitionsparteien Verständnis für die Lage der Landwirtschaft zu wecken, indem er sie zu einer „nationalen" Frage erhob. Er unterstrich ihre volkswirtschaftliche Bedeutung und beschrieb die Agrarkrise als „Gefahr für das gesamte deutsche Volk und seine Wirtschaft".[18] Dem Vorwurf der Bevorzugung des ostpreußischen Großgrundbesitzes hielt er das bevölkerungspolitische Argument entgegen, die „nationale Aufgabe, Ostpreu-

---

[12] Vgl. Kap. IV, 4.
[13] Hermann Dietrich: Ein Jahr Agrarpolitik. Berlin 1929, S. 22 f.; Dietrich an Sigmund Löffler, 24. 10. 1929, ND 115, fol. 214.
[14] Stephanie Merkenich: Grüne Front gegen Weimar. Reichs-Landbund und agrarischer Lobbyismus 1918-1933. Düsseldorf 1998, S. 247-266; Gessner, Agrarverbände, S. 96-128; Jürgen Bergmann/Klaus Megerle: Protest und Aufruhr der Landwirtschaft in der Weimarer Republik (1924-1933). Formen und Typen der politischen Agrarbewegung im regionalen Vergleich. In: Jürgen Bergmann u. a.: Regionen im historischen Vergleich. Studien zu Deutschland im 19. und 20. Jahrhundert. Opladen 1989, S. 200-287, hier bes. S. 220-238.
[15] Rede Dietrichs am 24. 3. 1930, Reichstag Bd. 427, S. 4605.
[16] Rede Dietrichs am 3. 5. 1929, Reichstag Bd. 424, S. 1840 u. 1842.
[17] Rede Dietrichs am 26. 6. 1929, Reichstag Bd. 425, S. 2958 u. Rede Dietrichs in Breslau am 3. 2. 1929, Berliner Tageblatt Nr. 59 vom 4. 2. 1929.
[18] Rundfunkrede Dietrichs am 20. 12. 1928, Vossische Zeitung Nr. 602 vom 21. 12. 1929.

ßen zu verteidigen", müsse alle Bedenken überwiegen. Schließlich sei Ostpreußen „eine vom Reich abgetrennte Insel im polnischen Meer", und die Regierung habe die „Pflicht", diese Provinz „gegen die dräuende Flut zu verteidigen, die rings um dieses Land brandet". Er sei „nicht willens, eine Politik zu betreiben, die die deutsche Grenze in absehbarer Zeit an die Oder zurückverlegen würde".[19]

Dietrich warb für einen Ausgleich der Interessen von Produzenten und Konsumenten und forderte eine „vollkommen objektive Einstellung" zur Agrarkrise „in allen Berufsschichten", was auf politischer Ebene bedeutete, dass eine „vernünftige und erfolgreiche Agrarpolitik" nur möglich sei, wenn „alle Parteien [...] daran mitarbeiten".[20] Er knüpfte damit an die kompromissorientierte Sprache der Sachlichkeit an, der er sich als Abgeordneter bedient hatte. Sie bekam nun allerdings eine andere Qualität: Zum einen verwendete er sie geradezu inflationär, zum anderen richtete sie sich nicht mehr ausschließlich gegen radikale Kräfte und „verantwortungslose" Oppositionspolitiker, sondern trug zunehmend Züge einer grundsätzlichen, antipluralistischen Parteienkritik. Dietrich repräsentierte jetzt die Exekutive, nicht mehr in erster Linie Parlament, Fraktion und Partei. Diese gouvernementale Perspektive wurde dadurch verschärft, dass er seine Agrarpolitik gegen eine Kritik verteidigte, die nicht entlang der üblichen Frontstellung zwischen Regierungs- und Oppositionsparteien verlief. In dieser Konstellation traten die Vorstellung des Volkes als „Einheit" und die gedankliche Trennung von Staat und Gesellschaft, die Dietrichs politisches Denken bestimmten, markant hervor. Die Vertretung sozioökonomischer Interessen betrachtete er nicht als legitime Erscheinung des modernen gesellschaftlichen Pluralismus, sondern erblickte eine staatsgefährdende Bedrohung darin, „daß jede einzelne Volksgruppe ihr Heil und ihren Vorteil darin sieht, daß sie alle anderen Volksgruppen bekämpft". Um zu verhindern, dass „die ganze Wirtschaft kopfüber geh[t]", müssten „alle Beteiligten [...] miteinander und nicht wie bisher gegeneinander marschieren" – das hieß: seiner „objektiven" Politik folgen.[21] Die über alle Lager verteilten Gegner der Agrargesetze bezeichnete Dietrich als seine „Feinde [...], die nicht einsehen wollen, daß nun einmal der Staat und das öffentliche Interesse vor das Interesse des Einzelnen treten müssen".[22]

Wenn Dietrich das Leitbild einer überparteilichen, an „sachlichen" Kriterien ausgerichteten Politik entwarf, beinhaltete dies bald auch eine allgemeine Kritik an der innenpolitischen Lage, die sich ab 1929 zuspitzte und viele Zeitgenossen zu ähnlichen Diagnosen gelangen ließ. Die „permanent werdende Regierungskrise"

---

[19] Rede Dietrichs am 16. 5. 1929, Reichstag Bd. 424, S. 1968 u. Ansprache Dietrichs anlässlich eines Besuchs des Reichsrats in Karlsruhe, 25. 9. 1929, Protokoll in GLAK 231/12902 (siehe auch Badische Presse Nr. 447 vom 26. 9. 1929); vgl. Kap. IV, 4 u. Saldern, Dietrich, S. 70f. Die Annahme, ein Zusammenbrechen der ostpreußischen Landwirtschaft müsse zur massiven Abwanderung der Bevölkerung aus der dünnbesiedelten Agrarprovinz führen und die deutsche Ostgrenze gefährden, wurde parteiübergreifend akzeptiert und war selbst in der SPD verbreitet: Winkler, Schein, S. 756-759; Schulze, Braun, S. 675f.
[20] Reden Dietrichs am 3. 12. 1928, Reichstag Bd. 423, S. 621 u. am 3. 5. 1929, Reichstag Bd. 424, S. 1836.
[21] Rede Dietrichs am 19. 12. 1929, Reichstag Bd. 426, S. 3698.
[22] Rede Dietrichs am 24. 3. 1930, Reichstag Bd. 427, S. 4603.

befeuerte die Krisendiskurse über Parlamentarismus und Parteienstaat, die einen neuen Höhepunkt erreichten.[23] So kontrovers die Agrarpolitik war, stellte sie doch nur einen Nebenschauplatz dar. Nach schwierigen Verhandlungen über die Regierungsbildung war Ende Juni 1928 keine feste Koalition, sondern nur ein vorläufiges „Kabinett der Persönlichkeiten" zustande gekommen, an dem die Zentrumspartei offiziell nicht beteiligt war und an das sich die DVP-Fraktion nicht gebunden erklärte. Die formelle Herstellung der Großen Koalition erfolgte erst im April 1929, nach komplizierten, scheinbar nicht enden wollenden Konflikten um den finanz- und wirtschaftspolitischen Kurs, die Verteilung von Ministerien und die Koalitionspolitik in Preußen, die verbreitet als Diskreditierung des Parlamentarismus empfunden wurden.[24] Dietrich sah „parteiegoistische Interessen" am Werk, die „über die Staatsnotwendigkeiten gestellt" würden, und geißelte die „Verantwortungslosigkeit" von Zentrum und DVP.[25]

Auch danach kehrte im Kabinett keine Ruhe ein. In den Mittelpunkt der Auseinandersetzungen rückte nun die angespannte Lage der Reichsfinanzen, die durch die einsetzende Wirtschaftskrise noch verschärft wurde.[26] Angesichts des Haushaltsdefizits und der bedrohlich angewachsenen schwebenden Schuld, derentwegen die Reichskasse wiederholt an den Rand der Zahlungsunfähigkeit geriet, gab es zwar einen parteiübergreifenden „Sanierungskonsens", dem aber ein „Verteilungsdissens" gegenüberstand.[27] Auf welchem Weg der Etatausgleich hergestellt werden sollte, war insbesondere zwischen SPD und DVP heftig umstritten. Die Abdeckung des Defizits in der Arbeitslosenversicherung – jene Frage, an der die Große Koalition Ende März 1930 schließlich zerbrach – stellte die Regierung schon im Spätsommer 1929 vor eine Zerreißprobe. Dietrich appellierte im Kabinett eindringlich an „alle Parteien", es nicht zum Scheitern der Koalition kommen zu lassen, und beschwor die gemeinsame Verantwortung für das große Ganze: „Letzten Endes handele es sich jetzt um die endgültige Entscheidung im Kampf um die Republik."[28]

---

[23] Raithel, Parlamentarismus, S. 555 (Zitat); Werner Conze: Die Krise des Parteienstaates in Deutschland 1929/30. In: Historische Zeitschrift 178 (1954), S. 47–83; Bracher, Auflösung, S. 34–43; Grüner, Einheitssehnsucht, S. 226–234.

[24] Richter, Deutsche Volkspartei, S. 485–493, 517–529 u. 541–549; Karsten Ruppert: Im Dienst am Staat von Weimar. Das Zentrum als regierende Partei in der Weimarer Demokratie 1923–1930. Düsseldorf 1992, S. 358–362 u. 368–374; Gerhard Schulz: Deutschland am Vorabend der Großen Krise. Berlin u. a. 1987, S. 282–302.

[25] Rede Dietrichs in Karlsruhe am 23. 2. 1929, Seebote Nr. 50 vom 28. 2. 1929; Dietrich an Carl Adam, 12. 4. 1929, ND 112, fol. 2.

[26] Vgl. zum Folgenden Winkler, Schein, S. 589–605 u. 738–754; Helga Timm: Die deutsche Sozialpolitik und der Bruch der großen Koalition im März 1930. Düsseldorf 1952, S. 124–139 u. 149–189; Ilse Maurer: Reichsfinanzen und Große Koalition. Zur Geschichte des Reichskabinetts Müller (1928–1930). Frankfurt a. M. 1973, S. 80–139; Albrecht Ritschl: Schuldenkrise und Austerität. Die Rolle des Reichswirtschaftsministeriums in der Deflationspolitik 1929–1931. In: Carl-Ludwig Holtfrerich (Hg.): Das Reichswirtschaftsministerium der Weimarer Republik und seine Vorläufer. Strukturen, Akteure, Handlungsfelder. Berlin u. a. 2016, S. 579–636, hier S. 591–614.

[27] Winkler, Weimar, S. 373.

[28] Ministerbesprechung vom 28. 9. 1929, AdR Müller Dok. 305, S. 975; vgl. Saldern, Dietrich, S. 87.

1. „Interessentenhaufen oder Staatsvolk": Dietrichs „objektive" Politik 349

Kurz vor Weihnachten 1929 musste Finanzminister Rudolf Hilferding (SPD) zurücktreten, als sein Versuch, die gravierenden Kassenprobleme durch eine Auslandsanleihe notdürftig zu überbrücken, spektakulär scheiterte und die Regierung die Zahlungsunfähigkeit nur um den erniedrigenden Preis eines von Reichsbankpräsident Hjalmar Schacht diktierten Schuldentilgungsgesetzes abwenden konnte. Privatim resümierte Dietrich, dass „wir wieder in einer Krisenzeit erster Ordnung leben", es könnten „jeden Augenblick die tollsten Sachen passieren".[29] In einem Artikel zu Neujahr erläuterte er, wie sich „die wahrhaft demokratischen Elemente" angesichts der prekären Haushaltslage und der wachsenden innenpolitischen Polarisierung zu verhalten hätten: Ihnen dürfe es „nicht in erster Linie" darauf ankommen, „wie es ihnen persönlich ergangen ist", weil das „im Leben eines Volkes nicht das Entscheidende" sei. „Der ehrliche Demokrat" folge nicht der „Interessenpolitik", sondern stelle „die Frage, wie steht es mit unserem Staate". Die „oberste Aufgabe des nächsten Jahres" sei es, „gesunde Finanzen zu schaffen und geordnete Kassenverhältnisse zu erzwingen". Diesem „Kampf um den Staat [...] auf dem Boden der Republik" müssten sich gerade die „bürgerlichen und bäuerlichen Staatsbürger" zuwenden, statt über parteipolitische „Gruppen und Grüppchen" ihre „Spezialinteressen" zu verfolgen.[30]

Dies war nichts anderes als jene staatspolitische Rhetorik, deren sich Dietrich dann in seiner vielbeachteten Reichstagsrede am 18. Juli 1930 bediente, um die ersten Notverordnungen des Kabinetts Brüning zu verteidigen. Cum grano salis war der von Dietrich beschriebene „Staat" identisch mit der Exekutive, wohingegen Parlament und Parteien die Rolle nachgeordneter, außerhalb des eigentlichen Staats stehender Erfüllungsgehilfen einer objektiv gegebenen Politik zufiel – und sie entsprechend zu rügen waren, wenn sie dieser Aufgabe nicht gerecht wurden. Mit dem Konzept eines weitgehend unabhängig von Parteien und Parlament agierenden Präsidialkabinetts vertrug sich das gut. Es gibt allerdings keine Anhaltspunkte dafür, dass Dietrich in den ersten Monaten des Jahres 1930 eine wie auch immer geartete Abkehr von der bisherigen Praxis des parlamentarischen Regierens befürwortet hätte. Bis zum Schluss setzte er sich für den Erhalt der Großen Koalition ein. In der letzten Ministerbesprechung vom 27. März erklärte er, das Kabinett dürfe „nicht ohne weiteres die Waffen strecken", und gehörte zu den Ministern, die noch eine Kampfabstimmung über die Regierungsvorlagen zur Abdeckung des Haushaltsdefizits riskieren wollten, was im Erfolgsfall auf den Rücktritt der DVP-Minister und die Herstellung der Weimarer Koalition (als Minderheitskabinett) hinausgelaufen wäre.[31] Das Überleben der Regierung Müller lag nicht zuletzt in

---

[29] Dietrich an Eugen Ensslin, 21.12.1929, ND 645.
[30] Hermann Dietrich: Zu Neujahr 1930, Demokratischer Zeitungsdienst vom 31.12.1929 (Abschrift), ND 31, fol. 17-21.
[31] Ministerbesprechung vom 27.3.1930, AdR Müller Dok. 489, S. 1609. Auf diese wackelige Option, für die auch Innenminister Carl Severing (SPD) und Postminister Georg Schätzel (BVP) plädierten, wollte sich insbesondere das Zentrum nicht einlassen: vgl. Winkler, Schein, S. 807-809; zu Dietrichs Haltung im März 1930 siehe auch Hans Schäffers Notiz über eine Kabinettssitzung am 5.3.1930, in der Dietrich feststellte: „Wenn wir nicht weiterkommen, muß die Regierung in die Luft fliegen. Das kann man aber aus Gründen der Allgemeinheit nicht verantworten." Tagebuch Hans Schäffer, 5.3.1930, IfZ ED 93, Bd. 8, S. 81.

Dietrichs eigenem Interesse, stand doch sein Ministeramt auf dem Spiel. Scheiterte das Kabinett, so war die Bildung einer Mitte-Rechts-Regierung unter Einschluss der Deutschnationalen naheliegend – dieses Szenario fürchtete er schon im Sommer 1929.[32] Es war nicht nur zu erwarten, dass die DNVP ihm sein Ressort streitig machen würde, es musste überhaupt zweifelhaft sein, ob er seine Karriere als Mitglied der Reichsregierung würde fortsetzen können. Auf einen besonderen Rückhalt in der DDP konnte er nach seiner Agrarpolitik nicht zählen, und bislang hatte es seine Partei stets abgelehnt, mit der DNVP eine Koalition einzugehen.

Bereits am 30. März 1930 wurde die neue Regierung unter Reichskanzler Heinrich Brüning ernannt. Die Berufung eines „Hindenburg-Kabinetts" war vom Reichspräsidenten lange angestrebt und hinter den Kulissen gründlich vorbereitet worden. Es sollte nicht an die Parteien und ihre Fraktionen gebunden sein und notfalls mit Hilfe der präsidialen Verordnungsvollmachten nach Artikel 48 der Weimarer Verfassung regieren. Einen offenen Konflikt mit dem Parlament wollten Hindenburg und Brüning aber vermeiden, so dass sie auf die Mehrheitsverhältnisse im Reichstag Rücksicht nehmen mussten. Deswegen berief Brüning, mit Ausnahme der SPD-Minister, alle Mitglieder der vorherigen Regierung in das neue Kabinett. Dietrich sollte die Stimmen der Demokraten sichern. Mit dem Ernährungsministerium musste der Kanzler auf Wunsch des Reichspräsidenten, dem die Agrarpolitik ein persönliches Anliegen war, allerdings Martin Schiele betrauen. Gleichzeitig handelte es sich um ein Entgegenkommen an die DNVP-Fraktion, die trotz des von Parteichef Alfred Hugenberg verfolgten radikalen Oppositionskurses teilweise zur Mitarbeit bereit war. Da Hindenburg den Einfluss der SPD ausschalten wollte, war die Unterstützung der Deutschnationalen unerlässlich.[33]

Dietrich sollte deshalb mit dem Wirtschaftsministerium abgefunden werden. Wie die Dinge lagen, hätte er im Grunde zufrieden sein können, überhaupt einen Posten in der nach rechts orientierten Regierung zu erhalten. Der überparteiliche Zuschnitt des Kabinetts verhinderte, dass die DDP-Fraktion Einfluss auf die Regierungsbildung nehmen konnte, und bewirkte, dass seine kontroverse Amtsführung als Ernährungsminister nun zur Stärke wurde: Er hatte seine Eignung als „Fachminister", der sich von Widerständen aus der eigenen Partei nicht beeindrucken ließ, unter Beweis gestellt, und stieß damit in Kreisen, die für die Demokratische Partei sonst wenig übrighatten, auf Anerkennung – etwa bei Kurt von Schleicher, aber auch beim Reichspräsidenten.[34]

---

[32] Ernst Feder, der innenpolitische Redakteur des *Berliner Tageblatts*, notierte am 13.8. 1929: „Lange Unterhaltung mit Dietrich über die Reform der Arbeitslosenversicherung. Er meint, auf jeden Fall müsse vermieden werden, daß darüber die Koalition zur Freude der Deutschnationalen auseinanderbreche." Ernst Feder: Heute sprach ich mit... Tagebücher eines Berliner Publizisten 1926-1932. Herausgegeben von Cécile Lowenthal-Hensel und Arnold Paucker. Stuttgart 1971, S. 221 f.

[33] Vgl. Pyta, Hindenburg, S. 555-575; Winkler, Weimar, S. 362-378; Bracher, Auflösung, S. 322-330; Thomas Mergel: Das Scheitern des deutschen Tory-Konservatismus. Die Umformung der DNVP zu einer rechtsradikalen Partei 1928-1932. In: Historische Zeitschrift 276 (2003), S. 323-368, hier S. 357-359.

[34] Schleicher an Otto Geßler, 28.8.1929, abgedruckt in Geßler, Reichswehrpolitik, S. 491 f.; vgl. Saldern, Dietrich, S. 135; William L. Patch: Heinrich Brüning and the Dissolution of the Weimar Republic. Cambridge 1998, S. 121; zu Hindenburgs Anerkennung für Diet-

1. „Interessentenhaufen oder Staatsvolk": Dietrichs „objektive" Politik

Trotzdem ließ sich Dietrich nicht ohne weiteres zum Eintritt in das Kabinett bewegen. Nur wenige Tage nach der Verabschiedung seiner letzten Agrargesetze sollte er sein bisheriges Amt abgeben – ausgerechnet an seinen Widersacher Schiele, der ihm unentwegt das Leben schwergemacht hatte. Dietrich zeigte sich „sehr bekümmert",[35] denn er war überzeugt, dass seine Agrarpolitik bald Früchte tragen werde. Er hatte sich große Mühe gegeben, seine Leistungen hervorzuheben. Abgesehen von Reden und Zeitungsartikeln veröffentlichte er eine umfangreiche Broschüre mit dem Titel „Ein Jahr Agrarpolitik", die Ende September 1929 erschien, und zeigte in wirtschaftswissenschaftlichen Fachpublikationen Präsenz.[36] Zahlreiche weitgehende Maßnahmen waren soeben erst verabschiedet worden, und einige wichtige, schon 1929 beschlossene Zollerhöhungen griffen erst seit dem 15. Februar, weil sie bis dahin durch einen Handelsvertrag mit Schweden blockiert worden waren.[37] Schon Ende 1929 meinte Dietrich, „die endgültige Voraussetzung für die Wiederaufrichtung der Landwirtschaft geschafft zu haben".[38] Nach dem erzwungenen Ressortwechsel bekundete er, er habe „die Grundlage für eine Sanierung der landwirtschaftlichen Verhältnisse gelegt". Er nahm an, „daß es mit der deutschen Wirtschaft jetzt wieder aufwärts geht und daß dann ganz zwangsläufig die ersehnte Entlastung für die Landwirtschaft eintreten muß".[39]

Im Nachhinein konnte er sich glücklich schätzen: Selbst die großzügigsten Maßnahmen, die Schiele in den folgenden zwei Jahren durchsetzte, konnten die Krise der Landwirtschaft nicht beheben, und die Verbände, die bisher Dietrich attackiert hatten, liefen nun Sturm gegen den Minister aus den eigenen Reihen, einschließlich des Reichslandbundes, von dessen Vorsitz Schiele im Oktober 1930 zurücktreten musste.[40] Wäre Dietrich Ernährungsminister geblieben, hätte er sich in einem von Hindenburg abhängigen Präsidialkabinett nicht lange halten können. Doch im Frühjahr 1930 glaubte er, Schiele werde „das Ergebnis meiner Arbeit einheimsen".[41] Diese Sorge mochte eine emotionale Seite haben. Brüning versuchte, Dietrichs Groll gegen Schiele zu lindern. Nach seinem späteren Zeugnis bedurfte es einer dreistündigen Aussprache mit den beiden Widersachern, um die „gegensätzlichen Auffassungen" über die Agrarpolitik zumindest zu „überbrücken".[42] Gleichzeitig

---

richs „Verständnis für die Lage des Großgrundbesitzes im Osten": Brüning an Otto Schmidt-Hannover, 31.8.1956, BAK N Schmidt (Hannover) 65, zit. nach Heinrich Brüning: Memoiren 1918-1934. Bearbeitet von Peer Oliver Volkmann. Unveröffentlichtes Manuskript, S. 360 (Anm. 2803).

[35] Feder, Tagebücher, S. 252 (Eintrag vom 28.3.1930).
[36] Dietrich, Agrarpolitik; ders.: Einleitung. In: Friedrich Schöndorf (Hg.): Das landwirtschaftliche Pachtrecht in den osteuropäischen Ländern. Studien des Osteuropa-Instituts in Breslau. Berlin 1929, S.V-VI; ders.: Zum Roggenproblem. In: Weltwirtschaft 18/1 (1930), S. 1-4; ders.: Das deutsche Agrarproblem. In: Weltwirtschaft 18/2 (1930), S. 43-45.
[37] Becker, Handlungsspielräume, S. 169-177.
[38] Dietrich an Georg Pohlmann, 26.12.1929, ND 116, fol. 135; siehe auch Dietrich an Max Klapp, 29.11.1929, ND 115, fol. 61.
[39] Dietrich an Joachim Heyn, 10.4.1930, ND 320, fol. 12.
[40] Gessner, Agrarverbände, S. 219-258.
[41] Dietrich an Eugen Ensslin, 12.4.1930, ND 119, pag. 313.
[42] Brüning, Memoiren, S. 165f.

musste Dietrich sich um seine weitere Laufbahn sorgen, wenn ihm die ersehnte Anerkennung für seine Arbeit verwehrt blieb. Das Ernährungsministerium war nicht das Ziel seiner Ambitionen, sondern sollte ihm eigentlich als Sprungbrett für wichtigere Ämter dienen.

Dabei hatte er es auf das Finanzministerium abgesehen, das er am liebsten schon im Dezember 1929, nach dem Rücktritt Hilferdings, übernommen hätte.[43] Das Wirtschaftsministerium war zwar kein unwichtiges Ressort, und es war, wie Dietrich feststellte, „größer" als das Ernährungsministerium.[44] Faktisch hatte es aber seit der Währungsstabilisierung sukzessive an Bedeutung verloren[45] und bot dem Amtsinhaber eher geringe Chancen, sich zu profilieren. Somit musste Dietrich befürchten, zu einem mehr oder weniger marginalen Anhängsel am linken Rand des Kabinetts zu werden, während er zugleich den Bruch mit seiner Partei riskierte, wenn er auf Brünings Angebot einging. Die massiven Vorbehalte der DDP gegen die neue Regierung[46] waren für ihn nicht ungefährlich, zumal die Zukunftsperspektiven des „Hindenburg-Kabinetts" ungewiss waren. Dietrich versuchte zu pokern und verlangte das Finanzministerium. Der bisherige Amtsinhaber Paul Moldenhauer (DVP) bemerkte in seinen Memoiren spöttisch, dass Dietrich „unbedingt die Treppe herauf fallen wollte. Das frei gewordene Wirtschaftsministerium schien ihm zu unbedeutend."[47] Brüning war bereit, diese Forderung zu erfüllen, und seine spätere Behauptung, ihm wäre eine umgekehrte Verteilung der Ressorts lieber gewesen, ist plausibel, denn im Gegensatz zu Moldenhauer war Dietrich ein ausgewiesener Haushaltsexperte. Moldenhauer lehnte jedoch ab, sich mit dem Wirtschaftsministerium zu bescheiden, weil dies einer „Desavouierung" seiner Person gleichgekommen wäre.[48] Dietrichs Position erfuhr aber eine Aufwertung, indem er zum Vizekanzler ernannt wurde.[49]

---

[43] Wie er seinem Freund Karl Glockner anvertraute: Glockner an Dietrich, 27. 6. 1930, ND 120, fol. 178 („dieses Amt, das Du vor 6 Monaten übernehmen wolltest, und das Dir damals Herr Moldenhauer streitig machte"). Saldern deutet diese Äußerung so, dass Dietrich Ende 1929 tatsächlich „Finanzminister werden sollte" (Saldern, Dietrich, S. 100). Dafür fehlen aber nicht nur „weitere Belege", wie sie konstatiert, sondern es ist auch nicht plausibel, dass Dietrich, anstelle des bisherigen Wirtschaftsministers Paul Moldenhauer von der DVP, ernsthaft als Nachfolger Hilferdings in Erwägung gezogen wurde. Schließlich musste die SPD mit einem anderen Kabinettsposten entschädigt werden, wofür das Ernährungsministerium in Anbetracht der agrarpolitischen Lage kaum in Frage kommen konnte. (Gleichzeitig war das Wirtschaftsministerium aufgrund seiner Größe das angemessenere Kompensationsobjekt.) Ein Ressortwechsel Dietrichs hätte also eine größere Personalrochade erfordert, kurzfristig und inmitten einer akuten Regierungskrise.

[44] Dietrich an Ensslin, 12. 4. 1930, ND 119, pag. 313.

[45] Insbesondere gegenüber dem Finanzministerium: Harold James: Das Reichswirtschaftsministerium und die Außenwirtschaftspolitik: „Wir deutschen Pleitokraten, wir sitzen und beraten". In: Carl-Ludwig Holtfrerich (Hg.): Das Reichswirtschaftsministerium der Weimarer Republik und seine Vorläufer. Strukturen, Akteure, Handlungsfelder. Berlin u. a. 2016, S. 517-578, hier S. 537-543 u. 561; Ritschl, Schuldenkrise, S. 608.

[46] Siehe dazu den dritten Abschnitt dieses Kapitels.

[47] Paul Moldenhauer: Politische Erinnerungen, S. 104, BAK N Moldenhauer 3.

[48] Ebd., S. 104-106; vgl. Brüning, Memoiren, S. 162.

[49] Der Titel „Vizekanzler" oder „Stellvertreter des Reichskanzlers" hatte in erster Linie symbolischen Wert: Rainer Orth: „Der Amtssitz der Opposition"? Politik und Staatsumbaupläne im Büro des Stellvertreters des Reichskanzlers in den Jahren 1933-1934. Köln u. a.

1. „Interessentenhaufen oder Staatsvolk": Dietrichs „objektive" Politik   353

Seine Tätigkeit als Wirtschaftsminister blieb eine Episode. In den Kabinettssitzungen trat er zunächst vornehmlich mit Kritik an Schiele in Erscheinung, dessen Agrarprogramm bei ihm und mehreren anderen Ministern auf starken Widerstand stieß. Mit der Rückendeckung des Reichspräsidenten und der DNVP, deren Stimmen benötigt wurden, um die Maßnahmen für den Haushaltsausgleich zu verabschieden, begann Schiele sofort, seine Maximalforderungen durchzusetzen und die Zoll- und Subventionspolitik massiv auszuweiten. Das war nur der Auftakt zu der ausufernden Agrarpolitik, die das Kabinett bis zu seinem Sturz in Atem hielt. Dietrich betrachtete seine eigenen, gerade erst in Kraft getretenen Gesetze als ausreichend und rügte Schieles Vorgehen als überzogen. Besonders die einseitige Bevorzugung der großagrarischen Interessen in Schieles Planungen zum Ausbau der Osthilfe war ihm ein Dorn im Auge.[50] Wenn Dietrich sich nun derselben Argumente bediente, die zuvor gegen seine eigene Agrarpolitik vorgebracht wurden, ergab sich das nicht zuletzt aus seinem Ressortwechsel. Als Wirtschaftsminister wurde er sofort mit Protesten der Industrieverbände konfrontiert, die handelspolitische Repressalien fürchteten.[51] Er war aber auch von einem tiefsitzenden Ressentiment gegen Schiele bestimmt. In seiner Privatkorrespondenz betonte er, wie „ungern" er das Ernährungsministerium aufgegeben habe,[52] und während man nach allgemeinen Bemerkungen zum politischen Kurs des neuen Kabinetts oder zu den drängenden finanz- und wirtschaftspolitischen Fragen vergeblich sucht, sparte er nicht mit Seitenhieben gegen seinen Nachfolger. Typisch für seine Gemütslage war die Kritik, mit der er auf die Berichterstattung über Schieles Agrarpolitik in einer seiner südbadischen Zeitungen reagierte: Er hielt sie für zu positiv, während versäumt werde, „die Maßnahmen, die von mir her stammen", ausreichend zu „betonen": „Es wird hier ständig der Eindruck erweckt, daß Herr Schiele überhaupt schon etwas Ernsthaftes für die Landwirtschaft getan hätte."[53]

2016, S. 321 u. 861. Gottfried Treviranus, der neue Minister für die besetzten Gebiete, schilderte in seinen Memoiren, dass er als Vizekanzler vorgesehen war, Dietrich und die DDP-Fraktion aber eine Kompensation für die Aufgabe des Ernährungsministeriums verlangt hätten: Treviranus, Ende, S. 120. Ob Dietrich tatsächlich in diesem Sinne von der demokratischen Fraktion unterstützt wurde, erscheint angesichts der Vorbehalte gegen seine bisherige Politik und das neue Kabinett zweifelhaft.

[50] Kabinettssitzungen vom 7.4., 8.4. u. 6.5.1930, AdR Brüning Dok. 11, 12 u. 27, S. 23-36 u. 97-102; vgl. Tilman P. Koops: Zielkonflikte der Agrar- und Wirtschaftspolitik in der Ära Brüning. In: Hans Mommsen/Dietmar Petzina/Bernd Weisbrod (Hg.): Industrielles System und politische Entwicklung in der Weimarer Republik. Düsseldorf 1974, S. 852-868, hier S. 852f.; allgemein zur Agrarpolitik in der Ära Brüning Dieter Gessner: Agrardepression und Präsidialregierungen in Deutschland 1930-1933. Probleme des Agrarprotektionismus am Ende der Weimarer Republik. Düsseldorf 1977.

[51] Eduard Hamm an Dietrich, 9.4.1930, ND 320, fol. 57-59; Hamm, DDP-Mitglied und 1923-1925 selbst Wirtschaftsminister, war Geschäftsführer des Deutschen Industrie- und Handelstags; vgl. Wolfgang Hardtwig: Freiheitliches Bürgertum in Deutschland. Der Weimarer Demokrat Eduard Hamm zwischen Kaiserreich und Widerstand. Stuttgart 2018, bes. S. 235-267.

[52] Dietrich an Eugen Rebholz, 5.4.1930, ND 123, fol. 155, Dietrich an Adolf Hensler, 7.4.1930, ND 320, fol. 24 u. Dietrich an Nathan Stein, 10.4.1930, ND 125, fol. 203.

[53] Dietrich an die Schriftleitung des Stockacher Tagblatts, 19.5.1930, ND 125, fol. 244.

Mitte Mai erlitt Dietrich eine „heftige Herzstörung". Nach dem gesundheitlichen Zusammenbruch im Juni 1926 war es das zweite Mal, dass seine wiederkehrenden Beschwerden Anlass zu ernster Sorge gaben. Auf Druck der Ärzte brach er widerwillig zu einer vierwöchigen Kur ins tschechische Marienbad auf.[54] Als er am 16. Juni nach Berlin zurückkehrte, hatte sich die Lage entscheidend verändert. Das Kabinett stürzte gerade in die erste Krise, weil das Deckungsprogramm, das der Reichstag im April zusammen mit den Agrarmaßnahmen verabschiedet hatte, sich als völlig unzureichend erwies. Nachdem die übliche wirtschaftliche Frühjahrsbelebung weitgehend ausgeblieben war, riss die anhaltend hohe Arbeitslosigkeit neue Löcher in den Haushalt. Die Regierung befand sich in einer ähnlich verfahrenen Situation wie das Kabinett Müller drei Monate zuvor. Um das Defizit zu beheben, sah der Finanzminister unter anderem eine Kürzung der Beamtengehälter um vier Prozent vor. Gegen dieses „Notopfer" regte sich auch in der DVP starker Widerstand, und als Moldenhauer an seinem Programm festhielt, zwang seine eigene Partei ihn am 19. Juni zum Rücktritt.[55]

Damit wurde zum zweiten Mal innerhalb eines halben Jahres der Finanzminister gestürzt. Zuerst bot Brüning dem preußischen Finanzminister Hermann Höpker Aschoff (DDP) an, das Reichsministerium in Personalunion zu übernehmen. Erst als dieser ablehnte, sprach der Kanzler mit Dietrich.[56] Die Berufung Höpker Aschoffs, die einen Schritt in Richtung Reichsreform bedeutet hätte, wäre sinnvoll gewesen, um eine reibungslose Zusammenarbeit der Finanzminister des Reichs und des größten Landes zu gewährleisten. Im Übrigen war Dietrich bereits Wirtschaftsminister. Wechselte er das Ressort, musste ein zweites Ministerium neu besetzt werden, bevor die Regierung auch nur drei Monate im Amt war. Am Ende blieb der Posten des Wirtschaftsministers vorläufig vakant.[57]

Für Dietrich bedeutete die Übernahme des Finanzministeriums kein geringes Wagnis. In der DDP war der Widerstand gegen die beabsichtigten Sparmaßnahmen ebenfalls erheblich, und um seinen Rückhalt in der eigenen Partei, die sich entschieden gegen seinen Ressortwechsel aussprach, war es kaum besser bestellt als im Fall Moldenhauers. Am 24. Juni, zwei Tage vor seiner Ernennung durch den Reichspräsidenten, legte Dietrich dem Kabinett ein neues Deckungsprogramm vor, das gegenüber demjenigen Moldenhauers nur geringfügig verändert war. Außerdem sollten etwaige weitere Haushaltlöcher durch „1%ige Kürzung aller Etatspositionen [...] für je 100 Millionen neues Defizit" gestopft werden. Er

---

[54] Dietrich an Hubert Zircher, 16.5.1930, ND 126, pag. 602 (Zitat); Aufzeichnung des Staatssekretärs Pünder (Reichskanzlei) vom 28.5.1930: Hermann Pünder: Politik in der Reichskanzlei. Aufzeichnungen aus den Jahren 1929-1932. Herausgegeben von Thilo Vogelsang. Stuttgart 1961, S. 52; Dietrich an Theodor Heuss, 20.5.1930, ND 320, fol. 162; Dietrich war vom 20.5. bis zum 16.6. nicht in Berlin (vgl. ebd., fol. 161-210).
[55] Winkler, Katastrophe, S. 134f.; Richter, Deutsche Volkspartei, S. 636-641.
[56] Vermerk Hermann Pünders vom 20.6.1930, BAK N Pünder 158, fol. 142-144; Otto Meißner an Hindenburg, 21.6.1930, Politik Dok. 92, S. 246f.; vgl. Gerhard Schulz: Von Brüning zu Hitler. Der Wandel des politischen Systems in Deutschland 1930-1933. Berlin u.a. 1992, S. 102f.; Aders, Utopie, S. 127f.
[57] Der DVP sollte so die Möglichkeit offengehalten werden, zu einem späteren Zeitpunkt wieder einen zweiten Minister zu stellen: Ministerbesprechung vom 24.6.1930, AdR Brüning Dok. 56, S. 239.

1. „Interessentenhaufen oder Staatsvolk": Dietrichs „objektive" Politik

forderte ultimativ die Zustimmung jedes einzelnen Ministers, die er auch erhielt.[58] Dietrich wollte das Risiko, das Schicksal seiner beiden Vorgänger zu teilen, begrenzen und sich zumindest gegenüber den anderen Ressortchefs, mit denen der Finanzminister traditionell Verteilungskonflikte auszufechten hatte,[59] für die Zukunft absichern. Im Grunde waren Hilferding und Moldenhauer aber nicht an Widerständen innerhalb des Kabinetts gescheitert, und es spricht wenig dafür, dass Dietrich überhaupt zögerte: Laut Brüning zeigte er „Mut zum Kampf" und „nahm sofort an",[60] und Werner Stephan erinnerte sich, dass Dietrich seine „große Stunde" gekommen sah: „Es reizte den wagemutigen, ja draufgängerischen Mann, an dieser exponierten Stelle in fast aussichtsloser Situation Verantwortung zu übernehmen."[61] Diese etwas pathetischen Darstellungen sind insofern plausibel, als Dietrich jetzt sein Ziel erreichte, nachdem er im Dezember 1929 und Ende März 1930 nicht zum Zuge gekommen war. Zudem nahm er nach wie vor an, dass die Finanz- und Wirtschaftskrise in absehbarer Zeit überwunden sein werde – unter dieser Voraussetzung stellte das wichtigste Ministerium für ihn kein „aussichtsloses" Himmelfahrtskommando, sondern eine große Chance dar.

Nun stand Dietrich, weit mehr als während seiner Tätigkeit als Ernährungsminister, im Mittelpunkt der innenpolitischen Kontroversen. Sein Ressort war zuständig für die rigide Austeritätspolitik mit ihren drastischen Kürzungen von Gehältern und Sozialleistungen, sonstigen Sparmaßnahmen und Steuererhöhungen, die ab jetzt aufgrund des Artikels 48 der Verfassung mit Notverordnungen des Reichspräsidenten ins Werk gesetzt wurden – anfangs gegen die parlamentarische Mehrheit, nach den Wahlen vom 14. September 1930 unter Duldung des Reichstags: Mit den Stimmen der SPD, die nach dem Erdrutschsieg der NSDAP zur Tolerierung der Regierung Brüning bereit war, lehnte das Parlament alle Anträge auf Aufhebung der Notverordnungen ab und vertagte sich für immer längere Zeiträume, verzichtete also weitgehend auf seine legislativen Kompetenzen.[62]

Über eine positive Mehrheit im Reichstag verfügte das Kabinett schon im Sommer 1930 nicht mehr: In den Wochen nach Dietrichs Amtsübernahme gelang es mit Mühe, wenigstens die Zustimmung der Regierungsparteien für das Deckungs-

---

[58] Ministerbesprechungen vom 24. 6. u. 27. 6. 1930, AdR Brüning Dok. 53 u. 57, S. 219-222 u. 240-243, Zitat S. 222.
[59] Vgl. Karl M. Hettlage: Die Finanzverwaltung. In: Kurt G. A. Jeserich/Hans Pohl/Georg-Christoph von Unruh (Hg.): Deutsche Verwaltungsgeschichte. Bd. 4: Das Reich als Republik und in der Zeit des Nationalsozialismus. Stuttgart 1985, S. 177-201, hier S. 187.
[60] Brüning, Memoiren, S. 176.
[61] Stephan, Aufstieg, S. 433.
[62] Zur Verfassungsentwicklung in der Ära Brüning z. B. Gusy, Weimarer Reichsverfassung, S. 403-410; Schulz, Brüning, bes. S. 370-379; Bracher, Auflösung, bes. S. 370-388 u. 415-423; Peter Blomeyer: Der Notstand in den letzten Jahren vor Weimar. Die Bedeutung von Recht, Lehre und Praxis der Notstandsgewalt für den Untergang der Weimarer Republik und die Machtübernahme durch die Nationalsozialisten. Eine Studie zum Verhältnis von Macht und Recht. Berlin 1999; vgl. auch Anm. 64. Zum Kurs der SPD Winkler, Katastrophe; Rainer Schaefer: SPD in der Ära Brüning: Tolerierung oder Mobilisierung? Handlungsspielräume und Strategien sozialdemokratischer Politik 1930-1932. Frankfurt a. M. 1990; Wolfram Pyta: Gegen Hitler und für die Republik. Die Auseinandersetzung der deutschen Sozialdemokratie mit der NSDAP in der Weimarer Republik. Düsseldorf 1990, S. 203-221.

programm zu erreichen, doch ohne die Hilfe von SPD oder DNVP war eine parlamentarische Verabschiedung ausgeschlossen. Als der Reichstag die Vorlage am 16. Juli ablehnte, wurde sie noch am selben Tag durch zwei Notverordnungen in Kraft gesetzt. Auf Antrag der SPD-Fraktion stimmte am 18. Juli eine knappe Mehrheit der Abgeordneten für die Aufhebung der Verordnungen, woraufhin der Reichspräsident das Parlament auflöste. Am 26. Juli wurde schließlich eine neue Notverordnung ähnlichen Inhalts erlassen.[63] Verfassungsrechtlich war diese großzügige Handhabung des Artikels 48, dessen Interpretation seit 1919 ein Reizthema war, nicht unumstritten. Die Tatsache, dass es nie zu dem in der Verfassung vorgesehenen Ausführungsgesetz gekommen war, bot bei der Auslegung der präsidialen „Diktaturgewalt" viel Spielraum, der gegen Ende der Weimarer Republik immer mehr zugunsten der Befugnisse des Reichspräsidenten ausgelegt wurde. Die umfassende Übernahme legislativer Kompetenzen durch die Exekutive unter Brüning wurde von der Staatsrechtslehre überwiegend gebilligt, weil „die öffentliche Sicherheit und Ordnung" im Sinne des Artikel 48 Abs. 2 auch dann als „erheblich gestört oder gefährdet" gelten durfte, wenn ein „Wirtschaftsnotstand" vorlag. Für diese Interpretation lieferte die Notverordnungspraxis unter Friedrich Ebert einen Präzedenzfall: Im Zuge der Krisen des Jahres 1923 und der anschließenden Währungsstabilisierung hatten die Reichsregierungen extensiv von den Möglichkeiten des Artikels 48 Gebrauch gemacht und ohne direkte Mitwirkung des Parlaments weitreichende finanz- und wirtschaftspolitische Maßnahmen umgesetzt. Im Juli 1930 kamen die Verordnungsvollmachten des Reichspräsidenten, gepaart mit der Auflösungsbefugnis nach Artikel 25, allerdings offen gegen das Parlament zum Einsatz.[64]

Die großzügige Auslegung des Artikels 48 in den Jahren 1923/24 hatte Dietrich kritisiert. Nicht nur als Redner der Fraktion im Reichstagsplenum, sondern auch bei den Beratungen des Haushaltsausschusses stieß er sich daran, dass man ihn „in vielen Fällen zu Unrecht" angewandt und damit die Rechte des Parlaments verletzt habe.[65] Als Minister hatte er solche Bedenken nicht mehr, sondern erhob den Einsatz von Notverordnungen zum staatspolitischen Gebot. Als er am 24. Juni 1930 dem Kabinett sein Sanierungsprogramm vorlegte, äußerte er seine Bereitschaft, die Sparmaßnahmen im Zweifelsfall per Notverordnung zu erlassen. Unter dem Eindruck der jüngsten Landtagswahlergebnisse in Sachsen, wo die NSDAP erhebliche Gewinne eingefahren hatte, konstatierte er, diese „Radikalisierung" sei „eine ausreichende Grundlage, wenn man sich Sachsen auf Berlin und die Ruhr

---

[63] Vgl. Winkler, Katastrophe, S. 158-173 u. 178f.
[64] Achim Kurz: Zur Interpretation des Artikels 48 Abs. 2 WRV 1930-33. Ein Überblick. In: Rolf Grawert u. a. (Hg.): Offene Staatlichkeit. Festschrift für Ernst-Wolfgang Böckenförde zum 65. Geburtstag. Berlin 1995, S. 395-413; Thomas Wisser: Die Diktaturmaßnahmen im Juli 1930 – Autoritäre Umwandlung der Demokratie? In: ebd., S. 415-434; Ernst Rudolf Huber: Deutsche Verfassungsgeschichte seit 1789. Bd. 6: Die Weimarer Reichsverfassung. Stuttgart u. a. 1981, S. 336-339, 687-695 u. 699-705, sowie dgl., Bd. 7: Ausbau, Schutz und Untergang der Weimarer Republik. Stuttgart u. a. 1984, S. 769f. u. 803-806; Raithel, Parlamentarismus, S. 247-341.
[65] Reden Dietrichs am 16. 2. u. 20. 2. 1925, Reichstag Bd. 384, S. 632f. u. 835-839, Zitat S. 632; Haushaltsausschuss, Sitzung vom 28. 1. 1925, S. 12.

1. „Interessentenhaufen oder Staatsvolk": Dietrichs „objektive" Politik 357

Abb. 9: Dietrich spricht im Reichstag, Anfang Dezember 1930; am Regierungstisch vorne Heinrich Brüning (sitzend, im Gespräch), hinter ihm (stehend) Julius Curtius und Hans Schäffer; am Präsidentenpult hinter Dietrich erteilt Paul Löbe einen Ordnungsruf

übertragen vorstellt".[66] Als er am 18. Juli die ersten beiden Notverordnungen im Reichstag als „Staatsnotwendigkeit" verteidigte, fiel seine Begründung sorgfältiger aus: Er verwies auf das Verfahren unter Ebert, betonte in demonstrativer Anlehnung an den Text der Verfassung, die „öffentliche Ruhe und Ordnung" sei schon „heute gefährdet" und werde ohne die Verordnungen „in zwei oder drei Monaten schwer gestört sein". Vor allem geißelte er den Reichstag als „Interessentenhaufen" und präsentierte ihn so als den eigentlich Schuldigen für den Einsatz der präsidialen Vollmachten: Obwohl die Regierung und er persönlich „bis zum letzten Augenblick versucht" hätten, sich „mit dem Parlament zu verständigen", erweise dieses sich als unfähig, „den Notwendigkeiten, die der Staat von uns verlangt, gerecht [zu] werden".[67] Anlässlich der nächsten großen Notverordnung, die am 1. Dezember 1930 erlassen wurde, bekräftigte Dietrich seine Haltung. Im Kabinett erklärte er, „daß dann, wenn ein Organ, wie der Reichstag, seine Macht mißbrauche, dieses Organ seine Macht verlieren werde", und vor dem Parlament verteidigte er die Verfassungskonformität erneut mit dem Hinweis, dass die „Schuld" beim

---

[66] Tagebuch Hans Schäffer, 24. 6. 1930, Politik Dok. 94, S. 251. Dietrich zog, ebenso wie die anderen Kabinettsmitglieder, ein Ermächtigungsgesetz vor (ebd. u. Ministerbesprechung vom 24. 6. 1930, AdR Brüning Dok. 54, S. 222-231). Diese Option war bald vom Tisch, weil auch hierfür keine Mehrheit im Reichstag zu erlangen war; vgl. Winkler, Katastrophe, S. 158f.
[67] Rede Dietrichs am 18. 7. 1930, Reichstag Bd. 428, S. 6513-6517.

Reichstag selbst liege, der durch „große, lediglich negierende Parteien" an einer konstruktiven Arbeit gehindert werde.[68] Gegenüber seinen Parteifreunden stellte Dietrich fest: „Bei der Unfähigkeit des Parlaments sei eine gemäßigte Diktatur vielleicht das Beste."[69]

Eine „Störung" des Parlamentarismus, die eine Stärkung der Exekutive rechtfertigte, diagnostizierten (spätestens) jetzt auch die meisten demokratischen Staatsrechtslehrer, Dietrichs Parteifreunde oder Republikaner wie Friedrich Meinecke, der Ende 1930 für eine „Vertrauensdiktatur" zur Umsetzung „vernünftiger" Politik plädierte. Dabei wurde freilich kritisch beobachtet, dass die anhaltende, immer umfassendere Notverordnungspraxis vom Ausnahme- zum Regelfall wurde und die Grundlagen der Verfassung untergrub, die der Artikel 48 eigentlich schützen sollte.[70] Auch Dietrich hatte durchaus Bedenken gegen die neue Verfassungswirklichkeit, besonders nach der Umbildung des Kabinetts im Oktober 1931, mit der die Regierung weiter nach rechts rückte. Seine Vorbehalte ergaben sich schon aus seinen Amtsgeschäften, denn als Finanzminister hatte er fortwährend mit den anderen Kabinettsmitgliedern zu kämpfen, wenn es um die Durchsetzung von Sparmaßnahmen in den einzelnen Etats ging.[71] Dietrich legte den Finger in zwei große Wunden der Deflationspolitik, den nahezu unantastbaren Reichswehretat und die agrarische Schutzzoll- und Subventionspolitik. Dabei kam er mit den Ministern Wilhelm Groener und Schiele in Konflikt, die jedoch im Großen und Ganzen die Oberhand behielten, weil die Interessen der Reichswehr und der Landwirtschaft Rückendeckung beim Reichspräsidenten fanden. Das Militär blieb von Einschnitten bei den Sachausgaben sowie von Gehalts- und Pensionskürzungen weitgehend verschont. Dietrich konnte bei den wiederholten Zusammenstößen bescheidene Zugeständnisse erreichen, wobei er Verständnis für den Einwand zeigte, dass es die Loyalität der Truppe zu gewährleisten gelte.[72]

---

[68] Kabinettssitzung vom 30.11.1930, AdR Brüning Dok. 183, S. 670; Rede Dietrichs am 3.12.1930, Reichstag Bd. 444, S. 230.

[69] Sitzung des Geschäftsführenden Vorstandes der DStP mit den Wahlkreisvorsitzenden und den Fraktionen des Reichs und der Länder, 17.12.1930, BAB R 45 III-51, fol. 14; vgl. Saldern, Dietrich, S. 106.

[70] Kathrin Groh: Demokratische Staatsrechtslehrer in der Weimarer Republik. Von der konstitutionellen Staatslehre zur Theorie des modernen demokratischen Verfassungsstaats. Tübingen 2010, bes. S. 399-408 u. 535-546; Heß, Wandlungen, S. 66-68; Klueting, Vernunftrepublikanismus, S. 95f.; Gusy, Weimarer Reichsverfassung, S. 448-451.

[71] Exemplarisch dafür die Kabinettssitzung vom 24.10.1930, AdR Brüning Dok. 148, S. 552f.: Innenminister Joseph Wirth, Arbeitsminister Adam Stegerwald und Postminister Georg Schätzel weigerten sich, in ihren Etats Einschnitte hinzunehmen; siehe auch Tagebuch Hans Schäffer, 25.9.1930, IfZ ED 93, Bd. 9, S. 228.

[72] 1930 einigte Dietrich sich mit Groener nach langen Diskussionen auf eine geringe Reduzierung des Verteidigungshaushalts: Chefbesprechung vom 29.9.1930, AdR Brüning Dok. 125, S. 475-477. Nach der Notverordnung vom 8. Dezember 1931 bezeichnete Dietrich eine erneute Befreiung der Offiziersgehälter von den Kürzungen, die doch alle anderen Staatsbediensteten genauso tragen müssten, als „nicht vertretbar". Groener und Schleicher machten demgegenüber „staatspolitische Gesichtspunkte" im Hinblick auf die Zuverlässigkeit des Militärs geltend, waren aber schließlich mit einem Kompromissvorschlag Dietrichs einverstanden: Chefbesprechung vom 16.12.1931, AdR Brüning Dok. 605, S. 2103f.; siehe auch Ministerbesprechung vom 29.9.1931, AdR Brüning Dok. 493, S. 1756; vgl. allgemein Hürter, Groener, S. 150-162.

1. „Interessentenhaufen oder Staatsvolk": Dietrichs „objektive" Politik 359

Gravierender waren die Auseinandersetzungen um die Agrarpolitik. Die umfangreichen Ausgaben für die Osthilfe und der starke Ausbau des Protektionismus widersprachen dem Vorhaben, die Reichsausgaben sowie Preise und Löhne zu senken.[73] Nach der Ernennung des Gutsbesitzers Hans Schlange-Schöningen zum neuen Osthilfekommissar im Oktober 1931 erreichten die Kontroversen ihren Höhepunkt. Während das Kabinett verzweifelt nach Möglichkeiten suchte, den Haushalt auszugleichen, präsentierten Schiele und Schlange-Schöningen neue Gesetzentwürfe, die nicht nur kostspielig waren, sondern außerdem den Übergang zu einem „rigorosen Staatsdirigismus"[74] bedeuteten. Überschuldeten ostelbischen Gütern wurden neue Bürgschaften gewährt und mit Mitteln wie Zwangsstundung, Herabsetzung des Zinsfußes oder gar der Streichung von Zinsrückständen und Schulden in einem Ausmaß unter die Arme gegriffen, das einer Entrechtung der Gläubiger nahekam. Dietrich leistete heftigen Widerstand gegen die „nach seiner Ansicht völlig verfehlten Maßnahmen", die das „Privatrecht [...] zerstörten". Er betrachtete die ostelbischen Güter als Fass ohne Boden und drohte wiederholt damit, entsprechende Notverordnungen nicht zu unterzeichnen.[75] Da er selbst mit Unterstützung anderer Regierungsmitglieder wie Arbeitsminister Adam Stegerwald gegen die Zollerhöhungen, Subventionen und Zwangsmaßnahmen wenig auszurichten vermochte, platzte ihm bisweilen der Kragen: Sein Staatssekretär Hans Schäffer notierte wiederholt Wutausbrüche, und auch im Kabinett wetterte Dietrich gegen den großagrarischen Einfluss.[76]

Die Haltung der Regierung gegenüber dem politischen Extremismus, namentlich der NSDAP, erregte ebenfalls sein Missfallen. Er drängte darauf, gegen die im Reichsdienst stehenden aktiven NSDAP-Mitglieder schärfer vorzugehen. Wenngleich das verfassungsrechtlich nicht unumstritten war, wurden auf Länderebene schon seit 1929 Maßnahmen gegen Beamte ergriffen, die sich offen in der NSDAP oder KPD betätigten.[77] Dietrich sorgte für ein entsprechendes Einschreiten inner-

---

[73] Vgl. Koops, Zielkonflikte.
[74] Gessner, Agrardepression, S. 137.
[75] Kabinettssitzung vom 18.2.1932, AdR Brüning Dok. 681, S. 2314f.; außerdem Ministerbesprechung vom 17.11.1931 u. Kabinettssitzung vom 5.2.1932, AdR Brüning Dok. 557 u. 662, S. 1974-1978 u. 2269f. Letztlich setzten Schiele und Schlange-Schöningen ihre Vorlagen durch, nachdem einige besonders weitgehende Bestimmungen gestrichen worden waren.
[76] Staatssekretär Schäffer hielt nach einer Besprechung mit Vertretern des Ernährungsministeriums fest: „Dietrich ist zunächst fuchswild"; „großer Schimpfangriff auf Schiele": Tagebuch Hans Schäffer, 24.11.1930, IfZ ED 93, Bd. 9, S. 286f.; siehe auch Schäffers Aufzeichnungen vom 18.9. u. 17.11.1930, ebd., S. 225 u. Bd. 15, S. 1029. Als Schlange-Schöningen seine zusätzliche Ernennung zum Minister ohne Geschäftsbereich durchsetzte, äußerte Dietrich seinen Unmut darüber, dass inzwischen zwei Vertreter der Landvolkpartei (CNBL) im Kabinett seien, obwohl sich diese Partei vor allem dadurch auszeichne, dass sie der Regierung „in den Rücken falle": Ministerbesprechung vom 5.11.1931, AdR Brüning Dok. 541, S. 1916f.; vgl. Gessner, Agrardepression, S. 135-137; Bernhard Forster: Adam Stegerwald (1874-1945). Christlich-nationaler Gewerkschafter, Zentrumspolitiker, Mitbegründer der Unionsparteien. Düsseldorf 2003, S. 516f.
[77] Vor allem in Preußen: Rudolf Morsey: Staatsfeinde im öffentlichen Dienst (1929-1932). Die Beamtenpolitik gegenüber NSDAP-Mitgliedern. In: Klaus König/Hans-Werner Laubinger/Frido Wagener (Hg.): Öffentlicher Dienst. Festschrift für Carl Hermann Ule. Köln

halb der Reichsfinanzverwaltung und unternahm wiederholt Vorstöße im Kabinett, um dort einen ähnlichen Kurs durchzusetzen – so im August 1931 mit einem Schreiben an Innenminister Joseph Wirth. Brüning wies jedoch auf die Vordringlichkeit anderer Geschäfte hin. Der Kanzler verhielt sich ablehnend, weil er die Staatsfeindlichkeit der Nationalsozialisten gering veranschlagte und sich die Option offenhalten wollte, sie an der Regierungsverantwortung zu beteiligen. Im Dezember richtete Dietrich an Wirths Nachfolger Groener „erneut" die Bitte, abermals auf dem Dienstweg und wieder ohne Erfolg, die Angelegenheit „auf die Tagesordnung einer der nächsten Kabinettssitzungen" zu setzen. Am 13. April 1932, dem Tag des SA-Verbots, klagte er über die Machtlosigkeit beim Vorgehen gegen NS-Beamte und forderte, Groener solle auch dafür „klare Richtlinien aufstellen".[78]

Spätestens seit der Rechtsverlagerung des Kabinetts im Oktober 1931 und dem Ausscheiden von Wirth, der den linken Zentrumsflügel repräsentierte, waren die Aussichten für einen scharfen Kurs gegen den Rechtsradikalismus schlecht. Als Ende Januar 1932 der berüchtigte Groener-Erlass erging, in dem der Reichswehrminister die NSDAP indirekt für nicht verfassungsfeindlich erklärte und ihre Mitglieder zum Dienst zuließ, klagte Dietrich vor dem Gesamtvorstand der Staatspartei: „Wir haben ja nun einmal in Deutschland ein gewisses persönliches Regiment. Das hat sich bei der Gestaltung der Osthilfe bemerkbar gemacht, und das macht sich auch bei dem Groener-Erlaß bemerkbar." Es habe sich nicht um einen Alleingang Groeners gehandelt, sondern dieser genieße Brünings Rückendeckung. Im Ganzen müsse „die gegenwärtige Regierung doch durchaus als rechtsgerichtet angesehen werden": „Außer Stegerwald und mir sind alle Minister, nicht zum mindesten Brüning selbst, konservativ." Daran lasse sich aber vorläufig nichts ändern, und ein Sturz Groeners „würde im gegenwärtigen Augenblick eine Katastrophe bedeuten". Man könne natürlich „erwägen, daß man der Rechten die Macht gibt". Die Nationalsozialisten würden jedoch später „gar nicht daran denken, die Macht niederzulegen, wenn sie bei den Wahlen in die Minderheit gesetzt sind". Solange man es nicht mit „legalen Gegnern" zu tun habe, dürfe man ihnen also „nicht die Gelegenheit zur Machtergreifung" geben.[79]

Diese Ausführungen sind bezeichnend für das Dilemma der republikanischen Kräfte, die seit dem Wahlsieg der NSDAP im September 1930 der „Logik des kleineren Übels"[80] folgten. Dietrich stellte seine Bedenken zurück, weil er die Alter-

---

u. a. 1977, S. 111-133, hier bes. S. 112-118; Dietrich Orlow: Weimar Prussia, 1925-1933. The Illusion of Strength. Pittsburgh 1991, S. 184-186 u. 263 f.; Horst Möller: Parlamentarismus in Preußen 1919-1932. Düsseldorf 1985, S. 318 f.

[78] Dietrich an Wirth, 18. 8. 1931 u. Dietrich an Groener, 15. 12. 1931, abgedruckt in: Staat und NSDAP 1930-1932. Quellen zur Ära Brüning. Bearbeitet von Ilse Maurer und Udo Wengst. Düsseldorf 1977, Dok. 33 u. 51, S. 196 u. 268 f.; Ministerbesprechung vom 13. 4. 1932, AdR Brüning Dok. 716, S. 2435 f.; vgl. Morsey, Staatsfeinde.

[79] Sitzung des Gesamtvorstandes der DStP vom 21. 2. 1932, Linksliberalismus Dok. 191, S. 689-691 u. 696; siehe auch Tagebuch Hans Schäffer, 22. 2. 1932, IfZ ED 93, Bd. 18, S. 262. Ähnlich äußerte sich Dietrich Anfang April: Die rechtsgerichtete Linie der Regierung stehe im Gegensatz zu „den Auffassungen der wenigen Minister, die unbedingt auf dem Boden der demokratischen Republik stehen": Sitzung des Gesamtvorstandes der DStP vom 5. 4. 1932, BAB R 45 III-50, fol. 57; vgl. Saldern, Dietrich, S. 134 f.

[80] Winkler, Weimar, S. 444-476.

1. „Interessentenhaufen oder Staatsvolk": Dietrichs „objektive" Politik   361

native, den Sturz der Präsidialregierung, als weitaus gefährlicher betrachtete. Er nahm den Rechtskurs allerdings auch deswegen in Kauf, weil sein Fokus auf der Finanz- und Wirtschaftspolitik lag – und hier lässt sich nicht feststellen, dass er Einwände gegen „ein gewisses persönliches Regiment" hatte. Die Austeritätspolitik hielt er zwar in steigendem Maße ebenfalls für problematisch, weil er ihre innenpolitischen Konsequenzen durchaus richtig einschätzte und fürchtete, doch er war überzeugt, dass an ihr kein Weg vorbeiführte und sie folglich richtig war. Diese Gewissheit schlug sich in der Art und Weise nieder, wie er die Maßnahmen der Regierung zu verteidigen bzw. vermitteln suchte. Er bemühte sich durchaus, die von ihm verantwortete Politik zu erklären: indem er darauf hinwies, dass Deutschland aufgrund seiner mangelnden Kreditwürdigkeit im Ausland in einer „Zwangslage" und die Zahlungsfähigkeit der Reichskasse ohne rigoroses Handeln nicht aufrechtzuerhalten sei, „ganz gleich, wer eines Tages am Ruder ist";[81] indem er Verständnis für die Nöte der Beamtenschaft zeigte, die an den Besoldungskürzungen „schwer zu tragen" habe, ihr aber vor Augen hielt, dass das Reich ohne diese Einschnitte die Gehälter schließlich gar nicht mehr zahlen könne, und dass er bei allem guten Willen „nicht Herr dieser Situation" sei;[82] oder indem er die Sanierung der Großbanken als Maßnahme zum Schutz der einfachen Bankkunden „bis hinunter zu dem kleinsten Geschäftsmann" rechtfertigte.[83]

Doch je mehr sich die drakonischen Maßnahmen auf den verschiedensten Gebieten häuften, und je mehr Dietrich zu der Überzeugung gelangte, die jeweils Betroffenen seien ohnehin nicht von der Unabdingbarkeit einzelner Einschnitte zu überzeugen,[84] desto mehr wich in seinen Stellungnahmen die inhaltliche Auseinandersetzung mit der Notverordnungspolitik der national gefärbten Durchhalteparole, mit der die Entscheidungen der Regierung pauschal zu „Staatsnotwendigkeiten" erhoben wurden: Gegenüber dem „Kampf aller gegen alle" – eine Wendung, deren er sich bereits nach der Novemberrevolution bedient hatte – beschwor er den „Gemeinsinn" des Volkes: „Ein Volk in Not" müsse „erkennen, daß das Wesen einer Nation darin besteht, daß man in Zeiten, in denen Volk, Staat und Wirtschaft auf dem Spiele stehen, [...] um den Bestand des Ganzen zu kämpfen hat".[85]

Der „einzelne Staatsbürger" war demzufolge „wie ein Halm im Kornfeld. Wenn der Hagel es erschlägt, geht er mit unter".[86] Jeder, der „sein Vaterland

---

[81] Rede Dietrichs am 17.10.1930, Reichstag Bd. 444, S. 36–39, Zitate S. 38f.
[82] Rede Dietrichs auf dem Gründungsparteitag der DStP am 9.11.1930, BAB R 45 III-8, fol. 73f. (Zitate); Rede Dietrichs am 3.12.1930, Reichstag Bd. 444, S. 225f.
[83] Rede Dietrichs auf dem Parteitag der DStP am 27.9.1931, BAB R 45 III-47, fol. 68.
[84] Bezeichnend war, wie Dietrich im September 1931 gegenüber den Beamten der Staatspartei die Frage der Gehaltskürzungen behandelte: Er stellte einleitend fest, dass man sich ohnehin „nicht darüber verständigen" werde, um nach einigen kurzen Bemerkungen zur Sache an den „Gemeinschaftssinn" und das „nationale Bewußtsein unserer Beamtenschaft" zu appellieren: ebd., fol. 72f.
[85] Verfassungsrede gehalten von Reichsminister der Finanzen und Vizekanzler Dietrich bei der Feier der Reichsregierung am 11. August 1931. Berlin 1931, S. 10 u. Rede Dietrichs auf dem Parteitag der DStP am 27.9.1931, BAB R 45 III-47, fol. 85
[86] Hermann Dietrich: Zu Neujahr 1931, Demokratischer Zeitungsdienst vom 1.1.1931 (Abschrift), ND 31, fol. 24.

liebt", habe „die Pflicht, gerade in Zeiten der Not zu ihm zu stehen" und persönliche Entbehrungen zu ertragen: „Um das Ganze zu retten, müssen vom Einzelnen Opfer gebracht werden!"[87] Der Staatsbürger als Subjekt der Politik war in diesen Floskeln bestenfalls noch schemenhaft zu erkennen – tatsächlich war er zur völligen Passivität verurteilt, ja geradezu entmündigt. Er hatte sich rückhaltlos dem Primat der „Staatspolitik" zu unterwerfen und war seines Mitspracherechts gegenüber einer Regierung beraubt, die vorgeblich besser wusste, welche Politik, im Großen wie im Kleinen, richtig und geboten war, und die in Zeiten schwerer Entscheidungen durch kritische Bürger, Parteien und Parlamentarier unnötig gestört wurde. Trat der Reichstag zu einer der ohnehin immer kürzeren und selteneren Sitzungsperioden zusammen, klagte Dietrich über die „Mehrarbeit" und den „Ärger", die „damit verbunden" seien.[88] Nach der Notverordnung vom 5. Juni 1931, mit der die innenpolitischen Konflikte einen neuen Höhepunkt erreichten, bekundete er, „im gegenwärtigen Augenblick" sei es nicht angebracht, „über die Zweckmäßigkeit und Unzweckmäßigkeit einzelner Maßnahmen der Reichsregierung zu nörgeln". Es werde „bei gegebener Zeit geprüft werden, ob einzelne Maßnahmen abänderungsfähig sind".[89] Auch in seinem Schriftverkehr reagierte Dietrich – soweit er Zuschriften überhaupt beantwortete – zunehmend ungnädig auf „unberechtigte Kritik" von „Leuten [...], die die Verhältnisse nicht überschauen".[90]

Nun wäre es verkehrt, diese Äußerungen isoliert zu betrachten, und ebensowenig sollten sie überbewertet werden. Angesichts der sich seit Mitte 1931 überschlagenden, mit einer regelrechten Flut an Notverordnungen einhergehenden Ereignisse und der Schärfe der innenpolitischen Konfrontation war es durchaus naheliegend, die inhaltliche Ebene der Auseinandersetzung zu verlassen und sich auf vermeintlich übergeordnete Gesichtspunkte zurückzuziehen. Manches Wort mochte der starken Arbeitsbelastung Dietrichs geschuldet sein. Die technokratisch-autoritären Tendenzen seines politischen Denkens in der Ära Brüning sind dennoch unverkennbar. Sie ergaben sich zweifellos aus seiner Position als Vertreter der Exekutive, aber zugleich erscheinen sie als symptomatisch für die Eigendynamik, welche die verfassungspolitische Praxis des Präsidialregimes entfaltete. Dietrich „fand Gefallen an der Struktur des ‚Präsidialkabinetts'"[91] und nahm die Abkehr von den Prinzipien der parlamentarischen Demokratie billigend – jedenfalls weitgehend unreflektiert – in Kauf. Gewiss diente die „Staatspolitik" nach seinem Verständnis der Verteidigung der Republik. Beachtung verdient, dass er nur in vergleichsweise engen Grenzen für Verfassungsreformen plädierte: „Das Fundament, welches die Weimarer Verfassung dem deutschen Volk gegeben hat,

---

[87] Geleitwort Dietrichs für die erste Nummer der Neuen Breslauer Zeitung (Entwurf vom 19.6.1931), ND 244, pag. 41 u. Hermann Dietrich: Das Ganze retten, Demokratischer Zeitungsdienst vom 5.9.1931 (Abschrift), ND 31, fol. 139.
[88] Dietrich an Luise Dietrich, 3.2.1931, ND 128, pag. 101.
[89] Geleitwort Dietrichs für die erste Nummer der Neuen Breslauer Zeitung (Entwurf vom 19.6.1931), ND 244, pag. 41.
[90] Dietrich an Walther Keller, 6.8.1931, ND 245, pag. 63; außerdem z.B. Dietrich an Hermann Fischer, 5.4.1932, ND 246, pag. 141-143.
[91] Stephan, Aufstieg, S. 433.

ist durchaus gesund und tragfähig", erklärte er zum Verfassungstag 1931. „Die Grundgedanken müssen bleiben, wenn auch die Konstruktion im einzelnen der Abänderung bedarf", wobei die Änderungen, die ihm vorschwebten, sich hier allein um das alte Anliegen der Reichsreform drehten.[92] Daneben plädierte er vereinzelt und vage für eine Reform des Wahlrechts im Sinn einer Rückkehr zur Persönlichkeitswahl[93] – nicht aber für weitergehende Pläne zum Verfassungsumbau, wie sie zu dieser Zeit diskutiert wurden.[94] Schon der Wortwahl nach stand jedoch nicht die republikanische Staatsform, sondern der Staat an sich im Vordergrund seines Denkens.[95] Er war das eigentliche Ziel politischen Handelns, und dieser Zweck heiligte die Mittel, wie Dietrich am 18. Juli 1930 ausführte: „Entscheidend" sei „heute nicht, wie wir zum Ziele kommen, sondern [...] daß wir zum Ziele kommen".[96]

Seine spärlichen privaten Äußerungen zeigen, dass er die Appelle verinnerlichte, mit denen er an die Öffentlichkeit trat. Als seine Schwägerin Luise ihm Anfang 1931 für eine Geldsendung dankte und (da sie nicht wusste, wie sie sich „mal erkenntlich zeigen" könne) ihn bat, ihr einen „Wunsch" zu nennen, lautete seine Antwort: „Mein größter Wunsch ist ein einiges und vernünftig denkendes deutsches Volk. Und dann wünsche ich, daß Ihr Lieben gesund bleiben möget."[97] Dietrich war durchdrungen von der Vorstellung, dem Gemeinwohl zu dienen, indem er allen Widerständen der unverständigen Mehrheit zum Trotz einen für unumgänglich befundenen politischen Kurs verfolgte. Er sah sich als selbstlosen Diener des Staates, der es sich geradezu als Verdienst anrechnete, „unpopulär" zu sein: „In Krisenzeiten wird die Arbeit einer Regierung nie anerkannt. Darauf kommt es auch gar nicht an, sondern nur darauf, wie man letzten Endes vor der Geschichte dasteht."[98] Die historische Perspektive nahm Dietrich häufig zu Hilfe, um die Ausnahmesituation der gegenwärtigen Krise hervorzuheben und den inneren Zusammenhalt zu beschwören. Wenn er feststellte, man befinde sich „in einem kritischen Moment [der] Geschichte des deutschen Volkes",[99] dachte er

---

[92] Dietrich, Verfassungsrede 1931, S. 8f.
[93] Rede Dietrichs auf dem Gründungsparteitag der DStP am 9.11.1930, BAB R 45 III-8, fol. 65.
[94] Vgl. Gusy, Weimarer Reichsverfassung, S. 447-458; Huber, Verfassungsgeschichte Bd. 7, S. 739-747.
[95] Den Begriff „Republik" verwendete er fast ausschließlich, wenn er sich in seiner Eigenschaft als Vorsitzender der DStP äußerte – und auch dann spärlich, siehe z. B. seine Reden auf den Parteitagen der DStP am 9.11.1930, BAB R 45 III-8, fol. 59-78 u. am 27.9.1931, BAB R 45 III-47, fol. 66-85.
[96] Rede Dietrichs am 18.7.1930, Reichstag Bd. 428, S. 6516.
[97] Luise Dietrich an Dietrich, 16.1.1931 u. Dietrich an Luise Dietrich, 3.2.1931, ND 128, pag. 101-104.
[98] Rede Dietrichs in Überlingen am 14.6.1931, Seebote Nr. 135 vom 15.6.1931; siehe auch Rede Dietrichs auf dem Gründungsparteitag der DStP am 9.11.1930, BAB R 45 III-8, fol. 64: „Ich bin sowieso so unpopulär, daß es auf ein bißchen mehr oder weniger nicht ankommt."
[99] Diskussionsbeitrag Dietrichs auf dem Gründungsparteitag der DStP am 9.11.1930, BAB R 45 III-8, fol. 100; ähnlich Rede Dietrichs in Überlingen am 14.6.1931, Seebote Nr. 135 vom 15.6.1931; Hermann Dietrich: Für ein freies Deutschland, Vossische Zeitung Nr. 124 vom 13.3.1932.

jedoch ebenso an die zentrale historische Rolle, die er selbst zu spielen glaubte und auf deren spätere Würdigung er hoffte. Er betrachtete sich, wie sein Parteifreund Stephan es formulierte, als „Träger einer Mission".[100]

2. Finanzpolitik in der Weltwirtschaftskrise

Im Anschluss an die Notverordnung vom 26. Juli 1930 erließ die Regierung vier große Notverordnungen „zur Sicherung von Wirtschaft und Finanzen" (am 1. Dezember 1930 sowie am 5. Juni, 6. Oktober und 8. Dezember 1931).[101] Die dort verfügten Sparmaßnahmen und Steuererhöhungen, die auch in den Ländern und Kommunen durchgesetzt wurden, sollten die Haushaltsdefizite abdecken, die sich ständig aus der Abwärtsbewegung der Konjunktur ergaben. Berüchtigt sind die Kürzungen der Beamtengehälter um insgesamt 18–23 Prozent. Ähnliche Minderungen ihrer Bezüge mussten Pensions- und Rentenempfänger sowie Kriegsversehrte hinnehmen. Während die Beiträge zur Arbeitslosenversicherung sich von 3,5 auf 6,5 Prozent erhöhten, wurden die Versicherungs- und Fürsorgeleistungen zusammengestrichen. Die indirekten Steuern auf Konsumgüter wie Tabak, Alkohol oder Zucker wurden stark angehoben. Durch Sonderzuschläge zur Einkommensteuer blieben aber auch die direkten Steuern von Erhöhungen nicht verschont. Die rigide Kürzung der Sachausgaben bewirkte, dass die öffentliche Hand als Nachfrager weitgehend ausfiel. Generell trug die Deflationspolitik dazu bei, dass die Wirtschaft immer stärker schrumpfte und die Krise sich verschärfte. Zwischen 1928 und 1932 brachen Sozialprodukt und Industrieproduktion dramatisch ein, die Zahl der (erfassten) Arbeitslosen überschritt im Winter 1931/32 die Marke von sechs Millionen.

Das Hoover-Moratorium, das am 6. Juli 1931 zustande kam und Deutschland für die Dauer eines Jahres von den Reparationszahlungen befreite, brachte praktisch keine Entlastung, weil gleichzeitig eine schwere Bankenkrise einsetzte. Nach der Abwertung des britischen Pfunds im September 1931, die die deutschen Exportprodukte auf dem Weltmarkt relativ verteuerte, kam es zu einer Verschärfung der Deflationspolitik, die nun weit über fiskalische Maßnahmen hinausreichte. Die Notverordnungen vom 6. Oktober und besonders vom 8. Dezember 1931 stellten drastische Eingriffe in das freie Wirtschaftsleben dar. Unter staatlicher Überwachung waren Preise, Löhne, Zinsen und Mieten zu senken. Diese dirigistische Wirtschaftspolitik funktionierte mehr schlecht als recht und stieß in zahlreichen Einzelfällen auf Hindernisse. Vor allem wurden die Preissenkungsbemühungen durch eine gleichzeitige Erhöhung der Umsatzsteuer von 0,85 auf 2 Prozent

---

[100] Stephan, Aufstieg, S. 433.
[101] Die Notverordnung vom 26. Juli trug noch den Titel „Verordnung zur Behebung finanzieller, wirtschaftlicher und sozialer Notstände". Zu den „großen" Notverordnungen kamen ab 1931, nicht zuletzt im Zuge der Bankenkrise, noch zahlreiche weitere Einzelverordnungen. Zusammenfassend zur Deflationspolitik und den Auswirkungen der Weltwirtschaftskrise in Deutschland James, Slump, bes. S. 50–109; Jan-Otmar Hesse/Roman Köster/Werner Plumpe: Die Große Depression. Die Weltwirtschaftskrise 1929–1939. Frankfurt a. M. u. a. 2014, S. 53–59; Winkler, Weimar, S. 375–476.

konterkariert. Die vierte große Notverordnung wäre nicht die letzte gewesen, wenn die Regierung Brüning nicht gestürzt worden wäre: Als sie Ende Mai 1932 zurücktrat, war eine Verordnung vorbereitet, die erhebliche Leistungskürzungen bei der Arbeitslosenfürsorge vorsah.

Zur Kontroverse um die Finanz- und Wirtschaftspolitik der Ära Brüning

Selbst wenn der Ausgleich des Reichshaushalts annähernd erreicht wurde, war der Preis dafür bekanntlich hoch. Nach dem Zweiten Weltkrieg herrschte in der historischen Forschung die Auffassung vor, die Deflationspolitik sei nicht nur verhängnisvoll, sondern auch vermeidbar gewesen. Die Alternative habe in einer antizyklischen, expansiven Konjunkturpolitik im Sinne von John Maynard Keynes bestanden. Nicht zuletzt im Zuge der Publikation von Brünings Memoiren machte die Annahme, die Regierung sei überholten wirtschaftlichen Theorien verhaftet gewesen, mehr und mehr der Überzeugung Platz, Brüning habe eine „mutwillige Verschärfung der Krise" betrieben, um Deutschland zahlungsunfähig zu machen und so das außenpolitische Ziel der Streichung der Reparationen zu erreichen – unter bewusster Inkaufnahme der damit einhergehenden sozialen und innenpolitischen Konsequenzen.[102]

Diese Interpretation zog der Wirtschaftshistoriker Knut Borchardt von Grund auf in Zweifel.[103] Er stellte fest, dass eine expansive Konjunkturpolitik nicht zu finanzieren war. Auslandskredite standen nicht oder nur unter praktisch unerfüllbaren politischen Bedingungen zur Verfügung, und auf dem inländischen Kapitalmarkt war die Platzierung von Staatsanleihen ohnehin unmöglich. Eine Kreditschöpfung mit Hilfe der Reichsbank war unvereinbar mit dem Reichsbankgesetz von 1924, das Teil der internationalen Reparationsverträge war und einem noten-

---

[102] Hans Mommsen: Heinrich Brünings Politik als Reichskanzler: Das Scheitern eines politischen Alleingangs. In: Karl Holl (Hg.): Wirtschaftskrise und liberale Demokratie. Das Ende der Weimarer Republik und die gegenwärtige Situation. Göttingen 1978, S. 16-45, Zitat S. 41; ebenso Claus-Dieter Krohn: „Ökonomische Zwangslagen" und das Scheitern der Weimarer Republik. Zu Knut Borchardts Analyse der deutschen Wirtschaft in den zwanziger Jahren. In: Geschichte und Gesellschaft 8 (1982), S. 415-426, Zitat S. 425; ähnlich (wenngleich mit positiver Bewertung der Regierung Brüning) Wolfgang J. Helbich: Die Reparationen in der Ära Brüning. Zur Bedeutung des Young-Plans für die deutsche Politik 1930 bis 1932. Berlin 1962, z. B. S. 35 u. 58 f.; Patch, Brüning, S. 213-219; Herbert Hömig: Brüning. Kanzler in der Krise der Republik. Eine Weimarer Biographie. Paderborn 2000, z. B. S. 232, 468 u. 547 f.; zum Stand der Forschung vor Borchardts Intervention vgl. Wilhelm Grotkopp: Die große Krise. Lehren aus der Überwindung der Wirtschaftskrise 1929/32. Düsseldorf 1954; Charles F. Kindleberger: The World in Depression 1929-1939. London 1973, S. 171-177; Werner Jochmann: Brünings Deflationspolitik und der Untergang der Weimarer Republik. In: Dirk Stegmann/Bernd-Jürgen Wendt/Peter-Christian Witt (Hg.): Industrielle Gesellschaft und politisches System. Beiträge zur politischen Sozialgeschichte. Festschrift für Fritz Fischer zum siebzigsten Geburtstag. Bonn 1978, S. 97-112; außerdem die einschlägigen Beiträge in Hans Mommsen/Dietmar Petzina/Bernd Weisbrod (Hg.): Industrielles System und politische Entwicklung in der Weimarer Republik. Düsseldorf 1974.
[103] Borchardt, Zwangslagen.

bankfinanzierten „deficit spending" enge Grenzen setzte. Zudem habe solchen Kreditschöpfungsprogrammen die verbreitete Inflationsfurcht entgegengestanden, weil die Mitwirkung der Reichsbank an der staatlichen Ausgabenpolitik in der Kriegs- und Nachkriegszeit die Inflation mit verursacht hatte.[104] Deswegen habe es „für eine Politik reichsbankfinanzierter erhöhter Staatsausgaben [...] bis zum Frühjahr 1932 nicht die geringste politische Unterstützung von irgendeiner der politisch relevanten Gruppen" gegeben.[105] Außerdem konstatierte Borchardt, dass ein defizitfinanziertes Konjunkturprogramm keine Erfolg garantierende „Wunderwaffe" gewesen wäre.[106] Borchardt diagnostizierte damit „Zwangslagen", welche die „Handlungsspielräume" der Regierung so sehr einengten, dass es zur Deflationspolitik keine Alternative gab. Er verband diesen Befund mit der These, dass die Wirtschaft der Weimarer Republik schon vor 1929 „krank" gewesen sei und es eine „Krise vor der Krise" gegeben habe: Durch zu hohe, von den Gewerkschaften mit Hilfe der staatlichen Zwangsschlichtung durchgesetzte Löhne sei die Produktivität der Unternehmen entscheidend beeinträchtigt worden. Deswegen, so Borchardt, durfte nicht eine vorzeitige Stabilisierung der „kranken" Wirtschaft eingeleitet, sondern es musste „mit der konjunkturellen Bereinigung auch eine grundsätzliche" verbunden werden.[107]

Borchardts Thesen riefen schnell Widerspruch hervor. Gerade die These der überhöhten Löhne löste heftige, teils bissige Diskussionen aus, weil Borchardt in den Verteilungskonflikten zwischen Gewerkschaften und Unternehmen nachträglich für Letztere Partei ergriff und, durchaus mit tagespolitischer Stoßrichtung, den Sozialabbau rechtfertigte.[108] Carl-Ludwig Holtfrerich argumentierte, dass nach Weltkrieg und Inflation ein deutlicher Nachholbedarf bei den Löhnen bestand und die Wirtschaft in erster Linie durch hohe Kapitalkosten belastet wurde.[109] Doch auch die Behauptung, die Deflationspolitik sei alternativlos gewesen, erfuhr entschiedene Ablehnung. Borchardts Kritiker wiesen darauf hin, dass es Alternativvorschläge im Sinn eines „deficit spending" von ernstzunehmenden Politikern, Spitzenbeamten und Vertretern der Wirtschaft gegeben habe. Nach dem Inkrafttreten des Hoover-Moratoriums und dem Übergang zur Devisenbewirt-

---

[104] Siehe auch Knut Borchardt: Das Gewicht der Inflationsangst in den wirtschaftspolitischen Entscheidungsprozessen während der Weltwirtschaftskrise. In: Gerald D. Feldman (Hg.): Die Nachwirkungen der Inflation auf die deutsche Geschichte 1924-1933. München 1985, S. 233-260.

[105] Borchardt, Zwangslagen, S. 97.

[106] Ebd., S. 99.

[107] Ebd., S. 105; siehe auch Borchardt, Ursachen.

[108] Beispielhaft für die Polemik der Auseinandersetzungen Krohn, Zwangslagen, S. 415-426 u. Knut Borchardt: Zum Scheitern eines produktiven Diskurses über das Scheitern der Weimarer Republik: Replik auf Claus-Dieter Krohns Diskussionsbemerkungen. In: Geschichte und Gesellschaft 9 (1983), S. 124-137; zusammenfassend zur Borchardt-Kontroverse Kolb/Schumann, Weimarer Republik, S. 209-212 u. 260-263; Albrecht Ritschl: Knut Borchardts Interpretation der Weimarer Wirtschaft. Zur Geschichte und Wirkung einer wirtschaftsgeschichtlichen Kontroverse. In: Jürgen Elvert/Susanne Kraus (Hg.): Historische Debatten und Kontroversen im 19. und 20. Jahrhundert. Stuttgart 2003, S. 234-244, hier S. 234-239.

[109] Carl-Ludwig Holtfrerich: Zu hohe Löhne in der Weimarer Republik? Bemerkungen zur Borchardt-These. In: Geschichte und Gesellschaft 10 (1984), S. 122-141.

schaftung, also seit dem Sommer 1931, sei eine reichsbankfinanzierte Defizitpolitik möglich und vielfach gewollt gewesen.[110]

Die „Borchardt-Kontroverse" wurde bis in die 1990er Jahre in dutzenden Veröffentlichungen geführt, ohne dass ein Konsens erzielt worden wäre. Ein wesentlicher Grund für die Verhärtung der Positionen war, dass die zentrale Dimension der Problematik nicht angemessen berücksichtigt wurde. Dies hat schließlich Albrecht Ritschl gezeigt, der die deutsche Binnenkonjunktur in den internationalen Kontext eingeordnet und den grundlegenden Zusammenhang zwischen der massiven deutschen Auslandsverschuldung und der Finanz- und Wirtschaftspolitik des Kabinetts Brüning hervorgehoben hat: Im Anschluss an Untersuchungen (vorwiegend aus dem angloamerikanischen Raum) zur deutschen Auslandsverschuldung sowie zur Reparationsproblematik und den internationalen Kreditverflechtungen unter den Bedingungen des Goldstandards[111] kommt er zu dem Ergebnis, dass sich Deutschland ab 1929 in einer „auswärtigen Schuldenkrise" befand, welche die Deflationspolitik erzwang – ganz gleich, ob man sich der Thematik aus neoklassischer oder keynesianischer Perspektive nähert.[112] Nach der Währungsstabilisierung und dem Abschluss des Dawes-Plans 1924 flossen in großem Umfang Auslandskredite, besonders aus den USA, nach Deutschland. Aufgrund des hohen Zinsniveaus war der deutsche Kapitalmarkt überaus attraktiv für ausländische Investoren, zumal im Dawes-Plan die sogenannte Transferschutzklausel verankert war, die bei Devisenengpässen die Aussetzung des Reparationstransfers vorsah, um die deutsche Währung zu schützen. Damit hatte die Bedienung der kommerziellen Kredite de facto Vorrang vor der Zahlung der politischen Reparationsschulden. Der Kreditsegen sorgte für eine „Konjunktur auf Pump"[113], mit dem Effekt steigender Löhne und Preise sowie einer passiven Handelsbilanz. Während der Dawes-Plan auf dem Gedanken beruhte, dass die Devi-

---

[110] Z. B. Carl-Ludwig Holtfrerich: Alternativen zu Brünings Wirtschaftspolitik in der Weltwirtschaftskrise? In: Historische Zeitschrift 235 (1982), S. 605-631; Ursula Büttner: Politische Alternativen zum Brüningschen Deflationskurs. Ein Beitrag zur Diskussion über „ökonomische Zwangslagen" in der Endphase der Weimarer Republik. In: Vierteljahrshefte für Zeitgeschichte 37 (1989), S. 209-251; Rainer Meister: Die große Depression. Zwangslagen und Handlungsspielräume der Wirtschafts- und Finanzpolitik in Deutschland 1929-1932. Regensburg 1991; Hak-Ie Kim: Industrie, Staat und Wirtschaftspolitik. Die konjunkturpolitische Diskussion in der Endphase der Weimarer Republik 1930-1932/33. Berlin 1997. Unterstützt wurden Borchardts Thesen anfangs vor allem von Harold James, z. B. Harold James: Gab es eine Alternative zur Wirtschaftspolitik Brünings? In: Vierteljahrschrift für Sozial- und Wirtschaftsgeschichte 70 (1983), S. 523-541.

[111] Stephen A. Schuker: American "Reparations" to Germany, 1919-33: Implications for the Third-World Debt Crisis. Princeton 1988; Barry Eichengreen: Golden Fetters. The Gold Standard and the Great Depression 1919-1939. Oxford u. a. 1992; Werner Link: Die amerikanische Stabilisierungspolitik in Deutschland 1921-32. Düsseldorf 1970; William C. McNeil: American Money and the Weimar Republic. Economics and Politics on the Eve of the Great Depression. New York 1986; siehe außerdem die ältere Arbeit von Rolf E. Lüke: Von der Stabilisierung zur Krise. Zürich 1958.

[112] Hierzu und zum Folgenden Albrecht Ritschl: Deutschlands Krise und Konjunktur 1924-1934. Binnenkonjunktur, Auslandsverschuldung und Reparationsproblem zwischen Dawes-Plan und Transfersperre. Berlin 2002, bes. S. 107-191; siehe auch ders., Schuldenkrise.

[113] Ritschl, Krise, S. 188.

sen für die Reparationszahlungen durch einen Exportüberschuss erwirtschaftet werden mussten, finanzierte Deutschland nicht nur die Reparationen, sondern auch einen Importüberschuss mit einer Auslandsverschuldung, die innerhalb weniger Jahre auf ca. 25 Milliarden RM anwuchs. Ab 1929 versiegte der Kreditstrom. In dem 1929/30 ausgehandelten Young-Plan wurde der Transferschutz aufgehoben und damit die Rangfolge von privaten und politischen Schulden zugunsten letzterer umgekehrt. Deutschland befand sich am Rande der Überschuldung und war nicht mehr kreditwürdig, so dass die „alte Rechnung, vermehrt noch um die Zeche für Deutschlands Kreditrausch der ‚goldenen' zwanziger Jahre" jetzt aus Exportüberschüssen bezahlt werden musste.[114]

Die Reichsregierung war fortan der Möglichkeit beraubt, Haushaltsdefizite durch Kredite abzudecken. Der Zwang zum Etatausgleich ergab sich aus der akuten Gefahr, dass der Reichskasse die Zahlungsunfähigkeit drohte,[115] und zwar schon ab 1929: „Brüning tat dasselbe wie vor ihm Hilferding, aus denselben Gründen wie die Regierungen anderer überschuldeter Staaten vor und nach ihnen: [Er] betrieb klassische Austeritätspolitik, getrieben nicht etwa von irrigen Lehrmeinungen, sondern unter dem Druck der Auslandsgläubiger und unter dem Diktat des Zahlungsbilanzausgleichs bei versperrtem Zugang zu internationalem Kredit."[116] Deutschland musste seine Kreditwürdigkeit verteidigen, um den Abzug von kurzfristigen Auslandsgeldern zu verhindern und für die Zukunft den Zugang zu neuem Auslandskapital offenzuhalten. Die einzige „Alternative" zur Austeritätspolitik wäre die von der rechtsextremen Opposition geforderte „einseitige Aufkündigung der Auslandsverpflichtungen und der Rückzug auf die Autarkieposition" gewesen.[117] Dieser Kurs war angesichts der drohenden politischen und wirtschaftlichen Sanktionen undurchführbar; er hätte den Bruch der Young-Verträge und das Abschneiden der deutschen Exportwirtschaft vom Weltmarkt bedeutet. Die Autarkiepolitik der NS-Zeit wurde erst möglich infolge der Streichung der deutschen Reparationsverpflichtungen (im Sommer 1932) und des grundlegenden Wandels im weltwirtschaftlichen System (ab Ende 1932).

Auch mit dem Inkrafttreten des Hoover-Moratoriums und dem Übergang zur Devisenbewirtschaftung im Sommer 1931 erweiterten sich die Spielräume nicht. Deutschland war bis auf weiteres zahlungsunfähig, ein großer Teil der kommerziellen Auslandsschulden wurde gestundet. Die befristeten und lückenhaften, von ständigen komplizierten Verhandlungen begleiteten Stillhaltevereinbarungen stellten ein Entgegenkommen der Gläubiger dar, das die Fortsetzung der Austeritätspolitik zur Voraussetzung hatte.[118] Eine Abwertung der Reichsmark kam, ab-

---

[114] Ebd., S. 238.
[115] Zu den gravierenden Kassenproblemen ab 1929 auch Ursula Bachmann: Reichskasse und öffentlicher Kredit in der Weimarer Republik 1924–1932. Frankfurt a. M. u. a. 1996.
[116] Ritschl, Krise, S. 136.
[117] Ebd., S. 138.
[118] Dazu auch Harold James: The Reichsbank and Public Finance in Germany 1924–1933: A Study of the Politics of Economics during the Great Depression. Frankfurt a. M. 1985, S. 218–240; Karl Erich Born: Die deutsche Bankenkrise 1931. Finanzen und Politik. München 1967, S. 134–152; Susanne Wegerhoff: Die Stillhalteabkommen 1931–33. Internationale Versuche zur Privatschuldenregelung unter den Bedingungen des Reparations- und Kriegsschuldensystems. Diss. LMU München 1982.

gesehen von anderen Aspekten wie der deutschen Inflationsangst, nicht in Frage, weil auf Druck der Gläubiger (insbesondere aus den USA) die bestehende Goldparität aufrechterhalten werden musste.[119] Ebenso hätte eine Kreditexpansion mit Hilfe der Reichsbank nicht nur gegen die Bestimmungen des Reichsbankgesetzes verstoßen, sondern auch deshalb vertrauensschädigend wirken müssen, weil sie das Ziel, die innere Abwertung fortzusetzen und Exportüberschüsse für den Schuldendienst zu erwirtschaften, konterkariert hätte. Der einzige Ausweg aus der Schuldenkrise bestand nun in der Streichung der politischen Schulden, die ebenfalls nur gestundet waren: Das Hoover-Moratorium schob die Lösung der Reparationsfrage auf und änderte nichts an der langfristigen Kreditwürdigkeit. Erst wenn die Reparationen und die Bestimmungen des Young-Plans de jure beseitigt waren, erweiterten sich die Handlungsspielräume. Mit der Konferenz von Lausanne, die ursprünglich im Januar 1932 stattfinden sollte, verknüpfte die Regierung die Hoffnung auf ein baldiges Ende der Reparationszahlungen. Bis dahin mussten neue Sparmaßnahmen ergriffen werden, zumal die Pfundabwertung im September 1931 die deutsche Wettbewerbsposition beeinträchtigte. Die drastischen Eingriffe der vierten Notverordnung vom 8. Dezember 1931 bezweckten, durch eine gleichzeitige Senkung des Lohn- und Preisniveaus die Konkurrenzfähigkeit der Industrie auf dem Weltmarkt zu erhalten, vor allem aber Deutschlands guten Willen als Schuldner zu demonstrieren. Dabei stellten sie nur einen kurzfristigen Notbehelf dar, der verpuffte, als die Reparationsverhandlungen auf Juni 1932 verschoben wurden.

Berücksichtigt man den grundlegenden Zusammenhang zwischen auswärtiger Schuldenkrise und Deflationspolitik,[120] für den es auch andere historische und aktuelle Beispiele gibt,[121] sind die entscheidenden Streitfragen der „Borchardt-

---

[119] Die Abwertung ist zwar mitunter als „Alternative" ins Spiel gebracht worden: z. B. Carl-Ludwig Holtfrerich: Zur Debatte über die deutsche Wirtschaftspolitik von Weimar zu Hitler. In: Vierteljahrshefte für Zeitgeschichte 44 (1998), S. 119-132, hier S. 123f. Diese Frage ist aber weniger umstritten, weshalb sie im Folgenden nicht näher behandelt wird. Zu den Gründen, die gegen eine Abwertung sprachen, z. B. Knut Borchardt: Zur Frage der währungspolitischen Optionen Deutschlands in der Weltwirtschaftskrise. In: ders./Franz Holzheu (Hg.): Theorie und Politik der internationalen Wirtschaftsbeziehungen. Hans Möller zum 65. Geburtstag. Stuttgart u. a. 1980, S. 165-181; Jürgen Schiemann: Die deutsche Währung in der Weltwirtschaftskrise 1929-1933. Währungspolitik und Abwertungskontroverse unter den Bedingungen der Reparationen. Bern u. a. 1980, S. 284-290.

[120] Selbstverständlich ist auch vor Ritschl darauf hingewiesen worden, dass die Regierung Brüning um die Aufrechterhaltung des Vertrauens im Ausland bemüht war und die Sparmaßnahmen den Abzug von Krediten verhindern sollten. Die Auslandsverschuldung ist dabei aber nicht als zentrales Problem erkannt worden; typisch z. B. Helbich, Reparationen, S. 60-73.

[121] Generell haben tagespolitische Entwicklungen die wirtschaftshistorischen Debatten über die Ära Brüning nachhaltig beeinflusst. Borchardts Thesen entsprangen den Zweifeln an der „keynesianischen" Konjunkturpolitik, die in den 1970er Jahren aufkamen. Den Anstoß für Schukers Untersuchung gab die Schuldenkrise der Dritten Welt in den 1980er Jahren, und Ritschl verweist auf die Krise Argentiniens um die Jahrtausendwende. Die Schuldenkrisen im Euroraum demonstrieren, wie sich aus der Einbindung in eine internationale Währungsordnung der Zwang zu rigider Austeritätspolitik ergeben kann.

Kontroverse" gelöst. Die „Zwangslagen"-These von Borchardt wird bestätigt, allerdings zeigt sich, dass seine Argumentation teilweise am eigentlichen Problem vorbeiging, weil sie nur „die binnenwirtschaftlichen Begleiterscheinungen"[122] der Schuldenkrise beschrieb – vom binnenwirtschaftlichen Standpunkt aus blieben Borchardts Thesen anfechtbar und nicht zuletzt politisch kontrovers. Ritschls Ergebnisse machen deutlich, dass die „Krise vor der Krise" als „wirtschaftliche Scheinblüte" im Zusammenhang mit der Auslandsverschuldung und nicht als Folge zu hoher Löhne zu verstehen ist. Die Lohnerhöhungen waren ein Symptom, da sie erst durch die geborgte Konjunktur der Dawes-Jahre ermöglicht wurden.[123] Eigentlich kann die „Borchardt-Kontroverse" folglich als „beendet"[124] angesehen werden. Tatsächlich ist sie das jedoch nicht: Bis heute dominiert in Handbüchern die Meinung, Brüning persönlich habe Alternativen zum Deflationskurs ignoriert, um eine „Reparationsrevisionspolitik" zu verfolgen, „der er alle anderen Lebensfragen der Nation nachordnete": „Für Brüning besaß oberste Priorität nicht die Bekämpfung von Massenarbeitslosigkeit und Wirtschaftskrise, sondern die Beseitigung der Reparationen."[125] Der Grund hierfür ist nicht, dass Ritschls Ergebnissen widersprochen wurde. Vielmehr wurden sie kaum rezipiert.[126] Stattdessen bemüht sich inzwischen eine neue Generation von Borchardt-Kritikern um die Wiederbelebung der Schlachten, die in den 1980er Jahren geschlagen wurden.[127]

---

[122] Ritschl, Borchardts Interpretation, S. 240.
[123] Ritschl, Krise, S. 188.
[124] Ritschl, Borchardts Interpretation, S. 243. Roman Köster (der Ritschls Arbeiten positiv gegenübersteht) ist zuzustimmen, dass Ritschl „kühn" handelt, wenn er das Ende der Borchardt-Kontroverse als Ergebnis der eigenen Arbeit verkündet: Roman Köster: Keine Zwangslagen? Anmerkungen zu einer neuen Debatte über die deutsche Wirtschaftspolitik in der Großen Depression. In: Vierteljahrshefte für Zeitgeschichte 63 (2015), S. 241–257, hier S. 241. Ritschl hat aber insofern recht behalten, als bis jetzt keine substantiierte Kritik an *seiner* These vorgebracht wurde.
[125] So das Fazit bei Kolb/Schumann, Weimarer Republik, S. 136f. u. 262f.
[126] Zum Beispiel ebd., S. 262, wo Ritschls Arbeit erwähnt, aber der alte Forschungsstand referiert wird; vgl. auch Büttner, Weimar, bes. S. 423–426 u. 461–463 oder Hendrik Thoß: Demokratie ohne Demokraten? Die Innenpolitik der Weimarer Republik. Berlin 2008, S. 138–147. In der wirtschaftshistorischen Forschung sind Ritschls Ergebnisse auf mehr Aufmerksamkeit (und Zustimmung) gestoßen: Gerald D. Feldman: The Reparations Debate. In: Diplomacy and Statecraft 16 (2005), S. 487–498; James, Reichswirtschaftsministerium, S. 548–576; Köster, Zwangslagen; Werner Plumpe: Der Reichsverband der Deutschen Industrie und die Krise der Weimarer Wirtschaft. In: Andreas Wirsching (Hg.): Herausforderungen der parlamentarischen Demokratie. Die Weimarer Republik im europäischen Vergleich. München 2007, S. 129–157, hier S. 133f.; ansatzweise auch Hesse u. a., Große Depression, S. 77f. u. 194–199 sowie Mark Spoerer/Jochen Streb: Neue deutsche Wirtschaftsgeschichte des 20. Jahrhunderts. München 2013, S. 74–81 u. 94–96.
[127] Diese Versuche bewegen sich auf einem überschaubaren Niveau, wenn etwa die Prämisse zugrunde gelegt wird, „demokratische Wirtschaftspolitik" müsse „keynesianisch" sein: Tim B. Müller: Demokratie und Wirtschaftspolitik in der Weimarer Republik. In: Vierteljahrshefte für Zeitgeschichte 62 (2014), S. 569–601; außerdem Paul Köppen: „Aus der Krankheit konnten wir unsere Waffe machen." Heinrich Brünings Spardiktat und die Ablehnung der französischen Kreditangebote 1930/31. In: Vierteljahrshefte für Zeitgeschichte 62 (2014), S. 349–375; zur Kritik an Müller und Köppen: Steffen Kailitz: Demokratie und Wirtschaftspolitik in der Weimarer Republik in international vergleichender Perspektive. Eine Replik auf den Beitrag von Tim B. Müller. In: Vierteljahrshefte für Zeitgeschichte 62 (2014), S. 437–451; Knut Borchardt: Eine Alternative zu

Daneben steht nach wie vor die Behauptung im Raum, dass es spätestens seit dem Sommer 1931 zahlreiche Stimmen gegeben habe, die sich für eine Abkehr von der Deflationspolitik stark gemacht und über praktikable Alternativkonzepte verfügt hätten. Zwar ist verschiedentlich darauf hingewiesen worden, dass die überwältigende Mehrheit der Ökonomen, einschließlich prinzipieller Befürworter einer Kreditexpansion, den Kurs der Regierung Brüning guthieß,[128] dass die Deflationspolitik von den gemäßigten Parteien bis zuletzt im Grundsatz mitgetragen wurde[129] und dass defizitfinanzierte Konjunkturprogramme selbst von den Gewerkschaften nur sehr vorsichtig – nach langen internen Debatten und erst im April 1932 – gefordert wurden,[130] als auch die Regierung mit Hochdruck Arbeitsbeschaffungsmaßnahmen vorbereitete. Allerdings sind wiederholt wichtige Akteure im Kabinett und aus dem Umfeld der Regierung als Gegner von „Brünings Deflationspolitik" präsentiert worden, die einen „keynesianischen" Kurswechsel befürwortet hätten. In der Tat finden sich in zeitgenössischen Quellen immer wieder Stellen, die eine solche Interpretation nahelegen, solange diese isoliert betrachtet und in eine bestimmte Richtung gedeutet werden. Wie problematisch das selektive Heranziehen ambivalenter, aus dem Kontext gelöster Äußerungen sein kann, zeigt sich nicht zuletzt am Beispiel Dietrichs, der ebenfalls zu den „Reformern" gezählt worden ist. Im Übrigen sollten spätere Darstellungen und Rechtfertigungsversuche der Beteiligten mit größter Vorsicht behandelt werden. Das gilt insbesondere für Brünings Memoiren, mit deren Publikation im Jahr 1970 die Prioritäten der Regierung erst recht in einem zweifelhaften Licht erschienen, während gleichzeitig die Person des Kanzlers, der sich hier als weitsichtiger, lediglich an Intrigen und Zufällen gescheiterter Politiker inszenierte, noch mehr in den Fokus rückte. Trotz aller Zweifel an der Zuverlässigkeit der Memoiren haben sie vielen Historikern gerade dann als zentrale Quelle gedient, wenn es um die Formulierung weitreichender Thesen ging, die sich sonst bestenfalls mit Mühe belegen lassen.[131]

Brünings Sparkurs? Zu Paul Köppens Erfindung französischer Kreditangebote. In: Vierteljahrshefte für Zeitgeschichte 63 (2015), S. 229-239; Köster, Zwangslagen.

[128] So das Ergebnis der Konferenz der Friedrich List-Gesellschaft Mitte September 1931 (noch vor der Pfundabwertung): Knut Borchardt/Hans Otto Schötz (Hg.): Wirtschaftspolitik in der Krise. Die (Geheim-)Konferenz der Friedrich List-Gesellschaft im September 1931 über Möglichkeiten und Folgen einer Kreditausweitung. Baden-Baden 1991. Auch Keynes empfahl Anfang 1932 die Fortsetzung der Deflationspolitik in Deutschland: Harold James: What Is Keynesian About Deficit Financing? The Case of Interwar Germany. In: Peter A. Hall (Hg.): The Political Power of Economic Ideas: Keynesianism across Nations. Princeton 1989, S. 231-262, hier S. 244; Patch, Brüning, S. 218f.

[129] Nicht zuletzt von der SPD, wie Winkler, ebenfalls kritisch gegenüber Borchardts Thesen, bedauernd resümiert: Winkler, Katastrophe, S. 541.

[130] Michael Schneider: Das Arbeitsbeschaffungsprogramm des ADGB. Zur gewerkschaftlichen Politik in der Endphase der Weimarer Republik. Bonn 1975, S. 59-96; Winkler, Katastrophe, S. 494-506 u. 537-541.

[131] Brüning, Memoiren; vgl. Andreas Rödder: Dichtung und Wahrheit. Der Quellenwert von Heinrich Brünings Memoiren und seine Kanzlerschaft. In: Historische Zeitschrift 265 (1997), S. 77-116; Patch, Brüning, S. 1-13; außerdem Rudolf Morsey: Zur Entstehung, Authentizität und Kritik von Brünings „Memoiren 1918-1934". Opladen 1975; Hans-Christof Kraus: Von Hohenlohe zu Papen. Bemerkungen zu den Memoiren deut-

Der lange Weg in die Austeritätspolitik

Die Finanz- und Wirtschaftspolitik stand schon während des Ersten Weltkriegs im Fokus von Dietrichs Interesse. Ab 1919 widmete er sich in zahllosen Reden, Artikeln und Briefen nicht zuletzt der Reparationsfrage sowie den internationalen Kapitalverflechtungen und Handelsbeziehungen. Seine Deutung der deutschen Lage folgte seit der Annahme des Versailler Vertrags einem roten Faden: Er wurde nicht müde zu betonen, dass die Reparationszahlungen „letzten Endes nur im Wege der Ausfuhr" geleistet werden konnten, da Deutschland nach dem Krieg über keine nennenswerten Gold- und Devisenbestände verfügte und ein Großteil des deutschen Auslandsvermögens beschlagnahmt war. Die erforderlichen Exportüberschüsse seien einerseits nur auf Kosten der Lebenshaltung der Bevölkerung zu erwirtschaften, andererseits hätten auch die Siegermächte unter ihnen zu leiden, da Deutschland als Nachfrager weitgehend ausfallen werde und „die Auslandsmärkte mit deutschen Waren überschwemmt werden müssen", was einen „furchtbaren Konkurrenzkampf" heraufbeschwören werde.[132] Dietrich war sich also von Anfang an über die ökonomische Kernfrage der Reparationen im Klaren: Nicht die binnenwirtschaftliche Aufbringung der Zahlungen stellte das zentrale Problem dar, sondern ihre Übertragung, die letztlich nur in Gold bzw. Devisen erfolgen konnte. Dieses „Transferproblem" stand auch im Mittelpunkt der aufsehenerregenden Kritik an den alliierten Reparationsforderungen, die Keynes Ende 1919 publizierte.[133]

---

scher Reichskanzler zwischen der wilhelminischen Ära und dem Ende der Weimarer Republik. In: Franz Bosbach/Magnus Brechtken (Hg.): Politische Memoiren in deutscher und britischer Perspektive. Political Memoirs in Anglo-German Context. München 2005, S. 87-112, hier S. 106-109.

[132] Hermann Dietrich: Friedensbedingungen und Weltwirtschaft, Badische Landeszeitung Nr. 316 vom 11.7.1919 u. ders.: Das deutsche Angebot, Badische Landeszeitung Nr. 101 vom 2.5.1921. Das Argument findet sich auch an zahllosen anderen Stellen, z. B. markant in der Rede Dietrichs am 31.3.1927, Reichstag Bd. 393, S. 10189f.; vgl. außerdem die folgenden Anmerkungen.

[133] „The Economic Consequences of the Peace" erschien im Dezember 1919 auf Englisch, ein halbes Jahr später auf Deutsch. In Deutschland wurde Keynes gefeiert – auch Dietrich berief sich auf den britischen Ökonomen: z. B. Hermann Dietrich: Weihnachten 1920, Badische Landeszeitung Nr. 372 vom 24.12.1920. Die Gedankengänge, die Keynes auch bei den Friedensverhandlungen vorgebracht hatte, waren freilich schon vorher bekannt und ähnelten der Argumentation der deutschen Friedensdelegation: John Maynard Keynes: Die wirtschaftlichen Folgen des Friedensvertrages. München u. a. 1920, bes. S. 137-170; vgl. Niall Ferguson: The Balance of Payments Question: Versailles and After. In: Manfred F. Boemeke/Gerald D. Feldman/Elisabeth Glaser (Hg.): The Treaty of Versailles. A Reassessment after 75 Years. Cambridge u. a. 1998, S. 401-440, hier S. 403-414; Adam Tooze: The Deluge. The Great War and the Remaking of Global Order, 1916-1931. London u. a. 2014, S. 295-304; Roman Köster: Vor der Krise. Die Keynes-Rezeption in der Weimarer Republik. In: Mittelweg 36 22/3 (2013), S. 32-46, hier S. 34f.; als Überblick zum Transferproblem, dessen „Lösung" zwar aus theoretischer Sicht möglich war, in der Praxis aber auf vielfältige Hindernisse stoßen musste bzw. stieß, z. B. Marc Trachtenberg: Reparation in World Politics. France and European Economic Diplomacy, 1916-1923. New York 1980, S. 77-84 u. 337-342; Peter Krüger: Das Reparationsproblem der Weimarer Republik in fragwürdiger Sicht. Kritische Überlegungen zur neuesten Forschung. In: Vierteljahrshefte für Zeitgeschichte 29 (1981), S. 21-47, hier S. 30-34.

Aus der Überzeugung, die Reparationsforderungen seien „unerfüllbar" und zwängen Deutschland in „Lohnknechtschaft",[134] zog Dietrich anfangs den Schluss, man müsse sich den Siegermächten offen widersetzen. Im Frühjahr 1921 befand er anlässlich des Londoner Ultimatums, ein Einmarsch alliierter Truppen ins Ruhrgebiet sei der „Quälerei", der man „ständig ausgesetzt" werde, vorzuziehen.[135] Seine Position änderte sich nach den Katastrophen des Jahres 1923 und dem Abschluss des Dawes-Plans, der im Vergleich zum Londoner Zahlungsplan wesentliche Erleichterungen enthielt. Er bekannte sich jetzt zur „Erfüllungspolitik", in der er zugleich das beste Mittel für eine zukünftige Revision der Reparationsverpflichtungen erblickte: „Deutschland ist bereit zu zahlen. [...] Zahlen kann es nur durch Ausfuhr, und ausführen kann es nur, wenn die anderen bereit sind, die Ausfuhr anzunehmen." Diese Voraussetzung sei nicht gegeben, weil nahezu alle Länder, einschließlich der USA, Großbritannien und Frankreich, eine Zollpolitik verfolgten, die den deutschen Export behindere.[136] Mit dem Verweis auf den weltweit um sich greifenden Protektionismus berührte Dietrich in der Tat eine zentrale Klippe der Reparationsfrage.[137] Freilich machte er es sich leicht, wenn er die Erwirtschaftung von Außenhandelsüberschüssen deshalb für „unmöglich" erklärte und die Schuld für die passive Handelsbilanz kurzerhand dem Ausland zuschob. Er vertrat die These, dass es in absehbarer Zeit zu einer „Transferkrise" kommen müsse, mit der sich der Dawes-Plan als undurchführbar erweisen werde: Da der Reparationsagent, der die deutschen Zahlungen überwachte, aufgrund der Transferschutzklausel des Dawes-Plans nur dann Zahlungen an die Reparationsempfänger überweisen durfte, wenn dies ohne Gefahr für die Gold- und Devisendeckung der deutschen Währung möglich war, musste der Transfer ins Stocken geraten, solange deutsche Exportüberschüsse ausblieben. Und wenn „durch geordnete Finanzen" im Reichshaushalt die „anständige Erfüllung", d. h. die Aufbringung der Zahlungen in Reichsmark sichergestellt war, hatte Deutschland, so Dietrich, seinen Teil der Dawes-Verträge eingehalten und konnte das Eintreten der Transferkrise „in aller Seelenruhe" abwarten: „Die Übertragung in ausländische Währung und Zahlung an die Berechtigten geht das Transfer-Komitee und nicht uns an."[138]

---

[134] Hermann Dietrich: Die Entente und wir, Badische Landeszeitung Nr. 33 vom 9.2.1921 u. ders., Was nun? Badische Landeszeitung Nr. 60 vom 12.3.1921.
[135] Hermann Dietrich: Zur Lage, Badische Landeszeitung Nr. 111 vom 14.5.1921.
[136] Hermann Dietrich: Gedanken zum Zolltarif, Wille und Weg Nr. 11 vom 1.9.1925, S. 268 f.; ähnlich ders.: Zum Thema Parker Gilbert, Wille und Weg Nr. 18 vom 15.12.1927.
[137] Zu diesem eng mit dem Transferproblem verknüpften Aspekt, der nicht nur im Zusammenhang mit den Reparationen, sondern für die ganze Frage der internationalen Verschuldung nach dem Ersten Weltkrieg von großer Bedeutung war, siehe Bruce Kent: The Spoils of War. The Politics, Economics, and Diplomacy of Reparations 1918-1932. Oxford 1989; vgl. auch Krüger, Reparationsproblem, S. 32-34 u. 38-44.
[138] Reden Dietrichs am 12.2.1926, Reichstag Bd. 388, S. 5469 u. am 21.1.1928, Reichstag Bd. 394, S. 12298 sowie Hermann Dietrich: Gilbert und Köhler. Randbemerkungen zu dem Schriftwechsel zwischen dem Reparationsagenten und der Reichsregierung, Seebote Nr. 154 vom 11.11.1927.

Dieses Kalkül, das auch im Zentrum der Reparationspolitik von Reichsbankpräsident Hjalmar Schacht stand, konnte jedoch nicht aufgehen, solange Auslandskredite die Zahlungsbilanz ausglichen und einen reibungslosen Transfer gewährleisteten. Da „durch Anleiheoperationen die wirkliche Sachlage, daß nur aus Ausfuhrüberschüssen letzten Endes bezahlt werden kann, verschleiert" werde, sah Dietrich ebenso wie Schacht das Ausmaß der deutschen Auslandsverschuldung höchst kritisch.[139] Während er gegen eine Kreditaufnahme der Wirtschaft bzw. für „werbende Anlagen" keine Einwände hatte, verurteilte er die Verschuldung von Ländern und Gemeinden für „unproduktive" Zwecke. Insbesondere die „Verschwendungssucht" der Kommunen war ihm ein Dorn im Auge – ein Vorwurf, der weit verbreitet war und in scharfer Form vom Reparationsagenten Seymour Parker Gilbert erhoben wurde.[140]

Als die Reparationsfrage schließlich neu aufgerollt wurde, spekulierte Dietrich darauf, dass die internationale Sachverständigenkonferenz in Anbetracht der passiven Handelsbilanz die deutsche Zahlungsfähigkeit gering veranschlagen werde.[141] Die Hoffnung auf eine drastische Reduzierung der Reparationsschuld, die auf deutscher Seite viele teilten, wurde jedoch enttäuscht. Der 1929 ausgehandelte Young-Plan senkte die durchschnittliche Annuität nur um ca. 20 Prozent (von 2,5 auf rund 2 Milliarden RM), und vor allem war die Summe zu wesentlich strikteren Bedingungen zu leisten, weil mit dem Wegfall des Transferschutzes die Zahlung vollständig in deutscher Verantwortung lag.[142] Deswegen war Dietrich anfangs gegen das neue Abkommen und schlug im Kabinett vor, die Verhandlungen notfalls abzubrechen und den Dawes-Plan beizubehalten.[143] Im Gegensatz zu

---

[139] Hermann Dietrich: Das Sachverständigenkomitee. Zur Reparationsfrage, Berliner Tageblatt Nr. 511 vom 28. 10. 1928; siehe auch Rede Dietrichs am 21. 1. 1928, Reichstag Bd. 394, S. 12294; zu Schachts Reparationspolitik und seinem (weitgehend vergeblichen) Bemühen um eine Kontrolle der Kreditaufnahme im Ausland Hermann Dietrich-Troeltsch: Kommunalkredit, Reparationen und föderalistisches Prinzip. Ein Beitrag zur Geschichte der kommunalen Finanzpolitik in der Weimarer Zeit. Diss. Mainz 1970, S. 616-628, 881-912 u. 1355-1375; Johannes Houwink ten Cate: Hjalmar Schacht als Reparationspolitiker (1926-1930). In: Vierteljahrschrift für Sozial- und Wirtschaftsgeschichte 74 (1987), S. 186-228; James, Reichsbank, S. 41-68; Simone Reinhardt: Die Reichsbank in der Weimarer Republik. Frankfurt a. M. u. a. 2000, S. 186-197.

[140] Dietrich kritisierte namentlich die „Anlage von Grüngürteln, Festhallen, Stadions [sic!], Planetarien, für Asphaltierungen und sonstige Dinge, die nicht eilen, unnötige Festlichkeiten und noch unnötigere Ausstellungen": Hermann Dietrich: Kredit, Zins und öffentliche Anleihen, Wille und Weg Nr. 4 vom 15. 5. 1926, S. 81-85, Zitat S. 83f.; zur kommunalen Verschuldung vgl. die grundlegende (leider unveröffentlichte) Untersuchung von Dietrich-Troeltsch, Kommunalkredit; zu den (übertriebenen) Attacken gegen die kommunale Finanzgebarung ebd., S. 1376-1388 u. 1536-1551; James, Slump, S. 85-97; Lieberman, Recovery, S. 122-137.

[141] Hermann Dietrich: Das Sachverständigenkomitee. Zur Reparationsfrage, Berliner Tageblatt Nr. 511 vom 28. 10. 1928.

[142] Zu den deutschen Erwartungen, den Verhandlungen des Jahres 1929 und ihrem Ergebnis z. B. McNeil, American Money, S. 219-235.

[143] Die „Aufgabe des Transferschutzes" bezeichnete Dietrich in einer Regierungsbesprechung am 1. Mai 1929 als „das Entscheidende" und erklärte, er könne das „nicht mitmachen". Tags darauf äußerte er sich etwas konzilianter: Aussprache über die Reparationsfrage, 1. 5. 1929 u. Ministerbesprechung vom 2. 5. 1929, AdR Müller Dok. 191 f.,

Hjalmar Schacht äußerte er seine Bedenken allerdings hinter verschlossenen Türen und arrangierte sich bald mit dem Young-Plan. Als die rechtsextremen Kräfte um Hugenberg und Hitler das Volksbegehren gegen den Young-Plan initiierten, verteidigte er die neue Vereinbarung gegen das „nationalistische Maulheldentum" und wies auf die Erleichterungen hin, die mit dem Young-Plan verbunden waren: die gesunkenen Annuitäten, die Beseitigung der internationalen Finanzkontrollen und den vorzeitigen Abzug der Besatzungstruppen aus dem Rheinland.[144]

Nach dem Young-Plan war eine Aussetzung der Reparationszahlungen nur noch unter harten Bedingungen möglich. Ein Transfermoratorium konnte allein auf deutsche Initiative zustande kommen, berührte lediglich einen Teil der Zahlungen und barg erhebliche politische und ökonomische Risiken. Deswegen wies die Regierung Brüning im Herbst 1930 die Forderung der radikalen Parteien zurück, unter Berufung auf die schlechte Wirtschaftslage ein solches Moratorium zu beantragen. Dietrich betonte, das Ausland werde Deutschland mangelnden Sparwillen vorhalten. Abgesehen davon, dass der Young-Plan gerade erst in Kraft getreten sei, gehe es der Wirtschaft in den USA und Großbritannien „ähnlich schlecht", so dass dort nicht auf Verständnis zu hoffen sei. Vielmehr werde man von der Regierung verlangen, „erst den Etat in Ordnung zu bringen", oder gar konkrete Sparmaßnahmen diktieren und damit erneut die deutsche Souveränität einschränken. Zudem werde ein Moratorium die deutsche Zahlungsfähigkeit überhaupt in Frage stellen und dazu führen, Deutschland „in seinem Kredit zu schädigen". Ein massiver Abzug kurzfristiger Auslandsgelder werde die Folge sein.[145]

Dietrich und das Kabinett Brüning verfolgten bis zum Winter 1931 einen entgegengesetzten Ansatz. Die Finanz- und Wirtschaftspolitik zielte darauf, „Ordnung in die Reichsfinanzen und in die Wirtschaft des Reiches zu bringen und damit das Zutrauen im Ausland [...] zu stärken", also die finanziellen Verpflichtungen einzuhalten, die deutsche Wettbewerbsfähigkeit zu stärken und „im Ausland kreditwürdig" zu bleiben. Zum einen sollte so, angesichts des hohen Anteils kurzfristiger Kredite an der deutschen Auslandsverschuldung, die „große Gefahr" massiver Kapitalabflüsse gebannt werden, wie sie nach dem Wahlerfolg der NSDAP im September 1930 eintraten.[146] Die Abhängigkeit von kurzfristigen Kre-

---

S. 622 u. 626f. Erich Koch-Weser notierte, Dietrich sei im Kabinett derjenige, der „die hauptsächlichste Opposition mache": Vermerk Koch-Wesers vom 2.5.1929, BAK N Koch-Weser 39, pag. 37-47, Zitate pag. 37 u. 41; vgl. Saldern, Dietrich, S. 85.

[144] Rede Dietrichs in Emmendingen Ende Juli 1929, Demokratischer Zeitungsdienst vom 1.8.1929 (Abschrift), ND 31, fol. 64f.; siehe auch Rundfunkrede Dietrichs am 18.10.1929, Vossische Zeitung Nr. 494 vom 19.10.1929; zu Schacht, der im März 1930 zurücktrat, vgl. Houwink ten Cate, Schacht, S. 211-227.

[145] Rundfunkrede Dietrichs am 11.9.1930, ND 306, pag. 17-19 u. Rede Dietrichs im Auswärtigen Ausschuss des Reichstags am 29.10.1930 (Bericht des Badischen Gesandten Honold vom 8.11.1930), Politik Dok. 159, S. 449f.; zu Dietrichs gründlich vorbereiteter Stellungnahme im Auswärtigen Ausschuss siehe auch die Unterlagen in ND 306, pag. 45-131.

[146] Reden Dietrichs am 3.12. u. 4.12.1930, Reichstag Bd. 444, S. 229 u. 251; siehe auch Rede Dietrichs auf dem Gründungsparteitag der DStP am 9.11.1930, BAB R 45 III-8, fol. 75f.

diten schwebte wie ein Damoklesschwert nicht zuletzt über der Reichskasse, die seit 1929 zu den Fälligkeitsterminen von schwebenden Schuldtiteln und von Ultimo zu Ultimo fortwährend an den Rand der Zahlungsunfähigkeit geriet. Im Herbst 1930 wurden die Löcher in der Kasse noch einmal durch eine Anleihe des amerikanischen Bankhauses Lee Higginson gestopft, die – wie schon bei der Kassenkrise im Dezember 1929 – mit der Bedingung verknüpft wurde, dass der Reichstag Maßnahmen zur Schuldentilgung verabschiedete.[147] Zum anderen ging es darum, „fremdes Kapital zu billigen Sätzen" zu erhalten, und zwar in Form langfristiger Anleihen, die nicht jederzeit gekündigt werden konnten.[148] Der Etatausgleich war also nicht Selbstzweck, sondern wurde unter dem akuten Druck des drohenden Staatsbankrotts betrieben – sowie mit der Zielsetzung, auf dem Kapitalmarkt möglichst rasch wieder handlungsfähig zu werden und keine weiteren Eingriffe in die haushaltspolitische Souveränität hinnehmen zu müssen: Wie Dietrich dem amerikanischen Bankier Shepard Morgan nach Abschluss des Lee Higginson-Kredits erläuterte, war es „seine Absicht, mit Krediten wie dem letzten Überbrückungskredit ein für allemal Schluß zu machen. Das Reich müsse künftig bei seinen Verhandlungen mit den Kreditgebern absolut frei dastehen und [dürfe] keinesfalls unter dem Drucke einer Zwangslage handeln."[149]

Die angebotsorientierte Finanz- und Wirtschaftspolitik erfüllte auch – gleichsam nebenbei – einen reparationspolitischen Zweck. Dietrichs Grundgedanke blieb, dass ein nachhaltiger, durch Außenhandelsüberschüsse bewerkstelligter Transfer anderen Volkswirtschaften Schaden zufügen müsse. Gerade „in den Ländern, die unter Arbeitslosigkeit leiden", werde man erkennen, wie kontraproduktiv die deutsche „Reparationsausfuhr" wirke: „Es ist klar, wenn Deutschland für diese Riesensumme [...] im Ausland kaufen könnte, würde das Geschäft der Engländer und anderer Industriestaaten blühen."[150] Eine Exportoffensive des wirtschaftlich erstarkten Deutschlands sollte demonstrieren, dass die verschärfte Konkurrenz auf dem Weltmarkt den Interessen der Reparationsgläubiger zuwiderlief: „Die deutsche Ausfuhr muß um jeden Preis forciert werden, nicht nur um die Reparationen zu zahlen, sondern um die Auswirkungen dieser Reparationszahlungen deutlich zu machen." Gleichzeitig gelte es, „eine starke Propaganda" zu entfalten, „daß die Reparationszahlungen ein Störungsmoment erster Ordnung in der Weltwirtschaft sind und auch die Siegerstaaten [...] auf das schwerste schädigen".[151] Damit lag Dietrich auf einer Linie mit Außenminister Curtius, dem

---

[147] Bachmann, Reichskasse, S. 205–225; Ritschl, Krise, S. 131–137.
[148] Rede Dietrichs am 7.7.1930, Reichstag Bd. 428, S. 6197 (Zitat); Rundfunkrede Dietrichs am 11.9.1930, ND 306, pag. 3.
[149] Dietrich „bedauerte" in diesem Gespräch, „daß die gegenwärtige Zeit nicht geeignet sei, konkretere Pläne der Zusammenarbeit zu erörtern. [...] Was ihm vorschwebe, seien langfristige Kredite für produktive Zwecke [...]. Vielleicht sei es möglich, daß man über etwas Konkreteres sprechen könne, wenn es gelungen sei, die jetzige Krisis zu überwinden, also vielleicht im März nächsten Jahres." Vermerk über ein Gespräch Dietrichs mit dem Bankier Shepard Morgan (Chase National Bank) am 18.10.1930, BAB R 2-3246, fol. 24f.; vgl. Saldern, Dietrich, S. 115.
[150] Rundfunkrede Dietrichs am 11.9.1930, ND 306, pag. 17.
[151] Dietrich an Brüning, 17.1.1931, AdR Brüning Dok. 220, S. 789.

neuen Reichsbankpräsidenten Hans Luther und Brüning, der „den Young-Plan durch unsere Zahlungen ad absurdum führen" wollte.[152] Das Leitmotiv dieser Strategie war, dass die „Initiative zur Revision" schließlich „von den anderen Mächten kommen" werde.[153]

Die Deflationspolitik der Regierung Brüning bezweckte somit keine „mutwillige Verschärfung" der Krise. Im Gegenteil: Sie beinhaltete zwar eine reparationspolitische Komponente, doch erstens stand diese nicht im Vordergrund, und zweitens sollten nicht Obstruktionspolitik, sondern Erfüllungspolitik, nicht internationale Konfrontation, sondern Kooperation zur Revision führen; Deutschland sollte nicht als Bittsteller auftreten, der seine Verpflichtungen nicht einhalten konnte, sondern aus einer Position ökonomischer Stärke agieren.[154] Die Regierung setzte nicht auf eine dann zu instrumentalisierende Verelendung der Bevölkerung, sondern auf wirtschaftliche Prosperität in Form steigender Exporte. Das war insofern realistisch, als das Exportvolumen seit der Währungsstabilisierung stetig gewachsen war. Dass unter den Bedingungen der Weltwirtschaftskrise die ab 1930 erzielten Handelsbilanzüberschüsse nicht durch eine steigende Ausfuhr, sondern allein durch einen massiven Einbruch des Imports zustande kamen, war weder zu erwarten noch beabsichtigt oder erwünscht.[155] Außerdem wird deutlich, dass es sich weder um „Brünings" Reparationsstrategie noch um einen neuen Ansatz zur Revision des Versailler Vertrags handelte. Ausgangspunkt dieser Konzeption war das unter anderem von Keynes bereits 1919 beschriebene Transferproblem, das schon 1921 im Zentrum einer ganz ähnlichen deutschen „Erfüllungspolitik" stand und das in den reparationspolitischen Debatten während des Dawes-Plans stets präsent war.[156]

---

[152] Chefbesprechung vom 28.10.1930, AdR Brüning Dok. 153, S. 576-579, Zitat S. 578.
[153] So Curtius ebd., S. 578.
[154] Vgl. Franz Knipping: Deutschland, Frankreich und das Ende der Locarno-Ära 1928-1931. Studien zur internationalen Politik in der Anfangsphase der Weltwirtschaftskrise. München 1987, S. 162-168; Andreas Rödder: Stresemanns Erbe: Julius Curtius und die deutsche Außenpolitik 1929-1931. Paderborn u. a. 1996, S. 227-235 (siehe auch S. 36-39); Philipp Heyde: Das Ende der Reparationen. Deutschland, Frankreich und der Young-Plan 1929-1932. Paderborn u. a. 1998, S. 79-83; außerdem Winfried Glashagen: Die Reparationspolitik Heinrich Brünings 1930-1931. Studien zum wirtschafts- und außenpolitischen Entscheidungsprozeß in der Auflösungsphase der Weimarer Republik. Diss. Bonn 1980, bes. S. 552-585 u. 604-608. Glashagen wertet die Strategie der Exportförderung freilich negativ und spricht von einer „aggressiven Handelspolitik" (ebd., S. 606), die Brüning aus freien Stücken und mit machtpolitischer Zielsetzung verfolgt habe.
[155] So auch Glashagen, Reparationspolitik, S. 558. Der Young-Plan war „ökonomisch durchaus rational": Unter den weltwirtschaftlichen Rahmenbedingungen, wie sie sich bei den Verhandlungen im Jahr 1929 darstellten, bewegte sich die Gesamtlast aus politischen und kommerziellen Schulden für Deutschland im Rahmen des Tragbaren: Ritschl, Krise, S. 129.
[156] Die u. a. von Walther Rathenau verfolgte exportbasierte Erfüllungsstrategie des Jahres 1921 weckte zwischenzeitlich sogar in Frankreich Zweifel am Nutzen der Reparationszahlungen: Kent, Spoils, S. 141-168; vgl. auch Eichengreen, Golden Fetters, S. 132f.; James, Reichswirtschaftsministerium, S. 520f. u. 530.

Von der Sanierungspolitik zum Krisenmanagement

Aus den Ergebnissen der Reparationsverhandlungen im Frühjahr 1929 zog Dietrich keineswegs sofort den Schluss, dass eine rigide Sparpolitik erforderlich sein würde, um die deutsche Wettbewerbsposition zu stärken und den Export zu forcieren. Wohl machte er fiskalpolitische und volkswirtschaftliche Schieflagen aus, deren Behebung er – schon vor dem Young-Plan – als dringlich erachtete. Seit der Währungsstabilisierung hatte er „unnötige Ausgaben" angeprangert und auf „äußerste Sparsamkeit" gedrängt, um Spielräume für eine Entlastung der Wirtschaft zu schaffen, aber auch im Hinblick auf die Reparationsverpflichtungen, die gemäß dem Dawes-Plan erst 1928/29 die volle Höhe erreichten.[157] Ab 1928 pochte er auf die Sanierung der defizitären öffentlichen Haushalte, um der zusammenbrechenden Kreditwürdigkeit im Ausland entgegenzuwirken, betrachtete das deutsche Lohn- und Preisniveau als problematisch für den Export und beklagte die Belastung von Industrie, Handel und Gewerbe durch hohe Kapitalkosten und Steuern. Um die „Kapitalbildung" und damit Investitionen zu fördern, hielt er eine Senkung der Realsteuern (Grund- und Gewerbesteuern), wenn möglich auch der direkten Steuern für erforderlich. Insgesamt hatte die Steuerlast aus seiner Sicht die Grenze des Vertretbaren überschritten.[158]

Dietrichs Kritik an der Finanzpolitik des Reiches war allerdings vergleichsweise moderat. Die Annahme, dass steigende Haushaltsdefizite und hohe Steuern eine wesentliche Ursache für die binnenwirtschaftlichen Krisenerscheinungen darstellten, war am Vorabend der Weltwirtschaftskrise weit verbreitet. Generell trat neben den Druck der Auslandsgläubiger die allgemein vorherrschende Überzeugung, dass die Sanierung der öffentlichen Finanzen für die Wiederherstellung auch des inländischen Vertrauens unerlässlich sei. Steuerentlastungen befürworteten nicht nur die bürgerlichen Parteien und wirtschaftlichen Interessenverbände, sondern etwa auch der sozialdemokratische Finanzminister Hilferding.[159] Als ab Herbst 1928 die Frage zunehmend dringlicher wurde, wie der Etatausgleich und die Entlastung der Wirtschaft zu erreichen seien, gehörte Dietrich nicht zu den Hardlinern, die für weitreichende soziale Einschnitte und Besoldungskürzungen, also für eine drastische Senkung der Staatsquote plädierten. Derartige Vorschläge, die insbesondere von wirtschaftsnahen Kreisen vertreten wurden,[160] wies er vielmehr zurück.

---

[157] Wortmeldung Dietrichs im Haushaltsausschuss, Sitzung vom 25.5.1925, S. 6 u. Rede Dietrichs am 12.2.1926, Reichstag Bd. 388, S. 5465–5468, Zitat S. 5468; außerdem Hermann Dietrich: Wirtschaft und Finanzen, Seebote Nr. 79 vom 6.4.1925.

[158] Entwurf Dietrichs für einen Zeitungsartikel „Zu Weihnachten 1929" für die Neue Freie Presse (Wien), ND 113, fol. 267–269; Reden Dietrichs am 21.1.1928, Reichstag Bd. 394, S. 12292f., am 30.3.1928, Reichstag Bd. 395, S. 13966 u. am 3.12.1928, Reichstag Bd. 423, S. 614f.

[159] Vgl. Timm, Sozialpolitik, S. 149–152; Maurer, Reichsfinanzen, S. 86–94; Ritschl, Schuldenkrise, S. 598–606.

[160] Vgl. Plumpe, Reichsverband der Deutschen Industrie, S. 150–152; Michael Grübler: Die Spitzenverbände der Wirtschaft und das erste Kabinett Brüning. Vom Ende der Großen Koalition 1929/30 bis zum Vorabend der Bankenkrise 1931. Eine Quellenstudie. Düsseldorf 1982, S. 55–67.

Finanzpolitische Fehlentwicklungen grundsätzlicher Art machte Dietrich vor allem bei Ländern und Kommunen aus, in die seine Forderung nach einer Reichsreform hineinspielte: Dort werde nicht im gebotenen Maße gespart, solange der „Finanzausgleich" nicht geregelt sei. Da Länder und Gemeinden einen großen Teil ihrer Haushalte aus Zuschüssen des Reiches bestritten, fehle ihnen die „selbstverantwortliche Steuergebarung".[161] Im Reichshaushalt lagen die Dinge aus Dietrichs Sicht anders: Wenn er die seit 1926 aufgelaufenen Etatdefizite kritisierte und dem „bewilligungsfreudigen Parlament" zur Last legte, bezog sich das in erster Linie auf einmalige Posten im Haushalt.[162] Die laufenden Ausgaben hielt er hingegen zum größten Teil für „zwangsläufig" und bestritt, dass dort in nennenswertem Umfang gespart werden könne.[163] Ende 1927 befürwortete er die starke Anhebung der Beamtengehälter, die zum Beispiel bei Brüning, prominenten DDP-Politikern und Reparationsagent Parker Gilbert auf Kritik stieß.[164] Den Gedanken, die Beamtengehälter wieder zu kürzen, bezeichnete Dietrich Anfang 1929 als „ganz absurd", und selbst ein Jahr später schloss er ein „Notopfer" noch kategorisch aus – auch abseits der Öffentlichkeit.[165] Ebenso lehnte er es ab, den Weimarer Sozialstaat zur Disposition zu stellen. Einschnitten bei den Leistungen der Arbeitslosenversicherung erteilte er eine Absage, weil dies dem „sozialen Empfinden" widerspreche und „an der machtpolitischen Stellung der Arbeiterschaft" scheitere.[166] Die Staatsquote beurteilte er zwar tendenziell als zu hoch, so dass „stellenweise" Reformbedarf bestehe, doch „in den großen Umrissen" müsse „die öffentliche Wirtschaft in Deutschland, so wie sie jetzt ist, bestehen bleiben".[167]

Diese Äußerungen richteten sich nicht zuletzt gegen die Rufe nach weitreichenden Sparmaßnahmen aus der eigenen Partei, wie von Seiten Hermann Fischers, des Vorsitzenden des Hansa-Bundes, mit dem Dietrich wiederholt aneinandergeriet.[168] Aber auch von Wirtschaftsvertretern aus seinem engeren Umfeld erhielt er zunehmend rabiate Zuschriften, die den „übertriebenen Sozialfimmel" und die

---

[161] Reden Dietrichs am 5.4.1927, Reichstag Bd. 393, S. 10491 f. (Zitate) u. am 3.12.1928, Reichstag Bd. 423, S. 620.
[162] Entwurf Dietrichs für einen Zeitungsartikel „Zu Weihnachten 1929" für die Neue Freie Presse (Wien), ND 113, fol. 267-269; siehe auch die Wortmeldung Dietrichs im Haushaltsausschuss, Sitzung vom 13.12.1926, S. 7.
[163] Dietrich an Wilhelm Vögele, 6.2.1929, ND 96, fol. 154; siehe auch Rede Dietrichs am 21.1.1928, Reichstag Bd. 394, S. 12293 f.
[164] Rudolf Morsey: Brünings Kritik an der Reichsfinanzpolitik 1919-1929. In: Erich Hassinger/J. Heinz Müller/Hugo Ott (Hg.): Geschichte. Wirtschaft. Gesellschaft. Festschrift für Clemens Bauer zum 75. Geburtstag. Berlin 1975, S. 359-373, hier S. 371 f.; Schneider, Deutsche Demokratische Partei, S. 106; McNeil, American Money, S. 183 f.; Schulz, Demokratie, S. 571 f.
[165] Rede Dietrichs am 23.2.1929 in Karlsruhe, Seebote Nr. 50 vom 28.2.1929; Tagebuch Hans Schäffer, 5.2.1930, IfZ ED 93, Bd. 8, S. 36.
[166] Rede Dietrichs im Bodenseekreis, 19./20.10.1929, Seebote Nr. 247 vom 24.10.1929.
[167] Hermann Dietrich: Zu Neujahr 1930, Demokratischer Zeitungsdienst vom 31.12.1929 (Abschrift), ND 31, fol. 20.
[168] Zu den Auseinandersetzungen mit Fischer und Ernst Mosich (Geschäftsführer des Hansa-Bundes und ebenfalls DDP-Mitglied): Fischer an Dietrich, 11.1.1929, ND 94, fol. 143-149; Mosich an Dietrich, 14.3.1929, ND 116, fol. 67; Rede Dietrichs am 7.7.1930, Reichstag Bd. 428, S. 6190 f.

„liederliche Finanzwirtschaft" anprangerten.[169] Überzeugt, dass Kürzungen am Etat nicht möglich seien, warnte Dietrich vor ausufernden Steuersenkungsversprechen, die man angesichts des defizitären Haushalts am Ende doch nicht halten könne, und verteidigte sogar Pläne Hilferdings, als vorübergehende Notmaßnahme zu Steuererhöhungen zu greifen.[170] Die Entlastung der Wirtschaft wollte Dietrich vorläufig durch eine Umverteilung der Steuerlasten erreichen. Er befürwortete eine (weitere) Anhebung der indirekten Steuern auf den „entbehrlichen Konsum" (Alkohol und Tabak). Die Realsteuern sollten entsprechend gesenkt werden. Später, sobald man „über den Berg" sei und sich durch ein Anziehen der Konjunktur Spielräume im Etat ergäben, könnten weitere Steuerermäßigungen in Angriff genommen werden.[171] Im Grundsatz erhoffte Dietrich die Lösung der finanz- und wirtschaftspolitischen Probleme durch ein Einfrieren des Lohn- und Preisniveaus sowie der öffentlichen Ausgaben auf dem gegenwärtigen Stand: „Was wir machen können, wäre: jetzt nichts erhöhen, weder Löhne noch Gehälter noch Preise und damit unserer Wirtschaft auf einige Jahre Ruhe schaffen."[172] So sollte sich die deutsche Wettbewerbsposition verbessern – unter der Voraussetzung eines Anstiegs der Weltmarktpreise, einer „Entwicklung", die „sicherlich" eintreten werde: „Das allein ist es, was uns helfen kann", schrieb er bereits im Frühjahr 1928 einem befreundeten Unternehmer.[173]

All das konnte nur funktionieren, wenn die Weltkonjunktur anzog und die Krisenerscheinungen, die sich 1928/29 in Deutschland bemerkbar machten, eine harmlose, kurzzeitige Störung blieben. Den Gedanken an eine rigide Austeritätspolitik verwarf Dietrich, weil er die (welt)wirtschaftliche Entwicklung optimistisch einschätzte. Er hielt unpopuläre Einschnitte für politisch nicht durchsetzbar und sozial bedenklich, vor allem aber für vermeidbar.

Diese Zuversicht blieb bis in das Jahr 1931 hinein kennzeichnend für seine Bewertung der Lage. Im Sommer 1930 stellte Dietrich zwar fest, dass man sich nun an den „Prozeß der Preissenkung am Weltmarkt" anpassen müsse und gezwungen sei, auf eine Senkung von Löhnen und Preisen hinzuarbeiten, um die „Konkurrenzfähigkeit" der deutschen Wirtschaft zu verteidigen.[174] An eine weitere Zuspitzung der Krise glaubte er jedoch nicht. Die Einschnitte, die in den ersten Notverordnungen vom 16. bzw. 26. Juli enthalten waren, bezeichnete er ausdrücklich als einmaligen und vorübergehenden „Notbehelf".[175] Dietrich verstand seine

---

[169] Wilhelm Vögele an Dietrich, 23.1.1929, ND 96, fol. 155f. u. Richard Freudenberg an Dietrich, 17.2.1929, ND 113, fol. 118; ähnlich Philipp Wieland an Dietrich, 31.10.1928, ND 111, fol. 210 u. Georg Gothein an Dietrich, 12.11.1928, ND 101, fol. 152.
[170] Dietrich an Wilhelm Vögele, 6.2.1929, ND 96, fol. 154; Sitzung des Hauptvorstandes der DDP am 28.8.1929, BAB R 45 III-21, fol. 97.
[171] Dietrich an Vögele, 6.2.1929, ND 96, fol. 154 u. Entwurf Dietrichs für einen Zeitungsartikel „Zu Weihnachten 1929" für die Neue Freie Presse (Wien), ND 113, fol. 268f.; siehe auch Dietrich an Joseph Allekotte, 8.2.1930, ND 118, pag. 17.
[172] Rede Dietrichs in Karlsruhe am 23.2.1929, Seebote Nr. 50 vom 28.2.1929.
[173] Dietrich an Friedrich Vogelbach, 6.3.1928, ND 319, fol. 18f.
[174] Rede Dietrichs in Karlsruhe am 4.8.1930, Flugblatt der DStP, ND 222, pag. 36; siehe auch Kabinettssitzung vom 14.7.1930, AdR Brüning Dok. 76, S. 307.
[175] Rede Dietrichs am 7.7.1930, Reichstag Bd. 428, S. 6192. Ebenso wie die Einkommensteuerzuschläge waren die Gehaltskürzungen für Beamte zeitlich befristet. Nur wenn

Finanzpolitik im Sinn eines grundlegenden Reformprogramms, das die von ihm seit Jahren ausgemachten Missstände zügig beheben und „der Wirtschaft den Impuls [...] zur Erneuerung und Belebung"[176] geben sollte. Die Deckungsvorlage, die er Anfang Juli dem Parlament präsentierte, betrachtete er nur als „Vorspiel" für die eigentliche „große Aufräumungsarbeit zur Sanierung der Finanzen": Neben dem akuten Etatausgleich sah der „Finanzplan" für die nahe Zukunft vor, den Finanzausgleich zwischen Reich, Ländern und Gemeinden dauerhaft zu regeln und vor allem die „überspannten Steuern" zu senken. Die Entlastungen, die ihm vorschwebten, betrafen sowohl die Einkommensteuer als auch die Realsteuern und waren offenbar relativ umfangreich. Er erklärte gar, das „Verschwinden" der Gewerbesteuer anzustreben.[177] Das Beispiel seiner Vorgänger Hilferding und Moldenhauer, die ebenfalls weitreichende Reform- und Steuersenkungspläne formuliert hatten und damit gescheitert waren,[178] entfaltete offenkundig keine abschreckende Wirkung. Den Sommer über setzte er sein Vorhaben auf die Tagesordnung von Kabinettssitzungen und Besprechungen im Finanzministerium, nicht zuletzt, weil er hoffte, der Öffentlichkeit die Steuersenkungen noch rechtzeitig vor der Reichstagswahl am 14. September verkünden zu können.[179] Zu seinem Verdruss blieben allerdings die Steuereingänge hinter den Erwartungen zurück und sorgten für neue Fehlbeträge, woraufhin er dem Kabinett Mitte September eröffnen musste, dass weitere Sparmaßnahmen unvermeidlich seien.[180] Immerhin erreichte er schließlich eine Verminderung der Grund- und Gewerbesteuer um 10 bzw. 20 Prozent – finanziert durch Kürzungen beim öffentlichen Wohnungsbau, den er in seiner bisherigen Form für unrentabel hielt und durch private Bauträger ersetzt sehen wollte.[181]

---

die Regierung bereits mit weiteren Einschnitten gerechnet hätte, wäre es zutreffend, dieses Vorgehen als „psychologisch nicht eben geschickt" zu bezeichnen: Hans Mommsen: Die Stellung der Beamtenschaft in Reich, Ländern und Gemeinden in der Ära Brüning. In: Vierteljahrshefte für Zeitgeschichte 21 (1973), S. 151–165, hier S. 154f.

[176] Rundfunkrede Dietrichs am 11.9.1930, ND 306, pag. 13.

[177] Erklärung Dietrichs in der Fraktionsführerbesprechung vom 4.7.1930, AdR Brüning Dok. 63, S. 255–258 u. Rede Dietrichs am 7.7.1930, Reichstag Bd. 428, S. 6195 u. 6197.

[178] Vgl. Maurer, Reichsfinanzen, S. 86–91 u. 113–119.

[179] Ministerbesprechungen vom 19.8. u. 26.8.1930, AdR Brüning Dok. 103 u. 107, S. 381f. u. 400; Tagebuch Hans Schäffer, 19.8. u. 26.8.1930, IfZ ED 93, Bd. 9, S. 196 u. 198.

[180] Tagebuch Hans Schäffer, 25.8.1930, IfZ ED 93, Bd. 9, S. 198 („Minister ist sehr wenig glücklich über die Zahlen, [...] die viel ungünstiger waren, als er errechnet hatte"); Ministerbesprechung vom 16.9.1930, AdR Brüning Dok. 114, S. 429f.

[181] Arbeitsminister Stegerwald leistete Widerstand gegen das Ausmaß der Reduzierung des öffentlichen Wohnungsbaus, konnte sich aber gegen Dietrich nicht behaupten: Kabinettssitzungen vom 25.9. u. 26.9.1930, AdR Brüning Dok. 119–121, S. 450f., 454f. u. 458f.; siehe auch die Rede Dietrichs im Reichsrat am 4.11.1930, Niederschriften über die Vollsitzungen des Reichsrats. Jahrgang 1930. Berlin 1930, S. 528f. Dietrich nahm an, dass „die private Bautätigkeit mindestens teilweise an die Stelle der verminderten öffentlichen Bautätigkeit treten werde" (Ministerbesprechung vom 26.8.1930, AdR Brüning Dok. 107, S. 400). Diese Hoffnung ging nicht in Erfüllung, so dass die Umwidmung des Hauszinssteueraufkommens wesentlich zum massiven Rückgang des Baugewerbes beitrug: Michael Ruck: Der Wohnungsbau – Schnittpunkt von Sozial- und Wirtschaftspolitik. Probleme der öffentlichen Wohnungspolitik in der Hauszinssteuerära (1924/25–1930/31). In: Werner Abelshauser (Hg.): Die Weimarer Republik als

Abb. 10: *Kabinettssitzung im Garten des Reichskanzlerpalais, August 1930: (v.l.n.r., hintere Reihe) Martin Schiele, Joseph Wirth, Dietrich, Heinrich Brüning und sein Staatssekretär Hermann Pünder*

Analog zu den eher optimistischen Konjunkturprognosen des Finanzministeriums sah Dietrich sich im Herbst 1930 weiter auf dem richtigen Weg und war überzeugt, dass „man unbedenklich eine bescheidene Besserung der Wirtschaftslage für 1931 in Rechnung stellen dürfe".[182] Insgesamt verlief die Finanzpolitik bislang in einigermaßen ruhigen Bahnen, so dass er seine übrigen Reformvorhaben in Angriff nehmen konnte. Den Ländern und Kommunen wurde eine Sparpolitik verordnet, indem die Überweisungen des Reichs gekürzt wurden. Der „endgültige Finanzausgleich" sollte bis zum 1. April 1932 hergestellt werden.[183] Auch auf einem anderen wichtigen Gebiet glaubte Dietrich, einen Durchbruch erreicht zu haben: Seit seinem Amtsantritt hatte er gefordert, die Darlehenspflicht

---

Wohlfahrtsstaat. Zum Verhältnis von Wirtschafts- und Sozialpolitik in der Industriegesellschaft. Stuttgart 1987, S. 91-123, hier S. 105-109; Witt, Inflation, S. 398-405.

[182] Kabinettssitzung vom 25.9.1930, AdR Brüning Dok. 118, S. 447; vgl. Balderston, Origins, S. 299; Adam Tooze: Wirtschaftsstatistik im Reichswirtschaftsministerium, in seinem statistischen Reichsamt und im Institut für Konjunkturforschung. In: Carl-Ludwig Holtfrerich (Hg.): Das Reichswirtschaftsministerium der Weimarer Republik und seine Vorläufer. Strukturen, Akteure, Handlungsfelder. Berlin u. a. 2016, S. 361-420, hier S. 405 f.; außerdem Saldern, Dietrich, S. 119 f.

[183] Kabinettssitzungen vom 26.9. u. 27.9.1930, AdR Brüning Dok. 121-123, S. 455 f. u. 460-462; Winkler, Katastrophe, S. 216 f.

des Reiches für die Arbeitslosenversicherung aufzuheben und diese damit vom Reichsetat abzukoppeln, um das „größte Unsicherheitsmoment auf der Ausgabeseite", das seit einem Jahr Kabinettskrisen heraufbeschworen hatte, loszuwerden.[184] Mit der drastischen, im Frühjahr 1930 noch undenkbaren Anhebung der Beiträge auf 6,5 Prozent sollte sich die Versicherung ohne wesentliche Leistungskürzungen selbst tragen, wobei Dietrich hoffte, dass dieser Satz „nicht für lange Zeit notwendig sein werde".[185] Selbst bei einer gleichbleibend hohen Arbeitslosigkeit, dem aus seiner Sicht „schlimmsten Fall", schien ihm nun die Finanzierung sichergestellt.[186] Über den Jahreswechsel hinaus hielt er den Tiefpunkt der Krise für erreicht. Am 14. Januar 1931 unterstrich er im Haushaltsausschuss, dass es keine neue Kürzung von Gehältern, Pensionen oder Sozialausgaben geben werde, selbst „wenn die leichte Besserung im Jahre 1931 [...] nicht eintreten werde".[187]

Wie sich einige Wochen später herausstellte, trat das Gegenteil einer „leichten Besserung" ein. Angesichts unerwartet hoher Arbeitslosenzahlen und neuer Steuerausfälle bekannte Dietrich Anfang März im Kabinett, „er sähe für 1931 schwarz in die Zukunft". Der zuversichtliche Gestaltungswille, den er bis dahin an den Tag gelegt hatte, wich der Ratlosigkeit: „Wie er des neuen Defizits [...] Herr werden wolle, wisse er im einzelnen noch nicht". Letztlich kämen aber nur „brutale Maßnahmen" in Frage.[188] Die Stimmung in der Regierung änderte sich jetzt grundlegend. Die Debatten über das innen- und außenpolitische Vorgehen und die einzelnen Maßnahmen zur Behebung des Defizits, die tiefgreifende Einschnitte bei der Arbeitslosenunterstützung, den Beamtengehältern, Kriegs- und Invalidenrenten sowie weitere Steuererhöhungen umfassten, wogten lange hin und her, ohne dass es zu festen Beschlüssen kam. Während die Bestimmungen der Notverordnung vom 1. Dezember 1930 schon zwei Monate vorher feststanden, legte Dietrich den endgültigen Entwurf für die Notverordnung vom 5. Juni 1931 erst am 29. Mai vor.[189] Wie sein Staatssekretär Hans Schäffer notierte, zeigte er sich fortwährend „unentschlossen", weil er die innenpolitischen Folgen der neuen Notver-

---

[184] Rede Dietrichs am 7.7.1930, Reichstag Bd. 428, S. 6189; siehe auch Rede Dietrichs am 3.12.1930, Reichstag Bd. 444, S. 222; Ministerbesprechung vom 19.8.1930, AdR Brüning Dok. 103, S. 381.

[185] Rede Dietrichs im Reichsrat am 4.11.1930, Niederschriften Reichsrat 1930, S. 527. Eine Erhöhung der Beitragssätze, die von Arbeitnehmern und Arbeitgebern zu tragen waren, war während der Auseinandersetzungen in der Großen Koalition der von der SPD befürwortete Ansatz. Die Abkopplung der Arbeitslosenversicherung vom Reichsetat war demgegenüber ein Anliegen der DVP, die allerdings die Finanzierung durch Kürzungen bei den Versicherungsleistungen sicherstellen wollte: Maurer, Reichsfinanzen, S. 131.

[186] Rede Dietrichs am 3.12.1930, Reichstag Bd. 444, S. 221f.

[187] Schulthess' Europäischer Geschichtskalender 72 (1931), S. 13.

[188] Besprechungen vom 2.3. u. 6.3.1931, AdR Brüning Dok. 253 u. 255, S. 920f. u. 926f. Dietrich hegte die vorsichtige Hoffnung auf eine günstigere Entwicklung der Zahlen und wollte „nochmal abwarten, wie sich die Dinge in den nächsten Wochen anließen" (ebd., S. 921, ähnlich S. 927). Tatsächlich gab es im Frühjahr 1931 Anzeichen für eine konjunkturelle Erholung: Borchardt, Zwangslagen, S. 91f.

[189] Ministerbesprechung vom 29.5.1931, AdR Brüning Dok. 311, S. 1131-1134; zum Gang der Verhandlungen siehe die Protokolle vom 23.4., 7.5., 20.5. u. 30.5.1931, AdR Brüning Dok. 283, 290f., 300 u. 316.

ordnung, insbesondere die Bildung einer rechtsgerichteten Regierung fürchtete. Namentlich die nochmalige Besoldungskürzung, die er bislang öffentlich ausgeschlossen hatte, war ihm „sehr unangenehm".[190]

Zudem hielt Dietrich eine Fortsetzung der Deflationspolitik nun für wirtschaftspolitisch verfehlt, da sie krisenverschärfend wirke, und seine Meinung zur Reparationsfrage hatte sich ins Gegenteil verkehrt. „Ausländisches Kapital" sei nicht verfügbar: „Die zu beantwortende Frage sei daher, ob wir selbst das erforderliche Kapital bilden können, um sowohl die Reparationen zu bezahlen, als auch die deutsche Wirtschaft anzutreiben. Diese Frage sei zu verneinen. Deutschland gerate in einen Schrumpfungsprozeß, aus dem es keinen Ausweg gebe." Aus Rücksicht auf das Ausland müsse man „noch einmal einen scharfen Einschnitt machen, aber er werde nicht endgültig zum Ziele führen". Deswegen müsse man „von den Möglichkeiten des Youngplans Gebrauch machen, wenn der Zustand derart werde, daß wir keinen anderen Ausweg mehr sähen" und ein Moratorium anmelden, wobei Dietrich die baldige, wenngleich vorsichtige Anbahnung eines entsprechenden Vorgehens vorschwebte, um dann „im nächsten Jahre [...] die ganze Frage zur Entscheidung [zu] bringen".[191] Im Wesentlichen war dies die Haltung des ganzen Kabinetts. Auch Brüning betrachtete weitere Sparmaßnahmen als binnenwirtschaftlich kontraproduktiv und erklärte, dass mit Rücksicht auf die innenpolitische Lage deutsche „Revisionsschritte" binnen Jahresfrist unvermeidlich seien – entgegen der bisherigen Reparationsstrategie und trotz der nach wie vor gravierenden Bedenken gegen eine deutsche Initiative, die dem Vertrauen an den Finanzmärkten schaden und außenpolitisch eben jene schlechte Verhandlungsposition mit sich bringen musste, die man hatte vermeiden wollen.[192]

---

[190] Tagebuch Hans Schäffer, 6.3., 6.5. u. 19.5.1931, IfZ ED 93, Bd. 10, S.72, 139, 163, Zitate S. 166f.
[191] Besprechung vom 7.5.1931, AdR Brüning Dok. 291, S.1057.
[192] Ebd., S. 1053–1059. Das Sitzungsprotokoll vom 7. Mai ist eine der wichtigsten Quellen zur Deflations- und Reparationspolitik des Kabinetts Brüning (vgl. Ritschl, Krise, S. 147f.). Brüning erklärte u. a.: „Je weiter Gehälter und Löhne abgebaut würden, um so mehr sänken die Einkünfte an Steuern. Je mehr wirtschaftliche Maßnahmen ergriffen würden, je geringer würden die Einnahmen der öffentlichen Hand. Dieser Ring könne nur gesprengt werden durch die Erleichterung auf dem Gebiet der Reparationen, oder durch hereinströmendes befruchtendes Auslandskapital. Andere Maßnahmen, selbst solche drakonischen Charakters, würden kaum zu praktischen Resultaten führen. [...] Nach außen hin dürfe man nicht zugeben, daß man sich aus innerpolitischen Gründen zu Schritten auf dem Reparationsgebiet drängen lasse. Allerdings sei es fraglich, wie lange wir noch davon absehen können, die Notleine der Reparationen zu ziehen. Ursprünglich habe man ins Auge gefaßt gehabt, mit Revisionsschritten drei Jahre zu warten [...]. Im Jahre 1932 werde man keine reparationspolitische Schritte mehr durchkommen können. Denn die alsdann innerpolitisch notwendig werdenden Maßnahmen würden unerträglich werden. Klar müsse man sich auch darüber werden, daß unter Umständen die Existenz des gegenwärtigen Kabinetts gefährdet sei, wenn man die Reparationsfrage nicht jetzt anschneide. Der Druck von Rechts werde sehr groß werden." Die übrigen Kabinettsmitglieder und Reichsbankpräsident Luther kamen im Allgemeinen zu denselben Schlüssen: Einig war man sich über die kontraktiven Wirkungen weiterer Sparmaßnahmen und über die Notwendigkeit eines reparationspolitischen Kurswechsels, allerdings auch über die damit verbundenen Risiken. Wegen Letzterer bestanden Meinungsverschiedenheiten hinsichtlich des geeigneten Zeitpunktes

Dieser reparationspolitische Kurswechsel „vom Sanierungs- zum Krisenrevisionismus"[193] erfolgte notgedrungen: Er war die Folge der wider Erwarten verschärften Wirtschaftskrise und des massiven innenpolitischen Widerstands gegen eine Fortsetzung der Austeritätspolitik.[194] Die ökonomische Misere war also nicht Instrument einer Strategie, die dem „Primat der Außenpolitik" folgte, sondern es war umgekehrt: Eine Erleichterung der wirtschaftlichen Lage war nur von einem Schuldenschnitt zu erhoffen, und da es um politische Schulden ging, war dieser nur auf außenpolitischem Wege zu erreichen.[195] Zugleich war der innenpolitische „Sanierungskonsens" nun beendet. Bestehen blieb der „Deflationskonsens": Hatte man sich von der Austerität bisher *auch* eine positive konjunkturpolitische Wirkung versprochen, so wurde sie fortan lediglich unter dem Druck der Auslandsgläubiger fortgeführt, mit dem Ziel, die Einbindung Deutschlands in die Weltwirtschaft aufrechtzuerhalten und zu einer einvernehmlichen Neuregelung auf dem Gebiet der politischen Schulden zu gelangen.[196]

Das Kabinett beschloss, die Reparationsfrage erst nach entsprechender Vorbereitung in Angriff zu nehmen. Gleichzeitig hielt man mit Rücksicht auf die innenpolitische Stimmung einen sofortigen demonstrativen Akt für unumgänglich,

---

für die Anmeldung eines Moratoriums, und zwar vor allem zwischen Luther und Dietrich: Luther hatte besonders den „Druck der kurzfristigen Kredite" im Blick und befürchtete, dass eine Revisionsinitiative Kapitalabflüsse zur Folge haben werde. Seine Äußerungen waren allerdings widersprüchlich. Während er dafür plädierte, noch abzuwarten und „Zeit zu gewinnen", machte er seinerseits Vorschläge für Änderungen am Young-Plan und stellte fest, dass man ein reparationspolitisches Vorgehen nur hinauszögern könne. Dietrich veranschlagte das Risiko der Kreditabzüge geringer und hielt die Herangehensweise Luthers für zu zögerlich. Aus den Aufzeichnungen Hans Schäffers geht hervor, dass Dietrichs Kritik an Luther schärfer war, als es im offiziellen Kabinettsprotokoll festgehalten wurde, und dass er sich vorbehielt, „wenn er es für geboten halte, unter Androhung seines Rücktritts die Erklärung des Moratoriums zu fordern": Tagebuch Hans Schäffer, 7. 5. 1931, IfZ ED 93, Bd. 10, S. 145.

[193] Knipping, Deutschland, S. 192-198.
[194] Vgl. Rödder, Curtius, S. 233-239; Heyde, Ende, S. 160-178.
[195] Vgl. Ritschl, Krise, S. 148. Natürlich war die Beendigung der Reparationszahlungen seit 1919 ein zentrales Ziel deutscher Außenpolitik, und zweifellos konnte Deutschland, so Brünings spätere, verklärende und vielzitierte Formulierung, „aus der Krankheit" auch eine „Waffe machen" (Brüning, Memoiren, S. 309, vgl. zuletzt Carl-Ludwig Holtfrerich: Konjunkturpolitik: Vom Beginn der Austerität 1929 bis zur *sekundären* Deflation 1931/32. In: ders. (Hg.): Das Reichswirtschaftsministerium der Weimarer Republik und seine Vorläufer. Strukturen, Akteure, Handlungsfelder. Berlin u. a. 2016, S. 637-676, hier S. 640). Nicht zuletzt ließen sich die unpopulären Maßnahmen der Regierung innenpolitisch besser verteidigen, wenn sie mit dem „Primat der Außenpolitik" begründet wurden (ein Zitat Brünings im Januar 1932, vgl. Hömig, Brüning, S. 500), also mit einem übergeordneten „nationalen" Ziel, das im Rahmen einer durchdachten, konsequent durchgehaltenen Gesamtstrategie verfolgt werde, als einzugestehen, dass die Regierung, als Getriebener der Verhältnisse und am Rande des Staatsbankrotts wandelnd, sich dem Druck der Auslandsgläubiger unterwarf (vgl. Ritschl, Krise, S. 136f.). Die außenpolitische Komponente war jedoch weder ursächlich noch bestimmend für die Reparationspolitik (in diesem Punkt ähnlich Heyde, Ende, S. 466f.).
[196] Es erscheint sinnvoll, die Begriffe entsprechend zu unterscheiden – Winkler spricht für den gesamten Zeitraum 1929 bis Winter 1931/32 vom „Sanierungskonsens", Ritschl hingegen von Anfang an nur vom „Deflationskonsens": Winkler, Weimar, S. 373, 397, 421, 440 u. 474; Ritschl, Schuldenkrise, S. 612-614 u. Ritschl, Krise, S. 162 u. 242.

weil die neue Notverordnung, wie Dietrich es formulierte, „Belastungen" enthalte, „die dazu angetan seien, das Volk einer Revolution zuzutreiben".[197] Zusammen mit der Notverordnung veröffentlichte das Kabinett deshalb den sogenannten Tributaufruf, der von Dietrich entworfen wurde, von den „untragbaren Reparationslasten" sprach und feststellte, dass die „Grenze dessen, was wir unserem Volke an Entbehrungen aufzuerlegen vermögen, […] erreicht" sei.[198] Der vom Kabinett unterschätzte Nebeneffekt des Aufrufes war, dass er Zweifel an der deutschen Zahlungsfähigkeit weckte. Verstärkt wurde dieser Eindruck durch den (von der Regierung richtig vorhergesehenen) innenpolitischen Proteststurm gegen die Notverordnung, deren Aufhebung durch den Reichstag ebenso in den Bereich des Möglichen rückte wie ein Sturz des Kabinetts. Die Verunsicherung führte zum massiven Abzug kurzfristiger Gelder. Einerseits kam nun innerhalb kürzester Zeit die Reparationsfrage ins Rollen, andererseits belasteten die Kapitalabflüsse ins Ausland die Reserven der Reichsbank und brachten die deutschen Banken, deren Lage ohnehin prekär war, an den Rand des Zusammenbruchs.[199]

Mit dem Ausbruch der Bankenkrise Mitte Juli 1931, die auch durch das Hoover-Moratorium nicht mehr abgewendet wurde, trat die Politik der Regierung in eine neue Phase. Die tägliche Arbeit des Kabinetts nahm den Charakter eines „Krisenmanagements"[200] an. Nach dem Run auf Banken und Sparkassen wurde der inländische Zahlungsverkehr wochenlang rigide eingeschränkt, zum Schutz der Reichsbankreserven die freie Konvertibilität der Reichsmark ausgesetzt und die Devisenbewirtschaftung eingeführt. Zahlreiche illiquide Banken erhielten staatliche Einlagengarantien und Kapitalspritzen. Die wichtigsten Geldinstitute gerieten dabei unter die Kontrolle der öffentlichen Hand, die bis zum Februar 1932 Mehrheitsaktionär der Commerzbank und der Dresdner Bank wurde und 35 Prozent der Anteile an der Deutschen Bank übernahm. Ähnliche Interventionen erfolgten

---

[197] Ministerbesprechungen vom 29. 5., 30. 5. u. 3. 6. 1931, AdR Brüning Dok. 311, 316 u. 324, S. 1131 (Zitat), 1144-1148 u. 1178-1181.
[198] Schulthess 1931, S. 120 f. Der Wortlaut von Dietrichs Entwurf wurde im Kabinett – unter Rücksprache mit Brüning, der am 3. Juni zum Staatsbesuch nach Großbritannien abgereist war – bis ins kleinste Detail diskutiert. Innenminister Wirth, Verkehrsminister von Guérard und Postminister Schätzel forderten eine schärfere Fassung, „die ein völliges Ende der Reparationen in Aussicht stellt", konnten sich damit aber nicht durchsetzen. Außerdem entbrannte ein Streit über stilistische Feinheiten, wie Hans Schäffer spöttisch notierte: „Wüster Krach von Dietrich gegenüber Wirth und Guérard über die an seinem Opus gemachten stilistischen Verbesserungen. Streit der Kleinbürger darüber, wer das bessere Deutsch schreibt." Tagebuch Hans Schäffer, 5. 6. 1931, IfZ ED 93, Bd. 11, S. 183 f.; siehe auch die Aufzeichnungen vom 6. 6. 1931, ebd., S. 185 f. u. die Ministerbesprechungen vom 5. 6. u. 6. 6. 1931, AdR Brüning Dok. 326 f., S. 1183. Der Aufruf wurde von Dietrich also durchaus nicht „leichtherzig formuliert", wie Hermann Graml meint: Hermann Graml: Zwischen Stresemann und Hitler. Die Außenpolitik der Präsidialkabinette Brüning, Papen und Schleicher. München 2001, S. 128.
[199] Zu Vorgeschichte und Verlauf der Bankenkrise hier und im Folgenden Born, Bankenkrise; Isabel Schnabel: The German Twin Crisis of 1931. In: The Journal of Economic History 64 (2004), S. 822-871; Winkler, Katastrophe, S. 338-370; James, Slump, S. 283-323.
[200] Andreas Rödder: Reflexionen über das Ende der Weimarer Republik. Die Präsidialkabinette 1930-1932/33. Krisenmanagement oder Restaurationsstrategie? In: Vierteljahrshefte für Zeitgeschichte 47 (1999), S. 87-101.

zugunsten verschiedener Großunternehmen, die von der Insolvenz bedroht waren. Dietrich stand sowohl der vollen Einlagengarantie als auch der faktischen Verstaatlichung der Banken skeptisch gegenüber, weil er damit „die Grenze der Privatwirtschaft" erreicht sah.[201] Andererseits befürchtete er eine „ernste Gefahr für den Privatkapitalismus", wenn die Großbanken ihrem Schicksal überlassen blieben, weil ihr Kollaps die Wirtschaft (und die Reichsfinanzen) mit in den Abgrund ziehen musste.[202] Wenngleich sich dieser Gesichtspunkt bei ihm (und im Kabinett) durchsetzte, betonte Dietrich, dass die Verstaatlichung nur eine „provisorische" Maßnahme sein dürfe.[203] Darin wurde er rasch durch die praktischen Begleiterscheinungen des staatlichen Engagements bestärkt, schließlich hatten die Banken über die Kreditvergabe an Unternehmen und damit deren Überleben zu entscheiden: „Wenn man die Banken verstaatlicht, hat man alles am Bein, was daran hängt. Es vergeht kein Tag, an dem wir nicht vor der Frage stehen: Was machen wir mit diesem oder jenem Unternehmen?"[204] Als die Übergangslösungen im Winter 1932 einen immer größeren Umfang annahmen und sich in Richtung einer Dauereinrichtung bewegten, erklärte er, dass der „gegenwärtige ‚Staatskapitalismus'" so schnell wie möglich „beseitigt" werden müsse.[205]

Gerade das Finanzministerium war nun eine „improvisierende Krisenbewältigungsbehörde".[206] Gemeinsam mit einer Handvoll Ministerialbeamter und der Reichsbank, die in den laufenden Regierungsgeschäften eine immer größere Rolle spielte, hatte Dietrich sich nicht mehr nur mit der Finanzpolitik des Reiches auseinanderzusetzen, sondern auch mit den gravierenden Etatnöten von Ländern und Gemeinden, den vielfältigen Problemen, die sich aus der Bankensanierung und den Hilfsmaßnahmen für Unternehmen ergaben und den Folgen der Kapitalverkehrskontrollen, insbesondere im Hinblick auf die komplizierten Verhandlungen über die Stillhaltung ausländischer Kredite. „Das eigentliche Geschäft des Finanzministers ist heutzutage vollkommen außer Dienst gestellt",[207] hielt Dietrich Ende September 1931 fest, und einer Schwägerin gegenüber klagte er kurz darauf: „Die übliche Nachricht aus dem Urlaub habe ich aus dem sehr einfachen

---

[201] Sitzung des Wirtschaftsausschusses der Reichsregierung vom 27.7.1931, AdR Brüning Dok. 409, S. 1427; siehe auch Ministerbesprechung vom 12.7.1931, AdR Brüning Dok. 379, S. 1343; Tagebuch Hans Schäffer, 12.7.1931, IfZ ED 93, Bd. 11, S. 360.
[202] Chefbesprechung vom 11.7.1931, AdR Brüning Dok. 376, S. 1328. Den widerstrebenden Vertretern der Reichsbank rechnete Dietrich vor, dass ein Zusammenbrechen der Dresdner und der Danatbank eine Erhöhung der Arbeitslosenzahl um eine Million und ein zusätzliches Haushaltsdefizit von 1,6 Milliarden Mark zur Folge haben werde: Sitzung des Wirtschaftsausschusses der Reichsregierung vom 27.7.1931, AdR Brüning Dok. 409, S. 1426.
[203] Ministerbesprechung vom 30.7.1931, AdR Brüning Dok. 420, S. 1465.
[204] Sitzung des Gesamtvorstandes der DStP vom 15.8.1931, Linksliberalismus Dok. 180, S. 653.
[205] Ministerialrat Drück an das Württembergische Staatsministerium, 22.2.1932, Politik Dok. 434, S. 1297.
[206] Stefanie Middendorf: Staatsfinanzen und Regierungstaktiken. Das Reichsministerium der Finanzen (1919–1945) in der Geschichte von Staatlichkeit im 20. Jahrhundert. In: Geschichte und Gesellschaft 41 (2015), S. 140–168, hier S. 166.
[207] Sitzung des Gesamtvorstandes der DStP vom 26.9.1931, Linksliberalismus Dok. 182, S. 663.

388   V. Reichsminister: Der „Kampf um den Staat"

Grund unterlassen, weil ich keinen Tag von Berlin weggewesen bin, höchstens einmal über Sonntag. Sonst haben wir den zehnstündigen Arbeitsdienst und einige Wochen einschließlich der Sonntage waren wir täglich zwischen 12 und 16 Stunden im Büro. Draußen im Lande scheint man immer noch keine Ahnung zu haben, unter was für Verhältnissen wir leben. Man kann hier keinen Tag den Rücken drehen, ohne daß ein Unglück passiert, und die Beamtenschaft und die Pensionäre müssen Gott danken, wenn es gelingt, die Zahlungen den Winter über aufrecht zu erhalten."[208]

Krisenmanagement und Improvisation kennzeichneten auch die Haushaltspolitik. Während der Bankenkrise verfestigte sich zunächst Dietrichs Meinung, dass die „Deflation nicht viel weiter gesteigert werden könne".[209] Nach der Pfundabwertung vom 21. September 1931 teilte er aber die allgemeine Überzeugung, dass eine Fortsetzung des Austeritätskurses unvermeidlich war, um „dem Auslande gegenüber konkurrenzfähig zu bleiben": „Die Preissenkung könne auf dem inneren Markte keine Belebung bringen, im Außenhandel dagegen Steigerung der Ausfuhr."[210] Die Einhaltung der kommerziellen Schuldverpflichtungen erklärte er zum obersten Gebot – im Unterschied zu den Reparationen. In seiner öffentlichen Ansprache auf dem Parteitag der DStP am 27. September betonte er, „daß wir unsere Geltung in der Weltwirtschaft und im Welthandel nur behaupten können, wenn wir entschlossen sind, alle unsere Verpflichtungen auf privatwirtschaftlichem Gebiete loyal und restlos zu erfüllen". Nur „vorübergehend", konstatierte er mit Blick auf die Stillhaltevereinbarungen, sei die „Rückzahlung dieser Kredite unmöglich": „Das bedeutet aber nicht, daß wir uns diesen Zahlungen jemals zu entziehen gedenken." Demgegenüber seien die „politischen Schulden" eine „andere Frage".[211] Im Kabinett wurde Dietrich deutlicher: Die Fortsetzung der Deflationspolitik sollte einerseits die Bedienung der privaten Auslandsschulden, andererseits den „Endkampf in der Reparationsfrage" ermöglichen.[212]

In diesen Punkten war Dietrichs Haltung identisch mit der des Kanzlers.[213] Das galt genauso für sein Vorhaben, die Stärkung der deutschen Wettbewerbspo-

---

[208] Dietrich an Luise Dietrich, 6.10.1931, ND 128, pag. 97–99.
[209] Sitzung des Wirtschaftsausschusses der Reichsregierung vom 27.7.1931, AdR Brüning Dok. 409, S. 1427; siehe auch Tagesbericht Hans Luthers vom 22.8.1931, Politik Dok. 294, S. 918.
[210] Ministerbesprechung vom 2.10.1931, AdR Brüning Dok. 503, S. 1795.
[211] So die offizielle Version seiner Rede für die Presse: Demokratischer Zeitungsdienst vom 28.9.1931 (Abschrift), ND 31, fol. 155. Diese Fassung glättete bzw. kürzte Dietrichs Aussagen (sicher nicht ohne sein Zutun) zum Reparationsproblem, die außenpolitisch bedenklich waren. Im wörtlichen Protokoll hieß es: „Auf einem ganz anderen Blatt steht die Frage der politischen Schulden. Das ist ein Kapitel, [...] über das ich heute meine Meinung nicht sagen darf." Gerade das tat er aber anschließend: Er zitierte Passagen über die Problematik der internationalen Verschuldung und des Protektionismus aus dem Abschlussbericht (Layton-Bericht) des internationalen Sachverständigenkomitees, das im August die deutsche Lage begutachtet hatte, und interpretierte sie großzügig, u. a. mit der Feststellung, dass „der deutsche Zusammenbruch nicht auf unsere Schuld, sondern auf die Aktionen des Auslands zurückzuführen ist": BAB R 45 III-47, fol. 76–80, Zitat fol. 78f.; vgl. zum Layton-Bericht Born, Bankenkrise, S. 142–146.
[212] Ministerbesprechung vom 2.10.1931, AdR Brüning Dok. 502, S. 1784.
[213] Siehe z. B. Brünings Äußerungen in den Ministerbesprechungen vom 2.10. u. 28.10.1931, AdR Brüning Dok. 502 u. 524, S. 1782 u. 1851.

sition sozialverträglich zu gestalten und die Senkung der „Selbstkostenfaktoren" bei Löhnen, Preisen, Mieten und Zinsen „gleichzeitig" herbeizuführen.[214] Die Beratungen im Vorfeld der vierten großen Notverordnung, deren Inhalt erst einen Tag vor ihrem Inkrafttreten am 8. Dezember feststand, zeigten jedoch, dass eine konsequente innere Abwertung nur eingeschränkt möglich war. Wie allen Mitgliedern des Kabinetts bewusst war, stand vor allem die drastische Erhöhung der Umsatzsteuer von 0,85 auf 2 Prozent in eklatantem Widerspruch zu den Preissenkungsbemühungen. Dietrich betrachtete diese „neue Belastung" mit großem Unbehagen, setzte seinen Kollegen aber mit Nachdruck auseinander, dass sie sich „nicht vermeiden lasse", weil der Etat anders nicht zu decken sei.[215] Symptomatisch für Widersprüche in der Notverordnung und das Ausmaß an Improvisation, das den Gang der Verhandlungen im Kabinett bestimmte, war Dietrichs Haltung zur Ermäßigung der Posttarife. Am 5. Dezember bestand er gegenüber Postminister Georg Schätzel auf der „Notwendigkeit einer Senkung der Postgebühren", um am 7. Dezember in letzter Minute festzustellen, dass er auf die Gewinne der Post „nicht verzichten" könne und die Tarife deswegen unverändert bleiben sollten.[216]

Die letzte große Notverordnung des Kabinetts Brüning bewegte sich zwischen Verzweiflungstat und Flickwerk und konnte die drängenden fiskalischen Probleme nur für kurze Zeit beheben, in der Erwartung, dass das genügte, wenn die erhoffte Schuldenerleichterung auf dem Gebiet der Reparationen rasch zu erreichen war. Doch während die Maßnahmen von den internationalen Sachverständigen des in Basel tagenden Sonderausschusses, der die wirtschaftliche Lage in Deutschland untersuchte, anerkannt wurden, stieß eine Streichung der Reparationen in Frankreich und den USA auf Widerstand, weshalb die zunächst für Januar 1932 angesetzte Reparationskonferenz in Lausanne auf den Juni verschoben wurde.[217] Damit war klar, dass neue Einschnitte erforderlich waren.[218] Ende Januar erklärte

---

[214] Ministerbesprechung vom 2.10.1931, AdR Brüning Dok. 502, S. 1784 u. Tagebuch Hans Schäffer, 6.11.1931, IfZ ED 93, Bd. 15, S. 984f.; siehe auch Ministerbesprechung vom 24.9.1931, AdR Brüning Dok. 483, S. 1731.

[215] Ministerbesprechung vom 6.12.1931, AdR Brüning Dok. 591, S. 2073; siehe auch Tagebuch Hans Schäffer, 6.11.1931, IfZ ED 93, Bd. 15, S. 986. Mit Ausnahme von Wirtschaftsminister Warmbold schlossen sich die übrigen Kabinettsmitglieder dieser Auffassung an. Warmbold schlug vor, den Etat nicht abzudecken oder zum Mittel einer Zwangsanleihe zu greifen. Diese Vorschläge stießen im Kabinett auf allgemeinen Widerstand und wurden von den Beteiligten mit Kopfschütteln zur Kenntnis genommen; zum Gang der Erörterungen siehe die Ministerbesprechungen vom 4.12.-6.12.1931, AdR Brüning Dok. 585, 588, 589 u. 591; Tagebuch Hans Schäffer, 4.12.-6.12.1931, IfZ ED 93, Bd. 16, S. 1140-1152.

[216] Ministerbesprechungen vom 5.12. u. 7.12.1931, AdR Brüning Dok. 588 u. 594, S. 2026 u. 2082. Die Senkung der Postgebühren wurde zwei Wochen später doch noch beschlossen: Ministerbesprechung vom 23.12.1931, AdR Brüning Dok. 614, S. 2131.

[217] Heyde, Ende, S. 315-363; Graml, Außenpolitik, S. 182-198; Ritschl, Krise, S. 167-171.

[218] Schäffer hielt nach der Verschiebung der Konferenz fest: „Der Haushalt war auf die Lage eingerichtet, daß im Januar eine Reparationseinigung erfolgt und daraufhin dann ein Aufschwung der Wirtschaft stattfindet. [...] Wenn jetzt, und noch dazu unter starken politischen Spannungen, auf den Juni vertagt wird, so entwickeln sich die Dinge ganz anders. [...] Ich sehe weder, wie der Haushalt 1932, noch wie die Kasse getragen werden soll." Tagebuch Hans Schäffer, 20.1.1932, IfZ ED 93, Bd. 17, S. 104; vgl. Bachmann, Reichskasse, S. 282f.

Dietrich weitreichende Leistungskürzungen bei der Arbeitslosenunterstützung für unausweichlich.[219] Mit Blick auf die im März und April anstehenden Wahlkämpfe um die Reichspräsidentschaft und in Preußen schob das Kabinett deren Umsetzung allerdings auf, weshalb die nächste Deflationsnotverordnung zum Zeitpunkt des Sturzes der Regierung zwar in den Grundzügen fertiggestellt war, aber erst vom Kabinett Papen – in verschärfter Form – erlassen wurde.

Von seinen ursprünglichen finanz- und wirtschaftspolitischen Zielen war Dietrich meilenweit entfernt. Die Besoldungskürzungen und die zahlreichen Steuererhöhungen waren das Gegenteil dessen, was er hatte erreichen wollen. Die Anhebung der Umsatzsteuer bedeutete für die Wirtschaft, die eigentlich entlastet werden sollte und ohnehin unter den Folgen der Finanzkrise vom Sommer 1931 litt, eine schwere Belastung. In dem Bestreben, das Preisniveau zu senken, versuchte die Regierung wiederholt, gegen Kartelle vorzugehen, und auch auf diesem Gebiet hatte Dietrich gehofft, lange gehegte Absichten in die Tat umsetzen zu können. So hatte er im Juli 1930 die „Auflösung aller Kartelle" verfügen wollen. Trotz einiger gesetzgeberischer Maßnahmen blieben die verschiedenen Vorstöße der Regierung aber weitgehend ergebnislos.[220] An die Herstellung eines „endgültigen Finanzausgleichs" war vorläufig ebenfalls nicht zu denken. Das Reich forcierte, nicht zuletzt auf Drängen Dietrichs, zwar die Sparanstrengungen in den Ländern und (vor allem) Kommunen.[221] Die mit der Versorgung der Langzeitarbeitslosen überforderten Städte waren jedoch von der „Selbständigkeit", die ihm vorschwebte, weit entfernt und nicht in der Lage, ohne Finanzhilfen auszukommen.[222] Generell war statt des Wirtschaftsaufschwungs, auf den Dietrich gesetzt hatte, eine unerhörte Verschärfung der Krise eingetreten, die ihn fortwährend zwang, seinen bisherigen Vorstellungen und Zielen zuwiderzuhandeln. Unter diesen Umständen war es nur naheliegend, dass er mit der Deflationspolitik haderte und nach anderen Wegen aus der Krise suchte.

---

[219] Chefbesprechung vom 25.1.1932, AdR Brüning Dok. 644, S. 2221; siehe auch Dietrichs Äußerungen in der Chefbesprechung vom 20.2.1932, AdR Brüning Dok. 682, S. 2319.

[220] Tagebuch Hans Schäffer, 19.7.1930, IfZ ED 93, Bd. 9, S. 190f. Auch im Vorfeld der Notverordnung vom 5. Juni 1931 wollte Dietrich gegen Kartelle und Preisbindungen vorgehen; dazu und zur Kartell- und Preispolitik das Kabinetts Brüning Grübler, Spitzenverbände, S. 172-179, 301-318 u. 396-402; Ritschl, Schuldenkrise, S. 617-619; zu Dietrichs Kritik am „Großkapital" siehe Kap. IV, 4.

[221] Ein Meilenstein war die sogenannte Dietramszeller Notverordnung vom 24. August 1931, mit der verfassungsrechtlich „ein Rubikon überschritten" wurde: Dazu und zu Dietrichs harter Gangart Schulz, Brüning, S. 487-492; vgl. auch Saldern, Dietrich, S. 148-157; Ursula Büttner: Hamburg in der Staats- und Wirtschaftskrise. 1928-1931. Hamburg 1982, S. 166-169 u. 217; Huber, Verfassungsgeschichte Bd. 6, S. 498. Nach Dietrichs Auffassung war das Finanzgebaren der Kommunen nach wie vor zu großzügig. Außerdem wollte er Parker Gilberts alte Kritik an den Gemeindefinanzen entkräften – auch hier ging es um das Urteil des Auslandes: „Wir haben alles getan, was Gilbert wollte, mit Ausnahme der Gemeinden." Tagebuch Hans Schäffer, 7.8.1931, IfZ ED 93, Bd. 13, S. 570; siehe auch die Ministerbesprechungen vom 14.8. u. 17.8.1931, AdR Brüning Dok. 442 u. 446, S. 1561f. u. 1575.

[222] Vgl. Andreas Wirsching: Zwischen Leistungsexpansion und Finanzkrise. Kommunale Selbstverwaltung in der Weimarer Republik. In: Adolf M. Birke/Magnus Brechtken (Hg.): Kommunale Selbstverwaltung. Local Self-Government. Geschichte und Gegenwart im deutsch-britischen Vergleich. München u. a. 1996, S. 37-63, hier S. 58-62.

Die Suche nach Alternativen: Lohnsubventionen, Siedlung – Kreditausweitung?

Dietrich ist wiederholt als Gegner der Austeritätspolitik und Befürworter einer defizitfinanzierten antizyklischen Fiskalpolitik dargestellt, mithin als ein Beispiel dafür angeführt worden, dass es selbst innerhalb des Kabinetts im Wesentlichen allein der Kanzler war, der alle „Alternativen" verworfen habe. Es ist sogar die These vertreten worden, Dietrich habe „Brünings" Deflationspolitik von Anfang an ablehnend gegenübergestanden und ab Anfang 1931 „konsequent für eine expansive Konjunkturpolitik" plädiert, weil er die „krisenverschärfende Funktion der Deflationspolitik" erkannt und „in der staatlichen Beschäftigungspolitik ein Mittel zur Krisenbekämpfung" gesehen habe.[223] Diese Deutung ist symptomatisch für die Versuche, die Finanz- und Wirtschaftspolitik in der Spätphase der Weimarer Republik einer grundsätzlichen Kritik zu unterziehen. Sie beruhen auch in diesem Fall auf einer selektiven Quellenkritik, mit der zeitgenössische Zeugnisse einseitig gedeutet, entgegengesetzte bzw. widersprüchliche Äußerungen ignoriert oder geglättet und zwischen Brüning und anderen zentralen Akteuren fundamentale Gegensätze konstruiert werden, die tatsächlich nicht bestanden.

Dietrich wollte durchaus immer wieder Maßnahmen gegen die Arbeitslosigkeit ergreifen und stellte Überlegungen an, wie man der Deflationsspirale entkommen könnte. Eine Sonderstellung nahm er damit jedoch nicht ein – ebenso wie er nicht der Einzige war, der sich der krisenverschärfenden Wirkungen der Austeritätspolitik bewusst war. Außerdem war die Befürwortung staatlicher Beschäftigungsmaßnahmen nicht gleichbedeutend mit dem Plädoyer für eine defizit- oder gar notenbankfinanzierte Konjunkturpolitik, sie musste nicht mit einer Ablehnung der Deflationspolitik einhergehen, und schließlich lassen sich nicht alle Aussagen Dietrichs, die vielfach in unvollständig protokollierter Form vorliegen,[224] nur in eine Richtung interpretieren.

Bereits im Frühjahr und Sommer 1930 standen defizitfinanzierte Beschäftigungsmaßnahmen auf der Tagesordnung der Regierung. Sie wurden allgemein befürwortet, nachdrücklich auch von Brüning. Dietrich, der schon Ende Februar für ein „großes Arbeitsbeschaffungsprogramm" plädiert hatte, initiierte die Beratungen des Kabinetts, war allerdings im Anschluss kaum an ihnen beteiligt. Vorgesehen waren öffentliche Aufträge in Höhe von bis zu 1,5 Milliarden RM bei Reichsbahn und -post sowie im Wohnungs- und Straßenbau, die zu einem erheblichen Teil außerhalb des ordentlichen Etats über eine Auslandsanleihe finanziert werden sollten. Eine solche war jedoch nicht verfügbar, weshalb das Programm

---

[223] So Kim, Industrie, z. B. S. 71 f., 124 u. 183–192, Zitate S. 231. Bei Kim spielt Dietrich eine zentrale Rolle, ähnliche Behauptungen finden sich aber auch in zahlreichen anderen Arbeiten, vgl. dazu im Detail die folgenden Anmerkungen; allgemein z. B. Grotkopp, Krise, S. 83; Hans-Ulrich Wehler: Deutsche Gesellschaftsgeschichte. Bd. 4: Vom Beginn des Ersten Weltkriegs bis zur Gründung der beiden deutschen Staaten. 1914–1949. München 2003, S. 528; in der Tendenz ähnlich, allerdings diffus und im Detail häufig ungenau Saldern, Dietrich, bes. S. 164–172.

[224] Zu den Kabinettsprotokollen Karl Dietrich Erdmann: Vorwort. In: AdR Brüning, S. VII–XVII, hier S. XI.

auf diejenigen Punkte beschränkt blieb, die sich aus den laufenden Haushalten von Reich und Reichsbahn bestreiten ließen.[225]

Die Arbeitsbeschaffungspläne des Jahres 1930 sind aufschlussreich hinsichtlich der vieldiskutierten „Prioritäten", die das Kabinett setzte. Es wird wiederum deutlich, dass der angestrebte Ausgleich des Reichshaushalts nicht einem abstrakten Mantra „orthodoxer" Finanzpolitik folgte. Die Regierung war zu einer defizitfinanzierten Krisenbekämpfung bereit, die überdies (indirekt) zur Deckung des ordentlichen Etats beitragen sollte.[226] Dabei stand das Vorhaben eines defizitfinanzierten Konjunkturprogramms im Widerspruch zu der wirtschaftspolitischen Zielsetzung, das Lohn- und Preisniveau zu drücken, weil es auf den entgegengesetzten Effekt hinauslief. Deshalb, so Dietrich im Reichstag, müsse „bei der Vergebung der Arbeiten darauf geachtet werden [...], daß sie nicht die Preise erhöhen". Die Regierung werde alle beteiligten Unternehmen zwingen, „daß sie um billigere Preise als bisher liefern".[227] Der Tiefpunkt der Krise sollte demnach gewissermaßen künstlich erreicht werden, um den ersehnten Aufschwung möglichst schnell in die Wege leiten zu können. Dieser Ansatz beruhte auf der Annahme, dass ohnehin eine Erholung bevorstand. Doch vor allem verfolgte die Regierung mit der Arbeitsbeschaffung eben nicht originär wirtschaftspolitische Ziele: „Notstandsarbeiten" im Rahmen einer „produktiven Erwerbslosenfürsorge" waren in erster Linie eine alternative Form der Arbeitslosenunterstützung, also ein sozialpolitisches Instrument, das auf die Milderung des zentralen Krisen*symptoms*, der schon 1930 unerhört hohen Arbeitslosigkeit, abzielte und damit die innenpolitische Lage entschärfen sollte. Kurzum: Die Regierung Brüning war von Anfang an bereit, die Deflationspolitik abzumildern und sich jener „Alternativen" zu bedienen, deren Außerachtlassen ihr später zum Vorwurf gemacht wurde. Das tat sie, obwohl insbesondere im Hinblick auf die deutsche Wettbewerbsposition und den angestrebten Außenhandelsüberschuss vieles gegen ein Konjunkturprogramm sprach und obwohl der Nutzen des Deficit-Spending umstritten war: Während allgemein bekannt war, dass sich die Schaffung zusätzlicher Kaufkraft zur Füllung einer „Nachfragelücke" eignete, war nach den Erfahrungen der Arbeitsbeschaf-

---

[225] Zum Gang der Verhandlungen siehe die Kabinettsprotokolle vom 19.5., 5.6., 13.6., 30.7. u. 24.9.1930, AdR Brüning Dok. 37, 46f., 91 u. 117; außerdem Dietrich an Staatssekretär Pünder, 5.5.1930, BAB R 43 I-898, fol. 94-97; zu Dietrichs Äußerung im Februar 1930 Tagebuch Hans Schäffer, 27.2.1930, IfZ ED 93, Bd. 8, S. 63; vgl. Meister, Depression, S. 192-208; Ritschl, Schuldenkrise S. 614f. u. 621-624; außerdem Michael Wolffsohn: Industrie und Handwerk im Konflikt mit staatlicher Wirtschaftspolitik? Studien zur Politik der Arbeitsbeschaffung in Deutschland 1930-1934. Berlin 1977, S. 45-56. Wolffsohn deutet die Arbeitsbeschaffungspläne negativ, argumentiert im Wesentlichen binnenwirtschaftlich und übersieht z. B. das Scheitern der Auslandsanleihe, weshalb er sich die Einschränkung des Programms nur mit einer halbherzigen Haltung der Regierung erklären kann.

[226] Anlässlich der Beratung seines Deckungsprogramms erklärte Dietrich: „Nur wenn [...] das Arbeitsbeschaffungsprogramm restlos durchgeführt wird, [...] kann es verantwortet werden, die Rechnung über die Kosten der Arbeitslosigkeit so aufzumachen, wie sie der Etat vorsieht." Rede Dietrichs am 7.7.1930, Reichstag Bd. 428, S. 6192.

[227] Ebd., S. 6192f.

fungspolitik von 1926 die Meinung verbreitet, dass solche Maßnahmen nur kurzfristig zum Erfolg führten.[228]

Anfang 1931 sorgte Dietrich mit der Forderung für Aufsehen, bei der Bekämpfung der Arbeitslosigkeit „neue Wege" zu beschreiten.[229] In einem Leitartikel zu Neujahr und vor allem in einer Rede, die er am 6. Januar auf der Landestagung der württembergischen Demokraten hielt, schlug er vor, Unternehmen eines Wirtschaftszweiges für Neueinstellungen Lohnzuschüsse zu zahlen, und zwar in Höhe der Unterstützungssätze, die aufgrund der „mehrbeschäftigten Arbeiter" eingespart würden. Statt Versicherungs- und Fürsorgeleistungen aufzuwenden, „ohne einen Gegenwert zu bekommen", könne man so die „unproduktiven Aufwendungen zu produktiven machen". Dabei sollten die Betriebe zu Preissenkungen verpflichtet werden. Auf diese Weise lasse sich gleichzeitig eine „Verbilligung und Vermehrung der Produktion" erreichen, und dadurch, in Verbindung mit der steigenden Kaufkraft der neueingestellten Arbeitnehmer, eine „Ankurbelung der Wirtschaft". Dietrich blieb in vielerlei Hinsicht vage und ließ unter anderem die Frage offen, in welcher Branche die Zuschüsse gewährt werden sollten. Sein Vorstoß beruhte nicht auf einem ausformulierten Konzept, und obwohl er ihn sorgfältig geplant hatte und schon Wochen zuvor um eine „weitgehende Verbreitung" besorgt war, erhielt die Presse kein Manuskript, so dass mehrere Versionen seiner Ausführungen kursierten.[230]

Vermutlich ging es Dietrich in erster Linie darum, sich als innovativen Wirtschaftspolitiker zu inszenieren. Die Rede geriet jedoch zum Bumerang. Selbst in der liberalen Presse wurde ihm vorgehalten, „unklare Andeutungen" zu verbreiten und einer „Subventionspolitik" das Wort zu reden, die im Zweifelsfall zu Lasten gesunder Betriebe gehen müsse.[231] Diese naheliegenden Einwände hatte Dietrich von vornherein entkräften wollen. Abgesehen von dem – freilich wenig überzeu-

---

[228] Dieter Hertz-Eichenrode: Wirtschaftskrise und Arbeitsbeschaffung. Konjunkturpolitik 1925/26 und die Grundlagen der Krisenpolitik Brünings. Frankfurt a. M. u. a. 1982, bes. S. 235-253; Hertz-Eichenrodes These, die Erfahrung von 1926 habe eine „ausgabenfreudige Krisenpolitik" unter Brüning verhindert (ebd., S. 251), trifft also gerade nicht zu.

[229] Zu Dietrichs Ausführungen hier und im Folgenden Badische Presse Nr. 8 vom 6. 1. 1931; Vossische Zeitung Nr. 9 vom 6. 1. 1931; Berliner Tageblatt Nr. 9 vom 6. 1. 1931; Schulthess 1931, S. 8; Hermann Dietrich: Das neue Jahr, Vossische Zeitung Nr. 1 vom 1. 1. 1931; Rede Dietrichs in Heilbronn am 7. 1. 1931, Vossische Zeitung Nr. 12 vom 8. 1. 1931; vgl. Saldern, Dietrich, S. 173f.

[230] Albert Hopf an Theodor Heuss, 23. 12. 1930, BAK N Heuss 57. Auch in den Parteigremien hatte Dietrich Wochen zuvor angekündigt, am 6. Januar „Vorschläge zur Bekämpfung der Arbeitslosigkeit der Öffentlichkeit zu unterbreiten": Sitzung des Geschäftsführenden Vorstandes der DStP mit den Wahlkreisvorsitzenden und den Fraktionen des Reichs und der Länder, 17. 12. 1930, BAB R 45 III-51, fol. 14 (teilweise abgedruckt in Linksliberalismus Dok. 174, S. 618). Die genannten Zeitungsberichte über die Rede vom 6. Januar weichen in den wörtlichen Zitaten voneinander ab. Als Dietrich Ende 1932 den Inhalt seiner Ausführungen überprüfen wollte, musste er sich das Stenogramm der Rede zusenden lassen: Dietrich an Albert Hopf, 15. 12. 1932, ND 256, fol. 63. (Das Stenogramm befindet sich nicht bei den Akten.)

[231] So die Kritik des Wirtschaftsjournalisten Felix Pinner: Dietrichs Plan, Berliner Tageblatt Nr. 13 vom 8. 1. 1931. In Unternehmerkreisen war die Reaktion ebenfalls negativ: Wolffsohn, Industrie, S. 180f.; Grübler, Spitzenverbände, S. 370f.

Abb. 11: „Dietrich kurbelt die Wirtschaft an": Die Reaktion der liberalen Satirezeitschrift Ulk auf Dietrichs Rede vom 6. Januar 1931

genden – Hinweis, dass die Lohnzuschüsse nicht nur einzelnen Unternehmen, sondern „gleichmäßig" allen Betrieben einer Branche zustehen sollten, betonte er den provisorischen Charakter seines Ansatzes und flüchtete sich in übergeordnete Gesichtspunkte: Die Eindämmung der Arbeitslosigkeit sei eine Voraussetzung für die „Aufrechterhaltung des privatkapitalistischen Systems", es gehe auch um den „moralischen Erfolg", und in der gegenwärtigen Ausnahmesituation seien „Bedenken nichts und positive Maßnahmen alles", weshalb man „einmal für ein Vierteljahr oder ein halbes Jahr einen Versuch machen" könne. „Auf lange Sicht" hingegen gelte es, aus den „Erfahrungen der Vergangenheit" zu lernen: In Zukunft müsse man in guten Zeiten Mittel für öffentliche Arbeiten zurückhalten, „um sie dann auszuführen, wenn die Konjunktur zurückgeht". Dietrich hielt also eine antizyklische Fiskalpolitik für wünschenswert, angesichts fehlender Mittel aber für nicht durchführbar. Deshalb brachte er einen Notbehelf ins Spiel, der auf dem Prinzip der produktiven Erwerbslosenfürsorge beruhte, das nun in der Privatwirtschaft Anwendung finden sollte. Sein Vorschlag verknüpfte Elemente angebots- und nachfrageorientierter Wirtschaftspolitik, wollte eine Stimulierung der Binnenkonjunktur bei gleichzeitiger Forcierung der Deflationspolitik erreichen und glich letztlich dem Versuch, sich am eigenen Schopf aus dem Sumpf zu

2. Finanzpolitik in der Weltwirtschaftskrise 395

ziehen. Die Lohnzuschüsse sollten jedenfalls durch eine Umverteilung von Ausgaben finanziert werden, beruhten also auf einer Verlagerung, nicht einer Vermehrung von Kaufkraft. Mit „expansiver Konjunkturpolitik"[232] hatte das nichts zu tun.

Dietrichs Vorschlag wurde im Kabinett offenbar nicht diskutiert. Als die Arbeitsbeschaffung im Mai 1931 erneut auf der Tagesordnung stand, kam er in anderer Form auf den Gedanken zurück: Diesmal wollte er der Reichsbahn für die Neueinstellung von 60 000 Arbeitern Mittel „aus den dadurch entstehenden Ersparnissen der Arbeitslosenversicherung" zur Verfügung stellen. Hier ging es allerdings nicht um Subventionen an private Unternehmen, sondern um Zuschüsse für einen staatseigenen Monopolbetrieb. Weitere Aufträge der Reichsbahn und öffentliche Arbeiten im Bereich des Straßenbaus sollten mit Auslandsanleihen finanziert werden.[233] Da Dietrich sich der krisenverschärfenden Wirkung neuer Sparmaßnahmen bewusst war, wollte er die Wirtschaft „ankurbeln" und so die ökonomischen und innenpolitischen Auswirkungen der bevorstehenden Notverordnung abmildern. Seine Vorschläge scheiterten nicht etwa an Widerständen innerhalb des Kabinetts, sondern stießen dort, auch bei Brüning, auf Zustimmung.[234] Zu „konjunkturpolitischen Differenzen"[235] zwischen Finanzminister und Kanzler kam es nicht. Vielmehr befand sich die Regierung in derselben Zwangslage wie im Vorjahr: Sie war zu einer defizitfinanzierten Beschäftigungspolitik bereit, der Zugang zum Auslandskredit war jedoch versperrt.[236]

---

[232] So Kim, Industrie, S. 72; ähnlich Grotkopp, Krise, S. 75 f., 93 u. 112, der den „Dietrich-Plan" als Blaupause für die von der Regierung Papen eingeführten Steuergutscheine präsentiert hat. Bei den Steuergutscheinen ging es jedoch nicht um eine Umschichtung von Mitteln, sondern die Finanzierung erfolgte im Vorgriff auf zukünftige Steuereinnahmen. Es handelte sich also um eine Form der Kreditschöpfung: Ritschl, Krise, S. 181 f.

[233] Besprechung vom 7. 5. 1931, AdR Brüning Dok. 290, S. 1052. Dietrich und Hans Schäffer hofften, Anleihen aus der Schweiz für die Elektrifizierung von Bahnstrecken und aus den Niederlanden für den Straßenbau erhalten zu können, da so Schweizer Kraftwerke bzw. niederländische Bitumenproduzenten profitiert hätten: Tagebuch Hans Schäffer, 29. 4. u. 1. 5. 1931, IfZ ED 93, Bd. 10, S. 129 u. 134. Die Finanzierung von Arbeitsbeschaffungsmaßnahmen mit ausländischem Kapital entsprach der Empfehlung der „Brauns-Kommission", die im Winter von der Regierung eingesetzt worden war: Ritschl, Schuldenkrise, S. 624–627.

[234] Tagebuch Hans Schäffer, 16. 5. 1931, IfZ ED 93, Bd. 10, S. 161 (Zitat) u. z. B. Chefbesprechung vom 5. 5. 1931, AdR Brüning Dok. 289, S. 1048 f.; anders Grübler, Spitzenverbände, S. 374, der behauptet, innerhalb der Regierung habe „allein Dietrich" eine „aktive Konjunkturpolitik" gefordert.

[235] So Kim, Industrie, S. 72–81, Zitat S. 76. Aus Dietrichs Unbehagen über die Fortsetzung der Deflationspolitik und dem Plädoyer für konjunkturbelebende Maßnahmen folgert Kim, dass es schon im Frühjahr 1931 „wirtschaftspolitische Alternativen" (ebd., S. 80) gegeben habe, die an Brünings Widerstand gescheitert seien. Kims Darstellung suggeriert, dass die Finanzierung ohne Kreditaufnahme im Ausland zu bewerkstelligen gewesen wäre und Dietrich über ein entsprechendes Konzept verfügt habe. Offen bleibt, worin dieses bestanden haben soll (oder hätte bestehen können).

[236] Auf Vorschlag Dietrichs wurde schließlich ein „Krisenfonds" für Arbeitsbeschaffungsmaßnahmen ins Leben gerufen, dem Mittel aus der neuen „Krisensteuer" (die eine Erhöhung der Einkommensteuer bedeutete) zuflossen. Mit der Reichsbahn wurde ein bescheidenes zusätzliches Beschäftigungsprogramm vereinbart, bei dem das Reich (analog zu Dietrichs Vorschlag) einen Teil der Löhne bezahlte. Mit diesen Notbehelfen

Im Spätsommer 1931, nachdem der Höhepunkt der Bankenkrise überwunden war, wandte Dietrich sich erneut der Arbeitslosenfrage zu. Er befürwortete die Inangriffnahme von Straßen- und Kanalbauten, ohne sich aber über Art und Höhe der Finanzierung zu äußern. Zudem setzte er erneut Hoffnungen auf die Reichsbahn, die offenbar mit eigenen Mitteln „Aufträge erteilen" und damit eine stärkere „Beschäftigung der Eisenindustrie" herbeiführen sollte. Was ihm jeweils im Detail vorschwebte, bleibt unklar.[237] Konkret wurde er nur in einem Fall: Er ließ ein „Programm zur Minderung der Arbeitslosigkeit durch Schaffung von Kleinsiedlerstellen" ausarbeiten, das er Anfang September dem Kabinett vorlegte. Dietrich forderte „durchgreifende Maßnahmen zur Lösung des Arbeitslosenproblems", die darin bestehen sollten, auf ländlich-gärtnerischen Grundstücken an den Stadträndern Erwerbslose anzusiedeln, die für den Eigenbedarf Obst, Gemüse und Kartoffeln anbauen und Kleinvieh halten sollten. Ziel war es, „große Massen von Arbeitslosen" zu „Selbstversorgern" zu machen, die zukünftig nicht mehr auf staatliche Unterstützungszahlungen angewiesen sein würden. Bis zum Frühjahr 1932 waren 100 000 Kleinsiedlerstellen vorgesehen, auf lange Sicht noch deutlich mehr. Ausgangspunkt des Vorhabens war eine Absage an konventionelle Arbeitsbeschaffungsmaßnahmen. Deren Nutzen zweifelte die Vorlage an, da gerade Langzeiterwerbslose „nach Beendigung der Notstandsarbeiten doch wieder zum größten Teil arbeitslos" würden. Außerdem seien für ein großangelegtes Beschäftigungsprogramm „die notwendigen finanziellen Mittel weder jetzt noch in absehbarer Zeit aufzubringen". Mit der Kleinsiedlung sei es möglich, die „jetzt und wahrscheinlich auch künftig Arbeitslosen *dauernd* in Arbeit zu bringen". Die Finanzierung sollte durch die vorläufige Fortzahlung der Arbeitslosenunterstützung sowie aus dem Aufkommen der Hauszinssteuer, also zu Lasten des Wohnungsbaus erfolgen.[238] Es ging demnach explizit nicht um defizitfinanzierte Konjunkturbelebung,[239] wohlgemerkt vor der Abwertung des britischen Pfunds und zu einem

---

konnte natürlich keine zusätzliche Kaufkraft geschaffen werden: Kabinettsprotokolle vom 20.5., 22.5. u. 26.5.1931, AdR Brüning Dok. 300f. u. 304, S. 1084, 1091-1094 u. 1101-1103.

[237] Tagebuch Hans Schäffer, 13.8., 1.9. u. 16.9.1931, IfZ ED 93, Bd. 13f., S. 616f., 739 u. 789; Tagesbericht Hans Luthers vom 9.9.1931, BAK N Luther 366, fol. 30.

[238] Dietrich an Brüning, 3.9.1931 u. Programm zur Minderung der Arbeitslosigkeit durch Schaffung von Kleinsiedlerstellen, o. D. [Anfang September 1931], ND 307, fol. 87f. u. 97-111 (Hervorhebung im Original). Das Programm wurde von Ministerialrat Stephan Poerschke ausgearbeitet, siehe auch dessen ersten Entwurf vom 5.8.1931, BAB R 2-19121, fol. 1-14 sowie die weiteren Unterlagen ebd. Für Kleinsiedlung und ländliche Siedlung sollten bis zum Frühjahr 1932 gut 200 Mio. RM bereitgestellt werden, siehe die (etwas unpräzisen) Ausführungen Dietrichs in der Chefbesprechung vom 21.9.1931, AdR Brüning Dok. 479, S. 1715 u. Vermerk des Oberregierungsrats Raps über die Chefbesprechung vom 21.9.1931, R 2-19121, fol. 132f.; vgl. Tim Harlander/Katrin Hater/Franz Meiers: Siedeln in der Not. Umbruch von Wohnungspolitik und Siedlungsbau am Ende der Weimarer Republik. Hamburg 1988, S. 27-29; Wolffsohn, Industrie, S. 62-64; Friedrich Martin Fiederlein: Der deutsche Osten und die Regierungen Brüning, Papen, Schleicher. Diss. Würzburg 1966, S. 305-307.

[239] Gessner meint, Dietrich habe die Siedlung als „antizyklisches Instrument" verstanden: Gessner, Agrardepression, S. 142f. Meister äußert die phantasievolle Vermutung, Dietrich habe das ganze Projekt nicht ernstgemeint, sondern mit der Siedlungsinitiative

Zeitpunkt, als im Wirtschafts- und im Finanzministerium die Möglichkeit einer reichsbankfinanzierten Kreditexpansion erörtert wurde.

Immerhin spielte nun die Reichsbank eine wichtigere Rolle in Dietrichs Überlegungen. Seine Äußerungen waren jedoch widersprüchlich, vage und trugen meist Züge von Absichtserklärungen ohne konkreten Gehalt. Sie wurden von ihm nicht schriftlich entwickelt, und er bezog sich auch nicht auf die Konzepte anderer, etwa die vielzitierten Denkschriften zur Kreditausweitung, die sein Staatssekretär Hans Schäffer und Wilhelm Lautenbach im Spätsommer 1931 ausarbeiteten und deren Inhalt ihm sicherlich bekannt war.[240]

Seit der Bankenkrise bestand ein Antagonismus zwischen dem Finanzminister und der Reichsbank bzw. ihrem Präsidenten Luther. Im Allgemeinen verlangte Dietrich eine Lockerung der restriktiven Geldpolitik, welche die Notenbank nach den massiven Devisenabzügen des Sommers 1931 verfolgte, um das Vertrauen in die Währung aufrechtzuerhalten und weitere Gold- und Devisenverluste zu vermeiden. Er wollte dem allgemeinen „Kapitalmangel" abhelfen: „Könne die Geldwirtschaft nicht erleichtert werden, so würden durch die Drosselung der Wirtschaft die Schwierigkeiten noch erhöht."[241] Vor allem ging es ihm, ebenso wie Brüning und anderen Kabinettsmitgliedern, um eine Senkung des Diskontsatzes, der im Herbst bei acht Prozent verharrte und krisenverschärfend wirkte – ein Umstand, der von Luther nicht bestritten wurde, der aber darauf verwies, dass ein niedrigerer Leitzins zu Kapitalabflüssen führen werde, solange nur ein Teil der kurzfristigen Auslandsschulden unter die Stillhaltevereinbarungen fiel.[242] Den Höhepunkt erreichte der Konflikt bei den abschließenden Beratungen über die Notverordnung vom 8. Dezember, in der eine allgemeine Zinsermäßigung verfügt wurde, die ohne ein Entgegenkommen der Reichsbank nicht umzusetzen war. Luther wurde nun von Dietrich und Brüning regelrecht angefleht, den Diskont auf sechs Prozent herabzusetzen.[243] In Dietrichs Auseinandersetzungen mit der Reichsbank war dieser Streitpunkt der klarste, und er wurde schließlich im Sinne der Regierung beigelegt, wenn auch mit Verzögerung: Nachdem das Reichsbankdirektorium im Dezember nur eine Reduzierung auf sieben Prozent beschlossen

---

Schäffers Gedanken zur Kreditexpansion „in das Kabinett tragen" wollen: Meister, Depression, S. 254f.
[240] Die Denkschrift Lautenbachs (Oberregierungsrat im Wirtschaftsministerium) vom 24.8.1931 ist veröffentlicht unter dem Titel: Defizitpolitik? „Reichsbankzusage" als Katalysator? Der Verzweiflungsweg – ohne Auslandskapital! In: Wilhelm Lautenbach: Zins, Kredit und Produktion. Herausgegeben von Wolfgang Stützel. Tübingen 1952, S. 137-155. Schäffers Denkschrift „Gedanken zur Krisenbekämpfung" vom 2.9.1931 ist abgedruckt in Politik Dok. 299, S. 933-939.
[241] Ministerbesprechung vom 28.10.1931, AdR Brüning Dok. 524, S. 1853.
[242] Z. B. Ministerbesprechung vom 2.10.1931, AdR Brüning Dok. 503, S. 1786-1796. Luthers Einwände waren durchaus berechtigt: Als Anfang Dezember Gerüchte über die bevorstehende Diskontsenkung durchsickerten, reagierten die Auslandsgläubiger alarmiert und ließen sich in den folgenden hektischen Verhandlungen nur mit Mühe beschwichtigen: Tagebuch Hans Schäffer, 7.12. u. 8.12.1931, IfZ ED 93, Bd. 16, S. 1158-1164; vgl. Helbich, Reparationen, S. 55; Heyde, Ende, S. 315.
[243] Dazu bes. die Ministerbesprechung vom 5.12.1931, AdR Brüning Dok. 589, S. 2061-2068.

hatte, senkte es den Diskont infolge der Fortschritte bei den Stillhalteverhandlungen und des weltweit sinkenden Zinsniveaus im Frühjahr 1932 bis auf fünf Prozent.[244]

Darüber hinaus brachte Dietrich im Herbst 1931 mehrmals die Möglichkeit einer Kreditexpansion ins Spiel. Anfang Oktober plädierte er im Kabinett nicht nur für die Fortsetzung des Deflationskurses, sondern auch für eine „Stärkung der Binnenwirtschaft". Dafür „fehle es aber an dem erforderlichen Kapital".[245] Deswegen warf er die „Frage" auf, ob „für große öffentliche Arbeiten Kapital konstruiert werden" könne: „Das hängt von zwei Faktoren ab, die beide in ihrer Hilfe recht zögerlich sind, von Reichsbank und Reichsbahn. [...] Die Reichsbank soll nicht auf ihren Gold- und Devisenschatz sehen".[246] In den folgenden Wochen erklärte er bei verschiedenen Gelegenheiten, der „Geldumlauf" sei zu niedrig, „gehamstertes" Geld, das nicht zirkuliere, „müsse ersetzt werden", die „Geld- und Kreditwirtschaft müßten anders behandelt werden als bisher", „Kapital könne nicht entstehen, wenn nicht die Produktion durch Kapital in Gang gesetzt werde". Inwieweit Dietrich nur allgemeine, theoretische Überlegungen anstellte oder ihm sofortige, konkrete Schritte vorschwebten, bleibt undeutlich. Ebenso unklar ist, ob es ihm um eine fiskalische oder um eine monetäre Expansion ging, ob er also für die Finanzierung von staatlichen Arbeitsbeschaffungsmaßnahmen plädierte, oder aber für eine großzügigere Diskontierung von Finanz- und Warenwechseln, d. h. eine Ausweitung der Offenmarktgeschäfte der Reichsbank mit dem Ziel, Banken und Wirtschaft mit Liquidität zu versorgen.[247] Vermutlich tendierte er eher zu Letzterem – worauf sich sein Augenmerk richtete, war jedenfalls auch seinen

---

[244] James, Reichsbank, S. 239f., 296–298 u. 350; Born, Bankenkrise, S. 149–151.
[245] Ministerbesprechung vom 2.10.1931, AdR Brüning Dok. 502, S. 1784.
[246] Tagebuch Hans Schäffer, 2.10.1931, IfZ ED 93, Bd. 14, S. 892f. Im offiziellen Protokoll fehlen diese Äußerungen: Ministerbesprechung vom 2.10.1931, AdR Brüning Dok. 503, S. 1795f.
[247] Ministerbesprechung vom 28.10.1931, AdR Brüning Dok. 524, S. 1853 u. Sitzung des Ausschusses II des Wirtschaftsbeirats vom 11.11.1931, AdR Brüning Dok. 551, S. 1955. In der Sitzung am 28. Oktober erörterte Dietrich eigentlich die Frage der Arbeitsbeschaffung, doch seine Forderung bezog sich offenbar allein darauf, einen „Teil" der „großen Kredite der Banken, die eingefroren seien, in einem Institut zu vereinigen". Seine Äußerungen am 11. November sind vieldeutig und lassen sich streckenweise auch so verstehen, dass er auf die Selbstheilungskräfte des Marktes vertraute. Eine monetäre Expansion allein hätte noch kein staatliches Deficit-Spending ermöglicht. Insbesondere blieb dabei das Problem ungelöst, woher die Aufträge bzw. die Stimulierung der Nachfrage kommen sollten (Ritschl, Krise, S. 164f. u. 182). Diese Unterscheidung ist in der Forschungsliteratur nicht immer gemacht worden, was zu entsprechenden Missverständnissen geführt hat. So kann sich Reinhard Neebe nicht erklären, wieso Wirtschaftsminister Warmbold und der Industrielle Paul Silverberg, die seit längerem eine monetäre Kreditexpansion befürworteten, im April 1932 staatliche Arbeitsbeschaffungsmaßnahmen entschieden ablehnten: Reinhard Neebe: Großindustrie, Staat und NSDAP 1930–1933. Paul Silverberg und der Reichsverband der Deutschen Industrie in der Krise der Weimarer Republik. Göttingen 1981, S. 158; vgl. auch Wolffsohn, Industrie, S. 81. Kim unterscheidet zwischen fiskalischer und monetärer Expansion, misst ihnen aber letztlich dieselbe Bedeutung bei. Außerdem stellt er die Behauptung auf, Dietrich sei eindeutig als Anhänger der fiskalischen Expansion zu identifizieren: Kim, Industrie, z. B. S. 149f.

Gesprächspartnern nicht immer klar.²⁴⁸ Auf Einzelheiten wie das Kreditvolumen, den geeigneten Zeitpunkt oder konkrete Projekte ging er im Allgemeinen nicht ein, und soweit er es ansatzweise doch tat, sind Zweifel angebracht, wie viel seine Pläne mit Konjunkturpolitik zu tun hatten. So wollte er Anfang November die „reichlicheren Kredite" nutzen, um „500 000 Siedler in 5 Jahren" sesshaft zu machen, aber nur unter der Voraussetzung, dass die Siedlungen „rentabel" seien.²⁴⁹

Es drängt sich der Eindruck auf, dass Dietrichs Stellungnahmen nicht immer durchdacht waren, dass er dazu neigte, außerhalb des eigenen Geschäftsbereichs nach Schuldigen für die ökonomische Misere zu suchen, und dass in seine Auseinandersetzungen mit Luther eine grundsätzliche Verstimmung hineinspielte, die im Kern mit der Bewältigung der Bankenkrise und den chronischen Kassenproblemen zusammenhing. Während der Bankfeiertage im Juli widersetzte sich die Reichsbank einer raschen Wiederaufnahme des Zahlungsverkehrs und weigerte sich, mit einer vorübergehenden Erhöhung des Notenumlaufs die Öffnung der Schalter zu ermöglichen. Dietrich, der daran aus fiskalischen Gründen ein besonderes Interesse hatte, drohte Luther mehrmals seinen Rücktritt an – unter anderem „auf dem Korridor des Reichsbankgebäudes".²⁵⁰ Auch vor einer Stützung der zahlungsunfähigen Kreditinstitute schreckte die Reichsbank anfangs zurück, und obwohl sie schließlich in erheblichem Maß illiquide Finanzwechsel in ihr Portfolio übernahm, womit sie eine monetäre Kreditausweitung in Milliardenhöhe durchführte,²⁵¹ kam es in den folgenden Monaten weiterhin zu Kontroversen, weil Dietrich dieses Engagement nicht weit genug ging und er mit den Sanierungsmaßnahmen nicht den Etat belasten wollte.²⁵² Überdies begann das Reich

---

²⁴⁸ In seinen Notizen über die Sitzung des Wirtschaftsbeirats am 11. November hielt Luther zunächst fest, Dietrich habe „seine allgemeinen inflationistischen Darlegungen gemacht". Im Hinblick auf den Vorschlag von Wirtschaftsminister Warmbold, der Wirtschaft bei vorhandenen Auftragseingängen „Anlaufskredite" zur Verfügung zu stellen, notierte er dann: „Ich habe festgestellt, daß Warmbolds Fragestellung davon ausgeht, daß die Wirtschaftserholung primär ist, und dabei könne sie natürlich mitdenken. Dietrich, den ich erst im Gegensatz dazu genannt hatte, wandte dann ein, daß er in Wirklichkeit Warmbold sehr nahe stehe, was ich natürlich begrüßte." Tagesbericht Hans Luthers vom 11.11.1931, Politik Dok. 356, S. 1093f.
²⁴⁹ Tagebuch Hans Schäffer, 6.11.1931, IfZ ED 93, Bd. 15, S. 986. Einige Tage später sprach Dietrich davon, „eine Million Arbeitslose nützlich zu beschäftigen in Siedlungen, Kleinwohnungen und ähnlichen Unternehmungen": Sitzung des Ausschusses II des Wirtschaftsbeirats vom 11.11.1931, AdR Brüning Dok. 551, S. 1955; siehe auch Tagesbericht Hans Luthers vom 24.11.1931, BAK N Luther 367, fol. 32.
²⁵⁰ Tagesbericht Hans Luthers vom 31.7.1931, Politik Dok. 277, S. 806f. Unter Vermittlung Brünings wurde schließlich eine schrittweise Wiederaufnahme des Zahlungsverkehrs vereinbart; siehe auch Sitzung der Wirtschaftsausschüsse der Reichsregierung vom 27.7.1931, AdR Brüning Dok. 409, S. 1426-1430, Ministerbesprechung vom 31.7.1931, AdR Brüning Dok. 423, S. 1478-1482 u. Dietrichs „Notiz über die Vorgänge bei der Reichsbank am Freitag, den 31. Juli 1931", 4.8.1931, Politik Dok. 278, S. 810f. Zwei Wochen zuvor hatte Dietrich wegen der Kreditrestriktionen schon einmal mit Rücktritt gedroht: Ministerbesprechung vom 17.7.1931, AdR Brüning Dok. 392, S. 1376; vgl. Reinhardt, Reichsbank, S. 242f.
²⁵¹ James, Reichsbank, S. 292-333.
²⁵² Dazu z.B. die Tagesberichte Hans Luthers vom 5.10. u. 6.10.1931, BAK N Luther 366, fol. 151-154.

nun, im großen Stil Silbermünzen zu prägen und den Münzgewinn zur Abdeckung des Haushaltsdefizits einzusetzen, was ebenfalls auf den Widerstand der Reichsbank stieß.[253]

Die wiederholten Tiraden, mit denen Dietrich in Gegenwart Hans Schäffers seinem Unmut über die Reichsbank Luft machte, sind wohl vor allem in diesen Zusammenhängen zu verstehen. So kam es Anfang Oktober, als es um die Frage der vermehrten Münzprägung ging und die Reichsbank Zehnmarkscheine aus dem Verkehr ziehen wollte, zu einem „Wutausbruch", gefolgt von einem verbalen Rundumschlag gegen „die Direktorien der Reichsbank und der Reichsbahn". Dietrich erklärte, sie „zerschlagen" zu wollen, sobald „eine Regierung des Standrechts an die Herrschaft kommt" – woraufhin Schäffer die Reichsbank verteidigte, sie sei „doch bisher aber eigentlich in allen Dingen ordentlich mitgegangen".[254] Symptomatisch ist, dass Dietrichs Groll sich ebenso gegen die Reichsbahn richtete, die seit den Dawes-Gesetzen wie die Notenbank dem unmittelbaren Einfluss der Regierung entzogen war: Ihr warf er vor, sie habe bei der Arbeitsbeschaffung „versagt", sei „angemästet" und „denke nur an sich".[255] In Wirklichkeit hatte das Unternehmen inzwischen Liquiditätsprobleme und geriet in die Verlustzone.[256]

Für sich genommen könnte man einzelne Aussagen Dietrichs gleichwohl als Plädoyer für ein reichsbankfinanziertes Konjunkturprogramm interpretieren. Dem widersprechen jedoch zahlreiche Äußerungen, die auf das Gegenteil hinausliefen und teilweise im selben Atemzug fielen. Bereits Anfang August 1931 trat er der Überlegung Hans Schäffers entgegen, ein „größeres Kreditvolumen" zu schaffen, um „das Wirtschaftsleben in Gang halten" zu können. Dietrich betonte, im Einklang mit Vertretern des Reichsbankdirektoriums, man dürfe „nicht den gleichen Fehler wie 1926 machen, wo wir die deutsche Wirtschaft übertrieben haben", erblickte also in den konjunkturpolitischen Erfahrungen der Zwischenkrise ein abschreckendes Beispiel.[257] Ende Oktober bemerkte er zur Diskontfrage,

---

[253] Bachmann, Reichskasse, S. 29 u. 276f.
[254] Tagebuch Hans Schäffer, 1.10.1931, IfZ ED 93, Bd. 14, S. 871. Ähnliche Gespräche führten Dietrich und sein Staatssekretär am 2.10.1931 (ebd., S. 873) sowie am 4.2.1932: „Der Minister schimpft furchtbar über die Kleinlichkeit der Reichsbank. Alles, was sie gemacht hat, sei falsch gewesen. Stets hat sie sich geweigert, Noten auszugeben oder den Diskont zu senken, wo es im Interesse der Wirtschaft notwendig gewesen wäre. Ich [Schäffer] nehme die Reichsbank in Schutz." Von Arbeitsbeschaffung und defizitfinanzierter Konjunkturpolitik war hier bezeichnenderweise keine Rede: ebd., Bd. 18, S. 169.
[255] Ministerbesprechung vom 28.10.1931, AdR Brüning Dok. 524, S. 1853; Tagebuch Hans Schäffer, 18.12.1931, IfZ ED 93, Bd. 16, S. 1197.
[256] Die Selbständigkeit der Reichsbahn und ihr vermeintliches Desinteresse am Allgemeinwohl waren seit 1924 ein politisches Dauerthema. In der Ära Brüning erreichten die Auseinandersetzungen zwischen Regierung und Unternehmen einen Höhepunkt. Dazu und zur wirtschaftlichen Lage der Reichsbahn Alfred C. Mierzejewski: The Most Valuable Asset of the Reich. A History of the German National Railway. Volume 1: 1920-1932. Chapel Hill u.a. 1999, bes. S. 120-133, 304-309 u. 313-334; außerdem Eberhard Kolb: Die Reichsbahn vom Dawes-Plan bis zum Ende der Weimarer Republik. In: Lothar Gall/Manfred Pohl (Hg.): Die Eisenbahn in Deutschland. Von den Anfängen bis zur Gegenwart. München 1999, S. 109-163.
[257] In einer Sitzung des Wirtschaftsausschusses der Reichsregierung: Tagebuch Hans Schäffer, 7.8.1931, IfZ ED 93, Bd. 13, S. 572f.

diese stelle zwar „den entscheidenden Faktor" dar: „Wegen der Weltmarktschwierigkeiten aber könne der Diskont jetzt nicht verbilligt werden. Die Auslandsverschuldung müsse bis Ende Februar in Ordnung gebracht werden. Dann werde die Reichsbank in ihrer Diskontpolitik freier werden. Dann würde es auch möglich sein, den mangelnden Geldumlauf in irgendeiner Weise zu ersetzen."[258] Damit verwies Dietrich auf die internationale Abhängigkeit des deutschen Kapitalmarkts und die schwebenden Stillhalteverhandlungen, mithin auf eben jene Argumente, deren Luther sich bediente, und hielt einen Kurswechsel erst im Winter für möglich. Zudem liefen manche seiner Ausführungen darauf hinaus, dass die Wirtschaft sich schließlich von selbst erholen werde: „Wenn das Reich seine Ausgaben kürzen und seine Einnahmen weiter steigern müsse, dann werde der Tiefpunkt der Entwicklung bald erreicht sein. Der Binnenmarkt müsse sich dann heben".[259]

Im Übrigen ließ Dietrich seit der Pfundabwertung keinen Zweifel daran, dass er eine Fortsetzung des Deflationskurses für unumgänglich hielt. Selbst wenn er über die Möglichkeit einer – wie auch immer gearteten – Lockerung der Geldpolitik sprach, schickte er vorweg, dass „die Produktionskosten sinken" müssten.[260] Bei einer Beratung im Finanzministerium regte er gar an, einen „Fünfjahresplan für Ausgaben- und Steuersenkungen" aufzustellen, „bei dem man auf den Stand von 1913 zurückkomme", mit der Begründung, dass die Wirtschaft nicht nur durch Löhne und Zinsen, sondern auch durch Steuern und Sozialabgaben übermäßig belastet sei.[261] Dieser Vorschlag lief auf eine massive Reduzierung der Staatsquote hinaus, nach Lage der Dinge also auf eine systematische Fortführung der Deflationspolitik, sowie auf eine Deutung der Depression als fundamentale Strukturkrise, der mit konjunkturpolitischen Instrumenten nicht beizukommen war.

Derartige Gedankengänge spielten in den Monaten nach der Bankenkrise eine wichtige Rolle. Dietrich befand, das „kapitalistische System" sei „gestört",[262] und stellte Erwägungen an, mit einer grundlegenden volkswirtschaftlichen Kurskorrektur langfristige Fehlentwicklungen zu beheben bzw. rückgängig zu machen. Anders als Ende der zwanziger Jahre deutete er den Wirtschaftsaufschwung nach der Währungsstabilisierung und das Ansteigen der Staatsquote seit dem Ersten Weltkrieg negativ. Die Konjunktur vor der Weltwirtschaftskrise erschien ihm jetzt als „Scheinblüte", und „den Teil unserer Volkswirtschaft, der nicht direkt produktiv ist", nämlich „Staatsbetriebe, Sozialversicherung, Verteilungsapparat", hielt er nun für „zu groß konstruiert": „Die Zurückkonstruktion ist die Aufgabe."[263] Unter dem Eindruck der zusammenbrechenden Großbanken sah er sich in seiner

---

[258] Sitzung des Wirtschaftsausschusses der Reichsregierung vom 28.10.1931, AdR Brüning Dok. 525, S. 1855.
[259] Sitzung des Ausschusses II des Wirtschaftsbeirats vom 11.11.1931, AdR Brüning Dok. 551, S. 1955.
[260] Ministerbesprechung vom 28.10.1931, AdR Brüning Dok. 524, S. 1853.
[261] Tagebuch Hans Schäffer, 6.11.1931, IfZ ED 93, Bd. 15, S. 984–986, Zitat S. 986.
[262] Sitzung des Ausschusses II des Wirtschaftsbeirats vom 11.11.1931, AdR Brüning Dok. 551, S. 1955.
[263] Rede Dietrichs auf dem Parteitag der DStP am 27.9.1931, BAB R 45 III-47, fol. 66 u. 83.

lange gehegten Überzeugung bestärkt, „daß zu große Bank- und Industriegebilde entstanden seien, deren vernünftige Leitung nicht mehr möglich sei".[264] Die „großen unorganischen Konzerne" sollten nun „verschwinden", damit man „den Rückweg [...] zu den selbständig wirtschaftenden und verantwortlichen Menschen antreten" könne.[265] Damit war der „selbständige Unternehmer" gemeint, doch ebenso ging es um eine Revision von Verstädterung und Landflucht: Dietrich nahm an, dass der „Aufbau unserer Wirtschaft" sich „auch nach falschen Richtungen bewegt" habe, dass es „besser" gewesen wäre, „das platte Land mehr zu entwickeln [...], als die großen Städte ständig anwachsen zu lassen" – dass also Industrialisierung und Urbanisierung über das Ziel hinausgeschossen seien. Folglich gelte es, die städtischen Arbeitslosen zu einem „großen Teil" auf dem Land anzusiedeln, da sie ja in der Stadt bzw. in der Industrie, so die Überlegung, ohnehin keine Beschäftigung finden würden.[266] Als Instrument für diese strukturelle Bereinigung sah er die großangelegte Förderung der Siedlung vor.

Somit war Dietrichs Initiative zur massenhaften Ansiedlung von Arbeitslosen an den Stadträndern mehr als eine Verlegenheitslösung. Abgesehen von seinem nun wieder hervortretenden Lieblingsgedanken der Vorkriegszeit, den Arbeiter zum Eigentümer und damit zum verantwortungsbewussten Staatsbürger zu machen,[267] war sie die praktische Konsequenz agrarromantischer Überzeugungen, die in seinem sozioökonomischen Denken schon lange präsent waren und auf dem Höhepunkt der Weltwirtschaftskrise verstärkt hervortraten. Damit stand er nicht allein: Über soziale und parteipolitische Grenzen hinweg herrschte eine regelrechte „Siedlungseuphorie", die sich im Kabinett widerspiegelte.[268] Dort stieß die Idee der Kleinsiedlung sogleich auf Zustimmung und wurde in die Notverordnung vom 6. Oktober 1931 aufgenommen – zusammen mit der Förderung der herkömmlichen ländlichen Siedlung in den ostelbischen Gebieten, bei der die

[264] Chefbesprechung vom 11.7.1931, AdR Brüning Dok. 376, S. 1328.
[265] Ministerbesprechung vom 27.10.1931, AdR Brüning Dok. 523, S. 1844; Rede Dietrichs am 14.10.1931, Reichstag Bd. 446, S. 2119.
[266] Dietrich, Verfassungsrede 1931, S. 7 u. Rede Dietrichs auf dem Parteitag der DStP am 27.9.1931, BAB R 45 III-47, fol. 70f. u. 83. Dietrich sah sich durch das Beispiel Südwestdeutschlands bestätigt, wo der bäuerliche Nebenerwerb weit verbreitet war, während der Weltwirtschaftskrise tatsächlich Rückwanderungsbewegungen auf das Land stattfanden und die Zahl der Unterstützungsempfänger unter dem Reichsdurchschnitt lag; vgl. Gert Kollmer-von Oheimb-Loup: Bevölkerung und soziale Verhältnisse. In: Hansmartin Schwarzmaier/Gerhard Taddey (Hg.): Handbuch der Baden-Württembergischen Geschichte. Bd. 5: Wirtschafts- und Sozialgeschichte seit 1918 – Übersichten und Materialien – Gesamtregister. Stuttgart 2007, S. 5–91, hier S. 13–18.
[267] Auf dem Parteitag der DStP warb Dietrich für die Kleinsiedlung mit der Feststellung, dass „der tiefste Hunger des Menschen [...] in dem Streben nach irgendeinem Stück des heimischen Bodens" bestehe. Die Arbeitslosen müssten „eine Existenz" bzw. „wenigstens ein Dach über dem Kopf haben": „Ein Mensch mit dieser Grundlage sieht seine Situation viel zuversichtlicher, während er sonst dem Radikalismus anheimfallen kann." Rede Dietrichs auf dem Parteitag der DStP am 27.9.1931, BAB R 45 III-47, fol. 70f.; vgl. Saldern, Dietrich, S. 179.
[268] Gessner, Agrardepression, S. 138–149, Zitat S. 138; außerdem Fiederlein, Osten, bes. S. 293–343; Harlander u. a., Siedeln; zu den Kabinettsberatungen siehe Ministerbesprechung vom 7.9.1931 u. Chefbesprechung vom 21.9.1931, AdR Brüning Dok. 465 u. 479, S. 1664–1666 u. 1714f.

Siedler Vollerwerbsbauern sein bzw. werden sollten und die von den anderen Ressortchefs, insbesondere Arbeitsminister Adam Stegerwald und Osthilfekommissar Gottfried Treviranus, bevorzugt wurde. Auch Dietrich befürwortete eine umfassende „Besiedlung des Ostens" innerhalb von „8-10 Jahren, ja vielleicht noch erheblich rascher".[269] Die Stadtrandsiedlung schien allerdings besser geeignet, um schnell und im großen Stil Arbeitslose unterzubringen, da die landwirtschaftliche Siedlung vergleichsweise kostspielig war und die Landbeschaffung und die Auswahl geeigneter Siedler Probleme bereitete.

Die Siedlungsprojekte spielten bis zuletzt eine wichtige Rolle bei den Arbeitsbeschaffungsplänen der Regierung, obwohl eigentlich auf der Hand lag, dass sie volks- und agrarwirtschaftlich höchst problematisch waren. Im Mai 1932 verkündete Dietrich im Kabinett, der bisherige „Erfolg" der Stadtrandsiedlungen „sei so hoch einzuschätzen, daß man trotz aller Schwierigkeiten versuchen müsse, noch mehr Siedlungen zu finanzieren".[270] In Wahrheit war die Kleinsiedlung ein Fehlschlag. Bis dahin wurde nicht einmal ein Fünftel der angestrebten 100 000 Siedlerstellen erreicht, die Siedler konnten sich nicht wie geplant selbst versorgen, und während die Siedlungen weit davon entfernt waren, „rentabel" zu sein, verursachte die auch von Dietrich immer wieder verfochtene Leitlinie, die Kosten möglichst niedrig zu halten, erhebliche Probleme.[271]

Wenngleich Dietrich die Förderung der Siedlung im September als „das typische Arbeitsbeschaffungsprogramm" bezeichnete,[272] sollten diese fortschrittsskeptischen Ansätze zur Krisenbewältigung nicht überschätzt werden. Dasselbe gilt für Äußerungen, die auf eine Verschärfung des Deflationskurses bzw. ein „Ausbrennenlassen" der Krise hinausliefen. Umgekehrt können auch die unpräzisen Bemerkungen über geldpolitische Maßnahmen der Reichsbank nicht einfach als Plädoyer für einen sofortigen konjunkturpolitischen Kurswechsel interpretiert werden. Die starken Kontraste in Dietrichs Stellungnahmen, die im Winter und Frühjahr 1932 nachließen, sind eher als Symptom der unübersichtlichen und prekären Lage zu deuten, in der sich die deutsche Finanz- und Wirtschaftspolitik nach der Bankenkrise und der Pfundabwertung befand und in der Dietrich händeringend nach Möglichkeiten zur Bekämpfung der Krise suchte.

Als im Winter 1932 deutlich wurde, dass aufgrund der Verschiebung der Lausanner Konferenz die erhoffte wirtschaftliche Erholung vorerst ausbleiben musste und neue Kürzungen bei der Arbeitslosenunterstützung bevorstanden, rückte die

---

[269] Tagebuch Hans Schäffer, 2.10.1931, IfZ ED 93, Bd. 14, S. 873.
[270] Ministerbesprechung vom 20.5.1932, AdR Brüning Dok. 759, S. 2550.
[271] Harlander u. a., Siedeln, bes. S. 78-120. Unter anderem wurden die Kleinsiedlungen nicht an Kanalisation, Wasser- und Elektrizitätsversorgung angeschlossen, woraus sich nicht zuletzt hygienische Probleme ergaben. Dietrich wollte von „der bisherigen üppigen Form" der Siedlung loskommen, plädierte für die Beseitigung baupolizeilicher Auflagen und befürwortete die Verwendung minderwertiger Baumaterialien („Dachpappe […] hielte doch auch"): Tagebuch Hans Schäffer, 1.10.1931 u. 15.2.1932, IfZ ED 93, Bd. 14, S. 873 u. Bd. 18, S. 220. Nach Saldern, Dietrich, S. 178 war die Kleinsiedlung Dietrichs „größter Erfolg".
[272] Vermerk des Oberregierungsrats Raps über die Chefbesprechung vom 21.9.1931, R 2-19121, fol. 132; vgl. Wolffsohn, Industrie, S. 64.

Frage der staatlichen Beschäftigungspolitik in den Fokus des Kabinetts. Es herrschte Einigkeit, dass für diesen Zweck „erhebliche Mittel" erforderlich und weitere „Kürzungen ohne Arbeitsbeschaffung [...] nicht durchsetzbar" waren.[273] Unter Beteiligung praktisch aller Ressorts folgten intensive Erörterungen über geeignete Projekte und deren Finanzierung, welche die Tagesordnung des Kabinetts bis zu seinem Sturz wesentlich mitbestimmten und bei denen auch die Frage der Kreditausweitung über die Reichsbank eine Rolle spielte.

Im Februar 1932 erklärte Dietrich, „daß er glaube, mit der Reichsbank über die Finanzierung eines Arbeitsbeschaffungsprogramms reden zu können", wenn der Haushalt durch die Einschnitte bei der Arbeitslosenfürsorge ausgeglichen und somit sichergestellt sei, dass die Reichsbank nicht zur direkten Staatsfinanzierung herangezogen werde.[274] Als Arbeitsminister Stegerwald Anfang März über die fehlenden Mittel für Beschäftigungsmaßnahmen klagte, stellte Dietrich fest: „Wir müssen 2 Milliarden Kredit für diesen Zweck haben. Das sage ich immer wieder." Er werde nach der Wahl des Reichspräsidenten „mit einem Arbeitsbeschaffungsvorschlag hervortreten". Daraufhin meldete sich Luther zu Wort und forderte, „daß bis zum Juli, in dem die internationalen Fragen gelöst werden, durchgehalten wird". Solange dürfe die Reichsbank kein „großes allgemeines Programm" unterstützen, „das im Wege der Krediterweiterung durchzuführen ist", sie könne jedoch „Einzelmaßnahmen" finanzieren.[275] Aus diesem Gesprächszusammenhang ist die These abgeleitet worden, Dietrich habe konsequent eine Kreditausweitung um zwei Milliarden verlangt, und zwar allein über die Reichsbank und sofort.[276] In Wirklichkeit war es, folgt man den Quellen, das einzige Mal, dass Dietrich diese Zahl nannte. Er diagnostizierte nur allgemein einen Kreditbedarf in dieser Höhe, und sein übriges Vorgehen widerspricht der Annahme, dass er eine Finanzierung über die Reichsbank in diesem Umfang und zu diesem Zeitpunkt für möglich oder richtig hielt.

Ende Januar hatte Dietrich noch eine Summe von „vielleicht [...] 1 Milliarde"[277] für nötig gehalten, „um genügend Arbeit beschaffen zu können". Die Reichsbank erwähnte er mit keinem Wort. Stattdessen ging es ihm, ähnlich wie im Januar und

---

[273] So die Formulierungen Brünings: Besprechung vom 5.2.1932, AdR Brüning Dok. 660, S. 2260 u. Chefbesprechung vom 20.2.1932, AdR Brüning Dok. 682, S. 2319f. (siehe hier auch die Äußerungen von Arbeitsminister Stegerwald); zu dem ressortübergreifenden Konsens außerdem die Chefbesprechung vom 25.1.1932, AdR Brüning Dok. 644, S. 2220–2225.

[274] Chefbesprechung vom 20.2.1932, AdR Brüning Dok. 682, S. 2319; siehe auch die entsprechende Erklärung Luthers in der Chefbesprechung vom 8.4.1932, AdR Brüning Dok. 713, S. 2424.

[275] Tagebuch Hans Schäffer, 4.3.1932, Politik Dok. 440, S. 1315f.

[276] Meister, Depression, S. 274f. u. 386–388; Karsten Steiger: Kooperation, Konfrontation, Untergang. Das Weimarer Tarif- und Schlichtungswesen während der Weltwirtschaftskrise und seine Vorbedingungen. Stuttgart 1998, S. 159; Köhler, Arbeitsbeschaffung, S. 281f. u. 292; ähnlich Kim, Industrie, S. 187; Büttner, Alternativen, S. 231; Helmut Marcon: Arbeitsbeschaffungspolitik der Regierungen Papen und Schleicher. Grundsteinlegung für die Beschäftigungspolitik im Dritten Reich. Bern u.a. 1974, S. 110. Diese Interpretation ist möglicherweise auch deshalb verlockend, weil sich die Summe in den Größenordnungen der Denkschriften Schäffers und Lautenbachs bewegte.

[277] Nicht „mindestens 1 Mrd.", wie Kim, Industrie, S. 184 behauptet.

Mai 1931, um eine Umschichtung von Ausgaben, durch die das „Unterstützungssystem umgewandelt" werden sollte: Die „verfügbaren Mittel" aus den Haushalten von Reichsbahn und Reichspost sowie (offenbar) der Arbeitslosenversicherung dürften zukünftig „nur für wirklich produktive Arbeiten" ausgegeben werden. Vor allem Post und Bahn, so sein Vorwurf, hätten ihre Mittel stets „verzettelt" und „in zu weitem Umfang [...] Maschinen verwandt und nicht genügend Menschen". Vielmehr müsse es „im wesentlichen auf die Handarbeit ankommen".[278] Im Übrigen schloss er eine großangelegte Kreditausweitung zum gegenwärtigen Zeitpunkt aus, wie er bei der Diskussion um den „Wagemann-Plan" zum Ausdruck brachte. Der Präsident des Statistischen Reichsamts, Ernst Wagemann, trat im Januar 1932 mit einem Vorschlag zur monetären Expansion an die Öffentlichkeit, der großes Aufsehen erregte und im Ausland sogleich die Befürchtung weckte, die Regierung stelle die Austeritätspolitik und damit die Einhaltung der deutschen Zahlungsverpflichtungen in Frage.[279] Dietrich hielt Wagemanns Initiative für „gefährlich", schloss sich der kritischen Haltung der anderen Kabinettsmitglieder an und verfasste auch die Presseerklärung der Regierung. „Im übrigen sei an dem Plan manches richtig. Die Bombe sei aber zu früh geplatzt. Das sei für den Erfolg der Pläne einer vorsichtigen Kreditausweitung nachteilig." Die gleiche Position vertraten Brüning, der „Krediterweiterungen [...] mit äußerster Vorsicht und unauffällig" in Angriff nehmen wollte, und Luther, der betonte, dass die Reichsbank seit der Bankenkrise ohnehin schon „Schritt für Schritt" expansive Maßnahmen ergriffen habe und eine Fortsetzung dieses Kurses durch Wagemanns Vorstoß erschwert werde.[280]

---

[278] Chefbesprechung vom 25. 1. 1932, AdR Brüning Dok. 644, S. 2221; siehe auch Dietrichs Bemerkungen in der Sitzung des Gesamtvorstandes der DStP am 21. 2. 1932, Linksliberalismus Dok. 191, S. 688: Dort erklärte er, „daß es das A und O der deutschen Politik sein müsse, den Millionen Arbeitslosen wieder Arbeit zu geben und die 3,3 Milliarden Mark nach Möglichkeit nutzbringend zu verwenden, die wir jetzt für Arbeitslosenunterstützung im Jahre zahlen müssen".
[279] Ritschl, Krise, S. 171 f.; Tooze, Wirtschaftsstatistik, S. 410-418; Helbich, Reparationen, S. 55 f.
[280] Besprechungen wegen des Wagemann-Plans am 28. 1. u. 29. 1. 1932, AdR Brüning Dok. 651 u. 653, S. 2241 f. u. 2246-2248; siehe auch Tagesbericht Hans Luthers vom 29. 1. 1932, Politik Dok. 414, S. 1246 f. Brünings Äußerungen sind wiederholt so gedeutet worden, als habe er eine Umsetzung des Wagemann-Plans für möglich gehalten und befürchtet, dass Deutschland dadurch wieder zahlungs*fähig* werden und das außenpolitische Revisionsziel in Gefahr geraten könne (Büttner, Alternativen, S. 232 f.; Holtfrerich, Alternativen, S. 628). Diese Interpretation stellt den Zusammenhang auf den Kopf. Selbstverständlich war das Ausland nicht über eine mögliche Wiederherstellung der deutschen Zahlungsfähigkeit beunruhigt. Dementsprechend erklärte Brüning: „Das Ausland würde glauben, daß Deutschland nun versuchen werde, durch künstliche Kreditschöpfung seine Wirtschaft zu verbessern und den Reparationszahlungen zu *entgehen*" (Besprechung vom 28. 1. 1932, S. 2242, meine Hervorhebung). Kim interpretiert Dietrichs Stellungnahme so, dass er „den Wagemann-Plan grundsätzlich befürwortete" (Kim, Industrie, S. 179). Die Wendung „manches richtig" war in diesem Zusammenhang aber nicht mehr als ein Allgemeinplatz, dem jeder ohne weiteres zustimmen konnte. Das galt auch für Luther, der Wagemanns Vorgehen am schärfsten kritisierte (so auch Kim, ebd.). Hans Schäffer plädierte keineswegs für eine „teilweise Verwirklichung" (Holtfrerich, Alternativen, S. 623) des Plans, sondern lehnte ihn ent-

Hatte Dietrich seine Meinung Anfang März geändert, entsprach die Summe von zwei Milliarden gar seiner Vorstellung einer „vorsichtigen Kreditausweitung"? Dass dem nicht so war, unterstreichen die Vorgänge der folgenden Wochen, als er im Finanzministerium die Ausarbeitung konkreter Arbeitsbeschaffungspläne vorantrieb. Während sich geeignete Projekte leicht finden ließen, blieb die Aufbringung der Mittel zunächst ungeklärt. Dietrichs Vorstellungen darüber waren weiterhin vage. Er wollte die Reichsbank heranziehen – allerdings nur für einen kleineren Teil der Maßnahmen, in Höhe von gerade einmal 200 Millionen RM. Er zeigte sich einverstanden mit Luthers Prämisse, die Hilfe der Reichsbank nur für einzelne Vorhaben in Anspruch zu nehmen und nicht „programmatisch" vorzugehen. In erster Linie setzte er zum einen (erneut) auf die Reichsbahn, zum anderen wollte er offenbar Etatmittel freimachen. Als er von den Ministerialbeamten auf die „Schwierigkeiten und Unmöglichkeiten" hingewiesen wurde, erklärte er, „die Finanzierungsfrage müsse man eben dann zurückstellen".[281]

Es waren recht bescheidene Summen, die Dietrich sich von der Reichsbank erhoffte. Das wird auch anhand der Arbeitsbeschaffungsvorlage deutlich, die er, wie angekündigt, dem Kabinett unmittelbar nach der Wiederwahl Hindenburgs unterbreitete.[282] Dabei handelte es sich um einen vorläufigen Entwurf, der aber vergleichsweise präzise war, die zahlreichen Vorschläge der anderen Ressorts[283] zusammenfasste und als „Diskussionsgrundlage" für die folgenden Kabinettsberatungen vorgesehen war. Das Gesamtvolumen des Programms war auf 1,3 bis 1,4 Milliarden RM veranschlagt. Im Wesentlichen handelte es sich um kredit-

schieden ab und konstatierte lediglich, dass er „einige ganz verständige Sachen" enthalte. Wie Schäffer notierte, gab sogar Wagemann „selbst zu, daß an der Krise durch diese Dinge nicht viel verändert werden könnte": Tagebuch Hans Schäffer, 29.1.1932, IfZ ED 93, Bd. 17, S. 138 f.; siehe auch den Eintrag vom 2.2.1932, ebd., Bd. 18, S. 159 f. sowie Schäffer an Wagemann, 28.1.1932, Politik Dok. 413, S. 1243-1245; vgl. Knut Borchardt: Noch einmal: Alternativen zu Brünings Wirtschaftspolitik? In: Historische Zeitschrift 237 (1983), S. 67-83, hier S. 78.

[281] Gegenüber Ministerialdirektor von Krosigk erklärte Dietrich, „einen Teil müsse die Bahn aufbringen, den anderen würden wir schon selbst erstellen, der dritte ginge auf dem Wege über die Reichsbank zu finanzieren": Tagebuch Hans Schäffer, 16.3.1932, IfZ ED 93, Bd. 19, S. 368 f. Welche Summen ihm bei den ersten beiden „Teilen" vorschwebten, geht aus Schäffers Aufzeichnungen nicht hervor. Der Staatssekretär schloss eine Inanspruchnahme der Reichsbank für öffentliche Aufträge kategorisch aus, auch im Hinblick auf die von Dietrich genannte Summe von 200 Millionen, und wollte die ganze Arbeitsbeschaffungsfrage am liebsten ad acta legen. Wenn Dietrich daraufhin einen „roten Kopf" bekam und erklärte, „Luther *müsse* finanzieren", richtete sich diese Reaktion also in erster Linie gegen Schäffer: ebd., 17.3.1932, S. 371 f. (Hervorhebung im Original).

[282] Im Folgenden Dietrich an Staatssekretär Pünder, 11.4.1932, BAB R 2-18646; Kabinettssitzung vom 12.4.1932, AdR Brüning Dok. 715, S. 2430 f. (eine teils falsche bzw. irreführende Zusammenfassung der Vorlage findet sich ebd., Anm. 6) u. Politik Dok. 463, S. 1370-1372; siehe auch Tagebuch Hans Schäffer, 12.4.1932, IfZ ED 93, Bd. 20, S. 449 f.; vgl. die teils ungenauen, teils fehlerhaften Darstellungen von Marcon, Arbeitsbeschaffungspolitik, S. 109 f., Schneider, Arbeitsbeschaffungsprogramm, S. 184, Meister, Depression, S. 389 f. u. Wolffsohn, Industrie, S. 70.

[283] Eine übersichtliche, wenngleich nicht immer zutreffende Aufstellung über die Entwürfe der verschiedenen Ministerien findet sich bei Wolffsohn, Industrie, S. 69-71.

finanzierte Maßnahmen, die zum Teil durch die Reichsbank ermöglicht werden sollten. In Höhe von 200-300 Millionen sollte sie „Russenaufträge" absichern, d. h. Wechsel aus dem Exportgeschäft mit der Sowjetunion diskontieren. Außerdem waren Hausreparaturen in Höhe von (maximal) 200 Millionen vorgesehen, die über reichsbankfähige Wechsel finanziert werden sollten. Obwohl vor allem hinsichtlich der Hausreparaturen manches undeutlich bleibt, steht fest, dass die Zustimmung der Reichsbank zu diesem ersten Teil der Vorlage „sichergestellt" war.[284] In beiden Fällen ging es allerdings nicht um öffentliche Aufträge, sondern um die Diskontierung von Warenwechseln, die den Anforderungen der Reichsbank wenigstens einigermaßen genügten. Für die eigentlichen Arbeitsbeschaffungsvorhaben (Siedlungen, landwirtschaftliche Meliorationen, Straßen- und Kanalbauten) blieben 900 Millionen.[285] Gemäß der Vorlage galt es zunächst, diesen Betrag „um 200 Millionen herunterzudrücken" und den Arbeitern einen Teil ihrer Löhne nicht in bar, sondern in Form einer Art Schuldverschreibung auszuzahlen. Weitere 400-500 Millionen sollten mit einer „Prämienanleihe" aufgebracht werden: Hierbei handelte es sich um eine niedrig verzinste Inlandsanleihe, die man trotz der widrigen Kapitalmarktbedingungen durch spezielle Anreize, insbesondere Steuerbefreiung und ein lotterieähnliches System der Prämienauslosung, unterzubringen hoffte. Offen blieb ein „Restbetrag" von 200-300 Millionen, der entweder mit Steuererhöhungen „oder durch Schaffung einer Finanzierungsmöglichkeit bei der Reichsbank" gedeckt werden sollte. Zur Klärung dieses Punktes waren „Verhandlungen mit der Reichsbank" in Aussicht genommen.

Selbst wenn man die Option, öffentliche Aufträge durch Steuern zu finanzieren, außer Acht lässt und davon ausgeht, dass Dietrich von der Reichsbank die Aufbringung des gesamten „Restbetrages" erwartete, bewegte sich diese Summe in der eher bescheidenen Größenordnung, die er Mitte März genannt hatte. Gleichzeitig war von einem Deficit-Spending in Höhe von 700 Millionen RM (unter Einschluss der Prämienanleihe) kaum ein wirksamer konjunktureller Effekt zu erhoffen. Dietrich betonte zwar, dass mit der Arbeitsbeschaffung eine „Wirtschaftsbelebung" herbeigeführt werden solle und das Programm nicht „zu

---

[284] Es ist nicht ganz klar, welche Summe tatsächlich für die Hausreparaturen vorgesehen war. Am 11. April, als die Vorlage fertiggestellt wurde, sprach Dietrich von 50 Millionen, Schäffer nannte einen Tag später 100 Millionen. Knackpunkt war wohl die Frage, in welchem Ausmaß Hausbesitzer überhaupt zu kreditfinanzierten Reparaturarbeiten bereit sein würden. Abschließend beraten wurde dieser Punkt bis Ende Mai nicht: Tagebuch Hans Schäffer, 11. 4. u. 12. 4. 1932, IfZ ED 93, Bd. 20, S. 441 u. 449; Adam Stegerwald an Staatssekretär Pünder, 2. 5. 1932, BAB R 2-18646; Ministerbesprechung vom 18. 5. 1932, AdR Brüning Dok. 753, S. 2529 (Anm. 3). An der Reichsbank scheiterte dieses Vorhaben jedenfalls nicht: Tagesbericht Hans Luthers vom 2. 5. 1932, Politik Dok. 488, S. 1428. „Russenwechsel" diskontierte die Reichsbank bereits seit dem Spätsommer 1931: vgl. James, Reichsbank, S. 311 f.; Kim, Industrie, S. 95-98. Es ging also um die Fortsetzung bzw. Ausweitung dieser Praxis. Die Reichsbank sagte zu, die Exportfinanzierung zunächst um 139 Millionen RM aufzustocken, war jedoch zu einer „Erweiterung" bereit, falls „dieser Betrag sich nicht als ausreichend erweisen" werde: Besprechung in der Reichsbank am 20. 4. 1932, Politik Dok. 472, S. 1391.
[285] Die Löhne sollten zum Teil durch die „Fortzahlung" der „Arbeitslosenunterstützung" bestritten werden – hier findet sich wieder Dietrichs Motiv vom Januar 1931. In den 900 Millionen waren lediglich die darüber hinausgehenden Lohnkosten inbegriffen.

klein" ausfallen dürfe, sonst „helfe es nichts".[286] Im Vordergrund seines Entwurfs und der Debatten im Kabinett standen aber, wie bereits im Sommer 1930, sozialpolitische bzw. psychologische Erwägungen, die markant in dem Bestreben hervortraten, eine möglichst große Zahl von Erwerbslosen mit Arbeit zu versorgen, ihnen also zu einer Tätigkeit im Sinne einer „Ablenkung" zu verhelfen.[287] Die Kabinettsmitglieder überboten sich mit Vorschlägen, wie die Kosten für einzelne Arbeitsbeschaffungsprojekte zu begrenzen seien. Aufwendungen für Maschinen und Baumaterial sollten auf ein Minimum beschränkt bleiben, die Löhne möglichst nicht über das Niveau der Arbeitslosenunterstützung hinausgehen. Dietrich zeigte sich ebenfalls aufgeschlossen gegenüber dem Ausbau des „Freiwilligen Arbeitsdienstes" oder Luthers Vorschlag der „Beschäftigung von Arbeitslosen für Arbeitslose" im Rahmen einer „geldlosen Wirtschaft".[288] Es ging, wie auch Dietrichs Kleinsiedlungsinitiative oder seine Ausführungen zur Förderung der „Handarbeit" zeigen, in erster Linie darum, „genügend" Arbeit zu schaffen. Wenn er Worte wie „rentabel" oder „produktiv" gebrauchte, waren dies eigentlich eher Synonyme für „billig".

Die angestrebten „Verhandlungen" mit der Notenbank führten im Mai zu dem Ergebnis, dass sie sich zur Rediskontierung von Wechseln der Gesellschaft für öffentliche Arbeiten (Öffa) in Höhe von 135 Millionen RM für Straßen- und Kanalbauten sowie Meliorationen bereitfand. Die Öffa-Wechsel beruhten auf der gleichen Konstruktion, mit der die späteren Arbeitsbeschaffungs- und Rüstungsprogramme finanziert wurden.[289] Dieses Ergebnis ist ein ums andere Mal als ein Scheitern der angeblichen „Reformer" in der Regierung gedeutet worden, als „minimales Zugeständnis Luthers" gegenüber dem unermüdlichen Bemühen Dietrichs, ein großes Konjunkturprogramm auf die Beine zu stellen, und generell als Ausdruck der allgemeinen Verweigerungshaltung Brünings (und Luthers) ge-

---

[286] Kabinettssitzung vom 12.4.1932, Politik Dok.463, S.1371 u. Tagebuch Hans Schäffer, 12.4.1932, IfZ ED 93, Bd.20, S.450; siehe auch Tagesbericht Hans Luthers vom 3.5.1932, Politik Dok.489, S.1430.

[287] Vgl. Köhler, Arbeitsbeschaffung, S.293-295; Schneider, Arbeitsbeschaffungsprogramm, S.180f.; Wolffsohn, Industrie, S.72-77. Die genannten Arbeiten deuten den sozialpolitischen Ansatz der Regierung negativ, weil er nicht dem ökonomisch Gebotenen (also einem defizitfinanzierten Konjunkturprogramm in Milliardenhöhe) entsprochen habe.

[288] Z.B. Chefbesprechung vom 25.1.1932, AdR Brüning Dok.644, S.2220-2225; Tagesbericht Hans Luthers vom 8.4.1932, Politik Dok.462, S.1368-1370; Kabinettssitzung vom 12.4.1932, Politik Dok.463, S.1372; Ministerbesprechung vom 21.5.1932, AdR Brüning Dok.760, S.2551-2553; zu Luthers Konzept der geldlosen Wirtschaft siehe Luther an Dietrich, 22.4.1932 nebst der dazugehörigen Skizze, Politik Dok.474a u. 474b, S.1396-1401, Zitat S.1397. Dietrichs Vorlage vom 11.4.1932 war insofern moderat, als prinzipiell eine Bezahlung in Höhe der Tariflöhne vorgesehen war. In seiner Stellungnahme forderte Arbeitsminister Stegerwald eine untertarifliche Entlohnung bzw. eine weitgehende Durchführung von Notstandsarbeiten durch den Freiwilligen Arbeitsdienst: Adam Stegerwald an Staatssekretär Pünder, 2.5.1932, BAB R 2-18646.

[289] Ministerbesprechungen vom 19.5. u. 20.5.1932, AdR Brüning Dok.757 u. 759, S.2539-2541 u. 2544-2546. Die formellen Zusagen der Reichsbank für Rediskontkredite in Höhe von 60 Mio. RM (Straßenbau), 50 Mio. RM (Wasserstraßenbau) und 25 Mio. RM (Meliorationen) erfolgten am 21. Mai, siehe dazu die Abschriften in BAB R 2-18646; vgl. Ritschl, Krise, S.175f.

genüber Arbeitsbeschaffungsmaßnahmen.[290] Das Volumen der Öffa-Wechsel von 135 Millionen ist jedoch zu dem Betrag von 200-300 Millionen in Bezug zu setzen, den Dietrich im April vorsichtig anstrebte, und nicht zu einer Summe von 1,4 oder 2 Milliarden, und es kann keine Rede davon sein, dass die in Dietrichs Vorlage vorgesehene Gesamtsumme von 1,3-1,4 Milliarden auf ein Zehntel „zusammengestrichen" wurde.[291] Abgesehen von den Hausreparaturen und dem Exportgeschäft mit der Sowjetunion war bis Ende Mai auch die Finanzierung des Landerwerbs für die ländliche Siedlung geregelt, die mit der Ausgabe von Schuldverschreibungen, also ebenfalls kreditfinanziert, bewerkstelligt werden sollte.[292]

In der Schwebe befand sich bis zuletzt die Prämienanleihe, die aber weder „gescheitert" war noch „verworfen" wurde.[293] Vielmehr blieb das Anleiheprojekt bis zum Sturz der Regierung Gegenstand der Beratungen und wurde als solches nicht in Frage gestellt. Die Debatten drehten sich vor allem um den geeigneten Emissionszeitpunkt, weil Zweifel an einem erfolgreichen Gang an den Kapitalmarkt vor der Konferenz von Lausanne bestanden. Es gab aber nicht einmal eine klare Tendenz zur Verschiebung der Anleihe. Dietrich erklärte Anfang Mai, die „Erfolgsaussichten seien schwer zu beurteilen", und Luther befürchtete eine kreditschädigende „fürchterliche Panne".[294] Kurze Zeit später schlug der Reichsbankpräsident jedoch vor, „sie baldigst aufzulegen", während Brüning die letzte Maiwoche als Termin nannte.[295] Im Finanzministerium arbeiteten Dietrich und die Ministerialbürokratie konkrete Entwürfe aus.[296] Überdies wurde die Anleihe auf eine gesetz-

---

[290] Kim, Industrie, S. 188-192, Zitat S. 190; Köhler, Arbeitsbeschaffung, S. 284 f.; Schneider, Arbeitsbeschaffungsprogramm, S. 184-186; Meister, Depression, S. 391 f.; Holtfrerich, Konjunkturpolitik, S. 672; Marcon, Arbeitsbeschaffungspolitik, S. 121.

[291] Ebd.; das Zitat findet sich bei Büttner, Weimar, S. 441.

[292] Mit den Papieren sollten die Gläubiger überschuldeter Betriebe abgefunden werden, die vom Staat für Siedlungszwecke zu übernehmen waren. Diese Finanzierungsmethode wurde durch das Kreditermächtigungsgesetz vom 12. Mai ermöglicht: Ministerbesprechung vom 20. 5. 1932, AdR Brüning Dok. 759, S. 2549; Fiederlein, Osten, S. 340-343.

[293] Köhler, Arbeitsbeschaffung, S. 284 u. Kim, Industrie, S. 189; ähnlich Tilman Koops: Einleitung. In: AdR Brüning, S. XIX-XCVII, hier S. XCIII.

[294] Ministerbesprechung vom 3. 5. 1932, AdR Brüning Dok. 733, S. 2485 u. Tagesbericht Hans Luthers vom 3. 5. 1932, Politik Dok. 489, S. 1429.

[295] Kabinettssitzung vom 13. 5. 1932, AdR Brüning Dok. 747, S. 2517. Die Reichsbank war außerdem bereit, die „Zwischenfinanzierung" für gezeichnete, aber noch nicht eingezahlte Stücke zu übernehmen (siehe auch Tagebuch Hans Schäffer, 8. 4. 1932, IfZ ED 93, Bd. 20, S. 438). Brüning erklärte einige Tage später, die Prämienanleihe „werde aller Voraussicht nach in der kommenden Woche zur Zeichnung aufgelegt werden": Besprechung mit Gewerkschaftsvertretern am 18. 5. 1932, AdR Brüning Dok. 754, S. 2533; zum Gang der Erörterungen außerdem die Kabinettsprotokolle vom 4. 5., 6. 5., 21. 5. u. 23. 5. 1932, AdR Brüning Dok. 736 f., 760 u. 762, S. 2491-2493, 2552 u. 2567 sowie die Tagesberichte Hans Luthers vom 11. 5. u. 13. 5. 1932, BAK N Luther 368, fol. 17 u. Politik Dok. 499, S. 1447.

[296] Siehe die Unterlagen in BAB R 2-3386; vgl. Saldern, Dietrich, S. 176. Auch der eher pessimistisch gestimmte Schäffer hielt die Prämienanleihe nicht für verloren. Kurz nach seinem Ausscheiden aus dem Finanzministerium schrieb er Dietrich aus dem Urlaub, er „träume noch immer von Ausgestaltungsmöglichkeiten der Prämienanleihe und Gedankengängen für die Reparationsverhandlungen": Hans Schäffer an Dietrich, 12. 5. 1932, ND 749; zu seiner Skepsis bezüglich der Emission siehe den Tagebucheintrag vom 12. 4. 1932, IfZ ED 93, Bd. 20, S. 448.

liche Grundlage gestellt, als ein Bestandteil des „Gesetzes über Schuldentilgung und Kreditermächtigungen", das am 12. Mai vom Reichstag verabschiedet wurde und der Regierung die Aufnahme von Anleihen in Milliardenhöhe gestattete. Mit diesem „größten Kreditprojekt im Reichshaushalt seit dem Ende der Hyperinflation" wurde allgemein die Rückkehr des Reiches an den Kapitalmarkt vorbereitet.[297] Die Prämienanleihe wurde erst nach dem Sturz des Kabinetts ad acta gelegt, von einer neuen Regierung, die über keinen parlamentarischen oder gesellschaftlichen Rückhalt verfügte, deren personelle Zusammensetzung einen scharfen Kontinuitätsbruch bedeutete und die somit kaum auf das Vertrauen der Finanzmärkte zählen konnte.[298]

Insgesamt kann an dem Willen des Kabinetts, möglichst umfangreiche Arbeitsbeschaffungsmaßnahmen in die Wege zu leiten und dafür den Weg der Neuverschuldung zu beschreiten, kein Zweifel bestehen. Die Vorbereitungen erreichten im April und Mai 1932 ihren Höhepunkt und waren beim Sturz der Regierung nicht abgeschlossen oder gescheitert, sondern weit vorangeschritten. Die Methode der Öffa-Wechsel war „wegweisend",[299] und die Prämienanleihe war unter den gegebenen Umständen ein innovatives Instrument. Schon der enorme Aufwand, der in allen Ministerien betrieben wurde, lässt eigentlich nur den Schluss zu, dass die im Mai 1932 beschlossenen bzw. beschlussreifen Maßnahmen nur den Auftakt zu einem Kurswechsel nach der Konferenz von Lausanne darstellen sollten.[300]

So wichtig Dietrich das Anliegen der Arbeitsbeschaffung war, richtete sich sein Blick in erster Linie auf die bevorstehenden Reparationsverhandlungen. Analog zu der vielzitierten letzten Reichstagsrede Brünings, in der von „den letzten hundert Metern vor dem Ziele" die Rede war,[301] wähnte er sich „im Endkampf [...] um unsere Existenz", in dem alles davon abhing, „daß wir nicht zahlungsunfähig werden".[302] Es ist zu Recht darauf hingewiesen worden, dass die Regierung nicht mit Gewissheit von dem Erfolg der Konferenz von Lausanne und einer weitgehenden Streichung der Reparationen ausging bzw. ausgehen konnte.[303] Ange-

---

[297] Ritschl, Krise, S. 172–175, Zitat S. 175; vgl. auch Bachmann, Reichskasse, S. 300–311. Sonst ist dem Gesetz in der Forschungsliteratur wenig Beachtung geschenkt worden. Neben diversen präzise bezifferten Kreditermächtigungen, die zum Teil der Konsolidierung schwebender Schulden, zum Teil der Neuverschuldung dienten, enthielt das Gesetz eine Kreditermächtigung für die Finanzierung der Arbeitsbeschaffung, und zwar in unbegrenzter Höhe und mit einer expliziten Genehmigung für steuerbefreite „Inhaberpapiere mit Prämien": Reichsgesetzblatt I Nr. 28 vom 14. 5. 1932, S. 191 f.
[298] Ritschl, Krise, S. 177–182.
[299] So auch Meister, Depression, S. 392.
[300] Vgl. Ritschl, Krise, S. 158–176; ähnlich bereits Grotkopp, Krise, S. 74 f.; Helbich, Reparationen, S. 54; anders z. B. Marcon, Arbeitsbeschaffungspolitik, S. 120–123.
[301] Rede Brünings am 11. 5. 1932, Reichstag Bd. 446, S. 2602.
[302] Dietrich an Fritz Borrmann, 12. 5. 1932, ND 312, fol. 10. Borrmann, Reichstagsabgeordneter der WP und mit Dietrich seit Mitte der zwanziger Jahre bekannt, hatte sich über die Auswirkungen der Umsatzsteuererhöhung auf den gewerblichen Mittelstand beklagt: Borrmann an Dietrich, 7. 5. 1932, ebd., fol. 9.
[303] Etwa von Heyde, Ende, S. 381–388 u. Köhler, Arbeitsbeschaffung, S. 306 f. Graml, Außenpolitik, S. 202–205 betont, dass im Mai bereits alles auf einen positiven Verlauf der Konferenz hindeutete und Brüning die Aussichten übertrieben pessimistisch beurteilte; anders Schulz, Brüning, S. 825–843.

2. Finanzpolitik in der Weltwirtschaftskrise 411

sichts der im Herbst anstehenden Präsidentschaftswahlen in den USA hielten Dietrich und Schäffer eine sofortige, „zum mindesten Europa beruhigende Regelung" für unerlässlich,[304] und in diesem Sinne war, wie Dietrich es kurz nach dem Sturz des Kabinetts formulierte, das „Zustandekommen einer gewissen praktischen Lösung zu erwarten, die dann später zu einer vollständigen Bereinigung der Frage führen wird".[305] Zum anderen war man auf das als unwahrscheinlich erachtete Scheitern der Konferenz vorbereitet: Dieser ungünstigste Fall, so die Auffassung sowohl im Finanz- als auch im Wirtschaftsministerium, würde Deutschland die Handhabe bieten, ein allgemeines Auslandsmoratorium zu verhängen und sämtliche Zins- und Tilgungszahlungen einzustellen, ohne gravierende Sanktionen befürchten zu müssen – eine Option, die „im Hinblick auf ihre Gefährlichkeit" nicht zum Gegenstand einer Kabinettssitzung gemacht wurde.[306] Selbst ohne die erhoffte internationale Verständigung musste die Konferenz auf eine Milderung des Drucks der Auslandsgläubiger hinauslaufen.

Vor diesem Hintergrund und im Hinblick auf die geringe Höhe der Summen, die Dietrich sich von der Reichsbank erhoffte, ist es nicht überraschend, dass er das 135-Millionen-Volumen der Öffa-Wechsel positiv beurteilte. So maß er dem Kanalbauprojekt „eine große Bedeutung" zu: „Diese gehe über die Wirkung der Aufwendung von 53 Millionen RM für Aufträge hinaus durch die zu erwartenden günstigen psychologischen Auswirkungen."[307] Die Verhandlungen mit Luther erwecken nicht den Eindruck, als habe er nach schweren Kämpfen schließlich den Kürzeren gezogen. Zu Auseinandersetzungen wie im Sommer und Herbst 1931 kam es im Frühjahr 1932 nicht mehr, vielmehr verliefen gemeinsame Besprechungen jetzt allem Anschein nach harmonisch. In einer entscheidenden Unterredung Anfang Mai hielt Luther fest, dass er keine „Höchstgrenze" für Kredit-

---

[304] Tagebuch Hans Schäffer, 18.4.1932, IfZ ED 93, Bd. 20, S. 475.
[305] Sitzung des Gesamtvorstandes der DStP vom 12.6.1932, Linksliberalismus Dok. 198, S. 720.
[306] So das Ergebnis einer gemeinsamen Besprechung von Dietrich, Schäffer und Arthur Zarden (Finanzministerium) sowie Warmbold und Ernst Trendelenburg (Wirtschaftsministerium), in der Warmbold feststellte, man müsse im Notfall „den Transfer der Zins- und Anleihebeträge stoppen". Schäffer stimmte dem zu, zeigte sich aber zuversichtlich, dass zumindest eine „bedingte Einigung der Europäer erreicht werden" könne, und zwar „möglichst mit einer Stärkung des Währungsschatzes der Reichsbank", also mit einer großen internationalen Anleihe: Tagebuch Hans Schäffer, 25.4.1932, IfZ ED 93, Bd. 20, S. 504. Zwei Wochen zuvor führte Schäffer in einem Gespräch mit Paul Moldenhauer aus: „Auch die äußeren Zahlungen sollten wir, wenn es irgend geht, so lange zu transferieren versuchen, bis die Lausanner Konferenz vorüber ist. Geht sie gut vorüber, so wird sich nachher ein Weg finden, diese Herabminderung des deutschen Kredits zu vermeiden. Scheitert sie, so haben wir einen Grund, den Transfer zu sperren, den jeder verstehen wird. Die Furcht vor einer Sperre des Transfers durch uns wird aber ganz sicher einen Druck auf die Verhandlungspartner ausüben." (ebd., 11.4.1932, S. 444). Ebenso lautete das Ergebnis einer reparationspolitischen Besprechung am 27. Mai, in der die Verhandlungsstrategie für die Lausanner Konferenz besprochen wurde – wiederum im kleinen Kreis der wichtigsten Sachverständigen (abgesehen von Brüning, Dietrich und Trendelenburg waren keine Kabinettsmitglieder anwesend): AdR Brüning Dok. 767, S. 2577.
[307] Ministerbesprechung vom 19.5.1932, AdR Brüning Dok. 757, S. 2340. Auf den Wasserstraßenbau entfielen am Ende 50 Millionen (siehe Anm. 289).

schöpfungsoperationen festsetzen wolle, und erläuterte in Grundzügen die Vorgehensweise für die Finanzierung des Straßenbaus. Andererseits unterstrich er aufs Neue, dass die Reichsbank vorläufig nur in Maßen Mittel zur Verfügung stellen könne, und ergriff die Gelegenheit, seine „Sorgen" hinsichtlich der Emission der Prämienanleihe zu äußern. Er regte an, das Papier erst nach der Reparationskonferenz aufzulegen, wobei seine Begründung im Einklang mit der Lagebeurteilung der Regierung stand: „hinter Lausanne würde ja auf jeden Fall, so oder so, eine stark veränderte Situation sein, in welchem Zusammenhange ich noch die Moratoriumsfrage behandelt habe". Luther wies also nicht nur auf begrenzte Spielräume für eine Kreditexpansion hin, sondern stellte auch (zumindest bei dieser Gelegenheit) die zügige Umsetzung der übrigen Arbeitsbeschaffungsmaßnahmen in Frage. Dietrich reagierte nicht etwa ablehnend, sondern „erklärte sich mit dem grundsätzlichen Ergebnis zufrieden".[308]

Das „Kabinett Brüning-Dietrich"

Die Deflationspolitik unterstützte Dietrich bis zuletzt. Das ist eigentlich ein naheliegendes Ergebnis, denn schließlich ist es eine recht gewagte Annahme, dass der Finanzminister die Finanzpolitik nur wider besseres Wissen oder entgegen seinen Überzeugungen durchgeführt haben soll. Dietrich war sich seit 1919 über die außenwirtschaftlichen Zwänge im Klaren, die sich grundsätzlich aus den Reparationsverpflichtungen ergaben, er wusste um die Problematik des internationalen Schuldenkarussells nach Inkrafttreten des Dawes-Plans wie auch um die Notwendigkeit von Leistungsbilanzüberschüssen, in die Deutschland mit dem Young-Plan geriet. Während er von Anfang an kein fiskalpolitischer Hardliner war, betrachtete er die Austeritätspolitik zunächst als vielversprechendes Mittel, um gleichzeitig eine wirtschaftliche Erholung herbeizuführen, die deutsche Kreditwürdigkeit wiederherzustellen und das Reich aus der Abhängigkeit von ausländischen Geldgebern zu befreien sowie, als Konsequenz des Eigeninteresses der Reparationsgläubiger, gewissermaßen en passant die politischen Schulden abzuschütteln. Von diesem optimistischen Ansatz musste er sich verabschieden, als statt der erwarteten Erholung eine Verschlimmerung der Depression eintrat. Dennoch setzte er den Deflationskurs fort und hielt bis zum Sturz des Kabinetts an ihm fest – obwohl er sich der krisenverschärfenden Wirkung weiterer Ausga-

---

[308] Tagesbericht Hans Luthers vom 6. 5. 1932, Politik Dok. 495, S. 1440. Dietrich hatte eingangs die „allgemeinen politischen und wirtschaftlichen Gründe" dargelegt, „warum er glaube, daß Außerordentliches geschehen müsse im Laufe [!] dieses Sommers, damit die Situation für den Winter gebessert werde", und um eine Zusage der Reichsbank für die Finanzierung öffentlicher Aufträge „im Betrage von etwa 35 Millionen monatlich oder 400 Millionen RM im Jahre" gebeten. Diese Aussage steht nicht im Widerspruch zu der niedrigeren Summe, die in der Vorlage vom 11. April genannt war, denn die dort ins Auge gefassten Arbeitsbeschaffungsmaßnahmen sollten ja rasch durchgeführt werden, nicht im Laufe eines ganzen Jahres; diesen Umstand übersieht Kim, Industrie, S. 189. Zur guten Atmosphäre zwischen Dietrich und Luther siehe auch die Tagesberichte Hans Luthers vom 8. 4. u. 4. 5. 1932, BAK N Luther 368, fol. 96 u. Politik Dok. 491, S. 1435.

bensenkungen und Steuererhöhungen bewusst war und mit großer Sorge auf die innenpolitischen Folgen blickte. Das hatte er schon 1928/29 getan, bevor die Deflationspolitik überhaupt richtig begonnen hatte, ebenso während des Wahlkampfes 1930 und erst recht seit dem Frühjahr 1931. Damit stand Dietrich nicht allein: Weder er noch Brüning noch die anderen Kabinettsmitglieder verfolgten eine „unpolitische Politik", die keine Rücksicht auf das soziale Elend und die massenpsychologischen Auswirkungen der Krise nahm.[309] Bei allen wichtigen Entscheidungen standen die innenpolitischen Folgen im Zentrum der Erwägungen. Auch dieser Befund ist an sich kaum überraschend. Bestätigt wird er nicht zuletzt durch die ständigen Bemühungen, eine Entlastung auf dem Arbeitsmarkt zu erreichen.

Folglich ist es auch wenig erstaunlich, dass Dietrich die Deflationspolitik ab 1931 nicht mit Enthusiasmus weiterführte und immer wieder sein Unbehagen zum Ausdruck brachte. Ebenso einleuchtend ist es, dass er nach Auswegen aus der Deflationsspirale suchte, bzw. nach Mitteln, um wenigstens das zentrale Symptom, die Massenarbeitslosigkeit, zu mildern. Und es kann nicht überraschen, dass sich in seinen (meist mündlichen) Äußerungen viele Ungereimtheiten und Widersprüche finden, dass sie oft im Ungefähren blieben und mit emotionalen Ausbrüchen einhergingen – besonders in den Monaten nach der Bankenkrise, als ein Vorschlag den nächsten jagte, von der Lockerung der Geldpolitik über Siedlungsprojekte bis hin zur radikalen Fortsetzung der Deflation.

Vielmehr ist gerade diese Phase in Dietrichs konjunkturpolitischem Denken bezeichnend für die Lage, in der sich das Kabinett befand. Seit Juni 1931 überschlugen sich die Ereignisse. Angesichts immer neuer Hiobsbotschaften und einer Vielzahl schwelender Unsicherheitsfaktoren – Kassenlage, innenpolitische Gefahren, Bankensanierung, Pfundabwertung, Stillhalteverhandlungen, Reparationskonferenz – verschoben sich die Rahmenbedingungen ständig, waren sie kaum noch zuverlässig kalkulierbar. Unter diesen Umständen lag es nahe, die Handlungsspielräume auszuloten und im kleinen Kreis laut nachzudenken, statt Zwangslagen als gegeben hinzunehmen. Erörterungen über denkbare Auswege aus der Krise waren daher nicht gleichbedeutend mit der Überzeugung, dass diese tatsächlich zu realisieren waren. Dietrich stand allen Möglichkeiten aufgeschlossen gegenüber, wenn sie ansatzweise erfolgversprechend schienen, um angesichts der desaströsen Lage trotzdem etwas zu unternehmen. Er agierte entsprechend der Maxime, die Brüning im Februar 1932 formulierte: „Man muß alles, was man an Ideen aufgreifen kann, prüfen."[310]

Generell sind die scheinbaren und wirklichen Widersprüche in den zeitgenössischen Quellen kein Beleg für mögliche „Alternativen", sondern ein Signum der Turbulenzen der Weltwirtschaftskrise bzw. ein Symptom der Zwangslagen, denen sich die entscheidenden Akteure ausgesetzt sahen. Dietrich stellt keinen Sonderfall dar – Mehrdeutigkeiten und Schwankungen finden sich auch in den Äußerungen anderer Regierungsmitglieder. Verwiesen sei hier nur auf Hans Schäffer: Dietrichs wichtigster Mitarbeiter liebäugelte im Spätsommer 1931 kurzzeitig mit

---

[309] Karl Dietrich Bracher: Brünings unpolitische Politik und die Auflösung der Weimarer Republik. In: Vierteljahrshefte für Zeitgeschichte 19 (1973), S. 113-135.
[310] Tagebuch Hans Schäffer, 18. 2. 1932, IfZ ED 93, Bd. 18, S. 243.

einem reichsbankfinanzierten Konjunkturprogramm in Höhe von 2,5 Milliarden Mark und verfasste jene Denkschrift, die immer wieder als zentraler Beleg für die „Alternativen" zur Deflationspolitik herangezogen worden ist.[311] Diese Überlegungen waren jedoch nur eine Episode: Nach der Pfundabwertung drängte Schäffer auf eine strikte Fortsetzung des Austeritätskurses. Er reichte Mitte März 1932 nicht etwa deswegen seinen (Anfang Mai vollzogenen) Rücktritt ein, weil er die Deflationspolitik für verfehlt hielt,[312] sondern weil er die Sparmaßnahmen des Kabinetts als unzureichend betrachtete und die Kassenlage so pessimistisch einschätzte, dass er den baldigen Staatsbankrott fürchtete, für den er nicht verantwortlich gemacht werden wollte.[313] Schon die Notverordnung vom 8. Dezember 1931 ging ihm nicht weit genug. Als im Januar 1932 die Lausanner Konferenz verschoben wurde und damit die Hoffnung auf eine rasche Besserung der Wirtschaftslage zerstob, forderte er, nun „rücksichtslose Folgerungen für den Haushalt" zu ziehen.[314] Das lehnte die Regierung mit Rücksicht auf die innenpolitische Situation ab.

Mit seinen rigiden Sparvorschlägen geriet Schäffer in eine zunehmend exponierte Lage, und sein Einfluss auf Dietrich schwand – das Verhältnis zwischen Minister und Staatssekretär war im März „stark abgekühlt".[315] Dietrich weigerte sich nicht nur, die Kürzungen bei der Arbeitslosenunterstützung sofort vorzunehmen, sondern sorgte für weitere Belastungen der Reichskasse, die Schäffer als unverantwortlich betrachtete und für die er politische Erwägungen nicht gelten lassen wollte. So erhielt das Land Preußen eine Finanzspritze, damit dort vor den Landtagswahlen am 24. April keine weiteren Einschnitte nötig wurden. Dietrich argumentierte: „Wir müssen doch alle ein Interesse daran haben, daß die Nazis nicht die Oberhand gewinnen", woraufhin Schäffer entgegnete: „Jawohl, aber wir können nicht unseren Haushalt dabei zuschanden machen."[316] Den letzten Anstoß für sein Ausscheiden aus dem Reichsdienst gab, dass Dietrich und Brüning im Anschluss an die Preissenkungsmaßnahmen der Notverordnung vom Dezem-

---

[311] Holtfrerich, Alternativen, S. 622 u. 630; Büttner, Alternativen, S. 229f.; Meister, Depression, S. 297-303 u. 399f.

[312] So Büttner, Alternativen, S. 230f. u. Meister, Depression, S. 303.

[313] Schäffers Befürchtungen waren wohl gerechtfertigt. Die prekäre Haushalts- und Kassenlage entspannte sich aber im Laufe des Frühjahrs ein wenig: Vor allem gelang es, den Überbrückungskredit von Lee Higginson aus dem Jahr 1930 zu verlängern, die Konjunktur entwickelte sich nicht so schlecht wie angenommen und der Geldmarkt erholte sich etwas, so dass Schatzanweisungen leichter unterzubringen waren: Bachmann, Reichskasse, S. 282-315; zu Schäffer vgl. im Folgenden ebd.; außerdem Knut Borchardt: Einleitung. In: ders./Schötz, Wirtschaftspolitik, S. 17-50, hier S. 48-50; Patch, Brüning, S. 204 u. 256f.; Balderston, Origins, S. 317f. u. 324-326; verschwommen ist die Darstellung von Eckhard Wandel: Hans Schäffer. Steuermann in wirtschaftlichen und politischen Krisen. Stuttgart 1974, z. B. S. 222-228.

[314] Tagebuch Hans Schäffer, 20. 1. 1932, IfZ ED 93, Bd. 17, S. 104. An der Notverordnung vom 8. Dezember 1931 und den damit einhergehenden Maßnahmen beanstandete Schäffer vor allem die Befreiung der Landwirtschaft von der Umsatzsteuererhöhung, die Senkung der Postgebühren und soziale Milderungen (Kohle- und Fleischverbilligung): Eintrag vom 23. 1. 1932, ebd., S. 115.

[315] Tagebuch Hans Schäffer, 11. 3. 1932, IfZ ED 93, Bd. 19, S. 351.

[316] Tagebuch Hans Schäffer, 23. 1. 1932, IfZ ED 93, Bd. 17, S. 115; siehe auch den Eintrag vom 15. 2. 1932, ebd., Bd. 18, S. 219f.

2. Finanzpolitik in der Weltwirtschaftskrise 415

ber einer Ermäßigung der Biersteuer zustimmten.[317] Schäffer konstatierte: „es ist alles anders entschieden worden, als ich es vorgeschlagen habe".[318] Aus seiner Sicht verfolgte das Kabinett eine „leichtfertige Finanzpolitik".[319]

Dietrichs Bemühungen, ein Arbeitsbeschaffungsprogramm auf die Beine zu stellen, befürwortete Schäffer durchaus nicht,[320] und schon gar nicht waren sie auf seinen Einfluss zurückzuführen.[321] Vielmehr versuchte er, den Minister von dem Gedanken abzubringen, weil er überzeugt war, dass binnenwirtschaftliche Instrumente die Krise nicht beheben konnten, solange keine „internationale Einigung" zustande kam, „welche den Alpdruck der Reparationen von der Welt nimmt".[322] Dietrichs Kabinettsvorlage vom 11. April war in Schäffers Augen „nicht bescheiden, sondern geradezu ungeheuerlich", weshalb er sogleich darauf drang, das Volumen deutlich zu reduzieren. Eine Kreditschöpfung über die Reichsbank wollte er nicht einmal in dem Umfang vornehmen, wie er Dietrich vorschwebte und schließlich von Luther mitgetragen wurde.[323] Gerade Schäffers Beispiel macht deutlich, dass das Kabinett Brüning keineswegs stur den Deflationskurs weiterverfolgte, sondern versuchte, die Spielräume für eine Milderung der Sparmaßnahmen – mochten sie noch so begrenzt sein – bis an den Rand des fiskalisch Vertretbaren auszureizen. Ebenso zeigt sich, dass in den Turbulenzen der Krise auch die Haltung eines so kundigen Fachmanns wie Schäffer Schwankungen unterworfen sein konnte.

Auch von Anhängern der These, dass es im Umfeld der Regierung zahlreiche „Reformer" gegeben habe, ist mitunter konstatiert worden, dass die vermeintlichen Gegner des Deflationskurses diese Haltung nicht immer eindeutig zum Ausdruck gebracht oder ihr sogar zuwidergehandelt hätten. Dieser Umstand ist einerseits mit einem Mangel an ökonomischen Kenntnissen, zugespitzt formuliert: mit der Inkompetenz der jeweiligen Akteure erklärt worden.[324] Andererseits ist auf

---

[317] Tagebuch Hans Schäffer, 24. 2., 25. 2. u. 7. 3. 1932, IfZ ED 93, Bd. 18 f., S. 272 f. u. 337 f.; Schäffer an Brüning, 19. 3. 1932, Politik Dok. 448, S. 1342-1346.
[318] Tagebuch Hans Schäffer, 7. 4. 1932, IfZ ED 93, Bd. 20, S. 433; vgl. auch den Eintrag vom 24. 4. 1932, ebd., S. 498 f.
[319] Tagebuch Hans Schäffer, 16. 4. 1932, IfZ ED 93, Bd. 20, S. 463.
[320] So jedoch James, Reichsbank, S. 150 f.
[321] Wie Marcon, Arbeitsbeschaffungspolitik, S. 110 meint (als Beleg nennt er lediglich Schäffers Denkschrift vom September 1931).
[322] Tagebuch Hans Schäffer, 25. 4. 1932, IfZ ED 93, Bd. 20, S. 503 f.
[323] Tagebuch Hans Schäffer, 12. 4. 1932, IfZ ED 93, Bd. 20, S. 446-449, Zitat S. 446. Schäffer schlug vor, die eigentlichen Arbeitsbeschaffungsmaßnahmen auf 400 Mio. RM und damit auf die Mittel der Prämienanleihe zu beschränken. Einschließlich der Finanzierung der Hausreparaturen und des Exportgeschäfts mit der Sowjetunion wollte er das Volumen der Vorlage von 1,3-1,4 Mrd. auf 700-800 Mio. RM reduzieren, woraufhin Dietrich „nicht sehr begeistert" erklärte, „kleine Sachen mache ich nicht"; siehe außerdem die Einträge vom 17. 3. u. 7. 4. 1932, ebd. Bd. 19 f., S. 371 f. u. 432.
[324] Kim stellt fest, dass Dietrich sich „widersprüchlich" verhalten und nur „halbherzig" für einen Kurswechsel eingesetzt habe; „sehr vage" und „widersprüchlich" erscheint ihm auch die Haltung von Wirtschaftsminister Warmbold, in dessen Äußerungen sich fortwährend „wirtschaftstheoretische Ungereimtheiten" fänden: Kim, Industrie, S. 148-155; ähnlich zu Stegerwald ebd., S. 185 f.; Marcon, Arbeitsbeschaffung, S. 109; Wolffsohn, Industrie, S. 73 f.; siehe auch Büttner, Alternativen, S. 224 f., 247 u. 249, die u. a. auf das „häufige Schwanken" Dietrichs hinweist. Saldern, Dietrich, S. 170 resümiert, dass „in

taktische und persönliche Beweggründe der Beteiligten verwiesen worden, insbesondere auf die Motive der „Kabinettsdisziplin" und der „Loyalität" gegenüber Brüning. Unter dieser Prämisse erscheint Dietrich dann als ein „widerwilliger Mitläufer der Brüningschen Deflationspolitik", der den geschickten Schachzügen und moralischen Erpressungen des Kanzlers hilflos ausgeliefert war und unter Zwang das Gegenteil dessen tat, was er für richtig hielt.[325]

In Wirklichkeit bestand in der Finanz- und Wirtschaftspolitik kein Gegensatz zwischen Kanzler und Finanzminister, sondern beide zogen bei allen wichtigen Entscheidungen an einem Strang. Weder in den Kabinettsprotokollen noch in den Aufzeichnungen anderer Beteiligter ist ein Konflikt zwischen Dietrich und Brüning überliefert. In der Öffentlichkeit war die Wahrung der Kabinettsdisziplin geboten, doch intern konnte Dietrich seine Meinung unverhüllt zum Ausdruck bringen, und wie seine zahlreichen verbalen Attacken gegen Reichsbank, Reichsbahn oder Ernährungsminister Schiele zeigen, war „der etwas cholerische Mann"[326] dabei alles andere als zurückhaltend. Soweit er sich negativ oder skeptisch über den Kanzler äußerte, ging es um dessen innenpolitische Absichten, etwa im Hinblick auf seine weiche Gangart gegenüber der NSDAP, und um die Befürchtung, Brüning könne eine Kabinettsumbildung unter Einbeziehung der Rechtsparteien anstreben, der er selbst zum Opfer fallen werde.[327]

Nach dem Sturz des Kabinetts übte Dietrich ebenfalls keine Kritik an Brüning – im Gegenteil. In der ersten gemeinsamen Sitzung mit seinen Parteifreunden Mitte Juni verteidigte er nicht nur in großen Zügen die Politik der Regierung, sondern nahm Brüning auch persönlich in Schutz.[328] Anschließend machte er das „Kabinett Brüning-Dietrich" und dessen Leistungen zu einem zentralen Wahlkampfthema, was nach Lage der Dinge kaum opportun war und in der DStP auf wenig Begeisterung stieß.[329] Privatim ging er vereinzelt mit der Reichsbank ins Gericht und bezeichnete Luther als „unglückseligen Deflationisten" – wobei nur von der restriktiven Geldpolitik und der Bankensanierung die Rede war, nicht davon, dass die Reichsbank Arbeitsbeschaffungsmaßnahmen vereitelt habe.[330]

Dietrich das Alte mit dem Neuen rang" und „er sich letzten Endes doch nicht von den überkommenen Krisentheorien loslösen und zu den neuen, noch unbewährten Methoden bekennen konnte"; zum „Widerspruch" in Dietrichs Agieren außerdem Köhler, Arbeitsbeschaffung, S. 292.

[325] Kim, Industrie, bes. S. 146-162, Zitat S. 149; außerdem (allgemein sowie am Beispiel Schäffers) Büttner, Alternativen, S. 230-232 u. Meister, Depression, S. 274f. u. 302f.

[326] Koops, Einleitung, S. XXV; vgl. auch Wandel, Schäffer, S. 150 u. 161.

[327] Zum Beispiel vor der Kabinettsumbildung im Oktober 1931, als er über seine persönliche Zukunft verunsichert war und „aus dem Kanzler auch nicht klug" wurde: Tagebuch Hans Schäffer, 14.9. u. 23.9.1931, IfZ ED 93, Bd. 14, S. 775 (Zitat) u. 823f. Im April 1932 erklärte Dietrich gegenüber Schäffer: „Ja, was der Kanzler will, weiß keiner. Will er nach rechts gehen?" (ebd., 7.4.1932, Bd. 20, S. 433). Der erste Satz dieser Aussage ist wiederholt isoliert zitiert und verallgemeinert worden: z.B. Köhler, Arbeitsbeschaffung, S. 306; Heyde, Ende, S. 383.

[328] Sitzung des Gesamtvorstandes der DStP vom 12.6.1932, Linksliberalismus Dok. 198, S. 717-722.

[329] Siehe dazu unten, S. 457.

[330] Dietrich an Rudolf Nölle, 19.12.1933, ND 152, fol. 101; ähnlich Dietrich an Otto Bötticher, 15.9.1932, ND 135, fol. 185.

Über den Kanzler hingegen verlor er kein schlechtes Wort, sondern bekannte sich ausdrücklich zu der „Politik, die Brüning und ich betrieben haben".[331] Auch in einem späteren autobiographischen Fragment über „Arbeitslosenfragen" ging es nicht um Kreditausweitung bzw. defizitfinanzierte Arbeitsbeschaffung, die er gewollt und andere verhindert hätten.[332] Nach dem Sturz des Kabinetts standen Kanzler und Vizekanzler a. D. weiter in engem Kontakt. Wiederholt besuchte Dietrich Brüning in seinem Londoner Exil und sprach mit ihm über dessen Memoiren.[333] Nach dem Zweiten Weltkrieg führten beide einen bemerkenswerten Briefwechsel, der von einer engen Freundschaft zeugt. Unter Dietrichs früheren politischen Weggefährten, einschließlich aller Liberalen, war Brüning derjenige, der ihm in seinen letzten Lebensjahren am nächsten stand. Der Altkanzler besuchte den schwer kranken Dietrich wiederholt im Schwarzwald und hielt schließlich die Trauerrede an seinem Sarg.[334]

Auch auf Brünings Seite finden sich keine Anzeichen, dass es nennenswerte Differenzen mit seinem Stellvertreter gab oder er Zwang ausüben musste, um diesen bei der Stange zu halten. Als die DVP, industrienahe und konservative Kreise in der Krise um die Notverordnung vom 5. Juni 1931 forderten, das Finanzministerium neu zu besetzen,[335] hielt Brüning ebenso an Dietrich fest wie bei der von

---

[331] Dietrich an Rudolf Schay, 30.12.1932, ND 155, fol. 40.

[332] Aufzeichnung Dietrichs über „Arbeitslosenfragen", 29.9.1943, ND 33, fol. 3f.: Dietrich notierte, dass in der Rede vom 6. Januar 1931, in der er sich mit den Lohnzuschüssen befasst hatte, „das Entscheidende meines Standpunktes festgelegt" sei. Aussagekraft und Verlässlichkeit seiner späteren Zeugnisse sind eher gering zu veranschlagen, und auch dieses Memoirenfragment ist nebulös formuliert. Trotzdem scheint es bemerkenswert, dass die Möglichkeit der Kreditausweitung hier nicht bzw. nur indirekt erwähnt wird: „Das Problem wurde dann mit anderen Mitteln gelöst, als auf die republikanische Regierung die Diktatur folgte."

[333] Peer Oliver Volkmann: Heinrich Brüning (1885-1970). Nationalist ohne Heimat. Eine Teilbiographie. Düsseldorf 2007, S. 277f.

[334] ND 569, fol. 14-85; Brüning, Am Sarge; siehe auch Brüning an Josef Ersing, 8.7.1953, abgedruckt in: Heinrich Brüning: Briefe 1946-1960. Herausgegeben von Claire Nix unter Mitarbeit von Reginald Phelps und George Pettee. Stuttgart 1974, S. 333: „Es tut mir so leid, daß es Dietrich nicht gut geht; ich hänge so sehr an ihm."

[335] Die DVP und Industrievertreter stießen sich an Dietrichs wirtschaftspolitischer Ausrichtung, auch im Zusammenhang mit seinem Drängen auf ein schärferes Vorgehen gegen Kartelle. Als DVP-Chef Eduard Dingeldey ein Entgegenkommen unter anderem davon abhängig machte, den Finanzminister auszutauschen, erklärte sich Brüning prinzipiell mit dem Essener Oberbürgermeister Franz Bracht als Nachfolger einverstanden, erklärte aber zugleich, „daß er Herrn Dietrich [...] zu Dank verpflichtet sei, ihn deshalb nicht einfach in die Wüste schicken [könne], sondern auf einen bevorzugten Posten im Kabinett stellen müsse". Graf Westarp, der auf eine Abberufung von Wirth, Dietrich und Curtius „drängen" wollte, vermutete zu Recht, dass Brüning erst einmal Zeit zu gewinnen suchte: Aktennotiz Dingeldeys über eine Besprechung mit Brüning, Ludwig Kaas und Albert Vögler, 13.6.1931 u. Kuno von Westarp an Walther Rademacher, 17.6.1931, Politik Dok. 230 u. 240, S. 666-669 u. 691f.; außerdem Tagesbericht Hans Luthers vom 12.6.1931, Aktenvermerk des Bayerischen Gesandten Ritter von Preger, 12.6.1931 u. Ritter von Preger an das Bayerische Staatsministerium des Äußern, 18.6.1931, Politik Dok. 225, 228 u. 241, S. 655-658, 662f. u. 692-695; Tagebuch Hans Schäffer, 12.6. u. 18.6.1931, IfZ ED 93, Bd. 11, S. 212f., 237-239 u. 247f.; vgl. Grübler, Spitzenverbände, S. 405f.; Schulz, Brüning, S. 345f.

Hindenburg durchgesetzten Neubildung des Kabinetts im Oktober, bei der Dietrich offenbar als unverzichtbar galt und nicht ernsthaft zur Disposition stand.[336] Einige Wochen danach versuchte Brüning sogar, Dietrich in Personalunion das preußische Finanzministerium zu übertragen – ein Vorhaben, das am Widerstand des Ministerpräsidenten Otto Braun scheiterte.[337] Brünings Memoiren zeichnen ein Bild enger Vertrautheit zwischen Kanzler und Vizekanzler.[338] Streckenweise überschwänglich gelobt, tritt Dietrich stets als Gleichgesinnter in Erscheinung, was immerhin insofern auffällig ist, als der misstrauische und nachtragende Brüning bei der Bewertung anderer wichtiger Protagonisten mit Kritik und persönlichen Spitzen nicht sparsam umging. Seine Feststellung, Dietrich sei „geradezu unersetzlich" gewesen,[339] deckt sich mit dem Eindruck anderer Zeitgenossen. Heinrich Köhler bemerkte giftig, Brüning sei ein „Bewunderer" von Dietrich gewesen.[340] Gottfried Treviranus, selbst Kabinettsmitglied und gut befreundet mit dem Kanzler, bezeichnete Dietrich als „die stärkste Stütze Brünings".[341] Aus Hans Luthers Sicht war Dietrich „der wirklich zweite Mann des Kabinetts Brüning […], das man wohl auch Kabinett Brüning-Dietrich hätte nennen können".[342]

Die zentrale Stellung Dietrichs in der Regierung ergab sich schon daraus, dass er das mit Abstand wichtigste Ressort innehatte. Das Finanzministerium gewann unter den Ausnahmebedingungen der Krise stark an Bedeutung.[343] Einerseits stand die Finanzpolitik im Zentrum der Kabinettsarbeit, andererseits waren alle übrigen Ministerien von ihr betroffen. Dabei interpretierte Dietrich seine Position, zusätzlich aufgewertet durch die Vizekanzlerschaft, alles andere als zurückhaltend. Er mischte sich in alle Geschäftsbereiche ein,[344] eine Praxis, die er seit der Tätigkeit als Stadtoberhaupt gewohnt war und in der parlamentarischen Arbeit fortgesetzt hatte. Zum Teil gab es dafür gewiss handfeste fiskalische Gründe, wenn es darum ging, Kürzungen in einzelnen Etats durchzusetzen. Dietrichs Aktivität reichte aber weit über reine Haushaltsfragen hinaus, etwa bei seinen Vorstößen in der Arbeitsbeschaffungsfrage, für die das Wirtschafts-, Arbeits-, Verkehrs- und Postministerium zuständig waren, im Falle der Siedlung zudem der Osthilfekommissar. Gerade nach der Regierungsumbildung im Oktober 1931 spielten die Ressortgrenzen für ihn eine geringe Rolle – eine Folge des Krisenma-

---

[336] Laut Brüning wollte Hindenburg praktisch alle Minister, einschließlich Dietrich, ersetzen: Brüning, Memoiren, S. 386. Es finden sich allerdings keine Hinweise, dass eine Neubesetzung des Finanzministeriums zu diesem Zeitpunkt ernsthaft zur Debatte stand. Brüning fiel es ohnehin schwer, geeignete (und Hindenburg genehme) Persönlichkeiten für sein Kabinett zu finden. Zum Drängen Hindenburgs auf eine Kabinettsumbildung Pyta, Hindenburg, S. 629-642.

[337] Zu dem Vorgang Schulze, Braun, S. 703-705. Brünings Behauptung, die preußische DStP-Fraktion habe den Plan abgelehnt, sich also gegen ihren eigenen Parteivorsitzenden gestellt, ist zweifelhaft. Falsch ist jedenfalls, dass das der Grund für das Scheitern des Vorhabens war (Brüning, Memoiren, S. 483).

[338] Brüning, Memoiren, z. B. S. 215f. u. 444-449.

[339] Ebd., S. 216.

[340] Köhler, Lebenserinnerungen, S. 89.

[341] Treviranus, Ende, S. 128.

[342] Luther, Abgrund, S. 147.

[343] Vgl. James, Reichsbank, S. 140; Ritschl, Schuldenkrise, S. 608.

[344] Vgl. Koops, Einleitung, S. XXV.

nagements, das die Arbeit der Regierung seit dem Sommer 1931 kennzeichnete, aber auch der veränderten Zusammensetzung des Kabinetts, dem nun drei der erfahrensten Politiker, Joseph Wirth, Julius Curtius und Karl Theodor von Guérard, nicht mehr angehörten. Während Dietrich jetzt erst recht parteipolitisch exponiert war und den linken Flügel der Regierung repräsentierte, war seine Stellung stärker denn je. Schon im März 1931, als die Finanz- und Wirtschaftspolitik noch in vergleichsweise ruhigen Bahnen verlief, erklärte er, dass „75% von der praktischen Arbeit, die die Regierung in den letzten zehn Monaten geleistet hat", auf das Konto seines Ministeriums gehe.[345] Das war zwar eine wenig bescheidene Übertreibung, um die eigene Leistung zu besonders hervorzuheben. Sie hatte aber einen wahren Kern.

Dietrich war derjenige, der neben Brüning in der Öffentlichkeit am meisten in Erscheinung trat und die Presseschlagzeilen beherrschte, wenn er die Politik der Regierung rechtfertigte.[346] Er nutzte seine parlamentarischen Verbindungen, nicht zuletzt zur SPD, um die wacklige Mehrheit der Regierung im Reichstag zu verteidigen.[347] Und er kümmerte sich um die „diskrete Erledigung" von Transaktionen, die reichlich politischen Sprengstoff bargen.[348] Im Frühjahr 1932 leitete er die faktische Verstaatlichung der Gelsenkirchener Bergwerks-AG in die Wege, bislang Teil des Industrieimperiums von Friedrich Flick. Das Reich erwarb die Aktienmehrheit des wankenden Montangiganten, der (unter anderem) die Mehrheit an den Vereinigten Stahlwerken hielt, für 90 Millionen RM. Die Übernahme wurde durch Absprachen zwischen Dietrich und Flick und einen Vorvertrag Mitte März angebahnt, den Dietrich rechtskräftig am 31. Mai vollzog, als die Regierung bereits zurückgetreten und nur noch geschäftsführend im Amt war. Eingeweiht waren Brüning und Wirtschaftsminister Warmbold, während zum Beispiel Hans Schäffer erst davon erfuhr, als die Nachricht im Juni zum öffentlichen Skandal wurde.[349] Just in dem Moment, als Dietrich dieses problematische Geschäft in

---

[345] Sitzung des Gesamtvorstandes der DStP vom 14. 3. 1931, Linksliberalismus Dok. 176a, S. 631 f.

[346] Siehe z. B. die Zeitungsausschnittsammlung zu Dietrichs Rede im Haushaltsausschuss am 14. 1. 1931, ND 311.

[347] Vor der Abstimmung und Reichstagsauflösung vom 18. Juli 1930 verhandelte Dietrich bis zuletzt mit Vertretern der SPD, um die Aufhebung der ersten Notverordnungen noch zu verhindern. In den Wochen nach der Verordnung vom 5. Juni 1931, als die SPD mit der Einberufung des Haushaltsausschusses drohte, führte er persönliche Gespräche mit Rudolf Breitscheid und Paul Hertz: Rede Dietrichs am 18. 7. 1930, Reichstag Bd. 428, S. 6515 f., Keil, Erlebnisse, S. 388 f. u. Winkler, Katastrophe, S. 163 f.; Tagebuch Hans Schäffer, 12. 6. u. 18. 6. 1931, IfZ ED 93, Bd. 11, S. 214 u. 241. Hermann Pünder schätzte Dietrich „wegen seines Einflusses auf die Demokraten und die ganze Linke": Pünder, Politik, S. 52 (Aufzeichnung vom 28. 5. 1930).

[348] Brüning, Memoiren, S. 522 f., hier im Zusammenhang mit der Bankenreorganisation, bei der die Regierung laut Brüning zur Vertuschung früherer Unregelmäßigkeiten bei den Kreditinstituten genötigt war; außerdem ebd., S. 444–449.

[349] Zur „Gelsenberg-Affäre" bes. Alfred Reckendrees: Das „Stahltrust"-Projekt. Die Gründung der Vereinigten Stahlwerke A.G. und ihre Unternehmensentwicklung 1926-1933/34. München 2000, S. 493–507; Kim Christian Priemel: Die Gelsenberg-Affäre: Ursachen – Verlauf – Ergebnisse. In: Johannes Bähr u. a.: Der Flick-Konzern im Dritten Reich. München 2008, S. 44–56. Die Motive der Regierung waren vielfältig: Die Rettung

die Wege leitete, organisierte er die Finanzierung des Wahlkampfes um die Reichspräsidentschaft. Die großangelegte Sammlung gestaltete sich zunächst schwierig, war aber schließlich, allem Anschein nach, höchst erfolgreich. Die Mittel stammten zum einen aus der Reichskasse, zum anderen aus Wirtschaftskreisen, unter anderem von Flick. Bei alledem waren offenkundig diverse Umwege und Buchungstricks erforderlich, an denen Max Winkler, bis 1928 Dietrichs Mitstreiter in der geheimen Auslandsdeutschtums- und Pressepolitik, maßgeblich beteiligt war.[350] Es ist unklar, wie hoch die für die „Hindenburg-Wahl" gesammelten Summen waren und woher diese im Detail stammten. Selbst Ministerialdirektor Arnold Brecht, der in den Vorgang involviert war, kannte keine Einzelheiten über den millionenschweren „Dietrich-Fonds" und kommentierte rückblickend, er habe die Wege der Finanzierung „bis heute nicht verstanden".[351]

von Flicks Charlottenhütte verhinderte eine Konkurswelle in der Montanindustrie, die auch die Großbanken in Mitleidenschaft gezogen hätte, es gab außenpolitische Befürchtungen hinsichtlich der Verflechtung mit der ostoberschlesischen Industrie, und Flick gab zu verstehen, dass ein französisches Konsortium unter Führung Thyssens ebenfalls Interesse daran hatte, die Mehrheit zu übernehmen. Gleichzeitig eröffnete sich für die Regierung die Möglichkeit, die Beteiligung an der Gelsenkirchener Bergwerks-AG als Faustpfand für die Lausanner Konferenz zu nutzen und Frankreich im Austausch für das Ende der Reparationen eine wirtschaftliche Zusammenarbeit im Montanbereich anzubieten. Dieser letzte Punkt ist durchaus interessant und bislang kaum berücksichtigt worden (knapp Schulz, Brüning S. 898). In der öffentlichen Debatte um die Affäre wurde er aus naheliegenden Gründen nicht zur Sprache gebracht, er ist aber verschiedentlich belegt. So erklärte Dietrich gegenüber Schäffer zum angeblichen Interesse des französischen Konsortiums: „Das sei ihm weniger unter dem Gesichtspunkt der Überfremdung unangenehm gewesen, als deswegen, weil damit die Möglichkeiten, den Franzosen auf der Lausanner Konferenz etwas zu gewähren, erheblich erschwert seien. Er hat sich immer gedacht, daß man durch gemeinsame Kohlen- und Eisen-Exporte, bei denen die Franzosen einen größeren Anteil am Erlös erhalten sollten, ihnen eine Art Gegenleistung für die Streichung der Reparationen gewähren könne. Wenn sie selbst den Stahlverein schon in ihrer Macht gehabt hätten, wäre dieser Weg verschlossen gewesen." Tagebuch Hans Schäffer, 5.7.1932, IfZ ED 93, Bd. 21, S. 636; siehe auch Dietrich an Richard Thoma, 6.7.1932, ND 133, fol. 96 u. die schriftliche Stellungnahme Dietrichs im Spruchkammerverfahren gegen Fritz Thyssen, 8.4. 1948, ND 584, fol. 205f.

[350] Tagebuch Hans Schäffer, 29.2., 2.3. u. 3.3.1932, IfZ ED 93, Bd. 18f., S. 285 u. 295f.; Winkler an Dietrich, 8.4.1947, ND 176, fol. 79; Dietrich an Bernhard Weiss (Flick-Konzern), 10.7.1944, ND 173, fol. 21; Flicks Spende betrug wohl 950 000 RM: z. B. Peter Kulitz: Unternehmerspenden an politische Parteien. Berlin 1983, S. 36.

[351] Arnold Brecht: Mit der Kraft des Geistes. Lebenserinnerungen. Zweite Hälfte 1927-1967. Stuttgart 1967, S. 143f. (Zitat) u. 228; siehe auch Carl Severing: Mein Lebensweg. Bd. 2: Im Auf und Ab der Republik. Köln 1950, S. 322-325; Brüning, Memoiren, S. 531f.; Günther Gereke: Ich war königlich-preußischer Landrat. Berlin (Ost) 1970, S. 177 u. 183-185. In allen Fällen sind die Angaben vage, und aussagekräftige zeitgenössische Quellen, die den Gesamtzusammenhang aufhellen könnten, gibt es wohl nicht; vgl. Larry Eugene Jones: Hitler versus Hindenburg. The 1932 Presidential Elections and the End of the Weimar Republic. Cambridge 2016, S. 225-230. Sicher scheint, dass (mindestens) 2 Millionen RM letztlich aus Reichsmitteln stammten und der Anteil der Wirtschaft deutlich höher war. Gut 20 Jahre später erklärte Dietrich, er sei „der einzige Mann, der genau wisse, was die Hindenburgwahl gekostet habe", sprach von 15 Millionen und spöttelte, für diese enorme Summe „hätten wir auch Groener zum Reichspräsidenten machen können". Zu dem Zeitpunkt war Dietrich allerdings schon todkrank

Die Einordnung der deutschen Deflationspolitik als Konsequenz einer auswärtigen Schuldenkrise, die nur im internationalen Zusammenhang verstanden werden kann, birgt wichtige Implikationen für die historische Einordnung der Ära Brüning wie für die Weimarer Geschichte insgesamt. So zeigt sich, dass die von zahlreichen Historikern – ausgerechnet auch von Verfechtern der Strukturgeschichte – ausufernd betriebene Personalisierung der deutschen Finanz- und Wirtschaftspolitik in der Spätphase der Weimarer Republik fehl am Platz ist. Dietrichs prominente Rolle in der Regierung, die sich noch ausführlicher darstellen ließe, hier jedoch nicht als solche von Interesse ist, unterstreicht das: Es ist weder angemessen, von „Brünings Deflationspolitik" noch von einem „politischen Alleingang"[352] oder gar von einem „Amoklauf"[353] des Reichskanzlers zu sprechen – hier gilt es nicht zuletzt, sich von Brünings autobiographischem Konstrukt zu lösen. Sodann müssen bei der Beschäftigung mit den „Zwangslagen und Handlungsspielräumen" unweigerlich die mittleren Weimarer Jahre in den Fokus geraten. Die Frage, wie Handlungsspielräume (nicht) genutzt wurden, als diese noch in nennenswertem Umfang bestanden, also in der Phase der relativen Stabilisierung, drängt sich gerade dann auf, wenn man im Sinne der neueren Forschung von der „Offenheit" der Weimarer Geschichte ausgeht. Die Antworten können sich nicht darin erschöpfen, pauschal auf zu hohe Löhne zu verweisen oder in staatlicher Defizitpolitik eine vermeintlich visionäre „demokratische Wirtschaftspolitik" zu erblicken.

Die Diagnose ökonomischer „Zwangslagen" bedeutet nicht, Reichskanzler Brüning und sein Kabinett gewissermaßen zu exkulpieren. Handlungsspielräume gab es auf anderen Gebieten durchaus. Das gilt – zum Beispiel – für das verunglückte, ungeschickt initiierte wie nach Lage der Dinge überflüssige Projekt der deutsch-österreichischen Zollunion, das im März 1931 der Öffentlichkeit bekannt wurde und zur Unzeit eine Belastung der außenpolitischen Lage mit sich brachte.[354] Und das gilt ebenso für die von Brüning betriebene Wiederwahl Hindenburgs zum Reichspräsidenten, für die der Kanzler sich entschied, obwohl auf der Hand lag, dass der betagte Weltkriegsheros alles andere als eine solide Basis für den Fortbestand der Regierung darstellte.[355] Auch in diesem Fall zogen der Kanzler und sein Stellvertreter einträchtig an einem Strang – von Dietrich findet sich kein kritisches Wort zur erneuten Kandidatur Hindenburgs. Vielmehr erwartete er von der Wiederwahl des Feldmarschalls eine dauerhafte Absicherung des Kabinetts.[356]

Nicht zu vergessen ist schließlich, dass – wenigstens im Rückblick – die Zukunftsaussichten der Regierung im Frühjahr 1932 nicht schlecht waren. Sie stürzte kurz vor der entscheidenden Reparationskonferenz und die Konjunktur erreichte

---

und kaum noch ansprechbar, so dass offenbleiben muss, ob seine Angabe korrekt war: Vermerk Wolfgang Mommsens betreffend die Nachlässe Dietrich und Troeltsch (nebst Bericht über einen Besuch bei Dietrich am 24.10.1953), 29.10.1953, BAK Dienstakte Hermann Dietrich, fol. 12f.
[352] Mommsen, Brünings Politik.
[353] Wehler, Gesellschaftsgeschichte Bd. 4, S. 516–530.
[354] Vgl. z. B. Heyde, Ende, S. 145–160.
[355] Vgl. Volkmann, Brüning, S. 212–216.
[356] Siehe dazu unten, S. 453f.

im Sommer den Tiefpunkt. Im Herbst setzte der Aufschwung ein, trotz der nun höchst instabilen innenpolitischen Lage.[357] Die parlamentarische Tolerierungsmehrheit stand im Mai 1932 noch immer hinter dem Kabinett, und die Legislaturperiode dauerte bis zum Spätsommer 1934. Gestürzt wurde das Kabinett Brüning nicht vom Reichstag, sondern von Hindenburg.

3. Dietrich und die Deutsche Staatspartei

Als Dietrich Ende Juni 1928 das Amt des Ernährungsministers übernahm, stand die DDP unter dem Eindruck der Niederlage bei den Reichstagswahlen vom 20. Mai. Der Schock über das schlechte Abschneiden saß tief und sorgte für eine Krisenstimmung, welche die spannungsgeladenen innerparteilichen Entwicklungen bis zum Sommer 1930 begleitete. Nach einem Machtkampf in der Parteispitze wurde die Stellung des Parteichefs Erich Koch-Weser 1929 gestärkt, indem er zusätzlich das Amt des Vorstandsvorsitzenden übernahm, das bislang Anton Erkelenz innehatte. Während die Mehrheit des Vorstands sich eine einheitlichere Führung und eine Erhöhung der Schlagkraft der Partei erhoffte, wirkte die Verdrängung von Erkelenz eher konfliktfördernd, zumal er der prominenteste Arbeitnehmervertreter war. Die sozialpolitisch orientierten Kräfte sahen sich ohnehin in der Defensive, weil die wirtschaftsnahen Kreise auf eine deutlichere Abgrenzung von der SPD drängten. Allgemein traten die Interessengegensätze zwischen Industrie, Mittelstand, Landwirtschaft und Arbeitnehmerschaft vermehrt hervor. Das Vorhaben, ein Wirtschaftsprogramm zu verabschieden und damit das Profil der Partei zu schärfen, führte zu Kontroversen und scheiterte schließlich im Herbst 1929.[358] Die DDP verfolgte in erster Linie das Konzept einer „republikanischen Staatspolitik", die einen Ausgleich der Interessen propagierte und im Übrigen auf übergeordnete Ziele verwies.[359] So blendete Koch-Weser in der programmatischen Rede, die er Anfang Oktober 1929 auf dem Parteitag der DDP hielt, strittige Themen weitgehend aus. Stattdessen konzentrierte er sich auf das Problem der Reichsreform, prangerte die „Selbstsucht der Parteien" an und appellierte an das „Staatsbewußtsein".[360] Die Wirkung der Formeln „Staat" und „Nation", die als „Integrationsklammern" fungierten,[361] stieß allerdings zunehmend an Grenzen, als die Schieflage der Reichsfinanzen und der Beginn der Wirtschaftskrise die Verteilungskonflikte anheizten.

Dietrich war bis zum Sommer 1930 kaum an den Auseinandersetzungen innerhalb der DDP beteiligt, trug aber durch seine Tätigkeit in der Reichsregierung zu ihrer Verschärfung bei. Zunächst war sein Verhältnis zur Partei gut. Bis Mitte

---

[357] Christoph Buchheim: Die Erholung von der Weltwirtschaftskrise 1932/33 in Deutschland. In: Jahrbuch für Wirtschaftsgeschichte 44/1 (2003), S. 13–26.
[358] Schneider, Deutsche Demokratische Partei, S. 123–132, 170–175 u. 216–218; Schustereit, Linksliberalismus, S. 235f.; Papke, Koch-Weser, S. 168–171; Kellmann, Erkelenz, S. 194–196.
[359] Schneider, Deutsche Demokratische Partei, S. 47 u. 78–141.
[360] Schulthess 1929, S. 182f.
[361] Langewiesche, Liberalismus, S. 249.

1929 erschien er regelmäßig zu den Sitzungen der Führungsgremien, bei denen er gelegentlich die Politik der Regierung rechtfertigte, insgesamt zurückhaltend agierte und sich nicht in die ständigen Querelen einmischte.[362] In der Fraktion war seine Stellung ohnehin stark – sehr zum Unmut von Koch-Weser, den Dietrich bei der Regierungsbildung verdrängt hatte. Der Parteivorsitzende erhielt zwar in dem provisorischen „Kabinett der Persönlichkeiten" das Justizministerium, war aber von Anfang an nur als Platzhalter für einen Zentrumspolitiker vorgesehen, bis eine formelle Große Koalition gebildet würde. Dazu kam es allerdings erst im April 1929, weil sich die Verhandlungen zwischen den Parteien hinzogen, und so hoffte Koch-Weser zwischenzeitlich, doch noch (statt Dietrich) in der Regierung verbleiben zu können. Dieses Ansinnen scheiterte, wie er bitter notierte, an „der tödlichen Indolenz der Fraktion".[363] Auch Dietrichs Amtsführung fand in der Partei anfangs durchaus Anerkennung; gerade die Agrarier waren voll des Lobes.[364]

Wenn Koch-Weser Anfang Juli 1929 festhielt, „Dietrichs Ernährungspolitik" sei „ein vollkommener Fehlschlag", weil sie konsumentenfeindlich sei, „ohne uns auch nur einen einzigen Bauern zu gewinnen", spiegelte das zu diesem Zeitpunkt nur bedingt die Meinung der Partei wider.[365] Er sollte jedoch recht behalten: Nach dem Übergang zu einer immer weitreichenderen Zoll- und Subventionspolitik mehrten sich die kritischen Stimmen. Diese Maßnahmen kamen vor allem dem Getreidebau bzw. den Großbetrieben zugute, während die kleinen und mittleren, bevorzugt Veredelungswirtschaft treibenden Bauern, unter denen die DDP noch über einen gewissen Anhang verfügte, unter den steigenden Futtermittelzöllen litten. Die Industrie sah den Export gefährdet, und die Begünstigung des Großgrundbesitzes bei der Durchführung der Osthilfe stieß auf erheblichen Unmut.[366] Am Ende hatte Dietrich praktisch die gesamte Partei gegen sich. Erkelenz gab im März 1930 die allgemeine Stimmung wieder, wenn er feststellte, dass die Agrarpolitik der Regierung das Programm der Rechten umsetze.[367] Als Dietrich am 25. März die Abstimmung über das neue Maismonopol mit der Vertrauensfrage verknüpfte, stimmte außer ihm selbst nur ein demokratischer Abgeordneter für das Gesetz, sechs votierten dagegen, sieben enthielten sich und zehn blieben dem

---

[362] Linksliberalismus Dok. 147-153.
[363] Vermerk Koch-Wesers vom 27. 2. 1929, BAK N Koch-Weser 39, pag. 7-9.
[364] So erklärte Friedrich Wachhorst de Wente, Vorsitzender des DDP-nahen Deutschen Bauernbundes, Anfang Juni 1929, „daß die DDP niemals auf dem Lande populärer gewesen sei, als zur Jetztzeit. Das liegt an der Person des Reichsernährungsministers, der überall als Bauernminister bezeichnet wird." Sitzung des Vorstandes vom 3.6.1929, BAB R 45 III-21, fol. 87. Auch im Oktober 1929 erfuhr Dietrich von Seiten der Agrarier noch Zustimmung: Wortmeldungen von Wachhorst de Wente und Heinrich Rönneburg auf dem Parteitag der DDP in Mannheim, 5. 10. 1929, BAB R 45 III-7, fol. 100-102 u. fol. 113-116; außerdem Ernst Lemmer an Dietrich, 30. 10. 1929, ND 115, fol. 161; vgl. Saldern, Dietrich, S. 78 f.
[365] Vermerk Koch-Wesers vom 5. 7. 1929, BAK N Koch-Weser 39, pag. 57-59.
[366] Schneider, Deutsche Demokratische Partei, S. 195-199.
[367] Anton Erkelenz: Neue Welle des Interventionismus und Protektionismus, Die Hilfe Nr. 13 vom 29. 3. 1930, S. 321-325.

Votum fern. Somit sprach die Fraktion dem eigenen Minister das Misstrauen aus.[368]

Die Entfremdung zwischen Dietrich und der DDP war also auf einem Höhepunkt angelangt, als er in das Kabinett Brüning eintrat. Der Charakter der neuen Regierung widersprach in mehrerlei Hinsicht den Grundsätzen und der politischen Linie der DDP.[369] Parteistrategisch hatte sie innerhalb der Großen Koalition eine Mittlerrolle einnehmen und so das „Konzept des staatspolitischen Ausgleichs"[370] verfolgen können, das sich in einem nach rechts verlagerten Kabinett kaum aufrechterhalten ließ – hier drohte vielmehr die Bedeutungslosigkeit am linken Rand des Regierungslagers. Schwer erträglich war der Einfluss der DNVP, zumal der neue Ernährungsminister Schiele sogleich zu noch drastischeren agrarpolitischen Maßnahmen schritt, und die von Brüning angedrohte Anwendung des Artikels 48 zur Etatsanierung war für die Demokraten ein rotes Tuch. Erst nach heftigen Kontroversen entschied die Fraktion, das neue Kabinett vorerst zu unterstützen, obwohl alle Abgeordneten Vorbehalte hatten und Erkelenz sowie Ernst Lemmer, Vorsitzender der tendenziell linksgerichteten Jungdemokraten, strikt dagegen waren.[371] Die DDP musste sofort Farbe bekennen, weil die Regierung auf ihre Stimmen angewiesen war und die SPD einen Misstrauensantrag einbrachte. Fraktionsführer Oscar Meyer begründete die Haltung der Demokraten im Plenum damit, dass bei Auflösung des Reichstags eine „Staatskrisis" drohe. Gleichzeitig äußerte er „Bedenken und Sorgen". Er forderte, „daß der Artikel 48 nicht entgegen seinem Wortlaut und Sinn zur Anwendung gelangt", und betonte, „die jetzige Lösung" dürfe nur eine „Übergangslösung" sein.[372]

Die Parteileitung unterstrich, dass die „schwere Entscheidung" wegen der dringlichen Etatsanierung und „aus staatspolitischen Gründen zwangsläufig" gewesen sei. Nur so habe man die Anwendung des Artikels 48, „diese Bankrotterklärung des Parlaments", und Neuwahlen, von denen eine „Stärkung des Radikalismus" zu erwarten sei, verhindern können. Das Gewicht der Deutschnationalen wurde genauso heruntergespielt wie das Agrarprogramm Schieles.[373] Die Beschwichtigungsversuche wirkten freilich wenig beruhigend. Das *Berliner Tageblatt* lief Sturm gegen die Regierungsbeteiligung, und Erkelenz wandte sich öffentlich gegen die „taktischen" Erwägungen der Parteiführung. Insbesondere werde die „Belastung", welche die „Dietrichsche Agrarpolitik" bedeutet habe, nun „verhundertfacht durch die Zustimmung der Partei zur Regierung Brüning-

---

[368] Reichstag Bd. 427, S. 4653. Saldern spricht von einer allgemein „positiven Haltung" der DDP zu Dietrichs Agrarpolitik und betrachtet die Abstimmung als einmalige Unmutsbekundung: Saldern, Dietrich, S. 78.

[369] Vgl. zum Folgenden Schneider, Deutsche Demokratische Partei, S. 137-141; Jones, Liberalism, S. 361.

[370] Schneider, Deutsche Demokratische Partei, S. 138; vgl. auch Schustereit, Linksliberalismus, S. 250-255.

[371] Feder, Tagebücher, S. 252f. (Eintrag vom 28. 3. 1930).

[372] Rede Oscar Meyers am 2. 4. 1930, Reichstag Bd. 427, S. 4750f. Lemmer und Erkelenz blieben der Abstimmung über das Misstrauensvotum fern: ebd., S. 4776.

[373] Wilhelm Rexrodt: Das Kabinett Brüning und die D.D.P., Der Demokrat Nr. 8 vom 20. 4. 1930, S. 177-179.

Schiele".³⁷⁴ Der Agrarier Theodor Tantzen, der zuvor als prononcierter Gegner von Dietrichs Landwirtschaftspolitik in Erscheinung getreten war, legte Ende April sein Reichstagsmandat nieder und trat aus der DDP aus. Nur mit Mühe konnten sich Fraktion und Parteiführung im Vorstand gegen die vielfache, nicht auf Vertreter des linken Flügels beschränkte Kritik behaupten. „Einstimmig bei einigen Stimmenthaltungen" sprach das Gremium Dietrich und der Fraktion schließlich „das Vertrauen" aus, „daß sie in der jetzigen Kombination die Grundsätze der Partei wahren und aus deren etwaiger Verletzung mit Entschiedenheit die Folgerungen ziehen werden".³⁷⁵ Zu ähnlich kritischen Kundgebungen kam es in den Wahlkreisen.³⁷⁶

Dietrich selbst gab im Vorstand eine Stellungnahme ab, in der er den milden Charakter der ersten Maßnahmen des Kabinetts hervorhob und sogar die Politik Schieles, gegen die er im Kabinett opponierte, als „tragbar" bezeichnete.³⁷⁷ Inwieweit er sonst auf die Auseinandersetzungen Einfluss nahm, ist unklar. Möglicherweise war die Beziehung zu manchem Parteifreund infolge der Abstimmung über das Maismonopol gestört. In den öffentlichen Debatten trat er jedenfalls nicht in Erscheinung, und es ist auffällig, dass vor allem die Fraktion und die Parteiführung in der Schusslinie standen. Das änderte sich, als Dietrich das wenig kontroverse Wirtschaftsressort aufgab und gegen den Willen der Partei Finanzminister wurde.

Die Sparmaßnahmen, die Moldenhauer im Juni vorschlug, stießen bei den Demokraten auf heftigen Widerstand. Den energischen Protesten der Beamtenverbände gegen die geplante Besoldungskürzung schloss sich die Fraktion an. Dietrich kehrte von der Kur, die er nach seinem Herzanfall angetreten hatte, zwei Tage früher zurück, um einen ablehnenden Beschluss zu verhindern.³⁷⁸ Damit hatte er allerdings keinen Erfolg. Die DDP-Fraktion veröffentlichte am 16. Juni eine Erklärung, in der sie sich nicht nur gegen das „Notopfer" der Beamten wandte, sondern zur Generalabrechnung mit der bisherigen Finanzpolitik der Regierung schritt. Sie forderte, „daß nicht wieder, wie im April unter dem Drucke der Ankündigung von Reichstagsauflösung und Anwendung des Artikels 48, überstürzt ein höchstens die Not des Tages überwindendes Stückwerk geleistet, sondern eine die Reichsfinanzen für die Dauer ordnende Finanzreform auf den Weg gebracht" werde. Die Regierung solle die Reichsreform in Angriff nehmen, die Ausgaben senken und, wenn überhaupt, nur die indirekten Steuern „auf entbehrliche Ge-

---

³⁷⁴ Anton Erkelenz: Die Krise der deutschen Parteien, Die Hilfe Nr. 17 vom 26. 4. 1930, S. 425-430.
³⁷⁵ Der Demokrat Nr. 9 vom 6. 5. 1930, S. 201; Sitzung des Vorstandes vom 5. 5. 1930, Linksliberalismus Dok. 162, S. 529-532.
³⁷⁶ Bes. Der Demokrat Nr. 11 vom 5. 6. 1930, S. 265-272.
³⁷⁷ Sitzung des Vorstandes vom 5. 5. 1930, BAB R 45 III-21, fol. 39.
³⁷⁸ Artur Hesse an Gräfin Harry Gersdorff, 2. 6. 1930, Hesse an Dietrich, 10. 6. u. 13. 6. 1930 u. Dietrich an Hermann Geib, 16. 6. 1930, ND 320, fol. 181, 187-189, 200 u. 210; siehe auch Ministerbesprechung vom 18. 6. 1930, AdR Brüning Dok. 50, S. 212. Von Hesse, bis Juli 1931 sein persönlicher Referent im Wirtschafts- bzw. Finanzministerium, wurde Dietrich über die Vorgänge in Berlin auf dem Laufenden gehalten, während aussagekräftige Korrespondenzen mit DDP-Politikern für diese Zeit nicht überliefert sind.

nußmittel" erhöhen. Der Besoldungskürzung werde man „nicht zustimmen", weil sie gleichbedeutend sei mit einer „willkürlichen Auferlegung von Sonderlasten [...] auf einzelne Schichten des Volkes".[379] Die Parteizeitschrift *Der Demokrat* hob hervor, Dietrich habe „weder schriftlich noch mündlich seine Zustimmung" zu Moldenhauers Plänen gegeben, womit anderslautende „Gerüchte" dementiert wurden.[380] Am 24. Juni, zwei Tage vor Dietrichs Ernennung, entzog die Fraktion der Regierung „beinahe" das Vertrauen.[381]

Als Dietrich das Finanzministerium übernahm und die Linie seines Vorgängers im Wesentlichen fortführte, geriet die DDP in große Verlegenheit. Offenbar setzte er die Fraktion lediglich über seinen Entschluss in Kenntnis, wobei er gewisse Verbesserungen an Moldenhauers Vorlage in Aussicht stellte.[382] Der Widerspruch gegen seinen Ressortwechsel war immens. In einem parteiinternen Rundschreiben hieß es, die Fraktion habe sich „nicht entschließen" können, „Dietrich zur Übernahme des Reichsfinanzministeriums zu raten. Solange aber keine begründete Vermutung für die Ablehnung der demokratischen Forderungen im Kabinett vorlag, hielt die Fraktion es auch nicht für richtig, von Minister Dietrich bei eventueller Übernahme des Finanzministeriums den Austritt aus der Fraktion oder sogar die Aufgabe seines Mandats zu fordern".[383]

In den gut drei Wochen zwischen Dietrichs Amtsantritt und der Auflösung des Reichstags am 18. Juli geriet die politische Entwicklung für die DDP zu einer Kette von Rückzugsgefechten und Misserfolgen. Die „demokratischen Forderungen" spielten schließlich ebensowenig eine Rolle wie der beschwichtigende Hinweis, das Kabinett sei „kein Koalitionskabinett und die Fraktion nicht an Dietrich gebunden".[384] Die DDP musste in fast allen Punkten nachgeben. Es blieb bei der Besoldungskürzung, und wenngleich diese nur noch 2,5 Prozent betrug, während Moldenhauer 4 Prozent geplant hatte, handelte es sich nicht um ein Entgegenkommen gegenüber der DDP, sondern gegenüber der DVP, die als Ersatz die „Bürgersteuer" durchsetzte, eine Kopfsteuer, welche vor allem die niedrigen Einkommen belastete und aus Sicht der Demokraten keine Verbesserung darstellte. Das einzige Zugeständnis, das sie erreichen konnten, war die Einführung einer Getränkesteuer. Insgesamt hatte die Fraktion „kaum Einfluß" auf die Entscheidungen des Kabinetts.[385] Als sie am 16. Juli für die Regierungsvorlage stimmte, sollten damit wenigstens der Erlass einer Notverordnung und die Reichstagsauflösung verhindert werden – doch auch diese Ziele wurden verfehlt. Am 8. Juli hatte die DDP ihre Zustimmung von einer parlamentarischen Verabschiedung abhängig gemacht,[386] und tags darauf berichtete Dietrich dem Kabinett, sie wehre sich „auf das heftigste gegen eine Anwendung des Art. 48".[387] Eine Woche später

---

[379] Der Demokrat Nr. 12 vom 20.6.1930, S. 281 f.
[380] Ebd., S. 282.
[381] Tagebuch Hans Schäffer, 24.6.1930, Politik Dok. 94, S. 253.
[382] Tagebuch Hans Schäffer, 25.6.1930, IfZ ED 93, Bd. 9, S. 162 f.
[383] Rundschreiben der Reichsgeschäftsstelle der DDP, 4.7.1930, BAB R 45 III-44, fol. 3.
[384] Der Demokrat Nr. 13 vom 8.7.1930, S. 313.
[385] Stephan, Aufstieg, S. 433 f.; vgl. Winkler, Katastrophe, S. 161 f. u. 170.
[386] Fraktionsführerbesprechung vom 8.7.1930, AdR Brüning Dok. 67, S. 278.
[387] Ministerbesprechung vom 9.7.1930, AdR Brüning Dok. 71, S. 291.

war es lediglich die unsoziale Bürgersteuer, welche die Demokraten nicht auf dem Verordnungsweg verabschiedet sehen wollten. Dietrich hatte der Fraktion dieses Zugeständnis in Aussicht gestellt, versicherte aber im Kabinett, er sei trotzdem „bereit, gegen den Willen seiner Partei die Bürgersteuer in die erste Notverordnung mit einzubeziehen", was auch sogleich geschah.[388] Oscar Meyer übertrieb nicht, als er im Reichstag erklärte, die DDP habe „alle Bemühungen darauf gerichtet, die Anwendung des Artikels 48 [...] zu verhüten", dabei „dringende Wünsche und schwere Bedenken zurückgestellt" und „kein Opfer gescheut".[389] Am völligen Scheitern der demokratischen Politik konnte kein Zweifel bestehen.

Die seit 1928 schwelenden Konflikte in der DDP hatten eine zweite, nicht minder wichtige Dimension. Nach der Wahlniederlage setzte sich verbreitet die Überzeugung durch, dass die Partei keine Zukunft habe und die Bildung einer neuen, großen Partei der Mitte erforderlich sei. Es kam zu einer gewissen Annäherung an die DVP, für die der Wahlausgang ebenso enttäuschend war, wobei sich der Fokus nicht auf eine bloße Fusion beider Parteien, sondern auf eine inhaltliche und personelle Erneuerung des Liberalismus richtete. Für den Neubeginn sollte nicht zuletzt die „Jugend" gewonnen werden, und so suchten die Parteivorsitzenden Koch-Weser und Stresemann den Kontakt zu Kräften wie Artur Mahrauns Jungdeutschem Orden und der jungliberalen „Reformbewegung", die eher der DVP nahestand, sich aber als überparteilich verstand und einen politischen Zusammenschluss zwischen Arbeiterschaft und „Großkapital" anstrebte. Bis März 1930 kam es immer wieder zu Sondierungen, bei denen Koch-Weser seine Fühler bis zum linken Flügel der DNVP bzw. den Abspaltungen von den Deutschnationalen ausstreckte, die gegen Alfred Hugenbergs radikalen Kurs opponierten. Greifbare Ergebnisse blieben jedoch aus. Nach Stresemanns Tod Anfang Oktober 1929 schwand die Hoffnung auf eine Verständigung mit der DVP, deren rechter Flügel unter dem neuen Parteivorsitzenden Ernst Scholz schnell die Oberhand gewann und sich entschieden gegen ein Zusammengehen mit der DDP aussprach. Umgekehrt gab es bei den Demokraten starke Vorbehalte gegen den Einfluss der Schwerindustrie in der DVP, nicht nur, aber besonders unter den eher linksgerichteten Kräften der Partei. Diese nahmen die Bestrebungen zu einer Fusion mit anderen bürgerlichen Parteien, die aus Sicht der DDP eine Orientierung nach rechts bedeuten musste, als Bedrohung wahr. Die Jungdemokraten um Lemmer riefen im November 1929 den „Sozialrepublikanischen Kreis" ins Leben, in dem sich der Widerstand des linken Flügels gegen jede Schwächung des demokratischen und sozialen Profils der Partei konzentrieren sollte. Obwohl die Gruppe im Wesentlichen auf die Jungdemokraten beschränkt blieb, manifestierte sich in ihr das Konfliktpotential der Versuche, die Gründung einer neuen Partei anzubahnen.[390]

---

[388] Ministerbesprechung vom 16.7.1930, AdR Brüning Dok. 80, S. 324f.
[389] Rede Oscar Meyers am 18.7.1930, Reichstag Bd. 428, S. 6518f.
[390] Vgl. Jones, Liberalism, S. 309–358; Wolfgang Krabbe: Die gescheiterte Zukunft der Ersten Republik. Jugendorganisationen bürgerlicher Parteien im Weimarer Staat (1918-1933). Opladen 1995, S. 136 u. 276–290; Richter, Deutsche Volkspartei, S. 550–565;

Die Bildung des Kabinetts Brüning verlieh den Sammlungsbestrebungen zunächst Auftrieb. Alle politischen Gruppierungen zwischen der SPD und dem Hugenberg-Flügel der DNVP sahen sich im Regierungslager vereint, und der Handlungsdruck stieg, weil jederzeit Neuwahlen möglich waren. Es kam zu Besprechungen zwischen DDP, DVP, Wirtschaftspartei und der Christlich-Nationalen Arbeitsgemeinschaft, einer Abspaltung von der DNVP, bei denen über ein gemeinsames Vorgehen bei Neuwahlen und eine parlamentarische Arbeitsgemeinschaft beraten wurde. Dabei verhielt Koch-Weser sich reserviert, weil die anderen Parteien einen betont antisozialistischen Kurs einschlagen wollten. Eine solche Frontstellung gegen die SPD kam für die DDP nicht in Frage.[391] Allerdings kursierten Gerüchte über eine bevorstehende Parteifusion und bereits beschlossene Listenverbindungen mit DVP und WP, die den Unmut all jener Kräfte anheizten, die sich wegen der Regierungsbeteiligung ohnehin einem Rechtskurs ausgesetzt sahen.[392] Der Arbeitnehmerausschuss der DDP verabschiedete eine Resolution, in der er auf die „Aufrechterhaltung einer selbständigen, nach allen Seiten unabhängigen Partei" pochte.[393] Lemmer spielte sogar mit dem Gedanken, sich der SPD anzuschließen, bevor er Anfang Mai erwog, den „sozial-republikanischen Kreis zur Partei zu erweitern".[394]

Am 25. Mai kam es zu einer entscheidenden Sitzung des Parteiausschusses, in dem neben dem Vorstand die Wahlkreisverbände vertreten waren. Hier sprachen sich nicht nur zahlreiche Redner nachdrücklich gegen einen Zusammenschluss mit anderen Parteien aus, es machte sich auch niemand aus der DDP-Führung für dieses Ziel stark – im Gegenteil. Koch-Weser bezeichnete das „Fusionsgerede" als „Unsinn", nannte ein Zusammengehen mit der DVP „unmöglich" und versicherte, eine parteipolitische Neuordnung der Mitte, so wünschenswert sie sei, dürfe keinesfalls den bisherigen Grundsätzen der Partei zuwiderlaufen. Am Ende wurde eine Erklärung verabschiedet, in der zwar die „Zusammenfassung gesinnungsverwandter Kräfte über den Parteirahmen hinaus" bejaht, die „bloße Addition benachbarter Parteien ohne Übereinstimmung in den nationalen, sozialen und kulturellen Grundsätzen" hingegen abgelehnt wurde. Die „nächste Aufgabe" der DDP sei es, „die eigenen Grundlagen zu befestigen".[395] Die Resolution führte zum sofortigen Rückzug Koch-Wesers aus den Sondierungen mit den anderen Parteien. Am 31. Mai lehnte die DDP-Fraktion öffentlich die Bildung einer parlamentarischen Arbeitsgemeinschaft der Mitte ab.[396] Der Streit über die Frage der Partei-

---

Papke, Koch-Weser, S. 160-163; Kellmann, Erkelenz, S. 192-196; außerdem die ausführliche, allerdings weitgehend unkritische Arbeit von Karl-Hermann Beeck: Die Gründung der Deutschen Staatspartei im Jahre 1930 im Zusammenhang der Neuordnungsversuche des Liberalismus. Diss. Köln 1955, S. 18-114.

[391] Jones, Liberalism, S. 359; Richter, Deutsche Volkspartei, S. 634.
[392] Feder, Tagebücher, S. 254f. (Einträge vom 9. 4. u. 12. 4. 1930); Sitzung des Vorstandes vom 5. 5. 1930, BAB R 45 III-22, fol. 24-36.
[393] Der Demokrat Nr. 9 vom 6. 5. 1930, S. 242.
[394] Feder, Tagebücher, S. 255 u. 258 (Einträge vom 12. 4. u. 1. 5. 1930).
[395] Sitzung des Parteiausschusses vom 25. 5. 1930, Linksliberalismus Dok. 163, S. 533-553, Zitate S. 538f. u. 551.
[396] Jones, Liberalism, S. 361-363; Richter, Deutsche Volkspartei, S. 635; Papke, Koch-Weser, S. 175.

3. Dietrich und die Deutsche Staatspartei 429

fusion war damit im Großen und Ganzen beigelegt – de facto hatten sich die Gegner durchgesetzt.

Dietrich war nach wie vor ein prinzipieller Befürworter der Sammlungsbestrebungen. Nach der Wahlniederlage von 1928 erklärte er, man könne „vielleicht" ein „Zusammengehen mit dem linksgerichteten Flügel der Volkspartei" in Erwägung ziehen.[397] Seine vorsichtige Äußerung war sicherlich nicht allein darauf zurückzuführen, dass er sich in der Partei nicht exponieren wollte. Nachdem seine früheren Bemühungen um eine Einigung der liberalen Parteien fehlgeschlagen waren, überwog bei ihm inzwischen die Skepsis, und gegen den schwerindustriellen, „großkapitalistischen" Flügel der DVP hegte auch er Vorbehalte. Inwieweit er bis zum Frühjahr 1930 in Verhandlungen mit anderen politischen Gruppierungen involviert war, ist schwer zu beurteilen. Er hatte Verbindungen zu führenden Mitgliedern der jungliberalen Reformbewegung, unter anderem zu Theodor Eschenburg und Rochus von Rheinbaben, zwei jungen DVP-Mitgliedern, die Stresemann nahestanden. Rheinbaben rief im März 1929 den Reformklub „Front 1929" ins Leben. Diesem schloss sich ein Freiburger Verein an, der 1927 als „Nationaldemokratischer Klub" von einigen Jungdemokraten, die Dietrich nahestanden, gegründet worden war. Dietrich griff sowohl Rheinbabens Verein als auch der Freiburger Gruppe finanziell unter die Arme – freilich nicht mit eigenen, sondern mit öffentlichen Mitteln, die Max Winkler beschaffte.[398] Mit Artur Mahraun hatte er zumindest lockeren Kontakt.[399] Darüber hinaus ist der Umfang seines Engagements unklar.[400] An den Auseinandersetzungen innerhalb der DDP beteiligte er sich auch in diesem Fall nicht, und die Gründung der Deutschen Staatspartei verlief im Wesentlichen ohne sein Zutun.

Die DStP war in erster Linie ein Zusammenschluss der DDP mit der Volksnationalen Reichsvereinigung (VNR), dem parteipolitischen Arm des Jungdeutschen Ordens. Hinzu kamen die Protagonisten der jungliberalen Bewegung und einige

---

[397] Sitzung des Vorstandes vom 15.6.1928, Linksliberalismus Dok. 146b, S. 467.
[398] Zu Winkler siehe Kap. III, 4. Aus welchen Fonds die Gelder stammten, ist unklar, ebenso die Höhe der Summen, die an die Front 1929 flossen. Belegt sind eine Zahlung über 3000 RM an Rheinbaben und der Umstand, dass der Freiburger Verein regelmäßige Zuschüsse erhielt: René Caesar Ley an Dietrich, 15.6. u. 4.9.1929, Rochus von Rheinbaben an Dietrich, 18.6.1929 u. Dietrich an Winkler, 5.9.1929, ND 239, pag. 43, 45, 54 u. 58; außerdem Rochus von Rheinbaben an Stresemann, 23.3.1929, PA/AA N Stresemann 78, fol. 76; Theodor Eschenburg an Dietrich, 19.12.1929, ND 123, fol. 147; vgl. zur Front 1929 knapp Jones, Liberalism, S. 327–329; zur Gründung des Nationaldemokratischen Klubs in Freiburg siehe oben, S. 317 (Anm. 238).
[399] Artur Mahraun an Dietrich, 23.4.1930, ND 246, pag. 139f.
[400] Zu den verschiedenen „reformorientierten" Liberalen, mit denen Dietrich in Kontakt stand, zählte auch ein gewisser A. Hofrichter, Mitarbeiter des *Berliner Tageblatts* und Verfasser einer „Aufzeichnung über die politischen Aufgaben des Bürgertums", die er Dietrich übersandte: Hofrichter an Dietrich, 23.11.1929, ND 339, pag. 337f. u. pag. 339–359; vgl. ND 240, pag. 3–23. Da diese Aufzeichnung einige griffige Zitate enthält, ist sie abgedruckt in Politik Dok. 1, S. 3–8, und um dem inhaltlich nicht gerade außergewöhnlichen Pamphlet eine höhere Weihe zu verleihen, ist es Dietrich zugeschrieben worden („Fundort, Inhalt und Ausdrucksweise legen nahe, Dietrich als Autor der Aufzeichnung anzunehmen", ebd., S. 3, Anm. 1); vgl. auch Schulz, Deutschland, S. 303 f.

Vertreter der christlichen Gewerkschaften. Als Koch-Weser, Mahraun und der Jungliberale Josef Winschuh am 28. Juli die Parteigründung verkündeten, war die Überraschung in der DDP groß. Die vorausgegangenen, erst am 23. Juli begonnenen Verhandlungen waren geheim geblieben. Außer den Verhandlungsführern um Koch-Weser und Lemmer waren nur wenige Demokraten in das Vorhaben eingeweiht – darunter vermutlich Dietrich, der jedenfalls zu den 50 prominenten Persönlichkeiten zählte, die ihren Namen unter den Gründungsaufruf setzten.[401] So trug die Aktion nicht nur für Theodor Heuss den Charakter eines „Staatsstreichs".[402]

Der Vorstoß war unausgegoren und kam allein unter dem Druck der bevorstehenden Neuwahlen zustande. Alle früheren Kontakte mit den Jungdeutschen waren ergebnislos verlaufen, und auf den ersten Blick erscheint die Fusion unverständlich. Der Jungdeutsche Orden war eine bündische Bewegung, die dem Führerprinzip folgte, von romantischen, antimodernen, antiindividualistischen sowie völkisch-antisemitischen Vorstellungen geprägt war und ursprünglich der extremen Rechten zuzurechnen war. Allerdings vollzogen der Orden und sein „Hochmeister" Artur Mahraun Mitte der zwanziger Jahre eine Kehrtwende, bekannten sich zur Republik und unterstützten Stresemanns Außenpolitik. Mahraun wandte sich gegen den Radikalismus von rechts und links, trat ab 1928 unter der Parole „Aktivierung der nationalen Mitte" für die bürgerlichen Sammlungsbestrebungen ein und gründete im April 1930 die VNR.[403]

Den Demokraten schien die Programmatik des Jungdeutschen Ordens zunächst in wichtigen Punkten mit den eigenen Grundsätzen übereinzustimmen. Wie schon der Name der neuen Partei unterstreicht, der dem bisherigen Selbstverständnis der DDP – die Selbstbezeichnung „Staatspartei" findet sich schon in den zwanziger Jahren[404] – entsprach, stand der Staatsgedanke im Zentrum der Allianz mit den Jungdeutschen. Die DDP hoffte, durch das Zusammengehen mit der VNR und den Jungliberalen eine echte „Neuschaffung" zu erreichen und

---

[401] Der Aufruf der Deutschen Staatspartei, Der Demokrat Nr. 14/15 vom 5. 8. 1930, S. 325–329. Zu den Unterhändlern der DDP zählten außerdem Oscar Meyer, Werner Stephan und Gertrud Bäumer: siehe die Darlegungen Meyers in der Sitzung des Vorstandes vom 16. 10. 1930, Linksliberalismus Dok. 171, S. 606; außerdem Oscar Meyer: Von Bismarck zu Hitler. Erinnerungen und Betrachtungen. New York 1944, S. 169. Werner Stephans Bericht bleibt verschwommen und blendet unter anderem seine eigene Beteiligung aus: Stephan, Aufstieg, S. 442–446; vgl. die knappen, teils undeutlichen Darstellungen bei Jones, Liberalism, S. 370–372, Beeck, Gründung, S. 141–147 u. Schneider, Deutsche Demokratische Partei, S. 255–257. Immer wieder ist Dietrich zu den Verhandlungsführern gezählt worden: z. B. Schneider, Deutsche Demokratische Partei, S. 255; Frye, Liberal Democrats, S. 163 f.; Winkler, Weimar, S. 384. Dafür gibt es keine Belege, und es ist zu berücksichtigen, dass Dietrich mit der Ausarbeitung der neuen Notverordnung befasst war, die am 26. Juli erlassen wurde.

[402] Heuss an Carl Petersen, 1. 8. 1930, abgedruckt in Heuss, Briefe 1918–1933, S. 374.

[403] Jones, Liberalism, S. 329–337 u. 347; Schneider, Deutsche Demokratische Partei, S. 257 f.; außerdem Klaus Hornung: Der Jungdeutsche Orden. Düsseldorf 1958. Die Arbeit von Alexander Kessler: Der Jungdeutsche Orden auf dem Wege zur Deutschen Staatspartei. München 1980 liefert einige Detailinformationen, verfolgt aber eine apologetische Absicht.

[404] Schneider, Deutsche Demokratische Partei, S. 47.

"junge unverbrauchte Kräfte" für die Verteidigung der Republik gegen Interessenparteien und Nationalsozialismus zu gewinnen.[405] Wenn im Manifest der Staatspartei von einer „starken Außenpolitik" die Rede war, bedeutete das ebensowenig eine Abkehr von den Prinzipien der DDP wie die Kritik an den „Schäden des gegenwärtigen parteiistischen Systems", denn Vorbehalte gegenüber dem politischen Einfluss der Parteien waren bei den Demokraten verbreitet und wurden bereits zuvor mit ähnlichem Vokabular zum Ausdruck gebracht.[406] Auch entsprach es dem bisherigen Umgang der DDP mit dem Problem des Antisemitismus, wenn die völkisch-antisemitischen Strömungen in der VNR von der Parteiführung heruntergespielt wurden[407] – ganz abgesehen davon, dass ein ethnisch definierter Nationalismus bei vielen Demokraten durchaus anschlussfähig war. Allerdings zeigte sich rasch, wie begrenzt die programmatischen Gemeinsamkeiten waren. So ging es dem sich als Bewegung verstehenden Jungdeutschen Orden um eine grundsätzliche Ablehnung des Parteienstaates, das vermeintlich verbindende Ziel der Reichsreform wollte er gemäß bündischen Prinzipien erreichen, und der Antisemitismus, von dem Mahraun sich in zweideutiger Weise distanzierte, war unter der Mitgliedschaft nicht nur in latenter Form verbreitet, sondern trat schnell offen hervor, als die Jungdeutschen die Aufstellung jüdischer Kandidaten zu verhindern suchten. Im Lauf des Wahlkampfs wurden die Gegensätze zwischen den ungleichen Partnern offenkundig, und als die Partei am 14. September ein Debakel erlebte und nur 20 Mandate und 3,8 Prozent der Stimmen erreichte, trennten sich die Wege: Die VNR trat am 7. Oktober aus der DStP aus.[408]

Trotzdem war das Bündnis mehr als „ein mit nationalen Formeln verkleisterter Minimalkompromiß"[409]. Eine weitere Schnittmenge, die vor dem Hintergrund der Parteikrise der DDP besondere Beachtung verdient, bestand auf wirtschaftspolitischem Gebiet. Ein zentraler Programmpunkt der Jungdeutschen war die Kritik an der „Plutokratie".[410] Die Behauptung, diese „antikapitalistische Haltung" habe sich mit den Ansichten der DDP „nicht vereinbaren" lassen,[411] ist abwegig. Vielmehr machte sie die VNR für große Teile der DDP attraktiv – nicht zuletzt für die sozialpolitisch linksstehenden Kreise. Ernst Lemmer, der sich so vehement gegen andere Sammlungsbestrebungen zur Wehr gesetzt hatte, war einer der Ini-

---

[405] So Koch-Weser in der Sitzung des Parteiausschusses vom 30.7.1930, Linksliberalismus Dok. 167, S. 563.
[406] Manifest der Deutschen Staatspartei vom 22.8.1930, abgedruckt in: Wolfgang Treue: Deutsche Parteiprogramme seit 1861. Göttingen u. a. ⁴1968, S. 160-165; zum Beispiel hatte Koch-Weser im Frühjahr 1929 den „Parteiismus, der die Parteien an die Stelle der Regierung zu setzen versucht" unter dem Beifall des Parteiausschusses verurteilt: Sitzung des Parteiausschusses vom 28.4.1929, Linksliberalismus Dok. 152, S. 496. Die Verwendung derartiger Begriffe ist also kein Zeichen für den „jungdeutschen Einfluß", wie Matthias/Morsey, Deutsche Staatspartei, S. 33 meinen.
[407] Siehe z. B. die Ausführungen Koch-Wesers in der Sitzung des Parteiausschusses vom 30.7.1930, Linksliberalismus Dok. 167, S. 565.
[408] Jones, Liberalism, S. 381-383 u. 388-391; Schneider, Deutsche Demokratische Partei, S. 257-260; Matthias/Morsey, Deutsche Staatspartei, S. 36f.
[409] Heß, Demokratischer Nationalismus, S. 359.
[410] Kessler, Jungdeutscher Orden, S. 13.
[411] Langewiesche, Liberalismus, S. 251.

tiatoren des Zusammenschlusses. Der Sozialrepublikanische Kreis begrüßte die Gründung genauso wie die Arbeitnehmerschaft; Gustav Schneider, der Vorsitzende des Gewerkschaftsbundes der Angestellten, gehörte zu den Unterzeichnern des Gründungsaufrufs.[412] Auch für die jungliberalen Kräfte spielte die Kritik an der politischen Einflussnahme von Wirtschaftsinteressen eine wichtige Rolle.[413] Demgegenüber traten die industrienahen Politiker um Hermann Fischer, der sich „völlig beiseite geschoben" sah, der Staatspartei mit starken Vorbehalten gegenüber.[414]

Auffällig ist außerdem, dass in den südwestdeutschen Landesverbänden, wo die linksorientierten Kräfte relativ schwach waren, der Widerstand gegen die unorthodoxe Allianz am größten war und eine Einigung mit der DVP vorgezogen wurde. Die DDP in Württemberg erkannte die Staatspartei nicht an, und in Baden konnte Dietrich erst nach „stundenlangem Debattieren" die Vorbehalte überwinden.[415] Schließlich kam es in beiden Wahlkreisen zu gemeinsamen Wahllisten mit der Volkspartei. Dietrich erreichte in Baden eine Übereinkunft, indem er Außenminister Curtius die Spitzenkandidatur überließ.[416] Gleichzeitig unternahm er gemeinsam mit Hermann Höpker Aschoff einen letzten Versuch, zu einer Verständigung mit dem DVP-Vorsitzenden Ernst Scholz zu gelangen und so einen umfassenden Zusammenschluss der liberalen Kräfte herbeizuführen. Diese Option, die nach der Reichstagsauflösung zunächst ebenfalls im Raum stand, war aber gerade durch die Gründung der DStP erschwert worden: Die Staatspartei war nicht zuletzt gegen den schwerindustriellen Flügel der DVP gerichtet, dem die VNR mit offener Ablehnung begegnete, und Koch-Weser spekulierte vergeblich auf eine Spaltung der Volkspartei, deren moderate Elemente er für die DStP zu gewinnen hoffte.[417]

---

[412] Siehe die Wortmeldungen von Hans Muhle und Hermann Schäfer in der Sitzung des Parteiausschusses vom 30.7.1930, Linksliberalismus Dok. 167, S. 569f.; vgl. Krabbe, Zukunft, S. 137 u. Schneider, Deutsche Demokratische Partei, S. 257. Anton Erkelenz verließ zwar am 29. Juli die Partei und trat später in die SPD ein. Allerdings war die Gründung der Staatspartei nur der äußere Anlass für seinen Austritt, dessen Ursachen in dem Führungsstreit mit Koch-Weser und der Unterstützung der DDP für das Kabinett Brüning zu finden sind. Der Austritt von Erkelenz blieb im Arbeitnehmerlager ein Einzelfall: Kellmann, Erkelenz, S. 198.

[413] Krabbe, Zukunft, S. 276-290.

[414] Feder, Tagebücher, S. 261 (Eintrag vom 30.7.1930); siehe auch die Äußerungen von Fischer und Ernst Mosich in der Sitzung des Parteiausschusses vom 30.7.1930, Linksliberalismus Dok. 167, S. 567 u. 574.

[415] Dietrich an Marta Dietrich, 5.8.1930, ND 119, fol. 223; siehe auch Georg Frech an Dietrich, 27.7.1930 u. Georg Frech an Hermann Koelblin, 28.7.1930 (Abschrift), ND 120, fol. 57-59; zur Reaktion in Württemberg Modris Eksteins: Theodor Heuss und die Weimarer Republik. Ein Beitrag zur Geschichte des deutschen Liberalismus. Stuttgart 1969, S. 93. Die württembergische DDP hatte im Januar 1930 für einen Eklat gesorgt, als sie sich an einer Regierung mit der DNVP beteiligte: Lothar Albertin: Die Auflösung der bürgerlichen Mitte und die Krise des parlamentarischen Systems von Weimar. In: Eberhard Kolb/Walter Mühlhausen (Hg.): Demokratie in der Krise. Parteien im Verfassungssystem der Weimarer Republik. München 1997, S. 59-111, hier S. 101.

[416] Dietrich an Curtius, 9.8.1930, ND 255, pag. 89-91.

[417] Jones, Liberalism, S. 367-382. Dietrich reiste am 6. August eilig zurück nach Berlin, „um in die Entwicklung der Dinge noch einzugreifen": Dietrich an Marta Dietrich,

Insofern war die Neugründung ein Erfolg jener Kräfte in der DDP, die in den zurückliegenden Monaten in Opposition zum Kurs der Partei gestanden hatten. Auch hier gilt es allerdings zu differenzieren, denn ein Teil des (eigentlichen) linken DDP-Flügels leistete durchaus heftigen Widerstand. Ein pazifistischer Kreis um Ludwig Quidde, die sich an dem militaristischen Auftreten und dem außenpolitischen Revisionismus des Jungdeutschen Ordens störte, lehnte die Fusion ab und gründete schließlich eine „Radikaldemokratische Partei".[418] Die Pazifisten stellten jedoch eine Außenseitergruppe in der DDP dar, und die neue Partei blieb bedeutungslos. Bemerkenswert ist außerdem, dass andere Teile der pazifistisch-kosmopolitischen Kräfte die DStP unterstützten. So waren unter den Journalisten der linksliberalen Großstadtpresse, die in den Monaten zuvor mit Kritik an der DDP nicht gespart hatte, die Meinungen geteilt.[419]

Insgesamt kann man nicht von einem „Proteststurm" des linken Parteiflügels sprechen – jedenfalls dann nicht, wenn man zum linken Flügel die Jungdemokraten und die Arbeitnehmervertreter rechnet.[420] Darüber ließe sich streiten: Am Beispiel der DStP-Gründung treten einmal mehr die Schwierigkeiten zutage, innerhalb der DDP klare Flügelbildungen auszumachen. Widerstände gab es in verschiedenen Teilen der DDP, die sich aber letztlich in Grenzen hielten. Der Parteiausschuss stellte sich am 30. Juli geschlossen hinter die Staatspartei, nur fünf von rund 300 Delegierten stimmten dagegen.[421] Schon gar nicht führte die Gründung der Staatspartei dazu, dass „latente Spannungen zwischen den Flügeln der Partei aufbrachen".[422] Tatsächlich kamen, trotz der von der Partei gebilligten Notverordnungen, die bisherigen sozial- und wirtschaftspolitischen Querelen zur Ruhe.

Nach dem Ausscheiden der VNR im Oktober 1930 entsprach die personelle Zusammensetzung der Staatspartei weitgehend dem Profil der früheren DDP. Der Übergang zur DStP bedeutete keinen „Rechtsruck"; es kann keine Rede davon sein, dass lediglich der „extreme right wing" der DDP übrigblieb.[423] Die Abspal-

---

5.8.1930, ND 119, pag. 227; siehe auch Hermann Dietrich: Der schwarze Donnerstag, Deutsche Allgemeine Zeitung Nr. 367 vom 9.8.1930.

[418] Burkhard Gutleben: Radikaldemokratische Partei – aufrechte Linksliberale ohne Erfolg. In: Liberal 28/1 (1986), S. 65-72, hier S. 65f.; Holl, Quidde, S. 449-458; siehe auch die Äußerungen Quiddes in der Sitzung des Parteiausschusses vom 30.7.1930, Linksliberalismus Dok. 167, S. 571.

[419] Während Ernst Feder und Georg Bernhard scharf gegen die DStP Stellung nahmen, stieß sie bei Theodor Wolff und Julius Elbau auf Zuspruch: Feder, Tagebücher, S. 261 u. 266 (Einträge vom 30.7., 10.9. u. 12.9.1930); Bernd Sösemann: Das Ende der Weimarer Republik in der Kritik demokratischer Publizisten. Theodor Wolff, Ernst Feder, Julius Elbau, Leopold Schwarzschild. Berlin 1976, S. 75.

[420] So Jones, Liberalism, S. 372, der sich an dieser Stelle aber widerspricht und lediglich auf den Austritt von Erkelenz verweist.

[421] Sitzung des Parteiausschusses vom 30.7.1930, Linksliberalismus Dok. 167, S. 577f.; Anwesenheitsliste zu dieser Sitzung, BAB R 45 III-14, fol. 128-143.

[422] So jedoch Burkhard Gutleben: Volksgemeinschaft oder Zweite Republik? Die Reaktionen des deutschen Linksliberalismus auf die Krise der 30er Jahre. In: Tel Aviver Jahrbuch für deutsche Geschichte 17 (1988), S. 259-284, hier S. 276.

[423] Schneider, Deutsche Demokratische Partei, S. 175; Frye, Liberal Democrats, S. 5; ähnlich Attila Chanady: The Dissolution of the German Democratic Party in 1930. In: American Historical Review 73 (1967/68), S. 1433-1453, hier S. 1453.

tungen beschränkten sich im Wesentlichen auf die kleine radikaldemokratische Gruppe, während eine überschaubare Anzahl Jungliberaler hinzugekommen war. Eine „Rechtsschwenkung" gab es „nur in Nuancen".[424] Die Staatspartei wandte sich nicht von den alten Grundsätzen der DDP ab;[425] ihre Gründung stellte gewiss keine „Flucht aus dem Liberalismus"[426] dar: Zu diesem Schluss gelangt man nur, wenn man die Vorbehalte gegen den Parteienstaat, die Nähe zum ethnischen Nationalismus oder die kapitalismuskritischen Strömungen übersieht, die sich in der DDP finden. Die Bereitschaft zur Zusammenarbeit mit dem Jungdeutschen Orden bedeutete in dieser Hinsicht keinen Einschnitt, sondern war ein Symptom: Bei der Gründung der Staatspartei traten die Ambivalenzen im politischen Denken des Weimarer Liberalismus besonders deutlich hervor.

Die Kontinuität zwischen DDP und DStP ist auch deshalb häufig unterschätzt worden, weil parallel zur Gründung der neuen Partei eine Korrektur der parteistrategischen Ausrichtung vonstattenging. Sie vollzog sich unmittelbar nach der Reichstagsauflösung vom 18. Juli – unabhängig von der Fusion mit der VNR und dem jungdeutschen Einfluss – und war einerseits eine Folge der durch die Wirtschaftskrise bedingten Verschärfung der Interessenkonflikte in der heterogenen Partei, andererseits die Konsequenz aus dem Scheitern des bisherigen Kurses gegenüber dem Kabinett Brüning. Die DDP war sich zwar in ihrer Ablehnung der Finanzpolitik der Regierung weitgehend einig, jedoch war umstritten, wie der Etatausgleich hergestellt werden sollte. Ein „Sanierungskonsens" bestand auch bei den Demokraten, aber von einem einheitlichen Sanierungskonzept waren sie weit entfernt. Der parteinahe Hansa-Bund stellte ein Programm auf, das so drastische Einschnitte bei den Sozialausgaben vorsah, dass Dietrich sich im Reichstag ausführlich von diesen Plänen distanzierte und es in der Fraktion zwischen Koch-Weser und Hermann Fischer, dem Vorsitzenden des Hansa-Bundes, zu einem heftigen Streit kam.[427] Erkelenz forderte Kürzungen im Wehretat, die weit über das hinausgingen, was von einem „Hindenburg-Kabinett" erwartet werden konnte.[428] Eine inhaltliche Auseinandersetzung mit der Finanzpolitik war daher kaum möglich. Überdies geriet der Versuch, wenigstens eine Oppositionsrolle einzunehmen, zum vollständigen Fehlschlag, weil alle unpopulären Entscheidungen der Regierung schließlich doch mitgetragen werden mussten.[429] Nach der Reichstagsauflösung stand die DDP vor einem Scherbenhaufen.

---

[424] Neumann, Parteien, S. 52; ebenso Matthias/Morsey, Deutsche Staatspartei, S. 33 u. 38f.
[425] So auch Jürgen C. Heß: Wandlungen im Staatsverständnis des Linksliberalismus der Weimarer Republik 1930 bis 1933. In: Karl Holl (Hg.): Wirtschaftskrise und liberale Demokratie. Das Ende der Weimarer Republik und die gegenwärtige Situation. Göttingen 1978, S. 46-88.
[426] Langewiesche, Liberalismus, S. 251; ähnlich Gutleben, Volksgemeinschaft, S. 264.
[427] Rede Dietrichs am 7.7.1930, Reichstag Bd. 428, S. 6190; Heuss an Gustav Stolper, 12.7.1930, abgedruckt in Heuss, Briefe 1918-1933, S. 365-367.
[428] Anton Erkelenz: Not der Finanzen, Die Hilfe Nr. 22 vom 31.5.1930, S. 545-551, hier S. 548f.
[429] Werner Schneider hat die „Koalitionspolitik der DDP-Führung" als „eigentliches Auslösemoment der Parteikrise" im Frühjahr und Sommer 1930 ausgemacht: Schneider, Deutsche Demokratische Partei, S. 200. Angesichts der widerwilligen und fortwährend in Frage gestellten, stets der Logik des kleineren Übels folgenden Unterstützung des

Der nun einsetzende Kurswechsel manifestierte sich bereits auf einer Vorstandssitzung am 25. Juli, deren Verlauf im Vergleich zu den Kontroversen im Mai geradezu harmonisch war. Unter den Anwesenden, deren Mehrheit von den Verhandlungen mit dem Jungdeutschen Orden nichts wusste, herrschte Einigkeit, dass die Wahlkampfstrategie sich von Debatten über einzelne Sparmaßnahmen lösen müsse und man sich von der Regierung nicht mehr distanzieren könne. Der Wahlkampf müsse „auf der rein staatsbürgerlichen Basis ohne irgendwelche Berufsgruppeninteressen" geführt werden und „eine ganz neue Auseinandersetzung, ein neuer Anfang sein".[430] Folgerichtig änderte sich zugleich die Haltung gegenüber Dietrich, der im Reichstag gerade so eindringlich eine über den Einzelinteressen stehende „Staatspolitik" propagiert hatte. Koch-Weser und Meyer stießen mit der Forderung, man solle sich jetzt klar zu ihm bekennen, auf allgemeine Zustimmung. Unter anderem war die Rede davon, die DDP solle den Wahlkampf als „Partei Dietrichs", im Sinne von „Dietrich-Wahlen" führen.[431] In dieser Sitzung, bei der Dietrich selbst nicht zugegen war, fiel sein Name häufiger als bei allen früheren Zusammenkünften der Parteigremien. Seine Rede vom 18. Juli machte Eindruck – auch bei eher linksgerichteten Demokraten wie Georg Bernhard, der in der *Vossischen Zeitung* feststellte, Dietrich habe „das, was notwendig ist, mit aller Deutlichkeit und auch mit derjenigen Burschikosität gesagt, die vielleicht im Lande noch verstanden wird". Im Wahlkampf brauche man „eigentlich nichts weiter zu tun, als in allen Städten und Plätzen Deutschlands seine letzte Rede im sterbenden Reichstag deutlich sichtbar plakatieren zu lassen".[432] Der bemerkenswerte Stimmungswandel hatte wenig mit Dietrichs Person zu tun: Er wurde vielmehr zum Hoffnungsträger, schließlich sogar zum Vorsitzenden der Partei, weil er nun ihr Programm regelrecht verkörperte.

Schon beim offiziellen Wahlkampfauftakt der DDP am 23. Juli, der in Berlin mit den Rednern Koch-Weser und Dietrich stattfand, lautete das Motto „Interessentenhaufen oder Staatsvolk".[433] Auch für die DStP wurde Dietrichs Parole zum geflügelten Wort. Damit ging eine Annäherung an das Kabinett Brüning einher, dessen Politik im Gründungsaufruf nicht mehr kritisiert, sondern als „entschlossenes Handeln" bezeichnet wurde.[434] In der Wahlwerbung war das Schlagwort „Staat", das sich in erster Linie gegen die „Interessenparteien" und die NSDAP wandte, omnipräsent; überall war die Rede von „Staatspolitik", „Staatsgesinnung" oder „Staatsnotwendigkeiten".[435] Dagegen spielten inhaltliche Erklärungen zur Finanz-, Wirtschafts- und Sozialpolitik nur noch eine untergeordnete Rolle und beschränkten sich meist auf Allgemeinplätze.

Kabinetts Brüning, zu der es kaum eine praktikable Alternative gab, kann man von „Koalitionspolitik" eigentlich nicht mehr sprechen.

[430] Sitzung des Vorstandes vom 25.7.1930, Linksliberalismus Dok. 166, S. 556–561, Zitate von Alfred Blau u. Marie-Elisabeth Lüders, S. 558 u. 561.
[431] Ebd., Zitate von Robert Kauffmann und Richard Frankfurter, S. 558 u. 560.
[432] Georg Bernhard: Radikale Patentmedizin, Vossische Zeitung Nr. 338 vom 20.7.1930.
[433] Der Demokrat Nr. 14/15 vom 5.8.1930, S. 337–343.
[434] Ebd., S. 325f.
[435] Siehe dazu das Wahlkampfmaterial in ND 222, passim.

Abb. 12: „Finanzminister Dietrich kehrt den Interessentenhaufen aus dem Deutschen Reichstag", Zeitungsinserat der Deutschen Staatspartei zur Reichstagswahl am 14. September 1930

Zu Recht hat Werner Schneider darauf hingewiesen, dass das bisher verfolgte Konzept der „Staatspolitik" sich im Jahr 1930 für die DDP als immer weniger tragfähig erwies.[436] Dieses Ideal wurde jedoch nicht etwa aufgegeben, sondern verabsolutiert. In den Fokus rückte nun der republikanische Staat als solcher, dessen Existenz es um jeden Preis gegen die Wirtschaftskrise und den Radikalismus zu verteidigen galt. Der bislang propagierte Ausgleich der Interessen trat in den Hintergrund. Die DDP bzw. die DStP zog sich auf denjenigen Teil der demokratischen Programmatik zurück, der in den eigenen Reihen unumstritten war und so weiterhin als „Integrationsklammer" dienen konnte. Außerdem zielte die Vereinfachung der politischen Konfliktlinien darauf ab, über die eigenen Reihen hinaus Anziehungskraft zu entfalten, sollte doch die Fusion mit der VNR der Auftakt zu einer Massenpartei der Mitte sein.

---

[436] Schneider, Deutsche Demokratische Partei, z. B. S. 141.

Nach der Wahlniederlage vom 14. September brach in der Staatspartei Chaos aus. Zwischen DDP und VNR, die unter der Dachorganisation der DStP fortbestanden, kam es zu starken Spannungen. Gleichzeitig sah sich die DDP-Führung dem Vorwurf ausgesetzt, das Zusammengehen mit Mahrauns Bewegung sei der Grund für das schlechte Abschneiden bei der Wahl. Das Verhältnis zu den Jungdeutschen und die Zukunft der DDP wurden heftig diskutiert.[437] Als die VNR am 7. Oktober ihren Austritt aus der Staatspartei erklärte, eskalierte die Lage. Koch-Weser trat am nächsten Tag vom Parteivorsitz zurück, was einigen Parteifreunden jedoch nicht genügte. Höpker Aschoff warf ihm Versagen vor und forderte ihn öffentlich auf, das Reichstagsmandat ebenfalls niederzulegen. Allgemein herrschte eine giftige, von gegenseitigen Schuldzuweisungen bestimmte Atmosphäre, die auch die folgende Vorstandssitzung am 16. Oktober prägte. Schon zu Beginn sah Meyer sich zu einem „Appell an die Anwesenden" veranlasst, „in würdiger Form und unter Vermeidung persönlicher Spitzen" zu debattieren und keine Interna in die Öffentlichkeit zu tragen.[438]

Im Verlauf der Sitzung ergriff Dietrich das Wort, prangerte die „gegenseitige Bekämpfung und Intrigenmacherei" an und forderte „ein Statut, daß wir Uneinigkeit und Zank nicht mehr dulden". „Nach außen hin" müsse „Disziplin herrschen" und es dürfe „nur eine Partei geben", weshalb er die Auflösung des Sozialrepublikanischen Kreises verlangte, was Lemmer umgehend zugestand. Im Übrigen hielt Dietrich es „auf lange Sicht" für „möglich, eine Partei auf dem Staatsgedanken aufzubauen": „Der einzige Kampf, der hier geführt werden muß, ist der Kampf um die Behauptung des Staates." Am Ende wurde ein von ihm verfasster „Aufruf" verabschiedet, der den „Kampf um die Behauptung [...] der Republik" als „Aufgabe" der Partei definierte.[439]

Diese beiden Anliegen bestimmten auch Dietrichs Amtsführung als Parteivorsitzender: die rigide Verengung der Programmatik auf die „Staatspolitik" und die Wahrung der Parteidisziplin. Das Erfordernis einer neuen Geschlossenheit stand ihm selbstverständlich nicht nur aufgrund der jüngsten Querelen seit der Reichstagswahl vor Augen. Die DDP wurde seit ihrer Gründung von internen Auseinandersetzungen begleitet, die 1929/30 einen neuen Höhepunkt erreichten und mit Kontroversen über die Haltung zur Regierung – und zu Dietrichs Tätigkeit als Minister – einhergingen. Schon im eigenen Interesse musste ihm daran gelegen sein, eine Wiederholung der Turbulenzen des Frühjahrs zu vermeiden, was ihn auch bewogen haben dürfte, den Parteivorsitz zu übernehmen. Diese Personalentscheidung war schließlich nicht zwangsläufig, und nach Lage der Dinge war sie für die Partei hoch riskant. Im Vorfeld des Gründungsparteitags der DStP am

---

[437] Sitzung des Vorstandes vom 27. 9. 1930, Linksliberalismus Dok. 170, S. 581–597; Wilhelm Rexrodt: Die Reichstagswahlen und die D.D.P., Der Demokrat Nr. 17 vom 20. 9. 1930, S. 414–417.
[438] Sitzung des Vorstandes vom 16. 10. 1930, Linksliberalismus Dok. 171, S. 597–612, Zitat S. 597; außerdem Meyer an Koch-Weser, 11. 10. 1930, Politik Dok. 148, S. 411–413; Lemmer an Hans Albert Kluthe, 15. 10. 1930, BAK N Kluthe 12, fol. 47; siehe auch Stephan, Aufstieg, S. 467–475; vgl. knapp Papke, Koch-Weser, S. 183; Jones, Liberalism, S. 390f.; Matthias/Morsey, Deutsche Staatspartei, S. 37f.
[439] Sitzung des Vorstandes vom 16. 10. 1930, Linksliberalismus Dok. 171, S. 603f. u. 609–612.

Abb. 13: Der neugewählte geschäftsführende Vorstand der DStP auf dem Gründungsparteitag, 9. November 1930 (sieben der vierzehn Mitglieder): (v.l.n.r.) Gertrud Bäumer, Theodor Heuss, Dietrich, Hermann Fischer, August Weber, Hellmuth Jaeger, Hermann Höpker Aschoff

9. November 1930, auf dem die neue Partei formell an die Stelle der DDP trat, stand seine Wahl nicht fest. Noch am Vortag, als die DDP offiziell aufgelöst wurde, waren die Meinungen im Vorstand geteilt. Neben Dietrich wurde August Weber ins Spiel gebracht, der inzwischen Fraktionsführer im Reichstag war. Außerdem war die Rede davon, zunächst nur einen „provisorischen" Vorstand zu wählen. Gegen Dietrich wurde der naheliegende Einwand vorgebracht, er habe „keine Zeit zur Reorganisation der Partei". Der Vorstand kam zu keinem Ergebnis und vereinbarte, zur „Vorbereitung der Wahl" ein größeres Gremium einzusetzen, in dem unter anderem die Wahlkreisvorsitzenden vertreten waren.[440] Dieser Ausschuss präsentierte tags darauf „einmütig" Dietrich als einzigen Kandidaten.[441] Während unklar ist, wie es zu diesem Beschluss kam, inwieweit es an geeigneten Kandidaten mangelte und ob Dietrich hinter den Kulissen die Fäden zog, wurde er gewiss nicht gegen seinen Willen mit dem Amt betraut. Vielmehr entsprach die Übernahme des Parteivorsitzes – neben dem er nach wie vor den badischen Landesvorsitz innehatte – der seit langem verfolgten Strategie, seine politische Stellung durch die Häufung von Ämtern abzusichern.

[440] Sitzung des Vorstandes vom 8.11.1930, BAB R 45 III-22, fol. 178–180.
[441] Protokoll des Gründungsparteitags der DStP am 9.11.1930, BAB R 45 III-8, fol. 99.

Er setzte nun alles daran, die Geschlossenheit der DStP sicherzustellen und die Partei auf die „Behauptung des Staates" und damit auf die Unterstützung des Kabinetts einzuschwören. Um zu verhindern, „daß wir innerhalb der Staatspartei wieder Kämpfe um die Frage des Artikels 48 bekommen", hielt er es nach der Notverordnung vom 1. Dezember 1930 für „notwendig", dass in einem Rundschreiben „über die verfassungsmäßige Rechtslage und über die wirtschaftliche und finanzielle Zwangslage [...] Klarheit geschaffen wird".[442] Zwei Wochen später sorgte er für einen Vorstandsbeschluss, der die Sonderausschüsse, in denen die Interessengruppen der Partei organisiert waren, einer größeren Kontrolle durch die Parteileitung unterwarf. Vor allem die Veröffentlichung bzw. Verbreitung kritischer Entschließungen sollte in Zukunft verhindert werden: „Als inneren Organen der Partei steht den Ausschüssen nicht das Recht zu, eine eigene Politik zu führen, ihre Geschäftsführung unterliegt einer gewissen Oberaufsicht des Reichsgeschäftsführers (z. B. Genehmigung von Rundschreiben)."[443] Die Parteizeitschrift *Blätter der Staatspartei*, die den *Demokrat* ersetzte, veröffentlichte keine Berichte über Tagungen der Wahlkreisverbände – anders als der *Demokrat*, der im Frühjahr 1930 die kritischen Verlautbarungen der regionalen Organisationen publiziert hatte. Die Leitartikel beschäftigten sich zum großen Teil mit unverfänglichen Themen. Daneben gelangten Reden von Spitzenpolitikern, die den offiziellen Standpunkt der Partei vertraten, und Durchhalteparolen zum Abdruck. So las sich eine Notiz zur Notverordnung vom 5. Juni 1931 wie eine Erklärung der Reichspressestelle: „Es gibt vorläufig gar keine Möglichkeit, an der Notverordnung mehr als die allerschlimmsten Härten zu mildern. [...] Es wird weiterhin schwerer und zielbewußter Arbeit und allerstrengster Sparsamkeit bedürfen".[444]

Die DStP verfügte zunächst über kein Parteiprogramm, sondern nur über das Manifest, das im August 1930 gemeinsam mit den Jungdeutschen verfasst worden war. Die Ausarbeitung des neuen Programms, der sogenannten Richtlinien, zog sich lange hin und gelangte erst kurz vor dem Parteitag Ende September 1931 zum Abschluss – unter anderem deshalb, weil Dietrich an einer Beschleunigung der Arbeiten wenig Interesse zeigte. Die Aufstellung der Richtlinien, die alle Politikfelder berücksichtigten, barg reichlich Zündstoff. Es wurden zahllose Entwürfe und Änderungsanträge eingereicht, die oft von der Parteibasis kamen. Auf einer Sitzung des Gesamtvorstandes, wie sich der frühere Parteiausschuss jetzt nannte, wurde im August 1931 einerseits gefordert, die Richtlinien endlich herauszugeben, andererseits, sie in wesentlichen Punkten zu korrigieren. Dazu erklärte Dietrich, dass es eine „Stärke" sein könne, „kein Programm" zu haben. Im Übrigen bestand sein Debattenbeitrag in der Formulierung von „zwei Sätzen": „1. Wir sind Anhänger der Republik und verteidigen das heutige System und 2. Wir verteidigen die Privatwirtschaft, wobei wir soziale Belange nicht vernachlässigen dür-

---

[442] Dietrich an Theodor Heuss, 3. 12. 1930, ND 255, pag. 159.
[443] Sitzung des Geschäftsführenden Vorstandes gemeinsam mit den Wahlkreisvorsitzenden, der Reichstagsfraktion und den Fraktionen der Länder, 17. 12. 1930, Linksliberalismus Dok. 174, S. 619. Der Geschäftsführende Vorstand entsprach dem früheren Vorstand der DDP.
[444] Blätter der Staatspartei Nr. 12/13 vom 5. 7. 1931, S. 268.

fen."⁴⁴⁵ Dietrich wollte eine Neuauflage des 1928/29 in der DDP ausgekämpften, am Ende ergebnislosen Konflikts über die sozial- und wirtschaftspolitische Programmatik vermeiden und versuchte, die Diskussion zu unterdrücken, indem er sie für überflüssig erklärte. Als sich das Vorstandsmitglied Hermann Schäfer über das unscharfe Profil der Partei beklagte, erwiderte er: „Mit programmatischen Erklärungen und mit doktrinärem Festhalten und Betonen alter sozialer und republikanischer Gedankengüter kommen wir doch heute nicht mehr vorwärts. [...] Unsere Partei muß sich in der heutigen Zeit darauf einstellen, das Reformwerk der jetzigen Regierung als die Grundlage für die Rettung des deutschen Volkes herauszustellen und dafür zu kämpfen." Man müsse sich „im Augenblick" darauf konzentrieren, „gegen die Zersetzungsbestrebungen der Nationalsozialisten und ihrer deutschnationalen Anhänger vorzugehen. Dieser Kampf bietet eine große Entwicklungsmöglichkeit für die Agitation unserer Partei."⁴⁴⁶

Dietrichs Reden auf Parteiveranstaltungen waren von seinen Äußerungen als Minister kaum zu unterscheiden. Fast ausschließlich ging es um die Rechtfertigung der Regierung und um den Primat der „Staatspolitik", hinter dem alle anderen Erwägungen und Bedenken zurückzutreten hätten. Symptomatisch war seine Rede auf dem zweiten Parteitag der DStP am 27. September 1931, in der er die Finanzlage des Reiches darlegte und über die Folgen der Inflation, der Auslandsverschuldung und der Abwertung des britischen Pfunds sprach. Die Partei erwähnte er nur am Rande und präsentierte sie dabei geradezu als verlängerten Arm der Regierung: Die DStP folge keinen „parteipolitischen Doktrinen" und wolle nicht „die Wünsche irgendwelcher Interessenten erfüllen", sondern „dem deutschen Volk als Ganzes und dem deutschen Reich dienen": „Ihr großes Ziel ist auch heute, dazu beizutragen, unseren Staat durch die Klippen, in denen er sich befindet, hindurchzuführen."⁴⁴⁷ Dietrich schwor die DStP auf einen defensiven Kurs ein, der jenseits von Durchhalteparolen, der Unterstützung des Kabinetts und der Verteidigung der Republik gegen den Radikalismus wenig zu bieten hatte.

Tatsächlich war die DStP bis zuletzt eine zuverlässige Stütze der Regierung Brüning, und die Geschlossenheit „nach außen", die Dietrich seit Oktober 1930 einforderte, blieb gewahrt. Die internen Auseinandersetzungen hielten sich ebenfalls in Grenzen und verliefen in vergleichsweise ruhigen Bahnen. Das ist sowohl im Hinblick auf die früheren Kontroversen in der DDP als auch angesichts der schweren Konflikte auffällig, die gleichzeitig in anderen Parteien wie der DVP und der WP ausgetragen wurden, die bei weitem nicht so eng mit der Regierung verbunden waren – schon gar nicht durch einen Parteivorsitzenden als Minis-

---

⁴⁴⁵ Sitzung des Gesamtvorstandes vom 15. 8. 1931, BAB R 45 III-49, bes. fol. 102-107 u. 113 f., Zitat fol. 107; siehe außerdem das umfangreiche Material in BAB R 45 III-53 bis 56. Ein Exemplar der „Richtlinien der Deutschen Staatspartei" findet sich in BAB R 45 III-47, fol. 150 f.; sie unterschieden sich wenig vom alten Programm der DDP: vgl. Neumann, Parteien, S. 51 f.
⁴⁴⁶ Schäfer an Dietrich, 27. 2. 1931 u. Dietrich an Schäfer, 3. 3. 1931, ND 247, pag. 83-89.
⁴⁴⁷ Rede Dietrichs auf dem Parteitag der DStP am 27. 9. 1931, R 45 III-47, fol. 66-85, Zitat fol. 66.

ter.[448] Inwieweit diese Entwicklung auf Dietrichs Einfluss zurückzuführen ist, bleibt gewiss fraglich. Er jedenfalls konnte seine Amtsführung als Parteivorsitzender in diesem Punkt als erfolgreich betrachten. Aus Sicht der Partei war er freilich eine Bürde: Erstens war er nicht in der Lage, seinen Aufgaben als Parteivorsitzender nachzukommen, und zweitens bedeutete die enge Bindung der DStP an das Kabinett Brüning und den Finanzminister eine schwere Belastung.

Dietrich war in der Doppelfunktion als Minister und Parteichef überfordert. Unmittelbar nach seiner Wahl zum Vorsitzenden äußerte er Verständnis für die „Bedenken" gegen ihn, da er „infolge Überlastung nicht alles leisten werde".[449] Diese Erklärung erschien der Parteiführung offenbar allzu freimütig, so dass sie für den offiziellen Bericht geändert wurde: „Wenn auch Einige jetzt Bedenken gegen seine Wahl gehabt hätten, weil sie glaubten, daß er infolge seines Ministeramts zurzeit überlastet sei, so würde er doch an die Arbeit gehen und auch die Arbeit für die Partei leisten können."[450] Dazu war er allerdings schon im Winter 1930/31 kaum in der Lage, und spätestens mit dem Ausbruch der Bankenkrise mehrten sich seine Dienstgeschäfte in einem solchen Maße, dass er der Parteiarbeit so gut wie keine Beachtung mehr schenkte.

Dabei befand sich die DStP in einer Lage, in der es einer engagierten Führung der Geschäfte besonders bedurft hätte. Dietrich trat an die Spitze einer Parteiorganisation, die seit Jahren mit großen Problemen zu kämpfen hatte und durch das missglückte Sammlungsexperiment mit einer zusätzlichen Hypothek belastet war. Nach der Auflösung der DDP und der Gründung der Staatspartei mussten die DDP-Mitglieder der DStP formell beitreten und die parteiinternen Interessenverbände neu gebildet werden. Dieser Übergang verlief schleppend: So konstituierte sich der Reichsbeamtenausschuss, die wohl am besten organisierte Berufsgruppe der Partei, Ende Januar 1931, knapp drei Monate nach dem Gründungsparteitag, der „Reichsbund der staatsbürgerlichen Jugend", die Nachfolgeorganisation der keineswegs unbedeutenden Jungdemokraten, erst im September 1931.[451] Viele ehemalige Mitglieder der DDP blieben der neuen Partei fern – im Winter 1931 betrug der Rückgang offenbar über 30 Prozent. Er war unter anderem auf lokale organisatorische Schwächen sowie darauf zurückzuführen, dass der Übergang zur DStP unzufriedenen Anhängern eine bequeme Gelegenheit bot, die Partei zu verlassen. Das genaue Ausmaß des Mitgliederschwunds blieb unklar, weil es nicht gelang, verlässliche Zahlen festzustellen, und weil starke regionale Unterschiede bestanden.[452] Letztlich verstärkte sich der Abwärtstrend, dem die DDP in den

---

[448] Vgl. Richter, Deutsche Volkspartei, bes. S. 676–691 u. 727–738; Martin Schumacher: Mittelstandsfront und Republik. Die Wirtschaftspartei – Reichspartei des deutschen Mittelstandes 1919–1933. Düsseldorf 1972, S. 164–177.
[449] Protokoll des Gründungsparteitags der DStP am 9.11.1930, BAB R 45 III-8, fol. 100.
[450] Blätter der Staatspartei Nr. 22 vom 20.11.1930, S. 534.
[451] Dietrich an den Reichsbeamtenausschuss der DStP, 24.1.1931, ND 243, pag. 387; Rundschreiben des Reichsbundes der staatsbürgerlichen Jugend, Oktober 1931, ND 252, pag. 151.
[452] Marie-Elisabeth Lüders stellte auf Rundreisen an den meisten Orten einen Rückgang „zwischen 30 und sogar 60% seit dem Juli 1930" fest, wobei sie aber in Hamburg und Baden bessere Zustände vorfand; Hermann Schäfer berichtete von einer Abnahme um

Jahren zuvor ausgesetzt war. Wenn Otto Nuschke, seit Ende 1930 Leiter der Reichsgeschäftsstelle, konstatierte, der „organisatorische Neuaufbau" müsse „ziemlich von vorn begonnen werden", meinte er damit auch die alten Probleme der Demokratischen Partei.[453]

In der Staatspartei verschärften sich nicht zuletzt die finanziellen Probleme. Nach dem Wahlkampf 1930 stand die Partei vor einem Schuldenberg, der trotz umfangreicher Sammlungen unter finanzkräftigen Mitgliedern kaum verringert werden konnte.[454] Diese Schwierigkeiten führten dazu, dass in der Reichsgeschäftsstelle mehrere Angestellte entlassen wurden und andere Parteibeamte nicht pünktlich bezahlt werden konnten.[455] Es mangelte an Agitationsmaterial,[456] und die Einführung eines neuen Wochenblatts für die Mitglieder, das die Finanzlage und die Öffentlichkeitsarbeit der Reichsgeschäftsstelle verbessern sollte, zog sich bis Oktober 1931 hin.[457] Zugleich gingen von der politischen Arbeit in Berlin wenige Impulse aus. Während die ständige Vertagung des Reichstags die Fraktion zur Inaktivität zwang, war die Zahl der Parlamentarier zu klein, um eine ausgedehnte Aktivität im Land zu entfalten, wie sie an der Basis vehement gefordert wurde.[458] Dort fühlte man sich vielfach im Stich gelassen und zur Untätigkeit verdammt. So zeigte sich die Ortsgruppe Hannover Mitte 1931 entrüstet, dass es entgegen allen Versicherungen bislang kein Parteiprogramm und keine Parteizeitung gebe. Über die „Wirksamkeit der Fraktion" höre man „so gut wie nichts". Generell herrsche ein „Mangel an Aktivität": Alle Arbeit in den Ortsgruppen sei vergebens, „wenn die Partei in der Gesamtheit und insbesondere die Parteileitung versagen".[459] Derartige Unmutsbekundungen häuften sich. Wegen der „vollkommenen Untätigkeit der Parteileitung" forderte der hessische Landesvorstand im August die „sofortige Bildung eines arbeitsfähigen und arbeitswilligen geschäfts-

---

50% im Rheinland: Lüders an Dietrich, 3.4.1931, ND 245, pag. 167-173 u. Schäfer an Dietrich, 27.2.1931, ND 247, pag. 87-89; siehe auch die Ausführungen von Hermann Fischer und Otto Nuschke in der Sitzung des Gesamtvorstandes vom 15.3.1931, Linksliberalismus Dok. 176b, S. 641f.; vgl. Jones, Liberalism, S. 414.

[453] Nuschke an Dietrich, 31.12.1930, ND 246, pag. 179; zur DDP-Organisation vgl. Schneider, Deutsche Demokratische Partei, S. 67-75 u. 222-237.

[454] Schatzmeister Hermann Fischer sprach im November 1930 von 120 000 RM, von denen „40-50 000" bereits bezahlt seien. Im März 1931 betrugen die Schulden immer noch 74 500 RM, und im August sprach Dietrich (etwas undeutlich) von 140 000 RM, die „heruntergedrückt" worden sein: Sitzungen des Vorstandes vom 8.11.1930, des Geschäftsführenden Vorstandes vom 14.3.1931 u. des Gesamtvorstandes vom 15.8.1931, Linksliberalismus Dok. 172, 175 u. 180, S. 614, 620 u. 655; zur Spendensammlung im Herbst 1930 siehe ND 255, pag. 115-133 u. 153-155.

[455] Sitzung des Geschäftsführenden Vorstandes vom 17.11.1930, Linksliberalismus Dok. 173, S. 617; Unterlagen in ND 245, pag. 127-132; vgl. Matthias/Morsey, Deutsche Staatspartei, S. 49f.; Jones, Liberalism, S. 414f.

[456] Z.B. Sitzung des Gesamtvorstandes vom 14.3.1931, Linksliberalismus Dok. 176a, S. 624f.; Lüders an Dietrich, 23.2.1931, ND 245, pag. 213-215.

[457] Sitzungen des Geschäftsführenden Vorstandes vom 14.3. u. 8.5.1931 sowie des Gesamtvorstandes vom 15.3. u. 26.9.1931, Linksliberalismus Dok. 175, 176b, 177 u. 182, S. 620, 641-643 u. 668f.

[458] So z.B. Theodor Heuss in der Sitzung des Gesamtvorstandes vom 14.3.1931, Linksliberalismus Dok. 176a, S. 627f.

[459] Entschließung der DStP Hannover, [Ende Juni 1931], ND 249, pag. 415.

führenden Vorstandes", und zwar „mit neuer tatkräftiger Leitung".[460] Dietrichs Versäumnisse spielten zweifellos eine untergeordnete Rolle für den desolaten Zustand der Partei. Angesichts der gravierenden organisatorischen Missstände, die schon vor 1930 bestanden und nun durch die Neugründung der DStP, die Regierungsverantwortung und die Auswirkungen der Wirtschaftskrise verschärft wurden, stand die Parteiführung allerdings vor Herausforderungen, die nicht im Nebenamt zu bewältigen waren.

Wie wenig Dietrich seinem Parteiamt gerecht werden konnte, zeigt sich zum Beispiel anhand seiner rednerischen Betätigung. Ungeachtet des wachsenden Unmuts über die Regierung konnte man in den Augen vieler Parteifreunde „eine wirklich groß angelegte Versammlung [...] nur mit ihm machen".[461] So ging Dietrich eine Unzahl von Anfragen „beinahe aus sämtlichen größeren Orten Deutschlands" zu, auf Parteiveranstaltungen zu sprechen. Wenngleich er nicht inaktiv war, musste er die meisten Bitten wegen seiner „starken dienstlichen Inanspruchnahme" ablehnen.[462] Außerdem zog er häufig seine Zusage für vereinbarte Auftritte kurzfristig zurück. So war es bald eine „bekannte und überaus gefürchtete Erscheinung [...], daß der Herr Minister im *letzten Moment* absagt", was für die jeweiligen Ortsvereine eine „*rettungslose* Blamage" bedeutete.[463]

Ein bezeichnender Fall waren die über ein Jahr dauernden Versuche der Staatspartei in Köln, Dietrich für eine große Versammlung zu gewinnen. Die erste fruchtlose Einladung erfolgte am 20. Januar 1931. Auf einer Sitzung des Gesamtvorstands Mitte März wurde er persönlich angesprochen, woraufhin er für Ende April „fest" zusagte. Als er jedoch am 26. März um einen konkreten Termin gebeten wurde, blieb eine Antwort aus. Am 18. April folgte der Hinweis, man müsse den Saal rechtzeitig reservieren.[464] Hierauf erwiderte Dietrich, bereits mehrere andere Vorträge zugesagt zu haben, weshalb er „später auf die Angelegenheit zurückkommen" wolle. Nun intervenierte der Kölner Wahlkreisvorsitzende Hermann Schäfer, und Dietrich stellte in Aussicht, „vielleicht am 30. Mai" zu sprechen.[465] Die Kölner baten um eine Bestätigung des Termins, weil der Saal verbindlich angemietet werden musste, und um die Formulierung eines Themas, damit die Rede mit Plakaten angekündigt werden konnte. Zudem legten sie Wert

---

[460] Hessischer Landesvorstand an den Geschäftsführenden Vorstand, 13. 8. 1931, ebd., pag. 263-267; siehe auch Ernst Rocholl (DStP Kassel) an Dietrich, 11. 2. 1931, ND 246, pag. 443: „Wir sehen auch hier, daß, wenn man eine gewisse Arbeit leistet, viele Interessenten herankommen, aber jeder einzelne weist immer wieder darauf hin, daß die Staatspartei in Berlin als tot zu betrachten ist. Die Ortsgruppen werden mit keinerlei Material versehen, irgendwelche Richtlinien werden nicht herausgegeben etc."; außerdem Lüders an Dietrich, 3. 4. 1931, ND 245, pag. 171.

[461] So der preußische Landtagsabgeordnete Günther Grzimek an Werner Hirschel (seit Juli 1931 Dietrichs persönlicher Referent im Finanzministerium), 16. 11. 1931, ND 250, pag. 231.

[462] Dietrich an die Ortsgruppe Groß-Dortmund, 6. 6. 1931, ND 244, pag. 115.

[463] Vellemann an Hirschel, 2. 3. 1932, ND 250, pag. 47 (Hervorhebungen im Original).

[464] DStP Köln an Dietrich, 20. 1. 1931 u. Artur Hesse an DStP Köln, 10. 2. 1931, ND 243, pag. 359-361; Eisener an Dietrich, 26. 3. u. 18. 4. 1931, ND 244, pag. 313 u. 317.

[465] Dietrich an Eisener, 23. 4. 1931, Schäfer an Dietrich, 30. 4. 1931, Eisener an Dietrich, 4. 5. 1931 u. Dietrich an Schäfer, 6. 5. 1930, ND 244, pag. 305-311.

auf seine Teilnahme an einer Zusammenkunft am Tag vor der Veranstaltung, zu der „der Partei nahestehende Kreise der Industrie und des Handels" geladen werden sollten. Als ihn mit Josef Winschuh erneut ein Kölner Mitglied des Parteivorstands persönlich ansprach, sagte Dietrich zu.[466] Doch angesichts der schwebenden Verhandlungen über die neue Notverordnung teilte er zehn Tage vor der geplanten Versammlung mit, dass die „Geschäftslage" seine „Anwesenheit [...] in Berlin notwendig machen" werde. Als Ersatztermin schlug er den 20. Juni vor, wobei er auch diesen „natürlich" noch nicht garantieren könne, „für den Fall, daß unvorhergesehene Komplikationen in der politischen Lage eintreten".[467] Auf die Notverordnung vom 5. Juni folgten „Komplikationen" zuhauf, und Dietrich ließ Reichsgeschäftsführer Otto Nuschke wissen, er könne bis zum Herbst gar keine Reden halten, weil er „sehr stark überlastet" sei.[468] Trotz der „großen Enttäuschung" ließ die Ortsgruppe nicht locker, wurde aber im Oktober und Anfang Januar 1932 wiederum vertröstet. Winschuh konnte Dietrich schließlich „beim Wort nehmen", und so kam der Parteivorsitzende am 20. März 1932, nun im Rahmen des Wahlkampfs um die Reichspräsidentschaft, doch nach Köln.[469]

In diesem Fall stellte die weite Reise ein zusätzliches Hindernis dar. In Berlin zeigte Dietrich aber ebenfalls kaum Präsenz. Schon im Frühjahr 1931 klagte Marie-Elisabeth Lüders, die sich intensiv um die Reorganisation der Partei bemühte und zahlreiche Reisen durch die Wahlkreise unternahm, es sei ihr „trotz wochenlanger Versuche" nicht gelungen, den Parteivorsitzenden „auch nur telephonisch zu sprechen".[470] Vom Sommer 1931 an erschien Dietrich nur noch sporadisch in den Vorstandssitzungen.[471] Das Gleiche galt für die Fraktion: Der Abgeordnete Wolfgang Jaenicke notierte Anfang Juni 1932, Dietrich habe bei „über 90%" der Sitzungen gefehlt.[472] Vor einer Fraktionssitzung am 7. Dezember 1931, in der die grundsätzliche Haltung zur Regierung erörtert werden sollte, wurde Dietrich eindringlich um Teilnahme gebeten. Er sagte Theodor Heuss sein Kommen zu, „wenn nichts unerwartet dazwischen kommt".[473] Schließlich fanden gleichzeitig die abschließenden Verhandlungen des Kabinetts zur vierten großen Notverordnung statt. Vergeblich ließ Fraktionsführer Weber dem Finanzminister noch am selben Tag mitteilen, er erwarte sein Erscheinen „mit aller Bestimmtheit", da die Fraktion „vor außerordentlich wichtigen Entscheidungen" stehe.[474] Heuss stellte fest, Dietrich habe „die Fraktion wieder einmal versetzt, bzw. versetzen müssen

---

[466] DStP Köln an Dietrich, 8.5. u. 18.5.1931, ebd., pag. 33–35.
[467] Dietrich an DStP Köln, 20.5.1931, ebd., pag. 31.
[468] Hesse an Nuschke, 24.6.1931, ebd., pag. 23.
[469] DStP Köln an Dietrich, 28.5.1931, ebd., pag. 29; DStP Köln an Dietrich, 1.10.1931 u. Werner Hirschel an DStP Köln, 9.10.1931, ND 249, pag. 131–133; DStP Köln an Dietrich, 2.1.1932, Dietrich an DStP Köln, 8.1.1932, Winschuh an Dietrich, 4.2.1932 u. Hirschel an DStP Köln, 1.3.1932, ND 250, pag. 63, 69 u. 281–283.
[470] Lüders an Dietrich, 5.4.1931, ND 245, pag. 189.
[471] Linksliberalismus Dok. 178–195.
[472] Aufzeichnung Jaenickes über die Vorgänge vom 30.5.1932 bis zum 12.6.1932, S. 3, BAK N Jaenicke 59.
[473] Heuss an Dietrich, 27.11.1931 u. Dietrich an Heuss, 1.12.1931, ND 252, pag. 159–161.
[474] Notiz Hirschels für Dietrich, 7.12.1931, ebd., pag. 163.

wegen der immerwährenden Kabinettsberatungen".⁴⁷⁵ Überhaupt habe man ihn den ganzen Herbst hindurch bis zur Notverordnung vom 8. Dezember „nicht zu sehen erhalten": Brüning habe „immer das Ehrenwort abgenommen, daß mit niemandem gesprochen werde, so daß wir uns in der Fraktion erst post festum mit ihm aussprechen konnten".⁴⁷⁶ Die Vorstands- und Fraktionskollegen sahen sich von jedem Einfluss auf die Regierung abgeschnitten, wurden nicht einmal über deren Beschlüsse vorab informiert. Dietrich war aber auch in Parteiangelegenheiten nicht mehr erreichbar. Schatzmeister Hermann Fischer versuchte immer wieder erfolglos, mit ihm drängende Finanzfragen zu beraten, und der stellvertretende Parteivorsitzende Heinrich Rönneburg verband einen Geburtstagsgruß mit der Bitte: „Möchten Sie, trotz aller Arbeit und Sorgen und Mühen, dann und wann auch einmal Zeit finden für eine Aussprache mit Ihren ehrlichen und wahrhaften Freunden."⁴⁷⁷

Im Grunde war von Anfang an allen Beteiligten bewusst, dass der Spagat zwischen Partei- und Regierungsamt nicht gelingen konnte. Nur eine Woche nach seiner Wahl zum Parteivorsitzenden regte Dietrich an, Hermann Höpker Aschoff möge ihn fürs Erste vertreten, was dieser allerdings ablehnte.⁴⁷⁸ Als in letzter Minute eine für den 7. Februar 1931 vorgesehene Versammlung des Gesamtvorstandes abgesagt und um fünf Wochen verschoben wurde, weil Dietrich den Etat im Haushaltsausschuss verteidigen musste, protestierte Winschuh: „Dieser Vorgang beweist wieder, wie notwendig es ist, daß wir stellvertretende Vorsitzende wählen, die sich im Falle Ihrer Verhinderung [...] energisch der Parteiführung widmen. Sie sind zur Zeit und wahrscheinlich noch auf Monate so stark in Anspruch genommen, daß Sie natürlicherweise für die Führung der Partei sehr wenig Zeit und Kraft aufbringen können. So verständlich dies Dilemma ist, so geht doch die Partei dabei vor die Hunde."⁴⁷⁹ In der folgenden Sitzung des Gesamtvorstandes wurde ebenfalls die Ernennung eines Stellvertreters gefordert, woraufhin Dietrich vorschlug, der frühere Innenminister Wilhelm Külz möge die Geschäftsführung übernehmen.⁴⁸⁰ Obwohl Külz soeben zum Oberbürgermeister von Dresden gewählt worden war, erklärte er sich „vorläufig" dazu bereit,⁴⁸¹ ohne jedoch besonders aktiv zu werden. Schließlich beauftragte Dietrich wegen seiner „völligen Überlastung mit Dienstgeschäften" Mitte Juli August Weber mit der Stellvertretung.⁴⁸² Gerade

---

⁴⁷⁵ Heuss an Albert Hopf, 8.12.1931, abgedruckt in Heuss, Briefe 1918-1933, S. 440.
⁴⁷⁶ Heuss an Friedrich Mück, 21.12.1931, abgedruckt in Heuss, Briefe 1918-1933, S. 450. Der Fraktionsvorsitzende August Weber konstatierte, er „kriege Dietrich kaum alle Monat einmal zu Gesicht": Weber an Lüders, 20.11.1931, BAK N Lüders 99.
⁴⁷⁷ Sitzung des Gesamtvorstandes vom 26.9.1931, Linksliberalismus Dok. 182, S. 667; Fischer an Dietrich, 9.9.1931 u. 25.6.1932, ND 249, pag. 127-129 u. ND 254, pag. 95-101; Rönneburg an Dietrich, 13.12.1931, ND 132, fol. 89f.
⁴⁷⁸ Sitzung des Geschäftsführenden Vorstandes vom 17.11.1930, Linksliberalismus Dok. 173, S. 618.
⁴⁷⁹ Winschuh an Dietrich, 6.2.1931, ND 247, pag. 399.
⁴⁸⁰ Sitzungen des Gesamtvorstandes vom 14.3. u. 15.3.1931, Linksliberalismus Dok. 176a u. 176b, S. 620-642.
⁴⁸¹ Sitzung des Geschäftsführenden Vorstandes vom 8.5.1931, Linksliberalismus Dok. 177, S. 643.
⁴⁸² Dietrich an die Reichsgeschäftsstelle, 16.7.1931, ND 247, pag. 369.

auf dem Höhepunkt der Bankenkrise, gestand Dietrich am 15. August im Gesamtvorstand ein, „wäre es notwendig gewesen, der Parteipolitik nachzulaufen", und bat um „Nachsicht" für seine bisherige Inaktivität.[483] Wie groß die Führungsdefizite erschienen, zeigt der Umstand, dass schließlich gleich drei Personen die Arbeit Dietrichs übernahmen. Auf dem Parteitag im September wurden Weber, Lüders und Rönneburg zu stellvertretenden Vorsitzenden gewählt.[484]

Im Anschluss entfaltete der Vorstand eine rege Organisationstätigkeit. Unter anderem wurden zur Abgrenzung von Arbeitsfeldern sechs „Aufgabenkreise der Parteiarbeit" gebildet; um die Zusammenarbeit mit den Interessenausschüssen zu verbessern, wohnten fortan einzelne Vorstandsmitglieder deren Sitzungen bei; die neugegründete „staatsbürgerliche Jugend" bot Schulungskurse an, um dem Mangel an Rednern abzuhelfen, und die für Versammlungen zur Verfügung stehenden Politiker wurden fortan von der Reichsgeschäftsstelle auf die Wahlkreise verteilt. Außerdem fanden Anfang Dezember 1931 und Mitte März 1932 zwei besondere „Organisationstagungen" statt.[485] Letzten Endes trug die Wahl Dietrichs zum Vorsitzenden wesentlich dazu bei, dass der „Neuaufbau" der Partei sich um fast ein Jahr verzögerte.

Im Hinblick auf die tägliche Arbeit wurden die Defizite, welche die Besetzung des Vorstandsamts durch Dietrich mit sich brachte, vom Herbst 1931 an gelindert. An der politischen Belastung, die Dietrich darstellte, änderte das freilich nichts. Nicht nur unterstützte die DStP eine Regierung, die sich zunehmend nach rechts bewegte und von den Idealen der Partei entfernte, sondern sie war in diesem Kabinett auch durch ihren Vorsitzenden vertreten, der obendrein mit demjenigen Ressort betraut war, das die Verantwortung für den größten Teil der rigiden Austeritätspolitik trug.

Die führenden Politiker der Staatspartei setzten sich in der Öffentlichkeit für das Kabinett ein, und die Fraktion erwies sich bei allen wichtigen Abstimmungen als verlässlicher Rückhalt. Die „Aufgaben der Staatspartei im neuen Reichstage", wie August Weber sie im Oktober 1930 definierte, blieben bis zum Sturz des Kabinetts für die offizielle Position der DStP bestimmend: „Oberste Aufgabe der Fraktion im Reichstage wird natürlich sein, die Regierung Brüning am Leben zu erhalten und ihr die Durchführung ihres großen Sanierungsprogrammes zu ermöglichen."[486] Soweit man Kritik an der Regierung übte, ging es in erster Linie um die Agrarpolitik Schieles,[487] später auch um die lasche Gangart, welche die Regierung gegenüber den Nationalsozialisten einschlug.[488] Auf Begeisterung stieß die Unterstützung der Regierung freilich nicht, und in den Führungsgremien der

---

[483] Sitzung des Gesamtvorstandes vom 15. 8. 1931, Linksliberalismus Dok. 180, S. 655f.
[484] Sitzung des Gesamtvorstandes vom 26. 9. 1931, Linksliberalismus Dok. 182, S. 669.
[485] Sitzungen des Geschäftsführenden Vorstandes vom 7. 10. u. 20. 10. 1931, Linksliberalismus Dok. 183f., S. 670-673; außerdem die Unterlagen in BAB R 45 III-58.
[486] August Weber: Die Aufgaben der Staatspartei im neuen Reichstage, Der Demokrat Nr. 20 vom 20. 10. 1930, S. 459.
[487] Z. B. Reden Webers am 17. 10. 1930, 5. 12. 1930, 26. 2. 1931 u. 15. 10. 1931, Reichstag Bd. 444, S. 88 u. 306, Bd. 445, S. 1235 u. Bd. 446, S. 2148f.
[488] Reden Webers am 15. 10. 1931 u. 24. 2. 1932, Reichstag Bd. 446, S. 2146 u. 2301-2303.

Partei war sie schließlich nicht mehr unumstritten. Vor allem wurde die Bindung an Dietrich in wachsendem Maße als problematisch empfunden.

Bis zum Frühjahr 1931 blieb die Kritik an der Regierung und an Dietrichs Finanzpolitik eher verhalten.[489] Den Wendepunkt markierte die Notverordnung vom 5. Juni, die an der Basis einen Proteststurm hervorrief. Dietrich erhielt eine Flut empörter Zuschriften gegen die „unverständlichen Härten und sozialen Ungerechtigkeiten" der neuen Sparmaßnahmen.[490] Besonders groß war der Unmut bei den Beamten. Schon in den Wochen vor der Notverordnung gab es angesichts der Gerüchte über erneute Gehaltskürzungen zahlreiche besorgte Anfragen. Dietrich notierte Anfang Mai, er könne „nicht fortgesetzt in der Beamtenfrage Erklärungen abgeben".[491] Zuvor hatte er, wie ihm die Beamtenvertreter anschließend vorhielten, wiederholt dementiert, was längst durchgesickert war.[492] Der Reichsbeamtenausschuss der DStP erhob „schärfsten Einspruch" gegen die „antisozialen und ungerechten, besonders die Beamten der unteren Gruppen betreffenden Maßnahmen" und forderte die Fraktion auf, im Reichstag die Aufhebung der Notverordnung zu beantragen.[493] Wenngleich die Fraktion dem nicht nachkam und sich in der folgenden innenpolitischen Krise hinter die Regierung stellte, ließ sie Dietrich „Abänderungsvorschläge" im Umfang von über 100 Seiten zukommen.[494]

Der Protest der Parteibasis ging mit Forderungen nach personellen Konsequenzen einher. „Was auch immer herauskommt", konstatierte der Vorsitzende in Darmstadt zwei Wochen vor der Notverordnung, „unserem Finanzminister wird es zur Last gelegt und somit unserer Partei."[495] Falls die Gerüchte über die Besoldungskürzungen sich bewahrheiten sollten, „so würden unsere Mitglieder nur dadurch zu halten sein, daß Sie aus dem Kabinett austreten", hieß es aus Liegnitz.[496] Der preußische Landtagsabgeordnete Adam Barteld, selbst Postbeamter, erwartete „eine ganz ungeheure Radikalisierung in der Beamtenschaft" und hielt die „Lage für die Partei für geradezu katastrophal".[497] Beamtenvertreter aus Hannover erklärten: „Die Zusammenfassung der Ämter eines Reichsfinanzministers und eines Parteiführers in der heutigen Zeit konnte [...] von vornherein nur zu einer Katastrophe für die Partei oder zu einem Rücktritt von einem der Ämter führen."[498]

---

[489] Vgl. z. B. Sitzung des Gesamtvorstandes vom 14. 3. 1931, Linksliberalismus Dok. 176a, S. 620-632.
[490] Landesverband Schaumburg-Lippe an Dietrich, die Reichstagsfraktion und die Reichsgeschäftsstelle, 15. 6. 1931, ND 244, pag. 73-75; ähnlich z. B. Ortsverein Hannover an den Vorstand der DStP, 26. 5. 1931, ebd., pag. 175, Stellungnahme der DStP Düsseldorf zur Notverordnung, 21. 6. 1931, ebd., pag. 37 u. Ortsgruppe Zwickau an Dietrich, 10. 7. 1931, ND 249, pag. 403; vgl. Jones, Liberalism, S. 415f.
[491] Notiz Dietrichs für Artur Hesse, 8. 5. 1931, ND 244, pag. 355.
[492] Besprechung mit Vertretern der drei Beamtenspitzenorganisationen über die Kürzung der Beamtengehälter, 1. 6. 1931, AdR Brüning Dok. 317, S. 1150f.
[493] Reichsbeamtenausschuss an Dietrich, 9. 6. 1931, ND 247, pag. 341f.
[494] Siehe dazu die Unterlagen in ND 309.
[495] Karl Dingeldey an Otto Nuschke, 18. 5. 1931, ND 244, pag. 163.
[496] Wahlkreisgeschäftsstelle Liegnitz an Dietrich, 23. 5. 1931, ebd., pag. 169f.
[497] Barteld an Dietrich, 9. 6. 1931, ND 242, pag. 7.
[498] Bezirkskartell des Deutschen Beamtenbundes, Provinz Hannover, an Barteld, 6. 6. 1931, ebd., pag. 9-11.

Im Herbst 1931 erreichten solche Forderungen die Führungsgremien. Der frühere Reichstagsabgeordnete Walter Goetz forderte Ende September offen Dietrichs Rücktritt vom Parteivorsitz, weil er eine „überaus schwere Belastung" für die Partei darstelle: „Die Tatsache, daß unser Parteiführer zugleich der Verantwortliche für die Notverordnungen sei, habe schon ganze Ortsgruppen gesprengt." Damit stieß er auf den entschiedenen Widerspruch von August Weber. Ein Wechsel des Parteivorsitzenden werde sowohl die Partei als auch Dietrichs Position im Kabinett „außerordentlich schädigen".[499] Angesichts der Regierungsumbildung vom 9. Oktober und Brünings Erklärung, das neue Kabinett solle „noch unabhängiger von den Parteien" sein,[500] legte Weber dem Finanzminister schließlich doch nahe, sich als Parteivorsitzender „einstweilen beurlauben" zu lassen. Allerdings sah er sich nun ebenfalls dem Vorwurf ausgesetzt, ein solcher Schritt werde Dietrich und das Kabinett schwächen und den Eindruck eines Zwists in der Partei erwecken. Der Vorstand lehnte den Vorschlag schließlich ab.[501]

Damit war die Partei auf die weitere Unterstützung der Regierung festgelegt, weil schließlich, wie Weber feststellte, „jede Distanzierung von dem Reichskanzler auch als solche vom Vizekanzler, unserem Parteiführer Dietrich, betrachtet werden könnte".[502] Man konnte nicht zu Dietrich stehen und sich gleichzeitig vom Kabinett lossagen. Diese Konsequenz wollten indessen viele nicht ohne weiteres ziehen. Kurz vor der Notverordnung vom 8. Dezember erreichten die Auseinandersetzungen um die Unterstützung der Regierung ihren Höhepunkt. Am 25. November kamen in Abwesenheit Dietrichs die Fraktionen des Reichstags und des preußischen Landtags mit dem Vorstand zusammen, um über die „grundsätzliche politische Linie" zu beraten.[503] Während das Verhältnis zu Dietrich nicht zur Debatte stand, wurde die weitere Haltung gegenüber der Regierung kontrovers diskutiert. Weber warf die Frage auf: „Müssen wir alles vertreten, was die Reichsregierung unternimmt – können wir nach außen wirksam Kritik üben, solange unser Parteiführer dabei ist?" Einig war sich die Versammlung, dass der Nationalsozialismus eine Bedrohung darstelle und die durch die Agrarpolitik verursachten hohen Lebenshaltungskosten untragbar seien.

Im Übrigen wurden die unterschiedlichsten Positionen vertreten. Der preußische Handelsminister Walther Schreiber wies auf den allgemein wachsenden Widerstand gegen die Regierung hin und erklärte, sie werde „keine Früchte ihrer Bemühungen ernten – weder auf wirtschaftlichem noch auf außenpolitischem Gebiet". Um einer „größeren Gefahr vorzubeugen", müsse man die „von so starken

---

[499] Sitzung des Gesamtvorstandes vom 26.9.1931, Linksliberalismus Dok. 182, S. 668f.
[500] Rede Brünings am 13.10.1931, Reichstag Bd. 446, S. 2074.
[501] Sitzung des Geschäftsführenden Vorstandes vom 20.10.1931, BAB R 45 III-51, fol. 74f.; siehe auch Sitzung des Geschäftsführenden Vorstandes vom 4.12.1931, Linksliberalismus Dok. 186, S. 675; vgl. Matthias/Morsey, Deutsche Staatspartei, S. 50f.
[502] Sitzung des Geschäftsführenden Vorstandes vom 12.11.1931, BAB R 45 III-51, fol. 84f.
[503] Hierzu und zum Folgenden Sitzung der DDP-Fraktion im preußischen Landtag mit Vertretern der Reichstagsfraktion und der Parteileitung, 25.11.1931, abgedruckt in: Linksliberalismus in Preußen. Die Sitzungsprotokolle der preußischen Landtagsfraktion der DDP und DStP 1919-1932. Bearbeitet von Volker Stalmann. Düsseldorf 2009, Dok. 818, S. 1194-1198.

Volkskräften getragene" NSDAP in die Regierungsverantwortung einbinden. Oscar Meyer schloss sich an und äußerte dabei die Vorstellung, das bestehende Kabinett (einschließlich Dietrich) solle durch die Aufnahme von Nationalsozialisten eine „Erweiterung" erfahren. Dem widersprach die große Mehrheit unter Hinweis auf die innen- und außenpolitischen Gefahren einer nationalsozialistischen Regierungsbeteiligung. Höpker Aschoff betonte, dass „Brünings Endkampf um Stillhaltung und Regelung der Reparationen […] nicht gestört werden" dürfe durch eine „Preisgabe" der Regierung an die NSDAP. Einige wollten stattdessen, um in der Agitation etwas vorweisen zu können, die weitere Unterstützung des Kabinetts von sofortigen, konkreten „Forderungen" abhängig machen, andere wiederum erst nach den wichtigsten außenpolitischen Entscheidungen Bedingungen stellen. Schließlich wurde, unter anderem von Winschuh, die Meinung vertreten, man dürfe für den „Absprung, der vor völliger Zermürbung des Kabinetts Brüning geschehen muß", nicht den rechten Augenblick verpassen. Wenn Weber feststellte, die „empfangenen Eindrücke" seien „nicht einheitlich" gewesen, war das eine freundliche Umschreibung des Durcheinanders, das die Diskussion bestimmte.

Im Vorstand setzte sich die Auffassung durch, „im großen und ganzen den Kurs der Regierung [zu] stützen" und gleichzeitig „zu Einzelheiten der Regierungsmaßnahmen unsere besondere Stellung [zu] nehmen".[504] Das entsprach dem bisherigen Kurs. Die Fraktion rang sich schließlich nur dazu durch, gegen das „passive Verhalten" der Regierung im Umgang mit dem Nationalsozialismus zu protestieren, das Weber in einem Schreiben an Brüning als „nicht länger tragbar" bezeichnete. Der Brief war eine leere Drohung, zumal er nicht veröffentlicht wurde.[505] Trotz allen Unmuts rückte die DStP weder von ihrem Parteivorsitzenden ab, noch nahm sie offen gegen die Regierung Stellung. Daran änderte sich in den folgenden Monaten nichts. Im Februar führte der Groener-Erlass erneut zu Diskussionen über die Regierungsbeteiligung, doch man einigte sich rasch, dass die Reichspräsidentenwahlen gegenwärtig weitaus wichtiger seien.[506] Ebenso ergebnislos verlief eine kontroverse Debatte im Vorstand, die drei Monate später nach dem Rücktritt Groeners vom Amt des Reichswehrministers stattfand.[507]

Die Ausdauer, welche die DStP in ihrer Unterstützung für Dietrich und die Regierung an den Tag legte, erscheint zunächst einmal bemerkenswert. Dietrich nahm keine Rücksicht auf die Partei. In den Kabinettssitzungen erwähnte er sie fast nie, geschweige denn, dass er in ihrem Namen irgendwelche Anliegen vertrat, und er bemühte sich – unbeschadet seiner zweifelsohne erheblichen „dienstlichen Inanspruchnahme" – kaum darum, bei Parteifreunden um Zustimmung für seine Politik zu werben oder auch nur mit ihnen in Kontakt zu bleiben. Werner Ste-

---

[504] Sitzung des Geschäftsführenden Vorstandes vom 4.12.1931, Linksliberalismus Dok. 186, S. 675–677.
[505] Weber an Brüning, 7.12.1931, AdR Brüning Dok. 595, S. 2085f. Weber hatte bereits einige Wochen zuvor ein solches Vorgehen angeregt: Sitzung des Geschäftsführenden Vorstandes vom 12.11.1931, BAB R 45 III-51, fol. 85.
[506] Sitzung des Gesamtvorstandes vom 21.2.1932, Linksliberalismus Dok. 191, S. 688–697.
[507] Sitzung des Geschäftsführenden Vorstandes vom 18.5.1932, BAB R 45 III-52, fol. 65–70.

phans rückblickende Feststellung, die DStP habe „ihn, den Mächtigen und Selbstbewußten, weder zu bremsen noch zu beeinflussen" vermocht, war treffend.[508] Der Umstand, dass in der Partei Kritik laut wurde, ist deswegen weit weniger auffällig als die Grenzen, in denen sie sich bewegte. Die Debatten auf der Führungsebene richteten sich in erster Linie gegen die Regierung, während ein Rücktritt Dietrichs vom Parteivorsitz nur vorübergehend und nur von einer Minderheit in Erwägung gezogen wurde. Der Widerstand in der Partei blieb im Rahmen sachlicher Diskussionen und muss insgesamt als gering veranschlagt werden. Zur Bildung einer innerparteilichen Opposition kam es nicht. Die DStP stellte somit nicht nur nach außen, sondern ebenso nach innen ein viel einheitlicheres Gebilde dar als die DDP 1930.

Es ist zweifelhaft, welchen Anteil Dietrich daran hatte. Den Parteivorsitz übernahm er allem Anschein nach, um die DStP unter Kontrolle zu halten, doch ab Herbst 1931 übte er offenkundig keine nennenswerte Kontrolle aus. Vielmehr steckte die Partei unabhängig von der Bindung an Dietrich in einem Dilemma, das in der von allgemeiner Konfusion geprägten Strategiesitzung vom 25. November markant hervortrat. Die denkbaren Alternativen zur Unterstützung der Regierung waren letzten Endes wenig aussichtsreich. Angesichts der unsicheren Haltung von DVP und WP hätte ein Vertrauensentzug den Sturz des Kabinetts nach sich ziehen können.[509] Parteistrategisch war es ohnehin schwierig, sich gegen Brüning zu wenden, solange er sogar von der SPD toleriert wurde.[510] Innerhalb der Staatspartei bestand außerdem weitgehend Einigkeit, dass die Deflationspolitik als solche unvermeidlich war.[511] Insbesondere die Unverzichtbarkeit der weltwirtschaftlichen Verflechtung Deutschlands galt als selbstverständlich.[512] Als im Februar 1932 der Gesamtvorstand über die Arbeitslosenfrage debattierte, trat niemand für eine Kreditschöpfung ein,[513] und im Mai war die Reichstagsfraktion über die Regierungspläne zur Arbeitsbeschaffung „sehr unterschiedlicher Auffassung".[514]

Darüber hinaus verzichtete die Partei nicht zufällig darauf, konkrete Forderungen zur Finanz-, Wirtschafts- und Sozialpolitik zu formulieren. Sie trat für eine „Umverteilung der Lasten" ein, „nannte aber nur die zu Entlastenden".[515] Somit

---

[508] Stephan, Aufstieg, S. 485.
[509] Vgl. Schulz, Brüning, S. 629 f.
[510] Vgl. Stephan, Aufstieg, S. 487; Matthias/Morsey, Deutsche Staatspartei, S. 51.
[511] So auch Büttner, Alternativen, S. 249, die lediglich Gustav Schneider und Ernst Lemmer zu „entschiedenen Gegnern des Brüning-Kurses" erklärt.
[512] Zum Beispiel schrieb August Weber im September 1931, der „Kern des Problems" sei die „Überwindung der Vertrauenskrise": „Sie ist das A und O, denn wenn uns das nicht gelingt, dann werden wir [...] die ausländischen Kredite nicht bekommen, ohne die wir auf die Dauer unseren wirtschaftlichen und sozialen Standard nicht aufrechterhalten können [...]. Alles aber, was darauf hinzielt, Deutschland aus der Weltwirtschaft herauszulösen und es in eine selbstgewollte wirtschaftliche Isolierung zu treiben, ist vom Übel." August Weber: Staat und Wirtschaft in der Krisis, Die Hilfe vom 26.9.1931, S. 934; vgl. Heß, Wandlungen, S. 57.
[513] Sitzung des Gesamtvorstandes vom 21.2.1932, Linksliberalismus Dok. 191, S. 691–696.
[514] Heuss an Reinhold Maier, 14.5.1932, abgedruckt in Heuss, Briefe 1918–1933, S. 466.
[515] Albertin, Auflösung, S. 103.

war die einseitige programmatische Ausrichtung auf die „Staatspolitik", die ja bereits im Juli 1930, ohne Druck von Dietrichs Seite, begonnen hatte, nicht auf einen Alleingang des Parteivorsitzenden zurückzuführen. Mit der Überbrückung wirtschaftlicher Interessengegensätze durch den Minimalkonsens der „Staatspolitik" bewegte sich die Partei auf Dietrich zu, nicht umgekehrt. „Das bloße passive Unterstützen der Regierung ist kein parteipolitisches Aktivum", beschwerte sich Winschuh bei Dietrich.[516] Über konsensfähige Alternativkonzepte verfügte er aber ebensowenig wie andere Politiker der DStP.[517] Auch aus der Retrospektive scheint es fraglich, ob die Partei mit einem anderen Kurs besser gefahren wäre. Wie das Schicksal von DVP und WP verdeutlicht, die bei den Wahlen von 1932 verhältnismäßig noch höhere Verluste einfuhren, wurde eine schwankende, distanziertere Haltung zur Regierung vom Wähler nicht belohnt. Die Schwierigkeiten der DStP wurden durch Dietrichs Parteivorsitz verschärft, doch an der defensiven Programmatik und der Bindung an die Regierung führte letztlich kaum ein Weg vorbei.

Mitte Mai 1932 plädierte der Ökonom Gustav Stolper im Vorstand dafür, auf einen Erfolg des Kabinetts in der Reparationsfrage zu setzen. Deshalb müsse „eine Politik des Zeitgewinnens getrieben werden".[518] Tatsächlich blieb der DStP, ganz im Sinne des Kurses der Regierung, nur die Hoffnung auf eine Verbesserung der wirtschaftlichen Lage. Das Schicksal der kleinen Partei war an das Kabinett gekettet. Nur wenn sich schließlich der Erfolg einstellte, konnte die Partei erwarten, „den Weg ins Freie zu finden".[519]

---

[516] Winschuh an Dietrich, 6. 2. 1931, ND 247, pag. 399.
[517] So auch Heß, Wandlungen, S. 67 u. 74-77.
[518] Sitzung des Geschäftsführenden Vorstandes vom 18. 5. 1932, BAB R 45 III-52, fol. 68.
[519] Matthias/Morsey, Deutsche Staatspartei, S. 51.

Ausblick und Zusammenfassung

Der Sturz des Kabinetts Brüning bedeutete für Dietrich das Ende seiner Karriere. Dieser Einschnitt ergibt sich nicht nur aus der rückblickenden Betrachtung des Historikers, sondern wurde auch von Dietrich sofort als solcher angesehen – wenngleich er in den folgenden Monaten bis zur NS-Machtübernahme bzw. bis zum Frühjahr 1933 politisch aktiv blieb. Nach dem Verlust seines Ministeramts stellte sich ihm sowohl die politische als auch die private Lebenswelt als Scherbenhaufen dar.

Die von Hindenburg herbeigeführte Demission der Regierung am 30. Mai kam für Dietrich gewiss nicht aus heiterem Himmel. Immer wieder hatte er sein Amt als gefährdet wahrgenommen, was angesichts seiner politisch exponierten Stellung am linken Rand des zunehmend rechtsgerichteten Kabinetts naheliegend war. Als industrielle und konservative Kreise im Juni 1931 seine Entlassung forderten, fürchtete er, Brüning könnte diesem Verlangen nachgeben. Er wähnte sich selbst innerhalb des eigenen Ministeriums dunklen Machenschaften ausgesetzt und wirkte auf seine Umgebung „schrecklich mißtrauisch".[1] Im September schien es ihm zunächst ungewiss, ob er der bevorstehenden Regierungsumbildung zum Opfer fallen werde, und anschließend sorgte er sich, die DVP könnte ein Misstrauensvotum gegen ihn unterstützen. Kämpferisch bekundete er, „nur in offener Feldschlacht fallen" zu wollen. Sollte es dazu kommen, werde er „eine große politische Schlacht eröffnen und versuchen, die bürgerlichen Parteien zu einigen".[2] In den folgenden Wochen äußerte er sich wiederholt skeptisch und glaubte, „daß die Tage des Kabinetts gezählt sind".[3] Dietrich beurteilte die Aussichten, sein Amt auf Dauer fortführen zu können, also pessimistisch und blickte gleichwohl mit einem gewissen Elan in die Zukunft. Im Frühjahr 1932 war die Situation jedoch eine andere. Nicht nur stand die Reparationskonferenz in Lausanne unmittelbar bevor, auch die Wiederwahl Hindenburgs zum Reichspräsidenten war nach zwei Wahlgängen (13. März und 10. April) geglückt. Davon hatte Dietrich sich eine entscheidende Besserung der politischen Lage versprochen. Bereits Ende Februar erklärte er, dass anschließend „in jedem Falle bei den Nazis eine Zersetzung beginnen" werde,[4] und dass „bei einer Neuwahl Hindenburgs auch die Zusammensetzung der Persönlichkeiten um den Reichspräsidenten zweifellos eine Änderung erfahren" werde.[5]

Als das Gegenteil eintrat und das Kabinett noch vor Lausanne stürzte, war dies ein Schock für ihn. Hans Schäffer notierte am 2. Juni, Dietrich sei „sehr erschüttert über die Entwicklung" und betrachte sie „als eine Katastrophe für das deutsche Volk".[6] Am selben Tag fand eine Sitzung des DStP-Vorstands und der Reichs-

---

[1] Tagebuch Hans Schäffer, 12.6., 18.6. u. 24.6.1931, IfZ ED 93, Bd. 11, S. 212f., 237-239, 247f. u. 270f., Zitat S. 271.
[2] Tagebuch Hans Schäffer, 14.9. u. 23.9.1931, IfZ ED 93, Bd. 14, S. 775 u. 823f. (Zitate).
[3] Tagebuch Hans Schäffer, 16.10. u. 5.11.1931, IfZ ED 93, Bd. 14f., S. 924 u. 981 (Zitat).
[4] Tagebuch Hans Schäffer, 25.2.1932, IfZ ED 93, Bd. 18, S. 273.
[5] Sitzung des Gesamtvorstandes der DStP vom 21.2.1932, Linksliberalismus Dok. 191, S. 690.
[6] Tagebuch Hans Schäffer, 2.6.1932, IfZ ED 93, Bd. 21, S. 543.

tagsfraktion statt, an der er zur „allgemeinen Entrüstung" seiner Parteifreunde ebensowenig teilnahm wie an zwei weiteren Zusammenkünften in der Woche nach der Demission.[7] Die DStP stand vor schwerwiegenden Problemen, zumal am 4. Juni der Reichstag aufgelöst wurde, und ihr Vorsitzender hätte sich nun, gemäß dem im Herbst 1931 geäußerten Vorhaben, der Parteipolitik widmen können. Stattdessen reiste er nach Baden. Er kehrte zwar am 9. Juni zurück, fuhr jedoch fünf Tage später erneut in den Schwarzwald – diesmal für zwei Wochen, denn er „brauche unbedingt Erholung".[8]

Dietrich hielt die Lage der DStP für hoffnungslos. Auch in diesem Punkt war seine Einschätzung einige Wochen zuvor noch optimistischer. Ungeachtet der gravierenden Probleme, mit denen sie seit ihrer Gründung zu kämpfen hatte, war die Stimmung innerhalb der DStP bis zum Frühjahr 1932 keineswegs nur von Pessimismus geprägt. Vielmehr gaben verschiedene Entwicklungen Anlass zur Hoffnung – wobei Dietrich und andere freilich nach jedem Strohhalm griffen. Nach dem Scheitern des Volksentscheids zur Auflösung des preußischen Landtags am 9. August 1931 hielt Dietrich es für „bewiesen, daß die Bevölkerung gescheiter ist als ihre Parteien, denen sie nachläuft". Obwohl bei der von der „nationalen Opposition" initiierten Abstimmung 37,1 Prozent der Stimm*berechtigten* mit Ja votierten, sah er „wieder eine Möglichkeit [...], eine Partei aufzubauen, die entschlossen den Staat bejaht und die Republik verteidigt".[9] Ein weiterer Lichtblick war die Bürgerschaftswahl in Hamburg Ende September, bei der die DStP immerhin 8,7 Prozent der Stimmen erreichte und damit nur vier Punkte gegenüber dem DDP-Ergebnis von 1928 einbüßte. Dietrich stellte fest, dass „die Staatspartei die einzige Mittelpartei gewesen ist, die sich behaupten konnte, weil sie politisch eine gerade Linie hält".[10] Von der Reichspräsidentenwahl erwartete er, ebenso wie viele Parteifreunde, auch für die DStP eine Wende zum Besseren: „Wenn die Präsidentenwahl gut ausläuft, dann brauchen wir uns um die Preußenwahl nicht mehr zu kümmern".[11] In Wirklichkeit wurde die preußische Landtagswahl am 24. April zur Katastrophe und bereitete solchen optimistischen Einschätzungen ein jähes Ende. Die Partei kam noch auf 1,5 Prozent der Stimmen und konnte überdies bloß zwei Mandate halten: Da nur in einem Wahlkreis genügend Stimmen für die Direktwahl eines Kandidaten abgegeben wurden, durfte lediglich ein weiterer Kandidat über die Landesliste ins Parlament einziehen. Die übrigen

---

[7] Aufzeichnung Wolfgang Jaenickes über die Vorgänge vom 30. 5. 1932 bis zum 12. 6. 1932, S. 1 (Notizen zum 31. 5. u. 2. 6.), BAK N Jaenicke 59; Sitzungen des Geschäftsführenden Vorstandes gemeinsam mit der Reichstagsfraktion, 2. 6. u. 6. 6. 1932, BAB R 45 III-52, fol. 72-82 u. 86-99; Theodor Heuss an Albert Hopf, 8. 6. 1932, BAK N Heuss 57.
[8] Dietrich an Hermann Höpker Aschoff, 15. 6. 1932, ND 223, pag. 63f.; siehe auch Dietrich an Luise Scholz, 29. 6. 1932, ND 132, fol. 175.
[9] Sitzung des Gesamtvorstandes vom 15. 8. 1931, Linksliberalismus Dok. 180, S. 655; vgl. Matthias/Morsey, Deutsche Staatspartei, S. 48f.
[10] Dietrich an Hubert Zircher, 1. 10. 1931, ND 247, pag. 411; siehe auch Dietrich an Wilhelm Stahl, 30. 9. 1931, AdL N Stahl 102, fol. 21; vgl. Falter u. a., Wahlen, S. 94.
[11] Sitzung des Gesamtvorstandes vom 21. 2. 1932, Linksliberalismus Dok. 191, S. 690; zum Optimismus im Zusammenhang mit der Reichspräsidentenwahl siehe z. B. das Protokoll der Organisationstagung vom 19. 3. 1932, BAB R 45 III-58, fol. 48-65; vgl. Jones, Liberalism, S. 442f.

„Reststimmen", die eigentlich für sechs Mandate ausgereicht hätten, gingen einfach verloren.[12] In einer Vorstandssitzung vier Tage später herrschte Untergangsstimmung. Alle Anwesenden waren der Meinung, dass die Partei, wenn sie auf sich gestellt bleibe, keine Zukunft habe, und es wurden sogar Stimmen laut, sie umgehend aufzulösen. Letzteren neigte offenbar auch der Parteivorsitzende zu, der erst später zu der Sitzung erschien und sie noch vor ihrem Ende verließ, ohne das Wort ergriffen zu haben.[13] Gegenüber seinem Staatssekretär Schäffer, der zu beschwichtigen suchte, erklärte er, man brauche „neue Männer und eine neue Partei".[14] Theodor Heuss, dem Dietrich „ziemlich müde" erschien, sah sich ebenfalls veranlasst, ihm unter vier Augen eindringlich von überstürzten Entscheidungen abzuraten.[15]

Mit dem Eintritt in die Reichsregierung Ende Juni 1928 hatte Dietrich sich von seinen bisherigen politischen Handlungsfeldern entfernt. Er befasste sich fortan vor allem, ab 1931 nahezu ausschließlich mit seinen Amtsgeschäften. Zwar gehörte er weiter dem Reichstag an, doch die parlamentarische Arbeit als solche spielte nun keine Rolle mehr. Ebenso abrupt endete seine Tätigkeit als Vorsitzender des parlamentarischen Beirats der Tarngesellschaften Konkordia und Ossa, und die Parteipolitik rückte deutlich in den Hintergrund. Das Ministeramt brachte also einen Einschnitt mit sich, der allerdings nicht als endgültig anzusehen war: Angesichts der geringen Lebenserwartung der Weimarer Regierungen galt ein Kabinettsposten als Provisorium, und es war üblich, dass ein Minister anschließend seine frühere Tätigkeit wieder aufnahm. So verabschiedete Max Winkler sich namens der Konkordia mit der Erwartung, „daß wir uns eines Tages wieder unter Ihre Führung stellen dürfen", und Dietrich bedauerte die „vorläufige Unterbrechung unserer harmonischen gemeinsamen Arbeit".[16] Im Sommer 1932 war eine Rückkehr in die einstigen Handlungsfelder aber kaum noch möglich, und Dietrich unternahm gar nicht erst den Versuch – auch aufgrund seiner Wahrnehmung der jüngsten Ereignisse. So groß seine Zuversicht zu Beginn des Frühjahrs gewesen war, so groß war nun die Enttäuschung. Dietrich machte sich deswegen keine Hoffnungen im Hinblick auf seine politische Zukunft. Er hatte nicht nur sein Amt im Kabinett verloren, sondern hielt es darüber hinaus für „ungewiß", ob er überhaupt ein Mandat würde erringen können.[17] Für die Reichstagswahlen am 31. Juli waren die Aussichten der DStP miserabel, zumal das gleiche Wahlrecht galt wie in Preußen. Doch von einer parlamentarischen Tätigkeit war ohnehin wenig zu erwarten. Schon in den zurückliegenden zwei Jahren war der Reichstag kaum arbeitsfähig gewesen und hatte immer seltener getagt. Eine Wende zum Besseren war nach Lage der Dinge so gut wie ausgeschlossen. Ebensowenig war an eine

---

[12] Falter u. a., Wahlen, S. 23 f. u. 101.
[13] Sitzung des Geschäftsführenden Vorstandes vom 28. 4. 1932, Linksliberalismus Dok. 194, S. 704-711.
[14] Tagebuch Hans Schäffer, 28. 4. 1932, IfZ ED 93, Bd. 20, S. 514 f.
[15] Heuss an Reinhold Maier, 29. 4. 1932, abgedruckt in Heuss, Briefe 1918-1933, S. 462.
[16] Winkler an Dietrich, 28. 6. 1928 u. Dietrich an Winkler, 29. 6. 1928, ND 159, fol. 184 f.
[17] Tagebuch Hans Schäffer, 5. 7. 1932, IfZ ED 93, Bd. 21, S. 635: „Dietrich sagt, er sei sich klar darüber, daß er seinen Ministerposten verloren hat. Auch ob er Abgeordneter werden würde, sei noch ungewiß."

Rückkehr zur Konkordia bzw. Ossa zu denken, deren Gremien von den parlamentarischen Kräfteverhältnissen abhingen, und angesichts der parteipolitischen Situation war kein anderer, einigermaßen ansprechender Posten zu erhoffen, wie zum Beispiel ein Oberbürgermeisteramt.

Unter diesen Umständen entschloss Dietrich sich, in Berlin eine Anwaltskanzlei zu gründen. Die Entscheidung fiel bereits im Juni, möglicherweise während seines Aufenthalts im Schwarzwald.[18] Am 20. August erhielt er seine Zulassung als Rechtsanwalt beim Landgericht Berlin, und im Dezember konnte er gemeinsam mit einem Sozius, den er aus der Tätigkeit für die Konkordia kannte, das neue Büro beziehen.[19] Dieser Schritt war von denkbar großer Tragweite: Hier ging es weder darum, eine Phase vorübergehender Beschäftigungslosigkeit zu überbrücken, noch war das Vorgehen geeignet, kurzfristig die finanziellen Sorgen in den Griff zu bekommen, die ihn zu diesem Zeitpunkt plagten. Die Etablierung einer Kanzlei war ein recht aufwendiges und langwieriges Unterfangen, zumal er nie als Anwalt gearbeitet hatte. Dietrich war vielmehr auf der Suche nach einem neuen Lebensinhalt, und so war es wörtlich gemeint, wenn er erklärte: „Ich habe mir jetzt einen neuen Beruf zugelegt".[20]

Der Bruch in Dietrichs Leben, der dem Ende seiner vierjährigen Ministerschaft folgte, ist an seiner weiteren politischen Tätigkeit deutlich abzulesen. Mit dem Verschwinden des Karrierebewusstseins, das sein Handeln seit dem Kaiserreich wesentlich bestimmt hatte, änderten sich die Koordinaten seiner Herangehensweise an die Politik. Bislang war er vor allem Realpolitiker gewesen und hatte sich immer wieder an veränderte Gegebenheiten angepasst. Mit dem Sturz des Kabinetts Brüning verschwand diese Grundhaltung. In einem Gespräch unter vier Augen erkundigte sich Kurt von Schleicher offenbar bei Dietrich, ob er „bereit wäre, in irgendeiner Form an der neuen Regierung teilzunehmen".[21] Es muss offenbleiben, ob es dabei tatsächlich um einen Kabinettsposten ging und Dietrich weiter das Finanzministerium verwalten sollte.[22] Ein solcher Schachzug hätte im Hinblick auf das Vertrauen in die Kontinuität und Stabilität der deutschen Finanzpolitik Sinn ergeben, zumal Hindenburgs Versuch gescheitert war, Brüning als Außenminister zu halten. Andererseits passte Dietrich kaum in das Konzept der „nationalen Konzentrationsregierung" unter Kanzler Franz von Papen, die um die

---

[18] Richard Bahr an Dietrich, 3.7.1932, ND 127, fol. 147.
[19] Preußisches Justizministerium an das Reichsfinanzministerium, 17.12.1932, BAB R 2-100576, fol. 23; Dietrich an E. Wehage, 13.12.1932, ND 141, fol. 78; Dietrich an Max Lindner, 14.12.1932, ND 138, fol. 36.
[20] Dietrich an Wera Gutmann-Herzfeld, 22.12.1932, ND 136, fol. 241.
[21] So Dietrich in der Sitzung des Gesamtvorstandes der DStP vom 12.6.1932, Linksliberalismus Dok. 198, S. 719.
[22] In der Redaktion des *Berliner Tageblatts* kursierte die Nachricht, dass „Herr von Schleicher Sie aufforderte, auch in der neuen Regierung das Finanzressort weiter zu verwalten": Erwin Topf an Dietrich, 8.6.1932, ND 127, pag. 233; siehe auch Brüning, Memoiren, S. 611. Urheber dieser Information dürfte wohl ebenfalls Dietrich gewesen sein, wobei seine Auskunft im Gesamtvorstand der DStP weniger konkret war. Immerhin ist unwahrscheinlich, dass Schleichers Annäherungsversuch frei erfunden war, zumal zu der Parteisitzung über 250 Personen erschienen, Dietrich also damit rechnen musste, dass seine Darlegungen nach außen dringen würden.

Unterstützung der NSDAP warb.²³ Plausibel ist, dass Schleicher nach parteipolitischem Rückhalt suchte, den er bei der DStP jedoch nicht fand.

Dietrich war voll des Grolls gegen die Intrigen, die „unterirdischen Einflüsse" auf Hindenburg durch „verfassungsmäßig nicht zuständige Kräfte", die den Sturz der Regierung Brüning herbeigeführt hätten²⁴ – eine Interpretation, mit der er nicht nur den Reichspräsidenten, sondern auch sich selbst und seine Partei aus der Schusslinie nahm, nachdem man sich Wochen zuvor noch für die Wiederwahl des Feldmarschalls stark gemacht hatte. Er brandmarkte das Kabinett von Papen als von „reaktionärem Willen" beseeltes „Werkzeug Hitlers". Der Nationalsozialismus bedeute „Terror gegen Andersdenkende, Unterdrückung der politischen Freiheit, unübersehbare wirtschaftliche Experimente". Demgegenüber gelte es, „die bürgerliche und wirtschaftliche Freiheit zu schützen", „für die Republik" und „die Herbeiführung geordneter parlamentarischer Zustände" einzutreten. Er schwor seine Partei auf einen „Kampf gegen die ostelbischen Junker" ein, „gegen die Herrenschicht, die das Rad der Geschichte zurückdrehen will".²⁵ Eine solch scharfe Gangart befürworteten längst nicht alle in der DStP. Manche waren der Meinung, wie Hermann Fischer es formulierte, „daß wir als Staatspartei der Regierung zunächst ein fair play zu geben haben".²⁶ Ebenso stieß auf Unmut, dass Dietrich die Partei weiterhin auf eine Verteidigung des Kabinetts Brüning festlegte. Im Wahlkampf hob er hervor, „den Reichshaushalt mit fester Hand in Ordnung gebracht und in Ordnung gehalten" zu haben. So habe die gestürzte Regierung das Ende der Reparationen erreicht: „Herr von Papen erntet jetzt, wo sie gesät hat".²⁷ Den Einwand, ein solches Vorgehen wirke bei der Wählerschaft nicht zugkräftig, sondern abschreckend, und es gelte folglich, die Partei von der früheren Regierung zu distanzieren, wies er zurück: „Den Wählern muß man vielmehr sagen, daß während meiner Amtszeit ein Drittel der Reichsausgaben erspart wurden und daß diese Sparsamkeit die Voraussetzung dafür war, daß wir im Innern zahlungsfähig geblieben sind und daß wir die Reparationen beseitigt haben." All das hätte man nicht erreicht, „wäre ich nicht rücksichtslos genug gewesen, brutalste Sparsamkeit walten zu lassen".²⁸

Dietrich blickte nicht pragmatisch und parteistrategisch in die Zukunft, sondern es ging ihm ums Prinzip. Am deutlichsten trat seine Grundhaltung bei der

---

[23] Vgl. Pyta, Hindenburg, S. 701–708.
[24] Sitzung des Gesamtvorstandes vom 12.6.1932, Linksliberalismus Dok. 198, S. 717–722, Zitat S. 718 u. Rundschreiben Dietrichs „An die Freunde im Lande", Juni 1932, AdL N Rade 96, fol. 44.
[25] Rundschreiben Dietrichs „An die Freunde im Lande", Juni 1932, AdL N Rade 96, fol. 44 u. Sitzung des Gesamtvorstandes vom 7.7.1932, Linksliberalismus Dok. 201, S. 738; vgl. Matthias/Morsey, Deutsche Staatspartei, S. 55f.
[26] Fischer an Dietrich, 25.6.1932, ND 254, pag. 95–101; siehe auch Hermann Föge an Dietrich, 13.10.1932, ND 224, pag. 343: „Mit dem bloßen Schimpfen auf die Regierung der Barone läßt sich heute kein Wahlkampf mehr führen."
[27] Flugblatt der DStP Baden, 27.7.1932, ND 223, pag. 249f. u. Rundschreiben Dietrichs „An die Freunde im Lande", Juni 1932, AdL N Rade 96, fol. 44; siehe auch das übrige Wahlkampfmaterial in ND 223 u. 745.
[28] Dietrich an den DStP-Vorsitzenden in Stettin, 23.9.1932, ND 224, pag. 289; siehe auch Ortsgruppe Stettin an Dietrich u. an Carl Petersen, 16.9.1932, ebd., pag. 239f. u. 293–295.

Frage der bürgerlichen Sammlung zutage, die bis in den Winter 1933 hinein permanent auf der Tagesordnung stand.[29] Als am 4. Juni der Reichstag aufgelöst wurde, musste mit Blick auf das verheerende Ergebnis bei der preußischen Landtagswahl nicht nur die DStP um ihre Existenz fürchten. So kam es rasch zu Gesprächen, an denen DStP, DVP, WP, die Konservative Volkspartei und der Christlich-Soziale Volksdienst teilnahmen, und deren Ziel die Bildung einer neuen Mittelpartei war. Jetzt ebenso wie in den folgenden Monaten war dieses Unterfangen im Grunde wenig aussichtsreich, da die Gegensätze groß waren, insbesondere zur stark nach rechts gerückten DVP, deren Vorsitzender Eduard Dingeldey auch die rechtsextreme DNVP einbeziehen wollte. Nichtsdestoweniger setzten viele führende DStP-Politiker, darunter Fischer und Ernst Mosich vom Hansa-Bund sowie der bisherige Fraktionsführer August Weber, große Hoffnungen in eine solche Allianz. Dietrich jedoch blieb den Sondierungen nicht nur fern, so dass es an „Verhandlungssicherheit" fehlte,[30] sondern hintertrieb sie.

Während die badische Staatspartei sofort nach der Reichstagsauflösung für ein „fait accompli" sorgte und eine Resolution zugunsten eines selbständigen Vorgehens der Partei verabschiedete,[31] nahm Dietrich über Brüning Verhandlungen mit dem Zentrum auf, um eine technische Listenverbindung zu erreichen, mit der sich die entscheidenden Reststimmen hätten sichern lassen. Dieser Versuch scheiterte schließlich, weil das Zentrum ein Bündnis mit der DStP als Belastung empfand.[32] Verschiedene Parteifreunde erblickten hierin von Anfang an ein Manöver, die bürgerlichen Sammlungsversuche zu torpedieren. Sie unterstellten Dietrich, er wisse bereits, dass die Partei sich eine Absage einhandeln werde, und sahen sich von ihm „belogen".[33] Dietrich erklärte, eine „Zusammenfassung der Mitte" mit Beteiligung der DStP komme „nur dann" in Frage, „wenn wir dabei unser Gedankengut behaupten können". Alle potentiellen Partner müssten „also mit uns kämpfen [...] gegen die Regierung, gegen den Nationalsozialismus, gegen den Umsturz der Verfassung".[34] Falls die neue Partei keine „klare Stellung gegen rechts" beziehe, „müssen wir eben draußen bleiben".[35] Während zum Verdruss der Sammlungsbefürworter „das Beispiel von Dietrich Schule" machte und bei

[29] Vgl. zum Folgenden Larry Eugene Jones: Sammlung oder Zersplitterung? Die Bestrebungen zur Bildung einer neuen Mittelpartei in der Endphase der Weimarer Republik. In: Vierteljahrshefte für Zeitgeschichte 25 (1977), S. 265-304, hier S. 281-302.
[30] Heuss an Friedrich Mück, 15.6.1932, abgedruckt in Heuss, Briefe 1918-1933, S. 473.
[31] Siehe die Ausführungen Webers in der Sitzung des Geschäftsführenden Vorstandes gemeinsam mit der Reichstagsfraktion, 6.6.1932, BAB R 45 III-52, fol. 86-88, Zitat fol. 88 sowie die Wortmeldungen von Heuss und Oscar Meyer, ebd., fol. 86 u. 90.
[32] Tagebuch Hans Schäffer, 4.6.1932, IfZ ED 93, Bd. 21, S. 551; Sitzung des Vorstandes vom 6.6.1932, BAB R 45 III-52, fol. 86, 93 u. 97f.; Dietrich an Höpker Aschoff, 15.6.1932, ND 223, pag. 63f.; Heinrich Rönneburg an Dietrich, 23.6.1932, ND 132, fol. 87f.; Sitzung des Gesamtvorstandes vom 7.7.1932, Linksliberalismus Dok. 201, S. 731f.
[33] So Marie-Elisabeth Lüders laut einer Aufzeichnung von Wolfgang Jaenicke: Vormerkbuch 1932, BAK N Jaenicke 59, Eintrag vom 14.6.1932; ähnlich Weber laut Eintrag vom 13.6., ebd.
[34] Sitzung des Gesamtvorstandes vom 12.6.1932, Linksliberalismus Dok. 198, S. 720f.
[35] Dietrich an Marianne Barz, 15.6.1932, ND 223, pag. 65; siehe auch Dietrich an Fischer, 16.6.1932, ebd., pag. 77.

der Mehrheit der Partei auf Zustimmung stieß,[36] zogen Weber und Fischer persönliche Konsequenzen und legten ihre Parteiämter nieder.[37]

Dietrichs rigorose Haltung überraschte viele Parteifreunde, die ein eigenständiges Vorgehen für aussichtslos hielten, auf eine Einigung hofften und erwarteten, dass gerade er die Initiative ergreifen werde.[38] Diese Annahme war wohlbegründet, schließlich hatte er seit der Revolution immer wieder für eine „große Partei der Mitte" oder zumindest für eine engere Zusammenarbeit der liberalen Kräfte plädiert, hatte die Liberale Vereinigung unterstützt, eine „großliberale" Pressepolitik ins Werk gesetzt, noch im Sommer 1930, als die DVP bereits merklich nach rechts tendierte, einen Verständigungsversuch mit ihr unternommen, und schließlich im Herbst 1931 die Absicht geäußert, die „bürgerlichen Parteien einigen" zu wollen, falls er aus dem Kabinett ausscheide. Seine Herangehensweise an die Parteipolitik hatte sich jetzt grundlegend geändert. Er machte keinen Hehl daraus, dass für die Partei „wenig zu erhoffen" sei, „solange ein so großer Teil der Bevölkerung sich in dieser Geistesverfassung befindet". Ungeachtet dessen gelte es, „noch einmal in den Kampf einzutreten", und zwar selbst „auf die Gefahr hin, daß wir total geschlagen werden": „Und wenn es zum Schlimmsten kommt, wenn das Bürgertum freiwillig untergehen will, dann werden wir aufrecht da stehen; niemand wird uns nachsagen dürfen, daß wir die Flagge gestrichen haben."[39] Nachdem ihm ein erfolgreicher Kampf um die politische Macht ohnehin aussichtslos erschien, legte er keinen Wert mehr auf eine große Partei, sondern vollzog gewissermaßen eine Wende hin zum Idealismus – der freilich mit reichlich Fatalismus versetzt war. „Als Sammlung des republikanischen Bürgertums" hatte die Staatspartei, „wenn sie auch klein geworden ist", nun „die Aufgabe, um unsere Ideale zu kämpfen, und wenn es nicht gelingt, diese Ideale einzuschalten in die Köpfe unserer Bürger, dann ist es aus mit der Geschichte Deutschlands."[40]

Die Vokabel „Ideal" war bislang in Dietrichs politischem Wortschatz praktisch nicht vorhanden gewesen. Auch sonst wich er deutlich von seiner bisherigen Rhetorik ab. Die von ihm in den zurückliegenden Jahren so spärlich verwendeten Begriffe „Republik" und „Demokratie" traten in den Vordergrund, nachdem das Bekenntnis zum „Staat" als solchem nun zweideutig sein musste. Dementsprechend nahm er den Namen „Staatspartei" als problematisch, ihre Gründung als

---

[36] Gotthard Sachsenberg (WP) an Kurt von Schleicher, 13.6.1932, BAF N Schleicher 22, pag. 20; siehe auch Ernst Mosich an Eduard Dingeldey, 13.6.1932, BAK N Dingeldey 42, fol. 105f.

[37] Dietrich an Höpker Aschoff, 15.6.1932 u. Dietrich an Weber, 16.6.1932, ND 223, pag. 63f. u. 75f.

[38] Zum Beispiel brachte Heuss wiederholt die Hoffnung zum Ausdruck, Dietrich werde die Verhandlungen vorantreiben, sobald er aus Baden zurückgekehrt sei: Heuss an Albert Hopf, 8.6. u. 25.6.1932, BAK N Heuss 57; siehe auch Eberhard Wildermuth an Dietrich, 14.6.1932, ND 223, pag. 59-61: „Ich verstehe [...] nicht ganz, warum Sie sich diesen Plänen gegenüber so ablehnend verhalten".

[39] Sitzung des Gesamtvorstandes vom 12.6.1932, BAB R 45 III-50, fol. 94

[40] Hermann Dietrich: Durch nationale Demokratie zur deutschen Gleichberechtigung und Weltgeltung. In: ders./Carl Petersen/Reinhold Maier: Der Weg der nationalen Demokratie. Reden auf der Kundgebung der Deutschen Staatspartei in Mannheim am 2. Oktober 1932. Mannheim o. J. [1932], S. 7-13, hier S. 13.

„großen Fehler"[41] wahr, und trat für eine Rückbesinnung auf die Bezeichnung „demokratisch" ein: Er sprach von „unserer Demokratischen Partei", von „uns deutschen Demokraten",[42] und gab im Herbst die Wahlkampfparole der „nationalen Demokratie" aus – dies war innerhalb der DDP eine gebräuchliche Wendung gewesen, die er selbst Mitte der zwanziger Jahre zur Abgrenzung von den linksliberalen, radikaldemokratischen Kräften gebraucht hatte, die jetzt aber dazu diente, das republikanische Profil der DStP hervorzuheben und ihre Verfassungstreue herauszustellen.[43]

Angesichts der neuen Verfassungswirklichkeit hatte die Staatspartei sich mit der Frage der Verfassungsreform auseinanderzusetzen.[44] Während Dietrich für eine Änderung des Wahlrechts im Sinne einer Rückkehr zur Persönlichkeitswahl bzw. zu kleineren Wahlkreisen plädierte, um „die Volksvertretung [...] wieder voll arbeitsfähig zu machen", und mit dem Gedanken spielte, den Reichsrat zu einer „Ersten Kammer" auszubauen, wies er „umstürzende Verfassungsänderungen" als „unnötig" und „gefährlich" zurück und trat namentlich einer Wiedereinführung der Monarchie entgegen. Stattdessen forderte er eine Rückkehr zum parlamentarischen Regieren, was nach Lage der Dinge reichlich optimistisch war: „Alle Regierungsgewalten, die keiner Kontrolle unterliegen, sind gefährlich und für moderne und hochentwickelte Kulturverhältnisse unmöglich."[45] Anders als die „autoritäre Regierung" Papen, so hob er hervor, habe das Kabinett Brüning den „verfassungsmäßigen Zustand" immerhin „mit Mühe und Not aufrecht erhalten". Er verstieg sich zu der Behauptung: „Ich habe es in den vier Jahren meiner Ministerschaft nie unangenehm empfunden, daß das Parlament mich ständig kontrollierte."[46]

Die DStP befand sich indes längst im Zustand der Agonie. Mit dem Sturz des Kabinetts Brüning endete die Geschlossenheit, welche die Partei bis zum Mai 1932 einigermaßen erfolgreich aufrechterhalten hatte, und es kam zu fortwährenden Auseinandersetzungen über den politischen Kurs gegenüber der Regierung und den anderen Parteien der „Mitte", über das Führungspersonal und über Listenplatzierungen bei den Wahlen. Nicht zuletzt fehlte es an Geld; die Reichsgeschäftsstelle konnte nur noch notdürftig aufrechterhalten werden.[47] Die Wahlergebnisse

---

[41] Dietrich an Wilhelm Kuntz, 16. 2. 1933, ND 265, fol. 35.
[42] Hermann Dietrich: Lebendige Demokratie, Deutscher Aufstieg Nr. 52 vom 25. 12. 1932.
[43] Siehe die Wahlkampfbroschüre Hermann Dietrich/Carl Petersen/Reinhold Maier: Der Weg der nationalen Demokratie. Reden auf der Kundgebung der Deutschen Staatspartei in Mannheim am 2. Oktober 1932. Mannheim o. J. [1932]; außerdem Reinhold Maier an Dietrich, 21. 9. 1932, ND 224, pag. 279-281: „teile [...] ganz Deine Ansicht, daß der Begriff ‚Nationale Demokratie' stark herausgestellt werden muß"; vgl. auch Heß, Demokratischer Nationalismus, S. 320 u. 325f.
[44] Vgl. Heß, Wandlungen, S. 68-77.
[45] Hermann Dietrich: Am Wendepunkt, Deutscher Aufstieg Nr. 44 vom 30. 10. 1932 u. ders., Demokratie, S. 9-11; siehe auch ders.: Wohin geht der Weg? Neue Badische Landeszeitung Nr. 489 vom 25. 9. 1932, ND 224, pag. 309.
[46] Dietrich, Demokratie, S. 9f. u. Rede Dietrichs in Mannheim am 28. 7. 1932, Pressebericht (Entwurf), ND 223, pag. 263.
[47] Dazu knapp Jones, Liberalism, S. 456, 459 u. 463; Matthias/Morsey, Deutsche Staatspartei, S. 57.

waren desaströs: Bei der Reichstagswahl vom 31. Juli kam die DStP noch auf 1,0 Prozent der Stimmen, verlor über zwei Drittel ihrer Wähler von 1930 und erhielt lediglich vier der ihr eigentlich zukommenden sechs Sitze, weil nur in Hamburg und Württemberg Direktmandate erobert wurden. Als am 6. November erneut gewählt wurde und die Partei wiederum auf sich gestellt antrat, ging auch das Hamburger Mandat verloren, so dass sie nur noch mit zwei Abgeordneten vertreten war – darunter Dietrich, der bei beiden Urnengängen auf dem ersten Platz der Reichsliste stand. Bei der letzten Reichstagswahl am 5. März 1933 gelang es schließlich, den Verlust der Reststimmen zu vermeiden und eine Listenverbindung mit der SPD einzugehen. Wenngleich die Partei keine Stimmen hinzugewinnen konnte, blieben ihr diesmal wenigstens fünf Mandate.[48] Dietrich hatte bereits im Juli und Oktober 1932 mit der SPD verhandelt, doch das technische Wahlbündnis war zuerst am Widerstand der DStP gescheitert, die den Verlust bürgerlicher Wähler fürchtete, beim zweiten Mal bei den Sozialdemokraten auf Ablehnung gestoßen.[49] Die nationalsozialistische Machtübernahme begünstigte eine Einigung, und Dietrich ergriff die Gelegenheit, gegenüber den badischen Wählern die Großblocktradition zu beschwören.[50]

Bis zuletzt war Dietrich maßgeblich an der Führung der Parteigeschäfte beteiligt, und verbunden mit dem engagierten Auftreten in seinen öffentlichen Stellungnahmen lässt sich bei oberflächlicher Betrachtung der Eindruck gewinnen, dass er sich mit Einsatz und einer gewissen Zuversicht der Sache widmete.[51] In Wahrheit übte er sein Amt nur noch widerwillig, mit einer Mischung aus Trotz und Pflichtbewusstsein aus. Die parteiinternen Konflikte nahm er mit Verbitterung wahr, und angesichts der nachlassenden Einsatzbereitschaft mancher Parteifreunde glaubte er sich „im Stich gelassen",[52] sah sich im eigenen Lager von „Defaitisten"[53] umgeben und einer „feigen Stimmung"[54] ausgesetzt. „Wenn ich trotzdem entschlossen bin, diesen Wahlgang auszufechten", bekundete er vor der Reichstagswahl vom 31. Juli, „so schon deswegen, weil ich meinerseits nicht dasselbe schlechte Beispiel den Parteiangehörigen geben möchte wie eine ganze Anzahl unserer führenden Mitglieder, die zur Zeit streiken oder gekränkt sind."[55] Für das Ausmaß der Wahlniederlage machte er den Pessimismus innerhalb der Partei sowie seitens „der sogenannten demokratischen Presse" verantwortlich, die

---

[48] Matthias/Morsey, Deutsche Staatspartei, S. 55 u. 66-68; Jones, Liberalism, S. 455 u. 460; vgl. Tabelle 2 u. Falter u. a., Wahlen, S. 41 u. 44.
[49] Sitzungen des Geschäftsführenden Vorstandes und des Gesamtvorstandes vom 7.7.1932, Linksliberalismus Dok. 200f., S. 727-739; Otto Wels an Dietrich, 10.10.1932, ND 224, pag. 333; vgl. Matthias/Morsey, Deutsche Staatspartei, S. 58f.; Klaus-Jürgen Matz: Reinhold Maier (1889-1971). Eine politische Biographie. Düsseldorf 1989, S. 122f.
[50] Offener Brief Dietrichs an die Wähler, 1.3.1933 (Flugblatt), StA Karlsruhe 8/PBS X 3149; vgl. Saldern, Dietrich, S. 197f.
[51] So der Tenor bei Saldern, Dietrich, S. 195f.; anders Matz, Maier, S. 125-133, der den Kontrast zwischen dem recht optimistisch agierenden Reinhold Maier (dessen Rolle in der DStP er allerdings stark überzeichnet) und Dietrich hervorhebt.
[52] Sitzung des Gesamtvorstandes vom 11.9.1932, BAB R 45 III-50, fol. 153.
[53] Rede Dietrichs in Stuttgart am 6.1.1933, Deutscher Aufstieg Nr. 3 vom 15.1.1933.
[54] Dietrich an Siegfried Steigerwald, 8.2.1933, ND 156, fol. 117.
[55] Dietrich an Marie-Elisabeth Lüders, 20.7.1932, ND 223, pag. 223.

zur Sicherung der republikanischen Stimmen Wahlempfehlungen für das Zentrum und die SPD abgegeben hatte.[56]

Nach der Wahl plädierte Dietrich für die sofortige Auflösung der Partei. Als er mit dieser Meinung unter anderem in Baden auf Widerspruch stieß, erwog er einen Fortbestand auf regionaler Ebene. Im Reich hingegen lasse die Partei „sich nicht mehr zusammenhalten". Angesichts der „fortwährenden Querelen" erklärte er Anfang September im Vorstand seinen Rücktritt: „Ich habe das gründlich satt und mache nicht mehr mit und stelle hier in aller Form mein Mandat zur Verfügung."[57] Gut eine Woche später wiederholte er seine Ansicht vor dem Gesamtvorstand und erklärte es für „vollkommen ausgeschlossen, daß man die Partei [...] noch einmal zum Leben erwecken kann". Allerdings war die Mehrheit gegen die Auflösung, und da kein geeigneter Nachfolger zur Verfügung stand, wurde Dietrich in einer langwierigen Debatte von zahlreichen Rednern gebeten, seinen Entschluss zu überdenken. Schließlich erklärte er sich bereit, gemeinsam mit Carl Petersen und Reinhold Maier an die Spitze eines neugebildeten „Arbeitsausschusses" zu treten.[58] Sein Widerwillen war offenkundig, und er hatte nicht die Absicht, besondere Energie auf das neue Amt zu verwenden. Stattdessen wollte er Bekannte im Ausland besuchen und schmiedete „allerhand Reisepläne".[59] Da jedoch Maier Wirtschaftsminister in Württemberg und Petersen Erster Bürgermeister von Hamburg war, lag die Geschäftsführung der „völlig derouten Partei"[60] de facto weiterhin in seiner Hand. Im Dezember war es ein offenes Geheimnis, dass er endgültig zurückzutreten wollte, und in der nächsten Sitzung des Gesamtvorstandes am 8. Januar 1933, die er kurz nach ihrem Beginn verließ, erklärte er, dass er „nicht die Absicht habe, sein Amt weiterzuführen".[61]

Letztlich blieb Dietrich vor allem durch die fortwährenden Wahlkämpfe an die Parteiarbeit gebunden. Seine Gemütslage war von Resignation bestimmt und er trat der Politik, wie Theodor Heuss es formulierte, mit „Wurstigkeit" gegenüber.[62] Die Partei konnte in Dietrichs Augen schon deshalb „nicht mehr existieren, weil das Zeitalter des Individualismus vorüber ist".[63] Ein offenes Bekenntnis zum Liberalismus hielt er für zwecklos bzw. kontraproduktiv, weil dieser in den Augen der Wähler ein Relikt der Vergangenheit sei. Schon auf dem Gründungsparteitag der Staatspartei im November 1930 bekannte er, bevor er im Einzelnen

---

[56] Dietrich an H. Pilder, 10.8.1932, ND 224, pag. 39: „Aber der Hauptschaden ist von den eigenen Parteileuten und von der sogenannten demokratischen Presse angerichtet worden, die die Partei sozusagen zerredet haben." Vgl. Martin Liepach: Das Wahlverhalten der jüdischen Bevölkerung. Zur politischen Orientierung der Juden in der Weimarer Republik. Tübingen 1996, S. 248.
[57] Sitzung des Geschäftsführenden Vorstandes vom 2.9.1932, BAB R 45 III-52, fol. 115f.
[58] Sitzung des Gesamtvorstandes vom 11.9.1932, Linksliberalismus Dok. 203, S. 741–747, Zitat S. 742 u. BAB R 45 III-50, fol. 144–161; vgl. Saldern, Dietrich, S. 195f.; Matthias/Morsey, Deutsche Staatspartei, S. 63f.; Jones, Liberalism, S. 456.
[59] Dietrich an Henri Deterding, 16.9.1932, ND 136, fol. 63f.
[60] Dietrich an Hermann Hampe, 8.10.1932, ND 137, fol. 9.
[61] Sitzung des Gesamtvorstandes vom 8.1.1933, Linksliberalismus Dok. 205, S. 752 u. 755; Heuss an Albert Hopf, 9.12.1932, BAK N Heuss 57.
[62] Heuss an Albert Hopf, 9.12.1932, BAK N Heuss 57.
[63] Sitzung des Geschäftsführenden Vorstandes vom 2.9.1932, BAB R 45 III-52, fol. 119.

auf die „guten" liberalen Grundsätze der DStP einging, er „stehe nicht auf dem Standpunkt, als ob wir noch im Zeitalter des Liberalismus lebten".[64] Als er die Partei im Juli 1932 darauf einschwor, „die bürgerliche und wirtschaftliche Freiheit zu schützen", fügte er hinzu: „Ich bitte Sie nur: Reden Sie nicht mehr von Liberalismus! Das Alte ist dahingegangen, und wir sind am Beginn ganz neuer Dinge. Unsere Aufgabe ist, das wirklich Gute von dem Alten hinüberzuretten in die Zukunft."[65]

Diese Aussagen bezweckten keine Entfernung vom liberalen Gedankengut der Partei,[66] sondern sind als Versuch zu verstehen, zu „retten", was noch zu retten war.[67] Im Grunde erschien Dietrich dieses Unterfangen aussichtslos. Als er im Herbst 1932 eingeladen wurde, vor Studenten einen Vortrag über „Liberalismus" zu halten, erwiderte er, dies sei ihm „leider nicht möglich": „Ein alter und entschiedener Liberaler wie ich kann aus naheliegenden Gründen im gegenwärtigen Augenblick sehr schwer über dieses Thema etwas sagen."[68] In der Öffentlichkeit gab Dietrich sich kämpferisch und zumindest streckenweise zuversichtlich. So begrüßte er im Dezember verhalten die neue Regierung unter Schleicher, da sie auf „alle reaktionären Experimente des vorigen Kabinetts" verzichten wolle, und stellte im Hinblick auf die Verluste der NSDAP bei den Novemberwahlen fest, dass „die Fieberkurve des Nationalsozialismus ihren Höhepunkt überschritten" habe.[69] Nun „wachse im Bürgertum endlich die Einsicht, daß die Behauptung der Demokratie und Republik Voraussetzung für die Aufrechterhaltung der inneren Ruhe und für das Aufblühen der Wirtschaft sei".[70] In seinen privaten Äußerungen schlug sich dieser Zweckoptimismus nicht nieder. Als der bayerische Liberale Ernst Müller-Meiningen ihn Mitte Januar 1933 aufforderte, eine Parteineugründung herbeizuführen, um die „Jugend" für den „bürgerlichen Liberalismus" zu mobilisieren, erklärte Dietrich sich mit dem Ziel einverstanden: „Die Jugend muß wenigstens zum Teil wiedergewonnen werden." Doch „wie das zu machen ist", könne er „nicht sagen": „Ich weiß nur, daß mit den Schlagwörtern, Liberalismus, Individualismus, Wirtschaftsfreiheit und Demokratie in diesen Kreisen kein Hund mehr hinter dem Ofen hervorzulocken ist. Die Leute wollen was Neues. Aber die Frage ist was?" Sodann erweiterte Dietrich, knapp zwei Wochen vor der NS-Machtübernahme, seine Gegenwartsdiagnose zum Rundumschlag: „Im übrigen zeigt sich eben jetzt, daß die Deutschen kein Volk, sondern eine Herde sind, daß der deutsche Bürger diesen Namen völlig zu unrecht hat, denn er ist gar kein

---

[64] Rede Dietrichs auf dem Gründungsparteitag der DStP am 9.11.1930, BAB R 45 III-8, fol. 67 f.
[65] Sitzung des Gesamtvorstandes vom 7.7.1932, Linksliberalismus Dok. 201, S. 738.
[66] Vor allem die Rede Dietrichs auf dem Gründungsparteitag ist wiederholt so gedeutet worden – auch deshalb, weil sie in der Regel nach Werner Stephan zitiert wird, der Dietrichs Ausführungen nicht wortgetreu wiedergegeben hat (Stephan, Aufstieg, S. 487): z. B. Matz, Maier, S. 121; Hacke, Existenzkrise, S. 358 (Anm. 223); vgl. auch Jones, Liberalism, S. 401 f.
[67] Vgl. Schustereit, Linksliberalismus, S. 242 f.
[68] Dietrich an Thomsen, 15.11.1932, ND 141, fol. 6.
[69] Hermann Dietrich: Lebendige Demokratie, Deutscher Aufstieg Nr. 52 vom 25.12.1932.
[70] Rede Dietrichs in Berlin, Anfang Dezember 1932, Vossische Zeitung Nr. 590 vom 9.12.1932.

Bürger, sondern nur ein Untertan. Wenn ihm der liebe Gott einen recht dummen Kerl schicken würde, wie neulich Herrn von Papen, der verspricht, ihn zu regieren, so verzichtet er gern auf alle Rechte."[71]

Dietrich wähnte sich an einer Epochengrenze, die im Wesentlichen bereits überschritten und jenseits derer die Zukunft düster, das „Neue" negativ war. Die Ernennung Hitlers zum Reichskanzler am 30. Januar 1933 stellte sich ihm nicht als Wendepunkt dar, wenngleich sie seine Krisenwahrnehmung verstärkte. Mitte Februar erwartete er, dass „entweder die Nationalsozialisten die Macht im Kampfe gegen die Deutschnationalen an sich reißen oder aber die Deutschnationalen gezwungen sind, den Nationalsozialisten durch irgendwelche Maßnahmen zuvor zu kommen". Welches dieser Szenarien eintreten werde, war für ihn von untergeordneter Bedeutung: „Das bedeutet aber so oder so den Umsturz des Staates."[72] Nachdem NSDAP und DNVP bei den Wahlen vom 5. März die Mehrheit errungen hatten, beurteilte er die Lage als „so furchtbar ernst", dass er sich „schon Gewalt antun" müsse, „um überhaupt über irgend etwas nachzudenken".[73] Man kann wohl ausschließen, dass er sich, als er am 23. März gemeinsam mit den anderen vier DStP-Abgeordneten dem Ermächtigungsgesetz zustimmte, Illusionen hingab und annahm, durch die Legalisierung der Diktatur „die Möglichkeiten der gesetzlichen Entwicklung zu retten", wie es anschließend in einem Parteirundschreiben formuliert wurde.[74] Konsequenterweise wollte er, ebenso wie Theodor Heuss, dem Gesetz zunächst nicht zustimmen. Als Ernst Lemmer, Reinhold Maier und Heinrich Landahl jedoch, auch aus Rücksicht auf die Beamten in der Partei, für die Annahme plädierten, beugten sich die beiden der Mehrheit.[75]

---

[71] Müller-Meiningen an Dietrich, 14. 1. 1933 u. Dietrich an Müller-Meiningen, 18. 1. 1933, ND 151, fol. 82-84.

[72] Dietrich an Wilhelm Vögele, 16. 2. 1933, ND 265, fol. 21 f. Die Feststellung, Dietrich sei bei seiner Einschätzung der Kräfteverhältnisse einer „Täuschung" im Sinne einer Unterschätzung des Nationalsozialismus erlegen (Matthias/Morsey, Deutsche Staatspartei, S. 66 f.), greift also zu kurz – für ihn waren beide Varianten des Rechtsextremismus gleichermaßen von Übel.

[73] Dietrich an Eugen Ensslin u. an Agnes Schmidt, 17. 3. 1933, ND 645.

[74] Erklärung der Reichstagsabgeordneten der DStP, 24. 3. 1933, abgedruckt in Matthias/Morsey, Deutsche Staatspartei, S. 93 f.

[75] Vgl. z. B. Matthias/Morsey, Deutsche Staatspartei, S. 68-70; Jürgen C. Heß: „Die deutsche Lage ist ungeheuer ernst geworden." Theodor Heuss vor den Herausforderungen des Jahres 1933. In: Jahrbuch zur Liberalismus-Forschung 6 (1994), S. 65-136, hier S. 83-99; Matz, Maier, S. 144-155. Die Stimmen der DStP waren nicht ausschlaggebend für die Annahme des Ermächtigungsgesetzes. Ob Dietrich und Heuss ursprünglich für die Ablehnung waren oder sich lediglich enthalten wollten, ist nicht klar. Eine zeitgenössische Stellungnahme von Dietrich ist nicht überliefert, mit Ausnahme eines Briefes des Reichsgeschäftsführers der DStP, den dieser „im Namen" von Dietrich verfasste. Schütt erklärte, dass „einmal unsere Stimmen keinen Einfluß auf die Entscheidung hatten und nachdem feststand, daß alle bürgerlichen Parteien für das Ermächtigungsgesetz stimmen würden, war es für unsere Abgeordneten schwierig, etwas anderes zu tun, wollten sie nicht allein mit den Sozialdemokraten in Opposition stehen. Das hätte aber zur Folge gehabt, daß wir mit den Marxisten in eine Reihe gestellt worden wären und es der Regierung erleichtert hätten, Maßnahmen gegen uns zu ergreifen. Vor allem galt es hier aber auch, Rücksicht auf die demokratischen Beamten zu nehmen, die ohnehin schon schwer zu kämpfen haben. Auch hier mußten wir zu Maßnahmen schreiten, die uns innerlich

Zu der Krisenstimmung, in der Dietrich sich seit dem Sturz des Kabinetts Brüning befand, trugen auch seine privaten Lebensumstände bei. Während seinem Dasein als Berufspolitiker die Grundlage entzogen wurde, sah er auch seine materielle Existenz bedroht. Im Grunde war er spätestens seit Anfang 1929 mit einer problematischen finanziellen Schieflage konfrontiert (Tabellen 7 und 11). Zu diesem Zeitpunkt übernahm er die bislang als GmbH geführte Gutswirtschaft Madachhof, die ihm schon zuvor enorme Verluste beschert hatte, auf eigene Rechnung. Die Schulden des landwirtschaftlichen Pachtbetriebs beliefen sich Ende 1928 auf über 100 000 RM, überstiegen bei weitem die Vermögenswerte und machten die Aufstellung einer regulären Bilanz unmöglich.[76] Für einen erheblichen Teil der Verbindlichkeiten haftete Dietrich ohnehin als Bürge, und darüber hinaus konnte er, mit Blick auf sein politisches Ansehen und gerade in seinem neuen Amt als Ernährungsminister, einen Konkurs „moralisch und persönlich […] nicht verantworten".[77] Seine bereits vorher beträchtlichen Verbindlichkeiten verdoppelten sich damit und betrugen fortan über 200 000 RM.[78] Wenngleich er das Verlustgeschäft steuerlich geltend machen konnte, geriet er in akute Verlegenheit. Da der Spielraum für Kontokorrentschulden bei seinen verschiedenen Banken begrenzt war, sah er sich genötigt, für 15 000 RM die Hälfte seines Aktienbesitzes zu veräußern, bevor es ihm im Herbst 1929 schließlich gelang, gegen Verpfändung seiner übrigen Wertpapiere einen langfristigen, moderat verzinsten Höchstkredit von knapp 100 000 RM in der Schweiz aufzunehmen.[79]

Danach entspannte sich seine Situation: Zwar war er mit jährlichen Zinszahlungen von über 20 000 RM belastet und die ähnlich gravierenden Verluste aus Land- und Forstwirtschaft rissen nicht ab, doch vorerst konnte er diese heiklen Belastungen mühelos auffangen. Erstens fielen die Dividenden der Firma Trick 1929 und 1930 (für die Geschäftsjahre 1928 und 1929) großzügig aus, weil die Lage des Unternehmens bis Ende 1929 gut war und er in der Trickschen Familienpolitik die Oberhand gewann. Nach dem Tod des langjährigen Geschäftsführers Ludwig Schmidt im August 1928 kam es zu schweren Auseinandersetzungen um die Nachfolge, in denen er schließlich die Berufung von Eugen Ensslin durch-

---

widerstrebten." Conrad Schütt an Friedrich Ablass, 28. 3. 1933, ND 142, fol. 4. Generell mangelt es an zeitgenössischen Quellen zu den Abläufen im Vorfeld der Abstimmung. Zu den späteren, wenig belastbaren Rechtfertigungsversuchen Dietrichs und seiner Kollegen siehe z. B. Politischer Irrtum im Zeugenstand. Die Protokolle des Untersuchungsausschusses des Württemberg-Badischen Landtags aus dem Jahr 1947 zur Zustimmung zum „Ermächtigungsgesetz" vom 23. März 1933. Herausgegeben und bearbeitet von Ernst Wolfgang Becker und Thomas Rösslein. Stuttgart 2003 (Dietrichs Stellungnahme S. 157-164).

[76] Steuersyndikat Brönner an das Finanzamt Berlin-Mitte, 5. 9. 1930, ND 624; die Aktiva des Betriebs beliefen sich auf 63 000 RM.
[77] Dietrich an das Finanzamt Berlin-Mitte, 2. 7. 1930, ebd.
[78] Eine exakte Aufstellung über den Schuldenstand liegt nur zum 1. 1. 1928 und zum 1. 1. 1931 vor; angesichts des relativ niedrigen Einkommens im Jahr 1928 ist davon auszugehen, dass die Schulden sich bereits Anfang 1929 ziemlich genau auf dem Stand von 1931 bewegten.
[79] Anlage zur Einkommensteuererklärung 1929 (Entwurf), o. D. [Februar 1930], ebd.; Korrespondenz Dietrichs mit Carl Alfred Spahn, 2. 11.-6. 11. 1929, ND 117, fol. 208-211; Unterlagen in ND 613; der Zinssatz betrug 7%.

setzte, einem Mitglied der Familie Pohlmann, die mit Dietrich zuletzt eine Allianz gegen die beiden anderen Familienzweige geschmiedet hatte, um höhere Dividendenausschüttungen zu erzwingen. Dieser Linie blieb Ensslin treu, und so waren die Gewinnverteilungen zunächst hoch.[80] Zweitens erhielt Dietrich als Minister ein stattliches Gehalt. Trotz der hohen Zinslasten und der Einbußen seiner landwirtschaftlichen Betriebe betrug sein Einkommen ohne Berücksichtigung von Steuern 1929 über 90 000 RM, 1930 gar über 100 000 RM, so dass er von der Wirtschaftskrise vorläufig nichts spürte. Allerdings konnte er die komfortable Situation nicht zur Reduzierung seiner Verbindlichkeiten nutzen, die in schwindelerregender Höhe verharrten und sich Anfang 1931 auf über 220 000 RM beliefen. Als Mitglied der Reichsregierung war er mit erheblichen Repräsentationsausgaben belastet – zumindest, bis sich die Depression ab 1931 so verschärfte, dass man vom demonstrativen Luxusleben tunlichst Abstand nahm.[81] Die Kosten für Diners, Bierabende, Weinempfänge, Tanzveranstaltungen und Damentees, die er und seine Gattin in großer Zahl veranstalteten, wurden durch die hierfür vorgesehene Dienstaufwandpauschale von 4 800 RM nicht annähernd gedeckt.[82]

Ab 1931 verschlechterte sich die Lage rapide, weil die Firma Trick tiefrote Zahlen schrieb. 1930 und 1931 erwirtschaftete sie durch die schlechte Auftragslage, den Einbruch der Zellstoffpreise auf dem Weltmarkt und stark sinkende Holzpreise, die Wertanpassungen bei den Lagerbeständen erforderlich machten, Verluste in Millionenhöhe. Das Unternehmen verschuldete sich, und schon zum 1. Januar 1931 hatte sich der Buchwert gegenüber Anfang 1928 mehr als halbiert.[83] Dietrich hatte Glück, dass er 1931 trotzdem noch eine erkleckliche Dividende erhielt – 1932 hingegen fielen die Erträge aus seinem wichtigsten Vermögensobjekt fast vollständig fort. Da zugleich die Ministergehälter um insgesamt 30 Prozent gekürzt wurden und ihm das übrige Vermögen ebenfalls sinkende Erträge bzw. anhaltende Verluste bescherte, geriet er in schwerwiegende Bedrängnis. Sein Bruttoeinkommen sank 1931 auf rund 50 000 RM, 1932 auf knapp 24 000 RM, halbierte sich also zweimal nacheinander. Bereits 1931 war er in Nöten, weil er durch die Mechanismen der Einkommensteuerveranlagung für 1930 eine Nachzahlung von 20 000 RM zu entrichten hatte, ohne hierfür Rücklagen gebildet zu haben.[84] Seine laufenden Einkünfte genügten folglich nicht einmal für

---

[80] Der Streit um die Geschäftsführung dauerte fast ein Jahr, siehe dazu die Unterlagen von September 1928 bis August 1929 in ND 644 u. 645.

[81] So erklärte Marta Dietrich-Troeltsch Ende Dezember 1931, sie werde „in diesem Winter keine Bälle besuchen": Kurt Kutzner an Ernst Neugeboren, 30. 12. 1931, ND 133, fol. 19.

[82] Die Einladungen Dietrichs und seiner Frau sind in Ausschnitten überliefert: ND 190–194. Wie hoch die Ausgaben waren, lässt sich nicht bestimmen, sie müssen aber zumindest bis 1930/31 deutlich im fünfstelligen Bereich gelegen haben. Allein für eine Veranstaltung, zu der Dietrich im November 1929 ins Hotel Adlon lud, erhielt er eine Rechnung über 4570 RM: Hotel Adlon an Dietrich, 5. 12. 1929, ND 112, fol. 3. Wilhelm Külz, 1926/27 für ein Jahr Innenminister, berichtete in seinen Memoiren, dass die „Ministerzeit für mich das Gegenteil eines Geschäftes" gewesen sei, ihn vielmehr „rund 25 000 Reichsmark, das waren meine gesamten Ersparnisse, gekostet" habe: Lebenserinnerungen von Wilhelm Külz, BAK N Külz 11, fol. 216 (siehe auch fol. 29f.).

[83] ND 645, passim.

[84] Einkommensteuerbescheid vom 13. 6. 1931, ND 624; Dietrich an die Trickzellstoff GmbH, 18. 7. 1931, ND 645.

die Bestreitung seines üblichen Lebensunterhalts und die Unterstützungen an Verwandte (vgl. Tabelle 13). Zunächst gab er Mitte 1931 „ersparnishalber" seine Dienstwohnung auf und zog zurück in die seit 1928 ungenutzte Wohnung in Charlottenburg, die er „die ganze Zeit umsonst bezahlt" hatte. Auf diese Weise erhielt er Anspruch auf einen „Wohnungsgeldzuschuss" in Höhe von 3600 RM p. a.[85] Im Winter 1931/32 löste er notgedrungen den Betrieb Madachhof auf, wodurch er sich nicht nur einer großen Verlustquelle entledigte, sondern auch das zugehörige Inventar verkaufen konnte. Der Erlös von rund 35 000 RM betrug allerdings kaum mehr als die Hälfte des Buchwerts.[86] Obwohl er im Frühjahr 1932 aus dem Heretsrieder Wald in Bayern eine unverhoffte Zusatzeinnahme von 16 000 RM erhielt, weil es infolge eines Sturmschadens zu erheblichem Holzanfall kam,[87] wurde die Lage unhaltbar, denn mehrere Banken drängten aufgrund ihrer angespannten Liquidität auf eine Reduzierung oder gar Tilgung seiner laufenden Schulden. Zum Zeitpunkt der Demission des Kabinetts Brüning waren die Möglichkeiten, die Geldhäuser zu vertrösten und Fehlbeträge zwischen den Konten hin- und herzuschieben, ausgereizt.[88] So musste er sich entschließen, seinen Anteil am Wald in Heretsried an die anderen Trick-Familien abzutreten, die ihm immerhin 100 000 RM, mithin das Doppelte des Einheitswerts bezahlten. Wie dringlich die Transaktion war, zeigt der Umstand, dass sie am 20. Juli, also mitten im Wahlkampf vorgenommen wurde.[89]

Wenngleich damit die größten Engpässe überwunden waren und die Geschäftslage der Zellstofffabrik sich bald so weit besserte, dass ab 1933 wieder Dividendenzahlungen zu erhoffen waren, bot sich Dietrich ein wenig ermutigendes Bild. Der Steuerwert seines Vermögens war seit 1928 um mehr als die Hälfte gesunken, und 1932 hatte er nur dank eines glücklichen Zufalls noch ein nennenswertes Einkommen – bei der Steuerveranlagung rutschte es infolge der abzugsfähigen Verluste, die er bei der Aufgabe des Madachhofs erlitten hatte, sogar in den negativen Bereich. Im Herbst resümierte er: „In den 4 Jahren, die ich in der Regierung zubrachte, habe ich Hunderttausende verloren." Denn wegen der Arbeitsbelastung im Amt habe er sich um sein Vermögen „nicht gekümmert".[90] In der Tat war auch dieses Handlungsfeld seit 1928 in den Hintergrund getreten. Darauf waren seine Probleme freilich nicht zurückzuführen. Sie ergaben sich zum einen aus der starken Verschuldung, die schon zu Beginn seiner Ministerzeit bestand, zum anderen waren sie den Auswirkungen der Weltwirtschaftskrise geschuldet. Gerade die letztere, besonders naheliegende Erklärung beschäftigte ihn

---

[85] Dietrich an Luise Dietrich, 6.10.1931, ND 128, pag. 97-99 (Zitate); Aktenvermerk vom 15.6.1931 u. Dietrich an die Reichshauptkasse, 2.7.1931, BAB R 2 100576, fol. 12 u. 15.
[86] Siehe die Korrespondenz mit Waldemar Dietrich von Dezember 1931 bis Februar 1932, ND 734; außerdem Dietrich an Eugen Ensslin, 30.11.1931, ND 645.
[87] Dietrich an die Trickzellstoff GmbH u. Aktenvermerk Dietrichs, 5.4.1932, ND 645.
[88] Dazu die Korrespondenz Dietrichs mit der Badischen Landwirtschaftsbank Donaueschingen, der Volksbank Stockach und der Süddeutschen Pächterkreditbank, 1930-1932, ND 625 u. 635; außerdem Dietrich an Waldemar Dietrich, 7.1.1932, ND 734 sowie die Unterlagen in ND 615 u. 617.
[89] Erbvertrag und Darlehensvertrag vom 20.7.1932, ND 711.
[90] Dietrich an Hedwig Frey, 29.11.1932, ND 136, fol. 176 u. Dietrich an den Turnverein Kehl, 15.9.1932, ND 141, fol. 25.

jedoch kaum. Stattdessen verknüpfte sich die Wahrnehmung seiner materiellen Misere mit der Enttäuschung über das Ende seiner politischen Laufbahn, für die er, im Dienste der Allgemeinheit, die größten persönlichen Opfer gebracht zu haben glaubte.

Dietrich sah ab 1932 das Ende des liberalen „Zeitalters" erreicht, als dessen Teil er sich fühlte, und sprach vom „Untergang" des Bürgertums. Dabei fällt auf, dass er „Bürgertum" im Wesentlichen als politischen Begriff verwandte: Es ging um den „Staatsbürger", der versagt und seinen Untergang „freiwillig" herbeigeführt habe. Sozioökonomische Krisendeutungen spielten demgegenüber eine untergeordnete Rolle. Zwar waren seine fortschrittsskeptischen, sozialkonservativen Überlegungen nach wie vor präsent. Er war überzeugt, dass eine Reagrarisierung erstrebenswert sei, dass „die Zahl der Bauern durch Siedlung vermehrt, die großstädtischen Proletarier durch die Randsiedlung zu einem erheblichen Teil zu Eigentümern gemacht" werden müssten,[91] und plädierte für eine „Rückkehr zu kleineren, aber übersehbaren Verhältnissen",[92] wobei er, in Abgrenzung zum „Großkapital", dem Ideal des „selbständigen mittleren und kleinen Unternehmers" folgte.[93] Seine Äußerungen über die ökonomische Lage waren aber vorwiegend wirtschaftspolitischer Art. Seine Sorge galt der wirtschaftlichen Freiheit, die er jetzt vor allem durch die Politik bedroht sah – im Grunde bereits seit der Bankenkrise und der folgenden Verstaatlichung zahlreicher Banken und Großunternehmen. Als die von ihm eingefädelte Mehrheitsbeteiligung des Reiches an der Gelsenkirchener Bergwerks-AG im Juni 1932 publik wurde, präsentierte er die Maßnahme in der Öffentlichkeit als begrüßenswerten und gewollten Schlag gegen „die babylonischen Turmbauten der monopolisierten Betriebe" und rückte die „Einflußnahme des Reiches auf die Großbanken" in denselben Zusammenhang.[94] Damit verteidigte er sich im Wahlkampf gegen den Vorwurf, genau das Gegenteil getan zu haben. In Wirklichkeit hatte er im Kabinett wiederholt sein Unbehagen über den „Staatskapitalismus" zum Ausdruck gebracht, und entsprechend verwahrte er sich jetzt dagegen, „daß die Staatsmacht irgendwie einwirkt auf die restliche private Wirtschaft".[95] Er plädierte für eine Rückkehr zum „lebendigen Warentausch" in den internationalen Handelsbeziehungen und blickte mit Sorge auf die zunehmenden Tendenzen zur Autarkiepolitik, wobei er besonders den weiteren Ausbau des Agrarprotektionismus kritisierte, der den deutschen Export gefährde.[96] Die gesellschaftlichen Untergangsszenarien, die er in den zwanziger Jahren entworfen hatte, die Gefährdung der „Mitte" durch die ungesteuerte ökonomische Entwicklung, der Anbruch einer „Epoche des Großkapitalismus" spielten in seinen Äußerungen keine Rolle mehr, obwohl er jetzt, unter dem Eindruck der Weltwirtschaftskrise und seiner eigenen materiellen Lage, erst recht

---

[91] Rede Dietrichs in Stuttgart am 6. 1. 1933, Deutscher Aufstieg Nr. 3 vom 15. 1. 1933.
[92] Hermann Dietrich: Lebendige Demokratie, Deutscher Aufstieg Nr. 52 vom 25. 12. 1932.
[93] Rede Dietrichs in Schramberg am 18. 6. 1932, Seebote Nr. 142 vom 22. 6. 1932.
[94] Rede Dietrichs auf einer Wahlkreisversammlung der DStP für Nordbaden und die Ostpfalz, Ende Juni 1932, Blätter der Staatspartei Nr. 5/6 vom Juli 1932, S. 153.
[95] Rede Dietrichs in Schramberg am 18. 6. 1932, Seebote Nr. 142 vom 22. 6. 1932.
[96] Hermann Dietrich: Die Not der Landwirtschaft, Deutscher Aufstieg Nr. 4 vom 22. 1. 1933.

allen Grund gehabt hätte, den „Untergang" des Bürgertums auch als soziales Phänomen zu deuten. Es war die politische Krisendiagnose, die sein Denken beherrschte.

Dietrich nahm seine Lebenssituation mit Schwermut wahr. Nicht zuletzt verspürte er Einsamkeit. Seiner Schwester Else hielt er vor, dass keiner sich um ihn kümmere und er namentlich keine Unterstützung bei der Verwaltung seines Vermögens erhalten habe: „Es ist aber niemand in der ganzen großen Familie, der irgendwie den Willen hat, mir zu helfen. Ist irgend einer in Not, so bin ich recht ihm Hilfe zu leisten. Meistens höre ich auch dann nur etwas von dem Betreffenden." Das müsse sich ändern, wenn sie Wert darauf lege, „daß nach meinem Tode überhaupt noch irgend ein Knopf vorhanden ist".[97] Seine Vorwürfe waren einigermaßen grotesk, denn in den zurückliegenden Jahren hatte er sich bei Verwandten, aber auch bei alten Freunden und Bekannten bestenfalls sporadisch gemeldet, Briefe häufig mit wochenlanger Verspätung, nur über sein Büropersonal oder gar nicht beantwortet.[98] Dabei war der Umstand, dass die Kommunikation mit seinem sozialen Umfeld äußerst selten genuin persönlicher Art war, sondern meist einen ausgesprochen funktionalen Charakter hatte, keineswegs eine neue Entwicklung, die sich aus seinem Ministeramt ergab. Enge Freundschaften, die er um ihrer selbst willen pflegte, gab es praktisch nicht. Das mochte teilweise auf den von Bourdieu beschriebenen „Laufbahn-Effekt" zurückzuführen sein, weil er sich durch seinen sozialen und politischen Aufstieg von seinem ursprünglichen Umfeld entfernt hatte.[99] Gleichzeitig ist seine Neigung zum zweckrationalen Handeln unverkennbar, und den Mangel an persönlichen Bindungen nahm er bis 1932 offenkundig nicht als solchen wahr. Das änderte sich jetzt, weil er zu einer Bestandsaufnahme seines Daseins schritt, nachdem er sich im besten Alter, mit 53 Jahren, seines Lebensinhalts beraubt sah – was durch „Reisepläne" und den „neuen Beruf" nicht zu kompensieren war.

Nach der nationalsozialistischen Machtübernahme verschärfte sich Dietrichs depressive Gemütslage. Im Herbst 1933 schien er seinen politischen Freunden „den Lebensmut früherer Tage" verloren zu haben;[100] auch angesichts eines Gallenleidens, das ihn seit Januar plagte, sprach er von seinem Tod.[101] Derart drastische Äußerungen ließen bald nach, doch seine persönliche Korrespondenz blieb in den folgenden Jahren von Melancholie bestimmt. Er wurde, wie er es später formulierte, „zum Bürger 2. Klasse befördert",[102] mit Auswirkungen in allen Bereichen seines Lebens. Sein ökonomisches Kapital wurde in Mitleidenschaft gezogen: Die Zeitungen, an denen er beteiligt war und die bislang die Weltwirtschafts-

---

[97] Dietrich an Else Hoffmann, 10. 10. 1932, ND 137, fol. 185.
[98] Siehe z. B. die Briefwechsel mit seiner Cousine Fanny Hörtner aus dem Jahr 1930, ND 121, fol. 175-185 u. mit seinem Freund Ernst Frey, 1931/32, ND 128, pag. 317-337.
[99] Bourdieu, Unterschiede, S. 190 f.
[100] Wilhelm Stahl an Heinrich Rumpf, 27. 9. 1933, AdL N Stahl 76, fol. 30.
[101] Richard Bahr an Dietrich, 13. 11. 1933, ND 206, fol. 110; siehe auch Dietrich an Eugen Ensslin, 2. 2. 1933, ND 136, fol. 142; Dietrich an Georg Mall, 6. 6. 1933, ND 288, fol. 28; Dietrich an Edmund Rebmann, 14. 11. 1933, ND 153, fol. 181 f.
[102] Dietrich an Emmy Bahr-Reiter, 25. 2. 1946, ND 209, fol. 12; vgl. zum Folgenden auch die Abschnitte über Dietrich bei Kurlander, Living.

krise zumindest überlebt hatten, wurden durch Repressalien des neuen Regimes in den Ruin getrieben oder ihrer Eigenständigkeit beraubt;[103] die Ministerpension wurde durch das „Gesetz zur Wiederherstellung des Berufsbeamtentums" in ein bis 1939 befristetes „Übergangsgeld" umgewandelt;[104] seine zunehmend auf die Betreuung von Auswanderern spezialisierte Rechtsanwaltskanzlei war nur phasenweise, vor allem in den Jahren vor dem Zweiten Weltkrieg, erfolgreich: Er hatte kaum Klienten, die in Deutschland wohnten und nicht jüdischer Herkunft waren, denn es „traute sich kaum jemand, mir etwas zu tun zu geben".[105] Sein soziales Kapital schwand dahin, weil die vielfältigen Beziehungen sich entweder auflösten oder ihren Wert verloren. „Unsere ehemaligen Freunde", konstatierte er Mitte 1934, „haben entweder keinen Einfluß oder aber, soweit sie Einfluß haben, wollen sie nichts von uns wissen."[106] Isoliert war er nicht, zumal er eine Anlaufstelle für notleidende politische Freunde und Bekannte wurde, die er vielfach finanziell unterstützte. Eine rege Beteiligung am gesellschaftlichen Leben war aber nicht mehr möglich. Wenn seine Frau verreiste, blieb er auf sich zurückgeworfen: „Ich wußte oft abends nicht, was ich anfangen sollte."[107] Und schließlich bestand die Gefahr politischer Verfolgung, wenngleich Dietrich, der dem NS-Regime „als Gegner des heutigen Staates bekannt"[108] war, abgesehen von manchen Schikanen letztlich unbehelligt blieb.

Am schwersten wog, dass er sich, nachdem er bereits seine politische Laufbahn unfreiwillig beendet hatte, nun auch um die Anerkennung seiner Leistungen gebracht sah. Dieses Motiv hatte schon in der Weimarer Zeit eine Rolle gespielt. Die Enttäuschung über die parteipolitische Lage ging nicht selten mit persönlichen Momenten einher. Gerade an Orten, denen er sich besonders verbunden fühlte, empfand Dietrich die Wahlergebnisse als Geringschätzung seiner Verdienste. So zeigte er sich nach der Dezemberwahl 1924, die er ansonsten positiv beurteilte, über das Ergebnis in Kehl „bedrückt", obwohl die DDP dort mit 14,5 Prozent ihr landesweit drittbestes Resultat erzielte.[109] Als ihm ein Freund im Jahr darauf berichtete, Victor Bredt, Fraktionsvorsitzender der Wirtschaftspartei im Reichstag, habe nicht gewusst, dass Kehl zu den besetzten Gebieten gehöre, entgegnete er: „Dafür, daß diese Partei sich niemals um Kehl gekümmert hat und nichts von den Sorgen der Kehler weiß, wird dann der Kehler Bürger womöglich meiner Schätzung nach noch Wirtschaftspartei gewählt haben.

---

[103] Siehe bes. die Unterlagen zum *Donaueschinger Tagblatt* und zum *Seeboten* in Überlingen, ND 267, fol. 232-272 u. ND 288.
[104] BAK Pers. 101/003443 u. ND 637.
[105] Dietrich an Joseph Wirth, 23. 6. 1945, BAK N Wirth 12; siehe auch Dietrich an Erich Koch-Weser, 28. 12. 1933, ND 149, fol. 61f.; Dietrich an Werner Joens, 30. 10. 1935, ND 46, fol. 91; Dietrichs „Ergänzung zum politischen Fragebogen", 1. 10. 1946, ND 3, fol. 19.
[106] Dietrich an Heinrich Rumpf, 9. 6. 1934, ND 154, fol. 261.
[107] Dietrich an Elisabeth von Gayling, 18. 11. 1935, ND 144, fol. 54.
[108] So die Einordnung in der Überwachungskartei des Reichssicherheitshauptamts, BAB R 58-9606.
[109] Dietrich an Eduard Lohr, 10. 12. 1924, ND 73, fol. 157; Badisches Statistisches Landesamt, Reichstagswahl 7. Dezember 1924, S. 76. Der Nichtwähleranteil war hier allerdings so hoch wie nirgends sonst im Reich: Falter u. a., Wahlen, S. 134.

Für die Arbeit, auch im Parlament, bekommt man zur Zeit nie etwas, für ein dummes Maulwerk immer."[110]

Hinzu kam die Ernüchterung über Angriffe, die sich unmittelbar gegen ihn richteten, ob nun durch andere Parteien „gehetzt" wurde[111] oder ob er sich von einzelnen Wählergruppen, für deren Anliegen er sich einsetzte, „unverschämt behandelt" sah.[112] Nicht zuletzt war er Korruptionsvorwürfen ausgesetzt – erstmals kurz nach der Revolution, als in Konstanz Gerüchte kursierten, er habe „9 Wagen amerikan. Lebensmittel [...] verschoben und dafür 100 000.- M erhalten".[113] Zwar war Dietrich angesichts des Korruptionsdiskurses, der die Republik von Anfang an begleitete,[114] peinlich darauf bedacht, jeden Anschein der Vorteilsnahme zu vermeiden. Er gab seinen Pensionsanspruch als Oberbürgermeister von Konstanz auf,[115] übte seine Tätigkeit für Konkordia und Ossa ehrenamtlich aus und vermied es, Posten in Aufsichtsräten zu übernehmen, „um absolut einwandfrei dazustehen": „Ich weiß von Kollegen aus dem Reichstag, wie sehr sie in der Presse dieserhalb angefeindet werden."[116] Doch dieser Verzicht, den Dietrich durchaus als Opfer empfand,[117] nutzte wenig in Anbetracht von Falschmeldungen, die sich besonders in der Ära Brüning häuften und vornehmlich von Nationalsozialisten gestreut wurden – besonders in Baden, wiederum auch in Kehl. Als dort im Herbst 1930, kurz nach seiner Ernennung zum Ehrenbürger, verbreitet wurde, er und sein Ministerkollege Joseph Wirth hätten gegen Bestechung Steuernachlässe gewährt, sagte er die feierliche Übergabe der Ehrenbürgerurkunde ab und hielt fest, er habe „nie im Leben Dankbarkeit gefordert, aber dennoch halbwegs anständiges Benehmen von der Bevölkerung meines Heimatgebietes erwartet, für die ich, ohne überheblich sein zu wollen, wohl einiges geleistet habe".[118] Ähnliche Fälle folgten: Unter anderem wurde er von NS-Seite in der Presse und im badischen Landtag wiederholt attackiert, weil die Firma Trick zum Schaden der deutschen Forstwirtschaft Holz aus der Sowjetunion importiere;[119] kurz nach Ausbruch der Bankenkrise kursierte in Karlsruhe das Gerücht, er zahle „schon seit Monaten nur mit Schweizer Schecks";[120] und im Winter 1932 behaupteten natio-

---

[110] Dietrich an Carl Ross, 28.10.1925, ND 83, fol. 206.
[111] Rede Dietrichs am 24.3.1926, Reichstag Bd. 389, S. 6616f.
[112] Dietrich an Friedrich Blum, 19.6.1924, ND 69, fol. 214.
[113] Vermerk des Konstanzer Stadtrats vom 7.1.1919, StA Konstanz S II 12162.
[114] Vgl. Martin H. Geyer: Kapitalismus und politische Moral in der Zwischenkriegszeit. Oder: Wer war Julius Barmat? Hamburg 2018; Annika Klein: Korruption und Korruptionsskandale in der Weimarer Republik. Göttingen 2014.
[115] Otto Moericke an Dietrich, 8.9.1930, StA Konstanz S II 12162.
[116] Dietrich an Carl Waldschütz, 10.7.1923, ND 268, fol. 165. Die einzige Ausnahme war das Aufsichtsratsmandat bei der Oberrheinischen Bank in Konstanz.
[117] Ernst Frey an Dietrich, 22.9.1926, ND 77, fol. 209: „Du hast schon oft erzählt, daß reichlich Geld für Dich auf der Straße liegt und Dir verloren geht, weil Du es nicht aufhebst".
[118] Dietrich an Hans Luthmer, 15.11.1930, ND 254, pag. 29f.; außerdem Luthmer an Dietrich, 14.10. u. 28.10.1930 u. Wirth an Luthmer, 17.10.1930, ND 122, fol. 121-125.
[119] Dazu die Unterlagen vom Herbst 1930 bis Frühjahr 1932 in ND 645, passim, bes. Schwarzwälder Tagblatt Nr. 143 vom 29.11.1930 u. Stellungnahme der Firma Trick zu Vorwürfen des NSDAP-Abgeordneten Merk im Badischen Landtag, 30.4.1932.
[120] Rosel Rinkel an Kurt Kutzner, 17.7.1931, ND 43, fol. 217.

nalsozialistische Zeitungen und Versammlungsredner, er habe im vergangenen Oktober die Stimmen der Wirtschaftspartei gekauft und so die Mehrheit der Regierung im Reichstag gesichert.[121]

So groß Dietrichs Missmut über derlei Verleumdungen war und so sehr er klagte, dass es „in der Politik […] keine Anerkennung und keinen Dank" gebe,[122] setzte er doch darauf, dass seinem politischen Wirken die Würdigung schließlich nicht versagt bleiben würde – im Bewusstsein der historischen Rolle, die er als Mitglied der Reichsregierung zu spielen glaubte, und mit Blick auf andere Weimarer Politiker, die sein Schicksal teilten. Im Gedenken an Stresemann konstatierte er im Frühjahr 1931, „daß immer erst die Geschichte die Bedeutung eines Mannes richtig herausstellt".[123] Mit dem Untergang der Republik schien diese Hoffnung hinfällig zu werden. Vergeblich versuchte er noch im Jahr 1933, seine Tätigkeiten als Ernährungs- und als Finanzminister vor der Mit- und Nachwelt ins rechte Licht zu rücken. Er engagierte den sozialdemokratischen Agrarexperten Fritz Baade und den früheren Ministerialbeamten Arnold Brecht, die jeweils eine hagiographisch angehauchte Darstellung verfassten. Beide Arbeiten konnten nicht mehr veröffentlicht, sondern nur noch „als Manuskript gedruckt" werden.[124] Das symbolische Kapital, über das Dietrich als langjähriger Parlamentarier sowie als Bürgermeister, Oberbürgermeister, Minister und Vizekanzler a. D. verfügte, hätte ihm unter normalen Umständen eine herausgehobene gesellschaftliche Stellung garantiert. In der NS-Zeit war es nicht nur entwertet, sondern verkehrte sich ins Gegenteil. Der Dietrichweg in Konstanz und die Hermann-Dietrich-Straße in Kehl wurden umbenannt,[125] und aus den meisten Vereinen, denen er zum Teil seit Jahrzehnten angehörte, wurde er ausgeschlossen bzw. hinausgedrängt.[126] Er war „ein abgestempelter Mann des alten Regimes" und sah sich „zum alten Eisen geworden".[127]

---

[121] Dietrich stellte Strafantrag gegen einen Redakteur, der schließlich verurteilt wurde, sowie gegen den Reichstagsabgeordneten Gottfried Feder, der jedoch durch die parlamentarische Immunität geschützt war: Unterlagen in ND 137, fol. 239-242 u. ND 139, fol. 9-29.

[122] Dietrich an Carl Heinrich Becker, 4.2.1930, GStA PK VI. HA Nl Becker 244.

[123] Grußwort von Dietrich in: Das Stresemann-Ehrenmal in Mainz. Festbuch. Bearbeitet von Josef Scheidel. Mainz o.J. [1931], S. 19f.

[124] Die Arbeit von Brecht wurde offenbar 1933, die von Baade Anfang 1934 gedruckt, jeweils in der Druckerei von Elisabeth Brönner-Hoepfner: [Arnold Brecht]: Die Sanierung des Reichshaushalts im Kabinett Brüning-Dietrich. Berlin-Nowawes o.J. [1933]; [Fritz Baade]: Schicksalsjahre der deutschen Landwirtschaft. Nowawes o.J. [1934]; siehe auch Brecht, Lebenserinnerungen Bd. 2, S. 49 u. 324f.; Baade an Dietrich, 31.12.1933, BAK N Baade 1.

[125] In Konstanz erfolgte die Umbenennung offenbar 1936, in Kehl erst im Jahr 1940: Werner Trapp: Konstanz in der Zeit des Nationalsozialismus. In: Lothar Burchardt/Dieter Schott/Werner Trapp: Konstanz im 20. Jahrhundert. Die Jahre 1914 bis 1945. Konstanz 1990, S. 221-347, hier S. 315; siehe auch Dietrich an Albert Herrmann, 4.12.1937, ND 146, fol. 196; Hartmut Stüwe: Kehl im Dritten Reich. Kehler Stadtgeschichte 1933-1945. Kehl 1997, S. 23.

[126] Dazu z. B. die Unterlagen in ND 1, Dietrich an den Karlsruher Liederkranz, 4.6.1937, ND 148, fol. 158 u. Dietrich an Joseph Wirth, 23.6.1945, BAK N Wirth 12.

[127] Dietrich an Rudolf Nölle, 24.12.1936, ND 152, fol. 95 u. Dietrich an Eduard Hamm, 18.12.1939, ND 163, fol. 11.

Auch nach 1945 blieb Dietrich von der Sorge erfüllt, vor der Geschichte in Vergessenheit zu geraten. Als Unbelasteter konnte er zwar rasch in die Politik zurückkehren, war außerdem bei Banken und Unternehmen, unter anderem im Rahmen der Entnazifizierung, als Sachverständiger gefragt und erfreute sich gesellschaftlicher Anerkennung, die sich in mancher Ehrung niederschlug, etwa der Verleihung des Bundesverdienstkreuzes. Doch sein labiler Gesundheitszustand setzte einer neuen Aktivität Grenzen und zwang ihn, im Sommer 1947 sein Amt als Sonderbevollmächtigter für Ernährung und Landwirtschaft niederzulegen, das er zunächst in der amerikanischen und anschließend in der Bizone ausgeübt hatte.[128] Aus demselben Grund musste er 1949 eine Kandidatur für den Bundestag ablehnen.[129] So blieb der meist trübsinnige Blick auf die frühere Laufbahn, der von dem Gefühl begleitet war, sich „im Dienste des Vaterlandes aufgezehrt" zu haben,[130] ohne ans Ziel gelangt zu sein. Letztlich sah Dietrich sich als Repräsentanten einer vergangenen Welt, auf die die Gegenwart mit Geringschätzung blickte. Die Memoiren, die er zu schreiben beabsichtigte, sollten denn auch „den Nachweis [...] führen, daß die Republik keineswegs so schlecht war, wie man sie hingestellt hat".[131] Da er nicht recht vorankam, beschäftigte er schließlich einen Publizisten, der eine Biographie verfassen sollte und hierfür die stolze Summe von 13 000 DM erhielt, zum Verdruss des Auftraggebers und seiner Umgebung aber einen weitgehend fiktiven „Roman" anfertigte.[132]

Wenn Dietrich selbst wenig zu Papier brachte, lag das nicht nur daran, dass er „kein Schriftsteller"[133] war, sondern war auch darauf zurückzuführen, dass er sich rückblickend in schicksalhaften Verstrickungen gefangen wähnte. Gegenüber Brüning warf er im Herbst 1947 die Frage auf, „ob und was wir eigentlich anders und besser hätten machen können". Das sei jedoch „keine historische Betrachtung, die irgendeinen Wert hätte. Meist habe ich dabei das Gefühl, daß man die Dinge doch nicht hätte zwingen und meistern können, sondern daß eben das Geschehen und das Leben der Völker eine gewisse Zwangsläufigkeit in sich birgt".[134]

***

Die Perspektive des Scheiterns schwingt in diesem Ausblick auf die Endphase der Weimarer Republik und Dietrichs Gemütsverfassung in den folgenden zwei Jahrzehnten seines Lebens beinahe zwangsläufig mit. Es ist nicht leicht, sich diesem Blickwinkel auf die Weimarer Geschichte zu entziehen – zumal er seine Berechtigung hat und Berücksichtigung finden muss. Gleichwohl handelt es sich nur um einen möglichen Blickwinkel. Noch im Frühjahr 1932 hätte es fern gelegen, Dietrichs Biographie im Sinn eines Scheiterns zu deuten. Er befand sich auf dem Höhepunkt einer bemerkenswerten Laufbahn, die ihn aus dem Pfarrhaus eines Schwarzwalddorfes bis in das Amt des Reichsfinanzministers und Vizekanzlers

---

[128] Dietrich an Brüning, 26.11.1947, ND 569, fol. 82.
[129] Dietrich an Wilhelm Stahl, 8.6.1949, AdL N Stahl 54, fol. 36.
[130] So der Wahlspruch auf seinem Grabstein („In serviendo patriae consumor").
[131] Dietrich an Paul Löbe, 2.3.1949, ND 37, fol. 94.
[132] Siehe dazu die Korrespondenz von Dietrich und seinem Büro mit Peter Eckart (Herbert Eckert), 1950-1954, ND 741.
[133] Dietrich an Agnes Rebmann, 18.5.1938, ND 153, fol. 179.
[134] Dietrich an Brüning, 26.11.1947, ND 569, fol. 80.

geführt hatte. Sie war in erster Linie eine Erfolgsgeschichte: die bürgerliche, die liberale und nicht zuletzt die Weimarer Erfolgsgeschichte eines Mannes, der die Möglichkeiten seiner Zeit zu nutzen wusste. Ohne Weimar ist Dietrichs Aufstieg in höchste Staatsämter schwer vorstellbar – angefangen bei dem Umstand, dass er bis zur Novemberrevolution mehr badischer Provinzpolitiker als Kandidat für eine führende Rolle auf Reichsebene war.

Das Anliegen der vorliegenden Untersuchung, deren wesentliche Ergebnisse im Folgenden noch einmal zusammengefasst und mit weiterführenden Überlegungen zum Bürgertum, zum Liberalismus und zur politischen Kultur der Weimarer Zeit abgerundet werden, war es, die auf das Jahr 1933 ausgerichteten Teleologien zu meiden, den liberalen Bürger Hermann Dietrich situativ in den Blick zu nehmen und in seinen verschiedenen Handlungsfeldern als Repräsentanten Weimars zu betrachten. Dadurch ergibt sich ein facettenreiches, widersprüchliches Bild dieses Lebensabschnitts, das nur in einem Punkt auf eine einfache Formel zu bringen ist: Das Streben nach persönlichem Erfolg, der Karrierewille Dietrichs war in allen Bereichen die Richtschnur seines Handelns. Ansonsten verfolgte er keine übergeordneten Ziele, verfügte nicht über ein festgefügtes Weltbild. Er war vor allem ein Mann der Praxis, der sich den Gegebenheiten anpasste, ein aufmerksamer, mit einem starken Machtinstinkt und mit Sachverstand ausgestatteter Beobachter der Weimarer Zeit – aber gewiss kein Vordenker, der politischen, ökonomischen oder gesellschaftlichen Problemen mit theoretischem Anspruch gegenübertrat. Sein Denken und Handeln war von erheblichen Schwankungen und schwer vereinbaren Gegensätzen durchzogen. So unbefriedigend dies auf den ersten Blick sein mag, erscheint Dietrich gerade deshalb als paradigmatisch: In ihm spiegeln sich die Widersprüche und Ambivalenzen, die von Detlev Peukert nachdrücklich hervorgehobene „Unsicherheit" der turbulenten Weimarer Epoche.

Dietrich war ein sozialer Aufsteiger, der sich aus den bescheidenen, nur mit Einschränkungen als bürgerlich zu bezeichnenden Verhältnissen seines Elternhauses „nach oben" arbeitete. Dazu diente ihm zum einen die kommunalpolitische Laufbahn, deren besondere Karrierechancen er mit einem ausgeprägten Leistungsbewusstsein zu nutzen wusste. Zum anderen gelang es ihm zweimal, in die bürgerlichen Eliten einzuheiraten. Durch die Ehe mit der Fabrikantentochter Elisabeth Trick stieg er ökonomisch in die „oberen Zehntausend" auf, womit sich zugleich die Voraussetzungen für sein politisches Vorwärtskommen deutlich verbesserten: Seine materiellen Ressourcen erlaubten ihm, Pressebeteiligungen zu erwerben, zur Finanzierung seiner Partei beizutragen und sich durch Gefälligkeiten andere Personen zu verpflichten. Neben Einfluss sicherte ihm sein Millionenvermögen ein hohes Maß an Unabhängigkeit – auch dieser Umstand ist kaum zu überschätzen: Wer die Politik zum Beruf machen wollte, stand vor beträchtlichen finanziellen Herausforderungen, weil die Möglichkeiten, *von* der Politik zu leben, begrenzt waren. Die Rahmenbedingungen für eine professionelle Abgeordnetentätigkeit im Weimarer Reichstag waren schlecht. Für die Bestreitung des Lebensunterhalts mochten die Diäten genügen, aber die Auslagen für ein eigenes Büro und regelmäßige Aufenthalte im Wahlkreis mussten Abgeordnete im Wesentlichen selbst tragen, obwohl es anders kaum möglich war, den Anforderungen des parlamentarischen Betriebs gerecht zu werden.

Die Verbindung mit der Witwe von Ernst Troeltsch war ebenfalls eine Zweckehe. Dietrich hatte die bürgerlichen Bildungsinstitutionen durchlaufen, bewegte sich spätestens seit dem Studium in einer entsprechenden sozialen Umgebung und zählte seinem Vermögen und der politischen Stellung nach zur Oberschicht, doch man merkte ihm seine Herkunft an: Innerhalb der bürgerlichen Eliten verrieten ihn die bodenständigen Umgangsformen und das distanzierte Verhältnis zu den wertrationalen Aspekten bürgerlicher Kultur und Lebensweise als Außenseiter und Emporkömmling. Diese „feinen Unterschiede", an denen die soziokulturellen Binnendifferenzierungen des Bürgertums sichtbar werden, bekam er im Umgang mit Elisabeth Trick und ihrer Familie genauso zu spüren wie in der Berliner Gesellschaft. Dietrich fühlte sich eher den bürgerlichen Mittelschichten zugehörig, aus denen sich sein engeres Umfeld vorwiegend rekrutierte. Während er sich selbstbewusst von der High Society abgrenzte, mit Geringschätzung etwa auf diejenigen Kollegen blickte, die aus seiner Sicht ihre politische Stellung nicht Leistungen in Parlament und Verwaltung, sondern ihrem gesellschaftlichen Ansehen verdankten, wusste er um die Bedeutung bürgerlich-elitärer Vergesellschaftung im politischen Berlin. Marta Troeltsch haftete das symbolische Kapital ihres berühmten ersten Ehemanns an und verstand sich auf die Wahrnehmung repräsentativer Aufgaben: Mit ihr konnte Dietrich seinen Status in der Reichshauptstadt aufwerten, gerade auch in den Berliner Intellektuellen- und Gelehrtenkreisen, die in der DDP eine wichtige Rolle spielten.

Die Analyse von Dietrichs materieller Lage erlaubt tiefe Einblicke in die Sozial- und Kulturgeschichte des Bürgertums sowie in die ökonomischen Verwerfungen der Weimarer Zeit. Wenngleich seine Vermögens- und Einkommensverhältnisse, und mit ihnen seine ökonomischen Wahrnehmungen und Verhaltensweisen, für die große Mehrheit des Bürgertums nicht im engeren Sinne repräsentativ sind, bleiben sie über den Einzelfall hinaus aufschlussreich, zumal detaillierte Untersuchungen vergleichbarer Art bislang nicht vorliegen.

Das gilt zunächst für die Inflationszeit. Bei Dietrich und seiner ersten Gemahlin lässt sich zum einen das Zusammenschmelzen bürgerlicher Einkommen und, vor allem, der Kapitalvermögen nachvollziehen: Elisabeth Dietrich ist ein typischer Fall für jene Kapitalrentner, die der Inflation nicht angemessen begegneten. Die Entwertung ihrer festverzinslichen Papiere war Ende 1919 so weit vorangeschritten, dass mit Blick auf die spätere Aufwertungsgesetzgebung schon zu diesem Zeitpunkt die Grenze des Maximalverlusts erreicht war. Zum anderen bietet Dietrich ein mustergültiges Beispiel für inflationsgerechtes Verhalten: Nach dem Tod seiner Frau investierte er konsequent in Sachwerte, indem er Immobilien, Aktien und sonstige Unternehmensbeteiligungen erwarb, die er in erheblichem Umfang mit Krediten finanzierte. Mit seinen geschickten Anlageentscheidungen, die in den Turbulenzen der Hyperinflation zunehmend seinen Alltag bestimmten, erzielte er enorme Gewinne, so dass es ihm trotz außerordentlicher Vermögensteuern und eines geringen Einkommens gelang, einen Teil der Einbußen Elisabeths wettzumachen. Allerdings konnte er auf Ressourcen zurückgreifen, die anderen nicht zur Verfügung standen – insbesondere sein öffentliches Ansehen und seine politischen Beziehungen machten den Großteil der lukrativen Transaktionen erst möglich. Somit tritt hier nicht nur zutage, wie man den

Konsequenzen der Geldentwertung entgehen und sogar von ihr profitieren konnte, sondern auch, welche bedeutenden Hindernisse dem entgegenstanden. Dieser Befund stützt die Vermutung, dass sich die Privilegierten besser gegen die Inflation schützen konnten. Wie Dietrichs Steuerunterlagen zeigen, beruht die in der Forschung verbreitete Annahme, dass die deutsche Inflation in erster Linie die großen Vermögen in Mitleidenschaft zog und mit einem sozial begrüßenswerten Gleichverteilungseffekt einherging, auf fehlinterpretierten Statistiken.

Der Blick auf Dietrich unterstreicht und präzisiert die tiefgreifende Krise des Bürgertums in den Inflationsjahren. Deutlich wird, wie die bürgerliche Lebensweise von Grund auf in Frage gestellt wurde – nicht nur infolge sinkender Realeinkommen, sondern auch durch die über das Kriegsende hinaus eingeschränkte Verfügbarkeit von Konsumgütern. Den Engpässen bei der Versorgung mit Lebensmitteln und Heizmaterial konnten selbst großbürgerliche Haushalte schwer entgehen. Im Allgemeinen sind die gravierenden Auswirkungen der Inflation freilich nicht umstritten. Ähnliches gilt für die Weltwirtschaftskrise – so erscheint Dietrichs heikle Lage 1931/32 nicht sonderlich bemerkenswert. Mit Nachdruck hervorzuheben ist aber, dass die vermeintlich „goldenen" Jahre 1924 bis 1929 ebenfalls von schweren Krisenerscheinungen begleitet wurden und nur im Rückblick, angesichts der tiefgreifenden Krisenperioden vor und nach der relativen Stabilisierung, „normal" wirken: Dieser Umstand wird häufig unterschätzt oder übersehen.

Die nach der Währungsstabilisierung einsetzende Erholung spiegelt sich in Dietrichs Lebensführung ebenso wider wie die Fragilität der ökonomischen Entwicklung. Konsumentscheidungen wurden nicht mehr von elementaren Mangelerscheinungen beeinflusst, sondern hingen allein von den finanziellen Mitteln ab, die Dietrich mehr als reichlich zur Verfügung standen; seine luxuriöse großbürgerliche Lebensweise konnte er mit seinem Einkommen mühelos bestreiten. Die Zellstofffabrik Trick erwies sich als verlässliche Einnahmequelle, wenngleich ihre Dividenden schwankten und schwer kalkulierbar waren. Doch seine übrigen Vermögensobjekte warfen teils geringe, teils gar keine Erträge ab oder erforderten erhebliche Zuschüsse. Hohe Steuern und gesetzlich gedeckelte Mieten beeinträchtigten die Rentabilität seiner Immobilien, als land- und forstwirtschaftlicher Unternehmer und Grundbesitzer hatte er mit niedrigen Absatzpreisen zu kämpfen, welche die Unkosten nicht deckten, und auch die Beteiligungen an kleineren Betrieben litten unter widrigen Marktbedingungen. Abgesehen von der Firma Trick, die während der Inflation ausgebaut und modernisiert worden war, herrschte überall beträchtlicher Investitionsbedarf, der (im Prinzip) nur durch teure Kredite finanziert werden konnte. Das Problem der extremen Kapitalkosten tritt bei Dietrich deutlich hervor, obgleich ihn seine wachsenden Verbindlichkeiten aufgrund der Trick-Dividenden, seiner Kreditwürdigkeit und guter Verbindungen zu diversen Banken nicht ernsthaft in Bedrängnis brachten: Er konnte es sich erlauben, auf bessere Zeiten zu warten. Im Grundsatz war die Lage vieler Vermögensobjekte jedoch existenzbedrohend. Hinzu kam, dass eine Veräußerung wegen der niedrigen Marktpreise, die wiederum der schlechten Ertragslage, aber auch dem hohen Renditeniveau am Kapitalmarkt geschuldet waren, kaum ratsam war. Der Wert von Dietrichs Vermögen blieb selbst 1928 hinter dem Wert zurück, den es vor dem Krieg gehabt hätte.

Mitverantwortlich waren freilich sein widersprüchliches ökonomisches Agieren und eine insgesamt verfehlte Anlagestrategie. Zwar fiel es ihm nicht schwer, sich auf die gegenüber der Inflationszeit grundlegend veränderten Rahmenbedingungen einzustellen: Er war sich im Klaren, dass Schulden nun möglichst vermieden werden mussten und der Aufbau eines Kapitalvermögens erstrebenswert war, und in Ansätzen handelte er danach. Ihm war überdies bewusst, dass die wirtschaftlichen Folgen von Krieg und Inflation schwerwiegend und nicht ohne weiteres zu bewältigen waren. Öffentlich und privat mahnte er ständig zu Geduld und warnte vor übertriebenen Erwartungen. Doch zugleich war er überzeugt, dass es infolge der Währungsstabilisierung und der innen- und außenpolitischen Entspannung wirtschaftlich endlich bergauf gehen müsse. Die Mehrdeutigkeiten der ökonomischen Entwicklung ließen ganz unterschiedliche Prognosen zu. Hoffnungsvolle und skeptische Einschätzungen, Ungeduld und Vorsicht wechselten sich ab, standen einander oft unvermittelt gegenüber.

Letztlich ausschlaggebend war aber die Erwartung wirtschaftlicher Normalität, die an den Erfahrungsraum der Vorkriegszeit gekoppelt war. Die Orientierung an den Gegebenheiten des ökonomisch prosperierenden Kaiserreichs, die in der Weimarer Gesellschaft omnipräsent war, wurde angeheizt durch den phasenweise sprunghaften Anstieg der Konjunktur, die Annahme, dass die in vielen Bereichen auszumachenden, marktwirtschaftlichen Prinzipien zuwiderlaufenden Anomalien nicht von Dauer sein könnten, sowie durch manche Verklärung der Jahre vor 1914. So neigte Dietrich dazu, eine Besserung der Lage eher früher als später zu erwarten, überschätzte fortwährend Wert und Ertragskraft seines Vermögens und verwarf wiederholt alle Vorsichtsmaßregeln, indem er ebenso kostspielige wie riskante Investitionen tätigte und ohne Not abenteuerliche Bürgschaften übernahm. Von Verlusten und geringen Einkünften wurde er immer wieder unangenehm überrascht. Die Enttäuschungen erreichten 1927/28, in den wirtschaftlich besten Jahren, einen Höhepunkt. Gleichzeitig wurde Dietrich nahezu täglich mit den Nöten seines sozialen Umfelds konfrontiert, das ihn mit Hilferufen überschüttete. Auch in seiner finanz- und wirtschaftspolitischen Tätigkeit war es für ihn zu keinem Zeitpunkt zweifelhaft, dass die Wirtschaftslage prekär war: Wohl schien ihm eine Normalisierung im Gang zu sein, aber der Zustand der Normalität blieb unerreicht. Deshalb stellte sich die Weltwirtschaftskrise aus seiner Perspektive weniger als Einschnitt denn als verschärfte Fortsetzung der bisherigen Enttäuschungen dar. Wenn er einen nennenswerten Konjunkturabschwung erst für ausgeschlossen hielt und anschließend bis in den Winter 1930/31 fortgesetzt zuversichtliche Prognosen anstellte, beruhte dieser Optimismus vor allem auf der Feststellung, dass sich die Lage kaum noch verschlechtern könne, also auf der ausgesprochen negativen Bewertung der Gegenwart. Sie veranlasste ihn zugleich zu universalen Krisendeutungen, in denen er die Wirtschaftsmisere nicht als vorübergehende Störung des Normalzustandes, sondern als Wendepunkt zu einer neuen, düsteren „Epoche des Großkapitalismus" interpretierte, die sich seit dem Ersten Weltkrieg anbahne und den sozioökonomischen (und politischen) Untergang der „Mitte", mithin das Ende der bürgerlichen Gesellschaft bewirken werde.

Ungeachtet solcher und anderer Übertreibungen, die bei Dietrich häufig festzustellen sind, gilt es, seine Krisenwahrnehmungen ernst zu nehmen – und mit ihnen das (nicht nur) bürgerliche Krisenbewusstsein der Weimarer Zeit: Die Grenzen konstruktivistischer Ansätze, wie sie von der neueren Forschung vertreten worden sind, treten deutlich hervor, wenn man sich den schwerwiegenden wirtschaftlichen Krisenerscheinungen und ihren Auswirkungen auf die Lebenswirklichkeiten der Menschen zuwendet.

Der Umstand, dass dies auch auf die besseren Jahre der relativen Stabilisierung zutrifft, scheint von zentraler Bedeutung zu sein. Dietmar Molthagen hat dargelegt, wie bürgerliche Familien die materiellen Einschnitte des Ersten Weltkriegs als Folge einer „Ausnahmesituation" deuteten und für die Zeit nach Kriegsende die „Wiederherstellung der gewohnten – bürgerlichen – Vorkriegslebenswelt" erwarteten.[135] Dieser Befund lässt sich gewiss nicht auf die Inflationsjahre ausdehnen, aber *nach* der Rückkehr zur stabilen Währung drängte sich der Eindruck auf, dass die zurückliegenden zehn Jahre als exzeptionelle Abweichung von der Normalität der Vorkriegszeit zu deuten seien und der Ausnahmezustand nun endlich vorüber sei. Somit lässt sich argumentieren, dass für das Bürgertum mit dem Ausbruch des Weltkriegs nicht nur eine „Krisendekade" begann, die 1923/24 endete,[136] sondern die „verkehrte Welt" danach fortbestand, wobei die Tatsache, dass dies in vermindertem Ausmaß der Fall war, durch die nun verstärkten Erwartungen auf eine Rückkehr zum Normalzustand aufgewogen wurde. Die Weltwirtschaftskrise und die mit ihr einhergehende „Panik im Mittelstand"[137] kamen dann nicht aus heiterem Himmel, sondern es ergab sich das Bild einer inzwischen nahezu 20-jährigen Dauerkrise, deren Ausformungen alles bisher Dagewesene übertrafen.

Dabei kam es nicht zu einer „Auflösung" des Bürgertums als sozialer und kultureller Formation – so war Dietrich selbstverständlich weit davon entfernt, zu verarmen. Doch aus der Perspektive des Jahres 1932 war die Entwicklung seines Vermögens ein einziger katastrophaler Niedergang. Es war erst durch die Inflation in Mitleidenschaft gezogen worden, hatte sich, gemessen am Vorkriegswert, nach der Währungsstabilisierung weiter vermindert und war nun auf weniger als ein Drittel des Stands von 1913 zusammengeschrumpft. Setzte sich dieser Trend fort, so war in der Tat nicht zu erwarten, dass „irgend ein Knopf" übrigblieb. In der historischen Retrospektive stellt sich die Krise des Bürgertums in der Zwischenkriegszeit als vorübergehende Störung in einem langfristigen Entwicklungsprozess dar. Aus zeitgenössischer Sicht deutete die Tendenz jedoch in eine andere Richtung,[138] und so war es naheliegend, Untergangsszenarien zu entwerfen – erst recht, wenn die Krisendiagnose andere Bereiche einbezog, wie bei Dietrich die Politik: Den Niedergang des Liberalismus setzte er mit dem Verfall politischer Bürgerlichkeit, die Auflösung der Weimarer Demokratie mit dem Versagen des Staatsbürgers gleich.

---

[135] Molthagen, Ende, Zitat S. 412.
[136] So Schäfer, Bürgertum, S. 402. Für das Bildungsbürgertum konstatiert Schäfer eine „gut zehnjährige finanzielle Durststrecke" (ebd., S. 401).
[137] Theodor Geiger: Panik im Mittelstand. In: Die Arbeit. Zeitschrift für Gewerkschaftspolitik und Wirtschaftskunde 7 (1930), S. 637–654.
[138] Vgl. Peukert, Weimarer Republik, S. 22 f.

Wendet man sich dem Politiker Dietrich zu, so erscheint er in vielerlei Hinsicht paradigmatisch für den organisierten Liberalismus, aber auch für die politische Kultur der Weimarer Republik. Das gilt zunächst für den Erfolg seiner politischen Laufbahn. Sein Politikverständnis war einerseits von einem markanten Arbeitsethos, andererseits von einem konsensorientierten Pragmatismus bestimmt. Diese Eigenschaften, die ihn bereits als Bürgermeister, Landtagsabgeordneten und Großblockpolitiker im Kaiserreich ausgezeichnet hatten, stellten in der Weimarer Zeit ein besonderes Kapital dar.

Bei Dietrich zeigt sich die wachsende Überlegenheit der Berufspolitiker bzw. Berufsparlamentarier: Im Reichstag war das enorme, gegenüber dem Kaiserreich stark erhöhte Arbeitspensum nur von Abgeordneten zu bewältigen, die sich ganz ihrem Mandat widmeten und in die anspruchsvolle Detailarbeit der Ausschüsse vertieften. Nur sie konnten, wie Dietrichs rascher Aufstieg in der prominent besetzten DDP-Fraktion verdeutlicht, den Anforderungen gerecht werden, die sich aus der Professionalisierung der parlamentarischen Arbeit ergaben. Die Fähigkeit, zu Positionen des Ausgleichs zu gelangen, war nicht nur im Parlament unentbehrlich, um eine konstruktive politische Rolle spielen zu können. Dieses Erfordernis stellte gerade in der Weimarer Politik eine Herausforderung dar: Die weltanschaulichen und sozioökonomischen Gegensätze sowie der Umfang der kurzfristig und bei häufigen Lageänderungen zu bewältigenden Probleme verlangten ein Maß an Flexibilität und Kompromissbereitschaft, zu dem bei weitem nicht alle Politiker in der Lage waren. Das galt nicht nur für radikale Kräfte, wie der Blick auf die DDP demonstriert: Immer wieder kehrten prominente Mitglieder, darunter arrivierte Politiker mit langjährigen Erfahrungen in Legislative und Exekutive, der Partei den Rücken, weil sie zu weitreichenden Abstrichen von den eigenen Auffassungen nicht bereit waren. Wie schwer es war, sich mit den verschärften Rahmenbedingungen der politischen Praxis zu arrangieren, zeigt sich auch bei Dietrich. In den Jahren nach der Revolution polemisierte er häufig gegen die Regierungen, an denen seine eigene Partei beteiligt war, und neigte in der Reichstagsfraktion mitunter zu polarisierendem Verhalten, weshalb er dort auf Vorbehalte stieß – bevor er ab 1924 in die Rolle des Moderators schlüpfte: Seine pragmatische, kompromissorientierte Haltung zeichnete ihn in der Zusammenarbeit mit anderen Parteien wie innerhalb der DDP aus, und war nicht zuletzt eine wichtige Voraussetzung für seine Amtsführung als Reichsminister. In der Regierung konnte er sich auch deshalb – für Weimarer Verhältnisse – lange halten, weil er flexibel auf neue, unerwartete Krisensituationen reagierte, mit denen er als Ernährungsminister und erst recht im Kabinett Brüning fortwährend konfrontiert wurde. Er nahm dabei weder auf seine Partei Rücksicht noch zögerte er, von eigenen Zielsetzungen abzurücken. So entsprach er dem Ideal des „Fachministers", das schon vor dem Übergang zum präsidialen Regieren einen hohen Stellenwert hatte.

Dietrich betrachtete die Politik primär als Ort ergebnisorientierter Detailarbeit in aktuellen Sachfragen. Entsprechend war der Liberalismus für ihn vor allem eine Sache der Praxis, nicht theoretischer Überlegungen und ideeller Standpunkte. In dieser Haltung findet sich das klassisch liberale Ideal der Mitwirkung am Gemeinwesen, dagegen sind übergeordnete Ziele im Sinne konsequent vertretener Prinzipien, die über Allgemeinplätze hinausreichten und Dietrich als genuin liberalen Politiker auszeichneten, kaum zu erkennen. Seine Zugehörigkeit zum Liberalismus war ihm eine Selbstverständlichkeit, die er wenig reflektierte. Gewiss lassen sich in seinem Denken manche Leitlinien ausmachen, doch in ihren Konturen blieben sie verschwommen. Sie waren meist vage, oft schlagwortartig formuliert, nicht selten widersprüchlich und zuweilen mit Vorstellungen verbunden, die sich kaum als liberal klassifizieren lassen.

Ein wiederkehrendes Motiv war das Ideal einer mittelständisch geprägten, von sozialen Spannungen weitgehend freien, folglich politisch gemäßigten und den liberalen Parteien zuneigenden Gesellschaft aus ökonomisch selbständigen Existenzen. Dieses Zukunftsbild, das an die frühliberale Vision der „klassenlosen Bürgergesellschaft" erinnert, formulierte er jedoch eher punktuell und recht oberflächlich. Die Frage, ob und wie es dazu kommen konnte, beantwortete er ganz unterschiedlich. Bei ihm findet sich das Vertrauen auf den ökonomischen Fortschritt als unaufhaltsamen, durch technische Innovationen und die Kräfte des Marktes vorangetriebenen Prozess, der als segensreicher Motor der gesellschaftlichen Entwicklung wirkte und von staatlichen Eingriffen möglichst nicht zu behindern war. Ebenso plädierte er für eine umfassende staatliche Sozialpolitik, die der Besitzlosigkeit der Unterschichten entgegenwirken und diese zu Grund- und Immobilieneigentümern machen sollte – ob nun durch den großangelegten Bau von Arbeiterwohnhäusern, ein Gedanke, den er besonders vor dem Ersten Weltkrieg verfolgte,[139] oder durch die ländliche bzw. vorstädtische Siedlung, wie er sie in der Weimarer Zeit verschiedentlich befürwortete. Und schließlich entwarf er ein fortschrittsskeptisches Szenario, in dem die Möglichkeit weiteren wirtschaftlichen Wachstums in Frage stand, die Industrialisierung als ein Vorgang erschien, der an sein Ende gekommen oder gar über das Ziel hinausgeschossen war, und die freie Marktwirtschaft zur Gefahr wurde, da sie dem ökonomisch Stärkeren, dem „Großkapital", erlaubte, die kleinen und mittleren Existenzen zu überwältigen und den Staat zu unterjochen: Die geschichtspessimistische Furcht vor dem Untergang der bürgerlichen Gesellschaft ging einher mit der Forderung, der Staat müsse das volkswirtschaftliche Gleichgewicht durch massive Interventionen wahren bzw. wiederherstellen. Damit verknüpft waren sozialkonservative, agrarromantische und großstadtkritische Anschauungen, das Bild einer weitgehend statischen Wirtschaftsordnung.

Schwankungen, Unschärfen und Widersprüche bestimmten auch Dietrichs tagespolitisches Agieren, in dem programmatische Grundsätze kaum auszumachen sind. Wenn er als Realpolitiker in Erscheinung trat, so aus Überzeugung; es bestanden keine wesentlichen Diskrepanzen zwischen öffentlichen und privaten Äußerungen. Seine Standpunkte waren stets vorläufig, wurden bei Bedarf angepasst oder sogar verworfen. Die Anpassungsfähigkeit, mit der er auf die Turbulenzen der Weimarer Zeit reagierte, zeigte sich nicht zuletzt in finanz-, wirtschafts- und sozialpolitischen Fragen, mit denen er sich vorzugsweise befasste. Entwarf er nach der Revolution, im Anschluss an gemeinwirtschaftliche Modelle,

---

[139] Nach dem Zweiten Weltkrieg griff er diesen Gedanken im Zusammenhang mit den Problemen des Wiederaufbaus nochmals auf: Hermann Dietrich: Wir brauchen zwei Millionen Kleinhäuser. Stuttgart 1950.

die er während des Krieges verfolgt hatte, zunächst ein überaus weitreichendes Programm zur Sozialisierung von Rohstoffvorkommen, Großgrundbesitz, Bankensystem und Elektrizitätswerken sowie zur Enteignung aller nennenswerten Kriegsgewinne, so vollzog er bald eine drastische Kehrtwende: Während der Inflationszeit wandte er sich gegen Eingriffe in die Wirtschaft und den „Aberglauben an den Sozialismus", attackierte die staatlichen Bewirtschaftungsmaßnahmen, besonders auf dem Gebiet der Lebensmittelversorgung, kritisierte die Steuergesetzgebung, die Höhe von Löhnen und Erwerbslosenunterstützung sowie den Achtstundentag. Mitte der zwanziger Jahre vertrat er die Anliegen der Inflationsopfer gegen die Interessen der Wirtschaft, wies Kritik am System der Arbeitslosenfürsorge zurück, bekannte sich zum Freihandel in Europa und befürwortete eine deutliche Erhöhung der Beamtengehälter. Forderungen nach weitreichenden Steuersenkungen, Sparmaßnahmen und Sozialabbau erteilte er immer wieder eine Absage. Als Ernährungsminister setzte er sich dann für umfangreiche Zollerhöhungen und Subventionen ein, und im Kabinett Brüning trieb er, wenngleich oft widerwillig, eine rigorose Austeritätspolitik mit massiven Besoldungskürzungen und scharfen sozialen Einschnitten voran. Die Vielfalt und Gegensätzlichkeit der Standpunkte findet sich nicht nur in den großen Linien seiner politischen Arbeit, sondern auch in zahllosen Details, wobei sich Widersprüche vielfach nicht auflösen und an Positionsänderungen kaum Entwicklungen in bestimmte Richtungen ablesen lassen.

In anderen Bereichen sind dagegen nachhaltige Wandlungen in Form einer politischen Mäßigung festzustellen. Das galt auf außenpolitischem Gebiet, wo Dietrich sich anfänglich entschieden gegen jede als nachgiebig interpretierte Verständigung mit den Siegermächten wandte, seit dem Dawes-Plan aber zum Fürsprecher der „Erfüllungspolitik" wurde, ebenso für seine kulturkämpferische Haltung, die an Bedeutung verlor, je mehr sich der Schwerpunkt seiner politischen Arbeit ins Reich verlagerte, und schließlich im Hinblick auf seine Haltung zur Republik, die erst zwiespältig war, bevor er zu einem überzeugten Republikaner wurde und sich mit dem Weimarer Staat identifizierte.

Ein Fixpunkt in Dietrichs politischem Denken war der starke und überparteiliche Staat. Dieser sollte im Inneren Ordnung, sozialen Frieden und wirtschaftliche Prosperität sicherstellen, nach außen machtvoll auftreten, und vor allem die Einheit der deutschen Nation verkörpern: Dietrichs Staatsdenken war untrennbar mit der nationalen Idee verknüpft, als deren Träger er den Liberalismus begriff. Jenseits solch allgemeiner Charakteristika blieben die Konturen dieses liberalen Nationalstaats allerdings unscharf. Gewiss sollte es sich um einen Rechtsstaat und um einen Verfassungsstaat handeln, wie Dietrich deutlich machte, als er diese Selbstverständlichkeiten 1918/19 (und 1932/33) bedroht sah. Doch im Übrigen war die Staats*form* für ihn von eher zweitrangiger Bedeutung. Entscheidendes Kriterium war ihre Leistungsfähigkeit: Dieser politische Funktionalismus war, neben persönlichen, opportunistischen Motiven und pragmatischen Erwägungen, ein wesentlicher Grund dafür, dass er sich nach der Revolution von der Monarchie abwandte. Nachdem er sie während des Krieges in Erwartung eines Siegfriedens gefeiert hatte, machte er sie nun für die Niederlage verantwortlich. Auch die anfänglichen Vorbehalte gegenüber der Republik, zu der er sich zwar von Beginn an bekannte, die er aber zunächst als schwach empfand, waren darauf zurückzuführen. Erst mit der Überwindung des Krisenjahres 1923 hatte die parlamentarische Demokratie für ihn ihre Bewährungsprobe bestanden.

Dietrichs Denken blieb indes am Konstitutionalismus des Kaiserreichs orientiert, sein Demokratieverständnis mit antipluralistischen Tendenzen befrachtet. Hier gilt es, zu differenzieren: Die parlamentarische Demokratie deutete er ebenso als begrüßenswertes Ergebnis eines gesellschaftlichen Evolutionsprozesses wie er die Bildung des als modern und fortschrittlich verstandenen Nationalstaates im 19. Jahrhundert mit dem Gedanken der Volkssouveränität verknüpft sah. Er war sich des pluralistischen Charakters der modernen Gesellschaft, der Gegensätzlichkeit der Interessen und der Notwendigkeit parteipolitischer Auseinandersetzungen bewusst. Doch letztlich trennte er den als überparteilich begriffenen Staat von der Gesellschaft und ging davon aus, dass es einen homogenen, allen Einzelinteressen übergeordneten Volkswillen geben müsse.

Damit ging eine schwache Stellung des Individuums einher: Ihm kam in erster Linie eine Rolle als Teil des Ganzen zu, des als Einheit gedachten „Staatsvolks". Bei Dietrich findet sich durchaus die klassisch liberale Kritik an staatlicher Bevormundung und Eingriffen in die persönliche Freiheit, an übermäßiger Verrechtlichung und Bürokratie. Gleichzeitig plädierte er regelmäßig für eine Ausweitung staatlicher Intervention, und im Zweifelsfall wurde der Staat zum Selbstzweck, hatten seine Bedürfnisse Vorrang – das betraf besonders, aber nicht nur die Zeit, als er Mitglied der Exekutive war. Dietrich neigte dazu, dem Staatsbürger, soweit er sich als „Interessent" gebärdete und den „Notwendigkeiten" der „Staatspolitik" verschloss, das politische Urteilsvermögen abzusprechen. Die Überzeugung, der Wähler müsse „erzogen" werden, war eine wichtige Antriebsfeder seiner ausgedehnten pressepolitischen Aktivitäten: Sie beruhte auf der – unter Weimarer Politikern geläufigen, in Anbetracht der Diskrepanz zwischen den Wahlergebnissen und den Auflagenzahlen der parteinahen Presse offenkundig falschen – Auffassung, die öffentliche Meinung lasse sich ohne weiteres steuern.

Fahndet man nach den Prinzipien, die Dietrich leiteten, stößt man letztlich immer wieder auf seinen etatistischen Pragmatismus. Der Kompromiss war für ihn nicht nur ein Mittel der Politik, sondern wurde oft genug gesucht, bevor ein eigener Grundsatz formuliert wurde, und damit geradezu selbst zum Programm. Die Prämisse, eine Position des Ausgleichs, der „Mitte" zu finden, deren Vertretung „vernünftig" und ein Gebot der „Verantwortung" war, ging einher mit der technokratisch angehauchten Vorstellung einer „objektiv" gegebenen, von der politischen Willensbildung letztlich unabhängigen Politik, die Sache von Experten war.

Wie ist nun Dietrichs Liberalismus in der DDP zu verorten? Wiederholt ist er ihrem „rechten Flügel" zugeordnet worden.[140] Dafür scheint zu sprechen, dass er aus der nationalliberalen Partei stammte, sich im Weltkrieg für ein weitreichendes Eroberungsprogramm ausgesprochen und größere innenpolitische Reformen abgelehnt hatte, der Republik erst einmal mit Vorbehalten begegnete und außenpolitisch anfangs zu den Scharfmachern zählte. Auch danach plädierte er noch für

---

140 Z. B. Schneider, Deutsche Demokratische Partei, S. 102; Büttner, Weimar, S. 387; siehe auch Stephan, Aufstieg, S. 183.

eine Revision der Ostgrenzen, einen „Anschluß" Österreichs und die Wiedererlangung von Kolonien. Sein Nationalismus beinhaltete chauvinistische und völkische Elemente, namentlich antipolnische und antisemitische Ressentiments. Zudem trat er mitunter als Vertreter von Produzenten- bzw. Arbeitgeberinteressen in Erscheinung. Und schließlich versuchte er beharrlich, einen Zusammenschluss von DDP und DVP zu erreichen, während die entschiedenen Linksliberalen ihm ein Dorn im Auge waren. Allerdings könnte man Dietrich genauso als einen linken Liberalen beschreiben. Als politischen Hauptgegner identifizierte er die rechten Parteien. Hierbei spielte die parteitaktische Erwägung eine Rolle, DDP-Wähler zurückzugewinnen. Dennoch ist auffällig, dass er die SPD, die er schon im Kaiserreich als Bündnispartner gegen Zentrum und Konservative betrachtet hatte, selten angriff. Zweifellos kann man ihn als Sozialliberalen verstehen. Mitte der zwanziger Jahre bekannte er sich zum Gedanken internationaler Verständigung, und sein Eintreten für die Republik, deren Institutionen er nun auch dann verteidigte, wenn es nicht opportun schien, war von den bisherigen Zweideutigkeiten befreit.

Analog zur vorherrschenden Forschungsmeinung ließe sich einwenden, das eine sei gewissermaßen selbstverständlich für einen DDP-Politiker gewesen, während das andere als nationalliberal oder rechtsgerichtet, keinesfalls als „linksliberal" zu klassifizieren wäre. Es spricht aber viel dafür, dass die DDP bislang zu weit links eingeordnet worden ist und das Etikett „linksliberal" eher irreführend als nützlich ist: Will man das Rechts-Links-Schema beibehalten, wäre dem „rechtem Flügel" die große Mehrheit der Partei zuzurechnen.

Tendenziell unterschätzt worden ist der Zuzug, den die DDP nach ihrer Gründung von den Nationalliberalen erhielt, der nicht nur in Baden ganze Parteigliederungen umfasste. Im Wesentlichen blieb das aus der NLP stammende Führungspersonal in der DDP, als Stresemanns DVP sich in der Parteienlandschaft als eigentliche Nachfolgerin der NLP etablierte. Die Mehrheit der früheren FVP-Politiker wies ebenfalls kein Profil auf, das sich ohne weiteres als linksliberal beschreiben lässt. Überhaupt scheint fraglich, wie viel die FVP – angesichts der Hinwendung zu Imperialismus, staatlicher Sozialpolitik und Hohenzollernmonarchie – noch mit dem Linksliberalismus der Bismarckzeit gemein hatte. Auch bei den Fortschrittlichen waren jedenfalls weitreichende Kriegsziele mehrheitsfähig, stießen demokratische Verfassungskonzepte auf Skepsis, gab es starke Vorbehalte gegen die Revolution und ihre Ergebnisse. Das galt nicht zuletzt in der Finanz-, Wirtschafts- und Sozialpolitik: Wirtschaftsliberale Ansichten, die im Kaiserreich vielfach noch als links gelten konnten, rückten in der Weimarer Zeit nach rechts. Innerhalb der DDP waren die programmatischen Unterschiede zwischen ehemaligen Nationalliberalen und Fortschrittlichen nur in Nuancen sichtbar, während die Initiatoren der DDP-Gründung um Theodor Wolff rasch an Bedeutung verloren. Die eigentlich linksliberalen, pazifistisch-kosmopolitischen und radikaldemokratischen Politiker befanden sich klar in der Minderheit und stießen in der Partei oft auf Vorbehalte. Dietrich stand mit der Kritik, die er besonders an der demokratischen Großstadtpresse übte, keineswegs allein. Ebenso war der Wunsch, zu einer Einigung mit der DVP zu gelangen, weitverbreitet. Nationalistische und imperialistische Positionen waren für die meisten eine Selbstverständlichkeit, und einen von der DDP vertretenen „demokratischen Nationalismus", der sich vom Nationalismus der Rechten scharf abgrenzen ließ und frei von völkischem Gedankengut war, gab es in dieser Form nicht.

Die Wandlungen und Ambivalenzen im liberalen Staats- und Demokratieverständnis sind häufig übersehen worden. Das betrifft gerade die DDP, die im Anschluss an gelegentliche missverstandene Selbstbeschreibungen[141] wiederholt als Weimarer „Verfassungspartei" par excellence dargestellt worden ist.[142] Das ist nicht ganz falsch, zeichnet jedoch ein schiefes Bild. Die mehr oder weniger erheblichen, temporären oder dauerhaften Vorbehalte, mit denen Liberale der Republik gegenüberstanden, sind noch genauer zu untersuchen. Eindeutig ist aber, dass in der DDP konstitutionelle und pluralismuskritische Vorstellungen vorherrschten. Nicht nur Dietrich ging es in erster Linie um den Nationalstaat als solchen, den es vor den Auswirkungen gesellschaftlicher Antagonismen zu bewahren galt. Die Konzeption einer auf den Ausgleich der Interessen bedachten „republikanischen Staatspolitik" spielte eine zentrale Rolle, und das Selbstverständnis als „Staatspartei" bestand schon, bevor diese Bezeichnung namengebend für die im Juli 1930 gegründete DStP wurde – die auch sonst in der Kontinuität der DDP stand und nicht etwa einen „Rechtsruck" markierte. Als Dietrich in der Ära Brüning ihr Vorsitzender wurde, verkörperte er gleichsam dieses Programm seiner Partei.

Allerdings sollte sich die Auseinandersetzung mit dem demokratischen Denken des Weimarer Liberalismus nicht darin erschöpfen, nach Defiziten zu fahnden, sondern die Besonderheiten der politischen Kultur in Rechnung stellen: Die liberalen Vorbehalte gegen den Pluralismus scheinen nicht nur, angesichts der ständigen schmerzhaften Wahlniederlagen, psychologisch verständlich, sondern sie entsprangen der Analyse der Weimarer Verfassungswirklichkeit, die nun einmal durch ein Ausmaß an Polarisierung und radikaler Agitation bestimmt war, das kaum demokratieverträglich war. Gleichermaßen war die Vorstellung, für eine alternativlose „Staatspolitik" einzutreten, auch der Tatsache geschuldet, dass die politischen Handlungsspielräume gering waren.

Insgesamt kann Dietrich als typischer DDP-Politiker bezeichnet werden. Das gilt nicht zuletzt für seine praxisorientierte Herangehensweise an die Politik: Un-

---

[141] Zum Beispiel bezeichnete Otto Nuschke die DDP, in einem programmatischen Abriss der Parteigeschichte zum zehnjährigen Gründungsjubiläum, als „die eigentliche Verfassungspartei". Diese Feststellung stützte sich nicht etwa auf eine Erörterung der Verfassungsprinzipien, der Bedeutung von Republik, Parlamentarismus oder Demokratie, sondern auf die vom Wähler nicht gewürdigten Leistungen der DDP-Politiker in Regierung und Verwaltung. Die „politischen Köpfe" der Republik seien „am zahlreichsten aus der Deutschen Demokratischen Partei hervorgegangen", während bei allen anderen Parteien eine deutlich geringere Bereitschaft zu „verantwortlicher Regierungspolitik" zu diagnostizieren sei. Damit definierte Nuschke die Verfassungstreue über den Dienst am Staat, wobei er sich bezeichnenderweise auf die Exekutive beschränkte. In dieser – als solcher gewiss nicht unberechtigten – Argumentation stand wiederum der Staat an sich im Vordergrund: Nuschke, Deutsche Demokratische Partei, S. 38–41.

[142] Schneider, Deutsche Demokratische Partei, S. 46–49; Möller, Weimarer Republik, S. 266; Michael Stürmer: Risse in der Republik: Die politische Kultur von Weimar. In: ders.: Dissonanzen des Fortschritts. Essays über Geschichte und Politik in Deutschland. München u. a. 1986, S. 166–176, hier S. 169; Gottschalk, Kaiserreich, S. 205.

ter den Liberalen, die den Funktionseliten der Republik angehörten, dominierten die Pragmatiker, weil für Idealpolitik wenig Raum blieb. Ebenso lässt sich die Beobachtung, dass bei Theodor Heuss „kein fixes Konzept von Liberalismus"[143] festzustellen ist, vermutlich nicht nur auf Dietrich, sondern auch auf andere führende DDP-Vertreter übertragen. Gleichzeitig spiegelt sich in dem Kaleidoskop der von ihm vertretenen Standpunkte die programmatische Vielfalt der DDP. Einer bestimmten Richtung in der Partei war Dietrich nur in Momentaufnahmen zuzuordnen. Er vertrat keine Randpositionen; seine Auffassungen wurden mal von einer großen Mehrheit, mal von weiten Kreisen geteilt, waren in vielen Fällen umkämpft, in den wenigsten unumstritten: In zahlreichen Fragen bildeten sich innerparteiliche Frontlinien, die jedoch nicht mit klaren Flügelbildungen einhergingen, weil sie von Fall zu Fall wechselten. Dietrich bewegte sich sozusagen im liberalen Mainstream, verstanden als ein Set vielfältiger und zum Teil gegensätzlicher Standpunkte, die jeweils stark verbreitet waren – zumindest in der DDP: Inwieweit sich dieser Befund auf die DVP ausweiten lässt, muss hier offenbleiben. Es scheint aber verfehlt, die beiden liberalen Parteien scharf voneinander abzugrenzen, und stattdessen angebracht, die zeitgenössische Wahrnehmung ernst zu nehmen, dass sich zwischen dem linksliberalen Flügel der DDP auf der einen und dem schwerindustriellen Flügel der DVP auf der anderen Seite ein breites programmatisches Spektrum erstreckte, das beiden Parteien gemeinsam war. In ihm ist auch Dietrich zu verorten.

Generell bedarf es hier weiterer Detailstudien. Das betrifft ferner die Frage, wie anschlussfähig Dietrichs fundamentale Krisendeutungen waren, inwieweit er also ein Paradebeispiel dafür darstellt, dass die nachlassende Integrationskraft eines so zentralen liberalen Leitbilds wie des Fortschrittsglaubens selbst für den politischen Liberalismus zu konstatieren ist. Immerhin machte er entsprechende Aussagen auf Parteiveranstaltungen und als Redner der Reichstagsfraktion, ohne auf spürbaren Widerstand zu stoßen.

Fest steht, dass der politische Liberalismus der Weimarer Zeit sich einfachen, schablonenartigen Kategorisierungen entzieht. Zu diesem Ergebnis kann man bereits bei der Beschäftigung mit einer einzelnen Person gelangen, nicht erst, wenn man versucht, bestimmte Strömungen und Flügelbildungen zu identifizieren, bestimmte Akteure, Gruppen oder ganze Parteien miteinander zu vergleichen: Obwohl die Pluralität und Heterogenität des organisierten Liberalismus, die ihn schon im 19. Jahrhundert kennzeichneten, bekannt sind,[144] sind Historiker doch immer wieder der Versuchung erlegen, die liberalen Parteien als recht klar definierbare und statische Gebilde zu behandeln. Hinzu kommt, dass die Umbrüche und Extreme der Weimarer Zeit ständig neue, oft grundsätzliche Positionsbestimmungen erforderten, welche individuelle Haltungen und die innerparteilichen Gemengelagen einer starken Dynamik unterwarfen. Die Feststellung, dass die politische Theorie des Weimarer Liberalismus durch eine „große Varianz verschiedener Liberalismen" geprägt war,[145] lässt sich mithin genauso für die Parteien treffen – zumal

---

[143] Radkau, Heuss, S. 125.
[144] Vgl. Langewiesche, Liberalismus, S. 260.
[145] Hacke, Existenzkrise, Zitat S. 393.

sich dort auch Gedankengut findet, das aus theoretischer Sicht schwerlich als liberal einzuordnen ist.

Das in manchen Untersuchungen hinterfragte, aber noch immer vorherrschende Bild der DDP als einer im Wortsinn demokratischen Partei ist zum Teil auf zeitgenössische Feindbilder zurückzuführen. Die radikale Agitation von rechts identifizierte sie mit der pluralistischen Massendemokratie und einem ungezügelten Wirtschaftsliberalismus, brandmarkte sie als jüdisch, pazifistisch und internationalistisch. Nach 1945 sind solche Zuschreibungen unter umgekehrten Vorzeichen übernommen worden und haben im Sinne einer rückblickenden Verklärung gewirkt. Zudem hatten die eher linksorientierten Parteikreise in Berlin ihre Hochburg: Aufgrund der räumlichen Nähe waren sie in den Führungsgremien der DDP überproportional vertreten, überhaupt im politischen Berlin besonders präsent und dabei publizistisch sehr aktiv, namentlich in Form der vielzitierten linksliberalen Großstadtpresse. Dadurch ergibt sich die Gefahr, ihr Gewicht zu überschätzen – gerade wenn man sich mit der DDP auf Reichsebene und im Zusammenhang mit der Spitzenpolitik befasst, wie das bisher vorwiegend geschehen ist.

Jenseits von Berlin ergibt sich ein anderes Bild. Die Ausrichtung der DDP-nahen Provinzpresse in Baden unterschied sich von der des *Berliner Tageblatts*, der *Frankfurter* oder der *Vossischen Zeitung*, und es spricht viel dafür, dass dies auch anderswo der Fall war – blickt man auf die übrigen Presseorgane, an denen Dietrich mit eigenen Mitteln beteiligt war, die er über die staatlich finanzierte Konkordia im „großliberalen" Sinne zu beeinflussen suchte oder mit seinem Korrespondenzdienst *Aus Wirtschaft und Politik* belieferte, oder auf seinen heute so gut wie unbekannten Freund Richard Bahr, der zahlreiche große Zeitungen mit Leitartikeln versorgte. In der badischen DDP spielten entschiedene Linksliberale kaum eine Rolle; die anfänglichen Auseinandersetzungen zwischen früheren FVP- und NLP-Politikern waren weniger auf einen Richtungsstreit als auf persönliche Machtkämpfe zurückzuführen, in denen die Mobilisierung alter Netzwerke eine Trennlinie entlang der einstigen Parteigrenzen entstehen ließ. Die badische Perspektive unterstreicht die Bedeutung von Politikfeldern, die im Zusammenhang mit dem Weimarer Liberalismus wenig beachtet worden sind. Die kulturkämpferische Position, die hier Liberale aller Schattierungen einnahmen, besaß nach wie vor Virulenz. Andernorts war die Frontstellung gegenüber dem Zentrum zweifellos weniger wichtig, doch um ein badisches Alleinstellungsmerkmal handelte es sich nicht. Ebenso besaß die badische DDP noch immer einen beträchtlichen Rückhalt auf dem Land, war keineswegs nur eine städtisch-bürgerliche Partei. Dieser oft unterschätzte Umstand war ebenfalls keine regionale Besonderheit; vielmehr hatten die liberalen Parteien in vielen Teilen Deutschlands seit jeher eine große bäuerliche Anhängerschaft gehabt, die erst in der Weimarer Zeit schwand. Insgesamt dürfte Baden für den Weimarer Liberalismus kaum weniger repräsentativ sein als Berlin, und als Bastion des Rechtsliberalismus wird man das liberale „Musterland" des 19. Jahrhunderts ohnehin nicht bezeichnen wollen.

Die mit der regionalen Perspektive verbundene Analyse von Dietrichs politischem Alltag trägt zum Verständnis der Funktionsweise und der Probleme liberaler Parteipolitik in der Weimarer Demokratie bei. Die Art und Weise, wie Dietrich unter Einsatz seines sozialen und ökonomischen Kapitals seine Karriere vorantrieb, zeugt von persönlichem Geschick, aber auch von den Voraussetzungen, die diesen Erfolg begünstigten. Wenn es ihm gelang, die badische DDP unter Kontrolle zu bringen und nach seinen Wünschen zu dirigieren, lag das auch an der Schwäche der Parteistrukturen. Die Netzwerke, die er zunächst als Kampfinstrument genutzt hatte, dienten mehr und mehr dazu, die organisatorischen Defizite des Landesverbandes zu lindern. Angesichts des häufig geringen Engagements selbst solcher Mitglieder, die ein Ehrenamt innehatten, musste Dietrich seine Beziehungen mobilisieren, um eine halbwegs professionelle Parteiarbeit in Gang zu halten. Seine Stellung als Vorsitzender wurde dadurch zementiert, allerdings war die Partei weit mehr auf ihn angewiesen, als ihm recht sein konnte. Ähnlich stand es um den Einfluss, den er sich mit finanziellen Mitteln sicherte. Er konnte nicht zuletzt deshalb viele Zeitungen in seine Abhängigkeit bringen, weil kaum andere Geldgeber zur Verfügung standen. Dieser Umstand kam ihm entgegen, doch nachdem er seine Stellung in Baden konsolidiert hatte, wurde die Provinzpresse zur Last. Hinzu kamen die erheblichen Beträge, die er für Wahlkämpfe und die laufenden Ausgaben der badischen Geschäftsstelle aufbringen musste.

Die badische DDP-Organisation mochte im reichsweiten Vergleich noch gut dastehen, war aber schon Mitte der zwanziger Jahre kaum mehr als schlagkräftig zu bezeichnen; ihr Betrieb bewegte sich in den Bahnen der Honoratiorenpolitik. Hervorzuheben ist, dass es sich dabei nicht um ein überkommenes Problem des politischen Liberalismus handelte, wie gemeinhin angenommen wird: Vielmehr waren die liberalen Parteiapparate vor dem Ersten Weltkrieg stark ausgebaut worden, und gerade die DDP konnte an diese Erfolge erst einmal anknüpfen. Innerhalb weniger Jahre wurden die Parteistrukturen jedoch massiv geschwächt, insbesondere durch einen erdrutschartigen Verlust an Mitgliedern. Gegenüber der Vorkriegszeit wirkte deren Zahl bald kümmerlich. Die organisatorischen Defizite waren also keine Ursache, sondern ein Symptom des Niedergangs.

Die Beschäftigung mit Dietrichs parlamentarischem und parteipolitischem Alltag verdeutlicht, auf welch massive Widerstände die Politik der DDP an der Basis stieß. Mitunter war sie dem Vorwurf ausgesetzt, gegen liberale Grundsätze zu verstoßen – was stellenweise begreiflich war, etwa im Hinblick auf die (de jure) konfiskatorische Steuergesetzgebung der ersten Nachkriegsjahre, die Aufrechterhaltung zwangswirtschaftlicher Maßnahmen oder die Zusammenarbeit mit dem Zentrum, das in Regionen wie Baden vielen noch immer als Feind von Freiheit und Fortschritt galt. Schwerer wog in Dietrichs täglichem Kontakt mit Bürgern aber der Unmut über ihre wirtschaftliche Lage und die politischen Maßnahmen, die sie dafür verantwortlich machten. Wiederum ist zu betonen, dass dies auch in den verhältnismäßig ruhigen mittleren Jahren der Republik der Fall war.

Zu Recht ist auf die Gegensätzlichkeit der wirtschaftlichen Interessen hingewiesen worden, die in DDP und DVP beheimatet waren, sowie auf die Unschärfe der übergeordneten Werte „Staat" und „Nation", die beide Parteien herausstellten, um sozioökonomische Konflikte auszuklammern. Gleichwohl greift es zu kurz, hierin eine entscheidende Schwäche des Liberalismus auszumachen.[146] Zum einen

---

[146] So z. B. Langewiesche, Liberalismus, S. 242f., 249 u. 260–272.

wirkt die Annahme, heterogene Parteien mit vagem Programm seien zur Erfolglosigkeit verdammt, nicht stichhaltig. Zum anderen unterschieden sich DDP und DVP in dieser Hinsicht nicht von den liberalen Kräften im Kaiserreich, die überdies schon damals vielfach in die Regierungsverantwortung eingebunden waren – ohne dass sich das negativ bemerkbar gemacht hätte: Angesichts des Erstarkens der liberalen Parteien im späten Kaiserreich scheint es fragwürdig, den Zusammenbruch des politischen Liberalismus in der Weimarer Zeit mit langfristigen, ins 19. Jahrhundert zurückreichenden Entwicklungen zu erklären. Verabschiedet man sich von Verfallsgeschichten, die den Liberalismus als eine seit langem kraftlose, programmatisch defensive und dem Untergang geweihte Größe beschrieben haben, dann handelte es sich beim Niedergang der liberalen Parteien nach 1918 vor allem um ein Phänomen der Weimarer Zeit, das als solches zu begründen ist.[147]

Die wirtschaftlichen Krisenlagen stellten gewiss nicht den einzigen, aber doch einen zentralen Faktor dar, der die politischen Rahmenbedingungen gegenüber der Vorkriegszeit erheblich veränderte. Vor dem Problem, angesichts begrenzter Handlungs- bzw. Verteilungsspielräume die Erwartungen der Wähler nicht erfüllen zu können und bei den Wahlen abgestraft zu werden, standen letztlich alle Regierungsparteien.[148] In dieser Weimarer Konstellation wurde die nahezu ununterbrochene Übernahme von Regierungsverantwortung problematisch und drängte DDP wie DVP gegenüber den oppositionellen Rechts- und Interessenparteien, welche ebenfalls um die Wählerschaft des „nationalen Lagers" warben, in die Defensive. So lag es nicht nur nahe, es gab kaum eine andere Möglichkeit, als sich auf eine Position des Ausgleichs zurückzuziehen und den Dienst am Staat zum Programm zu erklären.

Die gouvernementale Orientierung des Liberalismus in der Weimarer Republik könnte man als eine entscheidende Schwäche ausmachen. Zum einen lässt sich argumentieren, dass die liberalen Parteien allzu bereitwillig den Gang in die Regierung anstrebten und es manche Gelegenheit gab, sich von ihr fernzuhalten,

---

[147] Mit Recht ist neuerdings hervorgehoben worden, in welchem Ausmaß der Liberalismus im Ersten Weltkrieg in die Defensive geriet: Anselm Doering-Manteuffel/Jörn Leonhard: Liberalismus im 20. Jahrhundert – Aufriss einer historischen Phänomenologie. In: dies. (Hg.): Liberalismus im 20. Jahrhundert. Stuttgart 2015, S. 13–32, hier bes. S. 18–24; Marcus Llanque: Der deutsche Linksliberalismus in der ideenpolitischen Konstellation des Ersten Weltkriegs und der Wandel des Politikverständnisses. In: Jahrbuch zur Liberalismus-Forschung 26 (2014), S. 27–47. Ob allerdings der Weltkrieg an sich eine Zäsur bedeutete, die den liberalen Niedergang in der Weimarer Zeit bedingte, scheint – schon angesichts der Mitgliederzahlen und Wahlergebnisse 1919/20 – zweifelhaft.

[148] Vgl. Thomas Mergel: High Expectations – Deep Disappointment. Structures of the Public Perception of Politics in the Weimar Republic. In: Cathleen Canning/Kerstin Barndt/Kristin McGuire (Hg.): Weimar Publics/Weimar Subjects. Rethinking the Political Culture of Germany in the 1920s. New York u. a. 2010, S. 192–210. Kritisch zu hinterfragen ist, ob diese Erwartungen mit „unrealistisch" oder „überzogen" angemessen beschrieben sind (ebd., S. 193 u. Büttner, Weimar, S. 503 u. 509). Mit Blick auf die vielfältigen Zwangslagen trifft diese Einschätzung, die sich mit den damaligen Appellen Dietrichs und vieler anderer Republikaner deckt, gewiss zu. Dennoch dürfte es zu kurz greifen, den Zeitgenossen im Rückblick gleichsam mangelnde Einsicht und Geduld vorzuwerfen. Hier zeigt sich ebenfalls die Tendenz, das Ausmaß der wirtschaftlichen Probleme zu unterschätzen.

ohne das Zustandekommen einer Mehrheit zu verhindern.[149] Zum anderen zeigten sich bei der DDP die problematischen Begleiterscheinungen ihres Selbstverständnisses als „Staatspartei" auch in jenen kurzen Phasen 1925 und 1927/28, als sie in der Opposition war und dennoch nur zurückhaltend Kritik an den Mitte-Rechts-Kabinetten übte, etwa in der heißumkämpften Aufwertungsfrage.

Unbeschadet dieses bedenkenswerten Gesichtspunkts scheint es angebracht, das Konzept der „republikanischen Staatspolitik" ernst zu nehmen und aus einem positiven Blickwinkel zu betrachten. Es war mehr als nur eine Verlegenheitslösung, wie bei Dietrich zu sehen ist. Seit der Überwindung des Krisenjahrs 1923 verinnerlichte er die Vorstellung, dass er und die DDP den „richtigen" Kurs verfolgten und an diesem um seiner selbst willen, ungeachtet des bisherigen Misserfolgs bei den Wahlen, festzuhalten hatten. Neben die Überzeugung, dass die republikanische Politik weitgehend zwangsläufig war, trat die Gewissheit, dass sie große Erfolge vorzuweisen und allen Widrigkeiten zum Trotz weit mehr erreicht hatte, als man Ende 1918 hatte erwarten dürfen – und dass das „sachliche" und „vernünftige" Agieren der Demokraten wesentlich dazu beigetragen hatte.

Im Sinne der neueren Forschung, welche die Leistungen der Weimarer Demokratie hervorgehoben hat, sollte auch diese Perspektive auf die liberalen Parteien und ihre führenden Vertreter Berücksichtigung finden: In Anbetracht der gravierenden Belastungen, die sich aus den direkten und mittelbaren Folgen des Ersten Weltkriegs ergaben, lässt sich die Politik der exekutiven und legislativen Organe der Republik als Erfolgsgeschichte beschreiben, und entgegen dem schon zeitgenössisch erhobenen Vorwurf der Verantwortungsscheu der republikanischen bzw. zumindest systemloyalen Parteien ist festzuhalten, dass deren Bereitschaft, die undankbare Regierungsverantwortung mitzutragen, durchaus vorhanden war. Das galt selbst für die Ära Brüning: Bei nochmals verschärften Zwangslagen fand die Regierung, ungeachtet des auf Druck Hindenburgs eingeschlagenen Rechtskurses, den stärksten Rückhalt bei den Parteien der Weimarer Koalition und verfügte bis zuletzt über eine (negative) Mehrheit im Parlament. So war die Bewältigung der Weltwirtschaftskrise ebenfalls eine Leistung der Republik – wenn man berücksichtigt, dass die Finanz- und Wirtschaftspolitik des Kabinetts Brüning eine unvermeidliche Folge der Schuldenkrise war, in der sich Deutschland seit Ende der zwanziger Jahre befand. Im Frühjahr 1932 war die Krise nicht überwunden, doch der Tiefpunkt war erreicht und eine Ausweitung der Handlungsspielräume zeichnete sich ab, weil eine nachhaltige Lösung der Reparationsfrage, deren oft unterschätzte ökonomische Konsequenzen die Republik von Anfang an verfolgt hatten, unmittelbar bevorstand. An den Errungenschaften der Republik, deren Früchte sie am Ende nicht ernten konnte, hatten die Liberalen maßgeblichen Anteil, und so spiegeln sich in dem Parteipolitiker, Parlamentarier und Minister Dietrich nicht nur die Krisenerscheinungen, sondern auch die Leistungen des Weimarer Liberalismus und der Weimarer Demokratie.

Damit stellt sich schließlich die Frage nach den Erfolgsaussichten, den „Chancen" der liberalen Parteien. Die politische Krisendiagnose, zu der Dietrich am Ende der Weimarer Republik gelangte, lässt sich schwerlich als übertrieben be-

---

[149] Vgl. Wirsching, Koalition.

zeichnen. Der Liberalismus verschwand ebenso von der Bildfläche wie die demokratische Republik. Mit Blick auf die Entwicklung seit 1918 war es naheliegend, das Bild eines unaufhaltsamen liberalen Niedergangs zu zeichnen, wie es sich auch in der historischen Forschung vielfach findet. Bis in die Spätphase der Weimarer Republik war diese Entwicklung aber nicht eindeutig – die auf das Jahr 1933 ausgerichteten Verfallsgeschichten greifen zu kurz. Dietrichs Untergangsstimmung kam erst im Frühjahr 1932 zum Vorschein. Vorher betrachtete er die Zukunft des Liberalismus als offen, und wenngleich seine Karriere konträr zur Entwicklung seiner Partei verlief und nicht wenige Liberale bereits gezwungenermaßen aus der Politik ausgeschieden waren, als er den Höhepunkt seiner Laufbahn erreichte, seine Wahrnehmungen mithin vom persönlichen Erfolg überlagert waren, stand er damit nicht allein. Für die Zuversicht, die sich neben allen Krisendiagnosen in der DDP bzw. DStP immer wieder regte, gab es gute Gründe. Besonders Mitte der zwanziger Jahre veranlassten die Wahlergebnisse von 1924 und die politische und wirtschaftliche Beruhigung nicht nur Dietrich, auf einen „Wiederaufstieg" der DDP zu hoffen. Die Reichstagswahl 1928, die wohl mehr als alle anderen Urnengänge von den Zeitgenossen als katastrophaler Einschnitt empfunden wurde, hinterließ Spuren, doch sogar in der Ära Brüning schien es nicht aussichtslos, auf einen Erfolg der Regierung zu setzen. Zudem sollte nicht vergessen werden, dass die Stellung der liberalen Parteien in Politik und Gesellschaft, blickt man allein auf die personelle Zusammensetzung der Regierungen und Verwaltungseliten in Reich, Ländern und Kommunen, bis zuletzt weit stärker war als ihre rückläufigen Wahlergebnisse.

Dietrich beurteilte indes den Zustand der DDP und des gespaltenen Liberalismus seit langem, im Grunde seit der Anfangsphase der Weimarer Republik, als kläglich und brachte seine Unzufriedenheit häufig drastisch zum Ausdruck. Auch in seinem politischen Denken war der positiv besetzte Erfahrungsraum des späten Kaiserreichs als Bezugspunkt präsent: Die Weimarer Verhältnisse standen im Kontrast zu den Erfolgen und der Aufbruchstimmung, die den Liberalismus der Vorkriegszeit gekennzeichnet hatten, stellten sich ihm also nicht als Fortsetzung eines schon lange währenden Zerfallsprozesses, sondern als neues Phänomen dar. Einerseits nahm er deshalb die gegenwärtige Lage seiner Partei umso düsterer wahr, andererseits verband sich damit eine positive Zukunftsperspektive: Wenn es sich bei der Misere des Liberalismus um eine Abirrung vom Normalzustand handelte, war die Annahme plausibel, dass eine Trendwende eintreten und die Abwendung der Wähler eine vorübergehende Erscheinung bleiben werde.

Mit dem unbeirrten Festhalten an der „Staatspolitik" war somit auch die Hoffnung auf bessere Zeiten verknüpft: Sie beruhte zum einen auf der Feststellung, dass die DDP bei den Wahlen ohnehin bereits den Boden erreicht habe und es nicht noch weiter abwärts gehen könne. Zum anderen ergab sich aus dem Glauben an die Zwangsläufigkeit und die beträchtlichen Erfolge ihres Wirkens die Aussicht, dass der Wähler schließlich zur Einsicht in die „Vernunft", „Sachlichkeit" und „Objektivität" der liberalen Politik gelangen und sich von den „demagogischen" Oppositionskräften wieder abwenden werde – zumal deren Wahlversprechen unerfüllbar waren bzw. unerfüllt blieben, soweit sie, wie 1925 und 1927/28 die DNVP, in die Regierungsverantwortung eingebunden waren.

Obwohl diese Hoffnung fortwährend enttäuscht wurde, wich Dietrich nicht von ihr ab. Gegenüber Hans Schäffer zeigte er sich wiederholt optimistisch, dass man die NSDAP-Wähler von der Unausweichlichkeit der Politik der Regierung überzeugen könne. Anfang 1932 berichtete er von einer DStP-Versammlung in Stuttgart, bei der „Naziführer und Nazis" zugegen waren: „Er hat ihnen die Wahrheit gesagt, ohne daß sie sehr lebhaft geworden sind. Er hat das Gefühl, daß man nur gegen sie vorgehen muß, dann geben sie nach."[150] Erst als der Liberalismus bei den preußischen Landtagswahlen vollständig marginalisiert wurde und die letzte halbwegs republikanische Regierung stürzte, fand diese Zuversicht ein (jähes) Ende.

---

[150] Tagebuch Hans Schäffer, 7.1.1932, IfZ ED 93, Bd. 17, S. 31; siehe auch den Eintrag vom 12.6.1931, ebd., Bd. 11, S. 221f.

Anhang

Tabellen

Tabelle 1 Die Reichstags- und Landtagswahlen in Baden 1919-1933

	KPD	USPD	SPD	Z	DDP/DStP	DVP	WP[1]	BLB	DNVP	NSDAP[2]	Sonst.	Wahlbet.
05.01.1919	–	1,5	32,1	36,6	22,8	–	–	–	7,0	–	–	88,1
19.01.1919	–	–	**34,8**	**36,2**	**21,5**	–	–	–	**7,5**	–	–	**84,4**
06.06.1920	1,5	10,9	20,1	36,4	12,3	6,8	–	–	12,0	–	–	73,7
30.10.1921	3,9	3,0	22,7	37,9	8,5	6,0	1,3	8,3	8,4	–	–	69,1
04.05.1924	10,1	0,7	15,2	34,6	7,8	7,9	2,3	7,6	8,0	4,8	1,0	67,9
07.12.1924	6,5	0,7	19,9	34,5	9,3	9,8	1,7	5,9	8,9	1,9	0,9	71,0
25.10.1925	6,1	–	20,8	36,8	8,7	9,5	3,0	12,2[3]		1,2	0,1	54,2
20.05.1928	**7,4**	**0,2**	**22,5**	**32,8**	**7,0**	**9,5**	**3,4**	–	**8,1**	**2,9**	**6,3**	**61,7**
27.10.1929	5,9	–	20,1	36,6	6,7	8,0	3,8	3,0	3,7	7,0	1,4	61,4
14.09.1930	9,6	–	17,9	29,9	9,7[4]		2,9	–	2,8	19,2	3,1	75,9
31.07.1932	11,2	–	13,6	29,1	2,2	1,2	0,5	–	3,0	36,9	0,6	79,3
06.11.1932	14,3	–	13,0	27,8	2,3	2,0	0,3	–	4,0	34,1	0,6	74,4
05.03.1933	9,8	–	11,9	25,4	1,5	1,0	–	0,0	3,6	45,4	0,1	85,3

Nach Eberhard Schanbacher: Das Wählervotum und die „Machtergreifung" im deutschen Südwesten. In: Thomas Schnabel (Hg.): Die Machtergreifung in Südwestdeutschland. Das Ende der Weimarer Republik in Baden und Württemberg 1928-1933. Stuttgart u. a. 1982, S. 295-317, hier S. 311. Die Reichstagswahlen sind fett hervorgehoben.

[1] In Baden als Wirtschaftliche Vereinigung des badischen Mittelstandes.
[2] Reichstagswahl 4. 5. 1924: Deutsch-Völkische Freiheitspartei, Reichstagswahl 7. 12. 1924: Nationalsozialistische Freiheitsbewegung.
[3] Listenverbindung (Badischer Rechtsblock).
[4] Einheitsliste von DStP und DVP.

Tabelle 2 Die Wahlergebnisse der liberalen Parteien in Baden und im Reich 1919–1933

	Baden							Reich				
	DDP/DStP			DVP			Zus.	DDP/DStP		DVP		Zus.
	%	Stimmen	Sitze	%	Stimmen	Sitze	%	%	Sitze	%	Sitze	%
05.01.1919	22,8	233 956	25	–	–	–	22,8					
19.01.1919	21,5	226 836	3	–	–	–	21,5	18,6	75	4,4	19	23,0
06.06.1920	12,3	116 390	2[1]	6,8	64 643	1	19,1	8,3	39	13,9	65	22,2
30.10.1921	8,5	76 264	7	6,0	54 426	5	14,5					
04.05.1924	7,8	73 882	1	7,9	74 887	1	15,7	5,7	28	9,2	45	14,9
07.12.1924	9,3	92 535	1	9,8	97 719	1	19,1	6,3	32	10,1	51	16,4
25.10.1925	8,7	66 652	6	9,5	72 887	7	18,2					
20.05.1928	7,0	63 888	1	9,5	86 401	1	16,5	4,9	25	8,7	45	13,6
27.10.1929	6,7	62 344	6	8,0	74 340	7	14,7					
14.09.1930	9,7[2]	114 732[2]	2[1,2]	–	–	–	9,7	3,8	20	4,7	30	8,5
31.07.1932	2,2	27 382	–	1,2	14 990	–	3,4	1,0	4	1,2	7	2,2
06.11.1932	2,3	26 914	–	2,0	23 574	–	4,3	1,0	2	1,9	11	2,9
05.03.1933	1,5	20 628	–	1,0	14 395	–	2,5	0,9	5	1,1	2	2,0

Die Reichstagswahlen sind fett hervorgehoben. Bei Wahlen auf Reichsebene entfiel auf 60 000 Stimmen ein Mandat. Die Reststimmen wurden den Listen des Wahlkreisverbandes Württemberg-Baden bzw. den Reichslisten gutgeschrieben. Bei den badischen Landtagswahlen waren ab 1921 für ein Mandat 10 000 Stimmen erforderlich. Zusammengestellt aus: Schanbacher, Wählervotum, S. 311; Falter u. a., Wahlen, S. 44, 67–75 u. 90.
[1] Mit Reststimmen aus dem Wahlkreisverband Württemberg-Baden.
[2] Einheitsliste von DVP und DStP.

Tabelle 3 Pressebeteiligungen von Hermann Dietrich

	Dauer der Beteiligung	Höhe der Beteiligung		offizieller Eigentümer	Auflage
Badische Landeszeitung Badische Druck- und Verlagsgesellschaft mbH, Karlsruhe	1918-1922	30 000 M	25%	Trickzellstoff GmbH	12 500 (1911: 5600)
Seebote Seebote GmbH, Überlingen	1919-1935	7000 M/RM	17,5%	Robert Schlegel	2200-3000
Stockacher Tagblatt Stockacher Tagblatt GmbH, Stockach[1]	1919-1935	20 000 M ab 1921: 35 000 M	26,7% 31,8%	Robert Schlegel	2000-2600
Meßkircher Zeitung Stockacher Tagblatt GmbH, Stockach[1]	1921-1935	ab 1924: 7954 RM	31,8%		1000-1200
Donaueschinger Tagblatt Druck- und Verlagsgesellschaft mbH Donaueschingen	1920-1936	1920: 40 000 M ab 1924: 4000 RM	44,4% 40%	Badische Druck- und Verlagsgesellschaft mbH ab 1922: Badische Druckerei und Verlag J. Boltze GmbH; ab 1927: auch Dietrich (in Höhe von 5000 RM)	2500-3200
Bregtalbote Druck- und Verlagsgesellschaft mbH Donaueschingen	1927-1936	ab 1927: 9000 RM	43,9%		
Echo vom Wald Druck- und Verlagsgesellschaft Echo vom Wald (OHG), Triberg	1924-1936	1500 RM später 2000 RM	25% 33,3%	Georg Frech	1000
Oberländer Zeitung Oberländer Zeitung Druckerei- und Verlagsanstalt GmbH, Singen[2]	1919-ca. 1933	wechselnd, ab 1924: 1750 RM	3,5%	Dietrich und verschiedene Strohmänner, ab 1927 nur Dietrich	2000-3500

Tabelle 3 (Fortsetzung)

	Dauer der Beteiligung	Höhe der Beteiligung		offizieller Eigentümer	Auflage
Neue Berliner Zeitung (Das 12 Uhr Blatt) Neue Berliner Zeitungsgesellschaft mbH Dr. Breitner & Co.	1922–ca. 1933	bis 1923: 750 000 M ab 1924: 6750 RM	k. A. 9%	Gutswirtschaft Madachhof GmbH	50 000
Aus Wirtschaft und Politik GbR, Berlin	ca. 1923–1933	---	100%	---	Korrespondenz; Belieferung von einigen Dutzend Zeitungen
Aktuelle Bilder-Zeitung A.B.Z. Aktuelle Bilder-Zeitung A.B.Z. Verlagsgesellschaft mbH, Berlin	1925	3000 RM	10%	k. A.	50 000
Wille und Weg Wille und Weg GmbH, Berlin	1925–1929	500 RM	1,67%	Dietrich	k. A.

Vorwiegend zusammengestellt aus ND 266–268, 271, 274, 281, 288, 289 u. 746; zur Höhe der Auflagen außerdem: Sperlings Zeitschriften-Adreßbuch 46 (1911) – 51 (1925); Sperlings Zeitschriften- u. Zeitungs-Adreßbuch 52 (1926) – 58 (1933); Jahrbuch der Tagespresse 2 (1929); Zeitungskatalog Annoncen-Expedition Rudolf Mosse 46 (1913) u. 50 (1922) – 59 (1933); Zeitungs-Verzeichnis 1920. Rudolf Mosse Annoncen-Expedition. Generell sind die in den Zeitungskatalogen enthaltenen, zum Teil widersprüchlichen Angaben über die Auflagenhöhe, die infolge der wirtschaftlichen Turbulenzen der Weimarer Zeit ohnehin starken Schwankungen unterworfen waren, mit Vorsicht zu behandeln. Sie beruhten offenbar auf den Auskünften der Verlage, die im Hinblick auf die Inseratenpreise an geschönten Zahlen ein Interesse hatten (vgl. Fulda, Press, S. 21 f.). In manchen Jahren fehlen die entsprechenden Angaben ganz. Soweit die Auflagen sich in den vorliegenden Fällen anhand von Dietrichs Unterlagen überprüfen ließen, waren die offiziellen Angaben allerdings tendenziell korrekt (*Seebote, Stockacher Tagblatt, Meßkircher Zeitung, Donaueschinger Tagblatt, Echo vom Wald*).

[1] 1931 wurde die Stockacher Tagblatt GmbH von der Seebote GmbH übernommen und aufgelöst.
[2] Bis 1923: Eingetragene Genossenschaft mit beschränkter Haftung.

Tabelle 4 Depot von Elisabeth Dietrich bei der Bank Keller's Söhne: Jahresabschluss zum 31. 12. 1918

	Nominalzins	Nominalwert (M)	Kurswert absolut (M)	%	Zinsen u. Dividenden 1918 (M)[1]
Deutsche Reichsanleihe (Kriegsanleihe)	5,00%	266 000,00	250 040,00	94,0	
Andere Reichsanleihen	Ø 3,70%	88 000,00	59 515,00	67,6	
Staatsanleihen (Baden, Württemberg, Preußen, Hessen, Bremen, Bayern)	Ø 3,64%	355 500,00	296 761,25	83,5	
Kommunalanleihen	Ø 3,79%	87 000,00	79 350,00	91,2	
Pfandbriefe	Ø 3,90%	233 300,00	220 595,00	94,5	
Industrieobligationen	Ø 4,15%	243 500,00	227 555,00	93,5	
Ausländische festverzinsliche Wertpapiere:					
– Österreich-Ungarn	Ø 3,77%	119 360,00	68 718,25	57,6	
– Mexiko	4,50%	42 000,00	36 750,00	87,5	
Festverzinsliche Wertpapiere	**Ø 4,07%**	**1 434 660,00**	**1 239 284,50**	**86,4**	**57 111,95**
Aktien			82 270,00		5 635,00
Sonst. Wertpapiere			165,00		---
Depot			**1 321 719,50**		**62 746,95**

Zusammengestellt aus der Depotabrechnung des Bankhauses Keller's Söhne zum 31. 12. 1918, ND 609.
[1] Die Erträge für Papiere aus Österreich-Ungarn blieben teilweise aus.

498   Anhang

Tabelle 5   Das Vermögen von Elisabeth Dietrich Ende 1918/Anfang 1919

	Wert bzw. Kurs in Papiermark	Wert in Goldmark (1 GM = 2 PM)[1]
Depot Keller's Söhne: festverzinsliche Wertpapiere	1 239 285	619 642
Depot Keller's Söhne: Aktien (u. a.)	82 435	41 218
Bar 31. 12. 1918 (Bankhaus Keller's Söhne)	16 550	8275
Unkündbares Guthaben[2]	75 000	37 500
Guthaben und Wertpapiere (mindestens)	**1 413 270**	**706 635**

	Friedenswert	Wert in Goldmark
Trickzellstoff GmbH in Kehl[3] Anteil 25%	562 500 [375 000]	562 500 [375 000]
Badische Druck- und Verlagsgesellschaft mbH (Badische Landeszeitung) Anteil 25%	30 000	30 000
Villa Trick in Kehl, Hauptstr. 2	83 000	83 000
Grundbesitz in Bayern (Heretsrieder Wald, 310,4 ha) Anteil 25% = 77,6 ha	119 718	119 718
Grundbesitz im Schwarzwald (Wildgutach und Haslachsimonswald, 123,6 ha)	79 242	79 242
Beteiligungen und Immobilien	**874 460**	**874 460**
Vermögen insgesamt (mindestens)		**1 581 095 GM**

Zur Aufstellung Guthaben und Wertpapiere siehe ND 609 u. 610; übrige Belege wie Tabelle 7. Beträge gerundet auf ganze Mark.

[1] Stand Dezember 1918, vgl. die Umrechnungstabelle im Aufwertungsgesetz vom 16. Juli 1925: Reichsgesetzblatt I Nr. 31 vom 17. 7. 1925, S. 133.
[2] Aus einer Erbschaft mütterlicherseits.
[3] Bzw. Cellulosefabrik Ludwig Trick GmbH, die Umbenennung erfolgte offenbar im Laufe des Jahres 1919; nominell betrug die Beteiligung 375 000 M, doch der wirkliche (hier grob geschätzte) Wert war deutlich höher.

Tabelle 6   Das Vermögen von Hermann Dietrich am 1. 1.1924

	Friedenswert bzw. Nennwert 1 RM = 1 GM (ggf. Änderung ggb. 1918/19)
Trickzellstoff GmbH in Kehl Anteil 25%	750 000 (+ 187 500)
Badische Druck- und Verlagsgesellschaft J. Boltze mbH Anteil 20%; ehem. Badische Druck- und Verlagsgesellschaft mbH	20 000 (– 10 000)
Villa Trick in Kehl, Hauptstr. 2	83 000
Grundbesitz in Bayern (Heretsrieder Wald, 310,4 ha) Anteil 25% = 77,6 ha	119 718
Grundbesitz im Schwarzwald (Wildgutach, Haslachsimonswald, 123,6 ha)	79 242
alte Beteiligungen und Immobilien	**1 051 960 RM** (+ 177 560)
Mietshaus in Karlsruhe, Douglasstr. 18 Anteil 50%, erworben Ende 1919	127 500
Wohnhaus in Wildgutach (Waldvogelhof) erbaut 1921–1923/24	26 500
Mietshaus in Karlsruhe, Douglasstr. 20 Anteil 50%, erworben im Februar 1922	32 500
Obstgut in Allensbach Anteil 50%, erworben im März 1923	13 552
Mietshaus in Berlin-Steglitz, Feldstr. 18/19 erworben im Spätsommer 1923	158 000
Beteiligungen an Zeitungen erworben 1919–1923	ca. 27 500
Gutswirtschaft Madachhof GmbH erworben 1921/22	60 000
Süddeutsches Isolierwerk GmbH (Kieselgurförderung) Anteil 35%, erworben 1922/23	10 000
Aktien erworben (vorwiegend) 1922/23	62 989
Anteile an der Badischen Landwirtschaftsbank	1 000
neue Beteiligungen, Immobilien und Wertpapiere	**519 541 RM**
Papiermarkforderungen (später aufgewertet[1]): + 1 157 800 PM	+ 0 GM
Papiermarkschulden (später aufgewertet[1]): – 115 000 PM	– 0 GM
Vermögen insgesamt	**1 571 501 RM**

Zahlen gerundet auf ganze Mark. Belege und ggf. Erläuterungen wie Tabelle 7.
[1] Zur Aufwertung siehe Tabelle 12.

500   Anhang

Tabelle 7   Das Vermögen von Hermann Dietrich 1924–1931

	1.1.1924[1]			Steuerwert zum 1.1.1925	Steuerwert zum 1.1.1927[2]	Steuerwert zum 1.1.1928	Steuerwert zum 1.1.1931
	Nominalwert/ Friedenswert	Steuerwert	zur Verm. St. veranlagt				
Trickzellstoff GmbH in Kehl (Anteil 25%)	750 000	600 000[3]	300 000	750 000	900 000	900 000	375 000
Badische Druck- und Verlagsgesellschaft J. Boltze mbH (Anteil 20%)	20 000	18 000	9 000	16 000	16 000	16 000	15 000
Beteiligungen an Zeitungsverlagen[4]	ca. 27 500	[ca. 27 500]	100	[ca. 29 000]	[ca. 29 500]	[ca. 35 000]	12 050
Süddeutsches Isolierwerk GmbH (Anteil 35%)	10 000	10 000	5 000	1 750	1 750	1 400	700
Anteile Badische Landwirtschaftsbank[5]	1 000	[1 000]	---	[1 000]	[1 000]	[1 000]	1 000
Aktien	62 989	62 989	31 495	23 290	20 282	33 011	5 206
Festverzinsliche Wertpapiere (davon Aufwertungsforderungen)[6]	1 157 800 PM 1 157 800 PM	---	---	10 220 (10 220)	68 328 (68 311)	101 236 (k. A.)	89 889 (k. A.)
Schulden (ohne aufgewertete Hypothekenschuld)	---	---	---	-14 501	-42 565	-103 637	-223 448
Mietshaus in Kehl, Hauptstr. 2 (Villa Trick)[7]	83 000	83 000	24 900	53 875	53 875		
– Hypothekenforderung						50 000	30 000
Mietshaus in Karlsruhe, Douglasstr. 18 (Anteil 50%)	127 500	127 500	38 250	66 395	66 395	110 100	k. A.[8]
Mietshaus in Karlsruhe, Douglasstr. 20 (Anteil 50%)	32 500	32 500	9 750	13 405	13 405	14 625	k. A.[8]

Tabelle 7 (Fortsetzung)

	Nominalwert/ Friedenswert	1.1.1924[1] Steuerwert	zur Verm. St. veranlagt	Steuerwert zum 1.1.1925	Steuerwert zum 1.1.1927[2]	Steuerwert zum 1.1.1928	Steuerwert zum 1.1.1931
Mietshaus in Berlin-Steglitz, Feldstr. 18/19	158 000	158 000	47 400	55 300	55 300	71 100	62 500
– aufgewertete Hypothekenschuld	– 115 000 PM	---	---	---	– 16 000	– 20 000	– 20 000
Obstgut in Allensbach (Anteil 50% = 2,65 ha)	13 552	12 096	4 987	4 985	4 985	4 937	7 750
Grundbesitz in Bayern (Heretsrieder Wald, Anteil 25% = 77,6 ha)	119 718	68 966	65 353	33 865	33 865	35 623	54 100
Grundbesitz in Wildgutach und Haslachsimonswald (123,6 ha; ab 1928: 132,8 ha)	79 242	48 828	40 114	34 808	34 808	38 588	k. A.[8]
Wohnhaus in Wildgutach (Waldvogelhof)	26 500	26 500	7 950	5 600	5 600	6 550	k. A.[8]
Grundbesitz in Hinterstraß b. St. Märgen (Hirzbühlhof, 24,2 ha)[9]						6 054	6 200
Gutswirtschaft Madachhof GmbH[10]	60 000	60 000	30 000	21 000	21 000	16 800	61 000
Rittergut Trappönen (Ostpreußen) (Anteil 25% = 20 ha)[11]							6 000
Summe	1 571 501	1 336 879	614 299	1 105 991	1 267 528	1 318 386	642 835
Zur Vermögensteuer tatsächlich veranlagtes „steuerbares" bzw. „steuerpflichtiges Gesamtvermögen"[12]			639 100	649 574	731 264	826 500[13]	380 500

Tabelle 7 (Fortsetzung)

Zusammengestellt aus ND 43, 623, 624 u. 634. Alle Beträge sind in Renten-/Reichsmark bzw. Goldmark (ggf. gerundet auf ganze Mark) angegeben, soweit nicht anders vermerkt. Nicht berücksichtigt sind Gemälde und andere Kunstgegenstände, Mobiliar, Schmuck und sonstige Wertsachen, die Dietrich von Elisabeth Trick geerbt hatte. Solche Objekte waren nur in bestimmten Fällen oder jenseits von hohen Freigrenzen steuerpflichtig und tauchen deshalb in den Vermögenserklärungen nicht auf, obwohl ihr Wert insgesamt etwa 100 000 RM betragen haben dürfte. Zu den gesetzlichen Grundlagen der Vermögensbesteuerung und -bewertung knapp Statistisches Reichsamt, Finanzen, S. 377–381. Nach 1931 fand eine Vermögensteuerveranlagung erst wieder zum 1. 1. 1935 statt.

[1] Bei der Steuerveranlagung 1924 war der Stichtag 31. 12. 1923 maßgebend, in den folgenden Jahren jeweils der 1. Januar. Das Datum 1. 1. 1924 wird hier zur Wahrung der Übersichtlichkeit und zur Vermeidung von Missverständnissen verwendet.
[2] Für das Grund- und Immobilienvermögen fand 1927 keine Neubewertung statt.
[3] Die niedrigere Bewertung war auf ein besonderes Entgegenkommen der Finanzbehörden zurückzuführen. Eigentlich hätte der Steuerwert 750 000 RM betragen müssen; vgl. die Erläuterungen in Kap. II, 3.
[4] Die Zeitungsbeteiligungen, die Dietrich de facto, aber nicht de nomine gehörten, waren vor 1931 größtenteils nicht in den Vermögenserklärungen aufgeführt. (Steuerrechtlich war das sicherlich fragwürdig.) Die für die Jahre 1924–1928 veranschlagten Werte beruhen auf den Nennwerten der jeweiligen Beteiligungen (vgl. Tabelle 3), die für den tatsächlichen, schwer zu schätzenden Wert aber nur begrenzt aussagekräftig sind. Im Jahr 1931 wurden alle Zeitungsbeteiligungen in der Vermögenserklärung aufgeführt. Hier ist der niedrige Wert auf die miserable Situation der Verlage in der Weltwirtschaftskrise zurückzuführen, lässt also keine Rückschlüsse auf den Wert in den zwanziger Jahren zu.
[5] Fehlen in den Vermögenserklärungen vor 1931.
[6] Vgl. Tabelle 12. 1928 machten Aufwertungsforderungen etwa drei Viertel von Dietrichs Wertpapierbesitz aus, detaillierte Unterlagen fehlen jedoch. Für 1931 lässt sich eine gesonderte Aufstellung für aufgewertete Rentenpapiere nicht mehr erstellen, u. a. weil sie teilweise ausgelost oder in neue Papiere umgewandelt worden waren.
[7] 1927 verkauft.
[8] Die Einheitswerte für die Häuser in Karlsruhe sowie den Wildgutacher Besitz betrugen 1931 zusammen 159 888 RM (gegenüber 169 863 RM im Jahr 1928). Sie lassen sich für dieses Jahr nicht getrennt feststellen.
[9] Erworben 1927.
[10] 1931: „Gutswirtschaft Madachhof"; bis 1928: Steuerwert der GmbH-Anteile, 1931: Wert des landwirtschaftlichen Inventars.
[11] Erworben bzw. übertragen 1929.
[12] Zur Berechnung des zur Steuer veranlagten Vermögens siehe die Erläuterungen in Kap. II, 3. Die Summe der in den Steuererklärungen angegebenen steuerpflichtigen Vermögenswerte weicht in fast allen Fällen, wie es hier am Beispiel des Jahres 1924 deutlich wird, von dem veranlagten Vermögen ab. Nach Abgabe der Steuererklärungen wurden häufig Korrekturen und Ergänzungen vorgenommen, die sich anhand der Steuerakten zum Teil nicht nachvollziehen lassen. Außerdem scheinen den Finanzämtern Rechenfehler unterlaufen zu sein. Die Diskrepanz im Jahr 1924 dürfte nicht zuletzt mit den improvisierten Abläufen bei der Veranlagung zusammenhängen, aber auch 1927 ergibt sich eine größere Abweichung – in diesem Fall war die Summe der angegebenen steuerpflichtigen Vermögenswerte eigentlich um ca. 20 000 RM höher.
[13] Hierin ist vermutlich ein Wertpapierdepot von Ernst Troeltsch jun. in Höhe von ca. 27 000 RM (steuerpflichtiger Wert) enthalten, das bei der Steuerveranlagung nachträglich hinzugerechnet worden sein dürfte. 1931 wurde das Vermögen von Troeltsch getrennt veranlagt.

Tabelle 8 „Gegenüberstellung der Vermögen der natürlichen Personen über 10 000 Mark nach dem Stande vom 31. Dezember 1913 und 31. Dezember 1923 nach Vermögensgruppen"

	Vermögensgruppen	Stand am 31. Dezember 1913				Stand am 31. Dezember 1923							
		Pflichtige		Reinvermögen		Pflichtige				Reinvermögen (steuerbares Vermögen)			
		überhaupt	v. H. der Gesamtsumme des betr. Gebiets (Sp. 4)	überhaupt in 1000 ℳ	v. H. der Gesamtsumme des betr. Gebiets (Sp. 6)	überhaupt	v. H. der Gesamtsumme des betr. Gebietes (Sp. 8)	mithin mehr (+) oder weniger (—) gegen Spalte 4		überhaupt in 1000 ℳ	v. H. der Gesamtsumme des betr. Gebiets (Sp.12)	mithin mehr (+) oder weniger (—) gegen Spalte 6	
								überhaupt	v. H. der betr. Vermögensgruppe			überhaupt in 1000 ℳ	v. H. der betr. Vermögensgruppe
3		4	5	6	7	8	9	10	11	12	13	14	15
a über 10 000 bis 20 000 ℳ		913 465	34,20	13 450 050	7,38	740 534	47,489	— 172 931	— 18,93	10 529 009	14,87	— 2 921 041	— 21,72
b » 20 000 » 30 000 »		543 781	20,36	13 415 073	7,36	302 479	19,397	— 241 302	— 44,37	7 397 927	10,45	— 6 017 146	— 44,85
c » 30 000 » 50 000 »		520 594	19,49	20 104 570	11,03	244 559	15,683	— 276 035	— 53,02	9 416 151	13,30	— 10 688 419	— 53,16
d » 50 000 » 100 000 »		391 126	14,65	27 134 789	14,88	165 209	10,595	— 225 917	— 57,76	11 392 676	16,09	— 15 742 113	— 58,01
e » 100 000 » 500 000 »		261 129	9,78	50 866 014	27,90	94 995	6,092	— 166 134	— 63,62	18 132 682	25,61	— 32 733 332	— 64,35
f » 500 000 » 1 000 000 »		25 123	0,94	17 276 992	9,48	7 697	0,494	— 17 426	— 69,36	5 242 585	7,40	— 12 034 407	— 69,66
g » 1 000 000 » 3 000 000 »		12 756	0,48	20 308 579	11,14	3 342	0,214	— 9 414	— 73,80	5 163 508	7,29	— 15 145 071	— 74,57
h » 3 000 000 » 10 000 000 »		2 424	0,09	11 802 567	6,47	521	0,033	— 1 903	— 78,51	2 450 973	3,46	— 9 351 594	— 79,23
i » 10 000 000 ℳ a. bis i		357	0,01	7 954 864	4,36	54	0,003	— 313	— 85,29	1 080 857	1,53	— 6 874 007	— 86,41
		2 670 765	100,00	182 313 498	100,00	1 559 390	100,000	— 1 111 375	— 41,61	70 806 368	100,00	— 111 507 130	— 61,16

Aus: Statistisches Reichsamt (Bearb.): Die deutsche Vermögensbesteuerung vor und nach dem Kriege. Berlin 1927, S. 206.

Tabelle 9 *Ertragslage des Hauses Feldstr. 18/19 in Berlin-Steglitz*

Abrechnung für das Kalenderjahr 1925	
Friedensmiete	10 333,92
Gesetzliche Miete (ca. 78%)	8 060,88
Tatsächliche Mieteinnahmen	**7 361,19**
Steuern	- 3 384,00
Sonstige Unkosten (Versicherungen, Wasser, Abwasser, Treppenbeleuchtung, Müllabfuhr, Schornsteinfeger u. a.)	- 1 464,20
Portier und Hausverwalterin	- 1 173,88
Reparaturen/Abschreibungen	---
Aufwertungslasten[1]	---
Unkosten zusammen	**- 6 022,08**
Überschuß	**1 339,08**
Überschuß in % vom Friedenswert (158 000 RM)	0,8%
Überschuß in % vom Einheitswert (Steuerwert) 1925 (55 500 RM)	2,4%

Pauschalabrechnung für das Kalenderjahr 1929	
Friedensmiete	10 356,00
Gesetzliche Miete 1929, durchschnittlich 116,8%	**12 096,00**
Steuern	- 5 304,00
Versicherungsabgaben, Beiträge, Reparaturen, Abnutzung, Wartungskosten	- 3 629,00
Aufwertungslasten (Aufwertungshypothek 20 000 RM, 5% Schuldzinsen)	- 1 000,00
Unkosten zusammen	**- 9 933,00**
Überschuß	**2 163,00**
Überschuß ohne Aufwertungslasten	**3 163,00**
Überschuß in % vom Friedenswert (158 000 RM)	1,4%
– ohne Aufwertungslasten	2,0%
Überschuß in % vom Einheitswert (Steuerwert) 1928 (71 100 RM)	3,0%
– ohne Aufwertungslasten	4,4%

Zusammengestellt aus: Jahresabrechnung 1925 für das Grundstück Feldstr. 18/19, o. D., Dietrich an das Finanzamt Berlin-Schöneberg, 30. 4. 1925 u. Vermögenserklärung vom 31. 12. 1925, ND 623; Jahresabrechnung 1929 für das Grundstück Feldstr. 18/19, o. D., ND 624. Es handelte sich um ein Miethaus ohne Gewerbeflächen.

[1] Hypothekenaufwertung noch umstritten.

Tabelle 10   Ertragslage der Häuser Douglasstr. 18/20 in Karlsruhe

Abrechnung für das Kalenderjahr 1925

Mieteinnahmen	**9 840,00**
Steuern	- 2 517,00
Reparaturen	- 1 442,00
Feuerversicherung	- 227,00
Sonstige Werbungskosten	- 449,00
Aufwertungslasten[1]	---
Unkosten gesamt	**- 4 635,00**
Überschuß	**5 205,00**
in % vom Friedenswert (160 000 RM)	3,3%
in % vom Einheitswert (Steuerwert) 1925 (79 800 RM)	6,5%

Abrechnung für das Kalenderjahr 1930

Mieteinnahmen	**15 224,30**
Steuern	- 6 321,59
Instandsetzungskosten	- 1 967,41
Sonstige Unkosten	- 1 403,30
davon:	
- Versicherungen	*- 360,89*
- Wassergeld, Abortanlage	*- 856,74*
- Kaminreinigung	*- 36,97*
- Grund- und Hausbesitzerverein	*- 7,20*
- Sonstiges	*- 161,50*
Aufwertungslasten	- 1 290,00
(Leibrenten für die Inhaber alter Hypothekenforderungen)	
Ausgaben zusammen	**- 11 002,30**
Überschuß	**4 222,00**
Überschuß ohne Aufwertungslasten	**5 512,00**
in % vom Friedenswert (160 000 RM)	2,6%
- ohne Aufwertungslasten	3,4%
in % vom Einheitswert (Steuerwert) 1928 (124 725 RM)	3,4%
- ohne Aufwertungslasten	4,4%

Zusammengestellt aus: Dietrich an das Finanzamt Berlin-Schöneberg, 30. 4. 1926, ND 623; Jahresabrechnung 1930 für die Häuser Douglasstr. 18/20 in Karlsruhe, o. D., ND 624. Der größere Teil der Mieteinnahmen entfiel auf gewerblich genutzte Flächen.
[1] Hypothekenaufwertung noch umstritten.

Tabelle 11 Das Einkommen von Hermann Dietrich 1924-1932

	1924	1925	1926	1927	1928	1929	1930	1931	1932
1) Beteiligungen, Wertpapiere									
Trickzellstoff GmbH in Kehl[1]	ca. 45 000,00 (4%)	45 000,00 (6%)	45 000,00 (6%)	90 000,00 (12%)	56 210,50 (7%)	67 500,00 (9%)	82 320,00 (10%)	48 411,55 (5%)	6 250,00 (0%)
Badische Druck- u. Verlagsges. J. Boltze mbH	---	---	---	500,00	600,00	700,00	900,00	700,00	---
Beteiligungen an Zeitungsverlagen[2]	ca. 500,00	912,70	1 750,00	---	---	---	---	---	---
Süddeutsches Isolierwerk GmbH	---	---	k. A.	k. A.	k. A.	k. A.	k. A.	k. A.	k. A.
Anteile Badische Landwirtschaftsbank[3]	k. A.	k. A.	k. A.	90,00	80,00	k. A.	k. A.	60,00	k. A.
Aktien und festverzinsliche Wertpapiere	k. A.	552,93	1 384,50	3 586,90	4 241,62	5 225,24	4 797,09	3 968,25	4 934,60
2) Immobilien									
Mietshaus Kehl	-1 776,90	2 070,54	4 037,62	1 200,00					
– Hypothekenforderung				1 346,31	2 500,00	---	1 500,00	1 500,00	1 500,00
Mietshäuser Karlsruhe	2 459,42	5 205,00	4 125,00	3 321,98	3 406,27	4 812,12	4 222,00	1 920,00	1 981,00
Mietshaus Berlin-Steglitz[4]	- ca. 12 000,00	1 339,06	---	k. A.	2 691,12	3 163,00	3 200,00	3 200,00	3 200,00
– Aufwertungshypothek	---	k. A.	k. A.	-480,00	-1 000,00	-1 000,00	-1 000,00	-1 000,00	-1 000,00
3) Land- und Forstwirtschaft									
Obstgut in Allensbach[5]	-5 439,73	-476,79	-275,50	-112,75	-3 626,00	-3 428,45	-2 778,68	-4 584,07	-3 673,73
Grundbesitz in Bayern (Heretsrieder Wald)	1 500,00	1 500,00	2 000,00	1 500,00	1 500,00	1 500,00	1 500,00	1 500,00	17 956,00

Tabelle 11 (Fortsetzung)

	1924	1925	1926	1927	1928	1929	1930	1931	1932
Grundbesitz im Schwarzwald	k. A.	-1 858,46	-3 465,41	-2 313,42 -3 503,00[6]	-6 688,21	-1 602,01	-3 233,34	-10 409,60	3 561,00
Gutswirtschaft Madachhof (bis 1928 GmbH)[7]	-9 000,00	---	-18 000,00 (-106 028,76)	-15 000,00	-10 953,24	-13 921,74	-17 358,25	-13 899,90	-18 647,48
Rittergut Trappönen (Ostpr.)						128,00	k. A.	k. A.	k. A.
Vermögenserträge insgesamt									
Summe aus 1) – 3)	ca. 21 000,00	54 244,98	36 556,21	80 136,02	48 962,06	63 076,16	74 068,82	31 366,23	16 061,39
abzgl. Schuldzinsen	-ca. 2 000,00	-1 842,50	-2 939,38	-4 789,80	-11 328,45	-24 859,64	-20 264,16	-22 163,24	-22 435,44
Summe	ca. 19 000,00	52 402,48	33 616,83	75 346,22	37 633,61	38 216,52	53 804,66	9 202,99	-6 374,05
Sonstiges Einkommen									
Diäten Reichstag[8]	4 064,06	5 062,50	5 571,00	5 865,75	6 750,00	6 750,00	6 483,00	5 034,00	5 034,00
Einkommen als Reichsminister[9]					21 186,67	41 880,00	40 412,25	32 554,05	22 300,92
Aufsichtsratstantieme Oberrheinische Bankanstalt		857,14	857,14	k. A.					
Einkommen aus schriftstellerischer Tätigkeit[10]	1 080,00	1 575,00	661,00	k. A.	800,00	k. A.	k. A.	k. A.	1 050,57
Ernst Troeltsch jun.									
– Waisenrente				1 517,20	1 517,20	1 664,40	1 633,20	1 016,15	---
– Kapitalerträge				2 304,85	2 180,08	2 575,00	1 985,34	1 998,00	1 752,50

Tabelle 11 (Fortsetzung)

	1924	1925	1926	1927	1928	1929	1930	1931	1932
Steuern									
Einkommensteuer	k. A.	10 117,50	7 652,00	17 268,00	7 487,00	4 895,00	25 360,00	6 020,00	---
Vermögensteuer	4 154,15	3 247,50	2 435,60	4 147,40	4 673,20	5 047,05	4 673,20	1 950,65	1 658,06
Kirchensteuer	k. A.	1 264,60	1 264,60	612,00	1 726,80	748,60	489,40	2 546,00	612,00
Rentenbankzinsen[11]	282,00	391,50	391,50	391,50	391,50	411,00	---	---	---
div. Zuschläge (ab 1930)							633,00	2 165,25	301,00
Summe[12]	15 021,10	11 743,70	22 418,90	14 278,50	11 101,65	31 155,60	12 681,90	2 571,06	
Einkommen insgesamt	ca. 24 000,00	59 897,12	40 705,97	85 034,02	70 067,56	91 085,92	104 318,45	49 805,19	23 763,94
– nach Steuern		44 876,02	28 962,27	62 615,12	55 789,06	79 984,27	73 162,85	37 123,29	21 192,88
Versteuertes Einkommen[13]	k. A.	46 056,00	37 841,00	66 480,00	37 296,00	28 650,00	89 916,00	33 769,00	–16 169,00
– nach Steuern		31 034,90	26 097,30	44 061,10	23 017,50	17 548,35	58 760,40	21 087,39	–18 740,06

Zusammengestellt (soweit nicht anders angegeben) aus: ND 43, 623, 624 u. 625; BAB R 2 100574–100576 u. 103051. Alle Beträge sind in Renten- bzw. Reichsmark angegeben. Nicht alle Werte ließen sich zweifelsfrei ermitteln, weil manche Angaben widersprüchlich oder unvollständig waren. Im Zweifelsfall wurden die Beträge übernommen, die Dietrich in die Steuererklärung einsetzte. Der Vermerk „k. A." bedeutet, dass erstens Erträge weder von Dietrich in der Steuererklärung erwähnt wurden noch aus anderen Unterlagen zu ermitteln sind, und dass zweitens unklar ist, ob der Posten tatsächlich ertraglos war. Oft fehlen Angaben einfach deshalb, weil es keine Einnahmen bzw. Gewinne gab, aber die Steuererklärungen waren nicht fehlerfrei. Einige (kleinere) Einnahmen gab Dietrich wohl aus Versehen nicht an, wie etwa Honorare für Zeitungsartikel, die es z. B. auch im Jahr 1927 gegeben haben muss. Andere Fehler gingen zu seinen Lasten, z. B. waren die absetzbaren Schuldzinsen nicht immer vollständig angegeben. Nicht zuletzt unterliefen Dietrich und den Finanzämtern Rechenfehler. Angesichts der nicht immer eindeutigen steuerrechtlichen Lage und der unübersichtlichen, heterogenen Zusammensetzung von Dietrichs Einkommen ist das nicht verwunderlich. Im Großen und Ganzen sind die Angaben aber so zuverlässig, dass grobe Abweichungen von dem sich ergebenden Gesamtbild ausgeschlossen sind – mit Ausnahme des Jahres 1924, für das keine endgültige Steuererklärung vorliegt, so dass die einzelnen Posten und die Gesamtsummen unter Vorbehalt stehen.

[1] Die Dividenden der Firma Trick wurden jeweils für das vorangegangene Geschäftsjahr ausbezahlt. Zu den eigentlichen Dividenden auf das Gesellschaftskapital (in Prozent angegeben) kamen zum Teil weitere Zahlungen: 1924: „Rückzahlungen" auf wertbeständige Darlehen, welche die Gesellschafter der Fabrik Anfang 1923 zur Verfügung gestellt hatten, und Gewinne aus einer Beteiligung in der Schweiz; 1928, 1930 u. 1931 „Zinsen" für die „verzögerte" Auszahlung der Dividenden; 1932: Erlös aus dem Verkauf einer Beteiligung. De facto handelte es sich in all diesen Fällen um zu-

sätzliche Dividendenzahlungen. Für 1924 siehe auch die Kontoauszüge der Firma Trick vom 30. 6. u. 9. 12. 1924, ND 642 u. Kontoauszug der Oberrheinischen Bankanstalt vom 18. 6. 1924, ND 39, fol. 266f.

2 Die Erträge stammten 1925 und 1926 vom *Stockacher Tagblatt*, 1924 offenbar auch vom *Seeboten* in Überlingen, wobei die genaue Höhe unklar ist; siehe auch Aktennotiz vom 11. 9. 1924, ND 266, fol. 59 u. Dietrich an Ernst Schlegel, 16. 12. 1924, ND 266, fol. 31 f. (für 1924) sowie Dietrich an Waldemar Dietrich, 1. 3. 1926, ND 266, fol. 138 (für 1926).

3 Für 1931 siehe auch Kontoauszug der badischen Landwirtschaftsbank Donaueschingen vom 5. 8. 1931, ND 41, fol. 26.

4 Der für 1924 angegebene Verlust ist eine Schätzung, siehe die Abrechnungen zu den umfangreichen Renovierungsarbeiten in ND 719. Auch 1926 ergab sich infolge von Reparaturen ein Defizit, das vermutlich 1927 entsprechend verrechnet wurde; ab 1929 wurden der Einkommensteuer Pauschalabrechnungen zugrunde gelegt.

5 Für 1924 und 1925 siehe auch Eugen Rebholz an Dietrich, 5. 11. 1925, ND 709.

6 Dieser Posten verteilt sich eigentlich auf die Jahre 1925-1927, wurde aber durch einen Verrechnungsfehler mit der Gutswirtschaft Madachhof erst 1927 erfasst.

7 In der oberen Zeile sind bis einschließlich 1928 die Zuschüsse angeführt, die Dietrich (u. a. zur Abdeckung von Schulden) an die GmbH zahlte, 1929 die laufenden Verluste des Betriebs, wobei für 1929 nur die Verluste vom 1. 1. bis 30. 6. berücksichtigt sind (die Geschäftsjahre der landwirtschaftlichen Betriebe endeten üblicherweise zu diesem Zeitpunkt). Für 1930 sind die Ergebnisse des Geschäftsjahres 1929/30 angegeben usw. Die GmbH wurde zum 1. 1. 1929 aufgelöst. Dietrich übernahm sämtliche Aktiva und Passiva, wobei Letztere vollständig aus den seit 1924 aufgelaufenen Schulden von 106 028,76 RM bestanden. Der in der unteren Zeile angegebene Posten enthält also die zusätzlichen Verluste der Jahre 1924-1928, für die Einzelabrechnungen der GmbH nicht vorliegen. Er ist hier nur zur Orientierung aufgeführt: Zwar bestand schon vor 1929 de facto nur eingeschränkt Gütertrennung, weil Dietrich für einen großen Teil der GmbH-Schulden bürgte, und für die Einkommensteuer 1929 konnte Dietrich die übernommenen Schulden in erheblichem Umfang als Werbungskosten geltend machen. Bei der Übernahme zum 1. 1. 1929 handelte es sich aber strenggenommen um eine (Fehl-)Investition, die nicht das Einkommen, sondern die Entwicklung des Vermögens beeinflusste.

8 Die Zahlen sind nur zum Teil belegt und beruhen im Wesentlichen auf Schätzungen. Die Diäten waren steuerfrei und erschienen deshalb nicht in den Steuererklärungen. Ein Teil wurde als „Fraktionsbeitrag" für die laufenden Kosten der Fraktion und Zuwendungen an die DDP einbehalten. Diese Beiträge waren bei der DDP-Fraktion jedoch nicht einheitlich geregelt, sondern schwankten von Mitglied zu Mitglied; bis 1930 waren 15-25% üblich. Dietrich verzichtete ursprünglich offenbar auf 25%, 1931 auf 30%. Für das Einkommen der Jahre 1924-1930 sind 75%, ab 1931 70% des gesetzlichen Jahressatzes veranschlagt. Im Übrigen hing die genaue Höhe der Diäten u. a. von der Zahl der Fehltage des Abgeordneten ab, für die entsprechende Abzüge anfielen, während zugleich zusätzliche Tagegelder für die Teilnahme an Ausschusssitzungen gezahlt wurden, die außerhalb der Sitzungszeiten des Plenums stattfanden: Marta Lehmann an Dietrich, 2. 9. 1926, ND 76, fol. 88; Heinrich Rönneburg an Dietrich, 2. 2. 1928, ND 228, pag. 15; Theodor Heuss an die Fraktionsmitglieder der DStP, 3. 10. 1930, ND 121, fol. 126; Aufstellung über die Gesamteinnahmen im Jahr 1931 für das Konto Dresdner Bank Berlin, ND 616; vgl. Urban, Diätenfrage, S. 147f, 153-156 u. 184f. sowie Mergel, Parlamentarische Kultur, S. 108-123 (zur Höhe der Diäten nicht ganz genau S. 111-113).

9 Einschließlich des örtlichen Sonderzuschlags, der (steuerfreien) Dienstaufwandsentschädigung sowie (ab Juli 1931) des Wohnungsgeldzuschusses; ab Juli 1932: Pensionszahlungen.

10 Vorwiegend Honorare für Zeitungsartikel.

Tabelle 11 (Fortsetzung)

[11] Ab 1930 nicht mehr erhoben.
[12] Nicht aufgeführt sind hier die Grund- und Gewerbesteuern für den land- und forstwirtschaftlichen Besitz und das Immobilienvermögen, die in den jeweiligen Posten bereits enthalten sind.
[13] Nach Abzug von „Werbungskosten", exklusive steuerfreies und nicht angegebenes Einkommen.

Tabelle 12 Dietrich als „Altbesitzer" von Wertpapieren: Auswirkungen der Aufwertungsgesetzgebung

	Nominalwert (PM)	Steuerwert bzw. Kurswert (RM)				Aufwertungssatz	
		1.1.1924	1.1.1925	1.1.1927	1.1.1928	nominal[1]	real
Öffentliche Anleihen (Reich und Bundesstaaten)	230 000	---	646,50	42 065,90	47 104,44	ca. 9,5% (12,5% bzw. 6,25%)	4,94% (1928)
Steuerguthaben aus „überzahltem Reichsnotopfer", das mit der Zwangsanleihe von 1922 verrechnet wurde	723 500	---	---				
Industrieobligationen	81 000	---	4 050,00	12 833,75	k. A.	mind. 15%	15,8% (1927)
Pfandbriefe	102 300	---	4 491,02	13 411,40	k. A.	variabel	13,1% (1927)
sonstige Obligationen und Pfandbriefe (vor 1927 verkauft)	21 000	---	1 032,00				
Summe	1 157 800	---	10 219,52	68 311,05	k. A.		

Zusammengestellt aus ND 622 u. 623. Kursiv gesetzte Zahlen bedeuten, dass die Höhe des Aufwertungsanspruchs noch nicht endgültig festgestellt war. Für 1928 liegt keine detaillierte Aufstellung über Dietrichs Wertpapierbesitz vor.

[1] Der Höchstsatz (12,5%) für die Aufwertung von öffentlichen Schuldtiteln durch die sogenannte Anleiheablösungsschuld galt auch bei Altbesitz nur bis zu einem Maximalbetrag von 500 000 PM. Für die folgenden 500 000 PM betrug er lediglich die Hälfte (6,25%). (Diesen Umstand übersehen Holtfrerich, Inflation, S. 325 f. u. Hughes, Paying, S. 178–180.) Die Tilgung erfolgte im Wege der Auslosung über einen Zeitraum von 30 Jahren. Dietrich hielt Anleiheablösungsschuld nebst Auslosungsrechten im Nennwert von 90 812,50 RM. Industrieobligationen wurden auf 15% aufgewertet, allerdings wurden die Altbesitzer über Genussscheine zusätzlich am Gewinn des jeweiligen Unternehmens beteiligt. Bei Pfandbriefen hing die Höhe von den Werten ab, die den Papieren als Deckung zugrunde lagen: Gesetz über die Aufwertung von Hypotheken und anderen Ansprüchen (Aufwertungsgesetz), Reichsgesetzblatt I Nr. 31 vom 17.7.1925, S. 117–135 u. Gesetz über die Ablösung öffentlicher Anleihen, Reichsgesetzblatt I Nr. 32 vom 17.7.1925, S. 137–144; vgl. Holtfrerich, Inflation, S. 315–327; Hughes, Paying, S. 167–180.

Tabelle 13   Ausgaben Hermann Dietrichs im Jahr 1931

Wohnung Reichskanzlerplatz	6 706,96
– *Miete inkl. Nebenkosten*	6 302,06
– *Telefongebühren (vorw. 2. Halbjahr)*	360,90
– *Elektrizität (1. Halbjahr)*	44,00
Gehälter inkl. Sozialversicherung für den Sekretär und die Köchin; Porto	4 340,60
Krankenkasse für den Sekretär und die Köchin	599,55
Ausgaben für Ernst Troeltsch jun.	2 982,99
davon Bildungsausgaben (Privatschule/Internat)	2 216,41
„Eigene Schecks und Haushalt"	14 876,31
Arztrechnungen	1 595,00
Wein und Kirschwasser	2 360,64
Versicherungen	1 186,52
(u. a. Feuerversicherung und Lebensversicherung)	
Vereins- und Verbandsbeiträge	673,00
(s. Einzelaufstellung A)	
Spenden	600,00
(s. Einzelaufstellung B)	
„Sonstiges", u. a.:	1 338,92
– *Zeitungen, Zeitschriften, Bücher usw.*	149,98
– *Steuerberater*	180,00
– *Klavierstimmer Steinway & Sons*	12,00
– *„Extraausgabe" an den Portraitisten Rudolf Stumpf: Ölgemälde von Ernst Troeltsch für die Universität Heidelberg (erste von zwei Raten)*	500,00
Aufwendungen für Angehörige und Unterstützungen	6 785,78
(s. Einzelaufstellung C)	
Insgesamt	44 046,27

Zusammengestellt aus einer Aufstellung über die „Gesamtausgaben im Jahre 1931 über Bankkonto bei der Dresdner Bank", ND 616. Die üblichen Ausgaben der Familie Dietrich-Troeltsch liefen offenkundig nur über dieses Konto, so dass die Aufstellung im Hinblick auf den eigentlichen Lebensunterhalt weitgehend vollständig sein dürfte. Allerdings sind mit Sicherheit nicht alle Ausgaben verzeichnet. Dietrich hatte weitere Bankkonten, und seine Vermögensobjekte boten Möglichkeiten, bestimmte Kosten zu verrechnen. Unter anderem fehlen nachweislich manche Unterstützungszahlungen für Angehörige, ebenso einige kleinere Posten, z. B. bestimmte Mitgliedsbeiträge für Vereine, denen Dietrich ohne Zweifel angehörte, oder ein Teil der Telefongebühren und der Stromkosten – dabei ist zu berücksichtigen, dass die Familie bis zum 30. Juni in Dietrichs Dienstwohnung lebte. Der Betrag für Druckerzeugnisse aller Art ist ebenfalls zu niedrig. Unklar ist, inwieweit scheinbar fehlende Ausgaben in „Schecks und Haushalt" enthalten sind. Das dürfte z. B. für den Lohn des Dienstmädchens gelten.

Tabelle 13 (Fortsetzung)

A) Vereins- und Verbandsbeiträge	
Vorbereitungsausschuss für den Wirtschaftsbeirat der Deutschen Staatspartei	60,00
Deutsche Staatspartei	10,00
Beitrag zum staatsparteilichen Fraktionsdiener im Reichstag	50,00
Demokratischer Klub	100,00
Deutsche Gesellschaft 1914	120,00
Hansa-Bund für Gewerbe, Handel und Industrie	40,00
Deutsche Liga für Völkerbund	20,00
Deutscher Schutzbund	25,00
Deutsch-Österreichische Arbeitsgemeinschaft	10,00
Österreichisch-Deutscher Volksbund	12,00
Verein der Badener zu Berlin	12,00
Verein Badische Heimat	6,00
Südwestdeutscher Kanalverein	10,00
Rheinschiffahrtsverband Konstanz	8,00
Badischer Schwarzwaldverein	6,00
Historischer Verein für Mittelbaden	5,00
Allgemeiner Tierschutzverein	12,00
Fördervereinigung für den Kleinkaliber-Schießsport	50,00
Gesellschaft für Volksbildung	5,40
Verein zur Förderung der Innenkolonisation	2,00
Vereinigung der Alten Burschenschafter, Ortsgruppe Charlottenburg	9,60
Burschenschaft Arminia	100,00

B) Spenden	
Ruderverein Neptun, Konstanz: Pokal für das Internationale Bodensee-Wettrudern	156,00
Jubiläumsfonds des Vereins der Westpreußen	50,00
Sammlung Louise Ebert	20,00
Karlsruher Notgemeinschaft „Winterhilfe"	50,00
St. Josefsheim (Kinderheim München)	20,00
St. Ursula-Verein	5,00
Sammlung Friedrich von Bodelschwingh	10,00
Gesellschaft zur Fürsorge für die zuziehende männliche Jugend	10,00
Christlicher Missionsbund	10,00
Heilsarmee	10,00
Reichsbanner	20,00
Allgemeiner Tierschutzverein	20,00
Allgemeiner Blindenverein	17,00
Moon'scher Blindenverein	15,00
Deutscher Blindenbund	2,00
Zentralverein für das Wohl der Taubstummen	20,00
Arbeitsgemeinschaft Schwerbeschädigter	5,00
Selbsthilfebund der Körperbehinderten	10,00
Zentralverein für das Wohl der Taubstummen	5,00
Deutsches Landwaisenheim	5,00
Sonstige Spenden	140,00

Tabelle 13 (Fortsetzung)

C) **Aufwendungen für Angehörige und Unterstützungen**	
Arztrechnungen Paul Fick (Bruder von Marta Dietrich-Troeltsch)	4095,43
Bildungsausgaben für Hilde Hoffmann (Nichte Dietrichs, Schulgeld und Unterbringung im Internat)	1707,85
Fanny Hörtner (Cousine väterlicherseits)	380,00
Sophie Fuchs (ehemalige Köchin)	240,00
Luise Dietrich (Witwe von Dietrichs Bruder Emil)	50,00
Else Hoffmann (Schwester Dietrichs; unvollständig)	150,00
Rosa Wehl (Schülerin in Konstanz, Taufkind von Elisabeth Trick)	20,00
Peter Kreutz (Pächter und Verwalter in Wildgutach)	35,00
Sonstige Zuwendungen (an elf Personen)	107,50

Abkürzungen

ABZ	Aktuelle Bilder-Zeitung
AdL	Archiv des Liberalismus
AdR	Akten der Reichskanzlei
AEG	Allgemeine Elektricitäts-Gesellschaft
AG	Aktiengesellschaft
BAB	Bundesarchiv Berlin-Lichterfelde
BAF	Bundesarchiv Freiburg i. Br.
BAK	Bundesarchiv Koblenz
BASF	Badische Anilin- und Sodafabrik
BLB	Badischer Landbund
BVP	Bayerische Volkspartei
CNBL	Christlich-Nationale Bauern- und Landvolkpartei
DAZ	Deutsche Allgemeine Zeitung
DDJ	Deutsche Demokratische Jugend
DDP	Deutsche Demokratische Partei
DM	Deutsche Mark
DNVP	Deutschnationale Volkspartei
DStP	Deutsche Staatspartei
DVP	Deutsche Volkspartei
FDP	Freie Demokratische Partei
FVP	Fortschrittliche Volkspartei
GbR	Gesellschaft bürgerlichen Rechts
GLAK	Generallandesarchiv Karlsruhe
GM	Goldmark
GmbH	Gesellschaft mit beschränkter Haftung
GStA PK	Geheimes Staatsarchiv Preußischer Kulturbesitz
IfZ	Institut für Zeitgeschichte
KPD	Kommunistische Partei Deutschlands
KrA	Kreisarchiv
LkA KA	Landeskirchliches Archiv Karlsruhe
M	Mark
MSPD	Mehrheitssozialdemokratische Partei Deutschlands
ND	Nachlass Dietrich
NLP	Nationalliberale Partei
NSDAP	Nationalsozialistische Deutsche Arbeiterpartei
OHG	Offene Handelsgesellschaft
PA/AA	Politisches Archiv des Auswärtigen Amts
PM	Papiermark
RM	Renten- bzw. Reichsmark
SAA	Siemens Corporate Archives
SPD	Sozialdemokratische Partei Deutschlands
StA	Stadtarchiv
TU	Telegraphen-Union
USPD	Unabhängige Sozialdemokratische Partei Deutschlands

VNR	Volksnationale Reichsvereinigung
WP	Wirtschaftspartei (Reichspartei des deutschen Mittelstandes)
WTB	Wolffs Telegraphisches Bureau
Z	Deutsche Zentrumspartei

Bildnachweis

Abb. 1:	GLAK 231 Nr. 2937 (794)	48
Abb. 2:	Privatbesitz	76
Abb. 3:	GLAK J-Ac B 116	94
Abb. 4:	Privatbesitz	152
Abb. 5:	Bundesarchiv Koblenz, ND 728	156
Abb. 6a und 6b:	Bundesarchiv Koblenz, ND 749	164/165
Abb. 7:	Privatbesitz	237
Abb. 8:	Bundesarchiv, Bild 102-11412/Georg Pahl	345
Abb. 9:	Anja Elisabeth Witte/Berlinische Galerie; Fotograf: Erich Salomon	357
Abb. 10:	Anja Elisabeth Witte/Berlinische Galerie; Fotograf: Erich Salomon	382
Abb. 11:	*Ulk* Nr. 3 vom 15. 1. 1931.......................	394
Abb. 12:	Bundesarchiv Koblenz, ND 222, pag. 39.............	436
Abb. 13:	bpk/W. Körner....................................	438

Quellen und Literatur

Ungedruckte Quellen

Nachlass Hermann Dietrich (**ND**)
Teilnachlass 1: Bundesarchiv Koblenz, N 1004 (Nr. 1-597)
Teilnachlass 2: Bundesarchiv Koblenz, N 1004 (Nr. 598 ff.)

Nr.	Bezeichnung der Akte	Laufzeit
598	Stammbaum Hermann Dietrich	
600	Unterlagen von Marta Troeltsch	1874-1927
608	Manuskripte und Entwürfe des Schriftstellers Peter Eckart (Herbert Eckert) für die Abhandlung „Hermann Dietrich. Roman eines Liberalen"	1952-1953
609	Bankhaus G. H. Keller's Söhne, Stuttgart	1918
610	Bankhaus G. H. Keller's Söhne, Stuttgart	1919
611	Bankhaus G. H. Keller's Söhne, Stuttgart	1922-1923
612	Oberrheinische Bankanstalt, Konstanz	1922-1923
613	Bankhaus Straus & Co., Karlsruhe	1929-1932
614	Bürgschaften Dietrichs bei der Commerzbank	1930
615	Deutsche Bank, Triberg	1930-1932
616	Dresdner Bank, Berlin	1931
617	Deutsche Bank, Berlin	1932
622	Reichsschuldbucheintragungen	1906-1928
623	Steuerunterlagen	1924-1928
624	Einkommensteuer	1927-1935
625	Steuer- und Vermögenssachen	1930-1934
632	Material über eventuelle Erbauseinandersetzung mit der Familie Trick (Testament Elisabeth Trick)	1918-1941
633	Gutswirtschaft Madachhof GmbH	1919-1921
634	Vermögensverwaltung und Gutswirtschaft Madachhof	1924-1951
635	Schulden der Gutswirtschaft Madachhof	1930-1932
636	Mobiliar in Stuttgart und Berlin	1947-1954
637	Ministerpension, Wiedergutmachung	1932-1954
638	Badische Druckerei und Verlag J. Boltze GmbH	1922-1939
642	Trickzellstoff GmbH	1921-1925
643	Trickzellstoff GmbH	1925
644	Trickzellstoff GmbH	1926-1929
645	Trickzellstoff GmbH	1929-1933
648	Trickzellstoff GmbH	1933-1937
670	Trickzellstoff GmbH: Verträge	1919-1939
686	Grundbesitz Wildgutach und Haslach-Obersimonswald	1911-1922
688	Grundbesitz Wildgutach	1920-1922
689	Grundbesitz Wildgutach: Haus- und Wegebau	1921-1922
690	Grundbesitz Wildgutach: Haus- und Wegebau	1923-1924
691	Abrechnungen Hausbau Wildgutach	1922-1923
692	Grundbesitz Wildgutach	1922-1924
693	Grundbesitz Wildgutach	1925
694	Grundbesitz Wildgutach	1926
695	Grundbesitz Wildgutach	1926-1932
696	Grundbesitz Wildgutach	1927
709	Grundbesitz Allensbach	1923-1925
710	Hypothekenzahlungen Hirzbühlhof	1927-1955
711	Grundbesitz Heretsrieder Wald	1930-1960
718	Haus Berlin-Steglitz: Hypothek und Versicherungen	1923-1941

719	Haus Berlin-Steglitz: Reparaturen	1924
723	Häuser Karlsruhe (Douglasstr. 18 u. 20) und Devisenschulden Dietrichs in der Schweiz	1933-1970
727	Grundbuchauszüge der Häuser in Karlsruhe und Berlin-Steglitz	1925-1951
728	Korrespondenz Elisabeth Trick	1910-1921
729	Korrespondenz aus der Zeit des Ersten Weltkrieges	1914-1918
730	Korrespondenz Clara Pohlmann	1890-1926
731	Korrespondenz Max Klapp	1923-1927
732	Korrespondenz Elisabeth Kaupp	1923-1933
733	Korrespondenz Familie Brönner-Hoepfner	1924-1931
734	Korrespondenz Waldemar Dietrich	1926-1932
741	Korrespondenz Peter Eckart (Herbert Eckert)	1950-1954
743	Pressefehde um eine Rede Dietrichs in Müllheim	1920
745	Die Reichstagswahl vom 31. 7. 1932	1932
746	Die Aktuelle Bilder-Zeitung A.B.Z.	1925
747	Donaueschinger Tagblatt	1929-1952
749	Fragmente aus der Weimarer Zeit (verstreute private und politische Unterlagen)	1921-1932

Archiv des Liberalismus (**AdL**)
  N Gottfried Rade
  N Gerhart von Schulze-Gaevernitz
  N Wilhelm Stahl

Bezirksamt Berlin-Charlottenburg
  Bauaufsicht: Theodor-Heuss-Platz Nr. 8

Bundesarchiv Berlin-Lichterfelde (**BAB**)
  R 2 (Reichsfinanzministerium)
  R 43 I (Reichskanzlei)
  R 45 III (Deutsche Demokratische Partei/Deutsche Staatspartei)
  R 58 (Reichssicherheitshauptamt)
  R 101 (Reichstag)
  R 1501 (Reichsministerium des Innern)
  R 1601 (Reichsministerium für die besetzten Gebiete)
  R 8034 III (Reichslandbund, Pressearchiv)
  R 8135 (Deutsche Revisions- und Treuhand AG)

Bundesarchiv Freiburg i. Br. (**BAF**)
  N Kurt von Schleicher
  N Gerhart von Schulze-Gaevernitz

Bundesarchiv Koblenz (**BAK**)
  N Fritz Baade
  N Elisabeth Brönner-Hoepfner
  N Eduard Dingeldey
  N Georg Gothein
  N Theodor Heuss
  N Wolfgang Jaenicke
  N Katharina von Kardorff-Oheimb
  N Hans Albert Kluthe
  N Erich Koch-Weser
  N Wilhelm Külz
  N Marie-Elisabeth Lüders
  N Hans Luther

N Paul Moldenhauer
N Hermann Pünder
N Reinhold Quaatz
N Eugen Schiffer
N August Weber
N Joseph Wirth
Pers. 101/003443 (Personalakte Hermann Dietrich, Reichsfinanzminister)
Dienstakte Hermann Dietrich

Generallandesarchiv Karlsruhe (**GLAK**)
N Willy Hellpach
N Hermann Hummel
65/20034-20034a (Erinnerungen Hermann Hummel)
69 NLP Baden (Nationalliberale Partei Badens)
231 (Badischer Landtag)
233 (Badisches Staatsministerium)
234 (Badisches Justizministerium)
236 (Badisches Innenministerium)
237 (Badisches Finanzministerium)
443 (Badischer Frauenverein vom Roten Kreuz)

Geheimes Staatsarchiv Preußischer Kulturbesitz (**GStA PK**)
VI. HA Nl Carl Heinrich Becker

Gräflich Douglas'sches Archiv Langenstein
Gräflich Douglas'sches Rentamt Langenstein

Archiv des Instituts für Zeitgeschichte, München (**IfZ**)
ED 93 (Nachlass Hans Schäffer)

Kreisarchiv Konstanz (**KrA Konstanz**)
AA03/04 (Staatsverwaltung Spezialia)
B01 (Protokolle der Kreisversammlung des Kreises Konstanz)

Landeskirchliches Archiv Karlsruhe (**LkA KA**)
2.0. (Evangelischer Oberkirchenrat – Generalia – Kirchendiener)

Politisches Archiv des Auswärtigen Amts (**PA/AA**)
N Gustav Stresemann
R (Auswärtiges Amt des Deutschen Reiches – RZ 701: Presseabteilung)

Siemens Corporate Archives (**SAA**)
4.Lf (Nachlass Carl Friedrich von Siemens)

Stadtarchiv Albstadt
Der Neue Alb-Bote. Ebinger Tagblatt

Stadtarchiv Karlsruhe (**StA Karlsruhe**)
8/PBS X (Plakatsammlung)

Stadtarchiv Kehl (**StA Kehl**)
A (Akten der Kehler Stadtverwaltung)
B 2 (Ratsprotokolle der Stadt Kehl)
B 3 (Personalakten der Stadt Kehl)

Stadtarchiv Konstanz (**StA Konstanz**)
　　Ap 11 (Lebenserinnerungen Heinrich Schmidt-Pecht)
　　B I (Ratsprotokolle der Stadt Konstanz)
　　B IV (Bürgerausschussprotokolle der Stadt Konstanz)
　　S II (Hauptamt der Stadt Konstanz vor 1945)

Stadtarchiv Lörrach (**StA Lörrach**)
　　Heb (Hebelgymnasium Lörrach)
　　N Friedrich Vortisch

Stadtarchiv Offenburg
　　Offenburger Zeitung

Stadtarchiv Singen
　　Oberländer Zeitung

Stadtarchiv Überlingen
　　Seebote

Zeitungen und Zeitschriften

Badische Landeszeitung
Badische Post
Badische Presse
Berliner Börsen-Zeitung
Berliner Tageblatt
Blätter der Staatspartei
Der Demokrat
Deutsche Allgemeine Zeitung
Deutscher Aufstieg
Die Hilfe
Königsberger Hartungsche Zeitung
Konstanzer Nachrichten
Konstanzer Zeitung
Jungliberale Blätter
Nationalliberale Jugend
Der Neue Alb-Bote. Ebinger Tagblatt
Neue Badische Landeszeitung
Nord und Süd
Oberländer Zeitung
Offenburger Zeitung
Seebote
Vossische Zeitung
Wille und Weg

Gedruckte Quellen, zeitgenössische Literatur bis 1933 und Erinnerungen

Abegg, Lily/Hanstein, Wolfgang: Das Zeitungswesen in Baden und der Pfalz. Eine statistische Untersuchung. Baden-Baden 1928.
Akten der Reichskanzlei (= **AdR**). Weimarer Republik:
– Das Kabinett Scheidemann. 13. Februar bis 20. Juni 1919. Bearbeitet von Hagen Schulze. Boppard 1971.

- Die Kabinette Luther I und II. 15. Januar 1925 bis 20. Januar 1926. 20. Januar 1926 bis 17. Mai 1926. 2 Bde. Bearbeitet von Karl-Heinz Minuth. Boppard 1977.
- Das Kabinett Müller II. 28. Juni 1928 bis 27. März 1930. 2 Bde. Bearbeitet von Martin Vogt. Boppard 1970.
- Die Kabinette Brüning I und II. 30. März 1930 bis 10. Oktober 1931. 10. Oktober 1931 bis 1. Juni 1932. 3 Bde. Bearbeitet von Tilman Koops. Boppard 1982-1990.

Adreßbuch der Kreishauptstadt Konstanz 1914.
Adreßbuch der Stadt Lahr und der Nachbargemeinde Dinglingen. Ausgabe 1925/26. Stuttgart o. J.
Amtliches Verzeichnis des Personals und der Studenten der Kaiser-Wilhelms-Universität Straßburg für das Sommer-Halbjahr 1902. Straßburg 1902.

[Baade, Fritz]: Schicksalsjahre der deutschen Landwirtschaft. Nowawes o. J. [1934].
Verhandlungen des Badischen Landtags. I. Landtagsperiode. Karlsruhe 1921. (= **Badischer Landtag**)
Badisches Gesetzes- und Verordnungs-Blatt.
Badisches Statistisches Landesamt (Bearb.): Die Wahlen zum Reichstag am 4. Mai 1924 in Baden. Karlsruhe 1924.
Badisches Statistisches Landesamt (Bearb.): Die Reichstagswahl am 7. Dezember 1924 in Baden. Karlsruhe 1925.
Baumetz, Gottlieb: Der Hafen Kehl. Eine völkerrechtliche und wirtschaftspolitische Studie. Tübingen 1927.
Die Bautätigkeit der Stadt Kehl am Rhein 1919/1929. Herausgegeben von der Stadtverwaltung. Bearbeitet von Stadtbaumeister Schäfer. Düsseldorf o. J.
Beinert, Johannes: Geschichte des badischen Hanauerlandes unter Berücksichtigung Kehls. Kehl 1909.
Berliner Adreßbuch 1925.
Birkner Adreßbuch der Papier-Industrie, Jg. 1911, 1912, 1918, 1920 u. 1926.
Blum, Friedrich: Ludwig Trick. Sein Leben und Wirken. 1835-1900. Mit einer Geschichte seiner Vorfahren. Heilbronn 1935.
Bott, Hans/Leins, Hermann (Hg.): Begegnungen mit Theodor Heuss. Tübingen 1954.
Botz, Georg: Die Gartenstadt Karlsruhe. Karlsruhe 1925.
Brandt, Peter/Rürup, Reinhard (Bearb.): Arbeiter-, Soldaten- und Volksräte in Baden 1918/19. Düsseldorf 1980.
[Brecht, Arnold]: Die Sanierung des Reichshaushalts im Kabinett Brüning-Dietrich. Berlin-Nowawes o. J. [1933].
Brecht, Arnold: Mit der Kraft des Geistes. Lebenserinnerungen. Zweite Hälfte 1927-1967. Stuttgart 1967.
Brüning, Heinrich: Am Sarge des Reichsministers a. D. Dietrich. Rede in Stuttgart am 9. März 1954. In: ders.: Reden und Aufsätze eines deutschen Staatsmannes. Herausgegeben von Wilhelm Vernekohl. Münster 1968, S. 275-281.
Brüning, Heinrich: Memoiren 1918-1934. Stuttgart 1970.
Brüning, Heinrich: Briefe 1946-1960. Herausgegeben von Claire Nix unter Mitarbeit von Reginald Phelps und George Pettee. Stuttgart 1974.
Brüning, Heinrich: Memoiren 1918-1934. Bearbeitet von Peer Oliver Volkmann. Unveröffentlichtes Manuskript.

Dietrich, Hermann: Geschichte der Stadt Kehl seit der Vereinigung mit dem Dorf am 1. Januar 1910. In: Aus Vergangenheit und Gegenwart der Stadt Kehl a. Rh. Verfaßt von Bürgermeister Dietrich unter gütiger Mitarbeit der Herren Direktor Dr. Beinert und Direktor Kapferer. Straßburg 1912, S. 8-26.
Dietrich, Hermann: Zur finanziellen und staatlichen Neuordnung nach dem Kriege. Konstanz 1917.
Rede des Landtagsabgeordneten Oberbürgermeisters Dietrich in der 8. öffentlichen Sitzung der II. Kammer am Freitag den 11. Januar 1918. Karlsruhe o. J. [1918].
Dietrich, Hermann: Was wird aus den Sparguthaben? Karlsruhe 1924.

Aufwertung und Deutsche Demokratische Partei. Der Wahlschwindel der Deutschnationalen. Rede des demokratischen Reichstagsabgeordneten H. Dietrich (Baden) gehalten im Deutschen Reichstag am 8. Mai 1925. Berlin o. J. [1925].

Dietrich, Hermann: Deutschland in der Weltwirtschaft. (Der internationale Güteraustausch, Handel, Handelsverträge, Zollkrieg, Einfuhrkontingente, Freihandel, Schutzzoll). In: Anton Erkelenz (Hg.): Zehn Jahre deutsche Republik. Ein Handbuch für republikanische Politik. Berlin 1928.

Dietrich, Hermann: Ein Jahr Agrarpolitik. Berlin 1929.

Dietrich, Hermann: Einleitung. In: Friedrich Schöndorf (Hg.): Das landwirtschaftliche Pachtrecht in den osteuropäischen Ländern. Studien des Osteuropa-Instituts in Breslau. Berlin 1929, S. V-VI.

Dietrich, Hermann: Zum Roggenproblem. In: Weltwirtschaft 18/1 (1930), S. 1-4.

Dietrich, Hermann: Das deutsche Agrarproblem. In: Weltwirtschaft 18/2 (1930), S. 43-45.

Verfassungsrede gehalten von Reichsminister der Finanzen und Vizekanzler Dietrich bei der Feier der Reichsregierung am 11. August 1931. Berlin 1931.

Dietrich, Hermann: Durch nationale Demokratie zur deutschen Gleichberechtigung und Weltgeltung. In: ders./Carl Petersen/Reinhold Maier: Der Weg der nationalen Demokratie. Reden auf der Kundgebung der Deutschen Staatspartei in Mannheim am 2. Oktober 1932. Mannheim o. J. [1932], S. 7-13.

Dietrich, Hermann/Petersen, Carl/Maier, Reinhold: Der Weg der nationalen Demokratie. Reden auf der Kundgebung der Deutschen Staatspartei in Mannheim am 2. Oktober 1932. Mannheim o. J. [1932].

Dietrich, Hermann: Auf der Suche nach Deutschland. Probleme zur geistigen, politischen und wirtschaftlichen Erneuerung Deutschlands. Hamburg 1946.

Dietrich, Hermann: Wir brauchen zwei Millionen Kleinhäuser. Stuttgart 1950.

Dietrich, Hermann: Auf dem Wege zum neuen Staat. Die deutsche Aufgabe. Stuttgart 1951.

Eigenbrodt, August: Berliner Tageblatt und Frankfurter Zeitung in ihrem Verhalten zu den nationalen Fragen. Berlin-Schöneberg 1917.

Eisemann, Karl: Grundlagen, Aufbau und Organisation der deutschen Zellstoffindustrie. Diss. Heidelberg 1930.

Eulenburg, Franz: Die sozialen Wirkungen der Währungsverhältnisse. In: Jahrbücher für Nationalökonomie und Statistik 122 (1924), S. 748-794.

Bernhard Falk (1867-1944). Erinnerungen eines liberalen Politikers. Bearbeitet von Volker Stalmann. Düsseldorf 2012.

Feder, Ernst: Heute sprach ich mit... Tagebücher eines Berliner Publizisten 1926-1932. Herausgegeben von Cécile Lowenthal-Hensel und Arnold Paucker. Stuttgart 1971.

Fried, Ferdinand: Das Ende des Kapitalismus. Jena 1931.

Das deutsche Volk und die gegenwärtige Kriegslage. Rede des Landtagsabgeordneten Paul Fuhrmann, gehalten am 16. Mai im großen Saale des Städt. Saalbaues zu Essen. Essen o. J. [1915].

Gaster, Bernhard: Die Straßburger Burschenschaft Germania. 1880-1930. Wolfenbüttel 1930.

Geiger, Theodor: Panik im Mittelstand. In: Die Arbeit. Zeitschrift für Gewerkschaftspolitik und Wirtschaftskunde 7 (1930), S. 637-654.

Gereke, Günther: Ich war königlich-preußischer Landrat. Berlin (Ost) 1970.

Gesetzes- und Verordnungsblatt für das Großherzogtum Baden.

Geßler, Otto: Reichswehrpolitik in der Weimarer Zeit. Herausgegeben von Kurt Sendtner. Stuttgart 1958.

Glockner, Karl: Die demokratische Fraktion im badischen Landtag von 1919 bis 1927. In: Anton Erkelenz (Hg.): Zehn Jahre deutsche Republik. Ein Handbuch für republikanische Politik. Berlin 1928, S. 206-213.

Goetz, Walter: Aus dem Leben eines deutschen Historikers. In: ders.: Historiker in meiner Zeit. Gesammelte Aufsätze. Köln u. a. 1957, S. 1-87.

Harzendorf, Fritz: So'n Journalist im Wandel der Zeit. 1913-1963. Saarbrücken 1964.
Verhandlungen des Ausschusses für den Reichshaushalt. III. Wahlperiode. Berlin 1926-1930. (= **Haushaltsausschuss**)
Heilfron, Eduard: Die Deutsche Nationalversammlung im Jahre 1919 in ihrer Arbeit für den Aufbau des neuen deutschen Volksstaates. Bd. 1. Berlin o. J. [1919].
Hellpach, Willy: Wirken in Wirren. Lebenserinnerungen. Eine Rechenschaft über Wert und Glück, Schuld und Sturz meiner Generation. Zweiter Band 1914-1925. Hamburg 1949.
Heuss, Theodor: Erinnerungen 1905-1933. Tübingen 1963.
Heuss, Theodor: Bürger der Weimarer Republik. Briefe 1918-1933. Herausgegeben und bearbeitet von Michael Dorrmann. München 2008.

Jahrbuch der Tagespresse 2 (1929).

Kalkoff, Hermann: Nationalliberale Parlamentarier 1867-1917 des Reichstags und der Einzellandtage. Berlin 1917.
Keil, Wilhelm: Erlebnisse eines Sozialdemokraten. Bd. 2. Stuttgart 1948.
Keynes, John Maynard: Die wirtschaftlichen Folgen des Friedensvertrages. München u. a. 1920.
Köhler, Curt: Warum müssen wir uns politisch betätigen? Köln 1909.
Köhler, Curt: Der Jungliberalismus. Eine historisch-kritische Darstellung. Köln 1912.
Köhler, Heinrich: Lebenserinnerungen des Politikers und Staatsmannes. 1878-1949. Stuttgart 1964.
Koloniale Reichsarbeitsgemeinschaft (Hg.): Kundgebung am 15. November 1925, vormittags 11 ½ Uhr in der „Neuen Welt" Hasenheide. O. O. u. J.
Koppe, Fritz/Ball, Kurt: Die Abwicklung des Reichsnotopfers auf Grund der Vorschriften des Vermögenssteuergesetzes vom 8. April 1922, des Gesetzes über die Zwangsanleihe und der sämtlichen Novellen zum Gesetz über das Reichsnotopfer. Berlin 1922.
Krieg. Revolution. Republik. Die Jahre 1918 bis 1920 in Baden und Württemberg. Eine Dokumentation. Bearbeitet von Günter Cordes. Ulm 1978.
Kurs-Tabellen der Berliner Fonds-Börse (Neumann's Cours-Tabellen) 25 (1913).

Lautenbach, Wilhelm: Defizitpolitik? „Reichsbankzusage" als Katalysator? Der Verzweiflungsweg – ohne Auslandskapital! In: ders.: Zins, Kredit und Produktion. Herausgegeben von Wolfgang Stützel. Tübingen 1952, S. 137-155.
Lemmer, Ernst: Manches war doch anders. Erinnerungen eines deutschen Demokraten. Frankfurt a. M. 1968.
Liberale Vereinigung. Mitglieder- und Vertreter-Versammlung zu Berlin im Gebäude des Reichswirtschaftsrats am 16. Mai 1925. Berlin o. J. [1925].
Linksliberalismus in der Weimarer Republik. Die Führungsgremien der Deutschen Demokratischen Partei und der Deutschen Staatspartei 1918-1933. Bearbeitet von Konstanze Wegner in Verbindung mit Lothar Albertin. Düsseldorf 1980. (= **Linksliberalismus**)
Linksliberalismus in Preußen. Die Sitzungsprotokolle der preußischen Landtagsfraktion der DDP und DStP 1919-1932. Bearbeitet von Volker Stalmann. Düsseldorf 2009.
Löbe, Paul: Erinnerungen eines Reichstagspräsidenten. Berlin 1949.
Luppe, Hermann: Mein Leben. Nürnberg 1977.
Luther, Hans: Politiker ohne Partei. Erinnerungen. Stuttgart 1960.
Luther, Hans: Vor dem Abgrund. 1930-1933. Reichsbankpräsident in Krisenzeiten. Berlin 1964.

Mendelssohn, Peter de: Zeitungsstadt Berlin. Menschen und Mächte in der Geschichte der deutschen Presse. Frankfurt a. M. ²1982.
Meyer, Oscar: Von Bismarck zu Hitler. Erinnerungen und Betrachtungen. New York 1944.
Meyers Großes Konversations-Lexikon. Bd. 18. Leipzig u. a. ⁶1909.
Mommsen, Wolfgang/Loenartz, Marianne (Bearb.): Nachlaß Hermann Dietrich. Bestand NL 4. Koblenz 1988.

Most, Otto: Die Schuldenwirtschaft der deutschen Städte. Jena 1909.
Muser, Oskar: Wo werden wir landen? Die letzte Rede, die ein demokratischer Abgeordneter im badischen Landtag gehalten hätte, wenn er sie hätte halten können. Lahr i. B. 1919.

1. Nachtrag vom 1. 9. 1925 zur Goldwerttabelle für Papiermark 1914-1924 mit den durch das Aufwertungsgesetz und das Gesetz zur Ablösung öffentlicher Anleihen verursachten Änderungen. Stuttgart 1925.
Naumann, Friedrich: Liberalismus, Zentrum und Sozialdemokratie. München 1903.
Naumann, Friedrich: Die politischen Parteien. Berlin 1910.
Neumann, Sigmund: Die deutschen Parteien. Wesen und Wandel nach dem Kriege. Berlin 1932.
Niederschriften über die Vollsitzungen des Reichsrats. Jahrgang 1930. Berlin 1930.
Nuschke, Otto: Wie die Deutsche Demokratische Partei wurde, was sie leistete und was sie ist. In: Anton Erkelenz (Hg.): Zehn Jahre Deutsche Republik. Ein Handbuch für republikanische Politik. Berlin 1928, S. 24-41.

Organisationshandbuch der Deutschen Demokratischen Partei. Berlin 1926.
Ergänzungsband zum Organisationshandbuch der Deutschen Demokratischen Partei. Berlin 1928.
Organisationshandbuch der Nationalliberalen Partei des Deutschen Reiches 1 (1907) – 6 (1914/15).

Politik und Wirtschaft in der Krise. Quellen zur Ära Brüning. Bearbeitet von Ilse Maurer und Udo Wengst unter Mitwirkung von Jürgen Heideking. 2 Bde. Düsseldorf 1980. (= **Politik**)
Politischer Irrtum im Zeugenstand. Die Protokolle des Untersuchungsausschusses des Württemberg-Badischen Landtags aus dem Jahr 1947 zur Zustimmung zum „Ermächtigungsgesetz" vom 23. März 1933. Herausgegeben und bearbeitet von Ernst Wolfgang Becker und Thomas Rösslein. Stuttgart 2003.
Die Protokolle der Regierung der Republik Baden. Bd. 1: Die provisorische Regierung. November 1918 – März 1919. Bearbeitet von Martin Furtwängler. Stuttgart 2012.
Die Protokolle der Regierung der Republik Baden. Bd. 2: Das Staatsministerium April 1919 – November 1921. Bearbeitet von Martin Furtwängler. Stuttgart 2016.
Pünder, Hermann: Politik in der Reichskanzlei. Aufzeichnungen aus den Jahren 1929-1932. Herausgegeben von Thilo Vogelsang. Stuttgart 1961.

Rapp, Alfred: Die Parteibewegung in Baden 1905/1928. Karlsruhe 1929.
Reichs-Kursbuch. Übersicht der Eisenbahn-, Post- und Dampfschiffverbindungen [...]. Ausgegeben am 1. Juli 1914. Berlin 1914 [Nachdruck Augsburg 1970].
Reichs-Kursbuch. Übersicht der Eisenbahn-, Kraftwagen-, Luftverkehr- und Dampfschiffverbindungen [...]. Ausgabe Nr. 2. 1. Juli 1927. Berlin 1927 [Nachdruck Pürgen 2002].
Reichsgesetzblatt.
Reichsministerialblatt.
Verhandlungen des Reichstags. I.-V. Wahlperiode. Berlin 1921-1932. (= **Reichstag**)
Reichstags-Handbuch. III. Wahlperiode 1924. Berlin 1925.
Reichstags-Handbuch. IV. Wahlperiode 1928. Berlin 1928.
Roth, Adolf/Thorbecke, Paul: Die badischen Landstände, insbesondere die Zweite Kammer. Landtagshandbuch. Karlsruhe 1907.
Rusch, Otto: Geschichte der Stadt Kehl und des Hanauer Landes von den ältesten Zeiten bis heute. Kehl 1928.

Schiffer, Eugen: Ein Leben für den Liberalismus. Berlin 1951.
Schmitt, Carl: Die geistesgeschichtliche Lage des heutigen Parlamentarismus. München u. a. 1923.
Schulthess' Europäischer Geschichtskalender 70 (1929) u. 72 (1931).

Schwerin von Krosigk, Lutz Graf: Staatsbankrott. Die Geschichte der Finanzpolitik des Deutschen Reiches von 1920 bis 1945, geschrieben vom letzten Reichsfinanzminister. Göttingen u. a. 1974.
Schwerin von Krosigk, Lutz Graf: Memoiren. Stuttgart 1977.
Severing, Carl: Mein Lebensweg. Bd. 2: Im Auf und Ab der Republik. Köln 1950.
Silex, Karl: Mit Kommentar. Lebensbericht eines Journalisten. Frankfurt a. M. 1968.
Sperlings Zeitschriften-Adreßbuch 46 (1911) – 51 (1925).
Sperlings Zeitschriften- u. Zeitungs-Adreßbuch 52 (1926) – 58 (1933).
Staat und NSDAP 1930-1932. Quellen zur Ära Brüning. Bearbeitet von Ilse Maurer und Udo Wengst. Düsseldorf 1977.
Stampfer, Friedrich: Erfahrungen und Erlebnisse. Aufzeichnungen aus meinem Leben. Köln 1957.
Statistisches Jahrbuch für das Großherzogtum Baden 37 (1908/09) – 41 (1914/15).
Statistisches Reichsamt (Bearb.): Wehrbeitragsstatistik. Berlin 1920.
Statistisches Reichsamt (Bearb.): Zahlen zur Geldentwertung in Deutschland 1914 bis 1923. Berlin 1925.
Statistisches Reichsamt (Bearb.): Die deutsche Vermögensbesteuerung vor und nach dem Kriege. Berlin 1927.
Statistisches Reichsamt (Bearb.): Finanzen und Steuern im In- und Ausland. Ein statistisches Handbuch. Berlin 1930.
Statistisches Reichsamt (Bearb.): Statistik der Einheitswerte für den ersten Hauptfeststellungszeitraum 1925-1927. Berlin 1930.
Statistisches Reichsamt (Bearb.): Statistik der Vermögensteuerveranlagung 1928. Berlin 1931.
Stephan, Werner: Aufstieg und Verfall des Linksliberalismus 1918-1933. Geschichte der Deutschen Demokratischen Partei. Göttingen 1973.
Stephan, Werner: Acht Jahrzehnte erlebtes Deutschland. Ein Liberaler in vier Epochen. Düsseldorf 1983.
Das Stresemann-Ehrenmal in Mainz. Festbuch. Bearbeitet von Josef Scheidel. Mainz o. J. [1931].

Treue, Wolfgang: Deutsche Parteiprogramme seit 1861. Göttingen u. a. ⁴1968.
Treviranus, Gottfried Reinhold: Das Ende von Weimar. Heinrich Brüning und seine Zeit. Düsseldorf u. a. 1968.

Verhandlungen der Zweiten Kammer der Stände-Versammlung des Großherzogtums Baden. Heft 503. Karlsruhe 1915.

Weber, Marianne: Lebenserinnerungen. Bremen 1948.
Weber, Max: Parlament und Regierung im neugeordneten Deutschland. Zur politischen Kritik des Beamtentums und Parteiwesens. In: ders.: Zur Politik im Weltkrieg. Schriften und Reden 1914-1918. Herausgegeben von Wolfgang J. Mommsen in Zusammenarbeit mit Gangolf Hübinger. Tübingen 1984.
Weber, Max: Politik als Beruf. In: ders.: Wissenschaft als Beruf. 1917/1919. Politik als Beruf. 1919. Herausgegeben von Wolfgang J. Mommsen und Wolfgang Schluchter. Tübingen 1992.
Weber, Max: Wirtschaft und Gesellschaft. Soziologie. Unvollendet 1919-1920. Herausgegeben von Knut Borchardt, Edith Hanke und Wolfgang Schluchter. Tübingen 2013.
Weisbach, Werner: Geist und Gewalt. Wien u. a. 1956.
Weiß, John Gustav: Lebenserinnerungen eines badischen Kommunalpolitikers. Herausgegeben und bearbeitet von Jörg Schadt. Stuttgart u. a. 1981.
Wendt, Hans: Journalist im Krisenreichstag. Das parlamentarische System der Weimarer Republik. In: Rudolf Pörtner (Hg.): Alltag in der Weimarer Republik. Erinnerungen an eine unruhige Zeit. Düsseldorf u. a. 1990, S. 68-95.

Zehn Jahre Kampf für Ostheimat, deutsches Volkstum und Vaterland. Erinnerungsblätter zur Feier des 10jährigen Bestehens des Deutschen Ostbundes. Berlin 1929.

Zehrer, Hans: Rechts oder Links? In: Die Tat 23 (1931), S. 505-559.
Zeitungs-Verzeichnis 1920. Rudolf Mosse Annoncen-Expedition.
Zeitungskatalog Annoncen-Expedition Rudolf Mosse 46 (1913) u. 50 (1922) – 59 (1933).
Zimmermann, Emil: Die Vermögensteuer 1924 nach der zweiten Steuernotverordnung vom 19. Dezember 1923 und den Durchführungsbestimmungen vom 8. März 1924 mit Erläuterungen. Stuttgart 1924.
Amtliche Berichte über die Verhandlungen der Badischen Ständeversammlung. Zweite Kammer. Karlsruhe 1912-1918. (= **Zweite Kammer**)

Literatur

Aders, Thomas: Die Utopie vom Staat über den Parteien. Biographische Annäherungen an Hermann Höpker Aschoff (1883-1954). Frankfurt a. M. 1994.
Albertin, Lothar: Liberalismus und Demokratie am Anfang der Weimarer Republik. Eine vergleichende Analyse der Deutschen Demokratischen Partei und der Deutschen Volkspartei. Düsseldorf 1972.
Albertin, Lothar: Einleitung. Deutsche Demokratische Partei/Deutsche Staatspartei. In: Linksliberalismus in der Weimarer Republik. Die Führungsgremien der Deutschen Demokratischen Partei und der Deutschen Staatspartei 1918-1933. Bearbeitet von Konstanze Wegner in Verbindung mit Lothar Albertin. Düsseldorf 1980, S. XI-LI.
Albertin, Lothar: Die Auflösung der bürgerlichen Mitte und die Krise des parlamentarischen Systems von Weimar. In: Eberhard Kolb/Walter Mühlhausen (Hg.): Demokratie in der Krise. Parteien im Verfassungssystem der Weimarer Republik. München 1997, S. 59-111.
Anderson, Margaret Lavinia: Practicing Democracy. Elections and Political Culture in Imperial Germany. Princeton 2000.
Arns, Günter: Die Krise des Weimarer Parlamentarismus im Frühherbst 1923. In: Der Staat 8 (1969), S. 181-216.
Asche, Susanne u. a.: Karlsruhe. Die Stadtgeschichte. Karlsruhe 1998.

Bachmann, Ursula: Reichskasse und öffentlicher Kredit in der Weimarer Republik 1924-1932. Frankfurt a. M. u. a. 1996.
Baddack, Cornelia: Katharina von Kardorff-Oheimb (1879-1962) in der Weimarer Republik. Unternehmenserbin, Reichstagsabgeordnete, Vereinsgründerin, politische Salonnière und Publizistin. Göttingen 2016.
Balderston, Theo: Links between Inflation and Depression: German Capital and Labour Markets, 1924-31. In: Gerald D. Feldman (Hg.): Die Nachwirkungen der Inflation auf die deutsche Geschichte 1924-1933. München 1985, S. 157-185.
Balderston, Theo: The Origins and Course of the German Economic Crisis. November 1923 to May 1932. Berlin 1993.
Bangert, Alexander: Das Postulat der ‚Sammlung der Mitte' und ein Wechselspiel aus Konfrontation, Distanz und Annäherung – Das ambivalente Verhältnis von Deutscher Demokratischer Partei (DDP) und Deutscher Volkspartei (DVP) in Baden 1918-1933. In: Jahrbuch zur Liberalismus-Forschung 25 (2013), S. 249-275.
Barth, Boris: Dolchstoßlegenden und politische Desintegration. Das Trauma der deutschen Niederlage im Ersten Weltkrieg 1914-1933. Düsseldorf 2003.
Basse, Dieter: Wolff's Telegraphisches Bureau 1849 bis 1933. Agenturpublizistik zwischen Politik und Wirtschaft. München u. a. 1991.
Bauer, Peter: Die Organisation der amtlichen Pressepolitik in der Weimarer Zeit. (Vereinigte Presseabteilung der Reichsregierung und des Auswärtigen Amtes). Diss. FU Berlin 1962.
Becker, Heinrich: Handlungsspielräume der Agrarpolitik in der Weimarer Republik zwischen 1923 und 1929. Stuttgart 1990.
Becker, Werner: Demokratie des sozialen Rechts. Die politische Haltung der Frankfurter Zeitung, der Vossischen Zeitung und des Berliner Tageblatts 1918-1924. Göttingen u. a. 1971.

Beeck, Karl-Hermann: Die Gründung der Deutschen Staatspartei im Jahre 1930 im Zusammenhang der Neuordnungsversuche des Liberalismus. Diss. Köln 1955.
Benz, Wolfgang: Süddeutschland in der Weimarer Republik. Ein Beitrag zur deutschen Innenpolitik 1919-1923. Berlin 1970.
Bergien, Rüdiger: Die bellizistische Republik. Wehrkonsens und „Wehrhaftmachung" in Deutschland 1918-1933. München 2012.
Bergmann, Jürgen/Megerle, Klaus: Protest und Aufruhr der Landwirtschaft in der Weimarer Republik (1924-1933). Formen und Typen der politischen Agrarbewegung im regionalen Vergleich. In: Jürgen Bergmann u. a.: Regionen im historischen Vergleich. Studien zu Deutschland im 19. und 20. Jahrhundert. Opladen 1989, S. 200-287.
Bergmann, Klaus: Agrarromantik und Großstadtfeindschaft. Meisenheim am Glan 1970.
Bertram, Jürgen: Die Wahlen zum Deutschen Reichstag vom Jahre 1912. Parteien und Verbände in der Innenpolitik des Wilhelminischen Reiches. Düsseldorf 1964.
Bieber, Hans-Joachim: Bürgertum in der Revolution. Bürgerräte und Bürgerstreiks in Deutschland 1918-1920. Hamburg 1992.
Biggeleben, Christof: Das „Bollwerk" des Bürgertums. Die Berliner Kaufmannschaft 1870-1920. München 2006.
Blomeyer, Peter: Der Notstand in den letzten Jahren von Weimar. Die Bedeutung von Recht, Lehre und Praxis der Notstandsgewalt für den Untergang der Weimarer Republik und die Machtübernahme durch die Nationalsozialisten. Eine Studie zum Verhältnis von Macht und Recht. Berlin 1999.
Bollmeyer, Heiko: Der steinige Weg zur Demokratie. Die Weimarer Nationalversammlung zwischen Kaiserreich und Republik. Frankfurt a. M. u. a. 2007.
Bonniot, Béatrice: Homme de culture et républicain de raison. Carl Heinrich Becker, serviteur de l'Etat sous la République de Weimar (1918-1933). Frankfurt a. M. u. a. 2012.
Borchardt, Knut: Regionale Wachstumsdifferenzierung in Deutschland im 19. Jahrhundert unter besonderer Berücksichtigung des West-Ost-Gefälles. In: Wilhelm Abel u. a. (Hg.): Wirtschaft, Geschichte und Wirtschaftsgeschichte. Festschrift zum 65. Geburtstag von Friedrich Lütge. Stuttgart 1966, S. 325-339.
Borchardt, Knut: Realkredit- und Pfandbriefmarkt im Wandel von 100 Jahren. In: 100 Jahre Rheinische Hypothekenbank. Frankfurt a. M. 1971, S. 105-192.
Borchardt, Knut: Wachstum und Wechsellagen 1914-1970. In: Hermann Aubin/Wolfgang Zorn (Hg.): Handbuch der deutschen Wirtschafts- und Sozialgeschichte. Bd. 2. Stuttgart 1976, S. 685-740.
Borchardt, Knut: Zwangslagen und Handlungsspielräume in der großen Wirtschaftskrise der frühen dreißiger Jahre: Zur Revision des überlieferten Geschichtsbildes. In: Bayerische Akademie der Wissenschaften. Jahrbuch 1979. München 1979.
Borchardt, Knut: Zur Frage der währungspolitischen Optionen Deutschlands in der Weltwirtschaftskrise. In: ders./Franz Holzheu (Hg.): Theorie und Politik der internationalen Wirtschaftsbeziehungen. Hans Möller zum 65. Geburtstag. Stuttgart u. a. 1980, S. 165-181.
Borchardt, Knut: Wirtschaftliche Ursachen des Scheiterns der Weimarer Republik. In: Karl-Dietrich Erdmann/Hagen Schulze (Hg.): Weimar. Selbstpreisgabe einer Demokratie. Eine Bilanz heute. Düsseldorf 1980, S. 211-249.
Borchardt, Knut: Noch einmal: Alternativen zu Brünings Wirtschaftspolitik? In: Historische Zeitschrift 237 (1983), S. 67-83.
Borchardt, Knut: Zum Scheitern eines produktiven Diskurses über das Scheitern der Weimarer Republik: Replik auf Claus-Dieter Krohns Diskussionsbemerkungen. In: Geschichte und Gesellschaft 9 (1983), S. 124-137.
Borchardt, Knut: Das Gewicht der Inflationsangst in den wirtschaftspolitischen Entscheidungsprozessen während der Weltwirtschaftskrise. In: Gerald D. Feldman (Hg.): Die Nachwirkungen der Inflation auf die deutsche Geschichte 1924-1933. München 1985, S. 233-260.
Borchardt, Knut: Einleitung. In: ders./Hans Otto Schötz (Hg.): Wirtschaftspolitik in der Krise. Die (Geheim-)Konferenz der Friedrich List-Gesellschaft im September 1931 über Möglichkeiten und Folgen einer Kreditausweitung. Baden-Baden 1991, S. 17-50.

Borchardt, Knut: Eine Alternative zu Brünings Sparkurs? Zu Paul Köppens Erfindung französischer Kreditangebote. In: Vierteljahrshefte für Zeitgeschichte 63 (2015), S. 229-239.
Borchardt, Knut/Schötz, Hans Otto (Hg.): Wirtschaftspolitik in der Krise. Die (Geheim-) Konferenz der Friedrich List-Gesellschaft im September 1931 über Möglichkeiten und Folgen einer Kreditausweitung. Baden-Baden 1991.
Born, Karl Erich: Die deutsche Bankenkrise 1931. Finanzen und Politik. München 1967.
Bourdieu, Pierre: Ökonomisches Kapital, kulturelles Kapital, soziales Kapital. In: Reinhard Kreckel (Hg.): Soziale Ungleichheiten. Göttingen 1983, S. 183-198.
Bourdieu, Pierre: Die biographische Illusion. In: BIOS 3 (1990), S. 75-81.
Bourdieu, Pierre: Das politische Feld. In: ders.: Das politische Feld. Zur Kritik der politischen Vernunft. Konstanz 2001, S. 41-57.
Bourdieu, Pierre: Die feinen Unterschiede. Kritik der gesellschaftlichen Urteilskraft. Frankfurt a. M. ^{22}2012.
Bowers, Peter M.: The Failure of the German Democratic Party, 1918-1930. Ann Arbor 1973.
Bracher, Karl Dietrich: Die Auflösung der Weimarer Republik. Eine Studie zum Problem des Machtverfalls in der Demokratie. Stuttgart u. a. 1955.
Bracher, Karl Dietrich: Brünings unpolitische Politik und die Auflösung der Weimarer Republik. In: Vierteljahrshefte für Zeitgeschichte 19 (1973), S. 113-135.
Brandt, Peter/Rürup, Reinhard: Volksbewegung und demokratische Neuordnung in Baden 1918/19. Zur Vorgeschichte und Geschichte der Revolution. Sigmaringen 1991.
Braun, Bernd: Die „Generation Ebert". In: Klaus Schönhoven/Bernd Braun (Hg.): Generationen in der Arbeiterbewegung. München 2005, S. 69-86.
Braun, Michael: Der Badische Landtag 1918-1933. Düsseldorf 2009.
Braune, Andreas/Dreyer, Michael (Hg.): Republikanischer Alltag. Die Weimarer Demokratie und die Suche nach Normalität. Stuttgart 2017.
Breitkopf, Bernd: Die alten Landkreise und ihre Amtsvorsteher. Die Entstehung der Ämter und Landkreise im heutigen Landkreis Karlsruhe – Biographien der Oberamtmänner und Landräte von 1803 bis 1997. Ubstadt-Weiher 1997.
Bremer, Klaus J.: Die Kartellverordnung von 1923: Entstehung, Inhalt und praktische Anwendung. In: Hans Pohl (Hg.): Kartelle und Kartellgesetzgebung in Praxis und Rechtsprechung vom 19. Jahrhundert bis zur Gegenwart. Stuttgart 1985, S. 111-126.
Bresciani-Turroni, Costantino: The Economics of Inflation. A Study of Currency Depreciation in Post-War Germany. London 1937.
Brückmann, Karl: Die Entwertung des städtischen Hauskapitals durch die staatliche Wirtschafts- und Realsteuerpolitik der Nachkriegszeit in Deutschland und sein Wiederaufbau unter Berücksichtigung badischer Verhältnisse. Karlsruhe 1936.
Buchheim, Christoph: Die Erholung von der Weltwirtschaftskrise 1932/33 in Deutschland. In: Jahrbuch für Wirtschaftsgeschichte 44/1 (2003), S. 13-26.
Budde, Gunilla-Friederike: Auf dem Weg ins Bürgerleben. Kindheit und Erziehung in deutschen und englischen Bürgerfamilien 1840-1914. Göttingen 1994.
Budde, Gunilla-Friederike: Des Haushalts „schönster Schmuck". Die Hausfrau als Konsumexpertin des deutschen und englischen Bürgertums im 19. und frühen 20. Jahrhunderts. In: Hannes Siegrist/Hartmut Kaelble/Jürgen Kocka (Hg.): Europäische Konsumgeschichte. Zur Gesellschafts- und Kulturgeschichte des Konsums (18. bis 20. Jahrhundert). Frankfurt a. M. 1997, S. 411-440.
Budde, Gunilla: Blütezeit des Bürgertums. Bürgerlichkeit im 19. Jahrhundert. Darmstadt 2009.
Budde, Gunilla/Conze, Eckart/Rauh, Cornelia: Einleitung: Bürgertum und Bürgerlichkeit nach 1945. In: dies. (Hg.): Bürgertum nach dem bürgerlichen Zeitalter. Leitbilder und Praxis seit 1945. Göttingen 2010, S. 7-25.
Büttner, Ursula: Hamburg in der Staats- und Wirtschaftskrise. 1928-1931. Hamburg 1982.
Büttner, Ursula: Politische Alternativen zum Brüningschen Deflationskurs. Ein Beitrag zur Diskussion über „ökonomische Zwangslagen" in der Endphase der Weimarer Republik. In: Vierteljahrshefte für Zeitgeschichte 37 (1989), S. 209-251.

Büttner, Ursula: Weimar. Die überforderte Republik 1918-1933. Leistung und Versagen in Staat, Gesellschaft, Wirtschaft und Kultur. Stuttgart 2008.
Burchardt, Lothar: Konstanz im Ersten Weltkrieg. In: ders./Dieter Schott/Werner Trapp: Konstanz im 20. Jahrhundert. Die Jahre 1914 bis 1945. Konstanz 1990, S. 11-66.

Chanady, Attila: The Dissolution of the German Democratic Party in 1930. In: American Historical Review 73 (1967/68), S. 1433-1453.
Chickering, Roger: The Great War and Urban Life in Germany. Freiburg, 1914-1918. Cambridge u. a. 2007.
Childers, Thomas: Inflation, Stabilization, and Political Realignment in Germany 1924 to 1928. In: Gerald D. Feldman u. a. (Hg.): Die deutsche Inflation. Eine Zwischenbilanz. Berlin u. a. 1982, S. 409-431.
Conze, Werner: Die Krise des Parteienstaates in Deutschland 1929/30. In: Historische Zeitschrift 178 (1954), S. 47-83.
Conze, Werner: Brünings Politik unter dem Druck der großen Krise. In: Historische Zeitschrift 199 (1964), S. 529-550.
Conze, Werner/Kocka, Jürgen: Einleitung. In: dies. (Hg.): Bildungsbürgertum im 19. Jahrhundert. Teil I. Bildungssystem und Professionalisierung in internationalen Vergleichen. Stuttgart 1985, S. 9-26.

Dehm, Hartmut u. a.: 125 Jahre Straßburger Burschenschaft Arminia. Tübingen 2011.
Deutsche Bundesbank (Hg.): Deutsches Geld- und Bankwesen in Zahlen 1876-1975. Frankfurt a. M. 1976.
Dietrich-Troeltsch, Hermann: Kommunalkredit, Reparationen und föderalistisches Prinzip. Ein Beitrag zur Geschichte der kommunalen Finanzpolitik in der Weimarer Zeit. Diss. Mainz 1970.
Doering-Manteuffel, Anselm/Leonhard, Jörn: Liberalismus im 20. Jahrhundert – Aufriss einer historischen Phänomenologie. In: dies. (Hg.): Liberalismus im 20. Jahrhundert. Stuttgart 2015, S. 13-32.
Dussel, Konrad: Deutsche Tagespresse im 19. und 20. Jahrhundert. Münster 2004.
Dussel, Konrad: Pressebilder in der Weimarer Republik. Entgrenzung der Information. Münster 2012.

Ehrismann, Renate: Der regierende Liberalismus in der Defensive. Verfassungspolitik im Großherzogtum Baden 1876-1905. Frankfurt a. M. u. a. 1993.
Eichengreen, Barry: Golden Fetters. The Gold Standard and the Great Depression 1919-1939. Oxford u. a. 1992.
Eksteins, Modris: Theodor Heuss und die Weimarer Republik. Ein Beitrag zur Geschichte des deutschen Liberalismus. Stuttgart 1969.
Eksteins, Modris: The Limits of Reason. The German Democratic Press and the Collapse of Weimar Democracy. Oxford 1975.
Elbert, Claudia/Elbert, Wolfdietrich: Baugeschichte(n): Entwicklung von Dorf und Stadt. In: Ute Scherb (Hg.): Im Zeichen der Vereinigung. Kehl im deutschen Kaiserreich. Kappel-Grafenhausen 2010, S. 49-76.
Eley, Geoff: Notable Politics, the Crisis of German Liberalism, and the Electoral Transition of the 1890s. In: Konrad Jarausch/Larry Eugene Jones (Hg.): In Search of a Liberal Germany. Studies in the History of German Liberalism from 1789 to the Present. New York u. a. 1990, S. 187-216.
Eley, Geoff: Making a Place in the Nation. Meanings of "Citizenship" in Wilhelmine Germany. In: ders./James Retallack (Hg.): Wilhelminism and Its Legacies. German Modernities, Imperialism, and the Meanings of Reform, 1890-1930. Essays for Hartmut Pogge von Strandmann. New York u. a. 2003, S. 17-33.
Epkenhans, Michael: Das Bürgertum und die Revolution 1918/19. Heidelberg 1994.
Erker, Paul: Der Boschhof. Das landwirtschaftliche und kulturlandschaftliche Engagement von Robert Bosch. Ostfildern 2014.

Falter, Jürgen/Lindenberger, Thomas/Schumann, Siegfried: Wahlen und Abstimmungen in der Weimarer Republik. Materialien zum Wahlverhalten 1919-1932. München 1986.
Fattmann, Rainer: Bildungsbürger in der Defensive. Die akademische Beamtenschaft und der „Reichsbund der höheren Beamten" in der Weimarer Republik. Göttingen 2001.
Feldman, Gerald D.: Der Historiker und die deutsche Inflation. In: ders.: Vom Weltkrieg zur Weltwirtschaftskrise. Studien zur deutschen Wirtschafts- und Sozialgeschichte 1914-1932. Göttingen 1984, S. 55-66.
Feldman, Gerald D.: The Fate of the Social Insurance System in the German Inflation, 1914 to 1923. In: ders. u. a. (Hg.): Die Anpassung an die Inflation. Berlin u. a. 1986, S. 433-447.
Feldman, Gerald D.: The Great Disorder. Politics, Economics, and Society in the German Inflation, 1914-1924. New York u. a. 1993.
Feldman, Gerald D.: Die Deutsche Bank vom Ersten Weltkrieg bis zur Weltwirtschaftskrise. 1914-1933. In: Lothar Gall u. a.: Die Deutsche Bank. 1870-1995. München 1995, S. 137-314.
Feldman, Gerald D.: The Reparations Debate. In: Diplomacy and Statecraft 16 (2005), S. 487-498.
Feldman, Gerald D./Steinisch, Irmgard: Die Weimarer Republik zwischen Sozial- und Wirtschaftsstaat. Die Entscheidung gegen den Achtstundentag. In: Archiv für Sozialgeschichte 18 (1978), S. 353-439.
Fenske, Hans: Der liberale Südwesten. Freiheitliche und demokratische Traditionen in Baden und Württemberg 1790-1933. Stuttgart 1981.
Ferdinand, Horst: Venedey, Martin Georg Christoph. In: Bernd Ottnad (Hg.): Badische Biographien. Neue Folge Bd. 3. Stuttgart 1990, S. 276f.
Ferguson, Niall: Paper and iron. Hamburg business and German politics in the era of inflation, 1897-1927. Cambridge 1995.
Ferguson, Niall: The Balance of Payments Question: Versailles and After. In: Manfred F. Boemeke/Gerald D. Feldman/Elisabeth Glaser (Hg.): The Treaty of Versailles. A Reassessment after 75 Years. Cambridge u. a. 1998, S. 401-440.
Fiederlein, Friedrich Martin: Der deutsche Osten und die Regierungen Brüning, Papen, Schleicher. Diss. Würzburg 1966.
Fischer, Fritz: Griff nach der Weltmacht. Die Kriegszielpolitik des kaiserlichen Deutschland 1914/18. Düsseldorf ³1964.
Fischer, Fritz: Krieg der Illusionen. Die deutsche Politik von 1911 bis 1914. Düsseldorf 1969.
Fischer, Peter: Die deutsche Publizistik als Faktor der deutsch-polnischen Beziehungen 1919-1939. Wiesbaden 1991.
Föllmer, Moritz: Der „kranke Volkskörper". Industrielle, hohe Beamte und der Diskurs der nationalen Regeneration in der Weimarer Republik. In: Geschichte und Gesellschaft 27 (2001), S. 41-67.
Föllmer, Moritz: Die Verteidigung der bürgerlichen Nation. Industrielle und hohe Beamte in Deutschland und Frankreich 1900-1930. Göttingen 2002.
Föllmer, Moritz/Graf, Rüdiger/Leo, Per: Einleitung: Die Kultur der Krise in der Weimarer Republik. In: Moritz Föllmer/Rüdiger Graf (Hg.): Die „Krise" der Weimarer Republik. Zur Kritik eines Deutungsmusters. Frankfurt a. M. u. a. 2005, S. 9-41.
Forster, Bernhard: Adam Stegerwald (1874-1945). Christlich-nationaler Gewerkschafter, Zentrumspolitiker, Mitbegründer der Unionsparteien. Düsseldorf 2003.
Francis, Emerich: Ethnos und Demos. Soziologische Beiträge zur Volkstheorie. Berlin 1965.
Frei, Norbert: Nationalsozialistische Eroberung der Provinzpresse. Gleichschaltung, Selbstanpassung und Resistenz in Bayern. Stuttgart 1980.
Frerich, Johannes/Frey, Martin: Handbuch der Geschichte der Sozialpolitik in Deutschland. Bd. 1: Von der vorindustriellen Zeit bis zum Ende des Dritten Reiches. München u. a. ²1996.
Frevert, Ute/Haupt, Heinz-Gerhard (Hg.): Neue Politikgeschichte. Perspektiven einer historischen Politikforschung. Frankfurt a. M. 2005.

Fritz, Stephen G.: "The Center Cannot Hold." Educational Politics and the Collapse of the Democratic Middle in Germany: The School Bill Crisis in Baden, 1927-1928. In: History of Education Quarterly 25 (1985), S. 413-437.
Fritzsche, Klaus: Politische Romantik und Gegenrevolution. Fluchtwege in der Krise der bürgerlichen Gesellschaft: Das Beispiel des „Tat"-Kreises. Frankfurt a. M. 1976.
Frölich, Jürgen: „He served the German people well". Der politische Weg Hermann Dietrichs vom badischen Nationalliberalen zum baden-württembergischen Freien Demokraten. In: Zeitschrift für die Geschichte des Oberrheins 153 (2005), S. 619-640.
Frölich, Jürgen: Ein Nationalliberaler unter „Demokraten". Eugen Schiffer und der organisierte Liberalismus vom Kaiserreich bis nach dem Zweiten Weltkrieg. In: Jahrbuch zur Liberalismus-Forschung 18 (2006), S. 153-186.
Frölich, Jürgen: „Jede Zeit hat ihre Freiheiten, die sie sucht". Friedrich Naumann und der Liberalismus im ausgehenden Kaiserreich. In: Detlev Lehnert (Hg.): Sozialliberalismus in Europa. Herkunft und Entwicklung im 19. und frühen 20. Jahrhundert. Wien u. a. 2012, S. 135-159.
Frye, Bruce B.: The German Democratic Party and the "Jewish Problem" in the Weimar Republic. In: Leo Baeck Institute Year Book 21 (1976), S. 143-172.
Frye, Bruce B.: Liberal Democrats in the Weimar Republic. The History of the German Democratic Party and the German State Party. Carbondale u. a. 1985.
Führer, Karl Christian: Arbeitslosigkeit und die Entstehung der Arbeitslosenversicherung in Deutschland 1902-1927. Berlin 1990.
Führer, Karl Christian: Mieter, Hausbesitzer, Staat und Wohnungsmarkt. Wohnungsmangel und Wohnungszwangswirtschaft in Deutschland 1914-1960. Stuttgart 1995.
Fulda, Bernhard: Die Politik der „Unpolitischen". Boulevard- und Massenpresse in den zwanziger und dreißiger Jahren. In: Frank Bösch/Norbert Frei (Hg.): Medialisierung und Demokratie im 20. Jahrhundert. Göttingen 2006, S. 48-72.
Fulda, Bernhard: Press and Politics in the Weimar Republic. Oxford 2009.

Gall, Lothar: Der Liberalismus als regierende Partei. Das Großherzogtum Baden zwischen Restauration und Reichsgründung. Wiesbaden 1968.
Gall, Lothar: Liberalismus und „bürgerliche Gesellschaft". Zu Charakter und Entwicklung der liberalen Bewegung in Deutschland. In: Historische Zeitschrift 220 (1975), S. 324-356.
Gall, Lothar: Das liberale Milieu. Die Bedeutung der Gemeinde für den deutschen Liberalismus. In: Liberalismus und Gemeinde. 3. Rastatter Tagung zur Geschichte des Liberalismus am 10./11. November 1990. Sankt Augustin 1991, S. 17-33.
Gall, Lothar: Walther Rathenau. Portrait einer Epoche. München 2013.
Gay, Peter: Die Republik der Außenseiter. Geist und Kultur in der Weimarer Zeit: 1918-1933. Frankfurt a. M. 1970.
Gessner, Dieter: Agrarverbände in der Weimarer Republik. Wirtschaftliche und soziale Voraussetzungen agrarkonservativer Politik vor 1933. Düsseldorf 1976.
Gessner, Dieter: Agrardepression und Präsidialregierungen in Deutschland 1930-1933. Probleme des Agrarprotektionismus am Ende der Weimarer Republik. Düsseldorf 1977.
Geyer, Martin H.: Verkehrte Welt. Revolution, Inflation und Moderne, München 1914-1924. Göttingen 1998.
Geyer, Martin H.: Kapitalismus und politische Moral in der Zwischenkriegszeit. Oder: Wer war Julius Barmat? Hamburg 2018.
Gilg, Peter: Die Erneuerung des demokratischen Denkens im wilhelminischen Deutschland. Eine ideengeschichtliche Studie zur Wende vom 19. zum 20. Jahrhundert. Wiesbaden 1965.
Glashagen, Winfried: Die Reparationspolitik Heinrich Brünings 1930-1931. Studien zum wirtschafts- und außenpolitischen Entscheidungsprozeß in der Auflösungsphase der Weimarer Republik. Diss. Bonn 1980.
Gottschalk, Regina: Die Linksliberalen zwischen Kaiserreich und Weimarer Republik. Von der Julikrise 1917 bis zum Bruch der Weimarer Koalition im Juni 1919. Diss. Tübingen 1969.

Graf, Friedrich Wilhelm: Protestantische Theologie und die Formierung der bürgerlichen Gesellschaft. In: ders. (Hg.): Profile des neuzeitlichen Protestantismus. Bd. 1: Aufklärung, Idealismus, Vormärz. Gütersloh 1990, S. 11-54.
Graf, Friedrich Wilhelm: Polymorphes Gedächtnis. Zur Einführung in die Troeltsch-Nekrologie. In: ders. (Hg.): Ernst Troeltsch in Nachrufen. Gütersloh 2002, S. 21-173.
Graf, Friedrich Wilhelm: Fachmenschenfreundschaft. Studien zu Troeltsch und Weber. Berlin u. a. 2014.
Graf, Rüdiger: Die Zukunft der Weimarer Republik. Krisen und Zukunftsaneignungen in Deutschland 1918-1933. München 2008.
Graml, Hermann: Zwischen Stresemann und Hitler. Die Außenpolitik der Präsidialkabinette Brüning, Papen und Schleicher. München 2001.
Groh, Kathrin: Demokratische Staatsrechtslehrer in der Weimarer Republik. Von der konstitutionellen Staatslehre zur Theorie des modernen demokratischen Verfassungsstaats. Tübingen 2010.
Grosser, Dieter: Vom monarchischen Konstitutionalismus zur parlamentarischen Demokratie. Die Verfassungspolitik der deutschen Parteien im letzten Jahrzehnt des Kaiserreiches. Den Haag 1970.
Grothe, Ewald: Linksliberalismus in der Weimarer Republik. Eine Skizze. In: ders./Aubrey Pomerance/Andreas Schulz (Hg.): Ludwig Haas. Ein deutscher Jude und Kämpfer für die Demokratie. Düsseldorf 2017, S. 177-186.
Grothe, Ewald/Pomerance, Aubrey/Schulz, Andreas (Hg.): Ludwig Haas. Ein deutscher Jude und Kämpfer für die Demokratie. Düsseldorf 2017.
Grotkopp, Wilhelm: Die große Krise. Lehren aus der Überwindung der Wirtschaftskrise 1929/32. Düsseldorf 1954.
Grübler, Michael: Die Spitzenverbände der Wirtschaft und das erste Kabinett Brüning. Vom Ende der Großen Koalition 1929/30 bis zum Vorabend der Bankenkrise 1931. Eine Quellenstudie. Düsseldorf 1982.
Grüner, Stefan: Zwischen Einheitssehnsucht und pluralistischer Massendemokratie. Zum Parteien- und Demokratieverständnis im deutschen und französischen Liberalismus der Zwischenkriegszeit. In: Horst Möller/Manfred Kittel (Hg.): Demokratie in Deutschland und Frankreich 1918-1933/40. Beiträge zu einem historischen Vergleich. München 2002.
Gusy, Christoph: Die Weimarer Reichsverfassung. Tübingen 1997.
Gusy, Christoph (Hg.): Demokratisches Denken in der Weimarer Republik. Baden-Baden 2000.
Gusy, Christoph: Einleitung: Demokratisches Denken in der Weimarer Republik – Entstehungsbedingungen und Vorfragen. In: ders. (Hg.): Demokratisches Denken in der Weimarer Republik. Baden-Baden 2000, S. 11-36.
Gusy, Christoph: Fragen an das „demokratische Denken" in der Weimarer Republik. In: ders. (Hg.): Demokratisches Denken in der Weimarer Republik. Baden-Baden 2000, S. 635-663.
Gusy, Christoph: „Vernunftrepublikanismus" in der Staatsrechtswissenschaft der Weimarer Republik. In: Andreas Wirsching/Jürgen Eder (Hg.): Vernunftrepublikanismus in der Weimarer Republik. Politik, Literatur, Wissenschaft. Stuttgart 2008, S. 195-217.
Gutleben, Burkhard: Radikaldemokratische Partei – aufrechte Linksliberale ohne Erfolg. In: Liberal 28/1 (1986), S. 65-72.
Gutleben, Burkhard: Volksgemeinschaft oder Zweite Republik? Die Reaktionen des deutschen Linksliberalismus auf die Krise der 30er Jahre. In: Tel Aviver Jahrbuch für deutsche Geschichte 17 (1988), S. 259-284.

Hacke, Jens: Liberale Alternativen für die Krise der Demokratie. Der Nationalökonom Moritz Julius Bonn als politischer Denker im Zeitalter der Weltkriege. In: Jahrbuch zur Liberalismus-Forschung 26 (2014), S. 295-318.
Hacke, Jens: Existenzkrise der Demokratie. Zur politischen Theorie des Liberalismus in der Zwischenkriegszeit. Berlin 2018.
Hagenlücke, Heinz: Deutsche Vaterlandspartei. Die nationale Rechte am Ende des Kaiserreiches. Düsseldorf 1997.

Hardtwig, Wolfgang (Hg.): Politische Kulturgeschichte der Zwischenkriegszeit 1918-1939. Göttingen 2005.
Hardtwig, Wolfgang (Hg.): Ordnungen in der Krise. Zur politischen Kulturgeschichte Deutschlands 1900-1933. München 2007.
Hardtwig, Wolfgang: Freiheitliches Bürgertum in Deutschland. Der Weimarer Demokrat Eduard Hamm zwischen Kaiserreich und Widerstand. Stuttgart 2018.
Harlander, Tim/Hater, Katrin/Meiers, Franz: Siedeln in der Not. Umbruch von Wohnungspolitik und Siedlungsbau am Ende der Weimarer Republik. Hamburg 1988.
Hartenstein, Wolfgang: Die Anfänge der Deutschen Volkspartei 1918-1920. Düsseldorf 1962.
Hartmann, Kristiana: Deutsche Gartenstadtbewegung. Kulturpolitik und Gesellschaftsreform. München 1976.
Heckart, Beverly: From Bassermann to Bebel. The Grand Bloc's Quest for Reform in the Kaiserreich, 1900-1914. New Haven u. a. 1974.
Heffter, Heinrich: Die deutsche Selbstverwaltung im 19. Jahrhundert. Geschichte der Ideen und Institutionen. Stuttgart ²1969.
Heilbronner, Oded: Die Achillesferse des deutschen Katholizismus. Gerlingen 1998.
Heilbronner, Oded: „Freiheit, Gleichheit, Brüderlichkeit und Dynamit". Populäre Kultur, populärer Liberalismus und Bürgertum im ländlichen Süddeutschland von den 1860ern bis zu den 1930ern. München 2007.
Heimers, Manfred Peter: Unitarismus und süddeutsches Selbstbewußtsein. Weimarer Koalition und SPD in Baden in der Reichsreformdiskussion 1918-1933. Düsseldorf 1992.
Heinemann, Ulrich: Die verdrängte Niederlage. Politische Öffentlichkeit und Kriegsschuldfrage in der Weimarer Republik. Göttingen 1983.
Helbich, Wolfgang J.: Die Reparationen in der Ära Brüning. Zur Bedeutung des Young-Plans für die deutsche Politik 1930 bis 1932. Berlin 1962.
Hentschel, Volker: Steuersystem und Steuerpolitik in Deutschland 1890-1970. In: Werner Conze/M. Rainer Lepsius (Hg.): Sozialgeschichte der Bundesrepublik Deutschland: Beiträge zum Kontinuitätsproblem. Stuttgart 1983, S. 256-295.
Herf, Jeffrey: Reactionary modernism. Technology, culture, and politics in Weimar and the Third Reich. Cambridge u. a. 1984.
Hermanni, Dorothee: Die wirtschaftliche Entwicklung der Stadt Offenburg 1919 bis 1933. In: Klaus Eisele/Joachim Scholtyseck (Hg.): Offenburg 1919-1949. Zwischen Demokratie und Diktatur. Konstanz 2004, S. 103-134.
Hertfelder, Thomas: Das symbolische Kapital der Bildung: Theodor Heuss. In: Gangolf Hübinger/Thomas Hertfelder (Hg.): Kritik und Mandat. Intellektuelle in der deutschen Politik. Stuttgart u. a. 2000, S. 93-113.
Hertfelder, Thomas: „Meteor aus einer anderen Welt". Die Weimarer Republik in der Diskussion des Hilfe-Kreises. In: Andreas Wirsching/Jürgen Eder (Hg.): Vernunftrepublikanismus in der Weimarer Republik. Politik, Literatur, Wissenschaft. Stuttgart 2008, S. 29-55.
Hertz-Eichenrode, Dieter: Politik und Landwirtschaft in Ostpreußen 1919-1930. Untersuchung eines Strukturproblems in der Weimarer Republik. Köln u. a. 1969.
Hertz-Eichenrode, Dieter: Wirtschaftskrise und Arbeitsbeschaffung. Konjunkturpolitik 1925/26 und die Grundlagen der Krisenpolitik Brünings. Frankfurt a. M. u. a. 1982.
Hess, Christel: Die Tricksche Zellstofffabrik: Ein Beispiel der Industrialisierung in Kehl. In: Ute Scherb (Hg.): Im Zeichen der Vereinigung. Kehl im deutschen Kaiserreich. Kappel-Grafenhausen 2010, S. 113-124.
Heß, Jürgen C.: „Das ganze Deutschland soll es sein". Demokratischer Nationalismus in der Weimarer Republik am Beispiel der Deutschen Demokratischen Partei. Stuttgart 1978.
Heß, Jürgen C.: Wandlungen im Staatsverständnis des Linksliberalismus der Weimarer Republik 1930 bis 1933. In: Karl Holl (Hg.): Wirtschaftskrise und liberale Demokratie. Das Ende der Weimarer Republik und die gegenwärtige Situation. Göttingen 1978, S. 46-88.
Heß, Jürgen C.: Überlegungen zum Demokratie- und Staatsverständnis des Weimarer Linksliberalismus. In: Hartmut Boockmann/Kurt Jürgensen/Gerhard Stoltenberg (Hg.): Geschichte und Gegenwart. Festschrift für Karl Dietrich Erdmann. Neumünster 1980, S. 289-311.

Heß, Jürgen C.: Die Desintegration des Liberalismus in der Weimarer Republik. In: Hermann W. von der Dunk/Horst Lademacher (Hg.): Auf dem Weg zum modernen Parteienstaat. Zur Entstehung, Organisation und Struktur politischer Parteien in Deutschland und den Niederlanden. Melsungen 1986, S. 249-272.

Heß, Jürgen C.: „Die deutsche Lage ist ungeheuer ernst geworden." Theodor Heuss vor den Herausforderungen des Jahres 1933. In: Jahrbuch zur Liberalismus-Forschung 6 (1994), S. 65-136.

Hesse, Jan-Otmar/Köster, Roman/Plumpe, Werner: Die Große Depression. Die Weltwirtschaftskrise 1929-1939. Frankfurt a. M. u. a. 2014.

Hettlage, Karl M.: Die Finanzverwaltung. In: Kurt G. A. Jeserich/Hans Pohl/Georg-Christoph von Unruh (Hg.): Deutsche Verwaltungsgeschichte. Bd. 4: Das Reich als Republik und in der Zeit des Nationalsozialismus. Stuttgart 1985, S. 177-201.

Hettling, Manfred: Politische Bürgerlichkeit. Der Bürger zwischen Individualität und Vergesellschaftung in Deutschland und der Schweiz von 1860 bis 1918. Göttingen 1999.

Heyde, Philipp: Das Ende der Reparationen. Deutschland, Frankreich und der Young-Plan 1929-1932. Paderborn u. a. 1998.

Hömig, Herbert: Brüning. Kanzler in der Krise der Republik. Eine Weimarer Biographie. Paderborn 2000.

Hoeres, Peter: Die Kultur von Weimar. Durchbruch der Moderne. Berlin 2008.

Hoffmann, Walther G.: Das Wachstum der deutschen Wirtschaft seit der Mitte des 19. Jahrhunderts. Berlin u. a. 1965.

Hofmann, Wolfgang: Zwischen Rathaus und Reichskanzlei. Die Oberbürgermeister in der Kommunal- und Staatspolitik des Deutschen Reiches von 1890 bis 1933. Stuttgart u. a. 1974.

Hofmann, Wolfgang: Oberbürgermeister als politische Elite im Wilhelminischen Reich und in der Weimarer Republik. In: Klaus Schwabe (Hg.): Oberbürgermeister. Boppard 1981, S. 17-38.

Hofmann, Wolfgang: Aufgaben und Struktur der kommunalen Selbstverwaltung in der Zeit der Hochindustrialisierung. In: Kurt G. A. Jeserich/Hans Pohl/Georg-Christoph von Unruh (Hg.): Deutsche Verwaltungsgeschichte. Bd. 3: Das Deutsche Reich bis zum Ende der Monarchie. Stuttgart 1984, S. 578-644.

Hofmeister, Björn: Kultur- und Sozialgeschichte der Politik in der Weimarer Republik 1918 bis 1933. In: Archiv für Sozialgeschichte 50 (2010), S. 445-501.

Hohorst, Gerd/Kocka, Jürgen/Ritter, Gerhard A.: Sozialgeschichtliches Arbeitsbuch. Bd. 2: Materialien zur Statistik des Kaiserreichs 1870-1914. München ²1978.

Holl, Karl: Der Austritt Theodor Wolffs aus der Deutschen Demokratischen Partei. In: Publizistik 16 (1971), S. 294-302.

Holl, Karl: Ludwig Quidde (1858-1941). Eine Biographie. Düsseldorf 2007.

Hollweck, Hans: Der Unternehmer Ludwig Trick und seine Familie. In: ders./Rolf Kruse (Hg.): Kehler Familiengeschichten. Kehl 2004, S. 179-238.

Holtfrerich, Carl-Ludwig: Die deutsche Inflation 1914-1923. Ursachen und Folgen in internationaler Perspektive. Berlin u. a. 1980.

Holtfrerich, Carl-Ludwig: Alternativen zu Brünings Wirtschaftspolitik in der Weltwirtschaftskrise? In: Historische Zeitschrift 235 (1982), S. 605-631.

Holtfrerich, Carl-Ludwig: Zu hohe Löhne in der Weimarer Republik? Bemerkungen zur Borchardt-These. In: Geschichte und Gesellschaft 10 (1984), S. 122-141.

Holtfrerich, Carl-Ludwig: Zur Debatte über die deutsche Wirtschaftspolitik von Weimar zu Hitler. In: Vierteljahrshefte für Zeitgeschichte 44 (1998), S. 119-132.

Holtfrerich, Carl-Ludwig: Konjunkturpolitik: Vom Beginn der Austerität 1929 bis zur *sekundären* Deflation 1931/32. In: ders. (Hg.): Das Reichswirtschaftsministerium der Weimarer Republik und seine Vorläufer. Strukturen, Akteure, Handlungsfelder. Berlin u. a. 2016, S. 637-676.

Holzbach, Heidrun: Das „System" Hugenberg. Die Organisation bürgerlicher Sammlungspolitik vor dem Aufstieg der NSDAP. Stuttgart 1981.

Homrichhausen, Christian: Evangelische Pfarrer in Deutschland. In: Werner Conze/Jürgen Kocka (Hg.): Bildungsbürgertum im 19. Jahrhundert. Teil I. Bildungssystem und Professionalisierung in internationalen Vergleichen. Stuttgart 1985, S. 248-278.

Hornung, Klaus: Der Jungdeutsche Orden. Düsseldorf 1958.
Hoser, Paul: Die politischen, wirtschaftlichen und sozialen Hintergründe der Münchner Tagespresse zwischen 1914 und 1934. Methoden der Pressebeeinflussung. Frankfurt a. M. u. a. 1990.
Houwink ten Cate, Johannes: Hjalmar Schacht als Reparationspolitiker (1926-1930). In: Vierteljahrschrift für Sozial- und Wirtschaftsgeschichte 74 (1987), S. 186-228.
Huber, Ernst Rudolf: Deutsche Verfassungsgeschichte seit 1789. Bd. 6: Die Weimarer Reichsverfassung. Stuttgart u. a. 1981.
Huber, Ernst Rudolf: Deutsche Verfassungsgeschichte seit 1789. Bd. 7: Ausbau, Schutz und Untergang der Weimarer Republik. Stuttgart u. a. 1984.
Hübinger, Gangolf: Hochindustrialisierung und die Kulturwerte des deutschen Liberalismus. In: Dieter Langewiesche (Hg.): Liberalismus im 19. Jahrhundert. Deutschland im europäischen Vergleich. Göttingen 1988, S. 193-208.
Hübinger, Gangolf: Ernst Troeltsch in der Gründungsgeschichte der Weimarer Republik. In: Ernst Troeltsch: Schriften zur Politik und Kulturphilosophie (1918-1923). Herausgegeben von Gangolf Hübinger in Zusammenarbeit mit Johannes Mikuteit. Berlin u. a. 2002, S. 1-36.
Hübinger, Gangolf: Einleitung. In: Ernst Troeltsch: Spectator-Briefe und Berliner Briefe (1919-1922). Herausgegeben von Gangolf Hübinger in Zusammenarbeit mit Nikolai Wehrs. Berlin u. a. 2015, S. 1-20.
Hürter, Johannes: Wilhelm Groener. Reichswehrminister am Ende der Weimarer Republik (1928-1932). München 1993.
Hughes, Michael L.: Paying for the German Inflation. Chapel Hill u. a. 1988.
Hung, Jochen: "Bad" Politics and "Good" Culture: New Approaches to the History of the Weimar Republic. In: Central European History 49 (2016), S. 441-453.

Jaeger, Hans: Generation in der Geschichte. Überlegungen zu einem umstrittenen Konzept. In: Geschichte und Gesellschaft 3 (1977), S. 429-452.
James, Harold: Gab es eine Alternative zur Wirtschaftspolitik Brünings? In: Vierteljahrschrift für Sozial- und Wirtschaftsgeschichte 70 (1983), S. 523-541.
James, Harold: The Reichsbank and Public Finance in Germany 1924-1933: A Study of the Politics of Economics during the Great Depression. Frankfurt a. M. 1985.
James, Harold: The German Slump. Politics and Economics 1924-1936. Oxford 1986.
James, Harold: What Is Keynesian About Deficit Financing? The Case of Interwar Germany. In: Peter A. Hall (Hg.): The Political Power of Economic Ideas: Keynesianism across Nations. Princeton 1989, S. 231-262.
James, Harold: Die Deutsche Bank im Dritten Reich. München 2003.
James, Harold: Das Reichswirtschaftsministerium und die Außenwirtschaftspolitik: „Wir deutschen Pleitokraten, wir sitzen und beraten". In: Carl-Ludwig Holtfrerich (Hg.): Das Reichswirtschaftsministerium der Weimarer Republik und seine Vorläufer. Strukturen, Akteure, Handlungsfelder. Berlin u. a. 2016, S. 517-578.
Jansen, Christian: Selbstbewußtes oder gefügiges Parlament? Abgeordnetendiäten und Berufspolitiker in den deutschen Staaten des 19. Jahrhunderts. In: Geschichte und Gesellschaft 25 (1999), S. 33-65.
Jansen, Christian: Antiliberalismus und Antiparlamentarismus in der bürgerlich-demokratischen Elite der Weimarer Republik. Willy Hellpachs Publizistik der Jahre 1925-1933. In: Zeitschrift für Geschichtswissenschaft 49 (2001), S. 773-795.
Jansen, Dorothea: Einführung in die Netzwerkanalyse. Grundlagen, Methoden, Anwendungen. Wiesbaden ³2006.
Janz, Oliver: Bürger besonderer Art. Evangelische Pfarrer in Preußen 1850-1914. Berlin 1994.
Jarausch, Konrad H.: Students, Society, and Politics in Imperial Germany. The Rise of Academic Illiberalism. Princeton 1982.
Jarausch, Konrad H.: Deutsche Studenten 1800-1970. Frankfurt a. M. 1984.
Jarausch, Konrad H.: Die Not der geistigen Arbeiter: Akademiker in der Berufskrise, 1918-1933. In: Werner Abelshauser (Hg.): Die Weimarer Republik als Wohlfahrtsstaat. Zum

Verhältnis von Wirtschafts- und Sozialpolitik in der Industriegesellschaft. Wiesbaden 1987, S. 280-299.
Jasper, Gotthard: Der Schutz der Republik. Studien zur staatlichen Sicherung der Demokratie in der Weimarer Republik 1922-1930. Tübingen 1963.
Jochmann, Werner: Brünings Deflationspolitik und der Untergang der Weimarer Republik. In: Dirk Stegmann/Bernd-Jürgen Wendt/Peter-Christian Witt (Hg.): Industrielle Gesellschaft und politisches System. Beiträge zur politischen Sozialgeschichte. Festschrift für Fritz Fischer zum siebzigsten Geburtstag. Bonn 1978, S. 97-112.
John, Michael: Kultur, Klasse und regionaler Liberalismus in Hannover 1848-1914. In: Lothar Gall/Dieter Langewiesche (Hg.): Liberalismus und Region. Zur Geschichte des deutschen Liberalismus im 19. Jahrhundert. München 1995, S. 161-193.
Jones, Larry Eugene: "The Dying Middle": Weimar Germany and the Failure of Bourgeois Unity, 1924-1930. Ann Arbor 1970.
Jones, Larry Eugene: Sammlung oder Zersplitterung? Die Bestrebungen zur Bildung einer neuen Mittelpartei in der Endphase der Weimarer Republik. In: Vierteljahrshefte für Zeitgeschichte 25 (1977), S. 265-304.
Jones, Larry Eugene: In the Shadow of Stabilization: German Liberalism and the Legitimacy Crisis of the Weimar Party System, 1924-30. In: Gerald D. Feldman (Hg.): Die Nachwirkungen der Inflation auf die deutsche Geschichte. 1924-1933. München 1985, S. 21-41.
Jones, Larry Eugene: German Liberalism and the Dissolution of the Weimar Party System, 1918-1933. Chapel Hill u. a. 1988.
Jones, Larry Eugene: Democracy and Liberalism in the German Inflation. The Crisis of a Political Movement, 1918-1924. In: Gerald D. Feldman u. a. (Hg.): Konsequenzen der Inflation. Berlin 1989, S. 3-43.
Jones, Larry Eugene: Hitler versus Hindenburg. The 1932 Presidential Elections and the End of the Weimar Republic. Cambridge 2016.
Jung, Otmar: Direkte Demokratie in der Weimarer Republik. Die Fälle „Aufwertung", „Fürstenenteignung", „Panzerkreuzerverbot" und „Youngplan". Frankfurt a. M. u. a. 1989.
Jung, Otmar: Volksgesetzgebung. Die „Weimarer Erfahrungen" aus dem Fall der Vermögensauseinandersetzungen zwischen Freistaaten und ehemaligen Fürsten. Hamburg 1990.

Kaelble, Hartmut: Soziale Mobilität und Chancengleichheit im 19. und 20. Jahrhundert. Deutschland im internationalen Vergleich. Göttingen 1983.
Kailitz, Steffen: Demokratie und Wirtschaftspolitik in der Weimarer Republik in international vergleichender Perspektive. Eine Replik auf den Beitrag von Tim B. Müller. In: Vierteljahrshefte für Zeitgeschichte 62 (2014), S. 437-451.
Kaller, Gerhard: Die Revolution des Jahres 1918 in Baden und die Tätigkeit des Arbeiter- und Soldatenrats in Karlsruhe. In: Zeitschrift für die Geschichte des Oberrheins 114 (1966), S. 301-350.
Kaller, Gerhard: Dietrich, Hermann Robert. In: Bernd Ottnad (Hg.): Badische Biographien. Neue Folge Bd. 1. Stuttgart 1982, S. 94-97.
Kampe, Norbert: Studenten und „Judenfrage" im Deutschen Kaiserreich. Die Entstehung einer akademischen Trägerschicht des Antisemitismus. Göttingen 1988.
Kappenberger-Jans, Silke: Verlagspolitik und Wissenschaft. Der Verlag J.C.B. Mohr (Paul Siebeck) im frühen 20. Jahrhundert. Wiesbaden 2001.
Karstens, Simon: Die Summe aller Wahrheiten und Lügen. Ein Erfahrungsbericht zur geschichtswissenschaftlichen Biographie. In: BIOS 24 (2011), S. 78-97.
Kellmann, Axel: Anton Erkelenz. Ein Sozialliberaler im Kaiserreich und in der Weimarer Republik. Berlin 2007.
Kent, Bruce: The Spoils of War. The Politics, Economics, and Diplomacy of Reparations 1918-1932. Oxford 1989.
Kessler, Alexander: Der Jungdeutsche Orden auf dem Wege zur Deutschen Staatspartei. München 1980.

Kiefer, Julia: Vom Häfele zum Industriehafen: Eine Kehler Erfolgsgeschichte. In: Ute Scherb (Hg.): Im Zeichen der Vereinigung. Kehl im deutschen Kaiserreich. Kappel-Grafenhausen 2010, S. 103-111.
Kieseritzky, Wolther von: Liberale Parteieliten und politische Steuerung der Öffentlichkeit im Kaiserreich. Die Vernetzung von Partei und Presse. In: Dieter Dowe/Jürgen Kocka/ Heinrich August Winkler (Hg.): Parteien im Wandel vom Kaiserreich zur Weimarer Republik. Rekrutierung – Qualifizierung – Karrieren. München 1999, S. 85-108.
Kim, Hak-Ie: Industrie, Staat und Wirtschaftspolitik. Die konjunkturpolitische Diskussion in der Endphase der Weimarer Republik 1930-1932/33. Berlin 1997.
Kindleberger, Charles P.: The World in Depression 1929-1939. London 1973.
Kisker, Klaus Peter: Die Erbschaftsteuer als Mittel der Vermögensredistribution. Eine empirische und theoretische Untersuchung. Berlin 1964.
Kitzing, Michael: Paul Thorbecke (1882-1928) – Parteimanager, Wahlkampfstratege und Bürgermeister im Zeitalter von Wilhelminismus, Weltkrieg und Revolution. In: Jahrbuch zur Liberalismus-Forschung 23 (2011), S. 165-187.
Kitzing, Michael: Für den christlichen und sozialen Volksstaat. Die Badische Zentrumspartei in der Weimarer Republik. Düsseldorf 2013.
Klein, Annika: Korruption und Korruptionsskandale in der Weimarer Republik. Göttingen 2014.
Klueting, Harm: „Vernunftrepublikanismus" und „Vertrauensdiktatur": Friedrich Meinecke in der Weimarer Republik. In: Historische Zeitschrift 242 (1986), S. 69-98.
Knipping, Franz: Deutschland, Frankreich und das Ende der Locarno-Ära 1928-1931. Studien zur internationalen Politik in der Anfangsphase der Weltwirtschaftskrise. München 1987.
Kocka, Jürgen: Klassengesellschaft im Krieg. Deutsche Sozialgeschichte 1914-1918. Göttingen ²1978.
Kocka, Jürgen: Bürgertum und bürgerliche Gesellschaft im 19. Jahrhundert. Europäische Entwicklungen und deutsche Eigenarten. In: ders. (Hg.): Bürgertum im 19. Jahrhundert. Deutschland im europäischen Vergleich. München 1988, S. 11-76.
Köhne, Renate: Nationalliberale und Koalitionsrecht. Struktur und Verhalten der nationalliberalen Reichstagsfraktion 1890-1914. Frankfurt a. M. 1977.
Köppen, Paul: „Aus der Krankheit konnten wir unsere Waffe machen." Heinrich Brünings Spardiktat und die Ablehnung der französischen Kreditangebote 1930/31. In: Vierteljahrshefte für Zeitgeschichte 62 (2014), S. 349-375.
Köster, Roman: Die Wissenschaft der Außenseiter. Die Krise der Nationalökonomie in der Weimarer Republik. Göttingen 2011.
Köster, Roman: Vor der Krise. Die Keynes-Rezeption in der Weimarer Republik. In: Mittelweg 36 22/3 (2013), S. 32-46.
Köster, Roman: Keine Zwangslagen? Anmerkungen zu einer neuen Debatte über die deutsche Wirtschaftspolitik in der Großen Depression. In: Vierteljahrshefte für Zeitgeschichte 63 (2015), S. 241-257.
Kolb, Eberhard: Die Reichsbahn vom Dawes-Plan bis zum Ende der Weimarer Republik. In: Lothar Gall/Manfred Pohl (Hg.): Die Eisenbahn in Deutschland. Von den Anfängen bis zur Gegenwart. München 1999.
Kolb, Eberhard/Richter, Ludwig: Einleitung. In: Nationalliberalismus in der Weimarer Republik. Die Führungsgremien der Deutschen Volkspartei 1918-1933. Bearbeitet von Eberhard Kolb und Ludwig Richter. Düsseldorf 1999, S. 7*-50*.
Kolb, Eberhard/Schumann, Dirk: Die Weimarer Republik. München ⁸2013.
Kollmer-von Oheimb-Loup, Gert: Bevölkerung und soziale Verhältnisse. In: Hansmartin Schwarzmaier/Gerhard Taddey (Hg.): Handbuch der Baden-Württembergischen Geschichte. Bd. 5: Wirtschafts- und Sozialgeschichte seit 1918 – Übersichten und Materialien – Gesamtregister. Stuttgart 2007, S. 5-91.
Koops, Tilman P.: Zielkonflikte der Agrar- und Wirtschaftspolitik in der Ära Brüning. In: Hans Mommsen/Dietmar Petzina/Bernd Weisbrod (Hg.): Industrielles System und politische Entwicklung in der Weimarer Republik. Düsseldorf 1974, S. 852-868.
Koops, Tilman: Einleitung. In: AdR Brüning, S. XIX-XCVII.

Kopitzke, Oliver: Das Donaueschinger Tagblatt 1930-1933. Anpassung und innere Gleichschaltung eines demokratischen Provinzblattes. Studienarbeit Universität Dortmund 1992.

Koselleck, Reinhart: „Erfahrungsraum" und „Erwartungshorizont" – zwei historische Kategorien. In: ders.: Vergangene Zukunft. Zur Semantik geschichtlicher Zeiten. Frankfurt a. M. 1979. S. 349-375.

Koselleck, Reinhart: Krise. In: Otto Brunner/Werner Conze/Reinhart Koselleck (Hg.): Geschichtliche Grundbegriffe. Historisches Lexikon zur politisch-sozialen Sprache in Deutschland. Bd. 3. Stuttgart 1982, S. 617-650.

Koszyk, Kurt: Deutsche Pressepolitik im Ersten Weltkrieg. Düsseldorf 1968.

Koszyk, Kurt: Deutsche Presse 1914-1945. Geschichte der deutschen Presse. Teil III. Berlin 1972.

Koszyk, Kurt: Gustav Stresemann. Der kaisertreue Demokrat. Eine Biographie. Köln 1989.

Krabbe, Wolfgang R.: Munizipalsozialismus und Interventionsstaat. Die Ausbreitung der Städtischen Leistungsverwaltung im Kaiserreich. In: Geschichte in Wissenschaft und Unterricht 30 (1979), S. 265-283.

Krabbe, Wolfgang R.: Die Anfänge des „sozialen Wohnungsbaus" vor dem Ersten Weltkrieg. Kommunalpolitische Bemühungen um eine Lösung des Wohnungsproblems. In: Vierteljahrschrift für Sozial- und Wirtschaftsgeschichte 71 (1984), S. 30-58.

Krabbe, Wolfgang R.: Die gescheiterte Zukunft der Ersten Republik. Jugendorganisationen bürgerlicher Parteien im Weimarer Staat (1918-1933). Opladen 1995.

Kramp, Andrea: Georg Gothein (1857-1940). Aufstieg und Niedergang des deutschen Linksliberalismus. Düsseldorf 2018.

Kraus, Hans-Christof: Von Hohenlohe zu Papen. Bemerkungen zu den Memoiren deutscher Reichskanzler zwischen der wilhelminischen Ära und dem Ende der Weimarer Republik. In: Franz Bosbach/Magnus Brechtken (Hg.): Politische Memoiren in deutscher und britischer Perspektive. Political Memoirs in Anglo-German Context. München 2005, S. 87-112.

Kraus, Hans-Christof: Geschichte als Lebensgeschichte. Gegenwart und Zukunft der politischen Biographie. In: ders./Thomas Nicklas (Hg.): Geschichte der Politik. Alte und Neue Wege. München 2007, S. 311-332.

Kraus, Hans-Christof: Versailles und die Folgen. Außenpolitik zwischen Revisionismus und Verständigung 1919-1933. Berlin 2013.

Kraussmüller, Helmut/Anger, Ernst: Die Geschichte des Allgemeinen Deutschen Burschenbundes (ADB) 1883-1933 und das Schicksal der ehemaligen ADB-Burschenschaften. Gießen 1989.

Krekeler, Norbert: Revisionsanspruch und geheime Ostpolitik der Weimarer Republik. Die Subventionierung der deutschen Minderheit in Polen. Stuttgart 1973.

Kretschmann, Carsten: Generation und politische Kultur in der Weimarer Republik. In: Hans-Peter Becht/Carsten Kretschmann/Wolfram Pyta (Hg.): Politik, Kommunikation und Kultur in der Weimarer Republik. Heidelberg u. a. 2009, S. 11-30.

Kroboth, Rudolf: Die Finanzpolitik des Deutschen Reiches während der Reichskanzlerschaft Bethmann Hollwegs und die Geld- und Kapitalmarktverhältnisse (1909-1913/14). Frankfurt a. M. u. a. 1986.

Krohn, Claus-Dieter: Stabilisierung und ökonomische Interessen. Die Finanzpolitik des Deutschen Reiches 1923-1927. Düsseldorf 1974.

Krohn, Claus-Dieter: „Ökonomische Zwangslagen" und das Scheitern der Weimarer Republik. Zu Knut Borchardts Analyse der deutschen Wirtschaft in den zwanziger Jahren. In: Geschichte und Gesellschaft 8 (1982), S. 415-426.

Kroll, Frank-Lothar: Geburt der Moderne. Politik, Gesellschaft und Kultur vor dem Ersten Weltkrieg. Berlin 2013.

Krüger, Peter: Das Reparationsproblem der Weimarer Republik in fragwürdiger Sicht. Kritische Überlegungen zur neuesten Forschung. In: Vierteljahrshefte für Zeitgeschichte 29 (1981), S. 21-47.

Kühl, Uwe: Le débat sur le socialisme municipal en Allemagne avant 1914 et la municipalisation de l'électricité. In: ders. (Hg.): Der Munizipalsozialismus in Europa. Le socialisme municipal en Europe. München 2001, S. 81-99.

Kuhlemann, Frank-Michael: Bürgerlichkeit und Religion. Zur Sozial- und Mentalitätsgeschichte der evangelischen Pfarrer in Baden 1860-1914. Habilitationsschrift Universität Bielefeld 1998.
Kuhlemann, Frank-Michael: Bürgerlichkeit und Religion. Zur Sozial- und Mentalitätsgeschichte der evangelischen Pfarrer in Baden 1860-1914. Göttingen 2001.
Kuhrau, Sven: Der Kunstsammler im Kaiserreich. Kunst und Repräsentation in der Berliner Privatsammlerkultur. Kiel 2005.
Kulitz, Peter: Unternehmerspenden an politische Parteien. Berlin 1983.
Kunz, Andreas: Civil Servants and the Politics of Inflation in Germany, 1914-1924. Berlin u. a. 1986.
Kurlander, Eric: The Price of Exclusion. Ethnicity, National Identity, and the Decline of German Liberalism, 1898-1933. New York u. a. 2006.
Kurlander, Eric: Living with Hitler. Liberal Democrats in the Third Reich. New Haven u. a. 2009.
Kurz, Achim: Zur Interpretation des Artikels 48 Abs. 2 WRV 1930-33. Ein Überblick. In: Rolf Grawert u. a. (Hg.): Offene Staatlichkeit. Festschrift für Ernst-Wolfgang Böckenförde zum 65. Geburtstag. Berlin 1995, S. 395-413.

Lange, Helmut: Julius Curtius (1877-1948). Aspekte einer Politikerbiographie. Kiel 1970.
Langewiesche, Dieter: Liberalismus in Deutschland. Frankfurt a. M. 1988.
Langewiesche, Dieter: „Staat" und „Kommune". Zum Wandel der Staatsaufgaben in Deutschland im 19. Jahrhundert. In: Historische Zeitschrift 248 (1989), S. 621-635.
Lau, Dirk: Wahlkämpfe in der Weimarer Republik. Propaganda und Programme der politischen Parteien bei den Wahlen zum Deutschen Reichstag von 1924 bis 1930. Marburg 2008.
Lehnert, Detlev (Hg.): Kommunaler Liberalismus in Europa. Großstadtprofile um 1900. Köln u. a. 2014.
Lenger, Friedrich: Werner Sombart. 1863-1941. Eine Biographie. München 1994.
Lepsius, M. Rainer: Parteiensystem und Sozialstruktur: zum Problem der Demokratisierung der deutschen Gesellschaft. In: Wilhelm Abel u. a. (Hg.): Wirtschaft, Geschichte und Wirtschaftsgeschichte. Festschrift zum 65. Geburtstag von Friedrich Lütge. Stuttgart 1966, S. 371-393.
Lepsius, M. Rainer: Bürgertum als Gegenstand der Sozialgeschichte. In: Wolfgang Schieder/Volker Sellin (Hg.): Sozialgeschichte in Deutschland. Entwicklungen und Perspektiven im internationalen Zusammenhang. Bd. 4: Soziale Gruppen in der Geschichte. Göttingen 1987, S. 61-80.
Lepsius, M. Rainer: Das Bildungsbürgertum als ständische Vergesellschaftung. In: ders. (Hg.): Bildungsbürgertum im 19. Jahrhundert. Teil III. Lebensführung und ständische Vergesellschaftung. Stuttgart 1992, S. 9-18.
Lieberman, Ben: From Recovery to Catastrophe. Municipal Stabilization and Political Crisis in Weimar Germany. New York u. a. 1998.
Liepach, Martin: Das Wahlverhalten der jüdischen Bevölkerung. Zur politischen Orientierung der Juden in der Weimarer Republik. Tübingen 1996.
Lindenlaub, Dieter: Maschinenbauunternehmen in der Deutschen Inflation. 1919-1923. Unternehmenshistorische Untersuchungen zu einigen Inflationstheorien. Berlin u. a. 1985.
Link, Werner: Die amerikanische Stabilisierungspolitik in Deutschland 1921-32. Düsseldorf 1970.
Llanque, Marcus: Demokratisches Denken im Krieg. Die deutsche Debatte im Ersten Weltkrieg. Berlin 2000.
Llanque, Marcus: Der deutsche Linksliberalismus in der ideenpolitischen Konstellation des Ersten Weltkriegs und der Wandel des Politikverständnisses. In: Jahrbuch zur Liberalismus-Forschung 26 (2014), S. 27-47.
Lönnecker, Harald: Studenten und Gesellschaft, Studenten in der Gesellschaft. Versuch eines Überblicks seit Beginn des 19. Jahrhunderts. In: Rainer Christoph Schwinges (Hg.): Universität im öffentlichen Raum. Basel 2008, S. 387-438.

Luckemeyer, Ludwig: Ludwig Haas als Reichstagsabgeordneter der Fortschrittlichen Volkspartei (FVP) und der Deutschen Demokratischen Partei (DDP). Zum 100. Geburtstag des bedeutenden Staatsmannes der Weimarer Republik. In: Gunter Schulz (Hg.): Kritische Solidarität. Betrachtungen zum deutsch-jüdischen Selbstverständnis. Für Max Plaut zum 70. Geburtstag, 17. Oktober 1971. Bremen 1971, S. 119-174.
Luckemeyer, Ludwig: Die Deutsche Demokratische Partei von der Revolution bis zur Nationalversammlung 1918-1919. Diss. Gießen 1975.
Lüdtke, Christian: Hans Delbrück und Weimar. Für eine konservative Republik – gegen Kriegsschuldlüge und Dolchstoßlegende. Göttingen 2018.
Lüke, Rolf E.: Von der Stabilisierung zur Krise. Zürich 1958.
Lundgreen, Peter/Kraul, Margret/Ditt, Karl: Bildungschancen und soziale Mobilität in der städtischen Gesellschaft des 19. Jahrhunderts. Göttingen 1988.
Lundgreen, Peter (Hg.): Sozial- und Kulturgeschichte des Bürgertums. Eine Bilanz des Bielefelder Sonderforschungsbereichs (1986-1997). Göttingen 2000.
Lutzer, Kerstin: Der Badische Frauenverein 1859-1918. Rotes Kreuz, Fürsorge und Frauenfrage. Stuttgart 2002.

Mann, Michael: The Dark Side of Democracy. Explaining Ethnic Cleansing. Cambridge u. a. 2005.
Mantel, Kurt: Holzmarktlehre. Ein Lehr- und Handbuch der Holzmarktökonomie und Holzwirtschaftspolitik. Melsungen u. a. 1973.
Marcon, Helmut: Arbeitsbeschaffungspolitik der Regierungen Papen und Schleicher. Grundsteinlegung für die Beschäftigungspolitik im Dritten Reich. Bern u. a. 1974.
Marhold, Wolfgang: Die soziale Stellung des Pfarrers. Eine sozialgeschichtlich und empirisch orientierte Skizze. In: Martin Greiffenhagen (Hg.): Das evangelische Pfarrhaus. Eine Kultur- und Sozialgeschichte. Stuttgart 1984, S. 175-194.
Marquardt, Ernst: Das Hotel Marquardt in Stuttgart. Ein firmen- und familiengeschichtlicher Versuch. [3 Teile] In: Tradition: Zeitschrift für Firmengeschichte und Unternehmerbiographie 10 (1965), S. 49-66 u. 127-142 sowie 11 (1966), S. 70-89.
Matthias, Erich/Morsey, Rudolf: Die Deutsche Staatspartei. In: dies. (Hg.): Das Ende der Parteien 1933. Darstellungen und Dokumente. Düsseldorf 1960, S. 31-97.
Matz, Klaus-Jürgen: Reinhold Maier (1889-1971). Eine politische Biographie. Düsseldorf 1989.
Matzerath, Horst: Städtewachstum und Eingemeindungen im 19. Jahrhundert. In: Jürgen Reulecke (Hg.): Die deutsche Stadt im Industriezeitalter. Beiträge zur modernen deutschen Stadtgeschichte. Wuppertal 1978, S. 67-89.
Maurer, Ilse: Reichsfinanzen und Große Koalition. Zur Geschichte des Reichskabinetts Müller (1928-1930). Frankfurt a. M. 1973.
Maurer, Michael: Eberhard Gothein (1853-1923). Leben und Werk zwischen Kulturgeschichte und Nationalökonomie. Köln u. a. 2007.
McElligott, Anthony: Rethinking the Weimar Republic. Authority and Authoritarianism, 1916-1936. London u. a. 2014.
McNeil, William C.: American Money and the Weimar Republic. Economics and Politics on the Eve of the Great Depression. New York 1986.
Mechler, Wilhelm: Hermann Dietrich. Kehler Bürgermeister 1908-1914. Badischer Minister – Reichsminister – Vizekanzler. In: Die Ortenau 60 (1980), S. 51-64.
Meier, Desiderius: Hermann Dietrich – Bürger der Weimarer Republik. In: Jahrbuch zur Liberalismus-Forschung 24 (2012), S. 193-203.
Meier, Gerd: Zwischen Milieu und Markt. Tageszeitungen in Ostwestfalen 1920-1970. Paderborn 1999.
Meister, Rainer: Die große Depression. Zwangslagen und Handlungsspielräume der Wirtschafts- und Finanzpolitik in Deutschland 1929-1932. Regensburg 1991.
Menk, Gerhard: Politischer Liberalismus in Hessen zwischen Weimarer Republik und Nachkriegszeit. Rudolf Büttner, Margarete Grippentrog und die Deutsche Demokratische Partei Fuldas. Fulda 2010.

Mergel, Thomas: Parlamentarische Kultur in der Weimarer Republik. Politische Kommunikation, symbolische Politik und Öffentlichkeit im Reichstag. Düsseldorf 2002.
Mergel, Thomas: Überlegungen zu einer Kulturgeschichte der Politik. In: Geschichte und Gesellschaft 28 (2002), S. 574-606.
Mergel, Thomas: Das Scheitern des deutschen Tory-Konservatismus. Die Umformung der DNVP zu einer rechtsradikalen Partei 1928-1932. In: Historische Zeitschrift 276 (2003), S. 323-368.
Mergel, Thomas: High Expectations – Deep Disappointment. Structures of the Public Perception of Politics in the Weimar Republic. In: Cathleen Canning/Kerstin Barndt/Kristin McGuire (Hg.): Weimar Publics/Weimar Subjects. Rethinking the Political Culture of Germany in the 1920s. New York u. a. 2010, S. 192-210.
Merkenich, Stephanie: Grüne Front gegen Weimar. Reichs-Landbund und agrarischer Lobbyismus 1918-1933. Düsseldorf 1998.
Mettele, Gisela: Der private Raum als öffentlicher Ort. Geselligkeit im bürgerlichen Haus. In: Dieter Hein/Andreas Schulz (Hg.): Bürgerkultur im 19. Jahrhundert. Bildung, Kunst und Lebenswelt. München 1996, S. 155-169.
Middendorf, Stefanie: Staatsfinanzen und Regierungstaktiken. Das Reichsministerium der Finanzen (1919-1945) in der Geschichte von Staatlichkeit im 20. Jahrhundert. In: Geschichte und Gesellschaft 41 (2015), S. 140-168.
Mierzejewski, Alfred C.: The Most Valuable Asset of the Reich. A History of the German National Railway. Volume 1: 1920-1932. Chapel Hill u. a. 1999.
Möller, Alex: Hermann Dietrich – Deutscher Politiker. In: Zeitschrift für die Geschichte des Oberrheins 127 (1979), S. 363-379.
Möller, Horst: Parlamentarismus in Preußen 1919-1932. Düsseldorf 1985.
Möller, Horst: Bürgertum und bürgerlich-liberale Bewegung nach 1918. In: Lothar Gall (Hg.): Bürgertum und bürgerlich-liberale Bewegung in Mitteleuropa seit dem 18. Jahrhundert. München 1997, S. 293-342.
Möller, Horst: Die Weimarer Republik. Eine unvollendete Demokratie. München ^{7}2004.
Moeller, Robert G.: German Peasants and Agrarian Politics, 1914-1924. The Rhineland and Westphalia. Chapel Hill u. a. 1986.
Möllers, Heiner: Reichswehrminister Otto Geßler. Eine Studie zu „unpolitischer" Militärpolitik in der Weimarer Republik. Frankfurt a. M. 1998.
Mohler, Armin: Die Konservative Revolution in Deutschland 1918-1932. Ein Handbuch. Darmstadt ^{3}1989.
Molthagen, Dietmar: Das Ende der Bürgerlichkeit? Liverpooler und Hamburger Bürgerfamilien im Ersten Weltkrieg. Göttingen 2007.
Mommsen, Hans: Die Stellung der Beamtenschaft in Reich, Ländern und Gemeinden in der Ära Brüning. In: Vierteljahrshefte für Zeitgeschichte 21 (1973), S. 151-165.
Mommsen, Hans: Heinrich Brünings Politik als Reichskanzler: Das Scheitern eines politischen Alleingangs. In: Karl Holl (Hg.): Wirtschaftskrise und liberale Demokratie. Das Ende der Weimarer Republik und die gegenwärtige Situation. Göttingen 1978, S. 16-45.
Mommsen, Hans: Die Auflösung des Bürgertums seit dem späten 19. Jahrhundert. In: Jürgen Kocka (Hg.): Bürger und Bürgerlichkeit im 19. Jahrhundert. Göttingen 1987, S. 288-315.
Mommsen, Hans/Petzina, Dietmar/Weisbrod, Bernd (Hg.): Industrielles System und politische Entwicklung in der Weimarer Republik. Düsseldorf 1974.
Morat, Daniel u. a.: Weltstadtvergnügen. Berlin 1880-1930. Göttingen 2016.
Morsey, Rudolf: Vergleichende Übersicht über die Gehälter der Oberbürgermeister 1914 und 1930. In: Die Verwaltung 6 (1973), S. 90-102.
Morsey, Rudolf: Brünings Kritik an der Reichsfinanzpolitik 1919-1929. In: Erich Hassinger/J. Heinz Müller/Hugo Ott (Hg.): Geschichte. Wirtschaft. Gesellschaft. Festschrift für Clemens Bauer zum 75. Geburtstag. Berlin 1975, S. 359-373.
Morsey, Rudolf: Zur Entstehung, Authentizität und Kritik von Brünings „Memoiren 1918-1934". Opladen 1975.
Morsey, Rudolf: Staatsfeinde im öffentlichen Dienst (1929-1932). Die Beamtenpolitik gegenüber NSDAP-Mitgliedern. In: Klaus König/Hans-Werner Laubinger/Frido Wagener: Öffentlicher Dienst. Festschrift für Carl Hermann Ule. Köln u. a. 1977, S. 111-133.

Mühlhausen, Walter: Die Gemeinde als Urzelle des Staates – Erich Koch-Weser als Kommunalpolitiker. In: Jahrbuch zur Liberalismus-Forschung 18 (2006), S. 79-100.
Müller, Hans-Jürgen: Auswärtige Pressepolitik und Propaganda zwischen Ruhrkampf und Locarno (1923-1925). Eine Untersuchung über die Rolle der Öffentlichkeit in der Außenpolitik Stresemanns. Frankfurt a. M. u. a. 1991.
Müller, Klaus-Peter: Politik und Gesellschaft im Krieg. Der Legitimitätsverlust des badischen Staates 1914-1918. Stuttgart 1988.
Müller, Sven Oliver/Torp, Cornelius (Hg.): Das Deutsche Kaiserreich in der Kontroverse. Göttingen 2009.
Müller, Tim B.: Nach dem Ersten Weltkrieg. Lebensversuche moderner Demokratien. Hamburg 2014.
Müller, Tim B.: Demokratie und Wirtschaftspolitik in der Weimarer Republik. In: Vierteljahrshefte für Zeitgeschichte 62 (2014), S. 569-601.
Müller, Tim B.: Die Ordnung der Krise. Zur Revision der deutschen Geschichte im 20. Jahrhundert. In: Zeitschrift für Ideengeschichte 8/4 (2014), S. 119-126.
Münkler, Herfried: Der Große Krieg. Die Welt 1914 bis 1918. Berlin 2013.
Mundle, George Frederick: The German National Liberal Party, 1900-1914: Political Revival and Resistance to Change. Diss. Urbana 1975.

Neebe, Reinhard: Großindustrie, Staat und NSDAP 1930-1933. Paul Silverberg und der Reichsverband der Deutschen Industrie in der Krise der Weimarer Republik. Göttingen 1981.
Neitemeier, Martin: Die Telegraphen-Union. In: Jürgen Wilke (Hg.): Telegraphenbüros und Nachrichtenagenturen in Deutschland. Untersuchungen zu ihrer Geschichte bis 1949. München u. a. 1991, S. 87-134.
Netzband, Karl-Bernhard/Widmaier, Hans-Peter: Währungs- und Finanzpolitik der Ära Luther. 1923-1925. Basel u. a. 1964.
Neu, Heinrich: Pfarrerbuch der evangelischen Kirche Badens von der Reformation bis zur Gegenwart. Teil II. Das alphabetische Verzeichnis der Geistlichen mit biographischen Angaben. Lahr 1939.
Neugebauer, Wolfgang: Otto Hintze. Denkräume und Sozialwelten eines Historikers in der Globalisierung 1861-1940. Paderborn 2015.
Niewyk, Donald L.: The Jews in Weimar Germany. New Brunswick u. a. 2001.
Nipperdey, Thomas: Die Organisation der deutschen Parteien vor 1918. Düsseldorf 1961.
Nipperdey, Thomas: Deutsche Geschichte 1866-1918. Bd. 1: Arbeitswelt und Bürgergeist. München 1990.
Nipperdey, Thomas: Deutsche Geschichte 1866-1918. Bd. 2: Machtstaat vor der Demokratie. München 1992.

Orlow, Dietrich: Weimar Prussia, 1918-1925. The Unlikely Rock of Democracy. Pittsburgh 1986.
Orlow, Dietrich: Weimar Prussia, 1925-1933. The Illusion of Strength. Pittsburgh 1991.
Orth, Rainer: „Der Amtssitz der Opposition"? Politik und Staatsumbaupläne im Büro des Stellvertreters des Reichskanzlers in den Jahren 1933-1934. Köln u. a. 2016.
Ostermann, Patrick: Wilhelm Stahl. Ein badischer Liberaler. Sankt Augustin o. J. [1992].
Ott, Hugo: Die wirtschaftliche und soziale Entwicklung von der Mitte des 19. Jahrhunderts bis zum Ende des Ersten Weltkriegs. In: Josef Becker u. a.: Badische Geschichte. Vom Großherzogtum bis zur Gegenwart. Stuttgart 1979, S. 103-142.
Ott, Hugo: Handel und Industrie. In: Hansmartin Schwarzmaier/Gerhard Taddey (Hg.): Handbuch der Baden-Württembergischen Geschichte. Bd. 5. Stuttgart 2007, S. 122-167.

Palmowski, Jan: Urban Liberalism in Imperial Germany. Frankfurt am Main, 1866-1914. Oxford u. a. 1999.
Panzer, Arno: Das Ringen um die deutsche Agrarpolitik von der Währungsstabilisierung bis zur Agrardebatte im Reichstag im Dezember 1928. Kiel 1970.

Papke, Gerhard: Der liberale Politiker Erich Koch-Weser in der Weimarer Republik. Baden-Baden 1989.
Patch, William L.: Heinrich Brüning and the Dissolution of the Weimar Republic. Cambridge 1998.
Petersen, Klaus: Zensur in der Weimarer Republik. Stuttgart u. a. 1995.
Petzina, Dietmar/Abelshauser, Werner/Faust, Anselm: Sozialgeschichtliches Arbeitsbuch. Bd. 3: Materialien zur Statistik des Deutschen Reiches 1914-1945. München 1978.
Peukert, Detlev J. K.: Die Weimarer Republik. Krisenjahre der klassischen Moderne. Frankfurt a. M. 1987.
Philipp, Günther: Vom Dorf zum Stadtteil. Die Eingemeindung Rüppurrs nach Karlsruhe 1907. Karlsruhe 2007.
Pierenkemper, Toni: Der bürgerliche Haushalt in Deutschland an der Wende zum 20. Jahrhundert – im Spiegel von Haushaltsrechnungen. In: Dietmar Petzina (Hg.): Zur Geschichte der Ökonomik der Privathaushalte. Berlin 1991, S. 149-185.
Plumpe, Werner: Der Reichsverband der Deutschen Industrie und die Krise der Weimarer Wirtschaft. In: Andreas Wirsching (Hg.): Herausforderungen der parlamentarischen Demokratie. Die Weimarer Republik im europäischen Vergleich. München 2007, S. 129-157.
Plumpe, Werner: Einleitende Überlegungen. Strukturwandel oder Zerfall: das Wirtschaftsbürgertum 1870 bis 1930. In: ders./Jörg Lesczenski (Hg.): Bürgertum und Bürgerlichkeit zwischen Kaiserreich und Nationalsozialismus. Mainz 2009, S. 8-13.
Pohl, Hans: Die rheinischen Sparkassen. Entwicklung und Bedeutung für Wirtschaft und Gesellschaft von den Anfängen bis 1990. Stuttgart 2001.
Pohl, Karl Heinrich: Die Nationalliberalen – eine unbekannte Partei? In: Jahrbuch zur Liberalismus-Forschung 3 (1991), S. 82-112.
Pohl, Karl Heinrich: „Einig", „kraftvoll", „machtbewußt". Überlegungen zu einer Geschichte des deutschen Liberalismus aus regionaler Perspektive. In: Historische Mitteilungen der Ranke-Gesellschaft 7 (1994), S. 61-80.
Pohl, Karl Heinrich: Die Nationalliberalen in Sachsen vor 1914. Eine Partei der konservativen Honoratioren auf dem Wege zur Partei der Industrie. In: Lothar Gall/Dieter Langewiesche (Hg.): Liberalismus und Region. Zur Geschichte des deutschen Liberalismus im 19. Jahrhundert. München 1995, S. 195-215.
Pohl, Karl Heinrich: Liberalismus und Bürgertum 1880-1918. In: Lothar Gall (Hg.): Bürgertum und bürgerlich-liberale Bewegung in Mitteleuropa seit dem 18. Jahrhundert. München 1997, S. 231-291.
Pohl, Karl Heinrich: Der Liberalismus in Deutschland, 1890 bis 1933. In: Philippe Alexandre/Reiner Marcowitz (Hg.): La Revue „Die Hilfe", 1894-1944. Un laboratoire d'idées en Allemagne. Die Zeitschrift „Die Hilfe", 1894-1944. Ein Ideenlabor in Deutschland. Bern u. a. 2011, S. 39-65.
Pohl, Karl Heinrich: Gustav Stresemann. Biografie eines Grenzgängers. Göttingen 2015.
Pohl, Manfred: Die Situation der Banken in der Inflationszeit. In: Otto Büsch/Gerald D. Feldman (Hg.): Historische Prozesse der Deutschen Inflation 1914 bis 1924. Ein Tagungsbericht. Berlin 1978, S. 83-95.
Pois, Robert A.: The Bourgeois Democrats of Weimar Germany. Philadelphia 1976.
Preller, Ludwig: Sozialpolitik in der Weimarer Republik. Stuttgart 1949.
Priamus, Hans-Jürgen: Angestellte und Demokratie. Die nationalliberale Angestelltenbewegung in der Weimarer Republik. Stuttgart 1979.
Priemel, Kim Christian: Die Gelsenberg-Affäre: Ursachen – Verlauf – Ergebnisse. In: Johannes Bähr u. a.: Der Flick-Konzern im Dritten Reich. München 2008, S. 44-56.
Prinz, Michael: Das Ende der Standespolitik. Voraussetzungen, Formen und Konsequenzen mittelständischer Interessenpolitik in der Weimarer Republik am Beispiel des Deutschnationalen Handlungsgehilfenverbandes. In: Jürgen Kocka (Hg.): Angestellte im europäischen Vergleich. Die Herausbildung angestellter Mittelschichten seit dem späten 19. Jahrhundert. Göttingen 1981, S. 331-353.
Prinz, Michael: Vom neuen Mittelstand zum Volksgenossen. Die Entwicklung des sozialen Status der Angestellten von der Weimarer Republik bis zum Ende der NS-Zeit. München 1986.

Pyta, Wolfram: Gegen Hitler und für die Republik. Die Auseinandersetzung der deutschen Sozialdemokratie mit der NSDAP in der Weimarer Republik. Düsseldorf 1990.
Pyta, Wolfram: Dorfgemeinschaft und Parteipolitik 1918-1933. Die Verschränkung von Milieu und Parteien in den protestantischen Landgebieten Deutschlands in der Weimarer Republik. Düsseldorf 1996.
Pyta, Wolfram: Hindenburg. Herrschaft zwischen Hohenzollern und Hitler. München 2007.
Pyta, Wolfram: Biographisches Arbeiten als Methode. In: Christian Klein (Hg.): Handbuch Biographie. Methoden, Traditionen, Theorien. Stuttgart u. a. 2009, S. 331-338.

Radkau, Joachim: Theodor Heuss. München 2013.
Raithel, Thomas: Das schwierige Spiel des Parlamentarismus. Deutscher Reichstag und französische Chambre des Députés in den Inflationskrisen der 1920er Jahre. München 2005.
Raithel, Thomas: Funktionsstörungen des Weimarer Parlamentarismus. In: Moritz Föllmer/Rüdiger Graf (Hg.): Die „Krise" der Weimarer Republik. Zur Kritik eines Deutungsmusters. Frankfurt a. M. u. a. 2005, S. 243-266.
Rauh-Kühne, Cornelia: Das Individuum und seine Geschichte. Konjunkturen der Biographik. In: Andreas Wirsching (Hg.): Oldenbourg Geschichte Lehrbuch. Neueste Zeit. München 2006, S. 215-232.
Reckendrees, Alfred: Das „Stahltrust"-Projekt. Die Gründung der Vereinigten Stahlwerke A.G. und ihre Unternehmensentwicklung 1926-1933/34. München 2000.
Reibel, Carl-Wilhelm: Bündnis und Kompromiß. Parteienkooperation im Deutschen Kaiserreich 1890-1918. In: Historische Zeitschrift 293 (2011), S. 69-114.
Reimann, Joachim: Ernst Müller Meiningen senior und der Linksliberalismus seiner Zeit. Zur Biographie eines bayerischen und deutschen Politikers (1866-1944). München 1968.
Reinhardt, Simone: Die Reichsbank in der Weimarer Republik. Frankfurt a. M. u. a. 2000.
Reitmayer, Morten: „Bürgerlichkeit" als Habitus. Zur Lebensweise deutscher Großbankiers im Kaiserreich. In: Geschichte und Gesellschaft 25 (1999), S. 66-93.
Reitmayer, Morten: Bourgeoise Lebensführung im ersten Drittel des 20. Jahrhunderts. In: Werner Plumpe/Jörg Lesczenski (Hg.): Bürgertum und Bürgerlichkeit zwischen Kaiserreich und Nationalsozialismus. Mainz 2009, S. 59-69.
Reitmayer, Morten/Marx, Christian: Netzwerkansätze in der Geschichtswissenschaft. In: Christian Stegbauer/Roger Häußling (Hg.): Handbuch Netzwerkforschung. Wiesbaden 2010, S. 869-880.
Renz, Horst: Auf der alten Brücke. Beobachtungen zu Ernst Troeltschs Heidelberger Jahren 1894-1915. In: ders. (Hg.): Ernst Troeltsch zwischen Heidelberg und Berlin. Gütersloh 2001.
Retterath, Jörn: „Was ist das Volk?" Volks- und Gemeinschaftskonzepte der politischen Mitte in Deutschland 1917-1924. Berlin u. a. 2016.
Reulecke, Jürgen: Geschichte der Urbanisierung in Deutschland. Frankfurt a. M. 1985.
Ribhegge, Wilhelm: Frieden für Europa. Die Politik der deutschen Reichstagsmehrheit. Essen 1988.
Richter, Ludwig: Die Deutsche Volkspartei 1918-1933. Düsseldorf 2002.
Ritschl, Albrecht: Deutschlands Krise und Konjunktur 1924-1934. Binnenkonjunktur, Auslandsverschuldung und Reparationsproblem zwischen Dawes-Plan und Transfersperre. Berlin 2002.
Ritschl, Albrecht: Knut Borchardts Interpretation der Weimarer Wirtschaft. Zur Geschichte und Wirkung einer wirtschaftsgeschichtlichen Kontroverse. In: Jürgen Elvert/Susanne Kraus (Hg.): Historische Debatten und Kontroversen im 19. und 20. Jahrhundert. Stuttgart 2003, S. 234-244.
Ritschl, Albrecht: Schuldenkrise und Austerität. Die Rolle des Reichswirtschaftsministeriums in der Deflationspolitik 1929-1931. In: Carl-Ludwig Holtfrerich (Hg.): Das Reichswirtschaftsministerium der Weimarer Republik und seine Vorläufer. Strukturen, Akteure, Handlungsfelder. Berlin u. a. 2016, S. 579-636.
Ritter, Gerhard A.: Die deutschen Parteien 1830-1914. Parteien und Gesellschaft im konstitutionellen Regierungssystem. Göttingen 1985.

Rödder, Andreas: Stresemanns Erbe: Julius Curtius und die deutsche Außenpolitik 1929-1931. Paderborn u. a. 1996.
Rödder, Andreas: Dichtung und Wahrheit. Der Quellenwert von Heinrich Brünings Memoiren und seine Kanzlerschaft. In: Historische Zeitschrift 265 (1997), S. 77-116.
Rödder, Andreas: Reflexionen über das Ende der Weimarer Republik. Die Präsidialkabinette 1930-1932/33. Krisenmanagement oder Restaurationsstrategie? In: Vierteljahrshefte für Zeitgeschichte 47 (1999).
Roesler, Konrad: Die Finanzpolitik des Deutschen Reiches im Ersten Weltkrieg. Berlin 1967.
Rohe, Karl: Wahlen und Wählertraditionen in Deutschland. Kulturelle Grundlagen deutscher Parteien und Parteiensysteme im 19. und 20. Jahrhundert. Frankfurt a. M. 1992.
Rosanvallon, Pierre: Für eine Begriffs- und Problemgeschichte des Politischen. Antrittsvorlesung am Collège de France, Donnerstag, den 28. März 2002. In: Mittelweg 36 12/6 (2011), S. 43-66.
Rosenkötter, Bernhard: Treuhandpolitik. Die „Haupttreuhandstelle Ost" und der Raub polnischer Vermögen 1939-1945. Essen 2003.
Roth, Ralf: Leopold Sonnemann und seine Stadt. Kommunalliberalismus am Beispiel von Frankfurt am Main. In: Jahrbuch zur Liberalismus-Forschung 19 (2007), S. 83-99.
Rothmund, Paul: Kampf um die Macht – Die Blockpolitik in Baden. In: ders./Erhard R. Wiehn (Hg.): Die F.D.P./DVP in Baden-Württemberg und ihre Geschichte. Liberalismus als politische Gestaltungskraft im deutschen Südwesten. Stuttgart u. a. 1979, S. 116-130.
Rothmund, Paul: Liberalismus am Ende? Weimarer Zwischenspiel. In: ders./Erhard R. Wiehn (Hg.): Die F.D.P./DVP in Baden-Württemberg und ihre Geschichte. Liberalismus als politische Gestaltungskraft im deutschen Südwesten. Stuttgart u. a. 1979, S. 165-180.
Ruck, Michael: Der Wohnungsbau – Schnittpunkt von Sozial- und Wirtschaftspolitik. Probleme der öffentlichen Wohnungspolitik in der Hauszinssteuerära (1924/25-1930/31). In: Werner Abelshauser (Hg.): Die Weimarer Republik als Wohlfahrtsstaat. Zum Verhältnis von Wirtschafts- und Sozialpolitik in der Industriegesellschaft. Stuttgart 1987, S. 91-123.
Ruck, Michael: Die öffentliche Wohnungsbaufinanzierung in der Weimarer Republik. Zielsetzungen, Ereignisse, Probleme. In: Axel Schildt/Arnold Sywottek (Hg.): Massenwohnung und Eigenheim. Wohnungsbau und Wohnen in der Großstadt seit dem Ersten Weltkrieg. Frankfurt u. a. 1988, S. 150-200.
Runge, Wolfgang: Politik und Beamtentum im Parteienstaat. Die Demokratisierung der politischen Beamten in Preußen zwischen 1918 und 1933. Stuttgart 1965.
Ruppert, Karsten: Im Dienst am Staat von Weimar. Das Zentrum als regierende Partei in der Weimarer Demokratie 1923-1930. Düsseldorf 1992.

Saldern, Adelheid von: Hermann Dietrich. Ein Staatsmann der Weimarer Republik. Boppard 1966.
Saldern, Adelheid von: Rauminszenierungen. Bürgerliche Selbstrepräsentation im Zeitenumbruch (1880-1930). In: Werner Plumpe/Jörg Lesczenski (Hg.): Bürgertum und Bürgerlichkeit zwischen Kaiserreich und Nationalsozialismus. Mainz 2009, S. 39-55.
Schäfer, Hermann: Wirtschaftliche und soziale Probleme des Grenzlandes. In: Josef Becker u. a.: Badische Geschichte. Vom Großherzogtum bis zur Gegenwart. Stuttgart 1979, S. 168-183.
Schäfer, Michael: Bürgertum in der Krise. Städtische Mittelklassen in Edinburgh und Leipzig von 1890 bis 1930. Göttingen 2003.
Schäfer, Michael: Geschichte des Bürgertums. Eine Einführung. Köln u. a. 2009.
Schaefer, Rainer: SPD in der Ära Brüning: Tolerierung oder Mobilisierung? Handlungsspielräume und Strategien sozialdemokratischer Politik 1930-1932. Frankfurt a. M. 1990.
Schanbacher, Eberhard: Das Wählervotum und die „Machtergreifung" im deutschen Südwesten. In: Thomas Schnabel (Hg.): Die Machtergreifung in Südwestdeutschland. Das Ende der Weimarer Republik in Baden und Württemberg 1928-1933. Stuttgart u. a. 1982, S. 295-317.

Scherb, Ute (Hg.): Im Zeichen der Vereinigung. Kehl im deutschen Kaiserreich. Kappel-Grafenhausen 2010.
Scherb, Ute: Verzögerter Aufbruch: Das kaiserzeitliche Kehl zwischen Tradition und Moderne. In: dies. (Hg.): Im Zeichen der Vereinigung. Kehl im deutschen Kaiserreich. Kappel-Grafenhausen 2010, S. 11-48.
Scherb, Ute: „In schön humaner Weise Gutes zu tun": Der Frauenverein Stadt Kehl, Dorf Kehl & Sundheim. In: dies. (Hg.): Im Zeichen der Vereinigung. Kehl im deutschen Kaiserreich. Kappel-Grafenhausen 2010, S. 235-249.
Scherb, Ute: Ein steiniger Weg: Die Vereinigung von Dorf und Stadt Kehl. In: dies. (Hg.): Im Zeichen der Vereinigung. Kehl im deutschen Kaiserreich. Kappel-Grafenhausen 2010, S. 251-265.
Schiemann, Jürgen: Die deutsche Währung in der Weltwirtschaftskrise 1929-1933. Währungspolitik und Abwertungskontroverse unter den Bedingungen der Reparationen. Bern u. a. 1980.
Schiffers, Reinhard: Der Hauptausschuß des Deutschen Reichstages 1915-1918. Formen und Bereiche der Kooperation zwischen Parlament und Regierung. Düsseldorf 1979.
Schilling, Karsten: Das zerstörte Erbe. Berliner Zeitungen der Weimarer Republik im Portrait. Diss. FU Berlin 2011.
Schmädeke, Jürgen: Wählerbewegung im Wilhelminischen Deutschland. Bd. 1: Die Reichstagswahlen von 1890 bis 1912: Eine historisch-statistische Untersuchung. Berlin 1995.
Schmidgall, Markus: Die Revolution 1918/19 in Baden. Karlsruhe 2012.
Schnabel, Isabel: The German Twin Crisis of 1931. In: The Journal of Economic History 64 (2004), S. 822-871.
Schneider, Michael: Das Arbeitsbeschaffungsprogramm des ADGB. Zur gewerkschaftlichen Politik in der Endphase der Weimarer Republik. Bonn 1975.
Schneider, Werner: Die Deutsche Demokratische Partei in der Weimarer Republik 1924-1930. München 1978.
Scholtyseck, Joachim: Freudenberg. Ein Familienunternehmen in Kaiserreich, Demokratie und Diktatur. München 2016.
Scholz, Robert: Lohn und Beschäftigung als Indikatoren für die soziale Lage der Arbeiterschaft in der Inflation. In: Gerald D. Feldman u. a. (Hg.): Die Anpassung an die Inflation. Berlin u. a. 1986, S. 278-322.
Schott, Dieter: Die Konstanzer Gesellschaft 1918-1924. Der Kampf um Hegemonie zwischen Novemberrevolution und Inflation. Konstanz 1989.
Schott, Dieter: Von der Novemberrevolution bis zum Krisenjahr 1923. In: Lothar Burchardt/Dieter Schott/Werner Trapp: Konstanz im 20. Jahrhundert. Die Jahre 1914 bis 1945. Konstanz 1990, S. 67-144.
Schrenk, Christhard: Friedrich Naumann und Heilbronn – Einblicke in das „Netzwerk Jäckh, Bruckmann, Heuss". In: Jahrbuch zur Liberalismus-Forschung 23 (2011), S. 29-45.
Schüren, Reinhard: Soziale Mobilität. Muster, Veränderungen und Bedingungen im 19. und 20. Jahrhundert. St. Katharinen 1989.
Schüren, Ulrich: Der Volksentscheid zur Fürstenenteignung 1926. Die Vermögensauseinandersetzung mit den depossedierten Landesherren als Problem der deutschen Innenpolitik unter besonderer Berücksichtigung der Verhältnisse in Preußen. Düsseldorf 1978.
Schuker, Stephen A.: American "Reparations" to Germany, 1919-33: Implications for the Third-World Debt Crisis. Princeton 1988.
Schulz, Andreas: Lebenswelt und Kultur des Bürgertums im 19. und 20. Jahrhundert. Berlin u. a. ²2014.
Schulz, Andreas: Daheim unter Fremden – Ludwig Haas und der Antisemitismus. In: Ewald Grothe/Aubrey Pomerance/Andreas Schulz (Hg.): Ludwig Haas. Ein deutscher Jude und Kämpfer für die Demokratie. Düsseldorf 2017, S. 157-175.
Schulz, Gerhard: Zwischen Demokratie und Diktatur. Die Periode der Konsolidierung und der Revision des Bismarckschen Reichsaufbaus 1919-1930. Berlin u. a. ²1987.
Schulz, Gerhard: Deutschland am Vorabend der Großen Krise. Berlin u. a. 1987.
Schulz, Gerhard: Von Brüning zu Hitler. Der Wandel des politischen Systems in Deutschland 1930-1933. Berlin u. a. 1992.

Schulze, Hagen: Otto Braun oder Preußens demokratische Sendung. Eine Biographie. Frankfurt a. M. u. a. 1977.
Schulze, Hagen: Weimar. Deutschland 1917-1933. Berlin 1982.
Schumacher, Martin: Mittelstandsfront und Republik. Die Wirtschaftspartei – Reichspartei des deutschen Mittelstandes 1919-1933. Düsseldorf 1972.
Schumacher, Martin: Land und Politik. Eine Untersuchung über politische Parteien und agrarische Interessen 1914-1923. Düsseldorf 1978.
Schumann, Dirk: Politische Gewalt in der Weimarer Republik 1918-1933. Kampf um die Straße und Furcht vor dem Bürgerkrieg. Essen 2001.
Schustereit, Hartmut: Linksliberalismus und Sozialdemokratie in der Weimarer Republik. Eine vergleichende Betrachtung der Politik von DDP und SPD 1919-1930. Düsseldorf 1975.
Schwarzmaier, Lore/Schwarzmaier, Hansmartin: Hermann Hummel. Badischer Abgeordneter und Minister an einer Zeitenwende. In: Die Ortenau 73 (1993), S. 432-455.
Seier, Hellmut: Nationalstaat und sozialer Ausgleich als schlesische Motive des Nationalliberalen Eugen Schiffer. In: Jahrbuch der schlesischen Friedrich-Wilhelms-Universität zu Breslau 27 (1986), S. 185-222.
Sell, Friedrich C.: Die Tragödie des deutschen Liberalismus. Stuttgart 1953.
Sepaintner, Fred: Die badische Presse im Kaiserreich – Spiegelbild der Parteiverhältnisse vor dem Ersten Weltkrieg. In: Zeitschrift für die Geschichte des Oberrheins 128 (1980), S. 403-413.
Sheehan, James J.: Liberalism and the City in Nineteenth-Century Germany. In: Past & Present 51 (1971), S. 116-137.
Sheehan, James J.: German Liberalism in the Nineteenth Century. Chicago u. a. 1978.
Sieferle, Rolf Peter: Die Konservative Revolution. Fünf biographische Skizzen. (Paul Lensch, Werner Sombart, Oswald Spengler, Ernst Jünger, Hans Freyer). Frankfurt a. M. 1995, S. 45-73.
Sigel, Robert: Die Lensch-Cunow-Haenisch-Gruppe. Eine Studie zum rechten Flügel der SPD im Ersten Weltkrieg. Berlin 1976.
Sösemann, Bernd: Das Ende der Weimarer Republik in der Kritik demokratischer Publizisten. Theodor Wolff, Ernst Feder, Julius Elbau, Leopold Schwarzschild. Berlin 1976.
Sontheimer, Kurt: Der Tatkreis. In: Vierteljahrshefte für Zeitgeschichte 7 (1959), S. 229-260.
Sontheimer, Kurt: Antidemokratisches Denken in der Weimarer Republik. Die politischen Ideen des deutschen Nationalismus zwischen 1918 und 1933. München 1962.
Sperber, Jonathan: The Kaiser's Voters. Electors and Elections in Imperial Germany. New York u. a. 1997.
Spoerer, Mark/Streb, Jochen: Neue deutsche Wirtschaftsgeschichte des 20. Jahrhunderts. München 2013.
Stalmann, Volker: Einleitung. In: Bernhard Falk (1867-1944). Erinnerungen eines liberalen Politikers. Bearbeitet von Volker Stalmann. Düsseldorf 2012, S. 9-182.
Stalmann, Volker: Ludwig Haas als Abgeordneter der Nationalversammlung und des Reichstages der Weimarer Republik (1919-1930). In: Ewald Grothe/Aubrey Pomerance/Andreas Schulz (Hg.): Ludwig Haas. Ein deutscher Jude und Kämpfer für die Demokratie. Düsseldorf 2017, S. 119-155.
Stang, Joachim: Die Deutsche Demokratische Partei in Preußen 1918-1933. Düsseldorf 1994.
Steber, Martina: Ethnische Gewissheiten. Die Ordnung des Regionalen im bayerischen Schwaben vom Kaiserreich bis zum NS-Regime. Göttingen 2010.
Steck, Wolfgang: Im Glashaus: Die Pfarrfamilie als Sinnbild christlichen und bürgerlichen Lebens. In: Martin Greiffenhagen (Hg.): Das evangelische Pfarrhaus. Eine Kultur- und Sozialgeschichte. Stuttgart 1984, S. 109-125.
Stegmann, Dirk: Die Erben Bismarcks. Parteien und Verbände in der Spätphase des Wilhelminischen Deutschlands. Sammlungspolitik 1897-1918. Köln u. a. 1970.
Stehling, Jutta: Weimarer Koalition und SPD in Baden. Ein Beitrag zur Geschichte der Partei- und Kulturpolitik in der Weimarer Republik. Frankfurt a. M. 1976.

Steiger, Karsten: Kooperation, Konfrontation, Untergang. Das Weimarer Tarif- und Schlichtungswesen während der Weltwirtschaftskrise und seine Vorbedingungen. Stuttgart 1998.
Stürmer, Michael: Koalition und Opposition in der Weimarer Republik 1924-1928. Düsseldorf 1967.
Stürmer, Michael: Risse in der Republik: Die politische Kultur von Weimar. In: ders.: Dissonanzen des Fortschritts. Essays über Geschichte und Politik in Deutschland. München u. a. 1986, S. 166-176.
Stüwe, Hartmut: Kehl im Dritten Reich. Kehler Stadtgeschichte 1933-1945. Kehl 1997.
Stüwe, Hartmut: Hermann Dietrich – Bürgermeister in Kehl von 1908 bis 1914. In: Annette Lipowsky/Birte Smok/Hartmut Stüwe (Hg.): Jahresschrift 2004. Kehl 2004, S. 50-60.
Sturm, Joachim: Zum Aufenthalt Hermann Dietrichs in der Schwarzwaldgemeinde Gütenbach. In: Almanach 15 (1991), S. 111-115.
Szöllösi-Janze, Margit: Fritz Haber. 1868-1934. Eine Biographie. München 1998.

Tenfelde, Klaus: Stadt und Bürgertum im 20. Jahrhundert. In: ders./Hans-Ulrich Wehler (Hg.): Wege zur Geschichte des Bürgertums. Göttingen 1994, S. 317-353.
Theiner, Peter: Friedrich Naumann und der soziale Liberalismus im Kaiserreich. In: Karl Holl/Günter Trautmann/Hans Vorländer (Hg.): Sozialer Liberalismus. Göttingen 1986, S. 72-83.
Thiel, Jürgen: Die Großblockpolitik der Nationalliberalen Partei Badens 1905 bis 1914. Ein Beitrag zur Zusammenarbeit von Liberalismus und Sozialdemokratie in der Spätphase des Wilhelminischen Deutschlands. Stuttgart 1976.
Thieme, Hartwig: Nationaler Liberalismus in der Krise. Die nationalliberale Fraktion des Preußischen Abgeordnetenhauses 1914-1918. Boppard 1963.
Thompson, Alastair P.: Left Liberals, the State, and Popular Politics in Wilhelmine Germany. Oxford u. a. 2000.
Thonfeld, Christoph: Krisenjahre revisited. Die Weimarer Republik und die Klassische Moderne in der gegenwärtigen Forschung. In: Historische Zeitschrift 302 (2016), S. 390-420.
Thoß, Hendrik: Demokratie ohne Demokraten? Die Innenpolitik der Weimarer Republik. Berlin 2008.
Timm, Helga: Die deutsche Sozialpolitik und der Bruch der großen Koalition im März 1930. Düsseldorf 1952.
Tjaden, Ulrich: Liberalismus im katholischen Baden. Geschichte, Organisation und Struktur der Nationalliberalen Partei Badens 1869-1893. Diss. Freiburg i. Br. 1999.
Tober, Holger J.: Deutscher Liberalismus und Sozialpolitik in der Ära des Wilhelminismus. Anschauungen der liberalen Parteien im parlamentarischen Entscheidungsprozeß und in der öffentlichen Diskussion. Husum 1999.
Tooze, Adam: The Deluge. The Great War and the Remaking of Global Order, 1916-1931. London u. a. 2014.
Tooze, Adam: Wirtschaftsstatistik im Reichswirtschaftsministerium, in seinem statistischen Reichsamt und im Institut für Konjunkturforschung. In: Carl-Ludwig Holtfrerich (Hg.): Das Reichswirtschaftsministerium der Weimarer Republik und seine Vorläufer. Strukturen, Akteure, Handlungsfelder. Berlin u. a. 2016, S. 361-420.
Torp, Claudius: Konsum und Politik in der Weimarer Republik. Göttingen 2011.
Trachtenberg, Marc: Reparation in World Politics. France and European Economic Diplomacy, 1916-1923. New York 1980.
Trapp, Werner: Konstanz in der Zeit des Nationalsozialismus. In: Lothar Burchardt/Dieter Schott/Werner Trapp: Konstanz im 20. Jahrhundert. Die Jahre 1914 bis 1945. Konstanz 1990, S. 221-347.
Triebel, Armin: Zwei Klassen und die Vielfalt des Konsums. Haushaltsbudgetierung bei abhängig Erwerbstätigen in Deutschland im ersten Drittel des 20. Jahrhunderts. Bd. 2. Berlin 1991.
Turk, Eleanor L.: German Liberals and the Genesis of the Association Law of 1908. In: Konrad Jarausch/Larry Eugene Jones (Hg.): In Search of a Liberal Germany. Studies in the History of German Liberalism from 1789 to the Present. New York u. a. 1990, S. 237-260.

Ullmann, Hans-Peter: Der Bürger als Steuerzahler im Deutschen Kaiserreich. In: Manfred Hettling/Paul Nolte (Hg.): Nation und Gesellschaft in Deutschland. Historische Essays. München 1996, S. 231-246.
Urban, Nikolaus: Die Diätenfrage. Zum Abgeordnetenbild in Staatsrechtslehre und Politik 1900-1933. Tübingen 2003.

Voigt, Isabell: Korrespondenzbüros als Hilfsgewerbe der Presse. Entstehung, Aufgaben und Entwicklung. In: Jürgen Wilke (Hg.): Unter Druck gesetzt. Vier Kapitel deutscher Pressegeschichte. Köln u. a. 2002, S. 69-127.
Volkmann, Peer Oliver: Heinrich Brüning (1885-1970). Nationalist ohne Heimat. Eine Teilbiographie. Düsseldorf 2007.

Wandel, Eckhard: Hans Schäffer. Steuermann in wirtschaftlichen und politischen Krisen. Stuttgart 1974.
Wagner, Sabine: Die Privatbibliothek von Ernst Troeltsch. Forschungsergebnisse. In: Mitteilungen der Ernst-Troeltsch-Gesellschaft 12 (1999), S. 33-68.
Wagner, Thomas H.: „Krieg oder Frieden. Unser Platz an der Sonne". Gustav Stresemann und die Außenpolitik des Kaiserreichs bis zum Ausbruch des Ersten Weltkriegs. Paderborn u. a. 2007.
Weber, Emil: Hermann Dietrich. In: Burschenschaftliche Blätter 77 (1962), S. 92-94 u. 96.
Weber, Petra: Gescheiterte Sozialpartnerschaft – Gefährdete Republik? Industrielle Beziehungen, Arbeitskämpfe und der Sozialstaat. Deutschland und Frankreich im Vergleich (1918-1933/39). München 2010.
Wegerhoff, Susanne: Die Stillhalteabkommen 1931-33. Internationale Versuche zur Privatschuldenregelung unter den Bedingungen des Reparations- und Kriegsschuldensystems. Diss. LMU München 1982.
Wegner, Konstanze: Literaturbericht. Linksliberalismus im wilhelminischen Deutschland und in der Weimarer Republik. In: Geschichte und Gesellschaft 4 (1978), S. 120-137.
Wehler, Hans-Ulrich: Deutsche Gesellschaftsgeschichte. Bd. 3: Von der „Deutschen Doppelrevolution" bis zum Beginn des Ersten Weltkrieges. 1849-1914. München 1995.
Wehler, Hans-Ulrich: Die Herausforderung der Kulturgeschichte. München 1998.
Wehler, Hans-Ulrich: Deutsches Bürgertum nach 1945: Exitus oder Phönix aus der Asche? In: Geschichte und Gesellschaft 27 (2001), S. 617-634.
Wehler, Hans-Ulrich: Deutsche Gesellschaftsgeschichte. Bd. 4: Vom Beginn des Ersten Weltkriegs bis zur Gründung der beiden deutschen Staaten. 1914-1949. München 2003.
Weidmüller, Helmut: Die Berliner Gesellschaft während der Weimarer Republik. Diss. FU Berlin 1956.
Weiß, Volker: Moderne Antimoderne. Arthur Moeller van den Bruck und der Wandel des Konservatismus. Paderborn u. a. 2012.
Weitz, Eric: Weimar Germany. Promise and Tragedy. Princeton u. a. ^{2}2013.
Wende, Frank: Die belgische Frage in der deutschen Politik des Ersten Weltkrieges. Hamburg 1969.
Wermuth, Helga: Dr. h. c. Max Winkler – ein Gehilfe staatlicher Pressepolitik in der Weimarer Republik. Diss. LMU München 1975.
Wernecke, Klaus: Nachrichtenagenturen und Provinzpresse in der Weimarer Republik. In: Zeitschrift für Geschichtswissenschaft 48 (2000), S. 326-345.
White, Dan: The Splintered Party. National Liberalism in Hessen and the Reich. Cambridge (Mass.) 1976.
Wieland, Markus M.: Ein Protokollbuch der Deutschen Demokratischen Partei (DDP) im Eberbacher Stadtarchiv. In: Eberbacher Geschichtsblatt 106 (2007), S. 142-148.
Wielandt, Friedrich: Schule und Politik in Baden während der Weimarer Republik. Diss. Freiburg i. Br. 1976.
Wiemann-Stöhr, Ingeborg: Die Stadt Weinheim 1925-1933. Untersuchungen zu ihrem wirtschaftlichen, sozialen und politischen Profil. Weinheim an der Bergstraße 1991.
Wilderotter, Stefan D.: Richard Freudenberg. Liberaler Politiker und Unabhängiger Bundestagsabgeordneter. Weinheim 1992.

Willock, Mark: Die Nationalliberale Partei in Baden 1905-1913. In: Jahrbuch der Hambach-Gesellschaft 9 (2001), S. 71-188.
Winkler, Heinrich August: Mittelstand, Demokratie und Nationalsozialismus. Die politische Entwicklung von Handwerk und Kleinhandel in der Weimarer Republik. Köln 1972.
Winkler, Heinrich August: Einleitende Bemerkungen zu Hilferdings Theorie des Organisierten Kapitalismus. In: Gerald D. Feldman/Heinrich August Winkler (Hg.): Organisierter Kapitalismus. Voraussetzungen und Anfänge. Göttingen 1974, S. 9-18.
Winkler, Heinrich August: Von der Revolution zur Stabilisierung. Arbeiter und Arbeiterbewegung in der Weimarer Republik 1918 bis 1924. Berlin u. a. 1984.
Winkler, Heinrich August: Der Schein der Normalität. Arbeiter und Arbeiterbewegung in der Weimarer Republik 1924 bis 1930. Berlin u. a. 1985.
Winkler, Heinrich August: Der Weg in die Katastrophe. Arbeiter und Arbeiterbewegung in der Weimarer Republik 1930 bis 1933. Berlin u. a. 1987.
Winkler, Heinrich August: Weimar 1918-1933. Die Geschichte der ersten deutschen Demokratie. München 1993.
Winkler, Jürgen R.: Sozialstruktur, politische Traditionen und Liberalismus. Eine empirische Längsschnittstudie zur Wahlentwicklung in Deutschland 1871-1933. Wiesbaden 1995.
Wirsching, Andreas: Bäuerliches Arbeitsethos und antiliberales Denken. Ein Modell ländlicher Mentalität zur Zeit der Weimarer Republik. In: Revue d'Allemagne 22 (1990), S. 415-425.
Wirsching, Andreas: Zwischen Leistungsexpansion und Finanzkrise. Kommunale Selbstverwaltung in der Weimarer Republik. In: Adolf M. Birke/Magnus Brechtken (Hg.): Kommunale Selbstverwaltung. Local Self-Government. Geschichte und Gegenwart im deutsch-britischen Vergleich. München u. a. 1996, S. 37-63.
Wirsching, Andreas: Vom Weltkrieg zum Bürgerkrieg? Politischer Extremismus in Deutschland und Frankreich 1918-1933/39. Berlin und Paris im Vergleich. München 1999.
Wirsching, Andreas: Demokratisches Denken in der Geschichtswissenschaft der Weimarer Republik. In: Christoph Gusy (Hg.): Demokratisches Denken in der Weimarer Republik. Baden-Baden 2000, S. 71-95.
Wirsching, Andreas: Koalition, Opposition, Interessenpolitik. Probleme des Weimarer Parteienparlamentarismus. In: Marie-Luise Recker (Hg.): Parlamentarismus in Europa. Deutschland, England und Frankreich im Vergleich. München 2004, S. 41-64.
Wirsching, Andreas: Die Weimarer Republik. Politik und Gesellschaft. München ²2008.
Wirsching, Andreas: „Vernunftrepublikanismus" in der Weimarer Republik. Neue Analysen und offene Fragen. In: ders./Andreas Eder (Hg.): Vernunftrepublikanismus in der Weimarer Republik. Politik, Literatur, Wissenschaft. Stuttgart 2008, S. 9-26.
Wirsching, Andreas: Die paradoxe Revolution 1918/19. In: Aus Politik und Zeitgeschichte Nr. 50-51 vom 8. 12. 2008, S. 6-12.
Wirsching, Andreas/Eder, Jürgen (Hg.): Vernunftrepublikanismus in der Weimarer Republik. Politik, Literatur, Wissenschaft. Stuttgart 2008.
Wisser, Thomas: Die Diktaturmaßnahmen im Juli 1930 – Autoritäre Umwandlung der Demokratie? In: Rolf Grawert u. a. (Hg.): Offene Staatlichkeit. Festschrift für Ernst-Wolfgang Böckenförde zum 65. Geburtstag. Berlin 1995, S. 415-434.
Witt, Peter-Christian: Inflation, Wohnungszwangswirtschaft und Hauszinssteuer. Zur Regelung von Wohnungsbau und Wohnungsmarkt in der Weimarer Republik. In: Lutz Niethammer (Hg.): Wohnen im Wandel. Beiträge zur Geschichte des Alltags in der bürgerlichen Gesellschaft. Wuppertal 1979, S. 385-407.
Witt, Peter-Christian: Kontinuität und Diskontinuität im politischen System der Weimarer Republik. Das Verhältnis von Regierung, Bürokratie und Reichstag. In: Gerhard A. Ritter (Hg.): Regierung, Bürokratie und Parlament in Preußen und Deutschland von 1848 bis zur Gegenwart. Düsseldorf 1983, S. 117-148.
Witt, Peter-Christian: Die Auswirkungen der Inflation auf die Finanzpolitik des Deutschen Reiches 1924-1935. In: Gerald D. Feldman (Hg.): Die Nachwirkungen der Inflation auf die deutsche Geschichte 1924-1933. München 1985, S. 43-95.

Wolffsohn, Michael: Industrie und Handwerk im Konflikt mit staatlicher Wirtschaftspolitik? Studien zur Politik der Arbeitsbeschaffung in Deutschland 1930-1934. Berlin 1977.
Wright, Jonathan: Gustav Stresemann. Weimar's Greatest Statesman. Oxford u. a. 2002.
Wunderlich, Christine: Telegraphische Nachrichtenbüros in Deutschland bis zum Ersten Weltkrieg. In: Jürgen Wilke (Hg.): Telegraphenbüros und Nachrichtenagenturen in Deutschland. Untersuchungen zu ihrer Geschichte bis 1949. München u. a. 1991, S. 23-85.

Zahn, Clemens: Arbeitskosten und Lebenslagen zwischen Inflation und großer Krise. Zur Geschichte der Weimarer Lohnbewegung. St. Katharinen 1996.
Zang, Gert: Konstanz in der Großherzoglichen Zeit. Bd. 2: Aufschwung im Kaiserreich. Konstanz 1993.
Zang, Gert: Bürgerlicher Alltag in Konstanz unmittelbar vor Kriegsausbruch 1914. Das Haushaltsbuch von Anna Dietrich. In: Jürgen Klöckler (Hg.): Konstanz in beiden Weltkriegen. Festschrift für Lothar Burchardt. Konstanz 2004, S. 43-68.
Zibell, Stephanie: Politische Bildung und demokratische Verfassung. Ludwig Bergsträsser (1883-1960). Bonn 2006.
Zibell, Stephanie: Ludwig Bergsträsser (1883-1960). Politisches Leben und Wirken. In: Detlev Lehnert (Hg.): Vom deutschen Linksliberalismus zur Sozialdemokratie. Politische Lebenswege in historischen Richtungskonflikten 1890-1945. Köln u. a. 2015, S. 291-318.
Ziegler, Dieter: Die wirtschaftsbürgerliche Elite im 20. Jahrhundert: eine Bilanz. In: ders. (Hg.): Großbürger und Unternehmer. Die deutsche Wirtschaftselite im 20. Jahrhundert. Göttingen 2000, S. 7-29.
Zoche, Hartmut: Die Gemeinde – ein kleiner Staat? Motive und Folgen der großherzoglich-badischen Gemeindegesetzgebung 1819-1914. Frankfurt a. M. u. a. 1986.
Zöbl, Dorothee: Das Berliner Westend: Auf dem Weg zum bürgerlichen Arkadien? In: Heinz Reif (Hg.): Berliner Villenleben. Die Inszenierung bürgerlicher Wohnwelten am grünen Rand der Stadt um 1900. Berlin 2008, S. 199-222.
Zunkel, Friedrich: Industrie und Staatssozialismus. Der Kampf um die Wirtschaftsordnung in Deutschland 1914-1918. Düsseldorf 1974.

Personenregister

Kursiv gesetzte Seitenangaben weisen darauf hin, dass eine Person ausschließlich in den Anmerkungen Erwähnung findet. Erfasst sind auch Personen, die in Bezeichnungen, Benennungen und Begriffen vorkommen (z. B. Kabinett Brüning, Dawes-Plan), sowie Autoren aus dem Bereich der Forschung, soweit sie im Haupttext genannt werden.

Adam, Carl   222f.
Aschoff, Ludwig   127

Baade, Fritz   472
Bär, Emma   171f.
Bäumer, Gertrud   211, *430*, 438
Bahr, Richard   238, 240, 245, *246*, 264, 267, 486
Barteld, Adam   255, 447
Barth, Theodor   44
Bassermann, Ernst   46, 55, *119*, *125*, 188
Bassermann, Karola   *125*
Bebel, August   55
Beck, Anton   *79*
Becker, Carl Heinrich   *105*, 231, 234
Belzer, Heinrich   79, 172
Belzer, Mimi   79
Bergsträsser, Ludwig   182, 243
Bernhard, Georg   193, *433*, 435
Bernstorff, Johann Heinrich von   *259*
Bethmann, Moritz von   258, *259*
Beutner, Wilhelm   171
Bismarck, Otto von   256
Blankenhorn, Ernst   *79*
Blau, Alfred   435
Blum, Anna (geb. Trick)   74f., 78, 85, 139-142, 148, *160*, 168
Blum, Friedrich   74, 78, 128, 139-142, 168, 209
Blum, Robert   235
Bodelschwingh, Friedrich von   513
Bodman, Heinrich von   69, 152
Böhme, Karl   *197*
Böttger, Hugo   *50*
Boltze, Julius   *140*, 296
Bonn, Moritz Julius   328
Borchardt, Knut   270, 365-367, 369f.
Borrmann, Fritz   *410*
Bosch, Robert   303
Bourdieu, Pierre   469
Bracht, Franz   *417*
Braumann-Honsell, Lilly   306
Braun, Otto   418
Brauns, Heinrich   395
Brecht, Arnold   420, 472
Bredt, Johann Victor   *470*
Breitscheid, Rudolf   *419*
Brodauf, Alfred   230, 235, 240

Brönner, Heinrich   241f.
Brönner, Wilhelm   171, 241, 245
Brönner-Hoepfner, Elisabeth   240f., 286f., 302, *472*
Brümmer, Johannes   94
Brüning, Heinrich   1f., 10, 14, 194, 229, 250, 267, 335, 341f., 349-352, *353*, 354-357, 360, 362, 365, 367f., *369*, 370f., 375, 377, 379, 382, 384, *385f.*, 388-392, *393*, 395, 397, *399*, 400, 404f., 408-410, *411*, 413-419, 421f., 424, 428, *432*, 434f., 440f., 445f., 448-450, 453, 456-458, 460, 465, 467, 471, 473, 479, 481, 484, 489f.
Buschmann, Hugo   *261*

Calker, Fritz van   *79*
Calker, Lu van   *79*
Corinth, Lovis   227
Cremer, Carl   246, *247*, *252*, 265
Curtius, Julius   128, 144, 179, 185, 196, 314, 345, 357, 376f., *417*, 419, 432

Dänzer-Vanotti, August   310
Damaschke, Adolf   49
Dammert, Rudolf   259-262, 264, 267, 296
Dawes, Charles G.   203, 269, 367, 370, 373f., 377f., 400, 412, 481
Dees, Karl   140, 212, 217, 219-221
Delbrück, Hans   89
Dernburg, Bernhard   *190*, *207*
Deutsch, Felix   235
Dietrich, Dorothea (geb. Hermann)   18
Dietrich, Elisabeth (geb. Köbele)   20f., 25, *138*, 159
Dietrich, Elisabeth (geb. Trick)   2, 25, 38f., 41, 60, 69f., *71*, 72-85, 87-90, 136, 139-142, 147-161, 166f., 170f., 173, 175, 178, 189, 227-230, 233, 236, *291*, 300, 302-304, 306, 334f., 474f., 497f., *502*, 514
Dietrich, Else   *siehe* Hoffmann, Else
Dietrich, Emil   21-25, 150, 159, 304, 514
Dietrich, Ernst   65
Dietrich, Jakob   17-23, 25, 159
Dietrich, Jakob sen.   18
Dietrich, Luise (geb. Lutz)   304f., 363, 387f., 514
Dietrich, Magdalena   *18*
Dietrich, Rudolf   21-26, 150, 159, *234*, 304f.

Dietrich, Waldemar 21-26, 150, 159, *228*, *234*, 256, 278, 295, 303, *305*, 306
Dietrich-Troeltsch, Marta (geb. Fick) 11 f., 227, 230-234, 297-300, 304, 338, *466*, 470, 475, 514
Dingeldey, Eduard *417*, 458
Dingeldey, Karl 447
Dominicus, Alexander *247*
Dorn, Hermann 287
Drewitz, Hermann 235, *239*

Ebert, Friedrich 1, 54, 307, 356 f.
Ebert, Louise 513
Eckart, Peter (eigentlich Herbert Eckert) 14, 77 f., 473
Eisenlohr, Roland 142
Elbau, Julius 193, *433*
Elsasser, Moritz *128*
Engelhard, Emil *129*
Ensslin, Eugen 295, 465 f.
Erkelenz, Anton 190, *250*, 312, 422-425, 432 f., 434
Ersing, Joseph 185, *252 f.*
Ertz, Carl 222
Erzberger, Matthias 1, 109, 130
Eschenburg, Theodor 429
Eulenburg, Franz *178*

Fackler, Hans 208
Faerber, Carl Ernst 208
Falk, Bernhard 193
Feder, Ernst *350*, *433*
Feder, Gottfried *472*
Fick, Paul 232, 514
Fischbeck, Otto 335
Fischer, Hermann 181, *190*, 239, 259, 310, 379, 432, 434, 438, *442*, 445, 457-459
Fleischer, Max 258 f.
Flick, Friedrich 419 f.
Föge, Hermann 457
Frank, Karl 218
Frankfurter, Richard 435
Frech, Georg 134 f., *136*, 243, *281*, 322, 495
Freudenberg, Richard 216 f., 219-221, 223, 244, 255, 264, 310, 314, 322, 379 f.
Freund, Henry *264*, 317
Frey, Ernst 27 f., 46 f., 50, 65, 72, 91, 93, 131, 469
Frey, Wilhelm 46, 222, 258
Frick, Wilhelm 186
Fried, Ferdinand (eigentlich Ferdinand Friedrich Zimmermann) 329
Friedberg, Robert 90, *118*, 119
Friedrich I. von Baden 28, 68
Friedrich II. von Baden 63, 69, 95
Fuchs, Sophie 304, *305*, 514

Fünfgeld, Jakob *223*
Fuhrmann, Paul 89 f.

Gall, Lothar 82
Geiger, Rudolf 174
Geiger, Theodor 478
Geiß, Anton 94, *110*
Gerland, Heinrich 192
Geßler, Otto 58, *59*, *139*, 212, 224, 247
Glockner, Karl 128 f., 137, 220 f., 264, 314, *352*
Glockner, Max 264
Goehring, Emil 124
Göhringer, Karl *209*
Goetz, Walter *183*, *190*, *200*, *247*, 448
Goltz, Marie von der 69, 81
Gorrenz, Heinz 262 f.
Gothein, Eberhard 117, 124, 135
Gothein, Georg *121*, 236, 240, 246, 338, 379 f.
Grether, Emil 302
Groener, Wilhelm 345, 358, 360, *420*, 449
Grzimek, Günther 443
Günther, Agnes *80*
Guérard, Karl Theodor von 345, *386*, 419
Gugelmeier, Erwin 64

Haas, Ludwig 93 f., 115 f., 122, *124*, 125, 127, 129, *135*, 137, *143*, 144, *190*, 197, 216 f., 312, 335 f., 338
Hager, Wilhelm *219*
Halle, Anneliese von 307
Hals, Frans 227
Hamm, Eduard *353*
Harnack, Adolf von 231
Harzendorf, Fritz 136 f., *139*, *143*, *222*, 244
Haulick, Eduard 64, *65*, 68
Hellpach, Willy *143*, 144, 182 f., 313, 316
Hermes, Andreas 252
Hertz, Paul *419*
Herzog, Albert 224 f.
Heß, Jürgen C. 333, 337 f.
Hesse, Artur *425*
Heuss, Theodor 63, *104*, 190, 193, 211, 236, 240, 246, 430, 438, 444 f., 455, *459*, 462, 464, 485
Heyden, Kurt von der 171
Hieber, Johannes von 127
Hilferding, Rudolf 326, 329, 345, 349, 352, 355, 368, 378, 380 f.
Hindenburg, Paul von 3, 211 f., 341, 344, 350-356, 358, 406, 418, 420-422, 434, 453, 456 f., 489
Hintze, Otto 231
Hirschel, Werner *443*
Hitler, Adolf 105, 203 f., 314, 375, 457, 464

Hobbes, Thomas 96
Höpker Aschoff, Hermann 185, 234, 257, 354, 432, 437f., 445, 449
Hörtner, Fanny 304, *305*, 469, 514
Hörtner, Josef 304
Hoetzsch, Otto 252, 253, 264
Hoffmann, Arnold 304
Hoffmann, Elfriede *138*, 304f.
Hoffmann, Else (geb. Dietrich) 21-25, *138*, 150, 159, *234*, 304, *305*, 469, 514
Hoffmann, Hilde *138*, 304f., 514
Hofheinz, Oskar 216, 309, 312
Hofrichter, A. *429*
Holtfrerich, Carl-Ludwig 177f., 366
Hoover, Herbert C. 364, 366, 368f., 386
Huck, Wolfgang 238
Hugenberg, Alfred 239, 242, *258*, 259f., 265, 267, 344, 350, 375, 427f.
Hummel, Helmut *138*
Hummel, Hermann 28, 53, 75, *116*, 122, 125, 127-129, 132, *135*, 137-144, 179, 199, 216f., *221*, *230*, 255

Imhoff, Eugen 65

Jaeckle, Karl 64f.
Jaeger, Hellmuth 438
Jaenicke, Wolfgang 444
Jarres, Karl 59
Jolly, Gustav 107
Jones, Larry Eugene 318
Julier, Hermann 184f.

Kahl, Wilhelm *106*, 127, *239*
Kalek, Heinrich 202
Kalkoff, Hermann 259
Kampffmeyer, Hans 49, 68
Kapp, Wolfgang 105, 107, 127, *132*
Kauffmann, Robert 435
Kaupp, Elisabeth 228, 304, *305*
Keil, Wilhelm *207*
Keller, Gottfried 80
Keynes, John Maynard 365, *371*, 372, 377
Klapp, Max 142, 295, 327
Klemm, Max 214, 240-242, 316
Koch, Friedrich *124*
Koch-Weser, Erich 59, 121, 139, *144*, 181, 189-194, 203, 224f., *239*, 247, 255f., 265, 312, 322, 345, 375, 422f., 427f., 430-432, 434f., 437
Köhler, Heinrich 93, 96, 179, *229*, 418
Koelblin, Hermann 62, 258
König, Friedrich *124*, *144*
Kohlund, Johanna 223f.
Kopsch, Julius 230, 235, 240
Korell, Adolf 230, 235f., 240

Kreutz, Peter 276f., 514
Külz, Wilhelm 59, 188, *200*, 211, 224, 256, 445, *466*
Kuenzer, Hermann *218*
Kuhlemann, Frank-Michael 22
Kurlander, Eric 336f.
Kutzer, Theodor 60

Laible, August 311
Landahl, Heinrich 464
Langewiesche, Dieter 333, 338
Lauer, Friedrich 235
Lautenbach, Wilhelm 397, *404*
Leers, Otto 313, 322
Legien, Carl 325
Lehmann, Guido 224
Lehmann, Martha 245f.
Leiser, Gottfried *129*
Lemmer, Ernst 193, *197*, *254f.*, 424, 427f., 430-432, 437, *450*, 464
Lensch, Paul 27, 245
Lersner, Kurt von 246
Liebherr, Wilhelm *281*
Lindeiner-Wildau, Hans-Erdmann von 264f.
Löbe, Paul 226, 357
Lohr, Eduard 64f., 77
Ludendorff, Erich 92
Lüders, Marie-Elisabeth 435, *441*, 444, 446, 458
Lüttwitz, Walther von 105, 107, 127, *132*
Luise von Baden 68f., 79, 81
Luppe, Hermann 31
Luther, Hans 14, 58, *59*, 207, 213, 224, 225, 229, 239, 312, 377, *384f.*, 397, 399, 401, 404-406, 408f., 411f., 415f., 418
Luthmer, Hans 40
Lutz, Katharina 313

Mahraun, Artur 427, 429-431, 437
Maier, Reinhold *460f.*, 462, 464
Marquardt, Wilhelm 78
Martzloff, Philipp 94
Marum, Ludwig 93f., 99
Marwitz, Bruno *91*
Marx, Karl 329
Marx, Wilhelm 194, 206, 211-213, *225*, 234
Mattes, Wilhelm 314
Mauritz, Theodor 79
Max von Baden 63, 69, 92
Meinecke, Friedrich *105*, *205*, 231, 358
Meißner, Otto 28
Melchior, Carl 335f.
Mergel, Thomas 190, 226
Meyer, Oscar 424, 427, *430*, 435, 437, 449

Mittelmann, Fritz 246
Möloth, Jakob 62, 65
Moldenhauer, Paul 201, 352, 354f., 381, 411, 425f.
Molthagen, Dietmar 478
Mommsen, Wolfgang 11
Morgan, Shepard 376
Mosich, Ernst 379, 432, 458
Müller, Hermann 179, 190, 343, 345, 349, 354
Müller-Meiningen, Ernst 463
Muhle, Hans 432
Muser, Oskar 124

Nagel, Arnold 263f.
Naumann, Friedrich 43, 44f., 47, 50, 112, 117, 120, 237
Neumann, Sigmund 121, 319
Nonne, Friedrich 222
Nuschke, Otto 442, 444, 484

Obkircher, Rudolf 46, 49f., 83
Oertel, Käthe 290
Oeser, Rudolf 252
Oheimb, Katharina von 144, 246-248

Pachnicke, Hermann 191, 199
Papen, Franz von 390, 395, 456f., 460, 464
Parker Gilbert, Seymour 373f., 379, 390
Petersen, Carl 59, 462
Petzet, Wolfgang 211
Peukert, Detlev 269, 474
Pfeffer, Otto 322
Pinner, Felix 393
Poerschke, Stephan 396
Pohlmann, Alexander 78
Pohlmann, Clara (geb. Trick) 74f., 78, 85, 139-142, 148f., 151, 160, 167f., 295
Pohlmann, Georg 74, 78, 139-142, 151, 160, 168, 295
Propfe, Hermann 79
Pünder, Hermann 335, 382, 419

Quaatz, Reinhold 225
Quidde, Ludwig 152, 433

Raschig, Friedrich 200, 235, 240
Rathenau, Walther 1, 107, 377
Rebholz, Eugen 65, 69f., 77, 161, 171f., 174, 212, 223, 277, 278
Rebmann, Edmund 14, 46f., 62, 64f., 70f., 77, 79, 85, 87, 91-93, 104, 122, 123, 126-129, 191, 218, 224f., 317, 335
Reibnitz, Kurt von 247
Reinhold, Peter 194, 224
Remmele, Adam 179

Rheinbaben, Rochus von 429
Rheinboldt, Josef Nikolaus 72
Richter, Eugen 54
Richthofen, Hartmann von 89, 119, 207
Riesser, Jakob 118
Ringwald, Karl 122, 124, 144, 213, 313
Rinkel, Rosel 219
Ritschl, Albrecht 367-370
Rocholl, Ernst 443
Roedern, Siegfried von 72f.
Rönneburg, Heinrich 236, 240, 423, 445f.
Rohrhurst, Rupert 124, 144
Ross, Carl 209, 470f.
Rost, Georg 142f., 221
Rückert, Leopold 94

Sänger, Friedrich 63, 129
Saldern, Adelheid von 1
Salinger, Walther 335f.
Schacht, Hjalmar 349, 374f.
Schäfer, Hermann 432, 440, 441f., 443
Schäffer, Hans 14, 335, 357, 359, 383, 385f., 389, 395, 397, 400, 404f., 406, 407, 411, 413-415, 416, 419, 420, 453, 455, 491
Schätzel, Georg 345, 349, 358, 386, 389
Schaible, Alexander 72f.
Scheel, Alfred 216
Scheidemann, Philipp 46
Schiele, Martin 343, 344, 346, 350f., 353, 358f., 382, 416, 424f., 446
Schiffer, Eugen 90, 119, 143, 191f., 197, 215, 232f., 237-240, 320, 338
Schlange-Schöningen, Hans 359
Schlegel, Ernst 134
Schlegel, Robert 65, 128, 129, 133-135, 137f., 213, 222, 245, 291, 296, 322, 495
Schleicher, Kurt von 350, 358, 456f., 463
Schmelzer, Konstantin 245
Schmidt, Agnes (geb. Trick) 74f., 78, 85, 139-142, 148, 160
Schmidt, Ludwig 38, 74, 78, 105, 139-142, 153, 159, 161, 167-169, 187, 234, 274, 279, 282, 291, 295, 465
Schmidt-Pecht, Heinrich 95
Schmitt, Carl 183
Schneider, Gustav 432, 450
Schneider, Werner 436
Schön, Friedrich 243
Scholz, Ernst 59, 190, 427, 432
Schreiber, Walther 448f.
Schücking, Walther 182, 190
Schütt, Conrad 464f.
Schuldt, Otto 185
Schulze, Hagen 1
Schulze-Gaevernitz, Gerhart von 125, 129f.
Schwaier, Alfons 63, 65

Schwarz, Adolf 94
Schwarzenberger, Curt 262
Schwerin von Krosigk, Lutz 335, 406
Severing, Carl 345, *349*
Siemens, Carl Friedrich von 181, 192, 237, *238*, 303
Silex, Karl 257
Silverberg, Paul *398*
Sombart, Werner 8
Spahn, Carl Alfred 261f., *282*
Specht, Christian 172
Stahl, Wilhelm 217, 218-220, 469
Stamminger, Christian 263
Stampfer, Friedrich *183*
Stegerwald, Adam 358, 359f., *381*, 403f., *408*, 415
Steinthal, Walter 246, *247*
Stephan, Werner 14f., 139, 179, *192*, 193, 229, 234, 315, 355, 364, *430*, 449f., *463*
Stiegeler, Wilhelm 69, *162*, 174, 279, 303
Stier, Paul 290
Stinnes, Hugo 137, 245, 256f., 288, 325
Stockinger, Friedrich 94
Stolper, Gustav 451
Stresemann, Gustav 1, 6, 27, *45f.*, 59, 89-92, 102f., *104*, 105, 111, *118*, 119, 121, *123*, 124-126, 130, *188*, 212, 229, *239*, 257, 265, 312, 314f., 327, 345, 427, 429f., 472, 483
Stritt, Karl 128
Stromeyer, Ludwig 65
Stücklen, Daniel 252
Stumpf, Rudolf 512

Tantzen, Theodor 303, 425
Thoma, Ludwig 80
Thorbecke, Paul 51, 56f., *63*, 65, 137, 144f.
Thyssen, Fritz *420*
Topf, Erwin *456*
Treitschke, Heinrich von 17, 88
Trendelenburg, Ernst *411*
Treviranus, Gottfried 353, 403, 418
Trick, Agnes (geb. Marquardt) 38f., 73-75, 77f., 83, 151, *154*, 156, *158*
Trick, Ludwig 38, 78
Troeltsch, Ernst 11, *227*, 230-233, 475, 512
Troeltsch, Ernst jun. 230-233, 298f., *502*, 507, 512
Trunk, Gustav 94, 130f.

Ulitzka, Carl *252f.*

Venedey, Martin 77, 93, 123f.
Vögele, Wilhelm 379f.
Vogelbach, Friedrich 380
Vogt, Gerhard 236
Vortisch, Friedrich 200, *221*

Wachhorst de Wente, Friedrich *423*
Wagemann, Ernst 405, *406*
Wallraf, Max 59, 196
Walz, Ernst *60*
Warmbold, Hermann 389, 398f., 411, *415*, 419
Weber, Alfred 101f.
Weber, August *45f.*, 119, 237, 257, 265, 287, 327, 335, 438, 444-446, 448f., *450*, 458f.
Weber, Franz 64
Weber, Marianne 139
Weber, Max 179, 189, *228*
Wehl, Rosa 514
Weigelt, Kurt 235
Weill, Friedrich 70, 336
Weiß, John Gustav 119, *218*
Weiß, Karl 57
Wels, Otto 235, 461
Wentzel, Leo 258
Westarp, Kuno von *417*
Wieland, Philipp 63, *190*, 235, 240, 379f.
Wildermuth, Eberhard *459*
Wilson, Woodrow 89, 110
Winkler, Max 248-254, 256-259, 263, 265, 420, 429, 455
Winschuh, Josef *430*, 444f., 449, 451
Wirth, Joseph 94, 132f., 179, 191, *192*, 358, 360, 382, *386*, *417*, 419, 471
Wissell, Rudolf 345
Witt, Erna (geb. Fick) 234
Witt, Karl Ludwig *234*
Wittum, Albert 79
Wolff, Theodor 101f., 120, 123, 229, 317f., *433*, 483

Young, Owen D. 368f., 374f., 377f., 384, *385*, 412

Zandt, Otto *103*
Zarden, Arthur *411*
Zehrer, Hans 205
Ziegler, Paul 246
Zircher, Hubert 217, 293

www.ingramcontent.com/pod-product-compliance
Lightning Source LLC
Chambersburg PA
CBHW030558230426
43661CB00053B/1764